Revue Trimestrielle De Droit Civil, Volume 6...

Adhémar Esmein, Sirey (Firm)

REVUE TRIMESTRIELLE

DE

DROIT CIVIL

VI

REVUE TRIMESTRIELLE

DE

DROIT CIVIL

COMITÉ DE DIRECTION :

A. ESMEIN
Membre de l'Institut,
Professeur à la Faculté de droit
de l'Université de Paris ;

R. SALEILLES
Professeur à la Faculté de droit
de l'Université de Paris ;

Ch. MASSIGLI
Professeur à la Faculté de droit
de l'Université de Paris ;

Albert WAHL
Professeur agrégé à la Faculté de droit
de l'Université de Paris,
Doyen honoraire de la Faculté de droit
de l'Université de Lille.

TOME SIXIÈME

ANNÉE 1907

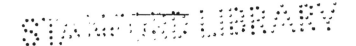
LIBRAIRIE

DE LA SOCIÉTÉ DU RECUEIL J.-B. SIREY & DU JOURNAL DU PALAIS

Ancienne Maison L. LAROSE & FORCEL

22, rue Soufflot, PARIS, 5e Arrond.

L. LAROSE et L. TENIN, Directeurs

1907

DE LA CAPACITÉ

DES

ASSOCIATIONS DÉCLARÉES

(LOI DU 1er JUILLET 1901)

Par M. MARGAT,

Professeur à la Faculté de droit de l'Université de Montpellier.

On peut caractériser par deux traits le régime auquel étaient soumises les associations avant la loi du 1er juill. 1901.

En premier lieu, la formation de toute association de plus de vingt personnes était subordonnée à une autorisation administrative qui était donnée à Paris par le préfet de police et en province par le préfet du département. A cette condition l'association était licite, c'est-à-dire en règle avec le Code pénal. En second lieu, si elle voulait acquérir ce qu'on est convenu d'appeler la personnalité morale, c'est-à-dire le droit de posséder un patrimoine collectif distinct du patrimoine individuel de ses membres, l'association devait obtenir la reconnaissance d'utilité publique par voie de décret rendu après avis du Conseil d'État. Et — il est à peine besoin de le rappeler — cette faveur était seulement accordée aux associations qui par un fonctionnement régulier et prolongé avaient affirmé leur vitalité et possédaient un certain capital.

La *loi du* 1er juill. 1901 proclame le principe de la liberté d'association et supprime ainsi la première règle. Elle entame encore largement la seconde en transformant le caractère de la reconnaissance d'utilité publique. Tandis qu'autrefois cette reconnaissance avait pour objet de conférer à l'association la personnalité morale, actuellement toute association en est investie de plein droit sous la seule condition de faire une déclaration à la préfecture [1]. Sans doute, nous le verrons, l'association simplement déclarée ne jouit que d'une capacité limitée (elle n'a pas le droit de recueillir des libéralités) et si elle veut la compléter elle devra se faire reconnaître d'utilité publique; mais il n'en reste pas moins qu'en vertu d'une simple mesure de publicité, indépendamment de toute concession arbitraire de l'autorité, elle est apte à posséder un patrimoine collectif.

Cette innovation, dont nous aurons à mesurer la portée théorique et pratique, ne fut réalisée qu'après de longs débats. Tel n'était pas en effet le système primitif du Gouvernement.

Partant de cette idée que la capacité juridique est un privilège qui doit être individuellement concédé aux seuls groupements dont l'utilité a été constatée, le projet Waldeck-Rousseau considérait l'association comme un contrat destiné à régler les rapports des personnes, mais complètement étranger au régime des biens. L'association déclarée — elle devait toujours l'être d'après le projet — ne jouissait à aucun degré de la personnalité morale. Les directeurs ou administrateurs pouvaient simplement la représenter en justice. Toutefois, comme une collectivité ne peut vivre sans ressources, si minimes soient-elles, le projet permettait aux associés, en vue d'alimenter l'association, de lui juxtaposer une société civile ou commerciale et, à défaut de convention spéciale, une simple indivision. On pensait ainsi écarter tout danger de mainmorte. Car, en cas de société, chaque associé peut toujours réclamer sa part à l'expiration du terme fixé par le contrat ou à un moment quelconque si la société est à durée illimitée, pourvu que ce ne soit pas de mauvaise foi

(1) Art. 5 de la loi du 1er juill. 1901.

et à contre-temps (art. 1869, C. civ.). Et, en cas d'indivision, chaque communiste a toujours le droit de provoquer le partage, à moins qu'il n'y ait eu une convention contraire, qui d'ailleurs n'est pas obligatoire au delà de cinq ans (art. 815, C. civ.). On n'a donc pas à redouter de voir s'immobiliser dans les mêmes mains des capitaux soustraits à la libre circulation des biens.

Très ingénieux en apparence, ce système ne devait pas triompher devant le Parlement.

Outre que ce dédoublement de l'association en deux contrats se heurte à de graves objections théoriques[1], la combinaison inaugurée par Waldeck-Rousseau fut critiquée à un double point de vue.

Tout d'abord la Commission de la Chambre des députés — et cette idée fut reprise à la tribune par M. Ribot — fit observer que ces sociétés annexes, dont la faculté d'acquisition est illimitée, seraient susceptibles de prendre un développement considérable et par là même une influence qui dans certains cas présenterait tous les dangers de la mainmorte. De plus et surtout on pouvait reprocher au projet de méconnaître le caractère économique et social de l'association, pour s'en tenir à une conception trop rigoureusement individualiste.

Il ne suffit pas de permettre aux associations de se former librement. On doit encore faciliter l'exercice de cette liberté en leur donnant les moyens d'atteindre le but visé par elles. Et pour cela il est nécessaire de leur reconnaître, dans une certaine mesure tout au moins, le droit de posséder un patrimoine collectif à l'abri des chances de dislocation. La Commission de la Chambre des députés, s'inspirant de ces idées, fut d'avis d'accorder directement aux associations simplement déclarées une personnalité morale restreinte qu'on a dénommée dans le langage parlementaire la *petite personnalité* et qui rappelle celle conférée aux syndicats

---

(1) M. de Vareilles-Sommières, *Les personnes morales*, p. 374. V. aussi les observations présentées à la Chambre des députés par M. Piou dans la séance du 5 févr. 1901, *Journal off.*, p. 31.

professionnels par la loi de 1884. C'est cette proposition qui a définitivement passé dans la loi.

I

Cette reconnaissance de la petite personnalité de plein droit au profit de l'association simplement déclarée apparaît comme l'aboutissement d'un mouvement de personnification qui se dessinait depuis longtemps dans la législation et la jurisprudence.

Un certain nombre de lois accordaient déjà en bloc la personnalité, indépendamment de toute reconnaissance individuelle d'utilité publique, à toutes les associations reproduisant un certain type déterminé par elles.

C'est la loi du 21 juin 1865, qui consacre la personnalité des associations syndicales de propriétaires ruraux, et dont les dispositions ont été étendues aux associations de propriétaires urbains par la loi du 12 déc. 1888.

C'est ensuite la loi du 21 mars 1884, qui accorde aux syndicats professionnels une capacité limitée et dont s'est largement inspiré le législateur de 1901 en établissant le régime des associations simplement déclarées.

C'est enfin la loi du 1er avr. 1898, sur les sociétés de secours mutuels, qui reconnaît aux sociétés libres et aux unions de sociétés libres une personnalité restreinte, mais déjà plus étendue que celle des syndicats professionnels.

Et on relevait dans la jurisprudence les symptômes de la même évolution. Sous la poussée des nécessités de la pratique et peut-être aussi sous certaines influences doctrinales, les tribunaux s'efforçaient d'atténuer les conséquences logiques, mais très rigoureuses, de l'absence de personnalité chez les associations autorisées, mais non déclarées d'utilité publique. Ils en étaient arrivés à faire bénéficier d'une demi-capacité celles de ces associations qui poursuivaient un but d'utilité générale. La jurisprudence leur reconnaissait ce qu'on a appelé l'*individualité*, situation intermédiaire entre l'absence complète de capacité et l'entière personnalité (1). Cette curieuse construction, qui ne présente plus guère à l'heure actuelle qu'un intérêt rétrospectif et dont il nous suffira d'indiquer les grandes lignes, fut d'abord édifiée dans le but de soustraire ces associations à l'application gênante de la vieille règle « nul ne plaide en France par procureur », en vertu de laquelle le nom de tous les associés devait figurer dans tous les actes de la procédure. Grâce à l'individualité, l'association pouvait se faire représenter en justice par ses gérants, ce qui simplifiait singulièrement la procédure. Le premier arrêt en ce sens est un arrêt de la Cour de cassation du 20 févr. 1844 (D. 44. 4, v° *Action*, n° 3, S. 44. 1. 302). Cet arrêt, statuant au sujet d'une société d'arrosage, déclare qu'une telle association, « reconnue par l'administration et procédant avec son autorisation, peut, lorsqu'elle est reconnue avoir un but d'intérêt général plutôt que d'intérêt privé, être considérée comme un établissement public et par suite agir collectivement en justice par le ministère de ses syndics ». La même solution est affirmée dans les arrêts de Cassation du 21 mai 1851 (D. 51. 1. 124) et du 30 août 1859 (D. 59. 1. 365). Dans toutes ces hypothèses il est à noter que les statuts de l'association conféraient spécialement aux gérants le pouvoir de représenter l'association en justice.

Plus tard la Cour de cassation va plus loin dans cette voie.

L'arrêt du 25 mai 1887 (D. 87. 1. 289) décide que la représentation en justice par les gérants est possible même dans le silence des statuts sur ce point. « Elles peuvent (les sociétés d'encouragement pour l'amélioration de la race chevaline) ester en justice par leur comité d'administration nommé en assemblée générale, alors même qu'un pouvoir spécial ne lui aurait pas été conféré à cet effet par les statuts ».

Et la jurisprudence ne devait pas s'en tenir là.

Ce n'était pas assez en effet, si on voulait faciliter le fonctionnement de ces associations, de permettre aux ad-

_____

(1) Planiol, *Traité élementaire de droit civil*, 3e édit., t. II, p. 658.

ministrateurs de les représenter en justice. Il fallait encore les autoriser à passer des contrats. Or cette solution est impliquée par l'arrêt de cassation du 2 janv. 1894 (D. 94. 1. 82), intervenu dans l'affaire de la Société hippique de Cavaillon. Cet arrêt déclare « idoines à fonctionner », dans l'ordre de l'entreprise déterminée par les statuts, les associations fondées dans un but d'intérêt général. Et le rapporteur, M. Cotelle, avait constaté que ces associations, douées d'une vitalité relative, pouvaient faire des contrats de location, de fournitures ou autres. Or ces contrats peuvent avoir pour objet l'acquisition de la propriété. L'association douée d'individualité peut donc acquérir.

Mais là s'arrête sa capacité. La jurisprudence ne lui a jamais permis de recevoir des libéralités, dons ou legs.

D'autre part, il convient de noter que ce système de l'individualité n'était pas étendu aux associations à but purement égoïste, bien qu'on puisse citer quelques décisions tendant à prouver que la jurisprudence admettait facilement l'existence d'un but d'intérêt général [1].

Même ainsi limitée, la conception jurisprudentielle était des plus hardies et avait même soulevé dans la doctrine quelques protestations. La même tendance libérale s'affirmait donc dans la législation et dans la jurisprudence.

Le phénomène d'ailleurs n'est pas spécial à la France. Un processus semblable se constate dans la plupart des États européens. Ainsi que le fait remarquer M. Michoud dans son beau livre sur la théorie de la personnalité morale, il semble bien qu'une transformation se soit produite dans la conception du rôle de l'État [2].

Au XVIIIe siècle et dans la première partie du XIXe, l'État estime qu'il a seul mission d'apprécier les exigences du bien public et d'y donner satisfaction. Sur ce terrain il prétend à un véritable monopole. Il considère les collectivités à but

---

(1) V. Cass., 25 juin 1866, *Cercle de Montbard* (S. 66. 1. 358); — Dijon, 15 mars 1899, *Revue des sociétés*, 1899, p. 303; — Trib. civ. Narbonne, 3 janv. 1901, *Revue des sociétés*, 1901, p. 289.

(2) Michoud, *La théorie de la personnalité morale et son application au droit français*, p. 392.

d'intérêt général non comme des alliées, mais des rivales qu'il peut être dangereux de laisser grandir. S'il leur permet de se former librement, il doit se montrer très parcimonieux dans l'octroi de la personnalité morale d'où résultera pour elles un surcroît de puissance et de vitalité. Il ne l'accordera qu'à de rares privilégiées par acte spécial et après vérification individuelle. Mais peu à peu à ce système du Polizeistaat, suivant les expressions de la doctrine allemande, se substitua celui du Rechtsstaat ou du Kulturstaat. Dans cette conception nouvelle, l'État renonce à pourvoir par ses seuls organes à l'infinie variété des besoins sociaux chaque jour plus complexes. Les groupements indépendants lui apparaissent comme pouvant être des auxiliaires dans l'accomplissement de sa mission civilisatrice. Il doit donc laisser en principe la vie corporative s'épanouir librement. La personnalité morale cesse d'être une faveur accordée arbitrairement. Sauf quelques rares exceptions justifiées par des motifs d'une gravité spéciale, elle devient pour les associations un véritable droit, pourvu qu'elles remplissent certaines conditions.

C'est seulement dans la mesure où l'enrichissement exagéré des patrimoines collectifs peut constituer un péril politique ou économique que l'État a le devoir d'intervenir pour limiter leur capacité juridique.

Voilà bien le système vers lequel tendent de plus en plus les législations étrangères.

En Angleterre [1], où la liberté d'association est pleinement reconnue [2], l'association ne jouit pas de plein droit de la personnalité morale. Mais un grand nombre d'associations (Trade-Unions, associations littéraires, scientifiques ou artistiques, sociétés amicales) peuvent l'acquérir par un

---

[1] Nous empruntons la plupart de ces renseignements de droit comparé aux études du Conseil d'État sur le droit d'association dans les législations étrangères (Paris, Imprimerie nationale, 1899).

[2] Il y a toutefois deux exceptions. La législation anglaise prohibe :

1° les sociétés secrètes, les sociétés qui auraient des ramifications ou des succursales ou qui correspondraient avec d'autres sociétés;

2° Les congrégations religieuses d'hommes dépendant de l'Église romaine.

simple dépôt et un enregistrement des statuts. Toute association qui veut obtenir le bénéfice de l'enregistrement doit
adresser sa demande au *Chief Registrar* en y joignant deux
exemplaires des statuts et la liste des administrateurs. Le
Chief Registrar, s'il constate que la société remplit les conditions fixées par la loi, délivre un certificat d'enregistrement.

Dans le cas contraire, il refuse de l'enregistrer, mais la
société peut faire appel de sa décision devant la Haute-Cour
d'Angleterre [1].

En Allemagne, si on fait abstraction de sociétés à but
économique, qui ne peuvent acquérir la capacité juridique
que par voie de concession, c'est-à-dire au moyen d'une
autorisation donnée dans chaque État et conformément aux
lois de cet État, le système admis comme système de droit
commun par le Code civil est celui de l'*immatriculation* [2].
En vertu de l'article 21, toute association licite inscrite sur
le registre des associations a la capacité juridique. L'autorité administrative, il est vrai, a le droit de faire opposition
à l'enregistrement lorsque l'association est illicite [3], ou
peut être interdite d'après les règles du droit public, ou
encore quand elle poursuit un but politique, de politique
sociale ou religieuse (art. 61).

La Suisse se montre beaucoup plus libérale. D'après le
Code fédéral suisse des obligations, toute association licite
— et on sait qu'en Suisse la liberté d'association ne comporte de restrictions que pour les congrégations religieuses
— acquiert la personnalité morale par son inscription sur
les registres du commerce [4].

Mais le même Code laisse aux associations la faculté, si
elles le préfèrent, de se soumettre au point de vue de leur
capacité à la législation de chaque canton. Et quelquefois

---

(1) Jean Clos, dans les *Études du Conseil d'État*, p. 85.

(2) Saleilles, *Les personnes juridiques dans le Code civil allemand, Revue de droit public*, 1901, p. 208.

(3) Ce caractère doit être apprécié d'après la législation particulariste de
chaque État.

(4) L'avant-projet du Code civil maintient le même système.

elles pourront y avoir intérêt. Car dans certains cantons on n'a pas craint de reconnaître de plein droit la personnalité aux associations indépendamment de toute déclaration à l'autorité publique. C'est ce que décide l'article 26 du Code civil de Zurich.

Voilà donc un groupe de législations qui se contentent d'une simple mesure de publicité pour permettre à l'association de posséder un patrimoine collectif.

Il en est même qui sont allées plus loin. Nous venons de dire qu'à Zurich l'association dès qu'elle est formée est *ipso facto* investie de la personnalité juridique. De même en Autriche[1], où la liberté d'association est assez gravement entravée, l'article 26 du Code civil autrichien voit une personne morale dans toute association licite. Ces législations consacrent la libre personnification.

Enfin, même dans les pays où on a conservé le principe de la concession de la personnalité par acte spécial de l'autorité publique, on constate une tendance à en atténuer la portée.

En Hollande, où existe la liberté d'association, l'article 5 de la loi du 22 avr. 1855 décide que la personnalité morale est concédée par la loi ou par le Roi. Mais l'application de ce principe est immédiatement limitée par l'article 7, aux termes duquel la reconnaissance ne sera refusée que pour des motifs basés sur l'intérêt général [2]. Il n'est donc pas nécessaire que l'association justifie de son caractère d'utilité publique. Il suffit qu'elle ne poursuive pas un but contraire à la prospérité générale du pays. Nous sommes déjà loin de la reconnaissance d'utilité publique telle qu'elle est comprise en France.

On peut faire la même constatation pour l'Italie [3]. L'article 2 du Code civil italien dispose que l'association ne jouit de la personnalité morale que si elle a été légalement reconnue. Cette reconnaissance, qui correspond exactement à notre déclaration d'utilité publique (elle est accordée par un

(1) Voir Michoud, *op. cit.*, p. 397.
(2) *Etudes du Conseil d'État*, p. 189.
(3) Grunbaum, dans le *Recueil du Conseil d'État*, p. 169.

décret royal rendu après avis du Conseil d'État), devait, dans la pensée de la loi, constituer une faveur réservée aux seuls groupements qui, ce sont les expressions mêmes du rapporteur au Sénat, M. Vigliani, « répondent à un besoin social et permanent ». Mais la pratique administrative a considérablement élargi cette conception. Le Conseil d'État italien accorde la reconnaissance à toute association régulièrement constituée et poursuivant un but licite, sans même exiger qu'elle soit en possession d'un certain capital. De telle sorte que, en réalité, la reconnaissance n'est plus un privilège réservé aux œuvres d'utilité publique, mais la simple constatation du caractère légal de l'association.

Enfin, il convient d'observer que dans les pays comme la Belgique, où il est appliqué avec le plus de rigueur, le système de la concession est aujourd'hui vigoureusement attaqué. Certains projets de réforme [1] accordent de plein droit aux associations charitables la personnalité, pourvu qu'elles réalisent les conditions déterminées à l'avance par la loi.

Il est donc permis d'affirmer qu'à la veille de la loi de 1901 le même courant libéral traversait avec une intensité variable presque toutes les législations et les orientait vers un régime de plus en plus favorable aux associations. C'est sous son influence que la loi nouvelle reconnaît aux associations simplement déclarées une certaine capacité dans l'article 6 ainsi conçu :

« Toute association régulièrement déclarée peut, sans aucune autorisation spéciale, ester en justice, acquérir à titre onéreux, posséder et administrer, en dehors des subventions de l'État, des départements et des communes :

1º Les cotisations de ses membres, les sommes au moyen desquelles ces cotisations ont été rédimées, ces sommes ne pouvant pas être supérieures à 500 francs;

2º Le local destiné à l'administration de l'association et à la réunion de ses membres;

3º Les immeubles strictement nécessaires à l'accomplissement du but qu'elle se propose ».

---

(1) V. Rivière, dans *Réforme sociale* du 16 janv. 1901, p. 165 et suiv.

II

Quelles sont exactement les limites de cette capacité?

La réponse à cette question nous parait dans une large mesure influencée par la solution donnée au problème de la personnalité morale. Nous ne pouvons bien entendu présenter ici incidemment un exposé détaillé des nombreuses théories édifiées sur ce point. Il nous suffira de rappeler à grands traits les tendances générales dont elles procèdent et de signaler les conséquences qui en découlent au point de vue spécial qui nous occupe.

Or on peut ramener à trois les courants principaux qui dominent en France toute cette évolution doctrinale.

Les uns voient dans la personne morale une fiction, les autres la tiennent pour une réalité. D'autres enfin la nient comme inutile et dangereuse.

Pendant longtemps, sous l'influence de Savigny et de son école, on fut généralement d'accord pour considérer la personnalité morale comme une création artificielle de la loi [1]. En vue de faciliter le commerce juridique, la loi, par un acte de sa puissance souveraine, appelle à la vie des êtres fictifs à qui elle suppose une volonté et qui vont devenir sujets de droit. D'où un certain nombre de corollaires importants :

Du moment que la personnalité morale ne repose sur aucune réalité et est exclusivement l'œuvre de la loi, il appartient au législateur de l'accorder ou de la refuser à son gré. Elle est une faveur octroyée aux seuls groupements qui en semblent dignes. Mais qui dit faveur dit arbitraire. Et n'est-il pas à craindre que seuls en bénéficient les collectivités agréables à l'État?

De plus, la personne morale étant une fiction, elle ne saurait prétendre à la même capacité que les personnes physi-

---

[1] Jusqu'à ces dernières années c'était le système couramment admis en France. V. notamment Baudry-Lacantinerie et Fourcade, des Personnes, t. I, § 296; — Ducrocq, Cours de droit administratif, 7e éd. t. IV, no 1372; — Laurent, Droit civil, t. I, nos 287-288 et s.

ques (1). Le législateur en effet lui donne seulement la vie
dans la mesure où cela est nécessaire pour lui permettre de
remplir plus facilement sa mission. Elle n'a d'existence
qu'en vue et dans les limites de sa destination. En dehors
de là elle n'est rien. Par conséquent tous les actes qui tendent à faire dévier la personne morale du but spécial pour
lequel elle a été créée sont nuls comme ayant été faits par
un incapable ou plus exactement par un non-être.

En d'autres termes, dans cette conception le principe de
la *spécialité* des êtres collectifs apparaît comme une véritable règle de droit civil dont l'application doit être assurée
par les tribunaux judiciaires (2).

Enfin si la personnalité morale est une concession de la
volonté législative, elle revêt par là même un caractère
exceptionnel. Et par suite, les textes qui délimitent sa capacité doivent recevoir une interprétation rigoureusement restrictive. Car on ne saurait perdre de vue qu'elle ne peut
puiser aucun élément de vie en dehors du verbe créateur de
l'État.

Aux antipodes de ce système, beaucoup d'auteurs enseignent au contraire que loin d'être un être imaginaire, en-
gendré par le caprice du législateur, la personne morale a
une existence réelle et jouit d'une vie propre, abstraction
faite de toute intervention de l'autorité publique.

Mais on peut concevoir cette personne réelle de façons
très diverses.

Tous ceux qui acceptent la définition classique du droit
subjectif — « une puissance attribuée à une volonté par le
droit objectif » — sont naturellement amenés, pour prouver
la réalité de la personne morale, à démontrer en elle l'existence d'une volonté.

Mais c'est précisément cette volonté qui est difficile à découvrir; car les actes de volition de la personne morale
semblent bien n'être que le produit des volontés individuelles de ceux qui la représentent.

---

(1) Capitant, *Indroduction à l'étude du droit civil*, 2 éd., p. 165, note 3.
(2) Tous les partisans du principe de la spécialité règle de droit civil sont
en même temps des tenants de la théorie de la personnalité fictive.

Et dès lors comment parler sans métaphore de volonté collective ?

Certains prétendent résoudre la difficulté en affirmant que les groupements forment des organismes vivants dont les hommes sont les cellules. Chacun de ces organismes serait pourvu d'une intelligence et d'une conscience collectives et par suite serait susceptible d'avoir une volonté propre [1].

D'autres au contraire, comme Beseler, le créateur de la *Willenstheorie*, dont la pensée a été reprise et magistralement développée par Otto Gierke [2], enseignent que si la personne morale ne constitue pas, comme l'ont prétendu certains sociologues, un organisme physiologique, elle n'en est pas moins douée d'une unité réelle. C'est qu'en effet, de même que sous l'action de la force vitale, il se forme dans le corps humain un être distinct des éléments physiques qui le composent — de même dans les associations, de toutes les volontés individuelles mises en commun dans un but identique, se dégage une volonté collective ayant une vie propre, indépendante et susceptible de devenir sujet de droit.

D'autres encore, comme M. Hauriou [3], ont cherché l'explication dans la réalité du phénomène de la représentation. Sur toute décision à prendre les volontés individuelles des membres du groupe s'amalgament et se fondent en une volonté unique qui s'impose, persiste et doit être considérée comme la volonté de la collectivité elle-même.

Enfin, plus récemment, M. Michoud [4] a essayé d'asseoir sur une autre base le système de la personnalité réelle. Rejetant la conception classique d'après laquelle la volonté est

---

(1) V. Worms, *Organisme et sociétés*, thèse Paris, 1896, p. 59 ; Novicow, *Conscience et volonté sociales*, p. 112-113. Cette doctrine est de plus en plus abandonnée par les sociologues eux-mêmes. V. Michoud, *op. cit.*, p. 73, et les auteurs cités par lui.

(2) Otto Gierke, *Deutches Privatrecht*, t. I, § 59.

(3) Hauriou, *De la personnalité comme élément de la réalité sociale*, dans *Revue générale de droit*, 1898, p. 5. — Adde, *Leçons sur le mouvement social*, p. 92 et s., et 2e append., p. 144 et s.

(4) Michoud, *op. cit.*, p. 99 et s.

l'essence même du droit, il définit le droit subjectif « *un in-térêt d'un homme ou d'un groupe d'hommes juridique-ment protégé au moyen de la puissance reconnue à une volonté de la représenter ou de la défendre* ». Dès lors, pour qu'un groupement puisse être sujet de droit, il n'est plus né-cessaire qu'il ait par lui-même une volonté. Il suffit qu'il ait un intérêt. La personne morale existe donc réellement dans l'association du moment qu'à côté des intérêts indivi-duels de ses membres, apparaît un intérêt collectif distinct de ces intérêts individuels.

Ce n'est point ici le lieu de présenter une critique même superficielle de ces diverses conceptions, dont aucune d'ail-leurs ne me paraît pleinement satisfaisante. Qu'il me suffise de constater que ces différentes doctrines se rencontrent en un même point. Toutes affirment le caractère réel de la per-sonne morale et par là même proclament la capacité natu-relle et spontanée des associations. Et cette idée engendre des déductions qui font nettement antithèse à celles que nous tirions tout à l'heure de la théorie de la fiction.

Puisque la personnalité morale existe dès qu'un groupe-ment remplit certaines conditions, l'État n'a pas à la créer à la façon d'un magicien qui d'un coup de baguette ferait sor-tir l'être du néant. Il se borne à la reconnaître comme il re-connaît la personnalité des individus qui naissent vivants et viables.

Ce n'est point à dire, d'ailleurs, que cette reconnaissance soit due à toute collectivité qui y prétend. Il serait inadmis-sible que l'État restât désarmé en présence de groupements dont le développement pourrait devenir un danger social. A lui d'apprécier souverainement si l'intérêt général ne com-mande pas de méconnaître la personnalité de certains grou-pements ou d'amputer celle de certains autres en limitant leur capacité à des actes déterminés. Mais l'État doit se ren-dre compte qu'en ce faisant, il ne remplit plus, suivant l'ex-pression de M. Michoud, sa mission normale d'interprète du droit [1], il intervient à titre de pouvoir de police, et par

---

(1) Michoud, *op. cit.*, p. 35.

suite son action restrictive n'est légitime que si elle se justifie par d'impérieuses considérations d'ordre public.

En d'autres termes, il ne s'agit pas de se demander, comme dans la théorie de la fiction, si l'État doit octroyer la personnalité à telle association, mais bien — ce qui est exactement le contraire — s'il a des raisons suffisantes pour détruire ou ligoter la personnalité de cette association.

Et cette doctrine engendre une autre conséquence très notable.

Si la personnalité morale existe, abstraction faite de toute concession législative, on est amené à concevoir cette personnalité avec la même étendue que celle des personnes physiques. Elle doit comporter les mêmes droits, entraîner les mêmes prérogatives, sauf les restrictions expressément formulées par la loi. Le principe de la spécialité n'est donc pas, comme dans la théorie de la fiction, un principe de limitation de la personnalité, mais une simple règle de police administrative. En d'autres termes, s'il incombe à l'administration, par l'exercice de son droit de tutelle et de contrôle dans les cas où elle est appelée à l'exercer, de maintenir la personne morale dans le cadre de son activité normale, les actes faits par la personne morale ne sauraient être annulés par les tribunaux civils sous prétexte qu'ils ne tendent pas au but spécial en vue duquel elle s'est constituée.

Enfin la personnalité morale n'étant pas un privilège concédé arbitrairement par l'État, mais un attribut naturel qu'il se borne à reconnaître, elle apparaît comme un phénomène normal et non plus exceptionnel. Donc les textes dans lesquels la loi réglemente la capacité des personnes morales ne devront pas être interprétés restrictivement. A la jurisprudence il appartiendra de compléter la liste des actes permis en s'inspirant d'analogies plus ou moins directes [1].

Telles sont les solutions très libérales auxquelles conduisent logiquement toutes les doctrines qui admettent la réalité de la personne morale.

Mais — et c'est une idée qui ne me paraît pas avoir été

---

[1] Hauriou, *op. cit.*, p. 267.

suffisamment mise en relief — elles s'imposent également à ceux qui rejettent comme inutile la notion même de personnalité et font purement et simplement reposer tous les droits de l'association sur la tête de ses membres [1].

Ces auteurs partent de ce principe, déjà formulé par Ihering [2] dans l'*Esprit du droit romain*, c'est que l'homme seul peut être titulaire de droits. Un droit n'existe, en effet, qu'autant qu'il est susceptible de procurer une utilité à son destinataire. Or, comment une personne morale, c'est-à-dire une abstraction, pourrait-elle tirer avantage d'un droit? En réalité, les droits qui composent son patrimoine ne profitent et ne peuvent profiter qu'à des êtres en chair et en os, aux membres présents et futurs de la corporation. Ce sont eux qui sont les véritables sujets de ces droits. En dehors d'eux il n'y a rien. Ce n'est point à dire d'ailleurs que chaque associé ait sur le fonds social des droits identiques à ceux qu'il possède sur ses autres biens. En entrant dans l'association, les associés ont visé un but commun et pour l'atteindre, ils ont dû consentir à former un patrimoine distinct de leur patrimoine propre et obéissant à des règles spéciales :

1° Le droit des associés est considéré comme mobilier, alors même que le fonds social comprend des immeubles.

2° La société peut ester en justice sous son nom, par l'intermédiaire de son gérant, sans que les associés aient à figurer dans l'instance.

3° L'actif social reste le gage exclusif des créanciers sociaux. Ceux-ci n'ont pas à redouter le concours des créanciers personnels des associés.

Et comme conséquence, les créances ou les dettes de la société ne peuvent pas se compenser avec celles qui sont personnelles aux associés.

---

(1) V. dans Michoud, p. 39, l'exposé d'une autre théorie, qui, tout en rejetant la notion de personne morale, considère le patrimoine collectif comme appartenant non point aux membres de l'association, mais au but poursuivi par elle (*Zweckvermögen*).

(2) Ihering, *Esprit du droit romain*, trad. Meulenaere, t. IV, p. 326.

Mais il est inutile pour expliquer ces trois règles — la démonstration a été faite par M. Van Den Heuvel[1] et à sa suite par M. Mongin[2] — d'attribuer le patrimoine à un être nouveau, la personne morale.

La première s'explique par des raisons d'ordre pratique. La loi a voulu éviter aux associés les inconvénients résultant des formalités auxquelles se trouvent soumis les transferts immobiliers.

La seconde constitue simplement une dérogation à la règle vieillie et de plus en plus abandonnée « Nul ne plaide en France par procureur ».

Quant à la troisième, de beaucoup la plus importante, on l'explique en disant que les associés ont tacitement stipulé une séparation des patrimoines résultant de l'affectation de certains biens aux besoins de l'association.

On peut donc maintenir que tous les droits restent sur la tête des individus membres de l'association ; seulement ces droits affectent une forme particulière, sont soumis à un régime spécial, le régime de la *propriété collective*, dont la caractéristique est d'être un régime unitaire, c'est-à-dire de soustraire le patrimoine commun à l'action des volontés individuelles et cela grâce aux trois prérogatives signalées. De sorte que, à distance, tout se passe comme si tous les associés ne faisaient qu'une seule et même personne. L'esprit devait donc tout naturellement être tenté de personnifier l'association et d'attribuer à cette personne des droits, des obligations, en un mot un patrimoine.

Mais ce n'est là qu'une manière de parler, un procédé commode d'exposition, un moyen de simplifier la description d'une situation complexe. « Elle est la projection sur notre écran intellectuel de l'association soumise au régime décrit »[3]. En réalité, cette prétendue personne morale n'a pas d'existence en dehors des associés.

« L'idée de personnalité morale, dit excellemment M. Pla-

(1) Van Den Heuvel, *De la situation légale des associations sans but lucratif en France et en Belgique*, 2ᵉ éd., p. 42 et suiv.

(2) Marcel Mongin, *Revue critique*, 1890, p. 697.

(3) De Vareilles-Sommières, *Les personnes morales*, p. 225.

niol[1], n'est autre chose qu'une conception simple, mais superficielle, qui cache aux yeux la persistance jusqu'à nos jours, de la propriété collective à côté de la propriété individuelle ».

Et la même idée est exprimée par M. Berthélemy[2] dans les termes suivants : « Nous pouvons être de trois manières propriétaires d'un champ ou d'un troupeau : *individuellement*, c'est-à-dire chacun pour une part divise, pour un nombre déterminé de bêtes ; *indivisément*, c'est-à-dire chacun pour une quote-part du champ ou du troupeau ; *collectivement*, c'est-à-dire à nous tous envisagés comme n'étant qu'un ».

Ce système de la propriété collective, qui à mon sens explique très heureusement la situation des associations de droit privé[3], a, comme les théories réalistes, le mérite d'affirmer la capacité spontanée et naturelle des associations. La propriété collective, en effet, est un régime naturel qui se retrouve à toutes les époques et dans tous les pays.

Le législateur ne la crée pas, il ne peut qu'en reconnaître l'existence.

Voici des particuliers qui s'associent et veulent affecter certains biens à un but déterminé, scientifique, artistique, littéraire... Ils entendent que le patrimoine d'affectation forme une masse à part, complètement séparée de leurs biens propres, qu'il soit soumis à une gestion collective et échappe à toute emprise individuelle pendant toute la durée de l'association.

---

(1) Planiol, *op. cit.*, 2ᵉ éd., t. I, nᵒ 1967. Cf. dans la 4ᵉ éd., nᵒˢ 3007 et 3017.

(2) Berthélemy, *Traité élémentaire de droit administratif*, 4ᵉ éd., p. 32.

(3) M. Michoud lui-même (*op. cit.*, p. 63) ne semble pas éloigné de penser que la théorie de la personnalité réelle suffit à rendre compte de la situation des groupements de droit privé, mais il croit devoir la repousser, parce que d'après lui, l'idée de patrimoine collectif est insuffisante à expliquer l'unité et la perpétuité des personnes morales du droit public. — L'objection ne me paraît pas décisive. Serait-il démontré que cette conception est trop courte pour s'adapter aux personnes morales du droit public, je ne verrais pas de raison pour la rejeter, en tant qu'elle s'applique aux associations de droit privé. Pourquoi vouloir quand même trouver une seule et même explication pour des phénomènes de nature différente ? (V. dans le même sens, Cézar-Bru, *La personnalité morale*, Rev. gén. de droit, 1906, p. 345.

En présence d'une pareille convention, la loi peut prendre deux attitudes : ou bien prohiber la formation de ce patrimoine de mainmorte et déclarer que contrairement à leur volonté les associés resteront dans l'indivision. Ou bien laisser cette convention ressortir à effet, c'est-à-dire permettre aux associés de se soumettre au régime qu'ils ont eu en vue et qui est celui de la propriété collective. Mais dans ce dernier cas, il est manifeste que le législateur ne crée rien. Il se borne à constater et à réglementer un phénomène social préexistant. Il est donc vrai de dire qu'envisagée de ce nouveau point de vue, la capacité de l'association n'est pas une concession arbitraire de l'Etat, mais un attribut qui lui appartient en propre. D'où cette triple conséquence :

1º La loi ne doit refuser aux associations de se soumettre au régime de la propriété collective que si l'intérêt public l'exige impérieusement;

2º Les textes énumérant les actes rentrant dans la capacité de l'association doivent être entendus largement.

3º Enfin le principe de la spécialité ne s'offre plus sous l'aspect d'un principe restrictif de capacité, mais simplement d'une règle de police administrative.

Ce sont précisément les trois propositions que nous déduisions tout à l'heure des doctrines réalistes.

Au point de vue spécial qui nous occupe — de la capacité des associations proprement dites — il n'y a donc pas intérêt à prendre parti entre la théorie de la personne morale réelle et le système des droits individuels.

Toute la question est de savoir si la capacité de l'association déclarée, telle qu'elle est formulée par l'art. 6 de la loi du 1er juill. 1901, doit être considérée comme une qualité spontanée que le législateur se contente de reconnaître (théorie de la personnalité réelle et de la propriété collective), ou si au contraire elle est le produit artificiel d'une concession de l'État (théorie de la personnalité fictive).

A l'exemple du Code civil allemand, la loi de 1901 ne contient sur ce point aucune déclaration de principes; et on ne saurait l'en blâmer, car ce sont là questions théoriques qui sont et doivent rester du domaine de la science. Le projet Waldeck-Rousseau, il est vrai, consacrait expressément l'idée de la fiction. La personnalité morale, disait l'art. 10, « est la fiction légale, en vertu de laquelle une association est considérée comme constituant une personne morale distincte de la personne de ses membres, qui leur survit, et en qui réside la propriété des biens de l'association ».

Mais cette définition inspirée, d'une doctrine dont la réfutation paraît bien aujourd'hui définitive, n'a heureusement pas passé dans le texte voté par les Chambres.

Ce n'est point à dire d'ailleurs que l'ombre de la vieille théorie romaniste ne se projette bien encore sur l'ensemble de la loi. A s'en tenir aux opinions développées par la plupart des orateurs parlementaires, il paraît même que l'esprit général de la loi soit dans le sens d'une création artificielle de la capacité [1]. Mais ces déclarations individuelles et d'ordre purement doctrinal ne sauraient enchaîner l'interprétation, quand il est possible de faire jaillir du texte lui-même un autre principe directeur. Or il me semble incontestable que si le législateur s'est encore laissé dominer par l'idée de fiction légale, surtout en ce qui concerne les associations reconnues d'utilité publique, il a cependant fait instinctivement des concessions aux adversaires de cette doctrine en reconnaissant aux associations simplement déclarées une certaine capacité.

N'oublions pas en effet qu'il suffit à l'association de faire une déclaration, c'est-à-dire d'accomplir un acte dépendant exclusivement de sa volonté pour se voir investie de la capacité. L'article 5 dispose : « Toute association qui *voudra obtenir* la capacité... ». C'est donc bien elle qui, suivant l'heureuse expression de M. Hauriou [2], réalise sa capacité comme un pouvoir propre qui lui appartient d'avance. Cette capacité n'est pas plus une création de la loi que la personnalité de l'enfant dont la naissance vient d'être déclarée à

---

(1) Hauriou, *Précis de droit administratif et de droit public*, 6ᵉ éd., p. 267.

(2) Hauriou, *op. cit.*, p. 268.

l'officier de l'état civil. La vérité, c'est que dans un cas comme dans l'autre, le législateur ne fait que reconnaître une capacité naturelle préexistante. Seulement, à raison des dangers que peut présenter le développement des patrimoines de mainmorte, il restreint et réglemente cette capacité.

Cette constatation est féconde en conséquences pratiques.

III

D'abord, la capacité de l'association étant une qualité spontanée, nous sommes autorisés, comme nous l'avons montré, à donner de la loi une interprétation extensive. Et cela n'est pas indifférent. Car il est des actes que le législateur n'a pas visés et au sujet desquels l'hésitation est permise. Contrairement à ce qu'enseignent la plupart des auteurs, nous dirons : la capacité est la règle, l'incapacité l'exception ; les associations déclarées ont donc le droit de faire tout ce qui ne leur est pas défendu.

1° Aux termes de notre texte, l'association déclarée peut ester en justice en son propre nom par l'intermédiaire d'un représentant. Il n'est donc pas nécessaire que les noms de tous les associés figurent dans les actes de la procédure. Les inconvénients de la règle « Nul ne plaide en France par procureur » sont ainsi écartés. Le droit de l'association est d'ailleurs absolu. Il existe devant toutes les juridictions judiciaires ou administratives, sans qu'il soit nécessaire d'obtenir une autorisation pour engager l'instance ou y défendre. Mais quel va être le représentant de l'association ? Le plus souvent un article des statuts désignera un des membres du comité directeur, par exemple le président ou le trésorier. Les tiers seront renseignés sur ce point par les statuts, dont ils peuvent prendre communication au secrétariat de la préfecture ou de la sous-préfecture. Dans l'hypothèse très rare où les statuts seraient muets, les tiers assigneront valablement le chef de l'association (président ou directeur), qui *ipso facto* aura qualité pour défendre à l'action. Celui-ci au contraire devra se faire habiliter par une décision spéciale pour pouvoir entamer une instance [1].

Il est à peine besoin d'observer que le tribunal compétent pour connaître des actions dirigées contre l'association est celui de l'arrondissement de son siège social, c'est-à-dire de son domicile (art. 59, C. proc. civ.).

L'association déclarée a donc le droit d'ester en justice. Mais a-t-elle le droit de transiger? On pourrait en douter, car, de droit commun, la capacité requise pour transiger n'est pas la même que celle exigée pour plaider (Arg., art. 464 et 467, C. civ.).

Toutefois, par application du principe d'interprétation posé plus haut, nous déciderons que ce droit appartient à l'association comme conséquence du droit d'ester en justice [2]. Cette solution a d'ailleurs été affirmée par le rapporteur à la Chambre des députés [3].

2° En second lieu, l'association déclarée peut posséder un patrimoine collectif. Mais, comme le dit M. Planiol [4], elle est condamnée à rester pauvre. La seule source normale d'enrichissement est pour elle le produit des cotisations de ses membres. Il est à remarquer que le mot *cotisations* a remplacé dans l'article 61 l'expression *apports mobiliers* qui figurait dans le projet et qui fut trouvée dangereuse parce que trop élastique [5].

Mais il arrive souvent qu'une clause des statuts autorise les membres de l'association à se libérer de l'obligation de payer leurs cotisations futures moyennant le versement

(1) V. par analogie les décisions citées par Trouillot et Chapsal. *op. cit.*, p. 514. — Cass., D. 47. 1. 301; — Trib. com. Seine, 9 août 1887, *La Loi*, 29 et 30 août 1887; — Lyon, 3 juin 1890, D. 91. 2. 30.

Dans le même sens, Benoist, Le Vavasseur, Cellier et Taudière, *Sociétés et Associations*, Paris, 1905, p. 37.

(2) En ce sens, Trouillot et Chapsal, *op. cit.*, p. 515; — Baudry-Lacantinerie, *Précis de droit civil*, 9ᵉ éd., t. II, p. 669; — Grumbach, *Les Associations et les cercles depuis la loi du 1ᵉʳ juillet 1901*, p. 39; — Benoist, Le Vavasseur, *op. cit.*, p. 37.

(3) V. la réponse de M. Georges Trouillot à M. Piou, *Journ. off.*, Chambre des députés, séance du 5 février 1901, p. 314.

(4) Planiol, *Traité élémentaire de droit civil*, t. I, 4ᵉ éd., p. 987.

(5) *Journ. off.*, Chambre des députés, séance du 5 février. Discours Waldeck-Rousseau et Trouillot, p. 313 et suiv.

d'une somme déterminée. Dans ce cas, l'article 6 décide que la somme fixée pour le rachat ne doit pas dépasser 500 francs. On craint que, sous prétexte de-rachat des cotisations, on ne fasse à l'association des libéralités au mépris de son incapacité de recevoir à titre gratuit.

La restriction du rachat des cotisations à 500 francs fut du reste l'objet au Sénat des plus vives critiques.

M. Trarieux fit remarquer que la limitation établie portait sur un taux trop faible — car sa capitalisation à 10 0/0 ne représentait qu'une cotisation annuelle de 25 francs environ, ressource insuffisante pour beaucoup d'associations [1].

De plus et surtout, il semblait illogique de réduire à 500 francs le taux de rachat, alors que les cotisations peuvent être illimitées, solution qui ne saurait être sérieusement contestée en l'absence d'un texte restrictif et qui d'ailleurs fut affirmée de façon formelle par le président du Conseil [2]. N'est-il pas contradictoire d'interdire à un associé de payer 501 francs pour se libérer d'un seul coup et de l'autoriser à s'engager à payer une cotisation annuelle de 2.000 francs, par exemple ?

Le Président du conseil essaya d'expliquer cette anomalie dans les termes suivants :

« En voici la raison, Messieurs, elle est très simple : c'est qu'en n'assignant pas de chiffre au rachat des cotisations, on ouvre la porte à tous les expédients à l'aide desquels peut être tournée la loi. En effet, si on dit à une personne : « Vous paierez chaque année telle somme », cela conduit cette personne à prendre chaque année une résolution, c'est un don qu'elle renouvelle annuellement. Cela est tellement vrai que, dans le système de la loi et à moins d'engagement positif contraire, le sociétaire peut toujours se retirer de la société, les engagements pris ne le sont pas pour une

---

(1) *Journ. off.*, Sénat, Déb. parlem., séance du 17 juin 1901, p. 902 et suiv.

(2) *Journ. off.*, Sénat, Déb. parlem., séance du 17 juin 1901, p. 904. — En ce sens, Trouillot et Chapsal, *op. cit.*, p. 520 ; — Grumbach, *op. cit.*, p. 40 ; — Benoist, Le Vavasseur, *op. cit.*, p. 41.

durée indéterminée. Il y a donc là un acte qui doit être re-
nouvelé, un acte qui exclut toute pression morale et toute
surprise ; c'est bien une contribution volontaire et répétée
aux besoins de la société. Mais si vous n'assignez pas de
chiffre au rachat des cotisations, c'est-à-dire à une opération qui se fait en une fois, vous allez, sous couleur de rachat des cotisations ouvrir précisément la porte à ces donations mobilières que l'article 6 a voulu éviter. Ces raisons
me paraissent très suffisantes pour vous faire écarter l'a-
mendement, et je demande au Sénat de ne pas le prendre
en considération[1] ».

Quelle que soit la valeur législative de la distinction, cette
déclaration a l'avantage de préciser le sens du mot cotisation. Dans la pensée de Waldeck-Rousseau — et aucune
contradiction ne s'éleva sur ce point — la cotisation consiste
dans un versement *annuel*[2], c'est-à-dire *répété*, dont le
montant est déterminé par les statuts pour chaque catégorie d'associés. La loi ne contenant sur ce point aucune disposition prohibitive, les associations peuvent en effet
comme par le passé avoir plusieurs espèces de membres,
fondateurs, honoraires, actifs, payant des cotisations de valeur inégale.

Tout versement fait en dehors des prévisions des statuts
s'analyse en une donation et tombe sous le coup de la nullité. Et il convient d'ajouter que lorsque les cotisations sont
d'un taux très élevé et ne sont pas régulièrement payées par
les mêmes associés, les tribunaux peuvent être appelés à
rechercher si sous le couvert de cette opération ne se dissimule pas une libéralité dont il convient de prononcer la
nullité. Encore une fois, le propre de la cotisation, c'est de
se répéter chaque année[3]. On admet cependant que la cotisation de la première année peut être majorée d'une cer-

---

(1) *Journ. off.*, Sénat, Déb. parl., séance du 17 juin 1901, p. 204.

(2) Cette interprétation est confirmée par l'article 4 de la loi du 1er juill.
1901, aux termes duquel : « Tout membre d'une association qui n'est pas
formée pour un temps déterminé peut s'en retirer en tout temps, après
paiement des cotisations échues et de l'*année courante*, nonobstant toute
clause contraire ». Le caractère de la cotisation est donc d'être annuelle.

(3) En ce sens, Benoist, Le Vavasseur, *op. cit.*, p. 41.

taine somme qu'on qualifie de *droit d'entrée*, à la condition qu'elle soit prévue par les statuts pour chaque catégorie de membres [1].

Les cotisations, voilà donc la source qui va alimenter le patrimoine collectif. L'article 6 donne à l'association le droit de les *administrer*, ce qui implique, semble-t-il, celui de placer l'excédent de ces cotisations, si elle parvient à réaliser des économies. Ce placement peut être fait en valeurs quelconques, même en titres au porteur. L'obligation de placer les valeurs mobilières en titres nominatifs dont parle l'article 11 est spéciale aux associations reconnues d'utilité publique. La loi d'ailleurs ne fixe aucune limite au développement de la fortune mobilière de l'association déclarée.

Par contre, en matière immobilière, cette association ne peut acquérir et posséder que le local destiné à son administration et à la réunion de ses membres, ainsi que les biens *strictement* nécessaires à l'accomplissement du but qu'elle se propose (art. 6). En vertu de cette disposition, inspirée par la crainte du développement de la mainmorte immobilière, il est interdit à l'association d'acquérir à titre de placement des immeubles de rapport. Elle ne pourrait même pas acheter un immeuble pour en occuper une partie et louer l'autre. Cette solution est commandée par le texte. Le maintien du mot « strictement », dont M. Iriart d'Etcheparre [2] demanda vainement la suppression, marque bien l'intention du législateur de ne lever l'interdiction de posséder des immeubles que dans les limites rigoureuses des besoins de l'association. Il est même à présumer, cet adverbe ne figurant pas dans l'article 11, relatif aux associations reconnues d'utilité publique, que la jurisprudence se montrera plus stricte dans l'appréciation de la nécessité de l'immeuble, quand il s'agira d'une association simplement déclarée. On doit cependant admettre qu'il est loisible à l'association de

---

(1) En ce sens, Trouillot et Chapsal, *op. cit.*, p. 521 ; Benoist, Le Vavasseur, *op. cit.*, p. 40.

(2) V. amendement Iriart d'Etcheparre et la réponse du rapporteur, *Journ. off.*, Chambre des députés, Déb. parlem., séance du 5 févr. 1901, p. 314 et 315.

louer sa salle de réunion les jours où ses membres ne s'assemblent pas[1].

L'association peut encore — et c'est sa seconde cause d'enrichissement — obtenir des subventions de l'État, des départements et des communes (art. 6). Cette faculté en pratique ne lui procurera pas grandes ressources, car pour que la subvention soit valable il faut que le but poursuivi par l'association figure au nombre de ceux pour lesquels la loi permet l'affectation des ressources communales ou départementales. Ainsi il a été décidé[2], par application de l'article 2 de la loi du 30 oct. 1886, que les communes ne peuvent pas subventionner les écoles libres d'enseignement primaire.

La subvention allouée par un conseil municipal à une association ayant pour but la fondation d'écoles de cet ordre serait donc frappée de nullité.

Tels sont les éléments qui composent le patrimoine collectif. La loi nous dit que l'association déclarée peut *administrer et posséder* ces biens. La formule est équivoque. Elle ne nous éclaire pas de façon précise sur les opérations que peut réaliser l'association. En particulier on peut se demander s'il lui est loisible de consentir une aliénation ou une hypothèque, actes qui ne rentrent certainement pas dans le cadre de l'administration.

En vertu du principe dégagé plus haut, et d'après lequel, sa capacité n'étant pas une création artificielle de la loi, l'association peut faire tout ce qui ne lui est pas interdit, nous déciderons qu'elle accomplira valablement et sans aucune autorisation tous les actes de conservation ou de gestion du patrimoine collectif.

Ainsi non seulement elle peut prendre à bail un local pour y tenir ses réunions, mais encore, propriétaire d'un immeuble, elle a le droit de l'échanger contre un autre [3], de le

---

(1) Trouillot et Chapsal, *op. cit.*, p. 523.

(2) V. avis du Conseil d'État du 19 juill. 1888 et arrêt du Conseil d'État du 20 févr. 1891.

(3) Cette solution est consacrée par l'article 3 du décret du 16 août 1906,

grever de servitude ou de l'hypothéquer à la sûreté d'obligations par elle contractées.

Mais si la capacité de l'association déclarée peut ainsi être élargie par une interprétation libérale quand on considère cette capacité comme naturelle et spontanée, il est cependant des restrictions qui s'imposent, car elles sont l'œuvre de la loi elle-même.

Nous en avons déjà signalé une, relative aux immeubles.

L'association déclarée ne peut acquérir que les immeubles strictement nécessaires au but visé par elle. En voici une seconde beaucoup plus importante. Elle n'a pas la faculté de recevoir des libéralités même mobilières. Cette incapacité résulte de l'article 6, aux termes duquel les associations déclarées peuvent « acquérir à titre onéreux ». D'où les acquisitions à titre gratuit sont prohibées. Et cette induction est corroborée par le rapprochement de l'article 6 et de l'article 11, qui consacre au contraire au profit des associations reconnues d'utilité publique le droit de recevoir des libéralités moyennant une autorisation. L'intention du législateur s'est du reste nettement affirmée au cours de la discussion par le rejet à la Chambre d'un amendement de M. Jules Baron tendant à conférer aux associations déclarées le droit de recevoir « les souscriptions par elles recueillies [1] » — et au Sénat d'un amendement de M. Riou qui entre autres choses attribuait aux associations déclarées le droit de recevoir « les souscriptions par elles recueillies [2] ».

Cette incapacité d'acquérir à titre gratuit est générale. Elle s'applique aux donations entre-vifs et aux legs. Les dons manuels eux-mêmes tombent sous le coup de la

qui indique les formalités à remplir en cas d'acquisitions ou d'aliénations immobilières.

(1) *Journ. off.*, Chambre des députés, Déb. parlem., séance du 5 févr. 1901, p. 317.

(2) *Journ. off.*, Sénat, Déb. parlem., séance du 17 juin 1901, p. 900. V. également même séance. Discours de M. Trarieux, p. 901 et le discours de Waldeck-Rousseau, p. 906.

prohibition, sauf bien entendu les difficultés de preuve.

Toutefois cette incapacité de recevoir des libéralités semble devoir comporter des tempéraments. Nous touchons ici à la question depuis longtemps discutée de savoir si une libéralité adressée à une association non reconnue d'utilité publique doit être tenue pour valable, à la condition bien entendu que cette reconnaissance intervienne après coup.

Il est essentiel de rappeler sur ce point les solutions reçues avant la loi de 1901.

Certains auteurs, appliquant aux associations le même système qu'aux enfants non encore conçus, décidaient que si l'association ne pouvait pas directement recevoir un don ou un legs, puisque, pour employer la terminologie classique, elle n'avait pas la personnalité morale, il lui était permis de bénéficier d'une charge imposée à un donataire ou à un légataire capable. Bien entendu, pour pouvoir profiter de l'exécution de la charge, l'association devait obtenir la reconnaissance d'utilité publique qui est l'équivalent de la naissance pour l'enfant. Une fois reconnue, l'association puisait dans la stipulation faite en sa faveur un véritable droit qu'elle pouvait faire valoir en justice [1].

Cette doctrine a été consacrée par un arrêt de la Cour de cassation du 21 juin 1870 (S. 70. 1. 367) [2], confirmant un arrêt de la Cour de Caen du 12 nov. 1869 (S. 70. 2. 145) [3].

Cette décision fut vivement critiquée [4]. Elle nous semble au contraire très juridique. L'article 906 du Code civil n'édicte pas en effet une incapacité générale contre les nonconçus. Comme l'a très bien montré M. Lambert [5], il s'explique non point par une prétendue impossibilité juridique

(1) Planiol, *op. cit.*, t. III, p. 675.

(2) V. le rapport de M. le conseiller Dagallier reproduit au Sirey, 70. 1. 366.

(3) V. aussi Cass., 8 avr. 1874 (S. 74. 1. 258).

(4) Aubry et Rau, t. VII, p. 25, notes 7 et 8; Demolombe, t. XVIII, n° 590; Gauthier, *Revue critique*, 1877, t. XLIV, p. 145. Dans le même sens Michoud, *op. cit.*, p. 416.

(5) E. Lambert, *Stipulations par autrui*, Paris, 1893, §§ 165 à 187. Dans le même sens, Fénelon, *Les fondations et les établissements ecclésiastiques*, thèse Paris, 1902, p. 101. Sur la possibilité théorique de créer des droits au profit de personnes futures, voir Roguin, *La règle de droit*, p. 45.

de gratifier les non-conçus, mais uniquement par le désir d'éviter une incertitude sur la dévolution de la propriété. Du moment que l'on évite cette incertitude — et ceci se produit dans les libéralités avec charge, car le droit se trouve fixé sur la tête d'un bénéficiaire certain — il n'y a plus aucune raison d'écarter les non-conçus. Les précédents historiques du texte tendent du reste à prouver que l'exclusion des non-conçus vise uniquement les dons et legs, mais ne s'applique pas aux charges dont ils sont grevés à leur profit.

Quant à la jurisprudence administrative, elle établissait la même distinction que la jurisprudence judiciaire entre les legs et les charges d'hérédité.

Si un legs est fait directement à un établissement non reconnu, il intervient un décret portant qu' « il n'y a pas lieu de statuer sur la libéralité faite à......, cet établissement n'ayant pas d'existence légale »; au contraire, si le testament contient une simple charge d'hérédité susceptible de profiter à un établissement reconnu, l'autorité administrative n'intervient aucunement même pour dire qu'elle n'a pas à statuer, elle s'abstient purement et simplement. Elle laisse ainsi entendre que ces charges peuvent s'exécuter sans son assentissement (Théod. Tissier, *Dons et legs*, n° 71). Le Conseil d'État a même une tendance à assimiler aux charges d'hérédité les legs de sommes minimes en faveur des établissements non reconnus.

Et ce n'est pas tout. Depuis un décret du 16 août 1859, le Conseil d'État, après divers revirements de jurisprudence, admet d'une façon constante que la libéralité adressée directement à une association non reconnue d'utilité publique se trouve rétroactivement validée par la reconnaissance obtenue postérieurement, si l'association a une existence de fait au moment de la donation ou du décès du testateur[1].

•

_____

(1) Sur la jurisprudence du Conseil d'État, voir Tissier, *Dons et legs*, n° 86. Dans le même sens, Marguerie, *Étude sur les libéralités faites aux établissements non reconnus*, Revue critique, 1878, p. 525; Jacquier, *Des congrégations religieuses*, p. 251 et suiv. Cette opinion avait déjà été soutenue par Troplong, *Donations et testaments*, t. II, n° 612. — *Contrà*, Demolombe, t. XVIII, n°° 586, 589; Aubry et Rau, t. VII, § 649, notes 5 et 6.

On assimile l'établissement qui fonctionne en fait à un enfant simplement conçu. Il peut donc acquérir des droits sous la condition d'être plus tard reconnu.

Cela conduit pratiquement à décider que le Gouvernement peut, par un seul et même décret, reconnaître un établissement et l'autoriser à accepter une libéralité à lui faite antérieurement.

Cette solution est parfaitement logique si on admet avec nous que l'association a une capacité spontanée que la reconnaissance vient simplement déclarer. Elle est au contraire inconciliable avec le système de la fiction, puisqu'ici, l'État créant de toutes pièces la personnalité morale, il n'y a rien même en germe tant que l'acte générateur n'est pas intervenu. C'est peut-être sous l'influence de cette idée, encore dominante en France, que la Cour de cassation rejette comme inexacte l'analogie établie par le Conseil d'État entre le fonctionnement de fait d'une association et la vie intra-utérine de l'enfant, et décide en conséquence que la reconnaissance d'utilité publique intervenue après coup, même accompagnée de l'autorisation d'accepter, ne saurait sauver la libéralité, de la nullité [1].

Toute cette jurisprudence antérieure à 1901 doit aujourd'hui s'appliquer *a fortiori* aux libéralités adressées à l'association simplement déclarée [2]. Car autrefois l'association autorisée mais non reconnue d'utilité publique était officiellement dépourvue de toute capacité, tandis qu'actuellement l'association déclarée, si elle n'a pas la faculté de recevoir des donations ou des legs, jouit cependant d'une certaine capacité. Pour reprendre le langage parlementaire, elle est investie de la *petite personnalité*.

Nul doute par conséquent que le Conseil d'État ne consente bien à statuer par un seul et même décret sur la libéralité et sur la reconnaissance.

Dans ces conditions il est à présumer — le principal avantage de la reconnaissance consistant dans le droit d'ac-

---

[1] Cass., 12 avr. 1864 (S. 64. 1. 153) ; 14 août 1866 (S. 67. 1. 61).
[2] Michoud, *op. cit.*, p. 417.

quérir à titre gratuit — que les associations ne solliciteront cette reconnaissance qu'au moment où elles auront à accepter un don ou un legs. Et elles demanderont à la fois les deux choses [1].

Telles sont les restrictions apportées à la capacité des associations déclarées. L'association déclarée ne peut posséder que les immeubles strictement nécessaires à l'accomplissement du but qu'elle se propose ; le montant du rachat des cotisations de ses membres est limité à 500 francs ; enfin et surtout en principe elle ne peut recevoir ni dons ni legs.

Mais il ne suffit pas de savoir de quels moyens pécuniaires peut disposer l'association déclarée.

Comme le fait remarquer avec raison M. Hauriou [2], il y a une autre face de la capacité. A côté de la capacité des *moyens*, il existe une capacité *des buts*. Ce qui revient à se demander si les actes que peut accomplir l'association, doivent pour être valables rentrer dans sa spécialité fonctionnelle.

La réponse à cette question dépend, avons-nous vu, du parti que l'on prend sur le point de savoir si la capacité de l'association est une concession de la loi ou une qualité naturelle. Admet-on que la capacité est une création artificielle de la loi, on est conduit à limiter cette capacité au but en vue duquel s'est formé le groupement. Reconnaît-on au contraire avec nous que la capacité préexiste à toute intervention de l'autorité publique, on est amené à concevoir cette capacité avec la même ampleur que celle des personnes physiques. Par conséquent, sauf bien entendu les restrictions formulées par la loi, l'acte fait par l'association ne peut pas être annulé sous prétexte qu'il ne tend pas vers le but visé par elle.

C'est bien cette dernière solution, semble-t-il, qu'a entendu consacrer le législateur de 1901. Il résulte en effet de l'article 5 de la loi de 1901 que l'association a la faculté de transformer sa spécialité fonctionnelle, sans que sa capacité en soit affectée. La loi lui enjoint seulement de faire une décla-

---

[1] Planiol, *op. cit.*, t. I, 4e éd., p. 987, note 3.
[2] Hauriou, *op. cit.*, p. 268.

là ni poursuites contre les administrateurs, ni dissolution de l'association [1].

Il viendra donc probablement à la pensée des associés, afin d'augmenter les ressources de la collectivité, de constituer à côté du patrimoine propre de l'association, une masse de biens indépendante affectée à l'œuvre commune. Le pourront-ils? Nous avons examiné la question à propos des associations non déclarées. Les mêmes solutions doivent s'appliquer ici.

Il suffit donc de les rappeler.

L'adjonction d'une société civile ou commerciale ayant pour objet d'alimenter l'association tomberait sous le coup de l'article 17, comme constituant un moyen indirect d'étendre la capacité réglementée par l'article 6.

Les discussions parlementaires ne laissent subsister aucun doute à cet égard. Ce procédé a été formellement condamné par le rejet du système proposé par Waldeck-Rousseau [2].

Par contre nous avons admis que les membres d'une association non déclarée, considérés *ut singuli*, peuvent mettre des biens en commun dans le but de pourvoir aux besoins de cette association. On ne saurait soutenir en effet, en l'absence d'un texte venant édicter cette règle, que l'entrée d'une personne dans une association a pour effet de limiter sa capacité personnelle. Le même droit doit évidemment appartenir aux membres d'une association déclarée, car autrement on ferait à cette dernière une situation moins avantageuse qu'à l'association déclarée, ce qui serait certainement contraire au vœu de la loi.

Ce second patrimoine, appartenant aux associés et affecté au but social, obéira aux règles de l'indivision. Nous croyons avoir démontré en effet que le régime de la Gesammte Hand, préconisé par quelques auteurs, en favorisant le développe-

---

(1) Déclaration Vallé au Sénat, le 17 juin 1901, *Journ. off.* du 18, Déb. parlem., p. 916. V. surtout Hauriou, *op. cit.*, p. 99 et suiv.; Grumbach, *op. cit.*, p. 43, n° 54; Benoist Le Vavasseur, *op. cit.*, p. 43.

(2) Margat, *De la condition juridique des associations non déclarées*, Revue trimestrielle de droit civil, 1905, n° 2.

rectement, soit par personne interposée ou toute autre voie indirecte, ayant pour objet de permettre aux associations légalement ou illégalement formées de se soustraire aux dispositions de l'article 6... La nullité pourra être prononcée soit à la diligence du ministère public, soit à la requête de tout intéressé ».

Le texte vise tous les moyens, toutes les fraudes que peuvent employer les parties pour tourner la loi. Quelle que soit la forme sous laquelle se présentera l'acte destiné à faire échec à la disposition de l'article 6, il devra être déclaré nul. Il en sera ainsi notamment des libéralités dissimulées sous le masque de contrats à titre onéreux ou faites par personnes interposées [1]. Cette nullité est d'ordre public. Elle ne peut donc pas être couverte par une confirmation expresse ou tacite. D'autre part, elle est susceptible d'être invoquée non seulement par les intéressés (acheteurs, vendeurs, donateurs, héritiers, etc...), mais encore par le ministère public. Les intéressés agiront conformément aux règles ordinaires de la procédure civile. Quant au ministère public, il assignera ceux qui à un titre quelconque sont chargés de la direction ou de l'administration de l'association ; tout intéressé membre ou non de l'association pourra intervenir à l'instance (décret du 16 août 1901, art. 28). Cette faculté d'agir donnée au ministère public offrira surtout de l'utilité dans le cas où la prescription aura éteint les actions personnelles ou réelles appartenant aux parties intéressées et tendant à revenir sur l'exécution de l'acte inexistant. A quelque époque que ce soit, le ministère public pourra intervenir pour faire cesser l'état de choses contraire à la loi. Du moment que l'acte n'a pas d'existence légale, il pourra toujours faire déclarer cette inexistence [2]. Cette nullité produira d'ailleurs ses effets conformément au droit commun.

La nullité est du reste la seule sanction légale des actes passés en violation de l'article 6. Il ne pourrait résulter de

[1] La preuve du déguisement ou de l'interposition se fera par tous les modes ordinaires, conformément au droit commun.
[2] Trouillot et Chapsal, *op. cit.*, p. 527.

VARIÉTÉS

DE

LA POSSESSION DES MEUBLES

D'APRÈS LE LIVRE DE M. SALEILLES

Par M. J. Charmont,

Professeur à la Faculté de Droit de l'Université de Montpellier (1).

On a bien l'impression, quand on s'apprête à parler d'un livre de M. Saleilles, qu'on ne devrait pas l'envisager isolément : on voudrait pouvoir le rattacher à l'ensemble des travaux de l'auteur. Sa pensée en effet se continue, se poursuit d'une étude à l'autre. Entre tant de manifestations d'une si féconde activité d'esprit, on saisit une certaine unité d'intention.

Ainsi l'ouvrage actuel sur la possession mobilière ne doit pas être entièrement détaché de ceux qui l'ont précédé et préparé : un essai sur les éléments constitutifs de la possession (2), deux articles sur la théorie possessoire du Code civil allemand (3).

En 1905, M. Saleilles avait choisi ces questions de protection

(1) *De la possession des meubles en droit allemand et en droit français*, par M. R. Saleilles, 1 vol. Paris, 1907. Librairie générale de droit.

(2) Dijon, 1894. Extrait de la *Revue Bourguignonne de l'Enseignement supérieur*.

(3) *Revue critique de législation*, 1903, p. 592 et 1904, p. 33.

de la possession, spécialement de la possession mobilière, comme sujet de son cours de législation comparée : le nouveau livre est extrait de ce cours; il a gardé sinon dans les divisions, du moins dans les procédés d'exposition et de discussion, la marque de son origine. Il n'y a pas lieu de le regretter. On connaît les idées de M. Saleilles sur le rôle et l'étude du droit comparé : mais il n'est pas indifférent de savoir comment ces idées s'adaptent aux exigences d'un enseignement. Cet enseignement, tel que M. Saleilles l'a compris, rappelle un peu le cours de Pandectes : mais c'est un cours de Pandectes, où les questions traitées présentent un intérêt d'actualité. On sent en étudiant les solutions du droit étranger que les mêmes problèmes vont se poser pour nous. M. Saleilles, pour l'exposé et l'examen de ces difficultés emploie simultanément la méthode déductive et la méthode d'observation (1) : il allie à un rare degré des qualités d'esprit qu'on rencontre rarement réunies, — toute la finesse et la pénétration de l'analyse juridique, — et les vues les plus générales, la préoccupation des grandes questions de législation. A sa suite, on s'engage dans un long défilé de raisonnements juridiques. On a parfois peine à le suivre; c'est un guide avisé, mais hardi, qui n'aime pas les sentiers battus, avance et s'ouvre sa voie à travers les ronces et les épines; on se demande comment on en sortira, et voici que, tout à coup, on est hors du fourré, on se retrouve dans une vaste et reposante clairière.

Nous serions bien tenté de nous borner à faire ici le tour de ces clairières.

Le livre comprend trois parties, et chaque partie est consacrée à l'étude d'une question particulière : la théorie possessoire objective, — la règle « En fait de meubles possession vaut titre », — l'action en revendication de possession.

I

Quelles sont les raisons qui ont fait prévaloir dans les Codes ou projets de Codes nouveaux la théorie possessoire objective ?

On sait que selon cette théorie la possession se définit par ses

_____

(1) « Une fois les principes démontrés par le procédé de l'observation, la méthode déductive reprend ses droits, c'est à elle d'en tirer les conséquences ». Saleilles, *Le Rôle de la méthode historique dans l'enseignement du droit*, Revue internationale de l'enseignement du 15 mai 1890, tir. à part, p. 17. Et conf. *Le Code civil et la méthode historique*, Livre du Centenaire, t. I, p. 97.

caractères extérieurs : on fait complètement abstraction de l'*animus domini* du possesseur, de son intention affirmée ou présumée d'agir à titre de propriétaire. On élargit donc la notion de la possession, — on donne une plus grande extension à la protection possessoire. Les personnes que notre droit considère comme de simples détenteurs pour autrui deviennent de véritables possesseurs.

Les distinctions ne sont pas cependant aussi simplifiées qu'on pourrait le croire. Comme le reconnaît M. Saleilles, « il y a comme une sorte de parallélisme et de symétrie à établir entre la définition la plus extensive du *corpus* possessoire, et l'exigence d'un *animus detinendi* (1) ».

Dans notre droit français, où l'*animus* est la notion différentielle, il n'y a qu'une seule façon de concevoir le *corpus* : l'élément matériel est toujours le même. Au contraire, dans le Code civil allemand, l'*animus detinendi* disparaît, mais toute détention matérielle n'équivaut pas à la possession juridique de la chose. Le possesseur, c'est exclusivement celui qui a la maîtrise de la chose, qui peut en disposer d'une manière indépendante (art. 854). Mais si quelqu'un détient la chose sans pouvoir l'aménager à son gré, en restant tenu de se conformer aux instructions d'un tiers, ce n'est pas lui, mais c'est le tiers qui est considéré comme véritable possesseur : la détention dans cette hypothèse n'est qu'une détention dépendante sans titre juridique.

N'est-ce pas là un chemin détourné qui nous ramène à la distinction faite par notre droit entre le possesseur et le détenteur précaire ? On se tromperait en pensant qu'il en est ainsi. La notion possessoire du droit allemand reste bien plus compréhensive que la nôtre. En considérant comme possesseurs tous ceux qui ont la maîtrise effective de la chose, on reconnaît cette qualité à nombre de personnes, qui sont chez nous de simples détenteurs : locataires, voituriers, dépositaires, mandataires. Seulement ce

---

(1) Première étude, § 32, p. 57 : « Là où l'on assimile complètement, au point de vue de l'élément matériel, possession et détention, suivant les tendances d'Ihering, il faut bien introduire un élément différentiel, destiné à exclure encore de la possession certains contacts purement matériels, et cet élément ne peut être emprunté qu'à l'intention et à l'*animus* du détenteur. Là, au contraire, où la possession se restreint aux hypothèses où il y a vraiment domination objective de la chose, l'*animus* ne compte plus que comme élément intrinsèque de cette domination et peut même disparaître complètement pour les cas où l'idée de domination se trouvera acceptée en dehors de toute recherche subjective ».

n'est pas le titre juridique qui par ses caractères abstraits détermine la possession, c'est l'analyse de la situation juridique elle-même [1]. Il y a des dépôts qui confèrent la qualité de possesseurs, parce qu'ils impliquent un pouvoir de fait suffisant pour que le dépositaire soit considéré comme ayant véritablement la chose à sa disposition : d'autres dépôts au contraire n'engendrent qu'une détention subordonnée. Nous ne sommes pas possesseurs des objets laissés par des amis en visite dans notre maison. Ainsi la détention subordonnée ne suppose pas nécessairement une situation sociale dépendante : elle ne résulte pas non plus inévitablement d'une pareille situation. Un serviteur pourrait être traité comme possesseur, des choses confiées à ses soins si l'on s'en remettait à lui pour toutes les mesures à prendre.

En assurant l'avantage de la protection possessoire à ceux qui ont la maîtrise de la chose sans en être propriétaires, le droit allemand n'a pas voulu compromettre les droits de ceux pour le compte de qui la chose est possédée. Dans ce but, il a pour ainsi dire dédoublé la possession : il a créé une nouvelle notion, celle de la possession *médiate*. Ainsi le locataire, le fermier est un possesseur *immédiat* et direct; le propriétaire ou l'usufruitier qui a donné la chose à bail est un possesseur *médiat*. Ces deux sortes de possessions sont protégées légalement. Le possesseur immédiat a le droit de défense privée et l'exercice des actions possessoires. Le possesseur médiat, « en cas de dépossession, a le droit d'exiger que la possession soit rendue au précédent possesseur; si ce dernier ne peut ou ne veut rentrer en possession, le possesseur médiat peut demander que la chose lui soit remise à lui-même » (art. 869).

Le détenteur subordonné n'est pas lui-même privé de tout moyen de défense : il peut dans l'intérêt de son maître repousser par la force la voie de fait dont il est l'objet (art. 860).

Le bénéfice de la protection possessoire se trouve, dans ces conditions, largement concédé : M. Saleilles, cependant, entrevoit la possibilité de l'étendre encore davantage [2]. En réalité, le droit allemand établit une triple classification [3]. Il distingue

---

(1) Première étude, § 5, p. 6.

(2) Première étude, § 16, p. 28.

(3) Nous laissons en dehors de cette classification le possesseur en propre (Eigenbesitzer), celui qui, suivant la définition de l'article 872, possède la chose comme lui appartenant. Il est en effet, au point de vue de la protection possessoire, dans une situation identique à celle des autres possesseurs. Mais la

les possesseurs proprement dits, les détenteurs subordonnés qui n'ont que le droit de défense privée, et les détenteurs purs et simples (1), à qui ce droit n'appartient pas. N'aurait-on pas gagné à faire à tous les détenteurs une situation identique, en ce qui concerne ce droit de défense privée? On serait même tenté de donner à tous les détenteurs à l'encontre des tiers les actions possessoires; ce qui distinguerait les possesseurs des détenteurs, c'est que les premiers seraient protégés contre toutes personnes, et que les seconds ne pourraient pas opposer au maître de la chose leurs moyens de défense possessoire. Le jour viendra peut-être où l'on ne conservera pas d'autre différence entre la possession et la détention (2).

Ce qu'on peut constater dès à présent, c'est que la théorie possessoire objective est prédominante dans les législations récentes. Le Code civil japonais, il est vrai, qui a le tort d'être venu trop tôt, et de n'avoir pu s'inspirer que du premier projet de Code civil allemand, admet encore pour caractériser la possession un élément intentionnel : mais cet élément n'est plus l'*animus domini*, c'est, au sens large du mot, l'*animus possidendi*, la volonté d'user de la chose pour soi-même, d'exercer la détention dans son propre intérêt (art. 180). Le projet de Code civil hongrois, en cette matière, emprunte presque textuellement ses dispositions au Code allemand (3). Le projet suisse du 28 mai 1904 définit la possession d'une façon purement objective : « celui qui tient une chose en sa puissance, dit l'art. 957, en a la possession ». A prendre cette formule à la lettre, on pourrait penser que les auteurs du projet ont voulu traiter tous les détenteurs dépendants comme de vrais possesseurs. Mais l'exposé des motifs de 1900 désavoue cette interprétation : il explique

qualité de sa possession est prise en considération dans certains cas; par exemple, elle est exigée comme condition de l'usucapion (art. 900, 927, 937) (Conf. C. civ. allemand, tr. Saleilles, Bufnoir, Cazelles, Drioux, Geny, Hamel, Lévy-Ullmann, t. II, p. 458, note sous l'art. 872).

(1) On ne peut définir les détenteurs purs et simples que par voie d'exclusion : ce sont ceux qui détiennent la chose sans avoir la véritable possession ou la possession dépendante. M. Saleilles cite comme exemple de détention simple « le cas du vêtement déposé dans le vestibule d'autrui, ou celui du chapeau enlevé par un coup de vent et projeté sur un terrain ou dans l'intérieur d'une cour appartenant à autrui » (1re étude, § 16, p. 27).

(2) *Loc. cit.*, p. 28.

(3) Conf. les articles 505 et 510 de ce projet avec les articles 854 et 855 du C. civ. allemand.

nettement qu'aucune rédaction n'ayant paru satisfaisante, on a renoncé à toute prescription spéciale; mais on entend réserver au juge le soin de faire dans chaque espèce la distinction entre la détention subordonnée et la vraie possession.

Le silence du projet paraît à M. Saleilles plus significatif en ce qui concerne l'*animus* : on a le droit d'en conclure que ce n'est plus une condition de la possession. Cependant M. Cornil, dans son traité de la possession (1), a noté quelques passages de l'exposé des motifs dans lesquels il est dit que pour exercer un pouvoir de fait sur une chose, il faut avoir la *volonté* d'exercer ce pouvoir (2). N'est-ce pas consacrer implicitement la théorie de l'*animus detinendi?* M. Saleilles nous paraît avoir raison de répondre que cette façon d'envisager l'*animus* consiste à n'y voir qu'un élément intrinsèque du pouvoir de fait (3). « Il en résultera que si l'on peut concevoir des hypothèses dans lesquelles l'idée d'un pouvoir de fait puisse exister indépendamment de toute recherche subjective, la possession sera acquise, sans qu'il y ait à se préoccuper de la question de l'*animus* (4) ». M. Huber, l'éminent rédacteur de l'exposé des motifs, incline à penser que ce cas ne se présentera pas : mais c'est une pure supposition qui peut ne pas être fondée (5).

D'une façon générale, l'extension de la théorie possessoire objective, sa tendance à prévaloir apparaissent comme évidentes : M. Saleilles le constate avec satisfaction. La théorie objective représente pour lui un double progrès : — un progrès de simplification des idées juridiques, une meilleure organisation du régime possessoire. En considérant la possession comme une sim-

(1) P. 88, n. 1.

(2) *Exposé des motifs*, p. 290 et 299.

(3) « Sans doute dans la plupart des cas, on l'a déjà vu, la volonté juridique du possesseur sera prise en considération pour fonder l'opinion que l'on se fait de la relation avec la chose; mais cela tient à ce que la maîtrise qu'on lui attribue dépend d'une manifestation extérieure et apparente de volonté de sa part. Ce n'est pas sa volonté intime et réellement subjective que l'on recherche; c'est la déclaration objective qu'il fait de sa situation par rapport à la chose. C'est cette attitude prise par lui qui entre en considération, comme un élément de fait matériel, sans qu'il y ait à se préoccuper de savoir si cette attitude correspond ou non à ce qu'il veut réellement » (Saleilles, 1re étude, § 26, p. 45).

(4) Saleilles, p. 63.

(5) M. Saleilles croit bien qu'on peut rencontrer des cas où la possession existe indépendamment de toute intention de posséder (1re étude, § 25, p. 42 et s., et § 35, p. 65).

ple apparence de fait que le droit vise à consacrer, on écarte toutes les questions de capacité, toutes les interprétations d'intentions, qui ont suscité tant de discussions et de dissertations obscures. En maintenant au moins provisoirement l'ordre apparent des relations sociales, on ne fait pas obstacle à de justes revendications : on se borne à leur imposer une forme légale, à prévenir ou réprimer les voies de fait. Je ne sais s'il est permis d'espérer que la protection possessoire finisse par devenir inutile [1] : il paraît sage, en attendant, de faire tout ce qu'on peut pour la compléter et l'améliorer.

II

On devait s'attendre à retrouver dans le Code civil allemand une règle équivalant à la nôtre : « En fait de meubles, possession vaut titre ». L'une et l'autre législations sont également disposées à faire prévaloir en cas de conflit l'intérêt du crédit sur celui de la propriété. M. Sohm, qui a si bien rapproché les deux Codes, insiste sur ce trait commun : « Le tiers acquéreur de bonne foi apparaît comme un personnage principal. Son intérêt est toujours considéré comme déterminant » [2]. Bien plus, comme le remarque M. Saleilles, le principe posé par notre article 2279 est plus en harmonie avec les idées allemandes qu'avec les nôtres. Le rôle de la possession en matière mobilière correspond au système de publicité et de légalité admis pour les immeubles. La possession, qui est un mode de publicité naturel, le seul possible lorsqu'il s'agit des meubles, ne devait-elle pas produire le même effet que l'immatriculation, qui est une publicité organisée?

Il n'en a pas été ainsi; l'effet attaché à la possession mobilière par l'article 2279 a paru à la fois excessif et équivoque ; on a pu d'ailleurs se méprendre sur la vraie portée du principe et ne pas dégager des controverses de la doctrine les notions qui en pra-

---

(1) « Lorsque règne l'ordre et le calme et que chacun est assuré de pouvoir se faire rendre justice sans trop de difficultés, ni de trop grand retard, ce serait multiplier inutilement les procès, que de donner une grande extension à la protection possessoire, qui laisse toujours ouverte la voie pétitoire ». (Cornil, *Traité de la possession*, p. 472. — Conf. A. Tissier, *Un nouveau traité de la possession*. Revue trimestrielle de droit civil, 1905, p. 801. — A. Chausse, *Compte rendu bibliographique*. Revue critique, 1906, p. 382).

(2) Rudolph Sohm, *Le Code civil français et le Code civil allemand. Mémoire présenté au Congrès international de droit comparé de 1900*, tirage à part, p. 8

tique avaient finalement prévalu. Au surplus, les précédents n'étaient pas favorables : la plupart des législations applicables en Allemagne au moment où se préparait la codification maintenaient la revendication en matière mobilière et se bornaient à abréger la prescription.

On a donc exigé pour faire échec à la revendication du propriétaire dépossédé deux conditions : le juste titre et la bonne foi du possesseur actuel (art. 932).

Il faut toutefois se rendre compte qu'en réalité les différences entre les deux législations sont moins marquées qu'on ne serait tenté de le supposer. C'est un point délicat que M. Saleilles a bien mis en lumière. D'une part, le principe du droit français que le transfert de propriété résulte du contrat indépendamment de toute tradition fait souvent de la règle « En fait de meubles possession vaut titre » le seul moyen de protection que puisse invoquer un acheteur de bonne foi. Lorsque, par exemple, un vendeur au mépris d'une vente déjà conclue revend et livre la chose à un second acquéreur, ce dernier est réputé avoir traité avec un non-propriétaire : l'article 1141, qui le maintient *en possession* s'il est de bonne foi, ne fait qu'appliquer l'article 2279 ; au contraire, dans la même hypothèse en droit allemand, le vendeur qui n'avait pas exécuté la première vente était resté propriétaire ; il a donc pu transmettre légitimement la propriété au second acquéreur ; il n'y a pas à faire intervenir les règles sur l'acquisition de la propriété par la possession de bonne foi ; elles sont hors de cause. On pourrait sans que la solution fût modifiée supposer que cet acheteur a connu la première vente au moment où il a traité : il n'en serait pas moins l'ayant-cause du véritable propriétaire.

En second lieu, le juste titre ne s'entend pas de la même manière dans le droit français et le droit allemand. Chez nous il se confond avec le contrat qui sert de cause juridique au transfert. En Allemagne, ce n'est pas l'acte envisagé dans son ensemble, c'est le contrat abstrait d'aliénation portant uniquement sur le fait du transfert. Ainsi le transfert peut être valablement effectué dans les cas où l'acte qui le précède et l'explique se trouve annulé : dans ces sortes de cas on dira qu'il y a juste titre ; il n'en serait pas de même en droit français.

Enfin, ce qui est plus important, c'est que le Code allemand qui exige le juste titre en présume l'existence : c'est au demandeur en revendication qu'incombe l'obligation d'établir qu'il n'y a pas de titre ou que le titre est nul.

Toutes ces réserves faites, le désaccord entre les deux systèmes n'apparaît plus que dans des hypothèses exceptionnelles.

Prenons l'exemple d'un acquéreur de bonne foi qui a traité avec un dépositaire [1] : en droit français, sa bonne foi suffit à le protéger ; en droit allemand, il faut en plus le juste titre ; — mais ce titre existe puisque le dépositaire et l'acheteur ont eu l'intention réciproque d'aliéner et d'acquérir. Il faudrait supposer que ce titre translatif est irrégulier, qu'il est entaché d'une cause de nullité : dans ce cas, l'ancien propriétaire pourra se prévaloir de cette nullité, tandis qu'en droit français, la question ne se poserait pas. La bonne foi de l'acquéreur suffirait à le mettre à l'abri d'une revendication [2].

L'exigence du juste titre peut entraîner parfois des conséquences bien singulières. M. O. Lenel, le savant professeur de Strasbourg, a cité dans une correspondance particulière un exemple tout à fait curieux ; il a bien voulu nous autoriser à le reproduire [3].

A..., propriétaire d'un objet mobilier, le place en dépôt chez B..., — qui le vend à C..., tiers de bonne foi. La vente est suivie de tradition, — mais C..., ayant l'occasion de s'absenter, rapporte la chose à son vendeur B... et l'en constitue dépositaire. C'est alors et dans ces conditions que l'ancien propriétaire A... se présente chez B... pour reprendre la chose qu'il avait déposée. Il la redemande et B... la lui restitue.

Pourra-t-il la garder ? Le droit allemand résout la question par la négative. En effet, par le fait de B..., A... a cessé d'être propriétaire : la propriété a été acquise à C..., qui avait juste titre et bonne foi. Pour que A... puisse redevenir propriétaire, il faut que les mêmes conditions soient réunies. Or, à supposer qu'il ignore la vente faite à C... et soit de bonne foi à son égard, il est dépourvu de juste titre. B... n'a pu lui faire qu'une restitution de dépôt, et

---

[1] Saleilles, 2ᵉ étude. § 24, p. 108.

[2] Mais si l'article 2279 ne permet pas à l'ancien propriétaire d'agir en revendication, ne devrait-on pas le considérer comme créancier du dépositaire, et l'autoriser à demander la nullité de la vente, par application de l'article 1166 et sous réserve des conditions que suppose cet article. M. Saleilles l'admet, et pense qu'à l'aide de ce détour les deux législations aboutiraient à des solutions presque identiques (2ᵉ étude, § 67, p. 187).

[3] En nous donnant aimablement cette permission, M. Lenel nous demande d'indiquer qu'il a trouvé cet exemple dans un article de son collègue M. Andreas von Tuhr (*Zeitschrift für deutsches burgerliches Recht und französisches Civilrecht*, t. XXX, p. 450).

non pas un transfert de propriété. Pour qu'il y eût de part et d'autre volonté d'effectuer un transfert, il aurait fallu que B... fît connaître à A... la vente faite à C... Dans ce cas, A... aurait bien un juste titre, mais il cesserait d'être de bonne foi, puisqu'il traiterait sciemment avec un non-propriétaire.

Ainsi de toutes façons, il devra restituer l'objet.

Il n'en sera pas de même en droit français. L'ancien propriétaire A... qui reprend la chose mise en dépôt n'a pas besoin d'un juste titre pour la garder. Il lui suffit de la posséder de bonne foi. S'il ignore la vente faite à C..., il est certainement de bonne foi. Et même s'il a connu la vente, faut-il en conclure qu'il est de mauvaise foi? C'est au moins très douteux. L'acquéreur est de mauvaise foi lorsqu'il sait que son auteur n'est pas propriétaire. Or A... ne se considère pas comme l'ayant cause de B... son dépositaire : il n'a pas l'intention d'acquérir, il entend simplement reprendre une chose qui dans sa pensée n'a pas cessé d'être sienne. On peut donc soutenir qu'en toutes hypothèses, il est de bonne foi. Et tout au moins, ce qui est incontestable, c'est qu'il pourra reprendre et garder la chose lorsqu'il ignorera la vente faite à C...

Ainsi, dans l'espèce, celle des deux législations qui paraît avoir le moindre souci des droits de propriété est encore celle qui les sauvegarde le mieux; l'article 2279, qui menace le propriétaire, peut aussi lui fournir parfois un très bon moyen de se défendre.

M. Saleilles n'hésite pas à croire, en considérant ces résultats, qu'en législation le système français mérite la préférence[1]. C'est à la fois le plus sûr et le plus simple. Puisqu'il est impossible de vérifier l'origine de propriété des objets mobiliers, qu'un régime de contrôle des transmissions est incompatible avec les habitudes et les exigences du commerce, il faut que celui qui acquiert un meuble normalement, loyalement, soit assuré de le conserver. Ainsi la bonne foi doit suffire, sans autre condition.

Mais cette notion de la bonne foi doit être très conpréhensive : M. Saleilles estime que dans notre droit elle ne l'est pas assez. La bonne foi ne consiste pas seulement à croire qu'on a traité avec le vrai propriétaire : elle oblige à prendre certains renseignements et certaines précautions. Celui qui pour profiter

---

[1] Troisième étude, § 68, p. 188 et § 124, p. 268.

d'une offre avantageuse s'abstient volontairement de s'enquérir
de la provenance de la chose, du droit que son vendeur peut
avoir, ne mérite pas la protection de la loi. Cette extension de
l'idée de bonne foi permettrait de nous rapprocher du droit allemand, dans des cas où ses solutions, sont plus satisfaisantes
que les nôtres[1].

Deux autres réformes partielles paraîtraient également désirables à M. Saleilles.

D'une part, il voudrait qu'on supprimât toute présomption
légale en faveur de l'une ou de l'autre partie, lorsque le conflit s'é-
lève entre le possesseur actuel et celui qui l'a mis en possession
ou les héritiers de ce dernier. On doit reconnaître que l'article
2279 n'est pas normalement destiné à régler cette situation. La
règle : « En fait de meubles possession vaut titre » a pour but essentiel de protéger celui qui s'est trompé en croyant traiter avec un
vrai propriétaire. Or, en cas de conflit entre possesseurs successifs, il ne s'agit pas de savoir si le possesseur actuel « a acquis
de bonne foi d'un non-propriétaire, mais si le titre qui lui a été
consenti était vraiment un titre de propriété et un titre régulier
et valable[2] ». Celui qui revendique affirme n'avoir voulu conférer qu'une possession précaire ; — le défendeur prétend au contraire qu'il est devenu propriétaire. On sait à l'aide de quel expé-
dient notre jurisprudence est sortie de cette difficulté. Elle applique l'article 2279, mais elle exige que la possession invoquée n'ait
rien d'équivoque, qu'elle réunisse tous les caractères indiqués
par les articles 2228 et 2229, C. civ. Il faut bien avouer qu'un
tel procédé n'est pas absolument satisfaisant : il a lui aussi quel-

---

(1) Deuxième étude, § 126, p. 270. — Par exemple, le droit allemand, à la
différence du droit français, autorise la revendication contre le tiers acquéreur de bonne foi en cas d'abus de confiance commis par un domestique ou
employé. Cette solution est la conséquence logique de deux principes : le
domestique dans la plupart des cas est considéré comme un détenteur dépendant, et la disparition involontaire produit le même effet que la perte ou
le vol ; elle laisse subsister le droit du propriétaire dépossédé contre le tiers
acquéreur de bonne foi (art. 935). — Chez nous, au contraire, le domestique
est un détenteur assimilé à un dépositaire : l'abus de confiance qu'il peut
commettre n'a donc rien de particulier : il ne fait pas obstacle à l'acquisition
de bonne foi (Conf. Cass., 28 mars 1888, S. 88. 1. 265). En entendant la
bonne foi, comme le propose M. Saleilles, on n'irait pas tout à fait aussi loin
que le droit allemand, mais on apporterait au nôtre un utile correctif
(2ᵉ étude, § 46, p. 153).

(2) Deuxième étude, § 99, p. 239.

que chose d'équivoque, d'ambigu : pour tout dire, il manque de
franchise.

M. Saleilles préférerait, puisqu'il faut s'en rapporter à l'appréciation du juge, qu'on le fît ouvertement [1]. Entre celui qui
prouve avoir livré la chose, et celui qui la possède, il y a parité
de situation. Entre eux la loi doit rester neutre ; elle doit s'en
remettre au juge du soin de trancher la question. Ce dernier ne
doit être influencé par aucune présomption légale : il doit se
décider uniquement d'après les présomptions de fait et les circonstances de la cause, la charge de la preuve restant partagée
entre les deux parties. Ce ne serait en somme qu'une consécration, une mise au point des moyens empiriques de notre jurisprudence : mais le résultat serait légèrement modifié. La théorie
de la possession équivoque fait en effet au détenteur une situation un peu trop désavantageuse.

En second lieu, sans se prononcer très formellement, M. Saleilles paraît disposé à penser que la condition faite par notre
droit au détenteur précaire est, au moins dans certains cas, trop
rigoureuse, et qu'on pourrait utilement emprunter au droit
allemand ses règles plus souples sur l'interversion de titre.
Une ingénieuse et très jolie nouvelle [2] de M. Mentha, professeur
de droit à Neuchâtel, montre bien à quels résultats choquants
peut conduire le système de notre droit civil. A la vérité, il ne
s'agit dans cette nouvelle que du Code civil du canton de Neuchâtel ; mais sur ce point, et sur beaucoup d'autres, ce Code ne
diffère pas du nôtre [3]. L'auteur suppose qu'un émigré français
traversant le pays à l'époque de la Révolution s'est réfugié aux
environs de Neuchâtel dans une famille qui l'a reçu et assisté,
sans connaître son nom. Il est mort laissant un écrin qui contient un collier d'émeraudes. La famille considère ce collier
comme un dépôt : elle fait d'inutiles recherches pour retrouver
les parents héritiers de l'émigré et leur restituer ce dépôt. Au
bout d'un demi-siècle, on a renoncé à chercher plus longtemps :
les représentants de la famille qui a reçu cet écrin se croient
autorisés à le conserver en toute propriété. La petite fille de celui
qui a donné asile à l'émigré se décide à porter une bague dans

<hr>

(1) § 118, p. 263.

(2) *A propos d'un écrin*. Neuchâtel, imp. Attinger, 1907.

(3) Conf. Alfred Martin, *Le Code civil dans le canton de Genève* : son
influence dans le reste de la Suisse romande. Livre du Centenaire du C.
civ., t. II, p. 893.

laquelle est enchâssée une des émeraudes de l'écrin. Cette bague attire l'attention : les émeraudes ont un prix presque inestimable, qu'on était loin de soupçonner. Et ce qui étonne davantage encore, c'est, comme l'explique un avocat, que ce collier n'appartient pas et ne pourra jamais appartenir à ceux qui ont reconnu l'avoir reçu comme un dépôt : « ceux qui possèdent pour autrui ne prescrivent jamais par quelque laps de temps que ce soit ». Si l'aïeul avait agi en homme indélicat, s'il avait eu la pensée et la volonté de s'approprier l'écrin, il aurait pu malgré sa mauvaise foi acquérir par la prescription de 30 ans ; « tandis, qu'ayant pris le parti de la probité, ayant commencé par se regarder comme un simple dépositaire, il s'est ôté à lui et à ses héritiers après lui toute possibilité de devenir jamais propriétaire de ce dépôt (1) ».

En droit allemand, on aurait pu sortir plus aisément de cette situation. Le dépositaire eût été considéré comme un possesseur *immédiat et direct*. Sans doute en cette qualité, il ne pouvait être présumé propriétaire ni même le devenir. Il résulte de l'art. 1006, qu'en pareille hypothèse, c'est le déposant, possesseur médiat, qui peut seul invoquer la présomption de propriété. Mais l'interversion de titre, selon l'opinion généralement admise, pouvait au profit du dépositaire possesseur immédiat résulter d'une simple déclaration de volonté même tacite ; on aurait donc pu considérer comme équivalant à cette déclaration un acte impliquant la volonté de s'approprier la chose, n'ayant rien de clandestin (2).

III

Puisque l'emprunteur, le dépositaire, d'une façon générale le *possesseur immédiat* ne peut pas agir en revendication de propriété, de quels moyens pourra-t-il disposer pour recouvrer la possession perdue ? Il aura d'abord la ressource des actions possessoires : en droit allemand comme en droit romain, la même protection possessoire est assurée en matière d'immeubles et en matière de meubles. Mais ces actions possessoires supposent un

---

(1) *A propos d'un écrin*, p. 28.

(2) Conf. Saleilles, deuxième étude, § 81, p. 211. — On peut se demander si dans ces conditions l'interversion de titre suffirait à rendre la prescription possible. On sait que la prescription acquisitive, l'*usucapion*, qui n'est admise en droit allemand que pour les meubles, suppose toujours la bonne foi (art. 937). Mais dans l'espèce les circonstances de fait n'excluent pas la bonne foi : c'est un point, pourtant, sur lequel on pourrait encore discuter.

trouble, une voie de fait illicite. On doit donc prévoir des hypothèses où elles seront elles-mêmes insuffisantes. Voici par exemple
une personne qui tient une chose mobilière en sous-location : elle la
vend à un tiers de mauvaise foi. Le bailleur primitif aurait contre l'acquéreur la revendication de propriété. Mais le locataire qui
a consenti la sous-location ne peut pas exercer cette revendication ; il ne peut pas davantage user des actions possessoires, puisque la possession actuelle n'est entachée d'aucun vice. Le Code
allemand ne le laisse pas sans protection : l'article 1007 lui concède une action en recouvrement de la possession. M. Saleilles
indique très bien les caractères de cette action [1].

Sur le fondement d'une possession antérieure, on revendique
la possession d'un objet sans avoir à prouver une voie de fait
illicite ou l'existence d'un droit de propriété. Cette revendication
n'est pas une simple action possessoire, car le défendeur peut
sous certaines conditions opposer à son adversaire tous les
moyens tirés du fond du droit. Entre plusieurs possessions de
valeur inégale, la loi établit une sorte de hiérarchie et donne
l'avantage à la possession de degré préférable. Si pour mieux
préciser on cherche des analogies, on peut trouver des termes
de comparaison dans l'action publicienne du droit romain, dans
l'action en revendication accordée au vendeur de meubles par
l'article 2102-4° du Code civil français.

Pour déterminer les conditions d'exercice de l'action, il faut
distinguer deux hypothèses. La revendication de possession
peut être dirigée contre un acquéreur de mauvaise foi ou un
acquéreur de bonne foi. Dans le premier cas, le revendiquant
n'a qu'à prouver la mauvaise foi ; dans le second cas, il doit
établir que la possession de la chose lui a été enlevée par vol,
perte ou disparition involontaire.

Contre le possesseur de mauvaise foi le succès paraît assuré :
cependant le défendeur peut opposer que l'ancien possesseur
avait volontairement abandonné la chose [2] et renoncé par cela
même à tous les avantages attachés à sa possession.

Quant au possesseur de bonne foi, il est évidemment dans
une meilleure posture. Nous savons déjà que la revendication
ne peut réussir contre lui qu'en cas de vol, perte, ou disparition

_____

(1) Troisième étude, § 3, p. 280.

(2) En quoi consiste exactement cet abandon de possession? La rédaction
équivoque de l'article 1007 suscite à cet égard bien des difficultés. Conf. Saleilles, 3ᵉ étude, § 21, p. 306.

involontaire de la chose qui est actuellement entre ses mains. Mais même en ce cas, le défendeur peut opposer deux exceptions, l'exception de propriété, celle de perte ou vol antérieurs. On oppose l'exception de propriété, quand on se prétend le véritable propriétaire de la chose volée, perdue, ou disparue (1). La seconde exception tend à prouver que le possesseur actuel avait été victime d'une perte involontaire, avant que le demandeur, qui se plaint d'avoir également perdu sa possession, ne l'eût lui-même acquise. Une chose a été volée successivement à deux personnes différentes : l'une et l'autre auraient pu la revendiquer. Mais on donnera la préférence à la victime du vol le plus ancien.

On voit en somme quel intérêt présente cette action en revendication de possession. Le droit allemand a voulu qu'un possesseur dépouillé de sa possession, du moment qu'il est de bonne foi, eût toujours à sa disposition une action pour recouvrer la chose s'il l'a perdue involontairement, ou s'il la retrouve aux mains d'un possesseur de mauvaise foi. Il en résulte qu'en pratique la revendication de possession est comme un succédané de la revendication de propriété : comme toutes les actions possessoires, elle est à double fin, et elle peut être avantageusement exercée par le propriétaire. Elle lui permet en effet de recouvrer plus facilement sa chose, sans qu'il ait besoin d'alléguer son droit de propriété. En fait, il utilisera cette action, et n'aura recours à la revendication de propriété que dans des cas où par

(1) Il semble qu'en invoquant ce moyen de défense on abandonne le terrain possessoire, pour discuter la question de propriété. Cependant l'action conserve le caractère d'une revendication de possession; elle ne devient pas une revendication de la propriété. Il n'est pas indifférent de le constater. « Sur le terrain de la revendication de propriété le possesseur actuel pourrait toujours infirmer la preuve du demandeur, en établissant que celui-ci n'était pas devenu propriétaire, puisque le seul fait de la bonne foi et d'un juste titre ne suffit plus à rendre propriétaire d'une chose volée. Le défendeur se trouverait donc à couvert, en démontrant que son adversaire n'a pas qualité pour revendiquer du chef du droit de propriété. Mais en matière de revendication de possession, l'action ne repose plus sur le droit de propriété, mais sur le vol ou la perte : le possesseur actuel ainsi poursuivi par celui qui avait été victime du vol ne pourra plus se défendre en prouvant que ce dernier n'était pas propriétaire. L'exception de propriété ne le garantira que s'il prouve que c'est lui-même qui était le propriétaire » (Saleilles, 3e étude, § 13, p. 295). Conf. sur la distinction du pétitoire et du possessoire les dispositions des articles 863 et 864, C. civ. allemand, et les notes de la traduction, Saleilles, Bufnoir, etc., t. II, p. 449 et 450.

ce moyen il peut espérer triompher, alors que la revendication de possession devrait échouer. On peut supposer, par exemple, que le demandeur ne peut alléguer ni perte, ni vol, que le possesseur actuel est de bonne foi, mais n'a pas de juste titre. La revendication de possession ne serait pas possible, tandis que la revendication de propriété réussirait si l'on prouvait le défaut de titre.

M. Saleilles oppose en terminant « ce système de nuances infinies du droit allemand » « au système de simplification à outrance du droit français, qui a cru tout trancher d'un mot, en déclarant le possesseur de bonne foi propriétaire [1] ». Cet excès de simplification n'est pas sans inconvénients. Il ne résout qu'un petit nombre de difficultés ; abandonnée à elle-même, la jurisprudence va se trouver singulièrement embarrassée pour adapter la règle à des hypothèses qui semblent bien ne pas avoir été prévues. Comment pourra-t-on trouver dans l'article 2279 une solution au conflit dont nous venons de parler entre l'acquéreur de bonne foi d'une chose volée qui est à son tour victime d'un vol et l'ancien propriétaire que le premier vol a dépossédé et qui postérieurement et de bonne foi a recouvré la chose [2]?

La conclusion de M. Saleilles, c'est qu'il serait utile d'ajouter, à l'exemple du projet suisse, deux dispositions complémentaires au texte de l'article 2279.

La première aurait pour objet de reconnaître expressément au possesseur pour autrui la faculté d'invoquer la présomption de propriété du chef de son auteur.

La seconde innovation apporterait une restriction au principe que le possesseur de bonne foi est présumé propriétaire : cette présomption de propriété ne pourrait pas être opposée à l'ancien propriétaire à qui la chose aurait été volée ou qui l'aurait perdue.

On pourrait même, en adoptant une autre formule de rédaction à la fois plus complète et plus simple, déclarer que la revendication serait donnée sur le seul fondement de la possession, et sous certaines conditions, sans qu'on pût faire état contre le demandeur du défaut de propriété, à moins que le possesseur actuel ne soit devenu propriétaire ou ne puisse invoquer le droit de propriété de son auteur [3].

---

(1) 3ᵉ Étude, § 44, p. 341.

(2) Conf. Saleilles, 3ᵉ étude, § 44, p. 341.

(3) Troisième étude, § 47, p. 343.

Telles sont les conclusions de ces études : elles intéressent à la fois l'interprétation et la réforme de notre droit civil. Si cette réforme s'accomplit, M. Saleilles est de ceux qui l'auront le plus utilement préparée. Mais, ce que nous sentons mieux que nous ne savons le dire, c'est que le mérite de son livre reste indépendant des services qu'il peut rendre : il vaut par lui-même, comme une belle recherche scientifique, comme un effort de haute pensée.

J. CHARMONT.

RESCISION

POUR CAUSE DE LÉSION ET TARIFICATION

A PROPOS DE

l'article 11 du projet de loi sur le contrat de travail.

Par M. Émile Chatelain.

L'article 11 du projet de loi sur le contrat de travail, déposé par le Gouvernement le 2 juill. 1906, est ainsi conçu : « Doit être considérée comme illicite toute clause du contrat de travail par laquelle l'une des parties a abusé du besoin, de la légèreté ou de l'inexpérience de l'autre pour lui imposer des conditions *en désaccord flagrant*, soit avec les conditions habituelles de la profession ou de la région, *soit avec la valeur* ou l'importance des services engagés ».

M. Lyon-Caen s'est exprimé comme il suit sur cette disposition du projet (séance de la Société d'économie politique du 5 oct. 1906) :

« C'est entrer dans une dangereuse voie que de confier au *juge* le soin d'apprécier si le contrat n'est pas désavantageux pour l'un des contractants. C'est lui donner l'appréciation du salaire stipulé, c'est l'investir du pouvoir de fixer un salaire minimum auquel il aura à comparer le salaire stipulé ».

La brièveté de ce passage ne permet pas de savoir si l'orateur se prononce contre toute idée d'établissement d'un tarif, en matière de travail (consentons à appeler ainsi avec tout le monde la prestation fournie par l'ouvrier) (1), ou si seulement le danger

---

(1) Expliquons cette parenthèse. La définition technique exacte d'un con-

consiste, pour lui, à conférer spécialement *au juge* le pouvoir de *tarifer* par la voie *indirecte* de la rescision pour cause de lésion.

Il convient de distinguer ces deux opinions.

En effet, si l'on voit dans l'introduction d'un *tarif*, n'importe comment établi, un moyen de remédier au mal dont tout le monde se plaint, un moyen de prévenir les conflits entre ouvriers et patrons, — il reste la question de savoir de quelle façon et par qui sera dressé le tarif auquel devraient se conformer les conventions particulières. Cette seconde question ne peut être éludée.

Quant à la question même de la *tarification* en général, il n'y a pas lieu d'y opposer une fin de non-recevoir en mettant en avant, comme on a une propension à le faire, les « principes fondamentaux » du droit.

La « *tarification* » est elle-même un principe de droit, dont il est fait mainte application, en diverses matières et de diverses façons.

---

trat veut, entre autres choses, que l'on en désigne avec précision l'*objet*. Or, dans le contrat de l'ouvrier, cet objet n'est pas — comme le nom qui tend à prévaloir semble le dire — le *travail* (c'est-à-dire l'activité physique et mentale, la dépense d'énergie, l'effort, la peine), encore moins la « force » (« force de travail », disent quelques-uns par un germanisme abusif et choquant). L'*objet* (un des deux objets, bien entendu, l'autre étant sans contestation un prix) est *un effet ou un résultat physique du travail,* dans certains cas un *produit* du travail. C'est cela qui est livré par une des parties, reçu par l'autre. Les dénominations inexactes ne sont inoffensives que si l'on en est le maître : on s'immunise contre elles en les analysant. Nous trouvons ici une nouvelle occasion de remarquer l'inconvénient qu'il y a à vouloir confondre sous une dénomination unique (contrat de travail ou tout autre nom) des cas différents. Ainsi, dans le contrat de l'employé (l'employé de commerce par exemple, distingué de l'ouvrier), l'objet n'est pas un *résultat physique du travail*. Il n'est pas pour cela davantage le *travail même* (la peine) de l'employé, mais encore un *résultat* de son activité. Par exemple, s'il s'agit d'un employé-vendeur, l'*objet* du contrat, ce sont les ventes (actes *juridiques*) effectuées par l'employé, ce sont les *droits* (créances) nés de ces ventes contre les acquéreurs ; ce sont en effet ces *droits* qui sont acquis au négociant par l'accomplissement des actes à lui dus par l'employé. Que l'on emploie donc, si l'on veut, comme des façons de parler commodes, des expressions telles que marché du travail (opposé à marché des produits); mais que l'on se garde de dire, en voulant garder aux termes juridiques techniques leur signification propre, qu'il y a un contrat ayant pour objet *le travail,* — et bien davantage encore que ce contrat est une *vente de travail.* Le néologisme *contrat de travail,* dont l'usage se répand, n'est acceptable que moyennant précaution et réserve.

Les actes des officiers publics (avoués, notaires, huissiers, greffiers) sont tarifés ; les transports par chemin de fer sont l'objet de tarifs ; le temps n'est pas éloigné où le prix des principaux aliments était fixé par un tarif ; dans le cas où un différend entre ouvriers et patrons se termine par un arrangement, une sorte de *traité de paix* fixe pour un temps et pour une région, un tarif des salaires, il arrive que ce tarif soit fixé par un arbitre ; il y a un tarif des honoraires des médecins de l'Assistance publique ; le Code civil, en admettant la rescision pour cause de lésion en matière de partage et de vente d'immeuble, confère au juge le pouvoir de tarifer, c'est-à-dire de fixer un juste prix auquel il compare, dans le partage, la valeur attribuée contractuellement aux lots, et, dans la vente, le prix qui a été stipulé pour l'immeuble. Mentionnons encore les tarifs des administrations publiques et ceux des entreprises privées (assurances) exploitées avec la permission et sous le contrôle de l'État.

On est donc mal venu à dire que, en décidant de quelque manière l'établissement d'un tarif auquel les contractants devraient se conformer en matière de salaire, le législateur introduit *un principe nouveau*, jusqu'à présent inouï. Il ne ferait qu'étendre à un cas nouveau un principe dont il est déjà fait mainte autre application.

Les raisons de ne pas soumettre les salaires à la tarification devraient donc être tirées d'ailleurs. Entre les deux *principes*, également en vigueur, de la *tarification* et de la *liberté entière des volontés individuelles souveraines*, il s'agit de choisir.

La raison de l'option ne peut évidemment pas être le parti pris d'écarter un des deux systèmes, parti pris que l'on honorerait, pour cela, du nom de « principe fondamental ».

Quelles sont donc en général les raisons que l'on peut alléguer pour l'adoption du système de la tarification dans tous les cas ou dans la plupart des cas où le législateur le garde ou l'institue ?

Il semble bien que ce soit — outre la nécessité générale de maintenir la paix et l'ordre public — le besoin de prévenir l'exploitation de quelques-uns par certains autres mis par le droit lui-même dans une situation privilégiée. Ainsi la loi, obligeant les citoyens à recourir aux services de certains officiers et conférant à ceux-ci la faculté exclusive d'accomplir ces actes nécessaires, vient aux secours des clients en édictant un tarif : elle les protège ainsi contre les exactions qui sortiraient du monopole qu'elle-même institue ; de même, en matière d'assurances ou de transports, la tarification est un moyen d'empêcher l'exploitation des particuliers, par de puissantes compagnies dont la loi crée ou du moins consacre le monopole. Dans ce dernier cas la tarification s'explique encore par la nature des conventions et la façon dont chaque convention particulière se passe. L'estimation de la valeur du service fourni est pratiquement impossible à chacun des individus venant au contrat ; d'ailleurs le monopole ne lui laisse pas le choix ; il ne peut entamer de pourparlers sur le détail des clauses et conditions, ni marchander le prix ; une seule chose dépend de sa « libre volonté » : adhérer ou non, par un simple geste (la signature), à un contrat tout rédigé d'avance par l'autre partie. Aussi, alors même que l'autorité publique ne se réserve pas la faculté d'*approuver* au moins les tarifs, ces grandes entreprises (assurances) fonctionnent moyennant l'établissement, par elles-mêmes, de tarifs auxquels elles se conforment et par lesquels elles se lient d'avance vis-à-vis de tous leurs clients, avant de passer contrat en particulier avec chacun d'eux.

Les tarifs qu'elles établissent et qu'elles publient valent comme *un contrat préalable collectif entre elles et le public qui enferme leurs clients éventuels* : « vis-à-vis de vous tous qui peut-être vous adresserez à moi pour passer un contrat d'assurance, je m'engage à appliquer, selon la nature et la grandeur des risques, le *tarif* de prix que voici » — Il y a quelque chose d'analogue dans le *traité de paix* qui clôt une grève (soit directement, soit par l'entremise d'un arbitre dont la décision reçoit de l'accord des parties force de loi entre elles). Pour tous les individus en cause (tous les industriels de la même région et de la même profession atteints par la grève et tous les ouvriers des mêmes établissements), le tarif *conventionnel* devient obligatoire, pendant le délai prévu, absolument comme le serait un tarif légal établi par une autorité publique. Les conventions *individuelles* de salaire qui n'y seraient pas conformes pourraient être annulées, nonobstant la déclaration contraire des parties.

L'exploitation rendue impossible, ou du moins enfermée dans certaines limites, — la stabilité pour une période déterminée, — l'ordre et la paix, tels sont, en somme les heureux effets de la tarification, sous ses différents modes.

Telles sont évidemment aussi les raisons du législateur, quand il admet la rescision pour cause de lésion en matière de partage et de vente d'immeuble.

La question est posée présentement de savoir si ces raisons doivent décider le législateur à innover en matière de contrat de travail, et notamment à introduire dans cette matière la rescision pour cause de lésion.

Encore une fois, alléguer pour repousser cette mesure que ce serait « donner au juge l'appréciation du salaire stipulé », « l'investir du pouvoir de fixer un salaire minimum », bref un pouvoir de *tarifer*, c'est répondre à la question par la question.

Sans doute ce serait-là une extension du champ de la *tarification* au détriment du domaine de la souveraineté de chaque décision individuelle des contractants. Mais la question est précisément de savoir s'il n'y a pas de bonnes raisons — les mêmes que dans les autres cas ou plus fortes encore dans celui-ci — d'étendre au salaire des ouvriers le principe déjà appliqué au prix de mainte autre prestation ou marchandise.

Un tarif, quand il est manifestement établi en faveur d'un des contractants et contre l'autre, apparaît comme la rançon de la situation privilégiée de celui-ci. C'est ainsi que chaque client isolé, menacé par des risques, est en quelque mesure protégé par un tarif contre les exactions de compagnies qui détiennent le monopole des assurances (monopole dû à notre système de droit à tout le droit, régime de la propriété, législation des sociétés, etc.), lequel système général de droit crée aussi la nature et l'étendue des risques à la charge des individus.

Voici donc ce qu'il faut se demander :

La situation générale des ouvriers vis-à-vis de la situation générale de ceux qui, comme on dit, peuvent « leur donner du travail », c'est-à-dire, en somme, des propriétaires ou capitalistes, est-elle comparable à celle des autres individus dont la rémunération est, par la volonté de la loi, l'objet d'un tarif?

L'absence de tarif est-elle, là comme ailleurs, une occasion d'exploitation, sans remède, — une cause de perpétuels et graves conflits, menaçant l'ordre public et la paix sociale?

La double situation des ouvriers non-possédants et des employeurs possédants n'est-elle pas l'œuvre du droit, de tout le système de droit en vigueur? Ce système de droit tout entier ne donne-t-il pas manifestement aux possédants une situation privilégiée, une puissance d'exploitation, un monopole? Ne met-il pas, à l'inverse, les non-possédants (du moins chacun d'eux se présentant individuellement pour contracter) à la discrétion des capitalistes ou propriétaires?

La nécessité pour l'ouvrier de s'adresser à un patron n'est-elle pas, en vertu du système général de droit, encore plus pressante que la nécessité pour le plaideur de recourir au ministère d'un avoué?

Que l'on réponde de bonne foi et après réflexion à ces questions.

Il ne serait pas difficile de relever, dans les paroles de ceux-là mêmes qui se prononcent contre la disposition nouvelle à introduire dans le Code civil, l'expression forte de cette vérité : la situation juridique de l'homme qui ne possède rien, qui n'a, comme on dit, aucun capital, et qui ne bénéficie pas des obligations légales ou conventionnelles qui mettraient pour un temps ou pour toujours son entretien à la charge d'un tiers solvable, — cette situation juridique est défavorable, elle expose éminemment celui qui s'y trouve au danger d'être exploité, quand il entre en pourparlers pour céder le résultat de son travail, son ouvrage, à un capitaliste. Quelles que soient les exceptions qui peuvent se rencontrer, telle est, en général, la situation que le droit crée aux ouvriers (1).

Aussi bien, c'est la conviction universelle de cette vérité patente qui suscite l'idée de différents moyens destinés à même fin : prévenir ou modérer par la *tarification* les abus auxquels la liberté de contracter donne lieu, en cette matière, sans que, *dans l'état actuel du droit*, il puisse y être remédié judiciairement (à cause de l'art. 1313, C. civ.).

---

(1) C'est ce que M. Perreau, dans son Rapport à la Société d'études législatives, exprime comme il suit : « Il semble qu'il y ait une utilité particulière à la (la disposition de l'article 11) formuler à propos du contrat de travail, à raison même de la situation différente des parties et de la disproportion de force économique qui peut exister entre elles ». Il n'est pas douteux que cette *situation différente* des parties et, sous un nom un peu bizarre, cette *disproportion de force économique*, c'est la différence de situation *juridique* de deux contractants dont l'un *ne possède rien*, tandis que l'autre est pourvu d'un ensemble *de droits* résumé dans le mot *capital*. La raison qui, aux yeux du distingué rapporteur, est bonne pour décider de la place à donner à la nouvelle disposition dans tel ou tel chapitre du Code civil, est meilleure encore pour l'adoption de cette disposition en lui donnant toute sa portée. La *disproportion de force économique* entre les capitalistes et les ouvriers, c'est-à-dire la situation juridique privilégiée du possédant au regard du non-possédant, très manifeste et très efficace en général, est aussi très manifestement l'effet du droit.

Signalons trois de ces moyens.

Les uns demandent que la loi fixe un « minimum de salaire ». Dans la pratique ce ne serait pas le législateur lui-même qui fixerait ce minimum ; ce serait ou certaines autorités déjà existantes ou des organes nouveaux à instituer pour cela et qui établiraient des tarifs par région, par profession, par nature d'ouvrage.

D'autres veulent que la loi provoque les intéressés eux-mêmes à s'entendre pour fixer les tarifs et les y oblige — ou tout au moins demandent que la loi enjoigne aux juges de tenir pour obligatoires, dans chaque contrat particulier entre tel ou tel individu, des tarifs *conventionnels* fixés pour toute une région ou toute une profession par les représentants des ouvriers et des chefs d'industrie. C'est le système du *contrat collectif* (auquel il est fait échec, dans l'état présent du droit, par les dispositions de l'art. 1165, C. civ.).

D'autres enfin se contentent, à défaut de tarifs généraux, légaux ou conventionnels, de remettre au juge, dans chaque cas particulier, la faculté de prononcer la nullité du contrat pour insuffisance de salaire. — On peut considérer comme une forme ou comme une conséquence de ce système, les dispositions du Code civil allemand, du projet de Code civil suisse, et du projet de loi français sur le contrat de travail. Selon le texte de l'article 11, — le juge, en constatant que « l'une des parties a abusé du besoin, de la légèreté ou l'inexpérience de l'autre », devra décider si le salaire, c'est-à-dire le *prix* stipulé des « services engagés », est ou non en désaccord flagrant avec « la valeur » de ces services.

Les jurisconsultes qui se prononcent contre ce dernier système ont donc raison de dire que, au fond, il est apparenté à la « tarification ».

Mais cela ne suffit pas pour l'écarter, pas plus qu'il ne suffit d'alléguer que la tarification, en toute matière, est une limitation à la souveraineté absolue des volontés individuelles contractantes — à la liberté des contrats, comme on dit — pour écarter en général toute tarification. Répétons que *c'est le problème même*.

Le rapprochement que nous établissons ici entre les trois systèmes proposés au législateur : 1° système de la fixation d'un minimum légal des salaires ; 2° système de la validité des *contrats collectifs* entre d'autres que les individus mêmes qui y interviennent personnellement ; 3° système de la rescision du contrat pour cause de lésion par exploitation, — ce rapprochement, dis-je, pourra être trouvé intéressant et semble propre à éclairer le sujet.

Il sera particulièrement utile pour discuter les innovations proposées sous le nom de *contrat collectif*. Je suis enclin à y voir une mesure de pacification sociale dont le mérite consiste en ce qu'elle concilie le principe de la *liberté des conventions* et le principe de la *tarification protectrice*. Liberté des conventions, parce que c'est par de libres débats, éclairés et sincères, que les *groupes* intéressés ou leurs représentants élus fixeraient dans un *traité de paix* solennel des tarifs professionnels, régionaux et temporaires ; le consentement serait alors vraiment libre, précisément parce que les parties en présence, non plus *individus* mais *groupes*, seraient dans une situation juridique plus égale. *Tarification protectrice*, puisque, dans tous les établissements de la profession et de la région, chaque individu, chaque ouvrier se présentant pour engager ses services, ne courrait plus désormais le risque d'être écarté et de se voir préférer un plus misérable acceptant un salaire inférieur.

Le point faible de ce système est que, pour qu'il ait une efficacité étendue, il faut que partout et pour toutes les professions existent des *groupes* autorisés à représenter toutes les parties intéressées : ouvriers et chefs d'entreprise. Mais, cela se trouvant réalisé, — par exemple dans le cas où la loi déclarerait le groupement obligatoire — on peut croire que les *tarifs conventionnels* sortant des délibérations en commun des intéressés auraient toute la valeur que l'on peut espérer dans les affaires humaines.

Les partisans outrés de la liberté des conventions, — ceux qui ne veulent considérer comme *juste prix* que celui qui ressort du consentement des parties — auraient satisfaction. En effet, nul taxateur étranger, nul tiers appréciateur arbitraire n'interviendrait ; les parties elles-mêmes décideraient et décideraient d'une façon vraiment libre, précisément parce que chaque groupe trouverait en face de lui non un individu isolé mais un groupe. D'autre part chaque individu, s'appuyant sur le tarif conventionnel, ne verrait plus son engagement dépendre de concessions conseillées sinon arrachées par la misère.

Émile Chatelain.

BIBLIOGRAPHIE

DES OUVRAGES SUR LE DROIT CIVIL

———

France.

Par MM. Paul Lerebours-Pigeonnière,

Professeur adjoint à la Faculté de droit de l'Université de Rennes,

et René Demogue,

Professeur agrégé à la Faculté de droit de l'Université de Lille.

————

I. — Ouvrages auxiliaires.

1. — *Études sur le droit civil des États-Unis de l'Amérique du Nord*, par Ernest Lehr (Paris, Larose et Tenin, 1906, 5 fr.). La très vaste érudition de M. Lehr est assez connue du public français pour qu'il suffise en signalant ce nouvel ouvrage d'indiquer brièvement les matières sur lesquelles il nous fournit des renseignements. Ce volume d'étendue limitée (212 p.) ne prétend pas, en effet, analyser intégralement la législation civile des États-Unis, tâche d'ailleurs impossible, car, ainsi que le montre l'auteur dans une courte introduction, non seulement cette législation n'est pas unifiée, mais encore beaucoup d'États, dépourvus de Code, sont soumis à une législation si complexe, si incertaine et si variable qu'un étranger ne saurait guère la pénétrer entièrement. En dehors de quelques renseignements sur l'organisation judiciaire, les avocats et avoués, les notaires, M. Lehr n'embrasse donc que deux matières juridiques importantes. Dans une première partie, il traite des droits et devoirs respectifs des époux quant à leurs biens, de la capacité de la

femme mariée, du *homestead*, des droits du conjoint survivant
sur les biens du prémourant. Dans une seconde partie, il traite
des successions testamentaires (capacité de tester, codicilles,
formes des testaments, révocation des testaments), des successions ab intestat, des exécuteurs testamentaires et administrateurs des successions. Sur chaque matière les renseignements
fournis sont très succints : M. Lehr, prenant successivement pour
chaque matière chacun des 51 États ou territoires, ne peut consacrer à chacun que quelques lignes.

2. — M. Meynial rend compte dans la *Nouvelle Revue historique de droit*, 1906, p. 816-839, d'une série d'ouvrages italiens
intéressant le droit privé (Droit de famille, Tutelle, Succession,
Droit des biens, Contrats et obligations).

3. — *Études sur la réforme du droit*, par M. C. Piepers, ancien vice-président de la Haute-Cour de justice des Indes néer-
landaises à Batavia, 2 vol. parus, Paris, Larose et Tenin, édit.,
12 fr. Les tendances et les développements de ces études sont
singuliers. L'auteur annonce l'intention de reconstruire tout
l'appareil juridique des sociétés d'après la doctrine pure de l'é-
volution qui serait la loi de l'amour ; l'organisation juridique
des sociétés étant, suivant lui, dans un grand désordre parce
qu'elle est fondée sur une fausse conception de l'évolution, la
conception darwiniste de la lutte pour la vie. L'auteur commence dans ces deux volumes par le droit international public
et le droit pénal, mais il consacre une centaine de pages à des
prolégomènes d'un caractère plus général.

4. — Dans une étude parue dans la *Revue de droit international et de législation comparée*, 1906, p. 751-761, intitulée :
*Quelques points de droit international privé roumain dans la
jurisprudence roumaine*, M. Georges Flaischen étudie une institution originale, propre à la Roumanie, la « reconnaissance »
de la qualité de Roumain au profit d'un sujet étranger, institution totalement différente de la naturalisation et sans analogie,
nous dit l'auteur, avec la denization anglaise.

5. — Dans la *Revue d'économie politique*, 1907, p. 37-45 :
Fonction économique du contrat de société, par P. Pic (Extrait
du Traité de droit commercial, publié par Thaller, en préparation).

6. — *Traité de la compétence civile judiciaire des juges de
paix et des éléments de droit civil, de procédure et les lois
spéciales qui se rapportent à cette compétence*, par J.-L.-M.

CORNILLIAT, juge de paix (Paris, Pichon et Durand-Auzias, édit., 1906). Ce titre ne renseigne pas exactement sur le contenu de l'ouvrage de M. Cornilliat. M. Cornilliat a, en réalité, entrepris, suivant l'exemple des Répertoires ou des Questions de droit de nos anciens auteurs, aux limites restreintes, un répertoire alphabétique en un seul volume des matières juridiques pouvant rentrer dans la compétence des juges de paix. Les questions de compétence n'occupent donc point la première place dans ce dictionnaire, mais, à propos de chaque institution juridique, l'auteur fournit aux juges de paix auxquels son livre s'adresse une définition et des renseignements sommaires pouvant les guider dans le jugement des contestations dont ils seraient saisis. L'auteur a pensé que nos grands Répertoires n'étaient pas à la portée des juges de paix, mais que cependant, la forme alphabétique étant la plus commode pour le praticien, il fallait tenter de composer à leur usage un petit dictionnaire de droit.

7. — Dans le *Bulletin de l'office du travail*, 1907, p. 1 : État au 1er janv. 1907 des projets et propositions de loi d'intérêt social soumis au Parlement.

8. — Louis DELZONS, *Les magistrats indépendants*, dans la *Revue bleue*, 1907, p. 175.

9. — *Code de la saisie-arrêt*, par Ch. LEURQUIN, conseiller à la Cour d'appel de Bruxelles, 616 p. (Larcier, édit., à Bruxelles ; Larose et Tenin, à Paris, 1906, 10 fr.). Cet important ouvrage, au fond véritable *Traité de la saisie-arrêt*, suit, en la forme, la méthode des codes annotés ; au lieu d'adopter un plan systématique, il commente successivement les articles 557 à 582 du Code de procédure civile. Cette méthode tient aux préoccupations pratiques de l'auteur, mais elle n'est point ici exclusive de toute orientation et de tout aperçu scientifiques. Toutes les fois que l'auteur rencontre une controverse importante, il ne se contente pas de dégager l'opinion dominante et la solution suivie en pratique, il aborde lui-même la discussion ; son ouvrage contient ainsi en note de nombreuses dissertations.

M. Leurquin, magistrat belge, a composé surtout son code de la saisie-arrêt pour le barreau belge, mais ce code présente un intérêt tout particulier pour le public français. Évidemment, on sait que le code de procédure civile français est demeuré en vigueur en Belgique ; les articles 557 à 582 que commente M. Leurquin sont ceux de notre code ; à ce point de vue, l'ouvrage belge peut être consulté comme un ouvrage français (sauf

l'intervention en certains points, de lois spéciales belges concourant avec le Code de procédure); mais, toutefois, si l'on s'en
tenait à cette remarque, il serait plus intéressant pour les théoriciens que pour les praticiens, car, quoique largement documenté sur l'état de la doctrine et de la jurisprudence françaises,
il est surtout étayé et alimenté par les décisions belges. Quand
je dis qu'il présente un intérêt particulier pour le public français,
je fais allusion à une autre circonstance. Beaucoup de Français
ont déposé des fonds ou des titres dans des banques belges,
c'est un fait indéniable. Il est très important pour eux de connaître la jurisprudence belge relativement à la saisie-arrêt de
valeurs déposées en Belgique. Or, l'ouvrage de M. Leurquin
accorde une grande place à l'hypothèse des comptes joints ou
des dépôts en banque ou locations de coffre-fort. Par exemple,
il discute longuement la question de savoir si les valeurs contenues dans des cases de coffres-forts de banquiers, cases dont le
créancier a la clé et la disposition exclusive, peuvent être l'objet
d'une saisie-arrêt ou d'une saisie-exécution. Il admet la saisie-
arrêt de titres déposés à découvert chez le banquier. Il reconnaît
qu'en cas de compte joint, l'objet du dépôt doit être déclaré comme
si le saisi était seul déposant et il prévoit d'ailleurs toutes les
difficultés auxquelles donne lieu le compte joint. Il étudie avec
soin l'effet du partage sur une créance héréditaire saisie-arrêtée.
Le tiers saisi peut-il invoquer des quittances qui n'ont pas date
certaine? etc...

9 bis. — *De la nationalité en Roumanie*, étude d'histoire et
de droit international privé, par M. Alexandre J. Sucin, doct. de
la Fac. de Paris (Paris, Bonvalot, édit., 1906). L'auteur a l'intention d'écrire une série d'études sur le droit international privé
en Roumanie, celle-ci serait une première étude. Aussi est-elle
précédée d'un abrégé de l'histoire du droit roumain. Elle décrit
ensuite d'une façon très claire et suffisamment détaillée l'état du
droit roumain ancien, puis du droit roumain contemporain concernant la nationalité. M. Sucin a suivi, en général, de son propre
aveu, le plan du traité de M. Weiss, et il constate que la ressem-
blance relative des textes roumains et français lui a donné le
moyen d'une étude comparative plus complète. La science française ne peut qu'être intéressée par ces documents sur le droit
roumain et elle ne manquera pas de suivre les travaux français
de M. Sucin.

II. — PERSONNES MORALES.

10. — *Fondations.* — Le *Bulletin de la Société d'études législatives*, 1906, 2ᵉ partie, p. 467, publie le rapport prélimi-naire présenté par M. SALEILLES à la Commission nommée par la Société d'études législatives, pour l'étude de la question des fondations. Ce rapport, comme tous les travaux de M. Saleilles, est au plus haut degré suggestif. Il a pour objet de dresser en pied pour faciliter les réflexions et orienter les discussions, trois types concrets de fondations, de systèmes en matière de fonda-tions, types concrets qui peuvent être dégagés respectivement des législations française, allemande et anglaise.

Le type français est celui d'une *fondation administrative.* Ce n'est pas, toutefois, comme le montre très bien M. Saleilles, que le système français soit un système absolu, nettement déli-mité. La jurisprudence appelée à élaborer le droit, que nul Code n'avait arrêté, a évolué et elle a hésité entre plusieurs interpré-tations. Cependant la fondation française est toujours une fon-dation de droit public, elle ne peut être assurée en dernière analyse, quel qu'ait été le procédé de constitution, que par un éta-blissement d'utilité publique, elle est toujours subordonnée à une reconnaissance administrative de son utilité comme organe accessoire des personnes morales publiques, c'est-à-dire à une cer-taine absorption administrative. M. Saleilles établit un parallèle entre les associations et les fondations pour montrer que les fon-dations n'ont pas réalisé la même étape que les associations. « La loi de 1901 a créé en France des associations qui sont proprié-taires en dehors de toute reconnaissance d'utilité publique. C'est la consécration de l'idée d'une propriété corporative dans le cer-cle de la propriété privée ». M. Saleilles observe que « la pro-priété privée qui est mise au service d'intérêts corporatifs sous forme d'association, peut tout aussi bien se prêter à la mise en œuvre d'un but d'intérêt social, philanthropique ou scientifique, sous forme de fondation, sans avoir à disparaître pour cela dans le domaine de la propriété publique, ou tout au moins de la propriété de droit public ». Mais c'est une étape à franchir.

En attendant, c'est en Allemagne et dans les codifications ré-centes inspirées du droit allemand que la *fondation privée* a surtout trouvé son expression. En Allemagne, la fondation se réalise directement par acte juridique et l'approbation adminis-trative exigée consolidera la fondation, elle ne la créera pas.

M. Saleilles montre comment dans ce système de fondation, œuvre privée, l'intérêt de l'État n'est nullement désarmé parce que l'idée d'œuvre privée n'exclut pas un contrôle administratif s'exerçant par l'intermédiaire d'une autorité de surveillance chargée d'intervenir pour veiller à l'exécution et au besoin à la modification ou à la suppression de la fondation. Mais autre chose est un contrôle administratif, autre chose l'accaparement par l'État de toutes les fondations.

Le système anglais des *Charities* est un système intermédiaire, c'est le système de la reconnaissance légale donnée par avance et en bloc à des fondations privées, mais par catégories distinctes et non à toutes les fondations privées quel qu'en soit le but.

Le rapport de M. Saleilles sur la question toute actuelle des fondations doit intéresser tous les juristes, les idées qu'il défend gagneront à être ensuite partout répandues. Elles n'ont contre elles, à mon avis, que de ne pas bénéficier encore d'un courant d'opinion nécessaire, mais c'est le fait de l'ignorance plutôt que de la défaveur.

Le rapport de M. Saleilles, observerons-nous en terminant, doit être rapproché du remarquable article paru l'an dernier dans cette *Revue*, p. 847.

11. — Dans le *Bulletin de la Société d'études législatives,* 1907, 2ᵉ partie, p. 66, lettres de MM. Huber et O. Gierke sur l'application des fondations privées en Suisse et en Allemagne.

12. — *Fondations testamentaires*, par Georges Vanden Bossche (Br. extr. de la *Revue catholique de droit*, Louvain). La brochure intéressante de M. Vanden Bossche doit être rapprochée du rapport de M. Saleilles.

On y trouvera d'abord un exposé très clair des dispositions spéciales de la loi belge et des tendances du législateur belge. L'article 84 de la loi communale belge de 1836, relatif aux établissements publics de bienfaisance, contenait un dernier alinéa ainsi conçu : « Il n'est pas dérogé, par les dispositions qui précèdent, aux actes de fondation qui établissent des administrateurs spéciaux ». La Cour de cassation de Belgique en conclut que la fondation directe à l'œuvre à créer était possible en matière de bienfaisance. Mais le législateur intervint et la loi du 3 juin 1859 déclare impossible la fondation de bienfaisance avec administrateurs spéciaux. Cette loi voulait par là rendre impossible la création d'établissements de bienfaisance jouissant de la personnalité civile comme les établissements publics. M. Vanden Bossche s'autorise de là pour observer qu'en Belgique c'est la loi seule et non le Gouvernement qui confère la personnalité civile : la fondation publique directe est devenue totalement irréalisable. L'auteur, par des citations empruntées aux documents parlementaires, montre que la loi belge a voulu interdire la création de nouveaux établissements de bienfaisance ou d'enseignement permanents, doués de la personnalité civile, en dehors des établissements publics créés par la loi.

D'autre part, M. Vanden Bossche discute la question de savoir si, en présence de cette législation, il y a place dans le droit belge pour des *fondations privées*. M. Vanden Bossche attribue ici à l'expression de fondation privée un sens qui n'est pas celui du rapport de M. Saleilles. Pour M. Saleilles, la fondation privée est une œuvre, une personne morale créée par la volonté privée. M. Vanden Bossche définit la fondation privée : celle où le bénéficiaire de la disposition principale — c'est-à-dire le propriétaire du capital légué — est *un particulier*, lequel transmettra à ses héritiers, en même temps que son droit au capital, les charges dont la libéralité est grevée. La possibilité de la fondation même sous cette forme précaire est douteuse en Belgique et en France. M. Vanden Bossche en défend la validité, montrant qu'il n'y a ni interposition de personne, ni bénéficiaire incertain, et il raisonne à l'occasion de deux espèces qui ont été résolues en sens contradictoires, l'une par l'arrêté royal du 7 mars 1905, l'autre par l'arrêt de la Cour de Gand du 16 mai 1904.

13. — De l'action d'un syndicat pour la défense de la viticulture devant le tribunal correctionnel contre les auteurs de délits de falsification de vin : note de M. F. CHESNEY, sous Cass., 1er mars 1906, *Pand. fr.*, 1906. 1. 226.

14. — M. le procureur général à la cour d'appel de Liège, DELWAIDE, qui déjà l'an dernier avait puisé, dans les *Études de droit public* de M. Duguit, le sujet d'un discours de rentrée, a cette année entretenu la cour de Liège, à l'audience solennelle de rentrée, *de la personnalité de l'État* en vue de donner une nouvelle contradiction à cette thèse de M. Duguit. : « L'État n'est pas une personne juridique, il n'est pas une personne souveraine ». A cette occasion, M. Delwaide condense sa conception de la personne juridique dans l'énoncé de ces trois caractères : liberté ou direction propre, propriété et responsabilité.

15. — La loi du 1er juill. 1901 sur les associations régit-elle les comices agricoles? Rapport de M. le conseiller Puech et con-

clusions de M. l'avocat général Bonnet, sous Req., 13 nov. 1906, D. 1907. 1. 21.

16. — L'insuffisance du revenu des fondations anciennes pour continuer à assurer l'accomplissement intégral du service établi par les fondateurs donne-t-elle lieu à révocation ou bien à réduction de la fondation? Note de M. Albert Tissier, sous Bourges, 4 déc. 1905, S. 1906. 2. 281.

III. — Personnes et droits de famille.

17. — La direction de la *Revue de Paris* a pris l'an dernier une initiative que les juristes ne seront pas seuls à déclarer intelligente et heureuse : comprenant sans doute qu'il convenait d'accorder une place aux réformes juridiques dans une revue composée pour des lecteurs cultivés dont l'esprit est ouvert à tous les problèmes qui s'offrent à l'opinion, elle a demandé un article sur l'*Élargissement du divorce,* non point à un « homme de lettres » — de profession, — mais à un « homme du métier », à M. Ambroise Colin, l'un des maîtres les plus appréciés dans l'enseignement du droit civil et Secrétaire général de la société d'études législatives. Les grandes revues qui restent « littéraires » même lorsqu'elles traitent des questions étrangères à la « littérature » n'ont pas toujours cet égal souci de la compétence juridique, et c'est pourquoi il m'est permis d'insister ainsi avec complaisance sur la collaboration de M. Ambroise Colin à la *Revue de Paris* inaugurée dans le n° du 1er oct. 1906 (p. 542-565). D'autant plus que nous espérons que cette collaboration brillamment inaugurée deviendra régulière et permanente. Les juristes se féliciteront d'avoir pour intermédiaire auprès d'un public d'élite l'un des leurs et ils tireront eux-mêmes profit des articles de M. Ambroise Colin. L'enchevêtrement, la complexité des aperçus que discernent après une laborieuse analyse les hommes du métier arrête et gêne souvent leurs conclusions; ils liront avec un vrai plaisir l'article de la *Revue de Paris* du 1er oct. 1906, dans lequel une pensée avertie s'affirme avec tant d'aisance et de netteté dans une forme d'une simplicité élégante.

M. Ambroise Colin, exposant et discutant la question de l'élargissement du divorce, a le souci très naturel de rester avec les sages. Il constate que la réforme du divorce n'a point donné les résultats attendus et que l'expérience lui a été contraire, il rappelle que le divorce fut péniblement voté en 1884 et qu'il eut alors pour adversaires des hommes comme Carnot, Fallières, J. Ferry, Goblet, Sarrien, Gambetta, Henri Brisson...; mais M. Colin ne conclut pas à une direction nouvelle, parce qu'il sait que ce qui doit « déterminer un législateur réaliste, c'est moins la valeur théorique des thèses opposées que leur adaptation plus ou moins facile aux mœurs ». Le divorce étant entré dans les mœurs, « on s'efforcera seulement qu'il fonctionne de la manière la plus décente et la plus digne ». M. Ambroise Colin oppose de très exactes considérations à ceux qui réclament l'adjonction de nouveaux motifs de divorce à ceux qui existent déjà, montrant qu'il est difficile d'aller plus loin que ne l'ont fait nos tribunaux dans l'interprétation de l'*injure grave* dont ils ont fait une sorte de cause générale de divorce. Deux cas seulement restent peut-être en dehors de cette interprétation, l'absence ou abandon non malicieux et la folie incurable : mais le premier cas pourrait plus utilement être érigé en délit et la folie incurable ne pourrait devenir une cause péremptoire de divorce que s'il était permis de pronostiquer l'impossibilité de la guérison ! M. Ambroise Colin n'est pas l'adversaire *a priori* du divorce par consentement mutuel, non point qu'il assimile le mariage à un contrat ordinaire, mais parce qu'il admet volontiers, avec les rédacteurs du Code civil, que les époux ne consentent au divorce que lorsqu'il y a une cause suffisante qu'ils préfèrent garder secrète. Ce qui le détermine tout à fait en faveur de cette forme nouvelle de divorce, c'est qu'elle serait plus décente que la comédie judiciaire à laquelle recourent aujourd'hui les époux décidés au divorce. Quant au divorce unilatéral, sans motifs avouables, M. Ambroise Colin en abandonne la discussion aux esprits outranciers épris de snobisme juridique.

18. — *Pour se marier : Notions élémentaires et pratiques sur le mariage civil, le mariage religieux, leurs formalités, la dot et le contrat de mariage*, par A. CLAIR (Paris, Garnier frères, 1906). Ce petit volume, destiné au grand public, fournit tous les renseignements pratiques dont les futurs époux peuvent avoir besoin au moment de leur mariage. Il servira utilement de guide, car il est clairement composé, il renferme tous les détails nécessaires et il se fonde sur une connaissance éclairée de la jurisprudence. On ne trouve pas seulement dans ce manuel la définition précise des conditions du mariage, l'explication des divers régimes matrimoniaux; toutes les fois qu'une formalité

peut être nécessaire pour obtenir une dispense, pour justifier le consentement des ascendants... etc., M. Clair indique comment remplir la formalité, les pièces à produire, le coût de la formalité. Pour le contrat de mariage, M. Clair donne les éléments du calcul des droits d'enregistrement, des honoraires du notaire. Les renseignements de M. Clair ne s'arrêtent pas aux préliminaires du mariage, aux formalités du mariage civil et au contrat de mariage, ils s'étendent au mariage religieux et aux prescriptions canoniques relatives aux bancs, à la capacité, aux empêchements. Le mariage des militaires, des indigents, des étrangers, des Français à l'étranger donne lieu à des chapitres particuliers.

19. — L'article 199 du Code pénal interdisant aux ministres du culte de procéder à un mariage religieux avant la constatation civile du mariage est-il inconciliable avec la loi sur la séparation de l'Église et de l'État? V. le rapport de M. le cons. ROULIER sous Cass. crim., 9 nov. 1906, *Pand. fr.*, 1906. 1. 338.

20. — Dans la *Réforme sociale* du 1er oct. 1906, p. 496 : *La famille d'après Auguste Comte et Frédéric Le Play*, par M. le Comte Léon DE MONTESQUIOU.

21. — Dans la *Revue critique de législation*, 1906, p. 603, 1907, p. 48 : *De la parenté en droit comparé*, par M. DE LA GRASSERIE.

22. — *La colonisation des pays neufs et la sauvegarde de la femme indigène*, par M. Jean BRUNHES, dans la *Revue d'économie politique*, 1906, p. 303.

23. — Louis DELZONS : *Les droits des femmes*, dans la *Revue des Deux-Mondes*, n° du 15 nov. 1906, p. 402-432.

Dans cet intéressant article, l'auteur veut exposer l'action juridique et législative du féminisme, les progrès réalisés par les femmes mariées, dans le domaine des faits et de la jurisprudence, vers l'émancipation, c'est-à-dire vers la capacité juridique. L'auteur remonte dans le passé pour scruter l'esprit des coutumes et du droit écrit et mettre en lumière que l'incapacité des femmes existait alors dans l'intérêt du mari : dans le Code civil elle sera maintenue dans l'intérêt du mariage. Malgré ce changement d'orientation, les règles du Code civil devaient bientôt se trouver en désaccord avec la réalité : les règles sur la composition du patrimoine commun par suite du développement de la propriété littéraire ou artistique, des assurances, des indemnités pour accidents du travail, développement qui amène l'idée de droits

propres en dehors des propres conçus par le Code civil, — les
règles sur l'administration par suite de la jurisprudence relative
aux subrogations, à l'hypothèque légale et du grand fait de la
révolution industrielle attirant la femme à l'usine... L'incapacité
légale ne doit-elle pas dès lors disparaître du texte de la loi française pour faire place à une capacité restreinte par les besoins
de l'union conjugale comme en Allemagne et en Suisse? L'auteur
admet cette évolution ; mais, après avoir exposé les lignes essentielles du régime allemand de l'union de biens, il affirme ses
préférences législatives pour la communauté d'acquêts.

Ce résumé rapide ne laisse pas. apercevoir que l'étude de
M. Delzons, quoiqu'écrite dans une pensée de vulgarisation, est
cependant très substantielle.

24. — M. DE LA GRASSERIE poursuit et achève dans les deux
dernières livraisons de 1906 de la *Revue générale de droit,*
p. 428 et 506, son étude : *Analyse, synthèse et critique des
divers régimes matrimoniaux en législation comparée.*

25. — *De la preuve des reprises par la femme mariée commune en biens,* note de M. André WEISS, sous Cass., 24 janv. 1906,
Pand. fr., 1906. 1. 290.

26. — Y a-t-il lieu d'appliquer sous le *régime exclusif de
communauté* l'article 1437 du Code civil en ce qui concerne les
récompenses qui peuvent être dues au mari à raison des dépenses faites sur les biens de la femme? Note de M. Pierre BINET,
sous Req., 2 mai 1906, D. 1906. 1. 401.

27. — *Assistance des vieillards, infirmes et incurables,* commentaire de la loi du 14 juill. 1905 et des règlements d'administration publique qui en assurent l'application, contenant, en
outre, les instructions ministérielles et les circulaires des 16 avr.
et 18 août 1906, par M. Adrien SACHET, président du tribunal de
Vienne (Paris, Larose et Tenin, édit., 1907, 7 fr.). M. Sachet s'est
acquis une très légitime autorité dans la matière des accidents
du travail; son commentaire de la loi sur l'assistance des vieillards, composé avec le même souci de clarté, de précision, com-
modément divisé, reposant sur une étude approfondie des travaux préparatoires et des circulaires ministérielles et une
consciencieuse réflexion qui lui permettent d'être aussi complet
que possible, ne manquera pas de rendre les mêmes utiles services et deviendra promptement classique. L'ouvrage est divisé
en six titres : organisation de l'assistance (conditions requises
pour être assisté, domicile de secours, recours.....); admission

à l'assistance (attributions des diverses personnes ou autorités administratives) ; modes d'assistance ; voies et moyens ; compétence ; dispositions diverses.

28. — *De l'obligation alimentaire d'après les principaux Codes de l'Europe*, étude de législation comparée, par M. LEHR, dans la *Revue de droit international et de législation comparée*, 1906, p. 689-705. L'auteur, outre une introduction et une conclusion, divise son étude en quatre parties : il distingue les législations où l'obligation alimentaire n'existe qu'entre ascendants et descendants, — les législations où l'obligation alimentaire relève surtout des lois sur l'assistance des pauvres, — les législations qui imposent également l'obligation alimentaire aux frères et sœurs, — enfin il traite à part de l'obligation alimentaire entre parents naturels.

29. — *Du domicile* en droit international privé, note de M. Ambroise COLIN, sous Cass., 11 juin 1906, D. 1907. 2. 3 (Cf. AUDINET, note S. 1906, II, p. 259, 3ᵉ col.).

30. — La *femme mariée sous le régime dotal a-t-elle droit à des aliments sur la succession du mari même si elle n'a point apporté de dot?* note de M. Albert WAHL, sous Cour d'appel de Turin, 18 oct. 1901, S. 1906. 4. 17.

31. — *Tutelle.* La clause par laquelle un tuteur, qui s'est porté fort de la ratification de la vente d'un bien appartenant à ses pupilles, impose dans un cahier des charges à l'adjudicataire ultérieur de ces biens, l'obligation de le garantir vis-à-vis du bénéficiaire évincé, est-elle valable, produit-elle des effets ? Note de M. TISSIER, sous Cass. Req., 6 mars 1905, S. 1906. 1. 441.

32. — *Cours de droit civil français,* par Ch. BEUDANT, publié par M. Robert BEUDANT : *Les contrats et les obligations* (1 vol., Paris, Rousseau, édit., 1906).

M. Robert Beudant continue avec un soin pieux la publication du *Cours de droit civil* qu'il a entrepris de dégager des notes laissées par son père. Il sait utiliser la substance de ces notes en les complétant et en les faisant profiter de tous les développements de la jurisprudence non de la doctrine. Mais sous ce travail, accompli, nous en sommes sûrs, avec une délicate réserve et le plus grand scrupule d'exactitude, nous retrouvons ce bel enchaînement, cette solide armature qui, avec la clarté de l'exposition, caractérisent à nos yeux l'œuvre de M. Beudant. Si nous avions la place de rendre compte comme nous voudrions du nouveau volume qui paraît, nous commencerions par en indiquer le plan. M. Beudant excelle dans les constructions juridiques sobres et simples. Mais c'est le détail du plan qui mériterait d'être analysé, non l'ensemble, M. Beudant suivant dans les lignes générales l'ordre dominant du Code civil. Et si nous devons nous borner alors à prendre au hasard une question pour pénétrer sur un point au moins les qualités de l'ouvrage, il nous suffit de lire ce paragraphe : en quoi consiste exactement le consentement? Comme la notion *classique* est aussitôt nettement mise en lumière, de quelle manière sobre et claire le consentement est distingué de la convention, mais aussi de la manifestation de volonté! Puis les conséquences de cette conception sont dégagées principalement par l'étude de trois questions : de la question de la durée maxima de l'offre, de la question de sa durée minima, de la question du concours de l'offre et de l'acceptation. Mais si la notion *classique* du consentement, phénomène de volonté distinct de sa manifestation, domine la solution de ces questions, ce n'est point à dire que les brèches ouvertes par la pratique dans la conception classique soient masquées. Au contraire, M. Beudant indique en bonne place les solutions de la pratique, concernant, par exemple, l'acceptation tacite ou encore la durée minima de l'offre qui brisent les cadres anciens. Il constate chaque fois que la solution est difficile à justifier en principe, et il montre toujours très simplement dans quelle mesure elle est en désaccord avec la conception classique. M. Beudant n'essaie jamais de forcer les principes, de subtiliser avec eux. Sa doctrine demeure très classique et elle nous paraît d'autant plus simplement et solidement construite, mais les solutions sont en même temps très pratiques, parce que toutes les pierres accessoires taillées par la jurisprudence, apportées par l'usage, sont présentées : elles ne sont pas incorporées dans l'édifice, mais leur existence est indiquée en dehors de l'édifice.

32 *bis*. — Beudant et Capitant, *Essai d'une théorie générale de la responsabilité civile*, Annales de l'Université de Grenoble, XVIII, nᵒˢ 1 et 3.

33. — *Manuel du droit fédéral des obligations* (Code fédéral des obligations et lois spéciales s'y rattachant), par M. Virgile Rossel, professeur à l'Université de Berne, 2ᵉ édit.. Paris, Larose et Tenin, éditeurs, 1905, 15 francs. La première édition du Manuel de M. Rossel datait de 1892, elle était épuisée, l'auteur n'a pas cru devoir attendre la révision annoncée du Code de 1881 pour publier une seconde édition. Cette révision, qui ne serait dans tous les cas que très restreinte, demeure fort incertaine; la rédaction des autres parties du Code civil suisse, seulement projetées jusqu'ici, étant plus urgente. Le public français se félicitera de la décision de l'auteur. Le Manuel de M. Rossel est le meilleur ouvrage que nous possédions sur le droit suisse des obligations; il nous en présente l'exposé très clair, essayant de le rendre systématique sans pourtant s'écarter en général de l'ordre et du commentaire des articles du Code de 1881. La nouvelle édition du Manuel de M. Rossel tient largement compte du développement de la doctrine et de la jurisprudence suisses : par là, elle s'impose d'une façon toute spéciale à notre attention. Nous ne voulons plus étudier seulement le droit comparé dans les textes, nous désirons l'étudier surtout dans son application pratique; la comparaison des deux éditions de l'excellent Manuel de M. Rossel ne saurait être négligée.

34. — *Etude économique, financière et juridique de la convertibilité des emprunts en obligations amortissables*, thèse, par Henri-Jules Lévi, docteur en droit (Paris, Larose et Tenin, édit., 1905). Le débiteur d'obligations amortissables dans un certain délai, d'après tirage au sort, suivant un tableau dressé et imprimé sur le titre d'obligation, conserve-t-il le droit de prétendre que le terme de remboursement est présumé en sa faveur et pourrait-il amortir plus vite qu'il n'était prévu au tableau, ou bien résulte-t-il des circonstances d'un emprunt amortissable que la présomption de l'article 1187 du Code civil est détruite? La question de l'interprétation de l'article 1187 n'est pas nouvelle, elle a été rendue fameuse par le procès de la Compagnie des chemins de fer de l'Est. M. Lévi l'a reprise avec le dessein de faire intervenir davantage dans la discussion des considérations économiques et financières et d'influer sur le raisonnement juridique au moyen de ees considérations. Le dessein est excellent et très exact. Je ne suis pas éloigné de croire que la jurisprudence eût pu résoudre le procès entre la Compagnie de l'Est et ses obligataires au profit de la Compagnie. L'article 1187 me paraît fondé sur une pensée de faveur pour le débiteur, faveur justifiée par des considérations économiques et j'admettrais volontiers que la considération de la nature du contrat, des préoccupations apportées par le prêteur dans le contrat, ne sont pas des *circonstances* suffisantes, aux termes de l'article 1187 du Code civil, pour priver le débiteur d'une situation de faveur, par cela même que cette situation est fondée moins sur l'observation des préoccupations du créancier que sur l'observation des besoins du débiteur. Je voudrais la preuve de circonstances spéciales pour admettre une *renonciation* par le débiteur à la position favorable que lui donne la loi et je présumerais difficilement cette renonciation. Le travail de M. Lévi est intéressant, quoique le plan en soit parfois un peu confus et que la discussion paraisse errer par beaucoup de sentiers.

35. — Peu de thèses de doctorat ont été adressées à la *Revue de droit civil* pendant le trimestre écoulé. Du moins celle de M. Georges Dereux, *De la nature juridique des tarifs de chemins de fer*, constitue-t-elle un excellent travail clairement et solidement ordonné (Paris, Rousseau, édit., 1906). Cette thèse n'intéresse les civilistes qu'indirectement; aussi n'en donnerai-je qu'une brève analyse. L'auteur recherche dans une première partie si les tarifs de chemins de fer ont force de loi, d'actes administratifs ou de simples conventions. Dans une seconde partie, il discute plusieurs questions pratiques dont la solution dépend de cette question générale. Je signalerai celle-ci : l'expéditeur ou le voyageur, trompé sur le taux ou les conditions du tarif par les agissements, déclarations ou affiches de la compagnie ou de ses agents, restant soumis néanmoins au tarif homologué, peut-il du moins en raison du dommage souffert et de la faute de la compagnie, agir en dommages-intérêts?

36. — *Tribulations de Thespis chez Thémis*, par M. Raoul Davray, avec *Préface* de M. Gémier (Paris, Larose et Tenin, édit., 1905, 2 fr.). Ce petit livre, écrit pour les artistes, est un manuel documentaire de l'engagement théâtral. Bien que l'on n'y trouve pas de discussions juridiques, il peut intéresser cependant les jurisconsultes par sa documentation faite d'exemples judicieusement choisis et reconstitués souvent de façon piquante. La première partie, très courte naturellement, étant donné le caractère de l'ouvrage, est intitulée : Nature, caractères et législation du contrat d'engagement théâtral. La deuxième partie, consacrée à la formation du contrat, s'attache à la définition du directeur, des artistes, des agences, puis des éléments du contrat (erreur sur l'artiste, engagement de mineurs, de femmes mariées), enfin des engagements à l'essai, des débuts, de la preuve du contrat. La troisième partie, la plus développée, énumère les obligations de l'artiste, ses droits, s'explique au sujet des amendes, du dédit, des dommages-intérêts en cas d'inexécution totale ou partielle. La quatrième partie traite de la fin du contrat par échéance, résiliation, décès, etc. La cinquième partie est relative à la compétence.

37. — Les *Annales de droit commercial*, 1906, t. II, p. 293, publient la première partie d'un fort intéressant travail de M. Fernand Amiot, élaboré dans la Conférence de préparation au certificat d'études pénales que préside M. Garçon : *La vente à monopole*. La vente à monopole revêt des formes variées, l'ingéniosité des vendeurs se développant au fur et à mesure que leur industrie démasquée devient plus difficile. Elle consiste essentiellement dans la promesse fallacieuse d'un monopole illusoire pour la vente de marchandises qui ne possèdent, en réalité, aucune des qualités prônées et qui sont invendables. M. Amiot étudie avec beaucoup de finesse les sanctions civiles et pénales possibles. Il détermine dans quels cas le marché peut être considéré comme une simple pollicitation non encore définitivement acceptée, dans quel cas il peut être considéré comme inexistant pour erreur sur sa nature, l'une des parties ayant voulu consentir une vente, l'autre un dépôt, ou comme inexistant pour erreur sur l'identité de l'objet, dans quel cas il peut être annulé pour erreur sur les qualités substantielles ou dol, dans quel cas il peut donner lieu à garantie pour vices cachés. L'auteur étudiera encore, dans un article prochain, les conséquences de l'exercice de ces moyens civils, restitution des effets souscrits, dommages-intérêts,... etc., puis les sanctions pénales.

38. — *Le droit de rétention du vendeur et le commerce des laines*, par M. Trolley de Prévaux, dans les *Annales de droit commercial*, 1906, t. I, p. 332.

39. — *Le droit du vendeur à livrer dans la faillite de l'acheteur*, *Annales de droit commercial*, 1906, t. I, p. 337.

40. — Les droits du locateur de meubles dans la faillite du locataire, note de M. Denisse, sous Cass., 26 avr. 1906, *Pand. franç.*, 1906, I, p. 310.

41. — De la contre-partie, note *Pand. franç.*, 1906, II, p. 317.

42. — De l'enrichissement sans cause, note de M. Ripert, sous Lyon, 11 janv. 1906, *Pand. franç.*, 1906, II, p. 235-237.

43. — Des honoraires dus au notaire en cas de projet d'acte note de M. Marcellin Boussou, sous Montpellier, 26 déc. 1905 *Pand. franç.*, 1906, II, p. 328.

44. — *Assurances :* Comparaison du projet de loi relatif au contrat d'assurance déposé à la Chambre des députés le 12 juill. 1904 avec le projet allemand de 1903 et le projet suisse de 1904 concernant le contrat d'assurance, par M. Henri CAPITANT, *Bulletin de la Société d'études législatives*, 1906, 2ᵉ partie, p. 530.

45. — Responsabilité en matière d'accidents d'automobiles, *Bulletin de la Société d'études législatives*, 1907, 3ᵉ partie, p. 78.

46. — M. Léonce THOMAS achève dans la 6ᵉ livraison de 1906 de la *Revue générale de droit*, p. 481, son « *Étude de la loi des 25 juin-4 juill. 1902 sur le bail emphytéotique.*

47. — Robert LÉGER, *Le contrat de travail, Revue politique et parlementaire*, 1906, p. 502-524.

48. — *Bulletin de l'Office du travail :* Jurisprudence, nᵒ de nov. 1906, p. 1136. Louage de service à durée indéterminée, règlement d'ateliers supprimant tout délai-congé; nécessité pour le juge de rechercher si le règlement a été connu et accepté par l'ouvrier (Civ. cass., 16 juill. 1906); renvoi immédiat sans justification, absence de faute (Rej., 11 juill. 1906); promesse faite à un ouvrier blessé de lui assurer de l'ouvrage pour longtemps; renvoi immédiat après huit jours sans justification, faute (Rej., 14 juin 1906).

49. — De la présomption de faute de l'article 1385 du Code civil d'après la jurisprudence belge. L'article 1385 peut-il être invoqué par le domestique contre son maître? Note de M. Albert WAHL, sous Cass. Belgique, 16 oct. 1902, S. 1906. 4. 25.

50. — Le *Bulletin de l'Office du travail*, 1907, p. 41, rapporte une curieuse décision du juge de paix de Meaux, du 10 oct. 1906, condamnant un patron boulanger à exécuter la clause d'une convention passée entre les délégués des ouvriers boulangers en grève et trois patrons boulangers, quoique ces patrons ne fussent pas régulièrement délégués par le syndicat patronal dont faisait partie le défendeur, par cette raison que le défendeur n'a pas pris soin de décliner formellement la responsabilité de l'accord signé par les patrons entrés en rapport avec les délégués ouvriers et de déclarer qu'il restait en dehors de tout arrangement.

51. — *Responsabilité des accidents d'automobile.* — Distinction entre le contrat de transport et le contrat de louage de choses, concl. de M. l'av. gén. GENDEBIEN, sous Bruxelles, 16 mars 1906, D. 1906. 2. 335.

52. — *Clauses d'inaliénabilité*, sanction, note de M. LELOIR,

sous Paris, 12 janv. 1906, D. 1906. 2. 361. — Insaisissabilité
des biens donnés avec clause d'inaliénabilité, note de M. A. Tissier, sous Rouen, 5 avr. 1905, S. 1906. 2. 225.

53. — La *responsabilité du propriétaire d'une chose* a pour
principe une présomption de faute et cette présomption tombe
devant la preuve d'une force majeure, note de M. Planiol, sous
Civ., 8 mai 1906, D. 1906. 1. 457.

54. — *Cession de créance.* — Concours du cessionnaire avec
des saisissants, note de M. Louis Fraissaingea, sous Nîmes, 6 févr.
1899 et Paris, 16 nov. 1904, D. 1906. 2. 369.

55. — *Accidents du travail agricole.* — Que faut-il entendre
par machine mue par un moteur inanimé? Note de M. Jean Bove,
sous Nîmes, 1er août 1906, D. 1906. 2. 377.

56. — Les conclusions d'un propriétaire contre un tiers ayant
construit des édifices sur son terrain, conclusions prises en vue
du cas où le constructeur serait jugé de bonne foi, ne donnent
lieu ni à une *offre de contrat*, ni à un quasi-contrat. Si le constructeur est plus tard jugé de mauvaise foi, le propriétaire n'a
pas perdu son droit d'option. Note de M. Louis Guénée, sous Req.,
7 nov. 1905, D. 1906. 1. 513.

57. — *Relativité des contrats.* — Le tiers qui passe avec un
employé un contrat constituant une violation des obligations
assumées par l'employé vis-à-vis d'un autre, commet-il une faute
à l'égard de celui-ci, ou bien a-t-il le droit d'ignorer les obligations consenties par son employé à l'égard d'un tiers? Note de
M. Léon Lacour, sous Req., 8 nov. 1904, D. 1906. 1. 489.

58. — La *responsabilité du fait des choses : Théorie du
risque et théorie de la faute.* Note de M. Marcel Planiol, sous
Trib. civ. Seine, 24 janv. 1906 et Rennes, 26 juill. 1906, D. 1907.
2. 17.

59. — Le *dol* est-il un vice du consentement ou un délit civil
(Art. 1382)? Note de M. Bourcart sous Nancy, 4 avr. 1906,
S. 1906. 2. 242, 3e col.

60. — *Promesses de vente.* Même note, *eod. loc.*, p. 241.

61. — *Validité des clauses de concurrence.* Note *Annales de
droit commercial*, 1906. 1. 338.

62. — *Société civile.* — De quelle manière une société civile
peut-elle déroger au principe de la responsabilité indéfinie des
associés vis-à-vis des créanciers? Quelle est la portée exacte de
la règle d'après laquelle les associés sont tenus vis-à-vis des
créanciers pour une part virile, et non pour une part propor-

tionnelle à leurs droits dans la société? Note de M. A. WAHL,
sous Cass. civ., 13 juin 1904, S. 1906. 1. 385.

63. — *Cautionnement.* — Caractère civil. Note de M. Ch.
LYON-CAEN, sous Cass. req., 21 mai 1906, S. 1906. 1. 433.

64. — Une *société civile* peut-elle limiter la responsabilité
des associés vis-à-vis des tiers au montant de leurs apports?
Cette limitation résulte-t-elle de ce que la société civile se serait
constituée par actions (sans observer les formes de la loi commerciale, c'est-à-dire sans se commercialiser par application de
la loi du 1er août 1893)? Notes de M. WAHL, sous civ. Cass., 13
juin 1904, S. 1906. 1. 385, et sous Nancy, 6 avr. 1905, S. 1906.
2. 273; note de M. PERCEROU, sous l'arrêt de Cass., D. 1905.
1. 25.

65. — *Contrat de coffre-fort*, V. *Annales de droit commercial*, 1906. 1. 344.

66. — *Contrat de travail.* — Rapport sur les effets du contrat
de travail, par M. TRUCHY, et observations de MM. COLSON, JAY,
PAULET, dans le *Bulletin de la Société d'études législatives*,
1906, 1re partie, p. 441.

Eod. loc., 2e partie, p. 493. Note de M. SALEILLES sur le projet
de la commission relative au contrat de travail. Dans cette note,
M. Saleilles appelle l'attention sur la distinction entre le louage
de services et le louage d'ouvrage ou contrat d'entreprise pour
développer cette idée que le projet de la commisssion a non pas
effacé la distinction, mais changé le critérium.

Eod. loc., p. 503. Note sur un contrat individuel de travail
employé dans la région de Romans (Drôme), par M. SUMIEN.

Eod. loc., p. 507. Textes comparés du projet du Gouvernement
et du projet de la commission de la Société d'études législatives.

Bulletin, 1907, 1re partie, p. 31. Suite de la discussion du
rapport de M. Truchy; observations de MM. F. FAURE, BARBOUX,
TRUCHY, JAY, COLSON, TANON, PERREAU, PIÉDELIÈVRE, BEAUDOIN, RO-
MIEU.

Eod. loc., 2e partie, p. 49. Rapport de M. PERREAU sur la cessation ou rupture du contrat de travail.

Eod. loc., p. 61. Note de M. ESCARRA sur la rupture individuelle du contrat de travail.

67. — L'obligation de transférer la propriété dans la vente
romaine (16, D. XII, 4), par M. Ch. APPLETON, dans la *Nouvelle
Revue historique de droit*, 1906, p. 739.

IV. — Propriétés et droits réels.

68. — M. Saleilles, qui a donné aux études de droit comparé, je n'oserai pas dire l'orientation nouvelle, mais je dirai au moins l'impulsion définitive, vers une comparaison des doctrines et des faits, autrement plus féconde que le rapprochement de la lettre abstraite des textes, publie chez Pichon et Durand-Auzias un second volume de mélanges de droit comparé : *De la possession des meubles, études de droit allemand et de droit français* (1907, 9 fr.) (351 p.). Ce volume, reproduisant en partie les éléments du cours de droit civil comparé professé par M. Saleilles en 1905-1906, comprend trois études (V. *suprà*, p. 41).

La première étude a pour objet la *théorie possessoire objective*. Le Code civil allemand et le projet du Code civil suisse distinguent la possession et la détention ; cela implique-t-il qu'il faille rejeter l'idée d'une conception purement objective de la possession et que la possession doive comporter un élément intentionnel pour se distinguer de la détention ? C'est ce que M. Saleilles discute et conteste. La possession est définie par le Code allemand un pouvoir de fait sur la chose, *die thatsächliche Gewalt ueber die Sache*, et ce pouvoir de fait est opposé à la simple détention, *Inhabung*, parce que s'il est un pouvoir effectif, réel, comme la détention, il est aussi un pouvoir qui se présente et s'affirme au point de vue social avec la qualité et l'indépendance d'une véritable maîtrise. Ne serait-ce point alors la conscience que l'on a, ou que l'on est présumé avoir de cette maîtrise de fait qui, au point de vue social, caractériserait la possession et la séparerait de la détention ? Ce serait le maintien du point de vue subjectif, si l'on prétendait que cette conscience de la possession, que cet *animus detinendi* était l'élément indispensable d'une maîtrise de fait considérée sous l'angle social. M. Saleilles montre comment, le rapport de fait avec une chose étant en général caractérisé pour le public par le mode d'entrée en possession, l'*animus detinendi* sera souvent l'élément qui donnera à la possession d'une chose la qualité d'une maîtrise de fait vraiment personnelle ; mais il prouve que, par exception, cette maîtrise de fait peut exister socialement, pour le public, au profit d'un possesseur n'ayant à aucun degré conscience de son pouvoir ; ainsi dans le cas de dépôt, par les soins du concierge, chez le locataire absent, d'un objet que le locataire n'a point commandé et dont il ignore le dépôt chez lui. La théorie

dégagée peut sembler complexe et l'on serait tenté d'abord de
souhaiter la suppression de toute distinction entre possession
et détention. M. Saleilles nous engage à ne pas pousser trop vite
jusque-là la conception objective en nous prouvant que les législations qui ne distinguent pas la notion du *corpus* dans la détention et dans la possession, qui ne conçoivent qu'une seule maîtrise
de fait, séparent aussitôt la possession de la détention par l'intervention d'un élément subjectif, tandis que les législations qui
repoussent la prépondérance du point de vue subjectif distinguent toutes la possession et la détention au point de vue du
pouvoir de fait.

La seconde étude, la plus longue, a pour objet la règle : *En
fait de meubles, possession vaut titre.* M. Saleilles, comparant
l'application française de l'article 2279 avec la doctrine qui se
dégage du Code allemand, fait ressortir la supériorité, dans cette
matière, du droit français. L'auteur montre l'erreur commise par
le législateur allemand lorsqu'il a établi un parallélisme entre la
protection de la propriété immobilière et la protection de la propriété mobilière en faisant jouer au *juste titre* dans la théorie
de la transmission de la propriété mobilière le même rôle que
dans la théorie de la transmission immobilière. Il explique comment, au point de vue législatif, c'est à propos seulement de la
notion de bonne foi qu'il y a lieu de tenir compte du juste titre,
en cas d'acquisition mobilière. Le crédit en matière mobilière
exige que l'acquisition de bonne foi suffise à justifier l'acquisition d'un meuble, mais la préoccupation du *titre régulier* pourrait servir à limiter l'idée de bonne foi. M. Saleilles indique encore comment la question revêt un aspect tout spécial lorsqu'elle
se pose entre possesseurs successifs, entre le précédent possesseur et le possesseur actuel.

Mais l'intérêt très vif des études suggestives de M. Saleilles
nous amènerait vite à développer un compte rendu qui doit être
sommaire, quelque désir que l'on aurait de s'arrêter davantage
à ces horizons qui nous sont ouverts ; nous devons, ayant déjà
dépassé la mesure, nous borner à citer la troisième étude : *De
l'action en revendication de la possession.*

68 bis. — J. DE LA CHAISE, *Le cadastre et les livres fonciers,*
dans les *Annales des sciences politiques,* 1907, pp. 62-88.

69. — *De la propriété des œuvres d'art ornemental* (loi du
11 mars 1902). Note de M. CLARO sous diverses décisions, Paris,
Lyon et Trib. de la Seine, D. 1906. 2. 337.

70. — *Crédit foncier*. — Il n'est pas loisible au Crédit foncier, même avec le consentement des emprunteurs, de modifier les conditions légales et statutaires des prêts hypothécaires, garantie des obligations émises par lui. Note de M. DE LOYNES, sous Civ., 26 févr. 1906, D. 1906. 1. 433.

71. — *Subrogation dans les droits d'un créancier privilégié*. — Le prêteur subrogé dans les droits d'un copartageant est-il subrogé à concurrence tant du capital que des intérêts remboursés au copartageant alors que les intérêts étaient prescrits? V. la note sous Dijon, 20 juin 1904, D. 1906. 2. 417.

72. — *Nantissement :* De la constitution en gage de parts d'intérêts dans une société, non individualisés par des titres transmissibles au moyen d'un transfert. Note de M. NAQUET sous Cass. civ., 27 déc. 1904, S. 1906. 1. 393.

73. — *Immeubles par destination :* Les animaux fournis au cheptel par un propriétaire, sont-ils immeubles par destination et échappent-ils à la saisie-gagerie par un tiers bailleur du métayer? Note de M. A. TISSIER, sous Cass. req., 6 mai 1905, S. 1906. 1. 401.

74. *Nantissement du fonds de commerce :* Droit de suite, droit de préférence, droit de purge du créancier nanti. Note de M. A. WAHL, S. 1906. 2. 233.

75. — *Transcription :* L'adjudication sur licitation prononcée au profit d'un héritier bénéficiaire, est passible du droit de transcription. Note de M. A. WAHL, sous Trib. Seine, 12 mars 1904, S. 1906. 2. 255.

76. — De la nature du droit conféré aux créanciers hypothécaires sur l'indemnité d'assurance par la loi du 19 févr. 1889. — L'indemnité doit être versée aux créanciers et non employée à la reconstruction du gage détruit. — La créance qui appartient au locataire contre son bailleur à raison de certains travaux promis par le bail, peut-elle lui fournir un moyen de défense contre l'action en indemnité née de l'incendie et appartenant au bailleur? Note de M. M. PLANIOL, sous Paris, 31 mai 1905, D. 1906. 2. 321.

77. — MICHOUD : *La houille blanche*, Conférence faite à l'Université de Liège, *Bulletin du Syndicat des forces hydrauliques*, 2ᵉ année, nᵘ 29.

78. — MICHOUD : L'expropriation des sources et les droits des usagers riverains des cours d'eau (*Revue générale d'administration*, mai 1906).

V. — Successions et donations.

79. — De la loi compétente en matière de successions en droit international privé. *Théorie de renvoi,* note de M. Ambroise COLIN, sous Pau, 11 juin 1906, D. 1907. 1. 1.

80. — *L'opposition à partage* par les créanciers d'un copartageant équivaut-elle, quant à ses effets, à une saisie-arrêt? Note de M. DALMBERT, sous Rouen, 9 mars 1904, S. 1906. 2. 249.

81. — *Usufruit légal du conjoint survivant.* — Le conjoint survivant, privé par un événement quelconque (révocation pour ingratitude) de l'usufruit que lui avait donné ou légué son conjoint prédécédé, peut-il prétendre à l'usufruit légal? Note de M. Albert WAHL, sous Cass. civ., 13 nov. 1905, S. 1906. 1. 449.

82. — De l'imputation des donations en avancement d'hoirie, note de M. ROCHE-AGUSSOL, sous Montpellier, 6 juill. 1905, *Pand. franç.*, 1906. 2. 356.

P. LEREBOURS-PIGEONNIÈRE et R. DEMOGUE.

JURISPRUDENCE FRANÇAISE

EN MATIÈRE DE DROIT CIVIL

A. — Personnes et droits de famille.

Par M. Louis Josserand,

Professeur à la Faculté de droit de l'Université de Lyon.

I. — Mariage.

1. — *Mariage religieux non précédé d'un mariage civil; articles 199 et 200 du Code pénal; séparation des Églises et de l'État.*

La question s'est posée récemment, — et elle était des plus délicates, — de savoir si les articles 199 et 200 du Code pénal, lesquels infligent des pénalités au ministre d'un culte « qui procédera aux cérémonies religieuses d'un mariage sans qu'il lui ait été justifié d'un acte de mariage préalablement reçu par les officiers de l'état civil », sont toujours en vigueur ou s'ils n'ont pas été implicitement abrogés par la loi du 9 déc. 1905 sur la séparation des Églises et de l'État.

La thèse de l'abrogation, soutenue par le pourvoi, se réclamait d'arguments très séduisants et surtout de l'article 44-1° de la loi du 9 déc. 1905 qui enlève aux articles organiques toute la force qui leur avait été conférée par la loi du 18 germ. an X. En effet, n'était-ce point dans cette loi de l'an X que se trouvait portée l'interdiction adressée aux ministres du culte catholique de procéder à un mariage religieux qui n'aurait pas été précédé d'un mariage civil? Aux termes de l'article 54 : « Ils ne donneront la bénédiction nuptiale qu'à ceux qui justifieront en bonne et due forme avoir contracté mariage devant l'officier de l'état civil ». Or, les articles 199 et 200 du Code pénal n'ont eu d'autre portée et ne sauraient avoir d'autre signification que de donner à cet article 54 une sanction qui, jusque-là, lui faisait défaut. Dans ces conditions, il est manifeste que l'abrogation de la plus ancienne de ces dispositions, de celle qui contient le précepte, doit avoir pour conséquence la disparition de la plus récente, de celle qui renferme la sanction : concevrait-on qu'une pénalité subsistât alors que l'interdiction à laquelle elle correspond a elle-même disparu ?

D'ailleurs, quel était, avant 1905, le domaine d'application des articles 199 et 200 du Code pénal ? On s'accordait à reconnaître qu'ils visaient uniquement les ministres des cultes reconnus à l'exclusion de tous autres. Or, depuis la séparation des Églises et de l'État, il n'y a plus de cultes reconnus ; aux termes de l'article 2 de la loi du 9 déc. 1905 : « La République ne reconnaît... aucun culte » ; tous les ministres de toutes les religions se trouvent placés dans une même situation légale, à savoir celle où se trouvaient jadis les ministres des cultes non reconnus ; les articles 199 et 200 du Code pénal deviennent donc, par la force même des choses et de la logique, inapplicables à tous les ministres des différents cultes, ce qui revient à dire qu'ils sont abrogés. Cette abrogation est équitable ; car les pénalités dont ces textes menaçaient les ministres des cultes reconnus s'expliquaient par les privilèges mêmes dont lesdits cultes se trouvaient être l'objet ; suivant la formule heureuse du conseiller rapporteur, elles constituaient « la rançon de la reconnaissance dont certains cultes avaient obtenu le bénéfice et de la position privilégiée qui était faite à leurs ministres dans l'État ».

Malgré ces arguments, — dont la force n'est pas contestable, — malgré aussi une considération d'ordre historique tirée du droit intermédiaire, le conseiller dans son rapport, l'avocat général dans ses conclusions, la Cour dans son arrêt se sont prononcés dans le sens de la persistance des articles 199 et 200 du Code pénal. Ainsi qu'il est dit dans les motifs de l'arrêt, ces textes sont indépendants de l'article 54 de la loi du 18 germ. an X ; car ils visent les ministres de tous les cultes, sans exception, au lieu que les articles organiques sont évidemment spéciaux aux ministres du culte catholique. Comme le prouve la rubrique sous laquelle les articles 199 et 200 se trouvent placés (*Des contraventions propres à compromettre l'état civil des personnes*), l'antériorité du mariage civil a été édictée et sanctionnée dans l'intérêt de l'état civil des personnes : or, cet intérêt existe, et d'une façon plus pressante encore, après la séparation des Églises d'avec l'État. Les travaux préparatoires de la loi qui a réalisé cette séparation sont d'ailleurs tout à fait concluants dans le sens de la non-abrogation des articles 199 et 200 du Code pénal. A la page 187 de son rapport, M. Briand, commentant l'article 1 du projet de loi, s'exprimait en ces termes :

« La loi ne connaîtra les cultes et les cérémonies cultuelles qu'en tant qu'elles n'intéresseront point l'ordre public. Mais, par *a contrario*, toutes les dispositions civiles ou pénales ayant un caractère d'ordre public restent en vigueur. Ainsi, pour ne citer que cet exemple, celles qui ont pour objet d'assurer la célébration du mariage civil avant le sacrement religieux ».

Cette déclaration du rapporteur a revêtu une signification plus décisive encore par le rejet d'un amendement tendant à l'abrogation des articles 199 et 200 du Code pénal. Ce rejet eut lieu sur les observations suivantes présentées par M. le ministre des Cultes :

« Les dispositions contenues dans les articles 199 et 200 du Code pénal ne sont pas une conséquence nécessaire de l'organisation officielle des cultes; il s'agit de mesures d'ordre public prises dans l'intérêt de l'état civil des citoyens.....; les raisons qui ont fait adopter les articles 199 et 200..... n'ont pas cessé d'exister et elles conserveront le lendemain de la séparation toute la valeur qu'elles avaient sous le régime concordataire ».

Le même amendement, repris au Sénat, fut à nouveau rejeté.

On comprend que tous ces arguments aient entraîné l'opinion de la Cour suprême à qui le conseiller rapporteur avait également parlé du « trouble profond que pourrait éventuellement jeter dans l'état social la licence des mariages exclusivement religieux ». (Cass., 9 nov. 1906, *Le Droit*, 25 nov. 1906).

II. — PATERNITÉ ET FILIATION.

2. — *Présomption de l'article 312 du Code civil, absence du père, acte de naissance, preuve du mariage.*

La présomption *Pater is est quem nuptiæ demonstrant* ne peut évidemment fonctionner qu'autant que la mère était mariée lors de la conception de l'enfant : c'est donc à celui qui en invo-

que le bénéfice de prouver d'abord l'existence du mariage de la
mère à ladite époque. Cette preuve incombe notamment à l'enfant qui se prévaut de sa légitimité pour se présenter à une succession laissée par un parent de ses auteurs, et, en général,
elle sera facilement administrée. Elle deviendra difficile cependant si le père se trouve en état d'absence déclarée, et elle le
sera particulièrement si le jugement déclaratif d'absence a spécifié que les dernières nouvelles du disparu sont antérieures à la
naissance de l'enfant. Celui-ci sera fort empêché de prouver
l'existence de son père et par suite celle du mariage de sa mère
lors de sa conception ; et, à défaut de cette preuve il ne pourra
pas se placer sous la protection de l'article 312, présomption
essentiellement matrimoniale. Inutilement alléguerait-il que son
acte de naissance le porte comme enfant légitime de sa mère,
donc comme enfant du mari de celle-ci : car un tel acte, quelles
que soient ses énonciations, ne prouve jamais le mariage des
personnes indiquées comme père et mère de l'enfant ; il n'établit,
directement, que la filiation maternelle, et c'est à l'enfant, s'il
veut invoquer le bénéfice de l'article 312 écrit pour le cas où la
mère de l'enfant serait mariée lors de la conception, de prouver
qu'il se trouve bien dans l'hypothèse visée par ce texte (Cass.,
19 décembre 1906, *Gaz. Pal.*, 23 janv. 1907 ; *Gaz. des Trib.*,
10 janv. 1907).

III. — RÉGIMES MATRIMONIAUX.

3. — *Communauté, vente d'immeuble antérieure au mariage, saisie immobilière, adjudication au profit de l'époux
vendeur, conquêt.*

Un individu vend un immeuble, puis se marie sous le régime
de la communauté légale, le prix de vente lui étant encore dû.
Plus tard, comme l'acheteur ne s'acquitte pas intégralement de
son obligation, il fait saisir ledit immeuble et s'en porte lui-
même adjudicataire : cet immeuble va-t-il tomber dans la
communauté ou restera-t-il propre au mari, successivement vendeur puis acquéreur sur saisie ?

La raison de douter, c'est que le bien est sorti du patrimoine
du vendeur avant que celui-ci ne fût marié. Mais cette circonstance ne serait de réelle importance que si l'immeuble rentrait
plus tard dans son patrimoine rétroactivement, par suite de la
résolution de l'acte d'aliénation, et tel n'est pas le cas. Le vendeur
n'a pas demandé la résolution de la vente pour défaut de paiement

du prix et aux termes de l'article 1654 du Code civil ; il a poursuivi l'exécution même des obligations incombant à l'acheteur
et il a acquis l'immeuble en vertu d'un titre nouveau, postérieurement au mariage et sans rétroactivité ; cet immeuble doit
donc constituer un conquêt : d'autant mieux qu'il représente,
au moins pour partie, la créance du prix de vente, qui était elle-
même, et sans aucun doute, tombée dans la communauté (Cass.,
10 déc. 1906, *Gaz. Pal.*, 3 janv. 1907).

4. — *Femme mariée, obligation solidaire avec son mari,
caution, déconfiture du mari, exigibilité de la créance, créanciers de la femme.*

La femme qui s'oblige solidairement avec son mari est
réputée ne s'être engagée que comme caution (art. 1431, C. civ.).
Elle a donc un recours en indemnité contre son mari, recours
garanti par son hypothèque légale. Et, par cela même qu'elle
joue le rôle de caution, elle peut, se prévalant de l'article 2032
du Code civil, agir contre son mari, le débiteur principal, du
moment que celui-ci est en déconfiture et avant même qu'elle
n'ait rien payé. D'autre part, et dans cette même éventualité, les
créanciers de la femme vont pouvoir, aux termes de l'article 1446
2e alinéa du Code civil, exercer les droits de leur débitrice et,
notamment, agir hypothécairement contre les détenteurs des
biens du mari ou de ceux de la communauté, pour obtenir le
paiement de la créance de la femme contre son mari. Il ne faudrait pas objecter que rien ne dit que la femme sera, au jour de
la dissolution effective de la communauté, créancière de son
mari, car l'article 1446 ne distingue pas (Orléans, 14 déc. 1906,
La Loi, 4-5 janv. 1907).

5. — *Séparation de biens, capacité de la femme, libre administration, obligation, aval de traites.*

La femme séparée de biens ne peut agir sans autorisation que
dans la limite de l'administration de son patrimoine ; notamment,
elle ne peut s'obliger que pour cause d'administration, et, plus
spécialement, elle ne peut, sans autorisation, avaliser des
traites ; tout au moins il appartiendrait à l'intéressé de prouver
que cet acte rentrait dans le cadre des actes d'administration ;
sinon, il devrait être annulé (Cass., 24 oct. 1906, *Gaz. Pal.*, 15
nov. 1906).

L. JOSSERAND.

B. — Obligations et contrats spéciaux.

Par M. René Demogue,

Professeur agrégé à la Faculté de droit de l'Université de Lille.

I. — Obligations en général.

a) Conditions d'existence des obligations délictuelles ou quasi-délictuelles.

1. — *Responsabilité des chefs d'un syndicat qui ont exigé le renvoi d'un ouvrier.*

Depuis la célèbre affaire du syndicat de Jallieu, tranchée par la chambre civile de la Cour de cassation le 22 juin 1892 (S. 93· 1. 51), on admet couramment en pratique qu'un syndicat est responsable envers l'ouvrier non syndiqué dont il a exigé le renvoi par le patron, sous menace de grève, parce que celui-ci n'était pas syndiqué ou ne l'était plus : chacun en effet étant libre de ne pas adhérer à un syndicat ou de s'en retirer et le syndicat étant par son acte sorti de ses attributions ordinaires de défenseur des intérêts professionnels.

Mais à qui l'ouvrier peut-il demander une indemnité? Il peut s'adresser au syndicat lui-même, comme dans le cas précité. Mais en fait ce droit sera souvent sans portée, ce groupement pouvant facilement se dissoudre et se reconstituer sous un autre nom. Aussi le tribunal de Château-Gontier, le 13 novembre 1906 (*Gaz. du Pal.*, 31 janv. 1907), a-t-il reconnu que l'ouvrier congédié pouvait en outre s'adresser aux personnes qui ont commis les actes illicites : aux chefs du syndicat et aux membres de son bureau par exemple. En effet, dit-il, le représentant ne peut être exempté des conséquences de ses actes pour les reporter entièrement sur le représenté que lorsqu'il s'agit d'actes contractuels et d'effets licites; il est impossible d'admettre que les personnes qui ont agi au nom de la personne morale sont irresponsables parce qu'elles ont joué le rôle de mandataires, aucune convention, ni clause des statuts n'ayant pu les charger valablement d'accomplir des actes illicites pour le compte de la personne morale qu'elles représentent.

Cette première solution paraît juridique et elle avait déjà été admise par la doctrine (v. la note de M. Planiol, D. 94. 2. 305 et M. Brémond, *Rev. crit.*, 1899, p. 13), et ce jugement en est la première consécration (v. toutefois dans un cas analogue, Paris, 7 déc. 1903, S. 1905. 2. 98). Le tribunal admet en outre que ces personnes sont toutes solidairement responsables, qu'il s'agit d'actes collectifs pour lesquels on ne peut déterminer la part de préjudice causé par chacun; l'article 1202, qui déclare que la solidarité ne se présume pas, ne s'applique qu'aux obligations conventionnelles et il doit en être autrement quand il s'agit d'un dommage causé à autrui dans le cas de l'article 1382.

2. — *Un tiers peut-il se plaindre de la violation d'un contrat qui devait en fait lui profiter?*

Un adjudicataire soumissionne la fourniture de sucres d'une certaine marque. En fait il livre du sucre d'une autre marque titrant un peu plus, mais ayant une saveur et des caractères physiques différents, et cela sans aucune intention mauvaise. La Cour de Rennes a le 18 juin 1906 (*La Loi* du 28 nov.) condamné l'adjudicataire pour le préjudice ainsi causé au propriétaire de la marque du sucre qu'il devait fournir, à des dommages-intérêts envers celui-ci. C'est là une application curieuse qui a été faite de l'article 1382, car on arrive ainsi à tourner dans une certaine mesure le principe de l'article 1165. La Cour, sans faire appel à la théorie de la stipulation pour autrui (elle le dit d'ailleurs expressément), arrive à en consacrer les résultats, et à reconnaître que le contrat qui doit en fait profiter à un tiers lui donne un droit, en ce sens que le tiers peut agir pour faute commise si le contrat n'est pas exécuté. Nous trouvons cette conception très audacieuse, mais nous la croyons appelée à un grand avenir, car de plus en plus on arrivera à limiter, à limer pour mieux dire, ce principe étroit de l'article 1165 et à ne le maintenir que dans une mesure restreinte que je ne puis préciser en détail, mais que j'indiquerai d'un mot en disant : l'article 1165 est appelé à assurer simplement la protection de la sphère d'activité d'autrui.

3. — *Abus du droit.*

Citons cet exemple intéressant d'abus du droit : un bailleur dont le bail a encore plusieurs années à courir fait apposer un écriteau à louer sur l'immeuble loué à un commerçant, ce qui peut faire croire au public que le locataire est contraint de quitter prochainement l'appartement et peut jeter un discrédit sur sa réputation et sa stabilité de commerçant : il y a là abus du droit. Trib. de Toulouse, 13 janv. 1906 (*Pand. fr.*, 1906. 2. 351). Mais il n'en est pas ainsi lorsque le bailleur sans intention mauvaise annonce dans un journal que sa maison, où tel commerce réussit très bien, sera à louer à l'expiration du bail.

4. — *Action d'un assuré contre l'auteur du sinistre.*

La jurisprudence s'affirme de plus en plus sur ce point que les assureurs ne peuvent, à moins de cessions à eux consenties, exercer contre les tiers responsables du sinistre l'action que possédait l'assuré (v. sur ce point l'étude de M. Capitant, *Revue,* 1906, p. 37 et s.).

Il en résulte naturellement que l'assuré peut lui-même exercer cette action sans que le tiers puisse lui objecter qu'étant assuré il ne souffre aucun préjudice. C'est la solution qu'a logiquement acceptée la Cour de Paris le 21 avr. 1903 (D. 1906. 2. 314), en faisant observer qu'en droit le fait de l'assurance ne peut être considéré comme rendant la question sans intérêt.

Mais cette solution apparaît cependant comme choquante, l'assuré se trouvant alors réaliser un bénéfice par le fait de l'assurance.

5. — *Responsabilité d'un entrepreneur envers des tiers.*

Un arrêt de la Cour de Lyon du 10 janv. 1906 (*Pand. fr.,* 1906. 2. 312) fait une application intéressante de la stipulation pour autrui. Un entrepreneur a traité à prix fait pour construire une maison. Il est convenu qu'il répondra des dommages causés aux voisins, réparera le préjudice qu'il leur causera. La Cour a admis qu'en ce cas il y avait responsabilité solidaire de l'entrepreneur et du propriétaire envers le tiers.

Cependant la nature juridique de l'opération peut s'expliquer autrement : l'entrepreneur ayant contrevenu aux règles de l'art et même à des règlements, la faute commise le rendait responsable même envers le tiers à raison de la faute commise. Quant au propriétaire, sa responsabilité ne pouvait faire doute ; c'était à lui à ne pas laisser construire dans des conditions défectueuses. Et ces deux responsabilités ne pouvant être séparées, la solidarité s'imposait.

6. — *Responsabilité des parents.*

Nous avons déjà cité des décisions (v. *Revue,* 1906, p. 159) qui rendent les parents responsables des délits de leurs enfants même commis en dehors de leur présence (v. Trib. de paix de Paris, 28 déc. 1905, *loc. cit.*).

Dans le même sens un jugement a été rendu par le quatrième tribunal de paix de Lille le 23 mai 1906 (*Le Droit* du 11 novembre), qui a déclaré une mère responsable du délit de son enfant alors que celui-ci avait blessé un tiers à l'aide d'un tricycle à un moment où sa mère était malade et alitée. Ces décisions paraissent à première vue en opposition avec la jurisprudence de la Cour de cassation qui a (30 juin 1896, S. 1900. 1. 518) exempté de toute responsabilité des parents pour le délit d'un enfant qu'ils avaient autorisé à aller se promener avec un tiers. Mais il convient de remarquer la différence qui explique ces solutions opposées. Dans la première des décisions, on relève une mauvaise éducation donnée ; dans la seconde, on ne relève pas que l'enfant eût été bien élevé, qu'on l'eût empêché de façon générale de se servir d'un instrument dangereux pour son âge ; ce qui fait qu'on ne pouvait dire que les parents n'avaient pu empêcher le fait qui donne lieu à la responsabilité.

Nous mentionnerons encore un point sur lequel le tribunal de paix de Lille se prononce accessoirement : il indique que la responsabilité du patron d'un mineur 'exclut celle des parents. Cependant si avec des décisions nombreuses on rattache la responsabilité du père à un défaut d'éducation, rien n'empêche qu'elle ne s'adjoigne à la responsabilité du patron fondée sur un mauvais choix (V. *Revue, loc. cit.*).

7. — *Portée de l'article 1384.*

Une femme de chambre met le feu à ses vêtements en versant de l'essence dans une lampe allumée ; son mari, domestique du même maître, est brûlé en allant à son secours. Le maître lui doit-il une indemnité? Non, a dit la Cour de Poitiers le 26 nov. 1906 (*Gaz. des Trib.* du 5 janv. 1907). Si la femme avait directement communiqué le feu à son mari, on aurait pu appliquer l'article 1384, mais le mari avait agi spontanément et l'acte de la femme ne lui avait pas nui directement. Cette solution paraît légale. Nous sommes en effet en présence d'accidents tombant sous le coup du risque professionnel : Le domestique a été blessé à l'occasion de son travail ; or les lois sur les accidents du travail ne le protègent pas.

8. — *Quand un préposé agit-il comme tel ?*

La Cour de Paris le 29 mai 1906 (*Gaz. Pal.* du 15 décembre) a considéré comme acte d'un préposé dans l'exercice de ses fonctions, dont le maître est responsable, les injures proférées par un concierge sur le seuil de l'immeuble à lui confié, mais sans insister sur cette présomption de fait d'ailleurs assez vague.

9. — *Responsabilité du fait des choses.*

Un arrêt récent de la Chambre civile (8 mai 1906, D. 1906. 1.

457 avec une note de M. Planiol) montre combien est délicate la
théorie de la responsabilité du fait des choses. Un train de
bateaux circule sur un canal. Une amarre qui rattachait l'un de
ces bateaux au suivant se brise. La secousse qui en résulte pousse
le bateau d'avant sur un autre amarré à la rive qui est gravement avarié. Le propriétaire lésé a-t-il action contre le propriétaire du bateau abordeur ?

Il fallait ici choisir entre les deux dispositions de l'article 1384,
qui rendent l'une le propriétaire responsable, l'autre celui qui a
la chose sous sa garde. En effet, l'amarre s'était rompue non par
un vice d'amarrage, mais par suite de son mauvais état ou de son
insuffisance, et d'autre part le propriétaire du bateau avait cet
engin en location. Suivant alors que l'on considérerait la responsabilité comme attachée à la garde ou à la propriété, on rendrait
responsable le batelier gardien de l'amarre, ou le locataire
qui en est propriétaire. La Cour de cassation a résolu la difficulté de la manière suivante : le propriétaire du bateau n'avait
pas la garde de l'amarre, et celle-ci n'étant qu'en location, il ne
pouvait être rendu responsable de son vice propre. Sur la seule
question qui lui était soumise, elle tendrait donc à tenir compte
du droit de propriété plutôt que du droit de garde. Ceci concor-
derait avec la solution de l'arrêt du 16 juin 1896. V. *Revue*, 1904,
p. 418.

Mais, toutefois, on rencontre encore dans le présent arrêt le
désir d'éviter de se prononcer de façon catégorique. V. de même
Cass., 16 janv. 1905 (*Revue*, 1906, p. 901).

10. — *Responsabilité du fait des choses.*

Un arrêt de la Cour de Grenoble du 6 nov. 1906 (*Le Droit*
du 28 novembre et *La Loi* du 6 décembre) devrait être particulièrement cité si la fin de ses attendus ne détruisait toute l'importance théorique du surplus. Un individu ayant chez lui la lumière
électrique est foudroyé comme il saisissait une lampe qui fonctionnait mal pour l'examiner. La Cour a rendu la société d'électricité responsable de ce fait en vertu de l'article 1384, disant
qu'elle avait la garde de l'installation qui est son œuvre et qu'il
est constant que l'accident a été causé par la chose même de la
société. La victime ayant été foudroyée par un courant à haute
tension, ce résultat est, dit-elle, le résultat direct de l'installation
électrique de la société et du fonctionnement de son transfor-
mateur.

Cette application originale de l'article 1384 est cependant sans grande portée, la suite du texte constatant une faute de la Compagnie : un des employés ayant pour vérifier l'état du matériel fait l'expérience d'enlever les coupe-circuits au moment de l'accident. Cet arrêt est donc au total moins caractéristique que celui de la Cour de Lyon du 25 avr. 1890 (v. *Revue*, 1904, p. 861), qui avait reconnu la responsabilité de la compagnie pour la chute de ses fils sur une route.

11. — *Responsabilité du fait des choses inanimées.*

Citons un jugement du tribunal de la Seine du 24 janv. 1906 (D. 1907. 2. 17) qui rend responsable le propriétaire d'un ballon de l'explosion qu'il a causé, en atterrissant, malgré sa volonté, par le fait de passants qui l'y avaient forcé en saisissant le guide-rope qui traînait à terre. Cette solution se fonde sur l'article 1384 (V. en sens contraire la note de M. PLANIOL).

b) Conditions d'existence des obligations contractuelles.

12. — *Consentement donné en état d'ivresse.*

Le consentement suppose la volonté. Il n'y a donc pas consentement si un individu se trouve en état d'ivresse au moment où il stipule dans un contrat. C'est ce qu'a reconnu de façon générale le tribunal de commerce de Saint-Étienne le 13 mars 1906 (*Pand. fr.*, 1906. 2. 332), dans un cas, il est vrai, où l'état d'ivresse était imputable au cocontractant, ce qui en ferait alors un cas de dol. Mais le tribunal, s'écartant de la solution de quelques décisions anciennes, ne s'appuie pas sur ce point et considère de façon générale l'ivresse comme une cause de nullité.

13. — *Courtage matrimonial.*

Signalons sur une question souvent indiquée déjà (*Revue*, 1906, p. 163 et 1905, p. 133) un jugement du tribunal de Toulouse du 15 juin 1906 (*Pand. fr.*, 1906. 2. 342) qui déclare valable en principe l'obligation contractée envers le directeur d'une agence matrimoniale, mais qui refuse en fait d'en tenir compte dans un cas où le rôle de cette personne avait été sans utilité et où elle avait même trompé la confiance de son client.

14. — *Répétition des sommes payées pour cause illicite.*

La jurisprudence tend à ne plus tenir complètement compte de la règle *nemo auditur turpitudinem allegans*. Cependant il est difficile de dire jusqu'à quel point exactement elle la rejette (v. *Revue*, 1906, p. 162 et 1905, p. 342). Elle semble surtout faire œuvre d'équité et statuer au mieux des hypothèses.

Une personne a vendu une officine de pharmacien à un acheteur non diplômé. La vente est nulle, de nullité radicale, dit la Cour de Paris ; mais, ajoute-t-elle, ce qui a été payé en vertu d'une obligation nulle n'est pas dû, et la restitution doit en être ordonnée. Mais en participant à la violation de la loi sur la pharmacie, l'acheteur, l'institution Kneipp, a commis une sorte de délit civil, et par suite n'est fondé à réclamer les intérêts que du jour de la demande (30 juill. 1903). Sur pourvoi, la Cour de cassation a maintenu la nullité, qui était contestée (23 mai 1905, D. 1906. 1. 412), mais n'a pas statué sur cette cote mal taillée qui applique la règle *nemo auditur* aux intérêts et non au capital, ce qui est une nouveauté.

15. — *Du droit à répétition de celui qui a payé un effet de complaisance.*

La jurisprudence présente une certaine incertitude quant à l'application actuelle de la règle *nemo auditur turpitudinem allegans.* Les cours d'appel, à défaut d'arrêt de cassation, paraissent toutefois s'accorder pour refuser à celui qui a payé un effet de complaisance toute action en répétition. — Nancy, 2 janv. 1893, S. 94. 2. 206. — Lyon, 6 juin 1906, S. 1906. 2. 264. Elles semblent ainsi se conformer à l'esprit de la Cour de cassation, qui paraît s'être donné pour objectif de lutter contre les conventions illicites en appliquant ou en rejetant notre règle alors que l'un ou l'autre moyen paraît plus de nature à atteindre ce but.

16. — *Distinction de la simulation et de la fraude.*

La jurisprudence fait aujourd'hui très nettement la distinction de la simulation et de la fraude (v. Paris, 27 janv. 1904, *Revue*, 1904, p. 869). Notamment la Cour de Lyon a jugé le 23 oct. 1906 (*La Loi* du 8 décembre), qu'une obligation simulée doit être réputée n'avoir jamais existé à l'égard de quiconque, comme radicalement nulle dès le principe. Et en conséquence il n'y a pas lieu de donner acte au débiteur de ce qu'il reconnaît sa dette lorsque celle-ci est purement simulée.

17. — *Société pour un cabinet de dentiste entre personnes non diplômées et diplômées.*

La jurisprudence a reconnu la nullité d'une société entre un dentiste diplômé et un tiers non diplômé (Cass., 19 nov. 1895, S. 97. 1. 172). La Cour de Rouen a eu l'occasion d'appliquer une solution différente dans un cas où les faits présentaient un caractère spécial : le dentiste diplômé devant seul s'occuper de la clientèle et l'associé de la fabrication des appareils. Cette solution paraît tout à fait judicieuse (28 juill. 1906, *le Droit*, 11 nov. 1906).

c) Effets des obligations.

18. — *De la déchéance du terme à la suite de déconfiture et de son effet sur la prescription.*

La jurisprudence admet en général que la déchéance légale du terme résultant de la déconfiture n'a pas lieu de plein droit, mais doit être constatée en justice, la déconfiture n'étant pas un fait précis comme la faillite. Cass., 30 mars 1892 (D. 1892. 1. 281); Grenoble, 16 déc. 1904 (D. 1906. 2. 401). Ce dernier arrêt en a déduit que la prescription ne commençait à courir que du jour de ce jugement. Ce qui paraît incontestable.

Le même arrêt de la Cour de Grenoble tranche une question voisine qui paraît neuve : un contrat de prêt a été fait pour plusieurs années et il est convenu que faute par le débiteur de payer les intérêts à la fin de chaque année, le capital sera exigible de plein droit au bout d'un mois pour tout délai de grâce et sans mise en demeure ou sommation préalable. Les intérêts n'étant pas payés, cette déchéance conventionnelle du terme s'est-elle produite de sorte que la prescription ait commencé immédiatement à courir ? Non, a dit la Cour. La déchéance peut cesser par le fait du créancier lorsqu'il renonce soit expressément, soit tacitement à s'en prévaloir et une renonciation tacite s'induit nécessairement de l'inaction du créancier. Il serait en effet bizarre qu'une clause inscrite uniquement dans l'intérêt du créancier se retournât contre lui pour faire courir la prescription. En résumé lui seul peut invoquer la déchéance et le débiteur ne peut s'en prévaloir.

D'ailleurs, la Cour aboutit encore au même résultat par une autre voie. Les auteurs (v. not. Aubry et Rau, t. IV, p. 96, 4e éd.) admettent que pour les obligations de donner à exécuter ailleurs que chez le créancier, la demeure exige un acte. La Cour s'est approprié cette solution et elle en conclut que, la formalité n'ayant pas eu lieu, la déchéance du terme n'a pas été encourue. Ce système avait déjà été accueilli par la jurisprudence (v. Paris, 29 juin 1895, S. 99. 2. 67).

19. — *De l'action paulienne en matière de paiement.*

Un administrateur de société paye de la caisse sociale une dette qui lui est personnelle, à un créancier au courant de ce mode irrégulier de paiement. La Cour de Paris, le 25 mars 1905 (D. 1906. 2. 415), a, avec raison, considéré un pareil paiement

comme nul. Mais quel est le fondement de cette nullité ? La Cour
le voit dans ce fait que l'on aurait payé sans être propriétaire,
ce qui logiquement aboutirait à accorder l'action contre un tiers
de bonne foi, et à la rejeter dès que les objets ont été consommés,
ce qui arrivera presque aussitôt pour de l'argent. Peut-être cet
argument ne rend-il pas bien la pensée de la Cour, qui insiste
sur le dol du créancier, et aurait-elle mieux traduit sa pensée en
parlant d'action paulienne. Mais alors elle se serait heurtée à
l'objection que l'action paulienne ne fonctionne pas pour les
paiements d'après l'opinion traditionnelle. Et ceci peut paraître
jeter un doute sur la régularité de cette décision.

Mais on peut facilement répondre que les seuls paiements
échappant à l'action paulienne sont ceux faits par le débiteur
même ; or ici le paiement avait été fait par un tiers : la société
agissant par l'organe de son administrateur. Il y avait au fond
une véritable donation ou une gestion d'affaires (selon que la
société espérait ou non recouvrer ses déboursés), qui avait été
faite sous forme de paiement, et qui comme telle était exposée
à l'action paulienne.

20. — *La cession de portefeuille peut-elle donner lieu à résiliation des polices ?*

La jurisprudence de la Cour de cassation se précise tout à fait
par un arrêt de la chambre des requêtes du 30 avr. 1906 (*Pand.
fr.*, 1906. 1. 312), en ce qui concerne les conséquences de la
cession de portefeuille. Elle a jugé précédemment (25 oct. 1885,
S. 85. 1. 488) que cette cession entraîne résiliation des polices
si la société cédante s'est en fait dissoute, ou si elle a cessé ses
paiements (v. Cass., 13 mars 1899, *Pand. fr.*, 99. 1. 331). Elle
vient de juger en sens inverse qu'il n'y avait pas lieu à résiliation si la Compagnie cédante a stipulé qu'elle ne se dissoudrait
pas avant l'expiration des risques et qu'elle n'a pas diminué les
garanties sur lesquelles on était en droit de compter. La dissolution d'une personne morale est donc une cause de résiliation de
ses engagements et la jurisprudence admet par ces arrêts qu'il
n'y a plus de continuation de contrat possible là où il n'y a pas
une masse au moins virtuelle de biens pour répondre des
dettes.

21. — *Effet à l'égard du créancier de l'engagement pris
par un tiers envers le débiteur de payer la dette.*

Une femme prend avec son mari un engagement solidaire
envers les frères de celui-ci de payer les dettes de leur mère. Les

créanciers de celle-ci peuvent-ils invoquer cette convention pour poursuivre la femme ?

La Cour de cassation a jugé la négative, disant que cet arrangement était pour la mère et ses créanciers *res inter alios acta* (Req. 5 mai 1903, S. 1906. 1. 440). Peut-être cette décision, juste en l'état du pourvoi, qui ne visait que les règles de la solidarité, aurait-elle dû être différente si l'arrêt attaqué l'avait été à l'aide de l'article 1121 et des principes de la stipulation pour autrui : l'engagement d'un tiers de payer une dette n'est-il pas en effet nécessairement une stipulation pour autrui en faveur du créancier, à moins que la volonté contraire n'ait été indiquée ?

Il est en effet plus rationnel de considérer que le tiers a voulu s'engager envers le créancier et non pas seulement envers le débiteur. D'ailleurs cet arrêt ne correspond pas avec la marche générale de la jurisprudence, qui tend à restreindre la règle *res inter alios acta*.

22. — *Exception « non adimpleti contractus ».*

Dans un contrat, si une des parties n'exécute pas son obligation, l'autre a le droit de garder une situation expectative. Donc un mandataire, auquel le mandant qui devait lui avancer ce débours a refusé de le faire, peut se refuser à lever le jugement nécessaire pour exécuter son mandat et ce fait ne peut lui être imputé à faute (Trib. comm. Seine, 2 oct. 1906, *La Loi* du 28 novembre).

23. — *Responsabilité des médecins.*

Quelle est la responsabilité des médecins à raison du traitement qu'ils ont dirigé? Un arrêt de la Cour d'Aix du 22 oct. 1906 (*Le Droit* des 10-11 décembre) reconnaît qu'un médecin peut être responsable du préjudice causé à un malade dans le cas où il n'a vu dans un malade à traiter avec les rayons X qu'un sujet d'expérience, un cas intéressant à étudier, peut-être même une occasion de s'exercer au maniement des appareils dont il avait fait récemment l'acquisition et lorsque entraîné ainsi par le souci scientifique à la poursuite d'un résultat qui se dérobait à ses recherches il en est arrivé à oublier toute règle de prudence.

Quant au fait que l'individu a été soigné gratuitement, il peut simplement atténuer la portée de la responsabilité.

Ces solutions sont en harmonie avec les rares décisions sur le même sujet, notamment un jugement de Lyon du 15 déc. 1859 (D. 59. 3. 87), qui a reconnu la responsabilité d'un médecin qui a considéré son malade comme un simple sujet d'expérience.

24. — *Responsabilité des médecins.*

En général un médecin commet une faute s'il n'avertit pas le malade de l'opération qu'il va faire et de ses dangers (Aix, 22 oct. 1906, *Le Droit* des 10-11 décembre). Cependant ne commet aucune faute celui qui chloroformise un client alors que celui-ci savait, comme tout le monde d'ailleurs, que l'emploi du chloroforme n'est pas exempt de péril, surtout si le danger spécial de cet emploi réside dans l'impressionnabilité qui serait encore augmentée si on était prévenu de tous les périls médiats ou immédiats auxquels on est hypothétiquement exposé (Amiens, 14 févr. 1906, *Le Droit* du 28 novembre). Ces deux solutions doivent être notées, car la jurisprudence à notre connaissance n'avait pas encore eu occasion de les formuler.

d) Preuve des obligations.

25. — *Pouvoir d'appréciation du juge en ce qui concerne la force probante des actes.*

Le pouvoir des juges d'interpréter les conventions peut aller jusqu'à leur attribuer une nature différente de celle que les parties lui ont donnée par l'emploi de telle qualification. Mais il peut aussi avoir pour effet de ne reconnaître à une pièce qu'une force probante différente de celle qu'elle paraît avoir d'après son contenu. Un acte qualifié vente et accompagné d'une signature précédée de « bon pour pouvoir » peut être considérée comme étant tout au plus un commencement de preuve par écrit. C'est ce qu'a jugé la Chambre des requêtes le 14 mars 1906 (*Pand. fr.*, 1906. 1. 315). Ainsi donc le pouvoir des juges va jusqu'à apprécier la force probante d'un acte dont la teneur paraît affaiblie par une mention spéciale ou par des circonstances particulières. Dans l'espèce, des améliorations à l'objet rendu depuis la prétendue vente et une hypothèque constituée sur l'immeuble prétendu aliéné tendaient en effet à faire croire que le prétendu vendeur en apposant sa signature n'avait nullement songé à vendre.

La force probante, qui paraît quelque chose d'absolument objectif, laisse donc place elle aussi à une certaine appréciation du juge quand on est en face d'un cas spécial comme celui de notre arrêt.

26. — *Effet de la remise d'une grosse par un officier ministériel à son client.*

La Cour de cassation applique l'article 1283 à la remise par un notaire à son client de la grosse de l'acte qu'il a dressé et en conclut que cette remise fait présumer le paiement des honoraires au notaire (V. Cass., 14 mai 1888, D. 88. 1. 487; Bordeaux, 8 mars 1889, D. 91. 2. 1 et *Contrà*, Alger, 30 mai 1888, *eod. loc.*). Elle a même jugé que cette présomption s'appliquait à la remise d'une simple expédition : la distinction de la grosse et des expéditions étant sans intérêt dans les rapports de notaire à client (Cass., 7 janv. 1907, *Gaz. Pal.* du 15 janvier). Cette solution doit-elle être étendue à l'huissier qui après une saisie remet à son client la grosse qu'il a employée? Sur cette question nouvelle, le tribunal d'Agen le 11 juin 1904 (D. 1904. 2. 425) a admis la négative : le paiement visé par l'article 1283 est celui de l'obligation qui résulte du titre dont la grosse a été remise, et non le paiement des frais avancés par l'huissier pour obtenir l'exécution de l'obligation, l'huissier étant devenu simple dépositaire de la grosse aux fins d'exercer la poursuite et pouvant la restituer sans que ce fait implique qu'il a été remboursé de ses frais. Nous croyons cette solution équitable et destinée à triompher, la situation de l'huissier étant différente de celle du notaire.

27. — *De l'effet des surcharges dans les actes notariés.*

D'après l'article 16 de la loi de ventôse, les surcharges dans les actes notariés, sans entraîner la nullité de l'acte, sont nulles. En ce cas, si la disposition est non avenue, peut-on y suppléer par d'autres actes? La Chambre des requêtes l'a admis le 3 nov. 1903 (D. 1906. 1. 529). Une cession d'antériorité d'hypothèque contenait une surcharge pour le chiffre de la cession. On a suppléé à cela en tenant compte du chiffre de la créance fixé par un acte antérieur, et par référence à cet acte, on a fixé l'importance du supplément d'hypothèque donné en échange de la cession en se fondant sur ce qu'il se rattachait à la créance déterminée dans les mots raturés. La Cour de cassation facilite donc considérablement la situation de l'individu qui invoque un acte notarié raturé. Et il ne semble pas que des arrêts antérieurs puissent être à ce point de vue comparés à celui-là.

e) Interprétation des obligations.

28. — *Des amendes infligées par un patron.*

Quelle est la valeur légale du règlement d'un théâtre qui permet aux directeurs d'infliger des amendes allant de 2 à 100 fr.?

Nous avons déjà montré à propos des syndicats (v. *Revue,*

1905, p. 651) qu'il se produisait nécessairement un conflit entre les autorités d'État et les autorités privées qui s'arrogent le droit en vertu de règlements antérieurement acceptés de prononcer de véritables peines. Il s'agit de savoir si le droit de ces autorités est absolu. Un arrêt de la Cour de Toulouse du 6 juin 1904 (S. 1905. 2. 63) assimilait l'amende fixée dans un règlement d'atelier à une clause pénale et l'appliquait purement et simplement. Un jugement du tribunal de la Seine du 9 juin 1905 (S. 1906. 2. 252) se montre plus osé. Il ramène l'application des amendes à l'interprétation du contrat fait sous forme de règlement accepté, et il ajoute que reconnaître aux directeurs le droit d'infliger des amendes à leurs artistes, sans motif, à leur gré, serait consacrer l'arbitraire le plus révoltant, que les juges ont le droit d'apprécier les motifs invoqués par les directeurs pour fixer les amendes par eux infligées. En conséquence elle a annulé une amende qui lui paraissait prononcée à tort contre une artiste.

29. — *Peut-on exiger qu'un contrat compliqué ait reçu une interprétation judiciaire?*

Un arrêt de la chambre civile du 23 octobre 1906 (*Pand. fr.*, 1906. 1. 338) vient favoriser la prudence des officiers ministériels mêlés aux insidieuses questions de dotalité. Il a déclaré non fautif un agent de change qui refusait de se dessaisir de deniers dotaux, même sur quittance du notaire, même cette quittance étant de nature à lui assurer en fait protection suffisante, si d'autre part la complexité des clauses du contrat de mariage pouvait faire naître dans son esprit de sérieuses préoccupations sur leur portée.

30. — *Quel est le droit d'un notaire qui appelé à rédiger un contrat de mariage s'est vu retirer ce soin?*

La Cour de Montpellier, 26 déc. 1905 (*Pand. fr.* 1906. 2. 328) admet que le notaire ne peut réclamer ni le tarif de l'acte entier, ni même celui des actes imparfaits, mais seulement ce que le tribunal voudra lui allouer à défaut d'entente avec son ex-client. Cette solution d'une question nouvelle paraît juridique. Le notaire placé en dehors des cas où le tarif lui alloue un émolument peut cependant réclamer la rémunération de ses travaux. Cependant l'arrêt paraît bien peu précis. Tantôt il reconnaît la faute du client et déclare allouer des dommages-intérêts, tantôt il reconnaît qu'il y a eu une conduite critiquable du notaire, ou que rien ne peut entraver la liberté du client de révoquer son notaire.

f) Extinction des obligations.

31. — *Validité d'offres réelles faites à la barre.*

Un arrêt de la Cour de Lyon du 13 nov. 1902 (D. 1906. 2. 423) a déclaré valables les offres réelles faites à la barre par un débiteur qui auparavant était incertain sur la personne de son créancier. Cette solution très équitable est d'ailleurs en harmonie avec d'anciens arrêts de la Cour de cassation (Req., 27 juin 1849, D. 49. 1. 166), mais qui étaient beaucoup moins nets. C'est aussi l'opinion générale de la doctrine (V. Garsonnet, t. IV, p. 317).

32. — *Autorité de la chose jugée.*

L'autorité de la chose jugée existe lorsque deux actions poursuivant des buts en apparence différents impliquent la solution de la même question. De même un individu ayant promis de vendre à un autre au prix le plus élevé qu'un tiers lui offrirait, l'acheteur débouté de sa demande en dommages-intérêts pour avoir prétendu que par dol on lui avait indiqué un prix mensonger, ne peut ensuite poursuivre le vendeur pour inexécution des clauses de la promesse de vente, car c'est en réalité la même question : indication d'une offre mensongère, qui a été discutée et résolue par la négative, que l'on pose à nouveau (Cass. Req., 25 octobre 1905, S. 1906. 1. 460).

33. — *Point de départ de la prescription des actions en responsabilité.*

Souvent une faute commise cause immédiatement un préjudice. Le point de départ de la prescription ne peut donner lieu à difficulté. Mais qu'arrive-t-il si le préjudice ne se réalise que bien après la faute commise? En ce cas, le droit à indemnité est resté purement éventuel pendant un certain temps et nous pensons qu'il n'a pu se prescrire, que la prescription ne commence à courir que du jour où le préjudice sera devenu effectif (V. sur l'application de la prescription aux droits éventuels, notre étude sur la nature et les effets du droit éventuel, *Revue*, 1906, p. 311). La jurisprudence avait consacré ces idées et un contrat de mariage étant annulé, elle avait admis que l'action en responsabilité contre le notaire ne commençait à se prescrire que du jour où cette nullité faisait subir un préjudice aux époux (Cass., 19 févr. 1872, D. 73. 1. 85; Pau, 15 mars 1892, S. 93. 2. 133).

La Cour de Riom, le 17 juill. 1906 (*Gaz. du Palais* du 9 nov.), s'écarte de cette jurisprudence. Le jugement qui prononce la nullité n'a fait, dit-elle, que consacrer une nullité préexistante et le jour où la nullité a été connue est née l'action; elle a par conséquent commencé à se prescrire, malgré l'ignorance de son titulaire, qui n'est pas un obstacle à la prescription. Cette solution est extrêmement incommode en pratique : le préjudice résultant de la nullité d'un contrat de mariage ne se révélant ordinairement que très tard, et le titulaire de l'action ne s'occupera pas avant de cette nullité et négligera d'agir; aussi elle nous paraît très critiquable. Il est à souhaiter qu'elle ne fasse pas jurisprudence.

34. — *Effet sur une courte prescription d'un aveu de la dette.*

Un arrêt de la Chambre civile du 17 mai 1904 (*Revue*, 1904, p. 879) semblait indiquer une tendance restrictive de la Cour de cassation en ce qui concerne les moyens à invoquer pour paralyser une courte prescription. Cet arrêt n'a été comme nous l'espérions qu'un arrêt d'espèce et le 16 juill. 1906 (S. 1906.1. 400) la Cour a repris sa théorie traditionnelle, admettant qu'un aveu exprès ou tacite de non-paiement du débiteur résultant par exemple d'une négation de la dette, ce qui implique qu'on ne l'a pas payé, emportait déchéance du droit d'invoquer la prescription.

La Cour de Bourges a jugé dans le même sens qu'un acte adressé à un tiers, dans l'espèce une plainte au garde des Sceaux sur la réclamation dont on était l'objet, emportait aussi reconnaissance tacite de la dette et entraînait renonciation à la prescription (8 nov. 1905, S. 1906.2.236).

II. — Contrats spéciaux.

a) Vente.

35. — *Du délai pour utiliser une promesse de vente.*

L'arrêt suivant de la Cour de Lyon du 28 nov. 1906 (*La Loi* des 18-19 janvier) paraît avoir tranché de façon peu équitable et peu juridique la chicane suivante : le bénéficiaire d'une promesse de vente qui lui était faite pour un délai devant expirer le 24 décembre à 6 heures du soir se présente ce jour-là et à 6 heures chez le notaire qui constate sa comparution à cette heure, et dresse acte de son intention de parfaire la vente.

La Cour en a conclu que l'acte dressé ayant été fait après 6 heures, puisque la comparution avait eu lieu à cette heure, le

délai était expiré. C'est confondre le fond et la forme, la volonté
manifestée dès 6 heures du soir et la preuve qui n'en avait été
dressée qu'après. En tout cas la Cour de Lyon a admis implicitement qu'il n'était pas nécessaire que l'acceptation fût portée à la
connaissance du vendeur dans le délai, qu'elle pouvait ne l'être
qu'après (V. de même Cass., 6 févr. 1906, *Revue* 1906, p. 903).

36. — *Effets des promesses de vente.*

Une jurisprudence qui nous semble critiquable, tend plutôt,
bien que les arrêts soient peu précis, à reconnaître que la promesse de vente ne crée qu'une obligation de faire, et que le bénéficiaire ayant déclaré vouloir utiliser la promesse ne peut évincer ceux auxquels le promettant a constitué des droits réels
quand ils sont de bonne foi (V. contre cette solution nos développements, *Revue*, 1906, p. 239 et suiv.). Le tribunal de Tours,
le 14 nov. 1906 (*Gaz. des Trib.* du 5 janv. 1907), a adopté de
façon très nette cette théorie et il a admis que le bénéficiaire de
la promesse ne pouvait valablement la réaliser au détriment d'un
tiers de bonne foi auquel le promettant avait donné hypothèque
sur l'immeuble et qui l'avait fait ensuite saisir.

37. — *Qu'est-ce qu'un vice caché?*

Quand le vice d'une chose vendue peut-il être qualifié de caché?
Un arrêt de la chambre des requêtes du 26 déc. 1906 (*Gaz. du
Pal.* du 18 janvier) décide, à propos de bois de chênes contenant
des insectes qui en avaient amené la destruction, que si la manifestation extérieure du vice devait échapper à un acheteur non
pourvu de connaissances scientifiques, elle n'était ni suffisamment apparente, ni suffisamment caractérisée pour exclure l'action en garantie. Cet arrêt doit être comparé avec la jurisprudence antérieure, qui avait reconnu que le vice était apparent si
l'acheteur n'avait pu examiner ou faire examiner l'objet vendu,
ce qui impliquait peut-être qu'on n'avait guère à tenir compte de
l'absence de connaissance scientifique de l'acheteur. Malgré cela
il nous semble que l'on peut dire que d'un côté l'examen attentif
de la chose, de l'autre les connaissances scientifiques nécessaires
pour en tirer parti sont les deux termes de la distinction entre
les vices apparents et cachés (V. Cass., 1er mars 1876, D. 77.1.
155, S. 76.1,318. Cf. Cass., 14 déc. 1903, *Rev.*, 1904, p. 569).

38. — *Action en garantie incidente à propos de ventes
d'animaux atteints de maladies contagieuses.*

L'article 41 de la loi du 23 juin 1898 modifiée le 23 févr. 1905,
sur les ventes d'animaux, interdit toute action en nullité pour

maladie contagieuse qui n'a pas été précédée d'une déclaration
faite au maire par l'acheteur; le tribunal de commerce d'Arras
en a conclu le 10 août 1906 (*Le Droit* du 23 novembre), prenant
ce texte à la lettre, que le vendeur n'ayant pas fait la déclaration, son appel en garantie contre son propre vendeur était irrecevable et qu'il ne pouvait l'introduire par une action récursoire.
Le tribunal, statuant ainsi sur cette question nouvelle, paraît vouloir indiquer seulement que la garantie incidente est exclue par
la loi nouvelle. Mais il semble au contraire indiquer qu'une action en garantie principale ne serait pas irrecevable : il eût été
en effet singulier qu'aggravant les règles ordinaires au point
d'en déduire la nullité de la vente, on eût abouti à faire disparaître l'obligation du vendeur. Ainsi comprise, la décision du tribunal d'Arras nous paraît juridique.

39. — *Du droit pour l'acheteur d'un fonds de commerce de
faire réduire le prix.*

Un arrêt de la Cour de Paris du 7 juill. 1906 (*La Loi* du
29 déc.) accentue la jurisprudence que nous avons déjà signalée
sur les ventes de fonds de commerce (V. Orléans, 17 mai 1906,
Rev., 1906, p. 913).

Un fonds de commerce est vendu : en fait la comptabilité en
était peu régulière; mais « elle ne révèle ni majorations de recettes, ni dissimulations de dépenses et la manifestation de la
situation vraie n'eût pas dû résister à un effort d'attention soutenue ». Il en est résulté que le vendeur a pu ne pas connaître
sa situation, être de bonne foi en accusant des bénéfices de 50.000
francs alors qu'ils n'avaient guère dépassé 12.000. La Cour en
ce cas a formellement écarté le dol du vendeur, elle a rejeté de
même l'erreur sur la substance, disant que l'atténuation même
notable de l'une des qualités essentielles de la chose est à elle
seule insuffisante à la dénaturer de telle sorte que l'acquéreur
soit fondé à prétendre que ce n'est plus celle dont il a entendu
traiter.

La Cour a cependant commis un expert pour fixer dans quelle
mesure le prix devait être réduit.

Cette jurisprudence nous semble très singulière : nous croyons
qu'elle n'est pas en harmonie avec celle de la Cour de cassation,
qui exige pour prononcer cette réduction de prix un dol incident. En définitive elle aboutit à dire que les tribunaux peuvent
réduire le prix de vente des fonds de commerce comme ils
réduisent les honoraires exagérés des mandataires, à cette diffé-

rence que l'on exige ici une erreur sur les produits du fonds, autrement dit une lésion. Cela peut être équitable, les ventes de fonds prêtent à des abus ; mais ne serait-ce pas plutôt au législateur qu'au juge à les réprimer ?

40. — *Qu'est-ce qu'un droit litigieux ?*

Une créance est litigieuse, et sa cession peut par conséquent donner lieu à retrait, même si son existence a été judiciairement reconnue et qu'il n'y ait plus qu'à déterminer son montant. C'est l'opinion de la doctrine (Aubry et Rau, t. IV, p. 456 ; Guillouard, *Vente*, t. II, n° 885). Outre d'anciens arrêts de cassation (V. 1er mars 1865, S. 65.1.235), c'est la solution de quelques arrêts d'appel. Paris, 2 févr. 1867, S. 68.2.16. — Alger, 31 oct. 1906, *La Loi* du 22 décembre.

41. — *De la date dans les ventes à tempérament de valeurs à lots.*

La loi du 12 mars 1900 exige que les ventes à tempérament de valeurs à lots remplissent certaines conditions de forme, notamment que l'original indique l'un des cours cotés à la Bourse de Paris dans les quatre jours précédant la cession, ou, à défaut, le dernier coté. Ceci semble indiquer que, pour assurer l'observation de la loi, l'écrit sera daté. La Cour de Paris a cependant jugé le contraire le 1er août 1906 (*Pand. fr.*, 1906. 2. 347), se tenant strictement aux termes de la loi, ce qui ne permet plus guère d'assurer l'observation de cette disposition légale. Comment, en effet, savoir si le cours indiqué est bien un de ceux exigés, lorsque l'acte n'est pas daté ou du moins si le moment de sa rédaction ne résulte pas de son contexte ? Elle a ajouté, ce qui n'était pas contestable, que peu importait que les signatures n'aient pas été apposées simultanément et que l'acte signé un jour par l'acheteur avec la date de ce jour ait été signé seulement le lendemain par le vendeur.

b) **Louage de choses.**

42. — *Responsabilité du locataire pour les objets déposés chez lui par le bailleur.*

Un propriétaire a en dépôt chez son locataire des objets confiés à la garde de celui-ci, qui en a seul la clef. Un incendie éclate. Le locataire en est de plein droit responsable en vertu de l'article 1733, à moins de preuve contraire. Mais il est établi que le sinistre n'a pas commencé là où étaient les objets déposés. En ce cas le locataire ne sera considéré comme responsable vis-à-vis du propriétaire, pour ces objets déposés, que comme un voisin, c'est-à-dire qu'il faudra prouver la faute pour le rendre responsable. Ainsi l'a jugé, sur cette espèce assez spéciale, la Cour de Lyon le 19 oct. 1906 (*La Loi* des 1er-2 févr. 1907). La solution nous semble exacte, bien que nous n'en acceptions pas tous les motifs. Le locataire ne pouvait, en ce qui concerne les objets déposés, être soumis aux règles de l'article 1733, mais seulement à celles du dépôt. Or il en résulte qu'il n'était responsable qu'en cas de faute lourde. L'origine de l'incendie n'étant pas établie, la faute n'était pas prouvée davantage.

43. — *Interprétation d'une clause de non-responsabilité pour démolition.*

Une maison est louée. Elle est sujette à une servitude d'alignement. Aussi a-t-il été prévu que le bailleur s'exonérait des suites de toute démolition pour cause étrangère à sa volonté. La maison est l'objet d'un arrêté de péril à la suite duquel le bailleur vend amiablement la maison à la ville. Un arrêt de la chambre des requêtes de la Cour de cassation du 15 janv. 1906 (D. 1906. 1. 379) a jugé que l'on avait pu, par interprétation de ce bail, sans dénaturer la clause, accorder une indemnité au locataire, et qu'on ne saurait assimiler la vente amiable à la nécessité d'une démolition sans la volonté du bailleur.

Cette interprétation paraît singulière et peu en harmonie avec la volonté des parties, qui ont probablement entendu comprendre dans le cas de démolition involontaire le cas où par commodité on vendrait l'immeuble dont la démolition va être ordonnée.

44. — *Interdiction de louer pour un commerce similaire.*

On ne peut considérer que le bailleur a violé le bail lui interdisant de louer un autre local pour un commerce similaire si les deux locataires n'exerçaient qu'accessoirement le même commerce, la mercerie principalement, l'un tenant un bazar où cette branche était peu développée, l'autre un magasin de corsets. Paris, 1er août 1906 (*Gaz. du Pal.*, 9-10 déc.). Cette solution paraît équitable (Cf. *Revue*, 1904, p. 570).

45. — *Droit du locataire sur la façade de l'immeuble.*

Une décision de justice de paix de Paris (10e arrondissement) du 26 sept. 1906 (*Gaz. des Trib.* du 5 janv. 1907) examine sous un aspect nouveau le droit du locataire sur la façade de l'immeuble qu'il occupe et il reconnaît qu'il a sur la partie de cette façade correspondant à son appartement un droit en ce sens qu'il peut empêcher un locataire voisin de l'utiliser pour son enseigne, quand même celui-ci y aurait été autorisé par un locataire précédent, ce fait ne constituant qu'une tolérance (v. sur ces questions, *Revue*, 1904, p. 432 et 570).

c) Contrat de travail.

46. — *Du refus de réintégrer des ouvriers après grève.*

Appliquant logiquement le principe qu'elle a établi sur le caractère juridique de la grève et sur la rupture du contrat de travail qu'elle entraîne (v. Cass., 18 mars 1902, *Revue*, 1902, p. 894), la Cour de cassation, chambre civile, a jugé le 12 nov. 1906 (*La Loi* du 18 décembre) que l'ouvrier en grève qui, prévenu par son patron qu'il sera considéré comme démissionnaire s'il ne rentre pas dans un certain délai, ne rentre pas, ne peut ensuite, l'entrée de l'usine lui étant refusée, demander au patron une indemnité pour renvoi abusif.

Il est vrai que l'ouvrier s'était mis en grève pour demander une modification du contrat, ce qui rend cette solution de la Cour suprême plus soutenable.

47. — *Paiement du jour du repos hebdomadaire.*

Un arrêt de la Cour de cassation (Chambre civile du 8 janv. 1907, *Gaz. Pal.* du 15 janvier) a tranché une question d'un intérêt très actuel. L'ouvrier auquel s'applique la loi du 13 juill. 1906 sur le repos hebdomadaire a-t-il droit à un salaire pour le jour de repos?

Cette difficulté doit se résoudre par une distinction : si l'ouvrier est payé à la journée, il n'a pas droit à un salaire pour le jour de repos : la loi qui prescrit le repos n'ordonne pas de payer le jour de repos. Si au contraire l'ouvrier est payé à la semaine, il a droit au salaire entier, sans réduction, la convention continue à faire la loi des parties bien que son exécution soit devenue partiellement impossible. Le patron n'a d'autre droit que de dénoncer le contrat si celui-ci est trop onéreux.

48. — *Paiement des périodes de vacances.*

Un employé congédié a droit à son salaire même pour la période correspondant à une quinzaine de vacances lorsque celle-ci correspond à un usage dans la profession (Trib. de la Seine, 20 nov. 1906, *Le Droit*, du 23 novembre).

49. — *Interprétation d'une clause pénale pour rupture de contrat.*

Deux personnes s'associent. Il est convenu qu'en cas de rupture du contrat par l'une d'elles, celle-ci paiera 50.000 francs à l'autre. Cette clause pénale, a déclaré la Cour de Rouen le 28 juill. 1906 (*Le Droit* du 11 novembre), ne s'applique pas à une demande en nullité de la société ou à une demande en dissolution : car, dit la Cour, ce fait ne peut être considéré à aucun point de vue comme une rupture de convention, ce n'est en somme que l'exercice d'un droit appartenant à toute personne qui croit pouvoir se considérer comme lésée. La demande, même sans fondement, ne peut être considérée comme une rupture : celui dont la demande est rejetée pouvant continuer ensuite son concours à l'association.

Cette solution paraît sage ; cependant elle semble en opposition avec un arrêt de cassation du 6 août 1866 (D. 66. 1. 373).

50. — *Interprétation des clauses pénales pour le cas de renvoi.*

Quand une indemnité de renvoi a été stipulée par un employé, cette clause pénale s'applique, que le renvoi soit ou non justifié.

Cette solution d'interprétation a été donnée le 31 oct. 1906 (*La Loi* du 18 décembre) par la Cour de Lyon.

51. — *Du moment où doit être payée l'indemnité pour renvoi.*

Contrairement à un arrêt de la Cour d'Agen du 23 nov. 1903 (v. *Revue*, 1906, p. 923), le tribunal de paix du 14ᵉ arrondissement de Paris a jugé le 29 nov. 1906 (*La Loi* du 8 décembre), mais de façon subsidiaire, que l'indemnité due pour renvoi était due seulement à échéance.

d) Société.

52. — *Quand y a-t-il contrat de société?*

Quelle est la caractéristique du contrat de société et quelles juridictions ont qualité pour qualifier une convention de société ?

Un arrêt de la Cour de cassation du 3 janv. 1906 (*Pand. fr.* 1906. 1. 296) admet sur ce point, conformément à des arrêts précédents, que les juges du fait ont sur ce point un pouvoir souverain d'appréciation, et qu'ils ont pu voir une société de fait dans un acte qualifié ouverture de crédit avec nantissement et constitution d'hypothèque qui s'était manifesté par la raison sociale X... et Cⁱᵉ. L'arrêt de la Cour de Paris du 30 avr. 1903 ainsi maintenu aboutit finalement à qualifier de société l'acte qui s'est révélé aux tiers comme société. C'est donc une véritable société imposée par les nécessités du crédit et une application certaine de la tendance à l'objectivation du droit civil. De même que l'on a obligé une société à l'exécution des engagements d'un associé qui avait abusé de la signature sociale, de même ici on a soumis des personnes aux règles du contrat de société parce qu'elles avaient laissé croire que ce contrat existait. De plus en plus, on voit la réparation d'un quasi-délit, le fait d'avoir laissé croire que telle chose existait, se réaliser sous forme d'un contrat dans lequel on est placé de force. C'est ce que j'appellerais le contrat quasi-délictuel.

53. — *Continuation de la société malgré la mort d'un associé.*

Les associés peuvent stipuler que la société ne se dissoudra pas par la mort de l'un d'eux (art. 1868). Peut-on déduire cette stipulation des faits de la cause ou au contraire faut-il que cette convention soit expresse ? La Cour de cassation, saisie pour la première fois de la difficulté, a admis de façon très nette la première solution (Req. 23 oct. 1906, *Pand. fr.* 1906. 1. 343 ; *La Loi* du 11 décembre). C'est d'ailleurs l'opinion dominante en doctrine (v. Guillouard, *Société,* n. 297).

Elle est conforme au texte de la loi, qui n'exige pas que la stipulation soit expresse. Elle est aussi en harmonie avec les intérêts des associés, qui s'accommodent mal d'une dissolution qui peut survenir inopinément et à contre-temps.

54. — *Droit de contrôle de l'associé non gérant.*

Quel est le droit de contrôle sur la marche d'une société d'une personne qui a droit à une partie des bénéfices ? La question est importante ; cependant la jurisprudence est ici très rare (v. cep. pour un employé intéressé, *Revue,* 1906, p. 923). La Cour de Paris a donné le 29 juin 1903 (D. 1906. 2. 335) une intéressante solution pour un associé en nom collectif non gérant. Elle lui a reconnu la faculté de s'initier à toutes les affaires de la société et de prendre connaissance de ses livres de commerce à toute époque, même en l'absence de toute contestation, disant qu'il pouvait user de cette faculté soit par lui-même, soit par un mandataire de son choix.

Elle a fait application de cette solution dans un cas où les commanditaires avaient cependant constitué un conseil de censure : il lui a paru que dans l'espèce ce conseil ne fonctionnait que dans l'intérêt exclusif des commanditaires, et que l'associé en nom collectif obligé solidairement et indéfiniment au paiement de toutes les dettes devait avoir un droit plus étendu que le simple commanditaire, que l'associé ordinaire peut connaître non seulement les écritures de la société qui concernent l'exercice en cours, mais même celles des exercices précédents, une vue d'ensemble étant nécessaire pour la saine appréciation de la marche des affaires sociales. Cette solution nous paraît équitable (v. sur un point voisin : le contrôle du commanditaire par intérêt, notre étude : *Annales de droit commercial*, 1901).

e) Contrat d'association.

55. — *Distinction de la société et de l'association.*

La différence caractéristique entre la société et l'association, c'est que la société se propose de réaliser des bénéfices et de les distribuer à ses membres. Y a-t-il société si des titulaires de redevances tréfoncières dues pour des mines concédées se groupent et constituent une société par actions qui sera titulaire des redevances et les partagera? La Cour de cassation a admis l'affirmative le 27 nov. 1905 (S. 1906. 1. 469), pour cette raison que la société avait seule qualité pour administrer les tréfonds, pour assurer les redevances et que les pouvoirs dont elle était nécessairement investie pour assurer une meilleure et plus régulière distribution des produits des propriétés tréfoncières, lui donnaient le moyen d'accroître par son action personnelle ces produits en substituant une exploitation commune à des exploitations isolées.

Cet arrêt nous paraît juridique : la Cour ayant soin de relever que non seulement les associés diminuaient leurs frais de recouvrement, mais encore qu'ils mettaient en commun leurs droits, ce qui avait pour conséquence d'en régulariser l'exercice, d'en tirer un revenu plus constant. Cette solution est importante, car elle permet de faire rentrer dans les sociétés les groupements qui n'évitent pas simplement une perte, mais qui se contentent de régulariser des recettes.

56. — *Nature juridique des comices agricoles.*

D'après la Cour de cassation, les comices agricoles constituent non des sociétés civiles, mais des associations. Cass., 30 janv. 1878 (D. 80. 1. 300). Seulement elles ne sont pas régies par la loi du 1er juill. 1901, elles restent soumises aux règles posées pour elles par la loi du 20 mars 1851, celle-ci n'ayant pas été expressément abrogée. Par conséquent, en a conclu la Cour de cassation le 13 nov. 1906 (D. 1907. 1. 20), elles ont la personnalité morale sans avoir fait les déclarations prévues par la loi de 1901.

57. — *Dévolution des biens d'une association de fait.*

Un arrêt de la chambre des requêtes du 23 janv. 1905 (D. 1906. 1. 505), rejetant le pourvoi contre un arrêt de la Cour de Paris du 20 févr. 1902, touche à une question très délicate. Une compagnie de sapeurs-pompiers se forme, elle a une caisse se montant à plusieurs mille francs. Si sa constitution avait été régulière, on aurait pu dire que ces fonds appartenaient à la commune, le décret de 1875 ne donnant pas aux compagnies la personnalité morale. Mais cette compagnie est irrégulièrement constituée : ses statuts sont contraires au texte du décret. Cette société est dissoute. Que vont devenir les fonds? Nous sommes en face d'une association de fait. Faut-il dire que les fonds seront alors répartis entre les membres? Le tribunal inclinait à cette solution, bien qu'il n'eût pas à la donner dans l'espèce. La Cour de cassation a évité de se prononcer, mais elle semblerait plutôt admettre le droit de la commune. La question reste donc indécise de savoir ce que peuvent devenir en cas de dissolution les biens d'une association de fait. Peut-être la Cour de cassation a-t-elle laissé entendre la solution la meilleure : remise de la caisse à la commune, qui l'emploierait alors selon sa destination, c'est-à-dire en faveur d'une compagnie régulièrement constituée. En tout cas cette solution découlant de la théorie des Zweckvermögen paraît celle de l'avenir et il est à souhaiter qu'elle l'emporte dans les cas qui pourront aujourd'hui devenir plus nombreux d'associations non revêtues de personnalité morale, mais ayant en fait un patrimoine.

f) Mandat.

58. — *Responsabilité d'une société pour les actes de ses administrateurs. Faute commune.*

La jurisprudence s'est très vivement préoccupée de garantir les tiers contre les actes d'un mandataire qui a excédé ses pouvoirs et de nombreuses décisions ont reconnu que le mandant était obligé par ces actes, lorsque par suite de ses agissements le tiers avait pu croire que le mandataire agissait dans la limite de ses droits (V. not. Cass., 23 nov. 1905, *Revue*, 1906, p. 172 et les renvois). Cette solution a été adoptée à nouveau par la Cour de cassation le 7 août 1906 (*Gaz. Pal.*, 9 novembre), à propos d'administrateurs de sociétés qui avaient frauduleusement utilisé une délibération d'assemblées les autorisant à émettre des obligations, pour en émettre le double en procédant

laisse trop de place à la conjecture et qu'elle ne s'attache pas à réglementer une partie des sûretés cependant pratique, mais que la loi a le tort de négliger les sûretés sur titres non individualisés (v. sur ce point, Cass., 13 juin 1903 et les autres arrêts, *Revue*, 1906, p. 173).

62. — *Effets du nantissement d'un fonds de commerce.*

Le nantissement d'un fonds de commerce comprend-il de plein droit les marchandises? En ce sens un arrêt de la Cour de cassation, chambre civile du *31* oct. 1906 (*Pand. fr.*, 1906. 1. 327, D. 1906. 1. 328), a cassé un arrêt de la Cour d'Aix du *27* avr. 1903 (D. 1906. 2. 421). La jurisprudence était déjà plutôt en ce sens et la Cour d'Aix s'était elle-même déjugée le 25 oct. 1905 (D. 1906. 2. 421).

63. — *Nature du droit de suite du créancier nanti d'un fonds de commerce.*

La jurisprudence des cours d'appel paraît définitivement s'orienter en ce sens que le droit de suite qui appartient au créancier nanti sur un fonds de commerce est un droit de suite analogue à celui d'un créancier hypothécaire permettant de saisir le bien entre les mains d'un acquéreur quelconque et non un droit de revendication comme celui du créancier-gagiste ordinaire. Somme toute, le gage du fonds différant notablement du gage ordinaire qui exige la mise en possession du créancier, on a poursuivi une assimilation avec l'hypothèque. Deux arrêts de la Cour de Rouen l'avaient déjà réalisé. Rouen, 8 juill. 1903 (*Revue*, 1905, p. 914). Elle s'affirme également dans un arrêt de la Cour de Paris du 16 nov. 1904 et un jugement du tribunal de la Seine du 8 juin 1904 (S. 1906. 2. 233, avec note de M. WAHL).

Il faut s'incliner devant cette jurisprudence, qui paraît être sagement conçue. Il est naturel en effet d'assimiler ce nantissement tout spécial à une hypothèque. Mais l'effort de construction reste incomplet. Le droit de purge ne peut guère être reconnu en dehors d'un texte, et c'est cependant le complément naturel du droit de suite.

64. — *Extinction du nantissement sur les fonds de commerce.*

Les difficultés semblent réapparaître à chaque pas en ce qui concerne l'application du nantissement aux fonds de commerce. L'une n'est pas plus tôt supprimée par la Cour de cassation qu'une autre renaît.

Le nantissement d'un fonds est-il effacé par la publicité à la-

quelle l'acquéreur se livre conformément à l'usage? Le tribunal
de commerce de la Seine a admis la négative par jugement du
4 juin 1904 (S. 1906. 2. 234). Cette solution, qui paraît nouvelle,
est juridique, car on ne peut ainsi établir un véritable système
de purge pour le nantissement des fonds de commerce en faisant
appel à un simple usage.

R. DEMOGUE.

C. — Propriété et droits réels.

Par M. EMMANUEL LÉVY,

Professeur à la Faculté de droit de l'Université de Lyon.

1. — *Si une ville, revendiquant la propriété d'une parcelle
comme faisant partie de son domaine privé, à l'encontre
d'un propriétaire qui soutient que cette parcelle, contiguë à un
immeuble, lui a été abandonnée en propriété ou en jouissance
perpétuelle, établit son droit de propriété, c'est au défendeur
à prouver la cession de propriété ou de jouissance par lui
alléguée, à montrer un titre; à défaut, il ne peut exciper des
mentions d'un cahier de charges entièrement étranger à la
demanderesse.*

Le juste titre exigé par l'article 2265 du Code civil est celui
qui, considéré en lui et abstraction faite du point de savoir s'il
émane du véritable propriétaire et d'une personne capable
d'aliéner, est propre à conférer un droit de propriété; on ne
saurait reconnaître ce caractère à l'acte qui indique que l'immeuble possédé a été l'objet d'une simple concession de jouissance précaire; la possession précaire ne peut conduire à la
prescription trentenaire qu'autant qu'elle a été intervertie (Cassation, Ch. civile, 8 janv. 1907, *Gazette du Palais*, 29 janv.
1907).

Cette décision ne fait que confirmer une jurisprudence certaine;
spécialement si un titre étranger au demandeur lui est certainement opposable (sinon la preuve de la propriété serait impossible par titre), il serait inadmissible et contraire à la tradition que
ce titre permette de lutter contre une possession antérieure (Cf.
notamment cassation, 9 janv. 1901, S. 1905. 1. 509).

2. — *Le droit de propriété ne peut se perdre par non-usage;
il existe aussi longtemps que la partie adverse ne justifie*

pas qu'elle est elle-même devenue propriétaire par la prescription acquisitive.

Particulièrement, si un particulier s'est fait par jugement reconnaître propriétaire du sol d'un chemin qu'un arrêté préfectoral a classé comme vicinal, ce particulier ne peut, par un non-usage pendant trente ans, perdre le droit qui lui a été reconnu; il en est ainsi à plus forte raison s'il a exercé pendant ce temps les attributs de la propriété.

Si le même jugement a ordonné que la commune serait obligée de rapporter un arrêté de déclassement, celle-ci, qui n'a fait aucune diligence, ne peut soutenir que ce chef du dispositif est périmé pour être resté non exécuté pendant plus de trente ans, ce qui entraînerait la péremption du jugement tout entier (Cassation, Ch. civile, 20 nov. 1906, *Gazette du Palais*, 14 déc. 1906).

Il est en effet de doctrine et de jurisprudence que le droit de propriété ne peut se prescrire par le non-usage. M. Beudant avait soutenu le contraire dans une note célèbre (D. 1880. 1. 145); mais son opinion n'a pas été suivie. Il est vrai qu'en principe la prescription est extinctive et alors on ne voit pas pourquoi il en serait autrement de la prescription en matière de propriété; aussi j'estime pour ma part et j'ai soutenu ailleurs (Thèse sur la preuve du droit de propriété immobilière, 1896) que la prescription est extinctive ici encore; mais elle est extinctive comme toute prescription de l'action, ou de la revendication; la revendication est éteinte au bout soit de trente ans, soit de dix à vingt ans; mais elle est éteinte au profit de quelqu'un qui avait dès le début du délai, soit par les actions possessoires qui protègent le droit d'exercer le droit de propriété, qui protègent donc la propriété, soit par l'action publicienne que la jurisprudence reconnaît à celui qui a juste titre et bonne foi, une propriété relative, une propriété saisine par la revendication tant que celle-ci n'est pas atteinte; et c'est cette prescription extinctive de la renonciation que l'on appelle la présomption acquisitive de propriété.

3. — *Titre au porteur. Le débiteur en matière de titre au porteur ne peut se refuser au paiement entre les mains du tiers détenteur de bonne foi en opposant des exceptions qu'il entend faire valoir contre les détenteurs antérieurs ou le bénéficiaire originaire* (Cass., Ch. civile, 31 oct. 1906, *La Loi*, 20 déc. 1906).

L'arrêt applique une jurisprudence bien connue et ancienne dont toutes les constructions doctrinales qui prétendent l'expliquer se ramènent à l'idée commune que le droit de créancier et particulièrement de celui qui est créancier en vertu d'un titre régulier a pour base et pour mesure la croyance telle qu'elle se reflète dans le milieu social dont le juge se fait l'interprète.

Emmanuel Lévy.

D. — Successions et donations.

1. — *Acceptation tacite d'une succession.*

Des héritiers ne peuvent être considérés comme ayant accepté tacitement la succession qui leur est échue, bien qu'il n'ait été procédé à l'adjudication sur saisie immobilière des immeubles de cette succession qu'après la signification du titre faite à chacun d'eux, conformément à l'article 877 du Code civil, si ces héritiers ont fait constamment défaut sur la procédure (Cass. civ., 28 nov. 1906, *Gaz. Pal.*, 15 déc. 1906).

En effet, dispose l'arrêt, le jugement d'adjudication, qui se borne à constater un contrat judiciaire et n'a aucun caractère contentieux, n'a pu avoir pour effet d'attribuer à l'un des enfants du *de cujus* la qualité d'héritier, et de forclore son droit de renonciation.

2. — *Testament contenant exhérédation des héritiers naturels.*

La Cour d'appel de Paris a eu à apprécier la clause d'un testament olographe ainsi conçue : « Je soussigné, déclare qu'au cas où la mort viendrait à me surprendre prématurément, mes cousins, cousines ou tous autres parents, n'auraient rien à prétendre recueillir de ma succession ; par cet écrit, entièrement fait de ma main, j'institue mon père mon légataire universel pour tous les biens meubles et immeubles que je posséderais à ce moment... ».

Et, par arrêt du 29 juin 1906 (*Le Droit*, 24 août 1906), elle statue en ces termes :

« Considérant qu'en déclarant écarter de sa succession les autres membres de sa famille, dans le cas où la mort viendrait le surprendre prématurément, le testateur n'a établi le legs qu'en faveur de son père, et n'a, à défaut de celui-ci, fait d'institution au profit d'aucune autre personne ; qu'il a ainsi manifesté son intention de ne disposer de sa fortune et de n'exhéréder, en conséquence, les appelants, ses héritiers légitimes, qu'autant que, contrairement à l'ordre naturel des choses, il décéderait avant son père, et cela dans le but exclusif d'assurer à ce dernier, partiellement évincé de sa succession par les héritiers de la ligne maternelle, la totalité des biens qu'il délaisserait ; considérant que l'on se convainc encore davantage que telle a bien été la pensée qui a inspiré le *de cujus* dans la rédaction de ses dernières volontés, quand on constate qu'il a nommément exclu de sa succession ses cousins et cousines, c'est-à-dire les héritiers dont la présence mettait obstacle à la dévolution complète de l'hérédité à son père, sans mentionner, de même, une parente d'un degré plus rapproché, mais appartenant à la ligne paternelle, et devant, comme telle, rester étrangère à sa succession ; considérant qu'il n'apparaît, ni des termes du testament, ni des circonstances de la cause, que le testateur fût, à l'égard de ses héritiers naturels, animé de sentiments justifiant ou expliquant une mesure d'exclusion absolue ; qu'on ne saurait donc conserver le moindre doute sur la portée des dispositions arrêtées par le *de cujus*, en vue de son décès prématuré, et qu'on doit reconnaître que, dans sa pensée, la validité de la clause d'exhérédation, intimement liée à l'institution du légataire universel, était subordonnée à la validité de cette dernière ; que la caducité du legs par le prédécès du bénéficiaire devait entraîner la caducité de la clause d'exhérédation ; qu'on s'explique très bien que, dans ces conditions, le testateur ne se soit pas préoccupé de détruire un titre devenu sans valeur et appelé à rester sans effet ».

3. — *Legs à titre particulier.* — *Valeurs de portefeuille.*

Le tribunal civil de la Seine, saisi de la question de savoir si la disposition testamentaire, attribuant à un légataire une quote-part des valeurs de portefeuille du défunt, constitue un legs à titre universel ou un legs à titre particulier, a jugé que c'était un legs particulier ; car « le legs d'une quotité fixe d'une certaine catégorie d'immeubles ou d'une certaine catégorie de meubles, tel celui par lequel le testateur a légué une quote-part de ses valeurs de portefeuille, ne peut être considéré comme équivalent à un legs d'une quote-part de l'universalité des meubles du testateur, le seul qui, aux termes de l'article 1010 du *Code civil* constitue un legs à titre universel » (Seine, 10 janv. 1907, *Gaz. Pal.*, 23 janv. 1907).

Ce jugement est conforme à la jurisprudence antérieure, qui décide depuis longtemps que le legs qui « n'est pas de l'universalité ou d'une quote-part de l'universalité des biens, du disponible ou d'une portion du disponible, de tous les meubles ou de tous les immeubles indistinctement, ou enfin d'une quote-part de tous les uns ou de tous les autres, constitue un legs particulier » (Cass., 15 juin 1868, D. 68. 1. 324. — Baudry-Lacantinerie et Colin, *Donat. et test.*, t. II, p. 230).

En appel, la demande en nullité avait été écartée sous prétexte qu'en droit, l'existence d'une cause illicite dans une donation doit résulter des énonciations du contrat même, et qu'en fait, aucune indication n'existait dans l'acte de donation.

Or, dit la Cour de cassation (2 janv. 1907, *La Loi*, 21 janv. 1907), « en refusant ainsi de puiser en dehors de la donation des éléments de preuve dans les autres documents du procès et dans les circonstances extrinsèques, alors qu'une fraude à la loi était alléguée, la cour d'appel a violé l'article 931 du Code civil ».

On remarquera que cette solution de la Cour suprême est conforme à sa tendance générale de faire empiéter le domaine de la cause sur celui des motifs, tendance contraire à la doctrine traditionnelle, qui attribue invariablement comme cause à une donation l'intention libérale.

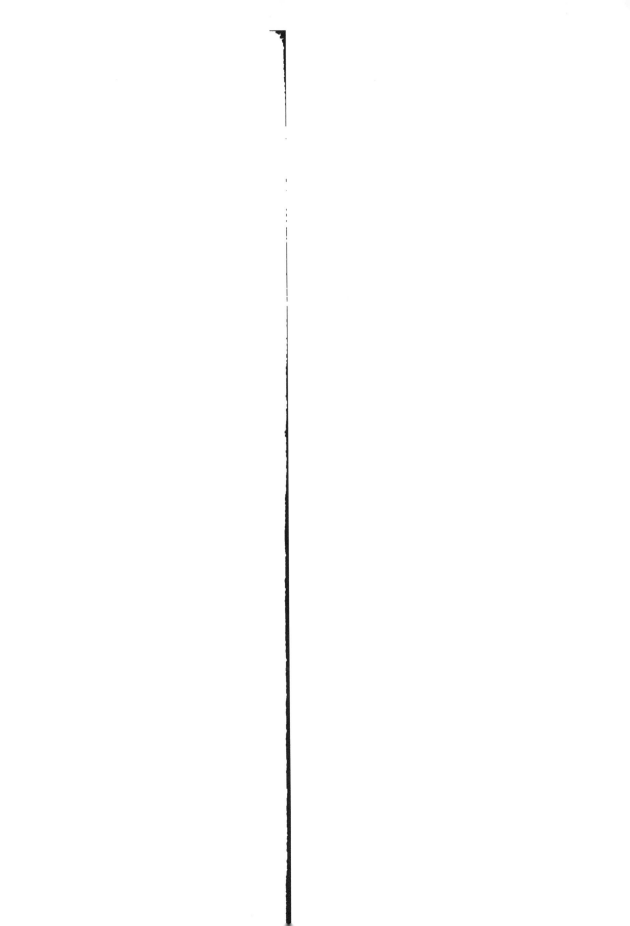

REVUE DE LA JURISPRUDENCE BELGE

EN MATIÈRE DE DROIT CIVIL

1905

A. — Personnes et droits de famille.

Avocat général près la Cour de Bruxelles,
Professeur à l'Université de Bruxelles.

I. — Nationalité.

1. — *Traités de 1814-1815.*

Le droit concédé par les traités des 30 mai 1814, art. 17, et 20 nov. 1815, art. 7, aux habitants des communes cédées à la Prusse, de se retirer dans un délai de six ans dans tel pays qu'il leur plaira de choisir, est sans rapport avec les questions de nationalité et leur concède uniquement le droit d'émigration sans devoir payer des droits fiscaux (Cass., 15 mai 1905, *Pas.* 1905. 1. 229).

II. — Personnalité juridique.

2. — *Religieux.*

D'après les principes du droit public belge, les religieux sont pleinement capables; les conventions qu'ils contractent les obligent, comme elles les investissent de droit (Trib. Gand, 15 févr. 1905, *Pas.* 1905. 3. 289).

III. — MARIAGE.

3. — *Autorisation maritale. — Ratification.*

L'autorisation maritale donnée postérieurement à l'acte de la femme valide celui-ci.

Il y a autorisation tacite du mari donnée antérieurement à l'engagement, quand la femme ne s'est décidée à contracter que sur ses vives instances (Liège, 21 déc. 1904, *Pas.* 1905. 2. 186).

4. — *Obligation alimentaire. — Divorce.*

L'un des époux cesse de devoir des aliments aux parents de l'autre époux après le divorce prononcé et quoiqu'il existe des enfants nés du mariage (Bruxelles, 22 févr. 1905, *Pas.* 1905. 2. 207).

IV. — DIVORCE ET SÉPARATION DE CORPS.

a) Causes de divorce et de séparation de corps.

5. — *Refus d'accomplissement du devoir conjugal.*

Constitue une cause de divorce, à titre d'injure grave, l'attitude de la femme qui refuse l'accomplissement du devoir conjugal, négligeant ou refusant de s'instruire de ses obligations à cet égard, vend le mobilier des époux et quitte le domicile conjugal en refusant d'y rentrer (Bruxelles, 4 avr. 1905, *Pas.* 1905. 2. 197).

6. — *Étranger. — Statut personnel. — Néerlandais.*

Une demande en divorce est soumise, en ce qui concerne l'admissibilité du divorce et ses causes, aux règles qui régissent le statut personnel. Il y a donc lieu de rechercher quelle est la nationalité du demandeur au moment de l'intentement de l'action.

Aux termes de l'article 7 de la loi néerlandaise du 12 déc. 1892-1895, la qualité de Néerlandais se perd par l'établissement de sa résidence, excepté pour le service de l'État, hors du royaume ou de ses colonies, pendant dix années consécutives, à moins qu'avant l'expiration de ce terme l'absent ne déclare son intention de rester Néerlandais au bourgmestre ou au chef de l'autorité locale de sa dernière résidence, dans le royaume ou ses colonies, ou bien à l'envoyé des Pays-Bas ou à un officier consulaire néerlandais dans le pays où il réside, et, du jour de cette déclaration, un nouveau terme de dix ans prend cours.

Au regard de la loi néerlandaise, celui qui ne fait pas cette déclaration perd la qualité de Néerlandais, mais il ne s'ensuit pas qu'il soit devenu Belge, n'ayant satisfait à aucune des conditions pour acquérir cette qualité et n'ayant pas été naturalisé; il est sans nationalité, mais possède un domicile avec résidence effective en Belgique.

Les personnes sans nationalité déterminée sont régies, quant à leur statut, par la loi de leur domicile, et même celle de leur résidence, ou de leur dernier domicile. La loi néerlandaise ne contient aucune disposition contraire à cette règle (Trib. Bruxelles, 17 déc. 1904, *Pas.* 1905. 3. 220).

7. — Russes. — Mariage religieux.

L'étranger reste soumis, quant à l'admissibilité du divorce et aux causes du divorce, aux lois de son statut personnel.

Doit être présumé être resté sujet russe, celui qui, né en Russie de parents russes, ne prouve pas qu'il a perdu sa nationalité d'origine ni qu'il est sans nationalité.

Il importe peu d'examiner, au point de vue de la validité du mariage, si les parties sont de religion orthodoxe, dissidente, israélite ou autre, ni si l'union contractée à Paris entre un sujet russe et une israélite, conformément aux lois françaises, est valable au regard de la loi moscovite ou mosaïque; l'une et l'autre de ces lois étant confessionnelles, il n'appartient pas aux tribunaux civils d'y avoir égard, le seul mariage valable, au regard de la loi belge, étant le mariage civil. Le pouvoir civil est sans compétence *ratione materiæ* pour dissoudre un mariage contracté suivant des lois religieuses, et cette incompétence est d'ordre public (Trib. Bruxelles, 25 mars 1905, *Pas.* 1905. 3. 233).

b) Procédure de divorce.

8. — Avoué.

Le ministère de l'avoué n'est obligatoire, en matière de divorce, ni pour le demandeur ni pour le défendeur (Trib. Bruxelles, 19 mai 1905, *Pas.* 1905. 3. 207).

8 bis. — Tribunal compétent. — Domicile du demandeur.

Si, aux termes de l'article 234 du Code civil, le tribunal civil de l'arrondissement dans lequel les époux ont leur domicile est seul compétent pour connaître de l'action en divorce introduite par l'un des conjoints, il faut que ce domicile réunisse les conditions de l'article 102 du Code civil, c'est-à-dire qu'il constitue le lieu où il a son principal établissement, et non un domicile fictif, forain ou d'à-propos.

Si la résidence d'un étranger peut lui tenir lieu de domicile et lui permettre l'exercice des droits civils qui sont garantis à des citoyens du pays, il ne peut en être ainsi pour un étranger de passage, déclarant lui-même avoir conservé sa résidence légale en Russie, alors qu'il affirme, dans sa requête, que son principal établissement était à Liverpool (Trib. Bruxelles, 25 mars 1905, *Pas.* 1905. 3. 233).

9. — *Non-comparution du demandeur.* — *Fin de non recevoir.*

La non-comparution de l'époux demandeur à un acte de la procédure de divorce emporte renonciation à son action, à moins qu'il ne prouve que cette non-comparution provient d'une cause indépendante de sa volonté.

S'il laisse passer en force de chose jugée le jugement qui, à raison de cette non-comparution, le déclare déchu de son action, il est non recevable à en intenter une autre pour les mêmes faits, même si un fait nouveau s'y ajoute, mais qui était à sa connaissance au moment où il a poursuivi sa première demande (Bruxelles, 5 avr. 1904, *Pas.* 1905. 2. 200).

10. — *Prononcé du divorce.* — *Officier de l'état civil compétent.*

D'après le Code civil, resté sur ce point en vigueur en Belgique, le divorce admis par le Tribunal doit, dans un délai de rigueur, être prononcé par l'officier de l'état civil. Aucun texte de loi n'indique expressément quel est l'officier de l'état civil compétent pour prononcer le divorce, soit qu'il s'agisse d'un divorce pour cause déterminée, soit d'un divorce par consentement mutuel, ou d'un divorce après trois années de séparation de corps, conformément à l'article 310 du Code civil.

Le président du tribunal de 1re instance de Bruxelles, saisi de la question en référé, avait décidé :

Lorsque le divorce se poursuit pour cause déterminée ou par consentement mutuel, l'officier de l'état civil compétent pour prononcer le divorce est celui du domicile du mari au moment du prononcé. Mais il en est autrement lorsque le divorce se poursuit conformément à l'article 310 du Code civil, la femme séparée de corps ayant un domicile distinct de celui de son mari, et ce domicile pouvant donc fixer la compétence pour la prononciation du divorce (Réf. Bruxelles, 7 nov. et 17 déc. 1904, *Pas.* 1905. 3. 20 et 70).

La Cour d'appel de Bruxelles s'était prononcée dans le même sens en ce qui concerne le divorce pour cause déterminée : le seul officier de l'état civil compétent pour le prononcer est, suivant cette Cour, celui du domicile du mari, au moment du prononcé, le cas de fraude excepté, et par cas de fraude il faut entendre celui où le mari n'aurait changé de domicile après le jugement de divorce que pour faire échec au droit de la femme. Bruxelles, 16 janv. 1905, *Pas.* 1905. 2. 228).

Cet arrêt a été cassé. La Cour suprême, sanctionnant d'ailleurs la pratique ordinairement suivie, a reconnu que, d'une manière générale, l'officier de l'état civil compétent pour prononcer le divorce est celui du domicile des époux au moment de l'intentement de l'action (C. civ., art. 264 et 334). — Cass., 20 mars 1905, *Pas.* 1905. 1. 162.

c) Mesures provisoires.

11. — *Mesures conservatoires des biens de la femme. — Pouvoir discrétionnaire du juge. — Saisie-arrêt.*

La femme demanderesse en séparation de biens a un droit de propriété sur les sommes dépendant de la communauté : lorsqu'elle est autorisée par le juge à intenter une action en séparation de biens, cette autorisation comporte virtuellement le droit pour elle de prendre toutes les mesures conservatoires pour garantir ses intérêts, et notamment d'arrêter aux mains d'un tiers dépositaire les sommes ou valeurs de la communauté pour l'empêcher de s'en dessaisir momentanément.

Les tribunaux ont, pour autoriser d'autres mesures que celles prévues par l'article 270 du Code civil, un pouvoir discrétionnaire, dont ils doivent n'user néanmoins qu'avec prudence (Réf. Bruxelles, 22 avr. 1905. *Pas.* 1905. 3. 180). (Question vivement controversée en Belgique).

V. — PATERNITÉ ET FILIATION.

12. — *Conception. — Délai. — Présomption. — Enfant conçu avant le mariage.*

Il résulte des présomptions établies par la loi qu'un enfant né cent et soixante-dix-sept jours après la dissolution d'un premier mariage du mari a été conçu à une époque où celui-ci était encore engagé dans les liens de ce premier mariage.

Dans le système du Code civil, c'est la conception et non la naissance qui détermine l'état d'un enfant.

La présomption absolue de légitimité, reposant sur la présomption des rapports naturels et légitimes des époux, n'est établie par l'article 312 du Code civil qu'en faveur des seuls enfants conçus pendant le mariage. La loi ne leur assimile nullement les enfants qui, bien que nés pendant le mariage, ont été conçus avant la célébration de celui-ci, lesquels ne sont réputés légitimes et ne jouissent du bénéfice de cette légitimité qu'aussi longtemps qu'ils ne sont pas désavoués.

L'acte de naissance ne prouve que la filiation, non la légitimité (Trib. Bruxelles, 22 juill. 1905, *Pas.* 1905. 3. 275, jugement confirmé par un arrêt inédit du 28 févr. 1906, contre lequel un pourvoi de cassation a été formé).

VI. — INCAPACITÉ.

13. — *Aliéné non interdit.* — *Personne de l'aliéné.* — *Visites.*

L'administrateur provisoire d'un aliéné non interdit est chargé de veiller à tous les intérêts de celui-ci ; il peut notamment prendre ou déterminer les mesures relatives à sa santé, et il lui appartient d'interdire toutes communications de nature à influer défavorablement sur son état mental (Réf. Bruxelles, 17 mai 1905, *Pas.* 1905. 3. 188).

VII. — CONTRAT DE MARIAGE.

14. — *Contrat de mariage des princes de maison souveraine.* — *Traité diplomatique.*

En Belgique, comme dans la plupart des États monarchiques de l'Europe, les mariages et les contrats de mariage entre princes appartenant à des maisons souveraines différentes ont un caractère essentiellement politique.

Sous l'empire de cette considération, s'est introduit l'usage de donner à ces contrats de mariage la forme de traités politiques ; cet usage ancien, certain, continu et général constitue une règle du droit des gens, laquelle domine le droit interne des nations ou les statuts particuliers de certaines maisons souveraines.

Ces traités sont conclus dans la forme solennelle des traités internationaux, au nom des souverains, par l'intermédiaire de plénipotentiaires, et leur perfection résulte uniquement de la signature des plénipotentiaires, ratifiée par leurs souverains.

Spécialement, le contrat de mariage, passé, le 8 août 1853,

entre le duc et la duchesse de Brabant, est un traité politique répondant à toutes les exigences du droit des gens, dont il relève exclusivement.

Ce traité a été ratifié tacitement avant le mariage par divers actes d'exécution partielle.

N'intéressant pas les finances publiques, ne créant ni droits nouveaux ni obligations nouvelles pour des Belges, et ne modifiant pas à leur égard le droit en vigueur, il ne devait pas recevoir l'assentissement des Chambres.

La validité et la force obligatoire d'un traité ne sont pas subordonnées à sa communication aux Chambres. — Bruxelles, 20 févr. 1905, *Pas.* 1905. 2. 65.

Le pourvoi en cassation formé contre cet arrêt a été rejeté, le 25 janvier 1906.

15. — *Dot des enfants.* — *Obligation des parents.*

L'obligation naturelle qu'ont les père et mère de doter leurs enfants n'acquiert une sanction légale que lorsqu'elle est consacrée par un engagement spontanément pris et exécuté par eux. Ce principe n'est applicable à aucunes autres personnes, lesquelles ne sont valablement engagées par une constitution de dot que si cette constitution réunit toutes les conditions de validité d'une donation. Cependant, si des personnes autres que les père et mère constituent un dot parce qu'elles ont un avantage ou un intérêt moral ou social à la conclusion du mariage, cette circonstance est de nature à donner à la constitution le caractère d'un acte à titre onéreux ; il en est notamment ainsi lorsqu'elles ont en vue de permettre ou de faciliter à l'un des leurs un mariage sortable destiné à assurer la descendance de la famille et la conservation de son rang social (Bruxelles, 26 oct. 1904, *Pas.* 1905. 2. 184).

16. — *Communauté conjugale.* — *Partage.* — *Appropriation par l'un des époux d'une partie de l'actif.*

Le partage des biens composant la communauté ayant existé entre époux est soumis aux règles établies pour les partages entre cohéritiers.

Par suite, si l'un des époux s'est approprié une partie de l'actif dont se composait la communauté, il en doit récompense si le rapport ne peut se faire en nature.

Ce n'est pas là un cas de divertissement ou de recel, qui pourrait donner lieu à une action en dommages-intérêts (Cass., 22 déc. 1904, *Pas.* 1905. 1. 63).

B. — Obligations et contrats spéciaux.

I. — OBLIGATIONS EN GÉNÉRAL.

a) Conditions d'existence et de validité des obligations.

1. — Consentement.

17. — *Erreur.* — *Propriété d'une chose.*

La convention par laquelle le propriétaire d'un objet en reconnaît la propriété à l'autre partie est nulle, le consentement du premier étant vicié par l'erreur.

Est nulle aussi, la convention par laquelle le propriétaire d'une chose en devient locataire (Gand, 28 juill. 1904, *Pas.* 1905. 2. 301).

18. — *Erreur.* — *Condition essentielle.* — *Preuve de l'erreur.*

L'erreur portant sur une condition dont il est certain que les parties ont voulu faire dépendre leur engagement, entraîne la nullité de la convention.

Le fait de l'erreur peut être prouvé par témoins (Cass., 8 mai 1905, *Pas.* 1905. 1. 214).

19. — *Dol.* — *Preuve.* — *Dol facile à déjouer.*

Si, dans l'action en rescision d'une convention pour cause de dol, le demandeur doit prouver que sans les manœuvres dolosives il n'aurait pas contracté, dans une action en dommages-intérêts il suffit, au contraire, au demandeur de prouver le dol et le préjudice qui en est résulté.

L'un des contractants ne peut agir en raison du dol de l'autre lorsqu'il eût été facile au premier de déjouer ce dol (Liège, 3 juin 1903, *Pas.* 1905. 2. 9).

2. — Cause.

20. — *Entremetteur de mariage.*

A une cause licite et est valable l'obligation de payer une somme d'argent à une personne pour qu'elle facilite un mariage, et il n'appartient pas au juge de modifier le taux de la rémunération ainsi stipulée (Bruxelles, 1er juill. 1904, *Pas.* 1905. 2. 15).

· Cet arrêt a été cassé sur les conclusions conformes du ministère public; la Cour de cassation a décidé : l'obligation de payer une somme d'argent à une personne déterminée pour qu'elle facilite un mariage est nulle, la cause de cette obligation étant de procurer un consentement au mariage, c'est-à-dire une chose qui est hors du commerce (Cass., 16 mars 1905, *Pas.* 1905. 1. 156).

21. — *Promesse d'intérêts supérieurs au taux légal.*

N'est pas illicite, une promesse d'intérêts supérieurs au taux légal, même si elle a été obtenue en abusant des besoins d'un emprunteur majeur (Bruxelles, 29 juin 1904, *Pas.* 1905. 2. 17).

3. — Créancier exerçant les droits de son débiteur.

22. — *Condition de l'exercice de cette action.*

Les créanciers peuvent exercer les droits et actions de leur débiteur, à la condition que celui-ci s'abstienne ou refuse d'exercer lui-même ces droits pour en donner le profit à ses créanciers (Gand, 15 mars 1905, *Pas.* 1905. 2. 138).

b) Extinction des obligations.

23. — *Résiliation de plein droit.* — *Effet.*

Lorsque, dans un contrat d'entreprise de travaux, le cahier des charges stipule que dans une éventualité déterminée, le contrat sera résilié de plein droit, cette stipulation ne saurait avoir pour effet de dégager les entrepreneurs de leurs obligations existantes au moment où la condition s'est accomplie ; elle n'a d'effet que pour l'avenir (Gand, 16 juill. 1904, *Pas.* 1905. 2. 281).

c) Preuves des obligations.

1. — Acte authentique.

24. — *Énonciation.* — *Force probante.* — *Force exécutoire.*

L'article 1319 du Code civil n'attache, jusqu'à inscription de faux, pleine foi aux actes authentiques que pour la matérialité des faits y constatés dans le cercle de la mission du notaire ; les tribunaux peuvent suspendre l'exécution ou la force exécutoire de l'acte, lorsque la convention même est attaquée comme inexistante ou nulle (Trib. d'Arlon, 8 juin 1904, *Pas.* 1905. 3. 12. — V. conf. Gand, 14 janv. 1853, *Pas.* 53. 2. 94.

25. — *Procès-verbal d'offres réelles.*

L'huissier qui fait des offres réelles ne constate authentiquement dans son exploit que l'acceptation ou le refus des offres ; il est sans qualité pour y mentionner des déclarations de nature à rendre celui à qui les offres sont faites non recevable à réclamer le paiement de sa créance. Ces énonciations n'ont donc aucune force probante (Gand, 4 févr. 1904, *Pas.* 1905. 2. 231).

26. — *Procès-verbal de vente publique de meubles.*

S'il faut admettre que le procès-verbal d'une vente publique d'objets mobiliers est un acte authentique, cette authenticité ne couvre que tout ce que l'officier public a vu et a dû constater lors de la vente, dont il dresse procès-verbal, mais nullement l'accomplissement de formalités préliminaires à la vente (Gand, 3 janv. 1905, *Pas.* 1905. 2. 217).

Voir sur cette question, la force probante d'un procès-verbal de vente publique de meubles, un article de M. Edm. Thomas dans la *Revue de droit belge*, 1905, p. 370 et suiv., 375 et 385.

2. — Registre des marchands.

27. — *Force probante contre les non-commerçants.*

Les registres des marchands ne font point preuve contre les personnes non marchandes; mais, lorsqu'un commerçant invoque ses livres contre un non-commerçant, le juge peut déférer le serment supplétoire à l'une des parties, l'obligation étant considérée comme n'étant pas totalement dénuée de preuves (Gand, 23 juill. 1904, *Pas.* 1905. 2. 303).

3. — Témoins et présomptions.

28. — *Fraude à la loi.* — *Dot militaire.*

Les conventions ayant pour but d'éluder les dispositions légales sur le mariage d'un officier de l'armée et d'obtenir frauduleusement le consentement du ministre de la Guerre à ce mariage constituent une fraude de la loi dont, entre les parties, la preuve par témoins ou présomptions est admissible (Gand, 14 janv. 1905, *Pas.* 1905. 2. 307).

29. — *Chose jugée.* — *Nullité d'une société commerciale.*

La décision qui proclame la nullité d'une société commerciale n'a force de chose jugée que dans les termes de l'article 1351 du Code civil, et non pas *erga omnes* (Bruxelles, 13 déc. 1904, *Pas.* 1905. 2. 295).

L'arrêt produit à l'appui de cette décision les considérations suivantes : « La loi sur les sociétés commerciales ne contient aucune dérogation au principe absolu consacré par l'article 1351 du Code civil; le législateur n'a ni expressément ni virtuellement manifesté la volonté qu'en matière de nullité de société la chose jugée eût force obligatoire envers tous (*erga omnes*); il n'a organisé aucune mesure destinée à avertir les tiers, ni prescrit aucun mode de recours en faveur de ceux qui n'ont pas été parties en cause et qui pourraient être lésés par une décision judiciaire ayant force obligatoire universelle; il est vrai que la loi peut donner lieu à des difficultés pratiques surtout au point de vue de la liquidation, mais des complications peuvent se présenter en toutes matières, et en tout cas le législateur n'y a pas eu égard puisque la loi belge du 18 mai 1873 sur les sociétés commerciales elle-même, dans son article 4, paragraphe final, prévoit qu'une société peut être nulle envers les uns et valable à l'égard des autres » (1) (Nyssens, *Traité des sociétés commerciales*, p. 376, n° 463; Bruxelles, 14 nov. 1892, Nyssens, *Revue des sociétés*, 1892, p. 290, n° 345).

30. — *Chose jugée.* — *Ordonnance de non-lieu.*

L'ordonnance de non-lieu, quels que soient les motifs sur lesquels elle est fondée, est essentiellement provisoire; elle ne statue que sur l'imputabilité de faits au point de vue pénal; elle ne peut donc créer une exception de chose jugée contre l'action civile en réparation du préjudice causé par l'infraction (Gand, 16 juill. 1905, *Pas.* 1905. 2. 278).

31. — *Interrogatoire sur faits et articles.* — *Aveu indivisible.*

La partie assignée en remboursement d'une somme d'argent, qu'elle a reconnu par écrit avoir reçue du demandeur à titre de prêt, est recevable à prouver, à l'aide d'un interrogatoire sur faits et articles, que la cause de son obligation est simulée, que la cause réelle est une dette de jeu, ce qui la rend recevable et fondée à opposer à la demande l'exception de jeu.

Lorsque la partie demanderesse, interrogée sur faits et articles, reconnaît que la cause énoncée dans la convention n'est pas réelle, en ajoutant dans quelles conditions le défendeur a contracté son obligation, ces réponses constituent dans leur ensemble un aveu indivisible que le défendeur ne peut être admis à scinder, en offrant même de prouver que ces réponses sont en partie mensongères.

Le fait de scinder et de dénaturer ainsi l'aveu équivaut à la renonciation à s'en prévaloir, et, dans ce cas, cet interrogatoire ne forme preuve ni contre celui dont il émane ni en sa faveur.

(1) Cette disposition est ainsi conçue :

« Les sociétés anonymes et les sociétés en commandite par actions sont, à peine de nullité, formées par des actes publics.

« Toutefois, ces nullités ne peuvent être opposées aux tiers par les associés; entre les associés, elles n'opèrent qu'à dater de la demande tendant à les faire prononcer ».

Cet interrogatoire ne constitue pas même, dans ces conditions, un commencement de preuve par écrit de nature à autoriser le complément de la preuve par des présomptions (Gand, 7 févr. 1903, *Pas*. 1905. 2. 350).

32. — *Serment déféré d'office*. — *Justice de paix*.

En l'absence de toute opposition, le juge de paix peut déférer un serment d'office sans devoir constater expressément et par jugement interlocutoire que la demande n'est pas totalement dénuée de justification.

Le défendeur, devenu demandeur en cassation, ne peut, d'autre part, accuser la violation de l'article 1367 du Code civil, s'il résulte de la demande, mise en rapport avec les qualités du jugement et avec la décision attaquée, qu'elle n'était pas totalement dénuée de preuves (Cass., 15 déc. 1904, *Pas*. 1905. 1. 57).

d) Quasi-délit.

1. — Responsabilité en général.

33. — *Réparation en nature*. — *Indemnité pécuniaire*.

Aucune loi n'oblige l'auteur d'un quasi-délit à une réparation en argent, lorsque la restitution des choses en leur premier état supprime toute cause de dommage (Bruxelles, 29 juin 1904, *Pas*. 1903. 2. 17).

34. — *Mère veuve*. — *Renonciation*. — *Nullité*.

Ne constitue pas une transaction, l'acte par lequel une veuve, agissant tant en nom propre que comme tutrice de ses enfants mineurs, renonce, moyennant paiement à lui fait d'une somme déterminée en réparation du préjudice que lui cause la mort accidentelle de son mari, à tout recours contre l'auteur de l'accident et les personnes civilement responsables.

Cet acte, dans les conditions où il est intervenu, est un acte de pure libéralité : nul quant aux mineurs parce que cette renonciation consentie par la tutrice excédait ses pouvoirs, nul quant à la veuve parce qu'il est indivisible et qu'il serait impossible de faire la ventilation de la somme reçue, à défaut de base certaine, et de déterminer dans l'indemnité accordée la part qui revient à la veuve et celle qui doit être attribuée aux mineurs (Gand, 14 nov. 1904, *Pas*. 1905. 2. 101).

2. — Responsabilité d'un fait personnel.

35. — *Action en justice*. — *Abus de droit*.

La demande en justice constitue l'exercice d'un droit; l'abus

de ce droit tombe sous l'application de l'article 1382 du Code
civil et peut dicter une action témérairement intentée qui engage
la responsabilité du demandeur, alors même qu'il aurait agi de
bonne foi (Gand, 19 juill. 1904, *Pas.* 1905. 2. 284).

3. — Accidents de travail.

36. — *Ouvrier momentanément engagé au service d'un autre patron.*

Lorsqu'un patron emploie, pour un travail spécial qui lui incombe et qu'il est seul à même de conduire et de diriger, un
ouvrier qu'un second patron a l'obligeance de mettre à sa disposition, moyennant bonification de son salaire, le premier patron
assume les risques du travail et contracte l'obligation de veiller
à la sécurité de l'ouvrier (Bruxelles, 4 janv. 1905, *Pas.* 1905. 2.
258).

37. — *Ouvrier du préposé.*

Le commettant n'est responsable du fait de son préposé qu'à
raison d'une présomption de faute de sa part dans le choix de
son préposé. Pareille présomption ne peut être étendue à la responsabilité du fait de l'ouvrier qui n'a été choisi que par le préposé, si l'existence d'un lien juridique entre le commettant et
cet ouvrier n'est pas constatée (Code civ., art. 1384). — Cass.,
15 juin 1905 (*Pas.* 1905. 1. 267).

38. — *Contremaître. — Instrument de travail.*

Engagent la responsabilité du patron les faits d'un contremaître qui : 1° ayant des connaissances techniques supérieures
à celles d'un ouvrier et dirigeant un travail, tolère que, dans
l'exécution de ce travail, l'ouvrier prenne, sans nécessité, une
position périlleuse ; 2° remet à l'ouvrier, pour exécuter le travail, un engin dont un examen attentif lui eût fait constater les
détériorations (Bruxelles, 4 janv. 1905, *Pas.* 1905. 2. 258).

39. — *Sécurité de l'ouvrier. — Instrument de travail.*

Le patron a le devoir de veiller à la sécurité de son ouvrier,
notamment de ne mettre à sa disposition que des instruments
de travail en *bon état de conservation et d'entretien.*

L'ouvrier doit prouver que le patron a commis une faute en
lui confiant un chariot en mauvais état d'entretien, lequel s'est
renversé sur l'ouvrier et lui a causé un accident grave (Gand,
16 juill. 1904, *Pas.* 1905. 2. 278).

40. — Les chefs d'industrie ont le devoir de se tenir au cou-

rant des perfectionnements techniques au point de vue de la sécurité de leurs ouvriers ; il ne faut pas cependant entendre cette
obligation avec trop de rigueur. La responsabilité du patron n'est
engagée que si la précaution négligée est vulgarisée et usitée.

En 1898 il n'en était pas encore ainsi pour les *écrans et treil-
lis métalliques* destinés à arrêter au passage les matières projetées dans le travail, au burin, des métaux.

Si le règlement d'atelier prescrit l'emploi de lunettes protectrices et avertit les ouvriers qu'ils en ont à leur disposition, le
patron n'a pas, en outre, à inviter spécialement chaque ouvrier
à s'en servir (Bruxelles, 1er mars 1905, *Pas.* 1905. 2. 206).

40 bis. — *Lieux du travail. — Modification. — Inattention
de l'ouvrier.*

Lorsqu'une modification des lieux où s'exerce le travail n'a
pas pu échapper à un ouvrier adulte et expérimenté, on doit imputer à sa seule inattention ou témérité l'accident arrivé à cet
ouvrier, parce qu'il n'a pas pris une précaution aisée qu'imposait la prudence vulgaire, à un homme d'une intelligence ordinaire, en présence de cette modification (Bruxelles, 21 déc. 1904,
Pas. 1905. 2. 282).

41. — *Quasi-délit unique. — Co-participants. — Solidarité.*

Les obligations de deux personnes sont solidaires si leur responsabilité résulte d'un quasi-délit auquel elles ont participé
toutes les deux : l'une par son fait personnel ; l'autre, sinon par
un concert préalable, tout au moins par sa négligence ou son silence.

L'article 50 du Code pénal belge portant que les personnes
condamnées par le même jugement ou arrêt sont tenues solidairement des frais et des dommages-intérêts, est basé sur un principe dont l'application doit s'étendre aux délits civils, alors surtout que la responsabilité ne saurait être divisée (Gand, 16 juill.
1904, *Pas.* 1905. 2. 281).

42. — *Fautes distinctes. — Absence de solidarité.*

Lorsqu'un préjudice a été déterminé par l'imprudence d'une
personne, mais eût pu être évité sans la négligence d'une autre,
la responsabilité de chacune d'elles dérive non pas d'un seul et
même fait, mais de la faute, de nature et de degré différents,
que chacune a commise.

Elles sont responsables chacune d'une partie du préjudice adéquate à l'importance de sa faute.

Si un jugement les a condamnées solidairement à la réparation du préjudice total, l'appel interjeté par l'une ne profite pas à l'autre, qui reste chargée de la condamnation solidaire prononcée contre elle, et dont l'autre, appelante, est déchargée (Bruxelles, 9 nov. 1898, *Pas.* 1905. 2. 335).

43. — *Responsabilité des parents.*

Est recevable, la demande tendant à la condamnation *in solidum* des parents civilement responsables d'un dommage causé par leurs enfants. La circonstance que les défendeurs seraient tenus soit conjointement, soit solidairement, ne peut exercer aucune influence sur la recevabilité même de l'action (Trib. Gand, 19 févr. 1904, *Pas.* 1905. 3. 28).

II. — Ventes.

44. — *Animaux. — Foires. — Maladies contagieuses. — Erreur. — Résiliation.*

L'arrêt du Conseil d'État du 16 juill. 1784, n° 7, qui a été publié en Belgique par arrêté des consuls du 17 vendémiaire an XI, défend à tous marchands de chevaux et autres de vendre ou exposer en vente, dans les foires et marchés ou partout ailleurs, des chevaux et bestiaux atteints ou suspectés de morve ou de maladies contagieuses ; les maladies au sujet desquelles cet arrêt statue doivent revêtir seulement assez de gravité pour faire périr les chevaux et bestiaux ou les déprécier notablement quand ils y survivent (Bruxelles, 21 déc. 1904, *Pas.* 1905. 2. 182).

La Cour ajoute, d'accord avec une décision récente de la Cour de cassation belge, que cet arrêté du Conseil est toujours en vigueur en Belgique, aucune disposition légale ou réglementaire postérieure ne l'ayant abrogé (Cass., 26 oct. 1899, *Pas.* 1900. 1. 18).

La vente de pouliches qu'il est constaté ultérieurement avoir été, lors de la vente, atteintes d'une maladie contagieuse est résiliable du chef d'erreur sur la substance de la chose, puisqu'il est manifeste que l'acheteur n'aurait pu les accepter que dans l'ignorance d'un fait de cette importance, son intention étant, sans nul doute, d'acquérir des animaux sains et valides et non pas des bêtes matériellement hors d'état de lui procurer la pleine jouissance et possession qu'emporte toute transmission par vente ou échange (Bruxelles, 21 déc. 1904, *Pas.* 1905. 2. 182).

45. — *Marchandise. — Vices cachés. — Paiement. — Emploi. — Nullité de la vente.*

Lorsque la vente a pour objet des marchandises destinées à

l'alimentation des animaux de la ferme, et dont les vices cachés n'ont pu être révélés que par leur emploi ou par une analyse, la demande en nullité de la vente, introduite dans le délai légal, est recevable, bien que les marchandises aient été payées et employées tout au moins en partie (Gand, 26 janv. 1904, *Pas.* 1905. 2. 22).

46. — *Rescision pour lésion.* — *Voie parée.* — *Calcul de la lésion.*

Les ventes en suite de la clause de voie parée sont susceptible de rescision pour cause de lésion.

C'est la valeur vénale du bien, au moment de la vente, qui doit être appréciée pour savoir s'il y a lésion (C. civ., art. 1675).

Le législateur, en accordant au vendeur l'action en rescision, suppose qu'il a été dans une ignorance, ou sous l'empire d'une nécessité ou d'une pression dont l'acheteur a profité pour acquérir la chose à vil prix. C'est en partant de ces principes qu'il faut examiner les faits (Bruxelles, 27 juill. 1903, *Pas.* 1905. 2. 38).

Le juge du fond apprécie souverainement que rien ne fait présumer que la valeur vénale d'un immeuble au moment de la vente, dont la rescision est demandée pour lésion de plus des sept douzièmes, se serait élevée à une somme donnant ouverture à la rescision. Par suite, le demandeur en cassation est sans intérêt à soutenir que le juge du fond a admis à tort que l'action en rescision suppose que le vendeur s'est trouvé sous l'empire d'une pression dont l'acheteur a profité pour acquérir l'immeuble à vil prix (C. civ., art. 1674 et 1675). (Cass., 13 juill. 1905, *Pas.* 1905. 1. 305).

III. — LOUAGE DE SERVICES.

47. — *Engagement de construire un bateau.*

Constitue une entreprise d'ouvrages, et non une vente, l'engagement de construire des bateaux et de les livrer à pied d'œuvre (Gand, 22 juill. 1904, *Pas.* 1905. 2. 290).

48. — *Contrat de travail.* — *Sécurité de l'ouvrier.*

Le contrat de travail oblige le patron à veiller, en bon père de famille, à ce que le travail soit exécuté dans des conditions convenables de sécurité [1] (Gand, 18 janv. 1905, *Pas.* 1905. 2. 347). Voyez en outre, les arrêts cités sous les n°ˢ 38, 39 et 40.

---

(1) *Loi belge du 2 juill. 1889 concernant la sécurité et la santé des ouvriers employés dans les entreprises industrielles et commerciales.*

ARTICLE PREMIER. — Le Gouvernement est autorisé à prescrire les mesures

IV. — Dépôt et séquestre.

49. — *Constitution de société anonyme.* — *Versement statutaire.* — *Remise à l'un des souscripteurs.*

Le juge du fond constate souverainement, par une interprétation non contraire aux termes de l'acte social, que, par la clause de l'acte constitutif aux termes de laquelle « les souscripteurs ont opéré le versement statutaire entre les mains de l'un d'eux qui le reconnaît et en reste chargé pour compte et au profit de la société », les parties à l'acte n'ont pas manifesté l'intention de constituer celui qui a reçu les fonds dépositaire des sommes versées, pour en déduire qu'il n'y a pas lieu au droit proportionnel de 1,40 0/0 (Loi du 22 frim. an VII, art. 68, § 1er, no 36 et 69, § 3, no 3).

Le juge du fait avait vu dans cette clause l'exécution d'un mandat verbal préexistant.

La Cour de cassation a pensé que ces diverses appréciations de fait et ces interprétations de volonté, fondées sur un ensemble de circonstances même étrangères à l'acte de société, étaient souveraines et nullement inconciliables avec le texte de cet acte (Cass., 23 mars 1905, *Pas.* 1905. 2. 170).

propres à assurer la salubrité des ateliers ou du travail et la sécurité des ouvriers dans les entreprises industrielles et commerciales dont l'exploitation présente des dangers, même lorsqu'elles ne sont pas classées comme dangereuses, insalubres ou incommodes. Ces mesures peuvent être imposées tant aux ouvriers, s'il y a lieu, qu'aux patrons ou chefs d'entreprise.

Le Gouvernement est également autorisé à prescrire la déclaration des accidents du travail qui surviennent dans ces entreprises.

Sont exceptées les entreprises où le patron ne travaille qu'avec des membres de sa famille habitant chez lui, ou avec des domestiques ou gens de la maison.

Loi belge du 10 mars 1900, sur le contrat de travail.

Art. 11. — Le chef d'entreprise a l'obligation :

De faire travailler l'ouvrier dans les conditions, au temps et au lieu convenus, notamment de mettre à sa disposition, s'il y échet et sauf stipulation contraire, les collaborateurs, les outils et les matières nécessaires à l'accomplissement du travail;

De veiller, avec la diligence d'un bon père de famille et malgré toute convention contraire, à ce que le travail s'accomplisse dans les conditions convenables au point de vue de la sécurité et de la santé de l'ouvrier et que les premiers secours soient assurés à celui-ci en cas d'accident.

V. — MANDAT.

50. — *Capital prêté.* — *Notaire instrumentant.* — *Remboursement.*

Est valable, comme fait au mandataire du prêteur, le remboursement du capital prêté, aux mains ¡du notaire instrumentant, que le prêteur avait chargé de lui procurer ce placement, chez lequel il avait élu domicile dans l'acte de prêt, et aux mains de qui les intérêts avaient été payés sans réclamation (Bruxelles, 28 nov. 1904, *Pas.* 1905. 2. 339).

51. — *Mandat salarié.* — *Rémunération.* — *Réduction.*

Constitue un mandat salarié, la convention par laquelle une personne s'engage vis-à-vis d'une autre à faire les démarches nécessaires en vue de la création d'une société, la seconde personne s'engageant, de son côté, à payer à la première une somme d'argent déterminée pour la rémunérer de ses démarches.

Le salaire du mandataire ne doit être qu'une indemnité et ne peut constituer un bénéfice; il n'a de cause juridique que pour autant qu'il est proportionné au service rendu, et il appartient au juge de le réduire s'il est excessif (Bruxelles, 11 juill. 1904, *Pas.* 1905. 2. 36).

C. — Propriété et droits réels.

I. — DOMAINE PUBLIC.

52. — *Biens affectés à un service public.* — *Exemption d'impôts.*

Les biens appartenant au domaine privé de la commune et affectés à un service d'utilité publique doivent être considérés comme improductifs tant que dure cette affectation. Par suite, ils échappent à tout impôt n'ayant pas le caractère d'une taxe rémunératoire [1] (Cass., 16 janv. 1905, *Pas.* 1905. 1. 84).

53. — *Biens celés.*

Doivent être considérés comme biens celés, des biens inscrits au cadastre comme appartenant à une confrérie, communauté

---

[1] Cette notion de la taxe rémunératoire, peu compatible avec la nature juridique et sociale de l'impôt, est maintenant admise en Belgique par une jurisprudence très fixée, qui l'applique aux taxes établies à raison d'ouvrages construits par les pouvoirs publics pour l'utilité générale, mais dont les contribuables frappés retirent un avantage particulier. Telles sont les taxes dites taxes d'égout, taxes de pavage, taxes de trottoir.

sans existence légale, et que le juge du fond déclare, en fait, n'avoir pas été déclarés, en exécution des décrets des 6, 11 et 24 août 1790, des arrêtés du 7 mess. an IX, article 7, du 27 frim. an XI et de l'avis du Conseil d'État du 30 avr. 1807, et ne se trouver point rappelés au registre de la régie des domaines.

La loi du 4 ventôse et l'arrêté du 9 fruct. an IX n'ont pas investi, de plein droit, les administrations de bienfaisance de tous les biens alors celés au domaine. A défaut d'une prise de possession effective, ces biens sont restés à la disposition de l'État, qui peut valablement en disposer au profit des fabriques d'église, et ce sans qu'il y ait lieu de distinguer entre les biens d'origine ecclésiastique et les autres (Cass., 8 juin 1905, *Pas.* 1905. 1. 253).

54. — *Propriété des cours d'eau non navigables.* — *Ouvrages construits sans droit.*

L'arrêt, qui institue une expertise, aux fins de déterminer dans quelles limites ont été lésés les droits que le riverain d'un cours d'eau non navigable ni flottable tire de ce voisinage, ne tranche pas, au profit de ce riverain, la question de propriété du lit dudit cours d'eau (C. civ., art. 537 et 538).

En constatant l'existence des droits qui découlent de cette situation et en décidant qu'un autre riverain ne peut porter atteinte à ces droits, la cour d'appel motive suffisamment la décision par laquelle elle se déclare compétente et ordonne une expertise.

Il appartient au pouvoir judiciaire d'ordonner la réparation du dommage et la démolition des constructions établies au préjudice des droits de tiers, nonobstant la loi sur la police des cours d'eau, qui exige l'autorisation préalable de la députation permanente pour tout ouvrage pouvant influer sur le régime des eaux et quoique cette autorisation ait été accordée (Cass., 13 oct. 1904, *Pas.* 1905. 1. 7).

II. — USUFRUIT.

55. — *Obligation respective de l'usufruitier et du nu-propriétaire.* — *Réparation, amélioration.*

Il est de principe que l'usufruit ne peut être pendant sa durée une source de dépenses pour le nu-propriétaire qui n'est pas un communiste et ne retire aucun avantage des biens soumis au profit d'un tiers à cette sorte de servitude personnelle, le nu-propriétaire devant uniquement s'abstenir de tout acte de nature à nuire au droit de l'usufruitier.

L'usufruitier prend les choses dans l'état où elles se trouvent au moment où son droit s'ouvre. Il est tenu des réparations d'entretien lorsque, comme c'est le cas dans l'espèce, son usufruit porte sur des immeubles, et il ne peut à la cessation de cet usufruit réclamer aucune indemnité pour les améliorations qu'il y aurait apportées.

En dehors de toute obligation imposée par l'acte constitutif de l'usufruit et à l'exception des charges prévues à l'article 609 du Code civil, le nu-propriétaire ne saurait être contraint, quand bien même il y aurait intérêt, de faire, avant la cessation de l'usufruit, aucune avance, aucun débours, ceux-ci fussent-ils indispensables pour assurer à l'usufruitier sa pleine et entière jouissance.

En tout cas, en ce qui concerne les constructions nouvelles, pour le cas où l'article 555 du Code civil serait applicable, le recours de l'usufruitier ne serait recevable vis-à-vis du nu-propriétaire qu'à la fin de l'usufruit.

La clause insérée dans un jugement où l'usufruitier n'a pas été partie, « réservant ses droits vis-à-vis des nu-propriétaires du chef des améliorations ou constructions apportées par lui pendant son usufruit », n'a ni pour but ni pour conséquence de modifier les droits réservés soit en les augmentant, soit en les diminuant.

Il n'en résulte pour l'usufruitier ni avantage ni préjudice (Liège, 18 janv. 1905, *Pas.* 1905. 2. 208).

56. — *Universitas juris.* — *Universitas facti.* — *Caution.*

Il importe, pour déterminer les droits et les obligations de l'usufruitier d'une universalité, de distinguer entre l'usufruit grevant une *universitas facti* et celui qui embrasse une *universitas juris*.

Dans le premier cas, l'usufruit porte sur l'ensemble de l'*universitas*, parce que chacune des choses qui y sont comprises perd son importance individuelle et n'apparaît plus, au point de vue du but commun auquel elles servent, que comme faisant partie dudit ensemble.

Dans le deuxième cas, les choses qu'embrasse l'*universitas juris* restent individualisées et ne constituent un ensemble que parce qu'elles font l'objet de droits compétant à la même personne.

Il s'ensuit que l'usufruit d'un patrimoine héréditaire, comprenant des meubles, des immeubles, des créances, porte, à moins que l'acte constitutif ne révèle une intention contraire, sur chacun de ces objets envisagés individuellement.

Et le légataire de cet usufruit, dispensé de fournir caution, est dispensé, à raison de la volonté présumée du testateur, de faire remploi des capitaux dont il a reçu le remboursement (Gand, 6 déc. 1904, *Pas.* 1905. 2. 109).

III. — SERVITUDE.

57. — *Servitude apparente, continue et discontinue.* — *Division de l'héritage.*

L'article 694 du Code civil porte : « Si le propriétaire de deux héritages entre lesquels il existe un signe apparent de servitude dispose de l'un des héritages sans que le contrat contienne aucune convention relative à la servitude, elle continue d'exister activement ou passivement en faveur du fonds aliéné ou sur le fonds aliéné ». Cet article prévoit ainsi un mode particulier d'établissement de servitude continue ou discontinue, lequel exige, indépendamment du signe apparent et du silence des parties, que la servitude ait une existence antérieure à la réunion des deux héritages dans la même main (Cass., 29 juin 1905, *Pas.* 1905. 1. 276).

58. — *Mitoyenneté.* — *Exhaussement de mur mitoyen.* — *Dégradation.*

Est responsable des dégradations causées à la construction contiguë, par l'affaissement du sol, le propriétaire qui exhausse le mur séparatif sans s'assurer s'il est en état, eu égard à la nature du sol, de supporter cette surcharge et sans en consolider les fondations (Bruxelles, 28 nov. 1904, *Pas.* 1905. 2. 337).

IV. — PRESCRIPTION. — POSSESSION.

59. — *Pavillon sur pilotis.* — *Meubles.* — *Possession.*

Un pavillon établi sur pilotis doit être considéré comme un objet mobilier, dont la possession crée au possesseur un titre de propriété, par application de l'article 2279 du Code civil (Gand, 28 juill. 1904, *Pas.* 1905. 2. 301).

V. — PRIVILÈGE.

60. — *Défense d'un condamné.* — *Défense d'un prévenu acquitté.*

La loi du 5 sept. 1807, qui crée un privilège pour les sommes dues pour la défense personnelle « du condamné », n'est pas applicable en cas d'acquittement (Cass., 13 avr. 1905, *Pas.* 1905. 1. 190).

61. — *Travaux publics.* — *Matériaux.* — *Fournisseurs.*

Les fournisseurs de matériaux pour travaux exécutés pour le compte de l'État, bien que n'ayant pas fait, antérieurement à la faillite de l'entrepreneur, une saisie-arrêt régulièrement validée, peuvent être payés par privilège sur l'actif de la faillite à concurrence de la somme pour laquelle cet actif résulte des paiements faits par l'État au curateur (Décret du 26 pluv. an II, art. 1 à 4) (Cass., 11 mai 1905, *Pas.* 1905. 1. 216).

VI. — Hypothèques.

62. — *Receveur communal.* — *Gestion du receveur antérieur.*

L'hypothèque prise au profit d'une commune pour sûreté de la gestion de son receveur couvre, à concurrence de la somme pour laquelle inscription a été prise, le déficit constaté, lors même que ce déficit proviendrait pour partie de la gestion du receveur précédent, père du receveur actuel, et auquel celui-ci a succédé sans apurement préalable de sa gestion (Bruxelles, 15 juill. 1904, *Pas.* 1905. 2. 45).

D. — Successions, donations et testaments.

I. — Successions.

a) Vocation héréditaire.

63. — *Acceptation tacite.* — *Vente mobilière.*

L'acceptation tacite d'une succession se déduit d'un acte qui suppose nécessairement l'intention de l'héritier d'accepter et qu'il n'a droit de faire qu'en sa qualité d'héritier.

Ainsi, le procès-verbal de vente mobilière qui mentionne en tête de l'acte la copie de la déclaration faite par l'officier public au bureau de l'enregistrement et contenant, entre autres, le nom de cet héritier comme requérant la vente ne prouve pas absolument que cet héritier a requis le notaire de procéder à la vente et a fait ainsi acte d'acceptation tacite.

Il en est de même de la seule assistance de l'héritier à la vente sans protestation, alors surtout que la vente a uniquement pour but d'acquitter, à l'aide du prix, les dettes de la succession et qu'elle a lieu au profit exclusif des créanciers.

Il en est encore ainsi du fait que l'héritier s'est porté acquéreur à la vente et a signé comme tel le procès-verbal (Gand, 3 janv. 1905, *Pas.* 1905. 2. 217).

b) **Partage.**

64. — *Formes.* — *Partage verbal.*

Le partage, n'étant pas un contrat solennel et ne requérant aucune forme, peut être verbal, quand toutes les parties sont majeures et maîtresses de leurs droits.

Leur déclaration, dans un acte authentique, qu'elles ont liquidé à l'amiable une succession mobilière et sont remplies de leurs droits, équivaut à un partage et doit faire rejeter comme tardive une opposition faite le surlendemain (Liège, 10 mars 1904, *Pas.* 1905. 2. 35).

65. — *Nullité.* — *Erreur.* — *Rescision, lésion.*

La demande en nullité du partage du chef de lésion de plus du quart et celle en nullité du chef d'erreur substantielle ont la même cause juridique : l'absence du consentement valable. Le second moyen invoqué en cours d'instance ne constitue donc pas une demande nouvelle.

Est nulle, du chef d'erreur substantielle, la convention entre héritiers, réglant le mode de partager la succession, lorsque ce mode lèse les droits d'un cohéritier, sans que cette lésion ait été prévue et sans que le cohéritier lésé ait renoncé aux avantages stipulés en sa faveur par le *de cujus*.

Il y a, dans ce cas, absence de consentement valable dans le chef de ce cohéritier (Gand, 19 juill. 1905, *Pas.* 1905. 2. 285).

66. — *Partage frauduleux.* — *Nullité.*

Un partage, même frauduleux, n'est pas inexistant. Il est seulement possible de l'attaquer (Liège, 30 mars 1904, *Pas.* 1905. 2. 35).

67. — *Opposition à partage.* — *Forme.*

S'il est vrai qu'un exploit d'huissier n'est pas indispensable pour notifier une opposition à partage et qu'un acte équivalent suffit, il faut cependant reconnaître qu'aucun doute ne doit subsister sur l'intention formelle du créancier de faire opposition au partage (Liège, 10 mars 1904, *Pas.* 1905. 2. 35).

II. — DONATIONS ET TESTAMENTS.

a) Formalités des donations.

68. — *Libéralité au profit d'un tiers. — Acceptation*.

La libéralité imposée au profit d'un tiers par le donateur au donataire, comme charge d'une donation entre-vifs, n'est pas soumise aux formalités des donations entre-vifs.

Tant que cette libéralité n'a pas été révoquée, le tiers favorisé peut l'accepter. Il le peut même après la mort du donateur.

En cas de prédécès de ce tiers, le droit d'acceptation passe à ses héritiers, si aucune circonstance ne dénote une intention contraire chez l'auteur de la donation (Bruxelles, 24 juin 1903, *Pas.* 1905. 2. 171).

b) Forme des testaments.

69. — *Signature. — Incapacité*.

Pour répondre à la prescription de l'article 970 du Code civil, la signature du testateur, c'est-à-dire le signe par lequel il se fait habituellement reconnaître dans les actes de la vie civile, doit être apposée à la fin de l'acte.

Est nul, le testament signé *in capite* seulement (Bruxelles, 19 janv. 1905, *Pas.* 1905. 2. 215).

70. — *Témoins instrumentaires d'un testament public. — Secret professionnel*.

Le témoin instrumentaire d'un testament public, qui, hors le cas où il est obligé de rendre témoignage en justice et celui où la loi l'oblige à les faire connaître, révèle les secrets qu'on lui confie dans le cas de l'article 971 du Code civil, tombe sous l'application de l'article 458 du Code pénal belge (378, C. pén. fr.). — Cass., 20 févr. 1905, *Pas.* 1905. 1. 141.

La Cour de Bruxelles, dont cet arrêt a cassé la décision, avait reconnu que les témoins instrumentaires d'un testament public exercent une fonction temporaire et ont un caractère public; mais elle avait déduit du caractère temporaire de leur mission que la disposition de l'article 458 du Code pénal ne leur était pas applicable, cet article ne s'appliquant, suivant la Cour, qu'aux révélateurs de secrets qu'ils possèdent en vertu de devoirs permanents et habituels auxquels ils se vouent et qui deviennent la règle de leur vie. — Bruxelles, 10 déc. 1904, *Pas.* 1905. 2. 33.

— C'est cette dernière thèse que la Cour de cassation a répudiée.

E. — Droits intellectuels.

71. — *Clientèle d'avocat.*

La clientèle de l'avocat, à part des cas exceptionnels, n'est pas exclusivement attachée à sa personne. S'il traite des affaires courantes, sans avoir une réputation particulière pour certains genres d'affaires déterminés, l'avocat, du moment où il a quelque valeur, doit, après une longue habitation dans un même quartier, et à raison même de cette habitation, avoir acquis une certaine clientèle dans ce quartier. Il y a donc lieu, lorsque la maison où est établi son cabinet est expropriée pour cause d'utilité publique, de lui allouer une indemnité pour perte d'une partie de sa clientèle de quartier, par suite de son déplacement forcé (Trib. Bruxelles, 10 févr. 1905, *Pas.* 1905. 3. 125).

SERVAIS.

NOTES PARLEMENTAIRES

DE DROIT CIVIL ET DE PROCÉDURE CIVILE

France.

Par M. Paul Lerebours-Pigeonnière,

Professeur adjoint à la Faculté de droit de l'Université de Rennes.

I. — Personnes et droits de famille.

a) Actes de l'état civil.

1. — *Distinction entre les expéditions, ou copies conformes aux actes, et les extraits des actes de naissance, établis dans l'intérêt des enfants naturels. Loi du 30 nov. 1906 modifiant les articles 45 et 57 du Code civil.*

La proposition de M. Raoul Péret, modifiée par la Commission de la Chambre avant et après la première délibération (*suprà*, *Revue de dr. civ.*, 1903, p. 463, n° 3, p. 954, n° 4, 1905, p. 707, n° 4), votée en seconde délibération le 12 avr. 1906, favorablement accueillie par la Commission du Sénat, qui chargea M. Guillier d'un rapport concluant à l'adoption pure et simple (Annexe n° 298, *J. O.*, Doc. parl., Sénat, S. O. 1906, p. 737), votée par le Sénat avec une modification dans la séance du 5 nov. 1906 (*J. O.*, Déb. parl., Sén., p. 852) — le conjoint ayant été ajouté aux personnes qui peuvent obtenir, sans avoir besoin d'autorisation, une copie de l'acte de naissance de l'enfant conforme au registre — votée enfin par la Chambre des députés, avec cette modification, dans la 2ᵉ séance du 29 nov. 1906, a été promulguée le 30 nov. et publiée le 16 déc. 1906.

2. — Cette loi change non seulement les dispositions, mais encore la terminologie du Code civil. Elle réserve l'expression d'extrait des actes de naissance, expression qui dans le Code civil sert à désigner la copie intégrale d'un acte porté au registre de l'état civil, pour les extraits analytiques des actes de naissance dont elle organise la délivrance à tout requérant. Elle appelle désormais copies conformes aux actes, les expéditions littérales des actes dont elle n'autorise plus la délivrance au premier venu. Par suite de cette distinction, les actes de l'état civil ne sont plus tous publics, leur teneur exacte n'est communiquée qu'aux personnes limitativement énumérées par la loi et à celles qui produisent une autorisation de justice. Il est vrai que les extraits analytiques délivrés au premier venu demeurent assez complets, ils doivent indiquer notamment les noms, prénoms, professions et domiciles des père et mère, de sorte que l'enfant naturel non reconnu sera signalé encore, malgré les bonnes intentions de la loi nouvelle, par les lacunes de l'extrait analytique qui lui sera délivré.

Voici le texte de la loi du 30 nov. 1906 :

« *Article unique*. — L'article 45 du Code civil est modifié ainsi qu'il suit :

« Toute personne pourra, sauf l'exception prévue à l'article 57, se faire délivrer par les dépositaires des registres de l'état civil des copies des actes inscrits sur les registres. Les copies délivrées conformes aux registres et légalisées par le président du tribunal de première instance ou par le juge qui le remplacera feront foi jusqu'à inscription de faux. Elles porteront en toutes lettres la date de leur délivrance. »

« L'article 57 du Code civil est complété ainsi qu'il suit :

« Nul, à l'exception du procureur de la République, de l'enfant, de ses ascendants et descendants en ligne directe, de son conjoint, de son tuteur ou de son représentant légal, s'il est mineur ou en état d'incapacité, ne pourra obtenir une copie conforme d'un acte de naissance autre que le sien, si ce n'est en vertu d'une autorisation délivrée sans frais par le juge de paix du canton où l'acte a été reçu et sur la demande écrite de l'intéressé.

« Si cette personne ne sait ou ne peut signer, cette impossibilité est constatée par le maire ou le commissaire de police, qui atteste, en même temps, que la demande est faite sur l'initiative de l'intéressé.

« En cas de refus, la demande sera portée devant le président du tribunal civil de première instance, qui statuera par ordonnance de référé.

« Les dépositaires des registres seront tenus de délivrer à tout requérant des extraits indiquant, sans autres renseignements, l'année, le jour, l'heure et le lieu de naissance, le sexe de l'enfant, les prénoms qui lui ont été donnés, les noms, prénoms et professions et domicile des père et mère tels qu'ils résultent des énonciations de l'acte de naissance ou des mentions contenues en marge de cet acte et reproduisant la mention prévue au dernier alinéa de l'article 76 du Code civil ».

b) Enfants assistés.

3. — *Loi du 18 déc. 1906 modifiant les articles 13, 14 et 15 de la loi du 27 juin 1904 sur le service des enfants assistés.*

La Chambre des députés a voté sans discussion dans la 2e séance du 10 déc. 1906 le projet analysé *suprà*, Revue, 1906, pp. 955-959, tel qu'il avait été modifié et adopté par le Sénat. La loi promulguée le 18 déc. a été publiée au *J. O.* du 20 déc. 1906.

c) Titres de noblesse.

4. — Il existe en ce qui concerne les titres de noblesse trois formalités ou procédures légales : la collation, la reconnaissance et l'investiture. La collation est l'attribution d'un titre nouveau par le chef de l'État; la reconnaissance est une décision du conseil du Sceau établissant l'authenticité d'un titre ancien, au sujet duquel n'existerait aucune pièce ou lettre patente officielle, mais simplement une possession d'état non suspecte et qui aurait pu par conséquent être contesté; l'investiture est un arrêté du conseil du Sceau établissant l'authenticité d'un titre ou la transmission d'un titre au sujet duquel sont présentées des pièces non contestables, c'est-à-dire des lettres patentes, des arrêts de Parlements ou de Cour des comptes. L'arrêté d'investiture d'après la législation en vigueur est nécessaire lors de toute transmission du titre. En fait, depuis la suppression des majorats, en 1849, l'intérêt principal de cet arrêté, qui était la condition de l'exercice du majorat, ayant disparu, peu de possesseurs de titres de noblesse sollicitent de la Chancellerie l'arrêté d'investiture. D'autre part, la troisième République a constamment refusé — les exceptions sont négligeables — la collation ou la reconnaissance des titres. Le budget ne profite donc plus des droits de chancellerie perçus à l'occasion de ces arrêtés.

5. — En face du déficit budgétaire, la question s'est posée pour le Gouvernement de savoir s'il ne convenait pas de faire naître un nouvel intérêt pour l'arrêté d'investiture afin de procurer au budget, non pas à proprement parler une source nouvelle d'impôts, mais le bénéfice de l'application effective d'un impôt tombé presque en désuétude. Le Gouvernement a reconnu qu'il ne pouvait pas remettre en vigueur l'usage des collations et reconnaissances de titres, mais il lui a semblé pouvoir assurer par des sanctions nouvelles la perception des impôts auxquels est légalement soumise la transmission des titres anciens. Nous ne pensons pas que la tentative, après l'échec qu'elle a finalement subi, soit jamais renouvelée, mais nous devons d'autant mieux en retracer l'histoire et lui consacrer une notice.

6. — En premier lieu, le projet de loi de finances, soumis à la chambre, disposait en conséquence :

Art. 15. — L'article 34 du Code civil sera complété par les mots suivants :

« Et aucun titre de noblesse ne leur sera attribué si les intéressés ne produisent l'arrêté ministériel les en investissant personnellement ».

Jusqu'alors la jurisprudence admet que « les articles 34 et 57 du Code civil énumératifs des énonciations substantielles que doivent contenir les actes de l'état civil, n'excluent pas d'autres mentions complétives, telles que des titres nobiliaires propres à mieux constater l'identité de ceux qui y sont dénommés » (D. 97.1.584, Req., 26 oct. 1897). Il est évident que les officiers de l'état civil ne tiennent compte pour l'énonciation d'un titre nobiliaire que de la possession d'état apparente et ne se préoccupent pas de la régularité de l'investiture. La disposition de l'article 15 donnait intérêt, pour ceux qui auraient voulu faire figurer leurs titres dans les actes de l'état civil, à obtenir l'arrêté ministériel d'investiture. Je remarque que cette disposition aurait eu une autre conséquence. Il me paraît qu'elle aurait dû emporter l'exclusion des actes de l'état civil de titres conférés par des souverains étrangers, titres qui jusqu'ici peuvent y être mentionnés. Le commissaire du Gouvernement a en effet déclaré à la Chambre que la Chancellerie n'accordait jamais l'investiture d'un titre étranger.

7. — Ce texte, adopté par la Chambre des députés dans la première séance du 14 déc. 1906 (*J. O.*, Déb. parl., S. E. 1906, p. 3242), a donné lieu aussitôt à deux amendements.

L'un de M. Kerguézec tendait à la suppression des titres de noblesse. Il y a quelque chose de choquant et de contradictoire, en effet, à voir la République donner une sanction nouvelle aux anciens titres de noblesse. L'amendement a cependant été retiré, le Gouvernement et la Commission du budget étant parvenus à convaincre qu'ils ne fortifiaient point les anciens titres de noblesse en leur assurant une authenticité nouvelle, mais que la disposition rédigée par la Commission du budget avait « purement et simplement pour but de soumettre toutes les personnes titrées à la loi et de faire payer également par toutes un impôt déjà existant ».

Un second amendement, de M. Péchadre, prétendait compléter les mesures prises par la Commission du budget par la disposition suivante :

« Le titre sera prescrit et le bénéficiaire déchu de ses droits si la taxe de chancellerie n'a pas été acquittée dans le délai de cinq années ».

Le Gouvernement ayant observé que cet amendement dépasserait le caractère fiscal qu'il entendait maintenir aux dispositions incorporées dans la loi de finances, M. Péchadre a consenti à la transformation suivante de son amendement :

« Ledit arrêté devra intervenir dans les cinq ans à partir de la promulgation de la présente loi ou à dater de l'ouverture de la succession ».

8. — D'autre part, en second lieu, le projet de loi de finances soumis à la Chambre, pour obtenir des officiers de l'état civil l'observation des dispositions ajoutées à l'article 34 du Code civil, disposait dans l'article 16 :

« *Art. 16.* — L'article 50 du Code civil sera complété par les mots suivants : « Cette amende sera de 100 à 500 francs s'il s'agit d'un titre de noblesse indûment mentionné ».

En vain, M. Guillaume Chastenet a-t-il cherché à faire exonérer les officiers de l'état civil de cette responsabilité ; la Chambre a estimé qu'il serait facile aux maires de réclamer la production de l'ampliation de l'arrêté ministériel avant d'énoncer un titre de noblesse, et elle a voté l'article 16 comme l'article 15 (*eod. loc.*, p. 3245).

9. — En troisième lieu, l'article 17 du projet établissait la même sanction pour tous les officiers publics et ministériels :

« *Art. 17.* — Tout officier public ou ministériel qui mention-

nera dans un acte un titre dont l'investiture n'aura pas été prononcée, sera passible d'une amende de 100 à 500 francs ».

M. de Castelnau a voulu soutenir que l'article 17 de la loi de
ventôse an XI contenait déjà une sanction suffisante. Le rapporteur a victorieusement répondu qu'il convenait dans tous les cas
d'établir une sanction généralisée, applicable aux huissiers,
greffiers, etc., comme aux notaires. M. Lauraine a observé, plus
judicieusement peut-être, que le nouvel article 17 pouvait mettre des officiers ministériels en mauvaise posture. Pour ma part,
j'estime que le Gouvernement et la Commission du budget auraient dû (si le point de départ du projet pouvait être admis)
imposer aux officiers ministériels l'énonciation de la date de l'arrêté ministériel d'investiture, s'ils avaient voulu à la fois assurer
le complément d'observation des prescriptions fiscales concernant
la transmission des titres et faciliter en même temps aux officiers ministériels cette observation stricte au regard de leurs
clients (à l'exemple des dispositions relatives au timbre des valeurs mobilières étrangères).

10. — Quoi qu'il en soit, l'article 17 a été voté par la Chambre
dans la seconde séance du 14 déc. 1906 (*J. O., eod. loc.*, p. 3247).

D'après le Gouvernement, la perception des droits de chancellerie sur les arrêtés d'investiture des titres de noblesse, avec
une application régulière de la loi, devait procurer au budget
une somme de 8 à 900.000 francs.

Mais l'article 17 n'a pas été voté par le Sénat.

11. — Quoi qu'il en soit, nous devions analyser exactement
la discussion devant la Chambre des articles 16 et 17 du Projet
de loi de finances, parce que l'initiative du Gouvernement a été
si sévèrement appréciée au Sénat que non seulement les dispositions dont nous venons de rendre compte, écartées sans débat [1],
ont disparu de la loi de finances, mais encore qu'il n'est pas à
prévoir que l'initiative puisse être de longtemps reprise. Il fallait
donc en conserver note.

12. — Voici comment s'est exprimé M. Gautier, dans le rapport
général au Sénat, dans un passage relevé par M. Poincaré lors
de son intervention dans la discussion générale du budget au
Sénat :

___

(1) M. Girault (du Cher) a cependant défendu devant le Sénat l'impôt sur
les titres de noblesse, mais son discours est resté sans écho et n'a soulevé
aucun débat (séance du 23 janv. 1907, *J. O.*, Déb. Parl., Sénat, S. O. 1907,
p. 252).

« Que nous n'abolissions pas définitivement les titres nobiliaires, dit-il, que nous n'en interdisions ni l'usage, ni le port, cela se comprend. La transformation subie par nos mœurs depuis un siècle et une pratique plus large de la liberté s'y prêtent facilement.

« Mais aller plus loin serait une faute et presque un non-sens. Il ne saurait appartenir à notre régime démocratique et à la loi républicaine de consacrer et d'authentiquer des titres nobiliaires qu'ils doivent ignorer.

« Les seuls titres de noblesse que nous puissions reconnaître sont ceux que confère la reconnaisance publique pour services rendus à la patrie commune ».

Et ce raisonnement est décisif, en effet. — (Discours Poincaré, *J. O.*, Déb. Parl., Sénat, S. O., 1907, séance du 11 janv. 1907, p. 23).

d) Syndicats.

13. — La Chambre des députés a repoussé un amendement de M. Thierry à la loi de finances disposant qu'en cas de réclamation en matière d'impôts :

« Le paragraphe 5 de l'article 17 de la loi du 13 juill. 1903 est complété par la disposition suivante :

« Toutefois, si la réclamation est introduite par le contribuable lui-même et porte constitution d'un mandataire chez lequel domicile est élu, le mandataire n'est pas tenu de produire un mandat spécial pour soutenir la réclamation, à la condition que le commettant appartienne à une collectivité syndicale. » (*J. O.*, Déb. parl., Chambre, S. E., 1906, p. 3235).

II. — OBLIGATIONS ET CONTRATS SPÉCIAUX.

a) Liberté des contrats.

14. — *La clause d'un contrat qui met tous les impôts présents et à venir à la charge du débiteur (de l'assuré) est-elle valable, licite, s'impose-t-elle au respect du législateur? (art. 19, 13, 6 des projets successifs de loi de finances de la commission de la Chambre, art. 6 de la loi de finances, 1907).*

Cette question s'est trouvée posée à la suite de l'établissement par la Chambre des députés d'un impôt sur le capital assuré par les sociétés d'assurances. La Chambre voulait atteindre les compagnies elles-mêmes et non les assurés. Sans doute la

Chambre ne pouvait se dissimuler qu'à l'expiration des polices
en cours, les sociétés d'assurances augmenteraient, si elles le
voulaient, le taux des primes, en considération de la charge
nouvelle pesant sur elles ; le consommateur devant toujours finalement ressentir le contre-coup des difficultés ou des impôts ac-
croissant les frais de production du producteur. La Chambre ne
pouvait davantage prétendre éviter la répercussion immédiate
de la taxe sur les assurés, clients d'une assurance mutuelle,
puisque les assureurs et les assurés sont dans les assurances
mutuelles les mêmes personnes. Mais, du moins, la Chambre
tenait à contraindre les Compagnies à primes fixes de payer
l'impôt sur leurs bénéfices pendant la durée des contrats en cours
et à les empêcher de le recouvrer sur leurs assurés. D'où le texte
de l'article 6 du projet de loi de finances (d'abord art. 19 et art.
13), tel qu'il était encore proposé à l'adoption du Sénat dans la
séance du 29 janv. 1907 (*J. O.*, Déb. Parl., Sénat, S. O., 1907,
p. 877).

« La taxe établie par l'article précédent est à la charge exclusive des sociétés et compagnies et sans recours contre les assurés,
nonobstant toute clause ou convention contraire, quelle qu'en
soit la date.

« Cette disposition n'est pas applicable aux sociétés d'assurances mutuelles contre l'incendie, constituées conformément
aux termes du décret du 22 janv. 1868 ».

Le ministre des finances, M. Caillaux, pour enlever le vote du
Sénat et justifier l'utilité et la légitimité de cette disposition, a
observé que les Compagnies d'assurances ont l'habitude d'insérer
dans les contrats une clause qui met tous les impôts présents et
à venir à la charge de l'assuré [1], de sorte que sans l'intervention
du législateur les assurés supporteraient seuls immédiatement
l'impôt nouveau. Le Sénat, disait M. Caillaux, doit préférer
l'intérêt des assurés à celui des assureurs.

Mais M. Charles Rion, M. Saint-Germain, M. Poirrier, M. For-
tier ont aussitôt protesté contre cette intervention, au nom de la
liberté des contrats, du respect dû aux contrats.

C'est alors que le ministre a essayé d'insinuer que la clause

---

[1] Voici à titre d'exemple la clause d'une police de la compagnie *L'Union* :
« L'assuré s'engage à supporter les droits de timbre, d'enregistrement et
tous autres impôts qui pourraient être ultérieurement établis au sujet du
présent contrat, ainsi que les frais d'administration et de répertoire. Ces
derniers frais sont fixés pour la présente police à 0 fr. 50 par an ».

était peut-être illicite, sous prétexte que l'assuré, au moment où il signe, ne peut exactement mesurer l'obligation à laquelle il s'engage. M. Trouillot, dans le même sens, a déclaré qu'il y avait absence d'objet certain à l'obligation.

L'affirmation était singulière, car le contrat d'assurance est un contrat synallagmatique. Si l'assuré ne pouvait valablement accepter la charge incertaine des impôts à venir, comment l'assureur pourrait-il valablement promettre l'indemnité d'assurance en prenant éventuellement la charge, dont le poids est impossible à apprécier d'avance, des impôts qui grèveraient ultérieurement, non pas seulement son exploitation en général, mais précisément la promesse de cette indemnité?

Le ministre des Finances résumait alors ainsi le débat (*loc. cit.*, p. 380) :

« L'honorable M. Poirrier disait tout à l'heure : « Mais comment les compagnies d'assurances auraient-elles passé des polices, si elles avaient su que d'autres impôts pouvaient leur être infligés dans l'avenir? »

« Je lui réponds : « Et comment les assurés, dans l'avenir, passeront-ils des polices s'ils s'imaginent que d'autres impôts pourront les frapper? »

Et il concluait qu'il fallait pour le moment imposer aux compagnies le paiement de la taxe nouvelle en laissant assureurs et assurés recouvrer leur pleine liberté à l'expiration des polices en cours.

Le Sénat n'a pas d'abord admis cette conclusion illogique; il a considéré une fois de plus le 29 janvier que, la question étant posée en ces termes, il convenait d'en abandonner la solution à la liberté des contrats et il a repoussé le texte de la Chambre.

L'accord s'est fait cependant le lendemain entre les deux Chambres au moyen d'un changement de rédaction, grâce plutôt à une subtilité de rédaction. La Commission des Finances du Sénat et le Gouvernement ont imaginé, de concert, une formule, qui tourne la clause des polices en cours signalée par le ministre (et dont j'ai reproduit en note un exemple), sans la heurter de front. En réalité cette formule est contraire à la vérité; la taxe établie par l'article 5 de la loi de finances vise les contrats d'assurance, « *est établie au sujet des contrats d'assurance* » suivant l'expression de la police de l'*Union*, puisque c'est une taxe sur les capitaux assurés; ce n'est pas une taxe qui doit être comprise dans les frais d'administration et de répertoire calculés à

forfait et fixés à une somme déterminée d'avance, ni, bien que
M. Caillaux ait soutenu le contraire, qui pût être assimilée à la
patente. Au fond l'article 6 de la loi de finances impose donc
aux intéressés et aux tribunaux une interprétation de la clause
usuelle des polices dans ses rapports avec l'impôt nouveau qui
est manifestement contraire au bon sens. Le Sénat, malgré l'opposition de M. Rion, a voté l'article 6, dès lors que cet article en
le violant reconnaissait en apparence le respect dû aux con-
trats(1). Voici le texte de l'article 6 définitif de la loi de finances
du 31 janv. 1907 :

« *Art. 6.* — La taxe établie par l'article précédent ne vise pas
le contrat d'assurance. Elle s'ajoute aux frais généraux de l'assureur, qui ne pourra en aucun cas la récupérer sur l'assuré.
sauf en ce qui concerne les sociétés d'assurances mutuelles contre
l'incendie constituées conformément aux termes du décret du
22 janv. 1868 ».

b) Paiement.

15. — *Jours d'échéance et jours de paiement. Loi du 20 déc.
1906.*

Le Sénat (séance du 6 déc. 1906) et la Chambre (séance du
20 déc. 1906), ont adopté sans modifications et à peu près sans
discussion le texte Tillaye (*Revue*, 1906, n° 32). La loi promulguée le 20 décembre, publiée au *J. O.* le 22 décembre 1906, est
intitulée :

« Loi modifiant l'article 1er de la loi du 13 juill. 1905, décidant
que, lorsque les fêtes légales tomberont un vendredi, aucun paiement ne sera exigé ni aucun protêt ne sera dressé le lendemain
de ces fêtes; lorsqu'elles tomberont le mardi, aucun paiement
ne sera exigé ni aucun protêt ne sera dressé la veille de ces
fêtes ».

c) Succession aux dettes.

16. — *Succession d'une personne morale à une personne
morale supprimée.*

Les caisses diocésaines de secours aux prêtres âgés ou infirmes, établissements publics du culte, ayant cessé d'exister sans
avoir fait elles-mêmes la dévolution de leurs biens, la question
s'est posée de savoir qui recueillerait leur patrimoine et surtout
de savoir si le bénéficiaire de leurs biens serait tenu des charges
qui grevaient ces biens. Deux interpellations ont été développées

_____

(1) Séance du 30 janv. 1906.

à la Chambre des députés dans la séance du 15 janv. 1907, par M. Lasies et par M. l'abbé Lemire. M. l'abbé Lemire a fait voter l'urgence sur une proposition accordant un délai de deux mois aux caisses diocésaines pour se transformer en sociétés de secours mutuels d'après la loi de 1898 et suspendant jusque-là les conséquences de l'application de la loi sur la séparation de l'Église et de l'État. C'est un côté de la question sur lequel nous ne pouvons insister ici ; mais nous remarquerons que M. Briand, ministre des Cultes, a été amené à affirmer plus nettement la permanence de l'affectation des biens malgré les changements dans l'organisation des établissements qui en ont la gestion et aussi l'obligation aux dettes des établissements qui recueilleront les biens des personnes morales disparues. Ces deux idées sont trop importantes au point de vue du droit privé pour que je ne transcrive pas ici ce passage du discours du ministre des Cultes :

« On a semblé dire que les caisses diocésaines allaient être confisquées, volées par l'État ; je me suis déjà expliqué au Sénat. Les établissements de bienfaisance communaux recevront les biens avec les charges dont ils sont grevés.

« Il y a déjà des établissements de bienfaisance qui remplissent une fonction analogue. Nous ne commettrons pas l'inhumanité de dépouiller de vieux prêtres (Applaudissements à gauche).

« Si nous le voulions, nous ne le pourrions pas ; ils auraient un droit de revendication inscrit dans la loi. Les retraites seront versées, soit par le séquestre, soit par les établissements de bienfaisance qui auront consenti à prendre en charge les obligations et les biens.

« C'est seulement s'il arrivait que certains établissements n'y consentent pas ou n'exécutent pas les charges, que la question se poserait s'il ne faudrait pas transférer les biens à des établissements d'utilité publique » (Cf. *infrà*, n° 41).

d) Conservation et publicité des actes anciens.

17. — *Conservation et publicité des actes notariés et des archives des greffiers ayant une date antérieure à cent ans.*

La Chambre des députés a adopté, dans la deuxième séance du 12 déc. 1906 (1), en l'étendant aux archives des greffiers, une

(1) *J. O.*, Déb. parl., Chambre, S. E., 1906, p. 3165.

proposition votée par le Sénat et qui est désormais ainsi intitulée :

« Proposition de loi déterminant les conditions dans lesquelles les minutes des actes notariés, les minutes, registres et dossiers des greffiers pourront être déposés dans les archives départementales ».

e) Justification de vie.

18. — *Justifications. Certificats de vie. Compétence des notaires.*

La Chambre des députés a repoussé par 348 voix contre 177 un article additionnel à la loi de finances proposé par M. Lefas et ainsi conçu :

« Les certificats de vie nécessaires pour le paiement des rentes viagères et pensions sur l'État pourront être délivrés soit par les notaires, soit par les maires des localités où résident les pensionnés » (2ᵉ séance du 16 déc. 1906, *J. O.*, Déb. parl., Ch., S. E., 1906, p. 3333). Comp. *infrà*, nᵒ 46.

f) Prescription extinctive.

19. — *Dettes de l'Administration des postes. Loi de finances.*

Les articles 31 à 34 de la loi de finances sont ainsi conçus :

« *Art. 31.* — Le délai de prescription des mandats-poste (qui avait été fixé à trois ans par la loi du 4 avr. 1898) est réduit de trois ans à un an.

« Ce délai est également applicable aux valeurs de toute nature confiées à la poste ou trouvées dans le service.

« Le délai d'un an court, pour les sommes versées aux guichets, à partir du jour de leur versement, et pour les autres à partir du jour où elles ont été déposées ou trouvées dans le service ».

« *Art. 32.* — Les mandats d'articles d'argent perdus ou détruits dont le paiement ou le remboursement est réclamé dans le délai d'un an à partir du jour de l'émission des titres sont remplacés par des autorisations de paiement valables pendant le délai de six mois qui suit l'expiration du délai de prescription ».

« *Art. 33.* — Les mandats internationaux, dont le délai de validité est d'un an, sont remboursés d'office aux expéditeurs dans les six mois qui suivent l'expiration de ce délai de validité.

« Passé ce délai de six mois, les titres sont définitivement atteints par la prescription ».

« *Art. 34.* — Un décret déterminera la date de la mise à exécution des dispositions contenues dans les trois articles qui précèdent ».

· **20.** — Le texte de l'article 37 (art. 47 du projet) fut combattu à la Chambre des députés par M. Fernand Engerand [1]. M. Engerand observa que le délai de la prescription a été successivement abaissé. La loi du 5 avr. 1855 avait fixé ce délai de prescription à huit ans ; la loi du 15 juill. 1882 l'avait porté à cinq ans ; la loi du 4 avr. 1898 l'a abaissé à trois ans. Or cette législation est en contradiction avec l'article 2236 du Code civil, disposant que ceux qui possèdent pour autrui ne prescrivent jamais par quelque laps de temps que ce soit. Cependant M. Engerand n'a pas proposé à la Chambre de revenir sur la législation du 4 avr. 1898, et même il n'a pas proposé le rejet de l'article 47 du projet de loi de finances. M. Engerand s'est contenté de demander que la législation de 1898 ne fût pas modifiée dans l'hypothèse particulière de perte ou de vol. M. Engerand s'est placé dans l'hypothèse où le destinataire du mandat serait une œuvre de bienfaisance ou une personne nécessiteuse et il a remarqué que ce destinataire pourrait ignorer l'envoi du mandat puisque celui-ci ne constituerait pas le paiement d'une somme due. En cas de perte ou de vol, la destruction du mandat pourra dès lors être ignorée à la fois du destinataire et de l'expéditeur. De là cet amendement de M. Engerand :

« Le délai de prescription des mandats-poste est réduit de trois ans à un an, excepté pour les mandats perdus ou volés, qui demeurent soumis aux dispositions de l'article 2279 du Code civil.

« L'Administration des postes avisera, six mois à l'avance, les expéditeurs de mandats-poste non touchés de la date à laquelle sera atteint ce délai de prescription ».

La Chambre des députés a estimé que l'hypothèse prévue par M. Engerand n'était pas suffisamment fréquente et importante pour être prise en sérieuse considération et d'autre part elle s'est laissée convaincre par l'argument du sous-secrétaire d'État des postes et des télégraphes, M. Simyan, de la nécessité d'une réduction du délai de la prescription en matière postale, argumentation fondée sur l'impossibilité matérielle où se trouve l'Ad-

_____

[1] J. O., Déb. parl., Chambre, S. E., 1906, p. 3319 (1re séance du 16 déc. 1906.

fin de chaque année au receveur de l'enregistrement du siège du tribunal ou de la cour, l'état des affaires d'accidents du travail dont leur greffe a été saisi et qui n'ont pas été suivies par les intéressés. Cet état doit, d'après les pièces de procédure, mentionner la profession du chef d'entreprise et spécifier s'il n'était point assuré ».

Ce décret méritait d'être analysé parce qu'il est très intéressant et important de suivre l'application de l'article 5 de la loi du 12 avr. 1906. On se rappelle en effet que cet article constitue un essai vainement demandé au premier abord à la Chambre par M. Beauregard et tenté sur l'initiative de la Commission du Sénat. V. *suprà, Revue,* 1906, n° 11, p. 706-707.

23. — *Suite. Taux de la taxe sur le montant des primes. Loi de finances 1907, article 2.*

Toujours pour l'application de l'article 5 de la loi du 12 avr. 1906, l'article 2 de la loi de finances fixe pour une période de cinq ans à dater du 17 janv. 1907, à 2 0/0 du montant des primes dues par l'assuré, la contribution annuelle prévue au deuxième alinéa de l'article 6 de la loi de 1906 et à 4 0/0 des capitaux constitutifs des rentes mises à la charge des exploitants non assurés, la contribution prévue au troisième alinéa du même article.

« Il est à remarquer, lisons-nous dans le rapport de M. Gautier au Sénat (Annexe, n° 488), que l'article 2 exempte de la contribution de 2 0/0 du montant des primes dues les exploitants exclusivement assurés contre le risque d'incapacité temporaire. La taxe dont il est question est, en effet, destinée à alimenter le fonds de garantie créé par l'article 24 de la loi du 9 avr. 1898. Or ce fonds de garantie n'a été institué que pour assurer le paiement des rentes dues, en cas d'incapacité permanente, à défaut de solvabilité du chef d'entreprise ou de son assureur. On ne saurait donc imposer la taxe de 2 0/0 au chef d'entreprise qui ne serait assuré que contre le risque d'incapacité temporaire et qui garderait pour lui le risque de l'incapacité permanente, risque sur lequel il aurait à payer, en cas d'attribution de rente, la taxe de 4 0/0 prévue ».

23 bis. — *Application de l'article 6 de la loi du 12 avr. 1906.*

L'application de l'article 6 de la loi de 1906 a provoqué deux décrets : l'un approuve les statuts-types des syndicats de garantie prévus par cet article, l'autre modifie, en considération de l'article 6 de la loi nouvelle, les articles 11, 16, 19 et le titre 2 du

L'article 5 est ce texte qui substitue une contribution ayant pour base la prime d'assurance à la contribution ayant pour base l'impôt, pour les exploitations non soumises à la patente, c'est-à-dire en somme pour les exploitations agricoles employant des moteurs inanimés. Mais comment percevoir la contribution ainsi établie ?

L'article 1er du décret dispose que la contribution pour le fonds de garantie déterminée par la loi de finances doit apparaître d'une façon distincte sur chaque quittance de prime.

L'article 2 oblige les syndicats de garantie et les sociétés d'assurances, pour les contrats passibles de la contribution au fonds de garantie, à tenir, en deux parties, un répertoire mentionnant jour par jour les quittances de primes émises et les quittances annulées. Ce répertoire, indiquant le numéro du contrat, le nom de l'assuré, le montant de la contribution...., est à la disposition des agents de l'enregistrement.

L'article 3 établit que les syndicats et assureurs doivent verser chaque trimestre au bureau de l'enregistrement les contributions encaissées dans le trimestre précédent en produisant un état conforme au répertoire et indiquant :

1° Le montant des quittances émises pendant le trimestre ;

2° Le montant des quittances annulées ;

3° Le montant net des contributions encaissées.

Un duplicata de cet état est en même temps adressé au ministre du Travail et de la Prévoyance sociale.

L'article 4 renvoie à un décret spécial le soin de déterminer les conditions des versements à effectuer par la Caisse nationale d'assurances en cas d'accident lorsqu'elle est assureur.

L'article 5 visant le cas des exploitations non assurées (art. 5, al. 3 de la loi de 1906) décide que : « la contribution pour les fonds de garantie, déterminée par la loi de finances, est perçue par le receveur de l'enregistrement du siège du tribunal ou de la cour d'appel lors de l'enregistrement des ordonnances, jugements ou arrêts liquidant définitivement les rentes dues ».

Et pour prévoir autant que possible toutes les hypothèses et diminuer, dans le cas de patrons non assurés, le nombre de ceux qui pourraient échapper à l'impôt, l'article 6 veut que les greffiers dressent chaque année un état des affaires d'accident n'ayant pas donné lieu à un jugement, en faisant ressortir les noms des patrons non assurés :

« Les greffiers des tribunaux et des cours d'appel adressent à la avoir encourue sera puni de six jours à deux mois de prison ou d'une amende de 16 à 500 francs.

Il ne pourra, quant à la peine, être fait application de l'article 365 du Code pénal; mais l'article 463 du même Code pourra être appliqué [1].

k) Sociétés.

27. — *Lois de finances pour l'exercice 1907. Publicité imposée aux sociétés introduisant les actions, obligations ou titres analogues sur le marché. Validité des sociétés civiles par actions. Publicité étendue aux sociétés civiles par actions.*

Sur l'initiative du Gouvernement, la Commission du budget

[1] Proposition du 2 juillet 1906, *J. O.*, Doc. parl., Chambre S. O., 1906, Annexe, n° 174, p. 1814. Nous extrayons de l'exposé des motifs le passage suivant :

« L'intervention législative nous paraît devoir s'exercer, non pas pour édicter des dispositions réglementaires qu'il est plus logique de laisser à l'autorité administrative le soin de prendre et qui d'ailleurs peuvent faire l'objet d'incessantes modifications, mais à un autre point de vue qui consiste à garantir la répression en cas d'accident lorsque, après avoir écrasé un passant ou renversé une voiture, le conducteur peu scrupuleux poursuit sa route, accélérant encore son train pour se soustraire aux responsabilités qui le menacent.

« Il faut lui rendre cette fuite dangereuse. On le peut, sinon en en faisant une circonstance aggravante des articles 319 et 320 du Code pénal relatifs à l'homicide par imprudence et aux coups et blessures involontaires, ce qui pourrait avoir pour conséquence de retarder les instructions et d'empêcher l'application de la procédure des flagrants délits, du moins, et cela nous semble préférable, en écartant la disposition de l'article 365 du Code pénal relatif au non-cumul des peines.

« Lorsque dans les circonstances de l'accident ne se rencontrent pas les éléments des délits prévus par les articles 319 et 320, il n'en subsiste pas moins que la fuite par laquelle on tend à se dérober à des responsabilités éventuelles, pénales ou simplement civiles, constitue un acte suffisamment grave pour que les principes supérieurs dont s'inspire le droit pénal, tant au point de vue de la justice distributive qu'à celui de la défense sociale, justifient la création d'un délit spécial.

« Il nous paraît qu'en plaçant ainsi les conducteurs d'automobiles en face d'une responsabilité effective, et d'autant plus grave qu'on aura essayé de s'y dérober, on atteindra le but poursuivi, qui est un but de sécurité publique, plus efficacement que par une réglementation par trop restrictive, risquant d'atteindre, en deçà de l'abus, un usage légitime et profitable.

« Mieux vaut laisser une liberté plus grande et frapper avec plus d'énergie ceux qui seraient tentés d'en abuser. N'est-il pas d'ailleurs évident que le danger n'a pas seulement pour facteur la vitesse, mais encore qu'il dépend de la main plus ou moins exercée qui la dirige? Mieux vaut, semble-t-il, laisser plus de liberté en édictant plus de responsabilité ».

de la Chambre avait introduit dans le projet de loi de finances, en l'accompagnant d'un rapport supplémentaire, un article 13 destiné à rendre immédiatement obligatoires certaines dispositions relatives à l'émission et à la négociation des actions, des obligations, ou des titres quelconques des sociétés françaises et étrangères, dispositions empruntées dans une large mesure au projet de loi sur les sociétés par actions, tout en comportant par rapport à lui des variantes importantes et qui cherchaient à assurer la protection des souscripteurs et cessionnaires par l'organisation d'une publicité efficace. L'article 13, dont la teneur suit, fut voté aussitôt dans la 1re séance du 14 déc. 1906 par la Chambre des députés (*J. O.*, Déb. parl., S. O., 1906, p. 3241) :

« *Art.* 13. — A partir du 1er févr. 1907, l'émission, la négociation, l'exposition et la mise en vente en France d'actions, d'obligations ou de titres de quelque nature qu'ils soient, de sociétés françaises ou étrangères, seront subordonnées aux dispositions ci-après :

« Les affiches, prospectus, insertions dans les journaux, circulaires, bulletins de souscription ou d'achat devront renfermer les énonciations suivantes :

« Pour les actions comme pour les obligations :

« 1° La dénomination de la société ou la raison sociale ;

« 2° La nationalité de la société :

« 3° Le siège social ;

« 4° L'objet de l'entreprise ;

« 5° La durée de la société ;

« 6° Le montant du capital social, le taux de chaque action et le capital non libéré ;

« 7° Le dernier bilan ou la mention qu'il n'en a pas été dressé encore.

« S'il s'agit d'actions, il devra en outre être fait mention des avantages stipulés au profit des administrateurs, du gérant et de toute autre personne, des apports en nature et de leur mode de rémunération, des modalités de convocation aux assemblées générales et de leur lieu de réunion.

« S'il s'agit d'obligations, devront être indiqués le montant des obligations déjà émises par la société, avec énumération des garanties qui y sont attachées, le nombre et la valeur des obligations à émettre, l'intérêt à payer pour chacune d'elles, l'époque et les conditions du remboursement.

« Les énonciations énumérées ci-dessus feront l'objet d'une

notice, certifiée par les émetteurs qui devront être domiciliés en France. Cette notice sera, préalablement à toute mesure de publicité, insérée dans un bulletin annexe au *Journal officiel*, dont la forme sera déterminée par décret. Mention de cette insertion, avec référence au numéro dans lequel elle aura été publiée, sera faite dans les affiches, prospectus, articles de journaux, bulletins de souscription ou d'achat.

« Toute société étrangère qui procède en France à une émission publique, soit d'actions, soit d'obligations, sera tenue en outre de publier intégralement au même bulletin annexe du *Journal officiel* et avant toute émission l'acte constitutif de société.

« Toute infraction aux dispositions édictées ci-dessus sera punie d'une amende de 10.000 francs à 20.000 francs.

« L'article 363 du Code pénal est applicable aux faits prévus par le présent article.

« L'insertion au *Journal officiel* soit de la notice dont la publication est ci-dessus prescrite, soit de l'acte constitutif d'une société étrangère, ne rendra pas par elle-même obligatoire l'enregistrement des bulletins de souscription ».

28. — La commission du budget du Sénat ne s'opposa point au maintien dans la loi de finances d'une disposition inattendue à cette place, mais elle proposa quelques modifications au texte de la Chambre. Le texte légèrement remanié devenu l'article 3 du projet du Sénat ne fit plus mention des bulletins de souscription et d'achat, craignant, dit le rapport de M. Gauthier, « de créer des difficultés sérieuses d'application aux intermédiaires de bonne foi ». Au terme *négociation*, le même texte substitua l'expression *introduction sur le marché* comme répondant mieux aux intentions du Gouvernement. Enfin il prescrivit que les notices devront être non pas certifiées, mais *signées* par les émetteurs, « afin, dit encore le rapport de M. Gauthier, qu'il soit bien entendu que les responsabilités encourues, le cas échéant, par ceux-ci sont les responsabilités de droit commun » (Sénat, S. E., 1906, Annexe, n° 488).

29. — M. le sénateur Ratier a fait accepter par le Sénat quelques autres amendements. Les placements de titres nouveaux ne sont plus *subordonnés*, mais *assujettis* aux formalités du texte, pour qu'il apparaisse bien que la validité des émissions ne dépend pas de ces formalités, dont la sanction est purement pénale. La notice ne doit pas seulement énoncer le taux de chaque action, mais encore le taux de chaque *catégorie* d'actions; des avanta-

ges stipulés au profit des *fondateurs* doivent être indiqués. Les sociétés étrangères devront publier leurs statuts traduits en langue française (Séance du 23 janv. 1907, *J. O.*, Déb. Parl., Sénat, S. O., 1907, p. 255-256).

MM. les sénateurs Ratier et Gourju voulaient spécifier que cette publication des statuts d'une société étrangère « n'entraînera pas l'enregistrement obligatoire desdits statuts ». **M.** Caillaux, ministre des Finances, obtint le retrait de ce dernier amendement, d'une part en affirmant avec autorité que le droit commun et la jurisprudence établie ne rendaient pas cet enregistrement nécessaire, d'autre part en faisant craindre qu'une disposition spéciale comme celle qui était proposée ne pût amener un revirement dans la jurisprudence en d'autres matières en autorisant un argument *a contrario* (*eod. loc.*, p. 257).

30. — Enfin, pour donner satisfaction à une dernière objection de M. Ratier, M. Caillaux a suggéré une rédaction nouvelle de la disposition relative aux notices ou insertions dans les journaux, d'après laquelle, pour ne pas rendre presque impossible toute publicité dans la presse ordinaire, les insertions pourront mentionner seulement le n° de la notice intégralement publiée au *Journal officiel*, en en donnant un extrait (*eod. loc.*).

31. — Voici finalement le texte voté par le Sénat le 23 janvier, ratifié par la Chambre dans la 2ᵉ séance du 28 janvier, et qui est aujourd'hui l'article 3 de la loi de finances :

Art. 3. — « L'émission, l'exposition, la mise en vente, l'introduction sur le marché en France d'actions, d'obligations ou de titres de quelque nature qu'ils soient, de sociétés françaises ou étrangères, seront, en ce qui concerne ceux de ces titres offerts au public à partir du 1ᵉʳ mars 1907, assujetties aux formalités ci-après :

« Préalablement à toute mesure de publicité, les émetteurs, exposants, metteurs en vente et introducteurs devront faire insérer dans un bulletin annexe au *Journal officiel*, dont la forme sera déterminée par décret, une notice contenant les énonciations suivantes :

« 1° La dénomination de la société ou la raison sociale ;

« 2° L'indication de la législation (française ou étrangère) sous le régime de laquelle fonctionne la société ;

« 3° Le siège social ;

« 4° L'objet de l'entreprise ;

« 5° La durée de la société ;

« 6° Le montant du capital social, le taux de chaque catégorie d'actions et le capital non libéré ;

« 7° Le dernier bilan certifié pour copie conforme ou la mention qu'il n'en a pas été dressé encore.

« Devront être également indiqués le montant des obligations qui auraient déjà été émises par la société avec énumération des garanties qui y sont attachées et, s'il s'agit d'une nouvelle émission d'obligations, le nombre ainsi que la valeur des titres à émettre, l'intérêt à payer pour chacun d'eux, l'époque et les conditions de remboursement et les garanties sur lesquelles repose la nouvelle émission.

« Il devra, en outre, être fait mention des avantages stipulés au profit des fondateurs et des administrateurs, du gérant et de toute autre personne, des apports en nature et de leur mode de rémunération, des modalités de convocation aux assemblées générales et de leur lieu de réunion.

« Les émetteurs, exposants, metteurs en vente et introducteurs devront être domiciliés en France ; ils seront tenus de revêtir la notice ci-dessus de leur signature et de leur adresse.

« Les affiches, prospectus et circulaires devront reproduire les énonciations de la notice et contenir mention de l'insertion de ladite notice au bulletin annexe du *Journal officiel*, avec référence au numéro dans lequel elle aura été publiée.

« Les annonces dans les journaux devront reproduire les mêmes énonciations ou, tout au moins, un extrait de ces énonciations avec référence à ladite notice et indication du numéro du bulletin annexe du *Journal officiel* dans lequel elle aura été publiée.

« Toute société étrangère qui procède en France à une émission publique, à une exposition, à une mise en vente ou à une introduction d'actions, d'obligations ou de titres de quelque nature qu'ils soient, sera tenue, en outre, de publier intégralement ses statuts en langue française, au même bulletin annexe du *Journal officiel* et avant tout placement de titres.

« Les infractions aux dispositions édictées ci-dessus seront constatées par les agents de l'enregistrement ; elles seront punies d'une amende de dix mille à vingt mille francs (10.000 fr. à 20.000 fr.).

« L'article 463 du Code pénal est applicable aux peines prévues par le présent article ».

32. — Je disais que ce texte a été ratifié par la Chambre le 28 janvier. Ce second vote de la Chambre a donné lieu cependant

à une brève discussion entre M. Guillaume Chastenet et le ministre des Finances.

C'est beaucoup en considération de cette discussion que je reproduis ici le texte d'une disposition légale qui paraîtrait au premier abord rentrer surtout dans le domaine du droit commercial, bien qu'elle soit applicable certainement au moins à une émission d'obligations par une société civile.

33. — M. Chastenet a reproché au Gouvernement d'avoir incorporé dans la loi de finances un texte insuffisamment étudié, improvisé par lui et par une commission absorbée par d'autres soins, la commission du budget, au lieu d'avoir simplement transcrit les dispositions méditées et préparées par la commission compétente, celle de la réforme judiciaire. Et il a posé au Gouvernement une question que je trouve très intéressante. Le texte prévoit littéralement l'émission d'actions, d'obligations ou de *titres, de quelque nature qu'ils soient*, de sociétés françaises ou étrangères : « Rien ne le limite, a dit M. Chastenet s'adressant au ministre des Finances, si ce n'est peut-être l'intention que vous avez eue, aux sociétés anonymes ou aux sociétés par actions ; dans ces conditions va-t-il s'appliquer à toutes sortes de sociétés, notamment aux sociétés en commandite par intérêts ? ». Il y a, en effet, une différence de rédaction très notable à cet égard entre l'article 3 de la loi de finances et les dispositions du projet de loi sur les sociétés qui l'ont inspiré. L'article 56 du projet sur les sociétés qui organise la publication des actes de sociétés dans un bulletin annexe du *Journal officiel* vise formellement « la publication des actes de sociétés en commandite par actions ou anonymes ». Et il résulte si clairement de l'exposé des motifs et de l'ensemble des textes que ce projet est écrit pour les sociétés commerciales par actions qu'il serait permis de se demander si les formalités de publicité qu'il établit en vue d'une émission publique d'obligations devraient être observées par toute société civile aussi bien que commerciale émettant des obligations.

Voici les termes mêmes de la réponse du ministre des Finances : « M. Chastenet m'a posé une question en ce qui concerne les parts d'intérêts. Je lui ferai remarquer que le texte paraît bien formel puisqu'il ne vise que « l'émission, l'exposition, la mise en vente, l'introduction sur le marché en France d'actions, d'obligations ou de titres de quelque nature qu'ils soient de sociétés françaises ou étrangères ». Il ne vise donc que les titres et non les parts d'intérêt et il ne concerne que l'émission en Bourse. Et plus loin : le texte dit : « ... d'actions, d'obligations ou de titres de quelque nature qu'ils soient ». Le titre, c'est l'action, c'est l'obligation ; mais une part d'intérêt, ce n'est pas un titre.

« *M. Guillaume Chastenet.* — Mais si !

« *M. le ministre des Finances.* — C'est une erreur !

« *M. Théodore Reinach.* — Si par le mot « titres » on ne comprend que les actions et obligations, pourquoi ajoute-t-on « ou de titres de quelque nature qu'ils soient » ?

« *M. le ministre des Finances.* — Parce qu'il faut distinguer parmi les titres, et parce que certains peuvent avoir des modalités spéciales. Pour nous, nous entendons par titres ceux qui sont vendus en Bourse ; mais une part d'intérêt n'est pas un titre vendu en Bourse.

« Le texte soumis à la Chambre doit donc être applicable à tous les titres qui peuvent être vendus en Bourse, et exclure tout le reste.

« Tel est le sens et telle est la portée de l'article en question ».

34. — M. Chastenet. tout en déclarant qu'il comprenait parfaitement l'interprétation donnée par M. le ministre des Finances, ajoute qu'il s'abstiendrait néanmoins au vote parce qu'il se défiait des textes aussi hâtivement improvisés. J'avouerai pour ma part que j'ai besoin de méditer la réponse de M. Caillaux autant que le texte de la loi de finances. Le Gouvernement, d'après M. Caillaux, n'a pas entendu viser les sociétés par intérêts dont les parts — auxquelles le ministre dénie arbitrairement, ce me semble, la dénomination de titre — ne seraient pas négociables en Bourse. Cependant il paraît ressortir d'une jurisprudence — un peu obscure — que la négociabilité ne suffit pas nécessairement à transformer un intérêt en action, que toute part sociale négociable d'une société commerciale n'est pas exclusivement une action, mais qu'il faut tenir compte des circonstances et des conditions auxquelles se trouve subordonnée la négociabilité. L'affirmation de M. le ministre des Finances qu'aucune part d'intérêt ne saurait être introduite en Bourse peut donc paraître un peu absolue. Mais surtout la loi de finances n'envisage pas seulement le cas de l'introduction sur le *marché*, elle semble vouloir atteindre toute émission comportant appel au public et les sociétés par intérêts, même en tenant compte des personnes, font parfois appel au public, à un public étendu. Si donc, le Gouvernement n'avait pas l'intention de viser, en aucun cas, les sociétés en commandite par intérêts, pourquoi n'a-t-il pas restreint le texte aux sociétés anonymes ou en commandite par actions? M. Caillaux a essayé de limiter la portée de la disposition relative aux *titres de quelque nature qu'ils soient* et de justifier en même temps cette disposition, en suggérant qu'il fallait prévoir des modalités spéciales d'actions : comme il ressort de la discussion que les modalités spéciales auxquelles il était fait allusion ne sont pas les parts de fondateur, n'est-on pas fondé à craindre que les tribunaux ne saisissent point que les titres en question sont des modalités d'actions dont la notion leur échappera sans doute? Si l'on voulait prévoir uniquement le cas où les sociétés commerciales par actions émettraient des titres sous une dénomination nouvelle pour échapper à la réglementation légale, quelle raison pouvait empêcher de nettement préciser que dans tous les cas la réglementation ne visait que les titres des sociétés anonymes et en commandite par actions? Je ne vois qu'une explication qui n'a pas été donnée par M. Caillaux, qui me semble seule pourtant admissible : le texte doit être applicable aux actions ou titres émis *dans le public* par des *sociétés civiles.*

C'est une question discutée que celle de savoir si les sociétés à objet civil, constituées par actions depuis la loi du 1er août 1893, sont légalement commerciales, même lorsqu'elles n'observent pas toutes les formes de la loi commerciale (sauf à être déclarées nulles). La question se pose sous une autre forme de savoir si les sociétés civiles qui émettent des actions ne sont point obligées, depuis 1893, de se conformer à toutes les prescriptions de la loi commerciale. La jurisprudence paraît admettre la validité d'une émission d'actions en dehors des formes de la loi commerciale par une société civile ne voulant pas se commercialiser, mais elle condamne les actionnaires à une responsabilité indéfinie des dettes sociales, nonobstant toute clause contraire des statuts (V. réf. dans Chéron, *Annales de droit commercial,* 1905, p. 199), restriction d'ailleurs illusoire lorsque les actions sont au porteur. L'article 3 de la loi de finances n'aurait-il pas cette portée, à la fois d'impliquer la création toujours possible de sociétés civiles par actions non commercialisées, distinctes des sociétés anonymes ou en commandite et de soumettre les sociétés civiles à la même publicité spéciale que les sociétés commercia-

d'hui une œuvre impossible et que l'on devait refaire entièrement le cadastre ou ne rien faire du tout .

« Le cadastre, institué par une loi remontant à 1807, est basé sur l'existence de la parcelle, et il eût été nécessaire de procéder à une revision périodique extrêmement difficile à faire, je le reconnais, pour qu'il fût tenu au courant. Or rien n'a été mis à jour. Je fais appel à celui de nos collègues qui voudra bien regarder la matrice cadastrale d'une petite commune : je le mets au défi de reconnaître les divisions actuelles des terres parmi les parcelles cadastrales, qui ne répondent plus à la réalité.

« Si on revisait purement et simplement les évaluations de ces parcelles, on se trouverait en présence d'impossibilités. Et ne croyez pas que je l'imagine : dans les provinces qui nous ont été arrachées, on a voulu procéder à la revision des évaluations cadastrales, mais on s'est aperçu que c'était œuvre tout à fait insuffisante et on a été conduit à refaire le cadastre tout entier, ce qui comporte des dépenses colossales.

« Je ne dis pas que nous n'aurons pas, pour bien des raisons — pour des *raisons juridiques*, pour des raisons d'assiette de propriété — à envisager, nous aussi, la réfection complète du cadastre ; mais cette réfection sera une opération locale qui prendra place dans la réorganisation des finances départementales et communales pour laquelle le Gouvernement a promis de déposer un projet de loi » (*J. O.*, Déb. parl., Chambre, S. E., 1906, séance du 1er déc. 1906, p. 2836, 3e col., 2837).

b) **Sites et monuments naturels.**

40. — *Application de la loi du 21 avr. 1906.*

L'article 4 de la loi du 21 avr. 1906 dispose que le préfet au nom du département, ou le maire au nom de la commune, pourra, en se conformant à la loi de 1841, poursuivre l'expropriation des propriétés désignées par la Commission de classement des sites et monuments pittoresques (*suprà*, 1906, p. 712, note 1). L'article 3 organise le classement volontaire des propriétés que les propriétaires consentiront à grever de la servitude de classement. Il faut remarquer — à la suite du rapporteur du budget des beaux-arts à la Chambre des députés (*J. O.*, Doc. Parl., Chambre, S. O., 1906, Annexe, no 344, p. 1652) — que le budget pour l'exercice 1907 ne prévoit aucun crédit pour l'application de cette loi. Cette loi cependant demeurera à peu près lettre

morte si les commissions de classement ne peuvent négocier
avec les propriétaires un classement volontaire en leur offrant
une indemnité et si aucune ressource n'est prévue pour les expropriations. Il ne faut pas compter d'ailleurs que les départements
et les communes feront seuls les fonds de ces expropriations ou
de ces indemnités ; en fait on peut prévoir que leur initiative
sera subordonnée aux promesses de concours de l'État.

Le rapporteur du budget des beaux-arts à la Chambre se
borne à remarquer que le crédit des monuments historiques
pourrait provisoirement être mis à contribution par les commissions de classement des monuments naturels.

c) Biens vacants.

41. — *Transmission à l'État du patrimoine d'un établissement public disparu. — Succession aux dettes.*

Le Gouvernement (M. Caillaux, ministre des Finances) s'est
appuyé sur la théorie de l'acquisition à l'État des biens vacants
et sans maître pour obtenir le vote de l'article 41 de la loi de
finances (art. 57 du projet) ; mais en réclamant pour l'État le droit
de verser au budget l'actif d'une Caisse de retraites dont les opérations sont terminées, le ministre des Finances a reconnu que
l'État devait continuer à servir les pensions dues à l'heure actuelle (*J. O.*, Déb. parl., Chambre, 2ᵉ séance du 16 déc. 1906,
S. E. 1906, p. 3327 et 3328).

Voici le texte de l'article 41 :

« *Art. 41.* — Le ministre des Finances est autorisé à négocier
les inscriptions de rentes existant au nom de la Caisse des retraites ecclésiastiques, à l'exception toutefois des inscriptions
provenant de dons ou de legs et grevées d'une affectation charitable. L'actif de ladite caisse y compris le produit des négociations autorisées sera inscrit parmi les ressources exceptionnelles
du budget de l'exercice 1907.

« Les rentes qui ne doivent pas être aliénées resteront déposées à la Caisse des dépôts et consignations. Les arrérages en seront rattachés par décrets de fonds de concours à un chapitre
spécial du budget qui sera ainsi libellé : « Secours aux anciens
ministres du culte et à leur famille (fondations de la Caisse des
retraites ecclésiastiques) ». (Cf. *suprà*, nº 16).

d) Propriété artistique.

42. — Le rapporteur à la Chambre des députés du budget des beaux-arts pour l'exercice 1907 fait allusion dans son rapport à la question de la cession du droit de reproduction d'une œuvre artistique. L'arrêt des Chambres réunies du 27 mai 1842 a déclaré que « la vente d'un tableau faite sans aucune réserve, transmet à l'acquéreur, conformément aux dispositions du Code civil, la pleine et absolue propriété de la chose vendue, avec tous les accessoires, avec tous les avantages qui s'y rattachent ou en dépendent » (S. 1842.1.386; l'arrêt fut rendu sur les conclusions conformes de M. le procureur général Dupin). Cet arrêt, malgré les réclamations et les critiqnes qu'il a soulevées, a fixé la jurisprudence. Cependant la plupart des législations ont admis que l'indépendance de la propriété de l'œuvre matérielle originale et du droit incorporel de reproduction était absolue, que le droit incorporel de reproduction était plus et autre chose qu'un accessoire de la propriété corporelle de l'œuvre elle-même, de sorte que l'aliénation de l'œuvre n'entraîne pas de plein droit cession de la propriété artistique proprement dite, du droit de reproduction. M. Couyba, rapporteur du budget des beaux-arts, s'appuyant encore sur l'autorité des congrès, sur la prise en considération par la Chambre en 1890 (3 février) d'une proposition de M. Philipon du 21 nov. 1889, a sollicité la Chambre de s'intéresser à la question et il a annoncé le dépôt prochain d'une proposition de loi (*J. O.*, Doc. parl., Chambre, S. O., 1906, annexe n° 344, p. 1623).

e) Hypothèques.

43. — *Consentements à mainlevée d'hypothèques.*

La Commission du budget de la Chambre des députés, cherchant des ressources nouvelles, avait imaginé d'obtenir deux millions par une augmentation dans certains cas des droits sur les consentements à mainlevée d'hypothèque.

Voici quel était son raisonnement. Les débiteurs échappent souvent aux droits sur les quittances (0 fr. 50 0/0) en évitant une quittance notariée et en se contentant soit d'une quittance sous seings privés, soit d'une situation garantie par de simples présomptions de libération. La mainlevée d'hypothèque constitue une présomption de libération, elle procure au débiteur en fait une situation presqu'aussi sûre qu'une quittance; donc il est juste, toutes les fois qu'elle n'accompagne pas une quittance ayant donné lieu à la perception du droit de 0 fr. 50 et toutes les fois qu'elle peut impliquer présomption de paiement, de la soumettre sinon à un droit supplémentaire de 0 fr. 50 0/0, au moins à un droit total de 0 fr. 50. D'autre part, il est une catégorie de contribuables, les mineurs et les incapables en général, qui ne peuvent obtenir du conservateur des hypothèques la mainlevée sans rapporter de quittance notariée; il est inadmissible que les majeurs soient mieux traités.

Cette dernière partie du raisonnement de la Commission du budget a amené l'échec de la proposition. Déjà MM. de Castelnau, Razimbaud avaient combattu la proposition en démontrant que c'était un droit pour les particuliers d'éviter l'enregistrement d'une quittance lorsqu'ils trouvaient n'avoir pas besoin d'une quittance notariée. M. Ribot a produit une impression décisive en développant l'argumentation suivante, dont il faut reproduire la substance :

« Messieurs, si j'ai bien compris ce que vient de dire M. le rapporteur général, il s'agit de réduire en état de minorité tous ceux qui ont la bonne fortune d'avoir dépassé vingt et un ans (*Très bien! très bien!*)

« Ceci pourrait nous conduire assez loin, si vous prenez comme type le mineur que, dans notre pays, on écrase par une protection qu'il n'a pas demandée (*Très bien! très bien!*) et qui profite surtout, non pas au mineur, mais aux hommes d'affaires et au fisc (*Applaudissements*).

« C'est un scandale dans ce pays, scandale contre lequel nous avons tous protesté, que, sous prétexte de protéger le faible et l'incapable, on l'écrase sous des frais de justice. Nous avons tous promis de l'exonérer. Nous l'avons promis depuis trente ans; nous n'avons pas tenu notre promesse; et parce que nous ne l'avons pas tenue, on vient nous dire aujourd'hui : « L'incapable est écrasé et ruiné, c'est là une inégalité sociale et nous allons faire passer sous la même règle tous les Français (*Applaudissements*).

« M. Razimbaud le disait tout à l'heure : si, après ce beau raisonnement apporté au nom de la commission du budget, la Chambre a la faiblesse de suivre sa commission, demain on viendra dire avec une logique inéluctable : « Vous avez assimilé aux mineurs tous les majeurs de France au point de vue de la mainlevée d'hypothèques; vous allez aussi les assimiler au point de vue des partages ».

Devant ces objections la Commission du budget a demandé elle-même, par l'organe de son président M. Berteaux, la disjonction des articles 18 et 19 (*J. O.*, Déb. parl., Chambre, S. E., 1906, p. 3251) (primitivement articles 13 et 14 de la Commission, Doc. parl,, annexe n° 352, p. 1047) ainsi conçus :

Art. 18. — « Le droit de 20 centimes par 100 francs édicté par l'article 19 de la loi du 28 avr. 1893 est porté à 50 centimes par 100 francs, pour les consentements à mainlevées totales ou partielles d'hypothèques.

« Toutefois, restent soumis au droit de 20 centimes par 100 francs :

« 1° Les consentements à mainlevée qui interviennent après une quittance, mais seulement pour les sommes ayant fait l'objet de la quittance et ayant supporté le droit de 50 centimes par 100 francs en vertu de l'article 69, § 2, n. 11, de la loi du 22 frim. an VII.

« 2° Les consentements à mainlevée de droits d'hypothèques éventuels, sans créance existante.

« Il n'est pas dérogé aux dispositions des articles 1er, n° 7, dernier alinéa, de la loi du 28 févr. 1872, et 20, premier alinéa, de la loi du 28 avr. 1893, relatifs aux mainlevées partielles d'hypothèques en cas de simple réduction de l'inscription ».

Art. 19. — « Les consentements à mainlevées totales ou partielles d'hypothèques maritimes sont soumis à un droit d'enregistrement de 50 centimes en principal par 1.000 francs du montant des sommes faisant l'objet de la mainlevée.

« Il n'est dû qu'un droit fixe de 5 francs en principal pour les mainlevées partielles au cas de simple réduction de l'inscription. Toutefois ce droit ne pourra excéder le droit proportionnel qui sera exigible pour la mainlevée totale ».

f) Bien de famille insaisissable.

44. — V. le rapport de M. le député Fernand David (à l'occasion du budget 1907) annexe n° 348 (*J. O.*, Doc. parl., Chambre, S. O., 1906, p. 1979-1980).

g) Prêts du Crédit foncier pour améliorations agricoles.

44 bis. — V. le même rapport, *loc. cit.*, p. 1986-1987.

IV. — SUCCESSIONS ET DONATIONS.

a) Limitation du droit d'héritage.

45. — La majoration des droits de mutation en matière de succession et de donation, portée au projet de budget de M. Poincaré (*Rev. de dr. civ.*, 1906, p. 379, n° 69, 1°), repoussée par la Commission de la Chambre, n'a point été maintenue, après la démission de M. Poincaré, par son successeur M. Caillaux. M. Poincaré lui-même ne méconnaissait pas la forte proportion de l'élévation (*J. O.*, Déb. parl., Sénat, S. O., 1907, séance du 11 janv. 1907, p. 18, 3ᵉ col.), mais il semble que cette majoration a été abandonnée, non point à cause de l'exagération des droits, mais parce que la Commission du budget de la Chambre voulait réserver l'impôt sur les successions et les donations pour faire face aux dépenses qu'entraîneront les retraites ouvrières (*J. O.*, *eod. loc.*, séance du 12 janv., disc. de M. Caillaux, p. 43, 2ᵉ col.).

M. Poincaré, intervenant au Sénat dans la discussion générale du budget, s'est expliqué d'autre part au sujet des propositions supprimant l'héritage en ligne collatérale (*Rev. de dr. civ.*, 1906, p. 979, nᵒˢ 70-72). Il reconnaît que « la suppression de la vocation héréditaire pour quelques degrés de parenté ne touche pas aux fondements sur lesquels repose en France la constitution de la famille et de la propriété »; mais il n'admet la possibilité de cette suppression que pour quelques degrés :

« S'avisera-t-on, dit-il, de supprimer le quatrième degré de parenté, qui comprend les grands-oncles, grand'tantes, petits-neveux, petites-nièces et les cousins germains? Les liens du sang et de l'affection sont, ce me semble, trop étroits entre parents de ce degré pour qu'en l'absence d'un testament tout droit de succession puisse être supprimé entre eux » (*J. O.*, *loc. cit.*, p. 25, 3ᵉ col.).

D'ailleurs M. Poincaré ajoute que si l'on supprimait la vocation héréditaire de ce degré, comme il n'est point question de limiter la faculté de tester, cette limitation de la succession *ab intestat* ne rapporterait annuellement au Trésor pas plus de 24 millions.

b) Justifications.

46. — *Remboursements aux héritiers du montant du livret de Caisse d'épargne du défunt.* — *Justifications.*

M. Jouffray est intervenu à la Chambre des députés dans la discussion du budget du ministère du Travail pour indiquer une réforme législative à réaliser. La loi du 28 floréal an VII, rendue applicable aux Caisses d'épargne par l'article 3 de la loi du 7 mai 1853, oblige les héritiers qui veulent retirer, après décès, les sommes déposées à une Caisse d'épargne par leur auteur, à produire un certificat de propriété délivré par le notaire détenteur de la minute, lorsque dans son étude il existe un acte authen-

tique déclaratif ou translatif de propriété, tel qu'inventaire, partage, testament, contrat de mariage. L'article 6 de la loi de floréal
se borne à prévoir que « le certificat sera délivré par le juge de
paix du domicile du décédé, lorsqu'il n'existera aucun desdits
actes en forme authentique ». M. Jouffray n'a point de peine à
montrer combien la compétence d'un notaire déterminé est gênante
pour les familles d'ouvriers qui ont quitté le pays d'origine, qui
ne résident pas toujours près du même notaire de famille. « Il
m'a été affirmé, dit-il, que, pour éviter cet inconvénient, plusieurs
grandes caisses d'épargne ordinaires acceptent fort bien que le
certificat de propriété soit délivré par un notaire quelconque,
pourvu qu'il soit en possession de l'expédition, 'ou de l'extrait
de l'acte authentique primitif ; on annexe alors cet extrait au
certificat de propriété en faisant le remboursement ». Mais toutes
les Caisses d'épargne n'ont pas cette tolérance. C'est pourquoi
M. Jouffray a demandé au ministre de préparer une réglementation nouvelle des justifications à poursuivre pour obtenir après
décès le remboursement des livrets des Caisses d'épargne (*J. O.*,
Déb. parl., Ch., S. O., 1907, p. 50, 2ᵉ col.). Compar. *suprà*, nᵒ 18.

V. — ORGANISATION JUDICIAIRE ET COMPÉTENCE.

a) Cours d'appel.

47. — *Organisation des cours d'appel.*

La Chambre des députés et le Sénat se sont trouvés en désaccord au sujet de la réalisation indirecte par voie budgétaire de
la réforme suivante :

M. Cruppi dans son rapport sur le budget de la justice pour
l'exercice 1907, M. Buyat dans la discussion générale de ce budget
à la Chambre, enfin le garde des Sceaux, M. Guyot-Dessaigne,
dans sa réponse au discours de M. Buyat, se rencontraient déjà
pour approuver une réforme, maintes fois proposée, tendant à
réduire de cinq à trois le nombre des conseillers nécessaire pour
rendre un arrêt (*J. O.*, Déb. parl., S. E., 1906, Chambre, p. 2796)
(Cf. *Revue de dr. civ.*, 1903, p. 480, nᵒ 28, 1904, p. 706, nᵒ 8).

Toutefois le ministre au premier abord voulait remettre l'accomplissement de cette réforme, promettant de la réaliser dans
un prochain projet de réorganisation de la magistrature.

Au contraire, M. Cruppi, à l'origine, prétendait décider immédiatement par voie budgétaire la diminution du nombre des
conseillers de cours d'appel, en insérant dans la loi de finances

un article disant en substance : « L'article 1ᵉʳ de la loi de 1883 est modifié de la manière suivante : les juges d'appel pourront juger à trois conseillers au lieu de cinq ».

Subsidiairement, ce texte n'ayant pas été maintenu, la Commission du budget de la Chambre, n'osant pas corriger par un article de la loi de finances la loi organique de 1883, a du moins refusé d'approuver un crédit de 21.000 francs demandé par le ministère de la Justice en augmentation du budget des cours d'appel. Ces 21.000 francs représentent le traitement de trois conseillers adjoints à la cour de Toulouse par la loi du 27 avr. 1906 (*suprà*, 1906, p. 716). D'après la Commission du budget, ces conseillers non encore nommés deviennent inutiles du moment que trois conseillers suffiront à former une chambre. La Commission du budget a donc proposé, en d'autres termes, de préjuger la réforme sans cependant la réaliser. Le ministre s'est alors rallié au sentiment de la Commission du budget de la Chambre et il a accepté la réduction des 21.000 francs qu'eût demandés l'application de la loi du 27 avr. 1906 (*J. O.*, *eod. loc.*, p. 2796-2797). Ces 21.000 francs n'ont donc pas été votés par la Chambre (1).

48. — Le Sénat n'a point admis, une première fois, cette procédure et il a rétabli dans le budget du ministère de la Justice le crédit de 21.000 francs nécessaire pour l'application de la loi de 1906 non abrogée (*J. O.*, Sén., Déb. parl., S. O., 1907, p. 95). Il était déjà singulier de prétendre modifier dans un article de la loi de finances les règles de l'organisation judiciaire, mais n'est-il pas plus incorrect encore de présumer, de sous-entendre une réforme de l'organisation judiciaire, en supprimant un crédit nécessaire au fonctionnement du régime en vigueur ? Le rapporteur de la Commission du Sénat, M. Antoine Perrier, n'a pas eu de peine à convaincre l'assemblée que du moment que la Chambre renonçait au texte de M. Cruppi modifiant expressément la loi de 1883, il ne restait plus, sous peine de se déjuger, qu'à appliquer la loi du 27 avr. 1906.

49. — La Chambre des députés, cependant, lorsque le budget est revenu pour la seconde fois devant elle, malgré l'intervention de M. Honoré Leygue qui lui a fait entendre, en développant le raisonnement de M. Antoine Perrier, les objections juridiques,

(1) M. Gabriel Baron, dans une interpellation développée à la Chambre des députés le 18 janv. 1907 (V. *infrà*, nᵒ 53), a demandé de nouveau que les Chambres des cours d'appel puissent siéger avec trois conseillers (*J. O.*, Déb. parl., Chambre, S. O., 1907, p. 79, 3ᵉ col.).

qui sont aussi les objections du bon sens, a de nouveau supprimé
le crédit de 21.000 francs par 442 voix contre 93. Le Président
de la Commission du budget n'avait-il pas dénié au Sénat le
pouvoir de relever un crédit et posé la question sur le terrain
des prérogatives financières de la Chambre ! (*J. O.*, Déb. parl.,
S. O., 1907, Chambre, 1ʳᵉ séance du 28 janv. 1907, p. 191).

50. — Dès lors, le Sénat, quand à son tour il a reçu le budget
pour la seconde fois, a renoncé à combattre pour les principes et,
sur la proposition de sa commission (*J. O.*, Déb. parl., Sénat, S.
O., 1907, séance du 29 janv. 1907, p. 363, 1ʳᵉ col.), il a adopté
le chiffre de la Chambre (*eod. loc.*, p. 367, 1ʳᵉ col.).

51. — Quelle est la portée de ce vote et quelle en sera la conséquence ? Il est impossible de le prévoir. Le Gouvernement
nommera-t-il néanmoins trois conseillers à Toulouse comme il y
est obligé par la loi de 1906, sauf à présenter un cahier de crédits supplémentaires ? Il a déclaré à l'avance qu'il s'inclinerait
devant le vote de la Chambre. Mais alors la loi de 1906 restera-
t-elle inappliquée sans avoir été abrogée ? Le Gouvernement
hâtera-t-il le vote d'un projet qui permettrait aux cours d'appel
de siéger à trois conseillers?

b) Recrutement et avancement des magistrats.

52. — *Décret Sarrien concernant le recrutement et l'avancement de magistrats (Interpellations).*

Les interpellations provoquées par les décrets du 18 août et
du 10 nov. 1905 (auxquelles sont venues se joindre d'autres interpellations sur les complaisances de la magistrature pour les
fraudeurs) n'ont pu être développées le 7 décembre, date primitivement fixée (Cf. *Revue de dr. civ.*, 1906, n° 75, p. 984), mais
elles ont, un peu plus tard, rempli plusieurs séances de la Chambre des députés.

M. Magnaud a pris le premier la parole dans la séance du 28
déc. 1906. Je n'analyserai pas le plaidoyer *pro domo sua* de
l'ancien président de Château-Thierry : il contient une petite
part de vérité, mais une ignorance absolue du caractère de
l'*équité* anglaise et l'exagération avec laquelle il nie l'autorité de
la jurisprudence établie nous fait souvenir du vieux dicton : Dieu
nous garde de l'équité des Parlements! Je ne relèverai pas non
plus les idées de réforme suggérées par M. Magnaud, le dépôt
d'une proposition étant annoncé.

53. — M. Gabriel Baron, dans la séance du 18 janv. 1907, a vivement attaqué le décret Sarrien et il a brièvement esquissé le plan d'une réforme de la magistrature que devrait adopter un Gouvernement démocratique.

M. Baron a nettement reproché au décret du 18 août 1906 d'avoir voulu limiter l'intervention des influences politiques dans la nomination et l'avancement des magistrats et de n'avoir pas craint d'augmenter l'autonomie du corps judiciaire au point que l'application du décret eût permis dans une large mesure au corps judiciaire de se recruter lui-même.

54. — L'honorable député, envisageant d'abord la partie du décret relative à l'admission des magistrats, a critiqué l'institution centrale du concours.

Il a, en premier lieu, nié la valeur du concours comme moyen d'appréciation des candidats.

Peut-être parce qu'il n'était pas très certain, ici, de la vigueur de sa conviction et de sa critique, **M.** Baron s'est d'ailleurs à cet égard retranché derrière l'autorité de **M.** Viviani publiciste.

Je serais d'avis qu'il ne faudrait pas tout attendre de l'institution d'un concours d'admission à la magistrature, parce qu'il faudrait compter avec les difficultés d'organisation pratique, les préjugés, la faiblesse humaine, parce que surtout la valeur des résultats du concours dépend beaucoup du mérite des candidats attirés vers le concours. Mais, **M.** Baron déclare en termes absolus que le concours d'admission à la magistrature ne serait qu'un leurre parce que les qualités requises des magistrats ne seraient pas de celles qui peuvent donner lieu à un concours. Et il nous recommande d'écouter **M.** Viviani dans cette interrogation qui contient la réponse : « Voici un jeune homme qui désire être juge dans un tribunal ; il va subir un examen écrit, qui portera sur une question de droit et un concours oral, qui comporte l'exposé d'une question de droit, ou une plaidoirie fictive. Je me demande comment, après un pareil concours, on pourra recruter sagement les magistrats. Certes, les jeunes hommes auront fait preuve de connaissances juridiques ; quelques-uns d'entre eux, dont la parole est plus facile, auront exposé avec lucidité les questions soumises au concours. Ce sont là des qualités non négligeables. Mais pense-t-on que ce soient les seules qualités du magistrat et les plus importantes ? Le bon sens, l'équilibre, la connaissance des affaires, qu'il ne faut pas confondre avec la science du droit pur, dont elle est, au contraire, l'ennemie ; pour un procureur de la République, la connaissance des hommes, le tact, le sang-froid, où tout cela apparaîtra-t-il ? »

55. — Combien de fois ce sophisme n'avait-il pas été déjà développé ? Nous sommes surpris qu'il puisse encore être utilisé. Cependant la réponse à l'objection nous paraît bien simple.

En premier lieu il paraît exagéré de soutenir que la droiture du jugement, la connaissance des affaires sont des qualités qui ne peuvent être appréciées au moyen d'un concours; multiples sont les genres d'épreuves, conclusions, jugements fictifs d'après des dossiers,... etc., qui permettraient à un candidat de manifester son bon sens et sa connaissance des affaires.

En second lieu, ayant reconnu que le concours ne permet pas de coter, en quelque sorte, toutes les qualités requises des futurs magistrats, il faudrait démontrer que le concours ferait prévaloir les qualités susceptibles de classement d'après concours, au détriment des qualités dont l'appréciation resterait en dehors du concours; cependant ce danger peut parfaitement être évité du moment que l'on n'admet point tout le monde à concourir; il suffit de ne laisser venir au concours que les candidats jugés en possession du tact, du sang-froid, de la connaissance des hommes — ce que permet le décret Sarrien.

Dira-t-on que si le concours ne conduisait pas nécessairement à négliger ces qualités impondérables, il aboutirait du moins à ce régime : le classement des candidats ne serait point fait d'après les qualités sur lesquelles ne portera jamais le concours, mais d'après les qualités plus théoriques et générales sur lesquelles porterait le concours ? L'objection aurait quelque force s'il était possible de faire un autre classement d'après la droiture du jugement, le tact, la délicatesse des sentiments... des candidats. La vérité est que ces qualités sont très difficiles à distinguer chez les candidats qui n'ayant été investis encore d'aucune fonction n'ont pu donner la mesure de leur valeur morale. L'objection serait fondée s'il s'agissait de l'admission des candidats ayant déjà exercé des fonctions publiques et si le concours, étant l'unique mode de recrutement de la magistrature, devait conduire à exclure du recrutement de la magistrature les hommes ayant donné leur mesure dans des fonctions exercées. Mais lorsqu'il s'agit — sans exclure d'autres sources de recrutement — de faire un choix entre des licenciés ou docteurs en droit qui sortent de l'école et n'ont fait qu'un très court stage au Palais et au Parquet, la valeur morale de chacun n'est pas suffisamment affirmée pour être la base d'un classement ; il faut se résigner, ou bien à abandonner les nominations à l'arbitraire et aux recommandations politiques, ou bien à se contenter de ne faire intervenir l'appréciation de la valeur morale des candidats que pour éliminer ceux qui ne présenteraient pas les garanties que l'on est en droit d'exiger, avant un concours qui portera sur les seules qualités susceptibles d'une appréciation positive et différenciative.

Enfin, pour terminer ces trop longues réflexions j'observerai ceci : L'absence de concours n'a qu'un résultat : sous prétexte qu'indépendamment des qualités de science juridique et de parole, d'autres qualités impondérables sont nécesaires chez le magistrat, il arrive que le recrutement des magistrats est dénué de toute garantie ; on néglige la valeur morale des candidats, mais on néglige aussi bien leurs connaissances juridiques et leur aptitude à conclure avec netteté ou à rédiger clairement une décision de justice. Si je disais qu'un magistrat a été nommé substitut qui était incapable absolument de porter la parole à l'audience, qu'un autre a été nommé juge des ordres qui ignorait absolument même ce que c'était qu'un ordre, plusieurs noms viendraient certainement à l'esprit de chacun. Le concours aurait au moins cette utilité que s'il n'augmentait pas les garanties relativement à la valeur morale des candidats, garanties qui ne pourront être renforcées qu'en améliorant le milieu même de la magistrature, qu'en attirant un plus grand nombre de candidatures vers cette carrière et en élargissant par là le choix, il augmenterait du moins les garanties de capacité technique des magistrats, qui ne sont point sans doute dénuées d'importance.

56. — Au surplus, j'ai déjà observé que M. Baron ne paraissait pas très convaincu lui-même de ses objections contre la valeur du concours. Il a surtout attaqué le concours parce qu'il n'offre point d'après lui de suffisantes garanties politiques. Aujourd'hui le candidat à la magistrature doit justifier de garanties politiques lorsqu'il sollicite une nomination dans la magistrature ; le décret Sarrien, si son application n'avait été suspendue, aurait eu pour résultat qu'il eût suffi au candidat à la magistrature d'être reçu au concours pour avoir en quelque sorte le droit acquis d'être nommé sans être l'objet d'une enquête politique nouvelle, parce que l'admission au concours emporterait présomption d'une note politique favorable ; or M. Baron considère que l'enquête politique à l'occasion d'une nomination dans la magistrature sera

nécessairement plus sérieuse que l'enquête politique à l'occasion d'une admission à un concours. Le raisonnement à la vérité est bien peu logique. Si l'admission au concours vaut en quelque sorte promesse de nomination en cas de succès au concours, pourquoi l'enquête politique serait-elle moins sérieuse pour l'admission au concours que pour une nomination directe dans la magistrature? Si l'enquête au moment de l'admission est en fait moins sérieuse, si l'avis favorable est plus facilement donné, pourquoi penser que l'admission au concours implique pour conséquence nécessaire, après le succès, la nomination? Le décret Sarrien ne laisserait pas au ministre de la Justice la faculté de nommer ou de ne pas nommer les candidats reçus au concours et la faculté de ne pas suivre l'ordre de classement du concours s'il avait considéré que l'admission au concours emportait éventuellement la nomination.

M. Baron, en réalité, il l'avouera plus nettement, lorsqu'il passera de l'attaque à l'exposé de ses propres idées, veut laisser les nominations sous l'influence directe et principale des recommandations politiques. Il préfère l'intervention des influences politiques à l'intervention des considérations ou des préjugés professionnels, car il termine en reprochant au jury du concours d'être composé d'hommes du métier! « D'autre part, dit-il, comme le jury est composé en majeure partie de magistrats de la Cour suprême, cela reviendra à faire recruter la magistrature par la magistrature, à en faire une sorte de congrégation autorisée, à la rendre traditionnaliste comme le clergé, étroite et fermée comme l'armée » (loc. cit., p. 75, 2e col.). Il ne faut pas proposer d'introduire dans le jury des éléments empruntés à d'autres corps auxiliaires de la justice, ce seraient encore des hommes du métier imbus de préjugés professionnels.

57. — M. Gabriel Baron, envisageant ensuite la seconde partie du décret relative à l'avancement des magistrats, a critiqué le tableau d'avancement et le rôle attribué au premier Président et au Procureur général dans la confection de ce tableau.

58. — M. Baron approuve la disposition du décret qui ne permet pas d'accorder un nouvel avancement à un magistrat avant deux ans depuis le dernier avancement; M. Baron proposerait même de porter le délai à trois ans pour les postes élevés.

59. — Mais l'honorable député s'élève vivement contre les dispositions du décret qui confient à la magistrature elle-même le soin de dresser le tableau d'avancement. Il ne veut pas voir la

part qui est laissée à l'influence du ministre de la Justice dans la composition de la Commission, ni le droit qui lui appartient de ne pas suivre l'ordre de classement. Il constate uniquement que pourront seuls figurer au tableau d'avancement les magistrats présentés par les chefs de la Cour et inscrits par une Commission distincte du ministre. M. Baron déclare que cette partie du décret aboutit à substituer aux influences politiques les influences mondaines, confessionnelles et cléricales. M. Baron affirme (pourquoi, hélas, est-ce aussi manifestement contraire à la réalité !) que la représentation politique n'a point d'influence auprès des chefs de Cour, tandis qu'il suppose les premiers présidents et procureurs généraux très accessibles aux influences mondaines. M. Baron essaie d'avancer qu'il n'aime pas les influences politiques, mais il proclame avec plus de sincérité, semble-t-il, qu'il ne faut pas cependant désarmer les députés, qu'il faut leur permettre de protéger, défendre, « le magistrat républicain obscur et solitaire » et que l'influence politique qui l'impose au choix d'un ministre, loin d'être blâmable, est « un contrepoids nécessaire à l'ostracisme dont sont trop souvent frappés les rares magistrats républicains que nous possédons ». M. Baron, enfin, observe que le système du tableau d'avancement dépouille le Parlement de son droit de contrôle sur les nominations dans la magistrature : le ministre (malgré la part d'influence qui lui est conservée, dont ne tient pas compte M. Baron) couvrira sa responsabilité derrière la Commission de classement, il se sera rendu irresponsable devant le Parlement.

60. — M. Baron dans le cours de son interpellation a fait une digression ; il a raconté une anecdote suggestive, surtout il a raconté cette anecdote d'une manière suggestive. Nos notes documentaires doivent enregistrer parfois de petits faits lorsque ces petits faits peuvent éveiller de sérieuses réflexions. M. Baron a voulu donner au Parlement un exemple de la mentalité de la magistrature — de sa mentalité hostile aux parlementaires et par conséquent de sa mentalité antirépublicaine — et il a raconté la visite qu'il fit un jour au directeur du Cabinet d'un ministre de la Justice pour arriver à faire connaître ce que lui dit ce magistrat et qui était à peu près ceci : « Vous venez aussi, me dit-il aimablement, me recommander quelque magistrat... Ah ! Monsieur le député, c'est décourageant... Nous ne pouvons plus rien faire. Dès que nous voulons faire un mouvement de justice et de hiérarchie, nous sommes sûrs de voir surgir un homme politique qui s'y oppose et le fait avorter, s'il n'est pas conforme à ses désirs. Heureusement que le fameux décret est là, qui nous permettra bientôt de restituer à la magistrature son indépendance et son autorité ». M. Baron s'exprime au sujet du magistrat qui lui tint ce langage en termes acerbes et son discours témoigne qu'il est convaincu que ce langage va vivement choquer, en effet, ses collègues. Un magistrat qui ne comprend pas la nécessité des influences politiques, qui n'admet pas le droit des députés d'intervenir dans la nomination des juges n'est-il pas manifestement un magistrat antirépublicain ?

61. — Le discours de M. Baron contient d'autres critiques accessoires à l'encontre du tableau d'avancement créé par le décret Sarrien, critiques dirigées, non plus contre le principe du tableau d'avancement, mais contre les détails de son organisation. Ainsi M. Baron a montré que le tableau d'avancement aurait le fâcheux résultat de favoriser les magistrats de certains ressorts au détriment des magistrats d'un autre ressort. Par exemple, le ressort qui compte un seul substitut de 3e classe sera plus avantageux pour l'avancement de ce magistrat que le ressort qui compte cinq postes de substituts de 3e classe. Au bout de deux ans de fonctions l'unique substitut de 3e classe du ressort d'Orléans sera sur la liste d'avancement, tandis que sur les cinq substituts du ressort d'Aix, deux seulement pourront être portés au tableau. Ce régime, à vrai dire, aura surtout des inconvénients au début; la critique, quoi qu'il en soit, n'en est pas moins fondée. D'autres critiques accessoires se rencontrent encore dans le discours de M. Baron, mais l'honorable député ne les développe guère et il est évident qu'il reproche surtout au tableau d'avancement d'être un obstacle à l'omnipotence des députés.

62. — M. Baron, s'imaginant que la démocratie peut tirer profit de l'anarchie actuelle de la magistrature, veut perpétuer cette anarchie, il prend le contre-pied d'idées que je me rappelle avoir entendues exposer à la Société des prisons par M. Tarde avec une chaleur et une conviction de savant qui forçaient l'attention et laissaient une impression durable, idées dont le souvenir s'impose, comme une antithèse, à ceux qui les ont entendu développer.

Je retrouve dans la *Revue pénitentiaire* de 1899, p. 1191, ce passage de l'exposé de M. Tarde que je veux transcrire pour la *Revue de droit civil* : « Nous n'avons pas, disait M. Tarde, ce que j'appelle « la magistrature », c'est-à-dire un corps judiciaire investi d'un grand respect collectif, un corps judiciaire rempli d'un orgueil corporatif immense..., je le veux bien..., d'une morgue insupportable..., je le désire beaucoup. A un moment donné, elle saurait résister à l'opinion et lui opposer, ce qui est la vraie raison d'être de la magistrature et, à vrai dire, ce qui est le vœu secret de l'opinion même. Car, ce que veut l'opinion au fond, c'est d'être éclairée, non d'être obéie, par ceux à qui elle a délégué le soin de rendre la justice. Il nous faut donc des juges, non seulement intègres et intelligents — nous en avons beaucoup, — mais assez forts, assez indépendants pour résister à toute pression de droite ou de gauche, d'en haut ou d'en bas. Les avons-nous? Pas toujours. Pourquoi? Parce qu'il n'y a pas de corps judiciaires. Eh bien, Messieurs, avec une bonne loi de réforme de la magistrature, on arriverait graduellement à reconstituer en France, sous des formes vraiment démocratiques, ce que nous avons vu autrefois, car, en somme, il vaut mieux se retourner vers les traditions françaises en les modernisant, en les démocratisant, que d'aller chercher des modèles chez les Allemands ou chez les Anglais : des Cours en nombre très réduit investies du droit de se recruter elles-mêmes par des listes de présentation qui limiteraient strictement le choix du ministre. Lorsque ce système, combiné avec d'autres réformes que ce n'est pas ici le lieu d'indiquer, aurait fonctionné pendant quelques années, on verrait, je l'espère, grandir progressivement la confiance attachée aux arrêts judiciaires [1] ».

63. — Ce ne sont pas là les idées de M. Gabriel Baron et, quand l'honorable député abandonne la critique du décret Sarrien pour l'exposé de son propre idéal, il précise nettement que son idéal consiste dans une magistrature qui serait l'auxiliaire conscient mais *fidèle* du pouvoir législatif (*loc. cit.*, p. 79, 1ʳᵉ col.). Le Parlement trop souvent ébauche plutôt qu'il ne rédige des textes de loi. M. Baron voudrait, je le crains, parce que cela résulte du reste de son discours, que les magistrats consentissent à achever l'ébauche en s'inspirant des *passions* politiques qui animaient le législateur ; c'est évidemment ce qu'il appelle être l'auxiliaire *fidèle* du pouvoir législatif. Le pouvoir judiciaire cependant a une mission différente du pouvoir législatif ; la méthode d'inter-

---

[1] Voir aussi le rapport de M. Georges Picot, sur les *Projets de réglementation des conditions de nomination et d'avancement des magistrats*, dans la *Revue pénitentiaire*, 1906, p. 978. Cf. *Recrutement et avancement des magistrats*, par M. Frèrejouan du Saint, *eod. loc.*, p. 734.

prétation des dispositions de la loi, malgré qu'elle ait été et qu'elle doive être encore élargie, ne peut pas se confondre avec la méthode législative. Et surtout l'esprit de la loi est autre chose que la *passion* des législateurs et l'esprit d'une loi est l'un des éléments de l'interprétation de la loi, ce ne peut être absolument le seul.

C'est manifestement la prétention de M. Baron de communiquer à la magistrature les passions politiques du législateur qui lui fait exclure *a priori* le concours et l'avancement par ancienneté ou sur présentation exclusive des chefs de cours. Dans l'avenir, M. Baron propose pour terme aux réformes ou bien l'élection, ou bien le système anglais : « Si l'élection vous effraye, dit-il, vous serez obligés d'aller chercher vos modèles en Angleterre, en tenant compte des divergences des tempéraments nationaux, et de faire rendre la justice en France, si vous voulez qu'elle retrouve son prestige et son autorité, par un nombre excessivement restreint de magistrats que vous placerez dans une tour d'ivoire au-dessus des passions politiques et à l'abri des injonctions du pouvoir ». Mais pour le moment, ces solutions ne lui paraissent ni mûres, ni opportunes. Et voici alors le régime intermédiaire dont il trace le tableau.

64. — Le candidat aux fonctions de la magistrature qui ne serait pas déjà fonctionnaire ou investi de certaines charges, devrait être âgé dans tous les cas de 25 ans et, indépendamment des conditions légales, il devrait justifier d'un certificat d'études théoriques et de pratique professionnelle, délivré par une commission composée du Procureur général, de deux magistrats et de deux avocats désignés par le ministre. — Le concours n'offre-t-il pas cependant plus de garanties qu'un diplôme ? — L'exigence de ce diplôme constituerait la seule limitation nouvelle au pouvoir discrétionnaire de nomination du ministre.

65. — La réglementation de l'avancement, d'autre part, consisterait pour M. Baron, d'abord dans une simplification de la hiérarchie judiciaire obtenue au moyen de modifications de traitement. M. Baron, notamment et non sans quelque raison, voudrait faire rentrer la magistrature de Paris dans le cadre de la hiérarchie judiciaire en établissant non pas la parité des fonctions mais une parité de traitement et de situation entre telles fonctions de province et d'autres fonctions à Paris, par exemple (application du reste contestable) entre les fonctions de premier Président et de Procureur général en province et les fonctions de président de Chambre ou d'avocat général à la Cour de Paris.

Une seconde réforme toucherait l'organisation des parquets de province. M. Baron trouverait suffisant de maintenir dans chaque parquet de province un seul substitut participant à la direction générale du parquet à côté du Procureur et il proposerait de remplacer les autres substituts par des juges suppléants, en décidant par exemple que les juges suppléants seraient au nombre d'un par substitut supprimé et un par Chambre de tribunal. Les juges suppléants seraient tous rétribués — les juges suppléants avocats ou avoués devenant d'ailleurs inutiles — mais rendus par contre amovibles. Enfin M. Baron a ajouté :

« Dans mon projet de réforme je ne demanderai pas la suppression des tribunaux qui jugent moins de cent cinquante affaires par an, mais je demanderai que, dans ces tribunaux, le siège soit occupé par un juge unique qu'assisteraient à tour de rôle les juges de paix de l'arrondissement ».

66. — Si j'ai analysé aussi longuement cette interpellation de M. Baron, c'est que, à l'opposé des intentions de son auteur, elle me paraît démontrer la nécessité plus urgente que jamais du décret Sarrien.

67. — Dans la 1re séance du 25 janv. 1907 cependant, M. Étienne Flandin ayant réclamé au Gouvernement, tout au contraire de M. Baron, l'application du décret Sarrien, a obtenu du Garde des sceaux M. Guyot-Dessaigne cette réponse très catégorique : « Le décret qui, à partir du 15 février, réglera le recrutement de la magistrature, a été rendu en vertu d'une loi ; il fait donc corps avec la loi. Par conséquent, tant que cette loi sera en vigueur, je serai obligé d'appliquer le décret du 18 août 1906 » (*J. O.*, *loc. cit.*, p. 178). Malheureusement la suite de la discussion des interpellations sur la magistrature a permis de constater que le Garde des sceaux regrettait d'être ainsi tenu d'appliquer le décret Sarrien.

68. — Je n'analyserai pas et je signalerai seulement, quoiqu'elle mériterait d'être écoutée, l'interpellation développée par M. Simonet dans le cours de cette séance du 25 janvier, demandant en définitive l'extension du système du décret Sarrien au recrutement et à l'avancement des juges de paix (*J. O.*, *loc. cit.*, p. 179). Je mentionnerai seulement aussi les discours de MM. Emmanuel Brousse et Jules Razimbaud tendant à montrer que la magistrature, ou plutôt que certains magistrats, écoute-

raient trop volontiers les recommandations en faveur des fraudeurs.

69. — Mais je dois rapprocher immédiatement de l'interpellation de M. Baron l'initiative de M. Gioux. Dans la séance du 8
févr. 1907, la continuation des interpellations sur la magistrature
ayant dû subir une nouvelle remise, M. Gioux a demandé en fin
de séance, à la Chambre des députés, la déclaration d'urgence
pour une proposition tendant à l'abrogation de la loi de finances
du 17 avr. 1906, du décret Sarrien et du décret Guyot-Dessaigne
retardant jusqu'au 15 févr. 1907 l'application du décret Sarrien.
Vainement M. Louis Martin a-t-il rappelé que l'article 38 avait été
voté à l'unanimité par la Chambre des députés et que la Chambre ne saurait si tôt se déjuger, vainement a-t-il observé qu'il
dépendait de la Chambre de voter une loi organique sur l'avancement et le recrutement des magistrats qui remplacerait le
décret Sarrien et qu'en attendant l'on ne pouvait préférer le
régime du favoritisme à l'essai de réglementation tenté par le
décret Sarrien..; la Chambre, qui préfère manifestement en pratique le favoritisme, a voté l'urgence de la proposition (*J. O.*,
loc. cit., p. 347-349). Sans doute, la proposition a été ensuite
renvoyée à la Commission de la réforme judiciaire, elle devrait
être votée aussi par le Sénat, nous pouvons donc espérer que le
décret Sarrien fonctionnera quelque temps avant qu'elle puisse
être adoptée et la Chambre comprendra peut-être, à la réflexion,
qu'il est plus digne d'elle de voter le projet organique annoncé
par M. Guyot-Dessaigne. Le vote du 8 févr. 1907 constitue
néanmoins un incident fâcheux, d'autant plus que le Gouvernement ne s'est point opposé à l'urgence. Tout démontre l'intérêt qu'il y aurait à soustraire le plus tôt possible la magistrature aux influences politiques, à l'assujettissement conséquence
du favoritisme, mais tout fait craindre, en présence de ce retour
offensif des prétentions parlementaires, que M. Guyot-Dessaigne
n'élude le plus possible les dispositions du décret Sarrien en
attendant le vote toujours laborieux et lent d'un projet organique (1).

70. — Cette crainte est d'autant plus fondée que M. Guyot-
Dessaigne est bien plus près des conceptions de M. Baron que
de celles du décret Sarrien. Je ne connais pas encore le texte du
projet annoncé par M. le Garde des sceaux, mais dans la séance

---

(1) V. *Revue pénitentiaire*, 1907, p. 51 et suiv.

du 25 févr. 1907, avant la clôture des interpellations qui se développaient depuis plus d'un mois, M. Guyot-Dessaigne a brièvement indiqué à la Chambre le sens des réformes qu'il voudrait apporter dans l'organisation de la magistrature, et il faut reconnaître, bien que M. Guyot-Dessaigne ait timidement condamné d'abord l'abus du favoritisme, que les idées indiquées tendent à consacrer l'arbitraire du ministre et non à fortifier, dans l'intérêt des justiciables, les garanties de savoir et d'indépendance des magistrats. Le Garde des sceaux ne veut pas du concours, il n'admet pas qu'un tableau d'avancement puisse restreindre ou supprimer la liberté de ses choix. Enfin, dans la séance du 26 févr. 1907 fixée pour le vote des ordres du jour, M. Baron s'étant déclaré satisfait des déclarations du ministre, ayant constaté qu'il pouvait revendiquer beaucoup de la paternité du projet gouvernemental (*J. O.*, p. 493, 3ᵉ col.), le Garde des sceaux et lui se sont trouvés d'accord pour faire adopter par la Chambre un ordre du jour ainsi conçu :

« La Chambre, confiante dans le Gouvernement, approuve ses déclarations, prend acte tant du dépôt par lui d'un projet de loi organique sur l'organisation judiciaire que *de la déclaration d'urgence sur la proposition de loi Gioux abrogeant l'article 38 de la loi de finances de 1906*, compte sur sa fermeté pour assurer à la fois l'indépendance nécessaire aux magistrats et leur *fidélité* aux institutions républicaines et passe à l'ordre du jour ».

c) Colonies. Justice indigène.

71. — *Organisation judiciaire dans l'Afrique occidentale, en Indo-Chine et au Congo.*

M. le député A. Gervais, dans une deuxième annexe au rapport du budget des colonies pour l'exercice 1907, consacre à la justice indigène un paragraphe contenant un résumé informé de l'organisation de la justice indigène dans l'Afrique occidentale et en Indo-Chine (Annexe n° 341, *J. O.*, Doc. parl., Ch., S. O., 1906, p. 1741) [1]. Nous signalons, d'autre

---

[1] Les principaux passages de ce paragraphe doivent être reproduits, on ne saurait trouver résumé plus autorisé :

« L'administration indigène doit logiquement se compléter par une justice indigène, basée sur le respect des coutumes et des juridictions locales; c'est surtout dans le domaine des institutions juridiques qu'il faut appliquer la formule : pas d'assimilation! Nous avons su maintenir l'organisation d'une justice indigène dans nos nouvelles possessions.....

« Un décret du 10 nov. 1903 (*Rev. de dr. civ.*, 1903, p. 973), relatif à l'organisation de la justice dans les colonies de l'Afrique occidentale, y a largement réglementé la justice indigène elle-même. Il a organisé des tribunaux indigènes pour rendre la justice, selon les coutumes locales, aux habitants qui, en raison de leur statut personnel, ne sont pas justiciables des tribunaux français. Au premier degré de la juridiction indigène, le tribunal de village, composé du chef de village ; au deuxième degré, le tribunal de province, composé du chef de la province assisté de deux notables indigènes désignés par le chef de la colonie ; au troisième degré, le tribunal de cercle, juridiction d'appel, formé de l'administrateur du cercle assisté de deux notables indigènes également nommés par le chef de la colonie. Enfin, une chambre d'homologation, tenant lieu de Cour de cassation, est appelée à reviser, soit pour les consacrer définitivement, soit pour les annuler, les jugements des tribunaux de cercle ; elle est composée de trois magistrats français de la cour d'appel, de deux fonctionnaires nommés par le gouverneur général parmi ceux de l'ordre administratif et de deux assesseurs indigènes choisis sur une liste de douze notables.

« Tous les membres assesseurs indigènes n'ont que voix consultative ; mention doit être seulement faite, dans les jugements et arrêts, qu'ils ont été consultés. Il semble, cependant, que l'élément indigène doive participer, même en appel, d'une façon directe et effective à l'administration de la justice, sous la direction de l'élément européen ; c'est en le préposant lui-même à l'étude de la vie sociale de l'individu qu'on facilitera à l'indigène son évolution. De véritables juridictions indigènes devraient donc comporter des juges indigènes délibérant, seuls au premier degré, sous la présidence d'un fonctionnaire européen au deuxième degré et en appel ; il ne faut pas que l'appel surtout puisse être considéré par le justiciable indigène comme un redressement de la justice dû uniquement à notre intervention. Il suffira que l'élément européen soit le gardien vigilant chargé de veiller à la bonne distribution de cette justice et à son redressement en faisant connaître et apprécier à l'élément indigène lui-même les améliorations qu'exige l'humanité.

« Le décret du 10 nov. 1903 avait marqué un réel progrès en organisant sur des bases régulières la justice indigène dans les territoires de l'Afrique occidentale où elle n'était pas encore organisée, mais il rendait justiciables des tribunaux français les indigènes résidant dans le ressort de ces tribunaux, sans distinction de race et de religion, et il se bornait, dans ce cas, à adjoindre au tribunal français un assesseur indigène avec voix consultative pour les questions relatives au statut personnel (état civil, mariage, succession, donation, etc.). De telle sorte que l'indigène était en réalité soumis à une véritable juridiction française par le seul fait qu'il résidait dans le voisinage d'un tribunal français. Les musulmans du Sénégal, qui forment le groupement indigène le plus éclairé, protestèrent contre cette restriction ainsi apportée à la distribution de la justice indigène par des juridictions indigènes, et demandèrent, non sans raison légitime, à être justiciables de tribunaux musulmans, aussi bien dans les territoires où fonctionnent déjà des tribunaux français que dans ceux où fonctionnent seuls les tribunaux indigènes créés par le décret de 1903.

« Pour leur donner satisfaction, un récent décret du 22 mai 1905 a réalisé part, un décret du 11 févr. 1906 concernant la justice au Congo (1).

d) Offices ministériels.

72. — *De la vénalité des offices ministériels*.

M. Clémenceau, sénateur, réclamait en 1903 l'abolition de la vénalité des offices ministériels (*Rev. de dr. civ.*, 1903, p. 259, n° 70). M. Buyat s'est couvert de cette autorité pour demander au ministère présidé par M. Clémenceau, de réaliser la réforme. Il a engagé la discussion du budget de la justice à la Chambre des députés en renouvelant les doléances habituelles sur l'élévation des frais de justice, causée en partie par la situation créée aux officiers ministériels par la cherté de leurs offices. Le garde des Sceaux, M. Guyot-Dessaigne, a promis de s'intéresser à l'étude d'une réforme, mais il a montré aussi que la réforme demeurait si difficile, tant que l'on ne pouvait pas exproprier en les indemnisant les officiers ministériels en exercice, qu'elle resterait longtemps un problème législatif. M. Guyot-Dessaigne a indiqué le système qui aurait ses préférences et qui consisterait d'une part à transférer le droit de présentation de l'officier ministériel à la chambre de discipline (du notaire et de l'avoué à la chambre des notaires et à la chambre des avoués), d'autre part, à retirer au cédant le droit de fixer l'indemnité que devra

un nouveau progrès en créant dans les principales villes intéressées, Saint-Louis, Dakar et Kayes, de véritables tribunaux musulmans rendant eux-mêmes la justice musulmane. Cette excellente mesure, prise par M. Clémentel à son passage au pavillon de Flore, consacre le principe que les indigènes doivent être appelés aux fonctions publiques dans l'administration de la justice, même dans les centres d'Européens où la loi française est appliquée : n'est-il pas de la dernière logique que l'indigène doive rester justiciable de sa justice spéciale sur n'importe quel point du territoire de son pays?

« En Indo-Chine, d'heureuses réformes viennent d'être aussi réalisées, par un décret du 31 août 1905, dans le fonctionnement de la justice indigène. Cet acte confirme une fois de plus, en son article 10, que les lois, ordonnances, décrets et coutumes annamites actuellement en vigueur au Tonkin (pays de protectorat) sont formellement et expressément maintenus. Il a pour objet d'organiser à Hanoï une juridiction d'appel en matière indigène, comme celle fonctionnant déjà à Saïgon. Une nouvelle chambre de la cour d'appel est créée pour statuer sur les jugements rendus par les tribunaux indigènes du Tonkin. Cette chambre fonctionne avec l'assistance obligatoire de deux mandarins ayant voix délibérative et nommés par le gouverneur général ».

(1) V. Henri Prudhomme, *L'organisation judiciaire au Congo*, dans la *Revue pénitentiaire*, 1906, p. 555.

lui payer le cessionnaire en décidant que la Chancellerie, sur la présentation de la chambre de discipline, déterminerait elle-même l'indemnité équitable due par le successeur à son prédécesseur. Ce système présenterait beaucoup d'avantages, en effet, mais ne constituerait-il pas encore une expropriation relative des officiers ministériels en exercice, expropriation de leur droit personnel de présentation? (V. *J. O.*, Déb. parl., Chambre, S. E., 1906, p. 2795, 2796).

73. — *De la suppression des avoués d'appel.*

M. Baron, dans le cours de son interpellation sur le décret Sarrien (*suprà*, n° 53), a réclamé la suppression des avoués d'appel, ne répondant d'après lui à aucun besoin. Il a déclaré qu'avant de soulever à la tribune cette importante question, il avait beaucoup réfléchi et croyait avoir trouvé la combinaison financière qui permettrait d'indemniser les avoués dont les charges seraient supprimées sans grever le budget. M. Baron a exposé cette combinaison dans les termes suivants :

« En deux mots, la voici, Messieurs, en voici du moins le principe : je vous demande d'inscrire au Grand-Livre une rente annuelle au profit des avoués d'appel, dont vous trouverez la contre-partie dans un droit dont vous frapperez |les arrêts pendant dix ans; et la réforme se suffira à elle-même » (*J. O.*, Déb. parl., Chambre, S. O., 1907, séance du 18 janv. 1907, p. 78, 2° col.).

e) Compétence territoriale des notaires.

74. — V. sur le projet mentionné *suprà*, *Revue* 1906, p. 989, n° 82, le rapport favorable de M. Chavoix au nom de la Commission de la Chambre (*J. O.*, Doc. parl., S. E., 1906, Annexe, n° 223, p. 1269). Le Sénat a déclaré l'urgence du projet dans la séance du 26 déc. 1906, mais il a ajourné la discussion, plusieurs sénateurs ayant annoncé l'intention de présenter des observations et peut-être des amendements (*J. O.*, Déb. parl., Sénat, S. E., 1906, p. 1204). En effet, dans la séance du 26 févr. 1907, M. Louis Legrand a demandé au Sénat de remplacer l'article 2 de la proposition par une nouvelle rédaction diamétralement contraire ainsi conçue :

« Il n'est pas dérogé aux dispositions de l'article 5 de la loi du 25 ventôse an XI, modifié par la loi du 12 août 1902, visant les cantons où il n'y a qu'un seul notaire ».

Sur l'observation du président, M. le sénateur Legrand a transformé son amendement en proposition de rejet pur et simple de l'article 2. Cet article tend en effet, dans le projet du Gouvernement, à priver les notaires de Seine-et-Oise et de la banlieue parisienne (les circonscriptions judiciaires remaniées par l'art. 13 de la loi du 12 juill. 1905 étant celles du département de la Seine) du droit d'instrumenter réciproquement dans leurs ressorts limitrophes respectifs en ce qui concerne les testaments, donations entre époux et partages anticipés, par cette raison que les notaires du département de la Seine dont les circonscriptions sont remaniées en vertu de l'article 1er de la proposition, conservant le droit d'instrumenter dans leurs anciennes circonscriptions, la loi du 12 août 1902, visant les cantons où il n'y a qu'un seul notaire, n'est plus justifiée en ce qui les concerne. M. Legrand dans l'intérêt des notaires ou des populations de Seine-et-Oise voudrait obtenir la suppression de cette restriction à l'application de la loi de 1902.

f) Compétence judiciaire et administrative.

75. — La Chambre des députés a renvoyé à la Commission de législation un article additionnel que M. Maurice Spronck eût voulu introduire dans la loi de finances et ainsi conçu :

« A partir de la promulgation de la présente loi, les différends qui surgiront entre les abonnés et l'administration des téléphones seront portés devant les tribunaux ordinaires ».

Le sous-secrétaire d'État des postes, M. Simyan, a observé en effet que ce texte soulevait des difficultés spéciales. En principe le Conseil d'État a reconnu « qu'il n'appartient qu'aux tribunaux judiciaires de statuer sur les difficultés qui surgissent entre l'État et les abonnés du téléphone... ». Mais, lorsque le procès implique l'interprétation d'un règlement administratif, cette interprétation doit relever des tribunaux administratifs. Par là, il faut le reconnaître, l'État, dans les contrats privés qu'il passe en qualité d'entrepreneur des services téléphoniques, bénéficie d'une situation privilégiée, mais il est difficile de faire cesser cette situation à l'encontre du préjugé de la compétence administrative (*J. O.*, Déb. parl., Chambre, S. E., 1906, 1re séance du 16 déc. 1906, p. 3221).

PAUL LEREBOURS-PIGEONNIÈRE.

LA

LOI DU 9 AVRIL 1898

RESPONSABILITÉ DES ACCIDENTS DU TRAVAIL

EXAMEN PRATIQUE DE DOCTRINE ET DE JURISPRUDENCE

Par M. Jules Cabouat,

Professeur à la Faculté de Droit de l'Université de Caen.

RÉVISION DES INDEMNITÉS

1. — La révision est une opération dont l'objet est de mettre le montant d'une indemnité antérieurement accordée en harmonie avec les changements survenus dans l'état de la victime depuis la liquidation de cette indemnité.

L'article 19, § 1 modifié par la loi du 31 mars 1905, définit en ces termes la révision ainsi que ses conditions d'application : « La demande en révision de l'indemnité fondée sur une aggravation ou une atténuation de l'infirmité de la victime, ou son décès par suite des conséquences de l'accident, est ouverte pendant trois ans à compter, soit de la date à laquelle cesse d'être due l'indemnité journalière, s'il n'y a point eu attribution de rente, soit de l'accord intervenu entre les parties ou de la décision judiciaire passée en force de chose jugée, même si la pension a été remplacée par un capital en conformité de l'article 21 ».

2 — Organisée dès 1898 par la loi originaire, l'économie légale de la révision des indemnités a subi, du chef de la loi du 31 mars

1905, certaines modifications dont les tendances générales peuvent être ainsi définies :

Le caractère dominant des dispositions précitées est d'interpréter et d'éclairer le texte primitif de l'article 19. C'est ainsi que sans modifier en rien les causes ni les effets de la révision, le § 1er en étend d'abord l'application aux indemnités journalières, ainsi qu'aux pensions remplacées par un capital en conformité de l'article 21.

Les §§ 5 et 6 instituent dans l'intérêt du chef d'entreprise un contrôle médical qui lui permet de suivre, au cours du délai de l'action en révision, les changements survenus dans l'état du blessé.

Enfin le § 7 fixe le délai imparti à l'indemnitaire pour déférer au tribunal l'examen de l'une des demandes visées par l'article 9.

D'autres dispositions (§§ 2, 3 et 4) déterminent la compétence et la procédure en matière de révision; nous ne les citerons ici que pour mémoire, ayant l'intention d'en joindre l'explication à celle des règles générales posées par l'article 16.

3. — L'article 19 institue moins une faculté nouvelle qu'il n'ordonne et précise les résultats de la jurisprudence antérieure. Antérieurement à la loi de 1898, il était déjà admis en effet que la liquidation des dommages-intérêts dûs à raison d'un accident est susceptible de révision; mais cette possibilité de révision, uniquement fondée sur les principes généraux, était loin de produire des résultats aussi complets que ceux qu'il est permis d'attendre de l'article 19 de la loi du 31 mars 1905.

Les solutions de la jurisprudence présentaient entre elles un défaut d'équilibre et d'harmonie qu'il nous suffira de rappeler. En ce qui concerne les jugements portant allocation de dommages-intérêts en réparation de blessures accidentelles, toute demande nouvelle fondée sur une aggravation de l'état de la victime était déclarée recevable et pouvait donner lieu à une révision de la condamnation antérieure (1), alors qu'était écartée comme

---

(1) Cass. req., 10 déc. 1861 (S. 62. 1. 521). Cet arrêt considère comme cause suffisante de révision d'une indemnité antérieurement accordée « une aggravation de préjudice survenue postérieurement au jugement », soit par exemple la perte du second œil alors que la perte du premier avait seule été retenue comme élément de préjudice par un premier jugement. Conf. Aix, 2 avr. 1870 (S. 72. 2. 68). Si le juge était autorisé à statuer sur de telles demandes sans encourir le reproche d'aller à l'encontre de l'autorité d'une décision antérieure, c'est que toute action fondée sur une aggravation survenue dans l'état de la victime était réputée constituer une

contraire à l'article 1351 du Code civil, toute demande de révision formée par le débiteur de l'indemnité dans le but d'obtenir soit une réduction, soit même une décharge de ses obligations, à raison d'une amélioration de l'état de la victime de l'accident ou même de son rétablissement (1).

De même des conventions transactionnelles intervenues entre l'auteur et la victime de l'accident pour fixer le montant de la réparation. Aucune décision ne se rencontre qui autorise le débiteur de l'indemnité à demander la réduction de ses engagements à raison d'une amélioration ultérieure de l'état du blessé, alors qu'un grand nombre admettent au contraire que l'existence d'une transaction sur la réparation due à raison d'un accident, ne s'oppose nullement à ce qu'une nouvelle demande d'indemnité soit formée, si les suites de l'accident se sont aggravées ultérieurement(2), ou ont entraîné le décès de l'indemnitaire (3).

demande nouvelle au sens de l'article 1351. La Cour de cassation (arrêt précité du 16 déc. 1861) fondait en effet sa solution sur ce motif « que l'exception de chose jugée ne peut être admise que quand la demande est la même et est fondée sur la même cause; que dans l'espèce, la demande était nouvelle, puisqu'elle reposait sur des faits nouveaux, ces faits nouveaux consistant dans une aggravation... ». — Par identité de motifs, la jurisprudence admettait les ayants droit de la victime d'un accident à réclamer une indemnité personnelle dans le cas où le décès de leur auteur, — celui-ci eût-il été préalablement indemnisé. — était une conséquence de l'accident. — Aix, 14 juin 1870 (S. 72. 2. 68); — Paris, 15 juill. 1875 (D. 77. 2. 120). — Cass. req., 4 mars 1872 (D. 72. 1. 327).

1) Jugé que la demande de réduction d'une rente viagère, fondée sur le rétablissement complet de la victime, ne pourrait être accueillie qu'en violation de l'article 1351 du Code civil. Nancy, 10 juill. 1875 (S. 76. 2. 5). La seule concession faite par cet arrêt était d'autoriser le juge à prévenir la rigueur de cette décision en se réservant, le cas échéant, un pouvoir ultérieur de révision. Toutefois la jurisprudence de la Cour de cassation, statuant sur une hypothèse où les dommages-intérêts avaient été alloués par annuités, s'était prononcée en ce sens « qu'il appartient aux parties de se pourvoir ultérieurement pour faire réduire, s'il y a lieu, les annuités proportionnellement aux dommages qui sont alors constatés ». — Cass. req., 16 mai 1868 (D. 68. 1. 486).

(2) Paris, 11 juin 1864 (S. 65. 2. 47); — Paris, 11 août 1868 (S. 69. 2.72); — 16 juill. 1870 (S. 71. 2.204); — Caen, 15 mai 1865 (S. 65. 2. 264). — Aubry et Rau, IV, p. 665, § 421; Laurent, XXVIII, n° 390; Guillouard, *Transaction*, n° 121.

3) Aix, 20 janv. 1833 (S. 34. 2. 286). C'est par application de cette idée que la quittance donnée par la victime d'un accident et dans laquelle celle-ci déclare renoncer à tout recours ou indemnité en cas de mauvaises suites, ne fait pas obstacle à une demande en supplément d'indemnité, lorsque la

En présence de résultats aussi contradictoires, la réglementation légale de la révision des indemnités était de nécessité absolue et d'autant plus urgente que la procédure organisée par la
loi du 9 avril 1898, étant plus expéditive que celle du droit commun, devait amener les juges à statuer dans un plus court délai
et très souvent avant que les conséquences de l'accident se fussent dessinées et précisées d'une façon assez nette pour que le
règlement en pût être considéré comme définitif.

4. — Les questions auxquelles peut donner lieu l'application
de l'article 19, § 1 peuvent se ranger sous les chefs suivants :

1° Causes de révision ; 2° Sphère d'application ; 3° Conditions
de recevabilité ; 4° Effets.

1° *Causes de révision.*

5. — Aggravation ou atténuation d'infirmité , décès par
suite de l'accident, toutes ces circonstances impliquent que le
chiffre de l'indemnité cesse de correspondre à l'étendue du
dommage subi par la victime ou ses ayants droit.

De tels changements se produisent fréquemment dans la pratique ; tel accident, dont les suites paraissent ne présenter au premier moment qu'une gravité moyenne, peut s'aggraver avec le
temps ou même entraîner le décès de la victime ; tel autre à
l'inverse peut être suivi d'améliorations inespérées restituant au
travailleur une part de l'activité et des aptitudes qu'il paraissait avoir perdues.

Il était nécessaire que l'indemnisation des victimes d'accident s'adaptât à ces vicissitudes et la révision n'a d'autre objet
que de permettre au juge d'opérer les augmentations ou réductions d'indemnités rendues nécessaires par de telles circonstances [1].

---

blessure vient à s'aggraver subitement et d'une façon imprévue (Amiens,
10 août 1881, S. 82. 2 244) ; toutefois, il en devrait être autrement et toute
demande de révision écartée en présence d'une transaction conçue en termes
assez larges pour comprendre tous les dommages actuels et éventuels (Cass.,
25 févr. 1892, S. 93. 1. 313).

(1) M. Ricard expose ainsi, dans son Rapport de 1892, les motifs de la
réserve de cette faculté de révision établie par l'article 19 : « Dans beau-
« coup de cas, en effet, les blessures qui, originairement, avaient paru ne
« devoir entraîner qu'une incapacité temporaire ou qu'une incapacité partielle
« de travail s'aggravent considérablement par la suite. Souvent, elles pro-
« duisent dans l'état général de la victime des complications imprévues, de

6. — Les causes de révision énoncées par le texte précité impliquent aggravation ou atténuation des suites de l'accident.

L'aggravation donnant ouverture à révision se manifeste sous l'une des formes suivantes :

1° Transformation d'une incapacité temporaire en incapacité permanente, partielle ou absolue ;

2° Augmentation de degré d'une incapacité permanente partielle ;

3° Transformation d'une incapacité permanente partielle en incapacité absolue ;

4° Aggravation d'état ayant entraîné le décès de la victime.

L'atténuation est réputée exister dès que la victime recouvre une part quelconque de ses facultés de travail.

7. — Les faits énumérés par l'article 19, § 1 comme donnant ouverture à la révision doivent satisfaire aux deux conditions suivantes :

1° Constituer des suites directes de l'accident;

2° Modifier, soit pour les atténuer soit pour les aggraver, le degré d'incapacité de la victime ou les suites de l'accident.

8. — A peine est-il besoin d'insister sur la nécessité d'une relation qui s'explique d'elle-même et est d'ailleurs requise en termes formels par l'article 19, § 1. Aussi nous bornerons-nous à constater que les changements survenus dans l'état de la victime ne peuvent autoriser une révision d'indemnité qu'autant qu'il est dûment établi qu'ils se rattachent par un lien direct à l'évolution du traumatisme accidentel, à l'exclusion de tout autre fait provenant d'une cause extrinsèque ou imputable à la victime elle-même.

9. — Aux termes de l'article 19, § 1, le décès de la victime précédemment indemnisée à raison d'une incapacité perma-

« nature à entraîner, soit l'impotence absolue, soit même la mort. Il eût
« été souverainement injuste de ne pas admettre en pareil cas la révision
« des indemnités concédées. — Par contre, l'infirmité qu'on avait crue per-
« manente disparaît, ou bien elle n'entraîne plus qu'une incapacité par-
« tielle de travail, alors qu'on l'avait jugée absolue. Il n'était pas davan-
« tage possible, en pareille hypothèse, d'admettre d'une façon rigoureuse
« l'irrévocabilité de la rente, sous peine de faire de l'accident une source
« de bénéfice pour celui qui en aurait été atteint » (loc. cit., p. 78-79). Il
se produit en effet, ou du moins peut se produire, consécutivement à tout
accident, des chances diverses d'aggravation ou d'amélioration, dont il est
d'une bonne justice distributive de laisser chacune des parties intéressées
profiter dans la mesure de ses intérêts et de ses droits.

nente — absolue ou partielle, — n'autorise l'allocation des rentes attribuées par l'article 3, §§ A et B aux ayants droit qui s'y trouvent désignés qu'autant que ce décès survient « par suite des conséquences de l'accident ». D'où il suit que le décès de la victime dû à un cas fortuit ou à une cause — telle qu'une maladie — indépendante de l'accident, est manifestement destitué de toute influence sur l'application de l'article 19.

En ce qui concerne les atténuations subies par le degré d'incapacité de la victime, la démonstration de leur connexité avec l'accident ne soulève aucune difficulté. L'atténuation d'incapacité est un fait qu'il suffit de constater.

Mais il n'en est plus de même des aggravations, au sujet desquelles peuvent s'élever de sérieuses difficultés d'origine et d'évolution dont la solution ne peut ressortir que des conclusions d'expertises médicales.

10. — Et d'abord doit être exclue du domaine de la révision toute aggravation d'incapacité due au fait de l'indemnitaire. Cette proposition n'est qu'une suite logique de la solution édictée par l'article 20, § 1, à l'égard du fait intentionnel. De même que la victime de l'accident est déclarée déchue de tout droit à indemnité, dès qu'il est établi qu'elle a intentionnellement provoqué l'accident, de même, et pour des motifs identiques, le patron ne doit-il encourir aucune responsabilité du chef du refus de l'indemnitaire de se soumettre au traitement prescrit ou de tel autre fait volontaire ayant eu pour résultat d'aggraver les suites de l'accident [1].

11. — Le principe ci-dessus posé trouve son application au cas où la victime aurait refusé de suivre ou n'aurait suivi que très irrégulièrement un traitement susceptible de rendre au membre atteint par l'accident une partie de sa vigueur et de sa souplesse anciennes. L'intérêt de cette solution est d'autant plus pressant que la science médicale, spécialement en Allemagne, est en voie d'instituer un traitement « mécanothérapique » pouvant, dans bien des cas, restituer à l'ouvrier la liberté des mouve-

[1] En Allemagne, où les corporations professionnelles sont autorisées à fournir aux blessés un traitement curatif et peuvent même les contraindre à le suivre, la sanction de leur droit consiste dans la faculté de fixer la rente au taux très bas qui correspondrait aux meilleurs résultats de traitement curatif ou même de refuser toute indemnité. Bödiker, *Influence de l'assurance sur le traitement des blessés.* Congrès de Milan, t. 1er, 846 et suiv.

ments dont il a besoin pour l'exercice de sa profession (1).

Mais il importe d'observer que la jurisprudence, tout en acceptant ce principe, n'a pas cru jusqu'ici devoir en déduire toutes les conséquences.

Il a été jugé, en effet, qu'en dehors des suites d'une négligence caractérisée, la victime n'encourt aucune responsabilité ; spécialement elle ne saurait être astreinte à subir une opération ni être rendue responsable de s'y être dérobée, fût-il démontré que son incapacité en eût été notablement atténuée (2).

12. — Aucune disposition analogue à celle de l'article 20, § 2, n'autorisant le juge à tenir compte du caractère particulier de gravité que peut revêtir le fait de l'indemnitaire, il semble que l'unique sanction qu'il comporte soit un refus absolu de toute indemnité.

Telle est, dans sa rigueur théorique, la solution dérivant du silence de la loi. Elle ne nous paraît nullement nécessaire. Si donc le juge estime que la faute imputable à la victime est, à certains égards, excusable, il est autorisé à tenir compte de cette circonstance particulière, et par suite maître de lui accorder une indemnité réduite d'une quantité proportionnelle à sa part de responsabilité dans l'aggravation des suites de l'accident.

C'est ainsi que l'indemnitaire peut échapper, grâce au pouvoir souverain d'appréciation dont le juge est, selon nous, investi,

---

(1) L. Roques, *L'atténuation des accidents en Allemagne*. Congrès de Paris, 437 et suiv.

(2) Trib. Seine, 4 mars 1901, *Droit*, 21 juin 1901. Observons cependant que la victime, jouissant aux termes de l'article 4 du droit absolu de choisir son médecin, ne saurait encourir aucun reproche tiré de l'inefficacité du traitement par elle suivi, s'il lui a été régulièrement ordonné. *Sic*, Valenciennes, 5 juill. 1900, *Bull. min. Comm.*, V, 371.

C'est ainsi que le jugement précité a refusé de faire droit à une demande d'expertise tendant à rechercher « si un traitement approprié de massage et « d'électricité n'eût pas été nécessaire et le résultat qu'on était en droit « d'espérer d'un pareil traitement ».

Mais si, le blessé s'étant dispensé de recourir à un médecin, il pouvait être démontré que « l'aggravation lente et successive qui s'est produite est « due à des causes étrangères à l'accident et tient surtout à la façon défec- « tueuse avec laquelle il a cru devoir se traiter lui-même, et qu'elle ne peut « être considérée comme une cause normale d'aggravation des suites de « l'accident » (Aix, 17 janv. 1903; *Bull. min. Comm.*, III, 2. 156), la victime ne saurait évidemment prétendre à aucune augmentation d'indemnité.

à la rigueur d'une solution qui le priverait entièrement du bénéfice de la révision [1].

13. — La révision ne devant être accordée qu'à l'occasion de faits pouvant être considérés comme suites directes de l'accident, il était de nécessité rigoureuse d'accorder au chef d'entreprise un moyen pratique et efficace de déjouer les fraudes tendant à mettre à sa charge telle aggravation provoquée par le fait personnel de la victime de l'accident.

A cet égard, la loi originaire présentait une lacune heureusement comblée par la loi du 31 mars 1905. Privé d'aucun moyen légal de suivre les phases successives de la situation du blessé pendant le délai de révision, le chef d'entreprise courait en effet, sous l'empire de la loi de 1898, le risque de subir, faute de pouvoir la combattre utilement, une majoration de l'indemnité accordée par un premier jugement à raison d'une aggravation d'incapacité ou même d'un décès n'ayant en fait aucun lien de connexité avec l'accident. Dans le système de la loi de 1905, au contraire, le chef d'entreprise est investi du droit de « désigner au président du tribunal un médecin chargé de le renseigner « sur l'état de la victime [2] », droit dont l'article 19 détermine les conditions d'exercice [3].

L'objet propre de ces dispositions nouvelles est de permettre au chef d'entreprise de se tenir au courant des changements survenus dans l'état de la victime, depuis la liquidation de la rente. Muni de la faculté de requérir des visites médicales trimestrielles, le chef d'entreprise peut suivre d'assez près l'évolution de l'incapacité, et s'il y a lieu, fonder une action en révision ou y défendre sur la base solide et sûre de constatations préalables.

De ce chef, la loi du 31 mars 1905 réalise un progrès marqué sur celle du 9 avr. 1898, laquelle ne reconnaissait au chef

---

(1) Le juge doit cependant éviter d'appuyer sa décision sur le caractère plus ou moins inexcusable de la faute relevée à la charge de la victime, à peine d'encourir le contrôle de la Cour de cassation, le caractère tout exceptionnel de l'article 20, § 2 ne se prêtant pas à une extension de ses dispositions à la révision. — *Contrà*, Sachet, II, nᵒˢ 1355 *bis* et 1474 *bis* et Chardiny, p. 240.

(2) Art. 19, § 5.

(3) Art. 19, § 6. « Cette désignation dûment visée par le Président don-« nera audit médecin accès trimestriel auprès de la victime. Faute par la « victime de se prêter à cette visite, tout paiement d'arrérages sera suspendu par décision du président, qui convoquera la victime par simple « lettre recommandée ».

d'entreprise aucun moyen légal d'astreindre l'indemnitaire à une visite médicale en vue de l'exercice ultérieur d'une action en révision. Faute de moyens d'information réguliers, le chef d'entreprise était tenu, pour la sauvegarde de ses droits éventuels, d'agir en révision dès qu'il avait quelque sujet de croire qu'un changement quelconque s'était produit dans l'état de la victime de nature à motiver une réduction d'indemnité. De là naissaient un grand nombre d'actions purement conservatoires que la loi nouvelle rend désormais inutiles, par cela seul qu'elle met le débiteur de l'indemnité à même de mesurer, à l'avance, les chances de succès que présente sa demande d'après les données d'un examen médical.

D'autre part, tenu au courant, par des visites médicales périodiques, des causes réelles de l'aggravation survenue dans l'état de la victime, le chef d'entreprise est désormais à même de laisser à l'indemnitaire la responsabilité entière de son fait personnel, sans avoir à redouter ces difficultés de preuve résultant de l'état d'ignorance où le laissait la législation antérieure sur les phases successives de l'incapacité.

14. — La faculté de désigner un médecin, dans les conditions de l'article 19, ayant pour objet de faciliter l'exercice du droit de révision, son exercice est limité, ainsi que le dit expressément le texte, au délai de trois années pendant lequel ce droit peut être exercé.

Mais il importe d'observer que l'exercice du droit reconnu au chef d'entreprise par la loi de 1905 n'implique aucun contrôle du Président du Tribunal; celui-ci n'a, en effet, qu'à enregistrer la désignation qui lui est proposée, sous l'unique condition qu'elle vise un médecin porté sur la liste dressée en exécution de la loi du 30 nov. 1892.

Quant à l'étendue des pouvoirs conférés au médecin ainsi désigné, l'article 19, § 6 les précise en disposant qu'ils lui donnent « accès trimestriel auprès de la victime ».

15. — L'article 10, § 6 énonce cette sanction en ces termes précis qu'il nous suffira de reproduire : « Faute par la victime de « se prêter à cette visite, tout paiement d'arrérages est suspendu « par décision du Président, qui convoquera la victime par lettre « recommandée (1) ».

(1) Rapprochées des dispositions de l'article 4, §§ 5. 6 et 7, celles de l'article 19, §§ 5 et 6 constituent les applications d'une même idée générale qui

16. — Le fait allégué comme cause de révision doit correspondre à un changement dûment constaté dans l'état de la victime, et d'autre part, exercer une influence directe sur le degré de son incapacité.

17. — Si l'on considère que, loin de mettre en question l'autorité de la chose jugée, la révision n'a d'autre fonction que d'adapter l'indemnisation de la victime de l'accident ou de ses ayants droit à la situation nouvelle qui s'est constituée, dans le délai de trois ans à compter de l'un quelconque des faits mentionnés par l'article 19, § 1, l'on aboutit à cette conclusion que, seuls, peuvent être considérés comme bases juridiques d'une action en révision, les faits ayant entraîné après liquidation de l'indemnité, l'une des modifications prévues par le texte précité.

Il est d'un grand intérêt pour l'exactitude et la précision des idées, d'insister sur ce point que le demandeur en révision doit apporter à l'appui de sa prétention la preuve d'un changement, — aggravation ou atténuation de l'infirmité de la victime, ou décès par suite de l'accident — survenu, depuis l'allocation d'une indemnité. Sous ce rapport, la révision se différencie très nettement des voies de recours telles que l'opposition et l'appel dont la recevabilité est assurée par cela seul que le demandeur apporte des preuves nouvelles à l'appui de sa prétention. Rationnellement, cette différence entre la révision instituée en matière d'accidents et les voies de recours dirigées contre les jugements s'explique par cette considération que celles-ci soumettent à un examen nouveau des faits précédemment jugés, alors que la révision sollicite le juge de rendre une décision nouvelle fondée sur la survenance de faits encore inexistants au moment où a été rendue la sentence originaire [1].

est d'armer le chef d'entreprise de moyens suffisants de contrôle pour éviter une extension injustifiée de ses obligations. C'est, du reste, sous ce jour que les présentait M. Chovet. « Les modifications que nous vous proposons « d'apporter à la rédaction du cinquième paragraphe ont simplement pour « but, ainsi qu'il est facile de s'en convaincre par la comparaison des tex- « tes, de mettre le texte de ce paragraphe en concordance avec les deux « derniers paragraphes de l'article 4, relatif à la faculté laissée au chef « d'entreprise de se faire renseigner sur l'état de la victime. Et, de même « que nous avons demandé une sanction pour assurer l'exécution de la dis- « position de l'article 4, nous vous proposons d'en édicter une à peu près « identique pour assurer l'exécution de la disposition similaire insérée en « l'article 19 (3e Rapport suppl., p. 25). » Conf. Circulaire du Garde des Sceaux du 29 août 1905.

(1) En conséquence, doit être exclue du domaine de la révision et comme

18. — A prendre à la lettre le texte de l'article 19, § 1, la révision serait justifiée par cela seul que l'état *d'infirmité* de la victime s'est atténué ou aggravé, sans qu'il y ait à exiger aucune modification de sa capacité de travail. Suivant cette interprétation littérale, le juge n'aurait autre chose à faire qu'à comparer l'état physique de la victime au moment de la demande de révision à ce qu'il était lors du jugement originaire, et à modifier en conséquence le montant de l'indemnité.

Mais si la disposition de l'article 19, § 1 devait être prise en ce sens, elle constituerait en réalité une dérogation des moins justifiées à l'un des principes les plus essentiels de notre loi, qui est de proportionner le taux de l'indemnité au degré de l'incapacité de travail, ainsi qu'à la réduction subie par le salaire, du chef de cette incapacité[1]. Or, quelle raison y aurait-il d'instituer, en matière de révision, une règle spéciale tendant à ce résultat illogique et vraiment inadmissible de fonder la révision des indemnités sur une base toute différente de celle qui sert à leur constitution originaire?

Aussi, pensons-nous qu'une simple aggravation ou atténuation d'infirmité est par elle-même inopérante. Une condition

telle déclarée irrecevable, à moins qu'elle se présente sous la forme d'une voies de recours ordinaire ou extraordinaire, toute action tendant à déférer au juge une appréciation nouvelle de faits antérieurement jugés. A titre d'exemple, citons l'hypothèse où l'indemnitaire alléguerait une erreur de diagnostic commise lors du jugement qui lui a alloué une indemnité, pour en demander la majoration. Cette demande devrait être rejetée comme allant directement à l'encontre de l'autorité de la chose jugée, alors que la révision doit, au contraire, par cela seul qu'elle repose sur des faits entièrement nouveaux, se concilier avec elle. — Bordeaux, 31 juillet 1902 (D. 1904. 2. 108). *Sic*, Dupuich, Note sur différents arrêts relatifs à la révision (D. 1904. 2. 97 et suiv.) et Sachet, II, n° 1355.

(1) Le taux du salaire en sera le signe extérieur; toutefois, il faut se garder de le considérer comme un élément nécessairement déterminant. Ce n'est au contraire qu'une simple indication, que le juge doit toujours contrôler par la constatation de l'état physique de la victime. Sinon, « il « serait facile au patron, moyennant un sacrifice temporaire consenti pen- « dant trois ans, d'obtenir la réduction de l'indemnité (pour cause d'atté- « nuation de l'incapacité) et de congédier ensuite l'ouvrier qui se trouve- « rait privé des dispositions protectrices de la loi ». Château-Chinon, 5 août 1904, *Bull. min. Comm.*, V, 43. Conf. Trib. Seine, 10 juin 1904, *ibid*, 38. Ce dernier jugement observe très justement qu'une augmentation de salaire, due à l'énergie de la victime et à son intelligence, ne saurait contre toute raison autoriser une action en révision, non plus que l'impossibilité où se trouverait la victime d'obtenir le salaire que le tribunal l'a jugé capable de gagner.

essentielle qu'il faut sous-entendre bien que le texte ne la mentionne pas expressément et semble même l'exclure, est que ces changements ultérieurs n'ont d'effet qu'autant qu'ils exercent une influence directe sur le degré de l'incapacité de travail.

Pratiquement donc, l'ouvrier qui a obtenu l'allocation d'une indemnité afférente à une incapacité permanente absolue est irrecevable à en réclamer aucune augmentation, alors même que surviendrait plus tard une aggravation d'infirmité. Peu importerait qu'elle empirât notablement sa condition si elle ne modifiait son degré d'incapacité et le laissait au point de vue de ses facultés de travail dans l'état même où il se trouvait au moment de la liquidation originaire de l'indemnité.

Ainsi, dit fort exactement M. Sachet : « Un ouvrier perd, dans « l'explosion d'une chaudière, les deux bras et un œil. Il est « classé dans la catégorie des victimes totalement invalides et « voit sa pension liquidée sur cette base. Après la décision défi- « nitive, l'œil resté intact suit le même sort, et notre victime de- « vient aveugle. L'aggravation est manifeste, et cependant « l'action en révision n'est pas ouverte, parce que cette aggra- « vation n'a pas modifié le degré d'incapacité de travail(1) ».

Certes nous ne prétendons pas que cette solution soit exempte de dureté ; elle s'impose néanmoins dans un système d'indemnisation empreint, ainsi que le nôtre, d'un caractère forfaitaire. Dès que l'indemnité a atteint son maximum, il n'est plus au pouvoir du juge de tenir aucun compte des aggravations ultérieures qui peuvent empirer la condition physique de la victime.

2° *Sphère d'application de la révision.*

19. — Le domaine de la révision est déterminé par l'article 19, § 1 (loi du 31 mars 1905), en termes assez formels pour dissiper tous les doutes auxquels avait donné lieu l'interprétation de la loi du 9 avr. 1898. D'après cette disposition, en effet, la révision s'applique sans distinction à toutes les indemnités — permanentes ou temporaires — dues en vertu de l'une quelconque des dispositions de l'article 3.

20. — L'application de la révision aux indemnités n'a jamais pu soulever aucun doute. La révision ayant pour objet de mettre le taux de l'indemnité en rapport avec le degré réel d'incapa-

_____

(1) Sachet, II, n° 1361 ; Dupuich, note précitée, p. 98.

cité, sa fonction la plus naturelle est de modifier les indemnités permanentes suivant les circonstances de nature à justifier leur augmentation ou leur réduction.

21. — La rédaction nouvelle de l'article 19, § 1, dissipe les doutes qui s'étaient élevés, sous l'empire de la loi du 9 avr. 1898, sur la possibilité d'appliquer la révision aux indemnités rachetées dans les conditions prévues par l'article 21, § 1. Ces doutes, qu'il nous suffira de rappeler brièvement, étaient fondés sur des raisons de droit et de fait qui semblaient, en effet, constituer de réels obstacles à l'exercice du droit de révision.

Au cas d'aggravation survenue dans l'état de la victime, une révision proprement dite n'est juridiquement possible, disait-on, qu'autant que les arrérages de la rente demeurent, après majoration, inférieurs à 100 francs. Que si, au contraire, l'aggravation d'incapacité dûment constatée exige que le taux de la rente soit porté à un chiffre supérieur, le rachat doit être annulé, l'événement démontrant que cette opération avait « violé le prin-« cipe d'incessibilité, même partielle, d'une rente supérieure à « 100 francs ».

D'ailleurs, la révision devient alors inutile et sans objet, l'indemnitaire ayant à sa disposition un autre moyen d'obtenir satisfaction, à savoir l'annulation du rachat, laquelle lui permet de conclure à l'allocation d'une rente correspondant à son incapacité.

Dans l'hypothèse inverse d'une atténuation de l'infirmité de la victime, la révision cessait, il est vrai, de se heurter à aucun obstacle juridique, et rien ne l'empêchait alors de se traduire en une restitution partielle du capital de rachat; mais en fait, disait-on, la révision n'avait alors que de très faibles chances de réalisation effective et devenait même illusoire, la victime de l'accident étant, le plus souvent, dans l'impossibilité de restituer la somme dont elle pouvait être déclarée comptable envers le patron ou l'assureur.

22. — Ces objections ne devaient pas cependant prévaloir sur cette considération que la faculté de révision doit s'adapter d'une façon générale à toutes les indemnités, quelle qu'en soit la forme, à peine de méconnaître pour l'une ou l'autre des parties le droit d'obtenir que la réparation pécuniaire de l'accident soit mise en harmonie avec la nature et le degré de l'incapacité. Considérées de ce point de vue, les objections de droit ou de fait ci-dessus reproduites perdaient beaucoup de leur valeur et cessaient vraiment de pouvoir être considérées comme de péremptoires fins de non-recevoir à la reconnaissance intégrale du droit de révision.

Dès 1901, la Chambre des députés se prononçait en ce sens [1], et plus tard le rapporteur de la commission du Sénat, M. Chovet, justifiait son adhésion à cette disposition du projet dans les termes suivants : « Nous croyons qu'en réponse à ces objections « quelque peu subtiles, écrit M. Chovet, il est permis de dire « que les inconvénients qu'elles signalent sont bien légers en « présence des avantages qui peuvent résulter de la modifica- « tion proposée et que, d'ailleurs, le législateur est toujours « libre de faire quelque peu fléchir la rigueur des règles par « lui prescrites dans une loi antérieure.

« Aussi votre commission, d'accord avec le projet de loi, es- « time qu'il faut que la révision puisse se faire. En effet, ne « serait-il pas regrettable que l'ouvrier ayant obtenu une rente « inférieure à 100 francs, remplacée par un capital, ne pût « poursuivre la majoration de cette indemnité, si son incapacité « venait à s'aggraver, et que, de même, les ayants droit fus- « sent inaptes à demander la révision, si la victime était morte « des conséquences de l'accident dans les trois années qui ont « suivi la décision judiciaire? Une pareille restriction au prin- « cipe général posé par l'article 19 de la loi du 9 avr. 1898 ne « se justifierait pas suffisamment ; d'ailleurs, il va de soi qu'une « révision en sens inverse doit être aussi possible [2] ».

23. — Que l'attribution antérieure d'une indemnité permanente donne ouverture à l'exercice d'une action en révision, cette proposition est de toute évidence, la révision ayant précisément pour objet de mettre les indemnités de cette catégorie en rapport avec les changements survenus dans l'état du blessé, au cours du délai de trois ans fixé par l'article 19.

Mais, lorsque l'accident n'a donné lieu qu'à l'allocation d'une indemnité temporaire, cette indemnité est-elle une base suffisante à l'exercice d'une action en révision?

L'intérêt pratique de cette question apparaît lorsque, la gra-

---

(1) Projet du 3 juin 1901, art. 19 : « La demande en révision est ouverte... « même si la pension a été remplacée par un capital en conformité de l'ar- « ticle 21 » ; conf. rapport Mirman, 14 mai 1901, Ch. dép., Doc. parl., sess. ord., n° 2332, p. 348. — La doctrine s'était également prononcée en ce sens. Conf. Sachet, II, n°s 1355 *bis* et 1474 *bis*, et Bellom, n° 688.

(2) Chovet, premier rapport suppl., p. 46 et 47.

vité réelle de l'accident ne s'étant pas immédiatement révélée, il a pu sembler aux intéressés qu'une indemnité temporaire en constituerait une réparation suffisante. Si plus tard apparaît une incapacité permanente, la victime de l'accident est-elle autorisée à conclure à l'allocation d'une indemnité permanente alors que l'indemnité journalière a cessé de lui être payée? Pratiquement, cette question ne se pose qu'autant que, le délai annal de la prescription étant expiré, la victime n'a d'autre voie que l'action en révision pour se faire tenir compte de l'incapacité permanente dont elle est définitivement atteinte.

Si donc la victime d'un accident a obtenu, par suite d'un accord amiable ou d'un règlement judiciaire, l'allocation d'une indemnité temporaire, lui est-elle un titre suffisant pour intenter une action en révision tendant à l'attribution d'une indemnité permanente?

Ce n'est d'ailleurs que sous cette forme que peut se produire la révision des indemnités temporaires. A la différence des indemnités permanentes dont le taux est sujet à varier suivant certains événements énumérés par l'article 19, § 1, l'indemnité temporaire, au contraire, est fixée à un chiffre invariable, indépendant des changements survenus dans l'état du blessé, d'où il suit que l'action en révision ne saurait, ainsi que pour les rentes, tendre à en augmenter ou diminuer le taux. L'unique et exclusif objet de la révision est ici d'autoriser la victime à réclamer l'allocation d'une rente alors que, dès l'origine, son incapacité n'avait paru comporter qu'une indemnité temporaire.

24. — Sous l'empire de la loi du 9 avril 1898, de sérieuses divergences s'étaient produites en jurisprudence. Alors en effet que la Cour de cassation et certaines Cours d'appel, ne reconnaissant d'autre objet à l'action en révision que de modifier le taux des indemnités permanentes, écartaient toute demande de révision fondée sur l'allocation antérieure d'une indemnité journalière, d'autres Cours d'appel, au contraire, se montraient favorables à la révision de ces sortes d'indemnités dans le délai triennal de l'article 19.

25. — En disposant, en termes exprès, que la révision doit être précédée d'un accord des parties ou d'une décision définitive, le législateur, disait-on, n'avait pu perdre de vue que ces faits sont ceux-là mêmes d'où naissent les indemnités permanentes, et cette concordance des termes de l'article 19 avec ceux de l'article 16 ne pouvait s'interpréter que comme une désignation implicite mais néanmoins très claire des indemnités permanentes, à l'exclusion des indemnités journalières auxquelles la révision devenait ainsi inapplicable (1) Et l'on invoquait à l'appui de cette conception restrictive du domaine de la révision, une disposition postérieure de la loi du 22 mars 1902, assignant comme point de départ à la prescription annale de l'article 18, « la cessation du paiement de l'indemnité temporaire ». Or, à quoi eût-il servi d'édicter cette règle nouvelle si « le fait seul « que cette indemnité a été touchée par la victime autorisait déjà « celle-ci à demander pendant trois ans sous la forme d'une révi-« sion, l'allocation de la rente viagère à laquelle lui donnerait « droit son incapacité devenue permanente par suite des consé-« quences de l'accident (2) » ?

Enfin la Cour de cassation s'appuyait sur cette considération que cette conception restrictive du domaine de la révision constituait une sauvegarde des intérêts des chefs d'entreprise. En limitant la sphère d'application de la révision aux seuls accidents ayant, au premier examen, donné lieu à une indemnité permanente, on obtenait ainsi la certitude qu'elle ne serait appliquée qu'à des accidents « dont les suites se révéleraient dans un délai assez « court pour permettre de contrôler facilement la relation de « l'accident avec l'incapacité permanente ». Au contraire, la rece-vabilité d'une action en révision exercée dans le délai de trois ans à l'occasion d'une incapacité jugée purement temporaire sou-lèverait les plus délicates questions de fait et irait directement à l'encontre de ce principe que la responsabilité du chef d'entre-prise ne doit être engagée qu'à l'occasion des suites directes d'accidents. Et si l'on objectait que le résultat de cette interpré-tation était de priver de toute indemnité un travailleur dont l'incapacité n'ayant présenté dès le début qu'un caractère tem-

(1) « Attendu qu'aux termes de l'article 16 de la loi du 9 avr. 1898, les « indemnités prévues au cas d'une incapacité permanente ou de mort sont « fixées soit par ordonnance du président du tribunal qui donne acte de l'ac-« cord des parties, soit par jugement ou arrêt, si l'accord n'a pas lieu ; que « l'indemnité dont l'article 19 permet de demander la révision pendant trois « ans, à dater de l'accord entre les parties ou de la décision, est celle qui a « été fixée, conformément aux prescriptions de l'article 16 et qui demeure « le titre de l'ouvrier ». Cass. req., 27 juin 1904 et 15 nov. 1904 (D. 1905. 1. 226 et 227); *Add.* Cass. civ., 6 janv. 1904 (D. 1904. 1. 73).

(2) Cass. civ., 31 janv. 1905 (D. 1905. 1. 228). Conf. sur cet arrêt les con-clusions contraires du rapport de M. le conseiller Reynaud. Cass. civ., 12 avr. 1905, *ibid.*, 230.

poraire s'était ultérieurement aggravée, on répondait qu'il ne fallait voir dans cette forclusion qu'une manifestation particulière du caractère forfaitaire de la loi elle-même (1).

26. — De nombreux arrêts de Cours d'appel s'étaient cependant prononcés en sens contraire. Fondés sur le terme générique *d'indemnité* qui se rencontre dans l'article 19 ainsi que sur certains passages des travaux préparatoires de la loi de 1898 (2) et s'appuyant d'autre part sur la nécessité de réserver à la victime d'accident — en cas de traumatisme à évolution lente — le moyen effectif d'obtenir une indemnité adéquate au degré réel de son incapacité, ces arrêts accordaient la révision des indemnités journalières au même titre que celles des indemnités permanentes (3).

27. — Pratiquement, l'interprétation de l'article 19 admise par la Cour de cassation était d'une extrême rigueur ; elle conduisait, en effet, à refuser toute indemnité aux blessés que des circonstances particulières, telles que l'ignorance des suites réelles de l'accident ou même l'impossibilité de les prévoir, avaient empêchés de conclure en temps utile à l'allocation d'une indemnité permanente.

Dès 1902, il est vrai, la rigueur de cette solution s'était notablement atténuée par une disposition nouvelle attribuant au paiement de l'indemnité temporaire, la force de suspendre le cours de la prescription. Dès lors en effet, la victime de l'accident était garantie contre l'accomplissement d'une prescription

(1) Cass. req., 9 mars 1905 (D. 1905. 1. 229) ; — Rennes, 30 déc. 1902 (D. 1904. 2. 111) ; — Paris, 20 nov. 1903 (*Rec. spéc.*, IV, 311) ; — Paris, 7 mai 1904, deux arrêts, *ibid.*, V, 20 et 22 ; — Lyon, 24 févr. 1904, *ibid.*, 69 ; — Bordeaux, 5 mars 1903, *ibid.*

(2) M. Ricard s'était, en effet, exprimé ainsi dans son Rapport de 1893 : « Dans beaucoup de cas, écrivait-il, les blessures qui originairement « avaient paru ne devoir entraîner qu'une incapacité temporaire ou qu'une « incapacité partielle s'aggravent considérablement par la suite ; souvent « elles produisent dans l'état général de la victime des complications imprévues de nature à entraîner, soit l'impotence absolue, soit même la « mort. Il eût été souverainement injuste de ne pas admettre, en pareil cas, « la révision des indemnités conférées » *Add.* Sénat, séances du 25 et du « 26 nov. 1895, p. 956 et 961.

(3) Voy. notamment Douai, 24 juin 1901 (D. 1904. 2. 104) ; Limoges, 6 févr. 1903, confirmé en appel, 2 juin 1903 (*ibid.*, 104) ; — Douai, 21 avr. 1902 (*ibid.*, 106) ; — Grenoble, 30 mai 1902 (*ibid.*, 107) ; — Douai, 11 août 1902 (*ibid.*, 109) ; — Douai, 25 nov. 1902 (*ibid.*, 110) ; — Dijon, 15 déc. 1902 (*ibid.*, 112) ; — Douai, 9 mars 1903 (*ibid.*, 111) ; et Versailles, 24 déc. 1903 (*ibid.*, 116). — Conf. la note de M. Dupuich sur les arrêts précités.

annale que ne lui permettait pas d'éviter le texte originaire de
la loi du 9 avr. 1898 ; mais cette innovation, bien qu'elle assurât
à la victime de l'accident le droit d'agir pendant une année à
compter de la cessation du paiement de l'indemnité temporaire,
était loin d'enlever tout intérêt à la possibilité d'une révision de
ces indemnités, l'indemnitaire devant disposer alors d'un délai
de trois années pour exercer un droit fondé sur l'article 19.

Sous ce rapport, la victime de l'accident ne trouvait donc à
l'allocation d'une indemnité temporaire qu'une sécurité très inférieure à celle que lui eût assurée l'attribution d'une indemnité
permanente. Or, la justice exigeant que l'indemnisation soit indépendante du caractère temporaire ou permanent de l'indemnité tout d'abord allouée, une réforme nouvelle était nécessaire
dont M. Mirman faisait ainsi ressortir l'urgence :

« Un ouvrier est blessé ; le médecin déclare qu'il n'y a qu'une
« incapacité temporaire, qu'aucune infirmité permanente n'est à
« craindre ; l'affaire n'est pas évoquée devant le tribunal ; l'ou-
« vrier qui se croit indemne ne l'y porte pas ; il a reçu un demi-
« salaire, peut-être son salaire intégral pendant un certain nom-
« bre de semaines, il se croit guéri ; il est d'accord avec son
« patron et ne réclame rien ; un certain temps après, son état se
« modifie, s'aggrave, les conséquences lointaines mais directes
« de l'accident sont établies ; l'incapacité permanente est mani-
« feste ; il demande la révision. Il n'y a pas eu décision définitive,
« puisqu'il n'y avait aucune raison, en effet, pour que le tribu-
« nal fût saisi. Il n'y a pas eu accord légal intervenu devant le
« Président et consacré par un procès-verbal de conciliation,
« puisque, encore une fois, l'ouvrier, ne se croyant pas exposé à
« une incapacité permanente, n'a pu songer un instant à deman-
« der à comparaître devant le Président pour déterminer, d'ac-
« cord avec son patron, la quotité d'une rente à laquelle à ce
« moment il ne pensait pas et ne paraissait pas avoir droit.
« Donc, d'après la doctrine ci-dessus indiquée, il ne peut avoir
« recours à la révision (1).

-----

(1) Sur cette première partie de l'argumentation de M. Mirman, M. le
conseiller Reynaud (Rapport précité) observe avec raison qu'une sentence de juge de paix ou un accord entre les parties accordant une indemnité journalière équivalent pleinement à toute autre décision judiciaire ou
à un accord homologué, pour servir de point de départ au délai de révision.
Ce n'était donc pas sur la difficulté d'établir ce point de départ mais bien
sur l'existence du droit lui-même que portait effectivement le débat.

« Et cependant le législateur a voulu établir la révision pour
« de tels cas. Son intention résulte clairement des débats qui se
« sont institués au Sénat, en novembre 1895..... Mais, dit-on,
« cette indemnité du demi-salaire a un caractère forfaitaire, elle
« ne peut ni au moment où l'ouvrier la reçoit ni, plus tard, être
« augmentée. Sans doute, et les mots « révision de l'indemnité »
« ont, en effet, un autre sens, j'accorde au surplus qu'ils sont
« mal choisis. Il s'agit de réviser la réparation pécuniaire accor-
« dée à la victime ; il s'agit de décider que l'indemnité de demi-
« salaire payée pendant la durée de chômage qui a suivi immé-
« diatement l'accident constitue une réparation insuffisante étant
« donné l'aggravation ultérieure survenue dans l'état de la vic-
« time (1) ».

28. — Ce lumineux exposé démontre que l'extension du droit
de révision est de nécessité évidente pour assurer à la victime de
l'accident l'intégrale réparation à laquelle elle a droit. C'est
donc à très juste titre que la loi du 31 mars 1905 a mis un terme
à toute interprétation restrictive du texte de l'article 19, en
décidant implicitement que l'allocation d'une indemnité temporaire peut, tout aussi bien que l'indemnité permanente, fournir
une base suffisante à l'exercice d'une action en révision. Pour
implicite que soit cette solution, elle n'en est pas moins certaine,
le texte nouveau de l'article 19 décidant que la demande en révision est « ouverte pendant trois ans à compter, soit de la date
« à laquelle cesse d'être due l'indemnité journalière s'il n'y a
« point eu attribution de rente », ce qui donne clairement à entendre que l'existence antérieure d'une indemnité journalière est
réputée suffisante (2).

Donc, sans rien abandonner de cette règle fondamentale que
l'indemnité temporaire échappe, à raison de son invariabilité, à
toute révision de son chiffre, la loi nouvelle reconnaît, du moins,
à cette indemnité le pouvoir de réserver, pour l'avenir, l'éventualité d'une révision et, avec d'autant plus de raison, que le seul fait
de l'allocation de cette indemnité révèle l'existence d'une incapacité dont il est aussi nécessaire de suivre l'évolution que si
elle avait, dès le début, présenté un caractère permanent. Dans

---

(1) Rapport Mirman du 24 déc. 1904, n° 2181, p. 16. — *Add.* Proposition
Mirman du 12 mars 1903. Ann., n° 811. Ch., Doc. Parl., sess. ord., 1903,
p. 275 et suiv. Exposé des motifs; p. 276.

(2) Cambrai, 28 déc. 1905, *Droit*, 29 mars 1906 ;—Cass. civ., 13 févr. 1906,
Bull. min. Comm., VI, 195 ; — Cass. civ., 29 mai 1906, *ibid.*, VII, 51.

le système de la loi du 31 mars 1905, l'indemnité temporaire est donc conservatoire du droit de réclamer ultérieurement une révision aboutissant à l'attribution d'une rente viagère ; solution d'une urgence manifeste dans toutes les circonstances où l'incapacité n'atteint que par degrés son caractère définitif(1).

29. — Cette disposition de la loi du 31 mars 1905 ne constitue pas, à proprement parler, une innovation, mais plutôt une interprétation de la pensée originaire du législateur de 1898. Sur ce point, M. Mirman s'est montré particulièrement affirmatif dans ce passage de l'un des rapports qui vaut d'être rappelé : « Vous voudrez, Messieurs, écrivait-il, par un texte interprétatif « de la loi de 1898, ne laisser place à aucune équivoque et garan- « tir aux victimes un droit que vos prédécesseurs ont sans doute « entendu leur donner et qu'ils ont eu tort de proclamer en ter- « mes insuffisamment précis (2). »

Par là s'atteste la pensée du législateur de faire prévaloir une solution que l'on pouvait déjà déduire des termes très généraux de l'ancien article 19.

Et d'ailleurs, ne résultait-elle pas déjà de déclarations très formelles où s'était fait jour, dès 1893, la volonté du législateur d'étendre la révision aux indemnités temporaires (3) ?

---

(1) La disposition de l'article 19, § 1 apparait pour la première fois dans le projet déposé par la Commission du Sénat, le 17 mars 1904 ; aux termes de cette rédaction, qui diffère notablement du texte définitif, en ce qui concerne la fixation du point de départ du délai de révision, la révision est ouverte pendant trois ans à dater « soit de la cessation du paiement de l'indemnité « journalière, s'il n'y a point eu attribution de rente... ». Mais c'est en vain que l'on chercherait soit dans le rapport de M. Chovet (2ᵉ rapport supplémentaire), soit dans la délibération du Sénat (séances des 21 juin et 1ᵉʳ décembre 1904, où l'article 19 a été adopté sans discussion), l'explication de cette disposition ; les motifs n'en ont été donnés que par M. Mirman (Rapport du 24 déc. 1904, précité).

(2) Mirman, Rapport du 24 déc. 1904, nº 2181, p. 16. — *Add.* Chovet, Rapport du 23 févr. 1905, p. 8. « La Chambre des députés, porte ce docu- « ment, tout en introduisant avec le Sénat un nouveau point de départ du « délai de révision, a consacré *à titre interprétatif* la conception du légis- « lateur de 1898, qui avait voulu réserver le bénéfice de révision aussi bien « quand l'incapacité de travail, d'abord présumée temporaire n'est appa- « rue *permanente* que postérieurement..... ».

(3) M. Ricard, en effet, admettait l'application de la révision aux indemnités temporaires en des termes qui pourraient servir de commentaire à la loi du 31 mars 1905. « Dans beaucoup de cas, écrivait-il, les blessures qui « originairement avaient paru ne devoir entraîner qu'une incapacité tem- « poraire partielle s'aggravent considérablement par la suite ; il eût été sou-

Du caractère purement interprétatif de la disposition nouvelle, l'on est fondé à conclure qu'elle est rétroactive, donc susceptible de s'appliquer aux faits antérieurs à sa promulgation.

Mais il doit être bien entendu que cette solution n'a de valeur qu'en ce qui concerne la possibilité de révision des indemnités temporaires. C'est dans cette mesure très limitée que la loi du 31 mars 1905 présente vraiment un caractère interprétatif. Tout autre est, ainsi que nous le démontrerons plus loin, le caractère de la disposition fixant le point de départ du délai de la révision en cette matière spéciale [1].

3° Conditions de recevabilité de la révision.

30. — Étant donnée l'existence de l'une des causes de révision admises par l'article 19, § 1, l'action en révision n'est recevable qu'autant qu'elle satisfait aux conditions ci-après énumérées.

La première de ces conditions est qu'une indemnité temporaire ou permanente ait été attribuée à la victime de l'accident par un accord intervenu entre les parties ou une décision passée en force de chose jugée (art. 19, § 1) [2].

« vraiment injuste de ne pas admettre, en pareil cas, la révision des in-« demnités ». (Rapport de 1893, p. 35). Cette déclaration fournissait, en dehors du texte de l'article 19 visant d'une façon générale des « indemnités », un excellent argument pour justifier l'extension de l'action en révision aux indemnités temporaires.

(1) Voy. *infrà*. — Cass. civ., 12 avr. 1905, Dall. 1905. 1. 230. Coof. Rapport de M. le conseiller Reynaud, *ibid.*, 229. *Add.* Cass. civ., 16 mai 1905, 18 juill. 1905, 13 févr. 1906, *Bull. min. Comm.*, VI, 2, p. 143, 162 et 195 et 29 mai 1906, *ibid.*, VII, 2. 51.

(2) Il convient de remarquer que l'équivalence des titres amiables ou judiciaires n'a pas été acceptée de prime d'abord par le législateur.

Dans le projet adopté par la Chambre des députés en 1893, la révision des indemnités n'était possible (art. 54) que dans un délai de trois années à compter de la décision définitive. C'était contraindre les parties à faire préalablement fixer par l'autorité judiciaire le montant des indemnités, ne fût-ce que pour se ménager la voie d'une révision ultérieure, alors qu'il est au contraire dans l'esprit de la loi de faciliter un règlement amiable. Mais pour que ce règlement fût possible, encore fallait-il que les parties pussent s'entendre sur le principe de l'indemnité, sans rien compromettre de leurs droits éventuels à une révision. « Nous avons pensé, écrivait M. Poirrier, que cette « rédaction (celle de l'article 34, précité) pouvait être critiquée parce que, « en indiquant comme point de départ du délai de la révision, la date de la « décision définitive, elle avait l'air d'impliquer que, dans tous les cas, une « décision judiciaire devait intervenir, alors que dans la réalité, il arrive et « il arrivera le plus souvent, nous l'espérons du moins, que tout se réglera

La seconde que la demande en révision soit formée dans un
délai de trois ans, « à compter, soit de la date à laquelle
« cesse d'être due l'indemnité journalière, s'il n'y a point eu
« attribution de rente, soit de l'accord intervenu entre les parties
« ou de la décision passée en force de chose jugée » (*ibid.*).

A. — ATTRIBUTION PRÉALABLE D'UNE INDEMNITÉ.

31. — La fonction propre de la révision étant de mettre l'indemnisation de la victime de l'accident en harmonie avec les
changements survenus dans son état postérieurement au règlement primitif de son droit, il en résulte nécessairement que la
recevabilité de toute action fondée sur l'article 19, § 1 est subordonnée à l'attribution antérieure — judiciaire ou extrajudiciaire
— d'une indemnité. A défaut de cette condition première, ce
n'est pas la voie de la révision qui est ouverte à la victime, mais
une action directe en attribution d'indemnité, celle-ci régie à
tous égards par les dispositions générales de la loi du 9 avr. 1898.

L'existence d'une indemnité, quelle qu'en soit la nature, —
permanente ou temporaire — est nécessaire mais suffisante.
Sur ce point particulier, la loi du 31 mars 1905 a, ainsi qu'on
l'a vu plus haut, très heureusement éclairci la disposition correspondante de la loi du 9 avr. 1898 et mis un terme aux doutes
qui s'étaient élevés à l'égard des indemnités temporaires.

32. — Le titre requis par l'article 19, § 1, pour servir de base
à une action en révision, doit, aux termes de cette disposition,
consister soit en un accord intervenu entre les parties, soit en
une décision passée en force de chose jugée liquidant l'indemnité — permanente ou temporaire — sujette à révision.

33. — Une indemnité temporaire ou permanente n'est réputée
exister au sens de l'article 19 et, par suite, ne peut servir de base
à une action en révision qu'autant qu'elle s'appuie sur un accord
préalable dont les conditions de forme diffèrent suivant la nature
propre des indemnités.

34. — L'accord auquel se réfère l'article 19 doit, pour servir
de base à la révision, satisfaire aux conditions de forme et de
fond instituées par la loi.

Au point de vue de la forme, seuls, les accords relatifs aux in-

---

« à l'amiable entre le patron et l'ouvrier ou ses représentants ». — **Rapport**
précité, 26 nov. 1895, Sén. Sess., 962.

demnités permanentes sont assujettis à certaines conditions résultant de l'article 16, § 2 modifié par la loi du 31 mars 1905.

Quant au fond, tout accord portant sur une indemnité quelconque, temporaire ou permanente, doit être, à peine de nullité, conforme aux dispositions générales de la loi (arg., art. 30).

35. — En ce qui concerne les indemnités temporaires, l'accord visé par l'article 19, § 1 est toute entente purement amiable, conclue en dehors de toute intervention de l'autorité judiciaire. Il importe d'observer que ce caractère est propre aux accords concernant les indemnités temporaires, ceux relatifs aux indemnités permanentes devant, ainsi que nous l'établirons plus tard, être revêtus de l'homologation du Président du Tribunal conformément à l'article 16, § 2 [1].

En tant que ces accords se bornent à la reconnaissance du droit à l'indemnité journalière et en fixent le montant [2], nul doute qu'ils puissent servir de base à une action en révision, par cette raison très simple que de tels accords tirent une force suffisante de la volonté seule des parties; celles-ci ayant en effet pleine qualité pour liquider — en dehors de toute intervention de l'autorité judiciaire — l'indemnité temporaire [3].

36. — Lors au contraire que les parties ont, en fixant l'indemnité journalière, expressément stipulé l'exclusion de toute indemnité permanente, naît la question de savoir si cet accord satisfait à la disposition de l'article 19, § 1.

La raison de douter est que cet accord semble, par cela seul qu'il dispose du droit à une indemnité permanente, devoir

(1) Besançon, 29 janv. 1902 (*Bull. min. Comm.*, II, 2. 169); Grenoble, 30 mai 1902 (*Gaz. Trib.*, 1902, II, 297).

(2) Il suffit d'ailleurs que cet accord soit implicite. Si donc l'ouvrier avait obtenu le paiement intégral de son salaire pendant toute la durée de son incapacité temporaire, cet accord vaudrait comme reconnaissance implicite du droit au demi-salaire et, à ce titre, pourrait servir de base à l'exercice ultérieur d'une action en révision. Nancy, 23 juin 1904, *Bull. min. Comm.*, V, 2.59.

(3) C'est là une innovation résultant de la loi du 31 mars 1905. Sous l'empire de la loi du 9 avr. 1898 en effet, il était généralement admis que les seuls accords donnant ouverture à révision étaient ceux-là seuls qui donnent lieu à une ordonnance du Président, dans les termes de l'article 16, § 2. Or, les indemnités temporaires ne pouvant donner lieu à aucun accord de ce genre et l'accord amiable, le seul dont elles soient susceptibles, étant d'autre part destitué de tout effet au point de vue de la révision, il en résultait que la convention des parties ne pouvait être considérée comme rentrant dans les termes de l'article 19, § 1.

être soumis à l'homologation du Président du Tribunal conformément à l'article 16, § 2.

« L'accord qui consiste à reconnaître le droit de la victime à « une indemnité journalière seulement... est en réalité, écrit « M. Wahl, un accord sur la rente viagère, puisqu'il équivaut à « refuser à la victime de l'accident tout droit à cette rente [1] ».

Or, tout accord portant sur cet objet doit être soumis au Président du Tribunal [2].

Enfin, peut-on dire, de même que les pouvoirs du juge de paix expirent dès que leur exercice aurait pour résultat de régler, à un point de vue quelconque, une indemnité permanente, de même et pour des raisons identiques, la liberté des conventions ne saurait empiéter sur la compétence réservée au Président du Tribunal.

Cette objection ne tient pas suffisamment compte de ce fait que l'article 16 ne restreint la liberté des conventions et n'investit le Président d'un pouvoir de contrôle que sur les accords portant directement règlement et attribution d'indemnités permanentes. En effet, l'obligation de saisir le Tribunal suppose, aux termes de l'article 16, § 2, l'existence « d'un accord écrit recon- « naissant le caractère permanent de l'incapacité ». Or, si l'on considère d'autre part que le Président ne peut exercer son contrôle que sur les accords qui lui sont expressément déférés par une disposition formelle, on est amené à conclure qu'aucune attribution de ce genre ne lui appartient en matière d'indemnité journalière, l'article 16, §§ 1 et 2 n'instituant son intervention qu'autant qu'il y a lieu à allocation d'une rente viagère.

En résumé, tout accord conventionnel portant sur une indemnité journalière constitue une base suffisante à l'exercice d'une action en révision, alors même que les parties se seraient prononcées pour l'exclusion de toute indemnité permanente [3].

37. — Si l'accord intervenu entre les parties à l'occasion d'une indemnité permanente est admis à servir de base à une action en révision, c'est à cette condition expressément formulée par l'article 19, § 3, que ledit accord soit « conforme aux pres- « criptions de la présente loi ». D'où il suit que tout accord fixant le principe ainsi que le taux d'une indemnité permanente

---

(1) Wahl, sous Cass. civ., 4 janv. 1904 (Sir. 1906. 1.98).

(2) Arg. art. 16, § 2.

3) Wahl, loc. cit.

doit, conformément à l'article 16, § 2, être revêtu de l'homologation du Président du Tribunal (1).

38. — Ces termes de « décision judiciaire passée en force de « chose jugée » ont été substitués par la loi du 31 mars 1905 à ceux de « décision définitive » qui se rencontraient dans le texte originaire de 1898. L'avantage de cette dernière rédaction est de dissiper les doutes qui s'étaient élevés sur le caractère requis du jugement portant attribution d'indemnité. Désormais aucune difficulté ne peut s'élever sur ce point que la décision judiciaire susceptible de servir de base à une action en révision doit être à l'abri de toute voie de recours ordinaire ou extraordinaire.

Nul doute d'ailleurs que la disposition de l'article 19 soit commune aux indemnités permanentes ou journalières. Cette assimilation est commandée par l'esprit général de la loi du 31 mars 1905, qui est d'écarter toute distinction entre indemnités, au point de vue de la base qu'elles peuvent fournir à la révision.

Donc, quelle que soit l'indemnité — permanente ou temporaire — sur laquelle elle est intervenue, toute décision présentant les caractères déterminés par l'article 19, §1, ouvre à la victime le droit de conclure ultérieurement à une révision de son droit.

39. — En l'absence d'une indemnité préalable dûment établie suivant les principes généraux, toute action, fût-elle fondée sur l'un quelconque des faits donnant ouverture à révision, doit être traitée comme une action principale en règlement d'indemnité et, à ce titre, assujettie à ses conditions de recevabilité.

De cette proposition générale dérivent les deux conséquences suivantes :

1° Toute action intentée en l'absence d'une indemnité préalable constitue au fond une demande principale, d'où l'on doit conclure qu'elle n'est recevable qu'autant qu'elle est intentée

(1) Il serait d'ailleurs contradictoire qu'un acte — tel qu'un accord purement amiable entaché d'une nullité d'ordre public — (Nancy, 30 nov. 1901, *Gaz. Pal.*, 1902. 1. 144; Grenoble, 30 mai 1902 (motifs), *Gaz. Trib.*, II, 297; Cass., 6 janv. 1904, Sir., 1904. 1. 88) pût servir de base à une action en révision. *Sic*, Sachet, t. 2, n° 1357 et n° 1873. Add. *Suppl.*, n° 2085. *Contrd*, Bellom, n° 687. Suivant cet auteur, tout accord, amiable ou non, pourvu qu'il soit d'ailleurs conforme aux dispositions générales de la loi du 9 avr. 1898, donne naissance à une indemnité dont la révision peut être ensuite demandée dans les termes de l'article 19. Conf. Nancy, 15 juill. 1901 (*Gaz. Pal.*, 1901. 2. 532).

dans le délai fixé par l'article 18, c'est-à-dire moins d'une année à dater du jour de l'accident (1). Sinon, l'action elle-même frappée d'irrecevabilité, par l'effet de la prescription, il eût été en effet inadmissible, et la victime de l'accident ne saurait prétendre échapper à cette déchéance à la faveur d'une demande de révision intentée dans le délai de trois ans fixé par l'article 19 (2).

2° L'existence d'un jugement antérieur déboutant la victime d'une demande d'indemnité, constitue une fin de non-recevoir opposable à toute action en révision ultérieure.

Mais, ainsi qu'il résultera des développements qui vont suivre, cette seconde conséquence est loin d'être absolue ; l'influence des décisions antérieures sur la recevabilité de la révision étant soumise à certaines conditions qui sont ci-après déterminées.

40. — Il n'y a lieu d'insister sur le degré d'influence de décisions antérieures qu'autant que le résultat en a été d'écarter une demande d'indemnité antérieurement formée par la victime de l'accident. Dans quelle mesure l'existence de semblables décisions met-elle donc obstacle à l'exercice utile d'une action en révision ?

Étant donné que la révision ne peut être un moyen indirect d'ébranler l'autorité de la chose jugée, il apparaît nettement que ce droit ne peut s'exercer utilement qu'autant que ses effets éventuels sont conciliables avec le dispositif de décisions antérieures.

---

(1) Sous l'empire de la loi du 9 août 1898 existait un intérêt de procédure que la loi du 31 mars 1905 (art. 19, § 2) a fait disparaître en étendant à l'action en révision les conditions de compétence et de procédure assignées par les articles 16, 17 et 22 aux demandes principales en indemnité.

(2) Sur l'irrecevabilité d'une demande en révision lorsque l'action principale en indemnité est éteinte par la prescription, Voy. Douai, 21 mai 1901 (S. 1902. 2. 62). — Pratiquement, il en résulte que si les suites réelles d'un accident ne se sont révélées dans toute leur gravité, qu'après le délai de la prescription, la victime bien que frappée d'incapacité permanente est irrecevable à obtenir aucune indemnité ni par action directe, celle-ci étant prescrite, ni par voie de demande en révision, celle-là ne rencontrant pas la condition exigée pour son exercice régulier. Conf. en ce sens les déclarations de MM. Blavier et Demôle en réponse à une observation de M. Félix Martin. Sénat, séance du 25 nov. 1895, p. 956 et 957. — L'indépendance des actions en indemnité et en révision se manifeste encore à cet autre point de vue qu'une demande en révision doit être écartée en appel comme demande nouvelle (art. 464, Ç. proc. civ.) lorsque l'action en attribution d'une rente viagère a été déclarée prescrite en première instance. Douai précité.

41. — Si donc l'on suppose tout d'abord que la demande originaire en indemnité a été écartée par un moyen tiré du fond du droit, tel que l'absence de lien entre l'accident et le travail ou le non-assujettissement du chef d'entreprise au risque professionnel, il est de toute évidence qu'une demande de révision ne pourrait être déclarée recevable, sans heurter de front l'autorité de la chose jugée. Peu importe, en effet, que l'état de la victime ait, depuis le rejet de sa première demande et pour l'une des causes ci-dessus indiquées, subi quelques changements ; il n'en peut être tenu compte à l'occasion d'un fait qui, par suite d'une décision passée en force de chose jugée, a été réputé être indépendant du risque professionnel ou ne devoir donner lieu à aucune indemnité [1].

De même si un jugement antérieur a relevé à la charge de l'une ou l'autre des parties l'existence d'une faute inexcusable, il doit être tenu compte du taux adopté par les premiers juges comme sanction de cette faute exceptionnelle dans l'instance en révision.

En résumé, l'autorité d'un jugement antérieur met obstacle, en tant qu'elle détermine les conditions générales de la responsabilité [2], ainsi que le mode de calcul de l'indemnité, à toute décision contraire rendue à l'occasion d'une demande en révision.

42. — Il est d'autres décisions au contraire dont il est permis d'affirmer qu'elles ne mettent nullement obstacle à la recevabilité de la révision alors même que le demandeur eût été débouté de sa demande originaire.

---

[1] Paris, 23 juin 1906 (*Gaz. Trib.*, 14 sept. 1906). — La victime de l'accident serait d'ailleurs irrecevable à attaquer par la voie de la révision une décision antérieure, en se fondant sur une erreur de diagnostic. Bordeaux, 31 juill. 1902 (*Bull. min. Comm.*, III, 2. 129).

[2] Rigoureusement conforme au principe de l'article 1351 du Code civil, cette solution n'est pas moins, dans certaines circonstances, d'une excessive dureté ; elle peut aboutir en fait à priver de toute indemnité un travailleur dont l'état d'invalidité est la suite manifeste d'un accident antérieur non discerné par les premiers juges. Conf. Sachet, II, n° 1358. — *Contrà*, Bellom, n° 688. Suivant cet auteur, le rejet d'une demande en indemnité ne met pas nécessairement obstacle à une action ultérieure en révision, au moins lorsque cette décision a été motivée par l'absence de toute incapacité permanente au moment du jugement de cette demande. « Si ultérieurement, « écrit cet auteur, le caractère permanent de l'incapacité se manifeste dans « un délai de trois ans compté de la date de la décision judiciaire susvisée, « le blessé pourra saisir le tribunal d'une demande en révision fondée sur « l'aggravation de son état ».

C'est ainsi qu'une décision déclarant prescrite ou rejetant pour toute autre cause une demande de rente viagère n'est nullement inconciliable avec l'admission d'une demande de révision fondée sur l'attribution antérieure d'une indemnité temporaire. Aucune contradiction de nature à violer la règle de l'article 1351 n'existe entre deux solutions successives, la première opposant la prescription à une demande de rente viagère, la seconde accueillant la révision à raison de changements survenus dans l'état du blessé.

Bien qu'elles tendent l'une et l'autre au même objet, à savoir l'allocation d'une indemnité permanente, ces deux actions n'en sont pas moins juridiquement très distinctes l'une de l'autre. Au fond, « la décision définitive qui dit prescrite l'action en « indemnité ne fait donc pas d'obstacle à ce que l'action en ré- « vision de l'indemnité journalière puisse être déclarée receva- « ble (1).

N'est-ce pas d'ailleurs entrer dans les vues du législateur que d'admettre l'exercice de l'action en révision dans les conditions ci-dessus exposées? Nous le croyons d'autant plus fermement que « l'article 19 a été écrit par le législateur pour tempérer les « rigueurs de l'article 18; qu'il est le correctif nécessaire et voulu « d'une prescription si courte qu'elle frappait les victimes du « travail parfois avant qu'elles fussent en mesure de justifier « leur action (2) ».

A fortiori, en sera-t-il de même si la demande originaire n'a été écartée que pour un motif de pur fait tel que l'inexistence, au moment où elle est intervenue, d'une situation qui ne s'est révélée que plus tard.

C'est ainsi qu'une première décision ayant refusé d'allouer une rente viagère, à raison de ce fait que l'accident ne paraissait devoir entraîner aucune incapacité permanente, le blessé pourrait certainement arguer d'une aggravation de son état pour obtenir, par voie de révision, l'allocation d'une rente à raison d'une aggravation transformant par exemple une incapacité temporaire en une incapacité permanente. Ce changement d'état constitue un fait nouveau, dont la constatation écarte toute possibilité de contradiction entre la solution primi-

---

(1) Cass. civ., 31 juill. 1906, *Droit*, 8 oct. 1906.

(2) Douai, 9 mars 1903, D. 1904. 2. 111 ; Douai, 25 nov. 1902, *ibid.*, 109; Douai, 21 avr. 1902, *ibid.*, 106. Cass. civ., 15 mai 1905, *Droit*, 21 oct. 1905, et Cass. civ., 31 juill. 1906, précité.

tive et la décision à intervenir sur la demande de révision[1].

Au surplus, cette solution n'est qu'une conséquence logique du principe introduit dans l'article 19, § 1 par le législateur de 1905, à savoir que l'incapacité temporaire — au moins lorsqu'elle a donné lieu à indemnité — est sujette à révision.

43. — La révision ayant été instituée en vue de mettre le taux des indemnités en harmonie parfaite avec le degré d'incapacité dûment constatée par le juge, il en résulte que le caractère général de toute décision portant révision d'une indemnité préconstituée est d'être provisionnelle et de réserver l'avenir de telle sorte que le juge puisse tenir compte de toute modification survenue dans le délai imparti pour l'exercice de l'action ouverte aux intéressés par l'article 19.

Or, cette disposition ne contenant d'ailleurs aucune limitation du nombre des demandes successives de révision dont un même accident peut être l'occasion, on en doit conclure que l'action compétant, suivant les cas, soit au patron, soit à la victime, leur est ouverte autant de fois qu'il est nécessaire pour mettre l'indemnité en harmonie avec les suites réelles de l'accident. Durant le délai de trois ans imparti par l'article 19, § 1, aucune action en révision ne peut donc se heurter à l'autorité de chose jugée résultant de décisions antérieures, pourvu du moins qu'elle repose sur l'allégation de faits nouveaux à l'égard desquels ne soit encore intervenue aucune décision judiciaire. De telles actions ne peuvent se heurter à aucune autre fin de non-recevoir que celle résultant de l'expiration du délai triennal[2].

`B. — Délai de la révision.

44. — Aux termes de l'article 19, § 1, la durée du délai de la révision est de trois ans.

Ainsi, il ne suffit pas qu'un lien de connexité soit constaté

---

(1) Dijon, 12 déc. 1902, D. 1904. 2, 110; Limoges, 2 juin 1903, *ibid.*, 114; Donai, précité, 25 nov. 1902, *ibid.*, 109; Versailles, 24 déc. 1903, *ibid.*, 116; Cass. civ., 12 avr. 1905, D. 1905. 1. 250.

(2) Cass. req., 9 janv. 1906, *Bull. min. Comm.*, VI, 191. Trib. Seine, 24 nov. 1903, *ibid.*, 50, et Mirande, 24 nov. 1903, *ibid.*, 51. Ce dernier jugement observe avec raison que ces demandes successives de révision ne sont recevables qu'autant qu'elles sont formées dans les trois ans, à compter de l'accord des parties, de la décision judiciaire fixant l'indemnité ou de la cessation du paiement de l'indemnité journalière, d'où il suit qu'en aucun cas la dernière demande en révision ne doit être considérée comme le point de départ du délai triennal accordé aux parties par l'article 19, § 1.

entre tels changements survenus dans le degré d'infirmité de la
victime et l'accident qui a donné lieu à l'allocation d'une indemnité primitive, encore faut-il que ces changements se produisent
en un certain temps légal, à peine d'être destitués de tout effet
sur la consistance de l'indemnité.

En assignant cette durée à la recevabilité des demandes de
révision, alors qu'une justice idéale eût exigé au contraire que
tout changement, à quelque époque qu'il se produisît, fût pris en
considération soit pour réduire, soit pour augmenter le montant
de l'indemnité, pourvu seulement qu'il fût une suite de l'accident, le législateur n'a fait qu'obéir aux considérations qui l'ont
entraîné d'autre part à limiter à une année la durée de l'action
principale en indemnité.

A mesure que l'on s'éloigne de l'accident, les causes réelles des
modifications survenues dans l'état physique de l'indemnitaire
deviennent d'une constatation toujours plus incertaine; et comme,
d'autre part, la liquidation des indemnités ne peut demeurer
indéfiniment sujette à révision, un certain délai devait être
imparti à l'action en révision, délai d'une durée suffisante pour
sauvegarder les intérêts légitimes des indemnitaires, sans toutefois les autoriser à soulever des débats sans issue ou de solution
trop incertaine.

45. — Ce point de départ est ainsi fixé par l'article 19, § 1,
suivant qu'il s'agit de la révision d'indemnités permanentes ou
d'indemnités temporaires. « La demande en révision... est ou-
« verte pendant trois ans à compter, soit de la date à laquelle
« cesse d'être due l'indemnité journalière, s'il n'y a point eu
« attribution de rente, soit de l'accord intervenu entre les parties
« ou de la décision passée en force de chose jugée ».

De cette disposition se dégagent deux solutions distinctes :

1° Deux ordres de faits distincts — accord et décision judiciaire — servent concurremment de points de départ aux diverses
indemnités temporaires ou permanentes.

2° Un seul est particulier aux indemnités temporaires, à savoir
la date de cessation de leur exigibilité.

46. — Si cet accord est — ainsi qu'en matière d'indemnités
temporaires — affranchi de toutes formalités légales, la date du
délai se détermine par les mêmes moyens de preuve que l'existence même de cet accord. L'accord est-il constaté par écrit, la
preuve de sa date ressort de l'acte lui-même, sans qu'il soit
nécessaire d'exiger — le débat s'élevant entre parties contractan-

tes — qu'elle ait été rendue certaine par l'un des événements énumérés par l'article 1328. L'accord est-il purement verbal, la date en est établie par la preuve du paiement de l'indemnité temporaire.

Lorsque l'accord porte sur une indemnité permanente, aucune difficulté de preuve ne peut s'élever à l'occasion de sa date, l'ordonnance du Président rendue, dans les termes de l'article 16, § 2, ayant par elle-même date certaine.

47. — En ce qui concerne les décisions judiciaires attributives d'indemnité, on hésitait sous le régime de la loi du 9 avr. 1898 entre le jour où elles sont rendues et celui où elles deviennent définitives.

La loi du 31 mars 1905 a dissipé tous ces doutes. En effet, dans la rédaction nouvelle, les termes de « décision définitive » qui se rencontraient dans la loi originaire font place à ceux beaucoup plus clairs de « décision en force de chose jugée ». En conséquence, lorsque l'attribution d'une indemnité a donné lieu successivement à deux décisions successives, l'une en premier ressort, l'autre en appel, il est certain aujourd'hui que cette dernière seule fait courir le délai de révision à compter du jour où elle est devenue inattaquable.

Si l'indemnité a été allouée par un jugement de première instance non frappé d'appel, le point de départ du délai de révision est fixé au jour même où ce jugement a cessé de pouvoir être attaqué par aucune voie ordinaire ou extraordinaire[1].

Mais cette disposition nouvelle devant être considérée comme interprétative, nous en conclurons qu'elle est rétroactivement applicable aux décisions passées en force de chose jugée avant la promulgation de la loi du 31 mars 1905[2].

48. — Aux termes de l'article 19, § 1, le délai de révision des indemnités journalières peut, en dehors des points de départ ci-dessus indiqués, courir à compter de la date à laquelle cesse « d'être due l'indemnité journalière ». Or, la cessation de l'exigibilité de l'indemnité temporaire coïncidant, en règle générale, avec la cessation du paiement visée par l'article 18, ces deux dispositions sont en fait équivalentes. Toutefois, il est permis de penser que la rédaction de l'article 18 l'emporte en clarté et en précision sur celle de l'article 19, la cessation de paiement de

---

[1] Sachet, *Suppl.*, nᵒˢ 2086, 2087.
[2] *Ibid.*

l'indemnité journalière étant d'une constatation incomparablement plus facile et plus sûre que celle de l'exigibilité de cette indemnité.

Ces deux dispositions procèdent d'ailleurs d'un point de vue identique et tendent, chacune dans sa sphère, à prémunir les victimes d'accident contre les déceptions et les surprises auxquelles les expose le paiement prolongé d'une indemnité journalière qu'elles sont d'autant moins disposées à interrompre que le taux en est, le plus souvent, supérieur, en fait, au taux des rentes fixées par l'article 3. Au fond c'est donc pour un motif identique que les textes précités réservent, l'un la prescription, l'autre la révision tant que la victime bénéficie de l'indemnité journalière.

49. — En tant qu'il assigne ce point de départ particulier au délai de révision des indemnités journalières, l'article 19 réalise une innovation certaine. A aucun moment, en effet, la cessation de l'exigibilité de l'indemnité journalière n'a été considérée — même par les arrêts ou les auteurs admettant la révision de cette catégorie d'indemnités — comme susceptible de marquer le point de départ du délai de révision. Les arrêts rendus en ce sens sont, en effet, unanimes à faire courir ce délai à compter de l'un ou l'autre des événements — accord ou décision judiciaire — déjà mentionnés par l'article 19. Aussi bien, la rédaction originaire de cette disposition n'autorisait-elle que cette interprétation. Toute autre ne pouvait tirer son autorité que de la volonté expresse du législateur.

D'où nous conclurons que cette disposition nouvelle n'est applicable qu'aux faits postérieurs à la promulgation de la loi de 1905. Si donc l'indemnité journalière avait déjà cessé d'être due au moment de la mise en vigueur de cette loi, la révision serait irrecevable, à moins qu'elle ne s'appuyât sur l'un des faits visés par l'article 19 — accord ou décision judiciaire — antérieurs de moins de trois ans à la demande. Mais, par une conséquence logique de cette idée que la loi de 1905 est purement interprétative en ce qui concerne la possibilité de révision de l'indemnité journalière, nous déciderons que la cessation de l'exigibilité de cette indemnité constitue le point de départ du délai de révision, dès qu'elle s'est accomplie à une date postérieure à la mise en vigueur de cette loi (1).

(1) Conf. Dupuich, Note précitée, Dall., 1904. 2. 99 et suiv., et Sachet, Suppl., n° 2084.

50. — L'indemnité journalière cessant d'être due, soit au décès de la victime, soit au moment de la consolidation de la blessure, c'est à compter de l'un ou de l'autre de ces faits que commence à courir le délai de la révision.

Or, si l'on songe que le paiement de l'indemnité journalière est susceptible de se prolonger de longs mois, le résultat de l'article 19, § 1 peut être d'allonger démesurément le délai de la révision, et par là de rendre très incertaines les constatations sur lesquelles doit s'appuyer la décision du juge. Il est vrai que les opérations de la révision peuvent être tout aussi éloignées du jour de l'accident lorsqu'elles ont pour base un accord ou une décision judiciaire établissant l'existence d'une incapacité permanente. Mais on ne saurait méconnaître qu'entre ces deux hypothèses existe cette différence considérable que l'une suppose un acte antérieur établissant le caractère permanent d'une incapacité dont il s'agit seulement de constater le changement, alors que l'autre impose au juge l'obligation de reconstituer, à une époque parfois très éloignée de l'accident, le caractère initial ainsi que l'évolution de l'incapacité.

Sous ce point de vue, l'innovation réalisée par la loi du 31 mars 1905 n'est pas sans donner prise à la critique. Toutefois, il convient de remarquer qu'elle n'est au fond que le développement logique d'une idée déjà appliquée par la loi du 22 mars 1902 à la prescription elle-même. Dès lors en effet que la cessation du paiement de l'indemnité était admise à constituer le point de départ de la prescription, il était nécessaire que la même solution fût étendue au délai de la révision. Ainsi, la loi de 1902 et celle de 1905 se complètent l'une l'autre. Toutes deux procèdent d'une idée commune qui est d'assurer une indemnisation aussi complète que possible aux victimes d'accidents, fût-ce au prix de difficultés pratiques. C'est donc à tort que l'on verrait dans ces dispositions nouvelles un abandon du principe forfaitaire de la loi. Le sens de ce principe n'est pas de laisser à la charge des travailleurs les suites de l'accident, mais seulement de limiter le montant de la réparation pécuniaire à laquelle ils peuvent prétendre. Or, les lois de 1902 et 1905 n'ébranlent en aucune manière l'autorité de ce principe général. Loin d'apporter aucune modification au mode de calcul des indemnités, elles se bornent à élargir les conditions de la réparation pécuniaire des accidents du travail[1].

_____

[1] La cessation de l'exigibilité ou du paiement de l'indemnité journalière

51. — Le délai de trois ans accordé par l'article 19, § 1 pour l'exercice du droit de révision constitue un délai préfix et invariable dont la durée est, à la différence des délais de prescription, insusceptible de recevoir aucune extension.

Les raisons qui ont limité à trois années la durée de ce délai s'opposent rationnellement à toute prolongation dont le résultat direct serait d'ajourner l'examen des causes de révision et d'en rendre plus difficile, sinon impossible, le jugement.

D'autre part, la prorogation du délai de l'article 19, § 1 entraînerait ce résultat éventuel de retarder parfois indéfiniment l'attribution en espèces à la victime du quart du capital de la rente, attribution dont l'article 9 n'admet la possibilité qu'après l'expiration du délai de révision.

Enfin, ajouterons-nous, le texte de l'article 19, § 1 paraît favorable à cette solution plutôt qu'à celle qui admettrait la possibilité d'une prolongation de ce délai par voie de suspension ou d'interruption; car, ainsi qu'on l'a justement remarqué, cette disposition porte seulement que l'action en révision est *ouverte* pendant trois ans, sans laisser entendre qu'aucun événement puisse avoir pour effet d'en proroger les conditions de recevabilité [1].

52. — L'effet particulier de ce caractère préfix du délai de révision est d'exclure toute application des causes de suspension fondées par l'article 2252 sur la minorité ou l'interdiction des

coïncidant en général, il en résulte que le délai de la prescription et celui de la révision ont le même point de départ et courent simultanément durant l'année initiale; ce n'est qu'à l'expiration de cette première année que le délai de révision commence effectivement à courir, survivant ainsi de deux années à l'accomplissement de la prescription.

De cette inégalité des délais de prescription et de révision, il résulte logiquement que l'action en révision est encore recevable alors que l'action en indemnité est éteinte par la prescription. Pratiquement, il est donc permis à la victime de l'accident d'agir en révision alors que sa demande principale en indemnité s'est heurtée à une fin de non-recevoir tirée de la prescription. Qu'on ne croie pas cependant que ces deux solutions soient contradictoires. Ces deux actions sont distinctes l'une de l'autre tant dans leur objet que dans leurs conditions d'exercice, et l'on peut d'autant mieux admettre leur indépendance, que dans la pensée du législateur, la révision a pour fonction de corriger la brièveté du délai de prescription et de réserver au travailleur la faculté de justifier de l'existence d'un droit dont les éléments ont pu ne se constituer qu'après l'accomplissement du délai de la prescription. Conf. *suprà*, n° 42 et la note.

(1) Lorient, 10 mai 1904, *Bull. min. Comm.*, V, 2. 30.

ayants droit. Pratiquement nous ne nions pas qu'un mineur puisse être mis ainsi dans une réelle impossibilité d'exercer son droit, spécialement si le décès de son auteur survient quelques semaines ou quelques jours avant que le tuteur ait pu utilement intenter une action en révision. Mais pour écarter ce résultat éminemment regrettable, il n'est nullement nécessaire d'étendre au délai de révision les causes de suspension de la prescription; peut-être suffirait-il de réserver aux ayants droit, par une disposition formelle, le bénéfice d'un supplément de délai, de trois mois, par exemple, suffisant pour les mettre à l'abri de toute surprise [1].

53. — Conformément à la règle générale, qui n'admet aucune interruption du cours des délais réputés « préfix », nous déciderons qu'aucun acte interruptif n'est susceptible d'interrompre le cours du délai de révision. Sous ce rapport les conditions d'exercice de la révision et du droit principal à l'indemnité se différencient profondément, la prescription de ce droit étant au contraire susceptible d'interruption [2].

54. — La loi du 31 mars 1905 a abrogé, par cela seul qu'elle ne l'a pas reproduite, la disposition de la loi du 9 avr. 1898 (art. 19, § 2), aux termes de laquelle « le titre de pension n'est remis à la victime qu'après l'expiration du délai de trois ans ».

A vrai dire, l'inutilité de cette disposition était manifeste : Ou elle signifiait seulement que l'indemnité est irrévocablement fixée à l'expiration du délai légal, et elle ne faisait alors que réitérer une solution virtuellement contenue dans le § 1er; ou elle devait être prise au sens littéral, mais elle cessait alors de correspondre à aucune réalité pratique, car il n'est en fait délivré ni par les Compagnies d'assurances ni par la Caisse nationale des retraites, aucun titre de pension; aussi, est-ce à très juste titre que l'abrogation de cette partie finale du texte de l'article 19 a été prononcée par la loi de 1905.

« Quant à la suppression du dernier paragraphe de l'article 19,
« nous ne pouvons qu'approuver le projet de loi, a écrit M. Cho-
« vet [3]. En effet, dans la pratique, ce dernier paragraphe ne

---

(1) Conf. Sachet, t. II, nos 1371 et suiv.

(2) *Contrà*, Versailles, 4 janv. 1906, *Droit* du 17 janv. 1906. Ce jugement intervenu sur des faits régis par la loi du 9 avr. 1898 décide qu'une citation en conciliation, conforme à l'article 57 du Code de procédure civile, est interruptive du délai de révision.

(3) Rapport précité du 19 nov. 1903.

« correspond absolument à rien. Ni les Compagnies d'assuran-
« ces, ni la Caisse nationale des retraites ne délivrent de titre de
« pension. Les rentes sont des créances comme les autres pour
« lesquelles il n'est pas besoin de titre spécial. Ainsi que nous
« l'avons déjà dit au cours de la discussion, ce dernier paragra-
« phe de l'article 19 n'est resté dans le texte de la loi du 9 avr.
« 1898 que comme un vestige de l'ancien système d'assurances
« organisé par des projets antérieurs (1, »

4° *Effets de la révision.*

55. — L'effet caractéristique de la révision est de proportionner l'indemnisation de la victime à l'aggravation ou à la réduction d'incapacité résultant de circonstances survenues postérieurement à une première liquidation de l'indemnité.

Mais si cet effet est constant, il importe de remarquer qu'il se
produit de façon différente, suivant la mesure dans laquelle est
affecté l'état du blessé au point de vue de sa capacité de travail.

56. — S'agit-il d'une incapacité partielle dont une circonstance
postérieure à l'accident, a aggravé ou réduit le degré, le juge
recherchera dans quelle mesure cet élément nouveau influe sur
le taux du salaire que la victime demeure capable de gagner; la
conclusion de cette enquête sera de proportionner la rente viagère au nouvel état de la victime, soit donc de l'augmenter ou
de le diminuer suivant que la modification subie par le salaire
est supérieure ou inférieure aux constatations primitives.

57. — S'agit-il d'une incapacité qui, jugée d'abord partielle,
s'est ultérieurement transformée en incapacité absolue ou inversement, l'effet de la révision sera de faire passer l'indemnité du
régime de l'article 3, § 2 sous celui de l'article 3, § 3, ou réciproquement.

Pratiquement la révision aura donc ce résultat, suivant les
cas, de substituer à une rente viagère calculée primitivement sur
les deux tiers du salaire annuel, une nouvelle rente calculée sur
la moitié de la réduction subie par le salaire, ou d'entraîner
l'opération inverse.

58. — Lorsque la victime est décédée des suites de l'accident,
l'effet de la révision est d'accorder aux ayants droit — conjoint,

_____

(1) Conf. Mirman. Rapport du 14 mai 1904. Ann. n° 2332. Ch., sess. ord.,
348. — Projet adopté par la Ch. des dép., le 3 juin 1901.

enfants, ascendants ou descendants — les indemnités instituées par l'article 3, §§ 5, 7, 8 et 10.

59. — Conformément à la règle générale applicable aux décisions judiciaires portant règlement d'indemnité, les effets de la révision doivent rétroagir au jour où s'est produit le fait justifiant une augmentation ou une réduction de la réparation judiciaire due à la victime de l'accident. Rationnellement, c'est en effet à compter du jour où s'est réalisé un changement dans l'incapacité de la victime que naît pour elle ainsi que pour le chef d'entreprise ou l'assureur le droit de réclamer une modification de l'indemnité précédemment allouée. Juridiquement, c'est donc à cette même date que doit être fixé le point de départ des arrérages de la rente réduite ou augmentée par l'effet de la révision (1).

Fondée en raison et formulée d'ailleurs en termes exprès par la rédaction nouvelle de l'article 16, § 5, en ce qui concerne le point de départ des arrérages des rentes, cette solution a été virtuellement étendue à la révision par l'article 19 (loi du 31 mars 1905), lequel assujettit la révision à l'ensemble des dispositions contenues dans l'article 16.

60. — Accessoirement à sa demande principale, qui est soit la diminution ou l'augmentation d'une indemnité préexistante, soit l'allocation d'une rente aux ayants droit en cas de décès de la victime, le demandeur en révision — indemnitaire direct ou ayant cause — peut-il obtenir du Président l'allocation d'une provision fixée dans les conditions déterminées par l'article 16, § 4 (2)?

Sur le pouvoir du Président d'accorder cette provision jusqu'au jugement de la demande en révision, aucun doute n'est possible en présence de l'article 19, § 2, déclarant l'intégralité des dispositions de l'article 16 communes aux instances principales en indemnité et en révision. Toutefois, les conditions d'allocation

(1) Sous l'empire de la loi du 9 avr. 1898, la Cour de Douai s'était prononcée en ce sens que le point de départ de la rente revisée est, conformément aux principes généraux, le jour de la demande à l'exclusion de toute autre date, telle que la reprise du travail la constitution de la blessure ou la cessation de paiement de l'indemnité journalière (Douai, 16 mars 1903, Dall. 1904. 2. 112.

(2) La jurisprudence s'est prononcée en ce sens qu'en aucun cas le demandeur en révision n'est fondé à réclamer provisoirement le paiement de l'indemnité journalière. *Sic :* Bernay, 13 nov. 1900, *Bull. min. Comm.*, 1, 2, 122; Besançon, 6 juin 1900, *ibid.*, 134.

d'une provision soulèvent ici quelques difficultés particulières qu'il importe d'examiner.

Et d'abord, si l'on croit devoir s'en tenir à la lettre de l'article 16, § 4, aux termes duquel le Président ne peut que « substi-« tuer à l'indemnité journalière une provision inférieure au demi-« salaire », on est conduit à en subordonner l'allocation à ce fait que le demandeur jouit encore, au moment de l'instance en révision, de l'indemnité journalière [1].

Mais, dans ce système, ni le titulaire d'une rente viagère résultant d'une décision ou d'un accord antérieurs, ni la victime qui a cessé de toucher l'indemnité journalière au moment où elle forme une demande en révision ne seraient recevables à réclamer une provision.

Or, ces solutions nous paraissent trop rigoureuses en ce qu'elles aboutissent à priver de l'aide d'une allocation provisoire soit l'indemnitaire dont les ressources sont trop faibles pour lui permettre de subsister, soit a fortiori celui qui, dépourvu de toute indemnité, est atteint d'une incapacité de travail qui le prive de tout moyen d'existence [2].

Aussi préférons-nous décider qu'en toute circonstance, l'allocation d'une provision est justifiée dès que se manifeste la nécessité d'assurer au demandeur des ressources provisoires en cours d'instance.

Quant aux ayants droit que l'extinction de la rente viagère constituée sur la tête de leur auteur prive momentanément de ressources, l'allocation d'une provision ne requiert d'autre condition que d'être justifiée par leur dénûment [3].

Mais, il convient d'observer que, dans l'exercice des pouvoirs que lui confère l'article 16, le Président doit tenir compte en fait du degré de vraisemblance de la demande de révision et n'accorder une provision qu'autant que cette demande lui paraît fondée sur un sérieux commencement de preuve.

JULES CABOUAT.

---

(1) Sachet, *Suppl.*, n° 2096.

(2) Conf. Besançon, précité. — *Contrà*, Limoges (Trib. 6 janv. 1903, Dall. 1904. 2. 114). Cette décision rendue sous le régime de la loi de 1898 se fonde principalement sur cet argument de texte — devenu sans valeur depuis la loi du 31 mars 1905 — que l'article 16 est inapplicable aux demandes de révision.

(3) Sachet, *Suppl.*, n° 2096.

DES

MODIFICATIONS AUX CONTRATS

PAR VOLONTÉ UNILATÉRALE

Par M. René Demogue,

Professeur agrégé à la Faculté de droit de l'Université de Lille.

D'après l'article 1134, C. civ., « les conventions légalement formées tiennent lieu de loi à ceux qui les ont faites. Elles ne peuvent être révoquées que de leur consentement mutuel et pour les causes que la loi autorise ».

A lire cet article, il semble que le contrat une fois passé, ses conséquences vont se déduire logiquement, mécaniquement en quelque sorte, qu'il aboutira toujours sauf impossibilité à l'exécution en nature ou à l'exécution par équivalents. La convention doit dérouler toutes ses conséquences, elles ne seront arrêtées que par les révocations que la loi autorise. Le système est net, précis : l'acte produira toutes les suites qu'il doit engendrer, il ne s'arrétera que devant l'impossibilité, ou il cessera d'exister par suite de révocation ou de résolution (art. 1184). Les auteurs ne commentent que très brièvement une disposition si simple et si claire : quelques lignes, quelques pages au plus chez les plus développés.

Cependant il nous paraît que la règle de droit conventionnelle absolument comme la règle légale est destinée à se modifier dans certains cas, en face de circonstances imprévues, sans le consentement de tous les signataires. Sans doute cela n'apparaît pas toujours parce que les contrats sont souvent destinés à s'exécuter à brève échéance et sans que dans l'intervalle aucune situation nouvelle ne se soit produite. La question n'en a pas moins une grande importance : elle fait saisir mieux ce que doit être une convention.

Le contrat n'est pas une chose respectable en elle-même, parce qu'elle est un accord de volontés. On reviendra du fétichisme de la volonté individuelle qui a encombré le droit civil au xixᵉ siècle. Le contrat est respectable en fonction de la solidarité humaine. Une convention qui ne peut plus aboutir qu'à des conséquences en contradiction certaine avec l'intérêt général cesse telle qu'elle est de mériter une force obligatoire. Sans doute, toute inharmonie entre une convention et des circonstances nouvelles ne fait pas mériter au contrat un pareil sort. Car par cela seul que des personnes ont compté sur un certain état de fait devant résulter d'un contrat passé, il est de l'avantage de tous que cet état se réalise. Mais l'intérêt général à l'exécution d'un contrat peut exceptionnellement se trouver plus faible que cet autre intérêt général qui ne veut pas qu'un contrat mal adapté aux circonstances nouvelles s'exécute. Tout cela appelle un assouplissement des contrats aux circonstances, mais un assouplissement relatif, car autrement on irait à la destruction de la notion même de contrat qui implique celle de sécurité.

Avant de noter les cas où il peut y avoir possibilité de la modification du contrat par une volonté unilatérale, notons combien il est singulier à première vue que la question puisse se poser. On parle bien de rupture unilatérale des contrats, et l'article 1780 en est le plus frappant exemple. Mais admettre la modification d'une convention sans le consentement de tous, n'est-ce pas détruire la sécurité sociale que crée le contrat? Cependant, malgré le danger réel de cette modification, elle existe déjà dans notre droit comme nous espérons le démontrer et peut-être est-elle destinée à s'accentuer. Elle se comprend d'ailleurs en pure logique, car du moment que l'on admet qu'un des contractants peut se dégager du fardeau du contrat sans la volonté de l'autre, pourquoi ne pas admettre que le contrat peut être allégé ou modifié en faveur d'une partie malgré l'autre?

Mais, non moins que la volonté destructive du contrat, la volonté modificative est grave. L'admettre, c'est ébranler une des colonnes du temple. Il ne faut donc le faire que dans une mesure juste que nous essaierons de déterminer, autrement c'est aller à l'anarchie pure.

Aussi il importe d'examiner si les cas où nous reconnaîtrons cette modification, cet assouplissement des contrats aux circonstances ne sont pas dominés par certains principes généraux de nature à en favoriser l'extension, comme à en assurer la limitation.

Évidemment à mesure que les effets d'un contrat doivent se dérouler plus longuement dans le temps, celui-ci risque plus de devenir par son application strictement logique un anachronisme, d'engendrer des anomalies, des situations choquantes qu'il faut réduire au minimum.

Mais presque tout contrat peut se trouver modifié dans son application : d'abord par des considérations d'ordre public, des considérations humanitaires qui n'ont pas trouvé place dans notre droit, mais seulement dans les législations étrangères.

C'est ensuite par des considérations d'intérêt privé : en tenant compte de la volonté présumée des parties, non pas de la volonté qu'on peut croire qu'elles ont eue, mais de cette volonté qu'elles auraient pu avoir en face de circonstances nouvelles qu'elles auraient peut-être pu prévoir, mais qui dans certains cas sont absolument en dehors du rayon visuel de l'intelligence humaine. C'est donc ici une interprétation de volonté bien plutôt objective que subjective. C'est dire que ce n'est pas une véritable interprétation, mais un règlement équitable de situations nouvelles. Nous rencontrerons ces cas lorsqu'une partie se maintiendra sur la défensive en cas d'inexécution d'un contrat par l'autre, ou lorsqu'on sera en face d'un contrat ayant créé un véritable organisme à vie autonome comme une fondation, ou lorsque l'urgence autorisera à exécuter un contrat de façon spéciale.

Nous aurons encore un assouplissement du contrat dans

un dernier cas, lorsqu'une partie étant liée par des contrats séparés à un certain nombre d'autres, celles-ci, bien que juridiquement étrangères l'une à l'autre, auront pris une conscience mutuelle de leur identité de situation qui les aura fait se solidariser comme le sont les créanciers d'une même faillite.

Ces hypothèses peuvent en réalité se ramener à deux idées. La souveraineté du but et la notion d'organisme. Dans un contrat, ce qui est essentiel, c'est un but à atteindre ; la théorie jurisprudentielle de la cause si vraie, si utile, repose sur cette idée : il est permis alors à un contractant pour aboutir au résultat visé de modifier seul le contrat en cas d'urgence, comme de recourir à l'inexécution du contrat ou à des garanties supplémentaires : hypothèque judiciaire, déchéance du terme, pour assurer l'exécution du contrat.

Il y a, d'autre part, l'idée d'organisme. Dans certaines conditions de similitude de situation, de solidarité par identité ou par division du travail, un véritable organisme se forme, personnalisé ou non, peu importe, mais qui agit comme une personne, c'est-à-dire avec unité : c'est dire que la volonté des récalcitrants se trouve sacrifiée, tenue pour non avenue.

Passons maintenant en revue ces hypothèses indiquées, en nous occupant d'abord des modifications par suite d'une situation nouvelle tenant à l'une des parties, puis des situations nouvelles tenant à des événements extérieurs.

SECTION I

Situation nouvelle tenant à l'un des contractants.

Prenons d'abord le cas où la circonstance nouvelle qui se produit, tient à une des parties mêmes et à ce qu'elle ne s'exécute pas. L'autre peut-elle se donner une garantie, se mettre en quelque sorte sur la défensive jusqu'à ce que la première exécute ?

La question ne se pose qu'au cas où l'on est en face d'une inexécution fautive. En effet, celui qui a un délai pour s'exécuter ne le faisant pas immédiatement, l'autre partie reste obligée de s'exécuter de suite. Celle-ci a accepté de courir un risque. Elle a consenti à s'exécuter alors qu'elle n'aurait pas de contre-prestation. Elle doit en supporter les conséquences, *fidem debitoris secutus est*.

Et il en est de même en cas d'inexécution non fautive d'une promesse faite sans terme lorsqu'elle tient à un cas fortuit : ici encore cela est sans effet; le cocontractant n'en doit pas moins immédiatement son dû.

Mais une prestation est due immédiatement et elle n'est pas fournie. Le créancier peut-il, pour la dette qu'il a de son côté, se refuser à l'exécution? (V. ma note au Sirey, 1906. 2. 137 sur les indemnités d'assurance).

La question n'a été examinée le plus souvent que sous un aspect limité : à propos du droit de rétention. Une personne détenant une chose qu'elle doit remettre à une autre, et celle-ci lui devant une certaine somme à l'occasion de cette chose et ne la payant pas, le détenteur de la chose due peut-il se refuser à la livrer? On s'est contenté d'étendre la solution affirmative donnée par quelques textes, toutes les fois qu'il y a *debitum cum re junctum*. Mais il convient de poser le problème de façon plus générale et nous croyons qu'il faut, comme M. Planiol l'a dit, établir ce principe que tout rapport de droit d'où dérivent des obligations réciproques pour les deux parties doit en général être exécuté simultanément par les deux obligés[1]. Chacune des parties a le droit de refuser provisoirement l'exécution en cas d'inexécution de l'autre.

Les exemples auxquels on pense tout d'abord ne concernent guère qu'un débiteur d'une chose, créancier d'une somme d'argent à qui le paiement de cette somme est refusé. Mais il faut généraliser cette règle à divers points de vue. Il faut admettre que le créancier d'argent débiteur d'une chose

[1] V. Planiol, II, n° 988, 2° et 1365, et note au Dalloz, 98. 1. 289; Charmont, *Revue critique*, 1899, p. 67; Raynaud, *Inexécution des contrats*, thèse, Paris, 1906. — *Contrà*, Cass., 1er déc. 1897 (D. 98. 1. 289). L'article 320 du Code civil allemand a consacré en termes formels le droit pour une partie de refuser provisoirement de s'exécuter si l'autre ne s'exécute pas, à moins qu'il n'y ait un terme de convenu.

peut la retenir lorsqu'on ne veut le payer que sous des réserves inacceptables. C'est ainsi qu'il a été jugé avec raison, avant la loi du 13 févr. 1888, qu'un voiturier peut refuser la livraison d'objets transportés dont le destinataire ne veut prendre livraison que sous réserves, alors qu'il ne se prêtait pas à la vérification immédiate des colis et que la Compagnie se trouve ainsi exposée éventuellement à des difficultés et à des procès. — Cass., 26 févr. 1872 (S., 72. 1. 34). Le refus de signer un reçu pur et simple est équivalent au refus de l'exécution de l'obligation même.

Le droit de rétention ne s'applique pas seulement aux choses (1).

On peut dire en sens inverse qu'un créancier d'une chose peut se refuser à la payer si elle n'est pas livrée ou si le débiteur manque en quelque façon à ses obligations. L'acheteur au comptant peut se refuser à payer le prix tant que la chose ne lui est pas livrée. Le locataire peut se refuser à payer le prix de la location lorsque le bailleur ne le met pas en possession de la chose (2).

Si la question est simple lorsqu'une des parties ne s'exécute pas du tout, il y a au contraire plus de difficulté lorsqu'une des parties a déjà exécuté une de ses obligations, que ce soit ou non en fait la principale. Ainsi un locataire a été mis en possession de l'immeuble loué, mais le bailleur n'exécute pas les réparations auxquelles il est tenu. Le locataire peut-il refuser de payer les loyers?

Pour résoudre cette question, voyons les divers aspects sous lesquels elle peut se présenter. Un immeuble a été loué et le bailleur n'en effectue pas la délivrance ou l'offre dans un tel état qu'il est inutilisable. Le locataire qui ne peut entrer dans l'immeuble pourrait certainement refuser

(1) V. l'article 224 du Code fédéral des obligations, qui donne le droit de rétention sur toutes les choses et titres. L'article 273 du Code civil allemand dit, de façon plus générale, que si en vertu du fait juridique sur lequel repose son obligation, le débiteur a un droit de créance échue contre son créancier, il peut, à moins que le contraire ne résulte de l'obligation, se refuser à faire sa prestation tant que son adversaire ne fait pas la sienne.

(2) V. en ce sens Rossel, *Code fédéral des obligations*, p. 329. Cf. Baudry et Wahl, *Louage*, n° 810.

de payer le loyer prévu par un bail que le propriétaire
n'exécute en aucune manière.

Mais l'immeuble a été délivré, seulement il est en mauvais
état : l'obligation de délivrer en bon état n'a été que partiellement exécutée; ou l'immeuble se détériore et exige des
réparations. Le locataire installé dans l'immeuble peut-il
dire : je refuse de payer mon loyer tant que les réparations
nécessaires ne seront pas effectuées? Laurent (XXV, n° 109.
Cf. Douai, 7 mai 1856, S. 57. 2. 209) le nie et prétend que la
seule voie régulière pour le preneur est d'intenter une
action contre le bailleur et de le faire contraindre aux
réparations dont il est tenu [1]. Lui reconnaître un autre
droit, ce serait, dit-il, lui permettre de se faire justice à soi-
même. Mais l'opinion contraire est admise par des auteurs
plus récents. Le preneur, d'après eux, n'est pas obligé de
payer le loyer au moins dans la mesure où il ne jouit pas [2].
Cette opinion nous paraît la plus juste. Il ne s'agit pas pour
le preneur de se faire justice à soi-même puisqu'il se contente de rester sur la défensive. Il ne s'agit pas davantage
pour lui de fixer la valeur des réparations, ce sera à la justice à le faire en cas de contestation, — mais de s'assurer une
arme contre son bailleur. J'ajouterai même qu'il ne serait
pas seulement permis au locataire de retenir une somme
correspondant à la privation partielle de jouissance. Car le
soutenir, c'est d'abord admettre que la dette du loyer se
compensera de plein droit avec la dette non liquide de dommages-intérêts compensatoires pour inexécution partielle,
ce qui est contraire à l'article 1291. Ensuite, au point de vue
pratique, c'est se heurter à une difficulté. Comment le locataire entré dans un immeuble en mauvais état pourra-t-il
dire : j'ai été privé d'une partie de ce à quoi j'avais droit,
laquelle représente un quart ou moitié? Cela ne suppose-
t-il pas une expertise préalable?

Nous sommes ici selon moi en face d'une application du
droit de rétention. Or dans le droit de rétention, il arrive

[1] V. Guillouard, *Louage*, I, n° 101, p. 115 ; Aubry et Rau, 4° éd., IV, p. 474.
[2] V. de même Baudry et Wahl, *Louage*, I, n° 245, p. 121. *Contrà*,
3° éd., p. 175.

souvent qu'une personne a le droit de refuser la livraison d'une chose de grande valeur pour s'assurer le paiement d'une somme relativement minime. Ne peut-on pas refuser au revendiquant la restitution d'un immeuble d'un grand prix en attendant le paiement d'impenses minimes? Rien par conséquent ne doit étonner si le locataire peut refuser le paiement du loyer pour l'inexécution d'une réparation qui ne coûterait qu'une somme inférieure à un terme de loyer.

On peut fortifier cette théorie de considérations pratiques et d'idées générales.

Pratiquement le système que nous indiquons sera simple à appliquer. Le locataire refusera le paiement et le juge saisi par le bailleur déterminera ensuite, après avoir liquidé l'obligation de celui-ci et compensé les deux dettes à concurrence de la plus faible, ce que le locataire doit encore. D'autre part on ne peut sérieusement redouter que le locataire se refuse au paiement sans motif sérieux. Car si ses prétentions étaient rejetées, il serait condamné à payer le tout et il suffirait d'une sommation du bailleur pour faire courir les intérêts du loyer non payé, sommation qui, sans effet si elle se heurtait à un droit légitime de rétention, produirait dans notre cas les conséquences de l'article 1153 du Code civil. Ajoutons en outre que les abus pourraient être évités par le juge en appliquant la maxime : *de minimis non curat prætor.* Le danger de voir se multiplier les refus de paiement sous un futile prétexte, qu'on serait tenté de nous objecter, est donc tout à fait vain.

Une considération générale peut encore être invoquée. Le droit civil à notre époque tend à n'être plus une simple appréciation des droits de chacun, du dommage souffert. Il devient, pour employer une expression un peu savante, téléologique. Le droit criminel a déjà ce caractère, visant surtout à mettre la société en sûreté, bien plus qu'à prononcer une peine équivalente au mal commis ou à la perversité montrée. Le droit civil tend aujourd'hui à l'avoir aussi. Citons la loi de 1898 sur les accidents du travail qui donne à l'ouvrier un droit suffisant pour n'être pas dans la misère, et non un droit adéquat au dommage subi; citons l'idée de

peine privée qui renaît aujourd'hui [1], la jurisprudence en
matière d'astreintes dont le caractère de finalité est certain.

Ces considérations de but à atteindre déterminent les juges
encore plus que les auteurs ; aussi ne doit-on pas s'étonner
de voir la jurisprudence accepter notre théorie d'une manière presque générale. Il faut d'abord citer divers arrêts
d'appel dont l'un même a été approuvé par la Cour suprême,
qui reconnaissent qu'un bail stipulant la résolution de plein
droit, faute de paiement du loyer, cette clause ne s'applique
pas si, le bailleur n'exécutant pas les réparations dont il est
tenu, le paiement est refusé pour ce motif [2].

D'autres arrêts ont reconnu au locataire le droit de retenir sur les loyers la valeur des réparations et validé en
même temps le refus de payer aucun loyer en attendant
(v. Douai, 24 mars 1847. S. 48. 2. 189 et Amiens, 22 déc. 1887
et Cass., 4 févr. 1889, D. 90. 1. 121). C'est ce qu'a fait un
arrêt de Paris du 4 juill. 1868, cité parfois en sens contraire
(S. 68. 2. 304), qui, tout en déclarant que les loyers étaient dus,
a ajouté qu'il fallait accorder terme et délai au locataire pour
payer alors que celui-ci avait intenté une instance séparée
en dommages-intérêts. Seul un arrêt d'Alger du 7 nov. 1892
(D. 93. 2. 286) a jugé que le locataire dont les réclamations
étaient contestées devaient payer le loyer. Mais il a en même
temps admis que si le chiffre en était admis il pourrait invoquer la compensation et « la loi générale de réciprocité ».
La solution n'a donc été acceptée qu'avec réticence.

Le droit de non-exécution étant ainsi reconnu à propos des
sommes d'argent, nous dirons de même qu'une société
pourra se refuser à payer sa part de bénéfices à un associé
qui n'a encore réalisé qu'une partie de son apport en nature.

De même, avec les auteurs et la jurisprudence, nous reconnaîtrons qu'un mandataire se refuse légitimement à
exécuter son mandat si le mandant refuse de lui remettre
les sommes nécessaires à cet effet [3].

(1) V. sur ce point les travaux de M. Hugueney, *Rev. crit.*, 1906.
(2) V. Dijon, 28 déc. 1857, S. 58. 2. 411. — Caen, 17 mai 1882 et Cass.,
3 janv. 1883, S. 84. 1. 432. — Orléans, 20 avr. et 8 août 1888, D. 89. 2. 247.
(3) V. Guillouard, *Mandat*, n° 109 ; Baudry et Wahl, *Du mandat*, n° 398,

Nous voyons une autre application de cette exception *non adimpleti contractus* et de ce droit de se mettre sur la défensive en droit commercial : dans le refus de la part du destinataire de prendre livraison des marchandises transportées. Ici c'est un peu un droit de rétention à rebours. En tout cas c'est toujours la même idée. Une personne se refuse quant à elle, à l'exécution du contrat : peu importe que ce soit en refusant de livrer une chose ou de se prêter à la livraison d'une chose que l'on veut lui faire. Le destinataire estime que l'on ne s'est pas exécuté complètement envers lui, que les marchandises ne sont pas du type convenu, ou qu'elles sont avariées, ou qu'il y a retard, taxe excessive. Il refuse, c'est pratiquement parce qu'en prenant cette attitude énergique, en laissant au voiturier cette marchandise qui l'encombrera, il le forcera à exécuter : payer une indemnité ou faire réparer les objets. Sa situation est analogue à celle du vendeur au comptant ou de toute personne exerçant un droit de rétention qui dit : tant qu'on ne me paiera pas, je n'exécuterai pas mes obligations.

L'article 106 du Code de commerce ne traite que très brièvement, par allusion en quelque sorte, du droit de refus. « En cas de refus ou de contestation pour la réception des objets transportés, leur état est vérifié et constaté par des experts, nommés par le président du tribunal de commerce ». Cet article peut être utilisé d'abord au cas où l'acheteur a un différend avec le vendeur, trouve que ce n'est pas la qualité ou la quantité convenue. Il s'applique alors parfaitement [1]. Le vendeur en ce cas doit être prévenu du refus par le voiturier (V. en ce sens Bédarride, *Des chemins de*

p. 316. — Trib. comm. Seine, 2 oct. 1906, *La Loi*, 28 nov. ; *Rev. de dr. civil*, 1907, p. 105.

Le droit de se refuser a l'exécution du contrat existe encore de la part du débiteur d'une chose contre le débiteur d'une autre chose qui ne s'exécute pas. Le coéchangiste, celui qui a fait une transaction, un associé n'est pas obligé de livrer la chose promise en échange, celle qu'il doit livrer par suite de transaction, de faire son apport en société, si l'autre contractant se refuse à livrer les choses qu'il doit.

(1) V. *Contrà* Lyon-Caen et Renault, t. III, n° 590. — Dall. *C. comm. annoté*, sup., article 106, n° 563, en notre sens Cass., 26 nov. 1889, Bull., n° 244.

fer, II, p. 33, qui se fonde sur l'arrêté ministériel du 30 avr. 1862 qui permet de percevoir une taxe de magasinage « à condition qu'avis de ces circonstances sera donné immédiatement par les compagnies à l'expéditeur » (V. trib. de Villefranche, 19 mai 1868, P. 69. 210). Mais l'expéditeur prévenu, à la suite de la vente de la marchandise, si elle a lieu, comme l'autorise l'article 106, al. 3, on verra dans le procès entre expéditeur et destinataire qui doit supporter les pertes sur la marchandise, les frais de magasinage, le transport. Le tout sera à la charge de l'acheteur si son refus n'est pas motivé, sinon à la charge du vendeur. Ce risque engagera l'acheteur à ne refuser qu'à bon escient.

Le destinataire peut avoir des sujets de plainte contre le voiturier seul, parce que les marchandises sont avariées, en retard, ou parce que la taxe est trop élevée.

Nous sommes dans un cas d'application incontestable de l'article 106 [1]. Le voiturier peut faire expertiser, puis vendre la marchandise et se payer, ou la garder, ou enfin la mettre en dépôt. Mais le destinataire peut agir contre la compagnie. Si celle-ci est en faute, il prendra les objets; s'ils sont vendus, il s'en fera rendre la valeur, en tout cas il ne paiera aucune taxe de magasinage, et il pourra obtenir une indemnité.

Si le refus n'était pas justement motivé, il reprendra les marchandises en payant le transport et le magasinage, ou si elles sont vendues, il ne prendra que le reliquat du prix, ou la portion des marchandises que le voiturier a gardée, s'il a été payé déjà par la vente du surplus.

Ces solutions, sur lesquelles nous ne trouvons pas de documents de jurisprudence, nous permettent de caractériser ce droit de refus. C'est une arme comme le droit de rétention, mais comme celui-ci, c'est une arme dangereuse pour celui qui s'en sert à tort. Un vendeur au comptant qui userait du droit de rétention ayant déjà été payé, s'exposerait à des dommages-intérêts. De même le destinataire qui refuse la marchandise sans motifs reconnus plus tard fondés.

---

[1] V. Lyon-Caen et Renault, III, n° 587.

Mais la Compagnie en usant sans raison des dispositions de l'article 106 en faisant vendre la marchandise détériorée par sa faute ou offerte en retard, ou en ne faisant pas faire d'expertise, s'expose elle aussi à indemnité [1]. Il y a à ce point de vue encore une arme utile pour le destinataire, une gêne qu'il impose au voiturier lorsque celui-ci est dans son tort.

Ce droit de rester sur la défensive alors qu'on est en face d'un cocontractant qui manque à une de ses obligations, nous en retrouvons une application plus générale et que le Code sous-entend à propos des refus de paiement que suivent des offres réelles. A lire le texte de l'article 257 du Code civil, on n'aperçoit pas comment le refus de paiement peut fonctionner.

En fait ce refus est presque toujours motivé parce que le paiement offert n'était pas de ce qui est dû : étant trop faible ou étant d'autre chose, et qu'on veut obtenir intégralement l'objet de l'obligation. Le refus est encore un moyen de peser sur le débiteur, embarrassé de la marchandise à livrer, ou sentant s'il s'agit d'une dette d'argent qu'on fera courir les intérêts parce que son créancier va faire sommation. Le débiteur qui se rend compte qu'on ne recourra pas à un procès, qu'on n'exposera pas de frais s'il paye sa dette sous déduction d'une portion minime, voit qu'au contraire le créancier ayant refusé le paiement de la plus grande partie n'hésitera pas à agir judiciairement pour se faire payer le tout, ou qu'il va laisser courir les intérêts de la totalité, ce qui accroîtra sa dette. La théorie des offres réelles suppose donc ce droit de ne pas se prêter à l'exécution de l'obligation, lorsque l'autre partie ne s'y prête pas complètement.

Le droit de ne pas s'exécuter, quand on est en présence d'une personne qui fautivement a refusé de remplir ses obligations, a donc la portée la plus large. Et on pourrait encore y rattacher la disposition de l'article 2037 du Code

---

[1] Lamé Fleury, *Code des chemins de fer*, p. 850 et Alger, 27 avr. 1871, et les autres décisions citées.

civil d'après laquelle la caution est déchargée lorsque la subrogation aux droits, hypothèques et privilèges du créancier ne peut plus par le fait de celui-ci s'opérer en faveur de la caution. Le créancier étant dans l'impossibilité de s'exécuter désormais, il y a pour la caution un droit de rétention sans limite de durée. Elle pourra perpétuellement rester dans le *statu quo*, c'est-à-dire que son obligation pratiquement est éteinte.

Et de tout cela se dégage cette conclusion plus générale que dans un contrat les obligations ne sont pas indépendantes les unes des autres. Elles se tiennent non seulement en ce sens qu'elles sont en général soumises à la même prescription, que l'inexécution de l'une permet au créancier lésé d'user de l'action résolutoire de l'article 1184, mais encore en ce que chacun peut exiger l'exécution simultanée des obligations de l'autre et en cas de refus est temporairement dispensé de collaborer à l'exécution de l'obligation.

On peut donner de cette théorie une application particulièrement vivante à propos du droit de grève. Tout ouvrier envers qui le patron manque à certaines obligations, tout patron envers qui ses ouvriers violent des engagements librement contractés peuvent suspendre l'exécution du contrat jusqu'à ce qu'ils aient obtenu satisfaction : l'ouvrier quitter le chantier ; le patron, fermer l'usine.

Si les ouvriers sont individuellement engagés, naturellement ceux-là seuls pourront suspendre le travail ou se voir fermer l'usine qui auront été lésés ou qui auront manqué à leurs obligations. Cependant à ne noter que ce point, la conséquence déduite est importante à un double point de vue : la grève en pareil cas pourra être déclarée instantanément, sans délai de prévenance par tous les ouvriers lorsqu'ils seront tous atteints. Tous ceux qui n'agiront pas uniquement par esprit de solidarité pourront sans s'exposer à des dommages-intérêts se mettre en grève, car c'est un acte de défensive.

Ensuite, la grève ne pourrait ici être considérée comme

étant une rupture du contrat, puisque c'est seulement un moyen pour assurer l'exécution du contrat, une pression légitimement exercée par une des parties sur l'autre pour la forcer à faire ce qu'elle doit [1].

Si les ouvriers étaient unis au patron par un contrat collectif, en serait-il de même ? Cette question ne peut être résolue séparément. La solution dépend du point de savoir si, en cas de contrat collectif violé, chacun n'a pas un droit d'agir. Si on admet cette théorie, si l'on considère que les ouvriers ont stipulé les uns pour les autres, alors il faut dire que, chacun pouvant agir en cas d'inexécution à l'égard d'un seul, à raison de l'intérêt moral qu'il a à l'observation du contrat, chacun peut aussi peser sur le patron en se mettant en grève sans délai de prévenance. Du moment que l'on admet, ce que nous ne saurions ici discuter, qu'en cas de contrat collectif chacun peut agir, il en résulte nécessairement que chacun peut par une rétention de travail assurer une exécution plus exacte du contrat à son égard ou à l'égard des autres.

L'inexécution peut même assurer à la partie qui n'est pas en faute un droit plus fort qu'une simple faculté de rétention. Elle peut même lui donner un droit d'agir de façon spéciale. Il ne possède pas seulement le droit d'agir en résolution de l'article 1184, ou le droit de proclamer la vente résolue dans le cas prévu par l'article 1657, qui n'est qu'une application sous une autre forme du droit de l'article 1184. L'article 106 du Code de commerce permet au voiturier de faire vendre la marchandise refusée par le destinataire. Ce n'est pas une saisie ordinaire, mais une saisie particulièrement rapide, assurant toute satisfaction au voiturier contre un refus sans motif.

Mais, somme toute, on pourrait concevoir que, par des dispositions spéciales, un contractant pût prendre l'offensive contre une inexécution de l'autre. Ainsi le Code de commerce allemand, lorsque le commettant omet de donner des instructions, donne au commissionnaire la faculté de ven-

---

dre avec certaines formes les objets en consignation (art.
389). Pourquoi de façon générale ne pas proclamer que
le mandataire, l'ouvrier chargé d'un travail aura le droit
d'agir au mieux des circonstances? Pourquoi ne pas dire
ainsi que le contrat n'étant pas exécuté par une des parties,
l'autre détenant des objets encombrants et dont la garde le
gêne pourra en opérer la vente après un certain délai et
devra s'ils sont de grande valeur chercher à en prévenir
le cocontractant? N'est-ce pas d'ailleurs ce qu'a fait la loi
du 31 mars 1896 sur la vente des objets abandonnés dans
les hôtels. Mais une loi spéciale est insuffisante. Il peut y
avoir bien d'autres hypothèses du même genre : outils abandonnés par un ouvrier chez un patron, marchandises laissées en dépôt temporaire qu'on ne vient jamais reprendre, etc. La même solution législativement s'imposerait.

La situation respective des parties contractantes peut encore se trouver modifiée par le jeu de l'hypothèque judiciaire, puisque, lorsque celle-ci est accordée à une personne, elle se trouve avoir une garantie qui ne lui avait pas
été conférée par la convention.

Nous n'avons pas à préciser ici les conditions auxquelles
l'hypothèque judiciaire est accordée, lesquelles ont été très
souvent étudiées. Nous pouvons cependant constater ce
point important : quand une personne par sa mauvaise volonté a obligé une autre à prendre un titre exécutoire, elle
voit ses biens atteints par une hypothèque judiciaire. Il faut
même aller plus loin : une personne a hypothèque contre son
débiteur, non seulement lorsqu'elle est créancière d'une
somme fixe qui n'a pas été payée, mais encore lorsque sa
créance fait l'objet principal d'une condamnation qui est
prononcée contre quelqu'un qui ne fait aucune résistance
au paiement même : ainsi le tiers saisi voit ses biens frappés
d'hypothèque à la suite du jugement qui valide la saisie-arrêt (v. Baudry et De Loynes, *Hypothèques*, II, n° 1231); de
même le débiteur saisi est atteint par l'hypothèque alors même
que le jugement de validité est prononcé avant que sa dette
soit arrivée à échéance (Rennes, 12 janv. 1891, D. 92. 2. 24).

Ou encore un mandataire ayant été condamné à rendre

des comptes, le jugement qui prononce cette condamnation emporte hypothèque judiciaire en faveur du reliquat du compte qui sera établi (Req. 19 août 1878, S. 79. 1. 29).

On pourrait tirer de là cette formule générale : toutes les fois qu'à propos d'une obligation une personne a intenté un procès, une hypothèque judiciaire naîtra de ce jugement. Il y aurait donc une sorte de peine imposée à celui qui a suscité le procès en ce que ses biens seraient frappés d'hypothèque, ce qui est en fait une entrave à leur aliénation. Il y aurait en même temps une faveur accordée au créancier qui a plaidé en ce qu'il aurait alors un droit de préférence.

La jurisprudence a appliqué logiquement cette idée en refusant le bénéfice de l'hypothèque judiciaire à des jugements nommant des administrateurs, des conseils judiciaires, ou à des jugements rendus sur expropriation forcée [1]. Car on n'est pas en face d'une personne qui par mauvaise volonté en a forcé une autre à plaider, mais d'un acte administratif ou d'un contrat en la forme judiciaire.

Mais par contre la jurisprudence refuse aussi d'appliquer une hypothèque judiciaire au jugement qui sur un partage renvoie les parties devant un notaire pour la liquidation, ou du jugement qui renvoie les parties devant un arbitre rapporteur (v. Cass., 18 avr. 1855, S. 55. 1. 361. — Paris, 4 janv. 1868, D. 68. 2. 136), ce qui est illogique, car ces jugements ont eux aussi pour point de départ la mauvaise volonté du débiteur ou du moins peuvent l'avoir. Il n'en sera autrement que s'il y a un mineur ou un interdit dans l'indivision.

Si nous faisons abstraction des difficultés de détail, nous pouvons toutefois constater ceci qu'un contrat se trouve modifié et fortifié dans l'exécution par suite de l'hypothèque judiciaire toutes les fois qu'une des parties a par mauvaise volonté ou négligence forcé l'autre à un procès. Ainsi l'inexécution du contrat peut ne pas permettre seulement de garder une attitude défensive. Elle peut donner un avantage à l'autre partie sous forme d'hypothèque judiciaire.

Un autre avantage peut être conféré au créancier malgré

_____

(1) V. sur ce point Aubry et Rau, III, 5ᵉ édit., p. 424, notes 13 et 14.

les stipulations du contrat : c'est de pouvoir invoquer la déchéance du terme non seulement lorsqu'il est certain, mais lorsqu'il est à présumer que l'autre partie ne pourra s'exécuter par suite de faillite ou de déconfiture, ou par suite de destruction volontaire des sûretés données (art. 1188). La portée de cet article est bien connue. Il établit une déchéance de plein droit en cas de faillite. En cas de déconfiture [1] ou de diminution des sûretés [2], il implique la nécessité d'une demande en justice. Ce qu'il y a à constater, c'est qu'ici encore une des parties va, seule, faire modifier le contrat à son avantage, pour se garer d'un risque plus grand que celui prévu, il est vrai. Mais toujours est-il qu'elle fait changer le contrat malgré l'autre. C'est là le seul point que nous voulions relever dans une théorie bien connue qui a été exposée avec détail par tous les auteurs.

SECTION II

Situation nouvelle provenant de circonstances extérieures aux contractants.

Quand un contrat ne répond plus exactement au but que les parties se sont proposé, par suite de circonstances qui leur sont extérieures, une modification peut-elle être apportée légitimement par la volonté d'une des parties?

La question étonne quelque peu à première vue et il semble qu'un contrat une fois passé, il ne peut plus être modifié parce que les circonstances ont changé, ce qui était presque fatal, que l'unanimité des signataires est aussi nécessaire que pour la confection même du contrat, que la clause nouvelle qui va se greffer sur une convention ancienne ne peut être valable qu'acceptée par tous.

Cependant, elle est d'actualité. Les événements marchent-ils vraiment plus vite à notre époque, les circonstances se

---

[1] Cass., 30 mars 1892 (D. 92. 1. 281); Grenoble, 16 déc. 1904 (D. 1906. 2. 401). — Cass., 6 févr. 1907, *Gaz. Pal.*, 25 février.

[2] V. Baudry et Barde, II, n° 1030; Aubry et Rau, IV, p. 228; Demolombe, XXV, n° 701; Laurent, XVIII, n° 415.

modifient-elles avec plus de rapidité? Ou bien les hommes d'aujourd'hui supportent-ils avec plus de peine la contrainte d'une obligation de longue haleine? Peu importe, toujours est-il que les contrats de brève durée sont aujourd'hui plus fréquents. On entend, au moment où on se lie, pouvoir recouvrer bientôt sa liberté. Les traités internationaux eux-mêmes, sur les points où ils paraîtraient pouvoir régler de façon perpétuelle les difficultés, sont conclus seulement pour une durée assez brève. Les conventions de La Haye sur le droit international privé n'ont été conclues que pour une durée de cinq ans, renouvelable d'ailleurs par tacite reconduction (v. notamment la convention du 14 nov. 1896). Ces exemples venus de haut correspondent à un état nouveau des esprits : on veut pouvoir faire face aux circonstances nouvelles. On se réserve, c'est le règne du provisoire et de l'instable, règne aussi parfois de plus de justice et de bien. Si on examine les contrats d'allure moderne, ceux où se manifeste le plus l'esprit de notre époque, l'assurance sur la vie par exemple, on est frappé de la marge qu'ils laissent aux intéressés pour se plier à de nouvelles circonstances, en rachetant leur police, en empruntant sur elle, en l'échangeant contre une autre de moindre valeur. La même remarque s'appliquerait aux opérations de Bourse, au marché à prime notamment.

Si le droit ne se pliait pas dans une certaine mesure à cette nouvelle situation de fait, il manquerait à sa mission. Sans doute, la modification des contrats prête à des objections. C'est principalement aux parties à la prévoir dans une certaine mesure, à réfléchir aux situations qui peuvent se présenter. Mais ne tenir compte que de la convention des parties, ne rien laisser dans le domaine de la loi, c'est appliquer bien durement la maxime : *jura vigilantibus prosunt*. C'est une règle bien connue de l'évolution du droit que les clauses répondant à des besoins pratiques s'introduisent d'abord dans les contrats sur l'heureuse initiative de praticiens prudents, de contractants prévoyants, puis plus tard le législateur sous-entend cette clause, soit parce qu'elle est devenue fréquente, soit parce que sans être très usitée (tout le monde n'est pas prudent et réfléchi), elle est en harmonie avec l'équité.

Pourquoi dès lors ne pourrait-on pas admettre dans certains cas que « la loi des parties » se trouvera modifiée, mise en harmonie avec le milieu transformé où elle doit s'appliquer? Les textes législatifs eux-mêmes ne sont pas perpétuels. Il est rare de célébrer le centenaire d'un code. Certains demandent même, et l'Espagne l'a tenté, que les codes soient l'objet de revisions périodiques. Si une constante mise au point s'impose pour les lois votées par le Parlement, à combien plus forte raison est-elle souvent nécessaire lorsqu'il s'agit des contrats, ces petites lois fréquemment aussi obscures, adoptées plus à la hâte que les autres.

Ce n'est pas à dire cependant que les contrats puissent tous se trouver modifiés à un moment donné sous la pression des événements extérieurs sans le consentement unanime des parties. Des distinctions s'imposent en tenant compte de la nature de chaque contrat, du but qu'il poursuit, de sa durée.

Les contrats peuvent d'abord être translatifs de droits préexistants en ce sens qu'une des parties par le contrat abdique immédiatement en faveur d'une autre tous les droits qu'elle avait précédemment : c'est ce qui a lieu dans le contrat de vente, dans l'échange, et le plus souvent dans la donation ou la transaction. Toutes les fois que l'on est dans ces contrats en face d'une dation, qu'elle porte sur la propriété, sur un droit réel ou sur une créance préexistante, le contrat fait acquérir des droits immédiatement ou dans un bref délai, suivant qu'il porte sur un corps certain ou une chose de genre. Celui qui acquiert ces droits peut se trouver atteint, lésé pour mieux dire, à condition de ne pas prendre ce terme dans son sens technique. Mais il ne sera pas protégé par une modification du contrat. En effet ce dernier étant exécuté dans un bref délai, un changement de circonstances appelant une modification de la convention pour l'avenir ne se conçoit guère d'autant plus qu'il faut supposer, pour en tenir compte, qu'il se produit avant la complète exécution des prestations dues. Car après le contrat est éteint, donc intangible.

Si un changement a lieu, celui qui en est victime peut se reprocher de n'y avoir pas songé et de ne l'avoir pas visé par une condition résolutoire. On ne peut reprocher à une personne de n'être pas astrologue, de ne pas lire l'avenir, mais elle est trop imprudente si elle ne regarde pas à ses pieds. Et si le changement est imprévu, c'est, somme toute, le risque inhérent à la vie, qu'on ne peut complètement supprimer. Si les marchandises que j'ai achetées sont dépréciées par une baisse subite, je ne puis rien me faire rendre du prix. Donc ici pas de modification du contrat.

Si une des parties est protégée contre des conséquences désastreuses qu'il peut produire, ce sera parce que celui-ci sera en lui-même entaché dès l'origine d'un vice : erreur, dol, lésion, ou que l'autre partie aura manqué à une de ses obligations, ce qui la forcera soit sur l'action en exécution du contrat, soit sur l'action en garantie exercée, de payer une indemnité.

Lorsque le contrat n'est pas translatif de droits, lorsqu'il est créateur de droits n'existant même pas virtuellement, droits qui vont peu à peu et successivement se trouver ramenés à exécution, le contrat dure davantage, il a une vie, il va devoir s'adapter aux circonstances nouvelles qui se produiront, suivre en un mot la loi de la vie. Le pourra-t-il toujours sans le consentement de tous les contractants ? Non. Des distinctions doivent être faites.

I

Parmi les contrats, il en est d'abord quelques-uns que l'on pourrait désigner sous ce terme général de *contrats d'aide ou de commandement*. Ce sont ceux par lesquels une personne en engage une autre pour l'exécution d'un travail où certaines conditions de capacité technique, d'habileté commerciale, ou même simplement de résidence qu'elle-même ne remplit pas, sont nécessaires. C'est l'hypothèse du commerçant qui fait traiter une affaire par l'intermédiaire d'un commissionnaire, d'une personne qui prend un mandataire, d'un propriétaire qui prend un architecte pour lui faire construire une maison, d'un patron qui engage un employé ou un ouvrier; d'un expéditeur qui fait transporter des marchandises.

Dans ces divers contrats : commission, mandat, louage de services, etc., celui qui fait faire par un autre un travail dans son intérêt, a le droit de sa seule volonté de modifier les conditions dans lesquelles le travail doit être exécuté. Il ne peut certainement modifier le prix : ayant promis expressément ou tacitement une certaine rémunération, la diminuer. Il ne pourrait pas davantage faire exécuter à son auxiliaire, quel que soit le nom qu'il porte, un contrat différent, une obligation totalement distincte de ce qui a été convenu.

Mais nous trouvons ceci de spécial, c'est que l'un des contractants peut modifier dans une certaine mesure les actes dont l'autre est chargé. Ceci s'explique facilement.

En fait, quand une personne commence elle-même un travail, la conception juste de la façon de l'exécuter ne sort pas subitement et de façon complète de son cerveau comme Minerve sortit toute armée du cerveau de Jupiter. Le peintre cherche souvent sur la toile l'effet qu'il rendra, les coloris qui se marieront harmonieusement entre eux. Il en est de même pour tous les travaux. Le maître qui fait construire un bâtiment ne peut pas arrêter un plan *ne varietur* : des aménagements nouveaux, des modifications diverses lui viendront à l'esprit pendant que le travail sera en cours d'exécution. Et il aura le droit de demander que l'on tienne compte de ses desiderata. Sans doute il ne pourrait imposer un changement total : ayant convenu de la construction d'une grange, vouloir que l'on édifie une maison d'habitation. Mais il pourra dans l'intérieur d'un bâtiment faire changer une porte, modifier les dimensions d'une ouverture, etc.

Cette possibilité de modifier, d'avoir des idées nouvelles pendant l'exécution des travaux est si vraie que deux articles du Code la présupposent. C'est d'abord l'article 1794, d'après lequel le maître peut résilier par sa seule volonté le marché à forfait quoique l'ouvrage soit déjà commencé

en dédommageant l'entrepreneur de toutes ses dépenses,
de tous ses travaux et de ce qu'il aurait pu gagner dans
cette entreprise (1). C'est surtout l'article 1793, qui prévoit
les changements et augmentations faits sur le plan et ne
permet pas à l'entrepreneur à forfait de demander un supplément, sauf si ces changements ou augmentations ont
été autorisés par écrit et le prix convenu avec le propriétaire (2). Ces textes montrent nettement que celui qui commande les travaux peut les faire modifier par sa seule volonté, sans que les augmentations et leur prix aient été l'objet
d'une convention. Ce droit qui est admis dans la pratique
courante, les termes mêmes de la loi et du langage ordinaire
en fortifient l'idée. Dans la plupart des contrats que j'ai visés,
celui qui peut ainsi modifier seul les termes du contrat
porte un nom expressif : maître; l'article 1781 l'employait
pour le louage des domestiques et ouvriers, l'article 1788
l'emploie à propos des devis et marchés. Et n'éveille-t-il pas
cette idée que dans la convention une des parties, sans être
aujourd'hui (3) juridiquement mieux traitée que l'autre, a
cependant un rôle de chef, ayant le droit de prévoir les éventualités et d'y faire pourvoir, gardant en un mot le droit
d'administrer sa chose?

De ces constatations il faut tirer maintenant des conséquences pratiques. Comme partout les règles de droit se
déduisent des faits. Elles n'en sont pour ainsi dire que la
transposition.

Dans les divers contrats que nous examinons, il y aura

---

(1) Le Code civil allemand (art. 649) contient la même règle. De même le
Code fédéral des obligations (art. 369).

(2) On peut en rapprocher l'article 359 du Code fédéral des obligations, qui
parle « des ordres donnés contrairement aux avis formels de l'entrepreneur ».
C'est donc que le maître peut donner des ordres, parussent-ils déraisonnables,
à celui qui les exécute.

(3) Nous n'en donnerons pas comme raison, comme M. Colmet de Santerre (VII, n° 247 bis I), que l'article 1794 est l'application d'un principe général, celui de l'article 1184. Car ce texte ne permet d'obtenir la résiliation qu'à
celui qui étant créancier voit son débiteur ne pas s'exécuter, et non à celui
qui ne veut pas exécuter. L'article 1794 ne rappelle l'article 1185 qu'en ce
qu'il donne à celui envers qui on ne s'exécute pas un droit à des dommages-
intérêts.

possibilité pour celle des parties qui fait faire un travail par autrui de modifier ses ordres primitifs quant à l'exécution du travail.

Nous pourrons d'abord appliquer de façon générale à tous les devis et marchés la règle de l'article 1794 [1]. Car dans tous les cas il y a la même raison de décider qu'indiquait déjà Pothier (*Du louage*, n° 440), la situation du maître peut se trouver changée. Nous ferons donc emploi de cet article au maître qui a passé un marché autrement qu'à forfait, comme d'ailleurs Pothier l'admettait déjà [2].

Il faudra étendre la même solution au cas où une personne a commandé à une autre un travail et où l'ouvrier doit fournir à la fois la main-d'œuvre et la matière. On a sans doute beaucoup discuté en pareil cas pour savoir si l'on était en présence d'une vente de chose future ou d'un marché! Mais cette question nous paraît mal posée, du moins ici. Nous ne sommes plus comme en droit romain en face de divers contrats qui constituent comme une série de cases séparées, de telle sorte que la convention pour être valable doit nécessairement rentrer dans l'une d'elles. Une convention peut tenir à la fois de la vente et du louage. Il faut voir pour chaque cas, d'après les considérations pratiques, la règle qui convient le mieux. Or la même raison de solutionner la difficulté dans un sens favorable au maître existe, lorsque l'on passe un contrat de louage ordinaire, ou lorsqu'on fait un contrat de commande; que l'on qualifie notre convention louage ou vente, il faut donner au maître un droit qui d'ailleurs ne nuit pas à l'entrepreneur [3].

L'article 1793, moins net il est vrai que l'article 1794, complète les droits du propriétaire. Il fait allusion à des modifications ou augmentations de plan qu'il n'aurait pas acceptées par écrit. Sans doute il ne dit pas directement que le maître

---

(1) Il en était autrement avant la loi du 2 août 1868, qui a abrogé l'article 1781 du Code civil.

(2) V. *Du louage*, n° 540; Guillouard, *Louage*, II, n° 804; Huc, X, n° 430. *Contrà*, Laurent, XXVI, n° 18; Baudry et Wahl, II, 2° partie, p. 1175.

(3) V. Cass., 27 avr. 1870, S. 72. 1. 81, sol. implic. — Guillouard, II, 805; Aubry et Rau, IV, p. 528.

peut imposer à l'entrepreneur de les faire, mais cela est considéré comme de pratique constante. Quel entrepreneur prétendrait qu'on ne peut lui imposer de changement à son plan? Qu'il y ait sur ce point une sorte de consentement tacite donné par avance, je le veux bien, mais toujours est-il que ce contrat se trouve d'une nature différente des autres et que sa nature engendre des conséquences spéciales. Et ce droit de modifier les plans doit comme le précédent recevoir une application extensive. Il existera non seulement au cas de marché à forfait, mais pour tous les autres marchés ou encore dans le cas de commande à un ouvrier qui doit fournir le travail et la matière.

Une fois sortis des termes étroits du texte, rien ne nous empêche d'aller plus loin et de généraliser tout à fait. Dans tous ces contrats que j'ai dénommés contrats d'aide, pourquoi ne pas étendre la faculté de l'article 1794? Les raisons pratiques sont les mêmes. Pourquoi n'oser affirmer sur un point nouveau non réglé par la loi que si l'on sent un texte tout proche?

Dans le contrat de louage à durée déterminée, le patron pourra donc renvoyer son ouvrier quand il lui plaira : s'il renonce par exemple au travail pour lequel il l'a engagé. Concevrait-on en effet l'ouvrier disant au patron : après réflexion vous renoncez au travail pour lequel vous m'avez engagé, mais j'ai le droit de l'exécuter, de continuer à le faire, bien qu'il ne vous convienne pas? Poser une pareille question, c'est la résoudre. Personne ne songerait à objecter que nous sommes en dehors des cas où l'obligation se résout en dommages-intérêts conformément à l'article 1142, puisqu'il n'y a aucune atteinte à la liberté du maître.

La solution que nous proposons ne présente d'ailleurs aucun inconvénient pour l'ouvrier, puisqu'il aura droit alors à une indemnité représentant « tout ce qu'il aurait pu gagner dans l'entreprise ». Il pourra donc ne pas simplement obtenir l'indemnité représentant le délai de prévenance. Il aura le droit de se faire payer une somme de beaucoup supérieure.

D'un autre côté, nous aboutissons à plus de logique. L'ouvrier engagé à temps peut se refuser à tenir son engagement et on ne peut l'y contraindre par force (art. 1142); au contraire si le patron déclare ne plus vouloir employer tel ouvrier, on pourrait fort bien le contraindre à le recevoir, car il n'y a aucune atteinte à sa liberté personnelle. En quoi un patron est-il atteint dans sa liberté si parmi cent ouvriers qu'il emploie, il y en a dont il ne voudrait pas ? C'est ce qui explique que les auteurs n'osent pas affirmer franchement que le louage à durée déterminée ne peut être rompu par le patron, mais qu'ils disent simplement qu'il ne peut l'être sans dommages-intérêts [1].

Quant au louage sans durée déterminée, nous n'avons pas besoin d'y insister, la loi ayant expressément déclaré (art. 1780 nouveau) que « le louage de services fait sans détermination de durée peut toujours cesser par la volonté d'une des parties contractantes ».

Ici même l'on va plus loin et la volonté de cesser le travail serait considérée par la jurisprudence comme un motif légitime de renvoi ne donnant pas lieu à des dommages-intérêts et astreignant seulement à observer le délai de prévenance.

Mais que le louage soit à durée déterminée ou indéterminée, outre le droit d'y mettre fin, le patron a toujours le droit de modifier le travail auquel il emploie l'ouvrier à condition de ne pas l'employer à un travail totalement différent. Si un maître-maçon engage des ouvriers pour lui construire un mur, il peut le leur faire faire plus haut ou plus épais si cela lui convient. Il y a donc ici un droit analogue pour le maître à celui auquel fait allusion l'article 1793 lorsqu'il s'agit d'entreprise à forfait.

Les idées que nous appliquons au louage à durée déterminée doivent aussi recevoir application au contrat de transport.

L'expéditeur d'une marchandise est lui aussi une personne qui fait exécuter un travail par un autre. Il peut le faire continuer autrement qu'il ne l'avait d'abord conçu. Il peut

(1) V. Baudry et Wahl, *Louage*, II, n° 1462. V. en notre sens, Rennes, 14 janv. 1895, S. 96. 2. 16.

donc quand une marchandise est en cours de route lui faire
donner une autre destination que celle primitivement indiquée, désigner un autre destinataire, transformer en expédition de grande vitesse une expédition de petite vitesse [1],
faire revenir les marchandises au lieu d'expédition. Mais en
pareil cas, il devra payer le prix entier du transport commandé [2]. C'est d'ailleurs en usant de cette faculté de changer
la destination des colis ou le destinataire, que le vendeur
de marchandises peut pratiquement user du droit de reprendre les marchandises en cours de route que lui reconnaît
l'article 576 du Code de commerce.

Au point de vue international, ce droit de l'expéditeur a
été consacré par la convention de Berne du 14 oct. 1890
(art. 15 et 24) [3].

Ajoutons qu'au point de vue de la pratique française, le
droit de l'expéditeur de modifier le contrat ne fait pas de
doute. « La compagnie mandataire de l'expéditeur doit se
conformer aux ordres de celui-ci et spécialement elle ne
peut remettre la marchandise au destinataire lorsqu'il est
constant que l'expéditeur lui en a fait la défense » (Cass.,
15 nov. 1893, D. 94. 1. 273). Le seul point controversé est
celui de savoir si ce droit ne passe pas de l'expéditeur au
destinataire, du moins à partir du moment où celui-ci a le
récépissé entre les mains [4]. Mais que ce soit l'un ou l'autre, l'idée que nous indiquons est toujours appliquée.

Elle l'est aussi à l'étranger. L'article 453 du Code suisse
dit que l'expéditeur a le droit de retirer la marchandise
tant qu'elle est entre les mains du voiturier en l'indemnisant de ses débours et du préjudice que lui cause ce retrait.
Il est vrai que ce droit lui est enlevé dans certains cas. Mais
alors le voiturier doit suivre les instructions du destinataire. Le Code de commerce allemand dit de même, article

---

(1) V. Lyon-Caen et Renault, III, n° 584, p. 463.
(2) V. Cass., 16 juin 1879, S. 79. 1. 378.
(3) V. Lyon-Caen et Renault, III, n° 862 *bis* et Trib. comm. Seine, 17 juin
1897, Clunet 1898, p. 770.
(4) V. Sarrut, note sous l'arrêt précité; Lyon-Caen et Renault, III, n° 584;
Thaller, n° 974. — Cf. Cass., 9 déc. 1873, S. 74. 1. 35. — Rouen, 9 déc. 1847,
S. 48. 2. 204.

433 (anc. art. 402), « que l'envoyeur peut ordonner de garder la marchandise, de la renvoyer, de la livrer à un tiers autre que le destinataire. Et l'article 434 indique qu'à partir d'un certain moment le voiturier doit suivre les instructions du destinataire. Les mêmes solutions sont presque textuellement reproduites dans le Code de commerce hongrois (art. 404 et 406).

Les mêmes idées doivent s'étendre au contrat de mandat, ou au contrat de commission qui n'est qu'une variété de mandat. Celui qui fait traiter une affaire par un mandataire ou un commissionnaire doit rester maître de l'affaire. Il peut donc à tout moment modifier le mandat en donnant de nouvelles instructions, pourvu qu'il n'arrive pas sous couleur de modifications à imposer un nouveau mandat totalement différent. Ainsi, le mandant pourra donner au mandataire l'ordre de vendre plus cher ou meilleur marché qu'il n'avait été convenu précédemment, ou l'ordre de vendre au comptant, ou d'exiger des garanties.

C'est en vertu de ces mêmes idées que les articles 2003 et 2004 indiquent et précisent le droit pour le mandant de révoquer sa procuration quand bon lui semble : la révocation et la modification du mandat étant choses assez voisines pour qu'on ne puisse les séparer complètement en les étudiant. Et les travaux préparatoires nous montrent que c'est toujours bien la même idée : « quand un homme confie ses intérêts à un autre, dit l'exposé des motifs, il est toujours sous-entendu que celui-ci n'en restera chargé qu'autant que la confiance qui lui a été accordée continuera, car le mandant n'aliène ni à perpétuité, ni même à temps le plein exercice de ses droits ».

Si cet article 2004 n'est plus une règle exceptionnelle, mais se rattache à une conception générale de certains contrats imposée par les faits eux-mêmes, nous expliquerons beaucoup plus facilement que le mandataire congédié puisse dans certains cas avoir droit à des dommages-intérêts [1].

_____

(1) V. *Contrà*, Baudry et Wahl, *Mandat*, n° 812.

Nous avons vu que dans le contrat de louage, dans le transport, celui qui met fin au contrat par sa seule volonté est obligé de payer une indemnité. Pourquoi en serait-il autrement dans le mandat ? Sans doute il ne peut être question d'indemnité là où le mandat n'était donné que dans l'intérêt du mandant. Le mandataire débarrassé du fardeau qu'il avait accepté gratuitement ne souffre aucun préjudice. Il n'y a pas à lui payer ce qu'il aurait pu gagner, puisqu'il rendait un service gratuit.

Il n'en peut être question davantage lorsque le mandataire n'a pas voulu exécuter son mandat ou qu'il a commis des fautes, car le mandant pourrait se prévaloir contre lui de l'article 1184 et faisant prononcer la résolution du mandat, obtenir des dommages-intérêts. Mais dans tous les autres cas, nous aboutirons à une condamnation à indemnité. Le mandant même ayant de justes raisons de révoquer son mandataire : diminution de ses occupations, désir d'intervenir personnellement, sera obligé à des dommages-intérêts.

Nous nous séparons donc ici de la théorie, souvent énoncée par la jurisprudence [1] et reproduite par divers auteurs [2], d'après laquelle le mandat donné à la fois dans l'intérêt du mandant et du mandataire ne peut être révoqué que de leur consentement à tous deux. Cette solution est fausse. Elle va à l'encontre de l'article 2004 qui donne au mandant un droit absolu. Ensuite elle va à l'encontre des nécessités pratiques. J'ai donné un mandat qui est à la fois dans mon intérêt et dans celui du mandataire. Je ne pourrai pas le révoquer, quand même je ne voudrais plus passer aucun acte ! J'ai donné mandat de vendre ma maison, il ne me plaît plus de vendre, je devrai vendre quand même si mon mandataire trouve un acquéreur ! Que devient l'idée des rédacteurs du Code : « le mandant n'aliène ni à perpétuité, ni à temps l'exercice de ses droits », si une révocation peut être jugée impossible.

(1) V. Cass., 6 janv. 1873, S. 73. 1. 24. — Cass., 13 mai 1885, S. 87. 1. 220; 11 févr. 1891, S. 91. 1. 121.

(2) V. Planiol, t. II, n° 2257; Guillouard, *Mandat*, n° 216.

La solution admise par les auteurs est elle-même si peu satisfaisante qu'après l'avoir énoncée, ils ajoutent que l'on peut librement révoquer le mandataire salarié.

Ainsi donc le contrat de mandat salarié n'est que dans l'intérêt exclusif du mandant! Comment défendre une pareille affirmation? Un individu est mandataire, les émoluments qu'il reçoit à ce titre sont son seul gagne-pain ou ils lui fournissent seulement un supplément à ses ressources et on dit que ce mandat n'est pas aussi dans son intérêt.

On peut comprendre, il est vrai, autrement l'intérêt en matière de mandat. On peut y voir non l'intérêt au maintien du contrat de mandat, mais l'intérêt à l'opération pour laquelle le mandat est donné : comme dans le mandat donné par un copropriétaire indivis à son copropriétaire pour vendre l'immeuble commun. Mais en pareil cas, n'est-ce pas un acte plus voisin de la société que du mandat? N'y a-t-il pas un contrat tout différent du mandat ordinaire?

Nous aboutissons donc à une théorie beaucoup plus simple : au lieu d'avoir des mandats tantôt irrévocables, tantôt révocables avec ou sans dommages-intérêts, nous admettons que tout mandat est révocable, moyennant dommages-intérêts s'il y a lieu (1).

Quant au point de savoir si le mandant peut par convention établir qu'il pourra toujours révoquer sans dommages-intérêts, cette clause sera valable dans la mesure où on admet que l'on peut par convention s'exonérer des suites de sa faute. C'est-à-dire qu'elle sera valable, sauf si l'on démontrait que le mandant a agi par dol.

Les solutions que nous donnons ici doivent être appliquées encore à un contrat que la législation française n'a pas réglementé, mais qui n'en est pas moins important : c'est le contrat d'édition. Quand l'auteur d'une œuvre artistique ou littéraire s'oblige à la remettre à un éditeur qui la fera publier, l'auteur doit avoir le droit de modifier son œuvre, d'y apporter tous les perfectionnements désirables pour que le

_____

(1) Rapprochez l'article 167 du Code civil allemand d'après lequel le pouvoir est toujours révocable, même lorsque des rapports juridiques continuent entre les deux parties, à moins que le contraire ne résulte du pouvoir.

public n'ait devant lui que l'expression de sa dernière pensée. A ce sujet le Code fédéral suisse des obligations dit à l'article 379 : « Tant que ses facultés le lui permettent, l'auteur conserve le droit d'apporter à son œuvre les corrections et améliorations qu'il juge nécessaires. S'il impose par là à l'éditeur des frais imprévus, il lui en doit la récompense » (1). Cette solution très équitable nous parait s'imposer aussi en droit français (2).

Nous irons même plus loin dans cet ordre d'idées. L'auteur a toujours sur son œuvre un droit tel qu'il pourra avant que l'édition ne soit mise en vente en arrêter la publication s'il est mécontent de son œuvre et qu'il ne veuille plus la livrer au public (3). Mais dans ce cas encore le droit de l'auteur sera pratiquement limité par le droit de l'éditeur d'être indemnisé du préjudice qu'il subit et du bénéfice qu'on lui enlève.

Telles sont les règles particulières qui nous paraissent s'imposer dans ce que j'ai appelé les contrats d'aide, elles nous paraissent correspondre avec la réalité. Il y a des gens qui dans la vie moderne, en dépit de notre système d'égalité juridique, sont des chefs, exercent une influence, ils sont comme le centre nerveux d'une activité puissante : qu'ils soient à la tête de tel ou tel genre d'établissements, qu'ils aient ou non les qualités pour diriger et l'étoffe d'un surhomme (au bon sens du mot), peu importe. Il y aura toujours des dirigeants. Le moule juridique des conventions doit être suffisamment plastique par certains côtés pour leur permettre dans les contrats qu'ils passent pour se faire aider, d'assurer une direction assez précise aux diverses branches d'activité auxquelles ils se donnent, pour leur rendre possible d'embrasser un ensemble d'affaires et d'y faire sentir conti-

---

(1) V. en ce sens Trib. Seine, 15 juill. 1874, *Ann. propr. ind.*, 75. 184.

(2) Cf. Pouillet, *Propriété littéraire*, n° 297, p. 251.

(3) En ce sens le tribunal de la Seine a jugé le 28 août 1868 (*Ann. propr. ind.*, 70. 306), que les héritiers d'un compositeur qui avait promis d'écrire la musique de certaines scènes peuvent se refuser à la livrer si le musicien est mort sans avoir terminé absolument son travail et s'il a voulu qu'il ne voie pas le jour.

nuellement leur volonté. Cela doit être, sauf à limiter ce pouvoir de commandement pour éviter les abus, et à établir une responsabilité corrélative. N'est-il pas vain, sous prétexte d'assurer une égalité qui n'est pas, de vouloir établir des règles de droit sans rapport avec les nécessité pratiques et que l'on est obligé chaque jour de méconnaître ?

Nous avons parlé de la responsabilité corrélative au droit de commandement en cas de rupture du contrat; disons un mot de la limite de ce droit en cas de simple modification.

Le droit de modifier le contrat nous paraît enfermé dans certaines bornes, on ne peut imposer au contractant un supplément de travail hors de toutes ses prévisions possible ; pour lequel il n'est pas outillé. On ne peut imposer à un voiturier par eau de transporter des marchandises dans une localité sur laquelle il ne dirige jamais de bateaux, à un messager qu'il envoie jusqu'à Marseille un colis dirigé sur Lyon. Tout au plus peut-on lui demander de faire son possible : de se faire commissionnaire de transport. De même en serait-il d'un mandataire auquel on imposerait de nouvelles démarches, d'un éditeur auquel on imposerait d'adjoindre au texte des gravures pour la confection desquelles il n'est pas outillé.

Il reste un dernier point à résoudre : quand une personne use du droit de modifier le contrat que nous lui avons reconnu, sans toutefois résoudre la convention, l'autre partie ne peut-elle pour ce fait réclamer un supplément de rémunération? L'article 1793 donne à l'entrepreneur le droit au prix convenu pour le supplément dans le marché à forfait lorsque le supplément a été convenu par écrit. Mais cette règle de forme nous paraît exceptionnelle. On ne peut admettre que l'une des parties soit astreinte à des conditions différentes, ou à un supplément de travail, sans pouvoir réclamer un supplément de prix, faute de convention écrite à ce sujet. Nous croyons qu'elle aura droit à une somme fixée d'après l'équité ou les usages.

Le commissionnaire qui vendra plus cher aura droit à sa commission pour le supplément, le transporteur auquel on demandera de changer la destination des marchandises aura droit au supplément pour le parcours supplémentaire ainsi effectué (1), l'éditeur auquel on imposera des modifications de texte se fera payer relativement à l'importance du travail supplémentaire ainsi exécuté.

Naturellement ce droit à rémunération n'existerait pas si la modification imposée au cocontractant, loin de lui être onéreuse, lui était au contraire avantageuse, si on modifiait le travail à forfait pour le diminuer, le transport à effectuer pour l'abréger; encore faudrait-il qu'il n'en résultât pas un préjudice indirect pour le contractant qui reçoit l'ordre, si par exemple la modification était de nature à faire croire à son incapacité professionnelle.

Mais celui qui modifie ses ordres est-il responsable de tout le préjudice? Si, ayant engagé un ouvrier pour dix heures de travail, il ne l'emploie que neuf, doit-il le temps supplémentaire? De même si, ayant pris un mandataire pour une affaire qui lui prendra un mois, il ne l'emploie qu'un délai plus court?

Une distinction parait s'imposer. Si l'employé a la possibilité de trouver ailleurs un emploi : si par exemple un entrepreneur ayant pris un travail devant durer six mois n'y travaille que cinq par suite d'une réduction de plan, il ne pourra se faire rémunérer pour le temps où il prétendra que son personnel et lui sont restés inactifs, car en général il a pu trouver une autre occupation. Si au contraire un patron donne à ses ouvriers des heures de repos non prévues parce qu'il a mal calculé l'organisation de son travail et que celui-ci ne peut se faire avec régularité, le patron est responsable de la perte de salaire que ses ouvriers subissent ainsi, car l'ouvrier engagé pour travailler dix heures qui n'en travaille que neuf, ne peut aller ailleurs gagner un supplément de salaire, du moins en général.

Des solutions analogues seront données dans les autres contrats. Si des dépenses ont déjà été engagées en vue de

_____

(1) En ce sens le Code de commerce allemand de 1896, article 433, décide que si la destination de marchandises a été changée par l'envoyeur, les frais en sont bonifiés au voiturier.

l'exécution du mandat par le mandataire, de l'entreprise par l'entrepreneur, il aura droit d'être indemnisé, en même temps qu'il sera contraint de subir une réduction dans la rémunération pour le travail décommandé.

Mais c'est à ces contrats de commandement que se limitera la possibilité de modifier facilement le mode d'exécution du contrat par volonté unilatérale. Sans doute on peut dire que tout contrat n'est qu'un moyen pour arriver à un but plus lointain lequel peut être abandonné ou conçu différemment. Si j'achète une maison dans telle ville, c'est que je veux y habiter. Or j'y puis renoncer ou désirer être logé dans un immeuble autrement distribué. Mais ici la situation est différente : je ne puis rendre la maison à mon vendeur, car l'obligation est de sa part exécutée instantanément, et même ne le serait-elle pas (s'il s'agissait par exemple de chose de genre dont le transfert de propriété n'est pas immédiat) qu'il en serait encore de même. Pourquoi? C'est qu'il ne paraît pas en général possible de faire ici ce qui avait lieu tout à l'heure : modifier le contrat sans entamer le principal. Ensuite socialement la situation n'est pas la même : l'acheteur ne prétend pas être lié au vendeur par un lien créant une véritable subordination de celui-ci. Le droit doit avant tout tenir compte des faits dont il n'est que la transposition.

II

Autre série de contrats qui peuvent se trouver modifiés sans le consentement unanime des contractants. Ce sont ceux qui ont eu pour résultat la création d'un organisme spécial, personnifié ou non, peu importe. Cet organisme pour vivre doit s'adapter au milieu. Il ne peut fonctionner qu'en se pliant aux exigences nouvelles qui peuvent se présenter. Cette évolution nécessaire qu'imposent les lois de la lutte pour la vie applicables aux organismes juridiques comme aux êtres vivants, vient se heurter au vieux principe individualiste et parfois très sage de l'article 1135 : les conventions font la loi des parties.

Entre ces deux idées, l'une progressiste, l'autre conservatrice, la lutte ne se poursuit pas de même façon sur tous les terrains. Il faut en effet distinguer d'une part les contrats où tous les intéressés ont des droits de même nature, d'autre part ceux où certains des intéressés ont des droits différents des autres.

La première hypothèse se rencontre dans le contrat de société ou le contrat d'association. La seconde se voit lorsqu'il y a donation avec charge ou concordat.

Quand on est en face d'un organisme résultant d'un contrat où tous ont des droits de même nature, ce que j'appellerais un *contrat de collaboration égalitaire*, la modification de ce contrat, de ce statut apparaît comme plus facile dès qu'elle est voulue par une majorité imposante. S'il importe qu'un contractant ne soit pas soumis à la volonté d'une majorité qui peut être mal inspirée, il ne faut pas à l'inverse que l'obstination d'un seul puisse mettre obstacle à une transformation indispensable, à une mise au point avec une situation nouvelle. Aussi voit-on déjà comme quelques points d'émergence d'une théorie nouvelle.

Si nous prenons d'abord la société telle que la réglemente le droit français, nous trouvons bien l'article 1871 qui établit un remède radical lorsque sa constitution ne répond plus aux circonstances. Il y a là un de ces cas de dissolution dont la légitimité et la gravité sont laissées à l'arbitraire des juges. Mais c'est la mort de la société et non sa guérison.

En dehors de cela, les textes du Code civil donnent l'impression d'une conception individualiste poussée même à l'extrême (1).

Des pouvoirs de la majorité, il n'est dit mot. D'après l'article 1859 un associé peut voir son acte qu'il voulait faire empêché par l'opposition d'un autre, il ne peut faire d'innovation sur les immeubles dépendant de la société, même

---

(1) Même esprit individualiste dans les Codes étrangers récents : le Code de commerce allemand, le Code fédéral suisse des obligations. Le premier spécifie même que pour les actes graves le consentement de l'unanimité des associés est exigé (art. 103).

quand il les soutiendrait avantageuses, si les autres associés
n'y consentent.

Seul l'article 1856 donne une note un peu différente : l'associé désigné comme gérant par les statuts peut être révoqué pour cause légitime tant que la société dure. Il y a là une modification aux statuts qui aura lieu sans le consentement de tous, car il est probable que le gérant s'y opposera. D'autre part, l'article indique que le gérant désigné par acte postérieur au contrat de société peut être révoqué comme un simple mandataire. Ce n'est sans doute pas une véritable modification au pacte social que cette révocation, mais c'est un acte cependant capital pour le fonctionnement de la société pour lequel la loi n'exige pas l'unanimité. Il y aurait là encore peut-être une note discordante, si ce n'était l'application de cette règle que le mandat peut être révoqué comme il est donné. Il y a cependant une différence : c'est que l'associé gérant est à la fois mandataire et mandant, cela n'empêche pas que son opposition à la révocation du mandat soit sans effet. Il y a donc un mandat qui n'est pas révoqué par l'unanimité des mandants. Et cela est d'accord avec la théorie que nous avons exposée à savoir que le mandat donné dans un intérêt commun peut être révoqué comme les autres.

Nous trouvons dans l'interprétation du Code civil une autre tendance. Quand le gérant n'est pas désigné par l'acte de société et qu'il est comme tel révocable comme un mandataire, la doctrine admet qu'il suffira pour le révoquer de la volonté de la majorité [1], quelques-uns même disent d'un seul des associés. La majorité va donc supprimer ce qui nécessairement a dû être décidé à l'unanimité, puisque tous étaient auparavant gérants [2].

On va plus loin. On admet, malgré des dissentiments, qu'un étranger étant nommé gérant en vertu des statuts, sa nomination ne participe pas de l'irrévocabilité des statuts, qu'elle peut être révoquée par la majorité. Ici, il y a

(1) V. Aubry et Rau, IV, p. 562; Laurent, XXVI, n° 306: Guillouard, n° 135.
(2) Pont, *Société*, n° 511; Planiol, II, n° 2005.

incontestablement une modification au pacte social [1].

Ainsi donc les civilistes eux-mêmes reconnaissent un certain droit à la majorité pour modifier un article des statuts, celui sur la gérance confiée à un étranger.

Il faut rapprocher de cette idée l'article 539 du Code suisse. d'après lequel le pouvoir d'administrer, conféré à l'un des associés par le contrat de société, ne peut être révoqué ni restreint sans de justes motifs. S'il y a de justes motifs, la révocation peut être faite par chacun des autres associés nonobstant les dispositions contraires de l'acte de société. Une société peut donc voir son organisation modifiée sur certains points sans le consentement de tous.

Dans un second cas les changements aux bases des petites sociétés tendent à apparaître comme permises; c'est lorsqu'il s'agit de maintenir le groupement entre les associés restants, l'un d'eux ayant quitté la société volontairement ou non. Évidemment une clause des statuts aurait pu viser ce cas et elle serait alors suivie (v. Thaller, p. 240, n. 436). Mais supposons qu'il n'en soit pas ainsi. La tendance se manifestera sans doute de permettre à ceux qui restent, s'ils le veulent tous, d'échapper à une liquidation en payant au démissionnaire la valeur de sa part. Ce qui évite la mise en vente. la dispersion de biens sociaux indispensables pour continuer la société. Mais c'est, il faut le noter, une véritable modification aux statuts qui va se faire sans le consentement de tous.

La jurisprudence française a déjà, tenant ici peu de compte des termes de l'article 1869, admis cette théorie quand un associé sort d'une société à durée illimitée. Elle considère qu'il suffit qu'il puisse céder son droit (v. Chambéry, 20 févr. 1903. *Le Droit*, 20 avr.). Mais cette solution qui a été trouvée juste pour les sociétés à durée illimitée le serait aussi pour les autres quand un gérant par exemple doit quitter la société si une faute ou sa maladie justifient cette mesure.

Mais ces deux cas mis à part, les modifications aux statuts

---

(1) V. Guillouard, n° 136; Pont, n° 498. — *Contrà*, Laurent, XXVI, n° 304.

des sociétés par intérêt ne s'imposent pas à ceux qui n'en veulent pas. Les commercialistes n'ont pas accentué ces tendances pour les sociétés commerciales par intérêt. Ils admettent que tout gérant statutaire, même non associé, est irrévocable ou ne peut être révoqué que par tous les associés,[1].

A l'étranger la loi prévoit à ce sujet que les statuts pourront donner à la majorité des pouvoirs spéciaux (Code civil allemand, art. 712. Cf. C. comm. art. 119, Code suisse, art. 532). D'autre part si la majorité peut parfois révoquer le gérant, il est juste que le gérant puisse démissionner. Cette contre-partie a été visée par le Code civil allemand (art. 712). « L'associé peut dénoncer la gestion dont il est chargé lorsqu'il a un motif sérieux de s'en démettre ».

Si nous arrivons aux sociétés par actions, c'est un tableau tout nouveau qui se présente ; l'opinion d'après laquelle, sauf clause spéciale des statuts, l'assemblée extraordinaire des actionnaires ne peut toucher au pacte social, bien que défendue par d'éminents auteurs [2], est aujourd'hui généralement abandonnée [3]. La doctrine et les tribunaux admettent que les statuts peuvent être modifiés par l'assemblée générale extraordinaire. Le célèbre arrêt de la Cour de cassation du 30 mai 1892 a affirmé qu'il appartient aux assemblées générales de délibérer souverainement sur les modifications des statuts.

Les textes sur les sociétés par actions ne sont pas en opposition avec cette solution. Ils la favorisent plutôt : notamment l'article 37 de la loi de 1867 qui ordonne de convoquer l'assemblée générale en cas de perte des trois quarts du capital social pour délibérer sur la dissolution anticipée. Mais ce qui a surtout déterminé la majorité de ceux qui ont examiné la question, ce sont les besoins pratiques. Il y a des cas où refuser à une société de modifier ses statuts sans l'unanimité des actionnaires, c'est la condamner à la ruine. Aussi a-t-on sans hésiter admis pour les commandites par actions le sys-

[1] Lyon-Caen et Renault, t. II, n° 254 ; Thaller, n° 399.

[2] Lyon-Caen et Renault, t. II, n° 864.

[3] V. Thaller, n° 690 ; Appleton, *Assemblées extraordinaires des sociétés par actions*, et Cass., 30 mai 1892, D. 93. 1. 105.

tème admis pour les sociétés anonymes, bien qu'il n'y ait pas de texte [1].

Aujourd'hui, pratiquement, le problème est donc tranché dans le sens de la possibilité de modifier le contrat. Nous avons ici la brèche la plus apparente faite à l'article 1134 du Code civil. Sans doute on reproche à la jurisprudence de manquer parfois de netteté, quand elle autorise les modifications sur des points secondaires, alors qu'elle ne permet pas, à moins d'unanimité des actionnaires, de modifier les clauses essentielles des statuts. On lui a reproché d'avoir établi une doctrine trop fuyante dans ces applications et des auteurs prétendent que les statuts peuvent en principe être modifiés sur tous les points, sauf des limitations résultant de la loi, de la volonté des parties ou des principes généraux du droit [2].

En tout cas le droit de modifier le pacte social ailleurs que sur certains points essentiels est établi. Et il a aujourd'hui reçu une véritable consécration législative par la loi du 9 juill. 1902, qui a autorisé l'assemblée générale à créer des actions de priorité et à changer ainsi les statuts [3].

Dans les législations étrangères, le droit pour l'assemblée de modifier les statuts à une forte majorité est partout reconnu. Il en est ainsi en Angleterre, aux États-Unis, en Belgique, en Allemagne, en Suisse, en Italie, en Autriche, etc. [4].

---

(1) Cependant il y a des raisons d'hésiter : lorsque le consentement de tous les commandités n'est pas obtenu, ceux-ci en effet se trouvent engagés *in infinitum* et c'est leur faire une situation très dure que de modifier les statuts malgré eux. Le Code de commerce allemand en tient compte : d'après l'article 322, la commandite par actions ne peut se transformer en société anonyme que du consentement de l'unanimité des commandités et de la majorité des actionnaires (art. 332).

(2) V. Appleton, p. 195 et suiv.

(3) V. Appleton, *op. cit.*, p. 80 et suiv. V. Code comm. allemand, articles 274 et suiv.; Code suisse des obligations, articles 626 et 627.

(4) On objectera peut-être que dans les sociétés par actions comme partout où il y a une personne morale qui se transforme (association, masse de créanciers votant un concordat, etc.), c'est la personne morale qui veut par l'organe de la majorité et qu'ainsi il n'y a pas véritable changement à un contrat. Mais sans compter que c'est peut-être beaucoup croire à la réalité de la personne morale, il faut remarquer qu'il n'y en a pas moins des rapports

En France, la doctrine admise a un contre-coup important depuis 1893. Les sociétés civiles à forme de sociétés par actions étant soumises aux lois et usages du commerce, leurs statuts peuvent être modifiés en assemblée générale.

Et aujourd'hui se dégage mieux le principe qui sans doute guidera encore longtemps en ce qui concerne les modifications de statuts par une majorité quelconque.

Dans les grandes sociétés, comme le sont pratiquement les sociétés par actions, les modifications aux statuts rentrent généralement dans les pouvoirs de l'assemblée générale. Comme une volonté concordante de tous les membres ne pourrait être obtenue que dans des cas excessivement rares, on en arrive à se contenter d'une imposante majorité.

Dans les sociétés comprenant peu de membres, comme le sont en fait les sociétés par intérêts, le consentement de tous étant plus facile à obtenir, l'oppression d'un associé par les autres pouvant plus facilement se produire, les mêmes règles ne s'imposent pas.

Tout cela s'explique. Sans doute toute société est un organisme ayant sa vie propre. Mais une société n'a de vie véritablement distincte de ses membres qu'autant qu'elle comprend des personnes nombreuses. En ce cas aussi l'unanimité devient une chimère et on doit se contenter de l'avis d'une majorité plus ou moins forte. Au contraire dans une petite société, comme le sont les sociétés par intérêt, les refus obstinés seront plus rares et il sera possible dans certains cas de dissoudre le groupement et de le reconstituer sur de nouvelles bases en laissant en dehors le récalcitrant. Il peut arriver, il est vrai, que sans celui-ci la société ne puisse marcher, mais le cas sera exceptionnel. Le besoin de modifier le système individualiste du consentement unanime est moins aigu et on ne s'en est pas préoccupé. L'avenir seul pourra peut-être faire mûrir un problème qui vient seulement de poindre (1).

entre la personne morale et ses membres (V. sur ce point la note de M. Lyon-Caen, S. 1882. 2. 25) et ces rapports contractuels vont se trouver modifiés sans la volonté de tous les associés, ou créanciers qui y ont figuré. L'objection déplace donc l'examen de la difficulté et rien de plus.

(1) Je rapprocherai de la société organisme contractuel l'indivision orga-

Les associations étant ordinairement des organismes destinés à grouper un grand nombre de personnes, il est difficile pour elles comme pour les sociétés par actions, en présence d'une situation nouvelle, d'exiger l'unanimité des sociétaires pour modifier les statuts.

Les mêmes raisons de fait sont décisives dans l'un et l'autre cas. Et les textes sont dans tous les deux également insuffisants.

La loi du 2 mars 1884 sur les syndicats professionnels garde un silence absolu. La loi du 1er juill. 1901, qui forme la charte des associations ordinaires, ne parle de modifications aux statuts que par voie d'allusion. L'article 5, qui ne vise que les associations déclarées, les oblige à faire connaître à la préfecture « toutes les modifications apportées à leurs statuts ». Un peu plus prévoyant, le règlement d'administration publique du 3 août 1901, article 11, dit que les statuts de l'association qui sollicite la reconnaissance d'utilité publique contiennent... 3°... les conditions de modifications des statuts et de la dissolution de l'association.

Ce silence sur un point important est regrettable, les associations étant généralement fondées pour un temps indéfini (bien que l'article 4 de la loi ait prévu aussi le contraire) et leurs statuts pouvant n'être pas en harmonie avec des besoins nouveaux. Malgré cette lacune, nous n'hésitons pas à dire qu'une assemblée générale aura le droit de modifier les statuts de l'association.

On peut d'abord à notre avis se fonder sur une raison d'analogie : dans les groupements où l'un des contractants peut facilement sortir du groupe, on admet que la majorité peut faire la loi : c'est le cas des sociétés par actions. Ce qui est d'ailleurs sans inconvénient trop grave, puisque les mécontents peuvent s'en aller. Dans les associations, la loi du

---

nisme créé souvent fortuitement, où, lorsqu'elle porte sur un navire, on a aussi une majorité faisant la loi à la minorité (art. 22, C. comm.). Malgré les différences entre ces deux cas, il faut signaler cette tendance heureuse du droit maritime à tenir grand compte de l'intérêt général représenté par la majorité. V. dans le même sens l'article 745 du Code civil allemand, qui vise toutes les indivisions et permet à la majorité de statuer sur le mode d'administration et de jouissance régulière de l'objet commun.

21 mars 1884, article 7 et la loi du 1er juill. 1901, article 4 réservent dans tous les cas la possibilité pour les membres du syndicat ou de l'association de se retirer. N'est-il pas naturel d'en conclure que, sans grave inconvénient, on pourra modifier les statuts à la majorité ?

Au point de vue des textes nous appuierons d'abord cette solution sur l'article 9 de la loi, d'après lequel « en cas de dissolution volontaire… les biens de l'association seront dévolus conformément aux statuts ou à défaut de disposition statutaire suivant les règles déterminées en assemblée générale ». On peut tirer de là un double argument : il peut y avoir des dissolutions volontaires puisque la loi le dit. Or, pratiquement elles seraient impossibles si elles exigeaient l'unanimité des sociétaires. Et l'article 14 du décret précise en parlant de l'assemblée qui a prononcé la dissolution volontaire (art. 14).

En second lieu l'article 9 permet à l'assemblée de compléter les statuts, de les faire sur un point où ils auraient pu et peut-être dû s'exprimer : la dévolution des biens. En effet, l'article 14 du décret dit que l'assemblée, s'il n'y a pas de statuts sur la dévolution, sera convoquée par le curateur nommé à l'association dissoute, afin « uniquement de statuer sur la dévolution des biens ». La loi suppose donc, et le décret indique que dans certains cas l'assemblée peut modifier les statuts. Comment voir là une disposition exceptionnelle ? Comment, au contraire, ne pas généraliser une solution si raisonnable ? Nous ne répéterons pas ici les raisons impérieuses qui peuvent imposer de modifier les statuts. Elles sont les mêmes que pour les sociétés par actions. On ne peut mettre un groupement dans l'obligation de disparaître, faute de pouvoir mettre des statuts un peu anciens au niveau des besoins du jour.

Mais que devra être cette assemblée ? Rien ne le dit. Sera-ce une assemblée extraordinaire convoquée uniquement à cet effet ? Faudra-t-il un certain quorum ? Faudra-t-il une certaine majorité ? On ne peut répondre de façon précise. Le décret parle bien d'assemblée générale. C'est tout et c'est bien peu. Faudrait-il étendre ici les règles admises pour les sociétés par actions? Ce serait sage. Mais les tribunaux oseront-ils le faire? En tout cas, ils pourraient ne pas tenir compte d'une assemblée où l'on n'aurait pas pris suffisamment de soin de convoquer tout le monde, où il paraîtrait qu'il n'y avait que quelques compères.

On peut dire de plus qu'il est plus prudent aux administrateurs de suivre les formalités établies pour les sociétés par actions. Mais il nous semble que la régularité de l'assemblée étant judiciairement posée, il faudrait exiger seulement que les convocations aient été générales, faites sans fraude, qu'il y ait eu une majorité, que l'ordre du jour ait visé la modification des statuts. De plus, quant aux pouvoirs de l'assemblée, il faudra admettre, comme pour les sociétés par actions, qu'elle pourra bien modifier un point secondaire ou important des statuts, mais non un point essentiel, comme son objet. Elle pourra l'étendre ou le retrécir mais non le remplacer par un autre différent.

Les autres lois sur certains groupements spéciaux sont encore plus incomplètes que celle de 1901. La loi du 1er avr. 1898 sur les sociétés de secours mutuels (art. 5) oblige bien les statuts de ces sociétés à déterminer.... « 6° les conditions de la dissolution volontaire de la société » et en même temps elle dit (art. 11) que « la dissolution volontaire ne peut être prononcée que dans une assemblée convoquée à cet effet par un avis indiquant l'objet de la réunion et à la condition de réunir à la fois une majorité des deux tiers des membres présents et la majorité des membres inscrits ». Malgré cette lacune admettons encore, comme la pratique l'exige, la possibilité de modifier les statuts. Quelles conditions faudrait-il que l'assemblée remplît? Étendrait-on l'article 11 par analogie? Ce serait très concevable, bien que le cas de dissolution soit plus grave que tout autre. On pourrait aussi s'en référer purement et simplement au droit commun que nous avons essayé d'établir.

Silence absolu dans la loi du 21 juin 1865, complétée le 22 déc. 1888, sur les associations syndicales. Nous admettrons des solutions analogues à celles proposées pour les associations ordinaires, quand il s'agira d'associations' syndicales libres. Pour les associations autorisées, nous devrons demander que le vote de l'assemblée soit complété par les formalités établies pour l'autorisation et qui sont la garantie des opposants.

Nous admettrons le système adopté pour les associations ordinaires lorsqu'il s'agira des syndicats professionnels ou des caisses d'assurance mutuelle agricole que la loi du 4 juill. 1900 autorise à se constituer comme les syndicats : faute de textes spéciaux, nous devons appliquer le droit commun.

Enfin c'est encore lui que nous suivrons à propos des associations cultuelles prévues par la loi du 9 déc. 1905 : celle-ci en effet n'a pas visé notre question et, d'autre part, le règlement d'administration publique du 16 mars 1906 parle simplement des « modifications que l'association peut apporter aux limites territoriales de sa circonscription » (art. 32) ou de la dissolution volontaire de l'association (art. 47), sans indiquer comment elles seront décidées. Mais d'autre part l'article 18 de la loi de 1905 se réfère pour la constitution des associations cultuelles à la loi de 1901, ce qui paraît indiquer que cette loi réglementera aussi leur dissolution ou leur administration ou les modifications à apporter aux statuts.

Les Codes étrangers récents sont parfois plus précis. L'article 33 du Code civil allemand exige pour les modifications des statuts une majorité des 3/4 ; mais lorsqu'il s'agit de modifier le but de l'association, il faut le consentement de tous les membres.

Notre jurisprudence aura à résoudre ces questions, qui se présenteront nécessairement à une date peu éloignée : la loi de 1901 ayant permis un large développement des associations, les difficultés juridiques commencent déjà à apparaître à leur sujet et ne feront que se montrer mieux dans l'avenir.

Examinons la difficulté qui se présente, très grave et très délicate, lorsqu'un organisme a été créé par un contrat où les diverses parties n'ont pas un rôle identique, ce qui a lieu d'abord pour les fondations.

Une fondation a été faite en créant une personne morale

ou en donnant à une personne morale préexistante. Les trois catégories de personnes en cause : le donateur, l'établissement gratifié, les bénéficiaires de la fondation ont des rôles tout à fait différents. Quelle sera leur situation lorsque la fondation ne pourra plus fonctionner selon les prévisions qui avaient été faites ?

Cela peut arriver de diverses manières. La personne morale peut cesser d'exister comme cela s'est produit avec la loi du 9 déc. 1905 lorsque les établissements publics du culte ont été supprimés, ou par la loi du 1er juill. 1904 qui a dissous les congrégations enseignantes.

Ou bien la personne morale subsistant peut être mise par la loi dans l'impossibilité d'exécuter la fondation. Ainsi en est-il arrivé par la loi du 30 oct. 1886, qui a laïcisé l'enseignement primaire. Les communes bénéficiaires de fondations à charge d'entretenir une école dirigée par des congréganistes, se sont trouvées dans l'impossibilité de respecter la fondation.

Il est possible d'un autre côté que l'état de fait en vue duquel la fondation a été créée se modifie complètement et rende la fondation sans objet. Ainsi en est-il des anciennes fondations qui avaient pu être faites pour les lépreux ou pour les prisonniers des pirates.

Il y a à propos des fondations un troisième cas, c'est celui où celle-ci peut légalement et en fait subsister, mais où il apparaît que certaines réformes dans ses statuts s'imposeraient ; qu'elle rendrait beaucoup plus de services à la même cause par une organisation un peu différente ; qu'elle favoriserait plus les études d'un genre donné en créant des bourses d'études qu'en attribuant les prix déterminés par le fondateur.

Enfin il y a l'hypothèse où les revenus des biens donnés pour la fondation ne suffisent plus à en assurer le service. Il s'agit alors de savoir si on peut réduire son fonctionnement.

Si nous examinons ces difficultés de façon générale, et surtout les premières, nous voyons que l'on paraît hésiter en pareil cas entre deux solutions extrêmes et également

peu satisfaisantes. Les uns veulent que les biens restent
sans charge d'aucune sorte à la personne morale préexistante ou à l'État qui les reprendra comme biens sans maître.
C'est pratiquement modifier le contrat, la donation avec
charge, contrairement non seulement à la volonté précise
du donateur devenue inapplicable, mais encore à son genre
d'intention libérale qui était de gratifier tel genre de personnes : les pauvres, les enfants à instruire, les personnes
qui font des recherches scientifiques et non pas seulement
un établissement public, volonté qui aujourd'hui encore
peut être respectée, au moins de façon approximative. C'est
cette solution étroite qui a triomphé à la Révolution.

Les autres veulent que, les biens donnés ne pouvant être
employés suivant leur destination précise, les héritiers du
donateur ou celui-ci puissent les reprendre pour en disposer librement en vertu d'une condition résolutoire tacite
ou de la jurisprudence qui s'est formée sur l'article 900. Ce
système évite un emploi des biens contraire à la volonté du
testateur. Mais c'est le pavé de l'ours. De peur de fausser
la fondation, on l'annule.

Cette solution a pour elle des précédents importants.

C'est d'abord la jurisprudence qui s'est formée à la suite
de la loi du 30 oct. 1886 [1]. C'est auparavant la loi du 24
mai 1825, article 7 et la loi du 12 juill. 1875 sur l'enseignement supérieur, article 12, lesquels ont établi un droit de
retour en faveur des héritiers des donateurs ou testateurs.
C'est plus récemment l'article 18 de la loi du 1er juillet 1901,
qui a ouvert en cas de liquidation de congrégation non
autorisée un droit de revendication aux donateurs et héritiers pour les biens et valeurs qui n'auraient pas été affectés
par l'acte de libéralité à une œuvre d'assistance. C'est enfin
la loi du 9 déc. 1905, article 9, qui établit encore une action
en reprise ou revendication des héritiers des donateurs en
cas de dissolution d'une association cultuelle et l'article 7,
qui réglemente l'action en reprise des héritiers des donateurs et testateurs pour des libéralités ecclésiastiques.

[1] V. Cass. 29 nov. 1892, S. 93. 1. 32; 29 janv. 1896, S. 97. 1. 136; 19 oct.
1896, S. 98. 1. 350; 13 déc. 1897, S. 98. 1. 436.

Entre ces deux tendances, il s'en manifeste aujourd'hui une troisième : c'est l'assouplissement de la fondation à une situation nouvelle. Nous la trouvons d'abord dans l'article 18 de la loi de 1901. « Les biens et valeurs donnés en vue de pourvoir à une œuvre d'assistance ne pourront être revendiqués qu'à charge de pourvoir à l'accomplissement du but assigné à la libéralité ». Ensuite l'article 3 de la loi du 7 juill. 1904 sur la suppression de l'enseignement congréganiste dit que le prix des biens (qui proviennent souvent de donations) servira à augmenter les subventions de l'État pour constructions ou agrandissement de maisons d'écoles et accorder des subsides pour location. Les biens affectés aux services scolaires des congrégations enseignant à l'étranger seront affectés aux autres services statutaires de la congrégation.

C'est surtout la loi du 9 déc. 1905, dont l'article 4 attribue les biens immobiliers et mobiliers des établissements publics du culte avec toutes les charges et affectations qui les grèvent et avec leur affectation spéciale aux associations cultuelles. Dans le même esprit, l'article 7 décide que les biens grevés d'affectation charitable ou de toute autre affectation étrangère à l'exercice du culte seront attribués aux services ou établissements publics ou d'utilité publique dont la destination est conforme à celle desdits biens.

C'est enfin l'article 9, qui, pour les cas de dissolution d'associations cultuelles, ordonne que les biens seront attribués à des associations analogues, ou à des établissements de bienfaisance (1).

Il se forme en vertu de ces textes, récents pour la plupart, une sorte de coutume législative, d'après laquelle, lorsque la fondation n'est pas révoquée en vertu de la jurisprudence qui s'est formée sur l'article 900, la fondation doit conti-

---

(1) Des idées du même genre se font jour pour les biens qu'une personne morale a acquis à titre onéreux ou dont l'origine n'est pas précisée. La loi du 12 juill. 1875, article 12, attribue à l'État les biens des associations d'enseignement supérieur dissoutes, à charge de les employer à l'enseignement supérieur. La loi du 7 juill. 1904, article 5, attribue les biens des congrégations enseignantes dissoutes à l'État pour qu'il les emploie en constructions d'écoles.

nuer à vivre en s'adaptant aux circonstances. Un nouvel
établissement en aura la charge, mais celle-ci subsistera.
L'idée est juste, elle correspond aux desiderata de la pratique.
La loi du 9 déc. 1905 a eu le mérite de la préciser en indiquant (art. 4 et 7) que les fondations doivent passer à des
établissements que désigneront les représentants des établissements supprimés. C'est l'équité même. Si le fondateur
s'est adressé à telle personne morale, c'est qu'elle lui paraît
agir davantage selon ses vues. Elle agira encore de cette
manière si son dernier acte consiste à désigner une autre
personne pour l'accomplissement de la charge.

Mais ce perfectionnement n'est que le dernier stade encore incertain dans une évolution qui se dessine. Les lois
antérieures ne l'ont pas connu. Par une bizarrerie, l'article
9 semble l'ignorer pour le cas de dissolution d'une association cultuelle.

Sommes-nous arrivés pour cela aux derniers progrès possibles? Je ne le pense pas : il y a en deux qui paraissent
encore nécessaires. Le premier, c'est d'autoriser les intéressés eux-mêmes à contester la dévolution des biens dans
un certain délai, que je voudrais assez large : un an au moins.
Si un hôpital, un sanatorium est supprimé, si ses biens sont
dévolus à un autre établissement, pourquoi les intéressés
ne pourraient-ils se plaindre de la dévolution? Les personnes
susceptibles d'être admises dans l'établissement devraient
pouvoir demander qu'elle soit rectifiée si elle est mal faite.
Cela les touche plus que quiconque. Et dans un État démocratique, le peuple peut-il être mieux représenté et obéi que
par lui-même, alors qu'il s'agit non de faire reconnaître un
droit nouveau, mais uniquement de demander à la justice
l'application de règles d'équité? Ne doit-on pas ouvrir très
large l'action populaire en toute matière pour lutter contre
l'esprit d'oligarchie, reste imposant de la monarchie
abolie?

Le terme dernier de ces progrès, de cette collaboration
des représentants de la personne morale, de l'Administration,
des intéressés et du juge statuant sur leurs prétentions et
sur la répartition des biens entre les divers buts, charitables,

religieux, d'instruction ou autres [1], ce serait selon moi l'application littérale de l'article 900. Déjà la loi du 9 déc. 1905, beaucoup plus progressiste que les autres limite le droit de révocation aux auteurs et héritiers en ligne directe (art. 7 et 9). Le jour où une législation autorisera le transfert des biens dans des conditions présentant toute garantie de respect des volontés, et il n'y a plus qu'un pas à faire pour cela, l'action en révocation n'aura plus de raison d'exister dans les fondations. Somme toute, quand le testateur a affecté ses biens à une œuvre d'intérêt général, il faut que cette œuvre vive. Le testateur a fait un acte à visée sociale, révoquer cet acte parce que l'exécution directe et littérale n'en peut avoir lieu, c'est faire un acte à résultat individualiste, enrichir un parent peut-être fortuné du défunt au lieu d'enrichir le patrimoine des deshérités. C'est une mesure qui n'est admissible que comme pis aller, et dont l'importance doit s'effacer à mesure que se développera le souci de faire exécuter la volonté principale du testateur, l'essence de sa décision.

Sans doute la loi de 1901 avait trouvé un moyen intermédiaire ingénieux : l'héritier ne pouvant revendiquer qu'à charge d'employer les biens dans un but du même genre (art. 18). C'est dire que la dévolution se fera conformément à la volonté de l'héritier du testateur, qu'on refera une fondation, mais encore faut-il retrouver des héritiers, et après des siècles ce sera impossible.

En tout cas, c'est dans ces termes seulement que l'action en révocation est acceptable.

Si l'on a l'audace facile de généraliser, non pas le système vers lequel nous marchons à grands pas, mais seulement le système qui règne aujourd'hui dans le dernier état des textes et qui impose la charge à celui qui garde les biens en cas de suppression d'une personne morale, on aura déjà fait beaucoup pour assouplir les fondations.

---

(1) En effet les anciennes fondations ont des buts multiples, elles sont à la fois charitables, religieuses, pédagogiques, etc. Le principe de division du travail amène aujourd'hui à créer des établissements n'ayant que des fonctions limitées entre lesquelles il me semble juste de répartir les biens destinés par la fondation originaire à atteindre plusieurs buts à la fois.

Rien n'est plus utile : la volonté des morts doit être respectée. Et comment l'est-elle avec le droit de l'État de tout prendre, ou avec ce système du tout ou rien qui est celui de la révocation ?

En tout cas, dès maintenant il nous paraît y avoir une coutume législative suffisante pour faire dire qu'à la disparition d'une personne morale les fondations dont elle était chargée ne disparaissent pas, mais que les biens peuvent être revendiqués par des établissements similaires à charge pour eux d'exécuter la fondation (1).

J'ai tablé jusqu'ici sur une dissolution de l'œuvre qui avait reçu la donation. Il en serait à peu près de même pour tout autre cas où « l'accomplissement du but de la fondation est devenu impossible ou met en péril l'ordre public ».

Cependant ces hypothèses méritent quelques explications séparées.

La loi peut, au lieu de supprimer une personne morale, cas surtout envisagé par nous jusqu'à présent, lui enlever la possibilité d'exécuter la fondation. La loi du 30 oct. 1886 en est un exemple. Le système du tout ou rien a ici triomphé et suivant la façon dont les tribunaux ont appliqué l'article 900, les communes ont gardé des biens sans la charge, ou ont dû les restituer purement et simplement.

Mais deux procédés nouveaux apparaissent dans les lois récentes : d'après l'article 5 de la loi du 7 juill. 1904, les biens et valeurs affectés au service scolaire des congrégations enseignantes et hospitalières seront affectés aux autres services statutaires de la congrégation. On estime donc que le but principal du testateur ou du donateur a été de gratifier la congrégation, on néglige le but scolaire qu'il avait poursuivi. On pourrait également appliquer le procédé, dont j'ai déjà parlé, de la loi de 1901, qui permet l'action en révo-

---

(1) On remarquera que dans ces développements je me sers indifféremment des termes donateurs et testateurs, confondant ainsi à dessein la fondation par testament ou entre-vifs. C'est qu'ici il n'y a pas intérêt à les distinguer. Nous estimons d'ailleurs que le testament dont les legs ont été acceptés peut se ramener quant aux effets à un contrat d'une nature spéciale. Nous indiquons cette idée sans pouvoir y insister.

cation à charge de maintenir l'œuvre hospitalière ou autre
qui avait été créée. Ces deux solutions tiennent évidemment
un certain compte du but que s'est proposé l'auteur de la
libéralité. Mais combien il serait préférable d'envisager la
difficulté de façon générale et de la résoudre conformément
aux intentions essentielles du défunt! C'est ce que nous allons
essayer de faire.

Il est possible que le but de la donation devienne en lui-
même, de façon absolue, illicite. Le cas sera extrêmement
rare. On ne peut qu'imaginer des hypothèses. Ce serait le cas
où l'État interdirait absolument l'exercice d'une religion
sur son territoire. La somme donnée à une commune pour
entretenir les ministres de ce culte ne pourrait plus recevoir
son affectation. Il faudrait alors que le législateur rem-
plaçât la charge par une charge analogue : subvenir à un
culte différent ou à des œuvres de bienfaisance. La volonté
du défunt serait nécessairement violée. Le mieux serait de
restreindre cette violation au minimum.

Le cas le plus fréquent est celui où un but à atteindre ne
devient illicite que de manière relative. Ainsi la loi du 30
oct. 1886, qui a établi la laïcité de l'enseignement public,
n'a pas interdit l'enseignement congréganiste. La loi de 1904,
qui a interdit cet enseignement, n'a pas pour cela interdit
l'enseignement présentant un caractère confessionnel.

En pareil cas le respect de la volonté du défunt est assuré,
seulement si on donne aux biens la destination fixée par le
défunt en changeant le bénéficiaire, et à ce point de vue la
règle donnée par la loi de 1901 : la *révocation avec charge*
qu'elle a imaginée paraît donner une solution satisfaisante,
d'autant plus que le donataire évincé sera naturellement
porté à ne restituer les biens que si l'héritier du donateur
précise quel emploi il va faire des biens qu'il reprendra.

Ce système en tout cas est supérieur à celui de la loi de
1904, qui, remettant aux autres services statutaires de la
congrégation les biens sans emploi, ne tient compte que
d'une partie de la volonté du défunt.

Le procédé le meilleur est évidemment un procédé analogue à celui prévu par la loi de 1905 : une dévolution des

biens à une personne qui exécutera la charge et qui sera désignée par l'établissement qui ne peut l'exécuter. Celui-ci en somme se trouve dissous quant à la possibilité d'exécuter telle charge. Il est frappé d'une véritable destruction partielle.

Il est naturel qu'il veille à son exécution par un autre : par exemple la congrégation mixte laissera ses établissements d'enseignement à des établissements confessionnels d'instruction. On pourrait cependant admettre que, si le donateur a désiré gratifier la congrégation même dans une certaine mesure, faciliter son développement, une partie des biens restera attribuée à l'établissement congréganiste. Le défunt a poursuivi simultanément un but éducatif et un but religieux. Ceux-ci ne pouvant plus être atteints que séparément, on répartira les biens. Ce sera un parti mixte qui satisfera la situation complexe où l'on se trouvera, que la loi fera sagement d'adopter et que le juge de lui-même pourrait accepter.

Mais nous ne pouvons exprimer cette solution que de façon conditionnelle. La coutume en effet fait complètement défaut. Nous ne pouvons invoquer en notre sens aucun texte. Les solutions des lois spéciales nous sont même défavorables. Le droit est ici moins avancé que dans le cas précédent.

A côté des obstacles légaux au fonctionnement de la fondation, il y a les obstacles de fait. Une fondation peut répondre à une utilité qui a complètement disparu ou qui est devenue si rare qu'on ne peut immobiliser à cette fin des biens importants. Et c'est une objection souvent faite aux fondations qu'elles peuvent ainsi constituer de véritables anachronismes. Voit-on aujourd'hui des fondations en faveur des descendants des chevaliers de Saint-Louis? Voit-on des sommes considérables immobilisées pour de nombreux hôpitaux de lépreux? Mais si le silence complet de la loi sur les législations fait que la fondation une fois créée va comme un corps lancé à travers l'espace que rien ne pourrait arrêter, échappant aux lois de l'attraction universelle, aux affinités que toute institution doit avoir avec l'époque où elle fonctionne, la faute en est au législateur qui n'a rien prévu et qui ne légifère depuis cent ans à propos de fondations qu'au milieu de cette fumée que créent dans les esprits les questions politiques auxquelles les fondations se rattachent.

La loi devrait prévoir cette mise à jour de fondations respectables, mais aujourd'hui mortes. Là encore il suffirait de dire que toute personne intéressée à ce que les biens de la fondation fussent employés à un but nouveau pourra le demander à la justice et que le ministère public aura le même droit. Le juge pourrait alors fixer à la totalité ou à la plus grande partie des biens une nouvelle affectation, en harmonie avec l'époque actuelle, sauf à appeler les héritiers des donateurs, s'il y en a encore de connus et à entendre leurs conclusions. Qui empêcherait de dire qu'une fondation pour des lépreux recevra aujourd'hui d'autres malades : les tuberculeux par exemple, qu'une maison pour les filles des chevaliers de Saint-Louis recevra des filles de membres de la Légion d'honneur, etc. ?

Mais les fondations sont rarement si désuètes. Souvent ce sont vieilles personnes qui veulent donner encore illusion sur leur âge, mais qui s'adaptent mal à des circonstances nouvelles. Leur organisation peut en fait fonctionner, mais la vie se retire d'elles peu à peu. Une simple modification de statuts s'imposerait. Actuellement, on ne voit pas comment elle pourrait avoir lieu, comment la nécessité d'un conseil d'administration plus nombreux ou autrement recruté pourrait recevoir satisfaction. On ne voit même pas la possibilité de transporter ici, comme on l'a fait pour les associations, les règles générales qui fonctionnent pour les sociétés par actions. Mais la nécessité d'un mode légal de mise au point est incontestable. Là encore la loi devrait intervenir, organiser une procédure judiciaire avec appel des héritiers du fondateur. Peut-être la jurisprudence pourrait-elle de son côté faire ici œuvre utile. Ayant bâti de toutes pièces la théorie des administrateurs judiciaires, qui l'empêcherait dès maintenant de pourvoir par tels administrateurs provisoires qu'elle jugerait utile, avec tels pouvoirs

qu'il conviendrait, à la gestion d'une fondation dont le fonctionnement péricliterait et que ses administrateurs délais-
seraient? Mais ce ne serait jamais qu'un provisoire qui
d'ailleurs pourrait toujours durer autant qu'on le voudrait.

Ce cas où le fonctionnement de la fondation exigerait des
modifications nous conduit à examiner une hypothèse assez
usuelle. Celle où les ressources de la fondation ne suffisent
plus à l'exécution des charges telles que les a fixées le donateur. Ainsi le donateur a fondé un hôpital de vingt lits,
mais les revenus ne permettent plus d'en entretenir que
quinze, ou, cas plus difficile : on a fondé un seul lit dans un
hospice et les revenus ne subviennent plus à la dépense. La
question de savoir si l'administration de l'hôpital peut réduire le foctionnement de la fondation est en réalité une
question d'obligation aux dettes pour le donataire ou le
légataire particulier. Le donataire avec charge est-il tenu
de celle-ci *ultra-vires*? En est-il de même du légataire particulier? Évidemment la solution de cette question est influencée par la jurisprudence qui s'est formée sur l'obligation aux legs des héritiers, des légataires universels,
influencée aussi par cette idée que la donation avec charge
est un acte à titre onéreux dans la mesure de la charge, et
qu'il n'est que cela si la charge enlève tout profit personnel
au donataire (V. en ce sens, Aubry et Rau, VII, p. 378) [1] et
l'on pourrait soutenir que le donataire ou légataire avec
charge, ayant accepté la charge, se trouvent désormais obligés de l'exécuter, leur fût-elle onéreuse [2]. En ce sens, il a
été jugé très anciennement que le donataire avec charge
devait s'exécuter même si la chose donnée avait été détruite
par cas fortuit. — V. Merlin, *Rép.*, vᵒ *Fondation*.

Mais il est certain que la théorie de la fondation tend à se
distinguer du legs avec charge ordinaire à raison précisément des visées lointaines qui la caractérisent. Alors quoi
de plus naturel que de déclarer la personne morale admi-

---

(1) V. Cass., 1ᵉʳ août 1904, S. 1905. 1. 13.
(2) V. en ce sens Trib. de Charolles, 1ᵉʳ févr. 1894, *Gaz. des Trib.* du
8 juin 1894. — Décision min., *Bull. du min. de l'Int.*, 1858, nᵒ 38. — Bourges, 4 déc. 1905, S. 1906. 2. 281, *Rev. de dr. civ.*, 1906, p. 430.

nistrant la fondation tenue seulement de la charge *intra vires* ? Cela concorde avec l'idée de patrimoine d'affectation aujourd'hui très en vogue. Cela concorde aussi avec la situation qui se présenterait si la fondation avait été érigée en établissement autonome revêtu de la personnalité morale. Au point de vue pratique, il faut ajouter qu'une personne morale s'engageant pour toujours, il serait fort difficile d'admettre qu'elle a entendu s'engager à exécuter complètement la fondation quoi qu'il arrive, car qui peut prévoir ce que sera l'intérêt de l'argent dans plusieurs siècles [1] ? Et décider que cette obligation existera intégrale, quelque diminution que les revenus puissent subir, ce serait écarter souvent l'acceptation de la fondation. Bien des administrateurs trop prudents ne s'y prêteraient pas et ce serait nuire au développement de cette utile institution.

On peut enfin ajouter que le but du fondateur, donateur ou testateur, a été d'affecter les revenus de certains biens à un but donné et pas au delà, que son intention correspond avec celle des administrateurs de l'établissement gratifié, que les unes et les autres ont entendu établir une véritable obligation *intra vires*, ce que rien n'interdit.

Si l'on admet pour ces raisons tant théoriques et pratiques, que l'établissement chargé de la fondation, donataire ou légataire direct, n'est tenu de l'exécuter que dans la mesure des revenus qu'il perçoit des biens donnés, il doit en résulter que cet établissement peut de lui-même réduire les engagements de dépenses pour ne pas dépasser les revenus. Il n'aura besoin pour cela ni d'autorisation judiciaire, ni d'absence d'opposition des héritiers du donateur régulièrement prévenus.

Tout au plus une règle administrative, peut-elle exiger de lui qu'il ne réduise la fondation pour en équilibrer le budget qu'après certaines autorisations.

C'est en ce sens que nous comprenons l'article 9 d'un

---

[1] Mais cette idée que le gratifié n'exécutera la fondation que dans la limite du revenu des biens donnés implique en sens inverse qu'il devra l'exécuter dans toute la limite de ces revenus, s'ils s'accroissent, à moins que ces revenus de surcroît ne soient mis en réserve pour l'avenir.

décret particulier du 2 nivôse an XIV (cité dans un arrêt
de Nancy du 24 févr. 1877, S. 77. 2. 214), qui dit « que dans
le cas où les revenus de la fondation viendraient à diminuer
de valeur ou à dépérir, elle pourrait être réduite dans la
même proportion par le préfet du département sous l'approbation du Gouvernement », ou l'article 29 du décret du
30 déc. 1809 sur les fabriques, aujourd'hui sans objet,
d'après lequel « le curé se conformera aux règlements de
l'évêque pour tout ce qui concerne l'acquittement des charges pieuses imposées par les bienfaiteurs, sauf les réductions
qui seraient faites par l'évêque conformément aux règles
canoniques, lorsque le défaut de proportion des libéralités
et des charges qui en sont la condition l'exigera » et un
avis dans le même sens donné par le Conseil d'État le
22 juill. 1840.

En dehors de ces cas ou de règles administratives générales, nous croyons que l'établissement gratifié peut seul
réduire l'importance de ses services pour ne pas dépasser
ses revenus et que l'action en révocation pour inexécution
des charges devra être repoussée.

La difficulté qui seule à ma connaissance a été soumise
aux tribunaux était un peu plus complexe : il s'agit d'une
petite fondation : on a fondé un lit dans un hospice, un
poste d'institutrice dans un hameau. Les revenus deviennent insuffisants pour payer les dépenses qui en résultent.
La réduction est impossible. On ne peut guère fractionner
une institutrice, ou un lit. Selon nous, la fondation doit
alors être modifiée de manière à atteindre un but aussi
rapproché que possible de celui de la fondation. On pourra
décider que le lit ne sera attribué qu'en laissant entre les
désignations de l'hospitalisé le temps nécessaire pour reconstituer le capital entamé, ou que le revenu sera employé en
secours à domicile à un individu désigné [1]. On pourra dire,
comme l'a fait la Cour de Nancy le 24 févr. 1877 (S. 77. 2.
214), que l'institutrice désignée fera son service dans une
commune voisine disposée à lui parfaire son traitement. Il

[1] Cf. sur ce point trib. de Château-Chinon, 6 mai 1904, S. 1906. 2. 21.

apparaît donc toujours un moyen équitable, grâce auquel le gratifié pourra éviter la révocation.

Cette solution sera adoptée par l'établissement gratifié avec ou sans autorisation suivant les cas, et ce sera aux intéressés à se plaindre ou aux héritiers à demander la révocation et à la faire prononcer par l'autorité judiciaire [1].

Ce système d'adaptation de la fondation aux difficultés budgétaires existe donc. Il résulte de l'action combinée de l'autorité administrative et judiciaire. La combinaison toutefois n'est pas très heureuse. L'administration ayant autorisé ou l'établissement ayant décidé une réduction ou une modification des services, on est dans une situation d'attente. On ne sait pas si un jour donné, dans dix ans, vingt ans peut-être, les intéressés ou les héritiers du donateur ne se plaindront pas pour obtenir, les uns le rétablissement de l'état de choses ancien, les autres la révocation. Et qui sait si un tribunal ne leur donnera pas raison ? Le meilleur serait d'ouvrir aux représentants de l'établissement une action judiciaire à laquelle seraient appelés les héritiers et les représentants des intéressés pour faire juger que la transformation était réellement imposée et qu'il y a lieu de l'approuver. Alors de deux choses l'une : ou l'administration de la fondation s'entendrait amiablement avec les représentants des intéressés et du défunt. Leur approbation emporterait déchéance du droit de contester ce qui a été fait. Ou alors ils refuseraient : un jugement donnerait en ce cas à l'établissement pleine sécurité pour l'avenir.

On aurait ainsi l'organe pleinement adapté à la fonction et non pas, dans cette partie du droit à l'état de devenir, une application peu commode d'un droit commun encore incertain et mal dégagé.

Le Code civil allemand a eu l'idée de cette nécessité d'adapter largement la fondation aux circonstances nouvelles. Mais le procédé d'exécution est resté inférieur à celui que nous trouvons dans la coutume législative française en ce sens que l'autorité judiciaire et les héritiers comme les

(1) V. une application de cette compétence de l'autorité judiciaire. Cass., 19 mars 1855, S. 55. 1. 648.

intéressés n'ont aucun rôle. « L'autorité compétente, dit l'article 87, peut donner à la fondation un autre but ou la supprimer. Lorsque le but est ainsi modifié, il faut respecter le plus possible les intentions du fondateur, notamment . prendre soin que les revenus de la fondation demeurent à la catégorie de personnes à laquelle ils devaient revenir, d'après les intentions de celui-ci. Les autorités peuvent modifier les statuts de la fondation, lorsque la modification du but autorise ce changement. Avant de changer le but ou la constitution, il faut au préalable entendre le conseil de la fondation ».

Laissons maintenant de côté ce point. Nous avons montré que là où un contrat a mis des intérêts de diverses natures en présence, ce contrat peut être modifié, ce qui d'ailleurs est conforme à l'intention du défunt, qui prévoit souvent à quelles personnes passeront ses biens en cas de dissolution de la fondation.

Le droit commercial nous offre un autre exemple important de modification d'un contrat où les deux contractants ont des intérêts opposés : c'est dans le concordat après faillite. Dans le concordat simple ou par abandon d'actif, nous avons, en effet, un créancier qui se voit imposer par son débiteur une réduction de sa créance ou un terme, lorsque cette mesure a été votée par la majorité des autres créanciers et approuvée par le tribunal de commerce. Nous ne préciserons pas les conditions du concordat, qui sont bien connues (v. art. 307 et suiv., C. comm.). Constatons seulement qu'il apparaît plus facile d'imposer à une personne des diminutions de droit dans un contrat où tous n'ont pas la même situation (puisqu'il y a d'un côté le failli, de l'autre ses créanciers), lorsque cette diminution est jugée nécessaire par d'autres placées dans la même situation.

Cette solution du concordat voté à la majorité est spéciale au droit commercial, mais rien ne s'opposerait à ce que la loi l'étendît au droit civil. Ce serait certainement une des conséquences et une des conséquences heureuses de la faillite civile.

D'ailleurs, déjà elle tend en fait à s'y étendre. On a vu, en effet, des États obérés traiter de la réduction de leur dette avec des porteurs de titres et imposer le traité passé avec un groupe à l'ensemble des porteurs. Cette solution n'a pas d'ailleurs toujours eu lieu avec toute garantie au point de vue du nombre de ceux qui l'acceptaient. Cependant, c'est toujours l'application de cette idée qu'un créancier serait mal venu à se montrer plus intransigeant que les voisins.

On doit rapprocher de cette hypothèse du concordat, celle où une assemblée d'actionnaires donne quitus à un administrateur de comptes qu'il présente ou des actes contraires aux statuts qu'il a pu exécuter. Ce vote de la majorité éteint toute action individuelle en responsabilité. Le contrat passé par l'actionnaire avec les autres qui lui donnait le droit d'agir en responsabilité pour un acte jugé irrégulier se trouve donc modifié en ce sens qu'il ne peut se révolter contre la décision contraire de la majorité [1].

On peut indiquer encore un cas où une majorité est appelée à faire la loi à la minorité, c'est dans les assemblées d'obligataires. Le jour où ces assemblées auront été légalement établies, auront un rôle, il est presque certain que le consentement d'une majorité y produira les effets de celui de l'unanimité (V. le projet du Gouvernement de 1903 et Prestat, *Les assemblées d'obligataires*, thèse, Paris, 1906).

Le droit civil nous offre encore deux exemples de contrats qui peuvent se trouver modifiés sans la volonté de tous.

Dans la substitution, on admet que le grevé peut être autorisé à aliéner certains biens par la justice dans l'intérêt de la substitution (V. Demolombe, t. XXII, n°s 561 et 579).

Dans le cas de mariage, la loi autorise la femme à modifier le contrat par la séparation de biens, et sous le régime dotal il lui permet d'aliéner sa dot du consentement de justice.

---

(1) V. Thaller, *Droit commercial*, n° 262, p. 354.

Ces hypothèses, moins nettes que les précédentes, montrent cependant que la tendance à autoriser la modification à des contrats obéit à un principe. On voit que dans le cas de substitution, de mariage, il y a un patrimoine spécialement affecté aux besoins du substitué ou du ménage, cet organisme qui a une vie propre, une raison d'être spéciale doit comme tout organisme s'adapter au milieu.

Sommes-nous au terme de l'application de ces idées? Non, l'avenir peut en réserver d'autres. Une déjà point à l'horizon. C'est dans le contrat de travail qui lie les ouvriers d'une usine avec un patron. Il se dégage un organisme ouvrier dont l'existence en fait se traduit par la tendance au contrat collectif.

Cet organisme n'est pas d'ailleurs bien différent de celui que l'on rencontre dans la faillite sous le nom de masse des créanciers, ou dans les assemblées d'actionnaires des sociétés par actions.

On conçoit parfaitement bien qu'il résulte de l'existence de cet organisme qu'un jour la majorité y impose la loi à la minorité. Cela se conçoit en ce sens qu'une entente de la majorité avec le patron pour un salaire plus équitable s'imposera à tous, soit que cette entente diminue le salaire, les circonstances étant mauvaises, soit qu'elle l'augmente. Il est vrai qu'en ce dernier cas le résultat sera en fait plus facilement atteint et que juridiquement on peut l'expliquer par une stipulation pour autrui.

Mais il y a une lacune. Dans le concordat la minorité a une garantie contre la majorité dans l'homologation du tribunal. Où la trouver ici? Comment défendre la minorité en dehors du cas d'arbitrage où, un juge intervenant, on est assuré que l'on ne sera pas livré au caprice d'une majorité déraisonnable?

Ce principe de la solidarité ouvrière conduit logiquement à une autre idée : la grève obligatoire. Si les ouvriers peuvent à la majorité et moyennant une approbation judiciaire, garantie de la minorité, imposer à leurs camarades une modification du contrat, pourquoi ne pourraient-ils pas leur imposer aussi la grève jugée nécessaire pour la protection de leurs droits ? Théoriquement il n'y a pas de raison de s'arrêter en route, d'autant plus qu'ici une garantie judiciaire serait donnée à la minorité. Mais en fait il y a ceci de grave, c'est qu'on n'exige plus seulement d'un ouvrier un laisser-faire, on lui impose un acte plus grave : se priver temporairement de son gagne-pain. Ne dépasse-t-on pas cette demi-mesure qui doit à la fois satisfaire l'intérêt général et respecter jusqu'à un certain degré le droit individuel ? C'est à l'avenir et aux faits de répondre. N'enfermons rien dans des formules mortes. Le droit doit se présenter plus vivant avec des idées en germe qui le font deviner dans un perpétuel devenir.

En tout cas, ici le droit qui se forme est palpable. J'en trouverai l'indice à la fois dans le projet Millerand déposé en 1900 sur la grève obligatoire et dans l'ingénieuse théorie de M. Wahl suivant laquelle la grève ne rompt pas le contrat de travail. Tout cela laisse cependant une lacune que notre théorie ne peut combler.

Il est souhaitable que le contrat varie avec les gains que fait le patron, avec le prix de la marchandise, que sans se rompre il s'assouplisse aux circonstances et la grève est un moyen, une arme si l'on veut, pour assurer cette adaptation. Il est donc peu souhaitable de dire qu'elle rompt le contrat. Mais lorsqu'elle est offensive, quand l'ouvrier l'emploie pour obtenir une hausse du salaire, comment dire qu'elle ne crée pas une rupture du contrat tant que nous n'aurons pas la règle légale, instrument indispensable pour assouplir le contrat de travail ? Alors seulement nous pourrons affirmer, ce qui est désirable, que la grève ne rompt pas le contrat si elle poursuit une modification équitable.

Dernière hypothèse possible de contrat modifié sans le consentement de tous : il y a urgence. Cette hypothèse est prévue par le Code civil allemand dans trois cas : en cas de mandat le mandataire peut s'écarter des instructions données s'il peut induire des circonstances que celui-ci, s'il les avait connues, aurait approuvé. Mais avant de le faire il doit aviser le mandant et attendre ses instructions s'il n'y a péril en la demeure (art. 665). Une règle analogue existe dans l'article 388 du Code de commerce allemand et l'article 372 du Code de commerce hongrois. Même solution à propos du dépôt (art. 692) s'il s'agit de changer le mode de garde et si l'on peut supposer que le déposant approuverait cette modification. Rapprochons de là l'article 681, à propos de la gestion d'affaires, d'après lequel le gérant doit aviser le maître de sa gestion et attendre ses instructions s'il n'y a péril en la demeure.

Les mêmes idées se retrouvent dans le Code fédéral des obligations. D'après l'article 395, le mandataire peut s'écarter des instructions, quand les circonstances ne lui permettent pas de prendre l'avis du mandant et s'il suppose que celui-ci l'aurait autorisé, s'il avait connu l'état de l'affaire et l'article 435 applique cette idée au commissionnaire chargé de vendre. D'après l'article 396, le mandataire peut se substituer quelqu'un, s'il y est contraint par les circonstances. L'article 535 enfin décide que dans la société le consentement de tous est nécessaire pour faire les actes extraordinaires, à moins qu'il n'y ait péril en la demeure.

De même le Code civil italien (art. 722) permet à un associé qui ne peut user seul de la signature sociale de le faire lorsqu'il y a urgence.

Ce ne sont que des dispositions éparses. Dans le Code français la lacune est encore plus sensible. Il prévoit bien parfois l'urgence comme cause de rupture du contrat de mandat (art. 2007) [1] ou comme cause de déchéance du terme en faveur du prêteur dans le prêt à usage (art. 1889) lorsqu'il survient à celui-ci un besoin pressant et imprévu de sa chose. Mais l'article 1724 est le seul à prévoir que l'urgence permet de manquer à un contrat en disant que le propriétaire peut troubler le locataire par les réparations qui sont urgentes. Encore donne-t-il droit à indemnité si leur durée excède quarante jours.

Que décider dans les autres cas? Bien osé serait aujourd'hui celui qui prétendrait donner effet au péril en la demeure.

_____

[1] V. de même le Code suisse, article 479.

Et cependant n'est-il pas bien dur de refuser de lui donner effet? On tend bien à reconnaître que le locataire peut faire les réparations urgentes ou autres que le bailleur ne fait pas, mais la doctrine est encore incertaine [1].

Quant au mandataire, on tend à lui permettre de changer le mode d'exécution du mandat si le changement est indispensable et si on doit supposer que le mandant l'eût permis [2].

Dans la société, la doctrine admet bien que s'il y a deux associés devant administrer ensemble l'un d'eux pourra seul agir en cas d'urgence [3].

Mais dans le cas d'un devis, l'entrepreneur peut-il de son chef modifier le travail s'il y a urgence, ou dans la société le gérant unique peut-il faire un acte dépassant ses pouvoirs, s'il y a péril dans la demeure? Ou le dépositaire peut-il dans le même cas confier l'objet reçu à un tiers sans y être autorisé? Ou l'emprunteur peut-il user de la chose prêtée pour un usage non prévu et déroger ainsi à l'article 1881 du Code civil ou la garder plus longtemps qu'il n'a été convenu s'il en a un besoin immédiat? Silence complet des auteurs sur ce point. La question doit cependant à notre avis être résolue.

L'urgence autorise et impose même de s'écarter des instructions que l'on a reçues, des droits que l'on a normalement, lorsqu'il y a à cela un avantage évident. Et cette urgence ne rentrera pas seulement dans le cadre de la gestion d'affaires, mais dans le cadre de l'exécution même du contrat et si une garantie a été stipulée pour assurer cette exécution, elle servira pour les avances faites en cas d'urgence. Celui en effet qui a passé un contrat ne doit pas être dans cette situation absurde de se trouver obligé d'agir conformément au contrat même lorsque cela est contraire à un intérêt évident, comme un grognard qui ne connaît que sa

---

(1) V. Baudry et Wahl, *Louage*, I, n° 243, p. 120. *Contrà* : Laurent, XXV, n° 12.

(2) Baudry et Wahl, *Mandat*, p. 299, n° 617; Guillouard, n° 202.

(3) V. Guillouard, p. 190, n. 131; Aubry et Rau, IV, p. 362. *Contrà* : Pont, n° 539; Laurent, XXVI, n° 312.

consigne. Le droit doit viser à l'intérêt général, et non pas à une application pour ainsi dire rectiligne des contrats. Celle-ci doit s'assouplir aux événements qui se présentent. Et en particulier l'urgence doit faire exception à toutes les règles ou du moins à nombre d'entre elles.

Enfin, il y a les considérations humanitaires qui peuvent permettre au juge de modifier la convention. Elles ne s'appliquent pas en faveur d'une partie quelconque, mais de la plus intéressante socialement. Dans le Code suisse, nous trouvons en ce sens l'article 364, qui, à propos des devis, s'exprime ainsi : « Si l'exécution de l'ouvrage est arrêtée ou rendue excessivement difficile par des circonstances extraordinaires impossibles à prévoir et que l'entrepreneur n'ait pas pris expressément cette éventualité à sa charge, le juge a la faculté d'accorder soit une augmentation du prix stipulé, soit la résiliation du contrat ». Au contraire, « le maître est toujours tenu de payer le prix intégral, encore que l'ouvrage ait exigé moins de travail qu'on ne le prévoyait ».

Dans le Code civil allemand, l'article 519 établit un véritable bénéfice de compétence pour le donateur. Il a le droit de se refuser à l'exécution d'une donation, lorsqu'en tenant compte de ses autres obligations, il est hors d'état de remplir sa promesse sans mettre en péril son propre entretien conforme à sa situation ou le paiement des dettes alimentaires qui lui sont imposées par la loi ».

Dans le même esprit, le Code civil français possède le terme de grâce (art. 1244).

Il faut rapprocher de cela le droit que la jurisprudence a reconnu au juge de réduire le salaire du mandataire jugé excessif, bien que ce droit de contrôle permette à la jurisprudence d'écarter soit une promesse excessive dès le début, soit une promesse devenue excessive par suite de la facilité qu'a eu le mandataire pour exécuter son mandat (V. not. Cass., 13 mai 1884, S. 85. 1. 345). On a voulu pour beaucoup pallier aux abus et à la situation fâcheuse du mandant qui souvent ne peut guère discuter d'avance la rémunération du mandataire.

Mais combien tout cela est peu de chose. L'article 1790

fait souffrir à l'ouvrier la perte de son travail si la matière qu'il travaillait périt fortuitement. Il conviendrait que la loi par une série de dispositions spéciales mesurât jusqu'à quel point et dans quels contrats il faut tenir compte des considérations d'humanité, en face par exemple d'un ouvrier, d'un entrepreneur. Le juge malheureusement ne le peut pas.

CONCLUSION

Essayons maintenant de cette série de constatations empruntées à des matières très diverses de dégager une conclusion. Elle ne doit pas être celle d'un perpétuel devenir de notre théorie sur la modification des contrats. Sans doute tout se modifie à la longue. Il y a cependant dans la marche des choses des paliers vers lesquels s'avancent les institutions, de sorte que notre court rayon visuel doit croire que c'est là l'aboutissant définitif.

En fait de modifications aux contrats, une idée nous apparaît : c'est que la volonté humaine n'est et ne doit être souveraine que dans une direction générale à donner aux affaires où elle intervient. Un individu fait une fondation, un autre accepte un mandat, prête un objet à usage. C'est une initiative. Une fois coulée dans le moule d'un contrat, elle doit être respectée. Mais les modalités en peuvent être changées, comme des branches poussant sur un arbre dans de mauvaises directions doivent être redressées. La modification ne peut donc porter que sur un point non essentiel. Le droit arrivera peu à peu à prévoir, du moins il faut l'espérer, ces points secondaires sur lesquels une transformation par volonté unilatérale peut porter.

Bien que placés un peu en arrière-plan, ils n'en doivent pas moins attirer l'attention. D'abord, parce que la vue de leurs changements nous amène à une conception moins rigide de l'effet des contrats que celle que l'on a communément. Ensuite parce que ces parties complémentaires de la convention ont souvent plus d'importance qu'on ne croit pour l'exécution même du contrat. Elles peuvent la fa-

ciliter comme y former obstacle. Il n'est pas indifférent de
pouvoir exercer provisoirement un droit de rétention, ou de
pouvoir donner de nouvelles instructions à un mandataire
ou un entrepreneur, et cela pour la réalisation même de
l'objet principal que l'on s'est proposé. Les clauses accessoires
d'un contrat sont comme les ouvrages avancés d'une place
forte. Mais il faut aussi pouvoir les modifier ou les compléter au cours de la lutte qu'on soutient.

Il n'est donc pas *a priori* de contrat qui ne puisse être
modifié utilement par volonté unilatérale. Seulement le préjudice qui peut en résulter pour celui contre lequel on invoque cette modification fait immédiatement limiter cette
idée. Et divers systèmes peuvent alors apparaître :

Ou le préjudice qui provient de la modification apportée
ne sera pas en général très grave. Celle-ci sera possible dès
que certaines circonstances se présenteront. La loi, raisonnant comme les parties auraient pu le faire, si elles avaient
été ou pu être plus perspicaces, permet un changement à la
rédaction du contrat. Elle remet les choses au point pour
permettre de mieux arriver au résultat.

Ou au contraire un préjudice sérieux peut se produire :
alors des garanties diverses peuvent apparaître. Elles peuvent consister, soit dans l'approbation donnée à l'acte par
le vote d'une majorité imposante, comme lorsqu'il s'agit
de reviser les statuts d'une société par actions, soit dans
une intervention de justice, comme en cas de déchéance
du terme, soit dans les deux choses simultanément. Il peut
même y avoir intervention de la loi elle-même ou d'autorité administrative, comme lorsqu'il s'agit de transformer le fonctionnement d'une fondation.

Cette marge dans laquelle se meuvent les modifications
unilatérales de contrats, se trouve encore rétrécie par ailleurs. Le contrat ne peut jamais être modifié, de sorte qu'il
fait courir un plus grand risque d'inexécution à l'autre
partie, du moins si elle n'est pas en faute. On ne peut supprimer une sûreté donnée, on ne peut davantage déplacer
une obligation pour la faire peser sur un autre, sinon
lorsque cela devient indispensable : un établissement qui a

reçu une fondation ne pouvant l'exécuter. Et encore en pareil cas serait-il nécessaire de dire que l'établissement nouveau qui va succéder à la charge devra présenter toute garantie de solvabilité, ce qui a toujours été pratiquement observé.

Enfin, mais cette remarque est d'une portée moins précise que les précédentes, à mesure que la modification sera en elle-même plus importante, il sera plus fréquent qu'elle crée ou modifie non pas une obligation de faire, mais une simple obligation de ne pas faire ou de laisser faire.

Dans cet espace encore large où nous venons d'essayer d'enserrer notre théorie, il y a place pour une série d'innovations que le juge ou le législateur pourront faire naître à leur heure. Celle-ci sur beaucoup de points nous apparaît prochaine, commandée par un besoin de plus de justice et d'humanité. La vision de théories d'une belle logique, de principes dominateurs ne doit pas nous cacher la vue réelle des choses et nous devons chercher à saisir davantage le moyen de les couler sans des froissements trop forts dans les formes juridiques, ni la nécessité pour celles-ci de se plier aux aspects changeants de la vie, et en particulier pour le droit contractuel de ne pas agir sur les énergies bonnes comme un poids qui les écrase, mais comme un tuteur qui les maintient tout en leur laissant leur essor.

R. DEMOGUE.

LA
CLAUSE D'INALIÉNABILITÉ
DANS LES DONATIONS ET LES LEGS [1]

Par M. Albert Wagner,
Docteur en droit.

———

1. — Un donateur ou un testateur stipule, dans l'acte de donation ou dans son testament, que le bénéficiaire ne pourra, pendant un temps d'une durée certaine ou incertaine, vendre, échanger ou hypothéquer les biens donnés ou légués. Faut-il tenir cette clause pour valable, ou bien, au contraire, la réputer non écrite, conformément à l'article 900 du Code civil? La question ne paraît pas encore définitivement tranchée.

2. — Depuis la promulgation du Code civil, la défense faite au bénéficiaire d'aliéner, échanger, hypothéquer les biens donnés ou légués fut toujours considérée, en principe, par la jurisprudence et la doctrine, comme contraire aux lois et tombant par suite sous le coup de l'article 900 du Code civil. Ce principe, encore unanimement admis, tire sa force, moins

---

[1] Nous avions déjà envoyé cet article à la *Revue trimestrielle de droit civil*, lorsque parut dans cette revue l'intéressante étude de M. Chéron sur la même question. Nos lecteurs n'auront certainement pas oublié comment, en un rapide exposé, M. Chéron sut mettre en lumière les tâtonnements et les contradictions de la jurisprudence relative aux clauses d'inaliénabilité, ainsi que les solutions d'espèces auxquelles on peut désirer la voir s'en tenir. Nous leur soumettons tout de même notre essai, qui aura du moins le mérite d'appeler à nouveau leur attention sur une question à l'ordre du jour.

des dispositions légales (art. 6, 537, 544, 1594 et 1598, C. civ.)
en lesquelles on le cherche, que de la notion économique
de la libre circulation des biens : c'est, dit-on généralement,
un principe d'ordre public.

3. — Mais ne pouvait-on pas, en certains cas, tolérer la
clause d'inaliénabilité, lorsque, par exemple, la volonté du
disposant se trouvait justifiée par un motif sérieux, raisonnable, et que l'immobilisation des biens dans le patrimoine
du bénéficiaire ne devait pas durer indéfiniment? Ne pouvait-on mettre en balance, d'un côté l'ordre public avec ses
exigences, de l'autre l'intérêt particulier en jeu, et décider
différemment selon que l'un ou l'autre l'emportait? Après
quelque hésitation (1) les tribunaux ont adopté l'affirmative :
le principe a fléchi sous la pression du fait. En 1877, la jurisprudence de la Cour de cassation (19 mars 1877, S. 77. 1.
203, D. 79. 1. 455 : rapport du conseiller Barafort) était que
« par exception à la règle générale, la prohibition d'aliéner
« est valable, si d'une part elle n'existe pas pour un long
« temps, et si d'ailleurs elle a été imposée au légataire dans
l'intérêt du donateur ou d'un tiers ». Ajoutons à l'intérêt du
donateur ou d'un tiers l'intérêt du donataire lui-même, et
nous avons, brièvement résumée, la formule exacte du système actuel de la jurisprudence (2). La doctrine aussi s'est
montrée, tout d'abord et longtemps, favorable à la prohibition temporaire d'aliéner : l'accord semblait définitif entre
elle et la jurisprudence (3). Pourtant, depuis quelques an-

(1) La clause d'inaliénabilité, même lorsqu'elle ne renfermait qu'une prohibition temporaire, a été condamnée par les décisions suivantes : Lyon,
7 avr. 1835 (D. 36. 2. 83); — Paris, 11 mars 1836 (S. 36. 2. 360, D. 36. 2.
82); — Douai, 29 déc. 1847 (S. 48. 2. 462, D. 48. 2. 68).

(2) Outre les décisions que nous citerons et commenterons plus loin, voir
en ce sens : Angers, 29 juin 1842 (S. 42. 2. 400, D. 42. 2. 218 et 46. 4. 163);
— Orléans, 17 janv. 1846 (S. 46. 2. 177, D. 46. 2. 203); — Douai, 23 juin
1851 (S. 51. 2. 612, D. 52. 2. 245); — Bourges, 14 déc. 1852 (S. 53. 2. 468,
D. 54. 5. 257); — Paris, 15 avr. 1858 (S. 58. 2. 362, D. 59. 2. 10); — Grenoble, 24 janv. 1860 (S. 60. 2. 477, D. 61. 5. 104). — Cass., 12 juill. 1865
(S. 65. 1. 312, D. 65. 1. 475). — Cass., 9 mars 1868 (S. 68. 1. 204, D. 68. 1.
309); — Dijon, 5 avr. 1872 (D. 74. 5. 130); — Angers, 18 déc. 1878 (S. 79.
2. 322, D. 79. 2. 172).

(3) Voir en ce sens : Merlin, *Rép.*, v° *Hérit.*, § 7, n° 2 *bis*; Toullier,
t. 5, n° 51, et t. 6, n° 488; Grenier, *Des donat.*, observ. prélim., n° 7;

nées, les auteurs combattent l'opinion courante ; ils enseignent la nullité de toute prohibition absolue et même temporaire d'aliéner [1]. Leurs théories n'ont d'ailleurs pas encore influencé les tribunaux. Mais faut-il souhaiter que cette nullité soit rigoureusement appliquée ? Et surtout, où trouver la solution qui, sans méconnaître les nécessités économiques, donne satisfaction aux exigences de la pratique ? Voilà la question que nous nous sommes posée.

I

Principe.

4. — La nullité de la clause d'inaliénabilité insérée dans une donation ou dans un legs n'est visée expressément par aucun texte de loi. Cette clause se trouve-t-elle prohibée par l'article 6 du Code civil, qui porte « qu'on ne peut déro- « ger, par des conventions particulières, aux lois qui inté- « ressent l'ordre public et les bonnes mœurs » ? Compte- t-elle parmi ces conditions « contraires aux lois » que l'article 900 répute non écrites dans toute donation entre- vifs ou testamentaire ?

5. — En faveur de la nullité, un premier argument se présente : c'est le concept légal de la propriété. La loi donne, de la propriété, la définition suivante : « ..... le « droit de jouir et disposer des choses de la manière la « plus absolue, pourvu qu'on n'en fasse pas un usage « prohibé par les lois ou par les règlements » (art. 544).

Rolland de Villargues, *Rép. du not.*, v° *Prohib. d'aliéner*, n° 8 ; Troplong, *Donat. et testam.*, t. 1, n° 271 ; Massé et Vergé, sur Zachariæ, t. 3, § 464, note 13 ; Demolombe, *Cours de Code civil*, t. 18, n°ˢ 292 à 303 ; Aubry et Rau, 4ᵉ édit., t. 7, § 692, p. 296, texte et notes 33 et 34 ; Larombière, *Théor. et prat. des obligations*, édit. de 1885, t. 1, p. 343, n° 23 ; Bartin, *Théorie des conditions impossibles, illicites, contraires aux mœurs*, p. 165 et suiv.

(1) Voir en ce sens : Laurent, *Principes de droit civil français*, t. 11, n°ˢ 460 à 470 ; Huc, *Comment. théor. et prat. de droit français*, t. 6, n° 85 ; Baudry-Lacantinerie et Maurice Colin, *Donat. entre-vifs et testam.*, t. 1, n°ˢ 124 et suiv. ; Planiol, *Traité élém. de droit civil*, t. 1, n°ˢ 1046 et suiv., et la note sous Cass., 22 juill. 1896 (D. 98. 1. 17).

Donc les biens qui ont un maître doivent rester soumis
aux volontés de ce dernier : « les particuliers ont la libre
« disposition des biens qui leur appartiennent, sous les mo-
« difications établies par la loi » (art. 537). Donc aussi
le propriétaire peut renoncer à tout droit sur son bien :
« tous ceux auxquels la loi ne l'interdit pas, peuvent ache-
« ter ou vendre » (art. 1594), et encore « tout ce qui est
« dans le commerce peut être vendu, lorsque des lois parti-
« culières n'en ont pas prohibé l'aliénation » (art. 1598). Ces
textes établissent suffisamment que, sauf le respect dû aux
prohibitions légales expresses, la caractéristique du droit
de propriété est de conférer au titulaire la libre disposition
de son bien. Il y aurait par suite atteinte au vœu et même
au commandement de la loi, au cas où un donateur ou
testateur imposerait au bénéficiaire de sa libéralité, devenu
propriétaire du bien donné ou légué, l'obligation de ne
pas aliéner ce bien durant un certain temps. Cet argument
suscite plusieurs objections.

6. — Et d'abord, n'existe-t-il pas d'autres restrictions au
droit de propriété, qui, sans être aussi sévères que l'inaliénabilité, apportent néanmoins une gêne sérieuse dans la
circulation des biens, et que pourtant la loi consacre? Tous
les droits réels, usufruit, usage, habitation, servitude, hypothèque, qu'un propriétaire concède à un tiers sur ses
propres biens, nuisent à la libre disposition de ces biens,
en ce qu'ils en altèrent la valeur commerciale et en rendent
l'aliénation moins aisée. Et ces restrictions, acceptées ou
subies par le propriétaire, s'imposent, le cas échéant, à ses
héritiers, à un donataire, à un légataire. La loi admet aussi
qu'un propriétaire s'engage envers ses copropriétaires à
demeurer avec eux dans l'indivision durant cinq ans, et
renouvelle cette convention autant de fois qu'il lui plaira.
Et pourtant, si l'indivision est considérée par la loi comme
une situation fâcheuse dont il importe qu'on puisse sortir
rapidement (art. 815), c'est uniquement parce qu'elle constitue un obstacle à la libre disposition des biens. Certes,
toutes ces restrictions au droit de propriété laissent subsister pour les biens grevés la possibilité de circuler, tandis

que l'inaliénabilité l'anéantit. Mais cette possibilité *n'est pas de l'essence même du droit de propriété;* et malgré l'inaliénabilité, le propriétaire reste maître de son bien : « en lui « réside désormais le principe de la propriété des biens « donnés, encore bien qu'il lui soit interdit de s'en dessaisir » (Rennes, 22 mars 1862, sous Cass., 27 juill. 1863, S. 63. 1. 465; D. 64. 1. 494).

7. — Nous rencontrons précisément une seconde objection à l'argument tiré du concept légal de la propriété dans cette considération que la loi elle-même valide et sanctionne l'inaliénabilité de certains biens. Les immeubles dotaux ne peuvent être aliénés, ni par le mari, ni par la femme, ni par les deux conjointement, sauf les exceptions légales, sauf aussi la stipulation contraire qui serait insérée dans le contrat de mariage. De même le grevé de restitution n'a pas le droit d'aliéner les immeubles légalement substitués : et des mesures sévères assurent la conservation de ces biens dans le patrimoine du grevé. Niera-t-on pourtant que la femme dotale et le grevé de restitution aient, quant à leurs biens inaliénables, la qualité de propriétaires ? On objecte « qu'a- « vec un pareil raisonnement toute exception faite à un « principe, même dans la plus faible mesure possible, en « autoriserait un nombre illimité d'autres, ce qui détruirait « toute règle », et que « tout cela est directement contraire à « ce grand principe d'interprétation des lois, que les textes « exceptionnels ne s'étendent pas par analogie d'un cas à « un autre » (Planiol, *Traité élém. de droit civil*, t. 1, p. 392, n° 1049, note 2). Mais, en l'espèce, *nous ne nous trouvons pas en présence d'un principe certain ; nous cherchons le principe.* Aussi avons-nous le droit d'invoquer tous les textes susceptibles de le révéler.

8. — Enfin une dernière objection se présente, née des textes mêmes sur lesquels on voudrait pouvoir fonder la nullité de la prohibition d'aliéner. Si la propriété est le droit de jouir et de disposer des choses de la manière la plus absolue, si les particuliers ont la libre disposition des biens qui leur appartiennent, pourquoi le donateur ou testateur ne pourrait-il pas valablement céder ses

biens, en imposant au bénéficiaire de ne pas les aliéner durant un certain temps? Et pourquoi le donataire ou léga- taire ne pourrait-il pas, de son côté, valablement accepter ou subir cette prohibition, ce qui est une manière comme une autre d'exercer son droit de propriété? Dans un arrêt du 5 avr. 1905 (D. 1905. 2. 225, et la note signée E. L.), la Cour de Paris (2ᵉ Ch.), appréciant la clause d'inaliénabilité insérée dans une police d'assurance de rente viagère con- tractée au profit d'un tiers et sur sa tête, fait valoir, entre autres arguments destinés à établir la validité de cette clause, que « le bénéficiaire d'une telle stipulation est toujours libre « de l'accepter ou de ne pas l'accepter; que, lorsqu'il en « accepte le bénéfice, il adhère, par cela même, à la condi- « tion et la fait sienne; que cette adhésion équivaut à une « renonciation à la faculté d'aliéner qui serait licite et obli- « gatoire même s'il s'agissait d'un bien destiné à circuler, « et qui l'est, à plus forte raison, lorsqu'il s'agit d'une « créance qui n'a jamais été dans le commerce ». N'en pourrait-on pas dire autant de toutes les donations et de tous les legs, sous quelque forme qu'ils se présentent? Il se peut que l'interdiction d'aliéner doive être tenue pour nulle, comme contraire au vœu de la loi. Mais pour fonder en droit cette nullité, *il importe de ne pas invoquer des textes qui serviraient aussi bien à prouver que l'interdiction est licite.*

9. — En résumé, le concept légal de la propriété, qui n'est certes pas à négliger dans cette matière, ne suffit pourtant pas, à lui seul, pour faire admettre la nullité de la clause d'inaliénabilité : *l'argument qu'on en tire conduit en un cercle vicieux.*

10. — Pour étayer ce premier argument, on a fait valoir ensuite que « de nombreuses dispositions du Code « civil impliquent cependant que le législateur réprouve « l'inaliénabilité; que cette induction peut se tirer notam- « ment des limitations étroites dans lesquelles l'inaliénabi- « lité de la dot a été renfermée, et des raisons mêmes qui « ont fait instituer le régime dotal; que la même pensée « éclate partout dans la prohibition des substitutions et dans

« les motifs qui ont fait édicter cette prohibition » (Alger,
20 janv. 1879, S. 79. 2. 71, D. 79. 2. 143). Ces attendus de
l'arrêt d'Alger contiennent une idée juste, qui est la suivante : pour avoir exposé de façon si minutieuse le méca-
nisme et l'étendue de l'inaliénabilité du fonds dotal, le législateur devait considérer l'inaliénabilité comme exceptionnelle. Mais s'ensuit-il qu'il l'ait tenue pour illicite ? Là réside
la question ; et nous estimons que l'arrêt d'Alger, dont les
termes sont d'ailleurs vagues et parfois inexacts, n'apporte
pas dans le débat un argument meilleur, *en soi*, que le précédent.

11. — Et d'abord, en ce qui concerne le régime dotal, où
trouve-t-on ces « limitations étroites », qui restreindraient
les effets de l'inaliénabilité ? Il y a bien l'art. 1542, dont le
second alinéa établit une présomption de dotalité restreinte
aux biens présents, quand la femme se constitue en dot, en
termes généraux, tous ses biens. Il y a aussi l'article 1543,
qui prohibe la constitution de dot et l'augmentation de dot
durant le mariage. Mais le principe n'est-il pas (art. 1554)
que les immeubles dotaux ne peuvent être aliénés ? La limitation s'applique au contraire aux cas (art. 1555 à 1559) dans
lesquels l'aliénation des biens dotaux peut avoir lieu. Quel
argument tirer de ces dispositions en faveur de la nullité
de la clause qui nous occupe ? Quant aux raisons qui ont
fait instituer le régime dotal, elles conduiraient plutôt à faire
admettre la validité de cette clause. L'inaliénabilité dotale,
qui résulte d'une convention, soustrait le patrimoine de la
femme à la mauvaise gestion d'un mari dissipateur; elle
assure le sort de la famille, en garantissant à la femme la
conservation et la restitution de sa dot. Le but du régime
dotal est la sauvegarde d'intérêts sérieux. En quoi ces raisons confirment-elles que la clause d'inaliénabilité insérée
dans une donation ou un legs soit illicite, surtout quand
cette clause repose sur un motif raisonnable, quand elle a
pour but un intérêt sérieux ? *L'institution de la dotalité ne
dénote en aucune manière, chez le législateur, un sentiment de réprobation à l'encontre de l'inaliénabilité.*

12. — D'autre part la prohibition des substitutions n'im-

plique pas non plus la nullité de la clause en question. En cette matière, il est vrai, le principe est que « les substitutions sont prohibées » (art. 896); et les exceptions se trouvent limitativement énumérées dans les articles 1048 et 1049. Mais, en frappant les substitutions, le législateur réagissait contre une institution de l'ancien droit. Pourquoi n'a-t-il pas visé de même la clause d'inaliénabilité en général, que l'ancien droit ne prohibait pas? L'occasion se présentait pourtant d'affirmer expressément la nullité de cette clause, puisqu'elle avait pour elle l'autorité d'un usage général et prolongé. Et qu'a donc redouté le législateur, en frappant les substitutions? Bien moins l'inaliénabilité qui en résulte, que l'ordre de succession imposé au donataire ou légataire. Les motifs qui ont fait édicter la prohibition des substitutions sont, il est vrai, multiples et divers : l'exposé qu'en a fait Bigot de Préameneu mentionne l'intérêt de l'agriculture, du commerce et de l'industrie, la nécessité de sauvegarder l'ordre de succession établi par la loi, la bonne organisation de la famille assurée par l'égalité des partages, enfin l'avantage tiré par l'État d'une répartition plus étendue des patrimoines. Certains de ces motifs se rattachent incontestablement aux inconvénients de l'inaliénabilité. Mais il est manifeste que le motif principal, déterminant, fut le trouble apporté à l'ordre successif par les substitutions [1]. Déjà, en 1747, d'Aguesseau, réglementant les substitutions, disait dans le préambule de son ordonnance (Août) : « Il s'est formé « par là comme un nouveau genre de succession, où la vo- « lonté de l'homme, prenant la place de la loi, donnait lieu « d'établir un nouvel ordre de jurisprudence ». Bigot de Préameneu justifiait l'exception admise en faveur des pères et mères, des frères et sœurs (art. 1048 et 1049, C. civ.), non par des considérations économiques ou relatives au droit de propriété, mais par la défense même de l'ordre succes-

---

(1) Conf. : Thevenot, *Tr. des substitutions*, ch. 11, § 10, p. 79; Ferrière, *Dict. de droit et de pratique*, v° « *Prohibition d'aliéner* » et v° « *Substitution fidéicommissaire* »; Bourjon, *Droit commun de la France*, t. II, p. 164, n° 53; Ricard, *Tr. des substitutions*, 1re part., ch. 7, n°s 329 et suiv.

sif : « C'est une subtitution, en ce qu'il y a transmission suc-
« cessive de l'enfant donataire aux petits-enfants. — Mais
« cela est contraire aux anciennes substitutions, en ce que
« l'objet de la faculté donnée aux pères et mères et aux
« frères et sœurs n'est point de créer un ordre de succes-
« sion et d'intervertir les droits naturels de ceux que la loi
« eût appelés, mais plutôt de maintenir cet ordre et ces
« droits en faveur d'une génération qui en eût été privée.
« Dans les anciennes substitutions, c'était une branche qui
« était préférée à l'autre : dans la disposition nouvelle, c'est
« une branche menacée et que l'on veut conserver ».

Il est même intéressant de noter que, pour le législateur,
cette exception tend à conserver les biens dans la famille
afin d'assurer le sort de cette dernière, « à préserver les
« petits-enfants de la misère à laquelle l'inconduite ou les
« malheurs du père les exposeraient ». Le Code civil et la
jurisprudence visent l'ordre successif, dans la prohibition
des substitutions (1) : c'est seulement quand il y a charge de
rendre, et encore quand cette charge ne doit avoir son effet
qu'au décès du grevé, que l'obligation de conserver imposée
au grevé devient illicite comme constituant une substitution. La loi frappe directement, principalement, la substitution, la double institution; elle ne frappe qu'indirectement
et accessoirement ce cas particulier d'inaliénabilité qui en
est la conséquence. On doit donc conclure que, si la défense
d'aliéner peut être interprétée comme contenant une substitution, cette défense tombera sous le coup des articles 896
et 900 du Code civil : c'est en ce sens qu'a décidé l'arrêt
d'Alger, du 20 janv. 1879, précité, pour annuler une condition d'inaliénabilité que les circonstances de fait rendaient
inacceptable (2). *Mais rien n'autorise à déduire de la pro-*

---

(1) Voir : Cass. civ., 16 févr. 1903, S. 1903.1.401, et la note de M. Pilon ;
Bertauld, *Questions pratiques et doctrinales*, t. 1er, nº 413; Bartin, *op.
cit.*, p. 318 et s.

(2) Le testament portait : « Mon neveu, E... C..., mon légataire univer-
« sel, n'aura droit au capital toujours accru (par la capitalisation des inté-
« rêts), pour en disposer, que quand le plus jeune de ses enfants aura atteint
« l'âge de vingt-cinq ans ». Le légataire avait cinquante ans, et son plus
jeune enfant huit ans, lors de l'ouverture de la succession. Aussi l'arrêt,

hibition des substitutions la nullité de toute prohibition d'aliéner.

13. — En résumé, si minutieuse que soit la réglementation des cas légaux d'inaliénabilité, ces derniers ne se présentent pas tels, dans la loi, *qu'il faille nécessairement rejeter tous les autres*, et particulièrement la clause qui nous occupe.

14. — L'économie politique fournit un dernier argument : l'inaliénabilité est contraire à la prospérité du commerce et de l'industrie. Bigot de Préameneu l'invoquait déjà pour justifier la prohibition des substitutions. Aussi longtemps que la fortune a consisté principalement dans la possession, dans l'exploitation du sol, l'inaliénabilité n'affectait que l'état des patrimoines. Or, comme ses conséquences se trouvaient cadrer avec l'esprit féodal, avec les institutions de l'ancien droit, elle ne parut point pernicieuse. Pourtant le commerce et l'industrie se sont développés au point d'occuper, dans la fortune publique, une place presque aussi importante que les biens fonciers : ils fournissaient de nouvelles ressources à côté des ressources territoriales ; et, comme leur prospérité repose sur la facilité des échanges, cette prospérité croissante conduisit à faire réprouver l'inaliénabilité, qui est un obstacle à la libre circulation des biens. En même temps les institutions anciennes sombraient, et tout ce qui les rappelait devenait suspect ; dès lors l'inaliénabilité tomba en défaveur. Les nécessités économiques se trouvant en harmonie avec le nouvel ordre social, on admit sans difficulté la nullité de la clause d'inaliénabilité. Les considérations économiques furent toujours le principal, on pourrait presque dire le seul argument fourni à l'appui de cette nullité. Le principe économique de la libre circulation des biens, voilà l'argument de la jurisprudence. L'arrêt d'Alger, du 20 janv. 1879, en donne le meilleur exposé : « Attendu « qu'on peut considérer encore que l'inaliénabilité, en op-

appréciant la condition, décide « que si elle n'est pas l'effet du calcul d'un « testateur qui cherche à se survivre pour thésauriser au delà de la tombe, « elle constitue une combinaison destinée à masquer une substitution dans « l'intérêt des enfants du légataire universel... ».

« position avec une loi fondamentale de l'économie politi-
« que, contraire au principe de la libre circulation des
« biens, paralyse l'essor de la richesse publique et rentre
« ainsi dans ces stipulations contraires à l'ordre public,
« que l'article 6 du Code civil proscrit d'une manière géné-
« rale et énergique... ».

15. — Faut-il chercher en l'article 6 du Code civil le principe d'une nullité appelée à sanctionner une loi (?) économique? Cet article porte : « On ne peut déroger, par des
« conventions particulières, *aux lois* qui intéressent l'or-
« dre public et les bonnes mœurs ». Concerne-t-il les exigences de l'économie politique? Frappe-t-il de nullité toutes
les conventions que réprouve la science sociale? Il est permis d'en douter. La notion d'ordre public manque de précision. Lorsque la loi prohibe expressément telle convention
ou bien édicte tel principe *nonobstant prohibitions et conventions contraires*, il n'y a pas place pour le doute : la
disposition légale est d'ordre public. Mais il arrive qu'on
discute la question de savoir si tel principe, purement juridique, écrit dans la loi, intéresse l'ordre public, s'il admet
convention contraire; et les opinions diffèrent. Aussi faut-il
y regarder de très près, s'il ne s'agit que d'une règle économique, susceptible assurément d'influer sur la solution d'un
problème juridique, mais qui n'a pas encore reçu la consécration légale. Il ne suffit pas, selon nous, que l'économie
politique ait telle exigence, pour qu'on doive annuler en
droit toute stipulation contraire. On fait remarquer, il est
vrai, que le principe économique, dont il s'agit d'assurer le
respect, trouve un appui légal dans les articles 537 et 544
du Code civil, qui présentent la libre disposition des biens
comme un des éléments de la propriété. Mais, pour arguer
de ces textes, il faut précisément les rattacher à ce même
principe, dont le degré d'autorité est en question. Et nous
retrouvons ainsi le cercle vicieux signalé précédemment.
*Que textes et principe se prêtent un mutuel appui, nous
n'en disconvenons pas. Que le principe soit absolu, nous
ne le croyons pas.*

16. — Du reste, pour sanctionner juridiquement le prin-

cipe de la libre circulation des biens, il ne nous paraît pas indispensable d'invoquer la prohibition rigoureuse de l'article 6 du Code civil. Ne suffit-il pas de s'appuyer sur le lien étroit qui unit en fait la science du Droit et l'Économie politique ? Comme la morale, la science sociale inspire le Droit. ne cesse d'agir sur lui en lui dictant celles de ses transformations qui répondent à l'évolution de la vie sociale interne : le Droit détermine et coordonne les préceptes moraux et les règles économiques dont l'observation paraît nécessaire. De là la faculté, pour les interprètes du Droit, de chercher dans les domaines circonvoisins la solution d'un problème juridique, lorsqu'ils ne trouvent pas dans la loi le texte désirable (1). De là, en notre espèce spéciale, l'importance donnée par la doctrine et la jurisprudence au principe de la libre circulation des biens, principe fondamental de l'Économie politique. Sans doute c'est envisager la question du point de vue du droit pur, que de se demander si la clause d'inaliénabilité dans les donations et les legs est ou n'est pas licite. Aussi serait-il préférable de pouvoir prendre parti sans avoir à tenir compte des exigences de l'Économie politique. Mais les textes, que l'on invoque en l'espèce, ne répondent que très indirectement à la question ; et nous avons vu l'insuffisance des arguments qu'on en tire. C'est pourquoi l'on a généralement fait appel au principe économique de la libre circulation des biens, pour arriver à une solution unanimement désirée. *Et cet appel nous paraît absolument justifié*. Non seulement la clause qui nous occupe va directement à l'encontre d'une exigence de l'économie politique ; et cette exigence est manifeste : la question de savoir s'il convient que, sous les réserves édictées en faveur des incapables, les biens circulent librement, s'il est vrai que la prospérité du commerce et de l'industrie repose sur la facilité des échanges, cette question ne saurait faire doute. Mais encore l'interdiction d'aliéner heurte des textes (art. 537, 544, 1594. 1598, C. civ.), des principes juridiques, que l'économie politique a visiblement inspirés. Il s'imposait de fortifier les ar-

_____

(1) Comp. : **Wagner**, *De la nullité de la cause illicite*, Thèse, **Paris**, 1900.

guments tirés de ceux-là par la disposition favorable de celle-ci. *Sur cet ensemble de considérations juridiques et économiques qui, par leur cohérence plus que par leurs qualités respectives, constituent une base très suffisante, la nullité de l'interdiction d'aliéner se trouve, croyons-nous, solidement établie.*

17. — En résumé, bien que la loi ne prohibe pas expressément la clause d'inaliénabilité, de sérieux motifs portent à en condamner l'usage. Ces motifs, que nous venons d'exposer, sont bien ceux qui ont déterminé la jurisprudence à adopter le principe de la nullité[1]. Seulement, soit qu'elle ne les jugeât pas assez puissants pour prévaloir sur la volonté expresse et contraire du disposant, soit plutôt qu'à l'origine elle eût voulu marquer la désharmonie existant entre l'inaliénabilité et le régime moderne de la propriété, la jurisprudence a cru bon de les rattacher à la disposition prohibitive de l'article 6 du Code civil, en présentant la libre circulation des biens comme un principe d'ordre public. *En quoi elle eut grand tort; car elle condamnait ainsi elle-même, à l'avance, toutes les exceptions qu'elle allait être portée à admettre par la suite.*

18. — Conviendrait-il, pour donner une justification plus strictement juridique de la nullité de la prohibition d'aliéner, de faire valoir que la clause d'inaliénabilité porte atteinte à la capacité civile du donataire ou légataire, atteinte implicitement condamnée par les articles 6, 1123 et 1124 du Code civil? Nous ne le pensons pas. La jurisprudence a d'ailleurs connu et rejeté ce moyen. Seul, un jugement du Tribunal civil de Troyes, du 5 juin 1901 (sous Paris, 9 mars 1903, *Le Droit,* 2 juill. 1903) décide que « si le légataire, en violant « la condition du legs, manque à un devoir élémentaire de « conscience, il ne saurait cependant se prévaloir de cette « faute pour demander aux tribunaux l'annulation de con- « ventions que la loi civile ne lui interdisait pas de contrac-

---

(1) Consulter comme arrêts de principe : Rennes, 22 mars 1862, sous Cass. req., 27 juill. 1863 (S. 63. 1. 465, D. 64. 1. 494); — Alger, 20 janv. 1879 (S. 79. 2. 71, D. 79. 2. 143); — Paris, 23 juin 1892 (S. 93. 2. 26, D. 92. 2. 379).

« ter », et que « en l'espèce le testateur ne pouvait évidem-
« ment frapper son légataire de l'incapacité même tempo-
« raire de contracter des obligations civiles ». La Cour de
Paris a insuffisamment réfuté ce système. Mais, que la question de capacité doive *en principe* rester étrangère à notre
espèce, c'est ce qu'a nettement affirmé la Cour de Rennes
(22 mars 1862, précité) dès les premiers temps de la controverse : « Attendu que la clause d'inaliénabilité ne porte pas
« atteinte davantage à la capacité civile du donataire, qui
« demeure investi de la plénitude de ses droits civils, et en
« qui réside désormais le principe de la propriété des biens
« donnés, encore bien qu'il lui soit temporairement interdit
« de s'en dessaisir... ». Il y a lieu, en effet, de distinguer
d'une part le donataire ou légataire à qui défense est faite
d'aliéner le bien donné ou légué, et d'autre part les incapables, comme le mineur, l'interdit, la femme mariée et généralement tous ceux à qui la loi interdit certains actes. En
créant l'incapable — ce que seule elle a le droit de faire —,
la loi se préoccupe avant tout de l'*état de la personne* (âge,
faiblesse d'esprit, femme en puissance de mari, qualités ou
professions); le terme d'incapacité, visant précisément la
personne de l'incapable, confirme cette idée. Les biens restent alors susceptibles de faire l'objet de conventions; seulement, dans l'intérêt de l'incapable, ces conventions sont soumises aux formalités prescrites par la loi. Ou bien, si la loi
interdit à certaines personnes certaines conventions relatives à certains biens (art. 1595 à 1597, C. civ.), c'est encore à
raison de la qualité de ces personnes. En un mot, chez l'incapable proprement dit, l'incapacité affecte principalement
la personne, dont elle modifie inévitablement l'état. Ce sont
au contraire des considérations relatives à la *destination*, à
l'*utilité des biens*, qui justifient les cas d'inaliénabilité. Le
but visé est alors l'indisponibilité du bien et non l'incapacité
de la personne. En matière de substitution permise, par
exemple, le tuteur est nommé, non à la personne du grevé
de restitution — lequel ne devient pas un incapable —, mais
aux biens frappés de substitution, qui sont inaliénables. De
même l'obligation pour un administrateur de société de dé-

poser dans la caisse sociale un certain nombre d'actions qui restent inaliénables pendant toute la durée de ses fonctions, cette obligation ne modifie pas la capacité juridique de l'administrateur. Enfin, même en matière dotale, l'inaliénabilité de la dot, absolument indépendante du principe général de l'incapacité de la femme mariée, résulte d'une convention matrimoniale spéciale qui concerne le régime des biens; et ce dernier exemple fait bien ressortir la différence entre l'incapacité et l'inaliénabilité, l'une s'appliquant à la personne de la femme mariée, l'autre affectant les biens dotaux. Le cas particulier qui nous occupe ne diffère pas des précédents : comme eux, il soulève une question de propriété, plutôt que de capacité; là encore, la considération dominante. le phénomène juridique principal, c'est l'indisponibilité réelle, et non l'incapacité personnelle. D'ailleurs, s'il est vrai que l'inaliénabilité intéresse dans une certaine mesure la capacité du propriétaire en ce que ce dernier ne peut valablement aliéner le bien frappé, il ne faut pas oublier que le propriétaire accepte cette atteinte à son droit, soit en laissant entrer dans son patrimoine un bien stipulé inaliénable(1), soit en frappant lui-même d'inaliénabilité tels de ses biens. *Telles sont les raisons pour lesquelles nous préférons ne pas fonder la nullité de la prohibition d'aliéner sur le principe qu'on ne peut déroger par des conventions particulières aux lois relatives à la capacité, lesquelles sont d'ordre public.* Certes, si nous rencontrons un cas dans lequel la défense d'aliéner puisse être interprétée comme contenant une stipulation d'incapacité, nous ferons intervenir ce dernier principe. Mais, pour ce qui est de la clause d'inaliénabilité en général, qui soulève plutôt une question de propriété, nous nous en tiendrons, comme le fait la jurisprudence, au principe économique de *la libre circulation des biens, principe indiscutable, efficace, et qui présente, en outre, l'avantage de se prêter aux exigences de la pratique.*

(1) Voir : Paris (2ᵉ Ch.), 5 avr. 1905 (D. 1905. 2. 225, et la note signée E. L.).

II
Exceptions.

19. — Puisqu'il ne se rencontre pas dans notre législation de texte qui proclame expressément le caractère illicite de la prohibition d'aliéner, puisqu'aussi le principe économique de la libre circulation des biens ne peut être considéré comme une de ces « lois qui intéressent l'ordre public » dont l'article 6 du Code civil sanctionne rigoureusement les dispositions, il faut bien admettre en droit que ce principe n'est pas absolu et que la prohibition d'aliéner ne présente pas nécessairement un caractère illicite. *Il y a place pour l'exception, si du moins l'exception paraît justifiée.*

20. — En ce qui concerne la jurisprudence, nous avons déjà dit que l'hésitation ne dura point et que la clause d'inaliénabilité reste encore admise dans certains cas déterminés. Bien que les décisions judiciaires parlent de la libre circulation des biens comme d'un principe d'ordre public, nous y lisons « qu'aussi bien faudrait-il peut-être conclure « d'une manière absolue que la défense d'aliéner, même « temporaire, est contraire à la loi : que néanmoins la doc- « trine et la jurisprudence, s'inspirant du respect que l'on « doit à la manifestation raisonnable de la volonté du testa- « teur, ont admis dans certains cas le caractère licite d'une « défense d'aliéner faite seulement pour un temps » (Alger, 20 janv. 1879, S. 79. 2. 71, D. 79. 2. 143). Nous lisons encore « que si, à raison du respect dû aux volontés d'un tes- « tateur préoccupé d'un intérêt sérieux et moral, il est per- « mis de valider les défenses d'aliéner, c'est seulement dans « le cas où elles sont relatives et temporaires » (Paris, 23 juin 1892, S. 93. 2. 26, D. 92. 2. 379). La jurisprudence s'attache de plus en plus à rechercher la volonté du donateur ou testateur. Sous ce rapport, les considérants des deux arrêts suivants sont particulièrement intéressants : Paris (2ᵉ Ch.), 5 avr. 1905 (D. 1905, 2. 225, et la note signée E. L.), et Rouen (1ʳᵉ Ch.), 5 avr. 1905 (D. 1905, 2. 241, et la note de M. Planiol). Les annotateurs de ces deux arrêts ont eux-mêmes affirmé l'importance de l'intention du disposant.

21. — Quant à la doctrine, nous savons déjà qu'elle s'est montrée d'abord et longtemps favorable à la prohibition raisonnable et temporaire d'aliéner. Elle n'ignorait certainement pas que « l'impossibilité de déterminer la limite des « restrictions, qu'il sera permis d'apporter à la règle qui « déclare illicite la condition d'inaliénabilité, et le danger « de substituer à un principe sévère, mais uniforme et né- « cessaire, l'arbitraire des tribunaux, étaient des raisons «graves de douter de la légitimité de ces restrictions (1) ». Elle estimait pourtant, comme la jurisprudence, devoir tenir compte de la volonté du donateur ou testateur, dans une certaine mesure que nous déterminerons plus loin. Mais un revirement s'est produit dans la doctrine : les plus récents auteurs ont critiqué les solutions adoptées par la jurisprudence. Pour les uns, qui se prononcent plus ou moins nettement sur le point de savoir si la nullité de la prohibition d'aliéner est ou n'est pas d'ordre public, comporte ou ne comporte pas d'exceptions, cette convention doit être tenue pour nulle, plutôt comme inutile que comme illicite, lorsque les divers intérêts qu'elle a pour but de sauvegarder peuvent trouver des garanties équivalentes dans d'autres conventions incontestablement licites (2) : nous serons appelés bientôt, nous aussi, à considérer la question sous cet angle. D'autres auteurs fondent, au contraire, leurs critiques sur le caractère absolu du principe d'ordre public de la libre circulation des biens : pour eux, l'inaliénabilité d'un bien ne saurait, en aucun cas, être valablement stipulée dans une donation ou dans un testament. *Nous désirons combattre certaines de leurs affirmations, avant d'entreprendre l'examen des motifs qui ont déterminé la jurisprudence et la doctrine à admettre des exceptions à la règle générale de la nullité.*

22. — Dans son *Commentaire théorique et pratique de droit français* (t. VI, n° 85), M. Huc enseigne que « toutes

---

(1) **Note** sous Cass. civ., 20 avr. 1858 (S. 58. 1. 589, D. 58. 1. 154).

(2) **Comp.** les 2 notes de M. Planiol, sous Cass. civ., 22 juill. 1896 (D. 98. 1. 17), et sous Rouen, 5 avr. 1905 (D. 1905, 2. 241).

« les raisons qui ont été produites pour établir le caractère
« illicite de toute clause prohibitive ou restrictive de la fa-
« culté d'aliéner ont une valeur intrinsèque tout à fait in-
« dépendante de la durée de la prohibition dont il s'agit ».
Nous pensons au contraire que la question de la durée de
la prohibition se trouve intimement liée à celle du fondement de la nullité : celle-ci devait appeler celle-là. Car la
nullité a été établie dans le but d'assurer la libre circulation des biens ; et l'on ne peut nier qu'une interdiction perpétuelle d'aliéner paralyse l'essor de la richesse publique
bien plus gravement qu'une interdiction temporaire, surtout si l'on considère que cette dernière n'est généralement
stipulée qu'à l'égard et dans l'intérêt de personnes de
qui l'on peut craindre des aliénations intempestives ou
désavantageuses. Et puis, que valent réellement ces raisons
dont parle M. Huc ? La nullité de la clause d'inaliénabilité
repose à la fois sur des textes du Code civil dont on ne peut
tirer que des arguments indirects, insuffisants, et sur une
exigence de l'économie politique, érigée en principe économique, mais qui ne présente pas le caractère d'une loi
d'ordre public. *Trouvons-nous là cette valeur intrinsèque
exclusive de toute exception ? Certainement non.*

23. — De même, M. Boutaud, dans une note du Dalloz
(sous Paris, 9 mars 1900, D. 1901. 2. 505), estime impossible
de justifier les exceptions admises par la jurisprudence,
pour cette raison que, la nullité reposant sur l'un ou l'autre de
deux principes d'ordre public (libre circulation des biens ou
capacité civile), aucune dérogation n'est licite. « Il semble
« donc, écrit cet auteur, qu'en partant du point de vue où
« se place la jurisprudence, à savoir que la défense d'aliéner
« soumet le bien donné à une indisponibilité réelle, toute
« clause d'inaliénabilité, même temporaire, qu'elle soit stipu-
« lée dans l'intérêt du donateur, du donataire ou d'un tiers,
« devrait être déclarée nulle ». Mais M. Boutaud veut pourtant
tenir compte de la volonté du donateur manifestée par cette
clause ; et voici la solution qu'il propose. S'agit-il d'une défense d'aliéner qui implique chez son auteur l'intention certaine de créer une indisponibilité réelle du bien, indisponibilité

qui devrait entraîner nécessairement la nullité de toute aliénation et qui pourrait être opposée à l'acquéreur par le vendeur lui-même ? En ce cas, la défense d'aliéner, même temporaire, est nulle. Au cas contraire, c'est-à-dire si la clause
d'inaliénabilité crée seulement une obligation de ne pas
faire, à la charge du donataire ou du légataire, cette clause
est valable, puisque d'une part, le bien restant aliénable, il
n'y a pas dérogation au principe de la libre circulation des
biens, et que d'autre part la condition imposée au propriétaire, sanctionnée par l'action en révocation pour inexécution, se trouve légalement prévue et autorisée par les articles 953 et s. et 1046 du Code civil. Il importerait seulement
de se préoccuper de la durée de l'interdiction : si le propriétaire devait subir, sa vie durant, l'obligation de ne pas
aliéner, l'atteinte à l'ordre public deviendrait manifeste et
le juge aurait à le reconnaître. Ainsi M. Boutaud, partant
d'un point différent, arrive presque aux mêmes applications
pratiques que la jurisprudence : « Tandis que la jurispru-
« dence, écrit-il, proclame illicite la clause d'inaliénabilité,
« mais apporte à sa prohibition certains tempéraments,
« nous la considérons comme valable en principe, sauf à
« l'annuler lorsqu'elle heurte l'ordre public » [1].

24. — Selon nous, cette manière de voir dénature entièrement la volonté du donateur ou du testateur. Il nous
parait en effet impossible d'interpréter jamais la clause
d'inaliénabilité comme constituant une charge imposée au
donataire ou légataire, charge qui n'empêcherait pas l'aliénation du bien donné ou légué d'être valable, mais qui rendrait possible la révocation du don ou du legs au cas d'aliénation. Quand il y a charge proprement dite, le disposant
subordonne l'existence de la libéralité à l'exécution de la
condition imposée; au contraire, en stipulant l'inaliénabilité, et quand bien même il la stipule dans l'intérêt d'un
tiers ou de lui-même, le disposant affirme sa volonté d'assurer le bénéfice de la libéralité au donataire ou légataire. La

---

(1) Voir dans le même sens, la note de M. A. Tissier, sous Cass. req. 23
mars 1903 (S. 1904. 1. 225).

charge menace perpétuellement la transmission de propriété du disposant au bénéficiaire; au contraire la clause
d'inaliénabilité garantit le maintien de la propriété dans le
patrimoine du bénéficiaire. Cette différence dans l'intention
du disposant se manifeste particulièrement dans le cas où
ce dernier impose au bénéficiaire la garantie de l'inaliénabilité, précisément pour assurer l'exécution d'une charge stipulée dans l'intérêt d'un tiers ou de lui-même, disposant :
on voit alors que le disposant a préféré les effets de l'inaliénabilité à ceux de l'action révocatoire pour inexécution des
conditions. Au reste, la jurisprudence refuse d'interpréter la
volonté du testateur comme M. Boutaud propose de le faire.
Elle voit dans la clause d'inaliénabilité *une garantie* ou *un*
mode d'emploi de la propriété, ou encore *une modalité*
du don ou du legs, qui présente un caractère spécial [1]. Et
M. Planiol, dans une note récente du Dalloz, a fait sur ce
point l'observation suivante, qui nous paraît très juste : « Si
« le disposant, qui a interdit à son légataire ou à son dona-
« taire l'aliénation des biens légués ou donnés, ne veut pas
« se contenter de lui ouvrir, à lui seul, une simple action en
« annulation des actes interdits, il faudra qu'il attache à sa
« disposition une autre sanction, beaucoup plus énergique,
« mais d'une nature tout à fait différente : il fera de l'inter-
« diction d'aliéner une *condition résolutoire de sa libéra-*

---

(1) Voir en ce sens : Douai, 27 avr. 1864, S. 64. 2. 264; D. 64. 2. 89, et
les conclusions du Procureur général Pinard. — Paris, 9 mars 1903, S.
1904. 2. 204 : l'arrêt de la cour infirme sur ce point le jugement du tribunal civil de Troyes. — Cass. req., 23 mars 1903, D. 1903. 1. 337, et la note
de M. Planiol : l'arrêt de rejet confirme sur ce point l'arrêt de la Cour de
Paris. — Voir toutefois en sens contraire : Cass. civ., 12 nov. 1902, S. 1903.
1. 422; mais en l'espèce jugée par ce dernier arrêt, la clause ne constituait
pas à proprement parler une interdiction d'aliéner, et l'obligation d'obtenir
le consentement de l'exécuteur testamentaire à tout acte de disposition pouvait être regardée comme une charge véritable : ce sont donc les termes,
plutôt que l'esprit de cet arrêt, qui diffèrent des solutions ci-dessus. — Enfin il y a intérêt à comparer l'espèce jugée par la Cour de cassation, le 12
mai 1902, dans laquelle les conclusions du Procureur général Baudoin ont
fait ressortir le legs avec charge (*Rec. Gaz. Trib.*, 2e sem., 1, 48) avec l'espèce jugée par la même Cour, le 20 mai 1879 (S. 80. 1. 14; D. 79. 1. 431),
dans laquelle un legs avec charges se trouve renforcé par une clause spéciale d'inaliénabilité.

« *lité*. Mais, alors, ce ne sera plus seulement l'acte accom-
« pli par le légataire ou le donataire qui sera anéanti, c'est
« la transmission elle-même dont il avait bénéficié qui sera
« révoquée. Cette sanction rigoureuse, sans doute, ne rem-
« plira pas, il s'en faut, l'intention des parties, car elle sera
« directement contraire à l'effet naturel de la clause d'ina-
« liénabilité : celle-ci, en effet, a pour but d'obliger la per-
« sonne gratifiée à conserver, en quelque sorte malgré elle,
« la propriété qu'on lui a transmise ; et une clause de révo-
« cation aurait au contraire pour conséquence de lui enle-
« ver le bénéfice de la libéralité » (D. 1903. 1. 337). *Il suffit
de constater que, dans la plupart des cas, le disposant stipule l'inaliénabilité dans l'intérêt du bénéficiaire et pour
assurer à ce dernier la propriété et la jouissance du bien
donné ou légué, pour comprendre que la prohibition d'a-
liéner ne peut être considérée comme une condition résolutoire de la libéralité.*

25. — Et, d'autre part, par cela seul qu'il considère la
clause d'inaliénabilité comme une charge, M. Boutaud se
trouve nécessairement conduit à décider que le donataire
ou légataire n'a pas le droit d'exercer l'action révocatoire
et que ce droit appartient seulement au disposant ou à ses
héritiers. Or, sans vouloir trancher dès maintenant la question de savoir qui peut se prévaloir de la clause d'inaliénabilité, remarquons que le bénéficiaire se verrait ainsi privé
du droit d'invoquer cette clause, même lorsqu'il a qualité de
principal intéressé, lorsque la prohibition d'aliéner est stipulée dans son propre intérêt ; et nous savons que l'intérêt
du bénéficiaire dicte la plupart de ces clauses. L'application
du système de M. Boutaud serait donc, sur ce point encore,
manifestement contraire à la volonté du disposant. Sans
doute, si le bénéficiaire ne respectait pas la prohibition d'a-
liéner, le disposant ou ses héritiers ne manqueraient pas
de demander l'annulation de l'aliénation, puisque leur
action aurait pour résultat de les faire rentrer en possession
du bien donné ou légué. *Mais ce résultat n'en resterait
pas moins contraire au vœu de la clause d'inaliénabilité.*

26. — Nous estimons donc, contrairement à l'opinion de

M. Boutaud, qu'il importe de ne pas interpréter la prohibition d'aliéner comme étant une condition dont l'inexécution
entraînerait la révocation de la libéralité. Cette clause présente bien le caractère d'une condition, en ce qu'elle modifie le don ou legs : excluant l'idée de transmission pure et
simple, elle restreint le droit cédé par le disposant au bénéficiaire, elle affecte la disponibilité du bien donné ou légué.
Mais elle se distingue d'une condition en ce qu'elle ne permet pas de présumer que le disposant ait voulu la sanctionner par la résolution de sa libéralité, ait voulu en faire une
condition véritable, ou, comme dit la jurisprudence, une
condition « absolue et irritante ». Renversant la proposition
de M. Boutaud, nous disons que, si le donateur ou testateur
a fait de la prohibition d'aliéner une condition résolutoire
en subordonnant l'existence de sa libéralité au respect de
cette prohibition, l'inexécution de la condition doit évidemment trouver sa sanction dans la révocation de la libéralité.
Aú contraire, si le disposant ajoute simplement à sa libéralité l'interdiction d'aliéner le bien donné ou légué, si même
il donne à cette stipulation la forme d'une condition, mais
sans manifester la volonté d'en faire une condition résolutoire, *la clause d'inaliénabilité constitue une modalité* sui
generis, *dont l'effet ne peut être que de rendre le bien véritablement inaliénable et qui ne saurait avoir pour sanction la révocation du don ou du legs.*

27. — Au surplus, l'interprétation proposée par M. Boutaud n'a d'autre but que de donner une base solide, légale,
aux solutions adoptées par la jurisprudence et la doctrine,
solutions que cet auteur tient pour injustifiables, si l'on doit
considérer la prohibition d'aliéner comme frappant le bien
d'indisponibilité réelle et le bénéficiaire d'une incapacité
relative et temporaire. Or nous croyons avoir suffisamment
établi qu'il serait peu conforme à la nature des choses de
fonder la nullité de l'interdiction d'aliéner sur celle de l'incapacité conventionnelle, et que le principe de la libre circulation des biens, auquel on recourt naturellement, avec
raison, en cette matière, n'est pas si absolu en droit qu'il
faille nécessairement tenir pour nulle toute interdiction d'a-

liéner. Voyons donc maintenant dans quels cas et pourquoi la jurisprudence et la doctrine tolèrent l'interdiction d'aliéner. Nous avons déjà signalé que, pour être valable, cette interdiction doit remplir deux conditions, dont l'une est relative au temps durant lequel elle s'impose, et l'autre aux motifs qui la font stipuler : il faut qu'elle soit *temporaire*, et qu'elle garantisse *un intérêt légitime et sérieux*. Étudions successivement ces deux conditions.

§ 1. — L'interdiction d'aliéner doit être temporaire.

28. — Nous avons, croyons-nous, suffisamment établi que la durée de la prohibition d'aliéner n'est pas sans rapport avec les considérations économiques sur lesquelles repose le principe de la nullité, et qu'elle est de nature à influer sur l'application de ce principe. Un arrêt de la chambre civile de la Cour de cassation, du 20 avr. 1858 (S. 58. 1. 589, D. 58. 1. 154) a fixé la jurisprudence en ce sens. Un donateur, qui se réservait l'usufruit des biens donnés, avait stipulé que « tous les immeubles compris dans la donation « ne pourraient, sous quelque prétexte et pour quelque « cause que ce soit, être vendus ou hypothéqués du vivant « du donateur, même avec son consentement ». La Cour de Lyon, par un arrêt du 12 juin 1856, jugea que cette clause devait être réputée non écrite, à raison de ce que « pendant « un temps d'une durée incertaine, la libre disposition de « la propriété se trouverait alors entièrement détruite, et « que les biens seraient immobilisés pendant toute la vie « de l'une des parties contractantes ». Mais la Cour de cassation cassa cet arrêt, se refusant à reconnaître illicite une prohibition d'aliéner limitée à la durée de la vie du donateur, et qui réservait par suite au propriétaire la possibilité d'exercer librement dans l'avenir son droit de propriété ; l'arrêt de cassation porte que « cette interdiction temporaire « imposée dans l'intérêt du père donateur, ne peut être as-« similée à une interdiction d'aliéner absolue et indéfinie « qui aurait pour résultat de mettre pendant un long temps « les biens hors de la circulation ».

29. — Les cas d'interdiction temporaire d'aliéner rentrent dans l'une des trois catégories suivantes : ou bien c'est un donateur qui, se réservant un droit d'usufruit ou de retour, et pour assurer l'exercice de l'un ou l'autre de ces droits, impose l'inaliénabilité *durant sa vie* [1]; ou bien encore c'est un donateur ou testateur qui veut garantir le service d'une rente stipulée au profit d'un tiers comme charge de la donation ou du legs, et qui fait défense au donataire ou légataire d'aliéner les biens donnés ou légués *durant la vie du tiers intéressé* [2]; ou bien enfin c'est un testateur qui, préoccupé d'assurer le bénéfice de sa libéralité au légataire, exige que les biens restent inaliénables, soit *pendant un certain nombre d'années après sa mort*, soit *jusqu'à la majorité ou au mariage du légataire*, soit *jusqu'à ce que ce dernier ait atteint un certain âge* [3]. Dans ce dernier cas, l'inaliénabilité stipulée pendant 10 ans après la mort du testateur, ou jusqu'à ce que le légataire ait atteint l'âge de 25 ou 30 ans, est considérée comme licite.

30. — La jurisprudence voit au contraire une modalité illicite dans l'interdiction d'aliéner devant avoir effet *durant la vie du légataire* [4]. Elle se réserve même le droit de rechercher si, d'après les faits de la cause, l'interdiction d'aliéner ne paraît pas devoir durer aussi longtemps que la vie du légataire, bien que le testateur ait fixé différemment

(1) Voir : Cass. req., 27 juill. 1863 (S. 63. 1. 465, D. 64. 1. 494); — Cass. civ., 24 avr. 1894 (D. 95. 1. 91); — Cass. civ., 22 juill. 1896 (S. 1900. 1. 28, D. 98. 1. 17, et la note de M. Planiol).

(2) Voir : Douai, 27 avr. 1864 (S. 64. 2. 264, D. 64. 2. 89).

(3) Voir : Rennes, 16 févr. 1876, sous Cass., 11 juill. 1877 (S. 77. 1. 443, D. 78. 1. 62; — Cass. req., 18 avr. 1901 (S. 1901. 1. 240); — Rouen, 1er févr. 1902 (S. 1904. 2. 203); — Paris, 25 juin 1902 (*Rec. Gaz. Trib.*, 1902, 2e sem., 2. 251); — Cass. req., 25 juin 1902 (S. 1902. 1. 484, D. 1904. 1. 357); — Paris, 9 mars 1903 (*Le Droit*, 2 juill. 1903); — Cass. req., 23 mars 1903 (S. 1904. 1. 225, D. 1903. 1. 337).

(4) Voir : Cass. req., 19 mars 1877 (S. 77. 1. 203, D. 79. 1. 455, et le rapport du conseiller Barafort; — Paris, 23 juin 1892 (S. 93. 2. 26, D. 92. 2. 379); — Cass. civ., 8 nov. 1897 (S. 1900. 1. 499, D. 98. 1. 47); — Paris, 26 juill. 1898 (D. 99. 2. 24); — Cass. civ., 24 janv. 1899 (S. 1900. 1. 342, D. 1900. 1. 533); — Trib. civ. Seine, 17 juill. 1901 (*Rec. Gaz. Trib.*, 1902, 1er sem., 2. 258); — Paris, 30 déc. 1901 (S. 1904. 2. 201); — Cass. civ., 16 mars 1903 (D. 1905. 1. 126).

le terme de la prohibition. Nous avons déjà cité comme exemple, à propos des substitutions, l'arrêt d'Alger, du 20 janv. 1879. Le légataire n'avait le droit de disposer du capital du legs, toujours accru par la capitalisation des intérêts, que quand le plus jeune de ses enfants aurait atteint l'âge de 25 ans; ce légataire était âgé de 50 ans, et son plus jeune enfant avait 8 ans. La Cour d'Alger a jugé « que 'cette « immobilisation de la succession qui est imposée pendant « 17 années tout au moins, peut-être pour une durée beau-« coup plus considérable si C... vient à avoir d'autres en-« fants, n'apparaît avec aucun motif raisonnable », et elle a considéré cette clause comme « une combinaison destinée « à masquer une substitution dans l'intérêt des enfants du « légataire universel... ». La Cour de Paris, dans un arrêt du 28 juin 1900 (D. 1902. 2. 271), a fait une appréciation du même genre. La testatrice avait institué une femme mariée sa légataire universelle, avec cette condition que les sommes provenant de cette libéralité ne pourraient pas être aliénées avant la mort du mari de la légataire. La Cour a réputé non écrite cette condition, par le motif « qu'en « raison de l'âge de la légataire, qui n'a que 18 mois de « moins que son mari, et des circonstances particulières de « la cause, la prohibition d'aliéner contenue au testament « ne peut être qualifiée de temporaire ; qu'elle équivaut à « une interdiction absolue ».

31. — La jurisprudence déclare illicite la prohibition d'aliéner devant avoir effet durant la vie du légataire, *même lorsque la libéralité est faite à titre alimentaire*, ce qui se présente très souvent. Pourtant la Cour de Paris (2e Ch.), par un arrêt du 5 avr. 1905 (D. 1905. 2. 225), vient de s'affranchir de cette règle, au sujet d'une libéralité résultant d'une police d'assurance de rente viagère contractée au profit d'un tiers et sur sa tête : elle a fondé sa décision sur divers motifs qui, croyons-nous, n'avaient pas encore été invoqués, et dont l'un concerne précisément la durée de la prohibition d'aliéner. L'arrêt, répondant à cette objection que « l'interdiction d'aliéner est considérée comme perpé-« tuelle par rapport à celui à qui elle est imposée, lors-

« qu'elle n'a d'autre limite que la durée de sa vie », déclare
« qu'il ne résulte en réalité de la clause litigieuse qu'une
« indisponibilité temporaire ; — que le bénéfice du contrat
« consiste pour l'assuré dans une série de créances condi-
« tionnelles qui n'entreront définitivement dans son patri-
« moine que par l'événement de la condition, et dont il
« pourra à ce moment disposer librement ; — que l'interdic-
« tion d'aliéner, devant disparaître lorsque l'éventualité
« prévue se réalisera, n'est donc qu'une prohibition limitée,
« temporaire, et par cela même licite et valable... ». La distinction faite par l'arrêt entre la rente viagère et les autres
variétés de choses données nous paraît totalement injusti-
fiable. L'arrêt considère seulement le bénéfice qui résulte
pour l'assuré du contrat de rente viagère. Mais la chose
donnée et stipulée inaliénable, c'est le droit de rente viagère, objet du contrat. Ce droit, générateur de créances
conditionnelles, mais distinct de ces dernières, a une valeur
en soi, valeur prise en considération tant dans la constitution à titre onéreux que dans toutes les transactions ultérieures dont la rente viagère peut être l'objet. Il est vrai
que, dans l'espèce, la police d'assurance avait été remise
par le donataire en nantissement d'un prêt de 1.000 francs,
et que le remboursement de cette somme devait se trouver
garanti par les premiers arrérages à échoir, lesquels se
montaient à 1.500 francs. Mais il convient d'observer par
contre que le service de la rente viagère ne devait commencer que le 6 juin 1911. D'ailleurs la clause litigieuse contenue
dans la police était ainsi énoncée : « La contractante déclare
« entendre que la rente viagère constituée par les présentes
« soit incessible pour le bénéficiaire et insaisissable sur lui.
« La Compagnie, en ce qui la concerne, renonce au rachat
« de la rente, et à toute transaction à cet égard avec le
« rentier ». C'était donc bien le droit à la rente viagère que
la donatrice avait stipulé inaliénable durant la vie du gratifié. S'il fallait adopter le système de l'arrêt sur ce point, ne
devrait-on pas admettre pour le même motif la validité de
la clause d'inaliénabilité, lorsqu'elle porte sur l'usufruit d'un
titre de rente ou d'un immeuble ? En ce qui concerne les

fruits, le bénéfice du droit d'usufruit consiste en une série
d'acquisitions successives, périodiques ; et, dès l'instant que
les fruits sont entrés dans le patrimoine de l'usufruitier, ce
dernier peut en disposer librement. Là encore le système
de l'arrêt conduirait à décider que l'interdiction d'aliéner,
levée par le fait de chaque acquisition pour les fruits réputés acquis, n'est qu'une prohibition limitée, temporaire, et
par cela même licite et valable. Et pourtant l'arrêt porte
que « cette interdiction doit être réputée non écrite, lors-
« qu'elle s'applique soit à la pleine propriété, soit à l'usu-
« fruit d'un bien qui est dans le commerce, comme un im-
« meuble ou un titre de rente ». Quel que soit le droit donné
ou légué, et encore que l'auteur de la libéralité ait fait défense au gratifié d'aliéner ce droit, le gratifié, en exerçant
son droit dans les limites tracées par le donateur ou le testateur, peut en tirer des profits (produits, récoltes, loyers,
intérêts et arrérages) qui tomberont dans son patrimoine
et dont il pourra librement disposer. De ce que le bénéfice
de la libéralité restera disponible, cependant que le droit
générateur de ce bénéfice sera inaliénable, dira-t-on que
l'interdiction d'aliéner est limitée, temporaire, et par suite
licite et valable ? Évidemment non. Du reste, à bien analyser
l'arrêt, il appert que l'exception admise par la Cour de
Paris en faveur de la rente viagère se trouve motivée, non
seulement par la nature de ce droit, par la forme du contrat, par la durée limitée attribuée à l'interdiction d'aliéner,
mais encore et surtout par le *caractère alimentaire* de la
donation, lequel n'apparaît jamais mieux que dans une constitution de rente viagère : « Le souscripteur de l'assurance,
« dit l'arrêt, a manifesté clairement sa volonté de ne don-
« ner que des prestations périodiques destinées à pourvoir,
« au fur et à mesure de leurs échéances, aux besoins de
« l'assuré ». *Ainsi justifiée, l'exception admise par la Cour
de Paris nous semble admissible ; nous y reviendrons
plus loin.*

32. — Il va de soi que la jurisprudence devait annuler
toute interdiction d'aliéner absolument illimitée : le cas s'en
présentait, lorsqu'un legs était fait avec charge perpétuelle

et condition que les biens ne pourraient être aliénés ni vendus sous aucun prétexte [1]. Les legs de ce genre ont donné naissance à une théorie juridique particulière, celle des *Fondations*, qui se trouve liée à la question des clauses d'inaliénabilité, mais que nous devons laisser de côté pour ne pas étendre outre mesure le champ de notre étude. Signalons pourtant l'opinion de M. Huc (*op. cit.*, t. IV, n° 88), qui nous paraît absolument juste : si l'affectation perpétuelle des biens implique une prohibition d'aliéner, et, à plus forte raison, si le fondateur a fait défense d'aliéner les biens, cette prohibition est illicite.

33. — Au résumé, la durée de l'inaliénabilité nous semble être de nature à influer sur la validité de l'interdiction d'aliéner. Et nous ne voyons d'objection à faire, *sur l'application de cette première condition*, qu'en ce qui concerne les libéralités à titre alimentaire. Mais, comme l'objection repose sur une considération tirée des motifs de la prohibition d'aliéner, nous l'examinerons sous le paragraphe suivant.

§ 2. — L'interdiction d'aliéner doit garantir un intérêt sérieux et légitime.

34. — L'exception au principe de la nullité de la prohibition d'aliéner devait, tout naturellement. n'être admise que dans le cas où la volonté du disposant se trouvait justifiée par un motif sérieux et raisonnable. Quand le disposant n'exprime pas ce motif dans la clause d'inaliénabilité, les tribunaux recherchent quel il peut être : et, s'ils ne rencontrent pas une justification suffisante, ils annulent la clause : « Attendu, dit l'arrêt d'Alger, du 20 janv. 1879, qu'on ne « trouve dans la cause actuelle aucune des circonstances « qui ont permis de maintenir quelquefois la prohibition « d'aliéner ; qu'elle n'est justifiée ni par l'intérêt du disposant, puisqu'il s'agit d'un testament, ni par des garanties « stipulées en faveur d'autres légataires, ni même par l'intérêt du légataire universel... ». De même, un arrêt de la

(1) Voir Cass. req., 20 mai 1879 S. 80. 1. 14, D. 79. 1. 431).

Cour de Paris, du 23 juin 1892 (S. 93. 2. 26, D. 92. 2. 379) remarque « qu'on ne peut découvrir dans le testament en « litige aucun droit dont il ait voulu garantir l'exercice, et « qu'on aperçoit même moins les avantages pouvant résul- « ter de la condition critiquée dans l'intérêt de la légataire « L.... T.... ou de sa famille et de nature à être mis en ba- « lance avec les graves inconvénients résultant pour elle « de l'indisponibilité. » La jurisprudence admet, comme lé- gitimes et sérieux, trois motifs qui sont : l'intérêt du dis- posant, l'intérêt d'un tiers, l'intérêt du bénéficiaire. *Nous avons à voir, pour chacun de ces divers intérêts, s'il existe réellement, et, quand il existe, s'il n'y a pas un moyen de le sauvegarder aussi efficace et moins discutable que la clause d'inaliénabilité.*

1° Intérêt du disposant.

35. — L'arrêt de la Chambre civile de la Cour de cassa- tion, du 20 avr. 1858 (S. 58. 1. 589, D. 58. 1. 154), qui a fixé la jurisprudence en notre matière, exposait ainsi l'intérêt que le disposant peut trouver à stipuler l'inaliénabilité des biens qu'il donne : « Aucune loi ne défend au père de fa- « mille, qui fait donation de ses biens à ses enfants, de s'en « réserver l'usufruit, et, soit dans l'intérêt de son droit « comme usufruitier, soit pour assurer l'exercice du droit « de retour qui peut un jour lui appartenir, d'imposer à ses « enfants la condition de ne pas aliéner ou hypothéquer, « de son vivant, les biens donnés » [1].

36. — Que l'intérêt existe en ce qui concerne l'exercice du droit de retour, cela ne fait pas de doute. Quant à l'inté- rêt du disposant comme usufruitier, qui consiste à « préve- « nir les causes de conflit par le maintien de la nue pro- « priété sur la tête de personnes étroitement unies à l'usu- « fruitier par les liens de la parenté » (Paris, 9 mars 1900, S. 1902, 2. 282, D. 1901, 2. 505), il ne nous semble pas dé-

---

[1] V. Cass. req., 27 juill. 1863 (S. 63. 1. 465, D. 64. 1. 494); — Cass. civ., 24 avr. 1894 (D. 95. 1. 91); — Cass. civ., 22 juill. 1896 (S. 1900. 1. 28, D. 98. 1. 17, et la note de M. Planiol).

fendable. Dans une note sous l'arrêt de cassation du 22
juill. 1896, M. Planiol l'a écarté en ces termes : « Ce der-
« nier [le donateur], dit-on, cherche à sauvegarder son
« droit d'usufruit. Mais si l'usufruitier peut, par sa mau-
« vaise gestion, compromettre les intérêts du nu proprié-
« taire, en revanche, on ne voit pas comment celui-ci, qui
« n'a pas les biens entre les mains, pourrait faire quelque
« chose qui fût nuisible à l'usufruitier. Le donateur n'a
« donc d'autre pensée que d'éviter tout contact avec une
« personne étrangère. Est-ce là un intérêt suffisant pour
« déroger à une règle aussi fondamentale que la liberté des
« propriétés ? En suivant l'exemple déjà donné par la Cour
« d'Alger, les tribunaux pourraient donc, sans rejeter le
« principe de leur jurisprudence, invalider alors la clause
« d'inaliénabilité comme n'étant pas fondée sur un motif
« suffisamment sérieux ».

37. — Et M. Planiol, dans cette même note, enseigne
aussi, très justement, que l'intérêt du disposant en ce qui
concerne l'exercice du droit de retour peut être sauvegardé
bien plus utilement par une stipulation de retour conventionnel que par la clause en litige. « On pourrait même se
« demander, écrit M. Planiol, si les tribunaux, armés du
« droit d'interpréter les conventions *potius ut valeant quam*
« *ut pereant,* ne seraient pas en droit de décider que la clause
« d'inaliénabilité (laquelle n'est valable que pour la vie du
« donateur) n'est autre chose qu'une stipulation de retour
« conventionnel mal énoncée. Si on avait jugé ainsi en
« 1842, on eût empêché le développement qu'ont pris depuis
« lors les clauses d'inaliénabilité ayant pour but de sauve-
« garder l'usufruit que le donateur se réserve sur les biens
« donnés ». La Cour de Paris, dans un arrêt du 30 déc. 1901
(S. 1904. 2. 201, et la note de M. A. Tissier), a jugé que le
droit de retour ne se trouvait pas compromis par la cession
d'un usufruit légué sous condition d'inaliénabilité et a tenu
pour non écrite la clause d'inaliénabilité.

2° Intérêt d'un tiers.

38. — Il arrive que le disposant, donnant ou léguant à

telle personne tels biens, réserve à un tiers l'usufruit de tout ou partie de ces biens, ou charge le bénéficiaire de payer au tiers une rente viagère [1]. Voulant garantir l'exercice de l'un ou l'autre de ces droits, il stipule que les biens donnés ou légués seront inaliénables jusqu'à l'extinction de l'usufruit ou des rentes léguées, c'est-à-dire du vivant du tiers intéressé.

39. — Mais le droit d'usufruit, lorsqu'il appartient à un tiers, ne court pas plus de risques que lorsqu'il appartient au disposant lui-même : dans le premier comme dans le second cas, la clause d'inaliénabilité n'a pas de raison d'être ; et ici encore, plutôt que l'exercice du droit de l'usufruitier, c'est l'intégralité du droit du nu propriétaire qui aurait besoin d'être garantie [2].

40. — Quant à la rente viagère, le disposant peut avoir ses motifs, motifs sérieux, pour en assurer le service. Mais que n'emploie-t-il, en ce cas, des moyens d'une efficacité au moins égale à celle de l'inaliénabilité, et d'une légalité bien plus certaine ? Donne-t-il un immeuble ? Il y mettra cette condition que le donataire devra consentir au tiers titulaire de la rente viagère une hypothèque sur cet immeuble en garantie du paiement des arrérages ; le tiers obtiendra ainsi, en outre d'un droit personnel contre le donataire, un droit direct et réel sur l'immeuble donné, et l'hypothèque nuira moins au crédit du donataire que l'inaliénabilité. Si le disposant donne des valeurs mobilières, il peut imposer au donataire de remettre en nantissement au tiers titulaire de la rente viagère des valeurs suffisantes pour assurer le paiement des arrérages ; par ce moyen, encore, le tiers trouvera une sûreté meilleure, et le donataire subira une obligation moins lourde que par l'inaliénabilité. Le disposant lègue-t-il

---

[1] Voir, pour l'usufruit, Paris, 9 mars 1900 (S. 1902. 2. 282, D. 1901. 2. 505). — Et pour la rente viagère, Douai, 27 avr. 1864 (S. 64. 2. 264, D. 64. 2. 89).

[2] La jurisprudence s'est vue en effet obligée d'imposer des mesures conservatoires à l'usufruitier, quand ce dernier compromet par ses actes les droits du nu propriétaire. Voir Grenoble, 26 janv. 1900 (S. 1902. 2. 269, et la note); — Douai, 25 oct. 1900 et 18 juill. 1901 (D. 1902. 2. 383, et la note); — Bordeaux, 28 oct. 1902, *Gaz. Trib.*, 2 et 3 fév. 1903, et la note.

des valeurs mobilières? Il mettra à son legs cette même
condition de nantissement, et les effets en seront les mêmes
qu'au cas de donation. Enfin, si le disposant lègue un im
meuble et s'il n'impose pas au légataire l'obligation de consentir une hypothèque au tiers titulaire de la rente viagère,
ce dernier trouvera toujours dans les articles 1017, § 2 et
2111 du Code civil, le moyen d'obtenir une garantie suffisante[1].

3o Intérêt du bénéficiaire.

41. — L'intérêt du bénéficiaire est, des trois motifs, celui
que l'on rencontre le plus souvent dans les espèces soumises
aux tribunaux. En ce cas, le disposant, stipulant l'inalié-
bilité du bien qu'il lègue, obéit à l'un ou à l'autre des deux
sentiments suivants : ou bien il veut protéger le légataire
contre les actes de disposition préjudiciables auxquels
pourraient l'entraîner la jeunesse et l'inexpérience [2] ; ou
bien il veut assurer d'une manière durable l'existence d'un
légataire dénué d'autres ressources ou dont la prodigalité
habituelle est à redouter [3]. Dans le premier cas, il fixe le
terme de l'inaliénabilité à la majorité ou à tel âge plus avancé
du légataire; dans le second, il lègue le bien (capital, usufruit, rente viagère) à titre alimentaire, ne fixant d'autre
terme à l'inaliénabilité que la mort du légataire.

---

(1) Voir le jugement du Trib. civ. de Saint-Omer, du 21 août 1863, sous
Douai, 27 avr. 1864 (S. 64. 2. 264, D. 64. 2. 89) : « La défense d'aliéner,
« présentée comme garantie des rentes viagères qu'il instituait, était, en pré-
« sence des art. 1017 et 2111 C. Nap., une mesure complètement inutile... ».

(2) Voir Rennes, 16 févr. 1876, sous Cass., 11 juill. 1877 (S. 77. 1. 443, D.
78. 1. 62); — Paris, 9 mars 1900 (S. 1902. 2. 282, D. 1901. 2. 505, et la note
de M. Boutaud). — Cass. req., 18 avr. 1901 (S. 1901. 1. 240); — Paris, 25
juin 1902 (*Rec. Gaz. Trib*, 2ᵉ sem., 2. 251); — Paris, 9 mars 1903 (*Le
Droit*, 2 juill. 1903); — Cass. req., 23 mars 1903 (S. 1904. 1. 225, D. 1903.
1. 337); — Rouen, 5 avr. 1905 (D. 1905. 2. 241, et la note de M. Planiol).

(3) Cass. req., 19 mars 1877 (S. 77. 1. 203, D. 79. 1. 455, et le rapport du
conseiller Barafort). — Cass. civ., 8 nov. 1897 (S. 1900. 1. 499, D. 98. 1. 47.
— Paris, 26 juill. 1898 (D. 99. 2. 24). — Paris, 21 mai 1901 (*Rec. Gaz.
Trib.*, 1901, 2ᵉ sem., 2. 366). — Trib. civ. Seine, 17 juill. 1901 (*Rec. Gaz.
Trib.*, 1902, 1ᵉʳ sem., 2. 258). — Paris, 30 déc. 1901 (S. 1904. 2. 201). —
Cass. civ., 16 mars 1903 (D. 1905. 1. 126). — Paris, 5 avr. 1905 (D. 1905. 2.
225, et la note signée E. L.).

42. — Une première observation s'impose, spéciale au legs fait *à titre alimentaire*. A raison de ce que l'interdiction d'aliéner doit en ce cas durer autant que la vie du légataire et se présente par suite comme indéfinie, la jurisprudence tient pour illicites toutes les clauses de ce genre : cette solution lui est dictée par la condition relative à la durée de l'interdiction, condition qu'elle-même a mise à la validité de l'inaliénabilité. Mais elle ne tient plus compte ici de la volonté du testateur, qui semble pourtant très respectable. Et, puisque la loi (art. 581, C. proc. civ.) reconnaît au testateur ou donateur le droit de déclarer insaisissables les biens légués ou donnés, puisqu'en outre elle déclare insaisissables « les sommes et pensions pour aliments, en- « core que le testament ou l'acte de donation ne les déclare « pas insaisissables », pourquoi ne pas admettre la validité d'une interdiction d'aliéner durant la vie du bénéficiaire ? On objecte que, de ce double argument, il faudrait conclure que tout bien donné ou légué à titre alimentaire est non seulement insaisissable, mais *ipso facto* inaliénable. C'est inexact. Le bien ne sera inaliénable que lorsque le disposant aura stipulé expressément l'inaliénabilité. Un jugement du tribunal civil de la Seine, du 4 août 1898 (sous Paris, 5 nov. 1901, D. 1902. 2. 89), un arrêt de la Cour de Paris, du 16 nov. 1900, cassé par arrêt de la chambre civile de la Cour de cassation, du 16 mars 1903 (D. 1905. 1. 126), et enfin un arrêt de la Cour de Paris, du 21 mai 1901 (*Rec. Gaz. Trib.*, 2e sem., 2. 366), ont admis la validité de cette clause, dans des cas, il est vrai, où elle portait sur un usufruit ; et il apparaît que la nature du bien légué a fortement influé sur les décisions ci-dessus [1]. Aux arguments qu'elles donnent, tirés de l'article 581 du Code de procédure civile et du but

---

(1) Rappelons que, dans son arrêt du 5 avr. 1905 (D. 1905. 2. 225), la Cour de Paris a invoqué de nouveau la nature du droit donné (en l'espèce une rente viagère), pour faire exception au principe de la nullité de l'interdiction d'aliéner. Mais elle s'est fondée en outre, et pour la première fois, sur cette considération que l'interdiction d'aliéner une rente viagère, imposée au donataire sans autre limite que la durée de la vie de ce dernier, n'est qu'une prohibition limitée, temporaire, devant disparaître à chaque échéance d'arrérages. Nous réitérons nos réserves sur ce point.

poursuivi par le testateur, nous voulons en ajouter un autre, que fournit la matière des substitutions. Nous avons
fait remarquer au début de cette étude que certaines substitutions, entraînant l'inaliénabilité des biens entre les mains
du grevé, sont pourtant permises par la loi, parce qu'elles
tendent à assurer le sort de la famille, à « préserver les
« petits-enfants de la misère à laquelle l'inconduite ou les
« malheurs du père les exposeraient ». Dans la substitution
permise, le législateur a vu une disposition faite *à titre alimentaire*, sans quoi il ne l'aurait pas autorisée. Tout aussi
légitime nous paraît la préoccupation, chez un testateur,
d'assurer l'existence d'un parent, d'un ami, ou d'un serviteur. *Aussi nous semble-t-il que cette analogie, rapprochée
de l'article 581 du Code de procédure civile, eût pu faire
admettre la validité du legs à titre alimentaire avec inaliénabilité, bien que l'interdiction d'aliéner y fût indéfinie.*

43. — Mais une autre question se pose, bien plus importante, bien plus générale, relative à l'interdiction d'aliéner
stipulée dans l'intérêt du bénéficiaire. L'exception au principe de la nullité, admise en pareil cas par la jurisprudence,
n'est-elle pas à la fois inutile et illicite ? L'interdiction d'a-
liéner imposée au bénéficiaire a généralement pour but de
protéger ce dernier contre son inexpérience ou sa prodigalité. Or la loi s'est préoccupée de sauvegarder cet intérêt
légitime et sérieux : et nous ne voyons plus de raison pour
faire fléchir ici le principe économique de la libre circulation des biens. Les biens du mineur sont administrés par le
père administrateur légal ou par le tuteur, ceux de l'interdit
par le tuteur, ceux de la femme mariée par le mari; le mineur émancipé a un curateur, le prodigue un conseil judiciaire ; autant d'institutions légales destinées à assurer la
bonne administration des biens appartenant à une personne
que l'âge, la faiblesse d'esprit ou de caractère, ou le sexe,
rend incapable de gérer prudemment un patrimoine. Et, si
l'on nous objecte que ces diverses garanties peuvent ne pas
satisfaire le testateur, c'est alors que nous en appellerons à
l'ordre public et que nous invoquerons la nullité de l'inca-

pacité conventionnelle. Peu importe que l'inaliénabilité soit temporaire. Peu importe aussi que le testateur juge telle garantie insuffisante ou veuille éviter au légataire les inconvénients de telle autre. Le plus souvent, en stipulant l'inaliénabilité dans l'intérêt du bénéficiaire, le disposant traite véritablement ce dernier en incapable. L'incapacité ne résulte plus alors du seul fait de l'inaliénabilité ; elle répond au contraire à l'intention du disposant, qui est, tout en créant l'indisponibilité du bien, d'établir à l'encontre du bénéficiaire une véritable incapacité relative à ce bien. *Cela, la loi ne le permet pas.*

44. — Certes, cette critique du motif tiré de l'intérêt du bénéficiaire est trop abstraite et trop générale : la volonté du disposant ne présente pas toujours le caractère illicite que nous venons de lui attribuer, notamment lorsqu'elle tend à préserver de la misère une personne physiquement incapable de subvenir à ses besoins. Selon nous, il appartient aux tribunaux d'apprécier l'opportunité de la clause d'inaliénabilité. Mais c'est intentionnellement que nous avons exposé ainsi notre objection, parce que la jurisprudence considère de même, d'une manière trop générale et trop abstraite, l'intérêt du bénéficiaire. *Sans aller au fond des choses, elle voit dans la seule volonté de garantir le bénéficiaire contre lui-même un motif suffisant pour faire exception au principe de la nullité : c'est là une faute sur laquelle nous reviendrons et que nous nous efforcerons de corriger dans notre conclusion.*

45. — Quelle est en résumé la valeur de ces trois motifs admis par la jurisprudence comme justifiant la prohibition d'aliéner? L'intérêt du disposant et l'intérêt d'un tiers, quand ils existent, peuvent être sauvegardés autrement et mieux que par l'inaliénabilité; quant à l'intérêt du bénéficiaire, pour la sauvegarde duquel la loi offre aussi toutes autres garanties suffisantes et meilleures, il offre *en général* l'inconvénient de donner à la clause d'inaliénabilité le caractère d'une incapacité conventionnelle. Aucun de ces trois motifs, *tels que la jurisprudence les envisage*, ne nous paraît susceptible de justifier suffisamment, en fait comme en droit,

les exceptions admises, dont la plupart sont d'ailleurs inop-
portunes. Il ne nous resterait donc plus qu'à conclure, si
nous ne voulions, pour compléter notre étude, présenter
de brèves observations touchant quelques controverses accessoires sur lesquelles la jurisprudence a dû se prononcer.

III

Questions accessoires [1].

§ 1. — Des biens sur lesquels porte la clause d'inaliénabilité.

46. — La Chambre civile de la Cour de cassation a jugé,
par un arrêt du 22 juill. 1896 (S. 1901. 1. 28, D. 98. 1. 17, et
la note de M. Planiol), qu'un donateur, stipulant l'inaliénabilité des biens qu'il donne et dont il se réserve l'usufruit,
ne peut étendre son interdiction à *des biens appartenant
déjà au donataire et dont ce dernier lui abandonne la
jouissance.* Admettons provisoirement la réalité de l'intérêt
du donateur. M. Planiol réfute, dans sa note sous l'arrêt en
question, la distinction faite par la Cour de cassation, remarquant d'une part que l'intérêt du donateur comme usufruitier est le même quant aux biens autres que ceux qui
font l'objet de la donation; et d'autre part qu'un propriétaire
capable et maître de ses droits doit pouvoir établir sur ses
propres biens les entraves qu'un tiers peut lui imposer
comme condition d'une libéralité. D'ailleurs M. Planiol nie
justement que le donateur usufruitier puisse avoir un intérêt sérieux à stipuler l'inaliénabilité.

47. — L'interdiction d'aliéner portant sur un *usufruit*
offre-t-elle moins d'inconvénients que lorsqu'elle porte sur
la pleine propriété? Faut-il en ce cas la tenir pour licite, bien
qu'elle doive avoir effet durant toute la vie du bénéficiaire?
Un arrêt de la Cour de Paris (5e Ch.), du 21 mai 1901 (*Rec.*

---

(1) Dans ce chapitre, nous étudions quelques détails de l'application du
système de la jurisprudence, *sans plus nous préocouper de l'exactitude des
principes généraux de ce système.*

Gaz. Trib., 1901, 2ᵉ sem., 2. 366), a soutenu l'affirmative, en se fondant sur ce que, la nue propriété restant aliénable, l'ordre public n'est plus intéressé. Mais cette distinction nous paraît devoir être écartée pour deux raisons. D'abord la loi considère l'usufruit comme un bien spécial, si bien que l'usufruit des choses immobilières constitue un immeuble véritable (art. 526, C. civ.) : aussi la Cour de cassation a-t-elle jugé (Ch. civ., 16 mars 1903, D. 1905. 1. 126) que « l'usufruit considéré en lui-même, constituant un bien spécial distinct de la chose à laquelle il s'applique, se trouve dès lors soumis à la règle générale inscrite dans l'art. 537, C. civ. ». Ensuite il importe peu que la nue propriété reste aliénable ; le bien légué ou donné, dont il faut en l'hypothèse se préoccuper, c'est l'usufruit ; la personne, qui doit selon le vœu de la loi conserver la libre disposition de son bien, c'est l'usufruitier quant à son droit d'usufruit [1].

48. — La jurisprudence tenait aussi pour illicite l'interdiction permanente d'aliéner s'appliquant à une *rente viagère*. Ni l'arrêt de la Cour de Paris du 26 juill. 1898 (D. 99. 2. 24), ni le jugement du tribunal civil de la Seine du 17 juill. 1901 (*Rec. Gaz. Trib.*, 1ᵉʳ sem., 2. 258) n'avaient cru devoir faire exception dans ce cas, à raison de la nature de la chose donnée ou léguée. Pourtant, dans un arrêt du 5 avr. 1905 (D. 1905. 2. 225), que nous avons déjà commenté en partie, la 2ᵉ chambre de la Cour de Paris en a jugé autrement ; elle a notamment justifié sa décision par des considérations relatives à la nature de la chose donnée. L'arrêt fait valoir que « les raisons qui ont conduit à restreindre, à cet égard, « le droit qu'a le testateur ou le donateur de subordonner « sa libéralité à des conditions, n'existent plus quand la « libéralité et la condition qui la grève portent sur une chose « destinée à l'usage exclusif et personnel du gratifié, qui « n'est pas et n'a jamais été destinée à circuler, et qui, par « sa nature, ne se prête pas à des transactions régulières « et normales ;... » et plus loin « qu'en aliénant, pour cons- « tituer cette rente, un capital qu'il aurait pu donner en na-

─────────

[1] Voir encore : Paris (2ᵉ Ch.), 30 déc. 1901 (S. 1904. 2. 201, et la note de M. A. Tissier.

« ture ou transformer, au profit du qualifié, en un usu-
« fruit, toujours aliénable, le souscripteur de l'assurance a
« clairement manifesté sa volonté de ne donner que des
« prestations périodiques destinées à pourvoir, au fur et à
« mesure de leurs échéances, aux besoins de l'assuré, et de-
« vant se perpétuer aussi longtemps que durera sa vie ».
L'annotateur de cet arrêt fait remarquer, non sans raison,
que la Cour de Paris s'est souciée des particularités de
l'espèce qui lui était soumise, a recherché la portée véritable de la règle de la libre circulation des biens, s'est demandé s'il n'y avait pas certains biens auxquels cette règle
ne pouvait et ne devait pas s'appliquer, est sortie de la formule courante par laquelle les tribunaux repoussent toujours, comme contraire à la règle en question, la prohibition absolue d'aliéner insérée dans un testament ou une
donation, alors qu'elle s'applique à un bien destiné à circuler. Mais cette distinction que l'arrêt fait entre les diverses
variétés de choses données a trait seulement aux qualités
intrinsèques de ces choses ; elle se justifie, si l'on considère
l'objet de la donation en lui-même et d'une manière
abstraite. Or, dans la question qui nous occupe, il importe
de tenir compte de la volonté du donateur, laquelle, seule,
révèle la nature de la libéralité, ainsi que la destination des
choses données. Et, si l'on se préoccupe ainsi de l'intention
du disposant, on voit que les raisons qui ont conduit à
annuler la stipulation d'inaliénabilité pourraient bien, d'a-
près le système de l'arrêt, ne plus exister même quand il
s'agit de droits autres que la rente viagère. Tout comme
cette dernière, la pleine propriété et l'usufruit de biens qui
sont dans le commerce, d'un immeuble ou d'un titre de
rente, sont *destinés* à l'usage personnel et exclusif du gratifié, lorsque telle est la volonté manifeste du donateur. Les
choses données en pleine propriété ou en usufruit, immeubles ou titres de rente, cessent d'être *destinées* à circuler,
momentanément du moins, quand l'auteur de la libéralité
déclare les placer dans le patrimoine du bénéficiaire afin
d'assurer par elles l'existence de ce dernier. Et l'intérêt général s'oppose-t-il réellement à ce que de tels biens, *donnés*

à titre alimentaire, soient immobilisés dans les mêmes mains, non pas indéfiniment comme le dit l'arrêt, mais seulement durant la vie du donataire ou légataire? Enfin, s'il est vrai que la rente viagère, par sa nature, *ne se prête pas* à des transactions régulières et normales, du moins ne peut-on nier que les rentes viagères fassent aujourd'hui l'objet de nombreuses transactions. D'ailleurs la Cour de Paris a pris soin de faire ressortir le caractère alimentaire de la libéralité : en quoi elle a, selon nous, bien mieux justifié sa décision.

§ 2. — De l'interprétation de la volonté du disposant.

49. — L'inaliénabilité entraîne forcément l'insaisissabilité, bien que cette dernière ne soit pas stipulée. Cette solution donnée par la Cour de cassation (Ch. req., 27 juill. 1863, S. 63. 1. 465, D. 64. 1. 494) et par la Cour de Rouen (1er févr. 1902, S. 1904. 2. 203), approuvée par M. Louis Sarrut (note sous Cass. civ., 4 avr. 1900, D. 1900. 1. 529) et par M. Planiol (note sous Rouen, 5 avr. 1905, D. 1905. 2. 241), repose sur cette considération que *le bénéficiaire ne doit pas pouvoir faire indirectement, par la voie de l'expropriation, ce que le disposant lui interdit de faire directement, par la voie de l'aliénation volontaire*. L'insaisissabilité a donc la même durée que l'inaliénabilité, dont elle constitue « le « complément indispensable, la sanction ».

50. — Mais l'insaisissabilité, même stipulée expressément en même temps que l'inaliénabilité par le disposant, est-elle opposable aux créanciers du bénéficiaire postérieurs à l'acquisition du bien par ce dernier et qui ont traité avec lui pendant la période d'inaliénabilité? Du rapprochement des articles 581-3° et 582 du Code de procédure civile, le doute pouvait naître. La Cour de cassation a répondu, dans l'arrêt du 27 juill. 1863, en établissant une distinction : ou bien le disposant se réserve l'usufruit du bien donné et stipule l'interdiction d'aliéner dans son propre intérêt, auquel cas les créanciers postérieurs, ayant à compter avec l'intérêt et le droit du disposant, ne pourraient saisir; ou bien l'interdiction d'aliéner est stipulée dans l'intérêt exclusif du bénéfi-

ciaire, et alors les créanciers postérieurs, n'ayant à compter qu'avec ce dernier, pourraient se prévaloir de l'article
582 du Code de procédure civile. Cette distinction manque de
justesse; car la saisie de la nue propriété appartenant au
bénéficiaire ne porterait aucune atteinte au droit d'usufruit
réservé par le disposant, et les créanciers n'ont à tenir
compte de l'intérêt de qui que ce soit. Le même arrêt contient d'ailleurs un argument qui infirme la distinction ci-
dessus : *les créanciers ne peuvent puiser que dans la personne de leur débiteur le droit de poursuivre la vente de
ses biens, et précisément ce droit n'appartient pas en l'hypothèse au débiteur.* L'inaliénabilité justifie l'insaisissabilité
sans laquelle d'ailleurs elle ne peut aller. Dans l'arrêt du
1er févr. 1902, la Cour de Rouen a jugé que l'inaliénabilité
entraîne l'insaisissabilité, même à l'encontre des créanciers
postérieurs.

51. — Pour la même raison l'interdiction d'aliéner comprend et emporte celle d'hypothéquer. Par un arrêt du 18
avr. 1901 (S. 1901. 1. 240), la Chambre des requêtes de la
Cour de cassation a décidé le contraire, mais en prenant
soin de signaler que, selon l'appréciation souveraine de la
Cour de Nouméa, la clause d'inaliénabilité était conçue dans
un sens tout à fait favorable à l'un des légataires et devait
seulement permettre à ce dernier, en atteignant sa majorité,
« d'apprécier s'il y a ou non avantage à vendre l'immeu-
« ble ». En l'espèce, la Cour de cassation paraît avoir fait, à
raison des circonstances de la cause, exception à un principe qu'elle ne formule pas; et nous doutons même qu'elle
ait respecté la volonté du disposant, car elle reconnaissait
aux légataires le droit de s'exposer aux risques d'une vente
judiciaire et forcée. Au reste, le principe que l'interdiction
d'aliéner comprend celle d'hypothéquer n'est pas contesté
par la jurisprudence. Il se trouve implicitement admis par
la chambre civile de la Cour de cassation, dans un arrêt du
24 avr. 1894 (D. 95. 1. 91), qui en excepte pourtant les hypothèques judiciaires et légales, « pour lesquelles la loi fait
« abstraction du consentement et de la volonté du débi-
« teur ». L'exception ne nous paraît admissible qu'en ce qui

concerne l'hypothèque légale, qui existe seulement au profit de certains créanciers limitativement énumérés par la loi, pour la garantie de droits et créances déterminés, et dans la constitution de laquelle la volonté du créancier est non moins inopérante que celle du débiteur. *Seule, l'hypothèque légale ne donne pas à craindre que le bénéficiaire ait voulu arriver indirectement à l'aliénation que le disposant lui a interdite.* Tout récemment, la Cour de Rouen (1re Ch.), ayant à apprécier la portée d'une prohibition d'aliéner quant aux hypothèques judiciaires prises sur les biens stipulés inaliénables, a, dans un arrêt du 5 avr. 1905 (D. 1905. 2. 241, et la note de M. Planiol), décidé que « la défense imposée à M... s'appliquait, non pas seulement aux « hypothèques conventionnelles, mais aussi aux hypothè- « ques judiciaires résultant des obligations ayant pris nais- « sance pendant la période d'indisponibilité et qui sont la « conséquence inévitable des engagements prohibés ». D'ailleurs, ajoute l'arrêt, « aucun rapprochement n'est à « faire entre l'hypothèque légale et l'hypothèque judiciaire : « en effet l'hypothèque judiciaire n'a pas été instituée « comme l'hypothèque légale dans un intérêt d'ordre public, « mais dans l'intérêt exclusif des créanciers ».

52. — La Cour de Rouen, dans le même arrêt, avait en outre à trancher la question de savoir pendant combien de temps l'insaisissabilité résultant de l'inaliénabilité peut être opposée aux créanciers. L'arrêt décide que l'hypothèque judiciaire (*a fortiori* l'hypothèque conventionnelle) prise sur des biens stipulés inaliénables par des créanciers qui ont traité avec le légataire ou le donataire pendant la période d'interdiction, ne peut *jamais* être exercée par ces créanciers. Elle ne peut l'être durant ladite période ; car les créanciers ne sauraient exercer un droit qui n'appartient pas à leur débiteur, et ce dernier ne peut être admis à faire par autrui ce qu'il ne lui est pas permis de faire lui-même. Elle ne peut davantage être exercée après l'expiration de la période d'interdiction ; car l'hypothèque, droit accessoire, ne peut avoir plus d'étendue que la créance à laquelle elle se rattache : or, en l'espèce, au moment de l'engagement, le débiteur ne pouvait affecter à l'exécution de ses obligations les biens inaliénables qui étaient hors du commerce. M. Planiol, dans sa note sous l'arrêt en question, approuve cette solution en ces termes : « Si on veut que ces clauses aient « un effet sérieux, il faut donc admettre, comme vient de le « faire la Cour de Rouen, dans l'arrêt rapporté, qu'elles en- « traînent *une interdiction perpétuelle de saisir, capable* « *d'arrêter indéfiniment les créanciers qui traitent avec* « *le légataire ou le donataire pendant la période d'inalié-* « *nabilité.* C'est à cette condition seulement que la juris- « prudence a pu faire œuvre utile... ».

53. — Il importe de ne pas voir une clause d'inaliénabilité là où elle n'existe manifestement pas. Notamment il n'y a pas interdiction d'aliéner dans la stipulation « qu'un capital « légué à des femmes mariées ne pourra être touché par « elles, ni par leurs maris, mais demeurera placé en leur « nom et ne pourra être aliéné qu'à la charge de remploi ». Dans un arrêt du 24 janv. 1899 (S. 1900. 1. 342, D. 1900. 1. 533), la chambre civile de la Cour de cassation a jugé cette clause illicite, à raison de ce que l'inaliénabilité n'était pas temporaire et que « si le testament permet d'aliéner à charge « de remploi les titres représentatifs du capital légué, il « n'en affecte pas moins ce capital d'une indisponibilité ab- « solue »; et pourtant le tribunal civil de Marseille et la Cour d'Aix s'étaient fondés, pour valider la clause, sur la possibilité de vente avec remploi laissée aux légataires. La Cour de cassation (même chambre, 23 janv. 1900, D. 1900. 1. 535) nous semble avoir apprécié plus justement une clause identique (« le tout indéfiniment aliénable aux mêmes con- « ditions de remploi ») et en avoir exactement justifié la va- lidité, en faisant valoir qu' « elle ne s'explique aucunemen « sur la faculté pour le légataire de contracter des engage- « ments exécutoires sur ces biens; que cette clause, qui n « formulait aucune stipulation d'insaisissabilité, n'avait pou « but que d'assurer à la femme certaines garanties en ca « d'aliénation volontaire; qu'elle ne régissait que les rap « ports des époux entre eux; qu'elle n'empêchait pas l « femme de s'obliger sur ses biens personnels ». Selon nou

la question se bornait à savoir si le testateur avait entendu
soustraire les biens légués à l'action des créanciers des légataires. L'insaisissabilité, qui se présente comme la conséquence nécessaire d'une véritable interdiction d'aliéner,
pouvait-elle être tenue pour impliquée par une simple obligation de remploi? Dans la première des deux espèces ci-
dessus, ni le tribunal civil de Marseille, ni la cour d'Aix n'a-
vaient soulevé cette question : de là, sans doute, la première solution de la Cour de cassation. Au contraire, dans
la seconde espèce, le tribunal civil de Carpentras et la Cour
de Nîmes avaient porté leur attention sur ce seul point : sur
quoi la Cour de cassation a jugé qu'une telle obligation de
remploi n'équivalait pas à une clause d'inaliénabilité, parce
qu'elle n'avait pas pour but de soustraire les biens à l'action
des créanciers des légataires ; et, pour apprécier justement
la portée de ce second arrêt, il importe de remarquer que
la clause litigieuse spécifiait pourtant la nature des biens
légués, la nature des remplois à faire, et tendait manifestement à une sorte de dotalité, ce qui ne se trouvait pas dans
la clause de la première espèce. *L'effet à l'égard des créanciers, voilà selon nous ce qui distingue l'obligation de remploi de la véritable interdiction d'aliéner ainsi que de la
dotalité.* Plus récemment encore la même chambre de la
Cour de cassation (12 mai 1902, *Rec. Gaz. Trib.*, 2e sem.,
1, 48) s'est prononcée sur la validité d'un legs avec charge de
fonder un hospice dont l'entretien devait absorber tous les
revenus des biens légués : conformément aux remarquables
conclusions de M. le procureur général Baudoin, elle a jugé
que « le testament ne renferme aucune clause de nature à
« entraver la libre circulation desdits biens, dont les léga-
« taires peuvent disposer à leur convenance, pourvu qu'ils
« affectent à l'entretien de l'hospice les revenus de ces
« biens ou de ceux qui seraient acquis à leur place ». Enfin,
par un arrêt en date du 12 nov. 1902 (S. 1903. 1. 422), la
chambre civile de la Cour de cassation a vu un legs avec
charge, et non une interdiction d'aliéner, dans une clause
portant que les légataires ne pouvaient aliéner sans le
concours et le consentement de l'exécuteur testamentaire.

§ 3. — Des personnes qui peuvent se prévaloir de l'inalié-nabilité et des personnes à qui l'inaliénabilité est opposable.

54. — Sur la question des personnes qui peuvent se prévaloir de l'inaliénabilité, M. Planiol a écrit dans le Dalloz (1903. 1. 337), sous un arrêt de la chambre des requêtes de la Cour de cassation du 23 mars 1903 (S. 1904. 1. 225), une note qui doit faire autorité. Il est évident que, si la clause est stipulée dans l'intérêt du disposant ou d'un tiers, le disposant ou le tiers peut intenter l'action en nullité de toute aliénation consentie par le bénéficiaire au mépris de cette clause. Quant au cas où l'interdiction d'aliéner a pour but de garantir l'intérêt du bénéficiaire, il faut décider, comme l'a fait la Cour de cassation dans l'arrêt ci-dessus, que le bénéficiaire ou ses représentants, seuls, sont fondés à attaquer l'aliénation. Le disposant ne tient pas de sa volonté prévoyante le droit d'agir à la place du bénéficiaire, parce que d'une part son intérêt n'est pas en jeu et que d'autre part il n'a pas qualité pour représenter l'intéressé. D'ailleurs, comme le fait justement remarquer M. Planiol, la solution contraire créerait à l'encontre du bénéficiaire une sorte de tutelle impossible à accepter et particulièrement intolérable si elle devait être exercée par les héritiers du disposant; elle accentuerait aussi par trop le caractère d'incapacité conventionnelle que présente la prohibition d'aliéner stipulée dans l'intérêt du bénéficiaire.

55. — Est-il nécessaire que l'acheteur ait connu au moment de la vente la clause d'inaliénabilité, pour que cette dernière lui soit opposable ? Si l'interdiction d'aliéner garantit l'intérêt du disposant ou d'un tiers, nul doute que le disposant ou le tiers puisse demander la nullité de la vente à l'encontre d'un acheteur de bonne foi, lequel aura d'ailleurs le droit de demander des dommages-intérêts au vendeur. Le vendeur lui-même est fondé à invoquer à l'encontre d'un acheteur de bonne foi l'interdiction d'aliéner à lui faite dans son intérêt, quitte à devoir des dommages-intérêts comme au cas de vente de la chose d'autrui. Il n'y a pas lieu d'appliquer en ce cas la maxime « qui doit garantie ne peut évincer » ; car « la vente étant nulle par suite de l'incapacité du vendeur, l'obligation de garantie disparaît ». Cette solution est donnée par un arrêt de la Cour de Paris (5e Ch.) du 21 mai 1901 (*Rec. Gaz. Trib.*, 1901, 2e sem., 2. 356). Pourtant il semble que la Cour ait douté de son argument, puisque l'arrêt ajoute au surplus « qu'il est impossible d'admettre que « la clause d'incessibilité n'ait pas été connue de l'ache- « teur ». La deuxième Chambre de la Cour de Paris, en deux arrêts des 25 juin 1902 (*Rec. Gaz. Trib.*, 1902, 2e sem., 2. 251) et 9 mars 1903 (S. 1904. 2. 204), a tenu compte de ce que l'acheteur connaissait la clause au moment de la vente, pour autoriser l'action en nullité intentée par le vendeur.

IV

Conclusion.

56. — Appelée à se prononcer sur la validité de la clause d'inaliénabilité dans les donations et les legs, la jurisprudence avait à mettre en balance, d'une part, le principe économique de la libre circulation des biens et les textes du Code qui paraissent en être l'application, et d'autre part, la volonté du donateur ou testateur.

57. — Il n'y a pas lieu de lui reprocher de n'avoir pas reconnu au principe et aux textes le caractère absolu attaché aux véritables dispositions d'ordre public, et encore moins de n'avoir pas cherché son principe directeur dans les règles relatives à la capacité. Certes, la libre circulation des biens est désirable, utile, nécessaire même, comme aussi les articles 537, 544, 1594 et 1598 du Code civil montrent, par leur affirmation répétée du droit de disposer librement, que le législateur tenait ce droit pour un des éléments principaux de la propriété. Mais aucun texte n'oblige à y voir un élément essentiel — dont on ne s'expliquerait plus qu'il pût faire défaut, par exemple, en matière dotale ou de substitution, — tandis que, faute de prohibition contraire, la définition légale du droit de propriété semble impliquer la possibilité pour le disposant et le bénéficiaire de stipuler et accepter l'inaliénabilité. Il est vrai que, cherchant un principe dont l'application ne fît pas difficulté, la jurisprudence devait être tentée de rattacher la nullité de l'interdiction d'aliéner à celle de l'incapacité conventionnelle. Mais elle trouvait, dans l'aspect très différent que présentent la question de l'inaliénabilité et celle de l'incapacité, un motif suffisant pour ne se pas fonder sur un principe auquel elle voyait, en outre et surtout, l'inconvénient de conduire nécessairement au mépris de la volonté du disposant. Pour la jurisprudence, la libre disposition des biens n'est donc pas un droit imposé d'une manière absolue au propriétaire par la loi; elle est un droit seulement reconnu par la loi, mais dont il importe d'assurer l'exercice à raison d'une nécessité économique érigée en principe sous le nom de libre circulation des biens.

58. — Il n'y a pas lieu non plus de reprocher à la jurisprudence d'avoir pris en considération la volonté du donateur ou testateur. Il s'agit, en l'espèce, d'actes de libéralité, desquels on ne peut présumer que le disposant, libre de ne pas donner, ait voulu tirer profit au préjudice du bénéficiaire. Ce dernier obtient, au contraire, gratuitement une augmentation de patrimoine, c'est-à-dire, pour lui ou ses héritiers, un avantage incontestable. Seulement, à côté du motif immédiat ou cause de la libéralité, qui est la pure volonté de donner, apparaît un motif spécial, assez fort pour modifier cette volonté : faisant, pour ainsi dire, d'une pierre deux coups, le disposant assure au donataire ou légataire, par le moyen de l'inaliénabilité, le bénéfice de la libéralité, pour y placer la sauvegarde de l'intérêt du bénéficiaire lui-même ou de tel intérêt étranger. Et, comme cette modalité ne contrevient pas aux règles essentielles des donations[1], on s'explique que la jurisprudence se soit montrée soucieuse de respecter toute intention raisonnable du disposant.

59. — Mais le problème, convenablement posé d'ailleurs, ne se trouvait pas encore résolu. Restait à effectuer l'opéra-

---

[1] Conf. Rennes, 22 mars 1862, sous Cass. req., 27 juill. 1863 (S. 63. 1. 465, D. 64. 1. 494).

tion la plus délicate, qui consistait à utiliser correctement les différentes données ; et l'on n'y pouvait être conduit que par une appréciation exacte des forces contraires, entraînant la détermination de leurs influences réciproques. C'est en quoi la jurisprudence a failli [1]. Le principe reconnu, l'exception admise, elle s'est empressée d'ériger un système, dont on a vu que les règles, assurément simples et précises, portaient à méconnaître tant le vœu de la loi que la valeur réelle des éléments de fait. La jurisprudence se montra catégorique en cette matière, où précisément il convenait de ne l'être point. Et voici les résultats qu'elle obtient. D'abord il semble maintenant que l'interdiction d'aliéner, temporaire et motivée par un intérêt sérieux, soit absolument, nécessairement licite ; et les exceptions étouffent le principe de la nullité, alors qu'il importait d'affirmer et défendre sans cesse le principe tout en en tempérant la rigueur par d'opportunes dérogations. Quant à ces dérogations, elles portent à faux, parce que la jurisprudence en a fixé les conditions d'une manière abstraite et générale, au lieu d'indiquer seulement qu'il appartenait aux tribunaux de décider, pour chaque espèce, si la volonté du disposant était de nature à faire échec au principe. Notamment la condition de durée conduit à annuler l'interdiction d'aliéner dans la libéralité faite à titre alimentaire, laquelle semble pourtant la plus propre à comporter cette modalité. Et la condition de l'intérêt sérieux conduit à valider l'interdiction d'aliéner en des cas où l'inaliénabilité pourrait et devrait même être écartée.

60. — On objectera peut-être que des règles précises, fussent-elles quelque peu défectueuses, valent mieux en l'espèce que l'arbitraire des tribunaux. *Nous répondrons alors que le mieux serait d'appliquer sans restrictions le principe de la nullité.* Mais, même si l'on veut y déroger, l'arbitraire des tribunaux, compensé par un constant souci

---

[1] Rapprocher de cette appréciation les considérants du jugement du Tribunal civil de Saint-Omer, du 21 août 1863 (sous Douai, 27 avr. 1864, S. 64. 2. 264, D. 64. 2. 89) et la note signée E. L. sous l'arrêt de la Cour de Paris du 5 avr. 1905 (D. 1905. 2. 225).

du principe et par un sérieux examen de chaque cas particulier, nous semble préférable à l'application du système
actuel. D'ailleurs nous croyons que la jurisprudence pourrait trouver un autre système qui fût à la fois assez précis
pour maintenir l'unité dans les décisions de justice et assez
souple pour laisser libre jeu au principe et aux faits.

61. — Puisque, d'une part, la préoccupation dominante
en notre hypothèse est de garantir au propriétaire la libre
disposition de son bien, c'est-à-dire une préoccupation *favorable au bénéficiaire*, puisque d'autre part la libéralité a
pour cause la volonté de donner, c'est-à-dire une volonté
également favorable au bénéficaire, il nous paraît naturel,
logique, juridique même, d'apprécier le motif de la prohibition d'aliéner en le rapprochant des considérations ci-
dessus, qui sont immuables et impérieuses. Si donc le motif, pour lequel le disposant interdit d'aliéner, est tiré de
l'avantage que le bénéficiaire doit trouver à ne pouvoir
pas aliéner le bien donné, on voit que ce motif concorde
avec celui de la donation : l'interdiction d'aliéner confirme,
renforce la libéralité; elle a pour but de conserver la propriété au donataire, pour le plus grand bien de ce dernier.
En pareil cas, on est en droit de se demander si, pour le
bénéficiaire, l'avantage de l'inaliénabilité imposée ne l'emporte pas sur la faculté de disposer librement. Mais, par
contre, quand il est tiré de l'intérêt du disposant ou d'un
tiers, le motif de l'interdiction d'aliéner s'oppose à celui
de la donation : la libéralité se trouve affectée, modifiée,
restreinte en quelque sorte par l'inaliénabilité; malgré l'intérêt qu'il peut avoir à disposer du bien, le bénéficiaire
doit le conserver, pour garantir l'intérêt contraire du disposant ou d'un tiers. Au principe de la libre circulation des
biens s'oppose alors une inaliénabilité complètement étrangère à l'intérêt du propriétaire, désavantageuse même pour
ce dernier : en ce cas, le principe l'emportera. Ainsi nous
arrivons à cette première conclusion, que la prohibition
d'aliéner stipulée dans l'intérêt du disposant ou d'un tiers
doit être écartée *a priori*, comme contraire à la fois au sens
juridique de la libéralité et au régime de la propriété.

62. — Quant à l'interdiction d'aliéner stipulée dans l'intérêt du bénéficiaire, il convient d'en examiner l'opportunité. Elle semble admissible d'abord, au cas où, indépendamment de l'appréciation du disposant et des circonstances de fait, la garantie de cet intérêt offerte par la loi peut être reconnue insuffisante. Nous ne voyons du reste qu'un seul cas de cette catégorie : c'est lorsque la libéralité faite au profit d'un mineur doit tomber sous l'administration légale du père. Le père administrateur, auquel appartient le droit d'aliéner les biens de son enfant mineur, sans remplir de formalités ni subir de contrôle, peut par ignorance, maladresse, ou mauvaise foi, faire perdre à son enfant le bénéfice de cette libéralité. En attendant que le législateur remédie à cet inconvénient par une réglementation meilleure de l'administration légale [1], il semble que le donateur ou testateur, à qui la jurisprudence et la doctrine reconnaissent le droit de soustraire les biens donnés ou légués à cette administration, ait aussi celui de restreindre les pouvoirs du père par une clause d'inaliénabilité. Le terme de l'aliénabilité ne devrait pas d'ailleurs dépasser la majorité de l'enfant.

63. — Mais, ce cas particulier mis à part, il faut décider, en principe, que le disposant ne peut suppléer par une clause d'inaliénabilité aux garanties légales instituées dans l'intérêt des incapables : sur le point qui nous occupe, ces garanties sont plus que suffisantes et leur réglementation ne laisse rien à désirer. Il est vrai que l'interdiction d'aliéner diffère de l'incapacité, sinon par ses effets, du moins par sa nature et son aspect; que souvent il convient de défendre un bénéficiaire capable contre lui-même, sans qu'une incapacité juridique quelconque paraisse devoir le frapper jamais; et enfin que, le bénéficiaire fût-il un incapable ou dût-il le devenir, le disposant peut avoir un motif très sérieux, tiré de considérations particulières, pour stipuler quand même l'inaliénabilité. C'est pourquoi nous ne concluons pas dans le sens d'une application trop rigoureuse

---

[1] Voir notre étude sur cette question, *Revue trim. de droit civil*, 1902, p. 782.

du principe : nous reconnaissons aux tribunaux le droit de
tenir compte de la volonté du disposant. Mais les tribunaux
doivent adopter un mode sévère d'appréciation. Au lieu de
se borner à constater l'existence de l'intérêt du bénéficiaire,
que n'examinent-ils si cet intérêt est de nature et de force
à faire échec au principe de la nullité? Ils n'admettraient
l'interdiction d'aliéner, *d'ailleurs temporaire,* que lorsqu'elle leur paraîtrait commandée par les faits. Et, pour
déterminer cette influence des faits, il suffit de les éprouver, pour ainsi dire, au contact de la loi. La loi autorise le
donateur ou testateur à déclarer insaisissables les biens
donnés ou légués. La loi assure la bonne administration
des biens appartenant aux personnes présumées ou reconnues incapables de gérer leur patrimoine. La loi précise et
limite les cas d'incapacité. La loi prohibe l'incapacité conventionnelle. Si donc, tout bien considéré et malgré ces
considérations, l'interdiction d'aliéner semble encore op-
portune, alors on sanctionnera la volonté du disposant.
Nous ne voyons rien en cette méthode qui doive engendrer
des décisions contradictoires; et nous lui croyons le mérite
de conserver à l'admission de certaines clauses d'inaliénabilité un caractère de mesure exceptionnelle et justifiée.

64. — Enfin, à raison de l'intérêt spécial en jeu, la jurisprudence pourrait en certains cas valider la prohibition
d'aliéner *non temporaire,* jointe à une libéralité *faite à
titre alimentaire.* Il y a là une situation à laquelle les considérations de capacité juridique restent souvent étrangères
et que la loi favorise en déclarant insaisissables « les sommes
« et pensions pour aliments, encore que le testament ou
« l'acte de donation ne les déclare pas insaisissables ».
Certes, cette disposition de l'article 581-4° du Code de procédure civile sauvegarde déjà l'intérêt du bénéficiaire. Toutefois, s'agissant d'une libéralité destinée à préserver de la
misère une personne physiquement incapable de subvenir
à ses besoins, la prohibition d'aliéner, bien que permanente,
mérite d'être examinée par les tribunaux. Nous pensons
même qu'il y aurait lieu d'appliquer un régime de faveur
aux libéralités *véritablement alimentaires,* à raison de ce

que le profit en est indispensable au bénéficiaire pendant la durée de l'incapacité physique, généralement pendant l'existence entière. Et l'on pourrait alors, avec juste raison, trouver moins d'inconvénients à l'inaliénabilité d'un usufruit ou d'une rente viagère; car la libre circulation ne se trouve assurément pas commandée par la destination économique ou sociale d'un droit viager alimentaire. Mais là encore, nous réservons le droit d'appréciation aux tribunaux.

65. — *En résumé, la jurisprudence devrait n'admettre la clause d'inaliénabilité dans les libéralités qu'à titre purement exceptionnel et s'il était reconnu pour chaque espèce que le disposant avait eu raison d'assurer de la sorte au bénéficiaire l'avantage qu'il voulait lui procurer par sa libéralité.*

ALBERT WAGNER.

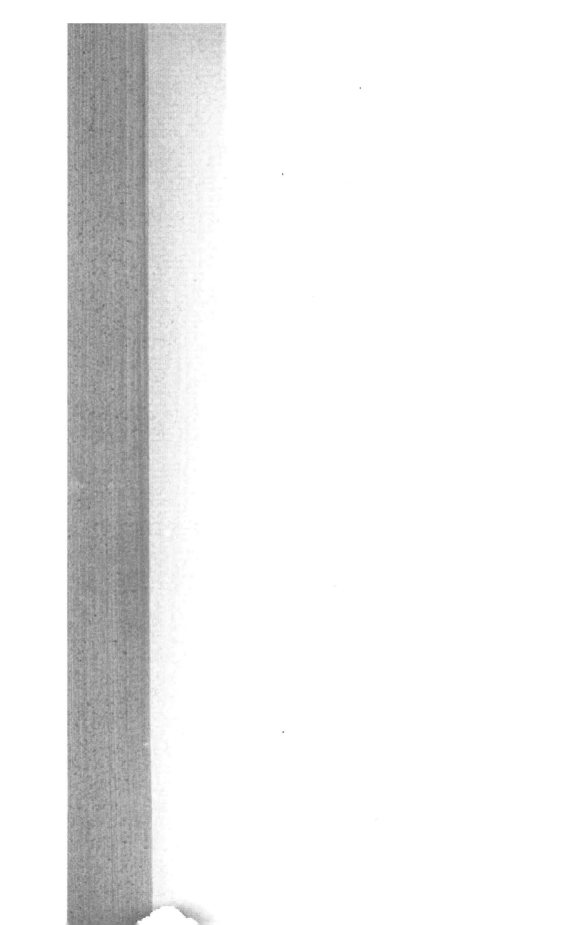

BIBLIOGRAPHIE

DES OUVRAGES SUR LE DROIT CIVIL

A. — France.

Par MM. Paul Lerebours-Pigeonnière,

Professeur adjoint à la Faculté de droit de l'Université de Rennes,

et René Demogue,

Professeur agrégé à la Faculté de droit de l'Université de Lille.

I. — Ouvrages sur l'ensemble du droit civil.

1. — *Traité des personnes*, par MM. Baudry-Lacantinerie et Houques-Fourcade (t. I et II) et par MM. Baudry-Lacantinerie et Chauveau et Chéneaux (t. IV), 3e édition.

Cette réédition dont trois volumes ont paru a notablement augmenté d'importance : en effet deux volumes correspondent aux matières de l'ancien tome 1er (titres I à IV du livre 1er du Code). D'ailleurs non seulement des points nouveaux ont été examinés à propos de théories déjà contenues dans de précédentes éditions : comme la situation de celui qui n'a la nationalité française que sous condition résolutoire, en vertu de l'article 8, § 3 de la loi du 22 juill. 1893, comme l'influence de la loi militaire de 1905 sur la nationalité ; mais des théories nouvelles tout entières ont trouvé place dans cet ouvrage ; d'abord celle de la personnalité morale des associations telle qu'elle ressort de la loi de 1901, ensuite et surtout celle du nom, qui n'avait pas figuré dans les précédentes éditions. Elle a été envisagée surtout au point de vue pratique et l'auteur s'est moins préoccupé de fixer la nature théorique du droit au nom : droit de propriété ou droit *sui generis*, que de préciser les différentes difficultés qui peuvent se présenter quant au nom des différentes personnes et aux actions en suppression de nom. Une théorie des titres de noblesse et de leur fonctionnement depuis la fin du xviiie siècle complète heureusement cet exposé.

Le tome IV, consacré au divorce, à la paternité et à la filiation, a donné lieu à des changements moins importants : des indications nouvelles sont toutefois nombreuses. Citons notamment des indications sur les solutions adoptées en ces matières par la conférence de La Haye, la question de savoir si l'état d'un enfant peut être recherché par des tiers en vertu d'un droit propre, etc.

2. — *Traité des biens*, par MM. Baudry-Lacantinerie et Chauveau, 3e édition, 1 vol.

La législation foncière a peu varié depuis quelques années. La loi du 8 avr. 1898 sur le régime des eaux est la dernière dont cet ouvrage nous offre le commentaire. Cette édition nouvelle présente cependant l'intérêt d'une mise au point quant à la doctrine et à la jurisprudence. Il fallait pour cette raison la signaler.

3. — *Traité des donations entre-vifs*, par MM. Baudry-Lacantinerie et Maurice Colin (2e vol.), 3e édition.

Le commentaire d'un certain nombre de lois récentes signalera à l'attention cette édition nouvelle. Notons principalement la loi du 4 févr. 1901 sur les dons et legs aux établissements publics, celle du 1er juill. 1901 sur le contrat d'association, celle du 25 mars 1899 sur l'ouverture des testaments olographes dans les colonies et surtout la loi du 14 févr. 1900 sur la fixation de la quotité disponible entre époux.

On y trouvera également l'exposé d'un certain nombre de points nouveaux : la force probante du testament mystique, le droit pour les bureaux de bienfaisance de revendiquer les legs faits aux pauvres, d'après la jurisprudence récente tant judiciaire qu'administrative, la jurisprudence quant à l'imputation du bénéfice d'une assurance-vie sur la quotité disponible, etc.

4. — *Traité des obligations*, par MM. Baudry-Lacantinerie et Barde, 3e édit., t. I et II. Ce traité des obligations dont les qualités ont été depuis longtemps appréciées remonte déjà à dix ans pour le premier volume. Depuis lors, bien des questions nouvelles se sont posées. Aussi le traité, tout en conservant le même ordre, a-t-il été complété par l'examen de nombreuses difficultés laissées jusque-là de côté.

Nous relèverons principalement la question de l'erreur sur l'efficacité juridique de la cause, au cas où on a cru civile une obligation naturelle, celle du bénéficiaire d'une stipulation pour autrui présent à l'acte, l'effet du décès du bénéficiaire de la stipulation pour autrui ou du stipulant sur le droit du premier. La théorie du courtage matrimonial aujourd'hui très discutée a été considérablement développée, ainsi que celle du contrat de claque. De même de nouvelles questions à propos de l'assurance sur la vie ont été examinées : la validité de l'assurance contractée par un prodigue, l'effet de la survenance d'enfant ou de l'ingratitude sur la libéralité réalisée au moyen d'une assurance.

Certaines lois nouvelles : principalement la loi du 7 avr. 1900 sur le taux de l'intérêt légal, la loi du 17 mars 1905 sur les clauses d'irresponsabilité dans les lettres de voiture, ont été commentées.

Nous pourrions encore indiquer nombre de passages entièrement nouveaux qui donnent de l'importance à cette nouvelle édition : ceux sur le recours du tiers qui a payé le créancier exerçant l'action paulienne, sur la possibilité pour les créanciers de faire réduire en vertu de l'article 1166 la pension alimentaire créée en vertu de l'article 301, la portée du principe de la rétroactivité des conditions, la jurisprudence nouvelle à propos de la situation des coauteurs d'un délit civil, la solidarité entre le père et la mère quant à l'obligation d'éducation. Signalons simplement comme ayant été l'objet de très nombreux remaniements la théorie de la subrogation légale.

Il serait facile de continuer encore cette énumération. Arrêtée ici, elle est cependant suffisante pour montrer la place que doit tenir ce nouvel ouvrage.

5. — La 3ᵉ édition du *Traité du contrat de mariage*, par MM. Baudry-Lacantinerie, Le Courtois et Surville, se distingue des précédentes d'abord par une très intéressante préface où le régime matrimonial est étudié au point de vue critique et législatif. Elle met tout d'abord en lumière cette idée très intéressante que si des modifications s'imposent, il serait fâcheux sous prétexte d'améliorer le sort des femmes mariées de les priver de certains avantages dont elles ne sentiraient tout le prix que lorsqu'elles les auraient perdus et dont à l'heure présente de bons esprits pourraient être portés à faire trop bon marché : en premier lieu, le droit pour la femme de renoncer à la communauté après sa dissolution, puis la faculté de stipuler en cas de renon-

ciation la reprise de son apport, le droit d'être préféré au mari
lorsque la communauté ne suffit pas à payer les reprises, etc.

Un autre point capital de cette préface, dont nous conseillons la
lecture comme d'une vue d'ensemble fort bien faite des problèmes de l'heure actuelle, c'est celui où les auteurs défendent notre
régime national : la communauté et indiquent pourquoi il y aurait inconvénient pratique à lui substituer le régime de la
communauté d'acquêts. Ils admettent toutefois l'exclusion du
patrimoine commun de toutes les valeurs dont l'origine peut
être facilement établie : certains meubles comme les offices ministériels, fonds de commerce, etc., et les biens à venir.

Enfin ils s'attachent à montrer que si la théorie du mandat
tacite peut être perfectionnée, il y aurait inconvénient à rendre
la femme responsable personnellement des dépenses faites pour
le ménage.

Le corps même de l'ouvrage présente, outre une mise au courant de la jurisprudence, un certain nombre de questions nouvelles. Citons (p. 529, t. I) l'obligation pour la femme de rendre
compte de ses dépenses à son mari, le mode de réception du
contrat de mariage par le notaire (p. 113), le droit de la femme
séparée de biens sur les produits de son travail (t. III, p. 43),
notamment si elle exploite un commerce ou une industrie en
commun avec son mari.

6. — Le *Traité du louage* de MM. Baudry-Lacantinerie e
Wahl, dont la 3ᵉ édition vient de paraître, n'est pas simplemen
une réimpression des éditions précédentes. Il est notablemen
plus important qu'auparavant. Le tome second, consacré pres
que exclusivement au louage d'ouvrage, a doublé et il compren
maintenant deux parties. Les diverses matières qu'il trait
se trouvent ainsi considérablement développées. La théorie de
accidents du travail contient tout l'exposé de la législation nou
velle sur les accidents et notamment des lois de mars 1905 e
d'avril 1906, elle forme un véritable traité spécial. D'autre
matières ont elles aussi été largement reprises. Citons la théor
du louage à durée déterminée, celle du louage à durée indéte
minée dont les développements ont plus que doublé, celle de
assurances collectives du patron dans l'intérêt de ses ouvrier
etc.

Ce ne sont là que quelques-uns des points sur lesquels nou
pouvons ici attirer l'attention. Il est en effet impossible dans u
bref compte rendu de signaler même la majeure partie de ce qu

contient de nouveau un ouvrage de cette importance. En tout cas, avec la législation ouvrière qui se développe de jour en jour et la jurisprudence abondante, souvent touffue à laquelle elle a donné naissance, la nécessité d'un ouvrage de droit civil exposant les difficultés au point de vue juridique plutôt qu'au point de vue économique et social, était incontestable. La partie du grand traité de M. Baudry consacrée au louage d'ouvrage répond fort bien à ce besoin.

Ce n'est pas à dire que les développements sur le bail soient sans intérêt. Mais ici l'auteur se trouvait en face d'une théorie moins mobile. Il s'agissait davantage d'une mise au point. On peut cependant citer d'utiles développements nouveaux : sur la location de coffre-fort par exemple, où M. W., conformément à l'opinion générale, voit un véritable contrat de bail, le bail d'une chose future ou des biens d'une succession non ouverte, la garantie des vices dans les baux.

Nous ne voulons pas insister davantage sur un ouvrage dont les mérites sont connus et qui a eu principalement celui d'offrir aux praticiens un ouvrage étendu, facile à consulter, au courant de la doctrine et de la jurisprudence la plus récentes.

7. — A paru en même temps que le *Traité de louage*, la 3ᵉ édition du *Traité des contrats aléatoires, du mandat, du cautionnement, de la transaction.* Cette nouvelle édition a complété l'ouvrage sur différents points. Signalons : l'inutilité du consentement du tiers sur la tête de qui une rente viagère est constituée, l'effet de la nullité des ventes moyennant rente viagère, le mandat tacite de la femme au mari, des enfants à leur père, de la concubine, la preuve en matière de contre-partie et la valeur de la clause de contre-partie, le droit de rétention du mandataire à qui la décharge est refusée, etc. Ces quelques points indiquent assez le souci de l'auteur de perfectionner un ouvrage déjà très estimé en creusant plus avant certaines questions et en examinant les difficultés nouvelles que la pratique fait peu à peu surgir.

8. — *Traité du nantissement, des privilèges et hypothèques et de l'expropriation forcée*, par MM. BAUDRY-LACANTINERIE et DE LOYNES, 3ᵉ édition (3 vol.). La compétence particulière qu'a acquise M. de Loynes, dans l'étude du régime hypothécaire, a toujours donné un intérêt spécial à ce traité, dont une nouvelle édition vient de paraître.

A défaut de changements importants, elle avait à signaler diverses modifications législatives apportées dans le régime des sûretés réelles : la loi du 17 mars 1905, article 7, qui établit un privilège en matière d'assurances sur la vie passées par des sociétés étrangères ou françaises, la loi du 13 février 1902 qui en crée un pour les travaux d'assainissement des immeubles, la loi du 9 avril 1898 en matière d'accidents du travail, la loi du 27 juin 1904 qui établit de nouvelles tutelles et soulève la question de savoir si elles emportent hypothèque légale. D'autre part la pratique a fait surgir depuis quelques années des difficultés nouvelles qu'il y avait lieu d'exposer. C'est ainsi que dans cette nouvelle édition les développements consacrés au nantissement des fonds de commerce ont dû être augmentés à raison des controverses célèbres auxquelles la loi du 1er mars 1898 a donné lieu ; de même l'ouvrage indique sommairement la question de la mise en gage par une société de ses obligations non encore émises, celle de la garantie par l'hypothèque légale, à la date de la célébration du mariage, de la stipulation de reprise d'apport franc et quitte en cas de renonciation à communauté, celle de la situation du vendeur en cas de saisie de l'immeuble vendu entre les mains de l'acheteur, etc.

Indiquons que cette nouvelle édition vaut encore par les très nombreuses questions de détail qui ont été ajoutées et que nous ne saurions, sous peine de faire une énumération fastidieuse, passer complètement en revue : privilège des associations syndicales pour le recouvrement des cotisations, hypothèque sur les droits d'usage dans les forêts, cession d'hypothèque de la femme mariée au point de vue de l'action paulienne, étendue de l'hypothèque du mineur après cessation de la tutelle, etc.

9. — *Traité de la prescription*, par MM. BAUDRY-LACANTI NERIE et TISSIER, 3e édition (1 vol.).

Cette édition se distingue des précédentes par bon nombre de questions nouvelles qui y ont été abordées, soit qu'elles se rattachent à des décisions de jurisprudence récente, soit qu'elle mettent en valeur certains principes déjà énoncés. Nous indiquerons entre autres : la renonciation tacite à la prescription faite au nom d'un incapable, les réclamations qui interrompen les prescriptions abrogées en matière d'assurances-accidents, l critique du système des prescriptions conventionnelles abrégées le rôle de la possession en matière d'acquisition de noms, le théories nouvelles en matière de possession (théorie de M. Saleilles, théorie du Code suisse), la prescription de l'action *de i rem verso*, celle des sommes déposées à la Caisse d'épargne celle des actions en réparation d'accidents du travail, la théorie de la loi du 8 février 1902 sur les titres au porteur perdus ou volés.

Ces quelques points pris parmi d'autres suffisent à signaler l'intérêt de la révision dont ce livre a été l'objet.

10. — Signalons l'apparition du *Recueil général des lois et arrêts refondu.*

Le but de cette publication est de présenter les arrêts publiés par le recueil de Sirey dans l'ordre chronologique et d'autre part d'alléger la longue liste des décisions rapportées de toutes celles qui n'ont plus d'intérêt actuel à raison des lois abrogées, du caractère transitoire des questions auxquelles elles se rapportent. En même temps toutes les notes d'arrêts qui ont conservé leur intérêt ont été publiées. Le volume qui vient de paraître est le premier en date, mais il se réfère aux années les plus récentes 1898 à 1900. Dix-neuf autres paraîtront ainsi successivement en continuant à remonter dans le passé, pour finir par la publication des décisions les plus anciennes. Cette publication est évidemment de nature à faciliter les recherches.

11. — *Dictionnaire pratique de droit Dalloz*, publié par MM. GRIOLET et VERGÉ (lib. Dalloz).

Cet ouvrage, dont la 4e et dernière livraison vient de paraître, et qui a été publié très rapidement (en deux années seulement), présente un caractère tout particulier. Il n'a pas pour but d'offrir une étude approfondie de la législation et de la jurisprudence que présentent déjà les Répertoires. Il se propose de fournir à tous ceux qui par leurs affaires peuvent être mis en présence de questions de droit à résoudre, un énoncé succinct, mais précis de toutes les parties du droit français actuel.

C'est donc un ouvrage de vulgarisation scientifique. Présenté sous forme de dictionnaire, il est plus particulièrement de nature à être consulté par les non initiés. Il leur offre d'ailleurs non seulement un exposé du droit civil, mais encore des autres parties du droit français actuel : droit commercial, droit criminel, procédure, droit administratif, etc.

Chaque article est traité avec clarté. Les controverses, les points incertains sont laissés dans l'ombre et sont remplacés par l'exposé des théories qui ont triomphé dans la pratique. Les indications des arrêts sont relativement peu nombreuses, mais elles sont toujours des décisions les plus récentes. Conformément au but particulier que se proposait l'ouvrage, on a su présenter en peu de mots et en termes accessibles même à des non initiés attentifs, les principales théories du droit français. Ce livre ainsi heureusement composé permettra de rendre service même aux gens de loi, lorsque ceux-ci désireront prendre d'une théorie une connaissance générale. Des renvois au répertoire leur permettront ensuite, lorsqu'il sera nécessaire, de pousser plus loin leurs connaissances.

Pour nous résumer, l'ouvrage comble une lacune importante en présentant sous une forme résumée, mais cependant scientifique, l'ensemble du droit français et il peut constituer un utile instrument pour faire pénétrer chez les hommes d'affaires des notions qui leur font souvent défaut.

II. — Ouvrages auxiliaires.

12. — *Traité de droit commercial* de Cosack, trad. de l'allemand par M. Mis (Bibliothèque internationale de droit privé et de droit criminel), tome III et dernier.

Ce volume complète cette importante et très utile traduction dont nous avons signalé précédemment les autres volumes et fait valoir le mérite.

Il contient l'étude de deux matières extrêmement importantes : les sociétés et les assurances.

La théorie des sociétés présente pour les pays étrangers cet intérêt spécial que non seulement elle nous expose une législation toute récente où l'on a pu prévoir les difficultés les plus nouvelles, mais encore elle nous initie au fonctionnement de sociétés qui, avec le développement des rapports internationaux et la facilité avec laquelle les sociétés étrangères peuvent traiter des affaires en France, y établir des succursales, sont appelées à passer des contrats avec des Français.

On retrouve dans ce troisième volume les qualités d'exposition sobre et précise qui caractérisaient déjà les précédents et qui sont particulièrement nécessaires pour l'exposition d'un sujet touffu comme celui des sociétés.

La théorie des sociétés par actions occupe naturellement la place la plus importante. On y trouve spécialement de très heureux développements sur les assemblées d'actionnaires, les pouvoirs de la minorité ou d'un actionnaire isolé, sur le transfert des actions, le régime des obligations. Signalons aussi des indications complémentaires sur les trusts et les cartels.

Malgré le mouvement si important de la codification dans

l'Empire allemand, le droit des assurances est resté très incomplètement codifié : il n'y a que la loi d'Empire de 1901 sur le contrôle de l'État à l'égard des sociétés d'assurances, le livre IV du nouveau Code de commerce qui est consacré à l'assurance maritime, enfin quelques dispositions éparses dans le Code civil, le Code de commerce et quelques lois d'Empire.

Aussi une des sources les plus importantes reste, à coté des lois d'États, la coutume juridique, d'autant plus importante que les dispositions relatives au droit des assurances contenues dans les lois d'Empire et d'État renferment des lacunes considérables que les règles générales du droit civil ne permettent pas de combler. La situation étant ainsi semblable à celle que l'on rencontre en France, les théories développées n'en présentent que plus d'intérêt et elles seront pour ceux qui s'intéressent au droit commercial un objet d'utiles comparaisons.

Dans les développements consacrés à l'assurance, la théorie a été abordée dans toute son ampleur : l'ouvrage passe en revue successivement les différentes sociétés d'assurances, notamment les assurances mutuelles, la conclusion du contrat, la personnalité du bénéficiaire, les effets juridiques du contrat, la cessation de l'assurance, enfin l'avarie et l'assistance en cas de péril de navigation.

13. — Dans le *Journal de droit international privé*, 1906, p. 961. *La règle* locus regit actum *et le testament*, par M. Surville.

14. — Dans la même *Revue*, 1906, p. 976. *La conférence de La Haye relative au droit international privé*, par M. Lainé.

15. — *Idem*, 1906, p. 1064. *Principes de droit international privé*, par M. Bernard (*suite*). Théorie des droits acquis.

16. — *Idem*, 1906, p. 671. *La répression internationale des fausses indications de provenance*, par M. Lacour.

17. — *Idem*, 1906, p. 628. *Du droit des associations étrangères sans but lucratif d'ester en justice en France.*

18. — Note de M. Audinet sur les *effets en France d'un jugement étranger réglant la capacité de la personne*, sous Cass., Aix, 9 juill. 1903, S. 1906. 2. 257.

19. — Dissertation de M. Ambroise Colin sur la *théorie du renvoi*, Dall. 1907. 2. 1.

20. — *De la condition juridique des indigènes en matière civile et commerciale dans les colonies françaises et les protectorats de l'Indo-Chine et de l'organisation judiciaire les* *concernant*, par M. Penant, brochure (éd. de la Tribune des colonies, Paris). Exposé substantiel de la question de codification des lois indigènes et de l'organisation judiciaire.

21. — *A travers la coutume de Paris et les Institutions coutumières de Loisel*, par M. Paul Henry, *Revue critique*, 1907. nº 3, où l'auteur étudie la liberté de disposer.

III. — Personnes et droits de famille.

22. — *De la puissance paternelle et de la tutelle sur les enfants naturels* (Étude critique de législation comparée, par M. Maurice Travers. Ouvrage couronné par l'Académie des Sciences morales et politiques. Prix du budget) (Paris, Larose, 1907).

Le but de cette étude a été de rechercher la valeur des différentes solutions qui ont été adoptées ou proposées en France et dans les pays étrangers sur une des questions les plus délicates de l'organisation de la famille. Elle se présente surtout comme un travail d'érudition très consciencieux, où l'auteur par des divisions et subdivisions nombreuses est arrivé à grouper les législations et les projets sur les très abondantes difficultés que soulève la matière. Ce n'était d'ailleurs pas un faible mérite sur des points où, malgré l'identité presque complète avec laquelle ils se présentent partout, la diversité des législations est extrême. L'ouvrage témoigne donc d'un très grand effort de recherches, et de beaucoup de méthode et de précision pour classer les résultats obtenus. Le nombre et la variété des documents qui ont été dépouillés et disséqués, l'effort qu'il a fallu faire pour en grouper les parties ont relégué un peu au second plan les conclusions. Ce n'est pas à dire cependant qu'elles ne soient simples et nettes.

De façon générale, M. T. a peu de sympathies pour les solutions données dans les pays de race latine et en général il se montre favorable aux règles établies dans le Code civil allemand qui lui paraissent, non sans raison, en pleine harmonie avec les faits dont il faut avant tout s'inspirer. Abandonnant les constructions un peu trop logiques pour être excellentes en pratique, que l'on rencontre dans les pays de l'Europe occidentale, il préconise à l'exemple du Code allemand de rattacher de façon particulièrement étroite l'enfant naturel à la famille de sa mère, aux ascendants maternels et à la mère elle-même; il est partisan du régime des tutelles d'autorité pour l'enfant naturel, favorable donc à la suppression du conseil de famille composé le plus souvent d'indifférents.

Le travail offre ce très grand intérêt de présenter d'abord des données statistiques pour nous faire comprendre comment le problème du sort des enfants naturels se présente à peu près partout avec les mêmes données qui lui sont spéciales et accusent une situation de fait très différente de celle des enfants légitimes. C'est ainsi qu'il indique la proportion très considérable de ceux naturels mourant au début de leur vie, le nombre des enfants qui sont reconnus soit par leur père, soit par leur mère, l'importance proportionnelle des naissances illégitimes dans les milieux ruraux et dans les milieux urbains.

L'auteur, laissant de coté complètement ce qui concerne les preuves de la filiation naturelle, se préoccupe ensuite de voir la protection assurée à l'enfant illégitime soit dans la famille, soit hors de la famille.

A propos de l'aide que la famille peut donner, il examine d'abord le principe qui consiste à mettre l'enfant sous la protection de ses parents ou de ses ascendants, selon qu'il a été reconnu par ses deux auteurs ou par un seul. Puis il voit la nature et l'étendue des droits dévolus aux père et mère et autres ascendants : d'abord dans les pays du continent européen, où par une distinction à son avis surannée on oppose la puissance paternelle et la tutelle, en second lieu dans les législations anglo-américaines.

Enfin il regarde dans quel ordre et suivant quelle méthode les membres de la famille peuvent être appelés à la tutelle et il se rallie au système allemand, d'après lequel les ascendants maternels et en premier lieu la mère, sont simplement recommandés au choix du tribunal, qui se prononce en s'inspirant de l'intérêt de l'enfant.

La seconde partie a pour objet la protection de l'enfant, abstraction faite de toute considération de parenté. L'auteur y oppose les deux grandes théories de la tutelle familiale et de la tutelle d'autorité et il expose les législations qui se rattachent à chacune d'elles. Il montre ensuite la part plus ou moins restreinte que chaque pays a dû faire cependant à un mode d'organisation de la tutelle dont il repoussait le principe. Ensuite il examine le rôle qui a été donné dans les différents pays à divers personnages accessoires. Il parle à ce propos du subrogé-tuteur, dont il trouve ici l'intervention inutile. Mais il préconise cependant l'établissement d'un organisme accessoire général, les *Gemeindewaisenrat* du Code civil allemand, ayant pour mission d'informer l'autorité tutélaire et de surveiller le tuteur.

Quant au pupille lui-même, étant donné qu'il sera plus tard
plus privé d'appui que tout autre, M. T. se préoccupe de le
mettre à même de diriger ses affaires et pour cela il demande
avec raison que, comme dans nombre de législations étrangères, il assiste de bonne heure aux délibérations qui le concernent pour s'initier à la conduite de ses intérêts, et que
quelques années avant sa majorité, il bénéficie déjà d'une demi-
capacité.

Enfin l'étude se termine par des indications sur la situation
des *Brautkindern* du droit allemand et des enfants adultérins et
incestueux, pour lesquels l'auteur ne voit pas de raison d'établir
un système distinct.

Comme le disait avec raison M. Lyon-Caen dans son rapport
à l'Institut sur cet ouvrage, « le mémoire est si rempli de notions
exactes et de vues intéressantes qu'une brève analyse ne peut
donner de son contenu un aperçu suffisant et en faire ressortir
tous les mérites. Il comptera au nombre des meilleures études
que pourra consulter la Commission de revision du Code civil
quand elle abordera les problèmes si difficiles concernant la condition légale des enfants naturels ».

23. *La recherche judiciaire de la filiation naturelle. Essai*
d'une proposition de loi réglant la recherche de la paternité
par M. Coste Floret (Paris, Larose, 1907). Bien des générations
de jurisconsultes, de moralistes ou de littérateurs se sont
préoccupées de l'article 340 du Code civil. Ce travail nouveau sur la question ne sera pas cependant consulté sans intérêt.
Non seulement on y trouve exposées avec soin les difficultés que
soulève en général la recherche de la paternité, mais l'auteur
s'occupe d'exposer un système nouveau, qu'avait présenté à la
Chambre des députés M. Sembat dans une proposition de loi
déposée en 1903, et qu'il reprend avec plus de précision et de
détails.

Ce système consiste essentiellement, tout en admettant de façon assez large, lorsque les preuves présentées paraissent suf-
samment graves, la recherche de la paternité, à en limiter les
effets. Il y aurait, au point de vue de paternité, deux sortes d'enfants naturels : ceux volontairement reconnus, ceux reconnus
judiciairement. Ceux-ci seraient dans une situation inférieure :
ils pourraient seulement réclamer à leur père et à sa succession
une pension alimentaire; mais d'un autre côté, ils ne pourraient
se porter héritiers comme ceux qui ont été volontairement recon-

nus; le père n'aurait pas sur eux la puissance paternelle. M. Coste Floret s'est préoccupé beaucoup des raisons qui peuvent justifier cette variante dans les réformes généralement proposées. Il s'appuie pour cela sur la législation comparée, sur l'histoire, sur la raison qui exige qu'on tienne compte des affections réelles du défunt, sur la nécessité de sauvegarder la situation de la famille légitime et le respect du mariage. Son argumentation est d'autant plus de nature à faire impression que le système par lui proposé est moins éloigné de celui que la jurisprudence a établi pour combattre l'injustice de l'article 340.

24. — *Examen doctrinal de jurisprudence civile*, par M. Charmont, *Revue critique*, mars 1907.

I. — *Une femme mariée sous le régime de la communauté d'acquêts peut-elle exercer la reprise après faillite du mari et à l'encontre de la masse des créanciers d'une somme d'argent dont le contrat de mariage se borne à constater l'apport sans que le montant de cette somme ait été précisé par le contrat ou un autre acte authentique?*

II. — *Quand un fonds dépend d'une communauté conjugale et qu'il a été géré par le mari, les bénéfices de l'exploitation commerciale réalisés depuis la dissolution de la communauté jusqu'au jour du partage, font-ils partie de l'actif commun?*

III. — *Sous le régime dotal, lorsqu'une dot est constituée et que le contrat de mariage détermine les modes d'emploi et de remploi, la responsabilité du constituant est-elle engagée s'il ne prend pas la précaution de faire mentionner, dans l'acte de versement de la dot, l'obligation d'emploi?*

IV. — *Peut-on considérer comme valable l'acte par lequel une femme mariée sous le régime dotal et séparée de biens engage pour l'avenir et pendant dix ans les revenus de sa dot nécessaires à la famille?*

V. — *La saisie d'un immeuble paraphernal représentant la dot n'est-elle autorisée qu'à charge de garantir le recouvrement de la dot?*

VI. — *Sous le régime exclusif de communauté, dans quelle mesure le mari peut-il être indemnisé des dépenses faites pour améliorer l'immeuble de la femme?*

25. — *De la parenté en droit comparé* (suite), par M. R. de la Grasserie, *Revue critique*, 1907, avril; ce numéro est consacré à la parenté adoptive.

26. — *Le projet de réforme du régime des aliénés* a donné lieu à une lettre très intéressante de M. PARANT, *Bulletin de la Société d'études législatives*, 1907, p. 223.

27. — *Dans quelle mesure la femme séparée de biens est-elle capable d'aliéner son mobilier?* Dissertation de M. WEISS, *Pandectes fr.*, 1907, I, p. 3.

28. — *Du domicile d'origine*, note par M. COMMAILLE, *Pandectes fr.*, 1907, II, p. 1.

29. — *Manuel des associations déclarées* (avec statuts et formules), par MM. BERTIN et CHARPENTIER (Paris, Rousseau, 1907).

Ce livre, comme le titre l'indique, a surtout un caractère pratique : il a pour but de servir de guide aux fondateurs ou aux chefs d'associations. Les auteurs ont cherché à développer les principes contenus dans la loi du 1er juill. 1901 quant à la forme d'association qui paraît destinée au plus grand avenir. Ils ont ainsi prévu et résolu un grand nombre de difficultés, sur lesquelles étant donnée l'époque récente de la loi, la pratique judiciaire n'a pas encore eu le temps de se prononcer. Peut-être d'ailleurs ont ils une tendance à interpréter parfois un peu restrictivement la loi nouvelle, par exemple quand ils disent qu'une association reconnue d'utilité publique ne peut subventionner une association déclarée. En tout cas, ils ont su très bien utiliser la jurisprudence antérieure à 1901 dans les parties où elle est encore en vigueur, par exemple pour déterminer la frontière entre l'association et la société. Ils nous donnent ainsi des solutions très complètes et dignes d'être approuvées en ce qui concerne l'administration des associations et les formalités de la déclaration. Cet ouvrage pratique contribuera certainement à faciliter le développement et le fonctionnement des associations qu'il vise.

IV. — OBLIGATIONS ET CONTRATS SPÉCIAUX.

30. — *De la nature juridique du titre de crédit. Contribution à une étude générale sur le droit des obligations*, par M. THALLER (Rousseau, 1907).

Nous avons déjà signalé, lors de leur apparition, les différents articles que M. Thaller a publiés dans les Annales de droit commercial et qu'il réunit aujourd'hui en une forte brochure. Ainsi groupés, ils permettent de mieux saisir tout l'effort d'originalité puissante et la théorie fortement charpentée qui les caractérisent. Bien que s'intéressant vivement aux théories allemandes,

M. Thaller estime qu'il est possible de donner des phénomènes juridiques une explication mieux adaptée aux esprits français et rendant aussi bien compte de tous les faits constatés. Il suffit de creuser plus avant les systèmes classiques pour y trouver la solution satisfaisante des difficultés aujourd'hui à l'ordre du jour. C'est cette méthode très heureuse et qui nous paraît féconde en résultats, qu'applique l'éminent professeur dans l'étude que nous rapportons ici.

Cherchant une théorie générale qui puisse expliquer les différents titres de crédit : lettres de change, titres au porteur, titres nominatifs, chèques, billets et polices à ordre, et leurs règles caractéristiques, M. Thaller repousse successivement la théorie de la dette abstraite et celle de l'acte unilatéral et il se félicite de ce que somme toute la jurisprudence y soit jusqu'ici restée étrangère. La solution à laquelle il aboutit, c'est que les titres de crédit ne se distinguent pas par leur substance des créances ordinaires : comme elles, ils ont un créancier et un débiteur, un objet unique ou successif, ils sont fondés sur une cause qui évoque à la pensée un contrat intervenu entre le souscripteur et le preneur du titre, entre le preneur originaire et le preneur suivant.

Mais un trait apparaît commun à tous ces titres de crédit; la nature de la transmission dont ils peuvent être l'objet est invariablement une délégation. Cette opération, dont le rôle est aux yeux de M. Thaller tout à fait capital sur le droit commercial moderne, cache sous une unité apparente une variété dont l'application se rencontre précisément dans les titres de crédit.

Dans les effets de commerce et les billets destinés à tenir un office de monnaie, la délégation est inhérente à l'acceptation et à chacun des endossements qui ont lieu, mais c'est ici plutôt une accession d'une signature, d'un répondant à la dette d'autrui, ce qui explique l'inopposabilité des exceptions : une caution n'ayant pas le droit de soulever au regard du créancier les moyens qu'elle aurait de ne pas exécuter son cautionnement vis-à-vis de la partie cautionnée elle-même.

La négociation des autres titres de crédit répond à une conception différente, on est en présence d'une délégation qui oblige le débiteur seulement dans la mesure où il était tenu envers le délégant. Il pourrait paraître plus simple, étant donné cet effet limité de la délégation, de dire que l'on est ici en présence d'une cession. Mais M. Thaller répond à cette objection en disant

juridique de la responsabilité des administrateurs, qu'il analyse en une responsabilité contractuelle et solidaire.

M. Caleb n'est pas favorable au système de nullités tel qu'il fonctionne actuellement, à raison des dangers qu'il présente; il n'ose cependant pas aller jusqu'à supprimer complètement les nullités et il propose de laisser au juge un pouvoir souverain d'appréciation sur le point de savoir si la société sera annulée ou maintenue.

43. — *La responsabilité en matière d'accidents d'automobiles* a donné lieu à l'élaboration d'un projet à la Société d'études législatives (v. *Bulletin*, 1907, p. 222), après de très intéressants débats en séance de commission, sur l'extension de la théorie du risque et l'exclusion des cas fortuits et de la force majeure (p. 239 et suiv.).

44. — *Note sur la responsabilité civile des syndicats professionnels en cas de mise à l'index*, par M. PLANIOL (D. 1907. 2. 33, sous trib. de la Seine, 5 déc. 1905).

45. — Dissertation de M. PLANIOL sur *La responsabilité du fait des choses inanimées* (D. 1907. 2. 17).

46. — Dissertation de M. MÉRIGHNAC sur *La responsabilité des médecins*, sous Aix, 22 oct. 1906 (D. 1907. 2. 41 et sous Amiens, 14 févr. 1906, D. 1907. 2. 44).

47. — *Esquisse d'une théorie générale de la responsabilité civile*, par MM. ROBERT BEUDANT et CAPITANT (*Annales de l'Université de Grenoble*, 1907, n° 1). Cette étude a été rédigée pour être insérée dans le cours de droit civil de M. Ch. Beudant, afin de combler une lacune des notes du savant civiliste sur ce point. Elle contient l'exposé sommaire de théories classiques et de théories modernes de la responsabilité, avec des développements sur la responsabilité des syndicats pour mise à l'index, des propriétaires de mines, des voisins, etc.

48. — *De la vente à monopole*, par M. AMIOT (suite et fin) (*Annales de droit commercial*, 1906, p. 345), où le distingué collaborateur de la *Revue* se montre partisan de mesures de répression très sévères tant au civil qu'au criminel pour les abus auxquels elle donne lieu.

49. — *Le contrat de travail* continue à faire l'objet principal des études de la Société d'études législatives. Elle a discuté (*Bulletin*, 1907, p. 153) la rupture du contrat sur un rapport de M. PERREAU. La discussion a porté principalement sur les points suivants : les sanctions à trouver pour faire observer à l'ouvri le délai de préavis, la charge de la preuve du motif légitime de renvoi, l'obligation d'observer un délai en cas de grève.

Dans le même bulletin, un rapport de M. DEPITRE sur le *contrat d'équipe*, un rapport de M. COLSON sur le *contrat collectif de travail*, où il expose le texte définitif proposé par la commission et examine principalement la liste des personnes qui seront liées par le contrat collectif (p. 180).

Exposé de la jurisprudence et des législations étrangères peu nombreuses qui ont réglementé le contrat collectif, par M. MORIN (p. 268).

Note de M. DEMOGUE sur la *rupture du contrat de travail à durée déterminée*.

50. — *Le contrat de travail. Une étape de l'évolution sociale*, par M. HENRI LANGLOIS (Paris, Pichon, éd.).

Bien des ouvrages ont déjà été consacrés au contrat de travail, à son fonctionnement actuel, aux améliorations qu'il peut recevoir; des études nouvelles sur une question si grave ne sont cependant jamais inutiles quand elles sont faites avec un jugement indépendant et par un esprit averti. Elles jalonnent les étapes successives, mettent peu à peu au point les questions, contribuent par des examens répétés à créer autour des solutions proposées un état d'opinion scientifique qui n'est pas sans importance, elles assurent l'exactitude des critiques adressées. L'étude principalement économique consacrée par M. Langlois au contrat de travail ne sera donc pas sans fruit. Les questions y sont d'ailleurs traitées avec un grand effort pour rendre justice à chacun et avec un examen précis des faits.

Nous ne chercherons pas à résumer les développements qu'il contient, même en nous bornant aux principaux. Nous signalerons seulement comme nous ayant plus frappé certains passages, notamment une introduction où l'auteur a très heureusement situé son sujet en montrant comment, suivant les époques, tel ou tel contrat a été en quelque sorte le champ clos où se sont livrées les luttes sociales : à certains moments le contrat d'amodiation des terres, aujourd'hui le contrat de travail. Nous citerons également les passages où, étudiant les grèves pendant l'action, il examine les violences commises au cours des grèves et jusqu'à quel point elles sont inévitables. Il nous montre fort bien que cet état de lutte aiguë aboutit presque forcément à la violence contre les non-grévistes, contre ceux qui ont été embauchés à la place des grévistes.

Nous signalerons aussi l'étude des divers remèdes proposés et spécialement celle du travail à la tâche collectif où l'auteur voit à l'heure actuelle la meilleure réforme à apporter dans les rapports du capital et du travail, sans d'ailleurs y voir la fin de tous les maux. Esprit pondéré, il ne veut pas proposer de panacée universelle, il ne se défend même pas d'un certain pessimisme sur le résultat de réformes à apporter et on lira à ce sujet dans sa conclusion des idées intéressantes concernant l'action de l'homme sur les phénomènes sociaux.

51. — *Le repos hebdomadaire. Commentaire pratique de la loi du 13 juill. 1906*, par M. Guibourg (Collection du Bulletin-commentaire des lois nouvelles, Larose, éd.).

Le titre même de cet ouvrage en montre le caractère pratique. Indiquons seulement qu'il abonde en examens de points spéciaux déjà tranchés ou non par la jurisprudence dont il donne la solution plutôt qu'il ne la discute. Citons l'étude sur la combinaison de la loi de 1906 avec la loi du 2 novembre 1892 sur le repos des femmes et des enfants, l'exposé de la théorie de l'effet suspensif du recours contre l'arrêté du préfet, le droit d'entrée des officiers de police judiciaire dans les établissements assujettis. Ce travail, où tous les arrêts rendus jusqu'ici par la Cour de cassation sont cités, rendra service non seulement aux juristes, mais à toutes les personnes que concerne la loi nouvelle d'une application si délicate.

52. — Note sur l'*effet de la loi sur le repos hebdomadaire à l'égard du salaire de l'ouvrier engagé à la semaine*, par M. Lacour, sous Cass. 8 janv. 1907 (D. 1907. 1. 57).

53. — Dissertation de M. Planiol sur le *moment dans lequel le salaire doit être payé en cas de renvoi sans observation du délai de prévenance*, sous Agen, 23 nov. 1903 (D. 1907. 2. 48).

54. — *Le risque commercial et le nouveau mode de garantie des accidents du travail*. Commentaire de la loi du 12 avr. 1906, par M. Hamon (Collection du Bulletin-commentaire des lois nouvelles, Larose, éd.).

Comme le remarque l'auteur lui-même, la loi ne se trouve pas applicable depuis assez longtemps pour qu'il soit possible de se rendre encore bien compte des difficultés pratiques. Il est cependant utile de préciser déjà quelques questions que l'on aperçoit. C'est ce que fait M. Hamon. Il se demande notamment si la liste des professions commerciales contenue au décret du 27 sept. 1906 est limitative. Il estime que non et que le texte vise simplement les professions assujetties à des centimes additionnels sur les patentes. Il passe de même en revue l'organisation des syndicats de garantie et tranche par la négative la grave question de savoir s'ils peuvent établir pour leurs adhérents des cotisations forfaitaires. Citons encore l'important passage où il examine la situation du syndicat qui n'a pas encore été approuvé par le Ministre et où il lui reconnaît une existence de fait suffisante pour garantir les adhérents.

L'effort fait pour prévoir ainsi les difficultés à venir est digne d'attention et facilite la compréhension de la loi.

54 bis. — *Des modifications apportées à la législation des accidents du travail par la loi du 31 mars 1905* (thèse de Paris), par M. VILLARET, 1906.

Les réformes apportées en 1905 à la loi de 1898 sur les accidents ne sont pas une modification du système même de la loi, mais plutôt une mise au point nécessitée par les imperfections que la pratique avait révélées. Aussi, malgré les qualités de ce travail, ne pouvait-il se faire remarquer par une originalité spéciale de vues. Comme le dit l'auteur lui-même : quoi-qu'un tel procédé n'ait rien de scientifique, l'analyse de chaque article s'impose ; chercher à dégager les principes généraux de la loi nouvelle, faire œuvre doctrinale d'ensemble serait en effet chose absolument impossible ; les modifications apportées aux textes de la loi du 9 avr. 1898, quoique de première importance, n'ont aucun lien entre elles, ce sont des modifications fragmentaires.

M. V. a cependant fait une œuvre devant être citée par l'effort qu'elle témoigne pour mettre en pleine lumière la valeur des textes nouveaux par rapport à ceux qui les ont précédés. Félicitons-le d'avoir accompli cette tâche avec beaucoup de soins, spécialement en ce qui concerne le mode de calcul de l'indemnité journalière et des rentes.

55. — *Dictionnaire des accidents du travail*, par MM. MARCAGGI et GIRAUD (Paris, Larose et Tenin, 1907).

Les ouvrages auxquels a donné lieu la législation des accidents du travail forment déjà une véritable bibliothèque. Parmi ceux-ci, l'ouvrage de MM. Marcaggi et Giraud se distingue d'abord par sa forme. L'application de la loi sur les accidents intéressant un grand nombre de personnes étrangères aux études juridiques, il était nécessaire de leur fournir un ouvrage pratique et où les recherches se trouvent facilitées par l'ordre alphabétique des matières. On trouvera donc sous chaque rubrique des indications claires et pratiques et des renvois succincts aux décisions de jurisprudence qui ont affirmé des solutions importantes. On trouvera ainsi le commentaire des textes les plus récents et spécialement de la loi de 1906 sur les accidents dans les professions commerciales.

56. — *Des effets d'une grève sur le calcul des indemnités d'accident du travail,* par M. WAHL, où l'auteur explique que la théorie de la grève suspension du contrat ne nuit pas à l'ouvrier dans le règlement de cette indemnité (S. 1906. 1. 497 sous Cass., 4 mai 1904).

57. — *Les grèves et la défense patronale,* par M. LOUIS RIVIÈRE (*Réforme sociale,* 16 oct. 1906).

58. — *La retraite ouvrière et le socialisme,* par M. DE KÉRALLAIN (*Réforme sociale,* 1906, p. 867 et 1907, p. 140).

59. — *Les jaunes et les questions sociales,* par Pierre BIETRY. Rapport suivi d'observations de MM. ROSTAND, R. G. LÉVY, BLONDEL (*Réforme sociale,* 1907, p. 50, 124 et 281).

60. — *Chronique de législation ouvrière,* par M. CABOUAT (*Rev. critique,* avril 1907). Étude de la nouvelle loi sur le repos hebdomadaire et du projet sur le contrat de travail.

61. — *La prescription d'après le Code civil allemand,* par M. JOURDAN (Thèse d'Aix, 1906).

Nous sommes heureux de signaler cette très bonne monographie de droit allemand qui fait heureusement pendant à celle de M. Lyon-Caen sur la femme mariée allemande. Il faut espérer que ces exemples serviront aux docteurs en quête de sujets de thèse nouveaux.

M. Jourdan a traité son sujet avec ampleur et il expose pour nous en faciliter la compréhension la théorie de l'*Anspruch*, qu'il analyse finalement dans celle de l'action. D'autre part, il fait ressortir le caractère d'ordre public de la prescription, qui tend de plus en plus à s'affirmer par rapport au caractère d'intérêt privé et d'équité qui tient une très grande place dans la théorie de la prescription française.

Il y a lieu de distinguer dans cette théorie la prescription extinctive et la prescription acquisitive, que le Code allemand sépare entièrement.

La prescription extinctive étant considérée à un très haut degré comme intéressant l'intérêt général, on ne peut ni l'écarter, ni la rendre plus difficile, on peut seulement en faciliter l'accomplissement. Elle s'applique toujours, même en cas d mauvaise foi du débiteur; elle ne peut jamais être combattue par le serment litis décisoire.

Le Code civil allemand a-t-il eu un système unique en ce qui concerne les délais de prescription? Non. Au lieu de céder à la tendance moderne, à la tendance de l'avenir qui paraît être à M. Jourdan de restreindre les délais de prescription, il a tantôt restreint, tantôt allongé les délais.

L'auteur critique également le nouveau Code civil, dont il étudie avec détail les solutions sur l'effet de la prescription. Le Code allemand s'est contenté de dire que la prescription supprimait le droit d'agir et devait être invoquée. Ce système paraît imparfait à M. J.; il souhaiterait que le droit prescrit fût anéanti; il va même jusqu'à considérer comme une survivance inutile toute la théorie des obligations naturelles, ce qui paraît discutable et peu en harmonie avec les tendances sociales actuelles.

M. Jourdan a très clairement exposé l'intéressant système du Code allemand sur la prescription acquisitive, système complexe à raison du régime des livres fonciers. Il se divise en des ramifications nombreuses: il faut en effet pour les meubles distinguer la prescription instantanée de l'acquéreur de bonne foi qui correspond à notre article 2279, et la prescription de dix ans pour tout possesseur de meubles. Quant aux immeubles, il faut distinguer d'une part l'*Ersitzung* que l'auteur traduit par usucapion, laquelle fonctionne sous deux formes: lorsqu'une personne a été inscrite pendant trente ans au livre foncier et a possédé l'immeuble (art. 900) et lorsqu'une personne a possédé trente ans et se fait inscrire au livre foncier, le véritable propriétaire étant mort ou disparu (art. 927). D'autre part, il y a une autre prescription pour laquelle aucun terme n'a été créé et que M. J. désigne par prescription avec juste titre et qui s'opère sans délai au profit de celui qui est de bonne foi et auquel une personne inscrite sur les registres irrégulièrement a cédé son droit.

Ces complications savantes répugnent à l'esprit essentiellement clair de notre auteur; aussi est-il moins séduit par leur justesse pratique, par les côtés vivants de ce droit qu'il n'est choqué par une subtilité contraire à son esprit essentiellement latin. Malgré cette impression, le livre est très utile et nous en recommandons la lecture.

62. — *Quels sont les actes que l'on peut qualifier compte arrêté ou cédule et qui transforment la prescription d'un an*

en prescription trentenaire ? Dissertation de M. Tissier (S. 1906. 1. 313, sous Cass., 7 mai 1906).

V. — Propriété et droits réels.

63. — *De la mobilisation des immeubles opérée par la constitution de sociétés en commandite ou anonymes,* par M. Boisselot (éd. de la Mobilisation foncière, Paris). Étude des cas où il y a avantage à l'opérer, malgré les frais et charges qui en résultent, à raison de ceux qu'on évite.

64. — *Le créancier qui a une hypothèque sur plusieurs immeubles peut-il l'exercer à son choix exclusivement sur tel ou tel d'entre eux ?* Note de M. Maurice Bernard, sous Cass., 9 mai 1905 (S. 1906 1. 489).

65. — Note de M. Naquet (dans S. 1906. 1. 505), sur *l'extinction de la propriété par le non-usage et sur la prescription de dix à vingt ans pour consolider une donation non transcrite.*

VI. — Successions et donations.

66. — *La succession contractuelle. Du contrat comme mode de transmission successorale* (thèse de Dijon), par M. Guyénot (1906).

Ce travail a eu pour but non de présenter une théorie détaillée des cas exceptionnels dans lesquels il peut y avoir en droit français une succession d'avance réglée par un contrat, mais de creuser l'idée même de succession contractuelle.

Cette idée, l'origine lui en paraît très ancienne, antérieure même au testament proprement dit : il le montre en étudiant à Rome les formes primitives du testament et dans le droit barbare l'affatomie.

En France, malgré le principe actuel de la prohibition des pactes sur succession future, la jurisprudence a une tendance certaine à ne pas appliquer cette règle toutes les fois qu'elle peut l'éviter; ce point a été bien mis en lumière par M. G.

A l'étranger, les pactes sur succession future ont été vus avec plus de faveur. Les législations des pays latins qui procèden généralement du droit français : Code italien, Code espagnol, Code portugais, législation de la Suisse romande ont à peu près seules répété la prohibition. Au contraire, les législations les plus nouvelles, spécialement celles des pays germaniques ou slaves, ont admis un système mixte. Elles admettent le contra successoral, mais en le réglementant avec plus ou moins de précision.

C'est le cas de l'Allemagne, de l'Autriche, de la Suisse allemande, du Danemark, de la Suède, la Norvège, la Russie. M. Guyénot a exposé avec particulièrement de soin la législation allemande. Celle-ci autorise le contrat successoire (*Erbvertrag*), par lequel une personne promet dans un acte solennel de laisser tout ou partie de sa succession à un bénéficiaire déterminé. Ce contrat ne produit aucun effet actuel.

Mais le gratifié pourra attaquer les actes à titre gratuit faits par le gratifiant. Ce contrat tient à la fois des contrats et des dispositions à cause de mort.

Le Code allemand connaît en outre la renonciation à succession future (*Erbverzicht*). Ce n'est pas à proprement parler un contrat successoral. Le *de cujus* n'y dispose pas de sa succession, il ne fait que donner son assentiment à la disposition que fait le renonçant. Enfin le Code parle encore, mais pour le prohiber, du pacte sur l'hérédité d'un tiers (*Erbschaftsvertrag*), sauf s'il est fait entre futurs héritiers légitimes pour leur part héréditaire ou pour la réserve. Ce système est jugé avec raison par l'auteur très satisfaisant et il en demande chez nous l'application pour des considérations à la fois économiques et sociales.

67. — *Nature juridique de la fondation de messes* (thèse d'Aix, 1906), par M. Euzet.

Bien que des événements postérieurs à la rédaction de ce travail — la non-constitution des associations cultuelles catholiques — aient diminué l'intérêt de cette question, nous devons signaler cette étude, car elle est de nature à faire approfondir l'analyse des questions de fondations, elle fait envisager celles-ci sous des aspects particuliers qu'il n'est pas inutile de connaître pour la complète compréhension de la théorie générale. La question était obscure, présentait un inextricable fouillis d'idées. Modestement l'auteur n'émet pas la prétention d'imposer des conclusions, mais simplement d'avoir fourni quelques éléments utiles pour la solution du problème. Ce but a été plus qu'atteint. Il a apporté des données importantes, entre autres une analyse de la théorie ou plutôt des théories des théologiens sur la rétribution de la messe, sur le caractère des fondations de messes. Il expose ensuite avec beaucoup de soin la jurisprudence sur la question, puis la doctrine. C'est à ce propos qu'il dégage son système personnel, suivant lequel la fondation serait ici un contrat à titre onéreux qu'il conviendrait même de rapprocher du louage de services. Il résulte de là que la fondation peut être à titre onéreux, ce qui se conçoit, car elle n'est qu'un moyen d'affecter des capitaux à des actes d'une certaine nature. Du moment qu'elle n'est qu'un moyen, la nature de l'acte n'en est pas changée.

68. — *Du sort d'une fondation lorsque les revenus pour l'entretenir conformément à la volonté du testateur sont deve-nus insuffisants.* Note de M. Tissier sous Bourges 4 déc. 1905 (S. 1906. 2. 281).

69. — *Les fondations.* Discussion très importante à ce sujet en commission à la Société d'études législatives (Bull. 1907, p. 234).

70. — Dissertation de M. Wahl sur le point de savoir *si le conjoint survivant peut réclamer l'usufruit légal dans les différents cas où une libéralité qu'il a reçue ne peut produire son effet pour une cause quelconque,* sous Cass. 13 nov. 1905 (S. 1906. 1. 449).

71. — *De quelle manière doit s'opérer le rapport des dettes dans les successions,* dissertation de M. Ambroise Colin (D. 1906. 2. 41, sous Cass. 21 oct. 1902).

72. — *Guide formulaire pour les déclarations de successions,* par M. Braemt (Giard, éd., Paris, 1907).

Ce livre, après quelques notions générales sur les successions *ab intestat* et testamentaires, examine le système de la loi de 1901, puis dans une troisième partie donne les formules à employer.

P. Lerebours-Pigeonnière.   R. Demogue.

B. — **Italie.**
(1905-1906).

Par M. Angelo Sraffa,

*Professeur ordinaire à l'Université royale de Parme,
Directeur de la « Rivista di diritto commerciale ».*

I. — Répertoire.

1. — S. Coen, *Repertorio generale di giurisprudenza* (Répertoire général de jurisprudence), Turin, Unione tip. editrice 1905.

Ce premier volume du *Répertoire* montre la conscience ave

laquelle l'œuvre a été conduite. En Italie, il y a d'excellents répertoires de jurisprudence, par exemple celui du *Foro italiano* et celui de la *Giurisprudenza italiana*, mais ce sont des répertoires annuels, où l'on trouve signalées *toutes* les décisions publiées dans *tous* les périodiques italiens. Or les recherches dans ces répertoires annuels deviennent, à mesure que les années s'écoulent, de plus en plus longues et fatigantes, le même mot devant être consulté dans de nombreux volumes pour que l'on puisse connaître l'état de la jurisprudence sur une question donnée.

Cette difficulté rend préférables les *répertoires généraux*, qui sont aussi répandus en France que les répertoires annuels sont nombreux en Italie. Or celui de M. Coen rassemble systématiquement pour l'Italie et alphabétiquement tout ce qui se rapporte à chaque question.

En Italie une tentative analogue avait déjà été faite par M. Pacifici Mazzoni, mais pour une courte période de temps. Or M. Coen se propose de réunir dans son répertoire toute la jurisprudence depuis 1866, en résumant la partie encore vitale et en se bornant à de brèves indications pour celle qui a été dépassée.

II. — Traités généraux.

2. — C. Crome, *Parte generale del diritto privato francese moderno* (Partie générale du droit français moderne), traduit avec des notes par les professeurs Ascoli et Cammeo, Milan, Società editrice libraria, 1906.

Cet ouvrage, classique en Allemagne depuis son apparition en 1892, méritait d'être traduit. Il expose avec autant de netteté que d'originalité les sources du droit, le caractère impératif des règles juridiques, les sujets et les objets du droit, les conditions de validité des actes juridiques, l'exercice et la violation des droits. Les notes dont les deux distingués professeurs auxquels cette traduction est due ont enrichi le livre le mettent en concordance avec la doctrine et la jurisprudence italiennes.

III. — Personnes.

3. — P. Bonfante, *Il concetto di atto di amministrazione e il contratto di assicurazione da parte dell'inabilituto* (La conception d'acte d'administration et le contrat d'assurance passé par l'incapable), *Riv. di dir. comm.*, 1905, II, p. 489 et suiv.

4. — P. Belotti, *Sul diritto dei minorenni di disporre delle proprie immagini* (Sur le droit des mineurs de disposer de leur figure), *Giurisprudenza italiana*, 1906, II, p. 231 et suiv.

5. — A. Barsotti, *La capacità processuale delle associazioni private di personalità giuridica* (La capacité des associations privées de personnalité juridique en matière de procès), *Cassazione di Firenze*, 1906, fasc. 10-11.

L'auteur passe en revue avec détails toutes les solutions qui ont été proposées sur le point qui fait l'objet de son étude: théorie absolue de l'incapacité active et passive, théorie de la capacité pleine vis-à-vis des associés et de l'incapacité absolue vis-à-vis des tiers, théorie de la capacité absolue. Il critique avec ardeur les deux premières opinions.

6. — F. Brandileone, *Saggi sulla storia della celebrazione del matrimonio in Italia* (Essai sur l'histoire de la célébration du mariage en Italie), Milan, Hœpli, 1906.

Dans ce travail très documenté, l'auteur étudie les précédents du mariage civil en Italie avant le concile de Trente et les décisions de ce concile, la conclusion du mariage au Moyen âge, en Italie, et la publicité du mariage en Italie.

IV. — Obligations et contrats.

7. — Sur *le silence dans la conclusion des contrats*, la *Rivista di diritto commerciale* de 1906 a publié trois dissertations dont les auteurs sont MM. Bonfante, Pacchioni et Perozzi.

8. — L. Barassi, *La notificazione necessaria nelle dichiarazioni stragiudiziali* (La notification nécessaire dans les déclarations extrajudiciaires), Milan, Società édit. libraria, 1906.

L'auteur étudie la notification comme institution du droit privé, c'est-à-dire comme participation, sous une forme quelconque, à la personne ou aux personnes intéressées dans de actes ou déclarations qui ne sortent pas des limites du droit priv et n'appartiennent pas à la procédure civile. Dans ce travai l'auteur se préoccupe particulièrement de la notification qui e nécessaire en tant que les effets juridiques auxquels se rappor la déclaration n'y sont pas subordonnés.

L'ampleur de ce travail et l'importance des problèmes do l'auteur entreprend l'examen avec un soin et une doctrine aver résulte de la distribution même des matières : une premiè

partie de l'ouvrage est consacrée à l'étude de la structure de la
notification nécessaire ou *constitutive* (comme dit l'auteur) ; une
seconde partie est consacrée à l'étude de la notification constitutive dans les obligations. La terminologie qu'emploie l'auteur
dans la position même du problème est vraiment un peu trans-
cendante. Quand on a dit que la notification est nécessaire, il peut
sembler que c'est un pléonasme d'ajouter « ou constitutive ».

Dans la première partie, l'auteur, après avoir déterminé les
limites et la position du problème, passe à l'analyse des éléments typiques des déclarations à notification nécessaire. Il
parle d'une notification constitutive en l'opposant à une notification déclarative, mais il semble que le second membre de la
comparaison, n'ayant pas d'importance juridique, ne peut être
mis en antithèse avec le premier, qui, au contraire, en a.

Dans un troisième chapitre, l'auteur étudie la situation juridique du destinataire de la notification, dans un quatrième la
nature des moyens de la notification, dans un cinquième le
moment où la notification peut être considérée comme accomplie;
dans un sixième, il fait l'analyse du système de la réception (qu'il
accepte).

Il passe ensuite à l'étude des notifications qu'il appelle *publiques* et enfin aux causes paralysant, comme il dit, la déclaration
réceptive (ne devrait-on pas dire l'efficacité de la déclaration?)
entre l'émission et l'arrivée.

Dans la seconde partie du livre, consacrée à la notification
constitutive dans ses applications, l'auteur étudie la nature des
déclarations non réceptives, la question de savoir si la nécessité
de la notification à l'intéressé constitue, en cas de doute, la règle,
la notification nécessaire dans le système du formalisme, certains
cas douteux de déclarations réceptives et finalement fait un
examen comparatif des déclarations réceptives et des déclarations
non réceptives. L'auteur conclut que, *dans le doute, la règle
est qu'il n'y a pas lieu à la notification* à l'intéressé. Ce
résultat parait un peu singulier, mais nous ne nous dissimulons
pas la gravité des arguments invoqués par l'auteur.

9. — G. Faggella, *Rafforzamento giuridico del vincolo contrattuale nel diritto germanico comparato : Responsabilità
nei contratti obbiettivamente invalidi* (Renforcement juridique du lien contractuel dans le droit germanique comparé. Responsabilité dans les contrats objectivement nuls), dans les Mélanges publiés pour le jubilé de Carlo Fadda.

Ce travail est divisé en **24** chapitres. Les premiers (1 à 9), après une revue rapide des institutions qui, dans le droit romain et dans le droit commun, renforcent les liens contractuels en dehors des droits réels de garantie, traite de l'institution des arrhes en droit comparé, de ses diverses formes, et de ses théories dominantes, en exposant les idées propres à l'étude de la *stipulatio pœnœ*, de sa fonction juridique vis-à-vis de l'obligation principale. L'auteur examine de nombreux textes controversés et contradictoires du droit romain et en propose une explication historique et exégétique rationnelle. L'auteur étudie la fonction et l'influence de la peine conventionnelle sur les obligations indivisibles et celles dont l'exécution est impossible.

Dans les autres chapitres est étudiée la *stipulatio pœnœ* dans ses rapports avec les obligations principales nulles, et spécialement celles qui, si elles sont nulles, font naître en faveur d'un contractant ou du créancier une responsabilité à la charge de l'autre contractant ou du débiteur en ce qui concerne la réparation du dommage. Vient ensuite l'examen de l'influence de la connaissance des deux contractants ou d'un seul d'entre eux sur l'impossibilité ou sur l'inexécution de la promesse (chap. 14 à 18). La principale théorie proposée est la suivante : Dans tout lien contractuel (chap. 19) l'élément subjectif, représenté par le concours des volontés des contractants, le *vinculum juris* véritable et proprement dit, est distinct de l'élément objectif, représenté par la prestation promise. L'impossibilité de celle-ci n'augmente pas toujours le premier élément, dont la persistance donne lieu à l'obligation de réparation, sans qu'il soit nécessaire pour cela de recourir à une *culpa in contrahendo*. L'élément subjectif est considéré à deux moments et sous deux aspects : dans le moment où il entre dans la structure logique et juridique des rapports contractuels, quand il se représente dans la conscience des contractants, et dans le moment de l'exécution ; telle est la théorie proposée. C'est à ce point de vue (chap. 20) qu'est faite l'exégèse des textes correspondants du droit romain, et que sont étudiés les cas où la connaissance de la nullité objective entraîne la responsabilité de l'obligé ; l'auteur analyse dans toutes ses conséquences le phénomène juridique, discute la *colpa in contrahendo*, les théories modernes qui s'y réfèrent, la responsabilité en matière de révocation de la proposition dans les principales législations modernes.

9 *bis*. — L. RATTO, *Le recentissime sentenze della Camera*

dei lordi sulla responsabilità delle organizzazioni operaie
(Les plus récentes décisions de la Chambre des lords sur la responsabilité des organisations ouvrières), mêmes Mélanges.

9 ter. — U. Pratanzataro, *Le esagerazioni della teoria dell'autocontratto nella moderna dommatica* (Les exagérations de la théorie du contrat avec soi-même dans la dogmatique moderne), mêmes Mélanges.

Ce que l'auteur appelle l'auto-introduction du commissionnaire n'est autre chose que le contrat *cum se ipso* de Casaregis. Il ne semble pas que l'auteur soit profond dans la connaissance des ouvrages du droit italien ancien et moderne, tandis qu'il semble l'être dans ceux du droit germanique..... En revanche nous ne nous sentons pas suffisamment profond pour comprendre la doctrine de l'auteur, ou, tout au moins la démonstration mathématique de sa doctrine qui, dit-il, « qu'on croie ou non les mathématiques en antithèse parfaite avec la science du droit, peut rentrer dans la théorie des forces ». Il suffit d'observer que pour l'auteur « la commission peut s'envisager, dans les rapports avec la volonté, qui l'informe, comme une force, et être considérée comme on la considère en mécanique, sous le double aspect de la direction et de l'intensité ». Il faut voir pour croire, et voir aussi le reste, spécialement aux p. 49 et suiv.

10. — Brugi, *Mediazone e gara publica* (médiation et établissement public), *Riv. di dir. comm.*, 1906, II, p. 78.

11. — Brugi, *Liquidazione legale dei danni nelle obbligazione aventi per oggetto una somma di denaro* (Liquidation légale des dommages-intérêts dans les obligations ayant pour objet une somme d'argent), même Revue, 1906, II, p. 126.

12. — C. Scuto, *La mora del creditore* (la mise en demeure du créancier), Catane, 1905.

L'auteur met bien en évidence que pour constituer la mise en demeure du créancier, il suffit que ce dernier manque à son devoir de coopérer à la prestation du débiteur et que, par suite, il y a *mora creditoris* même en l'absence de faute : l'impossibilité où il se trouve de recevoir, ne doit pas préjudicier au débiteur, qui, de son côté, a fait ce qu'il devait. Cette confusion invétérée entre les deux institutions en empêche le complet développement historique; l'auteur arrive en substance à des conclusions qui sont d'accord avec les dispositions du Code civil allemand.

13. — V. Sacerdoti, *Dell' efficacia degli atti simulati di* *fronte ai terzi* (De l'efficacité des actes simulés vis-à-vis des tiers), *Foro italiano*, 1905, I, 1416.

14. — G.-B. TENDI, *Contributo alla dottrina della natura e del concetto delle condizioni* (Contribution à la théorie de la nature et de la conception des conditions), *Giurisprudenza italiana*, 1906, II, p. 1 et suiv.

15. — F. FERRARA, *La posizione dei creditori chirografari rispetto ai contratti simulati del debitore* (La situation des créanciers chirographaires vis-à-vis des contrats simulés du débiteur), *Riv. dir. comm.*, 1905, II, p. 438 et suiv.

16. — B. BRUGI, *Ratifica di atti annullabili e rappresentanza* (Ratification des actes annulés et représentation), *Riv. di dir. comm.*, 1905, II, p. 78 et suiv.

17. — F. ROCCO, *Sulla natura giuridica delle obligazioni alternative* (Sur la nature juridique des obligations alternatives), *Riv. italiana per le scienze giuridiche*, 1905.

18. — L. TARTUFARI, *L'exceptio inadimpleti contractus e l'azione di danni per causa dell'eccepito inadempimento* (L'exception *inadimpleti contractus* et l'action en dommages-intérêts pour cause d'inaccomplissement opposé par voie d'exception), *Riv. di diritto comm.*, 1906, II, p. 306 et suiv.

19. — G. PACCHIONI, *La « volontarietà » nella gestione di affari altrui e il diritto del gestore ad un onorario* (Le caractère volontaire dans la gestion d'affaires et le droit du gérant à un honoraire), *Riv. di dir. comm.*, 1906, II, p. 401 et suiv.

20. — G. PACCHIONI, *Un caso nuovo di gestione di affari altrui* (Un cas nouveau de gestion des affaires d'autrui), *Riv. di dir. comm.*, 1905, II, p. 52 et suiv.

21. — G. BRUNETTI, *Il debitto civile* (Le délit civil), Florence Seeber, 1906.

M. Brunetti, juriste cultivé et vigoureux, est le premier qui en Italie, traite systématiquement le thème du délit civil, que la doctrine française, dans ces dernières années, a étudié brillamment, tandis que le législateur allemand l'a simplifié en résolvant par une disposition expresse le point fondamental de la question.

L'auteur, dans une ample dissertation, où aucune difficulté n'est esquivée, avec une méthode positive et des critères éminemment juridiques, procède à une étude parallèle du côté pénal et du côté civil du problème, y apportant une contribution personnelle très appréciable et ouvrant la voie à de nouvelles étu des, qui devront nécessairement se référer à la sienne, comme point de départ et à titre de guide sûr.

22. — G. PACCHIONI, *Colpa contrattuale et colpa aquiliana* (Faute contractuelle et faute aquilienne), *Riv. di dir. comm.*, 1905, II, p. 258 et suiv.

23. — B. BRUGI, *Rappresentanza del padrone per compere a credito fatte del domestico* (Représentation du patron dans les achats à crédit faits par les domestiques), *Riv. di dir. comm.*, 1905, II, p. 410 et suiv.

24. — G.-B. TENDI, *Trattato teorico pratico della compra vendita* (Traité théorique et pratique du contrat de vente), 2 vol., Florence, 1906.

La distribution des matières ne s'éloigne pas de celle qui est communément adoptée dans les traités sur la vente ; à la suite de la bibliographie, et de quelques détails historiques sur l'origine économique de la vente, sur le droit romain, le droit germanique et celui du Moyen âge, l'auteur traite de la conception et des traités distinctifs de la vente, des éléments essentiels à l'existence de ce contrat, des promesses de vente, des effets de la vente, des obligations du vendeur et de l'acquéreur, de la nullité, de la résolution et de la rescision de la vente.

25. — G. BONELLI, *Sulla vendita di cosa futura e in ispecie del minerale da estrarsi da una miniera* (Sur la vente d'une chose future et spécialement des produits miniers à extraire d'une mine), *Foro italiano*, 1905, I, p. 1457 et suiv.

26. — L. TARTUFARI, *La certezza nel prezzo nella vendita* (Le caractère certain du prix dans la vente), *Riv. di dir. comm.*, 1905, II, p. 156 et suiv.

27. — G.-A. PALAZZO, *Contratto estimatorio* (Contrat estimatoire), *Archivio giuridico*, janv.-févr. 1905.

L'auteur s'occupe du contrat estimatoire à propos de l'article publié par M. Thaller sur cette question dans les *Mélanges Ch. Appleton* (Paris, 1903). M. Thaller, ainsi qu'on le sait, soutient que dans le droit romain il aurait pu être très bon de considérer le contrat estimatoire comme une *vente soumise à une condition suspensive;* cette conception, que les Romains n'ont pas adoptée, M. Thaller l'adapte au droit moderne. M. Palazzo soutient, au contraire, que le contrat estimatoire ne peut être confondu avec la vente au comptant, même si l'on admet qu'à cette vente se trouve jointe une modalité, au point de considérer le contrat estimatoire comme une vente soumise à une condition

VI. — Successions.

37. — A. Ascoli, *Sulla revoca di testamento olografo contenente riconoscimento di figlio naturale* (Sur la révocation du testament olographe contenant reconnaissance d'un fils naturel), *Foro italiano*, 1906, I, 1044 et suiv.

38. — G. Brunetti, *Il legato « quum heres morietur » et la sostituzione fedecommissaria* (Le legs « quum heres morietur » et la substitution fidéicommissaire), *Giurispr. ital.*, 1905, I, 2, p. 311 et suiv.

39. — F.-C. Gabba, *Conflitto di leggi in materia sucessoria e particolarmente con riguardo all' accettazione di eredità* (Conflits de lois en matière successorale et particulièrement en ce qui concerne l'acceptation de l'hérédité), *Giurispr. ital.*, 1905, I, 2, 297.

VII. — Procédure civile.

40. — Luigi Mattirolo, *Tratatto di diritto giudiziario civile italiano* (traité de procédure civile italienne), t. V, 5e éd., Turin, Bocca, 1905.

Ce volume, dont la nouvelle édition a été publiée, après la mort de l'auteur, par les soins de M. Lessona, contient les parties suivantes : Effets des jugements. — La chose jugée. — L'exécution forcée : règles générales. — L'exécution forcée sur les meubles. — Appendice du séquestre judiciaire et conservatoire.

L'auteur a voulu conserver intact l'ouvrage de Mattirolo, en se contentant de le mettre d'accord avec les lois nouvelles italiennes et françaises et avec les progrès de la doctrine.

41. — J. Ricci, *Commento al Cod. di proc. civ. it.* (Commentaire du Code de procédure civile italien), Florence, Cammelli, 1905

C'est une nouvelle édition d'un livre qui il y a quelques années était très apprécié devant les tribunaux. Parmi les commentaires du Code de procédure rédigés dans un but pratique, celui de Ricci est encore utilisable, notamment dans cette édition, qui a été mise au courant de la jurisprudence.

42. — D. Cavalleri, *Diritto giudiziario civile* (Procédure civile), Milan, Hœpli, 1906. — Cet ouvrage, publié après la mort de l'auteur, est un traité élémentaire qui expose principalement l'organisation judiciaire italienne, les garanties instituées en vue de la bonne administration de la justice, le rôle de divers fonctionnaires de l'ordre judiciaire, la théorie des actions et des exceptions, celle de la compétence.

43. — G. Chiovenda, *Principi di diritto processuale* (Principes de procédure civile), cours professé en 1905-1906 à l'Université de Naples, Naples, 1906.

L'auteur tient à informer ses lecteurs que la publication annoncée ci-dessus ne doit servir que d'auxiliaire aux étudiants qui ont suivi son cours. Ce n'est pas, dit l'auteur, un manuel de procédure civile; il contient l'organisme d'un manuel et la nature d'un traité; il ne contient que les éléments de la science développés en chaire, suivant l'auteur. Mais nous y remarquons la base solide, en partie nouvelle, d'un traité complet et il semble qu'on peut y voir la promesse de ce traité complet.

44. — P. Fedozzi, *Il diritto processuale civile internazionale* (La procédure civile internationale), Partie générale, Bologne, Zanichelli, 1905.

Ce volume s'occupe des éléments constitutifs de l'instance, en tant qu'il concerne le droit international, c'est-à-dire : 1° des parties en cause; 2° du juge; 3° du droit objectif à appliquer et du rapport du juge avec ce droit; 4° de l'objet du droit, c'est-à-dire des actions et des exceptions. L'auteur promet la publication d'un second volume, où il s'occupera des diverses phases de la procédure, c'est-à-dire de l'introduction de l'action, de la compétence, des preuves, du jugement et de son exécution.

45. — Francesco Menestrina, *La pregiudiciale nel processo civile* (La préjudicielle dans la procédure civile), Vienne, 1904.

Dans la première partie de l'ouvrage est étudiée *la nature de la préjudicielle* et dans la seconde *la manière dont la préjudicielle est traitée dans la procédure.* Bien qu'écrit en italien par un distingué jurisconsulte italien, ce livre est principalement consacré à la procédure autrichienne.

46. — R. Cognetti de Martiis, *Le enunciative nel processo civile* (Les énonciatifs dans la procédure civile), Turin, Unione tipogr. édit., 1906.

Ce travail est divisé en deux parties : la première, consacrée à la doctrine des énonciatifs dans le droit commun, la seconde à cette doctrine dans le droit moderne.

47. — C. Lessona, *Teoria delle prove* (Théorie des preuves), Florence, Cammelli, 1905-1906, 2° édit., t. II et III.

Ces volumes appartiennent à la seconde édition, entièrement

revue, d'un ouvrage très apprécié ; le tome II est consacré aux termes et à la preuve écrite et contient une étude détaillée des livres comme moyen de preuve. Le troisième termine la preuve écrite.

48. — L. Ferrara, *La prova fotografica nel processo civile* (La preuve photographique dans la procédure civile), Naples, Pierro, 1906.

Ce nouveau volume de M. Ferrara, par la vigueur de la pensée, la noblesse de la forme et l'importance des résultats, soutient dignement la comparaison avec le précédent ouvrage du même auteur sur l'exécution forcée dans le droit d'auteur, que M. Kohler a signalé avec éloges (*Deutsche Juristenzeitung*, 1906, p. 51). Ce nouveau livre de M. Ferrara met en évidence que la photographie, dans la condition actuelle de sa technique et vis-à-vis du système de la libre appréciation des preuves, occupe déjà une place éminente parmi les moyens pratiques par lesquels les différentes sortes de preuve de notre procédure civile peuvent se développer, la fonction probatoire de la photographie ne peut être exclue de la possibilité que la photographie se prête à la précision : l'essentiel, conclut M. Ferrara, est l'*appréciation logique de ce que la photographie peut attester et des limites dans lesquelles elle peut éliminer les doutes.*

49. — A. Rocco, *La sentenza civile* (Le jugement civil), Turin, Bocca, 1905 (avec la date anticipée de 1906).

L'auteur commence par des idées générales sur *les présuppositions des conceptions du jugement*. On doit signaler comme étant spécialement intéressantes et originales les pages que M. Rocco consacre à la conception de l'*action* et au *droit d'action*, ainsi que les recherches, qui sont l'objet du chapitre I du volume, sur la place qui appartient au jugement dans l'ensemble du procès. Dans le procès de déclaration, conclut M. Rocco, il est maître souverain ; en tant qu'il assure le rapport juridique matériel, il est la moitié de la procédure, en tant qu'il rend certains les rapports de procédure incertains, il prépare le côté matériel de la procédure. En examinant l'important fonction du jugement dans la procédure exécutive, l'auteur affirme que la théorie du jugement résume en elle la théorie la procédure tout entière.

Toute la construction du livre de M. Rocco est rigoureusement logique. Les principales conclusions du livre se rattachent à point de départ, à savoir, en substance, que, pour qu'il y ait jugement, « il est nécessaire qu'il s'agisse de *rendre certain* un rapport juridique concret qui est *incertain* ».

50. — J. Modica, *Teoria della decadenza nel diritto civile italiano* (Théorie de la déchéance dans le droit civil italien, t. I, partie générale), Turin, Unione tipogr. édit., 1906.

L'auteur mentionne, dans un sous-titre, ce travail comme « une étude critique, reconstructive, exégétique de la déchéance dans son parallélisme avec la prescription ».

Il croit avoir réussi à édifier une théorie réelle de la déchéance « résultant de l'évolution historique de l'institution et respectant les exigences de la vie sociale » et définit la déchéance comme « la fin de l'action pour ne pas avoir exercé le droit dans le terme péremptoirement fixé et établi par la loi, par le jugement et par la convention ou le testament ». L'auteur, rapprochant la prescription de la déchéance trouve qu'il ne résulte pas de ce rapprochement un dualisme entre eux : leur fondement juridique, suivant lui, est identique, ainsi que le motif pour lequel « se produit la fin de l'action : le *non-exercice* du *droit* » ; au contraire, toujours suivant l'auteur, la déchéance et la prescription diffèrent par leur fondement politico-social, et par le but qu'elles se proposent d'atteindre, en ce sens que, dans la prescription, ce but est *unique* et consiste dans la garantie de la condition économique des individus ou de leurs familles, tandis que dans la déchéance il est multiple et consiste dans la garantie de la condition de la famille, dans la sauvegarde de certaines exigences de l'agriculture ou du commerce, dans la protection de certaines personnes obligées pour d'autres, etc. « De cette diversité de fondement politico-social, conclut l'auteur, dérive cette conséquence que, tandis que généralement il y a *unité* et *étendue* dans les termes de la prescription, il y a au contraire dans les termes de la déchéance *variété*, à raison des motifs divers qui lui ont donné naissance; *brièveté*, à raison des motifs dont s'inspire la disposition, *caractère péremptoire*, lequel est une conséquence logique du caractère précédent, en tant qu'elle atteint le but privé par la disposition et *développement* continu avec les progrès de la civilisation, laquelle accroît de plus en plus les liens entre les membres de la collectivité.

51. — R. Crespolani, *Gli onorari di avvocato e di procuratore nella giurisprudenza e nella dottrina* (Les honoraires de l'avocat et de l'avoué dans la jurisprudence et dans la doctrine), Modène, 1906.

Travail exclusivement pratique, où la matière est présentée distinctement par mots, qui sont placés par ordre alphabétique. L'auteur s'est proposé de présenter aux professionnels l'état de la doctrine et de la jurisprudence sur les questions qui ont pour objet les honoraires de l'avocat et du procureur.

52. — P. BONFANTE, *Dei compromessi e lodi stabiliti fra industriali come vincolativi dei loro rapporti ma non esecutivi nel senso e nelle forme dei giudizi* (Des compromis et arbitrages établis entre industriels pour sanctionner leurs rapports, non exécutoires au sens et dans les formes des jugements), *Rivista di dir. comm.*, 1905, II, p. 45.

L'auteur soutient que les compromis qui ne sont pas faits dans les formes désignées par la loi, sont cependant obligatoires, en ce sens que la déclaration de volonté émanant de l'arbitre lie les parties.

ANGELO SRAFFA.

JURISPRUDENCE FRANÇAISE

EN MATIÈRE DE DROIT CIVIL

A. — Personnes et droits de famille.

Par M. Louis Josserand,

Professeur à la Faculté de droit de l'Université de Lyon.

1. — *Mariage, puissance paternelle, droit pour le père de s'opposer au mariage de son enfant, abus de ce droit.*

Le tribunal civil de Villefranche avait posé en principe que le refus, pour un père, de consentir au mariage de son fils, ne saurait engager sa responsabilité, « puisqu'en réalité il n'a été que le plein exercice de ce droit d'opposition au mariage que la loi confère au père de famille pour qu'il en use jusqu'à la célébration, discrétionnairement, librement et sans contrôle » ; et le tribunal, élargissant son argumentation, déclarait que « l'exercice régulier et légal d'un droit ne saurait jamais, et à aucun titre, devenir l'abus de ce droit ». C'était la condamnation formelle de la théorie subjective de l'abus des droits.

La Cour de Lyon, à laquelle fut déféré le jugement du tribunal de Villefranche, n'hésita pas à l'infirmer en se plaçant à un point de vue diamétralement opposé. Elle déclara que « le droit du père de famille de s'opposer au mariage de ses enfants, s'il est incontestable, ne peut dégénérer en abus » ; or le père commet un abus manifeste lorsque, après avoir laissé entendre qu'il donnerait son consentement et avoir ainsi encouragé les relations qui s'étaient établies entre les futurs époux, il a, sans raison, manqué à sa promesse.

Voilà donc un nouveau droit, jusqu'alors réputé discrétionnaire et absolu, que notre jurisprudence prétend *causer* à l'exemple de bien d'autres et qui ne pourra être exercé impunément que pour des motifs légitimes (Lyon, 23 janv. 1907, *Monit. judic. de Lyon*, 30 avr. 1907).

2. — *Pétition d'hérédité, preuve de la filiation.*

L'action en pétition d'hérédité n'est pas assujettie aux principes rigoureux qui régissent la preuve de la filiation des enfants légitimes conformément aux articles 319 et suivants du Code civil. Notamment, il est permis, pour combler les lacunes d'une généalogie lointaine, de suppléer aux actes de l'état civil afférents à chaque génération, soit par d'autres documents, soit même par de simples présomptions, et le tribunal peut parfaitement admettre une hypothèse présentée par l'un des plaideurs lorsqu'elle se trouve, plus que celle de son adversaire, en harmonie avec certains documents et qu'elle comble de façon plausible la lacune existant dans la généalogie (Poitiers, 26 nov. 1906, *La Loi*, 7-8 avr. 1907).

3. — *Légitimation par mariage subséquent, enfant conçu avant la transcription du divorce de l'un de ses auteurs, enfant adultérin.*

Un enfant ne peut être légitimé par une déclaration de reconnaissance lors du mariage de ses auteurs que s'il avait, au moment de sa conception, la condition d'enfant naturel simple et non pas celle d'enfant adultérin. Ne pourra donc pas être légitimé l'enfant conçu à une époque où l'un de ses parents se trouvait encore engagé dans les liens d'un précédent mariage. Et il importe peu qu'un jugement de divorce fût préalablement intervenu du moment qu'il n'avait pas encore été transcrit, car, dans le système de la loi du 18 avr. 1886, ce n'est point la décision du tribunal qui dissout le mariage, mais seulement sa transcription sur les registres de l'état civil, conformément aux articles 251 et suivants du Code civil. C'est donc à bon droit que l'officier de l'état civil refuse la déclaration de reconnaissance d'un enfant naturel lorsqu'elle est proposée dans de telles conditions (Trib. civ. Seine, 7 déc. 1906, *Gaz. trib.*, 21 avr. 1907).

L. JOSSERAND.

B. — Obligations et contrats spéciaux.

Par M. René Demogue,

Professeur agrégé à la Faculté de droit de l'Université de Lille.

I. — Obligations en général.

a) Conditions d'existence des obligations délictuelles.

1. — *Responsabilité des chefs d'un syndicat pour actes accomplis en cette qualité.*

Le tribunal de la Seine a jugé, le 5 déc. 1905 (D. 1907. 2. 32, avec une note de M. Planiol), une question très intéressante et très pratique de responsabilité. Un syndicat empêche par ses agissements illicites un ouvrier de trouver du travail. Il est condamné pour ce fait à des dommages-intérêts. Mais il se dissout alors et se reconstitue sous un autre nom. La fraude est patente, comment peut-on l'éviter? Le tribunal a reconnu que l'ouvrier lésé pouvait agir contre les chefs du syndicat personnellement, mais à condition de prouver la part personnelle et active qu'ils ont prise à l'acte incriminé; elle n'a d'ailleurs pas admis que l'ouvrier puisse s'arrêter à ce fait que les chefs du syndicat ont agi conformément aux statuts, car il n'y a pas de statuts qui puissent autoriser une personne à nuire injustement. Ces solutions sont en somme les mêmes qui ont été données plus récemment par le tribunal de Château-Gontier (13 nov. 1906, *Revue*, 1907, p. 96).

2. — *Responsabilité d'une personne pour l'animal qu'on lui a confié.*

La jurisprudence continue à se débattre au milieu de difficultés insurmontables quant à la responsabilité des animaux. Nous avons déjà montré à propos des aubergistes, des vétérinaires, des maréchaux la difficulté de savoir si telle ou telle personne a « la garde » (V. *Revue*, 1906, p. 160, 902, 903). La Cour de Rouen vient encore compliquer cette notion déjà si imprécise de garde engendrant une responsabilité. On admet de façon générale en jurisprudence qu'en vertu de l'article 1385 du Code civil le propriétaire d'un animal est responsable de l'accident causé par celui-ci au préposé que le maître avait chargé de le conduire (V. *Revue*, 1904, p. 177. Cf. *Revue*, 1906, p. 401). Mais un voyageur de commerce est blessé par un cheval que son patron

lui confiait pour faire de longues tournées. Ce cas, dit la Cour
de Rouen, est tout différent de celui où le maître a confié un animal pour une mission précise et de courte durée, cas où le maître n'a pas perdu la garde et la surveillance. Une autre solution
doit donc être donnée et la responsabilité du propriétaire n'existe
plus. La responsabilité pèse sur le préposé (Rouen, 1er déc. 1906,
Gaz. Pal., 1907, I, p. 306), ce qui conduirait à dire que non seulement il ne pourra réclamer d'indemnité pour ses propres accidents, mais encore qu'il devra payer des dommages-intérêts si
un tiers est blessé.

3. — *Responsabilité des actes du préposé.*

Le maître est responsable même d'abus du préposé dans
l'exercice de ses fonctions (V. *Revue*, 1906, p. 673), et notamment de l'exécution irrégulière d'un ordre. Ainsi un propriétaire
d'automobile répond de l'accident causé par son chauffeur en
faisant une promenade d'agrément ayant reçu l'ordre de conduire la voiture à son garage. Ainsi l'a jugé, conformément à la
solution des chambres civiles, la chambre criminelle, le 23 mars
1907 (*Gaz. des Trib.*, 20 avr. 1907). Mais peut-être l'arrêt, au
lieu de rattacher en ce cas la responsabilité à un devoir de surveillance qui ne peut toujours s'exercer, aurait-il dû la faire
découler de l'obligation de bien choisir le préposé.

4. — *Responsabilité des notaires.*

Un arrêt de la Cour de cassation, 7 janv. 1907 (*Gaz. Pal.*
7 avr. 1907), peut être présenté comme très caractéristique en
matière de responsabilité notariale. Il fait en effet peser sur un
notaire une responsabilité à raison d'une phrase ambiguë et d'une
simple abstention. Celui-ci, dans un prêt hypothécaire, avait indiqué que les immeubles étaient grevés avec d'autres de diverses
inscriptions conservant ensemble un capital de 58.000 francs.
Ces termes étant ambigus, ayant pu faire croire que le passif
hypothécaire total ne dépassait pas cette somme alors qu'il s'a-
gissait du passif sur certains biens seulement, ceux soumis à la
nouvelle hypothèque, on a vu là un premier chef de responsabilité, ces expressions ayant pu porter le créancier à faire un
crédit plus étendu. On en a vu un second dans le fait du notaire
de n'avoir pas révélé les emprunts précédents du débiteur bien
qu'ayant personnellement « retenu les actes de diverses obligations hypothécaires ».

5. — *Responsabilité des imprimeurs.*

De la jurisprudence déjà signalée par nous (V. *Revue*, 1903,

p. 133), il faut rapprocher un arrêt de la Cour de Nîmes du 30 janv. 1907 (*Gaz. du Pal.*, 1907, I, 217), d'après lequel un imprimeur est civilement responsable d'une diffamation par voie d'affiche quand il est impossible d'admettre que leur composition, leur contenu, leur nombre considérable et inusité aient échappé à sa vigilance et qu'il se soit mépris sur le but coupable qu'on poursuivait. Cet arrêt ne va pas sans doute jusqu'à établir une véritable obligation de s'assurer du caractère non délictueux des écrits publiés, comme d'autres l'ont déjà fait, mais il n'exige pas non plus la preuve directe de la connaissance de la diffamation. Il a donc une place un peu spéciale dans ce développement très intéressant de la jurisprudence.

6. — *De la responsabilité délictuelle invoquée à défaut de responsabilité contractuelle.*

Les conditions de la responsabilité contractuelle ne se trouvant pas réunies dans une affaire, la responsabilité quasi-délictuelle peut encore être invoquée pour obtenir une indemnité à raison du préjudice souffert. En ce sens une application intéressante a été faite par la chambre des requêtes le 7 janv. 1907 (S. 1907. 1.37). Un voyageur ayant placé dans un colis à transporter par chemin de fer des valeurs, malgré les dispositions de règlement sur ce point, sans les déclarer, a été admis à réclamer une indemnité, ce fait étant établi que les valeurs avaient été volées par des agents de la Compagnie. Cette solution avait déjà été admise par des arrêts assez anciens (16 mars 1859, S. 59. 1. 461 ; 26 avr. 1859, S. 59. 1. 454 ; 18 avr. 1848, S. 48. 1. 399).

b) Preuve des obligations.

7. — *Le fait d'une apposition de signature peut-il se prouver par témoins?*

Si les faits purs et simples peuvent être prouvés par témoins, les faits juridiques doivent l'être par écrit lorsqu'ils portent sur plus de cent cinquante francs. Dans quelle classe ranger la preuve de ce fait qu'un individu a apposé une signature au bas d'un acte? La Cour de cassation, chambre des requêtes, a décidé, le 18 juill. 1906 (S. 1906. 1. 488, D. 1907. 1. 111), que la preuve testimoniale était inadmissible, car il s'agissait d'un fait juridique proprement dit, et cela dans un cas où la preuve était offerte par le créancier contre le débiteur qui déniait sa signature comme ne sachant pas signer.

Nous croyons cette solution inexacte, car il s'agissait non de prouver directement l'obligation, fait juridique, mais de prouver l'existence comme preuve d'un écrit, en démontrant qu'il était signé par celui dont le nom y était apposé. Or prouver que cet écrit est une preuve et non une simple note ou un projet, c'est sans doute prouver quelque chose de juridique, mais c'est prouver quelque chose qui par soi est un fait dont on ne peut rationnellement exiger la preuve écrite. C'est absolument comme quand on prétend prouver une obligation dont le titre dressé par écrit a été détruit. Prouver que ce titre a existé, c'est prouver un fait qui a bien des conséquences juridiques, mais cela peut néanmoins être prouvé par témoins. Dans notre espèce, le titre sous seing privé ne faisant pas preuve par lui-même, le débiteur à qui on l'oppose devant simplement le reconnaître ou le dénier, il faut prouver qu'il peut faire preuve, qu'il est un instrument et non un simple brouillon. Or cela ne peut être fait toujours sans témoin. Je dirai même qu'à la rigueur cela sera presque toujours prouvé par témoins.

En effet de deux choses l'une : ou le débiteur dit ne savoir signer, et alors il faut prouver qu'il a signé l'acte. Il faudrait en ce cas avoir un nouvel écrit constatant qu'il a signé ce premier acte. Mais si c'est un sous-seing privé, la signature peut à son tour être déniée. On s'engage dans une chaîne sans fin de difficultés. Ou le débiteur sait signer, alors la preuve de la signature déniée peut être faite par une nouvelle signature ou par des signatures non contestées, suivant les termes de l'article 200 du Code de procédure. Mais si le signataire est mort et si on n'a pas de lui de signatures reconnues, ne fera-t-on pas nécessairement appel à la preuve par témoins ?

D'ailleurs ne suffit-il pas de lire l'article 195 du Code de procédure pour voir que la vérification d'écritures peut être ordonnée « tant par titre que par expert et par témoins » ?

8. — *L'interdiction de la preuve testimoniale est-elle d'ordre public ?*

L'interdiction de la preuve par témoins en certaines matières n'est pas un principe d'ordre public. La jurisprudence a toujours admis en conséquence que l'on pouvait entendre des dépositions toutes les fois que les intéressés ne s'y opposaient pas. La Cour de cassation, chambre criminelle, a décidé dans le même sens le 9 févr. 1907 (*Gaz. Pal.*, 1907, I, 383), que l'article 1715, interdisant la preuve testimoniale d'un bail non commencé, ne s'applique pas si les parties renoncent à s'en prévaloir.

9. — *Force probante d'un compte d'agent de change.*

Les bordereaux d'agent de change, étant des actes dressés par des officiers ministériels dans l'exercice de leurs fonctions, font preuve en justice. Mais il n'en est pas de même du compte qu'ils présentent à leur client à la suite d'une série d'opérations. C'est ce que reconnaissent les cours d'appel (Lyon, 13 juill. 1883, D. 84. 2. 180) et ce qu'a admis le tribunal de commerce de Marseille le 6 nov. 1906 (*Gaz. Pal.*, 1907, I, 183).

c) Interprétation des obligations.

10. — *Interprétation de polices d'assurances.*

Citons cette interprétation équitable de la Cour de Rennes, 6 févr. 1907 (*La Loi* du 28 mars) (d'autre part, sur l'interprétation des polices, *Rev.*, 1906, p. 916); un assuré se déclarant manœuvre, alors qu'il a en outre une petite culture qui occupe principalement sa femme, ne peut être déchu du bénéfice d'une assurance-incendie, sous prétexte de déclaration inexacte : ce fait ne pouvant modifier l'opinion du risque, même la police prévoyant la fausse déclaration dans la qualité ou le domicile de l'assuré. La Cour a également rejeté une demande en déchéance pour réclamation exagérée lorsqu'il n'était pas établi que l'exagération eût lieu de mauvaise foi.

D'autres décisions ont, au contraire, une tendance à interpréter à la lettre les clauses des polices. Ainsi la Cour de Nancy le 10 nov. 1906 (*La Loi* du 18 avr. 1907) a déclaré déchu d'une assurance l'obligeant à déclarer les sinistres et à remettre toutes les pièces qu'il recevrait, concernant leur règlement, un assuré qui n'avait pas exécuté cette obligation et avait seulement porté à la connaissance de l'assureur, l'assignation de la victime, sans lui avoir rien communiqué auparavant. Et cette solution a été donnée dans un cas où l'accident, objet de l'assurance, avait donné lieu à une enquête écrite par un greffier qui était en même temps l'agent de l'assureur et le rédacteur de la police. Celui-ci en gardant le silence n'avait-il pas cependant commis une faute de nature à engager la responsabilité de la compagnie et son silence n'était-il pas un véritable piège tendu à l'assuré?

d) Effets des obligations.

11. — *Effets de la condition résolutoire sur les actes d'administration.*

Une revente sur folle enchère ayant été faite, quel est le sort des actes d'administration faits par l'adjudicataire fol enchérisseur? La Cour de cassation, qui a toujours admis que l'on était ici en face d'une condition résolutoire qui s'était réalisée, a jugé le 23 oct. 1905 (S. 1907. 1. 33 avec note de M. Hémard) que les actes d'administration et notamment les baux faits sans fraude et dans des conditions normales et régulières subsistaient. Cette solution est importante, car elle devrait aussi s'appliquer à propos de toute autre condition résolutoire. D'autre part, elle limite ce que l'on appelle l'effet rétroactif de la condition aux actes de disposition et elle écarte la jurisprudence d'une interprétation trop littérale de l'article 1179 (v. notre étude sur les droits éventuels) qui aurait de mauvais résultats et d'une conception que nous avons critiquée. On arrive ainsi pratiquement à ne considérer la rétroactivité que comme une sûreté.

12. — *Du sens du principe que l'assurance ne peut être une cause de bénéfice pour l'assuré.*

Une personne dont les ouvriers sont assurés contre les accidents obtient remise d'une partie de ses dettes par voie de concordat judiciaire. L'assureur peut-il profiter de ce que les ouvriers victimes d'accidents n'auront droit qu'à des indemnités partielles pour faire subir une réduction à l'assuré? La question s'est présentée pour la première fois devant la chambre civile de la Cour de cassation le 31 oct. 1906 (S. 1907. 1. 5 avec une très importante note de M. Lyon-Caen), laquelle l'a résolue par la négative. La décision emprunte avec raison à l'arrêt d'appel ce motif que l'assureur s'était engagé à payer sans restriction ni réserve toutes les indemnités : la mise en liquidation de l'assuré, événement postérieur à l'accident, en dehors des prévisions et de l'intention des parties, ne saurait diminuer les droits existant vis-à-vis de l'assureur, ni modifier les obligations de celui-ci. En effet, le principe que l'assuré ne peut s'enrichir par le sinistre doit être compris comme ayant pour but de prévenir les sinistres volontairement causés; il ne peut avoir pour visée d'empêcher que l'assuré n'ait eu avantage au sinistre, les objets ayant pu être depuis cet événement l'objet d'une dépréciation des cours. Si l'assuré s'enrichit en ce sens qu'il donnera moins à son ouvrier qu'il ne reçoit, cela n'a donc malgré tout rien de contraire aux principes.

D'ailleurs, comme le fait très exactement remarquer M. Lyon-Caen, l'assuré concordataire ne s'enrichit pas à vrai dire, puisqu'il reste au moins chargé d'une obligation naturelle envers les créanciers, ce qui fait que, le sinistre survenant même après faillite, il serait encore juste de dire que l'assuré a droit à l'indemnité tout entière. Enfin n'est-il pas bizarre de parler d'enrichissement quand les créanciers ne réduisent leurs réclamations que devant l'insolvabilité du débiteur à qui il ne doit finalement rien rester?

13. — *Effets produits par un acte nul.*

Lorsqu'un acte est nul, il est censé non avenu et tout doit être rétabli dans le même état que s'il n'avait jamais existé. Cependant deux arrêts de la Cour de cassation (Cass., 29 juill. 1891, S. 91. 1. 393 ; 16 déc. 1901, S. 1906. 1. 486) dérogent à ce principe élémentaire et adoptent une solution déjà accueillie par des arrêts plus anciens (Cass., 27 mai 1839, S. 39. 1. 677 ; 25 mai 1869, S. 70. 1. 13).

Voici les faits. Un brevet d'invention est nul ; le titulaire du brevet a cependant passé des actes à propos de ce brevet : il a concédé des licences et touché à cette occasion des redevances ou bien, comme dans l'hypothèse du dernier arrêt, le mandataire chargé de prendre le brevet l'a pris en son nom et s'est ainsi approprié le bénéfice pendant plusieurs années ; l'inventeur dont le brevet est nul a-t-il perçu régulièrement les redevances ou peut-il réclamer une indemnité au mandataire infidèle ? L'affirmative a été admise par la Cour de cassation dans tous ces arrêts. Nous ne croyons pas y voir une décision spéciale aux brevets d'invention, mais la consécration implicite de la maxime : *Error communis facit jus.* Sans doute la Cour ne le dit pas, mais elle prend soin de répéter dans ses différents arrêts que le brevet n'avait été l'objet pendant un certain temps d'aucune contestation ; ce qui avait pour conséquence de faire qu'il y avait erreur commune quant à sa validité. L'on pouvait dire en conséquence que cette erreur avait donné au prétendu inventeur les mêmes droits que s'il avait été régulièrement breveté.

14. — *De l'exécution de l'obligation aux frais du débiteur.*

L'article 1144 du Code civil, d'après lequel l'obligation peut être exécutée par le créancier aux dépens du débiteur lorsque celui-ci ne s'exécute pas, établit pour les tribunaux une simple faculté d'autoriser la réfection de travaux mal faits. C'est en ce sens qu'a statué la Cour de cassation le 18 juin 1883 (D. 84. 5. 353) et plus récemment le 31 oct. 1906 (D. 1907. 1. 135). Cette solution est tout à fait équitable, surtout dans les espèces où il a été statué, alors qu'il s'agissait de malfaçons peu importantes et sans conséquences, dont la disparition aurait exigé la réfection de l'ouvrage tout entier. Cette interprétation nous paraît donc de beaucoup préférable à celle présentée en sens contraire par la majorité de la doctrine qui donne à l'article 1144 un caractère obligatoire pour le juge (v. Baudry et Barde, *Obligations*, I, n° 436; Demolombe, t. XXIV, n° 505).

15. — *Du transport du bénéfice d'une assurance-vie.*

La Cour de cassation a admis qu'une lettre missive écrite en entier, datée et signée par une personne pouvait constituer un testament olographe et à ce titre transférer le bénéfice d'une assurance sur la vie (Cass., 6 mai 1891, D. 93. 1. 117, cf. Paris, 12 mai 1897, S. 1900. 1. 348). Mais toute lettre répondant à ces conditions peut-elle constituer un moyen légal de changer le bénéficiaire d'une assurance? Non. La Chambre des requêtes a maintenu le 17 juill. 1906 (D. 1907. 1. 121) un arrêt de la Cour de Bourges, avec note de M. DUPUICH en sens contraire, où l'on lit « qu'il fallait, pour que la lettre pût produire effet, que, les termes employés ou les indications qu'elle contient révèlent, de la part de celui qui l'a écrite, la volonté de prendre des dispositions testamentaires ». On a donc considéré comme sans effet une lettre où l'assuré demandait à l'assureur de vouloir bien modifier sa police d'assurance dans un sens indiqué. La Cour de cassation a vu là une interprétation ne dénaturant pas l'acte interprété.

Cette solution est admissible. Elle est cependant singulière, car en somme la volonté s'est coulée dans un moule régulier; mais on n'en tient pas compte parce que dans l'intention de l'assuré, elle devait finalement se traduire d'une autre façon par un avenant. Cela est-il bien en harmonie avec l'idée de l'article 1318, suivant laquelle l'acte authentique nul peut valoir comme écriture privée s'il est signé des parties?

16. — *Effets de la clause pénale.*

La Cour d'Amiens (26 janv. 1907, *Gaz. des Trib.* des 15 et 16 avr.) a donné une solution d'interprétation de contrat qui paraît singulière. Un employé est engagé et il est convenu que s'il quitte son patron, il perdra le cautionnement qu'il a déposé, que d'autre part il ne pourra pas voir les clients qu'il visitait pour son patron pendant deux ans. La Cour a jugé que l'employé, ayant quitté la maison, perdait le cautionnement, que d'autre part, cette clause pénale ayant été prévue pour toutes les contraventions qu'il commettrait à ses obligations, il n'y avait pas lieu de prononcer une astreinte pour les inexécutions possibles. D'où cette conséquence : l'employé peut désormais impunément, les dommages-intérêts étant acquis à son patron, contrevenir à ses obligations. Il y a là une conséquence logique, mais peu satisfaisante, de l'effet des clauses pénales et du principe que les obligations de faire ne peuvent s'exécuter directement en nature.

17. — *Déchéance du terme.*

La déchéance du terme résultant de la déconfiture du débiteur ne se produit pas de plein droit (V. en ce sens les arrêts cités *suprà*, p. 103). En ce sens un nouvel arrêt de la Chambre civile du 6 févr. 1907 (*Gaz. Pal.*, 25 février), lequel en conclut que les actes d'exécution faits avant la demande en déchéance sont annulés.

e) Extinction des obligations.

18. — *Conditions de validité d'une consignation.*

La jurisprudence, frappée des graves conséquences des libérations qui se produisent malgré le créancier, a toujours appliqué avec rigueur les principes de la loi en matière d'offres réelles et de consignations (v. *Revue*, 1905, p. 904 et 1906, p. 166). Dans le même esprit on peut citer un arrêt de la Cour de Dijon du 31 déc. 1906 (*Gazette des Tribunaux* du 24 avr. 1907), lequel a jugé qu'on ne pouvait considérer comme valable une consignation non précédée d'offres réelles, la loi ne déclarant libératoires que les offres suivies de consignation. Et il en est ainsi alors même que, des saisies-arrêts ayant été faites aux mains du débiteur, il sera à prévoir que le créancier ne voudra ou ne pourra pas souscrire aux conditions sous lesquelles elles seront faites, et spécialement ne sera pas en mesure de donner mainlevée des saisies-arrêts. Le créancier a en effet un intérêt, que la loi a voulu sauvegarder, à reconnaître si la somme offerte est bien la somme exactement due. Cette obligation double du débiteur avait d'ailleurs été déjà très anciennement reconnue par un arrêt de la Chambre des requêtes du 26 nov. 1818 (Dall., *Rép.*, v° *Obligations*, n° 2194).

19. — *De la situation du débiteur d'un billet au porteur.*

La jurisprudence a depuis longtemps reconnu la validité des billets au porteur; ce fut la première brèche importante au principe aujourd'hui si décrépit de l'article 1690, que la théorie des titres à ordre, celle des effets de l'acceptation sous seing privé de la cession minent de toutes parts (v. Cass., 10 nov. 1829, S.

29. 1. 380). Elle a depuis persisté dans cette voie et elle a conclu que le débiteur ayant payé le créancier primitif n'en restait pas moins lié envers le porteur de l'effet (Cass. civ., 31 oct. 1906, *Pand. fr.*, 1907. 1. 29), et qu'il ne pouvait lui opposer les exceptions qu'il aurait invoquées contre le cédant (V. de même Cass., 9 nov. 1896, S. 97. 1. 161 avec note de M. Tissier).

20. — *De l'effet de la disparition d'une saisie-arrêt sur la créance saisie-arrêtée.*

La jurisprudence tend aujourd'hui à reconnaître que la saisie-arrêt ne produit qu'une indisponibilité relative de la créance saisie-arrêtée (v. l'étude de M. Fraissaingea. Une nouvelle jurisprudence sur le conflit du cessionnaire de créance et des créanciers saisissants, *Revue*, 1906, p. 487). En tout cas, la saisie-arrêt disparaissant pour une raison quelconque, l'indisponibilité qui en était la suite disparaît aussi. C'est ce que la jurisprudence a reconnu soit en cas d'annulation de la saisie-arrêt (Cass., 10 janv. 1899, S. 99. 1. 403), soit en cas de mainlevée de la saisie-arrêt (Cass., 3 juin 1852, S. 52. 1. 487). La Cour de Paris a donné la même solution le 16 nov. 1904 (S. 1907. 2. 15) pour le cas où, les créances saisies-arrêtées étant des créances de loyers, les oppositions sont tombées par suite d'une saisie immobilière du bien loué. En ce cas les cessions de loyers faites ont alors pu recevoir leur plein et entier effet.

La jurisprudence n'est cependant pas simple sur ces questions et on ne peut la ramener à cette idée que la saisie-arrêt disparaissant est censée non avenue, car l'arrêt de 1852 constate que la faculté pour les saisissants postérieurs à la signification du transport de prendre quelque chose sur la créance subsiste malgré la mainlevée de la première opposition ; « les nouveaux opposants ont le droit de profiter de la somme saisie-arrêtée précédemment et qui était le gage commun de tous les créanciers ». Et c'est à bon droit, car ces derniers saisissants ont acquis au jour de l'opposition une situation que le premier saisissant ne peut leur enlever. Il en serait autrement si celui-ci avait donné mainlevée avant que les autres oppositions ne soient formées. La cession faite entre temps produirait alors son effet absolu (v. en ce sens Grenoble, 19 nov. 1847, S. 48. 2. 185).

II. — Contrats spéciaux.

a) Vente.

21. — *Une cession de clientèle de médecin est-elle valable?*
Un arrêt de la Cour de Paris du 29 déc. 1847 (S. 48. 2. 63) a affirmé que la cession de clientèle de médecin était nulle, la clientèle des médecins, fondée sur la confiance publique et le choix libre des parties intéressées, n'étant point dans le commerce et elle a annulé avec cette convention une cession de bail qui en était l'accessoire. Cet arrêt très discutable, car toute clientèle n'est-elle pas fondée sur le libre choix des clients, a eu une singulière fortune, la Cour de cassation ayant refusé de se prononcer (v. 12 mai 1885, S. 85. 1. 440). Nombre d'arrêts de cours d'appel ont répété à l'envi que les cessions de ce genre sont nulles. — V. not. Paris, 25 juin 1884, S. 84. 2. 176. — Trib. Châteauroux, 25 juill. 1898, S. 99. 2. 286. — Trib. de la Seine, 22 nov. 1904, *Pand. fr.*, 1905. 2. 52, *Revue*, 1905, p. 349.

Cette affirmation ne doit pas cependant faire illusion et derrière elle se masque une évolution curieuse aujourd'hui arrivée à son terme.

Les cours ont commencé par admettre la validité du contrat par lequel un médecin s'engageait envers un confrère à ne plus exercer dans un certain rayon et à le présenter à son ancienne clientèle (Angers, 28 déc. 1848, S. 49. 2. 105. — Paris, 6 mars 1851, S. 51. 2. 278), et cette solution fut adoptée par arrêt de la Cour de cassation du 13 mai 1861 (S. 61. 1. 638), reprise ensuite par divers arrêts de cours d'appel (Paris, 29 avr. 1865, S. 65. 2. 123. — Riom, 13 mars 1894, S. 95. 2. 43. — Paris, 3 août 1894, S. 96. 2. 158). Mais si la jurisprudence a ainsi reconnu un moyen de détourner la prohibition des cessions de clientèle, elle a été encore plus loin dans cette voie : suivant la doctrine qu'avait déjà indiquée la Cour de Paris dans les arrêts du 6 mars 1851 et du 29 avr. 1865, elle reconnaît qu'un acte qualifié cession de clientèle doit finalement s'analyser dans cette convention valable : le prétendu cédant promet de ne pas exercer la médecine dans un certain rayon et de présenter son confrère à la clientèle (V. Riom, 13 mars 1894, précité. — Trib. de Châteauroux, 25 juill. 1898, S. 99. 2. 286). La même solution est très nettement exposée dans un arrêt de la Cour d'Amiens du 30 nov. 1905 (S. 1906. 2. 298), où il est dit que c'est dans le sens de pareils engagements que doivent s'entendre les cessions de clientèle de médecins qui au fond et d'après l'intention des parties ne peuvent avoir d'autre objet ni d'autre effet.

Il ne reste plus entre la théorie de la jurisprudence et le système de la validité d'une cession de clientèle qu'une légère différence : c'est au cas où, un médecin étant mort, ses héritiers veulent céder sa clientèle. Ici plus d'interdiction de s'établir, plus de présentation à la clientèle du moins avec cette autorité que peut avoir un médecin investi de la confiance publique et qui n'a pu choisir qu'un individu méritant dont il répond en quelque sorte moralement. La prétendue cession de clientèle tombe. C'est la solution qu'a reconnue la Cour de Paris, le 23 juin 1884 (S. 84. 2. 176). Nous ne pouvons en effet valider le contrat qu'à raison du bénéfice que retire le nouveau médecin par suite de l'occupation des mêmes locaux que son successeur. Mais ceci ne permettrait que de retirer un bénéfice de la cession de bail opérée. En tout cas on arriverait dans ce cas encore à valider la prétendue cession de clientèle.

22. — *Tous les marchés à terme échappent-ils aux règles sur les dettes de jeu?*

Quatre arrêts fameux de la Chambre civile de la Cour de cassation (22 juin 1898, S. 98. 1. 313, suivis d'un arrêt dans le même sens de la Chambre des requêtes, 19 mars 1900, S. 1900. 1. 520), semblaient avoir donné le dernier coup à l'exception de jeu dans les marchés à terme en interdisant au juge de rechercher l'intention des parties et de voir si elles avaient voulu par avance faire un marché se réglant par simple différence.

Mais le débat semble renaître de ses cendres. Le tribunal de commerce de la Seine résiste à cette solution, qui a du moins l'avantage de la simplicité, et il a déclaré nulles « des opérations n'ayant que la forme et non le véritable caractère de marchés à terme, qui n'ont donné lieu à aucune remise de titres entre les parties, des reports qui n'ont donné lieu qu'à un jeu d'écritures et n'ont en réalité constitué qu'un pur jeu à la hausse ou à la baisse entre deux banquiers » (2 janv. 1907, *Gaz. Pal.*, 1907. 1. 342). Le tribunal maintient donc les décisions qu'il avait rendues antérieurement à 1898 (v. 6 janv. 1898, *Gaz. Pal.*, 98. 1. 334).

23. — *Le partage à titre onéreux de biens communaux constitue une vente et non un partage.*

C'est la solution que depuis longtemps le Conseil d'État et les auteurs de droit administratif ont adoptée et qui est imposée par la personnalité morale de la commune. Elle a été adoptée également par les cours d'appel (Cf. Limoges, 11 nov. 1904, *Rec. de Riom*, n° 1470. — Riom, 27 déc. 1905, D. 1907. 2. 81), et on en a conclu que les biens ainsi obtenus constituaient dans la communauté un conquêt.

24. — *Des effets de la cession de marché.*

Le système du Code civil qui consiste à décomposer en obligations diverses les contrats et non à les étudier d'ensemble a amené le législateur et les interprètes à sa suite à se préoccuper des cessions de créances, mais non des cessions de contrats et spécialement de marchés. Il est cependant pratique de voir un acheteur céder à un tiers le bénéfice et les charges d'un contrat. La Cour de Paris (23 févr. 1907, *Gaz. des Trib.*, 27 avr. 1907) a eu à ce sujet à examiner le cas suivant : un acheteur cède son marché en promettant au cessionnaire de lui remettre la confirmation du premier vendeur avec qui seul il aura à s'arranger. Mais il savait déjà à ce moment que l'opération était aventureuse et sans objet réel par suite de l'impuissance où se trouvait le cédé insolvable de livrer la marchandise. La Cour a reconnu que le cédant était passible de dommages-intérêts en se décidant en fait pour des raisons d'équité et de moralité répondant à un besoin de confiance et de sécurité réciproque dans les affaires commerciales. La Cour n'a pas osé affirmer le dol : cependant elle arrive aux mêmes conséquences que si elle l'avait reconnu. Il y a là un arrêt d'espèce peut-être. Mais rien ne dit qu'il ne sera pas le point de départ d'une jurisprudence prétorienne qui aurait pour résultat de limiter le principe reconnu par l'arrêt lui-même d'après lequel le cédant d'un marché doit livrer le titre et non la marchandise (v. Cass., 6 mai 1837, D. 37. 1. 289).

25. — *De la remise des papiers d'origine d'un cheval vendu.*

Solution d'interprétation importante en pratique. Quand un cheval est vendu, l'acheteur ne peut exiger de papiers d'origine à titre d'accessoire de la chose vendue, à moins de stipulation expresse ou de convention tacite résultant d'un usage local, ou de circonstances particulières au marché intervenu. C'est le cas lorsque les chevaux ne sont ni animaux de courses ni de sang destinés à la carrière sportive, ni animaux de reproduction, mais des bêtes destinées à un service de voiture chez l'acheteur Lyon, 16 janv. 1907, *La Loi*, 23 avril). Cette solution s'harmonise avec celle donnée en sens contraire à propos d'une vente de cheval de sang le 2 déc. 1892 par la Cour de Rouen (D. 92. 2.

231). V. en ce sens Baudry et Saignat, *De la vente*, n° 324.

26. — *Effet d'une clause de non-garantie de contenance.*

Les clauses de non-garantie de contenance étant très générales dans les ventes, leur interprétation est de très grande importance. La Cour de Nancy, 12 févr. 1907 (*La Loi* du 12 avril), appliquant une de ces clauses, a jugé en conséquence qu'est irrecevable
la réclamation de l'acheteur lorsque ni les limites, ni l'état de
l'immeuble acquis n'ont été modifiés. Ce considérant implique
que si une éviction partielle s'était produite, la clause aurait été
sans effet. Cette fixation de l'étendue de la clause de non-garantie de contenance, qui paraît nouvelle, nous semble très conforme
à l'intention des parties.

26 bis. — *Du fait personnel du vendeur.*

Que faut-il entendre par fait personnel du vendeur, dont
celui-ci répondra malgré toute clause de non-garantie?

Il faut pour qu'il en soit ainsi qu'il y ait là faute lourde, nous
dit l'arrêt précité. Donc, le fait d'avoir donné une indication de
contenance sans se référer aux cessions précédentes, en prenant
pour base une déclaration de succession et un bail en cours ne
peut donner lieu à garantie. Cette solution d'un point laissé
inaperçu jusqu'ici est d'accord avec les décisions antérieures
qui n'ont toujours vu dans le fait personnel que celui postérieur
à la vente ou celui antérieur ayant pour conséquence une éviction totale ou partielle de l'acheteur. — V. Baudry et Saignat,
De la vente, n° 404, p. 340.

b) Bail.

27. — *Des baux avec promesse de vente.*

La question, que nous avons déjà examinée (V. *Revue*, 1902,
p. 901; 1903, p. 215 et 530), de savoir la nature d'un contrat
par lequel une personne remet à une autre un objet dont elle
deviendra propriétaire à la suite de paiements fractionnés reste
toujours délicate. La Cour de cassation admet que si le contrat
est clair, il n'y a qu'à l'appliquer, que, sinon, c'est au juge du
fait à l'interpréter. En ce sens, elle a reconnu que l'on qualifiait
à bon droit bail avec promesse de vente un acte, où le locataire ne devenait propriétaire qu'après un versement complémentaire à la fin du bail (29 janv. 1902, S. 1902. 1. 168), ou
celui par lequel le locataire avait la faculté d'acheter, mais le
prix des loyers payés devant être déduit du prix d'achat d'ailleurs égal au total des loyers à acquitter (22 févr. 1887, S. 88.

1. 87). Inversement elle a jugé qualifiée vente à bon droit une aliénation aux paiements fractionnés. — Cass., 16 juin 1883, S. 88. 1. 462; — 17 juill. 1895, S. 96. 1. 57; — 21 juill. 1897, D. 98. 1. 269.

Il n'est malheureusement possible de tirer de tout cela aucun principe sûr d'interprétation. On ne peut considérer comme caractéristique ni un paiement supplémentaire sérieux, ni tout autre fait et nous voyons la Cour d'Orléans, le 12 avr. 1907 (*Gaz. des Trib.*, 28 avr. 1907), déclarer frauduleux le prétendu bail où un prix complémentaire insignifiant avait été stipulé pour l'acquisition, et cela dans un procès où figurait la même société qui avait gagné le procès du 22 févr. 1887 avec un contrat très peu différent du premier. Cela est de nature à jeter la perturbation dans un genre d'opérations qui se développe et dont on comprend l'utilité.

28. — *Interdiction pour le locataire de modifier l'immeuble loué.*

Le propriétaire n'a pas seulement le droit de ne subir aucun dommage par le fait du locataire, il a droit absolu à ce qu'un immeuble reste en l'état. Ainsi non seulement il peut s'opposer à ce qu'un locataire remplace un mur de refend par une poutre en fer et des colonnes métalliques lorsque ce fait peut compromettre la solidité de l'immeuble, mais il le peut même si le locataire lui offre par avance des dommages-intérêts à raison du préjudice qui pourrait lui être dû ultérieurement, car il a le droit de ne pas courir le risque de ce dommage. La solution ainsi donnée par la cour de Rennes le 11 févr. 1907 (*La Loi* du 6 avril) est très juste. La loi n'interdit pas seulement de porter préjudice sans réparer le dommage, elle interdit de porter préjudice même en le réparant. Il y a une sphère de volonté libre qui doit être laissée à chacun.

29. — *Le bailleur d'une chasse manque-t-il à ses obligations en faisant entourer de grillages le terrain loué?*

La difficulté paraît nouvelle. Elle a été résolue par la négative à la Cour de Paris le 17 déc. 1906 (*La Loi* des 24-25 mars 1907).

L'argumentation donnée à l'appui paraît très judicieuse. On ne peut prétendre que par l'établissement de grillages la forme de la chose louée ait été changée. Ce n'est pas là une modification essentielle qui rend la chose impropre à l'usage auquel elle était destinée. Le locataire n'a pas le droit de se plaindre de ce

que‘les lapins ne puissent plus s'aller nourrir sur le terrain d'autrui, d'où s'ensuivaient des poursuites judiciaires et des dommages-intérêts. Il ne pourrait réclamer que si des grillages
avaient été placés à l'intérieur de la chasse, entravant ainsi
la circulation des chasseurs.

30. — *Actes de tolérance.*

Le locataire ne peut se fonder sur une tolérance du propriétaire
pour revendiquer un droit plus étendu que celui conféré par le
bail. Paris, 6 mai 1905 (D. 1907. 2. 79). C'est la solution admise.

31. — *En quelle forme un congé doit-il être donné?*

La Cour de cassation a jugé le 11 févr. 1907 (*Gaz. Pal.*, 1907,
I, p. 297) que le congé, n'étant assujetti à aucune forme, pouvait
être donné même par lettre. C'était déjà la solution de la doctrine
et de divers jugements (v. Trib. Seine, 20 oct. 1871, S. 71. 2.
184 et 25 mars 1886, D. 86. 3. 72). Mais la Cour ajoute que la
clause du bail qui imposait une lettre recommandée n'était pas
substantielle, si elle n'a été destinée qu'à fournir la preuve de
la réception du congé par le bailleur, lorsque cette preuve émane
d'autres circonstances. Elle fait ainsi allusion à une question
qu'elle ne tranche pas nettement et dont nous nous sommes déjà
préoccupé. Quand une personne a promis de n'exprimer sa volonté qu'en une forme déterminée, peut-on considérer comme
efficace la volonté exprimée en une autre forme? La Cour de
cassation semblait plutôt dans un arrêt du 22 juin 1903 (S. 1903.
1. 463, V. *Revue*, 1904, p. 181) pencher pour l'affirmative. Ici
elle se réserve. Elle admet l'affirmative si la forme n'a été exigée
que pour garantir la preuve de la réception de l'écrit. Elle ne
veut pas se prononcer pour le cas où la forme exigée aurait
pour but d'assurer la sincérité de la volonté, ou sa preuve, ou
sa fermeté.

32. — *Droit du bailleur pour arriver à faire quitter par
un locataire les locaux qu'il occupe indûment.*

Un bailleur dont le locataire continue à occuper indûment l'immeuble peut-il pour le forcer à partir enlever les portes et fenêtres si d'ailleurs il n'emploie pour cela aucune violence? Oui, a
dit le tribunal de Ruffec le 20 déc. 1906 (*Gaz. Pal.*, 1907. I. 209).
La question est discutée. V. *contrà*, Baudry et Wahl, *Louage*,
I, n° 1397.

33. — *L'expulsion d'un locataire peut-elle être ordonnée en
référé pour abus de jouissance?*

La jurisprudence de la Cour de Paris tout au moins paraît

bien aujourd'hui établie en ce sens que le juge des référés peut ordonner l'expulsion du locataire lorsque « celui-ci commet des abus de jouissance intolérables et qu'il est impossible d'employer une autre mesure d'une efficacité suffisante pour y mettre fin ». Cette formule, donnée par la Cour de Paris le 10 avr. 1907 (*Gaz. des Trib.* des 29-30 avril), à propos d'un locataire qui malgré tout laissait intentionnellement un robinet d'eau ouvert jour et nuit, résume fort bien la jurisprudence (V. Paris, 8 févr. 1883, S. 84. 2. 68 — Paris, 15 janv. 1878, *Bull. Cour de Paris*, 78, p. 2). Un arrêt du 27 août 1878 (S. 79. 2. 16), cité comme rendu en sens contraire, a en effet refusé l'expulsion du locataire uniquement parce qu'il estimait que par d'autres mesures on pouvait empêcher les abus de jouissance de se renouveler et qu'on risquait de porter un grave préjudice au locataire.

c) **Contrat de travail**.

34. — *Du renvoi d'un directeur technique.*

Le contrat qui lie une société avec un directeur technique dont les fonctions exigent des connaissances et des aptitudes spéciales, qui doit consacrer à la société tout son temps, toute son activité, ses inventions, apporter tous ses soins pour la surveillance et la direction, est un contrat de louage d'ouvrage. S'il a été conclu pour un temps déterminé, il ne peut être révoqué sans un motif légitime. La Cour de Paris a appliqué cette idée dans un arrêt du 14 mars 1907 (*Gaz. des Trib.* du 21 avril), en face d'un cas assez spécial où le directeur technique était en même temps administrateur délégué. Elle a reconnu que, révocable *ad nutum* en tant qu'administrateur, c'est-à-dire comme représentant la société vis-à-vis des tiers, il était irrévocable en tant que directeur. Cette solution semble tout à fait exacte. Elle découle logiquement de la décision donnée par la Cour de cassation le 12 déc. 1892 (*Journ. des Soc.*, 93, p. 42), laquelle avait reconnu qu'un directeur technique était lié à son patron par un louage d'ouvrage et non un mandat (v. de même Paris, 8 août 1901, *Journ. des Soc.*, 1901, p. 451).

35. — *Un employé brusquement congédié lorsque le congé était conforme à l'usage de la profession, a-t-il droit à indemnité?*

Un arrêt du 22 févr. 1906 (D. 1907. 2. 39) paraît résoudre de façon singulière cette question. Réformant un jugement du tribunal de commerce de la Seine, il admet que s'il est parfois d'usage que le patron accorde des indemnités à des employés brusquement congédiés (congé que permet l'usage de la profession), il déclare que cela n'est jamais qu'à titre purement gracieux et sans que de cette concession puisse s'induire un droit pour l'employé.

36. — *Du droit d'un patron d'infliger une amende à son subordonné.*

Un artiste engagé sans clause spéciale à ce sujet ne peut être tenu de bisser un morceau à la demande du public. Le directeur ne peut pour ce refus lui imposer une amende. Jugé en ce sens par le tribunal de commerce de Marseille (24 févr. 1907, *Gaz. Pal.*, 16 avril), qui s'est ainsi reconnu implicitement le droit d'examiner la juste application des amendes (v. sur ce point, *suprà*, p. 107), comme d'autres tribunaux l'avaient fait antérieurement.

37. — *Clause illicite.*

Un contremaître est engagé avec la condition qu'il travaillera manuellement où besoin est, et qu'il fournira dix heures de travail et plus s'il est nécessaire. La possibilité pour ce contremaître d'être obligé de travailler plus que la loi ne permet (dix heures d'après la loi du 30 mars 1900) annule-t-elle la clause et le contrat qui en dépend. Oui, a dit la Chambre civile le 27 avr. 1905 (D. 1907. 1. 97). Cette clause imposant une condition prohibée est nulle. La solution qui se dégage de cet arrêt est intéressante. L'employé ne s'engageait pas à travailler toujours plus que dix heures, ni à travailler toujours manuellement, se soumettant ainsi aux lois ouvrières. Le seul fait qu'il s'engageait à le faire si on le lui commandait a été considéré comme suffisant pour rendre le contrat illicite.

38. — *Caractère de la grève au point de vue de la rupture du contrat de travail.*

Le tribunal civil de Lille (26 févr. 1907, *Gaz. Pal.*, 11 avril) a jugé, contrairement à la Cour de cassation et à la jurisprudence générale (v. Cass., 18 mars 1902, *Rev.*, 1902, p. 895. Cf. *Rev.*, 1906, p. 922), que la grève, constituant un simple fait de suspension de travail, ne pouvait être une cause légitime de rupture du contrat de travail. Mais il ne précise pas si en fait l'ouvrier avait été renvoyé pour grève, cas auquel les partisans mêmes de la doctrine nouvelle reconnaissent qu'il y a acte légitime du patron (v. la note de M. Wahl dans Sirey, 1902. 1. 463), ou si le patron avait simplement refusé de reprendre un ouvrier gréviste, cas auquel s'applique la théorie nouvelle.

d) Société.

39. — *Effet de la promesse de cession d'une part sociale.*

Un associé d'une société en nom collectif a promis à un tiers de lui céder une partie de ses droits sociaux. Il refuse ensuite de tenir sa promesse. Le tiers peut-il faire déclarer que le jugement à intervenir tiendra lieu de cession? Un arrêt de la chambre des requêtes du 19 févr. 1907 (*Gaz. Pal.* du 27 avril) a jugé que la nature de l'engagement qui s'attache à la qualité d'associé dans une société en nom collectif implique nécessairement le libre consentement de celui qu'il intéresse et par suite ne permet pas aux tribunaux de le contraindre contre sa volonté à exécuter la promesse qu'il a pu faire à ce sujet. Cette solution est admissible dans l'espèce qui paraît nouvelle : le cédant ne devant abdiquer en faveur du tiers que partie de ses droits sociaux, il s'agissait en somme de l'obliger à accueillir un co-associé malgré lui, ce qui est en fait impossible, étant donnée la bonne harmonie indispensable dans les rapports sociaux. Sans doute, à la rigueur, on pourrait dire que l'obligation de faire ne se résoudra pas ici nécessairement en dommages-intérêts, mais qu'on l'exécutera de force en nature; la décision de la Cour paraît cependant préférable en pratique.

Mais elle ne devrait pas être étendue au cas où le cédant aurait déclaré vouloir abdiquer tous ses droits, car alors, sauf opposition de ses co-associés, rien ne s'opposerait à ce qu'il fût considéré comme ayant cédé, même malgré lui. Il faudrait simplement analyser différemment la situation du cessionnaire suivant la conduite des autres ; il deviendrait, selon leur acceptation ou leur refus, associé ou croupier d'associé.

e) Associations.

40. — *Mention de la majorité obtenue pour le vote d'une décision.*

Les procès en matière d'association présentent cet intérêt de mettre au jour des solutions de questions neuves. Ainsi le tribunal civil de la Seine a jugé le 4 févr. 1907 (*Gaz. du Palais* du 25 avr.) que, le règlement intérieur d'une association disposant que « toute modification au présent règlement sera votée à une majorité des deux tiers », si le compte rendu officiel portait seulement qu'une modification avait été adoptée, sans spécifier la majorité obtenue, le texte ne pouvait être considéré comme

ayant été régulièrement voté. Mais le jugement n'a pas précisé
si l'adhésion des deux tiers de l'assemblée pouvait être prouvée
autrement que par le procès-verbal, ce point n'ayant pas été
soulevé (v. sur cette question *Revue*, 1906, p. 925).

41. — *Exclusion d'une personne d'une association.*

Le même jugement relève un point intéressant. Un règlement
intérieur nouveau d'une association a établi que tout membre
pourrait être exclu par un vote de l'assemblée générale si ses
agissements étaient de nature à nuire au corps auquel appartiennent les associés (dans l'espèce celui des agents voyers).
Peut-il être fait immédiatement application de cette règle à un
sociétaire pour des actes antérieurs à cette modification du règlement? Non, a déclaré le tribunal de la Seine : il est de principe que les dispositions pénales n'ont pas d'effet rétroactif. On
considère donc ici que l'on est en face d'une véritable peine et
non de l'application pure et simple d'un contrat. Ainsi se dégage
ce caractère de justices privées de certaines assemblées qui prennent des décisions, sur lequel nous avons déjà appelé l'attention.
Et le tribunal y insiste en parlant du droit qu'avait l'individu
visé de s'expliquer devant l'assemblée et d'y avoir l'immunité de
la défense, ce qui implique bien que le tribunal estime qu'il y a
véritablement ici une répression pénale. La solution ainsi donnée implique encore que le tribunal, conformément à une jurisprudence qui se dégage fort bien en matière d'amende (v. *suprà* n° 436), se reconnaît le droit de vérifier si la peine privée
a été appliquée à bon droit.

f) Dépôt.

42. — *Dépôts faits par les notaires à la Caisse des dépôts
et consignations.*

La jurisprudence des cours d'appel se forme de façon très nette
en ce sens que les dépôts faits par les notaires en vertu du décret du 30 janv. 1890 à la Caisse des dépôts et consignations
appartiennent au client pour le compte de qui ils ont été déposés,
de sorte qu'en cas de déconfiture du notaire, le client reprendra
toutes les sommes déposées pour son compte sans concourir avec
l'ensemble des créanciers. Cette solution, déjà donnée par le tribunal de Saint-Omer le 6 déc. 1901 (v. *Revue* 1903, p. 905) et
par la Cour de Bordeaux le 24 déc. 1902 (*Revue* 1905, p. 912), a
été reproduite par la cour d'Aix le 24 févr. 1906 (S. 1906. 2.
303). Il reste toujours, à propos de ces solutions qui sont équita-

bles et conformes au but même des décrets de 1890, à donner une justification juridique. Le point reste quelque peu malaisé : La Cour d'Aix s'est approprié, semble-t-il, le système que nous avions déjà exposé en relatant le jugement du tribunal de Saint-Omer. Elle fait valoir la distinction qui a toujours existé entre les deniers propres du notaire et ceux reçus par lui en dépôt, elle insiste sur la spécialisation de la somme qui n'est pas entrée dans le patrimoine du notaire et qui ne constitue pas un gage pour ses créanciers. Nous croyons cette explication très juste. Nous pensons aussi que les termes du décret entendent forcer le notaire à faire une stipulation pour autrui, bien que, dans ces affaires de comptes de notaires, pour une simplification de comptabilité très compréhensible, la Caisse des dépôts entende ne connaître que le notaire et ne regarder tous les dépôts juxtaposés que comme faisant un seul compte. Ces règles, établies pour plus de facilité dans les opérations journalières, ne modifient pas la situation juridique.

43. — *Les hôteliers répondent-ils des meubles d'une personne logeant chez eux à demeure?*

Quand est-on en présence d'un aubergiste soumis comme tel à l'article 1952 du Code civil, et responsable des effets de celui qui loge chez lui? La jurisprudence paraît se dessiner en ce sens que les logeurs en garni ne sont pas responsables des effets apportés chez eux par une personne qui y est établie à demeure. Ainsi en a jugé le tribunal de la Seine le 17 déc. 1906 (*Gazette des tribunaux* du 18 avr. 1907). Dans le même sens le tribunal de la Seine a statué le 3 janv. 1907 (*Gaz. des Trib.* même numéro) au sujet d'une famille qui habitait à l'hôtel et avait un domestique à elle pour la servir. C'est aussi la solution qu'avait adoptée la Cour d'Angers le 15 juill. 1857 (D. 57. 2. 167), à l'égard d'un hôtelier qui louait une pièce comme bureau à un commerçant.

La jurisprudence n'est cependant pas unanime. Sans compter un arrêt de Nîmes du 18 mai 1825 (S. chr.), que l'on fait intervenir à tort dans notre matière et qui a en réalité un objet voisin, on peut citer comme repoussant toute distinction deux jugements de tribunaux de paix (Doullens, 5 sept. 1894, *Pand. fr.* 95. 2. 199. — Reims, 30 déc. 1893, *La Loi*, 2 janv. 1894). C'est aussi l'opinion de MM. Baudry et Wahl, *Du dépôt*, n. 1238.

g) Mandat.

44. — *De l'inexécution partielle d'un mandat pour défaut de sûretés suffisantes.*

Un agent de change reçoit d'un client le mandat d'acheter 50 Rio. Jugeant n'avoir pas couverture suffisante, il n'en achète que 25. Le tribunal de commerce de Marseille l'a jugé responsable de cette inexécution partielle du mandat (20 févr. 1907, *Gaz. Pal.*, 19 avr.). Cette solution paraît critiquable, car du moment que le décret du 7 oct. 1890 (art. 61), donne à l'agent de change le droit d'exiger une couverture avant exécution du mandat, sans en fixer l'importance, il peut se juger insuffisamment couvert et on ne pourrait lui reprocher une inexécution partielle, à moins de prouver son acceptation complète du mandat faite sans restriction. Et en définitive n'a-t-il pas agi plus sagement en exécutant l'ordre partiellement qu'en ne l'exécutant pas du tout et en refusant le mandat? Cette question, qui paraît nouvelle, ne paraît donc pas heureusement résolue.

h) Nantissement.

45. — *Effet du nantissement d'un fonds de commerce sur les marchandises.*

Un arrêt de la chambre civile de la Cour de cassation du 31 oct. 1906 (S. 1907. 1. 24) semble s'être efforcé de trancher nettement les difficultés quant à l'effet de ce nantissement sur les marchandises. Il constate que la loi de 1898 se suffit à elle-même, que « le mode spécial de publicité prévu s'étend au fonds de commerce tout entier considéré comme universalité juridique, que la loi ne distingue pas entre les divers éléments qui composent le fonds. Il y a donc lieu d'y comprendre les marchandises soit existant au moment où le nantissement a été constitué, soit renouvelées depuis sans les soumettre à raison de leur caractère corporel à la nécessité d'une mise en possession ». Les cours inclinaient d'ailleurs déjà à cette solution (v. *Revue*, 1906, p. 178, 682 et 928).

i) Arbitrage.

46. — *Conditions de validité des clauses compromissoires.*

Les cartells et les trusts ont pris dans la pratique une importance très grande; aussi faut-il apporter attention à un arrêt de la Cour de cassation du 12 févr. 1906 (S. 1906. 1. 492), qui a statué à leur propos sur une clause de compromis qu'elle contenait.

Les auteurs de ces puissantes ententes, qui ont l'esprit des commerçants, n'aiment pas en général l'intervention de la justice dans leurs affaires et ils préfèrent sanctionner eux-mêmes, par des moyens appropriés, les manquements au pacte convenu.

Notamment voyait-on dans une entente entre fabricants que les inobservations du pacte seraient jugées par une commission composée par le syndicat des fabricants. Cette clause était-elle valable comme constituant une désignation suffisante des arbitres? La Cour de cassation l'a décidé. Cependant la difficulté se présentait, puisque les arbitres n'étaient pas désignés par avance nominalement. Cela n'était-il pas contraire à l'article 1006 du Code de procédure, d'après lequel le compromis désignera le nom des arbitres, à peine de nullité?

Cette règle serait certainement violée si l'arbitrage devait émaner de personnes à désigner plus tard par les parties. Mais peut-on cependant avoir une désignation de personnes non indiquées nominalement qui soit régulière? La jurisprudence a admis sur ce point que l'on pouvait légitimement désigner un corps, un groupe de personnes susceptibles de changer, mais dont le mode de recrutement est dès à présent connu, ainsi une chambre des avoués (Cass., 30 juill. 1850, S. 50. 1. 577), un conseil de surveillance d'une société (Cass., 27 mai 1860, S. 60. 1. 800) (sol. implic.), le conseil judiciaire d'un théâtre dont la nomination est approuvée administrativement (v. Paris, 7 mars 1843, S. 43. 2. 141). C'est dans le même sens qu'elle a validé dans le présent arrêt la désignation d'une commission tirée du syndicat. La Cour de cassation a même été plus loin et, bien que le terme d'arbitrage n'ait pas été prononcé dans l'arrêt, elle a admis la clause d'une caisse de retraites disant que les ouvriers ne pourraient être mis à la retraite qu'en cas de décision en ce sens émanant du médecin de la Compagnie et constatant l'incapacité de travail (v. Cass., 22 déc. 1902, S. 1904. 1. 527, *Revue* 1905, p. 137). Mais la jurisprudence s'est toujours refusée et avec raison à valider la clause désignant pour arbitrages entre une personne morale et un tiers l'organe d'administration de cette personne morale. Ce qui est juste, car on n'aboutit à rien moins qu'à désigner comme arbitre une des parties elles-mêmes. Ainsi en a-t-on jugé à propos de divers conseils d'administration, sans que d'ailleurs ce motif ait été donné à l'appui de ces décisions. — Dijon, 24 juill. 1874, S. 75. 2. 73. — Agen, 12 mars 1891, S. 91. 2. 216. — Poitiers, 27 juill. 1894, S. 96. 1. 213.

La jurisprudence moderne se trouve donc bien établie sur ces points difficiles et de très grande importance pratique, quoique les arrêts ne paraissent pas prendre nettement conscience de la ligne qu'ils suivent.

R. Demogue.

C. — Propriété et droits réels.

Par M. Emmanuel Lévy,

Professeur à la Faculté de droit de l'Université de Lyon.

I. — Responsabilité du propriétaire.

Un industriel, par l'exploitation de son usine, cause aux voisins un préjudice excédant la mesure des obligations ordinaires du voisinage; des travaux indiqués par experts nommés par le tribunal pouvaient faire disparaître ces incommodités : il est en faute et le voisin victime du trouble a droit à des dommages-intérêts et à l'exécution des travaux indiqués par expert; ce voisin ne peut être débouté sous le prétexte que l'usine existait et fonctionnait sans qu'il y eût de plaintes avant que le demandeur ait acquis ses terrains et y ait élevé des maisons (Cour de cassation, Ch. civ. 18 févr. 1907, *Gazette du Palais*, 8 mai 1907).

En effet l'usinier est responsable comme ayant abusé de son droit; il en a abusé en ne respectant pas la confiance dont les autres ont besoin pour acquérir et construire aux alentours de son usine ; sans doute un autre propriétaire ne pourrait pas établir à coté de son établissement industriel une entreprise d'une nature spéciale à laquelle pourrait être causé un préjudice exceptionnel (Cass., 11 mars 1896, S. 96. 1. 265); mais chacun doit pouvoir compter qu'il fera un usage normal et plein de son droit. En vain l'usinier soutiendrait qu'il n'a pas agi sans droit, car c'est précisément l'exercice du droit qui oblige et non l'acte accompli sans droit; c'est l'exercice du droit, droit défini tel que propriété ou créance, ou non défini (liberté); l'acte accompli sans droit, tel que le contrat d'un incapable non habilité ou représenté, n'oblige pas; sans doute, l'acte qui est l'exercice d'un droit et qui nous rend responsables apparaît en définitive comme étant accompli sans droit; mais il n'apparaît ainsi que dans un conflit avec un autre droit, avec un intérêt qui apparaît comme légitime et auquel il a porté atteinte ; il en est de même, d'ailleurs, à cet égard, s'il s'agit de l'exercice de la liberté que s'il s'agit de celui d'un droit défini ; si je fais acte de maître sur le domaine du voisin, je suis responsable envers lui en supposant que je lui cause préjudice et que je porte atteinte à son droit ; mais, même si je lui causé préjudice, je ne suis pas responsable envers lui si je ne porte pas atteinte à un droit (situation du possesseur de bonne foi, que sa croyance peut même rendre créancier), (en ce sens E. Lévy, *Responsabilité et contrat* ; en sens contraire : Josserand, *De l'abus des droits*, pp. 79 et s.).

II. — ACTE DE SIMPLE TOLÉRANCE.

Les facultés légales, inhérentes au droit de propriété (en l'espèce un certain nombre d'ouvertures pratiquées dans un mur séparant des domaines) sont imprescriptibles, et ce qui n'a été concédé qu'à titre de tolérance à un voisin ne saurait être acquis par prescription même au profit d'un acquéreur de bonne foi (Cour d'appel de Besançon, 12 déc. 1906, *Gazette des tribunaux*, 19 mars 1907 ; Cf. Planiol, *Tr. de droit civil*, t. I, n° 1502 ; Dalloz, *nouv. Code civil annoté*, article 690, n°s 611 et 612).

E. Lévy.

D. — **Successions et donations.**

Par M. EUSTACHE PILON,
Doyen de la Faculté de droit de l'Université de Lille.

1. — *Conditions d'exercice et de durée de l'action en nullité des dispositions testamentaires prévues par l'article 911 du Code civil.*

L'édit d'août 1749 édictait la nullité des actes faits au profit des communautés non autorisées, « nonobstant toute prescription ». Cette disposition est-elle encore en vigueur ?

La Cour de Paris, par arrêt du 26 juill. 1898, a répondu négativement. Il s'agissait d'une action en nullité dirigée contre les membres d'une communauté non autorisée, aux fins de faire annuler les dispositions d'un testament fait par personne interposée.

Le tribunal de Tours, par jugement du 23 juin 1891, ayant

fait droit à cette demande, les membres de la communauté rendirent compte. Les héritiers auxquels ce compte était rendu le contestèrent, soutenant que le compte de gestion devait remonter à 1842, date à laquelle était entrée en religion la testatrice, qui avait légué, par personne interposée, à la communauté dont elle faisait partie.

La communauté au contraire prétendait n'avoir à rendre compte que des biens composant la succession de la défunte à son décès, et détenus par elle en vertu du testament annulé. La Cour de Paris, dans l'arrêt précité, fit droit à cette prétention. Et sur pourvoi, invoquant notamment l'article 9 de l'édit d'août 1749, la Cour de cassation a jugé dans le même sens (Cass. civ., 16 avr. 1907, *Gaz. Pal.*, 27 avr. 1907).

Si, dispose cet arrêt, les héritiers de la défunte sont fondés à réclamer contre les religieuses membres de la congrégation non autorisée de P., les sommes dont la testatrice avait disposé de son vivant contrairement aux prohibitions de l'article 911 du Code civil, ils ne peuvent les en rendre comptables que de la manière dont la testatrice eût pu le faire elle-même, c'est-à-dire en rapportant la preuve tant de l'existence des actes de libéralité que de leur caractère illicite. Et l'action tendant à établir cette double preuve se prescrit par trente années conformément à la règle générale inscrite dans l'article 2262 du Code civil.

Sans doute, l'article 9 de l'édit d'août 1749 prononçait la nullité, nonobstant toutes prescriptions, des actes ou dispositions au profit des communautés non autorisées. Mais « cette imprescriptibilité n'a pas été reproduite sous le régime du Code civil »; sous ce régime, l'exercice des actions en reddition de compte et en répétition de sommes d'argent, même lorsqu'elles sont fondées sur l'article 911 du Code civil, est soumis à la règle générale de la prescription extinctive qui s'accomplit par trente années.

Et si la loi du 1er juill. 1901 a dérogé à cette règle pour le cas spécial prévu par l'article 1857 de ladite loi, cette disposition n'est susceptible, à aucun point de vue, de recevoir son application dans un procès jugé le 26 juill. 1898.

2. — *Un tombeau de famille doit-il revenir aux héritiers ab intestat de la personne qui a obtenu la concession, à l'exclusion des légataires universels institués par cette personne?*

Nous avons déjà signalé dans cette *Revue* (1904, p. 902), un arrêt de la Cour de Toulouse du 25 août 1904, qui, sur cette question, répond que le tombeau de famille n'est pas compris *ipso*

facto dans la masse successorale revenant aux légataires universels ; que la propriété du caveau de famille est transférée aux
successeurs *ab intestat*, à l'exclusion des légataires universels.
Un pourvoi formé contre cet arrêt a été admis par la Chambre
des requêtes (Req., 30 mai 1905, *Gaz. trib.*, 1er juin 1905).

Or, deux nouvelles décisions, l'une du tribunal de Marseille,
du 17 nov. 1906, l'autre, sur appel, de la Cour d'Aix, du 17 avr.
1907 (rapportées dans *Gaz. trib.*, 26 avr. 1907), témoignent des
mêmes hésitations. Le tribunal de Marseille avait jugé dans le
sens de l'arrêt de la Cour de Toulouse précité. La Cour d'Aix a
réformé.

Il est à remarquer que les deux thèses sont d'accord sur un
point, à savoir que la propriété d'un tombeau de famille est une
propriété d'une nature spéciale, avec affectation déterminée, placée en dehors du commerce ; la Cour de Toulouse en concluait
que « par conséquent elle était intransmissible par le seul fait
du legs universel ».

Mais si la propriété du tombeau n'est pas transmise par le seul
fait du legs universel, ne peut-on pas cependant trouver dans les
circonstances de la cause et surtout dans la volonté présumée du
concessionnaire que le légataire universel doit recevoir la propriété du tombeau à l'exclusion des héritiers du sang ?

C'est, ce semble, le point de vue auquel s'est placée la Cour
d'Aix. Dans l'espèce qui lui était soumise, la concessionnaire du
tombeau avait fait graver sur la pierre tombale uniquement le
nom de son mari décédé. D'autre part, elle lègue tous ses biens à
une nièce de son mari. Et alors l'arrêt conclut ceci : « en trans-
mettant tous ses biens à la nièce de son mari la défunte ne pouvait donner une preuve plus éclatante de son ferme dessein de
regarder la famille de son mari comme sa famille en quelque
sorte exclusive ; elle n'a jamais pu prévoir — ce qui, sans doute,
explique son silence sur ce point dans son testament, — que le
tombeau qui porte le nom de son mari, où reposait son mari et
où elle devait le rejoindre…, servirait uniquement aux représentants de sa propre famille ; et dans ces conditions la prétention
des légataires doit être admise, comme consacrant, dans le
domaine des intérêts les plus respectables, la volonté persistante
d'une testatrice qui avait reporté ses affections, comme toutes ses
préférences, en dehors de son hérédité naturelle ».

3. — *Est nulle la donation entre-vifs qui a une cause illicite.*
Deux époux ont fait une convention sous seing privé, por-

tant que la séparation de corps entraînant la séparation de biens existait désormais entre eux avec tous les effets attachés à la séparation judiciaire. Comme suite à cette convention, ils avaient fait un règlement de leurs intérêts respectifs, et, pour assurer l'exécution de leurs conventions pendant leur vie, ils ont fait une donation réciproque au profit du survivant. Cette donation est-elle nulle comme ayant une cause illicite et à savoir : la convention de séparation amiable, laquelle est incontestablement nulle, comme contraire aux articles 307 et 1443 du Code civil ?

Cassant un arrêt de la Cour d'appel de Rennes du 27 avr. 1903, la Chambre civile s'est prononcée pour la nullité de la donation. — Cass. civ., 23 janv. 1907, *Gaz. Trib.*, 2 févr. 1907.

Il est intéressant de remarquer que cet arrêt s'ajoute à la série déjà nombreuse des décisions judiciaires qui, abandonnant la théorie classique sur la cause, font empiéter, en vue d'une plus fréquente annulation des actes ayant un caractère illicite, le domaine de la cause sur celui des motifs. La cause d'une donation n'est plus seulement l'*animus donandi*, c'est aussi le motif que le disposant a eu principalement en vue. Et l'on appliquera l'article 1131 aussi bien aux donations qu'aux dispositions à titre onéreux. La Cour de cassation le proclame sans ambages : « Vu l'article 1131 du Code civil, porte l'arrêt précité ; Attendu que par application de ce texte les dispositions à titre gratuit sont nulles, comme les dispositions à titre onéreux, quand elles reposent sur une cause illicite ».

E. Pilon.

NOTES PARLEMENTAIRES
DE DROIT CIVIL ET DE PROCÉDURE CIVILE

A. — France.

Par M. Paul Lerebours-Pigeonnière,

Professeur adjoint à la Faculté de droit de l'Université de Rennes.

I. — Personnes et droits de famille.

a) Femmes mariées.

1. — *Suppression de l'incapacité légale de la femme mariée.*

La proposition suivante a été déposée le 27 novembre 1906 à la Chambre des députés par M. Charles Beauquier et quelques autres députés (1).

« *Article unique.* — L'incapacité légale de la femme mariée est abolie.

Les articles 215, 217, 218, 219, 221, 222, 224 et 225 du Code civil sont abrogés, ainsi que toutes les dispositions contraires à la présente loi. »

La proposition est précédée d'un exposé des motifs très succinct où se trouvent mentionnées d'une façon très incomplète et très sommaire les législations étrangères (le Code civil allemand n'est pas invoqué). Il est fâcheux que la proposition ne soit pas plus étudiée et plus complète. La question de l'incapacité de la femme mariée ne pourra manquer d'être discutée devant la Com-

---

(1) S. E., 1906, annexe n° 479, p. 178.

mission extraparlementaire de la révision du Code civil, il n'y aurait point d'inconvénient à ce qu'elle fût étudiée en même temps par une Commission parlementaire. Mais je crois la question complexe. Elle a des points de contact et des répercussions, elle est liée à la conception des régimes matrimoniaux ; la proposition de M. Beauquier n'ouvrirait pas assez largement la discussion.

b) **Divorce.**

2. — *Du divorce et de la séparation de corps par consentement mutuel.*

M. le député Maurice Viollette a déposé le 8 févr. 1907 le rapport favorable de la Commission sur la proposition de loi Louis Martin (V. *suprà*, 1906, p. 187, n° 3, p. 945, n° 5) (*J. O.*, Doc. parl., Ch., S. O., 1907, annexe n° 749, p. 123). La Commission adopte la proposition Martin, mais elle a porté son examen au delà, elle a consulté la proposition Morlot (*suprà*, 1906, p. 945, n° 7) et le texte qu'elle soumet à la Chambre a été minutieusement revisé.

3. — Le rapport de M. Viollette prétend d'abord préciser l'esprit de la proposition et établir que cet esprit est celui même du Code de 1804. La portée de l'article 233 du Code civil a été de la part de mon savant collègue M. Chauveau (Collection Baudry-Lacantinerie, *Des personnes*, III, n° 6) l'objet d'une interprétation que M. Viollette répudie. M. Chauveau admet que, dans l'esprit des rédacteurs du Code civil et d'après la lettre même de l'article 233, le divorce par consentement mutuel n'était qu'une modalité du divorce pour cause déterminée et que la maxime *quæ consensu contrahuntur consensu contrario perenut* restait condamnée. Malgré les contradictions et les équivoques des travaux préparatoires, cette interprétation me paraît à moi aussi certaine; le Code civil consentait seulement à *pré-sumer* en cas de divorce par consentement mutuel une cause péremptoire déterminée (Le livre du Centenaire du Code civil, I, p. 280). M. Viollette qui, en rétablissant l'article 233, veut lui donner un autre sens, conteste au contraire cette interprétation. Le divorce par consentement mutuel consacre pour lui le droit des époux de rompre le mariage par leur simple volonté, pourvu que la volonté des deux époux soit concordante et persistante.

Cette discussion de principe qui ouvre le rapport de M. Viollette n'est pas superflue, les tendances qu'elle révèle justifient les modifications apportées au texte du Code civil de 1804, modications qui, tout en restant des modifications de détail, sont plus profondes dans le texte de la Commission que dans la proposition Martin. Elles justifient, d'autre part, une innovation importante proposée par la Commission, à savoir l'établissement de la séparation de corps par consentement mutuel aux mêmes conditions que le divorce.

4. — La Commission rétablit les dispositions du Code civil relatives au divorce par consentement mutuel qui paraissent propres à garantir que la volonté de divorcer des conjoints est une volonté sérieuse, mûrie, inébranlable, elle les aggrave au besoin.

En conséquence, elle admet que ce divorce ne soit admissible qu'au bout de trois ans de mariage, sinon il n'y aurait pas une expérience suffisante pour admettre une volonté réfléchie. Ici la Commission enchérit même sur le Code civil qui permettait la demande du divorce par consentement mutuel après deux ans de mariage.

La Commission maintient l'âge de vingt-cinq ans au moins par le mari et de vingt et un ans pour la femme, dans la crainte surtout qu'en raison du service militaire, le divorce demandé avant cet âge ne le soit par des époux qui viennent d'être séparés par les exigences militaires, n'ayant donc pas une volonté fondée sur une expérience suffisante.

La Commission rétablit les dispositions exigeant que les époux se soient mis préalablement d'accord sur l'inventaire et la liquidation de leurs biens ainsi que sur la garde des enfants, la pension alimentaire et la résidence de la femme pendant la procédure (plus sévère sur ce dernier point que la proposition Morlot, *suprà*, 1906, p. 946). Ces dispositions garantissent, en effet, une volonté inébranlable de divorcer : « il faudra vraiment pour qu'ils arrivent à se mettre d'accord, dit M. Morlot, une bien ferme volonté de divorcer ».

La Commission exige quatre comparutions personnelles (au lieu de cinq), devant le président du tribunal civil, mais à six mois d'intervalle au moins, et elle veut que ces comparutions soient demandées par les parties elles-mêmes, le rapprochement résultant de ces comparutions et de leur fixation entre les parties devant être une occasion d'éprouver le caractère de la volonté de divorcer des époux.

La Commission en imposant six mois d'intervalle entre les comparutions élève de un an à deux ans de délai d'épreuve prévu par le Code civil de 1804 : cela est conforme à son esprit, qui est d'exiger la manifestation d'une volonté sérieuse.

5. — Au contraire, la Commission rejette toutes les conditions qui s'expliquaient surtout dans le Code civil par cette idée que le consentement mutuel implique une cause déterminée de divorce et dispense seulement les parties de faire connaître cette cause pour éviter la malignité publique.

Ainsi la Commission maintient l'abrogation de l'article 278, qui rendait nécessaire l'autorisation des parents ou ascendants suivant les règles établies par l'article 150 du Code civil. Sans doute l'article 150 vient d'être modifié et le pouvoir d'intervention des parents restreint (Sénat, séance du 7 mai 1907). Mais en matière de divorce cette intervention avait, je le crois, un but spécial : les parents jouaient en quelque sorte le rôle de ce tribunal de famille dont le droit révolutionnaire avait eu l'idée, tribunal de famille qui devait apprécier et attester, par son autorisation, l'existence de cette cause déterminée de divorce que dans l'intérêt de la famille on ne divulguait pas en dehors de la famille. Le maintien de l'abrogation de l'article 278, me paraît la conséquence logique d'une conception nouvelle du divorce par consentement mutuel.

La Commission ne rétablit pas davantage l'article 277, d'après lequel le divorce par consentement mutuel ne pouvait plus être demandé après vingt ans de mariage, ni lorsque la femme aurait quarante-cinq ans. Dans la pensée des rédacteurs du Code civil, évidemment, le divorce n'est plus justifié au bout de longues années de mariage, c'est pour cela qu'il doit être écarté. Mais le raisonnement est contestable ; on pourrait aussi bien soutenir qu'après un certain temps de mariage et un certain âge des époux, le divorce ne peut plus être capricieux, et qu'il doit au contraire se fonder sur la cause la plus grave, dissimulée sans doute jusqu'à l'établissement des enfants. Quoi qu'il en soit, la Commission étant étrangère, au fond, à cet ordre de préoccupation, de toutes manières l'article 277 (déjà abandonné par la Chambre des députés en 1882), ne devait pas être rétabli.

La Commission écarte de même deux textes plus importants et qui contribuaient beaucoup à donner au système du Code civil sa vraie physionomie : elle ne propose plus de défendre aux époux divorcés de contracter un nouveau mariage avant trois ans du prononcé du jugement, elle ne propose plus d'ordonner l'attribution de la moitié de la nue propriété des biens des époux à leurs enfants. La première disposition empêchait les époux de détourner le divorce par consentement mutuel de son but en y recourant en dehors du cas d'une cause déterminée, uniquement pour rompre un premier mariage, ayant cessé de plaire, en vue de nouveaux liens. La seconde disposition accentuait cette garantie en imposant un sacrifice qui devait faire contrepoids à des raisons de divorce fondées sur le pur sentiment, le caprice.

Je mentionne seulement pour finir que la Commission écarte des comparutions aussi bien la présence de notables que celle de deux notaires : là-dessus tout le monde serait d'accord.

6. — *Conversion de la séparation de corps en divorce.*

Le Sénat a voté en 1896, les 16 et 23 novembre, une proposition qui lui était envoyée par la Chambre et qui tendait à rendre obligatoire pour le juge la conversion de la séparation de corps en divorce demandée après trois ans de séparation, mais il a modifié le texte de la Chambre de telle sorte que la conversion n'est plus déclarée de droit que si elle est demandée par l'époux ayant obtenu la séparation. La Commission nommée par la Chambre nouvelle, saisie de cette proposition en suspens, a repris le texte de la Chambre de 1893 et chargé M. Maurice Viollette d'un rapport favorable [1] sur une rédaction différente de celle du Sénat et ainsi conçue :

Article unique. — Le premier paragraphe de l'article 310 du Code civil est ainsi rédigé :

« Lorsque la séparation de corps aura duré trois ans, le jugement sera de droit converti en jugement de divorce, sur la demande formée par l'un des époux. Le tribunal déclarera, en conséquence, que le jugement de séparation vaut comme jugement de divorce. La partie contre laquelle le divorce sera ainsi prononcé, sera condamnée aux dépens ».

Ce texte a été discuté et adopté par la Chambre, le 24 janvier 1907 (*J. O.*, S. O., 1907, p. 146). MM. de Castelnau, Lasies, Massabuau, Lerolle, ont essayé de le combattre. Ils ont fait valoir que la volonté de l'époux coupable ne pouvait imposer le divorce à l'époux qui remplissait ses devoirs sans constituer une sorte de répudiation. Ils ont fait observer que la séparation de corps avait été introduite en considération de l'époux remplissant tous ses devoirs mais ayant à se plaindre de son conjoint et que des

(1) Rapport du 12 nov. 1906, Doc. Parl., S. E., 1906, annexe n° 417, p. 111.

raisons religieuses empêcheraient de solliciter le divorce; or, la séparation de corps, en fait, ne sera plus moralement accessible à cet époux catholique si elle conduit au divorce. Ils ont fait observer du moins qu'avec le texte de la Chambre elle se retournerait contre l'époux victime, qui ne voudrait pas accepter la solution du divorce. Ces raisons ne devaient pas exercer d'influence sur la Chambre parce qu'elles se réfèrent à une conception morale, sociale et juridique du mariage dont la majorité de la Chambre s'éloigne toujours davantage au fur et à mesure qu'elle accueille des propositions accentuant l'évolution de la notion de divorce. Le rapporteur a fait approuver cette thèse qu'un conjoint ne pouvait imposer à l'autre une séparation perpétuelle, et que si les torts persistants de ce dernier empêchent la réconciliation, le divorce s'impose moralement et socialement comme le seul moyen de transformer la conduite fautive du coupable en conduite régulière. Pour moraliser l'époux coupable de violer la loi du mariage, il faut dissoudre ce mariage. Le rapporteur et la Chambre ont cru écarter toute objection d'injustice en déclarant que le jugement de conversion en divorce serait aux torts de l'époux qui aurait déjà entendu prononcer la séparation de corps à ses torts. L'époux aux torts de qui la séparation avait été originairement prononcée paierait également les frais du jugement de conversion.

La proposition ainsi votée implique une appréciation défavorable de la séparation de corps; aussi ne faut-il pas s'étonner que M. Adrien Weber ait aussitôt déposé un contre-projet tendant à la suppression de la séparation de corps. Le rapporteur a seulement déclaré ce contre-projet prématuré et obtenu son renvoi à la Commission.

7. — *Abolition de l'institution de la séparation de corps.*

M. le député Adrien Weber demande à la Chambre des députés de poursuivre le « but de moralité et de laïcisation » envisagé au moment du rétablissement du divorce en abrogeant les textes relatifs à la séparation de corps, maintenue seulement en raison de « scrupules religieux » (Prop. du 15 janv. 1907, *J. O.*, Doc. parl., Ch., S. O., 1907, annexe n° 660, p. 54).

8. — *Procédure en matière de divorce.*

M. Maurice Viollette, constatant que les procès de divorce sont trop souvent considérés par la curiosité publique comme un spectacle, propose à la Chambre, pour éviter cette affluence malsaine aux débats scandaleux, d'interdire les audiences publi-

ques en matière de divorce. Proposition difficile à critiquer mais
qui constituerait pour les divorces une facilité nouvelle, pour la
complaisance des tribunaux une sorte d'encouragement. Voici
la teneur du texte [1] :

« *Art. 1er.* — Modifier ainsi qu'il suit l'article 239 du Code civil,
premier paragraphe : au lieu des mots « la cause est instruite
et jugée dans la forme ordinaire », mettre « la cause est instruite
et jugée en chambre du conseil ».

Art. 2. — Modifier ainsi qu'il suit l'article 248, troisième
paragraphe : au lieu des mots « la cause s'instruit à l'audience
ordinaire », mettre « la cause s'instruit en chambre du conseil ».

9. — *Du délai de viduité imposé à la femme divorcée
voulant contracter un nouveau mariage.*

M. Maurice Raynaud a déposé à la Chambre le 15 déc.
1906 une proposition ayant le même objet, le même esprit que la
proposition Louis Martin analysée *suprà*, 1906, p. 189, n° 5,
p. 948, n° 9 : elle en diffère en ce qu'elle fait remonter plus haut
encore dans le passé le point de départ du délai de viduité
imposé à la femme qui se remarie (*J. O.*, Doc. parl., Ch., S. E.,
1906, annexe n° 565, p. 278). Cette nouvelle proposition a
obtenu de la Commission un ordre du jour rapproché, de sorte
qu'elle a été déjà favorisée d'un rapport (confié à M. Raynaud)
concluant à l'adoption avec quelques modifications de détail (24
janv. 1907, *J. O.*, S. O., 1907, annexe n° 688, p. 77) [2]. Voici
la teneur du texte de la Commission :

Art. 1er. — L'article 296 du Code civil est supprimé et remplacé par la disposition suivante :

« La femme divorcée pourra se remarier aussitôt après la transcription du jugement ou de l'arrêt ayant prononcé le divorce, si
toutefois il s'est écoulé plus de trois cents jours depuis la séparation effective des époux, dûment constatée.

« Cette constatation résultera :

« 1° De l'ordonnance de non-conciliation, si les époux ont
déjà une résidence séparée ;

« 2° A défaut d'une constatation expresse dans l'ordonnance,
d'un procès-verbal constatant l'exécution de ladite ordonnance,
en ce qui concerne la séparation de résidence ».

[1] *J. O.*, Doc. Parl., S. E., 1906, annexe n° 521, p. 235.
[2] Cf. *J. O.*, Doc. parl., Chambre, S. O., 1907, p. 158, 3e col., paragraphe
additionnel proposé par M. Saint-Martin.

Art. 2. — L'article 297 est remplacé par la disposition ci-après :

« La femme qui sera divorcée par une décision convertissant en divorce une séparation de corps, conformément à l'article 310 du Code civil, pourra contracter un nouveau mariage aussitôt après la transcription de cette décision ».

J'observerai de nouveau qu'il eût été utile de s'expliquer au sujet de la filiation de l'enfant qui naîtrait, après le mariage de la femme divorcée, moins de 300 jours après le divorce, et de modifier l'article 313 du Code civil, qui admet en pareil cas le désaveu de l'ancien mari divorcé : ce désaveu ne devrait plus avoir à intervenir.

c) Légitimation.

10. — *Légitimation des enfants incestueux ou adultérins.*

MM. Maurice Viollette et Steeg ont déposé le 30 nov. 1906, à la Chambre des députés, une proposition « tendant à la modification de l'article 331 du Code civil en ce qui concerne les enfants adultérins », proposition qui leur a été inspirée par l'abrogation de l'article 298 du Code civil et qui est présentée par eux comme une conséquence toute simple et naturelle de cette abrogation (S. E., 1906, annexe n° 494, p. 203). Les honorables législateurs observent que la jurisprudence de la Cour de cassation admet la légitimation des enfants nés d'un commerce incestueux, lorsque les parents obtiennent la dispense nécessaire pour contracter mariage malgré leur parenté ou leur alliance. La dispense fait en quelque sorte disparaître le caractère incestueux du commerce, de la filiation. D'après MM. Viollette et Steeg, la loi, en abrogeant l'article 298 qui prohibait le mariage entre l'époux divorcé pour cause d'adultère et son complice, accorde en quelque sorte une dispense légale, une autorisation légale de mariage aux parents ayant eu ensemble un commerce adultérin ; dès lors, disent-ils, cette dispense doit avoir, à l'égard des enfants nés de ce commerce, l'effet rétroactif que la jurisprudence reconnaît à la dispense présidentielle donnée aux parents incestueux, à l'égard des enfants nés auparavant de leurs relations. Le droit accordé aux parents de régulariser leur union emporte le droit de régulariser la situation des enfants.

La Commission de la Chambre a pleinement approuvé ce raisonnement et elle a chargé M. Viollette du rapport. Le rapport plus développé ne contient cependant rien d'essentiel en plus du raisonnement que je viens de résumer. Il insiste seulement davantage sur ce fait que l'intérêt des enfants, innocents de la faute commise, justifie mieux que toute autre raison l'abrogation de l'article 298, mais si l'intérêt des enfants a amené le législateur à permettre dans la loi du 15 déc. 1904 aux parents adultères de se marier, pour donner un foyer à la famille qu'ils ont créée, l'intérêt des enfants doit à plus forte raison commander au législateur de laisser régulariser cette famille. Le mariage des amants adultères n'a plus guère de raison d'être s'il ne légitime pas leurs enfants : alors le concubinage suffisait (S. O., 1907, annexe n° 629, p. 19). La Commission de la Chambre s'est bornée à modifier la proposition Viollette-Steeg, d'une part, en étendant la suppression introduite dans le texte de l'article 331 aux enfants incestueux, conformément à la jurisprudence en vigueur, puisque l'esprit de la proposition est de traiter de la même manière les enfants adultérins et les enfants incestueux; d'autre part en insérant une disposition transitoire permettant aux amants adultères déjà mariés de légitimer dans un délai de deux ans leurs enfants adultérins par une déclaration devant l'officier de l'état civil de leur domicile.

Je remarque que d'après un rapport supplémentaire de M. Viollette (S. O., 1907, annexe n° 732, p. 107) l'officier de l'état civil du domicile a été choisi pour recevoir les déclarations, afin que les personnes habitant l'étranger aient toute facilité de bénéficier du texte proposé. La conception du législateur ne me paraît pas ici très nette. Les époux habitant l'étranger peuvent n'avoir plus en France de domicile de fait; le texte veut sans doute attribuer compétence à l'officier de l'état civil du dernier domicile (dont la compétence est préférable, en effet, pour les Français à l'étranger, à la compétence de l'officier de la commune où le mariage a été célébré, le mariage ayant pu être célébré à l'étranger). Mais le texte rapproché de l'exposé des motifs semble exclure la compétence d'une autorité étrangère à l'égard des Français habitant l'étranger; il paraît ne pas admettre que la déclaration, ouverte par faveur pendant deux ans, puisse être faite ailleurs qu'en France.

11. — Quoi qu'il en soit, voici le texte définitif soumis à la Chambre :

Art. 1er. — Le premier paragraphe de l'article 331 du Code civil est modifié ainsi qu'il suit :

« Les enfants nés hors mariage pourront être légitimés par le mariage subséquent de leurs père et mère, lorsque ceux-ci les auront légalement reconnus avant leur mariage ou qu'ils les reconnaîtront dans l'acte même de célébration.

Art. 2. — Dans le délai de deux ans, à partir de la promulgation de la présente loi, les enfants nés d'un commerce adultérin, qui n'ont pu être légitimés par le mariage subséquent de leurs père et mère, pourront être l'objet d'une reconnaissance qui emportera légitimation.

Cette légitimation aura lieu devant l'officier de l'état civil du domicile des deux conjoints. Mention en sera faite en marge des actes de mariage et de naissance ».

12. — La proposition ainsi présentée me paraît appeler immédiatement une objection. Le rapprochement que l'on veut établir entre les enfants adultérins et les enfants incestueux n'est pas exact. J'entends dire que le raisonnement appliqué à ces derniers ne convient pas pour les premiers, et que si on veut admettre la légitimation des uns et des autres, il ne faut pas se dissimuler que la légitimation est plus délicate dans un cas que dans l'autre.

13. — Dans le Code civil, l'adultère ne constituait un empêchement au mariage avec le complice que pour l'époux divorcé. Une femme condamnée pour adultère, sur la plainte de son conjoint, devant la juridiction correctionnelle, pouvait néanmoins contracter mariage avec son complice, si la mort de son mari la rendait libre des liens du premier mariage, si elle était débarrassée de son conjoint non par le divorce, mais par la mort. Cependant jamais, dans ce cas, on n'a songé à permettre au moment du second mariage la légitimation d'enfants adultérins que le père décédé aurait désavoués. La femme dont les enfants ont été désavoués n'a jamais été admise, après la mort de son mari, à réintroduire ces enfants dans sa famille légitime en les faisant reconnaître, avant son second mariage, par son second mari. Le cas est donc tout différent de celui des enfants incestueux.

La rétroactivité de la dispense a pu facilement être reconnue par la jurisprudence au profit des enfants incestueux, car les raisons de la dispense sont valables pour le passé comme pour l'avenir. La dispense accordée aujourd'hui aurait pu être aussi bien donnée plus tôt si elle avait été demandée. La tache originelle qui pesait sur les enfants, provenant de la parenté ou de l'alliance de leurs parents, est effacée, dès lors que le chef de l'É-

tat, investi de ce pouvoir par la loi, déclare que la parenté ou
l'alliance ne sont pas, dans les circonstances, un obstacle à une
union morale, et qu'au contraire les amants irréguliers peuvent
très moralement et légitimement s'unir malgré leur parenté ou
leur alliance.

Au contraire la dissolution d'une ou de deux unions légitimes
qui peut permettre aux amants adultères, engagés d'abord dans
ces premiers mariages, de s'unir ensuite régulièrement entre
eux, ne peut constituer un moyen de légitimation que pour l'avenir, mais non pour le passé. Ou du moins, il faut faire appel à
des arguments nouveaux pour justifier qu'elle puisse être une
cause de légitimation remontant dans le passé. Parce que le mariage est devenu possible aujourd'hui entre ces amants qui hier
étaient adultères, il ne s'ensuit pas qu'il eût pu être possible
hier. La loi du 15 déc. 1904, abrogeant l'article 298, signifie que
les amants rendus libres par le divorce pourront dans l'avenir
fonder un foyer légitime, elle ne peut pas couvrir le passé, elle
n'implique pas que le passé ne doit plus paraître irrégulier.

14. — Lorsque la proposition Viollette-Steeg a été mise en
délibération devant la Chambre, dans la séance du 18 févr. 1907
(Déb. parl., S. O., 1907, p. 377), l'urgence a cependant été déclarée sans discussion et le principe de la disposition nouvelle
n'a pas rencontré de contradiction. C'est que, si l'analogie établie
par le rapporteur manque de base, il est une autre raison que
chacun sentait confusément devoir entraîner une évolution légis-
tive. Le divorce est aujourd'hui, après l'abrogation de l'article
298 (il sera demain davantage encore après le vote du divorce
par consentement mutuel), le moyen offert aux amants adultères
pour mettre fin à l'irrégularité de leur situation. Je veux dire
que l'époux qui veut changer d'union peut amener son conjoint,
par son adultère même, à demander le divorce : ce divorce, en
droit, paraît encore être une sorte de sanction contre l'époux
adultère — il est prononcé à ses torts —; en fait ce n'est plus
une sanction, en fait c'est une procédure qui libère également
les deux parties d'une situation qui, pour des raisons différentes,
leur est devenue désagréable. Quand le rétablissement du divorce
par consentement mutuel aura été voté, il suffira à l'époux adultère d'avouer son infidélité pour obtenir le consentement de son
conjoint au divorce et régulariser aussitôt après son nouveau
commerce. L'article 298 n'a été abrogé, à la suite de ce changement dans le caractère du divorce, que pour permettre au divorce

de réaliser son entier effet, qui est aujourd'hui de conduire à un changement d'union, qui est de transformer un commerce adultère irrégulier en un commerce régularisé par un nouveau mariage.

Dès lors, cette possibilité d'un divorce suivi d'un remariage avec le complice, je ne dis pas supprime, mais masque, en fait, l'obligation de fidélité entre époux. La légitimation des enfants adultérins, que ne peut justifier la seule autorisation de mariage donnée aux parents, n'aurait pu sembler désirable à la Chambre des députés, si l'évolution du divorce n'avait conduit à considérer cette autorisation, en quelque sorte comme l'une des raisons d'être du divorce et si, en conséquence, l'intérêt de la création d'un nouveau foyer normal n'avait obtenu la préférence sur l'intérêt de la fidélité entre époux.

15. — Quoi qu'il en soit, bien que cet obstacle à la légitimation des enfants adultérins — la contradiction qu'elle inflige à l'obligation de fidélité — n'ait pas été directement opposé devant la Chambre, il a néanmoins suscité une intervention de MM. Lasies et Paul Beauregard en vue d'une atténuation de la portée de la proposition.

M. Beauregard a clairement démontré que la légitimation des enfants adultérins ne pouvait être admise qu'avec des restrictions et que, si on la prononçait au mépris de la fidélité entre époux, on devait du moins empêcher qu'elle ne porte atteinte aux droits successoraux des enfants légitimes nés de la première union. Chaque époux en se mariant s'engage à observer la fidélité envers son conjoint non seulement en considération d'un sentiment moral mais encore pour garantir à son conjoint que les enfants nés du mariage n'auront point à partager leurs droits héréditaires avec les enfants nés d'une autre union pendant la durée du mariage. L'intérêt des enfants légitimes du premier mariage comme le respect des droits promis au premier conjoint pour les enfants qui naîtraient de lui, interdisent de diminuer la situation pécuniaire des enfants légitimes du premier mariage au profit d'enfants adultérins. M. Lasies voulait, en conséquence, contraindre les parents des enfants adultérins à abandonner chacun la moitié de leurs biens aux enfants légitimes qu'ils pouvaient avoir, lorsque l'adultère avait eu lieu en violation des droits de ces enfants (Cf. art. 305, C. civ.). M. Beauregard demandait le renvoi de la proposition à la Commission. La Chambre, sous le prétexte, donné par le rapporteur, que la modification pourrait être introduite lors de la discussion du divorce par consentement mutuel (bien que la proposition Viollette-Steeg soit applicable dans le cas de prédécès du conjoint de l'un des parents adultères comme dans le cas de divorce, bien qu'elle ne soit pas davantage restreinte au cas éventuel de divorce par consentement mutuel), a refusé de suivre les indications de MM. Lasies et Beauregard.

16. — La proposition a donc été votée. M. Arthur Groussier aurait voulu la compléter en apportant un changement de rédaction dans l'article 335. Il a relevé une contradiction entre l'article 335, qui interdit la reconnaissance des enfants adultérins ou incestueux, et l'esprit et la lettre de la rédaction proposée pour l'article 331, qui admet la légitimation des enfants reconnus fussent-ils adultérins ou incestueux. Pour être légitimés les enfants adultérins ou incestueux doivent être reconnus. Le vote de la proposition Viollette doit donc entraîner une réforme de l'article 331. Je crois que M. Groussier avait raison. La réforme n'est pas utile pour les enfants incestueux, qui cessent d'être incestueux dès lors qu'il y a dispense pour les parents ; elle serait utile pour les enfants adultérins, qui demeurent adultérins après que leurs parents sont devenus libres. M. Beauregard proposait d'introduire dans l'article 335 une disposition telle que celle-ci : « sous réserve des dispositions de l'article 331 ». Mais le rapporteur — sous l'influence de l'assimilation entre les enfants adultérins et les enfants incestueux qu'il voit absolue — a déclaré inutile la modification de l'article 335. M. Groussier n'a pas insisté et le texte de la Commission a été voté sans changements.

d) Enfants assistés.

17. — *Algérie.*

Un décret du 6 mars 1907 (*J. O.* du 9 mars 1907) rendu en exécution de l'article 61 de la loi du 27 juin 1904 détermine les conditions d'application à l'Algérie de la législation sur les enfants assistés.

18. — *Obligations des établissements de bienfaisance privée à l'égard des assistés.*

Je relève dans le projet de loi sur le contrôle des établissements de bienfaisance privée les articles suivants qui intéressent la condition personnelle ou la condition pécuniaire des mineurs assistés :

« *Art. 4.* — Le directeur doit tenir un registre, coté et paraphé par le juge de paix, sur lequel sont consignées les indications relatives à l'identité des assistés, ainsi que la date de leur entrée et de leur sortie.

Art. 5. — Le directeur de tout établissement où sont recueillis des mineurs est tenu de leur donner ou faire donner un enseignement suffisant pour les mettre en état d'exercer les professions ou les métiers mentionnés par lui dans la déclaration prescrite par l'article 2.

Art. 6. — Tout établissement où sont retenus des mineurs est tenu, lorsque ceux-ci sont âgés de quatorze ans et employés à des travaux de quelque nature qu'ils soient, exécutés au profit dudit établissement, d'opérer sur ses ressources un prélèvement fixé par journée de travail au minimum ci-après :

5 centimes par assisté de quatorze à quinze ans ;

10 centimes par assisté de quinze à seize ans ;

15 centimes par assisté de seize à dix-sept ans ;

20 centimes par assisté de dix-sept à dix-huit ans ;

30 centimes par assisté de dix-huit à vingt et un ans.

Le nombre des journées de travail donnant lieu aux prélèvements est fixé à 300 par année.

Les prélèvements ne sont obligatoires qu'un an après l'entrée de l'assisté dans l'établissement.

Ils cessent d'être exigibles :

1° En cas d'évasion ou de retrait de l'assisté ;

2° En cas de maladie constatée par un certificat médical visé par l'inspecteur départemental ;

3° A l'égard des assistés idiots, épileptiques, infirmes ou reconnus impropres au travail par l'inspecteur départemental sur la production d'un certificat médical.

Les assistés mineurs de treize ans ne peuvent être employés, en dehors des heures de classe, qu'à des travaux domestiques ou d'enseignement professionnel.

Art. 7. — Les prélèvements mentionnés à l'article précédent sont affectés partie à la formation d'un fonds commun, partie à la constitution de pécules individuels dans la proportion ci-après :

Pour les assistés de quatorze à quinze ans, la totalité au fonds commun ;

Pour les assistés de quinze à seize ans, deux tiers au fonds commun, un tiers au pécule ;

Pour les assistés de seize à dix-huit ans, trois cinquièmes au fonds commun et deux cinquièmes au pécule ;

Pour les assistés de dix-huit à vingt et un ans, demi au fonds commun, demi au pécule.

Le fonds commun est destiné à donner des primes ou gratifications aux assistés en récompense de leur travail, et à payer les frais de leur trousseau. Ces gratifications peuvent leur être remises directement, à la charge par le directeur d'en justifier l'emploi par ses livres.

Les sommes revenant au pécule sont versées tous les trimestres à une caisse d'épargne, au nom de chaque assisté, et inscrites sur un livret individuel. Le montant ne peut leur en être remis que sur le visa de l'inspecteur départemental, un an après leur majorité, ou en vue de favoriser leur établissement. Ils peuvent toutefois, en cas de circonstances exceptionnelles, obtenir des remboursements partiels dont l'inspecteur fixe la quotité.

En cas de décès d'un assisté avant sa sortie, les sommes placées à son nom font retour à l'établissement pour être reversées au fonds commun.

Chaque assisté ayant plus de trois ans de présence dans l'établissement a droit en outre, à sa sortie, à un trousseau dont la valeur ne peut être inférieure à 80 francs s'il a moins de dix-sept ans, et à 150 francs s'il a dix-sept ans et plus.

Toute convention contraire aux dispositions de l'article précédent et du présent article est nulle de plein droit. »

e) Puissance paternelle.

19. — *Droits du père et droits de la mère.*
Je signalerai la proposition de loi « tendant à prévenir les abus du baptême clandestin et à protéger la liberté de conscience », déposée à la Chambre le 6 nov. 1906 par les députés socialistes unifiés, parce que j'y relève une affirmation et une disposition curieuses. L'exposé des motifs prévoit le cas où un père ferait baptiser son enfant sans en parler à sa femme et ses auteurs se demandent dans quelle mesure il en a le droit. La réponse paraît être négative. « L'enfant, lisons-nous, s'il appartient à son père, appartient naturellement, sinon plus, à sa mère. Les liens qui l'unissent à elle sont plus intimes, plus profonds ». Les auteurs de la proposition dénient donc au père le pouvoir de faire baptiser l'enfant malgré la mère. Ils n'admettent d'ailleurs pas davantage que la mère ait le pouvoir de présenter l'enfant au baptême contrairement à la volonté du père. D'où la disposition de

l'article 1ᵉʳ (*J. O.*, Doc. parl., Chambre, S. E., 1906, annexe nº 396, p. 85) :

« *Art. 1ᵉʳ.* — Il est interdit au ministre d'un culte de baptiser un enfant :

1º Sans le consentement du père et de la mère ;

2º Si l'enfant est orphelin de père ou de mère, sans le consentement du conjoint survivant ;

3º Si l'enfant est orphelin de père et de mère, sans le consentement de son tuteur ;

4º Si l'enfant est placé dans un établissement de bienfaisance publique ou privée, sans le consentement du maire de la commune où il est né ».

f) Titres de noblesse.

20. — *Suppression des sanctions pénales contre l'usurpation.*

Proposition Drelon et Jeanneney, à la Chambre, le 15 déc. 1906, *J. O.*, annexe nº 568, S. E., 1906, p. 280.

II. — OBLIGATIONS ET CONTRATS SPÉCIAUX.

a) Liberté des contrats et réglementation légale.

21. — *Réglementation légale des cautionnements, « dépôts de garantie » et loyers payés d'avance.*

J'ai analysé en 1903 une proposition de M. Henry Bagnol tendant à contraindre le propriétaire payé d'avance à tenir compte au locataire d'un intérêt fixé à 3 0/0 sur le montant des loyers anticipés (*suprà*, 1903, p. 724, nº 3). Les députés socialistes unifiés ont déposé à la Chambre le 6 nov. 1906 une proposition qui s'inspire du même esprit, mais qui, d'une part, est plus étendue en ce qu'elle vise avec les loyers payés d'avance les sommes détenues à titre de garantie (l'expression « dépôt de garantie » est maintenant souvent employée dans les documents parlementaires, nous l'avons autrefois critiquée, *suprà*, 1905, p. 431, nº 1) et qui, d'autre part, est plus complexe en ce qu'elle partage l'intérêt servi — non plus par le propriétaire bailleur ou par le bénéficiaire du cautionnement, mais par la Caisse des dépôts et consignations dépositaire imposé (Cf. le nº suivant) — entre le locataire ou constituant et une caisse de secours créée en faveur des familles nécessiteuses chargées d'enfants. Il n'est point utile d'analyser les détails, mais il faut noter la proposition comme une manifestation du socialisme d'État (*J. O.*, Doc parl., Ch., S. E., 1906, annexe n° 395, p. 84).

22. — *Limitation à la liberté des contrats.* — *Cautionnement des employés.*

M. le député Armez a déposé de nouveau à la Chambre, le 17 janv. 1907, la proposition de loi devenue caduque qu'il avait soumise à la précédente législature en 1905 et qui est analysée, *suprà*, 1905, p. 431, n° 1 (*J. O.*, Doc. parl., Ch., S. O., 1907, annexe n° 663, p. 55).

23. — *Réglementation légale des gratifications accordées aux travailleurs.*

Il faut rapprocher des précédentes, pour continuer le tableau des initiatives socialistes, la proposition de M. le député Antide Boyer (du 1er déc. 1906) (S. E., 1906, annexe n° 502, p. 206), qui prohibe toute une catégorie de conventions provoquées jusqu'ici par l'usage du pourboire et leur substitue une convention légalement imposée par les articles suivants :

« *Art. 1er*. — Ne pourront jamais être considérés comme salaires ou appointements, les pourboires ou toutes autres gratifications accordées par des clients, voyageurs, etc.. aux ouvriers, employés, commis, ou serviteurs à gages.

Art. 2. — Les sommes versées entre les mains d'un employeur quelconque comme condition de travail, seront considérées comme simple cautionnement toujours entièrement restituable.

Art. 3. — Les tribunaux fixeront les salaires dus par l'employeur dans le cas où il n'existerait pas de contrat, ou lorsque le contrat, fût-il verbal, sera fait en violation des dispositions précédentes.

Toute contravention contraire à la présente loi est nulle.

Art. 4. — Tout patron contrevenant à la présente loi est passible de huit jours à un mois de prison et d'une amende de 100 à 500 francs portée au double en cas de récidive ».

b) Liberté du travail.

24. — Le Gouvernement de M. Clémenceau, dans sa déclaration, avait annoncé qu'il demanderait « que la répression des atteintes à la liberté du travail soit restituée à la législation de droit commun » (*suprà*, 1906, p. 944). MM. Guyot-Dessaigne et Viviani, ministres de la Justice et du Travail, ont en conséquence soumis à la Chambre le 14 janv. 1907, un projet de loi prononçant l'abrogation des articles 414 et 415 du Code pénal (*J. O.,* Doc. parl., S. O., 1907, annexe nº 650, p. 42).

Voici la partie essentielle de l'exposé des motifs :

« Sous un régime de liberté, chaque ouvrier a la faculté intangible d'offrir ou de refuser son travail et d'en fixer les conditions. Plusieurs patrons ou plusieurs ouvriers peuvent évidemment, sans concert préalable, faire simultanément ce que chacun a le droit de faire en particulier. Comment ces actes, licites s'ils ne sont pas l'objet d'une entente, deviendraient-ils illicites et condamnables, s'ils ont été concertés entre ceux que réunit une communauté de besoins et d'intérêts ?

« Si une collectivité exerce parfois une pression morale sur ses membres qui ont librement accepté ses statuts, la loi pénale n'a pas à s'en préoccuper.

« Le contrat d'association, comme tous les autres, comporte nécessairement pour ceux qui s'y engagent l'aliénation d'une partie quelconque de leur liberté ».

c) Responsabilité des propriétaires d'automobiles.

25. — *Proposition Besnard-Dauthy.*

Dans une proposition déposée à la Chambre le 5 déc. 1906 (S. E., 1906, annexe nº 522. p. 235), MM. Besnard et Dauthy établissent à la charge du propriétaire d'une automobile la responsabilité de tous les dommages causés, en dehors du cas de faute lourde de la victime. La disposition proposée est introduite sous l'article 1386 (1). Elle paraît fondée sur l'idée de risque de la propriété, la responsabilité étant déclarée indépendante de toute faute du conducteur ; cependant elle participe du caractère des présomptions de faute en ce qu'elle admet le propriétaire à repousser la responsabilité en prouvant la faute lourde de la victime. En somme la proposition constitue une transaction entre ces deux idées, comme la proposition rédigée par la Commission

---

(1) *Article unique.* — L'article 1386 du Code civil est modifié ainsi qu'il suit :

Art. 1386. — Le propriétaire d'un bâtiment est responsable du dommage causé par sa ruine lorsqu'elle est arrivée par une suite du défaut d'entretien ou par le vice de sa construction.

Le propriétaire d'un véhicule automobile est dans tous les cas et indépendamment de toute faute personnelle, responsable du dommage causé par son véhicule.

La responsabilité ci-dessus a lieu à moins qu'il ne prouve directement une faute lourde à la charge de la victime.

de la Société d'études législatives dont le principe est identique (*Bulletin de la Soc. d'études législatives*, 1907, p. 222, 279). MM. Besnard et Dauthy pourraient heureusement améliorer les détails de leur formule en s'inspirant des travaux (postérieurs) de la Société. Le principe lui-même me paraît s'imposer. Là où l'on constate plutôt une initiative excessive, on peut, sans craindre d'énerver l'activité féconde, imposer la responsabilité objective qui est le principe le plus juste et le plus humain.

26. — *Proposition Jean Grillon et collègues.*

Cette proposition (du 12 nov. 1906) (Chambre, S. E., 1906, annexe n° 419, p. 113) est moins étudiée que la précédente, elle manifeste une idée plutôt qu'elle ne la met en œuvre. Elle ordonne la vente par autorité de justice de toute automobile dont le conducteur aura par sa faute causé au moins une infirmité permanente, le prix devant garantir toutes les condamnations ou frais à intervenir [1]. Mais la proposition suscite elle-même une difficulté qui ferait obstacle à son application en restreignant son application au cas de faute du conducteur ayant entraîné une infirmité permanente. Le propriétaire soutiendrait toujours qu'il ne rentre pas dans ce cas et les contestations qui s'élèveraient là-dessus enlèveraient à la proposition presque toute utilité. Au surplus, l'idée même mise en avant n'a pas grande portée, car la plupart du temps, ou au moins très souvent, l'automobile qui occasionne un accident grave est elle-même fort endommagée. Il ne suffit pas d'accorder à la victime une garantie réelle aussi aléatoire, il faut faciliter son recours personnel.

27. — *Proposition Raynaud et Codet.*

Cette dernière proposition (26 nov. 1906) (Chambre, S. E., 1906, annexe n° 470, p. 160) ne concerne pas directement la responsabilité des propriétaires ou conducteurs d'automobiles, elle contient une réglementation du permis de conduire, mais elle intéresse indirectement la question de responsabilité parce qu'elle *limite* le droit d'user d'une automobile en punissant les

---

[1] *Article unique.* — Toute voiture automobile ayant occasionné, par la seule faute de son conducteur, un accident mortel ou grave entraînant une infirmité permanente, sera saisie d'autorité de justice.

Le tribunal en ordonnera la vente.

Le prix en sera affecté par privilège à la réparation de toutes condamnations en dommages-intérêts au profit de la victime, et garantira ensuite le paiement de tous frais de justice et amendes encourus par l'auteur de l'accident, son commettant ou employeur, le tout sans préjudice des responsabilités pénales ou civiles de droit commun.

conducteurs et propriétaires d'automobiles, en cas d'excès de
vitesse répétée (trois condamnations en un an), ou d'une seule
condamnation pour accident causé par imprudence, d'une suspension temporaire du droit de conduire, ou même, en cas de
récidive dans les trois ans, d'une privation absolue. Les mêmes
peines atteignent le propriétaire s'il est dans la voiture quand
les infractions à la loi sont commises. La voiture trouvée sur la
voie publique pendant le temps de la suspension doit être vendue aux enchères. Cette réglementation administrative affecte
donc l'utilisation, la jouissance de l'automobile plutôt que la responsabilité au regard des tiers et par là elle prétend amener la
diminution des accidents entraînant responsabilité civile. Mais
restreindre la faculté d'user d'une chose n'est-ce pas s'interdire
d'aggraver la responsabilité résultant de l'usage de la chose?
Ne vaut-il pas mieux laisser plus de liberté en imposant plus de
responsabilité?

d) Sociétés.

28. — *Avances aux sociétés coopératives agricoles.*

V. le rapport de M. le député Louis Vigouroux, du 20 déc.
1905, *J. O.*, annexe n° 586, Doc. parl., Ch., S. E., 1906,
p. 307. Cf. *suprà*, 1906, p. 193, n° 12.

29. — *Société de capitalisation.*

V. le nouveau rapport de M. Bonnevay (du 7 févr. 1907), sur
le projet voté en 1re délibération par la 8e législature, repris par
le Gouvernement au début de la 9e législature, *J. O.*, Doc. parl.,
Ch., S. O., 1907, annexe n° 744, p. 118 (Cf. *suprà*, 1906, pp.
193, 711, 975) (Les rapports faits par M. Bonnevay au cours de
la précédente législature ont été repris le 6 déc. 1906 en même
temps que le projet, *J. O.*, S. E., 1906, annexe n° 527, p. 237).

e) Contrat d'association.

30. — *Contrat d'association dans les colonies de la Martinique, de la Guadeloupe et de la Réunion.*

La loi du 1er juill. 1901 n'ayant point été rendue applicable
dans ces colonies, le Gouvernement a déposé à la Chambre un
projet de loi qui réalise cette extension avec quelques modifications dans la réglementation de détail. M. Jeanneney a déposé le
24 janvier dernier le rapport favorable de la Commission (*J. O.*,
Doc. parl., Ch., S. O., 1907, annexe n° 683, p. 74) (Cf. *suprà*,
1906, p. 960).

f) Justification de vie.

31. — La Chambre a repoussé le 16 décembre la proposition de M. Lefas tendant à attribuer aux maires le pouvoir de délivrer des certificats de vie pour le paiement des rentes viagères et pensions sur l'État (*suprà*, 1907, p. 166, n° 18). Mais cette proposition était présentée au cours de la discussion du budget en addition à la loi de finances. M. Lucien Cornet a déposé, le 11 déc. 1906, une proposition plus complète, plus étudiée, en sept articles, qui admet toujours les maires concurremment avec les notaires à délivrer des certificats de vie, proposition qui doit être soumise à la Commission de législation fiscale (*J. O.*, Doc. parl., Ch., S. E., 1906, annexe n° 544, p. 258).

III. — Propriété et droits réels.

a) Constitution de la petite propriété.

32. — *Proposition Ribot.*

La proposition du 19 nov. 1906, signée de M. Ribot et d'un grand nombre de ses collègues, est trop intéressante et digne de succès pour que nous ne la signalions pas, malgré qu'elle ait surtout une portée économique et sociale. Seulement mon analyse sera brève.

La proposition, en vue des travailleurs de la campagne, étend à l'acquisition de champs ou jardins n'excédant pas 25 ares, par toute personne dont la propriété immobilière totale ne dépasse pas cette étendue, le bénéfice de la loi du 12 avr. 1906 sur les habitations à bon marché.

D'autre part, lorsque le prix d'acquisition ne dépasse pas 1.200 francs, lorsque l'acquéreur cultive lui-même ou avec sa famille son champ ou jardin, lorsque la valeur locative de son logement n'excède pas les deux tiers du chiffre maximum fixé pour la commune par la Commission instituée par la loi du 12 avr. 1906, la proposition Ribot intervient pour faciliter au travailleur le paiement du prix et la construction d'une maison (1).

Elle intervient non pas seulement par la concession de petits

---

(1) Les trois conditions énumérées sont-elles générales et exigées même pour l'extension des avantages de la loi du 12 avr. 1906, ou bien ne sont-elles exigées qu'en vue de la concession des avantages nouveaux promis par la proposition? C'est un point un peu obscur, et sur lequel l'exposé des motifs et le texte ne paraissent pas d'accord entièrement.

avantages, de modestes dégrèvements, mais par la promesse d'une aide directe et effective.

1° L'État met à la disposition des acquéreurs et constructeurs, remplissant les conditions indiquées, l'argent des caisses d'épargne déposé à la Caisse des dépôts et consignations, moyennant un intérêt de 2 0/0 seulement. L'État se charge de combler la différence d'intérêt dont souffrira la Caisse des dépôts et consignations. L'État exige du moins, en pareil cas, que l'emprunteur contracte une assurance temporaire sur la vie, garantissant en cas de décès l'amortissement des avances.

2° L'État engage les départements et les communes à prendre à leur charge une partie de l'intérêt de 2 0/0 des avances faites dans ces conditions aux travailleurs, mariés ou veufs, chargés de deux enfants de moins de seize ans et il promet de prendre à sa charge une partie égale à celle que fournira le département ou la commune; de telle sorte que l'ouvrier, tant qu'il aura des enfants en bas âge, n'ait autant que possible à rembourser chaque année que l'annuité d'amortissement.

Telles sont les grandes lignes d'une proposition, dont l'adoption n'entraînerait pas pour l'État, d'après M. Ribot, une dépense de plus de 9 à 12 millions par an, mais donnerait un singulier élan à la constitution de la petite propriété et surtout de la petite propriété bâtie (*J. O.*, Ch., S. E., 1906, annexe n° 439, p. 134)[1].

---

(1) *Art. 1er.* — Tous les avantages concédés par la loi du 12 avr. 1906 aux maisons à bon marché, sauf l'exemption temporaire d'impôt foncier, s'appliqueront aux champs n'excédant pas 25 ares, de même qu'aux jardins sans maison.

Lesdits champs et jardins bénéficieront en outre des avantages prévus aux articles ci-après, pourvu : 1° que la valeur locative réelle du logement de l'acquéreur n'excède pas les deux tiers du chiffre fixé pour la commune, par la commission instituée en vertu de l'article 5 de la loi précitée; 2° que ce champ ou jardin soit cultivé par l'acquéreur lui-même ou par les membres de sa famille; 3° que le prix d'acquisition, y compris les charges, ne dépasse pas 1.200 francs.

Si l'acquéreur était déjà, au moment de l'acquisition, propriétaire d'un terrain bâti ou non bâti, la contenance et la valeur de ce terrain viendraient en déduction des chiffres fixés au paragraphe précédent.

Art. 2. — Les avances que la Caisse des dépôts et consignations est autorisée à faire aux sociétés de construction ou de crédit, visées par la loi du 12 avr. 1906, soit pour l'acquisition ou la construction de maisons individuelles à bon marché, soit pour l'acquisition de champs ou jardins dans les termes ci-dessus indiqués, porteront intérêt à 2 0/0, à condition que l'emprunteur ait contracté une assurance temporaire sur la vie, garantissant le

b) Droit de chasse et de pêche.

33. — Il faut signaler comme une manifestation du parti collectiviste une proposition ayant pour objet « la liberté de la chasse et de la pêche », signée de 51 députés, qui, déclarant la chasse et la pêche libres, interdisant les chasses ou pêches possédées, gardées ou affermées, enlèverait au propriétaire le droit de se réserver la chasse et la pêche sur sa propriété et d'empêcher le public de pénétrer chez lui pour chasser ou pêcher (Proposition du 18 janv. 1907, Chambre des députés, *J. O.*, Doc. parl., S. O., 1907, annexe n° 668, p. 56).

c) Expropriation.

34. — *De l'expropriation pour cause d'insalubrité publique.*

J'ai analysé l'an dernier les propositions de MM. Delory et Siegfried et le texte de la Commission de la Chambre combinant ces deux propositions (1906, p. 713). Je regrettais que la Commission n'eût pas adopté exclusivement la proposition Siegfried intervenant seulement dans le cas où la salubrité publique est en jeu. M. Siegfried a repris, le 16 nov. 1906, sa proposition initiale, qu'il tient à maintenir distincte de celle de M. Delory (S. E., 1906, annexe n° 435, p. 132). Il a bien raison. Cette proposition doit demeurer distincte parce qu'elle se fonde sur la circonstance particulière d'insalubrité de la maison, non seulement pour justifier l'expropriation, mais pour restreindre l'indemnité due au propriétaire *en faute*. La proposition Siegfried ordonne au jury

paiement de la portion des avances qui n'aura pas été remboursée au moment de son décès.

Il sera remis par le Trésor à la Caisse des dépôts et consignations des titres d'annuités dont le nombre sera égal à celui des années comprises dans la période d'amortissement de ces avances et dont le montant représentera la différence entre le taux d'intérêt de 2 0/0 et le taux réel des placements que la Caisse aura faits pour les caisses d'épargne pendant l'année précédente.

Art. 3. — L'État prendra en outre à sa charge une partie de l'intérêt de 2 0/0, égale à celle dont la commune et le département, ou l'un des deux, consentira à se charger, à condition que l'acquéreur ou constructeur, remplissant d'ailleurs les autres conditions fixées par la loi du 12 avr. 1906 et par la présente loi, soit marié ou veuf avec deux enfants de moins de seize ans, au moment de l'acquisition ou de la construction, qu'il vive principalement de son salaire, et qu'il n'ait pas un revenu total supérieur à 1.500 francs.

de défalquer de l'intérêt que représente pour le propriétaire l'immeuble insalubre exproprié, la somme que ce propriétaire eût dû dépenser pour le rendre salubre, ou de ne pas tenir compte du tout de la valeur des parties insalubres de la propriété. Et cela est très juste.

Voici comment s'exprime M. Siegfried :

« Le principe qui inspire, en somme, la loi est le suivant : « Si le propriétaire avait assaini sa maison ou n'y avait pas entassé des locataires, dont l'agglomération devient un danger pour la santé publique, moi — commune — je ne serais pas obligée d'intervenir pour déclarer l'expropriation pour cause de danger public. Il n'est pas équitable que le propriétaire réalise un bénéfice sur l'expropriation qu'il m'impose. Il veut tirer avantage de son incurie. Il ne recevra que le prix d'une maison dont le revenu n'aurait pas été indûment forcé; il subira d'office la dépense qu'il aurait dû s'imposer de plein gré pour remettre son immeuble en bon état; et si la démolition s'impose, il ne recevra que la valeur du terrain. Il portera la responsabilité de l'insalubrité de sa maison, au lieu de la faire payer à la communauté, comme il arrive trop souvent dans la situation actuelle ».

Nous reproduisons en note le texte de la proposition Siegfried, que l'on comparera au texte de la Commission publié l'an dernier (1906, p. 715) (1).

(1) *Art. 1er.* — Les communes peuvent poursuivre l'expropriation des immeubles, groupes d'immeubles ou quartiers reconnus insalubres.

Art. 2. — Une délibération du conseil municipal déclare l'opportunité de l'expropriation et fixe le périmètre d'assainissement.

Cette délibération, motivée et appuyée d'un avant-projet sommaire des travaux d'assainissement, est transmise au préfet.

Art. 3. — Le préfet, après avoir pris l'avis de la commission sanitaire et du conseil départemental d'hygiène, statue sur la suite à donner au projet.

S'il estime qu'il convient de prendre en considération la délibération du conseil municipal, il prescrit une enquête publique, qui porte en même temps sur le principe de l'expropriation et sur l'indication parcellaire des immeubles qui devront y être compris.

Il apprécie les résultats de cette enquête et prend, s'il y a lieu, l'arrêté de cessibilité prévu par l'article 2 de la loi du 3 mai 1841. Cet arrêté produit les effets d'un décret déclaratif d'utilité publique.

Il est ensuite procédé à l'accomplissement des formalités prescrites dans le titre III et dans le chapitre 1er du titre IV de la loi du 3 mai 1841, sous réserve des modifications résultant de la présente loi.

Art. 4. — Les règles suivantes sont observées dans la fixation des indemnités.

I. — L'indemnité à allouer au propriétaire d'un immeuble exproprié ne

d) Propriété avec servitude d'affectation.

35. — M. Saleilles a montré, dans l'article remarqué de la *Revue de droit civil*, 1906 (p. 847), l'influence que pouvait

peut être en aucun cas supérieure à la valeur vénale de l'immeuble au moment de l'estimation; elle ne comprendra jamais d'indemnité pour le fait de dépossession.

II. — Avant toute fixation d'indemnité, le jury d'expropriation doit statuer affirmativement ou négativement, par délibérations distinctes et dûment motivées, sur les questions suivantes :

1° Le revenu de l'immeuble ou des locaux loués est-il majoré par suite de l'entassement des habitants dans des conditions manifestement insalubres ?

2° L'immeuble ou les locaux loués ne peuvent-ils devenir habitables dans des conditions de salubrité normale que moyennant certaines modifications, réfections ou réparations indispensables pour en faire cesser l'insalubrité?

3° L'immeuble ou les locaux loués sont-ils normalement impropres à toute habitation?

Si la réponse est affirmative :

Dans le premier cas, le jury fixe l'indemnité d'après le revenu que le propriétaire aurait tiré de l'immeuble ou des locaux loués si le nombre des locataires n'avait pas dépassé le chiffre qu'eussent permis les règles de l'hygiène;

Dans le second cas, le jury déduit de l'indemnité la somme qui eût été nécessaire pour mettre l'immeuble ou les locaux loués en état d'habitation salubre;

Dans le troisième cas, le jury n'accorde d'indemnité que pour la valeur du sol et celle des matériaux de démolition.

III. — Lorsque le propriétaire reste en possession d'immeubles ou de parties d'immeubles non compris dans le périmètre exproprié et susceptibles de recevoir une augmentation de valeur du fait des travaux d'assainissement et d'amélioration du quartier, le jury réduit l'indemnité en tenant compte de ces éléments.

Art. 5. — La décision du jury et l'ordonnance du magistrat directeur peuvent être attaquées, soit par la commune, soit par les intéressés, par la voie du recours en cassation pour violation ou insuffisante observation des règles contenues dans l'article précédent.

La procédure des articles 42 et suivants de la loi du 3 mai 1841 sera appliquée.

Art. 6. — La commune soumet à l'administration supérieure le programme définitif des travaux d'assainissement et de voirie qu'elle se propose d'exécuter sur les terrains expropriés.

Elle peut décider que tout ou partie des immeubles ou terrains expropriés seront affectés à des constructions d'utilité publique ou attribués, à des conditions fixées par elle, à des sociétés de construction d'habitations à bon marché soumises à l'application des lois concernant lesdites sociétés.

Elle peut revendre la partie des terrains qui n'aura pas reçu ces destinations.

Mais les contrats et cahiers des charges relatifs à ces aliénations devront avoir la loi du 9 déc. 1905, relative à la séparation des Églises et de l'État, sur la notion de propriété d'affectation et sur la notion de fondation.

Je n'analyserai pas les documents postérieurs tels que la circulaire du 1er déc. 1906, qui ont accentué à cet égard la portée de la loi de 1905, je serais entraîné hors du domaine des questions civiles ; mais je reproduirai en note deux documents d'un caractère moins parlementaire, empruntés au *Journal des débats* du 6 mars 1907, qui illustrent d'une façon particulière l'idée de servitude d'affectation substituée à l'idée de service public (1).

contenir des stipulations précises ayant pour but de garantir la complète salubrité des constructions à édifier sur ces terrains.

Elle peut enfin procéder elle-même, au moyen de divers modes d'exécution des travaux publics, à la transformation des immeubles expropriés ou à la construction d'immeubles neufs sur les terrains assainis ou transformés. Elle ne peut, toutefois, concéder à un entrepreneur, qu'elle se substituerait de façon complète, le soin d'opérer l'assainissement et les reconstructions qu'elle projette.

Art. 7. — Quand l'exécution du plan d'ensemble prévu à l'article précédent entraînera la suppression totale ou partielle d'une voie publique, les propriétaires riverains de la rue supprimée auront la faculté de s'avancer jusqu'à l'alignement de la nouvelle voie. Si, dans un délai de six mois à partir de la notification qui leur sera faite, ils n'ont pas fait connaître leur intention d'user de cette faculté, ils seront déchus de leur droit. De plus, l'expropriation de leurs immeubles pourra, si la commune le juge convenable, être poursuivie conformément aux dispositions qui précèdent.

Les terrains à acquérir par les propriétaires dans le cas prévu au présent article seront estimés par deux experts nommés par le président du tribunal de l'arrondissement.

(1) Le maire de Melun a pris l'arrêté suivant :

Vu la loi du 5 avr. 1884, articles 61, 68, nos 7 et 9, 82, 88, 90, 94 97, no 3 ;

Vu les lois du 9 déc. 1905 et du 2 janv. 1907 ;

Vu les délibérations du conseil municipal de Melun en date du 17 janv. et du 7 févr. 1907 ;

Considérant qu'un droit intangible et perpétuel de servitude légale de jouissance est accordé par la loi aux catholiques apostoliques et romains, et aux ministres de leur culte sur l'église Saint-Aspais et sur les meubles qui la garnissent ;

Mais considérant qu'il y a lieu, pour l'administration municipale, de régler la gestion matérielle de cet immeuble, en vue même d'en faciliter la jouissance aux bénéficiaires de ce droit légal ;

Considérant que le curé de la paroisse est plus qualifié qu'aucun autre pour administrer cet immeuble et pour y faire respecter le bon ordre ;

Considérant que cette administration et cette police supposent des droits qu'il dépend de l'autorité municipale d'accorder ;

e) Hypothèques.

36. — *Election de domicile par le créancier.*

Lors de la rédaction du Code civil, un seul bureau d'hypo-

Considérant l'entente verbale et provisoire des 13 déc. 1906 et 2 févr. 1907, intervenue entre M. l'abbé Bridou et M. le maire de Melun ;

Arrête :

Article premier. — M. l'abbé Bridou administrera l'église Saint-Aspais, il réglera librement toutes les cérémonies du culte, placera les tentures, fera tous autres aménagements qui ont le caractère d'une ornementation, percevra les recettes qu'il jugera à propos de percevoir.

Art. 2. — Dans la limite où cette délégation des droits de police municipale est permise au maire, M. l'abbé Bridou aura la police de l'église Saint-Aspais, au même titre que tout agent nommé par le maire, à cet effet.

Art. 3. — Ces droits d'administration sont accordés à M. l'abbé Bridou aux conditions suivantes :

1° M. l'abbé Bridou devra payer toutes les dépenses d'entretien, gros et menu, et toutes celles occasionnées par la jouissance de l'église, à l'exception des dépenses de grosses réparations et d'assurances sur l'incendie ;

2° Il sera responsable des accidents de toute nature qui pourront arriver à l'occasion de l'église Saint-Aspais, il sera responsable des effets mobiliers confiés à sa garde et énumérés à l'inventaire ci-joint ;

3° Il devra verser trimestriellement au bureau de bienfaisance 25 0/0 du produit de la pose des tentures à l'église Saint-Aspais ;

4° Il ne pourra imposer un droit d'entrée à l'église.

Art. 4. — L'adhésion définitive au présent arrêté résultera tacitement de tout acte de disposition accompli par M. l'abbé Bridou et dépassant les droits d'un simple occupant sans titre.

Art. 5. — Le présent arrêté sera notifié à M. l'abbé Bridou en la forme administrative et exécuté selon les lois.

Donné à Melun, le 10 févr. 1907.

E. DELARGUE,
Maire de Melun.

2° Document :

A la suite d'incidents qui s'étaient produits dans une commune de l'arrondissement de Prades (Pyrénées-Orientales) qu'il représente à la Chambre, M. Emmanuel Brousse avait écrit au ministre des Cultes pour lui demander si le maire avait seul le droit de posséder la clef de l'église. M. Briand lui a fait répondre par M. Tissier, directeur des cultes, en ces termes :

« Il convient de remarquer que la possession de l'église est, en vertu de l'article 5 de la loi du 2 janv. 1907, grevée d'une sorte de servitude à raison de son affectation cultuelle ; le premier paragraphe de l'article porte en effet que les églises sont « laissées à la disposition des fidèles et des ministres du culte pour la pratique de leur religion ».

« Il me paraît dès lors conforme à l'esprit de la loi qu'une clef de l'église soit laissée au curé ou desservant, pour lui permettre le libre exercice de son ministère, et le maire, en refusant une clef à cet ecclésiastique, s'exposerait à des difficultés qu'il paraît plus sage d'éviter ».

thèque existait dans chaque ressort judiciaire et le ressort du bureau était celui du tribunal de première instance. Depuis lors, les tribunaux de Sceaux et de Saint-Denis ont été supprimés sans que soient supprimées les conservations d'hypothèques établies dans leurs ressorts, puis le département de la Seine a été divisé en dix bureaux d'hypothèques. Cependant l'article 2148 du Code civil énonce comme première formalité à remplir par le créancier voulant inscrire son hypothèque la rédaction de deux bordereaux contenant : 1° les nom, prénoms, domicile du créancier, sa profession, s'il en a une, l'élection d'un domicile pour lui dans un lieu quelconque de l'arrondissement du bureau. L'arrondissement du bureau se confondait, dans la pensée des rédacteurs, avec le ressort judiciaire. Mais comment le texte devra-t-il être interprété maintenant que l'arrondissement du bureau et le ressort judiciaire ne concordent plus dans le département de la Seine? Le tribunal de la Seine a admis qu'une élection de domicile dans le ressort judiciaire du bureau d'hypothèque suffisait dans tous les cas. La pratique toutefois préfère souvent observer la lettre du texte dans la crainte de commettre une irrégularité. Telles sont les circonstances dans lesquelles M. Raynaud a proposé à la Chambre une modification de l'article 2148 du Code civil. La Commission de la Chambre a favorablement accueilli la proposition (Rapport de M. Raynaud du 11 déc. 1906, *J. O.*, S. E., 1906, annexe n° 548, p. 256) et la Chambre des députés a voté sans discussion en première délibération le 15 janv. 1907 la rédaction nouvelle que voici :

« *Article unique*. — Le paragraphe 1° de l'article 2148 du Code civil est ainsi modifié :

« 1° Les nom, prénoms, domicile du créancier, sa profession s'il en a une, et l'élection d'un domicile pour lui dans un lieu quelconque du ressort du tribunal civil de première instance de la situation des biens [1] ».

f) Tunisie.

Régime de la propriété en Tunisie.

37. — V. le rapport de M. Pédebidou au nom de la Commission des finances du Sénat (budget des Protectorats). Sénat, S. E., 1906, annexe n° 484, p. 328.

---

[1] *J. O.*, Débat parl., Chambre, S. O., 1907, p. 36.

IV. — Organisation judiciaire.

a) Organisation des tribunaux.

38. Roulement des magistrats dans les cours et tribunaux. — Décret du 27 mars 1907.

Le décret du 27 mars 1907 (*J. O.* du 30 mars) a modifié les articles 2 et 8 de l'ordonnance du 11 oct. 1820, sur le mode de roulement des magistrats dans les cours et tribunaux en ajoutant à chacun d'eux deux alinéas nouveaux. En voici le texte :

« *Art. 1er.* — Les articles 2 et 7 de l'ordonnance du 11 octobre 1820 sont remplacés par les dispositions suivantes :

Art. 2. — A la même époque, les présidents se partageront entre eux le service civil et le service criminel de l'année suivante.

Toutefois, à la cour d'appel de Paris, la répartition des présidents de chambre est faite par une autre Commission, composée de ses présidents et présidée par le premier président. Le procureur général sera appelé à la Commission pour être entendu en ses observations.

En cas de désaccord, le garde des sceaux prononcera.

Art. 8. — A la même époque, les vice-présidents se partageront entre eux le service civil et correctionnel de l'année suivante.

Toutefois, cette répartition se fera au tribunal de la Seine par une Commission composée des vice-présidents et des présidents de section et présidée par le président du tribunal. Le procureur de la République sera appelé à la Commission pour être entendu en ses observations.

En cas de désaccord, le garde des sceaux prononcera. »

39. — Proposition Magnaud.

La proposition très curieuse déposée par M. Magnaud le 28 déc. 1906 est trop complexe pour être analysée dans ses détails (S. E., 1906, annexe n° 607, p. 524). Elle élève contre l'organisation judiciaire actuelle trois reproches principaux. Elle lui reproche d'exclure les pauvres de la magistrature, de sorte que les humbles se plaignent des magistrats, étant tous de l'autre côté du prétoire (n'est-ce pas parce qu'ils n'ont point l'instruction suffisante? Il y a ainsi des étudiants qui se plaignent de leurs examinateurs et assurent que les examens soulèveraient beaucoup moins de récriminations si des étudiants au lieu de

professeurs siégeaient de l'autre côté de la table?). Notre organisation judiciaire, d'autre part, à cause de sa hiérarchie excessive
et des nominations par le pouvoir prête au favoritisme ; enfin, à
cause de l'anonymat des décisions rendues par un collège de
juges, elle dissimule les responsabilités et cache les insuffisances.

La proposition Magnaud remédie aux deux premiers vices de
la magistrature en organisant l'élection au suffrage universel de
tous les juges titulaires, le juge élu étant investi pour dix ans et
inamovible. M. Magnaud comprend cependant que le suffrage
universel donnerait de médiocres garanties et il cherche à en
pallier les inconvénients par trois ordres de dispositions, d'abord
en remettant l'élection des membres du tribunal de cassation à
la Chambre et au Sénat ; ensuite en recrutant les juges suppléants — candidats désignés aux fonctions de juges titulaires —
exclusivement par voie de concours national, les nominations
devant être faites par le tribunal de cassation par ordre de classement ; enfin — dans la crainte d'élections « réactionnaires ou
cléricales » — en imposant aux candidats une profession de fidélité à la République démocratique, à ses lois et à sa neutralité
religieuse, et aux juges élus le renouvellement oral de ce serment.

M. Magnaud remédie encore aux deux vices signalés en supprimant toute différence de classes entre les magistrats d'un même
ordre. Il maintient la hiérarchie entre les juges du tribunal de
cassation, du tribunal d'appel, du tribunal de 1re instance, du
tribunal de paix, mais tous les juges de chaque ordre reçoivent
le même traitement et sont classés uniquement d'après le nombre
de voix recueillies. En même temps les traitements sont sensiblement élevés. Par exemple les juges de première instance se
voient promettre 18.000 francs par an.

M. Magnaud remédie à l'insuffisance morale des juges, à leur
crainte des responsabilités en instituant à tous les degrés le
juge unique.

40. — *Organisation judiciaire. — Proposition Carpot.*

Une proposition de M. le député Carpot, déposée le 20 déc.
1906, proposition tendancieuse et dont le texte n'a pas, sans
doute, la précision d'un texte écrit en vue d'une adoption immédiate, réduit à trois le nombre de conseillers nécessaire pour
rendre un arrêt, mais surtout établit le juge unique en première
instance et l'élection par les conseillers des premiers présidents
et présidents des cours d'appel (Chambre, S. E., 1906, annexe
n° 584, p. 306).

41. — *Suppression de l'inamovibilité de résidence.*

L'article 15, alinéa 1er de la loi du 30 août 1883 consacre en même temps que l'inamovibilité de la fonction l'inamovibilité de la résidence pour les magistrats qu'il énumère. Cette inamovibilité de résidence avait été notamment réclamée alors par MM. Allou et Jules Simon comme également nécessaire pour garantir les justiciables et la justice contre toute intervention abusive, toute atteinte du pouvoir dans l'indépendance du magistrat A défaut de la suppression de l'inamovibilité de la fonction, la suppression de l'inamovibilité de résidence a été proposée par MM. Gioux, Besnard et Delaunay le 20 déc. 1906. Le texte (*J. O.*, Chambre, Doc. parl., S. E., 1906, annexe n° 580, p. 306) n'est pas très clair parce qu'il ne s'explique pas au sujet de la classe ou du traitement des magistrats. La suppression de l'inamovibilité de résidence permettrait-élle au Gouvernement de diminuer le traitement d'un magistrat et de le changer de classe en le changeant de résidence? c'est ce que ne dit pas la formule suivante :

Article unique. — A partir de la promulgation de la présente loi, tout privilège d'inamovibilité de résidence est supprimé pour les fonctionnaires de l'ordre judiciaire.

Est, en conséquence, abrogé le paragraphe 1er de l'article 15 de la loi du 30 août 1883.

42. — *Justice tunisienne.*

V. le rapport de M. Pédebidou au nom de la Commission des finances du Sénat (budget des Protectorats), Sénat, S. E., 1906, annexe n° 484, p. 328.

b) Ordre des avocats.

43. — Le groupe socialiste unifié de la Chambre des députés a déposé le 6 nov. 1906 une proposition prononçant la suppression du privilège de l'ordre des avocats (*J. O.*, Doc. parl., Chambre, S. E., 1906, annexe n° 397, p. 86).

V. — PROCÉDURE, VOIES D'EXÉCUTION ET COMPÉTENCE.

a) Délais de citation, d'assignation et de distance.

44. — La transformation des moyens de transport a rendu excessifs les délais fixés par le Code de procédure et la loi du 3 mai 1862. A la suite de diverses initiatives particulières, le

Gouvernement a lui-même déposé un important projet de loi sur les délais de procédure le 8 novembre dernier (*J. O.*, Doc. parl., Ch., S. E., 1906, annexe n° 402, p. 1). A raison de l'importance du projet, je reproduis en note ses dispositions principales, celles qui intéressent la France continentale (1).

(1) *Art. 1er*. — Les articles 5 et 6 du Code de procédure civile sont remplacés par les dispositions suivantes :

« Art. 5. — Il y aura un jour au moins entre celui de la citation et le jour indiqué pour la comparution, si la partie citée est domiciliée dans le canton même où elle doit comparaître ; le délai sera de trois jours, si elle est domiciliée dans l'arrondissement en. dehors du canton ; de quinzaine, en dehors de l'arrondissement, dans quelque endroit de France qu'elle soit domiciliée.

« Si la partie est domiciliée hors de la France continentale, on doit observer les délais fixés à l'article 73 du titre des ajournements.

« Dans le cas où ces délais n'auraient pas été observés, si le défendeur ne comparait pas, le juge ordonne qu'il soit cité à nouveau et les frais de la première citation sont à la charge du demandeur.

« Art. 6. — Dans les cas urgents, le juge de paix peut délivrer un permis de citer sans préliminaire de conciliation aux jour et heure qu'il indique et même d'heure à heure. Le permis de citer est notifié sur papier timbré, mais sans enregistrement et sans frais. L'original de la citation est mis à la suite du permis ».

Art. 2. — Les articles 72, 73 et 74 du Code de procédure civile sont remplacés par les dispositions suivantes :

« Art. 72. — I. Le délai ordinaire des assignations est de huitaine pour le défendeur domicilié dans le département où siège le tribunal devant lequel la demande est portée. Il est de quinzaine pour ceux qui sont domiciliés dans la France continentale en dehors du département.

« II. Le délai ordinaire des assignations à comparaître devant les tribunaux de l'Algérie, pour les parties qui sont domiciliées ou qui résident habituellement en Algérie, est de huitaine. Ce délai sera augmenté d'un jour par 5 myriamètres de distance.

« III. Le délai ordinaire des assignations à comparaître devant les tribunaux de la Tunisie, pour les parties qui sont domiciliées ou qui résident habituellement en Tunisie, est de huitaine. Ce délai sera augmenté d'un jour par 5 myriamètres de distance.

« IV. Dans les cas qui requerront célérité, le président pourra, par ordonnance motivée, rendue sur requête et non susceptible de recours, dispenser du préliminaire de conciliation et permettre d'assigner à bref délai.»

Art. 3. — L'article 1033 du Code de procédure civile est remplacé par la disposition suivante :

« Art. 1033. — Le jour de la signification et celui de l'échéance ne sont point comptés dans le délai général fixé pour les ajournements, les citations, sommations et autres actes faits à personne ou à domicile.

« Lorsque ces significations sont faites à des personnes domiciliées sur le territoire de la France continentale, le délai, hors le cas d'assignation ou de

b) Assistance judiciaire.

45. — M. le député Drelon a été chargé par la Commission de la Chambre de rapporter favorablement le projet de loi analysé *suprà*, 1906, p. 987, n°s 80-81 (*J. O.*, annexe n° 589, p. 312). Deux modifications sont seulement apportées par la Commission ; l'une de pure forme consiste dans une interversion d'alinéas, l'autre consiste à conférer au procureur de la République le pouvoir de déférer les décisions du bureau établi près de son tribunal, au bureau établi près de la Cour (pouvoir qui était réservé au procureur général dans le texte du projet).

c) Saisie-arrêt.

46. — *Limitation des effets de la saisie-arrêt.*

Une proposition de MM. Raynaud, Puech et Lauraine, déposée à la Chambre le 3 déc. 1906(1), cherche à consacrer et à renforcer légalement les efforts et les résultats réalisés par la pratique en vue de limiter la saisie-arrêt aux causes de la saisie. Pour cela : 1° elle facilite à la partie saisie le référé, en vue de faire tomber la saisie-arrêt non fondée ; 2° elle limite les effets de l'opposition en permettant à la partie saisie-arrêtée de toucher, du tiers saisi, ce qui dépasse les causes de la saisie, d'autant mieux qu'elle attribue au saisissant un droit de préférence dans la mesure des causes de la saisie (ce droit de préférence écarte le danger qu'il y aurait pour le saisissant à limiter l'effet de la saisie dans la proportion de la créance cause de la saisie).

La proposition observe que le tribunal de la Seine a l'ha-

citation pour lesquels la loi prescrit des délais déterminés, est augmenté à raison d'un jour par 10 myriamètres de distance.

« Il en sera de même dans tous les cas prévus, en matière civile et commerciale, lorsqu'en vertu des lois, décrets ou ordonnances, il y a lieu d'augmenter un délai à raison des distances.

« Les fractions de moins de 8 myriamètres ne seront pas comptées ; les fractions de 8 myriamètres et au-dessus augmenteront le délai d'un jour entier.

« Lorsque les mêmes significations sont faites à des personnes domiciliées hors de la France continentale ou en pays étranger, le délai est exclusivement réglé par les dispositions de l'article 73 du titre des ajournements.

« Toutes les fois que le dernier jour d'un délai quelconque de procédure, franc ou non, est un jour férié, ce délai sera prorogé jusqu'au lendemain ».

« *Art. 4.* — Sont abrogées toutes les dispositions contraires à celles de la présente loi ».

(1) *J. O.*, Doc. parl., Ch., S. E., 1906, annexe n° 506, p. 298.

bitude de mettre des réserves ainsi conçues dans les ordonnances qui autorisent une saisie-arrêt :

« Disons qu'en laissant la somme ci-dessus fixée entre les mains du tiers saisi ou en la déposant à la Caisse des dépôts et consignations de Paris avec affectation spéciale et délégation expresse à la créance susénoncée, la partie saisie pourra toucher et recevoir ce que peut lui devoir le tiers saisi.

« Disons que notre ordonnance sera signifiée cinq jours au moins avant la dénonciation de l'opposition à la partie saisie, laquelle aura le droit de se pourvoir en référé devant nous contre la présente ordonnance, que nous nous réservons expressément de rapporter pour le cas où la créance alléguée ne serait pas suffisamment établie ».

C'est cette pratique que la proposition veut faire passer en l'améliorant dans le texte suivant :

Article unique. — L'article 567 du Code de procédure civile est complété et sera à l'avenir ainsi libellé :

« La demande en validité, et la demande en mainlevée formée par la partie saisie, seront portées devant le tribunal du domicile de la partie saisie.

« En tout état de cause, et quel que soit l'état de l'affaire, la partie saisie-arrêtée pourra se pourvoir en référé afin d'obtenir l'autorisation de toucher du tiers saisi, nonobstant l'opposition, à la condition de verser à la Caisse des dépôts et consignations, ou aux mains d'un tiers commis à cet effet, somme suffisante arbitrée par le juge des référés, pour répondre éventuellement des causes de la saisie-arrêt, dans le cas où le saisi se reconnaîtrait ou serait jugé débiteur.

« Le dépôt ainsi ordonné sera affecté spécialement aux mains du tiers détenteur à la garantie des créances pour sûreté desquelles la saisie-arrêt aura été opérée, et privilège exclusif de tout autre leur sera attribué sur ledit dépôt.

« A partir de l'exécution de l'ordonnance de référé, le tiers saisi sera déchargé et les effets de la saisie-arrêt transportés sur le tiers détenteur ».

La Commission a confié le soin d'un rapport favorable à M. Raynaud (Rapport du 24 janv. 1907, *J. O.*, Doc. parl., Ch., S. O., 1907, annexe n° 687, p. 76).

d) Compétence judiciaire et administrative.

47. — La responsabilité de l'État transporteur est soumise au droit commun. Dans quelle mesure les tribunaux sont-ils en conséquence investis du pouvoir d'apprécier les actes de l'administration? V. à cet égard l'exposé des motifs de la proposition déposée à la Chambre le 24 janv. 1907 par MM. Thierry et Henri Michel (S. O., 1907, annexe n° 686, p. 76) et le texte de la proposition ainsi conçu :

Article unique. — Le paragraphe suivant est ajouté à l'article 3 de la loi du 4 juin 1859 :

« La compétence de l'autorité judiciaire pour apprécier la responsabilité de l'administration des postes à l'occasion des correspondances et objets recommandés et des envois des valeurs déclarées, grevés ou non de remboursement, s'étend à l'appréciation des mesures prises par l'administration des postes pour assurer la marche du service dont elle a la gestion ».

e) Compétence territoriale des notaires.

48. — *Loi du 29 mars 1907 (J. O.* du 4 avr. 1907) — Le Sénat, n'ayant pas admis la proposition de rejet de M. Legrand, a voté le projet déjà adopté par la Chambre (*suprà*, p. 204, n° 74), tel que nous l'avons reproduit *suprà*, 1906, p. 196. La loi nouvelle a été promulguée le 29 mars et publiée le 4 avr. 1907.

PAUL LEREBOURS-PIGEONNIÈRE.

B. — Italie.

Par M. le professeur RICCARDO FUBINI.

Les progrès qui ont été accomplis dans la réforme des Codes italiens est considérable. Des Codes de 1859 et 1866 deux ont été refondus, le Code pénal et le Code de commerce. Le projet du nouveau Code de procédure est actuellement soumis à l'examen du Parlement. Le Code civil seul n'avait pas été modifié, au moins en apparence, car, même de ce côté, deux changements d'ordre social avaient été introduits. Mais on ne peut attribuer une bien grande importance aux nouvelles dispositions qui ont été dans ces dernières années traduites en lois, en ce sens qu'elles n'ont pas gravement attaqué l'essence et la structure de notre Code civil. En vue de la modification des institutions juridiques qui ne correspondent pas aux multiples besoins modernes, ni à l'activité économique d'aujourd'hui, M. Gallo, le regretté ministre de la Justice, a l'année dernière institué une commission composée des plus célèbres juristes que possède l'Italie, notamment MM. Bolaffio, Chironi, Gabba, Mortara, Polacco, Scialoja, Simoncelli, Vivante, pour la réforme législative de tout le droit privé. Ce n'est peut-être pas sans raison qu'on a objecté que, la commission devant accomplir un travail immense, un retard serait sans doute apporté à la solution de problèmes urgents et mûrs dès à présent pour une solution. Le Code est plutôt une coordination de lois qu'une création, et il est évident qu'on ne pourrait construire facilement et dans un espace de temps relativement court un édifice nouveau, que si les parties destinées à composer la nouvelle construction étaient prêtes.

Il faut donc souhaiter que l'activité législative ne s'arrête pas devant l'obstacle apparent qui vient d'être indiqué, et sache tirer parti des travaux de la commission pour appliquer les vœux qu'émettent journellement la doctrine et la jurisprudence.

Nous nous occuperons, dans ce premier article, de la loi du 17 mars 1906 sur la naturalisation, de la proposition de la loi sur la tutelle des mineurs pauvres, de la loi du 21 juin 1905 sur la réduction du cours légal de l'intérêt, et de la loi du 17 mars 1904 sur la défense faite aux journaux d'ouvrir des loteries.

I. — NATURALISATION.

On sait que la nationalité italienne peut être acquise par la loi ou par un décret : l'acquisition par la loi constitue la grande naturalisation, qui donne jusqu'à la jouissance des droits politiques ; l'acquisition par décret constitue la petite naturalisation, d'où les droits politiques sont exclus. Il est clair que la nécessité d'une loi spéciale pour l'acquisition de la nationalité avec concession de tous les droits appartenant aux nationaux rend cette acquisition difficile, si bien que dans une période de quarante-cinq ans on ne compte pas vingt naturalisations de cette nature. Cela constitue un inconvénient signalé depuis longtemps, et, si la difficulté opposée par le Code à l'acquisition de la nationalité peut être expliquée et justifiée par des raisons historiques, il est certain que ces raisons n'existent plus aujourd'hui et contrastent avec le libéralisme que l'État italien a toujours manifesté en faveur des étrangers. Il faut ajouter que ces restrictions sont en désaccord avec la tendance des États modernes à rendre de plus en plus facile la naturalisation des étrangers. Tendance qui en Italie plus que dans les autres pays aurait sa raison d'être, étant donnée la qualité moralement et intellectuellement élevée de l'immigration qui se produit dans notre pays.

Alors que tout concordait à montrer l'opportunité de modifier la loi civile sur ce point et que dès le mois de mai 1890, sous le ministère Crispi, un ordre du jour a été voté en ce sens, qu'en 1897 une proposition analogue a été faite, qu'en 1899 un projet de loi a été déposé, il est singulier que ce soit seulement en 1905 qu'un projet déposé par M. Sonnino, à la suite du refus du Sénat de confirmer la nomination d'un sénateur (1) qui n'avait pas obtenu la grande naturalisation, a eu un meilleur sort et est arrivé, après mille difficultés, à être traduit en loi, sur le modèle des lois votées dans plusieurs autres pays (2).

Le point fondamental de la nouvelle loi italienne, qui concerne uniquement la grande naturalisation — celle qui seule confère les droits politiques — consiste dans la faculté accordée au Gouvernement d'accorder cette naturalisation, individuellement, en présence d'un concours de circonstances déterminées et après avis favorable du Conseil d'État. En d'autres termes, cette loi donne au pouvoir exécutif un droit discrétionnaire, qui jusqu'alors appartenait uniquement au pouvoir législatif. Mais en tant qu'il s'agit de la concession *obligatoire*, ou du droit à la naturalisation accordé à l'étranger qui a accompli ces conditions, l'article 10 précité du Code civil reste entièrement en vigueur.

La loi italienne s'inspire de motifs moins spéciaux que la loi française et obéit à de bonnes et claires raisons d'ordre général. Le système italien est peut-être préférable, car, sans se livrer à une longue casuistique, il permet l'application de la loi aux cas qui se montrent dignes d'attention. La garantie résultant de l'approbation du Conseil d'État, approbation que la loi française de 1889, revenant sur la loi précédente de 1849, a cessé d'exiger, donne la possibilité d'user d'un langage plus général.

---

(1) En Italie les sénateurs sont nommés à vie par le Gouvernement, mais le Sénat doit examiner s'ils ont les titres requis par la Constitution.

(2) Loi allemande du 1er juin 1870, loi française du 26 juin 1889, loi anglaise du 12 mai 1870, etc. En France, en Allemagne, en Autriche, en Hongrie et en Espagne, la naturalisation est accordée par le pouvoir exécutif, aux États-Unis et dans la République Argentine par le pouvoir judiciaire. C'est uniquement en Italie, en Hollande, en Belgique et en Roumanie qu'on exige encore l'intervention du pouvoir législatif.

Le Conseil d'État en pareil cas a des attributions non pas consultatives mais délibératives, de sorte que le Gouvernement ne peut accorder la nationalité contre l'avis du Conseil d'État.

A raison de la spécialité du cas qui a donné naissance à la loi, celle-ci ne se prononce pas sur les questions internationales si complexes qui concernent la nationalité, sur la possibilité de la double nationalité ou de la perte de la nationalité sans acquisition simultanée d'une autre nationalité. La loi actuelle ne s'occupe que de la procédure de la concession de la nationalité, procédure substituée à une autre qui, en certains cas, paraissait trop sévère. Les cas dans lesquels le droit est accordé au Gouvernement de conférer la grande naturalisation sont les suivants : six ans de résidence en Italie ou dans les colonies italiennes, ou quatre ans de services rendus à l'État italien même en pays étranger, ou trois ans de résidence en Italie ou dans les colonies alors que l'étranger a épousé une Italienne ou a rendu des services signalés à l'Italie. Dans ces hypothèses, celui qui a obtenu la naturalisation ne peut siéger dans les Chambres que six ans après la date du décret de concession.

Ceux qui avant la publication de la nouvelle loi auront obtenu la petite naturalisation n'auront le droit de siéger dans l'une des deux Chambres que trois ans après la date du dernier décret. à moins qu'ils n'aient rendu des services à l'État italien pendant dix ans au moins.

II. — Tutelle des mineurs pauvres.

Cette proposition est d'initiative parlementaire. Elle a été déposée par le sénateur De Marinis, le 8 févr. 1905.

Il y a longtemps que les jurisconsultes et les praticiens se préoccupent de l'inefficacité des institutions de la tutelle et de la puissance paternelle dans un nombre très grand de cas, spécialement pour les pauvres ou les enfants naturels, et souvent on a eu l'occasion de constater que des mineurs n'avaient ni tuteur ni conseil de famille. Il y a lieu de rappeler qu'un éminent et regretté magistrat, Cavagnari, d'accord avec le distingué professeur Porro, avait appelé sur ce point l'attention du congrès juridique tenu à Naples, en 1897, présenté des rapports sur la question. conclu, avec l'approbation unanime du congrès, à la nécessité de réformer l'institution de la tutelle et spécialement de combler les lacunes des articles 387 et 250 du Code civil, et émis le

vœu que le législateur prît les mesures nécessaires pour assurer l'existence de tous les fils de pères défunts et inconnus. De
même, au congrès juridique de Palerme, à la suite d'un avant-
rapport de M. Piccolo Lipari, un ordre du jour analogue fut
approuvé, qui tendait à la promulgation d'un ensemble de réformes ayant pour but non seulement que tous les mineurs fussent
pourvus de tuteurs, mais que l'administration de la tutelle fût
attentivement surveillée et que des actions fussent données au
mineur lui-même pour attaquer les actes et les mesures importantes qui léseraient leurs droits spéciaux (1).

Tel est l'état essentiel de la doctrine italienne sur la question.

Il y a lieu de rappeler que l'unique article qui règle la matière
est l'article 250 du Code civil, d'après lequel, « lorsque le décès
d'une personne qui a laissé des enfants mineurs est signalé à l'état
civil, celui-ci en informe rapidement le préteur (juge de paix) ».
De son côté, le préteur veille à la constitution du conseil de
famille et à la nomination du tuteur. Dans la pratique il arrive
que celui qui signale le décès d'autrui ignore si ce dernier a
laissé ou non des enfants mineurs; et, d'un autre côté, même s'il
le sait, il n'est pas obligé d'en faire part à l'officier de l'état civil,
des dispositions en ce sens n'existant pas et ne pouvant pas exister. Il résulte de là que l'obligation imposée à l'officier de l'état
civil par l'article 250 reste, dans la plupart des cas, sans effet,
et cela notamment dans les grands centres, où la constitution de
la famille ne peut être de notoriété publique. On ne peut espérer
non plus que les recherches auxquelles se livrent par aventure
les maires conduisent toujours à un bon résultat. C'est pourquoi
un magistrat italien, le sénateur De Marinis, a songé à proposer
l'abrogation de l'article 250 et à imposer à l'officier de l'état
civil l'obligation de déclarer non plus si le défunt a laissé ou
non des enfants mineurs, déclaration qu'il n'est pas en mesure de
faire, mais de dénoncer tous les actes de l'état civil. Le préteur,
sur la base des documents qui lui parviennent, forme des registres de famille, en consultant ceux qui pourraient lui montrer si
et quand il y a lieu de procéder à la constitution du conseil de
famille d'un mineur déterminé et de nommer un tuteur. Dans ce
registre de famille il devra être fait mention de tout acte de nais-

(1) Voir sur ce point le récent et très bel ouvrage de M. Brugi, *Istitus.
di dir. civ. ital.*, 2ᵉ éd., 1907, p. 727.

sance relatif au mariage qui y a donné lieu, et de tout acte de
décès ou se référant au mariage, à l'adoption et à la reconnaissance d'enfants naturels déjà inscrits. La constitution du conseil
de famille et la nomination du tuteur devront avoir lieu dans le
cas de décès des parents, de déclaration d'absence, de perte de
la puissance paternelle, au sens de l'article 241 du Code civil,
c'est-à-dire de tout jugement déclaratif d'absence ou infligeant
une condamnation qui entraîne déchéance de la puissance paternelle, de divorce, de naissance d'enfants de parents inconnus qui
ne seront pas recueillis dans un établissement public.

Une autre lacune de notre législation était reconnue depuis
longtemps. Le Code parle de l'administration du patrimoine du
mineur, de son éducation et règle le moyen d'administrer ce
patrimoine et de déterminer les dépenses d'éducation; mais si
le mineur n'a pas de patrimoine, par qui est assumée l'obligation de pourvoir à son éducation et de la diriger? Il est clair
que personne ne veut assumer les dépenses et les ennuis de cette
éducation et qu'en pareil cas le mineur est abandonné à lui-même
et fatalement amené à pourvoir à ses besoins par le vagabon-
dage et les délits. A cet égard la proposition de De Marinis tend à
faire peser sur le préteur l'obligation de veiller à l'organisation
de la tutelle, en se procurant des renseignements exacts et en
convoquant fréquemment le conseil de tutelle. Le conseil de
famille devra déterminer les moyens et les modes d'éducation
du mineur. L'obligation d'élever les mineurs étant admise, la
surveillance de l'exercice de la puissance paternelle devra nécessairement s'effectuer pour tout ce qui pourra apparaître comme
une violation des lois morales et positives, et qui causera un
dommage évident au mineur, à sa famille, à la société.

En ce qui concerne le côté financier, le projet proclame l'obligation de la société de pourvoir aux dépenses nécessitées par l'existence et l'éducation des mineurs pauvres. Cette obligation de la
société est basée sur le fait que dès sa naissance le citoyen, qu'il
soit riche ou pauvre, fait partie de la famille sociale et se trouve
placé sous la protection des lois de la société qui, lui imposant
l'exécution des obligations nécessaires à la conservation de l'organisme social, doit en revanche lui garantir tous les droits qui
lui assurent dans la communauté une existence prospère et
notamment celui de vivre de son travail et de s'améliorer lui-
même par le moyen de son activité. A ce point de vue,
M. De Marinis réprouve le secours des asiles, orphelinats et insti-

tutions de bienfaisance en général et donne au législateur le
moyen de créer un fonds spécial destiné à remédier aux tristes
effets que le projet cherche à diminuer. Ce fonds, suivant l'article 9, sera formé par les revenus des congrégations de charité
et des institutions n'ayant plus d'objet hospitalier ou d'assistance
aux vieillards : ces sommes seront versées à la commune, qui
ne pourra les employer à un but autre que celui que fixe le projet. Elles serviront à donner des subventions aux mineurs, subventions qui diminueront en proportion du gain que pourra
faire dans l'exercice de sa profession celui à qui elles auront été
assurées. La tutelle continuera, indépendamment de la subvention, jusqu'à la majorité. Les articles 17 et 18 prononcent
des peines diverses contre le tuteur qui se sera approprié ces
subventions et contre le père qui aura simulé l'indigence.

Cette proposition a subi le sort de la généralité des propositions d'initiative parlementaire et n'est pas venue en discussion.
Elle a évidemment des défauts : l'efficacité de l'institution des
registres de famille est trop incertaine et trop douteuse, étant
donné surtout que ces registres seraient confiés au préteur, qui
est déjà chargé des innombrables attributions que le législateur
lui a confiées, en l'absence d'autres personnes à qui elles auraient pu être données. Comment, d'autre part, peut-on parler de
l'exercice d'une surveillance par les préteurs, alors que ces magistrats n'ont pas les moyens et le temps nécessaires pour ce
travail? Il est clair que, quelles que soient les sanctions, aucun
résultat efficace ne peut être obtenu. Enfin les remèdes d'ordre
financier et spécialement la part que les communes doivent y
avoir peuvent soulever certaines objections, étant donnée l'impossibilité où se trouveront beaucoup d'entre elles de faire face
à de telles dépenses. Mais l'essentiel est le principe dont s'inspire
la proposition et, à cet égard, on ne peut douter qu'elle ne constitue réellement l'un des points vers lesquels devrait se diriger
l'activité du législateur. Et il est à supposer que le Gouvernement, conscient de ses devoirs envers la portion de la population
qui a le plus besoin d'aide, en ce qu'elle est incapable de réagir
contre des tendances funestes et de trouver un secours dans ses
propres forces, trouvera moyen, tout en modifiant la proposition, de la conduire à bon port.

III. — Réduction du taux légal de l'intérêt.

La loi du 22 juin 1905, réalisant une modification réclamée

depuis longtemps par les praticiens comme une réforme de grande importance et par les auteurs comme un changement qui, sans produire de graves conséquences, était nécessité par l'amélioration de notre situation économique, a abaissé le taux légal de l'intérêt, à l'exemple de ce qui a été fait dans ces dernières années en Allemagne et en France. Il convient de reconnaître que l'attente tant du public que de certaines personnes qui réclamaient une étude minutieuse de l'influence que cette modification d'ordre économique pouvait avoir sur les questions juridiques a été trompée.

On a émis l'opinion qu'une loi sur l'intérêt légal produit d'importantes conséquences au point de vue de la répression de l'usure, plaie très grave en Italie, notamment dans les provinces méridionales ; mais le ministre qui a déposé le projet, aussi bien que la commission, ont enlevé naturellement toute illusion à cet égard en faisant remarquer que la loi n'aurait pu qu'indirectement donner au débiteur un moyen de se soustraire au joug de l'usure, en laissant par exemple protester la lettre de change tirée sur lui pour le payement des intérêts moratoires fixés dans la mesure établie par la loi. D'autre part on ne peut pas donner absolument tort au législateur d'avoir tenu les dispositions sur l'intérêt légal séparées de celles qu'on aurait voulu édicter en matière d'usure, et cela autant pour une raison juridique que pour une raison d'opportunité ; la première consiste dans la diversité des buts que doivent avoir la réglementation de l'intérêt légal et éventuellement la réglementation de l'intérêt conventionnel, la seconde était dans la nécessité de hâter la promulgation d'une loi dont l'élaboration était relativement facile, au lieu de la compliquer par des dispositions d'une gravité indiscutable et touchant à un problème qui préoccupe le législateur depuis des siècles, sans qu'il ait encore trouvé un remède efficace contre l'excès de l'usure. A cet égard il y a lieu de rapporter qu'en Italie même, les projets récents sur l'usure ne manquent pas, projets qui ne sont pas même venus en discussion [1], et qui d'ailleurs, prêtent le flanc à trop de critiques pour mériter d'être adoptés. Au reste, à tout ceci il faut ajouter cette considération que rien ne peut être fait contre l'usure et contre les formes con-

---

[1] Sur ce point, v. Sraffa, Rapport à la Société italienne des juristes et économistes sur le projet de loi relatif aux mesures contre l'usure, présenté par le ministre Gianturco, le 21 novembre 1900. Ce beau et profond rapport a été publié par le *Monitore dei tribunali*, 1901, p. 1 et suiv.

tractuelles sous lesquelles l'usure se dissimule. L'argent est une marchandise et il n'y a pas le sens commun à vouloir empêcher cette marchandise d'avoir la valeur que lui attribue le marché ; autant vaudrait abolir le marché même de l'argent. Aucun législateur ne pourra donc empêcher que la détermination de l'intérêt ne dépende et des circonstances qui peuvent y influer, aussi bien que la valeur de tout autre objet, en raison de la loi économique de la valeur. Le législateur combattrait plus efficacement l'usure s'il cherchait à soulager les classes de personnes qui, à raison de la situation où elles se trouvent, sont le moins en mesure de recourir avec succès au crédit : en tout cas ce n'est pas contre l'usure considérée objectivement que l'on peut établir des sanctions, mais seulement contre la profession d'usurier en tant qu'elle spécule sur les passions humaines en empêchant la libre manifestation du consentement essentiel à tout contrat.

Mais s'il n'est pas douteux que le législateur italien n'avait pas à s'occuper de l'usure en modifiant le taux légal de l'intérêt, il n'en est pas moins vrai qu'il aurait dû avoir présentes à l'esprit toutes les matières qui devaient être touchées par la nouvelle loi et les coordonner, afin que l'intérêt légal apparût conforme à ses diverses fonctions. Le ministre qui a déposé le projet de loi et les deux commissions de la Chambre des députés et du Sénat ont affirmé à diverses reprises que le but de la loi était la substitution de 4 0/0 à 5 0/0 pour l'intérêt civil, et de 5 0/0 à 6 0/0 pour l'intérêt commercial. Or en rappelant les dispositions de la loi italienne on ne peut faire moins que de rappeler aussi les justes critiques dirigées au Sénat par l'éminent sénateur Scialoja contre le projet de loi qu'on voulait voter avec une très grande célérité comme si le bénéfice qu'en tirerait la population devait être incommensurable. Étant admis que notre loi ne devait pas modifier les principes généraux qui régissent l'intérêt conventionnel suivant l'article 1831 du Code civil, et que par suite on ne pouvait donner à l'intérêt légal la fonction de représenter, par exemple, un *maximum* d'intérêt, il n'en est pas moins vrai que l'intérêt légal représente d'autres fonctions importantes. M. Scialoja rappelait en effet avec raison qu'on ne peut considérer de la même manière la *fonction supplétive* de l'intérêt légal, qui s'applique quand les parties n'ont pas déterminé la mesure, la *fonction pénale*, qui existe quand il s'agit d'imposer l'intérêt au débiteur en retard ou à celui qui détient l'argent d'autrui sans la volonté du propriétaire, la *fonction de réduction* pour le cas où le débiteur chargé de dettes dont les intérêts sont supérieurs au taux légal, veut se libérer dans des conditions déterminées. L'esprit aiguisé de M. Scialoja aplanirait tout doute sur le point de savoir si un taux uniforme correspond aux exigences correspondantes à ces diverses fonctions. Il est évident que si sous le dernier aspect l'intérêt légal ne doit pas être élevé, — car, dans le cas contraire, le bénéfice que la loi a voulu accorder au débiteur lui ferait défaut, — et doit être inférieur à l'économique. parce que la foi des contrats n'est pas excessivement troublée, au contraire quand il s'agit d'empêcher le débiteur de se tenir dans une condition contraire au droit, la détermination d'un taux trop bas permettrait l'évidente injustice de concéder l'usage des fonds d'autrui à un intérêt inférieur à l'intérêt économique.

On pourrait observer, et c'est là l'interprétation officielle donnée par le ministre et par la commission sénatoriale, qu'en certains cas l'action en dommages-intérêts est préjugée; mais cette interprétation contredit évidemment tant les termes de l'article 231 du Code civil, qui, en matière d'obligations de sommes d'argent, liquide tous ces dommages-intérêts sur la mesure de l'intérêt légal [1], que les précédents historiques, le législateur italien ayant suivi les règles du Code civil, dont l'article 1153, dans son ancienne rédaction, adoptait la solution de Pothier, lequel soutenait qu' « en conséquence de cette espèce de forfait, quelque grand que soit le dommage que le créancier ait souffert du retard que le débiteur a apporté au paiement de la somme due, que ce retard ait procédé d'une simple négligence, soit qu'il ait procédé d'un dol et d'une contumace affectée, le créancier ne peut demander d'autre dédommagement que ces intérêts [2] ». Et il fait consister la raison de cette affirmation dans la difficulté de déterminer ces dommages, de les prévoir et de les justifler. Il est certain que cette solution répugne à l'équité; il serait plus juste que d'un côté le créancier n'eût même pas droit à l'intérêt légal dans le cas où le débiteur n'aurait commis aucune faute [3] et que d'un autre côté l'indemnité fût supérieure

---

(1) L'article 1231 dit que les dommages-intérêts consistent toujours dans le paiement des intérêts.

(2) *Tr. des obligations*, n° 170.

(3) C'est l'opinion, notamment, de Chironi (*Colpa*, n° 275) et implicitement d'Aubry et Rau (*Dr. civil*, t. IV, p. 75 et suiv.), qui séparent les conceptions

au taux légal dans le cas où un préjudice supérieur serait démontré (1).

Cela suffit à démontrer que l'affirmation de la commission et du ministre est pour le moins un peu aventurée et pour déplorer que notre législateur n'ait pas suivi le Code allemand, qui, par une phrase insérée dans le § 288, a supprimé une source de difficultés.

Et on ne peut dire que le fondement sur lequel repose l'obligation de réparer les dommages, en cas de retard, n'est pas le même dans le droit français ou italien que dans le droit allemand, parce que le système forfaitaire des Codes français et italien ne signifie pas que l'obligation du débiteur ne repose pas sur la faute : cette conception est exprimée clairement dans l'article 1226 du Code italien, qui supprime tous dommages-intérêts dans le cas de force majeure :2).

L'abaissement du taux de l'intérêt en ce cas, non accompagné d'une disposition qui réserve l'action en dommages-intérêts, est donc certainement une défectuosité de notre législation.

La loi sur l'intérêt légal maintient la distinction entre les intérêts civils et les intérêts commerciaux. La question de l'unification a été posée ; on ne l'a pas résolue en vertu de ce motif spécial que la question n'était pas mûre (3); l'intérêt commercial est fixé à 5 0/0 et l'intérêt civil à 4 0/0 ;

Dans la discussion du projet de loi, on avait fait remarquer que le taux économique de l'intérêt est instable, instabilité qui contraste avec la fixité que doit avoir nécessairement pendant une longue période de temps l'intérêt légal. Il est clair que cette observation ne pouvait avoir aucune influence sur la détermination du taux, car il est impossible, si l'on veut éviter une infinité de controverses, de concevoir un taux légal qui varierait avec les variations du taux économique, et cela surtout en Italie,

---

de retard et de faute. V. sur ce point Crome, *Die Grundlehre des franz. Obligationenrechts*, Manheim, 1894, p. 85, note 62, p. 86, note 66, p. 142, note 6. Pour le droit commun, V. Dernburg, *Pand.*, t. II, § 40.

(1) C'est ce que disent, par exemple, Giorgi, *Oblig.*, t. II, p. 131 et Bolaffio. *Codice comm.*, éd. Tedeschi, art. 41, n° 288. En sens contraire, Laurent, *Dr. civ.*, XVI, 307; Chironi, *Colpa*, n° 276: Missa, v° *Mora*, in *Enc. giur. it.*, n° 41.

(2) V. du reste sur ce point Saleilles, *Code allemand*, t. I, p. 411 et *Théorie de l'obligation*, 2ᵉ éd., p. 27.

(3) V. sur ce point les justes observations de M. Sraffa dans la *Riv. di dir. comm.*, 1905, t. I, p. 65 et 66.

où, si l'on suivait ce critère, il conviendrait d'avoir égard aussi aux diverses régions dans lesquelles un taux divers est établi.

La loi sur la réduction de l'intérêt légal n'a aucunement touché, comme nous l'avons dit, à la liberté des parties, qui peuvent librement fixer le montant de l'intérêt conventionnel ; ces stipulations sont valables pourvu qu'elles résultent d'un acte écrit, alors même que l'intérêt convenu excède le taux légal. Du reste sur ce point rien n'est changé ; la disposition, qui n'a rien d'analogue dans le droit français, d'après laquelle le débiteur a le droit de se libérer de la charge d'une dette trop lourde en restituant après cinq ans les sommes portant intérêt à un taux supérieur au taux légal, est maintenue. C'est précisément en faisant allusion à cette règle que M. Scialoja a observé qu'il est grave de réduire l'intérêt dans les hypothèses mêmes où la fixation de l'intérêt a une fonction pénale.

La seule restriction apportée à la loi est relative aux affranchissements, échanges et retraits de tout genre dérivant des lois antérieures ; en ce qui les concerne, le taux antérieur de 5 0/0 est maintenu.

Une dernière observation d'ordre économique est qu'à raison de la haute importance de l'impôt sur la richesse mobilière en Italie, la réduction est plus forte qu'elle n'apparaît d'après les termes de la loi, et que l'intérêt descend en réalité à 3,40 0/0 en matière civile. Cette observation n'a naturellement de valeur qu'à titre de rapprochement avec les législations étrangères, et non dans les rapports internes, toutes les richesses étant frappées. Néanmoins, étant donné qu'une partie de la richesse mobilière parvient à échapper à l'impôt, on ne peut s'empêcher de remarquer que dans certains des cas auxquels s'applique l'intérêt légal, la réduction est trop forte, mais non pas si on a égard à la situation économique de la nation italienne, actuellement florissante et égale à celle des plus riches nations européennes.

IV. — INTERDICTION DES LOTERIES OUVERTES PAR LES JOURNAUX.

En Italie comme en France, certaines personnes ont pris depuis quelques années l'habitude de provoquer les abonnements par l'organisation des loteries, en distribuant des primes importantes entre divers abonnés, désignés par le sort. Une campagne fut entreprise par les journaux concurrents, qui ne voulaient pas adopter les mêmes procédés et qui mirent en lumière les graves inconvénients de ce genre de loteries. L'argument de la concurrence illicite, invoqué par les journaux privés des moyens d'émettre une loterie avec des primes aussi importantes, venait de l'enrichissement injuste d'un journal dû à une spéculation au lieu de l'être aux mérites intrinsèques du journal, de l'impossibilité où se trouve l'administration du journal de veiller à l'amélioration de la rédaction et à tout ce qui touche le contenu du périodique, de la nature de la provocation à l'abonnement, abonnement contracté en vue presque exclusivement d'obtenir une prime importante. Tous ces arguments, s'ils avaient un fond de vérité et justifiaient pleinement la campagne entreprise en vue de la moralité de la presse quotidienne, ne suffisent pas à expliquer la loi Luzzatti du 17 mars 1904, qui interdit les loteries aux journaux. En effet, comme l'a justement fait remarquer M. Ascoli, on ne peut nier qu'on ne rencontre pas dans l'espèce l'une des caractéristiques les plus éclatantes des loteries, et que Manenti [1] : a considéré comme l'unique motif de l'interdiction : la certitude d'un gain injustifié pour l'entrepreneur de la loterie au détriment des joueurs trop facilement crédules, dérivant d'une augmentation procurée fréquemment et facilement par la probabilité en faveur du premier; cette inégalité de traitement ne semble pas s'appliquer dans l'espèce, étant donné que les joueurs étaient les abonnés entre eux et non les abonnés avec l'éditeur du journal, lequel en substance donne en échange du prix une prestation correspondante, individuelle pour une partie, — le journal, — collective pour l'autre, — les primes [2].

Quant aux autres motifs invoqués, et qui se trouvent résumés dans le rapport de la commission à la Chambre des députés, ils ne peuvent avoir aucune valeur; car tout commerce se prêterait au même raisonnement et la liberté des conventions serait sérieusement menacée, s'il était possible, en invoquant « la haute et noble mission de la presse », d'empêcher une maison de commerce de s'organiser comme elle le croit préférable, même pour agrandir et rendre plus productif son exercice.

En réalité, cette loi ne peut se justifier que par la prohibition absolue des loteries sur la base de l'article 1er de la loi du 27 févr. 1868 et que, par erreur, on n'avait pas coutume d'appliquer aux

---

(1) Note sur Gluck, *Pand.*, traduct. italienne, t. XI, p. 706.
(2) Ascoli, *Riv. di dir. comm.*, 1904, I, 335.

journaux. La loi Luzzati aurait donc dû être plus étendue et viser non seulement les journaux, mais toutes les entreprises qui tirent parti de l'amour du public italien pour le jeu, en vue de triompher par les méthodes modernes dans la lutte continuelle qu'elles engagent pour combattre la concurrence.

RICCARDO FUBINI.

DES NULLITÉS DE SOCIÉTÉS

POUR

CAUSE D'INCAPACITÉ LÉGALE

ET

SPÉCIALEMENT DE LA NULLITÉ DES SOCIÉTÉS ENTRE ÉPOUX

Par **M.** P. Pic,

Professeur à la Faculté de droit de l'Université de Lyon.

———

Des incapables : incapacités radicales et incapacités relatives. — Il ne suffit pas, pour que la société soit valable, que le consentement de tous les associés ait été librement donné, encore faut-il qu'il émane de personnes *capables*.

Mais la capacité nécessaire pour être membre d'une société commerciale varie essentiellement suivant le type social adopté, et, dans chaque type, suivant l'étendue de l'engagement assumé par le souscripteur. C'est la capacité d'être commerçant de profession qui est requise pour devenir associé en nom ou commandité. Pour devenir commanditaire ou actionnaire, il y a controverse : la jurisprudence incline à considérer la souscription comme un acte de commerce ; mais elle ne va pas jusqu'aux conséquences extrêmes du principe posé, et autorise le tuteur du mineur non émancipé, fût-il mineur de 18 ans et par conséquent radicalement incapable de faire le commerce, à souscrire pour son pupille à la condition de se conformer aux prescriptions

de la loi de 1880. Notre opinion est au contraire que la souscription est un acte civil ; que cet acte affecte les caractères
d'un acte d'administration pure, n'excédant pas la capacité
d'un mineur émancipé ou les pouvoirs du tuteur d'un mineur
ou d'un interdit lorsqu'il est accompagné du versement intégral, et qu'il doit au contraire être assimilé à un emprunt,
impliquant la nécessité de l'autorisation du conseil de famille et l'homologation du tribunal, lorsque des délais sont
accordés pour la libération.

Nous allons rechercher ici, d'abord quelles sont les personnes incapables d'entrer, à titre d'associés personnellement obligés, dans une société, ensuite quelle est la
mesure de leur incapacité, et dans quels cas elle peut être
levée par une habilitation. Nous sommes ainsi conduit
à distinguer, au point de vue spécial qui nous occupe, trois
catégories d'incapacités : l'incapacité radicale, l'incapacité
relative, susceptible de disparaître par une habilitation, et
certaines incapacités spéciales, réelles ou apparentes, que
nous rangeons dans un troisième groupe pour la commodité de l'exposition (1).

Incapacités radicales. — Sont radicalement incapables de
faire le commerce et par conséquent de faire partie d'une
société de commerce comme associés en nom : 1° Les *interdits, judiciairement* ou *légalement*. Quelques auteurs ont
proposé, les uns de distinguer entre l'aliéné, judiciairement
interdit, auquel tout commerce serait légalement impossible
et le condamné, légalement interdit, dont les engagements
commerciaux pourraient être validés (2) ; les autres d'admet-

_____

(1) Il ne sera question ici que des incapacités proprement dites. L'incapacité ne doit pas être confondue avec l'*incompatibilité*. Le commerce est incompatible avec certaines professions, avec la plupart des fonctions publiques
(tout au moins des fonctions à la nomination de l'Etat, à l'inverse des mandats
électifs), avec les offices ministériels (agents de change exceptés), avec la
profession d'avocat. Mais, en thèse générale, la sanction de ces défenses légales ne consiste point dans l'annulation des actes interdits. C'est ainsi en
particulier que les engagements contractés par le fonctionnaire commerçant
soit à titre individuel, soit comme associé en nom, doivent être tenus pour
valables, et que leur inexécution peut être sanctionnée par la faillite. — Thaller, *Dr. comm.*, n. 145 ; Lyon-Caen et Renault, *Dr. comm.*, t. II, p. 215.

(2) Delamarre et Lepoitvin, *Dr. comm.*, t. Ier, n° 55.

tre le tuteur de l'interdit, quelle que soit la cause de l'interdiction, à engager les capitaux de celui-ci dans une société, à la condition d'y être autorisé par le conseil de famille et l'homologation du tribunal (art. 457 et 458) [1]. Mais ces deux solutions ne peuvent être acceptées que sous les plus formelles réserves.

En principe, l'interdit légalement est frappé d'une incapacité générale aussi complète que l'interdit judiciaire ; cette règle rigoureuse ne fléchit que dans les cas prévus par les lois des 30 mai 1854 (art. 12), 25 mai 1873 (art. 16), et 27 mai 1885 (art. 17) sur la relégation [2]. C'est donc seulement dans les limites déterminées par ces textes, et pour un commerce créé au lieu de déportation, que leur incapacité cesserait. Quant au droit pour le tuteur d'effectuer un apport en société du chef de l'interdit, nous l'admettrions dans les sociétés civiles ; mais il n'en saurait être question pour une société commerciale, le commerce ne pouvant être exercé par procuration, et les lourdes responsabilités qu'il implique ne devant peser que sur celui qui personnellement est en situation de les assumer [3].

2° *Les individus placés dans un établissement d'aliénés*, conformément à la loi du 30 juin 1838. — Sans doute, leurs actes ne sont pas nuls de droit, mais simplement annulables pour cause de démence ; toutefois cette menace d'annulation qui pèse sur tous leurs actes suffit, selon nous, à leur rendre impossible l'exercice de tout commerce, seuls ou en société [4].

3° *Les prodigues* ou *faibles* d'esprit, pourvus d'un *conseil judiciaire*. Vainement objecterait-on que l'individu pourvu

---

(1) Pont. *Soc.*, n° 28 ; — Guillouard, *Soc.*, n° 34 ; — Houpin, t. I, n° 19 et *Journ. des soc.*, 1900. 281 ; Baudry et Wahl, *Soc.*, n°ˢ 48 à 61.

(2) Droit pour le Gouvernement de concéder aux condamnés aux travaux forcés ou à la déportation dans une enceinte fortifiée, l'exercice de tout ou partie des droits civils au lieu de la déportation ; concession *de plein droit* de cette même faveur aux condamnés à la déportation simple ; facilité pour le Gouvernement de restituer aux relégués, sur le territoire de relégation, tout ou partie des droits civils dont leur condamnation les a privés.

(3) *Sic*, Lyon-Caen et Renault, t. I, n° 218 ; — Arthuys, *Soc.*, t. I, n° 13.

(4) Pont, n° 28 ; — Guillouard, n° 34 ; — Houpin, t. I, n. 19 et *Journ. des soc.*, 1900, 281 ; — Baudry et Wahl, n°ˢ 48 et 61.

d'un conseil judiciaire, ayant la faculté pour un acte quelconque de se faire relever de son incapacité par ledit conseil, doit pouvoir figurer comme associé en nom dans un contrat de société. Cette objection, selon nous, ne tient pas un compte suffisant de la nature spéciale de l'assistance du conseil. Ce que la loi a voulu, c'est que le prodigue fût assisté de celui-ci pour chaque acte individuel susceptible d'engager son patrimoine; or l'autorisation de faire le commerce à titre d'associé en nom aurait nécessairement un caractère collectif, et équivaudrait à une main-levée partielle d'une incapacité, que seule une décision de justice peut faire disparaître (1).

Incapacités relatives. — Ne sont frappés, au contraire, que d'une incapacité relative susceptible de disparaître par une habilitation :

1° *Le mineur*. — Aux termes de l'article 2 du Code de commerce, tout mineur émancipé de l'un et de l'autre sexe, âgé de *18 ans* accomplis, peut être habilité à faire le commerce par les personnes ayant autorité sur lui (père, mère à défaut du père, délibération du conseil de famille homologuée par le tribunal civil à défaut des père et mère). De l'avis unanime, ces autorisations sont nécessaires pour permettre à un mineur d'entrer comme associé en nom collectif ou commandité dans une société commerciale, tout associé en nom ayant la qualité de commerçant.

Mais suffit-il que le mineur ait été habilité à faire le commerce, ou doit-il être spécialement autorisé à former une société avec d'autres personnes? L'on a parfois soutenu que l'article 2, ne distinguant point, et conférant au mineur dûment autorisé la capacité d'un majeur pour l'ensemble des opérations commerciales, l'autorisation à lui conférée

---

(1) Angers, 10 févr. 1865, D. 65. 2. 63 ; — Rouen, 1er déc. 1897, *Journ. des soc.*, 98. 317 ; — Trib. com. Seine, 19 oct. 1904, *Loi*, 28 nov. 1904; — Demolombe, t. 8, n° 760; — Pont, n° 824; — Houpin, t. I. n° 20; — Arthuys, t. I, n° 13. — V. aussi Manara (*delle Societa commerciale*, t. 1er), sur la question de savoir s'il est possible, par certaines combinaisons, d'empêcher la dissolution d'une société régulièrement constituée, mais dont l'un des membres viendrait à être frappé d'interdiction ou pourvu d'un conseil judiciaire.

de faire le commerce impliquait celle d'entrer comme associé en nom dans une société de commerce [1]. Toutefois, l'opinion dominante est que le mineur a besoin, pour faire le commerce en société, d'une autorisation spéciale et expresse. Sans doute, aux termes de l'article 2, le mineur autorisé à faire le commerce est réputé majeur quant aux engagements *par lui* contractés pour faits de commerce; mais l'associé en nom ne répond pas seulement de ses propres engagements, il est personnellement et solidairement responsable des engagements sociaux, et l'on ne saurait admettre un mineur à assumer une telle responsabilité qu'après examen des conditions dans lesquelles la société projetée doit être constituée [2].

Cette règle ne souffrirait exception que dans le cas où un mineur d'ores et déjà autorisé à faire le commerce voudrait s'adjoindre des commanditaires. En ce cas, en effet, le mineur, seul préposé à la gestion par hypothèse puisqu'il est le seul commandité, ne répond que de ses propres actes : nous sommes donc exactement dans l'hypothèse visée par l'article 2 du Code de commerce [3].

Par contre, et à l'inverse, il est un cas où d'après une fraction importante de la doctrine, l'autorisation, même spéciale, émanée des père ou mère, ne suffirait point à relever le mineur de son incapacité; c'est le cas où la société projetée devrait précisément être établie entre le mineur et celui ou celle de qui émane l'autorisation. L'on argue en ce sens de l'adage « *nemo auctor est in rem suam* », et l'on ajoute qu'une autorisation donnée dans ces conditions à un mineur, le plus souvent incapable en fait d'apprécier la valeur du projet d'association qu'on lui soumet, et accessible en tout cas à une pression morale qui lui enlève la pleine liberté dont il a besoin

(1) Locré, t. XVII, n° 126; — Rousseau, *Soc.*, t. I⁺ʳ, n° 37; — Nyssens, *Soc.*, n° 31.

(2) Lyon, 16 août 1875, D. 76, n° 422; — Pont, n. 825; — Bravard et Demangeat, *Dr. comm.*, p. 157; — Lyon-Caen et Renault, t. I⁺ʳ, n° 230; — Houpin, t. I⁺ʳ, n° 19; — Arthuys, t. I⁺ʳ, n° 15.

(3) Lyon-Caen et Renault, Houpin, Arthuys, *op. cit.*

pour contracter, ne saurait avoir aucune valeur légale[1].

Formulée en ces termes, la proposition nous paraît beaucoup trop absolue. D'une part, en effet, aucun texte ne consacre la prétendue règle « *nemo auctor*.... etc....», et toutes les prescriptions du Code sur l'autorisation maritale lui donnent un démenti formel.

D'autre part, le droit commun fournit des armes suffisantes pour mettre obstacle à toute pression, à tout acte de contrainte caractérisé tendant à imposer à un successible mineur un pacte d'association auquel, libre, il n'eût pas acquiescé. La prohibition n'aboutirait à rien moins qu'à interdire absolument toute société entre un père et son fils mineur, puisque la loi n'a pas prévu la possibilité, le père étant présent et capable, d'une habilitation émanant du conseil de famille ; or une telle interdiction ne se conçoit guère sans un texte [2].

2° *La femme mariée* non séparée de corps [3]. — Aux termes de l'article 4 du Code de commerce, « la femme ne peut être marchande publique sans le consentement de son mari ». Le commentaire de ce texte rentrant dans l'étude de la condition juridique du commerçant [4], nous nous bornerons à rappeler d'un mot : 1° qu'à la différence de l'autorisation nécessaire pour les actes civils, qui doit être *spéciale* et *expresse* (art. 217, C. civ.), l'autorisation donnée par le mari à sa femme d'entreprendre un commerce est une autorisation *générale*, révocable sans doute, mais donnée une fois pour toutes pour l'ensemble des actes multiples que toute entre-

(1) Douai, 16 août 1869, D. 70. 2. 88 ; — Paris, 14 novembre 1901, D. 1902. 2. 238. — *Sic* : Lyon-Caen et Renault, t. II, n° 230 *bis* ; — Bravard et Demangeat, p. 161 ; — Rousseau, n° 39.

(2) Il y a bien un texte, l'article 864 du Code civil ; mais ce texte, s'il présume en certains cas l'existence d'une libéralité déguisée (V. *infrà*), ne dit nullement que l'on puisse annuler (comme telle) la société formée entre *de cujus* et successibles. Cf., dans le sens de validité de la société, sous réserve du cas de fraude : Pont, n° 827 ; Arthuys, t. I, n° 16.

(3) Depuis la loi du 6 février 1893, la femme séparée de corps est pleinement capable, à l'instar d'une femme divorcée. Il est donc bien évident qu'elle n'a besoin pour faire le commerce, seule ou associée à un tiers, d'aucune autorisation du mari ni de justice.

(4) Thaller, n° 258.

prise commerciale implique, et qu'elle peut être *tacite*, c'est-à-dire résulter de la non-opposition du mari ; 2° que par dérogation à l'article 218 Code civil l'autorisation du mari ne saurait être suppléée par justice, sauf dans les cas exceptionnels où l'autorisation donnée par le tribunal serait, à raison du régime matrimonial adopté (séparation contractuelle), sans répercussion possible sur le patrimoine du mari opposant.

Mais deux questions doivent ici être examinées par nous : 1° la femme autorisée à faire le commerce puise-t-elle dans cette autorisation le droit de s'associer avec un tiers pour l'exercice de ce commerce ? — 2° la femme peut-elle contracter une société commerciale avec son mari ? — Sur la première de ces deux questions, l'accord est à peu près unanime : la seconde au contraire fait l'objet d'un différend toujours ouvert entre la majorité de la doctrine et la jurisprudence.

Il est généralement admis que la simple autorisation générale de faire le commerce, individuellement donnée par le mari à la femme, n'implique nullement le droit pour celle-ci de s'associer à un tiers, et que, pour contracter comme associée en nom, ou même comme commanditaire [1], une société avec un tiers, elle doit au préalable se pourvoir d'une autorisation spéciale du mari.

La solution conforme donnée *suprà* en ce qui concerne le mineur se justifie pour la femme par des arguments plus décisifs encore. Non seulement il est rationnel, et d'ailleurs conforme au texte et à l'esprit de l'article 4, de supposer que le mari *auctor* a simplement entendu autoriser par avance les engagements commerciaux personnels que la femme contracterait, et non les obligations indéfinies et solidaires

---

(1) Si une femme mariée ne peut entrer, même à titre de commanditaire, dans une commandite par intérêt, du moins pourrait-elle souscrire des actions d'une commandite par actions ou d'une société anonyme, cette souscription ayant le caractère d'un simple placement. Mais nous hésiterions à lui reconnaître le droit de transformer une entreprise individuelle dirigée par elle en une société par actions, de mettre, suivant l'expression vulgaire, son commerce *en actions*. Que la société fondée par elle soit une commandite par actions dont elle serait la gérante statutaire, ou une société anonyme à laquelle elle ferait apport de son fonds de commerce, elle assume en pareil cas, comme fondatrice, de lourdes responsabilités, auxquelles son mari n'avait pu songer, en l'autorisant à entreprendre un commerce à titre individuel.

pouvant résulter pour elle de son entrée comme associé en nom dans une société de commerce. Mais l'autorité maritale et l'honneur même de la famille exigent que son chef soit consulté lorsque la femme entend contracter avec un tiers une association, nécessitant de la part de tous les associés une coopération journalière. Ainsi se justifie l'intervention nécessaire du mari, non seulement pour l'entrée de la femme dans une société comme associé en nom, mais même pour la souscription par elle d'une part de commandite, tout au moins lorsqu'il s'agit d'une commandite simple, dans laquelle l'*intuitus personæ* est prépondérant.

Il est du reste un dernier argument qui à lui seul justifierait la nécessité d'une autorisation spéciale ; c'est que les deux autorisations ne sont pas de même nature : la première, celle de faire le commerce individuellement, étant révocable au gré du mari (sauf le respect des droits acquis), la seconde n'étant pas révocable, le mari qui autorise sa femme à s'associer à un tiers acquiesçant par avance à la loi du contrat, telle qu'elle résulte des statuts ou du droit commun (1).

Sanction des incapacités du mineur et de la femme. — L'incapacité, comme le vice du consentement, est une simple nullité relative dont l'incapable seul ou ses représentants légaux peuvent se prévaloir. S'il ne plaît pas à l'incapable, mineur ou femme mariée, d'exciper de la nullité de la société à laquelle il a adhéré sans s'être pourvu au préalable des autorisations requises, les tiers seront liés vis-à-vis de lui. L'on admet simplement qu'ils auraient le droit,

---

(1) Cass., 9 nov. 1859, D. 60. 1. 87; — 1er mars 1897, S. 97. 1. 352 (motifs); — Lyon, 16 août 1875, D. 76. 2. 422. — *Sic*, Lyon Caen et Renault, t. II, n° 254; — Demolombe, *Du mariage*, t. II, n° 297; — Bravard et Demangeat, p. 157; — Pont, n° 825; — Houpin, t. II, n° 19; — Rousseau, t. I, n° 34; — Arthuys, t. I, n° 17. — Sur l'impossibilité pour le mari de révoquer l'autorisation par lui donnée à sa femme de s'associer avec un tiers : cons. note Lacoste sous Cass. 4 juill. 1888, S. 91. 1. 113. V. aussi Cass. 9 nov. 1859 (motifs); — Lyon, 28 juin 1866, D. 66. 2. 224. — La question est expressément tranchée par certaines lois étrangères. C'est ainsi que l'article 15 du Code *italien* interdit à la femme mariée d'entrer, sans autorisation spéciale du mari, dans une société impliquant pour elle responsabilité illimitée.

pour ne pas demeurer indéfiniment sous la menace d'une action en nullité, de le mettre en demeure de faire connaître ses intentions, et de déclarer si, oui ou non, il a l'intention de leur opposer le moyen de nullité déduit de son incapacité [1].

En ce qui concerne les fins de non-recevoir contre l'action en nullité, déduites de la confirmation expresse, tacite ou légale, et les effets de la nullité judiciairement prononcée, les solutions admises en ce qui concerne les vices de consentement s'appliquent incontestablement à l'hypothèse d'incapacité.

°_°

De la nullité des sociétés entre époux. — Tout autre serait, d'après la jurisprudence, le caractère de la nullité des sociétés entre époux : cette nullité, à la différence des nullités fondées sur une incapacité ordinaire, serait une nullité absolue et d'ordre public, susceptible d'être invoquée par tous les intéressés.

Mais n'anticipons pas, et, avant d'examiner les conséquences attachées par la jurisprudence à l'annulation des sociétés de cette nature, recherchons tout d'abord ce que vaut, au point de vue des principes, cette théorie jurisprudentielle, très vivement combattue en doctrine, de la nullité des sociétés entre époux.

L'intérêt que peuvent avoir deux époux à conclure entre

---

(1) Demolombe, t. IV, n° 345 ; — Guillouard, n° 41 ; — Lyon-Caen et Renault, t. II, n° 81 ; Houpin, t. I, n° 26. — Il est certain d'autre part que la femme qui, engagée antérieurement au mariage dans les liens d'une société en nom collectif régulière ou non, mais publiquement connue sous une raison sociale déterminée, continue le commerce après son mariage sous cette même raison sociale sans opposition de son mari, est irrecevable, et que son mari l'est pareillement, à exciper de l'absence d'autorisation maritale pour arguer de nullité les engagements commerciaux contractés par cette société depuis son mariage. Cette solution est le corollaire logique du principe que l'autorisation maritale peut être ici tacite, et qu'elle doit être présumée, surtout lorsqu'au moment de son mariage la femme exerçait déjà un commerce en société. A plus forte raison, ce même moyen de nullité ne saurait-il être invoqué par le coassocié de la femme. — Trib. com. Saint-Étienne, 14 nov. 1906, *Moniteur judiciaire* de Lyon, 18 juin 1907.

eux une société, civile ou de commerce, est assez difficile à dégager dans le cas où ils sont mariés sous le régime de communauté, lequel implique déjà l'existence d'une étroite association entre les deux conjoints. Le seul avantage qu'ils en pourraient retirer, et c'est bien ce qui explique et justifie dans une certaine mesure la thèse jurisprudentielle, serait de modifier les bases de la répartition des bénéfices de communauté telles qu'elles résultent de la loi ou du contrat de mariage, ou de permettre l'accession à une société comprenant des tiers de la communauté conjugale, sous une forme à déterminer et qui ne laisse pas que d'être délicate à régler pratiquement, la communauté ne constituant point dans l'opinion commune une personne morale.

L'avantage d'une telle combinaison apparaît très nettement au contraire dans la séparation de biens : la formation entre eux d'une société en nom collectif, en effet, fournira aux époux le moyen de constituer (ou reconstituer si la séparation est judiciaire) cette communauté d'intérêts que le régime adopté a écartée, dissoute, et en même temps renforcera leur crédit au regard des tiers, en procurant à ceux-ci la garantie solidaire des patrimoines des deux époux, isolés et indépendants l'un de l'autre d'après le contrat de mariage ou le jugement de séparation.

Ces mêmes avantages reparaîtraient, dans une certaine mesure, sous tout régime impliquant dissociation des biens des époux, sous le régime dotal en ce qui concerne les paraphernaux, et même les biens dotaux si le contrat de mariage n'a greffé sur eux aucune société d'acquêts, ou sous le régime (d'ailleurs très rare dans la pratique française) exclusif de communauté.

Arguments invoqués en faveur de la nullité. — L'intérêt pratique de la combinaison étant dégagé, nous pouvons maintenant aborder l'examen juridique de la thèse jurisprudentielle. Aux termes d'une jurisprudence très ferme, et fort ancienne, toute société entre époux serait nulle, sans qu'il y ait lieu de distinguer entre les régimes matrimoniaux ni entre le cas d'une société conclue entre les deux époux seulement, et celui d'une société contractée entre les deux époux et des tiers [1].

Quant aux sociétés constituées entre un homme et une femme non mariés qui ultérieurement contracteraient mariage, la célébration du mariage entraînerait dissolution obligatoire du pacte social, aussi bien dans le cas où la société aurait été constituée par acte séparé, avec ou sans adjonction d'un tiers, que dans le cas où le contrat de société serait inclus dans le contrat de mariage dont il deviendrait l'une des clauses [2].

---

(1) Cass. 9 août 1851, S. 52. 1. 281; 13 nov. 1860, S. 61. 1. 382; 6 févr. 1888, S. 90. 1. 49 et note Labbé; 7 mars 1888, S. 88, 1. 305 et note Lacointa, D. 88. 1. 349; 8 déc. 1891, S. 92. 1. 293, D. 92. 1. 187; 27 juin 1893, S. 94. 1. 25, D. 93. 1. 488; 21 oct. 1901, S. 1901, 1. 520; 23 avr. 1902, D. 1902. 1. 309; 5 mai 1902, S. 1905. 1. 41 et note Hémard, *Pand. fr.*, 1905. 1. 155 et note Dumanoir; Paris, 9 mars 1859, S. 59. 2. 502; 24 mars 1870, D. 72. 2. 43; Dijon, 27 juill. 1870, S. 71. 2. 68; Nimes, 18 déc. 1886, sous Cass. 12 juill. 1887, S. 87. 1. 384; Paris, 10 déc. 1896, D. 97. 2. 125; Trib. com. Seine, 4 mars 1897, J. S. 97. 383; Amiens, 8 juill. 1899, *Journ. des soc.*, 1900. 213; Nimes, 22 avr. 1900, D. 1901. 2. 15, S. 1902. 2. 302; Nancy, 4 févr. 1901, D. 1902. 2. 140; 1er déc. 1903, *Rec. de Nancy*, 1903. 313, Trib. comm. Seine, 12 déc. 1903, *Pand. fr.*, 1905. 2. 158 et note Bouvier-Bangillon. — Sio, Troplong, *Contr. de mar.*, t. I, no 210; Guillouard, *Contr. de mar.*, t. 1er, p. 208 et *Soc.*, p. 59; Aubry et Rau, t. V, § 503 *bis*, no 14; Bravard et Demangeat, t. I, p. 153; Vavasseur, *Soc.*, t. I, n. 48; Lance, *Essai sur les contrats à titre onéreux entre époux*, p. 113 et suiv.; Camberlin, *De l'illégalité des sociétés commerciales entre mari et femme*; Lacointa, note sous S. 88. 1. 305; Bouvier-Bangillon, note sous *Pand.* 1905. 2. 158. — V. aussi, mais sous certaines réserves indiquées *infrà* : Houpin, t. I, no 24; Baudry, Le Courtois et Surville, *Contr. de mar.* no 96; Baudry et Wahl, *Sociétés*, nos 52 et suiv.

(2) Sur la nullité, à compter du mariage, de la société constituée entre époux par *contrat de mariage*, cons. spécialement : Cass. 5 mai 1902, précité. — Sur la nullité de la société constituée par acte séparé, mais avant le mariage et en vue du mariage projeté, V. Paris, 9 mars 1859, et Nimes 18 déc. 1886, précité. — Sur la nullité de la société entre époux, avec adjonction de tiers, cons. Cass. 13 nov. 1860, Paris, 10 déc. 1896, Nimes, 24 avr. 1900, Nancy, 9 févr. 1901, 1er déc. 1903, précités. — Sur la nullité de la société constituée après le mariage, entre époux communs en biens, cons. notamment Cass. 9 août 1851, 8 déc. 1891, précités.

Sur la nullité de la société constituée, après le mariage, entre époux séparés de biens, cons. Cass. 7 mars 1888; Paris, 9 mars 1859, 24 mars 1870, Dijon, 27 juill. 1870; Trib. com. Seine, 4 mars 1897, précités. — Sur le principe que la nullité s'étend à toute espèce de société constituée entre époux, quel qu'en soit le type, voire même à l'association en participation constituée entre eux en vue d'une spécialité déterminée, V. Cass., 27 juin 1893, précité.

Sur la validité des sociétés *entre concubins*, cons. Paris, 13 juin 1872, D.

L'on invoque à l'appui de cette thèse trois arguments principaux, l'un tiré du principe de l'immutabilité des conventions matrimoniales, le second de la puissance maritale, le troisième d'un ensemble de textes qui assujettissent les contrats entre époux, pour des motifs divers, à un régime exceptionnel.

a) Tous les arrêts invoquent, en premier lieu, le principe de *l'immutabilité des conventions matrimoniales*. Aucune modification ne peut être apportée, après le mariage, aux conventions matrimoniales, ou, à défaut de contrat, au régime de communauté légale, charte obligatoire des époux mariés sans contrat (art. 1395 et 1399, C. civ.). Or, dit-on, n'est-ce pas dénaturer le régime, en déformer les caractères spécifiques et lui imprimer une économie différente, ce qui précisément, au cours du mariage est interdit, que de grouper en vue d'une exploitation commune les biens des époux que le contrat de mariage a disjoints, ou de rendre la femme responsable sur ses propres des dettes contractées par le mari, alors que le contrat tend précisément à l'affranchir de toute responsabilité de ce genre?

b) La loi française a entendu placer la femme mariée sous la dépendance plus ou moins étroite du mari. La femme mariée, même séparée de biens, est une incapable, qui a besoin, pour tous les actes importants intéressant son patrimoine, de l'autorisation du mari ou de justice. N'est-il pas à craindre que la constitution, entre les époux, d'une société civile ou de commerce ne porte atteinte au principe fondamental de la puissance maritale, n'affranchisse en d'autres termes la femme de cette subordination au regard du mari, que la loi a instituée pour la protection commune de la famille?

La jurisprudence se prononce pour l'affirmative. Elle estime que, sous quelque régime que les époux soient mariés, la société, avec le droit de contrôle qu'elle confère à tous les associés, même aux simples commanditaires, confèrerait à la femme un *pouvoir incompatible avec son état légal de soumission,* incompatible également, s'il y a communauté entre eux, avec les droits que confère au mari sa qualité, non susceptible de restriction ni de renonciation, de chef de la communauté conjugale (art. 1388 et 1421, C. civ.).

c) Le Code civil et le Code de commerce ont, par un ensemble de textes qu'il convient de coordonner et de rapprocher, marqué nettement leur volonté d'assujettir les contrats entre époux à des règles spéciales, destinées soit à empêcher l'un des époux d'abuser de son influence sur l'autre pour se faire attribuer des avantages excessifs, soit à protéger les héritiers réservataires contre les libéralités que les époux pourraient se faire mutuellement au détriment de leurs droits. Le principe est posé dans l'article 1096 du Code civil, qui déclare essentiellement révocables les donations entre époux, et développé dans les articles 1097 à 1099, qui prohibent les dons mutuels par un seul et même acte, ainsi que les libéralités indirectes et déguisées par lesquelles un des époux voudrait gratifier son conjoint au delà de ce dont la loi l'autorise à disposer, soit au détriment des enfants issus du mariage (art. 1094), soit à l'encontre des enfants issus d'un premier lit (art. 1098).

L'article 1595, qui prohibe expressément la vente entre époux, et l'article 1840, aux termes duquel nulle société universelle ne peut avoir lieu qu'entre personnes respectivement capables de se donner ou de recevoir l'une de l'autre, et auxquelles il n'est point défendu de s'avantager au préjudice d'autres personnes, sont autant de corollaires du principe posé. Or, si la vente est interdite entre époux parce qu'elle permettrait d'éluder le principe de la révocabilité *ad nutum* des donations entre époux, il en doit être de même, par identité de motifs, du contrat de société. Au surplus, ajoute-t-on, l'article 5 du Code de commerce considère bien la société entre époux comme une impossibilité juridique, puisqu'il déclare que la femme *n'est pas réputée marchande publique,* si elle ne fait que détailler les marchandises du commerce de son mari; elle n'est réputée telle que lorsqu'elle fait un commerce séparé. N'est-ce pas dire im-

plicitement que la loi tient pour valable l'exercice individuel du commerce soit par le mari, soit par la femme autorisée de celui-ci, mais qu'elle n'autorise pas la formation
d'une société de commerce entre les deux époux?

De la validité des sociétés entre époux, lorsque ces socié-
tés ne méconnaissent aucune des prohibitions légales. —
L'argumentation que nous venons de résumer ne nous paraît
point décisive, et nous considérons comme plus juridique
la thèse défendue par quelques rares décisions judiciaires,
et par une fraction importante de la doctrine (1), d'après laquelle les sociétés entre époux ne seraient pas nulles comme
telles, et devraient uniquement être annulées dans les cas,
d'ailleurs très fréquents (2), il importe de le reconnaître, où
la société serait constituée en fraude de la loi, c'est-à-dire
au mépris d'une des prohibitions formelles inscrites aux
titres du contrat de mariage ou de la donation entre
époux.

Reprenons en effet successivement les divers arguments
sur lesquels prétend s'étayer la thèse de la nullité, sans

(1) Lyon, 31 juill. 1867, D. 67. 3. 87; — Trib. comm. Marseille, 19 sept.
1883, *Jurispr. Marseille*, 84. 9. — *Sic :* Thaller, n°** 347 et suiv. ; Delsol,
Revue pratique, 1856, p. 433; Laurent, t. XXVI, n° 40; Pont, t. I, n°° 35 et suiv.;
Labbé, note sous S. 90. 1. 49; Lyon-Caen et Renault, t. II, n. 78; Boistel,
Dr. comm., n° 102; Planiol, *Revue critique*, 88. 375 et *Traité élémentaire*
de droit civil, t. II, n° 1937; Beudant, *Cours de droit civil français, État*
et capacité des personnes, t. I, n° 334; Huc, *Droit civil*, t. IX, n° 39 et XI,
n° 78; Avollée, *Des sociétés entre époux*, th. 1903, p. 45 et suiv.; Dumanoir,
note sous *Pand.*, 1905. 1. 155. — Hémard (note sous S. 1905. 1. 41) ne se
prononce pas, et se borne à analyser, dans ses conséquences pratiques, la
thèse jurisprudentielle. V. aussi Arthuys, t. II, n° 17.

L'un des auteurs italiens qui ont analysé le plus complètement la notion
d'incapacité dans son application au contrat de société, Manara (*Delle società*,
t. I**, p. 91), a développé sur la question des sociétés entre époux une thèse
ingénieuse, consistant à faire intervenir le tribunal pour autoriser la femme
à s'associer avec son mari, dans tous les cas où le lien social serait susceptible de déterminer une opposition d'intérêts entre les deux époux, le mari
ne pouvant être *auctor in rem suam*. La femme, dit-il, peut être, en fait
la cheville ouvrière de l'entreprise : pourquoi, dès lors, lui refuser la qualité d'*uxor socia* (*mercatrix*), et la reléguer au rang subordonné de préposée du mari (*uxor mercatoris*), alors surtout que les intérêts en jeu sont
pleinement sauvegardés par l'intervention de justice?

(2) Cette fréquence même est peut-être la meilleure justification, *de facto*,
de la thèse jurisprudentielle.

distinctions ni réserves, de toute société entre époux, civile ou commerciale.

Toute société entre époux, affirment les arrêts, comporte une atteinte plus ou moins grave au principe intangible de *l'immutabilité des conventions matrimoniales*. Cette affirmation, que l'on formule sans la développer, parait bien reposer sur une confusion. Si le principe que l'on invoque devait réellement avoir pour résultat de mettre obstacle à toute mutation de propriété d'un époux à l'autre, il eût fallu interdire tous contrats entre époux. Une convention quelconque intervenant entre eux serait de nature à altérer le contrat de mariage : la *donation*, en faisant passer au mari un bien provenant du patrimoine de la femme, ou inversement; le *mandat*, en faisant administrer un paraphernal par le mari. Cependant donation (art. 1096) et mandat (art. 1577) sont formellement autorisés entre époux; ce qui prouve bien que le législateur n'a pas, du principe de l'immutabilité des conventions matrimoniales, une conception aussi absolue, nous dirions volontiers aussi tyrannique.

Il n'y a vraiment aucune bonne raison de traiter la société, qui donne aux biens du ménage une valeur productive supérieure, plus sévèrement que la donation ou le mandat. Le contrat de vente, il est vrai, est interdit entre époux; mais de la vente à la société il n'y a point d'analogie à déduire, car la société, beaucoup plus souple, se prête à toutes les combinaisons susceptibles de sauvegarder les intérêts en présence, et d'assurer le respect de l'économie générale du régime matrimonial adopté.

En somme, pour que la société ne puisse être considérée comme susceptible de dénaturer le régime, et que le principe de l'immutabilité des conventions matrimoniales soit respecté, trois conditions sont nécessaires et suffisantes : a) que la société ne contienne pas une partie trop considérable (question à apprécier en fait) des biens qui, aux termes du régime adopté (séparation de biens, régime dotal) devaient demeurer séparés, ou dont la jouissance seule était réservée à la communauté (communauté réduite aux acquêts); — *b*) que les statuts sociaux ne confèrent pas à la femme un pouvoir de direction incompatible avec les principes de la puissance maritale, ou même un droit de co-gestion inconciliable avec les droits du mari comme chef de la communauté conjugale; — *c*) que chaque époux puisse, comme il peut révoquer les donations qu'il fait à son conjoint, faire cesser à tout instant la société, même si les statuts assignaient à sa durée un terme précis.

A plus forte raison doit-on considérer comme valable la société constituée entre deux époux communs en biens, agissant en vertu d'un seul et unique intérêt, qui est celui de la communauté (abstraction faite du point de savoir si celle-ci est ou non personne morale), et un ou plusieurs associés étrangers. Dès l'instant que la communauté est représentée par le mari, qu'elle fait apport à la société en formation de valeurs dont le mari commun en biens a la libre disposition, l'on chercherait vainement en quoi l'entrée de l'un ou de l'autre époux comme associé dans ladite société porterait atteinte au régime, puisque les statuts ne modifient ni la composition active et passive de la communauté existant entre eux, ni l'étendue des pouvoirs du mari (1).

Non moins fragile, à notre sens, est l'argument tiré de la puissance maritale, et de la subordination nécessaire de la femme au mari. La jurisprudence commet un véritable anachronisme dans sa prétention de nous ramener à la conception médiévale du mari *seigneur et maître* de la communauté, disposant à son gré du produit même du travail et de l'activité personnelle de la femme, alors que tout l'effort du législateur moderne tend précisément à ramener les droits du mari à des limites plus acceptables, voire même à conférer à la femme mariée la libre disposition de son salaire et de ses gains personnels (2).

(1) Aussi certains auteurs, qui semblent plutôt favorables à la nullité des sociétés entre époux, se prononcent-ils en ce cas pour sa validité. *Sic*, Houpin, *Journ. des soc.*, 1894. 82 et *Traité*, n° 24; — Baudry et Wahl, n° 58. — V. aussi Trib. comm. Seine, 18 févr. 1896, *J. S.*, 96. 437.

(2) Cette tendance nouvelle vient de s'affirmer dans le vote récent de la loi du 18 juill. 1907 (*Offic.* du 16), relative au *libre salaire de la femme ma-*

Avec M. Thaller (1), nous nous demandons comment la femme, qui est recevable à demander sa séparation en cas de péril couru par sa dot, contreviendrait davantage à la puissance maritale et au rôle qui lui est assigné dans le ménage, en demandant au mari les comptes de gestion d'une société conclue entre eux deux, alors surtout que le régime est la séparation de biens, sous lequel la libre administration de son patrimoine lui appartient. Assurément, si, le régime étant la communauté, la société avait pour résultat, soit de confier à la femme la direction de cette communauté, soit de rendre le mari comptable des valeurs qui en font partie, la femme s'assurerait une position que la loi lui interdit de prendre (art. 1388). La société, en ce cas, ferait échec au régime et devrait être annulée. Mais ce que nous contestons, c'est que sous tous les régimes, et sans tenir compte des situations de fait et du rôle assigné à chacun des époux par les statuts, la société entre époux puisse être tenue pour nulle au nom du principe de la puissance maritale.

Reste l'argument de texte, tiré des articles 1096 et suiv., 1595 et 1840 du Code civil, et 5 du Code de commerce. Ici encore, nous estimons qu'il faut distinguer, rechercher si, en fait, l'on est en présence d'une société sérieuse, uniquement destinée à faire fructifier les apports communs des époux associés, ou au contraire d'une combinaison destinée à faire fraude à la loi, notamment en masquant une libéralité du mari à la femme, ou réciproquement, sous l'apparence d'un contrat de société. Nous concédons que cette présomption de fraude devra être plus facilement admise s'il existe des enfants du premier lit, et si l'on a des raisons de croire que, sous couleur de société, le disposant a cherché à gratifier le second conjoint au préjudice des héritiers réservataires. Nous reconnaissons également que la combinaison des articles 1098 et 1840 devrait faire admettre plus aisément la nullité de la société, dans le cas où les

_____

riée et à la contribution des époux aux charges du ménage. — Sur la législation comparée, Cons. notre _Traité de législ. industrielle,_ nᵒˢ 1021 et s.

(1) Thaller, nᵒ 348.

époux, mariés par hypothèse sous un régime de séparation, totale ou partielle (régime dotal avec paraphernaux), auraient constitué entre eux une société universelle de gains. L'article 1840 du Code civil déclare en effet nulle toute société universelle constituée entre personnes « auxquelles il est défendu de s'avantager au préjudice d'autres personnes ». Mais ce sont là des questions de fait à apprécier dans chaque espèce ; et rien n'autorise à édicter ici une présomption *juris et de jure* de fraude à la loi.

Nous nous sommes expliqué déjà sur l'argument tiré de l'article 1595, prohibitif de la vente entre époux, que rien n'autorise à étendre en dehors du cas qu'il prévoit. Plus faible encore est l'argument déduit de l'article 5, alinéa 2 du Code de commerce. Sans doute, lorsque la femme coopère au commerce du mari, la loi présume que la qualité de commerçant n'appartient qu'à ce dernier, la femme devant être considérée comme un préposé de son mari. Mais cette présomption, quoique d'ordre public, cédera devant un acte formel de société. Car elle a été introduite à raison de l'équivoque déterminée par une collaboration des deux époux, sur le véritable rôle qu'a entendu jouer la femme. En face d'une société expresse, il n'y a plus d'équivoque [1].

Caractères et conséquences de la nullité. — Sur ce terrain encore, nous constatons un certain désaccord entre la doctrine et la jurisprudence. Voici en quels termes notamment M. Thaller (n° 349) apprécie à ce point de vue la thèse jurisprudentielle : — « La thèse des arrêts se comprendrait mieux si le droit de demander la nullité n'appartenait qu'à la femme, et surtout si celle-ci pouvait s'en prévaloir, même à *l'encontre des créanciers*, la société ayant périclité. La femme recouvrerait alors son apport franc et quitte, au lieu d'avoir à prendre sa part dans les pertes subies dans l'exploitation. La nullité serait rétroactive à son profit, et pourrait être opposée aux tiers. La femme serait frappée d'une incapacité, à elle toute relative, de former une société

---

[1] Thaller. n°⁸ 177 et 349, note 1.

avec son mari. Vis-à-vis de celui-ci, le contrat tiendrait et le lierait envers les créanciers à tout événement.

« Entendue ainsi, la nullité de la société entre époux prendrait sa place à côté des nombreux moyens prétoriens imaginés pour sauvegarder l'apport de la femme. Ce serait, comme l'insolvabilité de la dot mobilière, une thèse scolastique de préservation des ressources du ménage.

« Mais les arrêts maintiennent la société de fait entre les deux époux pour la phase d'exploitation écoulée (Cass. civ., 5 mai 1902, *suprà*). Ce n'est pas très heureux. Cette manière de procéder enlève aux arrêts leur justification ».

Nous ne partageons pas entièrement, à cet égard, l'opinion émise par M. Thaller, et il nous semble qu'en somme la jurisprudence, malgré le flottement presque inévitable dans une construction juridique de cette complexité, est demeurée fidèle à son point de départ, et logique avec elle-même. Remarquons qu'il s'agit ici d'une nullité qui, sans être fondée sur une cause illicite, n'en est pas moins d'ordre public : attendu que ce n'est pas seulement dans l'intérêt des époux, mais aussi dans l'intérêt des tiers, que la loi a posé le principe de l'immutabilité de conventions matrimoniales, et que l'on peut invoquer également des arguments d'intérêt général en faveur de l'interdiction de toute libéralité irrévocable entre époux. De ce point de départ découle logiquement une double conséquence.

a) La nullité devra pouvoir être invoquée par tous les intéressés, et non pas seulement par le ou les incapables, ou par les personnes ayant autorité sur eux, comme dans l'hypothèse d'incapacité ordinaire.

b) La nullité n'opère pas comme une simple dissolution, à l'instar de la nullité pour défaut de publicité. Tout au contraire, les choses devront autant que possible être remises *en l'état antérieur* : sinon l'on créerait une véritable prime à la violation de la loi ; les époux bouleverseraient sous couleur de société les conditions de leur régime matrimonial, et tant que nul ne protesterait, cet état de choses illégal subsisterait, et la liquidation devrait en faire état.

Or, n'est-ce pas au fond ce que décide la jurisprudence ?

Tous les arrêts, d'abord, se prononcent expressément ou implicitement pour le caractère d'ordre public de la nullité et conséquemment pour le droit reconnu à tous de s'en prévaloir (Cons. spécialement Paris, 24 mars 1870, D. 72. 2. 430 ; — Cass., 6 févr. 1888, précité, motifs).

Sur le second point, il est vrai, la jurisprudence semble moins ferme. L'on peut citer quelques décisions [1] qui ont admis la liquidation de la société annulée sur les bases des statuts ; et en ce cas, nous reconnaissons volontiers avec M. Thaller qu'il était bien inutile d'affirmer la nullité des sociétés entre époux, au nom de l'ordre public, pour aboutir pratiquement à reconnaître leur validité ! — L'on en peut citer d'autres qui, à l'inverse, ne veulent pas entendre parler de liquidation, et refusent à l'époux la faculté de réclamer à son conjoint une part quelconque des bénéfices réalisés au cours de la société ; si bien qu'ici la nullité opérerait comme s'il y avait cause illicite [2].

Mais, d'une part, l'on constaterait aisément, en se reportant aux faits de la cause : — 1° que les décisions du premier groupe sont intervenues dans des cas où, au fond, la violation de la loi n'était pas flagrante, les clauses de la société annulée ne présentant rien d'anormal, et la liquidation conforme aux statuts aboutissant à peu près au même résultat pratique que la liquidation conforme au droit commun ; — 2° que celles du second groupe sont intervenues au contraire à l'occasion de sociétés entachées d'une fraude à la loi caractérisée, rendant impossible le respect des statuts.

La thèse jurisprudentielle. — Ces deux groupes de décisions exceptionnelles écartés, reste un ensemble important d'arrêts dont la doctrine peut se synthétiser à notre avis dans la formule suivante : La société de fait ayant existé entre les époux jusqu'au jugement d'annulation se

---

(1) Paris, 2 août 1899, *J. Trib. comm.*, 1900. 401. — V. aussi Hemard, note sous S. 1905. 1. 41.

(2) Paris, 9 mars 1859, D. 60. 2. 12. — V. aussi Cass., 7 févr. 1860, D. 60. 1. 115 ; 8 nov. 1880, S. 81. 1. 248 ; — Paris, 1er avr. 1896, J. *Le Droit*, 23 mai 1896.

liquidera, non d'après les statuts dont il convient de faire abstraction, mais conformément aux principes généraux admis pour la liquidation des sociétés de fait ne reposant point sur cause illicite, c'est-à-dire en conformité du principe d'équité posé par l'article 1853 du Code civil.

En d'autres termes, le fonds social grossi des bénéfices réalisés se partagera *proportionnellement* aux apports *réellement* effectués par chacun, abstraction faite des clauses contraires des statuts.

Sans doute, ce principe n'est pas posé aussi nettement. La plupart des arrêts se contentent de formules un peu vagues, quelque peu énigmatiques même (1). Mais au fond, ce partage conforme à l'équité, conforme aux règles du droit, c'est précisément le partage conforme au principe de proportionnalité affirmé par l'article 1853 du Code civil.

De ce que la nullité n'opère pas *ex nunc*, comme une simple dissolution, mais oblige le juge à faire abstraction des statuts et à liquider la société ayant existé entre les époux comme une simple société de fait, découle, à titre de corollaire, l'anéantissement rétroactif de la personnalité de la société. Les immeubles dépendant du fonds social seront à considérer comme ayant été acquis indivisément par les associés; ils seront donc grevés des hypothèques judiciaires ou légales nées du chef de chacun d'eux (2).

---

(1) La nullité qui entache la société (en participation) formée entre deux époux, n'empêche pas qu'elle ne produise « des rapports de fait dont l'équité exige qu'il soit tenu compte », lisons-nous dans un arrêt de la Chambre des requêtes du 27 juin 1893, D. 93. 1. 488. — La ·nullité, dit la Cour de cassation dans ses plus récents arrêts (V. notamment Cass., 7 mars 1888, S. 88. 1. 305, D. 88. 1. 349; 5 mai 1902, S. 1905. 1. 41), n'empêche pas que jusqu'au moment où elle est demandée par les intéressés, il n'ait pu y avoir entre les prétendus associés des rapports de fait qui doivent se régler sans que l'un s'enrichisse aux dépens de l'autre, et qui, par conséquent ouvrent à chacun d'eux le droit réciproque de provoquer le partage de l'actif ou du passif résultant des opérations faites en commun: ce partage devant avoir lieu conformément aux règles du droit et aux usages de la matière. — V. aussi Paris, 9 avr. 1897 (D. 99. 2. 224).

(2) C'est ainsi qu'en supposant un mari co-tuteur des enfants nés d'un premier mariage de sa femme, l'annulation de la société constituée entre sa femme et lui aura pour effet d'assujettir les immeubles sociaux à l'hypothèque légale des enfants de celle-ci. — Cass. 23 avr. 1902, D. 1902. 1. 309;

La seule affirmation jurisprudentielle réellement critiquable, dans la rigueur des principes, est celle d'après
laquelle la nullité que nous étudions serait couverte par
une ratification et une exécution complète, survenant après
le décès du mari (1). Il serait plus juridique, si l'on considère
la nullité comme étant d'ordre public, d'écarter toute possibilité de confirmation ; mais ici, la jurisprudence s'est
laissée influencer, ce que l'on ne saurait lui reprocher, par
de puissantes considérations d'ordre pratique. En somme,
la société entre époux ne repose point sur une cause illicite ; le mariage étant dissous par hypothèse, l'intérêt des
tiers au respect du principe de l'immutabilité des conventions matrimoniales s'évanouit ; il ne subsiste donc plus
aucune raison sérieuse d'écarter l'application des statuts à
la liquidation.

Nos conclusions. — Il nous reste à examiner avec précision dans quelle mesure, étant donné notre point de départ, d'après lequel les sociétés entre époux ne seraient pas
nécessairement nulles comme telles, mais seulement dans
les cas où, sous le couvert d'une société de ce genre, aurait
pu se dissimuler une fraude à la loi, nous pouvons admettre, dans quelle mesure au contraire il convient d'écarter
les solutions jurisprudentielles. Nos conclusions à cet égard
peuvent se résumer dans les formules très simples que
voici :

— Nîmes, 24 avr. 1900, D. 1901. 2. 4. — Conf. en ce qui concerne l'hypothèque légale de la femme pour garantie de ses reprises dotales : Paris,
10 déc. 1896, D. 97. 2. 125.

Il ne s'ensuit d'ailleurs nullement que l'on doive, à raison de cette rétroactivité, tenir pour nulles toutes les opérations traitées par la société. L'intérêt des tiers qui ne connaissent que la raison sociale sous laquelle la société s'est publiquement manifestée, exige au contraire que ces opérations,
auxquelles par hypothèse les deux époux associés ont coopéré, soient maintenues ; il en serait différemment des actes d'une société constituée, à l'insu
du mari, entre une femme mariée non autorisée et un tiers. — Arg. Trib.
comm. Saint-Étienne, 14 nov. 1906, *Mon. judic.* Lyon, 18 juin 1907 (motifs).

(1) Cass., 6 févr. 1888, S. 90. 1. 49 et note Labbé, D. 88. 1. 40. — *Sio*,
Aubry et Rau, t. IV, p. 263, § 337 ; — Larombière, *Obligations*, t. VI, sur
l'art. 1338 ; — Solon, *Théorie sur les nullités*, t. II, p. 301. — *Contrà :*
Nancy, 9 févr. 1901, D. 1902. 2. 140 ; — Demolombe, *Obligations*, t. VI,
n° 54 ; — Labbé, note précitée ; — Laurent, *Principes*, t. II, n° 600.

a) Sera nulle d'une nullité d'ordre public, susceptible d'être invoquée par tous les intéressés, et donnant lieu à une liquidation *ex æquo et bono*, abstraction faite des statuts, toute société entre époux ayant pour but ou pour résultat de porter atteinte au principe de l'immutabilité des conventions matrimoniales, aux droits du mari comme chef de l'association conjugale ou de la communauté, au principe de la révocabilité *ad nutum* des libéralités entre époux, et généralement aux prescriptions impératives des articles 1096-99 et 1840 du Code civil.

b) Devront être maintenues au contraire (sous réserve de la faculté de dénonciation *ad nutum* précédemment indiquée) les sociétés entre époux constituées dans des conditions telles qu'aucun des principes prérappelés ne puisse être considéré comme méconnu. Telle serait notamment la société constituée entre deux époux communs en biens agissant *dans un seul et même intérêt*, et un ou plusieurs tiers [1], les bénéfices attribués aux époux communs en biens devant se partager entre eux sur les bases mêmes déterminées par le contrat [2]. Il en serait de même d'une société particulière constituée entre époux séparés, toutes les fois que les rédacteurs des statuts ont pris soin de

(1) Conf. Trib. comm. Seine, 18 févr. 1896, *Journ. des soc.*, 96. 437. — V. aussi Houpin, dissert. sous *Journ. des soc.*, 1894. 81 ; Bouvier-Bangillon, note sous *Pand.*, 1905. 2. 158.

(2) Au fond, et par des voies indirectes (interprétation ingénieuse et un peu forcée de l'art. 5, C. comm.), la jurisprudence est arrivée à des solutions voisines, tout en respectant théoriquement le principe, affirmé par elle, de la nullité des sociétés entre époux. Il lui a suffi, en présence des contrats de société entre deux époux communs en biens et un tiers, contrats respectant l'autorité maritale, de déclarer qu'en réalité la femme était considérée comme la préposée, non comme l'associé du mari, et que par suite ces sociétés ne sauraient être atteintes par la prohibition légale des sociétés entre époux. — Trib. Seine, 19 juill. 1882 et Paris, 4 janv. 1885, sous Cass., 6 févr. 1888, D. 88. 1. 401, S. 90. 1. 49 ; — Lyon, 12 juill. 1898, *Mon. jud.* Lyon, 8 août 1898 ; Amiens, 8 juill. 1899, *Journ. des soc.*, 1900. 212. — Conf. Fuzier-Herman, *Répert.*, v° *Société (en général)*, n°ˢ 288 et s.

Un autre avantage de cette interprétation, parfois singulièrement forcée, des accords intervenus, est de faire échapper la femme à la faillite, le mari étant réputé seul commerçant. — Cass., 27 janv. 1875, D. 75. 1. 297 ; — Dijon, 22 déc. 1875, S. 76. 2. 79 ; — Caen, 31 juill. 1883, *J. des faill.*, 84. 466. — *Sic*, Avollée, p. 127 et suiv.

laisser subsister une quantité suffisante de biens séparés, et que de plus ils se sont abstenus de choisir un mode d'administration plaçant le mari sous le contrôle de sa femme, ou conférant à celle-ci un pouvoir de direction, contrôle ou direction incompatibles avec la puissance maritale.

A plus forte raison, devrait-on tenir pour valable la souscription, même simultanée, de deux époux, à une société par actions, quel que puisse être le rôle dévolu au mari dans l'administration. Il s'agit, en effet, d'un *placement*, effectué par les époux dans les limites des pouvoirs qu'ils tiennent respectivement de leur contrat; et l'on chercherait vainement ici un principe d'annulation (Conf. Thaller, n° 349, *in fine*).

∘°∘

De certaines incapacités spéciales. — A. *Sociétés universelles; causes spéciales de nullité.* — Mentionnons ici. sans nous y arrêter longuement, — car les sociétés universelles (*de tous biens présents*, ou même de *gains*), sont très rares en matière civile, et inconnues au commerce, — la disposition de l'article 1840 du Code civil, ainsi conçu : « Nulle société universelle ne peut avoir lieu qu'entre personnes respectivement capables de se donner ou de recevoir l'une de l'autre, et auxquelles il n'est pas défendu de s'avantager au préjudice d'autres personnes ».

Ce texte vise en réalité deux hypothèses distinctes : a) Le cas d'une société formée entre deux personnes respectivement incapables de se faire des donations, ou dont l'une est frappée d'une incapacité de ce genre, fût-ce sans réciprocité (ex. incapacité pour le médecin ou le ministre du culte de recevoir une libéralité du malade traité ou assisté au cours de sa dernière maladie, article 909, C. civ.). Dans cette première hypothèse, la loi présume que les parties ont entendu tourner la loi et déguiser une libéralité prohibée sous le couvert d'une société universelle, de tous biens présents, ou de gains. — Cette présomption est *juris et de jure;* la

société constituée dans de telles conditions est nulle, sans
qu'il soit loisible aux intéressés d'établir qu'en réalité leur
société est sérieuse et ne dissimule aucune donation. Il conviendrait même d'annuler la société formée non avec l'incapable, mais avec l'une des personnes énumérées en
l'article 911 du Code civil, que la loi considère comme
personnes interposées.

b) Le cas d'une société formée entre deux ou plusieurs
personnes dont l'une au moins a des héritiers réservataires.
Cette hypothèse est beaucoup plus générale que la précédente, le nombre des personnes ayant des héritiers à
réserve étant considérable. D'où la question de savoir si
l'on peut ici, comme dans le cas précédent, admettre comme
sanction la nullité de la société? — L'affirmative a été soutenue [1]; mais les conséquences auxquelles elle aboutit
(nullité radicale de toute société universelle contractée
avec un tiers quelconque par une personne ayant des héritiers réservataires) ont fait prévaloir en doctrine une solution moins draconienne. — L'opinion dominante est qu'en
pareil cas la société n'est pas nulle, mais qu'il appartient
aux tribunaux de rechercher dans chaque espèce si la
société ne confère pas à tel des associés des avantages
excédant la quotité dont la loi permet à son co-associé de
disposer au détriment des héritiers, et le cas échéant d'ordonner la réduction de cette libéralité déguisée [2].

B. *Sociétés entre successibles*. — Il convient de rapprocher de la disposition précédente la présomption de libéralité édictée, en termes un peu enveloppés, par l'article 854
du Code civil, ainsi conçu : « Pareillement, il n'est pas dû
de rapport pour les associations faites sans fraude entre le
défunt et l'un de ses héritiers, lorsque les conditions en ont
été réglées par un acte authentique ». Cette disposition est
beaucoup plus générale, en ce sens d'une part qu'elle

---

(1) Besançon, 30 mars 1835, sous Cass., 25 juin 1839, S. 39. 1. 545. — *Sic*,
Pont, t. Ier, n° 222; Guillouard, n° 39.

(2) Aubry et Rau, t. IV, § 379, p. 553, note 7; Lyon-Caen et Renault, t. II,
n° 79; Houpin, t. Ier, n° 77; Arthuys, t. Ier, n° 22. — Conf. Baudry et
Wahl, n° 127 et s.

s'applique à toute espèce de sociétés, même particulières, et présente par conséquent de l'intérêt même pour les sociétés commerciales, et qu'elle régit d'autre part les relations juridiques du *de cujus* avec tous ses successibles, même non réservataires. Mais elle est moins rigoureuse, attendu que la présomption de libéralité édictée par l'article 854 n'existe qu'autant que les parties ont négligé de rédiger les statuts de leur société par acte authentique. Le législateur estime sans doute, à tort ou à raison, que les parties désireuses de contracter entre elles une société véritable, sans arrière-pensée de libéralité, auront recours de préférence à la forme solennelle, inutile en principe.

Deux solutions doivent donc être envisagées : 1° Le *de cujus* a conclu avec ses successibles ou certains d'entre eux une société d'un type quelconque, dont les statuts ont été rédigés par acte authentique. En ce cas, la société devra être exécutée dans sa teneur, et les bénéfices se répartiront en conformité des statuts, à moins que l'on ne prouve directement l'existence d'une *fraude*, c'est-à-dire (suivant l'interprétation généralement admise) d'un avantage indirect résultant pour tel ou tel des associés de clauses exceptionnelles, tendant à lui attribuer une part anormale dans les bénéfices [1], auquel cas rapport serait dû de ces avantages, conformément à l'article 853.

2° Le *de cujus*, en contractant une société avec ses successibles, a négligé de recourir à la forme authentique. Aucune formalité équipollente ne saurait ici être admise. Quand bien même l'acte de société sous seing privé aurait acquis date certaine par l'enregistrement, et aurait même été publié dans les formes légales [2], l'acte sera réputé contenir une libéralité indirecte, et par suite rapport sera

---

(1) Aubry et Rau, t. VI, § 631 ; — Demolombe, t. XVI, n° 367 ; — Baudry et Wahl, *Successions*, t. III, n. 3598; — Guillouard, n. 40; — *Rép. gén. du notariat*, 1893, p. 316; — Huc, t. V, n° 363 ; — Lyon-Caen et Renault, t. II, n° 80.

(2) Cass., 29 déc. 1858, D. 59. 1. 213; — Dijon, 24 janv. 1866, S. 66. 1. 196; — Bordeaux, 21 avr. 1891, *Rec. de Bordeaux*, 1891.1. 330; — Grenoble, 17 déc. 1892, *Rec. de Grenoble*, 1893, p. 32. — Le Code civil italien (art. 1011) contient une prescription analogue ; mais il se contente d'exiger que l'acte de société ait acquis date certaine.

dû en principe par le successible à ses cohéritiers de tous les bénéfices et avantages à lui attribués, en exécution du pacte statutaire (1).

L'application rigoureuse de ce principe, bien que conforme à la lettre de l'article 854, eût conduit à des conséquences manifestement iniques. Aussi la jurisprudence l'at-elle atténuée par un tempérament d'équité, destiné à empêcher les cohéritiers du successible de s'enrichir injustement à ses dépens. Elle décide en effet que des bénéfices rapportables devront être déduits non seulement les intérêts des apports réellement effectués par l'associé et dont il serait en mesure de justifier, mais aussi le cas échéant une indemnité destinée à le rémunérer de sa collaboration à l'entreprise commune (2).

C. *Faillite ou liquidation judiciaire.* — La faillite emportant dessaisissement total et la liquidation judiciaire dessaisissement partiel du débiteur, l'on pourrait être tenté d'en conclure qu'un négociant en état de faillite ou de liquidation judiciaire déclarées est incapable de figurer, en nom tout au moins, dans une société. Cette conclusion serait inexacte, le dessaisissement n'étant nullement l'équivalent d'une incapacité juridique véritable. Sans doute la faillite emporte dissolution de la société, dans les sociétés fondées sur l'*intuitus personæ* (arg. art. 1865-4°, C. civ.); mais il n'y a là qu'une présomption de volonté, susceptible de céder devant la preuve contraire : l'on ne saurait donc arguer de l'article 1865 du Code civil pour déclarer le failli incapable de figurer, même comme associé en nom, dans une société.

Il est vrai également que la faillite, en privant le débiteur de la disposition de son patrimoine, pourra le mettre en fait

---

(1) Mêmes arrêts et auteurs. — V. aussi Dall., *Suppl. au Répert.,* v° Succession, n°ˢ 796 et s.

(2) Cass., 17 août 1864, D. 65. 1. 304; Paris, 26 août 1868, *Rev. du notariat,* 68, n° 2267. — Les juges du fond, ayant un pouvoir arbitraire d'appréciation pour la fixation de cette indemnité, pourraient même dispenser l'associé de tout rapport en se fondant sur ce que les bénéfices lui revenant d'après les statuts n'excèderaient point la juste indemnité à laquelle il a droit, pour sa coopération aux affaires sociales. — Mêmes arrêts. — *Sic,* Aubry et Rau, Baudry et Wahl, Demolombe, Huc, *op. cit.;* — Houpin, t. Ier, n° 24. — *Contrà,* Laurent, t. X, n° 618.

dans l'impossibilité de réaliser les apports promis.
Mais il se peut qu'il fasse apport de valeurs étrangères
à la faillite sur lesquelles par exception la mainmise du
syndic ne s'exercerait pas; tel serait en particulier le cas
d'un apport en industrie, lequel échappe par son caractère essentiellement personnel à la mainmise des créanciers (1).

A plus forte raison, la capacité du failli ou du liquidé est-
elle complète au point de vue qui nous occupe, en fait
comme en droit, s'il a recouvré par l'homologation du concordat la libre disposition de ses biens.

D. *Incapacités, vraies ou prétendues, découlant de
l'application des principes du droit public interne. — La
commune industrielle.* — Le cadre de cette étude ne nous
permet pas de faire l'application, aux sociétés dans lesquelles un établissement public ou d'utilité publique pourrait
prendre un intérêt d'une manière ostensible, du principe
connu en droit administratif sous le nom de principe *de
spécialité*, et de rechercher si ce principe est tellement
absolu qu'un établissement de ce genre ne puisse en aucun
cas, fût-ce pour une entreprise se rattachant indirectement
à son objet, figurer en nom comme associé dans une société
civile ou de commerce (2).

Mais le mouvement économique et social qui emporte
aujourd'hui les États et les municipalités dans la voie des
exploitations commerciales ou industrielles en régie, directe
ou intéressée, est tel qu'il nous paraît indispensable de le
signaler ici d'un mot, pour en mesurer les conséquences
possibles au point de vue de la théorie que nous discutons.
L'on posait il y a quelques années en axiome que les com-

---

(1) Cass., 16 nov. 1887, D. 88. 1. 325. — Trib. comm. Seine, 12 avr.
1897, S. 97. 2. 438. — V. aussi Grenoble, 1er mai 1894, S. 94. 2. 277, D. 95. 1.
391. — Cf. Guillouard, n° 318; — Lyon-Caen et Renault, t. II, n° 434; —
Baudry et Wahl, *Sociétés*, n° 430; — Houpin, S. 97. 438; — Rousseau, t. Ier,
n° 571; — Pic, *Faill. des soc.*, p. 74.

(2) Sur le principe de spécialité, consulter notamment : Berthélemy, *Traité
élém. de droit adm.*, 4e édit., p. 38 et s. ; Ducrocq, *Cours de droit admin.*,
7e éd., t. IV, n° 1372; — Ripert, *Le principe de la spécialité*, 1906. — V.
infrà, notre note relative à la capacité des personnes morales.

munes [1] étaient juridiquement incapables de faire le commerce ou d'exploiter une industrie lucrative quelconque. Telle est encore la thèse du Conseil d'État, consignée dans une série d'avis de la section de l'intérieur, ou d'arrêts contentieux [2], thèse basée tant sur le silence de la loi municipale à l'égard des régies, que sur le principe de la liberté du commerce et de l'industrie.

Abandonnée par la plupart des pays étrangers, notamment par l'Angleterre, l'Italie et l'Allemagne, cette thèse, manifestement contraire aux tendances contemporaines, et même aux intérêts évidents des municipalités, désireuses de s'affranchir de la lourde sujétion que font peser sur elles des concessions à long terme imprudemment consentie, se heurte à de graves objections. Tout d'abord elle suppose résolue dans le sens le plus restrictif l'une des questions les plus controversées du droit public, qui est de savoir si la notion de *pleine capacité* est vraiment incompatible avec la notion de personnalité morale [3]. De plus, elle est difficilement conciliable avec tout un ensemble de textes, qui ont expressément reconnu aux communes le droit d'exercer un commerce ou une industrie, ou tout au moins une régie

(1) Nous ne parlerons pas de l'État, l'hypothèse de l'État entrant comme unité dans une société n'étant pas de nature à se réaliser fréquemment. Il est à remarquer cependant que l'État prussien a ouvertement adhéré, dans ces dernières années, à plusieurs kartells miniers. — Sur la possibilité d'annuler, comme ayant une cause illicite, les syndicats d'accaparement, V. Pic, *Traité de législ. indust.*, 2ᵉ éd., nᵒˢ 590 et suiv.; *Les syndicats de production et la loi pénale* (Rev. polit. et parlem., 1902, t. IV, p. 276 et suiv.), et la bibliographie jointe à cet article. — Cf. Thaller et Pic, *Des sociétés commerciales*, t. Iᵉʳ, nᵒˢ 88 et 428.

(2) Cons. notamment : Avis du 7 juin 1877 (régie du gaz de Tourcoing); 17 juill. 1894 (pharmacie municip. de Roubaix); Cons. d'État, 1ᵉʳ févr. 1901, D. 1902. 2. 34, et les conclusions de M. Romieu, commissaire du gouvernement.

(3) Dans le sens de la capacité rigoureusement restreinte à l'objet spécial des personnes morales, cons. notamment: Ducrocq, *op. cit.*, t. VI, nᵒ 2180; Beudant, note sous D. 79. 1. 5; Laurent, *Dr. civ.*, t. Iᵉʳ, n. 288; Baudry et Houques-Fourcade, *Des personnes*, t. 1ᵉʳ, nᵒ 295. — Cons. au contraire dans le sens de la *pleine capacité :* Hauriou, *Précis de droit admin.*, 6ᵉ éd., p. 241; Aubry et Rau, t. Iᵉʳ, nᵒ 54; Lyon-Caen et Renault, t. Iᵉʳ, nᵒ 210, et t. II, nᵒˢ 118 et s.; Bouvier, *La municipalisation des services publics devant la loi et la jurisprudence française*, broch., 1907.

lucrative, le plus souvent sous le régime du monopole : monopole du pesage, jaugeage et mesurage publics, (1), monopole des bureaux de conditionnement, à combiner d'ailleurs avec les droits reconnus aux chambres de commerce (2), monopole des pompes funèbres (3), droit d'exploiter directement un chemin de fer d'intérêt local ou un tramway (4), etc.

Il est vrai qu'aucun de ces textes ne reconnaît expressément à la commune le droit de contracter une société, avec un groupement de capitalistes, pour l'exploitation de régies de cette nature. Mais aucun ne l'interdit, et le projet de loi actuellement soumis aux Chambres, en vue d'organiser pour le gaz parisien une régie intéressée, à la suite du rejet fâcheux par le Sénat (14 déc. 1905) d'un projet plus hardi comportant la régie municipale directe, tend à instituer une association *sui generis* entre la ville et la compagnie fermière.

Au surplus, cette faculté pour les communes, dans certaines circonstances données, d'entrer comme associées dans une exploitation lucrative présentant un intérêt général pour la collectivité, leur est formellement reconnue par un texte récent, la loi du 12 avr. 1906 (*Offic.* du 15), sur les *habitations à bon marché*. Cette loi, en effet, prévoit expressément, entre autres procédés recommandés aux communes désireuses de s'associer à l'œuvre des logements

---

1) Loi du 28 mars 1890.

(2) Loi du 21 août 1900.

(3) Loi du 28 déc. 1904.

(4) Loi du 11 mars 1880, art. 10 (loi dont l'esprit a été nettement méconnu à plusieurs reprises par le Conseil d'État). — Pour le développement de notre argumentation, cons. principalement l'étude précitée de M. Bouvier, et les nombreuses autorités citées par lui. L'on trouvera dans cette étude, remarquablement documentée, une critique très pénétrante de la jurisprudence administrative française et de ses contradictions déconcertantes — V. aussi Nézard, *La municipalisation du service de l'éclairage public et la ville de Paris*, broch., 1905. — Cons. sur le développement du domaine industriel des municipalités en France et à l'étranger : Pic, *Traité de législation industrielle*, 2e éd., nos 662 et suiv., et les autorités citées ; — G. Louis Jaray, *Industries municipalisées* (*Quest. pratiques de législ. ouvrière*, 1903, p. 305 et suiv.) ; — Copper, *Industries communales*, eau, gaz, électricité, 1906 ; — Vermaut, *Les régies municipales en Angleterre*, 1903 ; — Brees, *Les régies et concessions communales en Belgique*, 1906.

ouvriers, la *souscription d'actions* émises par les sociétés d'habitations à bon marché, jusqu'à concurrence des deux tiers des titres [1].

Incapacités de droit international. — En principe, l'étranger en France est pleinement capable de faire le commerce, soit à titre individuel, soit comme associé : le commerce rentre essentiellement, en effet, dans le *jus gentium*. S'il entre comme associé dans une société française, il est naturellement soumis à toutes les lois qui en France régissent les sociétés du type adopté; or doit être considérée comme société française toute société ayant son siège social en France, alors même qu'elle serait composée en majeure partie d'étrangers, alors même que son centre principal d'exploitation serait en pays étranger. Nous nous bornons à rappeler ici un principe généralement admis, les difficultés relatives à la détermination du critérium de la nationalité des sociétés, ainsi que l'étude de la condition juridique en France des sociétés étrangères, restant en dehors du cadre de nos recherches [2].

Remarquons toutefois que le droit de libre commerce entre personnes de nationalité différente comporte une exception importante en temps de guerre. Il est, en effet, universellement admis, en droit international public, que la déclaration de guerre comporte *interdiction du commerce* entre les sujets des deux puissances belligérantes [3]. La société constituée soit entre Français et étrangers, soit

(1) La loi de 1906 a remplacé la loi de 1894, dont aucune disposition n'autorisait les départements ou les communes à s'associer à l'œuvre des habitations à bon marché. Sur cette loi de 1906, cons. notamment : Pic, *L'habitation ouvrière et la législation française (loi du 12 avr. 1906)*, rapport présenté au Congrès de l'Alliance d'hygiène sociale, Lyon, 1907. — V. aussi Turot, *Les habitations ouvrières et la législation (Rev. polit. et parlem.*, mars 1907).

(2) Sur ces différents points, V. Thaller et Pic, *Des sociétés*, t. 1er, n° 191, et, sur la capacité commerciale des étrangers : Thaller, *Traité élém.*, n° 146; Lyon-Caen et Renault, t. 1er, n° 209. — Cf. Pic : *Faillite et liquidation judiciaire des sociétés en droit international privé* (Clunet, 1892); — *Condition juridique des travailleurs etrangers en France*, broch. in-8°, extrait du J. Clunet, 1905-1906; — *Traité de législ. industr.*, 2e éd., nos 241 et s.; — notes sous D. 1903. 1. 233, et D. 1904. 1. 225.

(3) Sur cette interdiction et sa portée, cons. notamment : Bonfils, révisé

même entre Français seulement, en vue d'une entreprise commerciale impliquant relations constantes òu régulières entre les deux États belligérants (société d'armateurs, organisant des services réguliers entre les deux pays, société constituée pour l'exécution de travaux publics à l'étranger, l'exploitation à l'étranger d'une concession d'eau ou de gaz, etc.), devra en conséquence suspendre ses opérations jusqu'au rétablissement de la paix, ou tout au moins les limiter au territoire national ou aux relations entre la France et les pàys neutres [1].

Il n'y a pas là une véritable incapacité, mais simplement une impossibilité temporaire de fonctionner, par suite d'événements de force majeure. Mais il est un cas, cependant, où l'application des principes du droit des gens commanderait l'annulation de la société ; c'est le cas où celle-ci se constituerait, au lendemain de la déclaration de guerre, entre nationaux et sujets du pays ennemi. Tous contrats privés conclus entre sujets des puissances belligérantes après la déclaration de guerre étant, à moins de *licences* spéciales, nuls d'une nullité d'ordre public, la société dans laquelle figurerait, comme associé en nom tout au moins, un sujet ennemi, devrait être considérée comme nulle, quelque licite que soit son objet, envisagé *in abstracto*. — S'il s'agissait d'une société par actions, il suffirait, semble-t-il, de déclarer nulles les souscriptions émanées de sujets ennemis. sans pour autant annuler la société elle-mème.

P. Pic.

---

par Fauchille, *Manuel de droit international public*, 3ᵉ éd., nᵒˢ 1061 et s., et les autorités citées; Despagnet, *Cours de droit international public*, 3ᵉ éd., nᵒ 517.

(1) *Sic*, Lyon-Caen et Renault, t. Iᵉʳ, nᵒ 209.

ÉTUDE CRITIQUE DE L'ADAGE

« *NUL N'EST CENSÉ IGNORER LA LOI* »

Par M. G. Dereux,

Docteur en droit (Sciences juridiques et Sciences économiques),
Juge suppléant au Tribunal de Laon.

L'adage juridique « Nul n'est censé ignorer la loi » est assurément l'un des plus connus du public ; nombre de gens qui, pour le reste, sont assez ignorants du droit, savent du moins qu'ils sont censés tout savoir ; et une maxime aussi banale ne mérite guère, semble-t-il, de retenir l'attention. — Cependant, si l'on ne se contente pas d'un coup d'œil superficiel, peut-être trouvera-t-on qu'elle offre un sérieux sujet de méditation. En effet, n'est-elle pas par certains côtés vraiment merveilleuse? Les Universités d'outre-Manche, paraît-il, confèrent parfois à de hauts personnages ou à des savants qui n'ont jamais étudié le droit, le titre honorifique, mais en l'espèce purement fictif, de docteur en droit ; or, grâce à l'adage que nous avons rappelé, le juriste français fait mieux encore : il confère fictivement, non pas à quelques-uns, mais à tout le monde, beaucoup plus qu'un simple titre de docteur : à savoir une connaissance parfaite de l'intégralité du droit.

Et l'on peut se demander si une telle fiction ne nous écarte pas à l'excès de la réalité. N'est-il pas sans danger d'attribuer ainsi aux gens une science qu'ils n'ont pas et ne prétendent nullement avoir? Le « médecin malgré lui » n'existe que dans la comédie ; le « juriste malgré lui » doit-il exister dans la réalité ? — Sera-t-il donc censé connaître toutes les lois, l'étudiant qui vient d'échouer à son premier examen de droit, et même le paysan illettré qui ne parle qu'un obscur patois, et même l'étranger qui traverse accidentellement la France sans savoir le français ?

Certes, la jurisprudence et la doctrine, par respect de l'équité, se sont fort heureusement gardées de tirer de l'adage traditionnel toutes ses conséquences logiques. Si on l'applique souvent, on ne l'applique pas toujours ; on ne s'est pas laissé enchaîner par l'unité d'une formule définie, et cette constatation nous rassure jusqu'à un certain point ; mais en même temps ne nous donne-t-elle pas un nouveau sujet d'inquiétude ? Quand on nous dit : « Voilà un homme qui sait tout », cela est parfaitement clair, et nous voyons comment il faut se comporter envers lui ; mais si l'on nous dit : « Cet homme sait tout, à moins qu'il ne sache pas grand'chose », nous voilà bien perplexe. Si la maxime « Nul n'est censé ignorer la loi » est d'une application intermittente, comment le praticien saura-t-il quand il doit compter avec elle [1] ?

Il y a là dans le droit une incertitude que nous voudrions pouvoir dissiper ; et tel est l'objet de la présente étude. Convient-il d'abandonner complètement l'adage traditionnel ? Ou, sinon, dans quelle mesure doit-on le conserver ? Voilà le problème à résoudre. Problème délicat assurément, mais dont la difficulté même, en cas d'échec, sera notre excuse.

Seulement, avant d'entrer dans le vif du débat, il importe de le bien circonscrire.

Il arrive en effet que des juristes citent la maxime « Nul n'est censé ignorer la loi » en lui attribuant simplement le sens d'une présomption *réfragable*. Entendue ainsi, cette règle ne contient rien de fictif et ne prête assurément pas le flanc à la critique. Il est très vrai que l'on a généralement une certaine connaissance des règles juridiques susceptibles de vous intéresser : la loi est soumise à une telle publicité, nous la voyons si souvent intervenir autour de nous dans

---

[1] Nombre d'auteurs n'indiquent aucun critérium ; d'autres donnent des formules qui (on le verra plus loin) ne semblent pas à l'abri de la critique.

tous les événements importants de la vie, il y a tant d'articles de tant de journaux qui l'approuvent ou l'attaquent sans cesse! En cas de doute, il est naturel et légitime de présumer chez les intéressés la connaissance plutôt que l'ignorance du droit. Et, en ce sens, tout le monde sera d'accord pour approuver l'adage.

D'autre part, et inversement, si l'on donne à cet adage le sens d'une présomption *irréfragable*, il est certaines lois qui demeurent manifestement hors de son domaine : ce sont celles dont l'application peut être écartée par une volonté même tacite des intéressés. Par exemple, deux personnes concluent une vente, et, croyant que les frais de l'acte incombent en principe au vendeur, elles majorent le prix de la chose du montant des frais. En pareil cas, le juge devra, malgré l'article 1593 du Code civil, laisser les frais du contrat à la charge du vendeur. Car cet article et toutes les règles de droit analogues ont pour but suprême le respect absolu de la volonté secrète des parties. Et ce serait en vérité violer la loi que de mutiler cette volonté au nom de la loi [1].

Grâce à ces considérations, notre problème se trouve limité, et nous pouvons en définitive le formuler ainsi : est-il vrai que nul ne soit jamais admis à prouver une ignorance (*ou une erreur*) [2], relative à une loi autre qu'une règle interprétative ?

I

Nous commencerons par exposer, aussi impartialement que possible, les arguments que l'on peut produire en faveur d'une application rigoureuse de l'adage traditionnel.

Tout d'abord, dira-t-on, ne faut-il pas tenir compte de ce qu'il est un adage traditionnel? Modifier une règle ancienne,

[1] Cf. en ce sens, Cass. req., 11 janv. 1887, D. 88. 5. 269.

[2] Dans toute cette étude, nous parlerons indifféremment de l'*erreur de droit* ou de l'*ignorance d'une règle de droit*, et de l'*erreur de fait* ou de l'*ignorance d'un fait*. Car bien que l'*erreur* et l'*ignorance* soient des choses distinctes, tout le monde admet que, en notre matière, elles produisent les mêmes effets juridiques (V. Aubry et Rau, 5e éd., t. I, p. 94, note 1; — Garraud, *Traité de droit pénal*, 2e éd., t. I, p. 557).

c'est se lancer dans l'inconnu, c'est aussi rendre vain le long travail par lequel les jurisconsultes ont peu à peu adapté cette règle aux besoins de la pratique, c'est enfin exposer tout le monde aux surprises fatalement engendrées par un changement des principes du droit.

D'autre part, les textes du Code civil sont formels : « Les lois... seront exécutées, dans chaque partie du royaume, du moment où la promulgation en pourra être connue », et l'alinéa suivant ajoute que la promulgation « *sera réputée connue* » à l'expiration d'un certain délai ; ce délai a été modifié depuis 1804, mais peu importe ; il n'en reste pas moins qu'à partir du moment fixé par les règlements, tout le monde « est réputé connaître » la loi. « C'est même chose, disait Portalis, d'avoir connu la loi ou d'avoir pu la connaître ». Et le Code civil a fait lui-même certaines applications de ce principe, notamment dans l'article 1356 : (« L'aveu judiciaire... ne pourrait être révoqué sous prétexte d'une erreur de droit »), et dans l'article 2052 : (« Les transactions... ne peuvent être attaquées pour cause d'erreur de droit »).

Au surplus, continuent les défenseurs de l'adage, nous ne nous appuyons pas seulement sur les textes, mais aussi sur la raison. La raison, en effet, se trouve en présence d'une sorte d'antinomie : d'un côté, on souhaiterait de n'appliquer la loi qu'à des gens avertis ; mais de l'autre, il y a une nécessité sociale manifeste à l'appliquer à tout le monde. Comment résoudre cette difficulté ? Sans doute, s'il existait une machine merveilleuse qui, en projetant à travers l'espace je ne sais quel fluide subtil, communiquât invinciblement à tous une parfaite connaissance du droit, elle fournirait la solution idéale du problème. Par malheur, on ne peut, en réalité, vulgariser la loi qu'à l'aide de procédés beaucoup plus grossiers, tels que la publication au *Journal officiel*. Dès lors, pour sortir d'embarras, force est bien de recourir à un biais : le Gouvernement donnera aux règles du droit la plus grande publicité possible ; cela fait, il est nécessaire que tout le monde soit censé les connaître. Et cette fiction est d'autant moins injuste qu'un bon citoyen doit se garder d'ignorer les lois qui le régissent ; quiconque les ignore et l'avoue en jus-

tice afin d'en profiter, mérite qu'on lui rappelle la règle
fameuse : « *Nemo auditur turpitudinem suam allegans* » ;
la faute qu'on a commise ne peut pas vous valoir une
faveur.

Et puis cette fiction s'écarte-t-elle autant qu'on le prétend de la réalité? Il ne faut pas trop se laisser impressionner
par l'argument d'un bon sens un peu gros, qui consisterait
à dire : « Interrogez l'ouvrier qui passe, par exemple sur
notre régime hypothécaire ; que voulez-vous qu'il vous réponde? » — Rien assurément, répliquerons-nous ; mais
interrogeons-le plutôt sur une loi qui ait chance de lui être
appliquée ; peut-être paraîtra-t-il mieux renseigné, et le jour
où cet ouvrier aura besoin d'avoir des connaissances plus
précises sur un point du droit, il saura bien, sans qu'on le
lui conseille, aller consulter un homme compétent qui lui
épargnera toute fâcheuse surprise.

— Et maintenant, poursuivent les partisans radicaux de
la règle classique, après avoir justifié le principe, nous allons
en déduire les conséquences, en montrant qu'elles sont raisonnables et généralement conformes à la jurisprudence.

A) Tout d'abord, — ceci est unanimement reconnu, —
devant les tribunaux répressifs, jamais l'inculpé n'échappera
à une peine en prouvant qu'il ne connaissait pas la loi ou
qu'il l'avait mal interprétée ; en vain allèguerait-il que son
ignorance était excusable, ou que son interprétation était,
dans une certaine mesure, soutenable ; en vain citerait-il
des jugements ou des auteurs qui ont interprété la loi comme
lui-même ; en vain sa bonne foi serait-elle de la dernière
évidence : il faut que force reste à la loi (1).

B) Non seulement l'erreur de droit ne supprime pas le

(1) Cf. Ulpien : « Ignorantia enim excusatur non juris, sed facti ». L. 11,
fr. 4, D., *De iis qui notantur infamiâ*. — Plusieurs codes étrangers affirment expressément que l'erreur ou l'ignorance en matière de droit ne saurait excuser un délinquant : Code pénal hongrois (§§ 81 et 82), autrichien
(§ 3 e), italien (art. 44), danois (§ 42), portugais (art. 29). — *Adde*, Cass.,
17 juill. 1839 (S. 39. 1. 718); 28 juin 1862 (D. 62. 1. 305). — Orléans, 22 avr.
1863 (D. 63. 2. 88). — Cass., 12 août 1881 (S. 81. 1. 439); 8 sept. 1892 (D. 93.
1. 358). — Toulouse, 17 sept. 1884 (S. 85. 2. 80). — Lyon, 4 janv. 1884 (D. 84.
2. 159). — Garraud, *Droit pénal français*, 2e éd., t. I, p. 556; Lainé, *Traité
élém. de droit criminel*, n° 204.

délit, mais la rigueur des principes défend de l'admettre comme une circonstance atténuante. A vrai dire, comme le jury ne motive pas son verdict, on ne peut l'empêcher de violer les principes. De même, si le juge, en police correctionnelle ou en simple police, se borne à dire : « Attendu qu'il existe des circonstances atténuantes » (1), son jugement échappe fatalement à la critique. Mais si, comme cela arrive souvent, le juge a précisé les faits qu'il considérait comme des circonstances atténuantes, et si, parmi ces faits, figure une erreur de droit, le jugement, de ce chef, est susceptible d'être réformé ou cassé.

C) Entrons maintenant dans le vaste domaine du droit privé; nous y retrouverons partout le même principe. On ne peut échapper à l'application de la loi par un simple « Je ne savais pas » ; car il fallait savoir. « Quand une loi prononce une déchéance, une prescription, une nullité ou une pénalité quelconque, celui qui ne s'est point conformé à ses préceptes, ne peut, pour en décliner l'application, prétexter de son ignorance » (2).

D) Non seulement le fait d'ignorer la loi n'empêche pas directement qu'on vous l'applique, mais il ne saurait supprimer la responsabilité civile que vous pouvez encourir en omettant de remplir une obligation légale (3). Par exemple, le patron d'une usine, qui a violé des règlements relatifs au travail, devra réparer le préjudice qui en est résulté pour ses ouvriers, même s'il avait agi de bonne foi.

E) Et il faut aller plus loin encore : non seulement l'ignorance des règles du droit ne supprime pas la faute de celui qui les a violées, mais elle ne peut pas même l'atténuer. En divers cas, on le sait, les tribunaux civils ont à mesurer le degré de gravité d'une faute (Par exemple, l'assurance contre les conséquences de la *culpa lata* est illicite (4), divers

_____

(1) On sait en effet que le juge n'est pas obligé de préciser les circonstances atténuantes qu'il croit devoir admettre (Cf. Garraud, *op. cit.*, t. II, p. 562).

(2) Aubry et Rau, 5ᵉ éd., t. I, p. 94. — V. aussi Laurent, t. I, p. 23 et 24.

(3) Aubry et Rau, *ibid*.

(4) Cf. Paris, 16 janv. 1851, D. 51. 2. 99. — Cass., 18 avr. 1882, D. 83. 1. 260.

textes particuliers font varier la responsabilité de certaines personnes suivant le plus ou moins de gravité de leur faute, notamment les articles 804, 1374, 1927, 1928, 1992 du Code civil, l'article 20 de la loi du 9 avr. 1898, etc.). Mais, puisque nul n'est censé ignorer la loi, peu importe qu'en fait, on l'ait connue ou non ; la violer demeure toujours également grave.

F) Mais enfin, dira-t-on, si une erreur de droit vous a été suggérée par un tiers, ne peut-on pas du moins, tout en restant responsable de ses conséquences, demander réparation au tiers qui vous a trompé ? Non pas ; car, si on s'est laissé abuser sur une question de droit, on est le principal auteur de sa déconvenue. On a été trompé, parce qu'on se trompait soi-même. Voilà, diront certains, une application de l'adage bien draconienne. Mais, pour la défendre, on peut alléguer la jurisprudence de la Cour de cassation sur une question souvent débattue : a-t-on droit à une indemnité, lorsque les agents des compagnies de chemin de fer vous ont, par de faux renseignements donnés sur les tarifs, causé un préjudice ? Citons un arrêt, à titre d'exemple :

« Attendu que les délais de transport par chemins de fer sont établis par des arrêtés ministériels rendus publics, *ayant force de loi*, auxquels il ne peut être dérogé, et que *nul n'est censé ignorer*. — Attendu, dès lors, que le défendeur *ne peut légalement prétendre qu'il ait été induit en erreur* sur les conditions des délais de transport par les renseignements émanés d'un employé ; que c'est donc à tort que le jugement attaqué a fait peser sur la compagnie les conséquences de l'erreur et du retard supposés, etc. » (1). Malgré une longue résistance des tribunaux inférieurs, la Cour suprême a toujours maintenu cette jurisprudence (2),

---

(1) Cass. civ., 21 janv. 1901, *Gazette des Tribunaux*, 6 juin 1901.
(2) V. Cass., 13 févr. 1867, cassant un jugement du tribunal de commerce d'Orléans (Lamé-Fleury, *Code annoté des chemins de fer*, 1903, p. 890); Cass., 22 déc. 1868, cassant un jugement du trib. de comm. de Lille (*ibid.*, p. 891); Cass., 16 mars 1869, cassant un jugement du trib. de comm. de Saint-Pol (*ibid.*); Cass., 26 juill. 1871 (*ibid.*); Cass., 21 déc. 1874, cassant un jugement du trib. de comm. de la Seine; Cass. req., 15 juin 1875 (S. 77. 1. 176) (Le tribunal dont le jugement est cassé n'est pas indiqué);

et cela avec l'approbation à peu près unanime des auteurs.
Or une telle solution implique nécessairement ce principe
général : on ne saurait réclamer une indemnité lorsqu'une
personne vous a fait commettre (ou laissé commettre) une
erreur de droit.

Disons plus : si ce principe s'applique dans le cas spécial
que nous venons de rappeler, c'est *a fortiori* qu'il s'applique ailleurs. En effet, il n'existe pas, à proprement parler,
de publication officielle des tarifs de chemins de fer (1), tan-

---

Cass., 13 févr. 1878, cassant un jugement du trib. de comm. de Montauban
(S. 78. 1. 325); Cass., 11 mars 1878, cassant un jugement du trib. de comm.
de Lyon ; Cass., 11 mai 1878, cassant un jugement du même tribunal (Lamé-
Fleury, *op. cit.*, p. 347); Cass., 24 mai 1882, cassant un jugement du trib.
de comm. d'Angers (Lamé-Fleury, *op. cit.*, p. 892) ; Cass., 2 juill. 1883, cassant un jugement du trib. de comm. de Roubaix (*ibid.*); Cass., 2 févr. 1885,
cassant un jugement du trib. de comm. de Sarlat (*ibid.*); Cass., 25 mars
1885, cassant un jugement du trib. de comm. de Nantes (S. 86. 1. 78). —
Dans la jurisprudence plus récente, V. Cass., 26 janv. 1898, cassant un jugement du trib. de comm. de Villeneuve-sur-Lot (D. 1900. 1. 80). — (Un
jugement de la justice de paix d'Orléans du 16 janv. 1901, statue toutefois
dans le même sens que les tribunaux de commerce et n'a été déféré à aucune autre juridiction) (*Gaz. du Palais*, 1901. 1. 494). — V. encore Cass.,
10 nov. 1903, cassant un jugement du trib. de comm. d'Arles (*Gaz. des Trib.*,
1904, 1er sem. 1. 116). Un arrêt de la Cour d'Orléans, 18 mars 1904, annule
un jugement du trib. de comm. d'Orléans (*Gaz. des Trib.*, 1904, 1er sem.,
2. 412).

(1) En effet il n'y a pas de publication des tarifs à laquelle le public puisse
se référer en toute sécurité, et qu'il puisse, le cas échéant, opposer aux
compagnies. Certes, les compagnies doivent délivrer aux expéditeurs un récépissé où sont énoncées les principales conditions du contrat passé ; mais
des énonciations erronées font encourir à la compagnie seulement une condamnation pénale (Cass. crim., 31 juill. 1857, *Bull. Cass. crim.*, 292); de
condamnation civile, point. (Cass., 1er mars 1905, *Gaz des Trib.*, 19 avr.
1905). — D'autre part la publicité faite conformément à l'article 48 de l'ordonnance du 15 nov. 1846 n'a pas non plus la valeur d'une publicité officielle; elle se fait en partie sous forme d'affiches, en partie sous forme de
livrets déposés dans les gares; or la Cour suprême (Ch. civ.) a décidé que
les indications de ces livrets (qui sont en fait des livrets Chaix) n'ont « aucun caractère officiel » (26 juin 1893, Lamé-Fleury, *Code annoté des chemins de fer*, p. 123-124). Quant aux affiches, elles émanent également de la
librairie Chaix, et il n'y a pas plus de raison pour leur reconnaître un caractère officiel. — Enfin, une circulaire ministérielle du 7 janv. 1893 prescrit de publier les tarifs au *Journal officiel*. Mais elle n'a manifestement
rien pu changer aux droits respectifs du public et des compagnies, ni à la
responsabilité de ces dernières; cette publication n'a donc que la valeur d'un
renseignement officieux. — Sur tous ces points, pour plus de détails, V.

dis qu'il en existe une de la loi, — et d'autre part les compagnies sont seules dépositaires du texte officiel des tarifs
homologués, et ne le laissent pas consulter librement par
le public. Si malgré cela on applique aux tarifs, et en faveur
des compagnies, l'adage : *Nul n'est censé ignorer la loi*,
combien ne doit-on pas à plus forte raison l'appliquer sans
hésitation aux lois proprement dites et en faveur des simples
particuliers !

Citons, entre autres, un exemple qui nous est suggéré par
la jurisprudence : une personne, qui a des fonds à placer,
charge un agent d'affaires de lui procurer un débiteur ;
celui-ci lui offre un titre souscrit par une femme mariée
sans l'autorisation de son mari, et ne prend pas soin
d'avertir son client du peu de valeur que la loi reconnaît à
une pareille obligation [1]. Si la dette n'est pas payée, faut-
il déclarer l'agent d'affaires responsable ? La Cour de
Montpellier, sans doute, s'est prononcée pour l'affirmative ; mais on peut penser que la Cour suprême, si elle
avait eu à statuer, aurait jugé en sens contraire. Car en vérité pourquoi un agent d'affaires serait-il plus étroitement
tenu de renseigner ses clients sur des lois faciles à connaître
que les Compagnies de chemins de fer ne le sont de renseigner les leurs sur des tarifs dont elles seules possèdent le
texte officiel ? D'un côté comme de l'autre, il faut répondre
aux réclamations du public : « Nul n'est censé ignorer la
loi ».

G) On le voit, poursuivent les défenseurs de cette
maxime, la règle en question peut être prise à la lettre, et
s'applique partout où un texte particulier ne lui apporte pas
de dérogation. — Mais ici l'on nous interrompt : précisément, nous dit-on, en droit privé, les exceptions abondent ;
ce sont elles qui deviennent la règle, et la règle ne s'applique
que par exception. Et l'on cite l'article 201 du Code civil, et
aussi l'article 549, et les articles 1109-1110, et l'article 1299
(*in fine*), et les articles 1376-1377, et l'article 2265, et l'arti-

notre étude *De la nature juridique des tarifs de chemins de fer*, p. 136
et suiv. (Rousseau, 1906).

[1] Cpr. Montpellier, 21 déc. 1889, *Pand. fr.*, 90. 2. 250.

clc 2279, et d'autres encore; et il semble en vérité que le vieil adage répété par tant de générations doive disparaître, misérablement étouffé sous cette avalanche de textes !

Mais rassurons-nous, reprennent ses défenseurs. Tous ces textes supposent qu'une personne a commis *une erreur*, sans préciser de quelle espèce. Or, s'ils s'appliquent incontestablement dans le cas d'une erreur de fait, on ne saurait les invoquer au cas d'erreur de droit. En effet, le Code civil a dès le début averti que tout le monde est censé connaître la loi; en d'autres termes, l'erreur de droit est réputée inexistante; le législateur ne pouvait vraiment pas rappeler ce principe à chaque instant; l'ayant énoncé une fois pour toutes, il a pensé que l'interprète saurait s'en souvenir.

Et en effet, si une personne a eu le tort d'ignorer la loi, et se trouve en conflit d'intérêts avec d'autres personnes qui n'ont rien à se reprocher, n'est-ce pas le cas d'appliquer la règle équitable : « Jura vigilantibus prosunt » ?

Cette observation a une valeur telle qu'elle a vivement impressionné les tribunaux; et si la doctrine laisse assez souvent fléchir l'adage traditionnel dans les cas auxquels on vient de faire allusion, la jurisprudence l'a souvent appliqué avec fermeté.

En ce sens, citons d'abord un arrêt important rendu par la Cour suprême (Ch. des req.), le 14 août 1882, dans les circonstances suivantes[1] : un navire s'étant échoué, le capitaine fit vendre la cargaison d'urgence et sans en référer à ses mandants; cependant en fait il aurait pu opérer le sauvetage des marchandises qui étaient à bord, et il n'y avait pas de nécessité pressante à les vendre; l'acheteur des marchandises prétendit, en invoquant sa bonne foi, faire tenir la vente pour valable; les juges du fait lui ayant donné tort, la Cour suprême, après avoir rejeté d'autres moyens de cassation, ajouta :

« ... Attendu que l'acheteur Simmons prétendait que, tout au moins, en raison de sa bonne foi, la vente des marchandises devait être tenue pour valable en sa faveur;

_____

(1) V. Req., 14 août 1882, D. 83. 1. 337.

que l'arrêt attaqué repousse cette prétention par le motif que *nul n'est censé ignorer la loi ;* que ce motif... est irréprochable, qu'en effet *on n'est jamais admis à invoquer son erreur de droit pour obtenir un bénéfice exorbitant du droit commun, tel par exemple que la prescription par dix ou vingt ans, ou la règle de l'article 2279 du Code civil...* ».

Voilà qui est précis : la Cour de cassation applique l'adage même dans le cas des articles 2265 et 2279 du Code civil, où des auteurs éminents le repoussent avec énergie (1).

Considérons encore le cas important prévu par l'article 549 du Code civil. Nous lisons dans un autre arrêt de la Cour suprême (Ch. des req.) :

« Attendu qu'aux termes de l'article 549, le possesseur de bonne foi fait les fruits siens, et que, suivant la définition donnée par l'article 550, il est de bonne foi, quand il possède à titre de propriétaire, en vertu d'un titre de propriété dont il ignore le vice. — Qu'*à l'exception des cas où ce vice consiste dans une infraction à une loi d'ordre public,* il importe peu que l'ignorance du possesseur provienne d'une erreur de fait ou de droit » (2).

Cet arrêt, on le voit, consacre une distinction, faite au début de la présente étude, entre les lois d'ordre public et les autres ; tout le monde reconnaît que l'adage, considéré comme une présomption irréfragable, ne saurait viser les lois auxquelles les particuliers ont le droit de se soustraire par un acte de leur volonté ; mais quant aux lois d'ordre public, il résulte bien de l'arrêt précité que nul n'est censé les ignorer.

Reste, il est vrai, un cas très important où la jurisprudence semble s'accorder avec la doctrine pour écarter l'application de l'adage : c'est le cas prévu par les articles 1109-1110 du Code civil. S'il faut en croire les auteurs et nombre

---

(1) V. d'ailleurs, en faveur de l'application de l'adage, Troplong, II, 926 ; — Duranton, XXI, 388. Ils s'appuient notamment sur la loi, 31 pr. *Dig., De usurp. et usuc.* (41, 3), et sur la loi 2, fr. 15. *Dig., Pro emt.* (41, 4).

(2) Req., 11 janv. 1887 (D. 88. 5. 269).

d'arrêts, tout contrat, et, plus généralement, tout acte juridique peut être annulé même pour erreur de droit; il ne
faudrait séparer les deux espèces d'erreur [1], et, par
exemple dans des ventes de chevaux, que l'on se trompât
sur les règles les plus générales de la loi ou sur la question
de savoir si l'animal offert est un cheval de selle, cela
aurait exactement la même importance.

Mais, ripostent les partisans radicaux de l'adage, cette
théorie souffre bien des objections, et les tribunaux ne l'appliquent pas sans hésitation. En effet, sur quoi l'appuierait-
on? Sur les textes? Mais ils parlent seulement d'erreur
« sur la substance de la chose », d'erreur « sur la personne »;
comment la loi, qui est une règle générale, ferait-elle partie de la substance d'une chose, ou d'une personne? S'ap-
puiera-t-on sur la raison? Encore moins. Comment! Deux
personnes passent un contrat, l'une en connaissance de
cause, et l'autre à la légère et sans s'être renseignée sur la
loi. Et à cause de cela on annulerait le contrat! De peur
de léser le contractant étourdi et ignorant, on lèserait celui
qui s'est montré soigneux et instruit! Singulière justice en
vérité que celle qui respecterait par-dessus tout la volonté
des étourdis!

Au surplus, examinons de près la jurisprudence : nous
y trouvons notamment deux arrêts de cour d'appel (Besançon et Dijon) qui n'ont pas été cassés et qui ont fait produire à un acte juridique tous ses effets, quoiqu'il fût entaché d'une erreur de droit [2]. Il est vrai que la Cour de
Besançon s'est efforcée de rester d'accord en apparence
avec la théorie courante; mais en réalité elle l'a tournée

---

(1) Cf. Demolombe, t. XXIV, § 129; — Aubry et Rau, t. IV (5ᵉ éd.),
p. 496; — Laurent, t. XV, §§ 505 à 508; — Baudry-Lacantinerie et Barde,
t. I, § 70; — Planiol, t. I (2ᵉ éd.), § 280. — Metz, 28 nov. 1817 (S. 19. 2.
142); — Toulouse, 19 janv. 1824 (S. 21. 2. 115); — Besançon, 1ᵉʳ mars 1827
(D. Rép., vᵒ Obligations, n. 147); — Grenoble, 24 juill. 1830 (S. 31. 2. 35);
— Limoges, 8 déc. 1837 (S. 39. 2. 27); — Cass. civ., 12 mars 1845 (S. 45. 1.
525); — Cass. req., 28 mai 1888 (S. 89. 1. 248); — Chambéry, 11 janv. 1894
(D. 95. 2. 235).

(2) Besançon, 1ᵉʳ mars 1864, D. 64. 2. 61; — Dijon, 27 juill. 1870, S. 71. 2.
268.

en faisant intervenir ici l'article 1382 (¹). Il est clair que,
grâce à cet article, on peut échapper à l'application non
seulement des articles 1109-1110, mais encore de tous les
articles du Code relatifs aux conventions ; seulement, il
est non moins clair qu'en agissant ainsi, on n'applique pas
la loi, on la tourne. Et pourquoi la Cour de Besançon a-t-
elle voulu se soustraire ici à la théorie courante de l'erreur
dans les conventions ? C'est parce qu'elle se voyait acculée
par cette théorie à une véritable injustice. Elle a mal motivé
une solution exacte, et pourquoi l'a-t-elle mal motivée ?
Parce qu'elle a voulu garder quelque chose de cette théorie
courante qui élimine l'adage traditionnel du domaine de
l'erreur dans les conventions. Au contraire, son arrêt eût
été de tout point digne d'approbation, si elle avait dit
simplement : un acte juridique ne peut être annulé pour
erreur de droit à cause d'un grand principe qui domine
toute notre législation, à savoir : « Nul n'est censé ignorer
la loi ».

Au reste, ajouteront les défenseurs de l'adage, cette règle,
comme toutes les autres, souffre bien quelques tempéraments ; mais on ne doit lui en apporter que là où le législateur l'a permis d'une manière tout à fait claire et formelle,
c'est-à-dire dans des cas très peu nombreux et peu impor-

---

(1) Une note du Dalloz résume ainsi exactement la théorie de cet arrêt :
« En principe, l'erreur de droit … vicie, comme l'erreur de fait, le consentement et dès lors l'obligation, même vis-à-vis des tiers, lorsque cette
erreur a été cause unique et déterminante du consentement... Mais il
faut que l'erreur puisse se justifier par des motifs plausibles ; s'il s'agit d'une
erreur de droit grossière et facile à éviter, le contractant qui l'invoque doit
s'imputer, comme le décide la Cour de Besançon, sa négligence à s'entourer
de conseils éclairés, et si son imprudence a trompé les tiers, elle peut être
considérée comme une faute lourde dont l'auteur doit réparer les suites
d'après les principes du droit commun (art. 1382 et 1383). Cette obligation
de réparer le dommage causé par l'erreur est exclusive d'une action en
restitution contre les tiers, s'il en résulte également en faveur de ces derniers une exception de garantie contre l'action en revendication des immeubles aliénés. Telle est, en substance, la doctrine de l'arrêt que nous rapportons ». En l'espèce l'erreur commise était-elle vraiment si grossière qu'elle
dût être traitée avec une rigueur particulière ? Elle consistait en ce qu'un
héritier avait ignoré que le droit de représentation ne s'étend pas aux col-
latéraux. Combien peu de gens pourraient se flatter d'échapper toujours à
de pareilles erreurs !

tants [1]. Partout ailleurs la règle s'applique et l'erreur de droit doit être réputée inexistante.

On vient de voir que les solutions auxquelles nous avons abouti de la sorte, sont souvent les plus équitables ; et si, en certains cas, elles semblent un peu rigoureuses, on ne doit pas oublier que le vieil adage repose sur une nécessité sociale inéluctable ; que l'on se pénètre bien de cette vérité, et l'on n'hésitera pas à sacrifier de vagues raisons de sentiment, — ou plutôt même de sensiblerie, — à une raison très claire de salut public.

Tel est, à peu près, le plaidoyer que l'on peut faire entendre en faveur de la maxime : « Nul n'est censé ignorer la loi ». Cette argumentation est-elle absolument convaincante ? C'est ce que nous allons examiner.

II

La théorie que nous venons d'exposer consiste essentiellement, on l'a vu, à creuser une sorte d'abîme entre l'erreur de droit et l'erreur de fait ; cette dernière est considérée comme existante, et partant, comme susceptible de produire des effets juridiques ; au contraire, l'erreur de droit est réputée totalement inexistante : elle est comme si elle n'était pas. — Or, selon nous, ce dualisme est faux ; l'erreur de droit doit être soumise aux principes généraux qui régissent l'erreur de fait ; l'une comme l'autre est toujours quelque chose de réel et qu'on ne saurait traiter comme un

---

(1) Cf. l'article 4 du décret du 5 nov. 1870, qui permet aux tribunaux et aux autorités administratives et militaires d'accueillir, selon les circonstances, l'exception d'ignorance de la loi alléguée par les contrevenants, si la contravention a été commise dans le délai de trois jours francs à partir de la promulgation. Signalons aussi que, d'après l'ordonnance du 9 déc. 1814 (art. 27), les règlements d'octroi doivent être affichés à l'intérieur et à l'extérieur de chaque bureau d'octroi. La jurisprudence en a conclu qu'en l'absence de cet affichage, on ne saurait punir ceux qui ont contrevenu à ces règlements (Cass., 23 nov. 1895, S. 98. 1. 157. — Toulouse, 30 mai 1896, S. 98. 2. 66. — Paris, 14 avr. 1897. — Tribunal corr. de la Seine, 18 mars 1903, *Gaz. des Trib.*, 19 mars 1905. — V. cependant *contrà* : Paris, 4 juin 1881, S. 81. 2. 142)

pur néant. Il n'est pas vrai, à nos yeux, que tout le monde soit censé connaître toutes les lois, pas plus qu'il n'est vrai que tout le monde est censé connaître tous les faits. Certes, l'ignorance des lois ne peut pas empêcher leur application aux faits qu'elles visent, mais il en est exactement de même de l'ignorance des faits; et il n'y a pas besoin, pour l'expliquer, de mettre au seuil du droit une étrange fiction. Le salut de la société n'a pas besoin de se fonder sur de vaines imaginations, sur une illusion volontaire; nous le respectons autant que n'importe qui, et c'est précisément pour cela même que nous voulons l'appuyer sur une base vraiment respectable : sur la vérité.

C'est de ce point de vue que nous allons faire la critique de l'adage traditionnel.

A vrai dire, l'argument qui consiste à le défendre « parce qu'il est traditionnel » est un peu trop vague pour pouvoir être réfuté d'une manière précise. Les siècles en passant usent toute chose : les vieux édifices, les vieilles coutumes, les vieux principes. Assurément, le respect du passé est chose fort louable; mais l'amour du progrès n'est sans doute pas non plus à mépriser; aussi, avant de rejeter une théorie nouvelle, importe-t-il de pénétrer plus avant dans le vif du débat.

Au point de vue des textes, l'opinion que nous critiquons s'appuie sur l'article 1 du Code civil, al. 2 et 3. Mais les rédacteurs du Code, dans cet article, semblent avoir eu simplement pour but d'écarter certains privilèges qui existaient autrefois, surtout dans le droit romain, en faveur des mineurs, des femmes mariées, des militaires et des absents[1]. Aujourd'hui personne ne peut se soustraire à l'application de la loi, en invoquant son ignorance. Voilà, à notre avis, tout ce que signifie l'article 1 du Code civil.

Au surplus, ce texte a été implicitement abrogé par des lois et des décrets postérieurs qui ont à nouveau réglementé toute cette matière. A l'heure actuelle, selon nous, on ne doit plus tenir compte que du décret du 5 nov. 1870, dont

---

(1) Cf. Savigny, *System des heutigen roemischen Rechts*, t. III, p. 429 et suiv.

l'article 2 est ainsi conçu : « Les lois et les décrets sont obligatoires, à Paris, un jour franc après la promulgation, et
partout ailleurs dans l'étendue de chaque arrondissement,
un jour franc après que le *Journal officiel* qui les contient
sera parvenu au chef-lieu de cet arrondissement ». Ce texte,
on le voit, *ne contient plus aucune fiction.* Il dit simplement que « les lois seront obligatoires » pour tout le monde
dans les délais qu'il indique. Nous nous bornons à demander que l'on applique cette formule *sans aucune addition.*

Et maintenant, plaçons-nous au point de vue de la raison.
On nous dit : en fait, tout le monde ne connaît pas la loi ;
or il est nécessaire que la loi s'applique à tout le monde ;
donc il faut que tout le monde soit censé connaître la loi.
— Mais la conclusion s'impose-t-elle ? Reprenons ce raisonnement, et nous dirons, avec une logique qui nous semble
plus serrée : tout le monde ne connaît pas la loi ; or il faut
que la loi s'applique à tout le monde ; donc il faut que la loi
s'applique même à ceux qui ne la connaissent pas. Pourquoi
greffer sur cette conclusion une fiction parasite qui, nous le
verrons tout à l'heure, lui fait porter des fruits funestes ?

Mais, dira-t-on peut-être, il y a quelque chose de brutal à
proclamer que la loi sera obligatoire même pour ceux qui
l'ignorent. Il serait souhaitable de ne l'appliquer jamais
qu'à des gens avertis. Le jurisconsulte tient compte, dans
la mesure du possible, de ce desideratum de la conscience,
en attribuant à tout le monde une connaissance tout au
moins fictive du droit : du moment qu'on est censé connaître la loi, il devient juste par là même qu'on vous l'applique. — Certes, répondrons-nous, nous n'ignorons pas le
desideratum de la conscience auquel il vient d'être fait allusion ; et nous approuvons vivement toutes les mesures que
prennent les pouvoirs publics afin de donner à la loi la plus
large publicité. Mais si quelqu'un a été lésé par l'application d'une règle qu'il ignorait, croit-on diminuer son préjudice en lui apprenant qu'il était censé connaître cette
règle, et la consolation qu'on prétendrait lui procurer de la
sorte ne serait-elle pas illusoire ?

Mais enfin, nous dit-on, l'on ne peut pourtant pas assimi-

ler l'ignorance du droit à l'ignorance d'un simple fait, ou
l'erreur de droit à l'erreur de fait : car un bon citoyen est
tenu moralement et juridiquement de chercher à connaître
les lois qui le régissent; au contraire, il ne saurait être
astreint à savoir tout ce qui se passe dans son pays; l'erreur de droit est une faute, non l'erreur de fait; et, comme
on ne doit pas profiter de sa propre faute, il est naturel
qu'on ne puisse pas, devant le juge, invoquer en sa faveur
une erreur de droit, mais seulement une erreur de fait. —
Nous répondrons : il n'est pas vrai qu'un bon citoyen soit
tenu moralement ou juridiquement de connaître toutes les
lois. Autrement qu'adviendrait-il? Supposez que je ne sais
quel souffle de folie vienne à passer sur notre pays, poussant
tout le monde à apprendre intégralement le droit : voilà
donc les champs, les usines, les magasins désertés; voilà
toute la vie de la nation concentrée dans les Écoles de droit
et les Palais de justice; et alors qui fera notre pain? Qui
nos vêtements, nos maisons? Qui conservera le patrimoine
intellectuel de notre pays dans l'ordre des lettres, des arts,
des sciences physiques? Il n'y a point de doute : le jour où
chacun serait persuadé qu'il *doit* savoir le droit, la vie sociale s'arrêterait. — Mais, nous dit-on, chacun doit connaître seulement les lois qui peuvent s'appliquer à lui. — Mais,
répondrons-nous, comment, avant d'avoir étudié une loi,
pourrions-nous savoir si elle a chance de nous être applicable? D'ailleurs, si nous connaissons notre situation présente, savons-nous jamais ce que nous serons demain? Un
coup de fortune transforme instantanément le prolétaire en
un rentier, soumis à une foule de règles juridiques qui
n'intéressaient point le prolétaire. Obliger les gens à savoir
tout ce qui, dans le droit, peut les toucher, c'est les obliger
à savoir tout le droit. Chacun n'a qu'à se renseigner, dit-on,
auprès des gens compétents. Mais qui avertira chacun des
renseignements qu'il doit demander?

En réalité un bon citoyen ne doit certes pas ignorer entièrement la loi, par plus qu'il ne doit ignorer entièrement ce qui
se passe autour de lui; mais il est impossible de déterminer
par une simple formule *a priori* le cercle des connaissances

que l'on est tenu d'avoir dans le domaine du droit ou dans celui des faits. Il y a des lois nouvelles qu'il n'est pas permis d'ignorer totalement (par exemple, la loi militaire, ou les règles juridiques qui dérivent directement de la morale). Mais il en est de même de bien des faits : lorsqu'on appuie sur la gâchette d'une arme à feu, on doit savoir si l'arme est chargée; lorsqu'on signe un écrit, on doit en connaître le contenu. Bref, dans le domaine du droit comme dans celui des faits, il est permis de ne pas tout savoir, il n'est pas permis de tout ignorer [1].

Il n'y a donc pas de raison suffisante, selon nous, de proclamer que nul n'est censé ignorer la loi, et d'établir ainsi une séparation profonde entre l'erreur de droit et l'erreur de fait [2]. Nous allons de ce point de vue examiner les conséquences que l'on a prétendu tirer de l'adage en question; quelques-unes sont en soi admissibles, mais nous verrons qu'on peut les justifier autrement; la plupart nous semblent injustes, et d'une rigueur inutile, et nous nous félicitons que notre théorie nous permette d'y échapper.

A. On nous dit tout d'abord que, en droit criminel, il existe bien une différence radicale entre l'erreur de droit et l'erreur de fait : la première ne permet jamais d'écarter, ni même d'atténuer une peine (peu importe que le voleur ou le faux monnayeur aient ignoré la loi qu'ils ont violée); la

(1) Peut-être nous fera-t-on l'objection suivante : la responsabilité pénale suppose une faute. Donc, si l'on peut sans faute ignorer les lois qui ne sont pas usuelles ou dont la conscience morale ne suffit pas à révéler l'existence, il est une foule de lois qui vont se trouver souvent dépourvues de sanction; car on ne commet point de faute en violant une règle du droit que l'on ignorait et que l'on pouvait légitimement ignorer. — Nous répondrons que la difficulté serait la même si, au lieu d'une erreur de droit, on considérait une erreur de fait : une erreur de fait qui, examinée *in abstracto* n'est pas une faute juridique, peut vous exposer à contrevenir à un règlement de police, et alors on sera punissable, tout comme on le serait à la suite d'une erreur de droit. La vérité est que, pour qu'on encoure une peine, il suffit qu'une infraction à la loi vous soit *imputable.*

(2) Il va sans dire que nous admettons à notre théorie les exceptions (d'ailleurs rares et peu importantes) qui découlent d'un texte formel de la loi (Cf. art. 1356 et 2052, C. civ.). Du reste, les textes auxquels nous faisons allusion sont généralement critiqués par la doctrine, qui voudrait les voir abrogés.

seconde au contraire permet, dans certains cas, d'acquitter l'accusé (ainsi l'on ne punit pas comme voleur la personne qui, par erreur, dans un vestiaire, prend le manteau d'une autre personne). — Mais, répondrons-nous, l'erreur de droit permet aussi, dans certains cas, d'acquitter l'accusé. Exemple : un ouvrier agricole, en travaillant dans un champ, y découvre un trésor; il croit à tort avoir droit aux deux tiers du trésor, et ne consent par conséquent à en donner qu'un tiers (au lieu d'une moitié) au propriétaire du champ. Sa bonne foi empêchera qu'on puisse lui reprocher une soustraction *frauduleuse* de la chose d'autrui, et lui épargnera une condamnation pour vol. Au fond, que l'on se soit trompé sur une règle juridique ou sur un simple fait, le principe à appliquer est toujours le même : l'erreur a-t-elle fait disparaître un élément constitutif de l'infraction, il n'y a plus d'infraction, partant plus de peine applicable : l'erreur au contraire laisse-t-elle intacts tous les éléments constitutifs de l'infraction, celle-ci subsiste, avec toutes ses conséquences.

Certains criminalistes, il est vrai, se bornent à dire : « Nul n'est censé ignorer la loi *pénale* », et ils prétendent ainsi conserver une opposition radicale entre l'erreur de droit et celle de fait. Mais voici notre réponse :

Parmi les actes que punit la loi, il en est un grand nombre que tout homme ayant l'âge du discernement sait être criminels, contraires au droit naturel. Pour frapper celui qui commet un de ces actes, il n'est besoin d'aucune fiction : le coupable est punissable, non pas parce qu'il est *censé* être un parfait jurisconsulte, mais parce qu'il connaissait *réellement* la loi naturelle qu'il a violée; et s'il avait l'esprit trop borné pour connaître réellement la loi naturelle, il ne serait pas punissable (Cf. art. 66, C. pén.).

Quant aux autres actes que punit la loi, ce sont des fautes qui ne supposent pas nécessairement d'intention dolosive, et l'erreur de fait, cela est certain, ne les excuse pas plus que l'erreur de droit. Par suite, tant qu'on ne dira pas que tout le monde est censé savoir tout, il n'y a pas de raison pour dire que tout le monde est censé savoir la loi pénale.

Tout de même, objectera-t-on, il reste bien une différence entre les deux espèces d'erreur : un prévenu échappera *toujours* à toute peine, s'il prouve que sa conduite était le résultat naturel d'une erreur de fait inévitable. Ainsi, je ne déclare pas aux employés de l'octroi d'une ville, un objet soumis aux droits, qui, à mon insu, a été glissé dans ma voiture : je ne suis pas punissable [1]. Au contraire, le prévenu sera puni même si son infraction à la loi est le résultat naturel d'une erreur de droit prétendue inévitable; car nul n'est censé ignorer la loi; l'erreur de droit est donc légalement impossible, et l'impossible ne saurait être inévitable.

Mais de telles assertions nous inspirent des doutes [2]. Si quelque événement grave, par exemple une inondation ou une invasion d'ennemis, isole une portion du territoire français et que, par suite, la promulgation d'une loi y soit ignorée, la loi est-elle obligatoire même dans cette région? Avant le décret du 5 nov. 1870, on était d'accord pour admettre la négative. Depuis ce décret, la question ne se posera même pas, si le *Journal officiel* n'est pas parvenu au chef-lieu de l'arrondissement; au cas contraire, elle se posera encore, et il n'y a pas de raison pour ne pas la résoudre comme auparavant [3].

Il faudrait même, à notre sens, aller un peu plus loin. Envisageons en effet une hypothèse plus pratique : si la jurisprudence relative à une loi pénale semble fixée en un certain sens, puis change subitement, celui qui, auparavant, s'était réglé dans sa conduite sur la jurisprudence du moment, peut-il être puni après ce changement? La théorie classique répond par l'affirmative [4]. Mais, vraiment, cette solution est-elle équitable ? Voilà une personne qui s'est comportée comme les magistrats semblaient le lui permet-

---

(1) Garraud, *op. cit.*, t. I, p. 560, 2e éd.

(2) Sur ce point qu'il y a des erreurs de droit inévitables. Voir Lainé, *Traité élémentaire de droit criminel* (1880), no 205; Haus, *Principes géné-raux du droit pénal belge* (3e éd.), nos 659-666 (il donne comme exemple le cas d'une action devenue délictueuse en vertu d'une loi nouvelle qu'il a été impossible à l'agent de connaître). — Garraud, *op. cit.*, t. I, p. 558.

(3) V. Planiol, *Traité de droit civil* (2e éd.), t. I, no 237.

(4) V. à ce sujet la 1re partie de cette étude, *lettre A*.

tre, peut-être même l'y inciter, et à cause de cela, les magistrats eux-mêmes la condamneraient! Ils la condamneraient pour n'avoir pas su le droit mieux qu'ils ne l'ont su eux-mêmes! Alors qu'un changement de législation n'a pas d'effet rétroactif, un changement de jurisprudence en aurait un! Mais quelles conclusions le prétendu coupable, et, plus généralement, le public pourront-ils tirer d'une telle condamnation? Que, en présence d'une loi obscure, on ne saurait trouver aucun guide assuré? que l'honneur et la liberté des citoyens sont toujours à la merci du hasard? que, pour les juristes, on est censé connaître même l'avenir, c'est-à-dire l'inconnaissable? Étranges conclusions en vérité; mais quelles autres plus satisfaisantes tirerait-on de la doctrine que nous critiquons (1)?

On nous objectera le texte de l'article 4 du décret de 1870, d'après lequel les tribunaux pourront « accueillir l'exception d'ignorance.... *dans le délai de 3 jours francs*, à partir de la promulgation » de chaque loi. Passé ce délai, nous dirat-on, il faut appliquer la loi. — Assurément; mais les auteurs du décret n'ont rien voulu dire que de très juste : ils ont pensé au cas normal, qui est celui où une règle de droit a une existence bien certaine et connaissable; ils n'ont pas voulu qu'on pût indéfiniment entraver l'application d'une telle règle sous prétexte qu'on l'ignorerait. Mais, certes, ils n'ont jamais pensé porter atteinte au principe très général de notre droit criminel, contenu dans l'article 64 (C. pén.) et qui peut se formuler ainsi : on ne doit pas condamner quelqu'un pour un fait qui ne lui est pas véritablement imputable (2) (3).

(1) Il ne faudrait pas nous objecter que notre théorie rendrait les changements de jurisprudence impossibles, et priverait ainsi la jurisprudence d'une souplesse nécessaire. Lorsque les tribunaux croiront que l'on s'est antérieurement trompé dans l'interprétation de la loi, ils pourront toujours commencer par affirmer une nouvelle interprétation dans leurs *attendus*, tout en acquittant l'accusé à raison de son erreur inévitable; et en observant cette transition, ils pourront bientôt appliquer la loi comme ils l'entendent.

(2) Au cas où le prévenu aurait été trompé non par une jurisprudence antérieure, mais par quelque autre autorité en qui il pouvait raisonnablement avoir confiance, nous donnerions la même solution. — V. cependant *contrà*, un arrêt récent : Cass. crim., 1ᵉʳ mars 1907, *Pand. fr.*, 1907. 1. 102.

(3) On s'est parfois demandé si l'étranger récemment arrivé en France

Concluons : il y a des erreurs de droit inévitables comme il y a d'inévitables erreurs de fait ; le jurisconsulte doit reconnnaître l'existence des unes et des autres, et leur appliquer les mêmes principes.

B. Si l'erreur de droit peut, le cas échéant, épargner à quelqu'un toute condamnation, à plus forte raison, selon nous, peut-elle, comme l'erreur de fait, être une circonstance atténuante. C'est ce qu'affirmait un jugement assez récent du tribunal de la Seine, qui a fait quelque bruit [1]. Nous y lisons en effet :

« ... Attendu, d'autre part, que la loi du 9 déc. 1905... est de date récente, et que, si, par une présomption légale, le texte doit en être réputé connu des justiciables, son application soulève parfois des questions de droit controversables et délicates, comme celle que le tribunal vient de trancher, sur les conditions d'existence de la provocation directe punissable ; — que la masse des citoyens, même instruits, en dehors des seuls juristes, est évidemment hors d'état d'avoir une appréciation éclairée de ces difficultés juridiques, lui permettant de voir nettement la limite séparant ce qui reste permis de ce qui est défendu ; — que ces diverses raisons militent en faveur d'une extrême atténuation de la peine... »

Certains journaux politiques ont critiqué vivement non seulement d'autres *Attendus* de ce jugement, que nous n'avons pas à examiner ici, mais même ceux que nous venons de rapporter. N'est-il pas étrange, ont-ils dit, que les juges aient refusé d'appliquer la maxime consacrée : « Nul n'est

---

pourrait invoquer son ignorance involontaire et inévitable d'une disposition de notre droit positif (V. Turin, 6 avr. 1898, D. *Rép.*, v° *Peine*, n° 373, § 2. — Nimes, 13 juin 1874, D. 77. 5. 366. — Metz, 3 juill. 1850, D. 51. 2. 137. — Molinier, *Traité théorique et pratique de droit pénal annoté*, par Vidal, 1893-1894, t. II, p. 209). — Selon nous, l'étranger qui contrevient à une loi par suite d'une erreur de droit, doit être assimilé à celui qui y contreviendrait par suite d'une erreur de fait, telle qu'une erreur portant sur notre langue, sur nos usages (ainsi un étranger qui, à la douane, veut énumérer les objets qui sont dans sa malle, peut faire une fausse déclaration résultant d'une erreur de langage). L'erreur apparaîtra rarement comme inévitable ; mais il serait téméraire d'affirmer qu'elle ne le sera jamais.

(1) 9ᵉ Chambre correctionnelle, 13 avr. 1907 (procès de l'abbé Jouin).

censé ignorer la loi[1] » ? Méconnaître cette règle, quel biais commode pour éluder l'application de toutes les lois qui vous déplaisent ! Quel pas fait vers l'anarchie par ceux qui doivent nous défendre contre elle ! D'ailleurs, peut-on ajouter, le décret du 5 nov. 1870 (art. 4) ne limite-t-il pas expressément à 3 jours le délai pendant lequel, après la promulgation d'une loi, les tribunaux pourront « accueillir l'exception d'ignorance » ?

Oui, certes, répondrons-nous, après l'expiration du délai de trois jours, les magistrats ne peuvent plus acquitter un accusé pour ce seul motif qu'il ignorait la loi ; mais ils peuvent encore lui accorder des circonstances atténuantes. Une note récente du ministre des Finances semblait bien le reconnaître implicitement[2].

Et en effet, opposer une « exception » à une loi, c'est, dans un certain cas, faire écarter son application. Or celui qui réclame le bénéfice des circonstances atténuantes, ne demande pas qu'on écarte l'application de la loi pénale, mais simplement qu'on la combine avec le principe de l'article 463 du Code pénal : il faut atténuer la peine lorsqu'il y a des circonstances atténuantes ; de quel droit mettrait-on de côté ce dernier principe absolument général ? On peut, cela est certain, invoquer comme circonstance atténuante n'importe quel fait, même un fait que le législateur aurait refusé d'admettre comme excuse légale ; et seule l'erreur de droit ne pourrait pas être invoquée ! L'ivresse, la passion politique, l'amour, la jalousie, toutes sortes de mobiles contre lesquels on devrait savoir se défendre, permettraient d'atténuer la peine, et une erreur de droit, même invincible, une erreur sur une loi toute récente, dont le sens n'est pas encore fixé, ne permettrait aucune atténuation ! Le législateur aurait dit aux juges : « Pour fixer la peine,

_____

(1) Voir par exemple, à ce sujet, les réflexions de *la Petite République,* 14 avr. 1907.

(2) Note publiée par le ministre des Finances, le 24 avr. 1907 : « Le ministre... va donner des ordres en vue d'une répression d'autant plus sévère que les contraventions à la loi sur le timbre des quittances ne sauraient trouver d'excuse dans l'ignorance de dispositions législatives dont l'application remonte à plus de 35 ans ».

vous tiendrez compte absolument de toutes les circonstances de la cause, excepté de celle-là! Sur celle-là je vais jeter
un voile impénétrable qu'il ne faudra jamais soulever »! —
Mais que l'on se rappelle donc l'intention du législateur en
1832, lorsqu'il donna à l'article 463 du Code pénal sa forme
actuelle. Il a surtout envisagé le système des circonstances
atténuantes comme un moyen pour les juges de réviser,
dans les espèces qui leur sont soumises, notre système pénal ; par exemple, d'abroger ou non la peine de mort, d'assimiler ou non la tentative au crime consommé, le complice
à l'auteur principal(1). Ainsi, en cette matière, par la volonté du législateur, toutes les lois doivent fléchir devant la
conscience du juge ; et il y aurait cependant un principe,
un seul, « nul n'est censé ignorer la loi », qui ne fléchirait
pas, qui se dresserait par-dessus tous les autres, et par-
dessus la conscience même du juge, comme une idole dominant même un souverain devant qui tout le peuple se
prosterne! Mais en vérité comment cette règle mériterait-
elle un tel respect, elle qui ne repose plus sur aucun texte,
elle qui est une fiction, elle qui conduit à violer l'équité?

Pour nous, blâmer les juges qui considèrent l'erreur de
droit comme une circonstance atténuante, ce serait commettre soi-même une erreur de droit ; et ainsi l'examen de
la seconde conséquence de l'adage nous ramène à cette conclusion : sans doute, la loi pénale doit toujours être appliquée ; l'erreur de droit ne permet pas plus que l'erreur de
fait, de la violer ; mais ni l'une ni l'autre ne doivent être
réputées inexistantes, et là où l'une a des effets juridiques,
l'autre aussi doit en avoir.

C. Et l'assimilation que nous venons de faire en droit criminel, nous la poursuivrons en droit privé. On nous dit :
« quand une loi prononce une déchéance, une prescription,
etc., celui qui ne s'est point conformé à ses préceptes ne peut,
pour en décliner l'application, prétexter de son ignorance ».
Proposition incontestable mais qui n'implique nécessairement aucune fiction. La réalité, beaucoup plus simple,

---

(1) Garraud, *op. cit.*, t. II, p. 561, note 6; Chauveau, *C. pén. progressif,*
p. 16.

est que l'ignorance des lois n'a pas plus que l'ignorance des faits, le pouvoir d'empêcher qu'on applique les lois aux faits par elles visés. Un double exemple montrera bien la justesse de ce parallèle : un médecin croit que son action contre ses clients pour paiement du prix de ses visites se prescrit par trois ans ; malgré cette erreur de droit, on lui opposera avec succès la prescription de deux ans, à partir de la date de ses visites ; — et voici un autre médecin qui sait que son action se prescrit par deux ans, mais qui, confondant deux malades, se figure avoir soigné en 1906 celui qu'il a soigné en 1905 ; malgré cette erreur de fait, on lui opposera avec succès la prescription de deux ans, à partir de la date de ses visites. Cependant nous ne sachons pas qu'on ait jamais imaginé une fiction aux termes de laquelle les médecins seraient toujours censés savoir à quel moment précis ils ont soigné un malade.

D. Poursuivons l'examen des conséquences de l'adage : celui qui, en manquant à une obligation légale, a causé un dommage à autrui, ne pourrait jamais s'affranchir de sa responsabilité civile, en alléguant qu'il ignorait le droit. — Nous qui, pour des raisons déjà dites, croyons devoir assimiler l'erreur de droit à l'erreur de fait, cherchons d'abord à quelle solution on aboutit quand il s'agit de cette dernière :

Qu'une personne viole une obligation légale par suite d'une erreur de fait, elle sera *généralement* tenue de réparer le dommage ainsi causé [1]. Exemple : un chasseur blesse une personne que, de loin, il a prise pour un animal ; il sera en principe responsable. Un propriétaire, trompé par les rapports inexacts d'un tiers, laisse les lapins se multiplier à l'excès dans ses terres, au détriment des voisins : il sera en principe responsable. — Mais, si l'auteur du dommage prouve qu'il a été victime d'une erreur absolument inévitable, on le décharge alors de toute responsabilité. Exem-

---

(1) Les principes classiques conduisent à dire qu'elle sera responsable si son erreur de fait constitue une *faute*. Or les tribunaux, en pareil cas, considèrent comme une faute toute erreur de fait qui n'était pas absolument inévitable.

Ainsi se justifie notre assertion.

ple : quelqu'un s'exerce à tirer à la carabine dans une baraque de foire destinée à cet usage ; or le fond de la baraque a été mal ajusté, et la balle du tireur, n'y rencontrant pas une résistance suffisante, passe au travers ; un promeneur qui passait par derrière est blessé. Le tireur, semble-t-il, ne pourra pas être poursuivi en dommages-intérêts [1].

Les solutions, selon nous, doivent être les mêmes si, au lieu d'une erreur de fait, on suppose une erreur de droit. L'auteur du dommage nous paraît en principe responsable ; mais, malgré tout le regret que nous avons de nous séparer sur ce point d'auteurs tels que MM. Aubry et Rau [2], nous pensons que cette responsabilité disparaît, quand l'auteur du dommage a été victime d'une erreur vraiment inévitable [3]. Par exemple, une personne s'est conduite, à un moment donné, comme paraissait le commander la jurisprudence ; là-dessus, la jurisprudence se corrige brusquement ; il nous semble inique de condamner la personne en question à une indemnité pour le dommage qu'elle a pu causer antérieurement [4].

Nous trouvons d'ailleurs dans la jurisprudence au moins une application intéressante de la théorie que nous soutenons. On sait que les notaires sont, en principe, responsables des erreurs de droit qu'ils commettent ou laissent commettre à leurs clients ; mais un arrêt de la Cour de cassation apporte à cette règle un tempérament : les notaires peuvent être déclarés responsables de l'erreur sur un

---

(1) Il en serait autrement, bien entendu, du propriétaire de la baraque.

(2) (5ᵉ éd.), t. I, p. 94.

(3) Dans tout ce passage, nous évitons de prendre parti sur la question de savoir si la responsabilité civile présuppose une *faute* ou un simple *fait*. Cette question, on le sait, a été soulevée par M. Saleilles (*Théorie générale de l'obligation* (2ᵉ éd.), p. 376, note 1) et reprise depuis par nombre d'auteurs. Il est clair que, suivant le système qu'on adopte, diverses solutions pratiques changeront. Mais on pourra toujours appliquer le même principe à l'erreur de droit et à l'erreur de fait ; et cela suffit pour que notre thèse puisse s'adapter à chacun des deux systèmes en présence.

(4) En pareil cas, la personne actionnée en dommages-intérêts n'a pas été vraiment la cause du préjudice subi. Ce préjudice est l'effet naturel de la jurisprudence abandonnée, et il ne serait pas juste d'en rendre responsables des personnes dont la conduite non seulement n'a pas été fautive, mais a été normale.

point de droit, *si cette erreur, en portant sur un point de droit qui a cessé d'être douteux et controversé sérieusement*, constitue une faute[1]. De même, le tribunal de la Seine a jugé que « *l'erreur de droit commise par un officier ministériel sur une question controversée, n'est point une cause de responsabilité*[2] ». Ce tempérament apporté à la règle est des plus équitables; mais on ne saurait le restreindre aux officiers ministériels; car il ne peut pas être permis seulement aux gens de loi de se tromper sur la loi.

Ainsi, selon nous, qu'on ait ignoré une règle juridique ou un simple fait, il n'y a qu'une espèce d'ignorance comme il n'y a qu'une équité; et l'on n'est jamais civilement responsable d'actes qui, au fond, ne vous sont pas imputables.

E. Voici encore une autre conséquence qu'on a prétendu tirer de l'adage : dans les cas où le droit privé fait varier les effets d'une faute suivant sa gravité[3], une erreur de droit, nous dit-on, ne modifie en rien le degré de la culpabilité. Nous estimons, au contraire, qu'elle peut le modifier dans les mêmes conditions qu'une erreur de fait.

Prenons un exemple : il a été souvent jugé que l'assurance contre les accidents contractée par un patron relativement à ses ouvriers, le garantit même contre les fautes provenant de l'inobservation des lois et règlements, lorsqu'il ne s'agit point de fautes graves, de manquements volontaires à la loi; « et il appartient à la juridiction saisie de l'action civile, d'apprécier souverainement, à ce point de vue, la gravité des faits qui motivent la responsabilité[4] ». Or, sup-

---

(1) Cass., 24 mai 1886, *Pand. franç.*, 86. 1. 157 (V. aussi la note).
(2) Trib. Seine (1re Ch.), 12 mars 1889, *Pand. franç.*, 90. 2. 104.
(3) V. l'indication des principaux cas dans notre première partie, *lettre E.*
(4) Paris (1re Ch., 10 nov. 1893, *Pand franç.*, 94. 2. 225). — V. dans le même sens : Trib. civ. Seine, 7 nov. 1900, *Le Droit*, 19 févr. 1901. — Aix, 20 févr. 1901, *Gaz. des Trib.*, 1er juin 1901. — Cette jurisprudence serait incontestablement à l'abri de la critique, si les compagnies d'assurances n'avaient coutume d'insérer dans leurs polices une clause qui « exclut du bénéfice de l'assurance les infractions à toutes les lois, arrêtés de police ou règlements publics, ayant pour but la sûreté des personnes ». La présence de cette clause rend une telle jurisprudence discutable. Cependant, nous avons entendu même des assureurs reconnaître que la clause dont il s'agit, appli-

posons-le, un patron a mal interprété un règlement nouveau et obscur, et un accident survient qui ne serait peut-être pas survenu si le règlement avait été bien compris et bien appliqué. Si la bonne foi du patron est vraisemblable, et que son erreur paraisse excusable par suite de l'ambiguïté du texte, ne faut-il pas tenir compte de ces faits et dire en conséquence : nous ne sommes pas en présence d'une faute lourde ; l'indemnité doit rester à la charge de l'assureur » ? Oui, certes, l'équité exige que l'on statue en ce sens. Si un patron a involontairement violé la loi par suite d'une erreur de fait (par exemple, si, à son insu, une machine est restée pendant quelque temps dégarnie de son appareil protecteur), on admet que l'assurance couvre le risque. Quel texte ou quelle raison invoquerait-on pour juger autrement si l'erreur avait porté sur le sens d'un règlement obscur ?

F. Continuant notre examen, nous arrivons à une conséquence particulièrement importante de l'adage : Une personne trompée par une autre sur une règle de droit ne peut jamais, nous dit-on, se faire indemniser du préjudice qui lui aurait été causé : elle devait savoir le droit. — Ici encore, il nous suffit, semble-t-il, d'énoncer ce principe pour que son iniquité apparaisse manifeste.

Mais on invoque contre nous l'autorité de la Cour de cassation : elle n'admet pas qu'on dédommage le voyageur ou l'expéditeur trompé par les agents d'une Compagnie de chemins de fer sur le contenu des tarifs homologués, parce que « nul n'est censé ignorer la loi ». — Sans nul doute l'autorité de la Cour suprême est bien faite pour nous impressionner ; seulement nous nous permettons de lui opposer l'autorité de la Cour suprême elle-même.

En effet, si, en principe, on peut toujours impunément

quée strictement, rendrait le contrat à peu près illusoire, par suite de la complication extrême des règlements relatifs au travail, et de l'impossibilité où se trouveraient les patrons de les respecter tous scrupuleusement. Aussi les compagnies sérieuses s'abstiennent assez généralement de se prévaloir de la clause précitée. En tout cas, il suffit que la jurisprudence ci-dessus rapportée existe, pour que nous soyons fondé à en tenir compte.

faire commettre ou laisser commettre à autrui une erreur
de droit, sous prétexte que la personne mal renseignée devait
savoir le droit, pourquoi la Cour de cassation admet-elle
que les notaires, sous peine d'engager leur responsabilité,
« ont l'obligation de renseigner leurs clients, surtout quand
ils sont illettrés, sur les conséquences des engagements
qu'ils contractent, et de suppléer à leur ignorance des
règles du droit [1] » ? Remarquons-le bien (la Cour le reconnaît elle-même), ce principe ne résulte d'aucun texte spécial aux notaires, et doit être rattaché, comme l'indiquait
le pourvoi en cassation, à la règle générale des articles 1382
et 1383 du Code civil. Si vraiment tout le monde était censé
savoir le droit, le notaire attaqué aurait dû pouvoir dire :
« Nul n'est censé ignorer la loi ; par conséquent si je dresse
régulièrement les actes que l'on me demande de dresser,
je n'ai pas à m'inquiéter du reste ; les erreurs de mes clients
leur sont imputables à eux-mêmes ». — Et, semble-t-il, il
pouvait d'autant moins être condamné qu'il n'avait donné
aucun faux renseignement ; il s'était borné à ne rien dire.
Au contraire, les Compagnies de chemins de fer, dans les
espèces auxquelles nous avons fait un peu plus haut allusion, avaient elles-mêmes trompé leurs co-contractants sur
les conséquences juridiques de l'acte passé.

Citons encore une affaire analogue aux précédentes.
Une loi avait autorisé la commune de Mâcon à faire un
emprunt, à condition que le mode de réalisation de l'emprunt serait préalablement approuvé par le ministre de l'Intérieur. Là-dessus, le maire signe un traité chargeant un
banquier de réaliser l'emprunt ; ce traité, naturellement,
ne pouvait pas être définitivement valable avant d'avoir
été ratifié par le ministre. Cependant, le banquier répand
dans toute la France des affiches et circulaires où il se présente comme chargé de faire l'emprunt pour le compte de
la ville de Mâcon, et la souscription est ouverte avant que
le gouvernement ait donné aucune autorisation. Les souscripteurs, qui croyaient avoir prêté à la ville de Mâcon, se

---

[1] Cass., 9 nov. 1904, *Gaz. des Trib.*, 28 janv. 1905. Le principe est
constant en jurisprudence.

trouvaient n'avoir comme débiteur que le banquier. Ils assignent alors la ville de Mâcon devant les tribunaux comme responsable du silence du maire qui n'avait rien fait pour empêcher leur méprise. On sait que la responsabilité des communes est, en principe, régie par le droit commun (C. civ., art. 1382 et suiv.). La ville de Mâcon pouvait faire valoir en sa faveur *l'argumentation même qu'invoquent les compagnies de chemins de fer*, à propos des erreurs sur les tarifs homologués. Elle pouvait tout aussi bien soutenir que l'emprunt avait été autorisé par une loi; que les conditions mises par cette loi à l'emprunt devaient être censées connues de tous, conformément à l'adage; que les particuliers qui avaient souscrit à l'emprunt sans s'assurer que l'autorisation administrative eût été donnée, étaient seuls responsables de leur mésaventure; et de plus, la ville de Mâcon pouvait ajouter une considération que les compagnies, dans les cas précités, ne peuvent pas faire valoir pour elles : à savoir que, si le maire n'avait pas suffisamment empêché l'erreur des souscripteurs, il ne l'avait en rien provoquée. Néanmoins la Cour de cassation déclara la commune de Mâcon responsable du dommage causé par le silence du maire (1).

De ces arrêts, il ressort qu'on *ne peut pas impunément tromper autrui sur la loi*, et la Cour suprême n'aurait vraisemblablement pas cassé l'arrêt (déjà cité) de la Cour de Montpellier, aux termes duquel un agent d'affaires engage sa responsabilité, lorsqu'il remet à un de ses clients un titre de créance contre une femme mariée non autorisée sans l'avertir du peu de valeur d'un tel titre.

Mais enfin, nous dira-t-on, comment expliquez-vous alors la jurisprudence relative aux agents des chemins de fer qui renseignent mal le public sur les tarifs? — Nous pourrions à la rigueur ne pas l'expliquer : les tribunaux en effet n'arrivent guère, dans leurs solutions, à une parfaite cohérence : la jurisprudence, c'est quelque chose qui résulte de l'effort intellectuel de tant de personnes, occupées à tant d'affaires,

(1) Cass., 16 avril 1894, *Pand. franç.*, 95. 1. 89.

en tant de moments différents! Est-il bien surprenant que,
à côté de bien des arrêts en notre sens, on en trouve quelques-uns en sens contraire? — D'ailleurs ces derniers s'expliquent surtout par un fait qu'il importe de rappeler : voici
ce qui est arrivé fréquemment : une compagnie de chemin
de fer réclamait à un voyageur ou à un expéditeur un supplément de taxe, en invoquant les tarifs homologués, et le
tribunal de commerce, tout en lui donnant raison en principe, ajoutait : « Cette somme réclamée par la Compagnie
sera compensée avec une somme égale qui sera allouée à
l'expéditeur à titre de dommages-intérêts » [1]. Ainsi tout
se passait finalement, en fait, comme si la taxe inexacte-
ment perçue ne pouvait donner lieu à aucune rectification.
Voilà ce qui a choqué la Cour suprême; elle a craint qu'on
ne portât atteinte au principe de la force obligatoire des
tarifs homologués, et elle s'est décidée à casser les jugements des tribunaux de commerce [2].

Mais, à supposer que cette jurisprudence doive être
approuvée, elle a, en tout cas, un caractère exceptionnel
qu'il faut lui conserver; et, en toute autre matière, nous
espérons que l'on appliquera ce principe d'équité : celui
qui fait commettre ou laisse commettre à autrui une erreur
de droit est responsable civilement dans les mêmes conditions et dans la même mesure où il le serait, s'il s'agissait
d'une erreur de fait.

G. Examinons enfin la dernière conséquence que l'on
veut tirer de l'adage : dans tous les cas où une disposition
particulière du Code civil vient protéger ou favoriser ceux
qui n'ont agi que par erreur et de bonne foi [3], cette protection ou cette faveur de la loi, nous dit-on, ne peut être
invoquée par ceux dont l'erreur a porté sur une règle de

---

(1). C'est ce qu'avait fait par exemple le tribunal de commerce de Montauban, dont le jugement a été cassé par l'arrêt du 13 fév. 1878, S. 78. 1. 325.

(2) Cette raison suffit-elle en droit pur à justifier la jurisprudence de la
Cour suprême? Nous nous sommes efforcé de prouver le contraire dans
notre étude de *la nature juridique des tarifs de chemins de fer* (p. 131
et suiv.).

(3) Rappelons que les principaux exemples se trouvent dans les articles 201,
549, 1109, 1110, 1299, 1376, 1377, 2265, et 2279 du Code civil.

droit ; et l'on s'appuie sur un argument de raison, (il serait injuste de favoriser ceux qui ont ignoré le droit aux dépens de ceux qui l'ont connu), — et sur un argument d'autorité, (on nous cite des arrêts dont plusieurs émanent de la Cour de cassation).

Pour nous au contraire, nous croyons que, dans les hypothèses en question, l'erreur de droit doit être assimilée à l'erreur de fait :

D'abord l'argument de raison qu'on nous oppose a le tort de s'appliquer également bien aux deux espèces d'erreurs. On nous dit : « Pourquoi le législateur aurait-il protégé ceux qui se sont trompés sur le droit contre ceux qui ne se sont pas trompés? ». — Nous répondrons : pourquoi le législateur, dans les textes en question, a-t-il protégé au moins ceux qui se sont trompés sur un fait contre ceux qui ne se sont pas trompés? — On nous dit : excuser l'erreur de droit, n'est-ce pas encourager l'imprévoyance et l'incurie? — Nous répondrons : excuser l'erreur de fait, n'est-ce pas aussi encourager l'imprévoyance et l'incurie? — Au fond, la protection donnée par la loi à ceux qui se sont trompés, a une explication, et qui vaut tout autant pour les deux espèces d'erreur : en de tels cas, le législateur a sagement estimé qu'il pouvait épargner à des personnes de bonne foi un préjudice considérable, en n'infligeant à des tiers qu'un préjudice insignifiant, ou purement éventuel et facilement évitable, ou qu'ils avaient dans une certaine mesure mérité. Pourquoi donc limiter arbitrairement l'application de règles si justes, et, se laissant dominer par une ancienne fiction, se contenter d'une demi-équité?

Prenons un exemple : on approuve communément la règle de l'article 201 du Code civil : « Le mariage qui a été déclaré nul, produit néanmoins les effets civils, tant à l'égard des époux qu'à l'égard des enfants, lorsqu'il a été contracté de bonne foi ». Or, supposons qu'il s'agisse d'une erreur de droit : ainsi le maire, qui devait procéder au mariage, a été, au dernier moment, empêché, et c'est un fonctionnaire incompétent qui est venu le remplacer; les fiancés qui ignoraient les règles relatives à la compétence se sont crus, à tort, valablement mariés. Ne serait-il pas contraire au vœu du législateur, en même temps que bien rigoureux, de leur refuser le bénéfice de l'article 201, de détruire rétroactivement ce foyer que l'on croyait solidement fondé, de traiter les enfants qui ont pu naître comme des enfants naturels, et d'infliger ainsi à leurs parents une sorte de flétrissure morale, comme si leur père avait abusé leur mère par de fausses promesses, comme si leur mère n'était qu'une fille séduite(1)?

La bonne foi est toujours la bonne foi, et il n'y a pas de fiction qui le puisse empêcher, qui puisse permettre de démembrer une famille pour avoir ignoré quelque détail de la loi, et jamais de prétendues nécessités sociales ne justifieront un résultat aussi antisocial.

Nous présenterions des considérations analogues à propos des autres textes en question. Nous allons d'ailleurs avoir occasion d'en étudier quelques-uns de plus près en répondant au second argument que l'on nous oppose, l'argument d'autorité.

A ce point de vue, on examine, entre autres, la question peut-être la plus importante : celle de l'erreur dans les actes juridiques; on nous cite quelques arrêts qui, à dessein, n'ont point tenu compte de l'erreur de droit d'une des parties; et l'on nous dit que c'est avec raison; car il serait inique qu'une personne, s'étant mal renseignée sur les effets d'un acte, fît supporter aux autres intéressés (par exemple aux co-contractants) le fâcheux résultat de son ignorance.

Mais, répondrons-nous d'abord, la doctrine et la plupart des décisions judiciaires se prononcent avec nous pour l'assimilation, en cette matière, des deux espèces d'erreurs(2).

---

(1) A l'appui de notre opinion, V. Trib. civ. Bruxelles, 15 déc. 1887, *Pand. fr.*, 87. 5. 9; Trib. civ. Orléans, 12 juill. 1893, *ibid.*, 94. 5. 36.

(2) V. Merlin. *Rép.*, v° *Testament*, sect. 2, § 5; — Marcadé, sur les articles 1376 et 1377; — Mourlon, *Revue pratique*, 1864, t. XVIII, p. 198; — Laurent, t. XV, p. 505 à 508; — Huc, t. VII, p. 21; — Baudry-Lacantinerie et Barde, t. I, p. 70; — Aubry et Rau, 5ᵉ éd., t. IV, p. 496; — Planiol, 2ᵉ éd., t. I, p. 280. — *Adde*, Besançon, 1ᵉʳ mars 1827, D. *Rép.*, v° *Obligations*, nᵒ 147; — Grenoble, 24 juill. 1830, S. 31. 2. 35; — Limoges, 8 déc.

Certains jugements et arrêts, il est vrai, ont refusé d'annuler un acte juridique en raison de l'erreur de droit d'une des parties. Mais d'autres ont aussi refusé, dans les mêmes conditions, d'annuler un acte en raison d'une erreur de fait. Ceci demande quelques explications.

Nous reconnaissons sans difficulté que l'application pure et simple des articles 1109-1110 du Code civil, en cas d'erreur de droit, conduirait souvent à une iniquité ; mais il en serait exactement de même de leur application pure et simple au cas d'une erreur de fait. Aussi la pratique jurisprudentielle leur a-t-elle fait subir une grave correction : les articles 1109-1110 isolent complètement deux questions inséparables pour la raison : « qui est responsable de l'erreur? » et « le contrat sera-t-il annulé? » La jurisprudence a rétabli entre ces deux questions la pénétration que demandait le sens commun, et *elle n'accorde pas l'annulation d'un acte pour erreur (de droit ou de fait), si celui qui la demande s'était trompé par sa faute,* et si d'ailleurs l'annulation risque de causer un préjudice positif à l'autre partie. Ainsi, quelqu'un qui ne sait pas lire se méprend sur la nature d'un spectacle que l'on vient d'afficher, et prend un billet. Il aura beau, plus tard, prouver son erreur de la manière la plus convaincante, on lui refusera l'annulation de son contrat, malgré le Code civil, et parce que le bon sens le veut ainsi.

Il nous est d'ailleurs aisé de prouver que la pratique jurisprudentielle est bien dans le sens que nous disons : quand une personne se trompe sur une qualité substantielle de l'objet d'un contrat, elle est souvent responsable de son erreur, et, en pareil cas, l'application des articles 1109-1110 du Code civil devrait conduire les tribunaux à prononcer la nullité de la convention et à attribuer à la personne lésée par cette nullité des dommages-intérêts [1]. Or, parcourons

---

1837, S. 39. 2. 27 ; — Cass. civ., 12 mars 1845, S. 45. 1. 525 ; — Agen, 17 mai 1887, et, sur pourvoi, Req., 28 mai 1888, S. 89. 1. 248 ; — Chambéry, 11 janv. 1894, D. 95. 2. 235.

(1) V. par exemple Colmet de Santerre et Demante, qui, raisonnant sur le cas d'une vente, disent : « Il y aura souvent... une grave imprudence à

les recueils d'arrêts : nous voyons que la pratique ignore cette solution (1). Quelles solutions admet-elle donc ?

reprocher à l'acheteur; il aurait dû s'expliquer avec le vendeur... Cette faute de l'acheteur doit engendrer une obligation, en vertu de l'article 1382 ; par conséquent il devra au vendeur des dommages et intérêts si celui-ci éprouve un préjudice, par suite de l'anéantissement du contrat, notamment s'il a manqué une autre occasion de vente » (Ed. 1883, t. V, p. 19). — *Adde*, Aubry et Rau (5ᵉ éd.), t. IV, p. 497 et les nombreux auteurs cités *ibid.*, note 9.

(1) Nos recherches dans les recueils d'arrêts seraient-elles insuffisantes ? Pour nous les assurer, consultons des ouvrages abondamment pourvus d'indications de jurisprudence, par exemple le répertoire de Dalloz (vᵒ *Obligation*, § 143 et s.) et son supplément (*eod.* vᵒ § 42 et s.), ou encore la dernière édition du grand ouvrage de MM. Aubry et Rau (t. IV, p. 497). Ce dernier ouvrage nous renvoie uniquement à une affaire jugée en 1872-1873 ; le *Rép.* de Dalloz nous renvoie de plus à un arrêt de 1864. Deux arrêts pour illustrer un principe dont l'application semblerait devoir être si fréquente, c'est vraiment peu ! Surtout étant donné que l'on voit, à côté, de longues énumérations d'arrêts pour illustrer d'autres principes incontestés ou bien moins importants. — Mais il y a plus ; reportons-nous aux décisions que l'on nous cite : l'arrêt de la Cour de Besançon du 18 nov. 1872 (sous Cass., req. 30 juill. 1873, D. 73. 1. 330) annule le contrat qui lui est soumis, mais n'accorde point de dommages-intérêts ; quant à la Cour suprême, devant qui l'affaire fut renvoyée, elle confirme l'arrêt de la Cour d'appel et fait observer incidemment, dans ses motifs, que, s'il y avait eu préjudice, il y aurait eu lieu d'allouer des dommages-intérêts ; mais en l'espèce le demandeur en nullité n'a été condamné à aucune indemnité. Ainsi le principe que nous critiquons est ici reconnu par la Cour de cassation *d'une manière toute platonique*, et en fait nous ne le trouvons point appliqué. Quant à l'autre arrêt auquel nous renvoie le supplément du Dalloz (Cass., 13 janv. 1864, D. 64. 1. 162), nous n'y voyons même pas parler d'indemnité, et il semble qu'il ne soit cité en cet endroit que par erreur.

Dans les *Pandectes françaises*, on essaye d'expliquer l'absence de jurisprudence (à l'appui de la règle classique) en disant : « Il faut remarquer d'ailleurs (et cette observation est de nature à corriger ce que peut avoir de rigoureux l'anéantissement du contrat) que l'acheteur réussira difficilement dans sa demande en nullité ; car le succès est subordonné à la preuve de son erreur, preuve qu'il lui sera fort malaisé d'administrer dans les circonstances dont il s'agit » (*Pand. franç.*, vᵒ *Obligations*, nᵒ 7159). — Que, en notre hypothèse, la preuve de l'erreur soit particulièrement difficile, ceci nous paraît manifestement inexact : peu importe en effet, au point de vue de la preuve de l'erreur, qu'une personne se soit trompée par sa faute ou sans sa faute. Le cultivateur qui, voulant remplacer un cheval de labour désormais hors de service, achète, par sa faute, un cheval de selle, pourra généralement prouver qu'il avait besoin d'un cheval de labour et n'avait que faire d'un cheval de selle. Néanmoins les tribunaux refuseront d'annuler le contrat comme ils l'ont fait dans des espèces que nous citons *infra* (p. 38, note 1). — Sur toute cette question, v. notre étude *De l'interprétation des actes juridiques privés* (1905), p. 218 et suiv.

Parfois la faute de celui qui s'était trompé a paru très légère, et on n'a pas cru devoir lui faire supporter le poids d'aucune responsabilité : les juges ont simplement annulé le contrat, sans allouer d'indemnité au défendeur.

Parfois la faute a paru assez grave pour qu'on dût en tenir compte. On a alors refusé d'annuler le contrat, et, pour concilier ce refus avec les règles doctrinales, les juges ont employé certains biais : par exemple, ils ont déclaré que l'erreur n'était pas prouvée, alors qu'en réalité elle l'était tout aussi solidement qu'en d'autres cas où l'on a coutume d'accorder l'annulation.

Enfin quelquefois les juges ont plus ou moins nettement substitué aux principes de la doctrine cet autre principe que : le *demandeur ne saurait obtenir l'annulation d'un contrat quand il est le principal auteur responsable de son erreur*, et que l'annulation entraînerait un dommage positif pour l'autre partie (1).

(1) Signalons, par exemple, en matière de vente d'immeuble, la décision suivante : « Le défaut de contenance ne donne pas à l'acquéreur d'un terrain la faculté de se désister du contrat, à moins que l'immeuble n'eût été acheté pour une certaine destination connue du vendeur, et à laquelle le défaut de contenance le rendait impropre. Le fait qu'un terrain est soumis à une servitude d'alignement ne constitue pas un vice caché, et c'est à l'acquéreur à s'informer avant de signer la promesse de vente » (Cass., 18 juin 1902, *Gaz. des Trib.*, 20 juin 1902).

A propos de vente de fonds de commerce, il a été jugé que « si les tribunaux doivent protéger les acheteurs de fonds de commerce contre les fraudes dont ils peuvent être victimes de la part de leurs vendeurs, ils ne sauraient intervenir lorsque tous moyens de contrôle étaient possibles et faciles pour eux avant la signature de l'acte de vente, et que lesdits acquéreurs ne se sont trompés que par simple négligence » (Trib. comm. le Havre, 25 juin 1900, *Rec. du Havre*, 1900. 1. 76).

Il a encore été jugé que « un contrat de vente à tempérament de valeurs à lots ne peut être annulé sous le prétexte que le consentement de l'acheteur aurait été donné par erreur, alors que cet acheteur n'est pas un illettré, qu'il a forcément acquis dans le commerce une certaine expérience, et que, à même de se rendre compte par lui-même de la nature et de l'étendue de ses engagements, il ne peut s'en prendre qu'à lui-même de l'imprudence qu'il a commise en ne s'éclairant pas en temps utile » (Trib. civ. Le Puy, 4 janv. 1900, *Gaz. des Trib.*, 17 mai 1900).

Comme l'a montré Savigny, le principe que nous cherchons ici à mettre en lumière se trouve déjà dans le Digeste : « Facti ignorantia ita demum cuique non nocet, si non ei summa negligentia objiciatur : quid enim, si omnes in civitate sciant, quod ille solus ignorat? Et recte Labeo definit

Ce principe équitable, on le voit clairement, ne contient aucune distinction entre les deux prétendues espèces d'erreurs. Si on le trouve trop contraire aux textes, qu'on demande aux tribunaux d'en revenir à l'application régulière des articles 1109-1110 du Code civil : alors, nous le reconnaissons, on pourra tirer de notre thèse sur l'erreur de droit des conséquences injustes ; mais on en pourra tirer de tout aussi injustes relativement à l'erreur de fait. En définitive, de deux choses l'une : ou l'on préfère l'équité à l'application littérale des textes, et alors il faut la préférer pour *toute espèce* d'erreur, ou l'on préfère l'application littérale des textes à l'équité, et il faut encore la préférer pour *toute espèce* d'erreur.

— Laissons maintenant de côté les articles 1109-1110 du Code civil pour examiner d'autres textes :

Relativement aux articles 549, 2265 et 2279, on nous oppose comme argument d'autorité deux arrêts de la Cour suprême, qui ont été cités dans la première partie de cette étude.

Certes, cet argument n'est pas négligeable ; mais nous lui opposerons d'abord un autre argument d'autorité, qui a bien aussi quelque valeur : des auteurs éminents, dont certains sont ou ont été conseillers à la Cour de cassation, se prononcent dans le même sens que nous [1].

scientiam neque curiosissimi, neque negligentissimi hominis accipiendam : verum ejus qui eam rem diligenter inquirendo notam habere possit » (Dig. Liv. 22, t. VI, L. 9, § 2. — V. au même titre la loi 6).

[1] Cf. Aubry et Rau (5ᵉ édit.), t. I, § 28. — *Adde*, § 460, texte et note 7, § 206, texte nº 2 et note 12; § 218, texte nº 2 et note 29; Planiol, t. I, 2ᵉ éd., nᵒˢ 906 et 1527; Demante, t. II, 385 *bis*; Demolombe, t. IX, 609; Laurent, t. VI, 218. — V. aussi Rennes, 19 mai 1849, S. 50. 2. 610. — Toulouse, 27 mai 1878, S. 80. 2. 5. — Dans le cas de l'article 549, on est hésitant lorsque l'acquisition repose sur un titre nul comme contraire à une prohibition d'ordre public (V. Aubry et Rau, *op. cit.*, t. II, p. 409, note 14); à notre avis, il n'y a pas une bonne foi suffisante pour être prise en considération, si la cause de l'acquisition avait quelque chose d'immoral; mais au cas contraire, l'article 549 nous paraît applicable. — Relativement à l'article 2279, MM. Aubry et Rau nous semblent montrer avec beaucoup de justesse que les effets de la possession sont indépendants de la bonne ou de la mauvaise foi du possesseur (*op. cit.*, t. II, p. 157, note 29). « Nous pensons, ajoutent-ils, que l'action en revendication n'est pas admissible *même contre un possesseur de mauvaise foi*. Mais cela n'empêche pas que sa mauvaise foi

De plus, remarquons que les arrêts en question sont assez anciens : 14 août 1882, 11 janvier 1887. En vingt ans, que d'opinions se modifient, que de personnes succèdent à d'autres ! N'est-il pas probable que, le cas échéant, les conseillers à la Cour suprême d'aujourd'hui se laisseraient entraîner par le même courant d'opinion que la majorité des auteurs ?

D'ailleurs les arrêts qu'on nous oppose ont été rendus par la Chambre des requêtes, et l'on sait que la Chambre civile a parfois une autre manière de juger. Précisément, parmi les ouvrages doctrinaux que nous avons cités en notre sens, certains émanent de magistrats qui ont été ou sont encore conseillers à la Chambre civile ; il y a donc des motifs sérieux de penser que cette Chambre, si elle avait à trancher la question, nous donnerait raison.

Autre remarque : on prétend écarter, en cas d'erreur de droit, les articles 549 et 2265 du Code civil ; mais les arrêts que l'on nous oppose se sont contentés à ce sujet d'une affirmation toute platonique ; ils se sont gardés d'appliquer, dans l'affaire qui leur était soumise, le principe qu'ils venaient de poser. Or, nous avons pu voir tout à l'heure, à propos de l'erreur dans les contrats, combien il faut se défier des principes que la jurisprudence affirme sans les appliquer : leur autorité est médiocre, et les praticiens seront sages en n'en tenant pas grand compte.

Quant à l'article 2279, l'arrêt attaqué devant la Cour suprême en refusait le bénéfice à un acheteur qui, disait-on, avait commis une erreur de droit, et la Chambre des requêtes a rejeté le pourvoi. Mais cette décision, contraire à notre thèse, nous semble d'autant plus critiquable que, en l'espèce, ce n'est pas une erreur de droit, mais bien plutôt une erreur de fait qui était imputable à l'acheteur[1]. A ce

---

ne puisse donner ouverture contre lui à une action en restitution fondée sur les articles 1382 et 1383 ». Comme, d'autre part, nous croyons avoir montré que les principes généraux sur la responsabilité ne séparent pas l'erreur de droit de l'autre, la théorie de MM. Aubry et Rau, que nous venons de rappeler et que nous adoptons, ne laisse manifestement place à aucune distinction entre les deux espèces d'erreur.

(1) Rappelons brièvement les faits : un navire s'étant échoué, le capitaine

qu'il nous paraît, les magistrats qui ont jugé cette affaire
ont eu l'impression que l'acheteur avait agi d'une manière
indélicate, et en conséquence ils lui ont donné tort, sans
peut-être s'inquiéter suffisamment d'appuyer leur décision
sur des motifs pertinents. Cette considération, jointe aux
autres, affaiblit singulièrement à nos yeux l'autorité de
l'arrêt qu'on nous oppose.

En tout cas, quelle serait la portée de cet arrêt ? En faudrait-il conclure que, partout où la loi protège les personnes
victimes d'une erreur, le législateur a eu seulement en vue
une erreur de fait ? Assurément non. Car, à propos de certains textes, tels que les articles 201, 1109 et 1110, on peut
à l'heure actuelle considérer la question comme définitivement tranchée par la Cour suprême dans notre sens. Alors,
il y aurait donc certains textes où le mot « erreur » désignerait *toute espèce* d'erreur, et d'autres où il ne désignerait
que l'erreur *de fait* ? Mais pourquoi cette distinction ? Comment admettre que les mêmes termes changent de signification dans les diverses parties du Code, pareils à des comé-
diens qui changent de personnalité dans les divers rôles de
leur répertoire ? Au moins faudrait-il qu'on nous donnât
quelque raison d'un tel changement. Or nous ne sachons

fît vendre la cargaison d'urgence et sans en référer à ses mandants ; cependant en réalité il aurait pu opérer le sauvetage des marchandises demeu-
rées à bord, et il n'y avait pas de nécessité pressante à les vendre ; l'acheteur de la marchandise prétendit, en invoquant sa bonne foi, faire tenir la
vente pour valable, et c'est dans ces conditions qu'on lui donna tort parce
que sa prétendue bonne foi provenait d'une « erreur de droit ». Mais que
disait véritablement l'acheteur ? Disait-il qu'il croyait qu'un capitaine peut,
sans nécessité, vendre les marchandises à lui confiées pour être transportées ? Évidemment non ; car c'eût été insoutenable. Comme on le voit dans
la note du Dalloz où est résumé le pourvoi (D. 83. 1. 337), l'acheteur disait
qu'il ignorait les termes exacts du mandat donné au capitaine ; que, d'ailleurs, il avait cru qu'il y avait urgence pour le capitaine à vendre les marchandises, et il rappelait un arrêt de la Chambre des requêtes aux termes
duquel « la vente d'un navire pour cause d'innavigabilité confère un véritable droit à l'acquéreur de bonne foi, alors même que l'innavigabilité
aurait été mal à propos déclarée » (3 avr. 1867, D. 68. 1. 35). En droit,
cette espèce, nous semble-t-il, était tout à fait analogue à celle que nous
rapportons ; et si les juges ont néanmoins donné tort à l'acheteur de marchandises, c'est vraisemblablement parce qu'elles paraissaient trop peu
payées.

pas qu'on en produise. La situation d'un possesseur de
bonne foi tout à coup poursuivi par un propriétaire qui a
généralement une certaine négligence à se reprocher, ne
mérite-t-elle pas au moins autant d'égards, et peut-être
même plus, que celle d'un contractant qui s'est trompé sur
une qualité substantielle de l'objet du contrat?

Sous l'influence de la doctrine, la jurisprudence, nous
l'espérons, se ralliera peu à peu à cette manière de voir;
elle n'admettra plus que des hommes de bonne foi puissent
être fictivement considérés comme étant de mauvaise foi;
elle entendra dans leur sens le plus humain les dispositions
du Code civil, et, sans se laisser égarer par une prétendue
nécessité sociale qui rendrait certaines iniquités indispensables, elle fixera les yeux sur ce double idéal : la justice et
la vérité.

La justice et la vérité! Ah! certes, ce n'est pas de ce côté
que nous entraîne l'adage « Nul n'est censé ignorer la loi ».
Maintenant que nous touchons au terme de notre étude, il
convient de jeter un regard d'ensemble sur les conséquences propres de ce principe, nous voulons dire : sur celles qui
ne peuvent se justifier par aucun autre. Quelles sont-elles
donc ?

D'abord, devant les tribunaux répressifs, un accusé ne
serait jamais admis à prouver qu'il avait mal interprété la
loi, et que son erreur était vraiment inévitable. — Or, ce
serait injuste.

Ensuite, devant ces mêmes tribunaux, on ne pourrait pas
invoquer une erreur de droit même assez excusable, comme
circonstance atténuante. — Or, ce serait injuste.

En droit privé, on devrait réparer intégralement le préjudice que l'on a occasionné à autrui par suite d'une erreur
de droit, alors même qu'on ne pouvait échapper à cette erreur. — Or, ce serait injuste.

Si l'on est dans un des cas où le droit civil fait varier les
effets d'une faute suivant sa gravité, une erreur de droit,
même excusable, ne saurait jamais diminuer la gravité de
la faute. — Or, ce serait injuste.

Si un tiers vous a laissé commettre ou fait commettre une erreur de droit qui vous a causé un sérieux préjudice, il ne devrait, en aucun cas, être tenu de vous indemniser. — Or, ce serait injuste.

Enfin, dans tous les cas où la loi vient donner quelque protection particulière aux personnes de bonne foi, victimes d'une erreur, cette protection devrait être refusée à ceux qui se sont trompés sur une règle de droit. — Or, ce serait injuste.

Oui, tout cela serait si injuste, que la doctrine et la jurisprudence rejettent souvent, au moins en partie, ces conclusions, et que les praticiens ne savent plus trop sur quoi compter, ni dans quelle mesure tout le monde est encore censé connaître la loi. Combien le problème serait simplifié, et comme on se tiendrait aisément plus près de l'équité, en supprimant l'abîme artificiellement creusé entre l'erreur de droit et l'erreur de fait, en les tenant toutes deux pour existantes, comme elles le sont réellement, et en les soumettant aux mêmes principes généraux !

L'adage traditionnel est-il du moins défendable au point de vue théorique ? — Mais nous l'avons montré, il n'a plus de fondement dans les lois actuellement en vigueur, et la raison ne voit pas de motif de séparer les deux espèces d'erreurs. La distinction que l'on prétend nous imposer s'appuie sur une fiction, et voilà pourquoi elle conduit à rendre une justice toute fictive, qui, en vérité, est de l'injustice.

On a reproché à l'économie politique classique de ne pas étudier l'homme réel, mais de se forger un type d'homme purement imaginaire et abstrait, un « *homo œconomicus* » et de n'étudier que cette chimère. Peut-être le droit classique mérite quelque peu un reproche analogue ; tantôt ajoutant à la réalité, tantôt lui retranchant, il crée une sorte d'homme imaginaire, et prétend ne connaître que lui, ne permettre qu'à lui l'accès des tribunaux. Cet *homo juridicus* (qu'on nous permette de l'appeler ainsi) possède une mentalité toute particulière ; il a notamment le grand mérite de connaître à merveille la loi, de savoir le dernier mot des

questions les plus controversées, de deviner même à l'a-
vance les changements de jurisprudence, et il pourrait,
semble-t-il, nous donner de précieuses leçons de droit...
Par malheur, les abstractions sont muettes; pour parler,
il faut exister, et *l'homo juridicus,* — c'est son seul défaut
— n'existe pas.

Admettre que « nul n'est censé ignorer la loi », c'est, pour
qui veut être logique, se condamner, en fin de compte, à
des solutions iniques, en s'y laissant conduire par une illusion volontaire, par une sorte de mensonge que le juriste
se fait à lui-même. Voilà pourquoi nous demandons que l'on
abandonne le vieil adage, et que désormais l'on marche har-
diment vers la justice, par le droit chemin qu'ouvre la
vérité.

GEORGES DEREUX.

VARIÉTÉS

LES
DROITS DE LA FEMME MARIÉE
SUR
LES PRODUITS DE SON TRAVAIL

La contribution des époux aux charges du ménage
et la loi du 13 juillet 1907

Par M. Jean Sourdois,
Docteur en droit.

La condition économique de la femme mariée a été, au cours
du xixᵉ siècle, l'objet d'une évolution dont il est impossible de
méconnaître l'importance. Cette évolution justifie, dans une certaine mesure, les critiques, tous les jours plus nombreuses,
adressées à la condition juridique faite aux biens de la femme
mariée par la législation française.

Le législateur de 1804 a-t-il donc méconnu complètement ses
droits et sacrifié ses intérêts au profit de celui que nos anciens
jurisconsultes appelaient, un peu pompeusement, mais non sans
exactitude, seigneur et maître de la communauté? On ne peut
le soutenir sans injustice.

Jusqu'à la promulgation du Code civil et même longtemps

après, la femme mariée ne quittait guère son foyer, et sauf de
très rares exceptions, expliquées, sinon justifiées, par certaines
situations sociales ou mondaines, l'épouse s'occupait assidû-
ment de son ménage, de ses enfants, de son intérieur en un mot.
Le mari administrait, le cas échéant, les biens qu'elle avait
apportés en dot et si la fortune personnelle des époux était
insuffisante ou nulle, seul le mari subvenait par son travail à
l'entretien du ménage.

Aujourd'hui et depuis de longues années déjà, avec l'avène-
ment incessant de besoins nouveaux, l'accroissement du bien-
être et par suite, des dépenses, dans la classe ouvrière, la cherté
toujours croissante de la vie, la femme a dû se mettre à l'œuvre
pour aider son mari à subvenir aux dépenses du ménage; à défaut d'une fortune acquise, elle apporte son travail, ou, pour
mieux dire, le salaire que lui procure son travail. Ce n'est pas
ici le lieu d'insister sur les débouchés de plus en plus nombreux offerts à l'activité de la femme, ni de rechercher s'il y a
dans son accession à un grand nombre de professions, jadis
réservées aux hommes, un bien ou un mal social. Mais on se
trouve en présence d'un fait dont il est impossible de ne pas
tenir compte. Que ce soit au moyen d'un humble métier manuel,
exercé dans une manufacture ou à domicile, au moyen d'un
emploi dans un magasin, de l'une de ces professions qui paraissent le mieux convenir aux femmes, comme le services des
télégraphes et téléphones, la sténo-dactylographie, au moyen
d'un commerce ou d'une industrie entrepris et exercé par la
femme elle-même et en son nom, enfin au moyen de l'une de ces
professions libérales, aspiration suprême des femmes parvenues
à un certain degré de culture intellectuelle, médecine, barreau,
professorat, littérature, art, que la femme gagne un salaire
modeste, ou réalise d'importants bénéfices, ce salaire ou ces
bénéfices, fruits du travail exclusif et personnel de la femme,
sitôt acquis par elle, vont être soumis au droit d'administration
que possède le mari sous tous les régimes matrimoniaux institués par le Code civil, sauf le régime de la séparation de biens,
le moins usité de tous.

Est-il juste, est-il conforme aux intérêts du foyer domestique
que le mari dispose ainsi librement des fruits du labeur d'autrui,
en puisse user et abuser jusqu'à le détourner de sa destination
naturelle, jusqu'à l'employer à des dépenses qui n'ont rien de
commun avec l'entretien du ménage? Permettre au mari de

gaspiller les produits du travail souvent pénible de sa femme et de laisser le ménage sans ressources, après lui avoir abandonné toute liberté pour dépenser à son gré ses revenus et gains personnels, n'est-ce pas sanctionner un véritable déni de justice? Il est inutile d'insister : peu de questions ont été aussi souvent et aussi éloquemment débattues. Si le mouvement féministe n'a pas été sans donner naissance à des revendications fantaisistes, celle qui concerne la protection du salaire de la femme mariée est raisonnable autant que justifiée. Cette question est primordiale, à une époque et dans un pays où l'on compte près de sept millions de travailleuses, réparties dans l'agriculture, l'industrie, le commerce, les professions libérales et artistiques (1).

On a cependant soutenu que ces revendications présentaient une grande part d'exagération et qu'une réforme était pour le moins inopportune. On a prétendu qu'il était extrêmement rare que la femme ne reçoive pas elle-même son salaire, soit que le mari entende laisser toute liberté à une épouse en la sagesse de laquelle il a confiance, soit qu'il n'ose faire opposition au paiement direct du salaire dû à sa femme entre les mains de cette dernière, soit enfin qu'il ignore quels droits la loi lui confère sur ce salaire. On a dit ensuite qu'il était encore plus rare de voir le mari s'emparer par violence ou par ruse du salaire reçu par son épouse. Enfin, on a affirmé que bien souvent la femme était déléguée par le mari pour toucher la propre paie de ce dernier et pour la consacrer aux dépenses du ménage.

On ne veut nullement contester ici que les ménages unis, les bons ménages, ne soient en France la majorité, même à l'heure actuelle : dans ces ménages, c'est à la femme qu'incombe le soin d'entretenir le foyer domestique et de solder les dépenses que cela nécessite : non seulement elle y parviendra à l'aide du produit de son propre travail, mais son mari lui remettra régulièrement la totalité ou la plus grande partie de ce que lui-même gagnera, ne conservant qu'une somme peu importante pour les menues dépenses somptuaires d'un ouvrier honnête. Voilà comment les choses se passeront dans un bon ménage, c'est-à-dire

(1) V. *Musée social*, 1902, *Mémoires et documents* (Supplément aux *Annales*), p. 321-372 : *Le travail des femmes en France*, Mlle Kaethe Schirmacher. V. aussi, *Annuaire statistique de la France*, ministère du Commerce, 1899, p. 208-209 : recensement professionnel de 1896, tableau n° 237, population active par groupes et professions.

normalement : en fait, la femme emploiera son propre salaire et celui de son mari presque intégralement à leur destination naturelle, c'est-à-dire à l'entretien du ménage et de la famille. Mais il s'agirait de transformer cette situation de fait en situation de droit, pour éviter ce qui arrive dans les mauvais ménages.

On sait que la société française en général et la classe la plus humble en particulier sont ravagées par de terribles fléaux : la débauche, l'alcoolisme, le jeu. Le mari (la plupart du temps, la femme beaucoup plus rarement), en proie à un vice toujours coûteux, y consacrera toutes ses ressources, laissant l'entretien si onéreux du ménage à la charge exclusive de son conjoint, essayant de s'emparer d'une partie du salaire de ce dernier, ou contractant des dettes qui causeront bientôt la ruine de la famille : d'autant plus que les trois vices dont on a parlé en entraînent souvent un nouveau, la paresse. Et le mari usera de son droit jusqu'au bout sur le salaire de sa femme, afin de satisfaire sa passion. Les patrons, désarmés, ne peuvent qu'opposer un refus désolé à la mère de famille qui leur demande de lui remettre au moins une partie de la paye de son mari, que celui-ci, alcoolique, joueur ou débauché, n'apporte plus jamais au foyer conjugal. Aussi n'est-il pas étonnant que la femme use trop souvent d'un remède qui lui rend sa liberté, au prix de la destruction de ce foyer : le divorce. Les plus fières et les plus courageuses souffrent en silence : n'en faut-il pas moins venir à leur aide ?

Une réforme s'imposait donc en France dans l'intérêt de la femme mariée, relativement à ses droits aux produits de son travail. Après avoir montré rapidement que la législation était, récemment encore, inefficace pour assurer à la femme la protection qu'elle peut légitimement exiger en ce qui concerne les fruits de son labeur exclusif et parlé des efforts faits pour obtenir une réforme législative, on va examiner le texte de loi voté récemment par le Sénat, au cours des séances des 14 et 24 mai dernier par la Chambre des députés au cours de la séance du 11 juillet suivant et promulgué le 13 du même mois, afin de savoir si il répond aux exigences sociales et à la justice[1].

_____

[1] On ne parlera pas des progrès réalisés par les législations étrangères dans la matière qui fait l'objet de cette étude. Ce serait à coup sûr intéressant et démonstratif, mais l'auteur se borne pour le moment à l'examen de la législation française. D'ailleurs, au point de vue du droit comparé, la question a été étudiée très clairement et très complètement par M. Damez,

I

Le salaire de la femme mariée doit, en principe, être consacré aux dépenses du ménage et à l'entretien et l'éducation des enfants : le bon sens, les nécessités de l'existence et les dispositions du Code civil sont d'accord sur ce point.

Mais dans la quasi-unanimité des cas, la loi réserve au mari l'administration des produits du travail de sa femme ; lorsque les garanties accordées par le Code à cette dernière ne sont pas trop radicales, elles semblent tout à fait illusoires.

La plupart du temps, la condition civile des mariages célébrés en France est soumise aux règles de la communauté, soit que les futurs époux n'aient pas passé de contrat, ce qui arrive pour la presque totalité des mariages ouvriers des grandes villes comme des petites, soit qu'ils aient adopté le régime de la communauté réduite aux acquêts, qui est stipulé dans la très grande majorité des contrats de mariage (1).

Et alors même que, grâce à la liberté des conventions matrimoniales (art. 1387, C. civ.), les futurs époux stipuleraient expressément que la femme aura la libre administration des produits de son travail, on sait que la loi rend inefficace une telle clause : en effet, l'article 1388 empêche de déroger par contrat aux règles d'ordre public, établissant l'incapacité civile de la femme mariée et la puissance maritale. Le futur époux, consentant à insérer dans son contrat de mariage une renonciation aux droits que la loi lui confère à cet égard, serait libre de ne pas tenir compte d'une semblable clause. On peut, il est vrai, recou-

dans son ouvrage : « Le libre salaire de la femme mariée et le mouvement féministe » (Paris, A. Rousseau, éditeur, 1905. — V. le chap. I, p. 104 à 259).

(1) V. Bulletin de statistique et de législation comparée (Ministère des Finances), 1899, 1re partie, p. 141-145 : Les contrats de mariage, répartition par régime matrimonial en 1898 (Direction générale de l'enregistrement) : en 1898, il a été célébré 287.179 mariages, dont 82.346 ont été précédés de contrats. Déjà, 104.833 ménages sont soumis, de ce fait, au régime de la communauté légale. Quant aux régimes institués par les contrats, ils se répartissent de la façon suivante :

Communauté de meubles et d'acquêts		866
—	réduite aux acquêts	67.288
—	universelle	258
Régime exclusif de communauté		1.694
Régime dotal		10.112
Séparation de biens		2.128

rir au régime de la séparation de biens : mais ce régime n'est
guère utilisé que dans les contrats de mariages de gens fortunés
et à cause de certaines situations particulières, ou de Français et
étrangères, surtout lorsque la séparation de biens est le régime
de droit commun dans le pays natal de la future épouse. Et puis,
la solution serait trop radicale et peu conforme aux traditions et
aux mœurs françaises.

En réalité, 95 0/0 des ménages français sont soumis à l'un des
régimes de communauté ; or si l'article 1401 ne parle pas en
termes exprès des fruits du travail de la femme, il décide dans
son 2e alinéa que tous les fruits ou revenus tomberont en communauté : et l'article 1498-2, spécial au régime de la communauté réduite aux acquêts, parlant des fruits de l'industrie commune, en fait les acquêts par excellence, sans qu'il y ait lieu de
distinguer s'ils proviennent d'un travail commun ou séparé des
époux [1]. De même que les gains et salaires des époux, les économies réalisées sur ces gains et salaires, comme les biens meubles ou immeubles acquis avec ces économies, tombent en communauté et, par conséquent, sont soumis à l'administration du
mari.

C'est au sens le plus large qu'il faut entendre ici les produits
du travail des époux : ils comprennent le salaire journalier ou
hebdomadaire de l'ouvrière, les gages de la domestique, les
appointements de la commise et de l'employée, le traitement de
l'institutrice, les honoraires de la femme avocat ou médecin, les
cachets de la pianiste ou de la cantatrice. Il faut comprendre
aussi sous cette dénomination les bénéfices réalisés par la femme
mariée dans une industrie ou un commerce exercés séparément
par elle, comme les parts ou les dividendes auxquels elle aurait
droit dans une société où elle aurait apporté ses connaissances
ou son activité [2].

Il est à remarquer que les profits retirés par la femme d'une
entreprise illicite ou même immorale, comme l'usure, la contre-
bande ou la prostitution, sont cependant un produit du travail
de la femme et, comme tels, tombent en communauté [3].

(1) Baudry-Lacantinerie, Le Courtois et Surville, *Contrat de mariage*, t. II,
p. 645. — Tessier et de Loynes, *Traité de la société d'acquêts*, Bordeaux,
1881, p. 159. — V. les autorités citées par Baudry-Lacantinerie, Le Courtois
et Surville.

(2) Thaller, *Traité élémentaire de droit commercial*, p. 84 et 85, n° 107.

(3) Tessier et de Loynes, *op. cit.*, p. 149. — Alger, 11 mai 1885, D. 86. 2.
222. — Cass., 5 févr. 1873, S. 73. 1. 289, note Labbé.

Il y a des difficultés et des contestations pour certains cas particuliers : on va en signaler quelques-uns. Mais auparavant, il faut parler de la théorie ingénieuse, imaginée par un jurisconsulte éminent, M. Thaller, et soutenue par son auteur au XXe congrès d'économie sociale, dans la séance du 13 mai 1901(1) : d'après le savant professeur, la jurisprudence pourrait, sous le régime de communauté, arriver à considérer les produits du travail des époux comme biens propres, sans qu'aucune modification législative soit nécessaire et sans heurter aucun texte de loi. M. Thaller prétend asseoir sa théorie sur des raisonnements juridiques très fermes et très solides et non pas seulement, ajoute-t-il, « sur les considérations de vague équité en faveur auprès du tribunal de Château-Thierry ». Voici son argumentation : « Le tribunal viendrait affirmer, ce qui est vrai, que « toute mise en communauté ou toute concession de jouissance « au mari, sous quelque régime que ce soit, est le résultat d'une « cession faite par la femme à son mari ou à la famille. Il « suffirait de rapprocher ensuite de cette vérité le principe « déposé dans les lois nouvelles (loi du 12 janv. 1895), qui rend « les salaires et petits traitements insaisissables, et, ce qui est « plus important ici, qui les considère comme incessibles sous « réserve d'une faible portion... Le tribunal affirmerait que la « femme, n'ayant pu céder ses salaires à un tiers, a été sans pou- « voir pour les transmettre d'avance au chef de l'association dont « elle dépend, ou à cette association elle-même ». Et M. Thaller prétend que, loin d'être propre aux régimes de communauté, cette règle établirait une indisponibilité sous n'importe quel régime matrimonial, justifiée par la provenance des biens « que des considérations d'ordre public doivent rendre inaliénables ». M. Guillouard, dans son Traité du contrat de mariage (2), ne paraît-il pas favorable à cette théorie, lorsqu'il déclare que « puisque l'entrée du mobilier dans la communauté légale n'est qu'une cession consentie tacitement par les époux, elle ne peut s'appliquer au mobilier incessible »?

Mais comme conclusion de son raisonnement, M. Thaller ne propose pas un système bien net : il ne dit pas s'il entend faire des biens acquis à l'aide du travail de la femme simplement des propres appartenant à cette dernière, mais toujours soumis à

(1) *Réforme sociale* du 1er oct. 1901, p. 468.
(2) T. I, n. 389.

l'administration du mari, ou des biens soumis en quelque sorte au régime de la séparation et échappant à cette administration. Le sens général de sa démonstration semblerait commander la première de ces deux solutions. D'ailleurs, M. Thaller n'a pu vouloir admettre, même partiellement, un régime légal de séparation de biens : cela pourrait, à bon droit, paraître en contradiction avec les tendances générales du savant professeur.

Si ingénieux soit-il, son système ne paraît pas susceptible de s'accorder avec les principes juridiques qui gouvernent les différents régimes de communauté : il se heurte formellement à l'article 1498, qui déclare, de la façon la moins contestable, biens de communauté « ce qui provient de l'industrie commune des époux ». Rien ne permet de prétendre que ce texte vise seulement les gains provenant du commerce, parce qu'ils sont l'intérêt d'un capital engagé, tandis qu'il ne saurait être appliqué à ceux provenant du travail proprement dit : on ne découvre nulle part la trace de cette distinction.

L'incessibilité des salaires ne saurait découler de leur nature, puisqu'avant la loi du 12 janv. 1895, ils ne présentaient nullement ce caractère qui, d'ailleurs, n'est pas encore aujourd'hui attribué à tous les salaires (Voir les articles 1 et 2 de la loi), et même pour les salaires incessibles, où sont le texte ou le principe permettant de leur reconnaître le caractère de propres ? Si leur incessibilité est proclamée, ce n'est qu'à l'égard des tiers : elle ne concerne nullement la communauté; bien au contraire, le salaire destiné par sa nature à l'entretien du ménage et de la famille, constitue le bien commun par excellence.

Cette voie nouvelle, la jurisprudence ne peut donc la suivre : s'il est bon de lui reconnaître un pouvoir créateur d'autant plus étendu qu'il n'y a malheureusement pas grand'chose à attendre du législateur, encore faut-il qu'elle ne puisse aller jusqu'à introduire dans notre droit des principes nouveaux, mais qu'elle se borne à tirer de principes anciens et incontestables des conséquences nouvelles. La jurisprudence excéderait donc ses pouvoirs, en adoptant une théorie que sa simplicité et son utilité pratique rendent fort attrayante, mais que son auteur lui-même avoue être quelque peu audacieuse et dont il a fait par avance la meilleure des critiques, en écrivant : « Il y a là les éléments d'un syllogisme peut-être un peu forcé, peut-être composé pour les besoins de la cause. Il serait néanmoins de bon aloi, eu égard au but à poursuivre... Nous ne nous arrêterons pas à rechercher s'il

y a là ou non un argument de pur placage, tranchons le mot, un sophisme... La fin justifie les moyens et il suffit que le raisonnement se tienne ».

Le sort des salaires de la femme mariée, en général du moins, sera régi par les règles qui gouvernent ses conventions matrimoniales. Il faut examiner maintenant les contestations qui sont nées à propos de quelques cas particuliers.

Il est évident que certains biens, déclarés incessibles et insaisissables par la loi ou la convention des parties, restent propres à la femme : par exemple, les pensions alimentaires et les rentes viagères stipulées insaisissables conformément à l'article 1981 ; celles dues par la Caisse nationale pour la vieillesse (loi du 20 juill. 1886), les pensions de retraites civiles. Mais les arrérages de ces rentes et pensions tombent sans aucun doute en communauté (1).

La contestation la plus intéressante est celle que soulève le sort des bénéfices résultant, au profit de la femme mariée, du droit de propriété littéraire, artistique ou industrielle : ces bénéfices proviennent du travail personnel de l'époux qui les a réalisés et doivent tomber en communauté. Mais certains jurisconsultes (2) décident que si les produits tirés par l'auteur de l'exploitation de son œuvre deviennent communs, l'œuvre elle-même constitue un propre. La presque unanimité de la doctrine et de la jurisprudence repoussent cette distinction (3). On a déjà fait ressortir la généralité des termes de l'article 1401, suivant lequel, sauf les dérogations établies par la loi, toutes les valeurs mobilières entrent en communauté : or, qu'est-ce que la propriété littéraire, sinon une valeur mobilière? D'ailleurs, l'article 1er de la loi du 14 juill. 1866 fait évanouir toute raison de douter, soit que l'on considère les travaux préparatoires de ce texte, soit que l'on examine le texte lui-même.

(1) Il y a désaccord en ce qui concerne l'indemnité d'assurance accordée à la victime d'une incapacité de travail et l'indemnité journalière de la loi du 9 avr. 1898. On ne peut ici tenter de résoudre la question. V. Dalloz, Suppl. au Rép., v° *Contrat de mariage*, n° 958 et Planiol, t. III, n° 1007.

(2) Notamment M. Thaller, « *Des rapports de la propriété littéraire et artistique avec le régime de communauté* », *Revue trim.*, 1903, p. 553. — V. aussi Renouard, *Traité des droits d'auteur*, t. II, n. 129.

(3) V. l'analyse approbative de la jurisprudence faite par M. Josserand dans la *Revue trim.*, 1903, p. 156. — Cass., 25 juin 1902, S. 1902. 1. 305, note de M. Lyon-Caen et D. 1903. !. 5, note de M. Ambroise Colin. — V. *contrà* Paris, 1er févr 1900, S. 1900. 2. 121, et note de M. Saleilles, partisan de la théorie adoptée par ce dernier arrêt.

Parlant devant le Corps législatif, M. Riché disait au cours de l'exposé des motifs [1] : « Déjà, la nature mobilière qui a été reconnue aux droits d'auteur faisait entrer dans la communauté légale non seulement les produits du droit, mais le droit lui-même… L'attribution du droit d'auteur à la communauté était la jurisprudence et c'est encore le projet de loi ». Et le projet fut voté : l'article premier dit, très clairement, que non seulement l'époux survivant jouira, sur les droits d'auteur revenant à l'époux prédécédé, de la part qui lui est accordée sur les autres biens communs, mais, qu'outre la pleine propriété de cette part, il aurait, pendant cinquante années, la jouissance totale de la part revenant aux héritiers de son conjoint et non pas seulement, selon le droit commun, une jouissance partielle [2]. On estime pouvoir s'en tenir là pour justifier la solution généralement adoptée.

La seule hypothèse où la femme jouisse véritablement de prérogatives assez étendues est celle dans laquelle elle se livre à un commerce distinct de celui du mari, avec l'autorisation de ce dernier : en effet, la femme commerçante reçoit elle-même les bénéfices qu'elle réalise et peut en disposer dans les limites nécessaires à son entreprise; elle peut accomplir, sans nouvelle autorisation, les actes les plus importants, vente, hypothèque, le tout sauf révocation de l'autorisation par le mari. Seul, le droit d'ester en justice sans autorisation maritale spéciale fait défaut à la commerçante (art. 215, C. civ.). Mais les produits du commerce de la femme n'en demeurent pas moins le gage des créanciers du mari, et, une fois capitalisés, sont soumis au droit d'administration de ce dernier. Malgré cette restriction fort importante, on ne peut nier que la qualité de commerçante ne procure à la femme mariée des avantages forts sérieux.

On sait, pour en terminer avec l'examen des divers régimes matrimoniaux, que sous le régime exclusif de communauté, les revenus des propres de la femme sont la propriété du mari, qui possède le droit d'administrer ces propres comme d'en jouir (art. 1531-1533); que sous le régime de la séparation de biens

---

(1) D. 66. 4. 97.

(2) Voici le texte de cet article : « Pendant cette période de cinquante ans, le conjoint survivant, quel que soit le régime matrimonial et indépendamment des droits qui peuvent résulter en faveur de ce conjoint du régime de la communauté, a la simple jouissance des droits dont l'auteur prédécédé n'a pas disposé par acte entre-vifs ou par testament ».

(contractuelle, art. 1536-1539, ou judiciaire, art. 1448-1449), la femme conserve l'administration comme la jouissance de ses biens personnels; qu'enfin, sous le régime dotal, la femme jouit du produit de son travail et administre les biens qui en proviennent, si ce produit est paraphernal et s'il est dotal, le mari possédera tous pouvoirs.

II

La loi du 25 juin 1850, qui créait une Caisse nationale de retraites pour la vieillesse, décidait que les versements opérés pendant le mariage par l'un des deux conjoints profiteraient à chacun d'eux séparément par moitié, constituant ainsi un propre pour chaque époux, contrairement aux règles de la communauté; la loi du 20 juill. 1886 autorisait les femmes mariées à faire dans cette Caisse, quel que soit leur régime matrimonial, des versements sans l'assistance de leur mari; la loi du 9 avr. 1881 conférait aux femmes mariées le droit d'effectuer des dépôts aux Caisses d'épargne et de les retirer librement, sauf opposition du mari; enfin, la loi du 20 juill. 1895, constituant un véritable recul sur la précédente, réglementait les droits du mari au cas d'opposition et lui permettait de toucher seul le montant du livret au bout d'un mois, si la femme ne s'était pas pourvue contre l'opposition par les voies de droit et si le régime matrimonial des époux ne s'y opposait pas (art. 16, *in fine*). Telles sont les quelques réformes favorables à la femme mariée, faites au cours du siècle dernier : elles étaient loin de suffire pour protéger efficacement les produits de son travail.

Les criantes injustices que l'on a signalées ont provoqué, depuis longtemps déjà, l'intervention des jurisconsultes et des sociologues et enfin mis en mouvement l'initiative parlementaire.

En 1886, le regretté M. Glasson, dans un Mémoire qu'il présentait à l'Académie des sciences morales et politiques, montrait au Parlement la nécessité de protéger la femme qui travaille[1]; il demandait qu'on permît à l'épouse de saisir-arrêter, à l'aide d'une procédure simple, les salaires du mari entre les mains de son patron, ou, au moins, de conserver pour elle l'intégralité de son propre salaire. Proposition juste et modérée, dans laquelle

[1] *Le Code civil et la question ouvrière*, Séances et travaux de l'Académie des sciences morales et politiques, 1886, premier semestre, p. 843.

M. Arthur Desjardins voyait cependant une « brèche ouverte dans le système des régimes matrimoniaux du Code civil[1] ».

Un collègue de M. Glasson à la Faculté de droit de Paris, M. Jalabert, et M. Glasson lui-même, s'inspirant des idées contenues dans le Mémoire présenté par ce dernier, les convertirent en une proposition de loi, qui permettait à la femme d'obtenir, en ce qui concerne son salaire, une véritable séparation de biens partielle, par une procédure rapide et peu coûteuse : les auteurs de la proposition attribuaient compétence au juge de paix, dont la sentence pouvait ainsi soustraire à l'administration et à la jouissance du mari les fruits du travail de son épouse.

Cette proposition ne fut pas soumise au Parlement. Mais MM. Louis Jourdan, Dupuy-Dutemps et Montaut la reprirent presque textuellement, pour la soumettre à la Chambre des députés en 1890, avec une importante restriction : le salaire de la femme ne cessait pas de tomber en communauté, quoiqu'elle en pût disposer en toute liberté après l'autorisation du juge de paix. Déposée le 22 juill. 1890, la proposition fut prise en considération seulement le 9 juill. 1894[2]!

Le même jour, M. Goirand, jugeant trop timide la réforme proposée par ses collègues, déposait sur le bureau de la Chambre une proposition de loi dont voici l'article unique : « Quel que soit le régime adopté par les époux, la femme a le droit de recevoir, sans le concours de son mari, les sommes provenant de son travail personnel et d'en disposer librement. — Les pouvoirs ainsi conférés à la femme ne feront point échec au droit des tiers contre les biens de la communauté[3] ».

Ici, l'on entendait que la femme acquière de plein droit et sans aucune intervention de justice la libre disposition des fruits de son travail, mais sans modifier aucunement la composition de la communauté, dont ces fruits devaient continuer à faire partie. Les journaux de toute opinion appuyèrent chaleureusement la proposition Goirand : elle fut l'objet d'un rapport favo-

(1) Séances de l'Académie des sciences morales et politiques, 1886, 2e semestre, p. 133.

(2) *Journ. off.*, Chambre, Doc. parl., Annexes, n° 822, p. 1629, année 1890, année 1894, *id.*, n° 803, p. 1135.

(3) *Journ. off.*, 1894, *id.*, n° 801, p. 1133. — Cette proposition n'était que la reproduction de celle émanée de Mlle Jeanne Chauvin, docteur en droit, rédigée sur l'invitation d'une association féministe, l'*Avant-Courrière*, dirigée par Mme Henri Schmall, la duchesse d'Uzès, Mlle Sarah Monod.

rable de M. Théophile Goujon [1], puis prise en considération le 12 janv. 1895, et renvoyée à la commission chargée d'examiner la proposition Jourdan [2]. On résolut de fondre en un texte unique les deux propositions et M. Goirand, l'auteur de la seconde, fut chargé du rapport, qu'il présenta au cours de la séance du 14 nov. 1895 [3]. Le nouveau texte, dans son premier article, reproduisait l'article unique de la proposition Goirand, mais spécifiait en outre qu'il ne s'appliquait pas au produit du travail des deux époux. Les six articles suivants, après avoir autorisé la femme à frapper de saisie-arrêt, dans certains cas, le salaire du mari, organisaient la procédure à suivre devant le juge de paix pour parvenir à cette saisie-arrêt, en reproduisant la proposition Jourdan.

La proposition Jourdan-Goirand fut adoptée, sans modification et presque sans discussion, par la Chambre des députés, au cours de la séance du 27 févr. 1896, après déclaration d'urgence [4]. On voulait en terminer, tout le monde étant d'accord sur la nécessité de cette réforme. Aussi, la proposition fut-elle portée devant le Sénat le 2 mars suivant [5]. Elle fut renvoyée devant une commission chargée d'examiner une proposition de MM. Georges Martin et Schœlcher sur les droits civils de la femme [6].

Chose singulière, presqu'incroyable, on s'en tint là : le rapport ne fut jamais déposé. On verra tout à l'heure qu'il est demeuré en sommeil pendant dix ans.

Si le législateur n'a pas jugé bon de résoudre une question mûre cependant, des jurisconsultes et surtout de nombreux publicistes, sous la poussée des revendications féministes, se sont occupés du salaire de la femme mariée. Les plus radicaux demandaient l'établissement du régime de séparation de biens comme régime de droit commun; d'autres, moins exigeants ou plus pratiques, se contentaient d'une réforme établissant au profit de la femme un système de biens réservés [7].

(1) *Journ. off.*, 1894, *id.*, n° 1094, p. 2333.
(2) *Journ. off.*, 12 janv. 1895, Chambre, débats parlementaires.
(3) *Journ. off.*, 1895, Chambre, Doc. parl., annexes, n° 1609, p. 1472.
(4) *Journ. off.*, 28 févr. 1896, Chambre, Déb. parl., p. 313.
(5) *Journ. off.*, 3 mars 1896, Sénat, Déb. parl., p. 185.
(6) Cette commission, présidée par M. Trarieux, avait comme rapporteur M. J. Cazot.
(7) Parmi les premiers : Ch. Beauquier, député du Doubs, Rapport inséré

Mais le Parlement s'est enfin prononcé : il vient d'adopter, à
la suite d'une brève discussion, une proposition modifiant et
complétant celle que la Chambre avait votée en 1896; le nouveau texte donne satisfaction aux partisans de l'institution du
pécule réservé.

<h2 style="text-align:center">III</h2>

En effet, au cours de la séance du 14 mai 1907, est venue devant le Sénat la proposition de loi, adoptée depuis dix ans par
la Chambre des députés, « *ayant pour objet : 1° d'assurer à la
femme mariée la libre disposition des fruits de son travail;
2° de la protéger contre certains abus de la puissance maritale* », jointe à une proposition nouvelle de M. Gourju, sénateur
du Rhône, relative au *libre salaire de la femme mariée* [1].
M. Guillier, sénateur de la Dordogne, était chargé du rapport.

Après quelques considérations économiques et sociales,
M. Guillier rappelait le vote de la proposition Jourdan-Goirand,
puis demandait l'institution d'un pécule réservé, constitué par
les produits directs et immédiats du travail de la femme et aussi,
ce qui était une innovation, par les économies réalisées sur ces
produits et accumulées : la femme aurait la libre disposition et
la libre administration de ce pécule, même le pouvoir de l'aliéner à titre onéreux, sans autorisation maritale.

La communauté subsisterait (le pécule réservé devant y tomber à la dissolution), ou bien le régime adopté par les époux :
on ne voulait nullement instituer un régime spécial, faisant disparaître celui de la communauté.

La proposition contenait une disposition inconnue des textes
votés par la Chambre : on permettait à la femme renonçant à la
communauté, par analogie avec le droit que lui confère l'article 1514 du Code civil (établissant la faculté de reprendre l'apport franc et quitte), de conserver définitivement les biens provenant du pécule, à la charge d'acquitter les dettes pouvant

dans le compte rendu du Congrès de la condition et des droits de la femme,
1900, p. 375 ; — Lucien Descaves; Emile Ollivier; le comte d'Haysson-
ville (*Salaire et misère des femmes*, Paris, Calmann-Lévy, éd. 1900). —
Parmi les seconds : R. Saleilles (Observation, dans le *Bulletin de la Société
d'études législatives*, 1902, p. 135), L. Lyon-Caen, Gény (*De l'adaptation
éventuelle de l'institution des biens réservés au droit français*, Bulletin de la
Société d'études législatives, 1902, p. 324).

(1) *Journ. off.*, 15 mai 1907, Sénat, Déb. parl., p. 619.

grever ces biens. La femme renonçante verrait ainsi sa situation considérablement améliorée ; cette disposition devait profiter aux héritiers en ligne directe de la femme.

Le pécule ainsi réservé demeurait soumis au droit de gage des créanciers de la femme et même des personnes ayant contracté avec le mari dans l'intérêt du ménage, si les époux, antérieurement à la promulgation de la loi en discussion, avaient adopté un régime autorisant une saisie dans ces mêmes conditions.

La proposition n'avait pas pour unique objet d'attribuer à la femme des droits étendus sur les fruits de son travail : elle s'efforçait encore d'organiser des mesures suffisamment efficaces pour obliger les deux époux à participer, selon leurs moyens, aux charges du ménage, elle s'occupait également de mettre obstacle à ce que la femme n'abusât pas de ses nouveaux pouvoirs. Pour y parvenir, on instituait une procédure simple et rapide.

Enfin, on permettait à la femme mariée d'ester en justice, pour faire respecter ses nouveaux droits, sans autorisation ni de son mari ni du tribunal.

Après un discours de M. Gourju, déclarant se rallier au projet présenté par la Commission, on passa à la discussion des articles. Le projet fut voté, avec quelques modifications dues aux amendements de M. Louis Legrand et aux observations de MM. de Lamarzelle, Bérenger, Le Chevalier. Le Sénat décida ensuite qu'il passerait à une seconde délibération.

Celle-ci eut lieu le 24 mai 1907 et la proposition déjà votée fut définitivement adoptée, mais après une modification d'une importance capitale, due à un amendement de M. Maurice Faure [1]. Il faut maintenant analyser le texte issu de cette double délibération.

Il comprend dix articles. Le premier institue le pécule réservé et indique quels droits la femme possède sur ce pécule. Lors de la première délibération, la commission avait fait adopter la rédaction suivante :

« *Article premier.* — Sous tous les régimes *et sauf clause contraire portée au contrat de mariage,* la femme a, sur les produits de son travail et les économies en provenant, les mêmes droits d'administration que l'article 1449 du Code civil donne à la femme séparée de biens.

(1) *Journ. off.*, 25 mai 1907, Sénat, Déb. parl., p. 660.

« Elle peut en faire emploi en acquisition de valeurs mobilières et immobilières.

« Elle peut, sans l'autorisation de son mari, aliéner à titre onéreux les biens ainsi acquis.

« La validité des actes faits par la femme sera subordonnée à la seule justification, faite par un acte de notoriété ou par tout autre moyen mentionné dans la convention, qu'elle exerce personnellement une profession distincte de celle de son mari ; la responsabilité des tiers avec lesquels elle a traité en leur fournissant cette justification, n'est pas engagée.

« Les dispositions qui précèdent ne sont pas applicables au gain résultant du travail commun des deux époux ».

La Commission assimilait, par ce texte, les biens réservés à ceux que la femme administre lorsque ses conventions matrimoniales ou un jugement l'ont soumise au régime de la séparation de biens : pour mieux établir cette assimilation, on renvoyait à l'article 1449 du Code civil. M. Louis Legrand proposa de viser en outre les articles 1536 et 1538, le premier, dit-il, afin de préciser davantage le système adopté, le second, afin de contredire le troisième paragraphe du projet, ainsi conçu : « Elle peut, sans l'autorisation de son mari, aliéner à titre onéreux les biens ainsi acquis ». M. Legrand acceptait que l'on permît à la femme, sauf convention contraire expressément contenue dans son contrat de mariage, d'administrer librement les produits de son travail personnel et les économies qui en pourraient provenir et de les employer comme bon lui semblerait à des acquisitions mobilières ou immobilières, mais il estimait que lui permettre en outre d'aliéner, même à titre onéreux, les biens ainsi acquis, sans autorisation maritale, c'était lui conférer un pouvoir excessif ; on lui attribuait ainsi un droit que la femme séparée de biens ne possède pas : n'était-ce pas dépasser le but de la loi ? On se proposait seulement d'autoriser la femme mariée à employer en toute liberté, à leur destination naturelle, les fruits de son commerce, de son industrie, de son activité, quelle qu'elle soit : mais lui permettre en outre d'aliéner les biens par elle acquis était inutile. La femme ne pouvait-elle recourir à l'autorisation de justice, lorsque son mari refusait d'accorder la sienne ?

On a répondu à M. Legrand [1] que la femme constituait pré-

_____

[1] M. de Lamarzelle.

cisément, à l'aide du pécule, une réserve pour l'avenir : si elle était obligée de réaliser cette réserve, ne fallait-il pas lui donner toutes facilités, quelque forme qu'aient revêtue ses économies? Pourquoi lui défendre d'aliéner librement les immeubles qui en provenaient? Quand des besoins pressants obligeaient la femme à une réalisation immédiate de la réserve constituée justement en prévision de cette éventualité, ce n'était pas le moment de susciter des obstacles et de risquer d'ajouter à des embarras financiers des querelles de ménage.

Quant à la crainte d'attribuer à l'épouse un pouvoir exorbitant, supérieur à celui de la femme séparée de biens sur ses propres, il faut remarquer que les deux catégories de biens n'ont pas la même origine : il s'agit, en cas de séparation, de biens advenus à la femme à titre gratuit et dans le choix et l'acquisition desquels la volonté de l'épouse est demeurée étrangère ; le pécule réservé a une tout autre origine : il est acquis par la femme elle-même, il est dû à son activité, à son énergie, il est formé par le bien de tous le plus personnel et le plus légitime, le prix du travail, il ne peut en aucune façon être comparé aux biens provenant de libéralités entre-vifs ou à cause de mort et ne doit pas être traité de même.

Le Sénat a repoussé la restriction proposée par M. Legrand. En ce qui concerne sa proposition de viser l'article 1536, en même temps que l'article 1449, on a considéré qu'il y aurait là une redite inutile et qu'il valait mieux s'en tenir au texte de la commission.

M. Legrand abordait ensuite un autre ordre d'idées : il voulait, afin de sauvegarder les droits des tiers, que l'on indiquât quelles justifications ceux-ci pourraient exiger de la femme, pour être assurés de faire un contrat valable; il proposait que la responsabilité des tiers fût mise à couvert lorsque la femme mariée avec laquelle ils auraient traité leur aurait justifié, à défaut d'autorisation de son mari, qu'elle exerçait une profession distincte de ce dernier, mais non nécessairement lucrative, comme le demandait la Société d'études législatives, cette dernière preuve étant trop difficile à administrer. Cette seconde partie de l'amendement de M. Legrand ne fut pas davantage adopté : mais la commission en a reconnu le bien-fondé et l'a inséré dans le texte soumis à la seconde délibération et définitivement voté : les tiers, pour ne pas être inquiétés plus tard, devront obtenir de la femme mariée avec laquelle ils traiteront sans l'assistance de son mari, non pas une origine de deniers précise et exacte, ce qui aurait souvent mis la femme dans l'impossibilité de contracter en lui imposant l'administration d'une preuve impossible à fournir, mais seulement la justification qu'elle exerce une profession séparée de celle du mari ; le texte voté ajoute, à titre d'exemple, et non pas pour donner une énumération limitative : un acte de notoriété ou tout autre moyen mentionné dans la convention. La loi sera donc assez libérale pour qu'il n'y ait aucune difficulté à l'observer.

On se rappelle que le texte voté en première lecture permettait à la future épouse de renoncer par avance aux avantages que la loi nouvelle lui confère, en écartant son application par clause expresse du contrat de mariage : or, l'adoption de cette disposition pouvait frapper de stérilité toute la réforme. Il n'était pas difficile de prévoir ce qui allait se passer : on voulait faire du salaire féminin, au moins tant que durerait l'association conjugale et à l'égard du mari, une catégorie de biens sur laquelle celui-ci ne pourrait avoir normalement aucune emprise ; on se proposait de sauvegarder les fruits du travail de la femme contre le droit, reconnu abusif, que possède actuellement le mari de s'emparer de ces biens, malgré la volonté contraire de celle à laquelle ils doivent l'existence, à laquelle ils ne sauraient être ravis sans une criante injustice. Comme on l'a proclamé au cours de la discussion [1], « sur ce principe de protection sociale aussi moral qu'équitable, il ne saurait s'élever de contestation sérieuse ». Mais, grâce à la disposition insérée en tête même de la loi, on rendait cette loi facultative, les futurs époux pouvant se soustraire, si bon leur semblait, à son application. On réglementait minutieusement les droits de l'épouse sur son salaire, mais on autorisait celle-ci à se montrer d'avance d'une générosité confinant à la faiblesse, de déposer en quelque sorte avant le combat les armes que l'on prenait tant de soin à lui forger.

On s'exposait de plus à voir la renonciation devenir clause de style dans les contrats de mariage, rédigés la plupart du temps sans que les principaux intéressés soient consultés, et qu'ils signent sans en avoir saisi la portée, après une lecture écoutée d'une oreille distraite. On a fait observer au Sénat [2] que les notaires, traditionnalistes par essence, seraient des plus hosti-

(1) M. Maurice Faure.
(2) M. de Lamarzelle.

les à une loi battant en brèche la puissance maritale et saisiraient avec empressement l'occasion qu'on leur offrait si bénévolement d'en paralyser le fonctionnement. On a remarqué tout à l'heure qu'en général, les jeunes fiancés demeuraient étrangers à la formation de leurs conventions matrimoniales; ils ne peuvent d'ailleurs toujours prévoir, à ce moment-là, si la femme s'adonnera par la suite à un travail rémunérateur, leurs parents pas davantage et souvent ceux-ci suivront aveuglément les indications du notaire.

En définitive, quel but la proposition de loi cherchait-elle à atteindre? créer au profit de la femme mariée une capacité nouvelle, spéciale à une catégorie de biens déterminés : or, les dispositions qui touchent à la capacité sont ordinairement d'ordre public; loin d'adopter le texte proposé par la commission, il fallait poser en principe que les conventions particulières des parties ne pourraient, en aucun cas, déroger à la loi nouvelle et proclamer d'avance la nullité absolue de toute clause destinée à en éviter l'application.

C'est ce que le Sénat a bien compris, grâce à l'heureuse intervention de MM. Maurice Faure, de Lamarzelle et Le Chevalier. Le premier avait déposé un amendement tendant à supprimer, au début de l'article premier les mots « *sauf clause contraire portée au contrat de mariage* » et à ajouter à la fin de cet article le paragraphe suivant : « *La femme ne peut renoncer par contrat de mariage aux droits qui lui sont conférés par le présent article* ». La commission, par l'organe de son rapporteur, M. Guillier, repoussait l'amendement, afin, disait le rapporteur, de respecter le grand principe de la liberté des conventions matrimoniales et d'éviter de constituer un régime d'ordre public ; quant aux notaires, ils n'auraient aucun intérêt à ce que la clause devînt de style, affirmait M. Guillier; à quoi M. Bérenger répondit qu'ils suggéreraient précisément à des individus qui n'avaient aucune intention de faire un contrat de mariage, l'idée d'en passer un, justement pour que le mari pût se soustraire à la nouvelle législation.

N'est-ce pas se servir d'un argument spécieux que d'invoquer la liberté des conventions matrimoniales? Cette liberté est loin d'être absolue, comme l'a fait remarquer fort à propos M. Le Chevalier : la loi ne défend-elle pas à la femme, d'une manière radicale, quel que soit son régime matrimonial, d'aliéner ses immeubles sans le consentement du mari ou de justice (art.

1538), sans que le mari puisse jamais renoncer à son droit et même donner à la femme une autorisation générale ?

Du moment que l'on accordait à la femme mariée une capacité nouvelle, elle devait être d'ordre public et ne pouvoir souffrir aucune dérogation. Quant à l'abus possible que la femme pourrait faire de son nouveau droit, on va voir dans un instant que l'article 2 a pris des précautions suffisantes pour y parer.

C'est pourquoi le Sénat a refusé de consacrer sur ce point le texte de la Commission, et sur la proposition de M. Poulle, à laquelle s'est rallié M. Maurice Faure, a adopté la rédaction suivante pour l'article premier, alinéa premier :

« Sous tous les régimes et *à peine de nullité de toute clause contraire portée au contrat de mariage*, la femme a, sur les produits de son travail personnel et les économies en provenant, les mêmes droits d'administration que l'article 1449 du Code civil donne à la femme séparée de biens ».

La fin de l'article n'a pas subi de modification. Sauf une adjonction à l'article 2, le texte voté en première lecture a été maintenu pour les autres articles de la proposition de loi.

Lors de la première délibération, M. Legrand, intervenant avec plus de succès qu'au sujet de l'article premier, fit admettre par le Sénat et la Commission un amendement au texte présenté par cette dernière.

Cet article vise le cas d'un usage abusif par la femme des droits que lui confère l'article premier; sous prétexte d'améliorer la situation, il ne fallait pas la renverser, en permettant à la femme de détourner de leur destination naturelle ses gains et salaires et de les dilapider ; il ne fallait pas désarmer le mari. Aussi celui-ci pourra-t-il demander que la justice retire à son épouse un pouvoir dont elle fait un usage abusif; celle-ci sera invitée à comparaître, en Chambre du conseil, devant le Tribunal civil du domicile du ménage; le ministère public aura le droit de se faire entendre. Le Tribunal, éclairé par un débat contradictoire, pourra prononcer, en connaissance de cause, le retrait de tout ou partie des droits reconnus à la femme par l'article premier.

La Commission sénatoriale n'avait pas jugé utile que la femme fût entendue, mais M. Legrand a fait admettre sans difficulté la nécessité de sa comparution. Cela va de soi : à l'aide de procédés plus ou moins frauduleux, le mari aurait pu surprendre à la religion du Tribunal une mesure nullement justifiée ; la femme, plaidant elle-même sa cause, pourra prouver l'inanité d'une demande intéressée du mari, cette disposition même de la loi empêchera celui-ci d'agir à la légère et sans posséder de justes griefs contre sa femme.

La mesure peut être urgente : comme le débat en Chambre du Conseil exige un certain délai, l'article 2, alinéa 2, dispose que le président du Tribunal du domicile des époux, statuant en référé et sur requête, pourra autoriser par simple ordonnance le mari à s'opposer aux actes que la femme se propose de faire avec un tiers.

Quel sera l'office du juge saisi de la demande du mari ? Il y aura pour lui une question d'appréciation ; de même que le tribunal apprécie les faits sur lesquels est basée une demande en séparation de biens, de même il jugera de la valeur des griefs invoqués par le mari. On ne peut évidemment déterminer, dans un texte de loi, avec une précision suffisante pour éviter tout arbitraire, les cas innombrables susceptibles de constituer des abus ; mais comme on l'a fait remarquer au cours de la première délibération, il faut, le plus possible, éviter d'attribuer au juge des pouvoirs discrétionnaires : aussi la commission a cru sage de modifier le texte de l'article 2 (1) et de citer, comme exemples d'abus pouvant entraîner le retrait des pouvoirs conférés à la femme par l'article premier, la dissipation, l'imprudence et la mauvaise gestion. Était-il bien nécessaire d'ajouter ces quelques mots ? s'il faut craindre l'arbitraire, ils n'y mettront pas grand obstacle ; la meilleure garantie pour la femme n'est-elle pas sa comparution personnelle en chambre du conseil ? La femme pourra démontrer aux magistrats l'inanité des griefs invoqués par son mari, le bien fondé des opérations qu'elle a accomplies ou se propose d'accomplir, l'usage malicieux que son époux tente de faire des dispositions de l'article 2. On verra de plus que le pouvoir d'appréciation du juge n'est pas absolu et sans recours.

S'il a voulu créer une catégorie de biens réservés, le législateur n'a pas entendu en faire également des biens insaisissables : une disposition spéciale eût été nécessaire pour qu'il en fût ainsi; or, non seulement cette disposition spéciale ne figure pas dans le texte voté par le Sénat, mais pour couper court à toute incer-

(1) A la suite de l'intervention de MM. de Lamarzelle, Bérenger et Théodore Girard.

titude, on a tenu à le déclarer expressément : c'est l'objet de l'article 3, d'après lequel les créanciers de la femme conservent le droit de saisir les biens réservés à son administration par l'article premier. Et lorsque le régime matrimonial des époux attribuait au mari, antérieurement à la loi nouvelle, l'administration des produits du travail de la femme, les créanciers du mari, ayant traité avec ce dernier dans l'intérêt du ménage, pourront aussi saisir les biens réservés.

Ce sera aux créanciers d'apporter la preuve que les acquisitions faites par le mari l'ont été dans l'intérêt du ménage : jouant dans l'action le rôle de demandeurs, cette preuve devait, selon le droit commun, être à leur charge : c'est ce que dit expressément le paragraphe 3 de l'article 3.

Là s'arrêtait cet article 3, du moins dans le texte proposé par la commission ; sur la demande de M. Legrand, et afin d'éviter toute ambiguité dans l'interprétation du texte, le Sénat a ajouté un quatrième paragraphe, pour spécifier clairement que les biens de la communauté ou les propres du mari échapperaient à toute poursuite pour dettes contractées par la femme, sans autorisation maritale, à l'occasion de l'exercice des droits à elle conférés par l'article 1er.

Il peut y avoir et il y aura souvent en pratique contestation sur la consistance des biens réservés : elle sera établie par leur origine, leur provenance. On a voulu en faciliter, dans la plus large mesure possible, la preuve à la femme en l'autorisant à se servir de tous les moyens admis par le droit commun, même la preuve testimoniale : on n'a prohibé que la preuve par commune renommée ; l'article 4 tranche cette question de preuve.

La commission ne s'était préoccupée que de la consistance ; mais, sur la remarque que le mot de provenance était plus exact et pour bien montrer son désir de rendre la rédaction aussi claire que possible, la Haute Assemblée a prévu expressément le cas de contestation sur la consistance et la provenance : les deux mots ne font-ils pas double emploi ? Comme l'a fait observer le rapporteur, « le bien fera partie du pécule suivant sa provenance ; la consistance du pécule sera déterminée par la provenance des biens ». Il est évident que la question de consistance suppose préalablement résolue la question de provenance.

Quel sort subiront les biens réservés à la dissolution du mariage ? L'article 5 va le dire : il faut distinguer suivant que le régime matrimonial comportait ou non l'existence d'une masse commune; dans la première hypothèse, les biens réservés feront partie de cette masse commune et seront soumis au partage, fait, comme d'habitude, dans les proportions indiquées par le contrat de mariage ou la loi; mais la femme renonçante jouira d'un avantage particulier et tel qu'il pourra souvent l'inciter à se porter renonçante : elle conservera l'intégralité du pécule réservé, franc et quitte de toutes dettes autres que celles grevant spécialement ce pécule et dont il était déjà le gage, conformément aux dispositions de l'article 3. Il faut noter que les héritiers en ligne directe de la femme jouiront comme elle de la même faculté.

Lors donc qu'à la dissolution la part revenant à la femme dans l'actif net de la communauté (le pécule réservé ayant servi à l'établissement de l'actif brut) est inférieure au montant du pécule réservé seul, la femme aura intérêt à renoncer, pour s'en tenir au pécule, lequel sera censé rétroactivement n'avoir jamais fait partie de la communauté.

Si maintenant, et l'on aborde la seconde hypothèse, les époux étaient soumis à un régime exclusif de toute masse commune, les biens réservés demeureront propres à la femme et seront traités en conséquence.

On le voit, la femme travailleuse acquiert jusqu'au bout des avantages considérables; la situation de la femme soumise au régime dotal pur ou au régime exclusif de communauté est surtout améliorée[1]; elle travaillait uniquement pour enrichir son mari, tandis que sous les divers régimes de communauté, ou sous le régime dotal avec adjonction d'une société d'acquêts, les fruits de son travail, tombant dans la masse commune, lui profitaient au moins en partie et en totalité, lorsqu'on appliquait l'article 1525 : mais c'était un cas exceptionnel; on en a fait la règle générale et ce n'est que justice.

Lors de la première délibération, on n'avait légiféré que dans l'hypothèse de l'existence d'une masse commune. Pour éviter qu'on ne prétendît obliger la femme au partage des biens réservés, lorsque le régime matrimonial des époux aurait exclu toute communauté entre eux, la Commission a modifié la rédaction de l'article 5 dans l'intervalle des deux délibérations, pour aboutir à la solution que l'on vient d'examiner.

------

(1) Dans le cas de régime dotal pur et simple, la loi nouvelle aboutit, en définitive, à faire du pécule réservé de véritables paraphernaux.

On sait que la femme, même commerçante, ne peut ester en justice sans autorisation de son mari ou du tribunal ; la loi la dispense expressément, par son article 6, de cette autorisation, quand il s'agit de contestations relatives aux droits qui lui sont attribués par les articles précédents.

Jusqu'à présent, la loi nouvelle s'est occupée de créer un pécule réservé, composé des fruits du travail de la femme, d'en déterminer la condition juridique et de résoudre les diverses questions qui peuvent s'y rattacher. On va maintenant indiquer les droits des époux sur leur salaire respectif ; ce sera l'objet des articles 7, 8 et 9.

Si l'un ou l'autre des époux détourne son salaire de sa destination naturelle, son conjoint pourra désormais intervenir utilement, à l'aide d'une procédure simple et rapide ; le plaignant, que ce soit le mari ou la femme, appellera l'époux dissipateur, par avertissement du greffier de la justice de paix en forme de lettre recommandée, indiquant sommairement la nature de la demande, devant le juge de paix du domicile du mari ; le conjoint appelé devra comparaître en personne, sauf empêchement grave dont il lui faudra justifier ; le magistrat, après avoir entendu contradictoirement les deux parties, pourra autoriser le demandeur à s'opposer, par voie de saisie-arrêt, au paiement entre les mains de son conjoint de partie du salaire gagné par ce dernier ; le juge de paix devra décider quelle part de ce salaire sera ainsi exclusivement réservée aux besoins du ménage et, par conséquent, frappée de saisie-arrêt.

L'époux qui aura obtenu cette mesure devra la signifier à son conjoint et au débiteur de ce dernier : la signification vaudra attribution, sans autre procédure, au profit du saisissant, des sommes dont la saisie aura été autorisée par le juge. On reviendra tout à l'heure sur cette disposition, qui peut prêter à la critique.

Ce texte offre, dans son ensemble, un caractère beaucoup plus général que les précédents : il concerne, en effet, toutes les femmes mariées sans exception et non pas seulement les femmes exerçant une profession distincte de celle de leur mari. Le législateur s'est servi des termes les plus compréhensifs et d'ailleurs, lors de la première délibération, il a bien été spécifié qu'il n'était pas seulement question dans la nouvelle loi des salaires de la femme ; c'est tellement vrai, que, sur la remarque de M. Le Chevalier, au titre : « *Proposition de loi relative au libre salaire de la femme mariée* », on a substitué le suivant, à l'issue de la deuxième délibération : « *Proposition de loi relative au libre salaire de la femme mariée et à la contribution des époux aux charges du ménage* ». Ce qui indique nettement que la loi vise deux buts distincts : le second est rempli par les articles 7, 8 et 9 et la saisie-arrêt qu'ils organisent.

Les mesures dont il est question dans les articles 2 et 7, c'est-à-dire le retrait à la femme de ses nouveaux pouvoirs par le tribunal statuant en chambre du conseil et la permission de saisir-arrêter les salaires d'un conjoint accordée à l'autre par le juge de paix subiront le sort commun des mesures appartenant à la juridiction contentieuse et pourront être frappées soit d'opposition soit d'appel, selon les circonstances ; c'est ce que décide implicitement l'article 10, lorsqu'il dit que ces jugements seront exécutoires par provision, nonobstant opposition ou appel et sans caution. Leur caractère d'extrême urgence justifie suffisamment cette décision. L'article 10, prévoyant le cas où les événements ayant motivé l'application des articles 2 et 7 auront pris fin et où l'époux coupable se sera amendé, permet à ce dernier, bien que le jugement obtenu contre lui soit définitif, de faire rapporter la mesure qui le frappe, par la procédure qui l'a ordonnée. Cette mesure est donc éminemment provisoire.

Enfin, l'article 11 et dernier, en considération de ce que la loi nouvelle améliore le sort de la femme mariée, décide que cette loi rétroagira, c'est-à-dire profitera aux femmes mariées avant sa promulgation. L'absence de cette rétroactivité aurait amené l'existence de deux catégories de femmes mariées, la condition des unes, unies postérieurement à la loi, étant préférable à celle des autres, frappées par prétérition d'une sorte de *capitis deminutio*. Le Sénat ne pouvait sanctionner un résultat aussi choquant ; il a su mener son œuvre à bonne fin en complétant, par une disposition excellente, une proposition de loi digne d'éloges. Cette proposition est venue devant la Chambre des députés à la séance du 11 juill. 1907 ; après déclaration d'urgence, elle a été définitivement consacrée, sans modification et sans débats. La nouvelle loi a été promulguée à la date du 13 juill. 1907 [1]. On ne peut qu'approuver l'empressement que

_____

[1] *Journ. off.* du 11 juill. 1907. Ch., Déb. parl., p. 1855 et *Journ. off.* des 15 et 16 juill. 1907.

nos législateurs ont mis cette fois à en terminer. Leur œuvre eût cependant gagné à être modifiée sur quelques points.

IV

Telle est la « Loi relative au libre salaire de la femme mariée et à la contribution des époux aux charges du ménage ». Elle a subi l'épreuve [d'une double délibération, sérieuse et approfondie, devant la Chambre haute, dont l'œuvre réalise un sensible progrès sur la législation précédente ; sans créer un nouveau régime, sans porter atteinte au principe de la liberté des conventions matrimoniales, le législateur a reconnu à la femme mariée la libre disposition des produits de son industrie et de son travail personnels ; l'opinion publique reçoit satisfaction, tandis que le pécule réservé conserve la destination et la nature que donnaient déjà aux biens qui le composent les conventions matrimoniales et la loi ; en effet, les fruits du travail de la femme sont destinés à subvenir à l'entretien du ménage et le législateur a pris des mesures suffisantes pour que ce but soit effectivement atteint ; mesures fort judicieusement organisées parce que la procédure établie est simple et rapide, et que les droits et les intérêts de la femme sont suffisamment sauvegardés. Par ailleurs, la nature des biens réservés n'est pas changée ; à la dissolution du mariage, ces biens, qui doivent être communs, si les époux sont soumis à un régime de communauté, tombent, en effet, dans la masse commune et suivent toutes les règles qui en gouvernent le partage et l'attribution ; la femme ne pourrait, par testament, disposer sur son salaire, que de la part lui revenant en vertu de l'application de ces règles ; si la femme renonce, il n'y a aucune injustice à lui permettre de conserver dans leur intégrité les produits de son travail ; aucun principe juridique n'empêche qu'un bien, considéré comme commun pendant le mariage, devienne propre à la dissolution de la communauté, sans qu'il soit nécessaire de procéder à un partage : actuellement, si la femme renonce, le patrimoine commun devient propre au mari ; la loi nouvelle, lorsque cette hypothèse se réalise, attribue à la femme renonçante, à titre de propre, une partie de ce patrimoine commun ; ce n'est que justice : la femme seule a donné naissance au pécule, fruit de son labeur et de ses économies, il faut lui permettre de le soustraire définitivement soit à son mari lui-même, soit à ses créanciers personnels ; d'ailleurs, ce droit accordé par le législateur à la femme qui a longtemps travaillé et épargné est l'aboutissant logique des cinq premiers articles de la loi et paraît tout à fait conforme à l'esprit qui les a inspirés; il serait immoral et choquant que le mari pût compter sur le travail de son épouse pour s'enrichir, ou que ses créanciers pussent exercer leur droit de gage sur des biens qu'il n'a aucunement contribué à acquérir.

Quant aux créanciers de la femme, ou du ménage, ils ne sont pas sacrifiés, puisqu'ils conservent toujours leur droit de gage sur le pécule réservé.

Le mari ne peut se plaindre de voir son autorité méconnue : pour que la femme jouisse des prérogatives instituées en sa faveur par la nouvelle législation dans la première de ses deux réformes, c'est-à-dire afin qu'elle puisse disposer librement des produits de son travail ou de son industrie, il faut d'abord qu'elle travaille et que son travail constitue une profession distincte de celle qu'exerce son mari. Or, le Code civil, par son article 219, s'oppose à ce que la femme puisse louer ses services ou exercer une profession quelconque sans l'autorisation de son mari, ou, à défaut, de justice; on décide même, en doctrine et en jurisprudence, que, dans certains cas et pour des considérations d'ordre moral, l'autorisation de justice ne pourra suppléer celle du mari, tout à fait indispensable (art. 4, C. comm.). Il en est ainsi en droit; si le mari refuse à sa femme l'autorisation de se livrer à un travail quelconque, il la mettra dans l'impossibilité de bénéficier de la législation nouvelle. A vrai dire, cette éventualité ne se réalisera presque jamais dans la pratique; en fait, jamais celui qui emploie les services d'une femme ne s'enquiert de savoir si elle a obtenu l'autorisation maritale; beaucoup de maris ignorent même l'existence de la disposition édictée en leur faveur par l'article 219, et l'idée d'en user ne leur en viendrait d'ailleurs pas. Il n'est guère à redouter que les effets de la nouvelle loi soient paralysés par cet article 219, qui, dans la pratique, reste la plupart du temps lettre morte. Mais il était nécessaire de rappeler son existence et de montrer comment il peut avoir une répercussion fort importante sur la question traitée au cours de cette étude. Il faut noter encore que si la femme travaille en cachette ou même ouvertement, malgré la défense formelle de son mari, celui-ci ne pourra l'empêcher de disposer de son gain.

Voici une limitation plus pratique des droits de la femme :

elle est bien armée par la nouvelle loi de pouvoirs très étendus, mais ils ne s'appliquent qu'aux fruits de son travail; personne ne songe plus à contester que ce soit là une mesure nécessaire et justifiée; encore n'accorde-t-on à la femme que le droit de disposer à titre onéreux, en lui refusant celui de faire des libéralités avec ses biens réservés. Pour les actes à titre gratuit, elle demeure soumise aux dispositions du Code civil, c'est-à-dire à l'obligation d'obtenir l'autorisation maritale. On a objecté qu'il était injuste de restreindre sur ce point la capacité civile de la femme, surtout du moment que le mari peut, de son côté, disposer seul, et sans le concours de cette dernière, des biens communs, même à titre gratuit et ruiner la communauté par les libéralités les moins justifiées. Ne peut-on répondre que mieux vaudrait priver le mari de ce droit véritablement abusif et toujours exiger le concours des deux époux pour tous actes à titre gratuit?

La portée générale de la loi, qui s'appliquera à toutes les femmes travailleuses, mérite une adhésion sans réserves : aujourd'hui moins que jamais les lois ne doivent être faites pour telle ou telle catégorie de personnes et le législateur doit éviter avec soin tout ce qui pourrait amener l'existence de castes privilégiées; de plus, toutes les femmes qui travaillent ont un intérêt et un droit égaux à être protégées par la loi et si la situation de l'ouvrière doit particulièrement attirer l'attention du législateur, on ne voit pas pourquoi, seule, elle bénéficierait d'une réforme fort avantageuse : le traitement de la femme fonctionnaire, les bénéfices de la commerçante sont aussi sacrés que le salaire de l'ouvrière.

Enfin, la loi, prévoyant le cas où l'un des époux détournerait de leur emploi normal les produits de son travail, accorde au mari et à la femme des droits égaux sur le salaire de l'époux dissipateur : elle établit entre eux une identité de traitement absolue, pour obliger cet époux à supporter dans la mesure de ses moyens les charges du ménage qu'il est impossible d'imposer à un seul : on ne saurait raisonnablement critiquer une solution aussi équitable.

Si la loi du 13 juill. 1907 réalise un incontestable progrès, comme on vient de le montrer, elle n'est pas sans donner lieu à quelques critiques; elles ne portent, il est vrai, que sur des points de détail, et ne sauraient atteindre l'ensemble de l'œuvre.

Il est d'abord, parmi les femmes qui travaillent, une catégorie fort importante que la réforme concerne sans aucun doute : ce sont les femmes commerçantes et industrielles. Le produit de leur travail présente souvent un caractère mixte : il comprend d'une part, la rémunération du labeur et de l'activité de la femme, mais d'autre part, l'intérêt des capitaux qui ont pu être engagés dans l'entreprise ; or, s'il est juste que le premier de ces deux éléments fasse partie du pécule réservé, on peut se demander s'il en est de même du second, qui sera également compris dans ce pécule.

Il est facile de résoudre la difficulté, si l'on se place uniquement au point de vue théorique, en n'attribuant aux biens réservés, conformément à l'esprit de la loi, que la part des bénéfices représentant la rémunération du travail. Mais en pratique, la distinction des deux éléments dont on a parlé pourra être très difficile à faire, à moins que l'on ait déterminé par avance le taux de l'intérêt des capitaux engagés : évaluation rarement établie, quand la femme elle-même aura fourni les capitaux nécessaires pour son commerce ou son industrie. D'ailleurs, les deux éléments de ces bénéfices industriels et commerciaux se pénètrent intimement, car le taux de l'intérêt dépend en ces matières de facteurs nombreux, parmi lesquels la capacité professionnelle, l'intelligence du chef de l'entreprise, et l'on ne peut songer qu'à établir, à défaut de convention spéciale, un forfait et à fixer par avance et une fois pour toutes à un taux modéré la part qui, dans le produit du travail de la femme commerçante ou industrielle, doit échapper au pécule réservé, comme représentant l'intérêt du capital engagé[1].

Mais il ne faudrait pas aller trop loin et en conclure que les femmes commerçantes et industrielles doivent être exclues de la réforme et, sous prétexte de porter remède à une légère imperfection de la loi, consacrer une véritable injustice, d'ailleurs trop criante pour être sérieusement à redouter. La qualité de commerçante suffira donc à la femme mariée pour qu'elle puisse disposer librement de la partie de ses bénéfices commerciaux qui représente le fruit de son labeur, de son activité, de ses efforts personnels : le texte de la loi nouvelle est aussi clair que général sur ce point. Mais on doit exiger que la femme travaille réelle-

---

[1] C'est à peu près la solution que proposait M. Saleilles : V. *Bull. de la Soc. d'ét. lég.*, première année, 1902, n° 2, p. 205.

ment par elle-même, pour lui accorder le droit de constituer un pécule réservé, droit que l'on doit refuser à la femme qui s'est bornée à faire un placement, en subventionnant ou commanditant une entreprise commerciale ou industrielle : on se trouve alors en présence de l'intérêt d'un capital, et non de la rémunération d'une activité ou d'une énergie.

Voici maintenant une seconde critique, portant comme la première, sur un point des plus délicats : l'alinéa 4 de l'article 1, les articles 4 et 5, présentent pour les tiers des dangers particulièrement graves, notamment pour les créanciers du mari, qui pourront redouter d'être victimes d'un concert frauduleux des époux, tendant à leur présenter comme faisant partie du pécule réservé des biens tombés dans la communauté ; on peut craindre qu'il n'arrive fréquemment que, poursuivi sur des biens communs par ses propres créanciers ou ceux de la communauté, le mari ne prétende que ces biens proviennent du travail de sa femme, font par conséquent partie du pécule réservé et sont frappés d'insaisissabilité à l'égard des créanciers saisissants. On se rappelle qu'en effet l'article 3, alinéa 2 restreint à un seul les cas où les biens faisant partie du pécule réservé pourront être saisis par les créanciers du mari : lorsqu'ils auront contracté avec ce dernier dans l'intérêt du ménage. D'un autre côté, la femme commune en biens, après avoir fait prononcer judiciairement la séparation, du consentement tacite de son mari, pourra revendiquer comme produits de son travail des biens faisant réellement partie de la communauté ; quant aux preuves à fournir, la femme est particulièrement bien traitée ; elle pourra user de tous les modes de preuve, sauf la commune renommée, lorsqu'elle devra établir la provenance ou la consistance du pécule réservé.

Les créanciers, déjà suffisamment maltraités par la loi française, vont, une fois de plus, courir le risque d'être spoliés : il aurait fallu organiser, pour établir la provenance ou la consistance du pécule réservé, un système de preuves suffisamment rigoureux pour sauvegarder les droits des tiers. Au contraire, on laisse à la femme toute latitude et si, encore une fois, il ne faut pas rendre illusoires, par une réglementation exagérée, les droits et les pouvoirs fort légitimement reconnus à la travailleuse, on aurait dû éviter, avec le plus grand soin, de rendre possible un usage frauduleux de la loi nouvelle.

Il aurait peut-être été plus prudent de poser en principe qu'en cas de contestation sur l'origine des biens que la femme prétend faire partie de son pécule, il ne lui suffira pas de prouver qu'elle exerce par elle-même une profession lucrative : les biens contestés devraient toujours être considérés comme communs et soumis au droit de gage des créanciers qui ont action sur ces biens communs, sauf à la femme à justifier de sa prétention, en se conformant aux prescriptions des articles 1341 et suivants du Code civil.

Et quant à la faculté que l'article 1ᵉʳ de la loi nouvelle accorde à la femme, en lui permettant d'aliéner, à titre onéreux, même les immeubles faisant partie de son pécule, elle semble dépasser le but que l'on se proposait. L'on a dit qu'il fallait permettre à la femme de réaliser rapidement ses économies, au cas de nécessité, et ne pas l'exposer alors à la malignité de son mari; mais on perd de vue que l'on autorise ainsi des actes d'une gravité exceptionnelle, en attribuant à la femme le pouvoir de disposer seule de biens communs; de plus, elle va se trouver mieux traitée que le mari : celui-ci, en effet, doit, la plupart du temps, pour une aliénation immobilière portant non seulement sur des biens communs mais sur ses propres, obtenir le concours de son épouse, à cause de l'hypothèque légale de cette dernière. Il serait, à coup sûr, équitable d'interdire au mari l'aliénation de biens de communauté sans le concours de sa femme, mais non de permettre à celle-ci de disposer seule et sans contrôle d'immeubles faisant, en définitive, partie de la communauté : si les économies réalisées sur les produits du travail de la femme sont affectées par elle, de son plein gré, à des acquisitions immobilières, il est à présumer que c'est afin d'effectuer un placement de longue haleine.

Enfin, il reste à parler d'une des mesures organisées par les articles 7, 8, 9; à l'aide d'une procédure sommaire, l'un des conjoints peut, dans certains cas, saisir-arrêter et toucher les salaires de l'autre; la signification au tiers saisi du jugement qui a statué vaut, pour le saisissant, attribution des sommes dont la saisie a été autorisée; c'est parfait pour le saisissant : mais si les salaires de son conjoint sont déjà frappés de saisies-arrêts par d'autres créanciers, quel sera le sort de ces oppositions antérieures? Seront-elles primées par celle qui émane du conjoint saisissant, à laquelle la qualité de son auteur, ou plutôt le fait que ce salaire doit être consacré avant tout aux charges du ménage, conférerait un véritable privilège? ou bien ce conjoint, n'étant pas à proprement parler créancier de son époux, devra-t-il céder le pas aux créanciers saisissants antérieurs ? Le texte de l'article 9, dans sa rédaction impérative, paraît admettre la première solution : elle risque de n'être pas toujours fort équitable. Encore ici, il y a une difficulté : le législateur ne l'a pas aperçue sans doute; à la jurisprudence incombera le soin de la résoudre.

Une remarque, en terminant : la réforme consacrée par la loi dont l'analyse a fait l'objet de ce travail était, au moins partiellement, renfermée dans une proposition déposée à la Chambre en 1890 : elle a mis dix-sept ans pour obtenir du Parlement une consécration définitive. Si l'œuvre du législateur a été beaucoup trop tardive, on ne peut nier que la loi nouvelle, malgré ses quelques imperfections, réalisera une amélioration aussi incontestable que juste en ce qui concerne le sort de la femme mariée et surtout de la travailleuse. Le temps que lui a consacré le législateur ne sera pas perdu.

JEAN SOURDOIS.

BIBLIOGRAPHIE

DES OUVRAGES SUR LE DROIT CIVIL

France.

Par MM. Paul Lerebours-Pigeonnière,

Professeur à la Faculté de droit de l'Université de Rennes,

et René Demogue,

Professeur agrégé à la Faculté de droit de l'Université de Lille.

I. — Personnes et droits de famille.

1. — Louis Crémieu, *Des preuves de la filiation naturelle non reconnue, étude critique et de législation comparée* (Thèse d'Aix, 1907). — Cet ouvrage, de dimensions imposantes (550 pages), est un très consciencieux travail ; l'auteur y remplit exactement son programme, qui est d'analyser toute la matière pour l'embrasser d'une vue d'ensemble. L'ouvrage n'a pas de prétention spéciale à l'originalité, mais il mérite d'être retenu et reste intéressant à consulter par l'utilisation qu'il a su faire de tous les matériaux du sujet. Après avoir établi dans une 2ᵉ partie le système du Code, M. Crémieu groupe dans une 3ᵉ partie toutes les critiques soulevées par ce système, toutes les tendances contraires, toutes les tentatives de la jurisprudence pour réagir contre lui ; enfin dans une 4ᵉ partie il esquisse un système nouveau dont il dégage les principes généraux de l'article de M. Ambroise Colin sur la *protection de la descendance illégitime...*, dans cette *Revue*, 1902, p. 257 et suiv.

2. — Louis Coirard, *La famille dans le Code civil* (1804-

1904). — 300 pages, 1907. La réunion de la commission de révision du Code civil suggère les examens de conscience, les appréciations critiques de nos institutions ou de nos mœurs. M. Coirard a ainsi essayé de dégager les caractères des institutions familiales dans le droit français. Son ouvrage est divisé en 5 chapitres : les sources de notre législation familiale, le lien conjugal (mariage et divorce), les rapports entre époux, l'autorité paternelle, la famille prolongée (problème de l'héritage).

3. — Adolphe Bourdeillette, président du tribunal civil de Lavaur, *Lois protectrices de l'enfance*. 1 vol., 480 p., Larose et Tenin, 1907. Cet ouvrage n'a pas le caractère d'une synthèse ou d'une étude critique, et n'est pas à proprement parler non plus un commentaire; il réunit simplement les principaux textes concernant l'enfance et les indications ou explications nécessaires pour rendre compte de leur application dans la pratique. Dans une 1re partie sont groupées les dispositions du Code civil, du Code de procédure civile et du Code pénal relatives aux enfants. Dans une deuxième partie sont énumérées les lois ou institutions spéciales concernant les nourrissons ..., l'enseignement primaire, patronage..., professions ambulantes, mendicité, la déchéance de la puissance paternelle, les enfants abandonnés, le travail des enfants dans les manufactures..., les sociétés de prévoyance, l'œuvre des enfants moralement abandonnés, l'assistance par le travail..., etc.

4. — Pouvoir du tuteur et du conseil de famille sur la personne du pupille, note S. 1907, II, 145.

5. — Théorie de la capacité de la femme mariée commune en biens dans le cas de séparation de fait, par M. J. Hémard, dans une note sous Req., 8 nov. 1905, S. 1907, I, 145.

6. — Les articles 199 et 200 du Code pénal qui prohibent la célébration du mariage religieux avant celle du mariage civil sont-ils abrogés? Note de M. Roux, sous Crim., 9 nov. 1906, S. 1907, I, 153; note de M. de Lapanouse sous le même arrêt, D. 1907, I, 161; rapport de M. le conseiller Roulier, *eod. loc.*

7. — Contrôle du mari sur les lettres missives de la femme, note D. 1907, II, 113.

8. — De l'attribution de toute la communauté à la femme survivante, note de M. Capitant, D. 1907, II, 177.

9. — C. R. de la *Commission de revision du Code civil: Questionnaire sur le mariage*, par M. Saleilles, *Bulletin de la soc. d'études législ.*, 1907, nos 3 et 4.

II. — Personnes morales.

10. — Caractère du liquidateur d'une congrégation autorisée dissoute en vertu de la loi du 7 juill. 1904. Peut-il opposer le défaut de date certaine d'un acte sous seing privé auquel la congrégation était partie? Note de M. le conseiller Dalmbert sous Rouen, 19 déc. 1906, S. 1907, II, 105.

11. — L'individualité juridique des sociétés commerciales dans le Code civil portugais, par M. Azeredo e Silva, *Annales de droit commercial,* 1907, I, 198.

12. — Notre collègue à la faculté catholique de Lyon, M. Ravier du Magny, examine et résout dans une intéressante dissertation publiée par la *Revue d'organisation et de défense religieuse,* n° du 7 juill. 1907, p. 393, la question de la recevabilité d'une action « *de in rem verso* » contre le séquestre ou contre les attributaires des biens des établissements publics du culte supprimés par la loi de 1907, au profit du prêteur ayant fourni des deniers à une fabrique non régulièrement autorisée à contracter l'emprunt.

13. — C. R. des séances de la *Commission des Fondations* (S. C. de la Com. de rév. du C. civ.), *Bulletin de la soc. d'études législ.,* 1907, p. 449 : *Fondations sportives et scientifiques.*

III. — Obligations et contrats spéciaux.

14. — Des principes de la preuve en matière civile et en matière criminelle, note de M. Planiol, D. 1907, I, 801.

15. — Pour que la preuve par témoins soit admise au-dessus de 150 francs, suffit-il qu'il y ait pour le créancier une impossibilité relative et morale de se procurer un écrit? Cette impossibilité peut-elle être souverainement appréciée par le juge du fait? Note de M. Ch. Lyon-Caen, sous Req. 27 mars 1907, S. 1907, I, 209.

16. — Effet de la loi sur un contrat antérieur. Effet de la loi du repos hebdomadaire sur le contrat de travail fixant le salaire de l'ouvrier à tant par semaine. Note de M. M. N... sous Cass. civ., 8 janv. 1907, S. 1907, I, 233.

17. — Doit-on condamner au paiement des intérêts de la somme indûment encaissée, depuis le jour de l'encaissement, celui qui n'avait encaissé qu'en exécution régulière d'une décision judiciaire? note Hauriou sous Cons. d'État, 3 févr. 1905, S. 1907, III, 57.

18. — La présomption légale de libération attachée à la remise volontaire de la grosse faite par le créancier au débiteur, s'applique-t-elle aux déboursés et aux honoraires dus par son client quand le notaire a remis volontairement la grosse à ce client? S'applique-t-elle au cas de remise volontaire d'une expédition? Note de M. Ch. Lyon-Caen, sous Cass. civ., 7 janv. 1907, S. 1907. I, 113.

19. — Distinction entre les *parts d'intérêt* et les *actions*. Note de M. Wahl, sous Req. 27 avr. 1906, S. 1907, I, 241.

20. — L'*action en rente viagère* formée par la veuve, les enfants ou les descendants de l'ouvrier victime d'un accident du travail, est-elle la *continuation* de celle que ce dernier a formée ou pu former de son vivant, ou bien ces deux actions sont-elles *distinctes ?* Note de M. Albert Wahl, sous Req. 13 janv. 1907, S. 1907, I, 177.

21. — De la *clause de non-restitution des arrérages* en cas de résolution du contrat de rente viagère par suite de faillite de l'acheteur. Note de M. R. Demogue sous Dijon, 9 déc. 1903, S. 1907, II, 73.

22. — L'article 1386 du Code civil est-il applicable dans les *rapports des locataires avec les propriétaires?* Note de M. Planiol sous Paris, 17 janv. 1905, S. 1907, II, 97.

23. — *Responsabilité du fait des choses*, note Josserand, D. 1907, I, 177.

24. — Continuation de la discussion sur la *responsabilité en matière d'accidents d'automobiles* ouverte à la *Société d'études législatives, Bulletin* de la société, 1907, p. 257, p. 390. La nécessité d'une législation spéciale est combattue par M. Quérenet, défendue par M. Berthélemy. L'importance du fonds de garantie est de nouveau mise en relief par M. Thaller, lequel montre d'autre part l'inconvénient de l'assurance couvrant les fautes graves. M. Defert, M. Ambroise Colin ont repris de nouveau l'idée de risque de propriété. Dans le même *Bulletin, statistique* des accidents d'automobiles en Allemagne, par M. Scheikvitch, p. 433.

25. — Dans le même *Bulletin*, p. 421 : note sur le chap. V du projet relatif au *contrat collectif du travail*, par M. Barthélemy-Raynaud, p. 421. Note sur l'article 20 du même projet par M. A. Boissard, p. 430.

6. — M. I.-Marcel Chatel, *Du nantissement des obligations de sociétés non placées* (thèse Rennes, 1907, 1 vol., Rousseau. édit.). Cette thèse excellente, qui révèle un esprit souple et distingué auquel il ne reste plus que peu de progrès à accomplir, est, à beaucoup d'égards, intéressante. Elle cherche la solution convenable dans une situation de fait délicate en droit commercial, mais à cette occasion elle met en jeu des principes communs ou des institutions plus générales et son analyse déborde pour toucher le droit civil.

L'hypothèse envisagée n'a pas besoin d'être expliquée ici. Cette hypothèse a contraint la jurisprudence de rechercher si les obligations non souscrites, remises en gage, avaient une valeur juridique, c'est-à-dire, de prime abord, si elles contenaient des obligations existantes. L'auteur, analysant avec plus d'attention et de détails qu'on ne l'avait fait jusqu'alors, cette jurisprudence, nous montre les arrêts admettant la valeur juridique de l'obligation non souscrite et la dette déjà existante. Il semblerait que ces arrêts vont donc se rencontrer avec les théories allemandes et que la doctrine de l'engagement unilatéral de volonté, de la dette sans créancier actuel, trouverait ici un argument d'utilité et même un argument contre l'objection de doctrine étrangère répugnant à nos conceptions pratiques. M. Châtel rend au contraire le service de démontrer que la doctrine allemande de la dette sans créancier complique la difficulté au lieu de la résoudre, et qu'elle ne suffit pas à expliquer que l'obligation non placée ait une valeur juridique, ni que l'obligation unilatérale prétendue puisse être invoquée, alors qu'aucun souscripteur ne se présente en cette qualité.

La question de la valeur juridique des obligations non souscrites forme l'objet de la première partie de la thèse de M. Châtel. La recherche du moyen de fonder un crédit sur ces obligations forme la seconde partie. Ici, nous signalerons notamment, comme présentant un intérêt général, le premier chapitre, envisageant le fonctionnement de l'opération sous la forme du nantissement. D'abord l'intervention du nantissement dans notre hypothèse amène l'auteur à essayer deux manières de comprendre le nantissement des obligations non placées, comme nantissement des créances futures contre les sociétés, comme nantissement des créances futures contre les souscripteurs éventuels. L'idée de la dation en nantissement par le débiteur d'une créance contre lui-même est une idée curieuse qui n'avait point eu de meilleure occasion de se manifester. L'auteur la repousse par des raisons tirées de la nature spéciale de la créance en cause, mais aussi par des raisons plus générales, tirées de la notion du gage ou de la prohibition du pacte commissoire, raisons, qui, nous semble-t-il, tendraient à s'élever à l'encontre de toute constitution en gage d'une créance.

Nous n'avons pas la prétention d'avoir analysé la thèse de M. Châtel, qui est surtout d'ailleurs une thèse de droit commercial; il nous suffit d'avoir signalé ces deux points et porté témoignage du mérite et des promesses de l'ouvrage.

IV. — Propriété et droits réels.

27. — Dans le conflit entre un créancier privilégié sur les meubles et un créancier muni d'un privilège général, le prix d'un immeuble vendu se confond-il dans la masse mobilière ou doit-il en être distrait comme représentant l'immeuble? Note de M. E. Naquet sous Req. 6 mai 1905, S. 1907, I, 121.

28. — De la prescription de l'action en revendication, rapport de M. le conseiller Potier, D. 1907, I, 142.

29. — De l'hypothèque des légataires, note de M. De Loynes, D. 1907, I, 217.

30. — De la prohibition des droits perpétuels sur les immeubles, note de M. Planiol, D. 1907, I, 249.

31. — Caractère du droit d'auteur, note de M. Claro, D. 1907, II, 121.

V. — Successions et donations.

32. — Prohibition des pactes sur succession future. Y a-t-il violation de cette prohibition dans la clause d'une donation imposant au donataire l'obligation de rapporter vis-à-vis de ses colégataires dans le cas où il viendrait à la succession comme colégataire universel? Note de M. E. Naquet, sous Req., 26 juin 1905, S. 1907, I, 217.

33. — Le successible qui a cédé ses droits reste-t-il successible au sens de l'article 841 du Code civil et peut-il exercer le retrait successoral? Note de M. Albert Wahl, sous Req. 5 juin 1905, S. 1907, I, 225.

34. — Sens de l'expression de « successible », contre lequel aux termes de l'article 841 du Code civil, le retrait successoral ne peut être exercé. Le retrait peut-il être exercé contre le légataire ou donataire de l'usufruit de toute la succession? contre le légataire universel de cet usufruitier décédé? Note de M. Albert Wahl, sous Orléans, 7 juill. 1906, S. 1907, II, 121.

35. — L'article 1423 du Code civil est-il un texte d'exception, ou bien applique-t-il le droit commun? En d'autres termes le legs d'une chose indivise produit-il toujours les effets indiqués dans un cas particulier par l'article 1423? Note de M. Albert WAHL, sous Besançon, 16 mai 1906, S. 1907, II, 89.

36. — De la prescription du droit d'accepter ou de répudier une succession. Note de M. A. WAHL, sous Cass. Naples, 28 déc. 1903, S. 1907, IV, 9.

37. — Du rapport pour les associations faites entre le défunt et l'un de ses héritiers par acte sous seings privés, note de M. A. WAHL, sous Douai, 21 juin 1906, S. 1907, II, 57.

38. — De la notion de la cause illicite dans les donations et de la doctrine de la « preuve intrinsèque » dans la jurisprudence, note de M. Ambroise COLIN, sous Civ., 2 janv. 1907, S. 1907, I, 137.

VI. — OUVRAGES AUXILIAIRES.

39. — *Le régime du culte catholique antérieur à la loi de séparation et les causes juridiques de la séparation*, conférence faite à l'école des Hautes-Etudes sociales le 13 mars 1907, par M. Léon DUGUIT, 1 br. Larose et Tenin, édit.

40. — André DUMOUCHEL, *Étude juridique de la clientèle des fonds de commerce et des professions libérales* (thèse, 1907). Diverses notions importantes sont analysées dans ce travail, la notion de profession libérale, la notion de rémunération de ces professions, mais surtout la notion de clientèle. L'auteur nie que la clientèle soit un bien comparable aux autres biens, éléments du patrimoine, objets de droits. D'autre part, en partant de cette notion négative, l'auteur étudie la prétendue cession de clientèle, la transmission des offices ministériels, charges d'agréés, agences d'assurances, la mise en société de clientèles de professions libérales, enfin les clauses de concurrence.

41. — M. BARTIN ajoute un remarquable volume à l'excellente *Bibliothèque de jurisprudence civile contemporaine* de la librairie générale de droit et de jurisprudence. Ce volume inaugure une série d'*Études sur les effets internationaux des jugements* en traitant *De la compétence du tribunal étranger*, analyse minutieuse et savante dominée par les préoccupations ordinaires de l'auteur, par sa conception particulariste du droit international privé, par la préoccupation non seulement pratique mais théorique des difficultés de qualification. Ces *études*, dont

nous attendons la suite, ne sont pas seulement intéressantes en
ce qu'elles fouillent plus profondément un domaine, elles sont
de celles qui contribuent assurément au développement de la
science.

PAUL LEREBOURS-PIGEONNIÈRE et RENÉ DEMOGUE.

JURISPRUDENCE FRANÇAISE

EN MATIÈRE DE DROIT CIVIL

A. — Personnes et droits de famille.

Par M. Louis Josserand,

Professeur à la Faculté de droit de l'Université de Lyon.

I. — Mariage.

1. — *Divorce, femme demanderesse, abandon du domicile assigné par justice, fin de non-recevoir, motif légitime, dépens.*

Aux termes de l'article 241 du Code civil, « la femme est tenue de justifier de la résidence dans la maison indiquée »; et, à défaut de cette justification, le mari peut « la faire déclarer non-recevable à continuer ses poursuites ». Ce texte semble bien mettre la preuve à la charge de la femme, mais, en fait, ainsi que le constate la Cour d'Orléans, c'est le mari qui apporte au juge la preuve de l'abandon par la femme de la résidence qui lui avait été assignée. Du moins cette preuve est-elle recevable non seulement en première instance, mais aussi en appel, où elle peut être proposée pour la première fois; et la Cour peut fort bien, en l'accueillant, mettre à la charge de la femme, outre les dépens d'appel, ceux de première instance, à supposer du moins que l'abandon de la résidence remontât au début de la procédure de divorce.

La fin de non-recevoir de l'article 241 n'a d'ailleurs rien d'absolu. D'une part, le tribunal devant qui elle est proposée n'est pas tenu de l'accueillir et il peut toujours rechercher si l'abandon de résidence ne s'explique pas par des motifs légitimes (Voy. déjà en ce sens, Paris, 27 févr. 1868, D. 68. 2. 53). D'autre part, la femme, à qui est opposée la fin de non-recevoir, a toujours la facilité de reprendre et de continuer la procédure en réintégrant la résidence qui lui avait été fixée ou même en faisant agréer par le tribunal des circonstances de nature à légitimer l'abandon (Orléans, 22 févr. 1907, *Gaz. Trib.*, 26 mai 1907).

2. — *Divorce, mesures provisoires prescrites par le tribunal, exécution provisoire.*

Le tribunal peut parfaitement ordonner l'exécution provisoire du jugement par lequel il prescrit, au cours d'une instance en divorce, certaines mesures urgentes ayant trait par exemple à la garde des enfants, à une pension alimentaire, ou à une provision *ad litem* que l'un des époux devra servir à l'autre. Il est vrai que l'article 240 du Code civil ne dit rien de cette faculté pour le tribunal d'ordonner l'exécution provisoire des mesures prescrites, au lieu que l'article 238 décide expressément que l'ordonnance prise par le juge conciliateur « est exécutoire par provision » (art. 238, 3e al.); mais c'est précisément parce que le législateur s'était expliqué dans l'article 238 à propos de l'ordonnance rendue par le juge qu'il n'a pas cru devoir se répéter dans l'article 240, en ce qui concerne les jugements émanés du tribunal, car il ne saurait être question de refuser à une juridiction entière un pouvoir que le législateur a expressément conféré à un juge unique (Alger, 15 avr. 1907, *Gaz. Trib.*, 30 juin 1907. — Également en ce sens : Paris, 21 janv. 1895, D. 95. 2. 168).

3. — *Séparation de corps, préjudice matériel et moral, dommages-intérêts, article 1382 du Code civil.*

L'époux demandeur en séparation de corps peut obtenir, outre la séparation, une condamnation à des dommages-intérêts correspondant à un dommage matériel ou moral que la séparation est, par elle-même, inefficace à réparer; spécialement, la femme peut obtenir une telle condamnation contre son mari, qui a abandonné le domicile conjugal après lui avoir laissé une lettre conçue en des termes injurieux et en emportant des valeurs qui venaient d'être retirées d'une banque. De tels agissements sont constitutifs d'une faute dont le coupable doit réparation en vertu de l'article 1382 du Code civil (Lyon, 22 mai 1907, *La Loi*

11 juill. 1907. — Voy. note Labbé sous Cass., 3 janv. 1893, S. 93. 1. 225).

II. — Régimes matrimoniaux.

4. — *Contrat de mariage, apport fictif, preuve, immutabilité des conventions matrimoniales.*

Les clauses contenues dans un contrat de mariage peuvent-elles être attaquées pour cause de simulation? ou bien la règle de l'immutabilité des conventions matrimoniales s'oppose-t-elle à pareille éventualité? La question se posait sur une clause par laquelle la femme avait accusé un apport de 103.000 francs, dont le mari reconnaissait la réalité. Plus tard, et alors que la communauté dissoute venait d'être liquidée judiciairement, le mari allégua que le prétendu apport de sa femme avait, pour sa quasi-totalité, un caractère fictif, et qu'il ne s'était élevé effectivement qu'à la somme de 3.000 francs. Cette affirmation était d'ailleurs rendue très vraisemblable par un écrit susceptible de jouer le rôle de commencement de preuve et par diverses présomptions suffisamment concluantes. Cependant, le tribunal civil de la Seine estima qu'il ne lui était point loisible de faire état du faisceau de preuves produites par le mari ; à son avis, le principe de l'immutabilité des conventions matrimoniales exigeait que toutes les clauses du contrat de mariage restassent également debout.

La Cour de Paris a dégagé tout ce que ce point de vue présentait d'excessif. A vrai dire, la règle de l'article 1395 du Code civil n'était nullement en cause dans le débat, car autre chose est modifier un régime matrimonial, autre chose est prouver la simulation dont est entachée une clause du contrat et rétablir ainsi la réalité des faits. Le principe de l'immutabilité, qui a été conservé par le Code civil afin de soustraire le régime matrimonial aux fantaisies des époux et de le préserver de toute modification postérieure au mariage, ne saurait faire obstacle au rétablissement d'une situation existante lors de l'union des époux : personne n'a de droit acquis à ce qu'un mensonge conventionnel soit tenu pour la vérité.

Dans ces conditions, et le principe de l'immutablité étant mis hors de cause, il reste, comme le constate la Cour de Paris, que la force probante qui s'attache au contrat de mariage ne diffère point de celle dont bénéficient les autres actes authentiques; la preuve de la simulation pourra donc être administrée par de simples présomptions appuyées sur un commencement de preuve par écrit (Paris, 13 juin 1907, *Gaz. Trib.*, 8-9 juill. 1907).

5. — *Communauté conjugale, vente d'immeubles, créance du prix, adjudication de l'immeuble.*

Un individu vend un immeuble, puis décède sans avoir été payé. Son héritier se marie sous le régime de la communauté légale, actionne l'acheteur, fait saisir l'immeuble jadis vendu par son auteur et s'en rend adjudicataire : cet immeuble va-t-il constituer un propre du mari ou bien un conquêt? C'est un conquêt, décide fort justement la Cour de Cassation, car la créance du prix que l'héritier du vendeur avait trouvée dans la succession de celui-ci était tombée dans la communauté avec le privilège qui en garantissait le paiement et c'est dans l'intérêt de la communauté que le recouvrement en avait été poursuivi. Si le créancier a cru devoir acquérir l'immeuble par adjudication, cet immeuble est entré dans la communauté aux lieu et place de la créance du prix : c'est un cas de subrogation réelle dont la Cour de cassation, après la Cour de Tananarive, admet l'existence. Plus simplement, il était aisé de constater que l'acquisition s'était réalisée à titre onéreux et postérieurement au mariage, qu'elle ne se rattachait en effet à aucune cause préexistante à celui-ci, le vendeur n'ayant exercé aucune action de nature à lui faire restituer rétroactivement la propriété de la chose vendue.

Louis Josserand.

B. — Obligations et contrats spéciaux.

Par M. René Demogue,

Professeur agrégé à la Faculté de droit de l'Université de Lille.

I. — Obligation en général.

a) Conditions d'existence des obligations extracontractuelles.

1. — *Responsabilité entre voisins.*

La jurisprudence qui autorise un voisin à réclamer une indemnité lorsqu'il subit du fait du propriétaire voisin un préjudice excédant les inconvénients ordinaires du voisinage est bien connue (v. notre *Revue* 1905, p. 129 et l'art. de M. Appert,

1906, p. 71). Dans quelle mesure cette indemnité peut-elle être réclamée lorsque le préjudice est survenu à la suite d'actes licites que la victime a faits elle-même? La Cour d'Aix a déjà jugé, le 8 déc. 1902 (v. *Revue* 1904, p. 857), un industriel responsable du préjudice causé à une vigne qui avait été replantée depuis le fonctionnement de l'usine, ne tenant pas compte de ce que sans le fait du plaignant le dommage n'aurait pas eu lieu.

Dans le même sens, la Cour de cassation (chambre civile, 18 févr. 1907, S. 1907. 1. 77) a récemment condamné à une indemnité un propriétaire de four à briques dont l'usine avait causé un grave préjudice à des propriétaires de maisons voisines, lesquelles n'avaient été construites que depuis l'établissement de l'usine. Cet arrêt cependant ne pose pas ce principe général qu'il y aurait toujours lieu à indemnité dans ces conditions : car il constate que l'industriel n'avait pas pris toutes les mesures nécessaires pour éviter de causer un préjudice. Il ne contredit donc pas la solution donnée par les cours d'appel dans maints arrêts, d'après laquelle celui qui acquiert un immeuble dans un quartier d'usines ne peut se plaindre du préjudice que celles-ci lui font subir (v. Riom, 28 nov. 1901, S. 1902. 2. 48). Mais il pose du moins cette règle très importante qu'il y a faute de la part du propriétaire, exploitant une usine au milieu de terrains non bâtis, sans plainte des voisins, lorsque, ceux-ci étant venus à construire, il n'a pas pris les mesures pour leur éviter des incommodités trop grandes. Ses obligations ont donc varié avec les changements qui se sont produits dans les immeubles voisins. La notion de faute doit donc s'apprécier différemment suivant les époques.

2. — *Responsabilité du fait des choses.*

La Cour de cassation cherche maintenant à éluder la question de la responsabilité du fait des choses qu'elle avait semblé résoudre affirmativement il y a quelques années. Un arrêt du 3 juin 1904 (D. 1907. 1. 177) avec note de M. Josserand a évité de déclarer un abonné du gaz responsable comme gardant la tuyauterie de gaz qui, étant perforée, avait causé une explosion, comme l'avait fait l'arrêt d'appel. Il s'est au contraire appuyé sur la responsabilité contractuelle de l'abonné pour rejeter le pourvoi.

3. — Nous trouvons au contraire cette responsabilité du fait des choses nettement acceptée en laissant de côté tout motif subsidiaire de faute par un jugement du tribunal de Vervins confirmé

le 24 janv. 1907 par la Cour d'Amiens (*La Loi*, *Gaz. Trib.* des
13-14 mai, 21-22 juin). La décision admet la responsabilité de
plein droit du propriétaire d'une batteuse pour l'accident qu'elle
a causé, une pièce en éclatant ayant tué un ouvrier, et il consacre cette responsabilité non seulement pour les choses mobilières, mais même pour les immeubles par destination, qui, dit le
jugement, n'ont pas perdu leur nature mobilière (v. sur cette
question *Revue*, 1907, p. 100).

4. — *Indépendance des diverses actions nées d'un accident.*

Nous avons montré déjà (V. *Revue*, 1906, p. 927) l'absolue
indépendance qui existe entre les diverses actions nées d'un accident : d'une part celle de la victime et d'autre part celles de
ses héritiers qui prétendent se prévaloir du préjudice à eux
causé par son décès survenu par la suite. La Cour de cassation
a fait une application de ces idées en matière d'accidents du travail et a jugé le 13 janv. 1904 (S. 1907. 1. 177 avec note de
M. WAHL) que l'action des enfants après le décès de leur père
était absolument indépendante de celle de ce dernier décédé au
cours du procès intenté par lui à son patron. Elle n'avait donc
pas à être intentée dans l'année de l'accident, ni à être exercée
seulement par voie de simples conclusions prises au cours du
procès primitif.

5. — *De la notion de préposé.*

Il y a désaccord en jurisprudence sur le point de savoir si des
pompiers peuvent être considérés comme préposés d'une commune. La Cour de Bordeaux a admis la négative quand il s'agit
des manœuvres dirigées contre l'incendie qu'on prétend avoir
été mal conçues (V. *Revue*, 1906, p. 899). Le tribunal de Char-
tres le 2 mai 1907 (*Gaz. Pal.* 16 mai) a déclaré au contraire que,
les communes étant chargées de combattre et de faire cesser les
incendies, les pompiers prennent leur place et se substituent à
elles dans l'accomplissement de cette charge, qu'ils sont alors
les mandataires de l'autorité communale qui les a requis ou qui
a accepté leurs services s'ils se sont spontanément présentés,
mais qu'ils n'engagent la commune que dans les mesures
commandées par l'intérêt public pour arrêter la propagation du
feu. Au contraire « des pompiers ayant aperçu les lueurs du
feu et s'étant réunis spontanément pour porter secours dans
une commune voisine, ils ne sont pas les mandataires d'une commune quelconque » et si en se rendant sur le lieu du sinistre ils

causent un accident à des passants, la commune n'en est pas responsable.

6. — *Qui peut agir en répétition de l'indû.*

Une personne ayant fait verser par un mandataire une somme d'argent pour se libérer d'une dette déjà acquittée auparavant, la Chambre des requêtes, le 24 avril 1907, *Gaz. Pal.*, 8 juin 1907, a jugé que l'action en répétition de l'indû peut être exercée soit par celui au nom duquel le paiement a été fait, soit par la personne même qui a effectué le paiement. Cette solution de principe n'avait jamais été formulée par la Cour, qui jugeait la question pour la première fois. Demolombe, qui a prévu la question (t. VIII, n° 248), ne l'admettait que sous des distinctions que l'arrêt paraît repousser.

b) Conditions de validité des obligations contractuelles.

7. — *Une obligation de faire peut-elle être perpétuelle?*

Un arrêt récent de la Chambre civile (25 juin 1907, *Gaz. Pal.* 11 juill.) a admis l'affirmative et décidé en conséquence qu'un hôpital avait pu mettre à la disposition d'une faculté libre de médecine un certain nombre de lits pour l'enseignement clinique. L'arrêt n'a toutefois pas donné d'arguments très probants. Il se fonde sur la loi du 12 juill. 1875, qui prévoit ces contrats (art. 6) et sur l'article 120 de la loi du 5 avr. 1884, qui parle de la mise des locaux communaux à la disposition d'un établissement privé, lesquels ne prévoient pas du tout la perpétuité. Mais il faut remarquer que la solution est conforme aux décisions antérieures de la Cour (v. Cass., 17 août 1880, D. 81. 1. 452. — 24 juill. 1884, D. 84. 1. 185. V. de même Caen, 3 juill. 1901, *Revue*, 1903, p. 888). Nous avons d'ailleurs déjà fait remarquer précédemment que si une obligation a pour objet des prestations successives, il n'y a aucun obstacle à ce qu'elle soit perpétuelle. Il est regrettable que la Cour n'ait pas affirmé à nouveau cette solution.

8. — *Convention d'anatocisme portant sur des intérêts à courir.*

Peut-on stipuler d'avance les intérêts des intérêts de capitaux prêtés? L'affirmative, adoptée anciennement par la Cour de cassation, est accueillie par certaines cours d'appel (V. Paris, 19 mars 1903, *Revue*, 1906, p. 509; Douai, 20 mars 1906, *Revue*, 1906, p. 911 et plus récemment Montpellier, 7 déc. 1905, D. 1907. 2. 152). Malgré tout les cours restent divisées et on peut citer en sens contraire un arrêt de Nancy (16 déc. 1880, D. 82. 2. 140), et un autre de Paris du 4 mai 1905, (V. *Revue*, 1905, p. 653).

9. — *Contrat d'adhésion à titre gratuit.*

Le fait de donner un billet de faveur pour un théâtre, bien qu'acte gracieux, n'en oblige pas moins le bénéficiaire à observer les clauses y insérées, notamment l'interdiction de le vendre. Il y a là un véritable contrat d'adhésion à titre gratuit qui doit être observé comme tout autre (Trib. Seine, 2 févr. 1907, *Gaz. Trib.*, 10 avr.).

c) Effets des obligations.

10. — *Le concordat n'accorde-t-il qu'un terme de grâce?*

Doit-on considérer comme terme de grâce celui qui a été accordé à un failli par concordat ?

La négative a été acceptée par la presque unanimité des auteurs (v. Baudry et Barde, *Obligations*, t. III, nº 1838; Larombière, t. V, art. 1291, nº 27). La Cour de cassation, qui n'avait pas eu l'occasion de se prononcer encore sur ce point, a adopté le même système par un arrêt du 18 déc. 1906 (ch. civ., S. 1907. 1. 135), et elle a admis en conséquence que le failli concordataire ne pouvait se voir opposer la compensation, ce qui est d'ailleurs conforme au but du concordat, qui doit malgré tout assurer un entier délai au commerçant et maintenir l'égalité entre ses créanciers.

11. — *Des tiers au point de vue de l'article 1328.*

La notion de tiers a toujours été des plus délicates à fixer. La question nouvelle suivante vient de se présenter à ce sujet. Faut-il considérer comme tiers au sens de l'article 1328 du Code civil, le liquidateur d'une congrégation enseignante dissoute en vertu de la loi de 1904, auquel on oppose un acte privé entre une supérieure de congrégation et une religieuse fixant la dot de celle-ci? Cet acte a-t-il de plein droit date certaine à son égard? La négative a été admise par la Cour de Rouen le 19 déc. 1906 (S. 1907. 2. 105, avec note en ce sens de M. le conseiller DALM-BERT) (V. de même trib. Valenciennes, 18 avr. 1907, *Gaz. Pal.*, 2 juill.). Elle se fonde sur ce que le liquidateur est investi par la loi d'un droit personnel en vertu duquel il a le devoir de liquider et de verser le produit net de son administration dans les caisses de l'État. Il faut donc reconnaître au liquidateur vis-à-vis des prétendus créanciers de la congrégation les droits que possède l'État sur le produit de la liquidation. Et l'État est fondé à exiger de ceux qui prétendent avoir acquis un droit de gage sur les biens de la congrégation antérieurement à sa dissolution la preuve de cette antériorité. Ce raisonnement paraît assez discutable, car si l'État prend non le bien de la congrégation, mais le reliquat après que le surplus a été employé conformément à la loi, n'est-il pas naturel de dire que la congrégation se survît pour sa propre liquidation et que le liquidateur n'est que substitué aux organes ordinaires de gestion de la personne morale? La Cour d'ailleurs est-elle si certaine de sa solution puisqu'elle ajoute : que si le liquidateur peut exciper de l'article 1328 en qualité de tiers, c'est pour lui une faculté et non une obligation, qu'il paiera ou qu'il opposera cet article suivant qu'il aura des doutes ou non sur la sincérité de la créance? Si le liquidateur est le mandataire de l'État, ne doit-il pas toujours opposer l'article 1328?

12. — *La ratification d'un acte nul ne peut nuire aux tiers*.

Le tribunal de Rennes (15 mars 1907, *Gaz. Pal.*, 22 juin 1907) en a tiré cette conclusion nouvelle qu'un appel fait par un mandataire dont le mandat nul n'avait été ratifié que par la suite n'est pas régulier, car ce serait faire rétroagir contre le tiers la ratification. Cette solution intéressante est conforme à la jurisprudence de la Cour de cassation (24 mars 1880, S. 83. 1. 461, et 24 juin 1823, S. chr.).

13. — *Quelles personnes sont présumées avoir traité aux conditions d'un contrat d'adhésion?*

Cette question s'est trouvée soulevée de la manière suivante, qui paraît nouvelle. Un journal insère en tête de ses colonnes que « les manuscrits non insérés ne sont pas rendus ». C'est une clause à laquelle sont de plein droit soumises les personnes qui envoient un article au journal. Mais est-elle aussi applicable à un rédacteur attitré? Non, a dit le tribunal de la Seine, le 2 févr. 1907 (*Gaz. Pal.*, 18 mai). La clause ne vise que les manuscrits envoyés par des inconnus, qui désirent soumettre leurs œuvres à l'appréciation de la direction, et non le collaborateur attitré, connu, dont les articles étaient acceptés d'avance et n'attendaient que leur tour pour paraître. Cette solution est en somme très équitable, le rédacteur inconnu ayant seul songé à garder un double de ses articles : en même temps, elle évite une application trop rigide du contrat d'adhésion.

14. — *De la fixation des honoraires des avocats*.

Un avocat peut agir en paiement de ses honoraires, a décidé le tribunal de Charleville le 23 mars 1907 (D. 1907. 1. 147), conformément à une jurisprudence bien établie (v. l'étude de M. Wahl, *Rev.*, 1905, p. 414).

D'autre part le tribunal a affirmé pouvoir fixer le taux de ces honoraires sans tenir compte de l'usage. Il est certain qu'il peut estimer la somme due lorsque les parties ne l'ont pas fait. (v. Labouret, *Des honoraires d'avocat*, p. 277). Mais le jugement paraît innover en disant que l'usage de réclamer 3 0/0 de la somme obtenue dans certaines affaires ne doit pas être admis. Il est vrai qu'il y avait dans cet usage un véritable pacte *de quota litis.*

15. — *Sanctions des obligations imposées aux notaires en vertu du décret de 1890.*

Des notaires procédant conformément au décret de 1890 à la vérification de la comptabilité d'un confrère ont négligé de faire un rapport sur un déficit et n'ont point averti le Parquet. Le notaire vérifié ayant profité de cette circonstance pour faire des encaissements et prendre la fuite, un client peut-il agir contre les notaires vérificateurs à raison de la faute qu'ils ont commise et leur demander une indemnité? Non a dit sur cette question nouvelle, mais cependant simple, le tribunal de Saint-Malo (11 mai 1907, *Gaz. Pal.*, 25-28 mai; *Gaz. Trib.* du 21 juin) : des opérations de contrôle ont été organisées dans un intérêt d'ordre public exclusivement et elles ne comportent que des sanctions disciplinaires. Cette affirmation, mêlée d'ailleurs d'argument de fait et de solutions de questions de preuve, paraît contraire aux principes admis.

16. — *Du patron assuré contre les accidents qui ne déclare pas le nombre de ses ouvriers.*

Un patron assuré contre les accidents de son personnel est obligé de donner à son assureur un état trimestriel des journées de travail faites chez lui. Il n'exécute pas ses obligations. La compagnie peut-elle lui faire payer une prime calculée en évaluant quel a dû être le nombre de journées? Le tribunal de commerce de la Seine a rejeté cette prétention le 5 juin 1906 (*Pand. fr.*, 1907. 2. 79), et il semble dire que le seul remède est de faire résoudre le contrat avec dommages-intérêts, ce qui paraît singulier, car pour fixer ces dommages-intérêts il faudra se préoccuper entre autres choses de l'importance de la prime que l'assureur n'a pu toucher.

d) Preuve des obligations.

17. — *Preuve par un médecin des honoraires à lui dus.*

Nous avons signalé précédemment la très importante jurisprudence des cours d'appel et des tribunaux qui s'est formée en matière de preuve d'honoraires des médecins et qui admet ici la preuve par témoins (v. *Revue*, 1905, p. 652 et 1903 et 1904, p. 421).

Elle vient de recevoir l'approbation de la Chambre des requêtes le 27 mars 1907 (*Gaz. Pal.*, 4 mai). L'arrêt dit, en effet, que l'impossibilité de présenter une preuve écrite du fait juridique invoqué peut être relative et morale : d'où il conclut qu'une Cour d'appel peut voir cette impossibilité dans « un usage fondé sur la nécessité, l'intérêt des malades et la dignité du médecin ». Il a rejeté en conséquence le pourvoi contre l'arrêt de la Cour de Paris du 14 mars 1903, rapporté par nous, qui avait autorisé la preuve testimoniale d'engagements d'une personne envers un médecin qu'elle chargeait de soigner sa fille (v. *Rev.*, *loc. cit.*).

18. — *A l'égard de qui un reçu a-t-il force probante ?*

Un reçu fait preuve de l'extinction de la dette non seulement entre le débiteur et le créancier, mais même à l'égard des tiers. On ne peut invoquer ici la règle *res inter alios acta*. Car l'acte de preuve fait foi de son contenu à l'égard de tous. C'est ce qu'a reconnu la Cour d'Orléans le 3 mai 1907 (J. *La Loi* du 14 mai).

e) Extinction des obligations.

19. — *Effets de la cession de biens.*

La cession volontaire de biens ne confère aux créanciers que la possession des biens et le mandat de les vendre. Il en résulte que le débiteur peut reprendre ses biens, ou que, s'il y a un excédent d'argent après la vente, il lui revient. A ces solutions admises par la doctrine (v. Baudry et Barde, *Obligations*, II, n° 1638), la Cour de Montpellier (9 févr. 1907, *Gaz. Trib.*, 19 mai) en a ajouté une autre plus intéressante : c'est que les créanciers qui ont une hypothèque, même ceux qui ont été chargés par les autres de réaliser la vente, peuvent, n'étant pas propriétaires et par suite n'étant pas vendeurs en leur nom, surenchérir du dixième sur l'adjudicataire, ce qui leur eût été interdit si la cession avait emporté transfert de propriété à leur profit.

20. — *Caractère juridique de la grève.*

La Chambre civile de la Cour de cassation a cassé le 13 mai

1907 (*Gaz. Pal.* du 30 mai) le jugement du tribunal de Lille qualifiant la grève de simple suspension du contrat de travail (v. *Rev.*, 1907, n° 2).

21. — *De l'identité de qualité au point de vue de l'autorité de la chose jugée.*

Une personne ne peut se voir opposer l'autorité de la chose jugée si elle intente deux fois le même procès en deux qualités différentes. Ainsi en est-il d'une personne qui se présente devant la justice tantôt comme tiers se prévalant d'une stipulation pour autrui faite en sa faveur, tantôt comme créancier exerçant les droits de son débiteur en vertu de l'article 1166 du Code civil. Cette solution, donnée par la Cour de Paris le 18 mars 1907 (*Gaz. des Trib.* du 1er juill.), avait déjà été donnée par la Cour de cassation le 4 juillet 1854, D. 54. 1. 403.

22. — *A qui une ordonnance de taxe est-elle opposable?*

Une ordonnance de taxe obtenue par un notaire fixe les honoraires auxquels il a droit. Mais a-t-elle force en même temps pour déterminer les personnes qui sont redevables de ces sommes? La Cour de cassation a admis la négative le 15 janv. 1901 (D. 1902. 1. 217). Mais cette solution très juste, car l'ordonnance ne forme titre que par son dispositif et c'est au notaire à l'exécuter contre un véritable débiteur, n'a cependant pas été acceptée par la majorité des tribunaux (v. not. Agen, 11 juin 1906, D. 1906. 1. 421. — Versailles, 7 mars et 11 juill. 1905, D. 1906. 1. 425). Cependant on relève dans le même sens que la Cour de cassation un jugement du tribunal de Saint-Gaudens du 14 déc. 1905 (D. 1907. 2. 158).

23. — *De l'interruption des prescriptions conventionnelles.*

La clause d'après laquelle une prescription de six mois est établie relativement au paiement de l'indemnité d'assurance vise-t-elle l'action du liquidateur judiciaire qui attaque comme irrégulier le paiement fait au commerçant liquidé seul? Non, a dit la Cour de Bordeaux le 11 mars 1907 (D. 1907. 2. 148), car cette action a pour but principal de faire annuler un paiement. Et quant à la conséquence qui en découle : l'obligation de renouveler un premier paiement non libératoire, elle est affranchie de la prescription de six mois par la reconnaissance de la dette de la compagnie, laquelle s'induit nécessairement du paiement effectué. C'est là une application curieuse de principes de jurisprudence qui paraissent bien établis. D'abord celui d'après lequel les prescriptions conventionnelles sont interrompues par une reconnaissance de dette, lequel se trouve affirmé dans un arrêt de Paris le 13 oct. 1885 (S. 86. 2. 49. V. de même Douai, 4 déc. 1902, S. 1903. 2. 68). Ensuite cette règle que la reconnaissance de dette interrompt la prescription, même faite en présence d'un autre que le créancier (v. Cass. 27 janv. 1868, S. 69. 1. 105).

II. — Contrats spéciaux.

a) Vente.

24. — *Des actions récursoires en cas de vente d'animaux tuberculeux.*

La loi du 31 juill. 1895 sur les ventes d'animaux domestiques avait donné lieu à des difficultés que nous avons signalées (v. *Revue*, 1905, p. 382 et 1906, p. 919; 1907, p. 111). Elle s'est trouvée modifiée par la loi du 23 févr. 1905, qui s'est proposée de supprimer les actions récursoires du dernier vendeur contre les vendeurs précédents en cas de vente d'animaux tuberculeux. Le texte dit en effet : « en ce qui concerne la tuberculose, sera seule recevable l'action formée par l'acheteur qui aura fait au préalable la déclaration prescrite par l'article 31 du Code rural ». Mais il ajoute : « s'il s'agit d'un animal abattu pour la boucherie, reconnu tuberculeux et saisi, l'action ne pourra être intentée que dans le cas où l'animal aurait fait l'objet d'une saisie totale ». Et l'on s'est demandé si les actions récursoires ne survivaient pas en cas de vente d'un animal qui aurait été abattu, le texte semblant mettre ce cas à part pour le faire rentrer dans un droit commun. Le tribunal de commerce de Belfort, ayant à juger cette question, n'a pas admis ce système (8 nov. 1906, D. 1907. 2. 156), en se fondant avec raison sur un passage du rapport fait au Sénat, qui prévoit expressément la difficulté, et sur la volonté du législateur de supprimer ces procès (v. dans le même sens, Trib. Ruffec, 9 janv. 1906, D. 1906. 2. 294).

25. — *Portée des clauses d'interdiction de se rétablir dans les ventes de fonds de commerce.*

Solution d'interprétation importante. Le vendeur d'un fonds de commerce s'est interdit la faculté de fonder ou de faire valoir aucun fonds de même nature dans un certain rayon. Cette clause doit être comprise comme visant un établissement créé en dehors de ce rayon, si le vendeur a fait concurrence à l'acheteur en établissant un représentant dans la ville même où était son ancien fonds et si cela n'a été qu'un moyen pour exercer la même industrie avec les mêmes éléments (Req. 14 févr. 1906, D. 1907. 1. 159).

b) Bail.

26. — *Obligation du locataire de remettre les lieux loués en bon état.*

Le locataire qui à l'expiration du bail n'a pas remis en état les lieux loués doit au propriétaire, non seulement le prix des réparations à effectuer, mais encore le préjudice résultant pour lui de la privation de l'immeuble. Et le propriétaire peut se refuser à reprendre celui-ci, tant que le locataire n'a pas exécuté ses obligations. C'est ce qu'a jugé pour la première fois la Cour de cassation le 10 juin 1907, *Gaz. Pal.*, 28 juin. Le premier point avait d'ailleurs été déjà résolu dans le même sens par quelques tribunaux. V. Trib. Seine, 26 janv. 1900, *Pand. fr.*, 1901. 2. 29; — Trib. Toulouse, 1er juin 1906, *Gaz. Pal.*, 1906. 2. 487. Le second : le droit du propriétaire de ne pas reprendre l'immeuble n'est qu'une application spéciale de l'*exceptio non adimpleti contractus* (v. *Revue*, 1907, p. 248 et suiv.).

27. — *Affichage sur les murs extérieurs d'un immeuble loué.*

La Cour de cassation (ch. des requêtes), statuant pour la première fois sur cette question le 11 févr. 1907 (*Gaz. Pal.*, 18 mai), s'est contenté de rejeter le pourvoi contre un arrêt de Nancy qui avait résolu la question en tenant compte de l'intention des parties (cf. *Revue*, 1906, p. 511 et 920).

c) Contrat de travail.

28. — *Rémunération des ouvriers et repos hebdomadaire.*

Un arrêt de la Cour de cassation (ch. civ. du 17 juin 1907, *Gaz. des Trib.* du 21 juin) a admis que la rémunération due à un ouvrier engagé au mois n'était pas augmentée par ce fait que, depuis la loi du 13 juill. 1906, il n'avait pas profité du repos hebdomadaire et avait ainsi travaillé plus qu'il ne devait. Cette décision est analogue à celle rendue le 8 janv. 1907 (v. *Revue*, 1907, p. 115), qui a jugé que le patron ne pouvait diminuer le salaire d'un ouvrier engagé au mois, sous prétexte qu'il ne fournissait plus qu'un travail moindre depuis la loi nouvelle. Le présent arrêt contient toutefois en plus un principe qu'il importe de retenir : car il est de nature à éviter bien des contestations, et il mérite à ce point de vue d'être entièrement approuvé.

C'est « qu'en cas d'engagement fait au mois, le salaire convenu représente une rémunération forfaitaire qui n'est pas susceptible d'augmentation ou de diminution, suivant le plus ou moins grand nombre d'heures ou de journées de travail fournies pendant la période mensuelle ». Ainsi donc les fêtes, le dimanche, les heures supplémentaires de travail, les journées de congé ne peuvent donner lieu à une modification de salaire. Le règlement de compte entre employeurs et employé s'en trouve facilité. Et c'est à l'ouvrier à refuser de travailler plus que le temps convenu ou fixé par la loi.

29. — *Un directeur de théâtre peut-il en engageant un artiste se réserver le droit de le congédier durant le premier mois sans avoir d'explication à fournir?*

La Cour de Toulouse l'a admis le 15 janv. 1907 (S. 1907. 2. 72), conformément d'ailleurs à la jurisprudence de la Cour de cassation (v. Civ., 2 mai 1900, S. 1901. 1. 217 avec note de M. Wahl; cf. sur ces questions, *Revue*, 1905, p. 661). Cette solution nous paraît exacte, étant donné que l'interdiction des conditions potestatives s'applique aux obligations isolées et non aux contrats (v. *Revue*, 1905, p. 757 et suiv.). Elle paraît cependant comporter cette réserve : il faut qu'il n'y ait pas de la part du directeur abus de son droit, ce qui dans l'espèce n'était pas invoqué. Mais peut-être l'arrêt, pour valider la clause, a-t-il été trop loin en disant qu'une disposition de ce genre est inhérente à la nature même de ce contrat, car elle tend à sous-entendre une règle très grave qu'on ne peut supposer si facilement que l'acteur ait entendu accepter. Il est plus juste d'appliquer ici quant à la faculté de renvoi les principes ordinaires (v. sur ces questions de renvoi d'un acteur, *Revue*, 1905, p. 661).

30. — *Un ouvrier qui rompt brusquement le contrat de travail peut-il exiger de son patron un certificat de travail?*

L'affirmative a été jugée le 23 mai 1907 (*Gaz. Pal.*, 9-10 juin) par le tribunal de paix d'Ancenis, dans le même sens qu'un jugement du tribunal de commerce d'Angers du 4 juin 1897 (*Rec. Angers*, 97. 232). En sens contraire, le tribunal du Havre (7 juill. 1897, *Rec. Havre*, 97. 1. 126). Cette solution nous paraît exacte, mais seulement à partir du moment où, l'indemnité due par l'ouvrier étant réglée, le patron n'a plus de motif pour refuser de son côté d'exécuter l'obligation que la loi lui impose. Auparavant, en vertu de l'exception *non adimpleti contractus*, il peut se refuser à signer un certificat.

31. — *Renvoi d'un ouvrier qui s'est absenté pour une période militaire.*

La loi du 18 juill. 1901 a empêché que les ouvriers ne soient renvoyés lorsqu'ils se sont absentés pour accomplir une période de service militaire. Mais ce texte ne peut être invoqué que par l'ouvrier qui, à l'expiration de cette période, reprend immédiatement son emploi et non par celui qui ne s'est représenté à l'atelier que quatre jours après et a par là rompu le contrat. Ainsi l'a jugé la Cour de cassation le 22 avr. 1907 (*Gaz. Pal.* 19-21 mai). La question était nouvelle.

32. — *Que faut-il entendre par renvoi volontaire ?*

Une indemnité a été promise à un employé s'il était renvoyé volontairement. Est-elle due en cas de liquidation judiciaire du patron ? La Cour de cassation, 2 janv. 1907 (S. 1907. 1. 89), a accepté ici cette interprétation négative donnée par les juges du fait.

33. — *Le renvoi d'un ouvrier peut-il avoir lieu à toute heure ?*

La faculté de renvoyer quelqu'un sans préavis permet de renvoyer l'ouvrier à tout moment, même à son arrivée au travail le matin (Cass. 17 juin 1907 *Gaz. Pal.*, 27 juin). Mais peut-être faudrait-il se demander si en fait il n'y a pas eu abus du droit et pour cela nous croyons que la doctrine de l'arrêt ne peut être érigée en principe absolu.

34. — *Renvoi d'un ouvrier sans motif légitime.*

Un patron qui renvoie un ouvrier en observant les délais d'usage peut-il être condamné à des dommages-intérêts s'il a agi sans motif légitime ? Le conseil des prud'hommes de Lyon l'a admis le 26 mars 1907 (*Gaz. Trib.* du 10 avr.), en se fondant sur la double obligation d'avoir un motif de renvoi et d'observer les délais. La solution paraît nouvelle. Nous la croyons conforme à la loi, car le patron a une double obligation : ne renvoyer qu'avec le délai d'usage et pour de justes motifs. Seulement, cette obligation n'étant sanctionnée que par des dommages-intérêts égaux au préjudice, si en fait on estime que le patron indemnise suffisamment en payant à l'ouvrier la huitaine ou la quinzaine d'usage, celui-ci ne pourra rien réclamer de plus, et ce sera le plus fréquent ; car il suffit que l'ouvrier ait pour se replacer un temps suffisant, pour qu'il ne puisse invoquer de perte.

d) Société.

35. — *De la notion de société.*

La Cour de Chambéry, le 20 févr. 1903, D. 1907. 2. 118, a

qualifié de société la situation de personnes qui avaient acquis en commun des biens en désignant pour les administrer des procureurs chargés de disposer à leur gré des revenus, sauf à en rendre compte chaque année. Cette solution est conforme à la tendance de la jurisprudence, qui est de comprendre largement la notion de société (V. *Rev.*, 1907, p. 118) et d'y faire rentrer tous les cas où il y a mise en commun de biens pour en tirer des revenus, sans que d'ailleurs il s'agisse de véritable spéculation. Cela est très heureux, étant donné le déplorable régime auquel est soumise l'indivision.

36. — *De la dissolution des sociétés à durée illimitée.*

Un arrêt de la Cour de Chambéry du 24 déc. 1906 (*la Loi* des 22-23 mai 1907) accentue une tendance heureuse des cours d'appel en matière de société [à durée illimitée ou perpétuelle. Il admet qu'un associé peut bien à tout moment, pourvu que ce soit de bonne foi et non à contre-temps, donner sa démission, mais qu'il ne peut pas pour cela demander la dissolution de la société. Cette solution, déjà donnée par la même cour, le 20 févr. 1905 (v. *Rev.*, 1905, p. 352), pour une société à durée perpétuelle, a été étendue à une société à durée illimitée, bien que l'on fût ici en face de la disposition de l'article 1869, qui paraît contraire. La Cour semble admettre que la dissolution n'aura lieu que si la démission d'un associé est de nature à entraver le fonctionnement de la société. D'autre part, elle paraît induire la même solution de ce que les statuts sociaux prévoient la simple démission de certains associés dans des cas déterminés sans qu'il y ait pour cela une dissolution de prévue. Ce dont on peut conclure qu'elle ne considère pas l'article 1869 comme d'ordre public. La loi voudrait simplement que l'associé ne fût pas tenu de rester à perpétuité dans une société et somme toute cela seul est vraiment raisonnable.

37. — *Effets d'une entente entre commerçants pour fermer le dimanche.*

Des pharmaciens s'engagent à fermer leurs pharmacies le dimanche, sauf une qui restera ouverte en suivant pour cela un ordre de roulement. Quelle est la portée de cette convention ? Le tribunal de commerce d'Auch (5 nov. 1906, *Pand. fr.*, 1907. 2. 99), sans préciser s'il y avait là un louage à durée indéterminée ou une société à durée illimitée, stipule que le contrat, n'ayant pas prévu de limite quant à sa durée, peut toujours cesser par la volonté d'une des parties. Mais il peut y avoir lieu à indemnité dont l'appréciation est laissée au juge, si on relève une faute à la charge de celui qui se retire, ce qui a été reconnu dans l'espèce.

e) Dépôt.

38. — *Les hôteliers répondent-ils des objets d'une personne logeant chez eux à demeure?*

Rapprochons de décisions déjà citées (v. *Rev.*, 1907, n° 2) un jugement très bien motivé du tribunal de Château-Thierry du 17 févr. 1907 (*Gaz. Pal.*, 18 juin), qui a déclaré l'article 1953 sur la responsabilité des aubergistes inapplicable à un hôtelier chez qui une personne fait un séjour prolongé. D'autre part, il a déclaré cet hôtelier irresponsable des vols commis par un autre habitant de sa maison, la loi ne le rendant responsable que des domestiques et préposés et des gens allant et venant dans l'hôtel, auxquels on ne peut assimiler une personne y restant à demeure. L'hôtelier ne pourrait se voir réclamer une indemnité que si l'on prouvait contre lui une faute.

f) Rente viagère.

39. — *Preuve du décès du crédi-rentier dans les vingt jours.*

Celui qui invoque la nullité d'un contrat de rente viagère en vertu de l'article 1975 du Code civil, doit prouver que le crédi-rentier est décédé dans les vingt jours de la maladie dont il était atteint, Pour cela, le médecin ne peut refuser à l'héritier qui intente l'action de lui donner un certificat établissant les causes du décès. Car le secret professionnel n'existe pas au regard de la famille. C'est ce qu'a admis la chambre des requêtes le 30 avr. 1907 (*Gaz. Pal.*, 6 juin). Peut-être aurait-elle pu donner une formule plus générale visant tous les successeurs, notamment les légataires universels ou à titre universel.

R. DEMOGUE.

C. — **Propriété et droits réels**.

Par M. EMMANUEL LÉVY,

Professeur à la Faculté de droit de l'Université de Lyon.

I. — PROPRIÉTÉ.

1. — *Preuve.*

Lorsque, à l'appui d'une action en revendication, le demandeur justifie, par titre régulier, qu'il était, à une époque déterminée, propriétaire et en possession d'un terrain litigieux, si le défendeur prétend que, depuis lors, le même terrain aurait fait l'objet d'une cession de propriété et de jouissance perpétuelle en faveur de ses auteurs, il ne peut le prouver que par la production d'un titre conféré par un adversaire ; il ne saurait trouver cette preuve dans les mentions portées au cahier des charges de l'adjudication sur saisie au profit de ses auteurs d'un édifice auquel tient la partie contestée.

D'autre part une concession de jouissance précaire, faite par une ville, ne saurait constituer le juste titre exigé par l'article 2265 du Code civil comme fondement de la prescription décennale, car le juste titre exigé par ce texte est celui qui, abstraction faite du point de savoir s'il émane du véritable propriétaire, est propre à conférer un droit de propriété (remarquons qu'il le confère en tout cas, même s'il n'émane pas *a domino* et sauf à l'acquéreur à être évincé par une autre personne ayant un droit plus fort).

Même, une possession qui procède d'une pareille concession précaire ne saurait conduire à la prescription trentenaire (Cass. civ., 8 janv. 1907, *Gazette des Tribunaux*, 14 juin 1907.

C'est le droit commun de la preuve ; on devient propriétaire par prescription en acquérant *a non domino*, mais non en acquérant *a domino* à titre précaire ; il aurait fallu que le demandeur pût se présenter comme n'ayant pas de titre.

2. — *Eaux.*

Rivières non navigables. — Les droits en usage conférés par l'article 644 du Code civil sur les rivières non navigables ni flottables, ne peuvent être exercés au détriment des concessions faites avant 1789 à des particuliers, riverains ou non riverains, par d'anciens seigneurs investis comme tels de la libre disposition des eaux courantes comprises dans leurs seigneuries (Lyon, 10 janv. 1907, *la Loi*, 10 juill. 1907).

L'arrêt considère en effet qu'il y a un « droit acquis » auquel l'article 644 du Code civil n'a pu porter atteinte, sauf à démontrer contre le titre que le seigneur concédant « a transmis des droits qui ne lui appartenaient pas ». Ainsi le titre émanant d'un seigneur vaut jusqu'à preuve contraire, comme, d'après notre jurisprudence, un titre de propriété.

II. — HYPOTHÈQUES.

3. — *Cession d'antériorité.*

Si un débiteur s'est engagé vis-à-vis d'un créancier à ne pas se prévaloir envers lui de son hypothèque et que, dans le règlement d'un acte, il ait produit et ait été colloqué avec ce créancier, celui-ci, après même la clôture de l'ordre, peut réclamer l'exécution de l'obligation contractée et la réparation du préjudice résultant de sa violation (Poitiers, 13 mai 1907, *la Loi*, 10 juill. 1907).

L'arrêt réforme un jugement du tribunal civil de Rochefort en date du 12 déc. 1906, qui avait considéré le créancier comme forclos. La forclusion était certaine, le créancier n'ayant pas contredit dans les délais légaux, mais l'obligation personnelle n'en subsistait pas moins et devait produire tous ses effets; en vain le débiteur soutenait-il qu'il n'avait commis aucune faute en produisant; il était en faute par cela seul que son obligation n'était pas exécutée, qu'ainsi il manquait à son devoir, qu'ainsi il ne respectait pas le droit de son créancier.

4. — *Frais de purge.*

La purge des hypothèques est une conséquence de l'obligation du vendeur de livrer l'immeuble franc et quitte de toutes charges; elle a lieu dans son intérêt; il doit donc en supporter les frais. D'autre part l'adjudicataire qui veut régulièrement payer un prix doit requérir l'ouverture d'un ordre, à moins que le cahier des charges ne l'en ait dispensé. Donc, si des immeubles indivis grevés d'hypothèques du chef d'un des indivisaires ont été licités en deux lots, les frais de purge sont à la charge de tous les colicitants considérés comme vendeurs; et il en est de même des frais d'ordre, quand le cahier des charges en avait prévu l'ouverture et ne permettait pas à l'adjudicataire de payer directement aux vendeurs non grevés les portions du prix leur revenant (Cass., req., 10 juin 1907, *Gazette du Palais*, 4 juill. 1907).

On sait que la doctrine et la jurisprudence mettent généralement les frais de purge à la charge du vendeur (Toulouse, 27 févr. 1856, S. 56. 2. 329; — Cass., 22 avr. 1856, S. 56. 1. 849 ; — Caen, 15 févr. 1861, *Rec. Caen*. 61. 1. 65 ; — Cass., 8 avr. 1874, S. 74. 1. 297. — Aubry et Rau, 4ᵉ éd., t. III, n° 293 *bis*, note 35; Baudry-Lacantinerie, t. III, n° 1532; Baudry et de Loynes, t. III, n° 2263, p. 563; Guillouard, *Vente*, t. I, n° 197, III). Une jurisprudence et une doctrine plus anciennes statuaient en sens contraire (Pau, 27 janv. 1855, S. 55. 2. 515; — Toulouse, 24 nov. 1855, S. 56. 2. 210; — Grenoble, 7 janv. 1857, S. 58. 2. 560. — Troplong, *Vente*, t. I, n° 164; Marcadé, t. III, n° 1593; Duvergier, *Vente*, t. I, n° 169; Duranton, t. XVI, n° 124; Bioche, v° *Ordre*, n° 247, et *Purge*, n° 220).

E. Lévy.

D. — **Successions et donations.**

Par M. E. Pilon,

Doyen de la Faculté de droit de l'Université de Lille.

1. — *Acceptation des successions.*

La jurisprudence s'est toujours montrée très large pour l'application de l'article 800 du Code civil, en ce sens qu'il faut un acte d'héritier réellement caractérisé pour faire encourir la déchéance de l'acceptation bénéficiaire ou du droit de renonciation. C'est ainsi que la Cour de cassation, dans un arrêt du 28 nov. 1906 (*Gaz. Trib.*, 4 mai 1907), cassant un jugement du tribunal civil de Saint-Nazaire, du 16 juill. 1904, dispose que le silence gardé par l'un des héritiers au cours de la procédure de saisie immobilière, ne saurait impliquer de sa part l'acceptation de la succession, et que, d'autre part, le jugement d'adjudication des immeubles de la succession se borne à constater un contrat judiciaire qui, n'ayant aucun caractère contentieux, n'a pu avoir pour effet d'attribuer à un successible la qualité d'héritier et de le forclore de son droit de renonciation.

2. — *Nullité d'un partage pour avoir été fait avec une précipitation frauduleuse.*

La Cour de cassation a déjà, pour ce motif, et par application de l'article 882 du Code civil, annulé des partages (V. Cass., 28 avr. 1900, S. 1900. 1. 277, D. 1901. 1. 17). La Chambre des requêtes s'est donc inspirée des précédents, pour rejeter le pourvoi formé contre un arrêt de la Cour de Paris du 21 févr. 1906, qui avait annulé un partage fait avec une précipitation frauduleuse, en vue d'échapper à la poursuite des créanciers héréditaires. et de paralyser leur droit de s'opposer au partage (Cass., Req., 7 janv. 1907, *Gaz. Trib.*, 9 juin 1907).

3. — *Rapport à succession. Rapport des dettes.*

Lorsqu'un cohéritier est tenu envers le défunt de deux dettes, l'une hypothécaire, l'autre chirographaire, qui dépassent l'une et l'autre le montant de sa part héréditaire, a-t-il le droit d'effectuer son rapport de dettes en l'imputant exclusivement sur sa part hypothécaire?

La Chambre des requêtes, à la suite de la Cour de Douai (Douai, 7 févr. 1901), a répondu négativement. D'abord, il ne s'agit pas d'une imputation de paiement dans le sens des articles 1253 et suiv., puisque le cohéritier n'offre pas de payer une partie de ce qu'il doit, mais seulement d'une compensation entre l'émolument que le cohéritier débiteur est appelé à recueillir dans la succession et les différentes sommes, d'un chiffre bien supérieur, dont cet héritier est débiteur envers la succession. Or, ajoute l'arrêt, le principe d'égalité, qui est la règle en matière de partage, ne permet pas que le cohéritier s'apportionne fictivement de la moitié de la créance hypothécaire que la succession a contre lui, tandis que ses cohéritiers ne recevraient qu'une fraction seulement de cette créance et la totalité de la créance chirographaire.

Enfin l'arrêt termine en reprenant la formule célèbre, en matière de rapport de dettes, du « cohéritier copartageant » pour dire : le rapport de dettes, dont le cohéritier est tenu et dû par lui, comme copartageant, et ne saurait s'opérer au détriment des intérêts de la masse (V. Cass. Req., 21 oct. 1902, D. 1907. 1. 41 et la note de M. Ambroise COLIN).

Cette note sera utilement complétée par deux études parues, dans cette Revue, sur la jurisprudence relative au rapport des dettes : Chronique de jurisprudence. *Successions, Rev. trim.*, 1905, p. 669 et suiv.; et A. Wahl, *Rev. trim.*, 1906, p. 763 et suiv.

4. — *Comment peut-on prouver l'existence d'une cause illicite dans une donation entre-vifs ou dans un testament?*

Il est certain, tout d'abord, qu'on tiendra pour nul un acte de
libéralité lorsque l'existence de la cause illicite résulte de l'acte
lui-même, et apparaît nettement comme ayant déterminé la libéralité. La preuve de la cause est dite, dans ce cas, preuve intrinsèque. La jurisprudence, conforme en cela à une doctrine unanime, l'a depuis longtemps admise. En sera-t-il de même si la
cause illicite est prouvée à l'aide de documents autres que l'acte
de libéralité, si la preuve est extrinsèque? Devra-t-on annuler
encore la donation et le testament, ou, pour n'envisager la question qu'au seul point de vue de la jurisprudence, laissant de
côté le point de vue doctrinal, est-ce que la jurisprudence admet
que la preuve de la cause illicite peut être extrinsèque aussi bien
qu'intrinsèque?

Cette question prend une particulière importance à la suite
d'un arrêt rendu par la Chambre civile de la Cour de cassation,
le 2 janv. 1907. Nous l'avions déjà signalé, *Rev. trim.*, 1907,
p. 532. Comme il a été depuis, l'objet d'une dissertation très
approfondie dans le Recueil de Dalloz (D. 1907. 1. 137 et la note
de M. Ambroise COLIN), nous jugeons utile d'y revenir.

Dans le procès en question, il s'agissait d'une donation entre
époux. Cette donation avait pour cause une convention de séparation de biens amiable intervenue entre les deux époux et était
faite pour assurer l'exécution de cette convention. On plaidait
donc la nullité de la donation pour cause illicite (art. 307 et
1443, C. civ.). La Cour de Rennes (27 févr. 1903) rejeta ces conclusions, non pas par application de la théorie classique de la
cause, théorie abandonnée depuis longtemps, on le sait, par la
jurisprudence, mais sous le prétexte, lisons-nous dans l'arrêt de
la Chambre civile, « qu'en droit, l'existence d'une cause illicite,
dans une donation, *doit résulter des énonciations du contrat
même*, et qu'en fait, aucune indication de cette nature ne se
rencontrait dans l'acte authentique (la donation) distinct de l'acte
sous seings privés du même jour (la convention de séparation
amiable) ». Mais la Chambre civile cassa l'arrêt de la Cour
d'appel de Rennes, « *attendu qu'en refusant ainsi de puiser,
en dehors de la donation, des éléments de preuve dans les
autres documents du procès et dans les circonstances extrinsèques, la Cour d'appel a violé l'article 1131 du Code civil* ».

Il y a donc, dans les deux arrêts, deux doctrines juridiques
différentes quant à la preuve de la cause illicite, le premier
n'admettant que la preuve intrinsèque, tandis que l'autre, celui

de la Cour de cassation, fait état à la fois de la preuve intrinsèque et de la preuve extrinsèque.

Remarquons tout de suite qu'il n'y a dans cette solution de la
Cour de cassation rien qui nous surprenne. Elle nous apparaît
comme une application particulière, en vue de la preuve de l'existence d'une cause illicite, de cette règle générale d'interprétation
en matière de dispositions à titre gratuit, maintes fois formulée
par la Cour suprême, que, lorsque les termes d'un testament
laissent quelque incertitude, les tribunaux peuvent recourir,
d'abord, aux énonciations qu'il renferme, et ensuite, à tous les
genres de preuves extrinsèques propres à faire connaître l'intention du testateur.

Ainsi, pour prouver quel est exactement le bénéficiaire de la
libéralité, ou bien pour préciser l'objet de la disposition, preuve
extrinsèque et preuve intrinsèque sont admises. Pourquoi donc
n'admettrait-on que la preuve extrinsèque quand il s'agit d'établir l'existence d'une cause illicite? On ne comprend guère *a
priori* cette restriction dans un système comme celui de la jurisprudence, qui fait du motif illicite de la libéralité, sous l'appellation de *cause*, un élément de validité de la donation et du testament. Si l'on peut avoir recours aux preuves extrinsèques pour
préciser l'objet, il paraît logique de s'en servir aussi pour préciser la cause.

Et cela paraît d'autant plus logique qu'en annulant les actes
de libéralité pour cause illicite, par application de l'article 1131
du Code civil, on traite ces actes sous le rapport de la cause,
comme s'ils étaient onéreux. Or, la jurisprudence reconnaît que
le caractère illicite de la cause, pour un acte à titre onéreux,
peut être établi par des moyens de preuve intrinsèques ou
extrinsèques.

Ainsi la recevabilité de la preuve extrinsèque, pour établir le
caractère illicite de la cause d'une donation, paraît résulter à la
fois des règles générales suivies par la jurisprudence pour l'interprétation des actes de libéralité, comme de celles consacrées
par elle pour l'application aux actes onéreux de l'article 1131 du
Code civil.

Pourtant la solution contraire est si nettement affirmée par la
Cour d'appel de Rennes, qu'on doit rechercher les raisons
particulières pour lesquelles il conviendrait de traiter la cause
illicite dans les libéralités, au moins pour ce qui concerne la
preuve de cette cause, autrement que lorsqu'il s'agit de prouver

quels sont l'objet ou le bénéficiaire d'une libéralité, ou le caractère illicite de la cause dans un acte à titre onéreux.

Or. il est permis de penser que la Cour de Rennes a été guidée
dans sa solution, moins par des motifs théoriques que par le
souci de se conformer à ce qu'elle croyait être la jurisprudence
constante sur cette question. Et ce n'est pas le moindre mérite
de la dissertation précitée de M. Ambroise Colin que d'avoir mis
au point cette jurisprudence.

M. Ambroise Colin, après avoir remarqué que la seule doctrine
de la preuve intrinsèque a été jusqu'ici affirmée par de très
nombreux arrêts des Cours d'appel et de la Cour de cassation,
s'efforce de démontrer que cette doctrine de la preuve intrinsèque,
loin d'avoir une portée absolue, n'a, au contraire, qu'une portée
restreinte à certaines catégories de donations, et que justifient
des raisons particulières à ces donations. En effet, les arrêts de
la Cour suprême, qu'on peut invoquer en faveur de la preuve
intrinsèque, ont trait à deux catégories de donations : les donations à des concubins, et les donations faites à des enfants illégitimes.

Pour les premières, le système de la preuve intrinsèque serait
justifié par le désir d'éviter des recherches scandaleuses ou
indiscrètes dans la vie privée, en somme par une raison de fait
plutôt que de droit qui, logiquement, rendrait admissible la
preuve résultant de documents extrinsèques, lorsque ces documents ne seraient pas l'occasion de recherches scandaleuses ou
indiscrètes.

Pour les libéralités à des enfants illégitimes, la doctrine de la
preuve intrinsèque, trouverait sa justification, non dans des
raisons d'ordre général, mais dans des considérations particulières à la réglementation de la filiation illégitime. Il n'y aurait
là, suivant les expressions de M. Ambroise Colin, qu'un « épisode
de l'histoire de la formation de la jurisprudence relativement à
la condition des enfants illégitimes ». Et la théorie de la cause
illicite présente ici cette utilité particulière, montre M. Colin,
« d'atteindre des libéralités adressées en réalité à des incapables,
libéralités qu'autrement la loi eût été impuissante à écarter. On
les frappera de nullité lorsqu'il apparaîtra qu'elles ont été déterminées, non par la filiation irrégulière du gratifié (par hypothèse elle échappe à toute démonstration légale), mais par
l'opinion que le donateur se faisait de cette filiation. Peu importe,
d'ailleurs, que cette opinion soit fondée ou non : la cause de la

libéralité n'en est pas moins illicite, et l'article 1131 n'en reçoit pas moins application. Seulement il faudra que l'influence déterminante de cette cause ressorte du contenu même de l'acte incriminé; en d'autres termes, la nécessité de la preuve intrinsèque va se dégager, non pas, à la vérité, comme un corollaire de l'idée de cause illicite appliquée aux donations, mais comme une conséquence d'une théorie tout autre, et parce que la démonstration de cette cause illicite se rapporte à un ordre de faits (filiation adultérine ou incestueuse), que la loi interdit de soumettre, en eux-mêmes, à un débat judiciaire ».

Il faut donc, on le voit, procéder à une analyse infiniment minutieuse et subtile, pour apercevoir la raison vraie de la doctrine de la preuve intrinsèque dans la jurisprudence. Et l'on comprend qu'on ait pu se méprendre sur la portée de cette jurisprudence, au point de voir une doctrine générale là où il n'y avait, dans la réalité, que des solutions imposées par le désir de mettre la jurisprudence sur la cause illicite dans les libéralités, en harmonie avec la jurisprudence relative à la condition des enfants illégitimes.

E. Pilon.

JURISPRUDENCE BELGE

EN MATIÈRE DE DROIT CIVIL

(1906)

Par M. J. SERVAIS,

*Avocat général près la Cour d'appel de Bruxelles,
Professeur à l'Université libre de Bruxelles.*

A. — Personnes et droits de famille.

I. — EXERCICE DES DROITS CIVILS.

**1. — *Qualité de Belge. — Naturalisation. — Séparation
de territoire. — Art. 10 du Code civil français. — Enfants. — Etablissement à l'étranger sans esprit de retour.***

La qualité de Belge se perd par la naturalisation obtenue à
l'étranger (C. civ., art. 17-1°).

Celle-ci résulte du décret étranger reproduit, en résumé au
recueil officiel du pays dont il émane.

Aux termes de l'article 10 du Code civil français, le Français
ayant perdu sa nationalité par l'effet d'un traité qui a séparé son
lieu d'origine du territoire français, recouvre cette qualité en la
réclamant par une déclaration faite devant le juge de paix de son
domicile.

Aux termes de l'article 12 du Code civil français, l'enfant majeur d'un père qui recouvre ainsi la qualité de Français, est admis à l'acquérir à son tour par l'effet d'un décret de naturalisation.

A perdu la qualité de Belge, par application de l'article 17-3°,
du Code civil, le Belge qui a quitté la Belgique depuis longtemps,

sans y reparaître, pour s'établir, sans esprit de retour, à l'étranger où il se marie, est naturalisé, fût-ce en dehors des conditions légales, et fait son service militaire (Bruxelles, 31 mars 1906, *Pas.* (1), 1906. 2. 228).

2. — *Communauté religieuse.* — *Vœux.* — *Accords.* — *Personnalité morale non reconnue par la loi.* — *Absence de convention.*

Une communauté religieuse n'a, comme telle, aucune existence civile. Lorsqu'une personne y entre, les accords intervenus soit entre elle et la communauté, soit entre elle et les différents membres actuels et futurs de ladite communauté, ont pour but de créer au profit de la communauté, une personnalité civile non reconnue par la loi; ils sont donc illicites et ne peuvent former une convention valable qui aurait eu pour objet de régler les conditions de l'existence au couvent de ladite personne, et dont l'inobservation entraînerait pour elle le droit de réclamer des dommages-intérêts. — Trib. Bruxelles, 1er juill. 1903, *Pas.*, 1906. 3. 13. — Comp. en sens contraire, Cass. fr., 13 mars 1907. *France judic.*, 1907. 2. 145.

3. — *Faillite.* — *Statut personnel.* — *Actes d'exécution.*

La loi relative aux faillites, en tant qu'elle règle l'état et la capacité du failli, affecte son statut personnel. Les effets de la faillite prononcée à l'étranger contre un étranger, en ce qui concerne cet état et cette capacité, existent en Belgique, sans qu'il soit nécessaire que le jugement y reçoive l'exequatur, aussi longtemps qu'il ne s'agit pas de procéder, en vertu dudit jugement, à des actes d'exécution (Bruxelles, 23 mars 1905, *Pas.*, 1906. 2. 175).

4. — *Liquidation judiciaire.* — *Statut personnel.* — *Action judiciaire à l'étranger.*

La personne mise en France en état de liquidation judiciaire, suivant l'article 6 de la loi française du 4 mars 1889, doit, pour

---

(1) *Pas. belge*, Recueil général de la jurisprudence des cours et tribunaux de Belgique, en matière civile, commerciale, criminelle, de droit public et administratif. — 1re partie. Arrêts de la Cour de cassation. Rédacteurs : MM. Mélot, Procureur général honoraire, et Raymond Janssen, Procureur général près la Cour de cassation. — 2e partie. Arrêts des cours d'appel. Rédacteur : M. J. Servais, avocat général à la cour d'appel de Bruxelles. — 3e partie. Jugement des tribunaux. Rédacteur : M. Charles Déchamps, avocat à la cour d'appel de Bruxelles.— Bruxelles, Établissements Bruylant.

intenter ou suivre une action en justice en Belgique, se pourvoir de l'assistance de son liquidateur; la nullité qui peut résulter du défaut d'assistance est une nullité relative; les actes accomplis par le liquidé sans l'assistance requise par la loi sont simplement inopposables à la masse, qui, seule, a qualité pour en poursuivre l'annulation (Bruxelles, 27 janv. 1905, *Pas.*, 1906. 2. 11).

II. — ACTE DE L'ÉTAT CIVIL.

5. — *Norvège.* — *Acte de baptême.* — *Portée.*

Un acte qualifié acte de baptême dressé par le pasteur de l'église catholique de Christiania n'est pas un acte de l'état civil; il n'est qu'une attestation de baptême (*testimonium baptismi*), qui est même entachée d'irrégularité lorsqu'elle mentionne une naissance illégitime en désignant le nom du père (Bruxelles, 24 janv. 1906, *Pas.*, 1906. 2. 194).

D'après la législation norvégienne cet acte fait, lorsqu'il s'agit d'un enfant illégitime, foi de la naissance, mais non de la filiation (Bruxelles, 28 mai 1906, *Pas.*, 1906. 2. 278).

6. — *Acte de naissance inexact.* — *Article 1er du décret de fructidor.*

L'article 1er du décret de fructidor an II, aux termes duquel aucun citoyen ne peut porter de nom et de prénoms autres que ceux exprimés dans son acte de naissance, ne vise que l'acte de naissance valable; il ne défend pas aux intéressés de faire reconnaître en justice que certaines mentions d'un acte de naissance sont erronées ou illégales (Bruxelles, 28 mai 1906, *Pas.*, 1906. 2. 278).

7. — *Rectification.* — *Action d'office du ministère public.*

L'ordre public est intéressé et, par conséquent, le ministère public est recevable à poursuivre d'office, par voie d'action principale, la rectification d'un acte de mariage, par l'annulation de l'énonciation que contient cet acte de la reconnaissance d'un enfant naturel, alors que cette reconnaissance donne à l'enfant une filiation adultérine (Trib. Bruges, 23 nov. 1903, *Pas.*, 1906. 3. 29).

8. — *Rectification.* — *Actes anciens.* — *Foi due.* — *Titres seigneuriaux.* — *Renonciation.*

Lorsque, dans une famille, une appellation fait partie intégrante du nom patronymique et rappelle le souvenir d'un fief, la circonstance que l'un de ses membres, qui était propriétaire de ce fief, a inséré ou laissé insérer, en certains cas, les mots *toparcha, seigneur* ou *dame* devant cette appellation, n'infirme en rien la redevance des énonciations concordantes qui, dans les autres documents de la famille, établissent que ladite appellation constitue bien l'un des éléments du nom originaire; il en est de même de la circonstance que, depuis la publication en Belgique du décret du 6 fruct. an II, deux membres de la famille auraient négligé d'ajouter l'appellation à leur nom originaire ou même auraient toléré qu'un tiers l'usurpât.

Dans les matières qui intéressent l'ordre public, l'on ne peut invoquer ni une renonciation, ni une reconnaissance, au profit de tiers, de droits qui seraient contraires à la loi (Bruxelles, 16 mai 1906, *Pas.*, 1906. 2. 270).

9. — *Rectification. — Inexactitude. — Actes antérieurs non visés dans la demande.*

Celui qui a obtenu une décision de justice défendant à un tiers de se traiter comme son fils illégitime et ordonnant que cette filiation sera déclarée légalement inexistante et non exprimée dans un acte déterminé, est recevable à postuler des décisions et des rectifications identiques chaque fois que pareille dénomination est assignée à ce tiers, sans être obligé de faire, au préalable, rectifier l'acte invoqué par celui-ci comme étant son acte de naissance (Bruxelles, 28 mai 1906, *Pas.*, 1906. 2. 278).

III. — MARIAGE.

a) Des oppositions au mariage.

10. — *Motifs. — Légèreté de caractère. — Situation sociale inférieure. — Irréflexion.*

Il n'y a pas lieu pour le tribunal de faire surseoir à la célébration d'un mariage à laquelle il est fait opposition par les parents du futur, à raison de la légèreté de caractère et de l'inconsidération alléguées du futur époux, et de la prétendue infériorité de condition de la future épouse (Trib. Bruxelles, 14 juill. 1906, *Pas.*, 1906. 3. 243).

Au contraire, il y a lieu pour le tribunal d'ordonner qu'il soit sursis à la célébration du mariage d'un jeune homme, jusqu'à ce qu'il ait atteint l'âge de vingt-cinq ans révolus, avec une femme veuve âgée de plus de quarante-trois ans, alors qu'il est acquis aux débats que le caractère du futur époux atteste, tout au moins, un manque absolu de réflexion et une indéniable légèreté, et que les critiques formulées à l'égard de la future ne semblent pas uniquement inspirées par un injuste esprit d'opposition. Le sursis sollicité, dans de telles conditions, par les père et mère du futur se justifie pleinement (Trib. Bruxelles, 14 juill. 1906, *Pas.*, 1906. 3. 242).

11. — *Mainlevée.* — *Exécution provisoire.*

Les dispositions qui régissent le mariage sont d'ordre public. Le jugement qui donne mainlevée d'une opposition à mariage ne peut pas être déclaré exécutoire par provision nonobstant appel.

L'officier de l'état civil ne peut procéder à la célébration du mariage que si le jugement de mainlevée d'opposition a acquis force de chose jugée (Référé Bruxelles, 3 janv. 1906, *Pas.*, 1906. 3. 61).

12. — *Mainlevée.* — *Référé.* — *Incompétence.*

Le juge des référés est incompétent pour statuer sur une demande en mainlevée d'opposition à mariage, parce que la mesure sollicitée préjudicierait au fond et entraînerait des conséquences irrémédiables (Bruxelles, 5 mars 1906, *Pas.*, 1906. 2. 151).

b) Effets du mariage.

13. — *Aliments.* — *Bru divorcée.*

Aucun des textes qui règlent les obligations naissant du mariage et les effets du divorce, n'attribue au beau-père le droit de réclamer de sa bru divorcée une pension alimentaire, alors même qu'il existe des enfants du mariage (C. civ., art. 206) (Cass., 26 oct. 1905, *Pas.*, 1906. 1. 33).

14. — *Aliments.* — *Époux survivant.*

D'après l'article 2 de la loi du 20 nov. 1896 (nouvel art. 205, C. civ.), portant : « La succession de l'époux, même séparé de corps, prédécédé sans laisser d'enfants issus de son mariage avec le survivant, doit des aliments à ce dernier, s'il est dans le besoin au moment du décès », le secours alimentaire est dû à l'époux survivant dans le besoin par la succession de l'époux prédécédé, dès qu'il existe un actif liquide et avant toute liquidation (Référé Bruxelles, 2 mars 1905, *Pas.*, 1906. 3. 117).

IV. — Divorce.

a) Causes du divorce.

15. — *Accusation injustifiée.* — *Bonne foi.*

La femme qui accuse son mari de pédérastie, ne se rend coupable d'injure grave envers lui que lorsqu'elle le fait méchamment, sachant qu'il n'en est rien, et en donne connaissance à des tiers sans nécessité.

Il n'en est donc pas ainsi lorsque, pour les besoins d'une action en divorce, la femme a demandé à prouver que son mari avait la réputation d'être affecté de ce vice honteux, sur la foi de rumeurs qu'elle établit lui avoir été rapportées par des tiers dignes de confiance.

De même une accusation de subornation de témoins n'est une injure vis-à-vis du mari que lorsqu'elle a été produite méchamment et sans fondement (Bruxelles, 28 mars 1906, *Pas.*, 1906. 2. 215).

16.   *Refus de la femme de rentrer au domicile conjugal.*

Le refus persistant et non justifié de la femme de rentrer au domicile conjugal constitue une injure grave au regard du mari et une cause de divorce. Dans l'espèce, la femme avait quitté le domicile conjugal moins de trois ans après la célébration du mariage ; elle avait quatre ans après son départ refusé d'y rentrer, sans alléguer de motifs ; elle avait maintenu ce refus au début de la procédure en divorce ; devant le tribunal elle n'avait offert en preuve que certains faits déniés et sans précision et n'avait pas reproduit ces allégations devant la Cour, où elle faisait défaut (Gand, 9 nov. 1905, *Pas.*, 1906. 2. 199).

b) Procédure du divorce.

17. — *Significations.* — *Femme défenderesse.* — *Domicile conjugal.* — *Acte d'appel.*

L'acte d'appel du jugement admettant le divorce doit être signifié à la femme au domicile conjugal, si une autre résidence ne lui a pas été assignée pendant l'instance.

L'exception déduite de la nullité de la signification faite à un autre domicile doit être opposée avant toute autre défense ; mais il importe peu que la femme ait omis de l'invoquer en répondant à la demande en obtention de l'assistance judiciaire (Gand. 11 janv. 1905, *Pas.*, 1906. 2. 272).

18. — *Aliéné séquestré, mais non interdit.*

Les seuls pouvoirs conférés par le législateur belge à l'administrateur provisoire de l'aliéné séquestré, mais non interdit, sont relatifs uniquement aux biens.

L'aliéné étant en fait incapable de se défendre, son administrateur provisoire est sans qualité pour répondre en son nom à une action en divorce dirigée contre lui (Liège, 30 nov. 1904, *Pas.*, 1906. 2. 332).

19. — *Arrêt par défaut.* — *Recours en cassation.* — *Délai d'exécution.*

Les arrêts par défaut autorisant le divorce sont, comme les arrêts contradictoires, susceptibles du pourvoi en cassation.

Le pourvoi et le délai du pourvoi sont suspensifs.

Ce n'est qu'après l'expiration du délai du pourvoi ou après son rejet que commencent à courir les deux mois dans lesquels le divorce doit être prononcé (Bruxelles, 12 févr. 1906, *Pas.*, 1906. 2. 163).

c) Fins de non-recevoir.

20. — *Réconciliation.* — *Cohabitation.* — *Interprétation.*

La cohabitation des époux n'est pas nécessairement en elle-même une preuve de la réconciliation ; pour revêtir ce caractère, il faut qu'elle se soit produite dans des conditions qui ne laissent pas le moindre doute sur l'intention qu'a eue l'époux offensé de pardonner et de rétablir l'union conjugale.

Il doit particulièrement en être jugé ainsi lorsque, par un *modus vivendi*, les époux ont organisé un simulacre de réconciliation destiné à donner le change au public en vue d'éviter un scandale préjudiciable aux enfants communs; tous les faits et circonstances de la cause doivent en ce cas être envisagés et appréciés à la lueur de cette convention (Bruxelles, 24 janv. 1906, *Pas.*, 1906. 2. 145).

21. — *Réconciliation — Ignorance des faits.*

La réconciliation survenue dans l'ignorance des faits constitutifs de cause de divorce, ne constitue pas une fin de non-recevoir à l'action motivée sur ces faits et sur d'autres sur lesquels la réconciliation a porté (Bruxelles, 26 juin 1906, *Pas.*, 1906. 2. 287).

22. — *Torts réciproques.*

En matière de divorce, les torts du mari ne peuvent être invoqués par la femme en compensation de ceux qui sont rele-

vés à sa charge; le cas échéant, ils lui permettent seulement
d'intenter à son tour une action (Bruxelles, 24 janv. 1906, *Pas.*,
1906. 2. 145).

23. — *Présence du demandeur.* — *Défaut.* — *Appréciation
du juge.*

Le juge, pour exonérer le demandeur en divorce de la déchéance comminée par l'article 248 du Code civil, s'assure, d'a-
près le mode qui lui paraît le plus propre à éclairer sa religion,
de l'empêchement du demandeur de comparaître en personne.
Cette preuve peut résulter d'un certificat médical attestant la
maladie du demandeur (Bruxelles, 22 mars 1906, *Pas.*, 1906. 2.
37).

24. — *Présence du demandeur.* — *Avis du ministère public.*

Le demandeur en divorce ne doit pas être présent à l'audience
fixée pour l'audition du ministère public, hormis le cas où son
conseil voudrait encore présenter quelque observation, alors
surtout que l'absence du demandeur ne peut être interprétée
comme une renonciation à l'action (Liège, 3 févr. 1906, *Pas.*,
1906. 2. 155).

25. — *Résidence assignée.* — *Abandon.* — *Séparation de
corps.*

La fin de non-recevoir établie par l'article 269 du Code civil
contre la femme défenderesse qui quitte, durant l'instance, sa
résidence assignée, l'est en matière de divorce seulement. Véritable peine infligée par la loi dans un cas déterminé avec précision, elle ne peut être étendue à l'instance en séparation de
corps (Bruxelles, 26 févr. 1906, *Pas.*, 1906. 2. 201).

d) Mesures provisionnelles.

26. — *Charge du mariage.* — *Contribution.* — *Femme.*

Si la femme séparée de biens, demanderesse en divorce et
autorisée pendant l'instance à résider seule en la maison conjugale, n'est pas tenue de contribuer aux charges du mariage au
sens de l'article 1537 du Code civil, elle n'en doit pas moins secours et assistance à son mari conformément à l'article 212 du
même Code (Bruxelles, 7 nov. 1905, *Pas.*, 1906. 2. 140).

27. — *Instruments de travail.* — *Femme.* — *Restitution.*

L'article 33 de la loi belge du 10 mars 1900 sur le contrat de
travail porte que les instruments de travail nécessaires aux occupations personnelles de la femme mariée ne peuvent ni être

aliénés, loués ou prêtés sans son concours, ni saisis, si ce n'est dans les cas prévus par l'article 593 du Code de procédure civile. Par application de cet article 33, le président du tribunal de première instance de Bruxelles a jugé que la femme demanderesse en divorce peut obtenir, par mesure provisionnelle, la restitution de ses instruments de travail (Réf. Bruxelles, 24 déc. 1902, *Pas.*, 1906. 3. 90).

V. — PATERNITÉ ET FILIATION.

a) **Filiation légitime.**

28. — *Désaveu de paternité.* — *Conditions.* — *Cèlement de la naissance.*

Les articles 313 et 316, alinéa 3, du Code civil, subordonnent l'exercice de l'action en désaveu à la condition stricte que le mari prouve que la naissance de l'enfant lui a été *frauduleusement cachée*, lui imposant ainsi la preuve d'un fait positif de cèlement commis intentionnellement (Bruxelles, 18 juill. 1906, *Pas.*, 1906. 2. 305).

29. — *Enfant légitime.* — *Contestation de légitimité.* — *Article 322 du Code civil inapplicable.*

L'enfant naturel reconnu et légitimé par le mariage subséquent de ses père et mère ne peut, pour écarter une action en contestation de légitimité, se prévaloir de la disposition de l'article 322 du Code civil, suivant laquelle nul ne peut contester l'état de celui qui a une possession conforme à son titre de naissance : cet article se trouve sous la rubrique *De la preuve de la filiation des enfants légitimes*, et les enfants légitimes seuls peuvent l'invoquer; et si l'article 333 du même Code attribue aux enfants légitimés les mêmes droits qu'aux enfants légitimes, c'est, suivant le discours du tribun Duvergier, du 2 germ. an XI, uniquement pour la période postérieure à la légitimation; le titre même de la naissance de l'enfant n'est pas modifié, et celui-ci reste soumis à l'action de l'article 339 (Bruxelles, 3 nov. 1905, *Pas.*, 1906. 2. 116).

b) **Filiation naturelle.**

30. — *Reconnaissance « post mortem ».*

L'enfant naturel peut être valablement reconnu après son décès (Bruxelles, 12 déc. 1905, *Pas.*, 1906. 2. 91).

31. — *Reconnaissance.* — *Norvège.* — *Acte de baptême.*

Un acte de baptême irrégulier, dressé en Norvège par un prêtre catholique, ne peut valoir comme une reconnaissance de l'enfant, la loi du pays où il a été dressé exigeant, pour ce, une déclaration publiée à l'audience du tribunal et inscrite sur les registres du greffe (Bruxelles, 24 janv. 1906, *Pas.*, 1906. 2. 194).

32. — *Acte de baptême.* — *Norvège.* — *Portée.*

D'après la loi norvégienne, l'acte de baptême d'un enfant illégitime dressé par un prêtre catholique fait foi de la naissance de l'enfant, mais non de sa filiation ; celle-ci ne peut être établie que par les voies ordinaires (Bruxelles. 24 janv. 1906, *Pas.*, 1906. 2. 194).

VI. — TUTELLE.

33. — *Enfant abandonné.* — *Enfant confié à un hospice.* — *Dépenses.* — *Remboursement.*

La tutelle administrative organisée par la loi des 15-25 pluv. an XIII ne s'applique qu'aux enfants trouvés ou abandonnés admis dans les hospices.

Ne peut être considéré comme abandonné, au sens de la loi, l'enfant dont l'éducation a été confiée à un établissement dépendant des hospices par son père se trouvant, par suite de difficultés matérielles et morales, dans l'impossibilité d'y satisfaire lui-même ; quels que soient les termes de l'engagement que le père prend à cet égard, il y a de sa part une simple délégation précaire, toujours révocable, des pouvoirs qui dérivent de sa paternité et qui, étant d'ordre public, sont inaliénables.

Si, par la suite, il réclame son enfant, il n'est donc pas tenu au remboursement préalable des dépenses faites dans l'intérêt de celui-ci, ainsi que le prescrit, pour les enfants trouvés ou abandonnés, l'article 21 du décret du 19 janv. 1811 (Bruxelles, 28 févr. 1906, *Pas.*, 1906. 2. 202).

34. — *Mineur étranger.* — *Tutelle.* — *Loi applicable.* — *Immeubles situés en Belgique.*

La tutelle des mineurs étrangers est réglée par leur loi nationale, qui s'étend à l'administration de leurs biens, quel que soit le lieu de leur situation.

En autorisant la vente de biens situés en Belgique, et appartenant indivisément à des mineurs étrangers et à des Belges, le tribunal ne peut ordonner, dans l'intérêt des mineurs, des mesures de conservation que ne prescrit pas leur loi nationale. (Cass., 16 juill. 1906, *Pas.*, 1906. 1. 349).

35. — *Mineur étranger.* — *Organisation de la tutelle en Belgique.*

Si l'État étranger dont un mineur est le ressortissant, n'a point organisé sa tutelle, il incombe aux autorités belges du lieu du domicile ou de la résidence du mineur de prendre les mesures nécessaires à la protection de sa personne et de ses biens. (Bruxelles, 12 déc. 1905, *Pas.*, 1906. 2. 94).

VII. — Contrat de mariage.

36. — *Communauté.* — *Divertissement ou recel.* — *Rapport en nature ou en moins prenant.*

L'actif mobilier de la communauté diverti ou recélé par le mari survivant, comme celui qu'il a dissipé, doit être par lui rapporté, en nature ou en moins prenant, lors de la liquidation de la communauté, et les droits des créanciers du mari ne s'exercent que sur la part qui lui est acquise en vertu de cette liquidation opérée sur cette base (Bruxelles, 12 mars 1906, *Pas.*, 1906. 2. 157, statuant sur renvoi après Cass., 22 déc. 1905, et en conformité de la doctrine de cet arrêt).

37. — *Communauté d'acquêts.* — *Dettes de communauté.* — *Paiement des deniers du mari.* — *Dettes conjointes.* — *Article 1431.*

Sous le régime de la communauté d'acquêts, le mari a droit à récompense lorsqu'il est constaté qu'il a payé de ses deniers personnels des dettes de la communauté.

L'article 1431 ne déroge pas aux principes qui régissent la matière des récompenses et de la contribution aux dettes entre époux.

Du fait que la femme qui s'oblige solidairement et conjointement avec le mari est « réputée caution » vis-à-vis de celui-ci, ne résulte pas la présomption que les dettes conjointes doivent être, sauf preuve contraire, considérées comme étant faites pour les affaires personnelles du mari et non pour celles de la communauté (C. civ., art. 1431 et 1432) (Cass., 12 juill. 1906, *Pas.*, 1906. 1. 346).

38. — *Régime dotal.* — *Stipulation de remploi.* — *Remploi non effectué.* — *Droit de la femme.*

L'article 1560 du Code civil, qui autorise la femme ou ses

héritiers à poursuivre la révocation de l'aliénation du fonds
dotal consentie hors des cas où il peut être aliéné, ne fait pas
obstacle à ce que la femme réclame une seconde fois le prix à
l'acquéreur dans le cas où, l'aliénation étant permise par le contrat de mariage, le remploi n'a pas été fait conformément audit
contrat.

Bien que, de commun accord, les parties aient chargé le notaire d'opérer le remploi, la demanderesse peut intenter directement son action contre l'acquéreur responsable de l'inexécution
de l'obligation à lui imposée personnellement par le contrat de
mariage.

C'est ce qui a été jugé dans l'espèce suivante. Aux termes des
conventions matrimoniales, les biens dotaux pouvaient être aliénés, mais à condition que les prix des aliénations fussent remployés au nom et au profit de la future épouse, soit en immeubles, soit en rentes belges ou autres valeurs nominatives garanties par l'État belge; il était stipulé, en outre, que les acquéreurs des biens dotaux étaient tenus de suivre leurs deniers et
de veiller à ce que les remplois fussent opérés, et que lesdits
remplois ne seraient valables que s'ils étaient acceptés par la
femme autorisée de son mari et si les titres les constatant faisaient mention de la dotalité; enfin il était constant que les prix
des immeubles aliénés avaient été remployés en acquisitions de
titres de rente belge sans aucune mention au grand-livre du caractère de dotalité du capital. L'acquéreur des biens dotaux,
le mari ayant réalisé le capital sans nouvelle affectation dotale,
a été considéré comme n'étant pas valablement libéré; la femme
a été reconnue fondée à lui réclamer le prix de l'acquisition, et
le notaire chargé de l'achat des titres à convertir en inscriptions
nominatives a été tenu de la garantie (Trib. Bruxelles, 24 févr.
1906, *Pas.*, 1906. 3. 224).

Par arrêt du 20 déc. 1906 (*Pas.*, 1907. 2. 121), la Cour de
Bruxelles a confirmé l'interprétation donnée par ce jugement à
l'article 1560 du Code civil; mais a décidé que, dans l'espèce et
suivant les termes du contrat de mariage, l'acquéreur obligé à
assurer le remploi du prix de vente du fonds dotal, n'était pas
tenu de la validité de remploi.

39. — *Séparation de biens judiciaire.* — *Cause.* — *Désordre des affaires du mari.*

La recevabilité et le fondement de la demande en séparation
de biens ne sont pas subordonnés à la condition que les biens du

mari soient devenus insuffisants pour assurer les reprises éventuelles de la femme; il faut seulement que la crainte de cette
insuffisance soit justifiée par le désordre dans les affaires du mari
(Gand, 25 févr. 1905, *Pas.*, 1906. 2. 18).

B. — **Obligations et contrats spéciaux.**

I. — OBLIGATIONS EN GÉNÉRAL.

a) **Conditions de validité.**

40. — *Consentement. — Dol. — Manœuvres. — Appréciation du juge.*

Le juge du fond constate souverainement, en fait, l'existence
du dol, des manœuvres qui le constituent et l'influence de ces
dernières sur la volonté de la personne dont le consentement a
été vicié (Cass , 15 févr. 1906, *Pas.*, 1906. 1. 132).

40 *bis.* — *Erreur. — Accident. — Certificat médical
erroné.*

Si la victime d'un accident a, moyennant une somme minime,
transigé avec le débiteur de l'indemnité, à la suite d'une attestation médicale l'assurant d'une guérison prochaine, tandis que
cette guérison ne s'est produite que plus d'un an après, on doit
considérer que son consentement a été vicié pour cause d'erreur,
et la transaction est nulle (L., 21 mai 1904, *Pas.*, 1906. 2. 321).

b) **Modalités.**

41. — *Condition inaccomplie.—Fait du débiteur.— Preuve.*

Pour être fondé à se prévaloir de la disposition de l'article 1178 du Code civil, le créancier n'a d'autre preuve à fournir
que celle que le débiteur a réellement commis une faute ou une
négligence de nature à empêcher l'accomplissement de la condition ; le créancier n'a pas à prouver, en outre, que la condition
se serait réalisée si le débiteur n'y avait pas mis obstacle. Mais
le débiteur, pour écarter l'action, est recevable à prouver que
la condition aurait défailli, même dans le cas où il n'aurait rien
fait pour en empêcher l'exécution (Bruxelles, 12 juill. 1905,
Pas., 1906. 2. 76).

c) **Stipulation pour autrui.**

42. — *Successeur à titre particulier. — Vendeur.*

Parmi les ayants droit pour lesquels on stipule, suivant l'article 1122 du Code civil, il faut comprendre le successeur à titre particulier, dès lors investi de tous les droits et actions que son auteur avait acquis dans l'intérêt de la chose à laquelle il a succédé, ou qui se sont identifiés avec elle.

Ainsi, le vendeur qui a stipulé vis-à-vis d'un tiers l'édification d'un ouvrage avantageux pour les terrains qu'il vend, communique à ses acquéreurs le bénéfice de cet avantage (Bruxelles, 31 mai 1906. *Pas.*, 1906. 2. 222).

43. — *Créancier.* — *Action paulienne contre ce jugement.*

Si le droit que confère au créancier l'article 1166 du Code civil peut s'étendre jusqu'à lui permettre d'interjeter appel des décisions intervenues à charge de son débiteur, il ne le peut faire en tout cas que dans les limites en lesquelles le débiteur l'eût pu lui-même.

Une décision de justice contradictoirement rendue, dûment motivée et non arguée de collusion, ne saurait être assimilée à un acte fait par un débiteur en fraude des droits de son créancier ; l'action paulienne contre un jugement ne peut être exercée que par la voie de la tierce opposition (Bruxelles, 14 nov. 1905, *Pas.*, 1906. 2. 141).

44. — *Assurance patronale au profit des ouvriers.*

Lorsque dans une convention d'assurances entre une société et un patron il est dit que cette convention ne crée de lien de droit qu'entre la compagnie et l'assuré, l'ouvrier victime d'un accident peut néanmoins, en vertu des dispositions du droit commun, agir directement contre la société pour la contraindre à lui payer le montant de l'assurance (Liège, 21 mai 1904, *Pas.*, 1906. 2. 321).

d) Solidarité.

45. — *Effets.* — *Jugement.* — *Exécution partielle.*

L'exécution partielle d'un jugement par un débiteur solidaire ne saurait avoir pour effet de priver du droit d'appel les autres codébiteurs solidaires (Gand, 25 févr. 1905, *Pas.*, 1906, 2. 12).

e) Effets des obligations.

46. — *Inexécution.* — *Dommages-intérêts.* — *Étendue.*

Parmi les dommages dont est tenu le débiteur qui n'exécute pas son obligation, il ne faut pas comprendre l'insolvabilité du créancier et l'expropriation de ses immeubles, lorsque cette insolvabilité et cette expropriation résultent non seulement de l'inexécution de l'obligation du débiteur, mais encore des conditions inconnues du débiteur dans lesquelles le créancier avait tenté l'opération au cours de laquelle il a contracté et qui a abouti à sa ruine (Bruxelles, 31 mai 1906, *Pas.*, 1906, 2. 222).

f) Preuve des obligations.

47. — *Acte authentique.* — *Foi due.* — *Sincérité.*

L'acte authentique ne fait foi que jusqu'à preuve contraire de la sincérité des déclarations des parties.

Le juge du fond apprécie souverainement les circonstances qui lui font admettre qu'un acte, qualifié acte de partage, dissimule une cession de droits indivis en vue d'échapper à la perception d'un droit proportionnel (Cass., 21 juin 1906, *Pas.*, 1906. 1. 318).

48. — *Acte authentique.* — *Témoins.* — *Intérêt à l'acte.*

Si les témoins instrumentaires à un acte notarié ne peuvent avoir à cet acte un intérêt direct, cet intérêt doit exister dans l'acte même et ne peut s'induire de circonstances extrinsèques (Namur, 15 janv. 1906, *Pas.*, 1906. 3. 284).

49. — *Acte sous seing privé.* — *Absence de « bon pour ».* — *Commencement de preuve par écrit.*

L'acte sous seing privé signé, sans la mention du *bon pour*, par la caution au-dessous des mots *pour aval* précédés de la reconnaissance de dette par l'emprunteur au profit du prêteur, vaut comme commencement de preuve par écrit. Le complément de cette preuve peut résulter des éléments de la cause qui constituent des présomptions graves, précises et concordantes, établissant que la caution, au moment de signer pour aval, s'obligeait en cette qualité (Gand, 24 févr. 1906, *Pas.*, 1906. 2. 252).

50. — *Contrat synallagmatique.* — *Sous seing privé.* — *Défaut de mention des doubles.* — *Représentation.*

Deux plaideurs discutaient devant le tribunal de première instance de Marche la portée d'un écrit dont chacun produisait un exemplaire; le demandeur soutenait que cet écrit constituait un bail, le défendeur qu'il n'en était que le projet. Le tribunal a jugé que l'écrit ne pouvait faire preuve du contrat synallagmatique de louage, parce qu'il ne portait pas la mention qu'il avait été fait en double. Le jugement décide qu'en établissant dans l'article 1325 du Code civil les règles de la preuve littérale résultant des actes sous seing privé, le législateur a voulu que l'acte sous seing privé sauvegardât d'une façon complète et par lui-même l'égalité des contractants au point de vue de la preuve du contrat; que ce résultat ne serait pas atteint si l'on admettait que la simple représentation des deux doubles sans autre circonstance, puisse tenir lieu de la mention de leur existence dans l'acte lui-même. Le tribunal ajoute que la production simultanée des deux doubles ne supplée pas à la mention de leur existence, mention expressément exigée par l'alinéa 3 de l'article 1325 (Trib. Marche, 25 févr. 1905, *Pas.*, 1906. 3. 332).

51. — *Registre des délibérations d'une société. — Délibération non actée. — Preuve par les tiers.*

Lorsque, aux termes des statuts d'une société anonyme, les décisions de son conseil d'administration doivent être actées dans un registre spécial, l'absence de ce registre n'empêche pas les tiers de prouver l'existence de marchés qu'ils ont conclus avec un membre dudit conseil autorisé par celui-ci à cet effet (Liège, 25 oct. 1905, *Pas.*, 1906. 2. 52).

52. — *Aveu. — Faits non articulés.*

Aux termes de l'article 252 du Code de procédure civile, le juge ne peut tenir pour confessés ou avoués que les faits articulés dont la preuve a été postulée, alors même qu'ils ne sont pas déniés (Cass., 1er févr. 1906, *Pas.*, 1906. 1. 117).

g) Quasi-délit. — Responsabilité.

1° FAIT PERSONNEL.

53. — *Enterrement civil. — Imputation d'avoir fait enfouir son père comme un chien.*

Constitue une imputation donnant lieu à réparation civile du préjudice qu'elle a causé, le reproche adressé par la voie de la presse à des enfants d'avoir fait « enfouir leur père comme un chien », lorsqu'en exécution des volontés du défunt, celui-ci a été inhumé sans cérémonies religieuses.

Pour déterminer la hauteur du dommage moral, le juge doit prendre en considération les circonstances de temps et de lieu dans lesquelles l'imputation a été produite (Gand, 7 mars 1906, *Pas.*, 1906. 2. 256).

54. — *Blessures reçues pour éviter un accident à autrui.*

L'ouvrier qui vient à être blessé lui-même en exécutant, dans le cours de son travail, une manœuvre en vue d'éviter de causer à une autre personne des lésions graves et peut-être mortelles, n'est pas victime de sa propre imprudence, alors qu'il n'a fait qu'accomplir un acte méritoire en s'exposant au danger, et que la manœuvre effectuée était indiquée par le service même auquel il était employé (Liège, 4 avr. 1906, *Pas.*, 1906. 2. 275).

2° FAIT D'UNE CHOSE.

55. — *Preuve de vice de la chose.*

La responsabilité du fait des choses est subordonnée à la preuve du vice de la chose que l'on a sous sa garde (C. civ., art. 1384).

Par suite, est évidemment mal fondée la requête aux fins d'obtenir le bénéfice de la procédure gratuite devant la Cour de cassation, si l'arrêt à dénoncer constate souverainement en fait que le seul vice de la chose qui ait été articulé, n'a pas été la cause de l'accident dont la réparation était demandée (Cass., 15 févr. 1906, *Pas.*, 1906. 1. 135).

56. — *Industrie nuisible aux voisins.*

Celui qui exploite une industrie de nature à troubler ses voisins, a l'obligation de réduire au minimum les causes de trouble, et même de les faire disparaître si ce résultat peut être atteint par des moyens quelconques en son pouvoir. Si les inconvénients sont irréductibles ou inévitables, il doit réparer le dommage ainsi causé dès l'instant où ils dépassent les limites de la tolérance admises entre voisins (Bruxelles, 11 avr. 1905, *Pas.*, 1906, 2. 24).

3° ACCIDENTS DU TRAVAIL.

Cette matière fait en Belgique l'objet de la loi du 24 déc. 1903, qui a institué un régime forfaitaire de réparation des accidents du travail, ne laissant dans le domaine de la responsabilité civile du patron vis-à-vis de l'ouvrier que les accidents intentionnellement provoqués par le premier.

57. — *Rente.* — *Accord des parties.* — *Délai de révision.*

En cas d'accident du travail, les parties peuvent se mettre d'accord sur le caractère permanent de l'incapacité et sur le montant de l'allocation « annuelle », calculée d'après le salaire de la victime.

Ce n'est qu'après l'expiration du délai de révision de trois ans, à dater de cet accord, que les parties peuvent convenir du paiement d'une rente viagère et de l'attribution, dans certaines conditions, d'un capital. Ce capital doit être fixé de la manière établie par la loi, et ce, alors même que la rente viagère est inférieure à 60 francs (Arrêté royal du 29 août 1904).

En conséquence, le juge de paix ne peut, sans commettre un

truction du pont, les dommages-intérêts qu'il lui doit sont l'équivalent à fixer aussi exactement que possible, d'après les éléments de la cause, entre la valeur vénale du terrain lors de la vente et sa valeur après la renonciation à la construction du pont (Bruxelles, 31 mai 1906, *Pas.*, 1906. 2. 222).

65. — *Simulation.* — *Action en nullité.* — *Garantie du chef d'éviction.*

La recevabilité de la demande de nullité d'une vente, du chef de la simulation, n'est pas subordonnée à la condition que le droit du demandeur soit né avant la passation de l'acte querellé.

La demande en nullité de vente du chef de simulation, ne peut être écartée par l'exception de garantie du chef d'éviction.

Le juge a un pouvoir souverain d'appréciation pour décider si les circonstances invoquées établissent la simulation (Gand, 8 févr. 1905, *Pas.*, 1906. 2. 6).

Il s'agissait, dans l'espèce de cet arrêt, d'une action en nullité d'une vente attaquée par les héritiers du vendeur comme simulée et déguisant une libéralité.

66. — *Vente par correspondance.* — *Conclusion.*

La vente par correspondance se conclut au lieu où l'acceptation de la commande est portée à la connaissance de l'acheteur.

Le juge belge du lieu où le contrat litigieux s'est formé est compétent à l'égard du défendeur français qui n'a domicile ni résidence en Belgique (Bruxelles, 17 févr. 1905, *Pas.*, 1906. 2. 14).

67. — *Vente de droits successifs.* — *Rescision pour lésion.*

En principe, n'est pas recevable de la part d'un cohéritier, l'action en rescision d'une vente de droits successifs, du chef de lésion de plus du quart, à raison du caractère essentiellement aléatoire de cette cession.

Il en est autrement si l'acquéreur connaissait les forces de la succession (Gand, 19 juin 1906, *Pas.*, 1906. 2. 340).

III. — LOUAGE DE CHOSES.

68. — *Bail à ferme.* — *Pailles.* — *Réclamation au fermier sortant.* — *Preuve.*

Le bailleur qui réclame les pailles de l'année au fermier sortant, doit prouver que celui-ci les a reçues à son entrée (C. civ., art. 1778 et 1315) (Cass., 1er févr. 1906, *Pas.*, 1906. 1. 117).

69. — *Bail à ferme.* — *Chasse.* — *Passage dans les récoltes.*

Le propriétaire de la terre et le titulaire du droit de chasse sur celle-ci ne peuvent pas, sans s'être mis d'accord avec le locataire, y passer ou y faire passer leurs préposés lorsqu'elle est ensemencée ou chargée de récoltes (C. pén. belge, art. 552, nº 6, et 556, nº 6) (Cass., 25 juin 1906, *Pas.*, 1906. 1. 323).

V. une dissertation de M. Léon Cornil, avocat à Bruxelles, *Revue de droit belge*, 1907, p. 117. L'auteur examine la question de savoir si le refus absolu du propriétaire des fruits de tolérer le passage du titulaire du droit de chasse, ne constitue pas un abus de droit, et recherche quelle action en résulte au profit du second contre le premier.

IV. — LOUAGE DES SERVICES.

70. — *Responsabilité cumulée de l'entrepreneur et de l'architecte.*

Loin d'exclure la responsabilité de l'entrepreneur par celle de l'architecte, l'article 1792 du Code civil en admet la coexistence lorsqu'ils ont commis l'un et l'autre des fautes professionnelles.

L'agréation et la réception, loin de constituer une fin de non-recevoir à l'application de l'article 1792, ne forment, au contraire, que le point de départ de la garantie décennale imposée, par dérogation au droit commun, à l'architecte et à l'entrepreneur, à moins qu'il ne s'en dégage manifestement la volonté du propriétaire de renoncer à se prévaloir d'un vice de construction prévu par cet article.

La profession d'architecte est libre et n'est subordonnée à aucune formalité ou condition.

On peut considérer comme architecte celui qui fait profession de diriger des constructions dont il a dressé les plans, devis et cahier des charges.

Lorsque l'architecte et l'entrepreneur sont également responsables des défectuosités ou de la ruine d'un ouvrage, leur condamnation ne doit pas être solidaire (Liège, 22 févr. 1906, *Pas.*, 1906. 2. 204).

71. — *Responsabilité de l'entrepreneur. — Prescription décennale. — Action intentée avant l'expiration du délai du chef d'une perte partielle.*

Aux termes de l'article 1792 du Code civil, l'entrepreneur est responsable pendant dix ans, s'il y a perte totale ou partielle de l'édifice, par le vice de construction ou par le vice du sol.

La perte, conséquence du vice de construction ou du sol, doit donc se manifester dans les dix années de la réception définitive.

Une précédente demande de dommages-intérêts, terminée par un jugement définitif, ne peut être invoquée dans une nouvelle instance introduite onze ans et demi après la date de la réception définitive. En effet, si la précédente instance visait déjà la perte alléguée actuellement, la nouvelle demande devrait nécessairement être écartée par l'exception de la chose jugée, et aucune disposition légale ne permet d'admettre qu'il suffit qu'une perte partielle se soit manifestée dans les dix ans pour que le propriétaire ait le droit de réclamer à l'occasion de toutes autres pertes subséquentes, quelle que soit la date de leur apparition (Bruxelles, 27 juin 1905, *Pas.*, 1906. 2. 62).

Accidents de travail.—V. ci-dessus nos 57 à 60, et ci-dessous n° 76.

72. — *Travaux publics. — Cahier des charges. — Cautionnement.*

Au cas d'entreprise de travaux publics, le cahier des charges doit indiquer exactement les travaux à exécuter avec leurs prix respectifs.

Les obscurités et les incertitudes des clauses qui obligent s'interprètent en faveur de celui qui est obligé.

La reconnaissance de l'existence des travaux crée au profit de l'entrepreneur un commencement de preuve par écrit qui permet au juge d'établir, à l'aide de présomptions graves, précises et concordantes, la quantité des travaux réellement exécutés.

La réception définitive des travaux peut se faire tacitement : elle rend exigible la restitution à l'entrepreneur du cautionnement, sans droit pour le maître de l'ouvrage d'opérer une retenue quelconque.

Si le cautionnement a été fourni en fonds belges, les dommages-intérêts résultant du retard dans la restitution ne peuvent consister que dans la condamnation aux intérêts légaux (Gand, 12 juin 1906, *Pas.*, 1906. 2. 313).

V. — CAUTIONNEMENT.

73. — *Dette future.*

Le cautionnement d'un emprunt à contracter est valable, alors surtout que la caution remet l'écrit avalisé au futur emprunteur ; la caution, en négligeant de déterminer la limite de son cautionnement, garantit le remboursement de la somme dont le montant était mentionné dans l'acte qu'elle a souscrit.

Il importe peu que la caution ait signé l'acte avant le débiteur principal qui l'a reçu de la caution (Gand, 21 févr. 1906, *Pas.*, 1906. 2. 252).

74. — *Action directe contre la caution.*

Le créancier peut exiger directement de la caution le paiement de la dette ; aucune disposition légale ne l'oblige à s'adresser d'abord au débiteur principal ; la caution peut, si elle n'est pas solidaire, invoquer le bénéfice de discussion, mais là s'arrête son droit. Si elle dénie la dette, le créancier a le droit d'établir celle-ci d'après les modes de preuve légaux, sans mettre en cause le débiteur principal (Trib. Gand, 7 déc. 1904, *Pas.*, 1906. 3. 69).

VI. — Rentes.

75. — *Défaut de paiement des arrérages.* — *Rente constituée sous l'ancien droit liégeois.* — *Article 1912 du Code civil.* — *Intérêts des arrérages.*

Sous le droit coutumier liégeois, le seul défaut de paiement, pendant deux années, des arrérages d'une rente perpétuelle constituée, n'autorisait pas le crédirentier à contraindre au rachat le débiteur de la rente. Il doit en être de même aujourd'hui, pour les rentes constituées sous ce régime, nonobstant l'article 1912 du Code civil, les effets des contrats se réglant d'après la législation existante au moment où ces contrats sont formés, et l'article 1912, auquel les contractants peuvent déroger, n'ayant pas un caractère impératif et d'ordre public, mais simplement déclaratif de la volonté présumée des parties.

Il résulte de la combinaison des articles 1154 et 1155 du Code civil que les arrérages d'une rente ne peuvent produire d'intérêts que sous la double condition que ces intérêts soient demandés et que les arrérages sur lesquels on veut les faire courir soient déjà échus lors de la demande (Trib. Liège, 27 juin 1906, *Pas.*, 1906. 3. 222).

VII. — Transaction.

76. — *Accident.* — *Conséquences non prévues.*

La transaction conclue sur la réparation d'un accident ne porte pas sur les conséquences de celui-ci non prévues au moment où elle a été conclue (une aggravation de l'état de la victime considérée comme guérie au moment de la transaction) (C. civ., art. 2048) (Bruxelles, 19 janv. 1905, *Pas.*, 1906. 2. 5).

C. — **Propriété de droits réels.**

I. — PROPRIÉTÉ.

77. — *Route privée. — Servitude d'utilité publique.*

L'affectation d'une propriété particulière à la création d'une rue, sans toucher à la propriété du sol, a pour effet de créer au profit du public en général, et des riverains en particulier, une servitude publique d'usage et de soumettre cette propriété aux lois et règlements de police de la voirie (Loi des 1er févr. 1844-15 août 1897, art. 1er) (Cass., 18 juin 1906, *Pas.*, 1906. 1. 310).

78. — *Route. — Droit d'accès.*

Les pouvoirs publics, en créant des routes, prennent envers les riverains l'engagement tacite de ne pas porter atteinte sans indemnité aux droits que la riveraineté fait naître. Ainsi le veut la foi publique.

Ces droits préexistent à l'alignement ou à l'autorisation de bâtir.

Parmi les droits de jouissance qu'ont les riverains sur les routes, sont tout spécialement compris le droit d'accès et le droit de vue.

Les riverains n'ont aucun droit à la direction des chemins; aucune indemnité ne leur est due si la nouvelle direction donnée au chemin leur est préjudiciable (Trib. Gand, 8 févr. 1905, *Pas.*, 1906. 3. 126).

79. — *Propriété du sol. — Propriété des constructions. — Présomption. — Preuve contraire.*

La présomption de l'article 553 du Code civil, qui attribue au propriétaire du sol la propriété des constructions qui y sont érigées, ne peut, vis-à-vis de l'administration de l'enregistrement réclamant les droits de mutation, être combattue que par la production d'actes ayant date certaine (C. civ., art. 553 et 1328) (Cass., 19 oct. 1905, *Pas.*, 1906. 1. 27).

80. — *Eaux affectés par une commune aux besoins des habitants. — Contrat. — Validité.*

Les eaux affectées par une commune aux besoins de ses habitants font, avec leurs canaux d'amenée, partie du domaine public communal et se présentent, à ce titre, comme imprescriptibles et inaliénables. Ce n'est pas la destination publique qui leur est réservée, mais leur affectation réelle à un usage public, qui imprime aux choses le sceau du domaine public.

Est un contrat de droit civil, obligatoire en son entier pour les parties, l'engagement pris par une commune d'approvisionner d'eau le propriétaire d'un terrain en compensation et prix d'une servitude d'aqueduc, consentie par lui au profit de ladite commune, et consistant dans l'établissement, à travers cette propriété, d'un canal destiné à amener l'eau nécessaire à l'alimentation de fontaines publiques (Trib. Verviers, 5 juill. 1905, *Pas.*, 1906. 3. 334).

81. — *Ancien régime.* — *Concession d'une prise d'eau.* — *Prescription.* — *Volume d'eau.*

La concession accordée sous l'ancien régime, au profit d'un seigneur et de ses sujets, d'une prise d'eau dans une rivière non navigable ni flottable n'est pas destituée d'effet par les lois abolitives de la féodalité. Elle constitue un titre spécial que ces lois ont laissé subsister.

L'article 644 du Code civil ne concernant pas les cours d'eau artificiels, les riverains d'un canal privé, qui est la propriété d'une ville, ne peuvent en dériver l'eau pour l'irrigation de leurs héritages, alors même que cette appropriation ne serait pas dommageable pour elle.

La ville, bénéficiaire de l'octroi, peut avoir acquis par prescription, sous l'ancien droit, un volume d'eau dépassant celui de sa concession primitive, parce qu'autrefois les petites rivières étaient dans le commerce et n'appartenaient aux seigneurs que sauf titre ou possession contraire.

Alors même qu'un canal artificiel est repris à l'atlas des cours d'eau non navigables ni flottables, cette inscription n'altère en rien les droits du propriétaire (Liège, 20 déc. 1905, *Pas.*, 1906. **2.** 79).

82. — *Épaves.* — *Propriétaire inconnu.* — *État.*

Lorsque, au cours d'un voyage en mer, des objets dont le propriétaire est inconnu sont retrouvés, ces objets ne reviennent pas à l'État.

L'édit de Charles-Quint du 10 décembre 1547, qui stipule que les épaves de ce genre doivent être remises au receveur de l'extraordinaire et deviennent la propriété de l'État si leur propriétaire ne les réclame pas dans un certain délai, est explicitement abrogé par l'article 717 du Code civil.

L'édit de Charles-Quint, bien qu'ayant été promulgué non en vertu des prérogatives seigneuriales, mais en vertu du pouvoir souverain de son auteur, ne pourrait plus avoir aujourd'hui que le caractère de règlement purement régional, et ne peut donc être considéré comme une des lois particulières visées dans l'article 717 du Code civil.

Il en est de même du chapitre relatif au droit d'épave de l'ordonnance de Louis XIV (août 1681), qui n'a d'ailleurs pas été publié en Belgique.

Aucune loi particulière, sur cet objet, n'existant en Belgique, c'est à la lumière des principes généraux du droit que la question du droit à l'épave doit être examinée. Les épaves ne sont pas des biens vacants ou sans maître qui, en vertu de l'article 713 du Code civil, appartiennent à l'État, mais des biens perdus, appartenant à un propriétaire inconnu. C'est le propriétaire inconnu, et non l'État, qui a seul le droit de les réclamer (Tribunal de Bruges, 6 févr. 1906, *Pas.*, 1906. 3. 113).

83. — *Limitation du droit de propriété.* — *Zone frontière.* — *Défense de bâtir.*

Si la défense de bâtir à moins de 10 mètres de la frontière française ne fait pas obstacle aux travaux de consolidation ou de reconstruction de bâtiments existant au moment où la défense a été édictée (traité du 28 mars 1820 et loi du 5 avr. 1887), elle s'applique à toute construction nouvelle ajoutée à l'ancienne (Bruxelles, 19 déc. 1905, *Pas.*, 1906. 2. 143).

II. — Servitudes.

84. — *Titre.* — *Interprétation restrictive.*

Les servitudes doivent être interprétées restrictivement ; dans l'interprétation de l'acte qui les constitue, il faut avoir égard aux besoins pour lesquels elles ont été créées.

Ainsi le propriétaire qui a converti la prairie, fonds dominant, en un terrain industriel sur lequel il a construit un magasin de matériaux à bâtir et des réservoirs à purin, a considérablement aggravé ainsi la servitude de chargement et de déchargement de bateaux établie au profit de la prairie ; l'usage qu'il prétend faire de la servitude, pour les besoins de son industrie nouvelle,

dépasse donc ceux pour lesquels elle a été consentie (Gand,
12 juin 1906, *Pas.*, 1906. 2. 306).

85. — *Article 694.* — *Rétablissement d'une servitude
éteinte par confusion.*

L'article 694 du Code civil porte : « si le propriétaire de deux
héritages entre lesquels il existe un signe apparent de servitude,
dispose de l'un des héritages sans que le contrat contienne
aucune convention relative à la servitude, elle continue d'exister
activement ou passivement en faveur du fonds aliéné ou sur le
fonds aliéné ».

Un jugement avait décidé que, pour l'application de cet article, il n'était pas nécessaire qu'il y eût eu, au moment de l'établissement de la servitude, deux héritages distincts réunis ultérieurement dans la même main. Suivant le tribunal, cette disposition consacrerait une extension aux servitudes apparentes
mais discontinues du principe de l'établissement des servitudes par destination du père de famille, établi par l'article 692
seulement pour les servitudes continues et apparentes. Ce jugement a été cassé. Invoquant le texte de l'article et le rapport
présenté sur celui-ci au tribunat par Albisson, la Cour de cassation a jugé que l'article 694 du Code civil ne prévoit pas un
mode d'établissement, mais un mode de rétablissement des servitudes. Il suppose une servitude antérieure à la réunion de deux
héritages dans une même main, servitude qui s'est éteinte par
confusion, conformément à l'article 705, et qui revit ou continue, au moment de la séparation, s'il existe un signe apparent,
alors que le contrat ne contient aucune convention relative à la
servitude (Cass., 9 nov. 1905, *Pas.*, 1906. 1. 44).

D. — **Donations et testaments.**

I. — Quotité disponible et réserve.

86. — *Biens composant la réserve.*

La réserve, qui n'est qu'une portion de la succession *ab intestat*, doit être composée des biens mêmes de la succession,
c'est-à-dire qu'elle doit être laissée en biens héréditaires *in spe-
cie* (C. civ., art. 826) (Cass., 7 juin 1906, *Pas.*, 1906. 1. 293).

L'héritier réservataire a le droit de prendre la réserve sur les
biens héréditaires en pleine propriété (Bruxelles, 14 juin et
18 juill. 1905, *Pas.*, 1906. 2. 53).

87. — *Détermination de la quotité disponible.*

Pour déterminer la quotité disponible, il importe de fixer la valeur du mobilier par une vente publique.

Une estimation par experts ne donne pas les garanties de la fixation de la valeur réelle (Gand, 19 juin 1906, *Pas.*, 1906. 2. 340).

88. — *Legs d'usufruit à un héritier réservataire. — Option.*

Lorsque le *de cujus* lègue à un héritier réservataire un usufruit avec l'intention de réduire tous ses droits à cet usufruit, le legs n'est pas censé fait par préciput ou hors part, et il est imputable sur la réserve.

L'héritier réservataire ne peut cumuler la réserve et l'usufruit légué; il doit opter entre la réserve en pleine propriété sans plus et l'usufruit légué, sauf à exiger une réduction des autres libéralités si l'usufruit est d'une valeur inférieure à la réserve (Bruxelles, 14 juin et 18 juill. 1906, *Pas.*, 1906. 2. 53).

89. — *Rémunération de l'exécuteur testamentaire. — Imputation de la quotité disponible.*

La rémunération accordée par le testateur aux exécuteurs testamentaires est imputable sur la quotité disponible, à l'exclusion de la réserve (Bruxelles, 14 juin et 18 juill. 1905, *Pas.*, 1906. 2. 53).

90. — *Réserve. — Enfant d'un précédent mariage. — Quotité disponible au second époux. — Faculté de reprendre sur prisée les biens de la communauté.*

Est nulle la disposition par laquelle un des époux, après avoir gratifié du disponible son conjoint ayant des enfants d'un premier lit, lui accorde, en outre, la faculté de reprendre, sur prisée contradictoire, tout ou partie, à son choix, des biens et droits mobiliers et immobiliers dépendant soit de la communauté, soit de la succession (Cass., 7 juin 1906, *Pas.* 1906. 1. 293).

91. — *Dispense de rapport. — Formes. — Dispense tacite.*

L'on ne peut inférer du texte de l'article 843 du Code civil que le terme *expressément* dont il se sert y soit employé dans le sens d'une déclaration *ad hoc*, aussi bien en matière de donations manuelles et déguisées que de donations authentiques.

S'il y a donation indirecte, la dispense de rapport peut résulter de la volonté nettement établie du donateur (Liège, 7 mars 1906, *Pas.*, 1906. 2. 234).

II. — Formalités des donations.

92. — *Donation indirecte.* — *Renonciation à un droit.*

La règle de la solennité des donations, n'est pas applicable aux donations indirectes, résultant de l'abandon d'un droit qui, par l'effet de la loi, passe dès lors à un tiers ainsi gratifié.

Si, au contraire, le renonçant modifie l'effet naturel de la renonciation par l'attribution du droit abandonné à d'autres qu'à ceux à qui la loi en détermine la dévolution, ou par un choix fait parmi eux, la renonciation constitue une donation directe, pour la validité de laquelle est indispensable l'observation des formalités prescrites aux articles 931 et suivants du Code civil.

Constitue une donation directe la déclaration dans un acte de prêt que la somme prêtée appartient pour l'usufruit au prêteur et pour la nue propriété à un tiers, qui reconnaît en conclusion qu'au contraire cette somme provient d'une succession échue au prêteur en pleine propriété (Bruxelles, 3 juill. 1905, *Pas.*, 1906. 2. 68).

III. — Testaments et legs.

93. — *Interprétation.* — *Termes juridiques.*

Lorsque le contexte du testament, d'accord avec les dispositions d'esprit du testateur, démontre que celui-ci, en employant dans son testament des termes juridiques, leur a donné un sens différent de leur signification technique, c'est en ce sens que le juge doit les interpréter (Bruxelles, 14 juin et 18 juill. 1905, *Pas.*, 1906. 2. 53).

94. — *Écriture déniée.* — *Insanité d'esprit alléguée.* — *Vérification d'écriture par expertise et par enquête.*

L'héritier provoque en premier lieu la vérification du testament, quand il demande d'abord acte de ce qu'il en méconnaît l'écriture en même temps qu'il en poursuit l'annulation pour insanité d'esprit et captation.

En prévision du dépérissement des preuves, le juge peut ordonner la vérification d'écriture par expertise et enquête simultanées (Liège, 3 janv. 1906, *Pas.*, 1906. 2. 143).

95. — *Insanité d'esprit.* — *Affaiblissement intellectuel.* — *Manœuvres.*

Pour prononcer la nullité d'un testament, par application de l'article 901 du Code civil, il faut que des circonstances décisives et péremptoires donnent au juge la conviction morale et légale que le disposant n'était pas sain d'esprit. Cette conviction ne peut résulter que d'un faisceau de faits suffisamment précis pour que l'insanité soit évidente ou, tout au moins, que l'on puisse affirmer l'existence d'une continuité de trouble mental nécessairement exclusive de l'intervalle lucide au moment de la confection du testament. Des faits révélant quelques fantaisies bizarres ou des absences momentanées de raison n'ont pas cette portée. A défaut de démence permanente, un certain affaiblissement de l'esprit et de la volonté du *de cujus* peut entraîner la nullité du testament, lorsqu'il est en outre établi que, par l'emploi de moyen frauduleux déterminés, il a été inspiré au *de cujus*, quant à ses dispositions testamentaires, une volonté différente de celle qu'il aurait eue s'il avait été abandonné à ses propres inspirations (Bruxelles, 4 mai 1905, *Pas.*, 1906. 2. 31).

96. — *Rapport imposé à un successible.* — *Interprétation.* — *Legs.*

Un testament portant : « J'astreins et oblige... ma petite-fille à faire rapport à ma succession d'une somme de... 42.000 francs », on ne peut inférer de cette clause que le testateur ait voulu laisser à charge des autres héritiers la preuve que le successible grevé a bien reçu la somme dont le rapport lui est imposé.

Cette disposition du testateur ne saurait non plus être envisagée comme une exhérédation, incompatible avec l'idée de rapport, pour l'écart entre le montant du rapport légal, s'il s'exerçait normalement, et celui mentionné au testament, alors surtout que le rapprochement de cet acte avec une autre disposition révèle l'intention de tempérer la rigueur de cette dernière.

Le successible grevé doit rapporter à la succession la somme indiquée, qui doit être partagée, comme le reste, entre tous les intéressés.

Le tout sauf application des règles sur la réserve légale (Liège, 7 mars 1906, *Pas.*, 1906. 2. 234).

97. — *Nue propriété et usufruit légués.* — *Caducité du legs d'usufruit.*

Lorsque la nue propriété et l'usufruit sont légués à des légataires différents, la caducité du legs d'usufruit profite non à la succession *ab intestat*, mais au légataire de la nue propriété (Bruxelles, 14 juin et 18 juill. 1905, *Pas.*, 1906. 2. 53).

IV. — Substitutions.

98. — *Tutelle à la substitution*.

Les dispositions relatives à la tutelle, en cas de substitution, sont d'ordre public. Le texte du Code et les travaux préparatoires montrent que le législateur a voulu qu'il y eût toujours un tuteur chargé de veiller à l'exécution de la disposition et que, les appelés étant toujours les enfants du grevé, ils ne fussent pas laissés en présence de leur auteur. Il y a donc lieu, en cas de contestation au sujet d'une disposition testamentaire renfermant une substitution, d'appeler à la cause le tuteur à la substitution (Trib. Bruxelles, 8 janv. 1906, *Pas.*, 1906. 3. 91).

J. Servais.

NOTES PARLEMENTAIRES
DROIT CIVIL ET PROCÉDURE CIVILE

France.

Par M. Paul Lerebours-Pigeonnière,

Professeur à la Faculté de droit de l'Université de Rennes.

I. — Personnes et droits de famille.

a) Mariage.

1. — *Simplification des conditions du mariage.* — *Loi du 21 juin 1907.*

La proposition de M. l'abbé Lemire mentionnée *suprà*, 1905, p. 164, nᵒ 3, a été favorablement et promptement accueillie par la Chambre et le Sénat; elle n'a d'ailleurs été l'objet d'une discussion publique véritable qu'au Sénat (séances des 30 janv., 8 févr. et 7 mai 1907) et, avec des amendements qui n'en altèrent pas l'esprit, elle est devenue la loi du 21 juin 1907, publiée au *J. O.* du 25 juin.

2. — La loi du 21 juin simplifie d'abord les publications en vue du mariage. L'article 63 du Code civil exigeait *deux* publications, à huit jours d'intervalle, *un jour de dimanche*; chaque publication, d'après la lettre du texte, aurait dû consister en une annonce à haute voix suivie de la rédaction d'un acte pour constater l'accomplissement de la formalité; enfin le mariage, en vertu de l'article 64, ne pouvait avoir lieu avant le mercredi suivant la seconde publication. Ainsi le mariage pouvait venir à la connaissance de l'ensemble de la population qui ne fréquente

guère les abords de la maison commune en dehors du dimanche,
et les intéressés avaient le temps suffisant pour former opposition. La réforme votée aboutit au même résultat d'une manière
plus simple et plus commode. L'article 63 nouveau met la loi
écrite en harmonie avec la pratique et les progrès de l'instruction en précisant que les publications se feront par affiche à la
porte de la mairie : dès lors il ne saurait plus être question de
deux publications ; il est inutile de renouveler une affiche, il suffit de la mettre à l'abri. Cette publication unique d'autre part
pourra être faite un jour quelconque, même autre que le dimanche (qui doit devenir jour de repos pour les employée de l'état
civil comme pour la masse des travailleurs), mais elle devra rester affichée pendant un intervalle comprenant deux dimanches,
de sorte que la population laborieuse continuera à lire le dimanche les mariages projetés et que chaque mariage sera annoncé
deux dimanches de suite. Dans cette mesure la réforme simplifie surtout la tâche des employés de l'état civil, mais l'article 64,
voulant faire profiter aussi les futurs époux de l'esprit nouveau
de simplification, permet le mariage le lundi lendemain du second dimanche, pourvu que l'affiche soit apposée depuis plus de
dix jours. En vain le distingué commissaire du Gouvernement,
M. Deshayes, a-t-il observé que l'affiche était présumée n'être lue
que le dimanche, qu'il fallait donner le temps de la réflexion
après cette lecture et ne pas tenir compte de l'affichage avant le
premier dimanche (Sénat, séance du 7 mai 1907, J. O., p. 603);
en vain le président de la commission a-t-il voulu de son côté
faire dater les dix jours du premier dimanche, sous prétexte
que sans cela le deuxième dimanche serait inopérant parce que
l'on n'aurait pas le temps du dimanche au lundi matin de faire
les oppositions nécessaires : le Sénat a tenu à corriger sur ce
point l'article 64 du Code civil, estimant que l'on pouvait imposer aux intéressés qui n'auraient connaissance de l'affiche que
le second dimanche une prompte intervention, qui peut fort
bien se manifester le lendemain avant le mariage; un délai de
réflexion n'est point utile alors qu'une opposition est possible
dont l'effet sera simplement suspensif. Et il ne faut pas sans raisons sérieuses compliquer tous les mariages pour éviter une
hâte nécessaire aux intéressés qui exceptionnellement seraient
prévenus d'un mariage le dernier jour de la publication. Cela
étant, on peut se demander pourquoi le Sénat a maintenu l'exigence d'un délai de dix jours francs et ne s'est pas contenté d'un

intervalle comprenant deux dimanches? Le motif de l'exigence me paraît être d'empêcher l'encombrement des mairies le samedi en imposant la démarche nécessaire au plus tard le jeudi ou vendredi lorsque le mariage doit avoir lieu le lundi ou le mardi de l'autre semaine (1).

3. — La loi du 21 juin 1907 remanie plus profondément le Code civil en atténuant les dispositions qui maintiennent une

(1) *Article premier.* — L'article 63 du Code civil est modifié de la manière suivante:

« Avant la célébration du mariage, l'officier de l'état civil fera une publication par voie d'affiche apposée à la porte de la maison commune. Cette publication énoncera les prénoms, noms, professions et résidence des futurs époux, leur qualité de majeur ou de mineur et les prénoms, noms, professions et domicile de leurs pères et mères. Elle énoncera, en outre, les jour, lieu et heure où elle a été faite. Elle sera transcrite sur un seul registre coté et paraphé comme il est dit à l'article 41 du Code civil et déposé, à la fin de chaque année, au greffe du tribunal de l'arrondissement ».

Art. 2. — L'article 64 du Code civil est modifié de la manière suivante :

« L'affiche prévue en l'article précédent restera apposée à la porte de la maison commune pendant dix jours, lesquels devront comprendre deux dimanches. Le mariage ne pourra être célébré avant le dixième jour depuis et non compris celui de la publication ».

— La modification apportée à l'article 63 entraîne par la transformation de deux publications, censées orales, en une seule affiche, la modification de pure forme des articles 65, 170 et 192 :

Art. 3. — L'article 65 du Code civil est modifié de la manière suivante :

« Si le mariage n'a pas été célébré dans l'année, à compter de l'expiration du délai de la publication, il ne pourra plus être célébré qu'après une nouvelle publication faite dans la forme ci-dessus ».

Art. 18. — L'article 168 du Code civil est modifié ainsi qu'il suit :

« Si les parties contractantes, ou l'une d'elles, sont, relativement au mariage, sous la puissance d'autrui, la publication sera encore faite à la municipalité du domicile de ceux sous la puissance desquels elles se trouvent ».

Art. 19. — Le paragraphe 1er de l'article 170 du Code civil est modifié ainsi qu'il suit :

« Le mariage contracté en pays étranger entre Français et étranger sera valable, s'il a été célébré dans les formes usitées dans le pays, pourvu qu'il ait été précédé de la publication prescrite par l'article 63, au titre des « Actes de l'état civil », et que le Français n'ait point contrevenu aux dispositions contenues au chapitre précédent ».

Art. 21. — L'article 192 du Code civil est modifié ainsi qu'il suit :

« Si le mariage n'a point été précédé de la publication requise ou s'il n'a pas été obtenu des dispenses permises par la loi ou si les intervalles prescrits entre les publications et célébrations n'ont point été observées, le procureur de la République fera prononcer contre l'officier public une amende qui ne pourra excéder trois cents francs (300 fr.) et contre les parties contractantes ou ceux sous la puissance desquels elles ont agi une amende proportionnée à leur fortune ».

certaine influence à la puissance paternelle en cas de mariage
d'enfants majeurs et en corrigeant le texte relatif au consentement des parents divorcés d'un futur conjoint mineur.

4. — L'article 148 nouveau, à la différence de l'article 148 primitif, dispense le fils majeur de 21 ans, aussi bien que la fille,
du consentement de ses parents :

« Le fils et la fille qui n'ont pas atteint l'âge de 21 ans
accomplis ne peuvent contracter mariage sans le consentement
de leurs père et mère ; en cas de dissentiment, le consentement
du père suffit ».

Cette disposition rompt avec une longue et importante tradition. Le rapporteur de la commission du Sénat, M. Catalogne,
laissait entendre dans son rapport que la différence établie entre
le fils et la fille avait été accueillie par le Code civil sans que le
législateur de 1804 ait pu lui trouver une justification précise et
il demandait en quelque sorte la suppression de l'inégalité entre
le fils et la fille comme d'une inégalité peu compréhensible
(*J. O.*, Doc. parl. Sénat, S. E. 1906, Annexe n° 490, p. 435).
Cependant cette inégalité n'eût pas persisté à l'encontre du droit
canonique si elle n'avait pas répondu à des sentiments profonds.
Ces sentiments ont d'ailleurs été brièvement traduits à la tribune du Sénat par M. Fessard. La nécessité du consentement
des parents pour le mariage du fils mineur de 25 ans, suivant
moi, n'a jamais été justifiée par la considération de la protection
directe des fils, mais elle s'expliquerait par la considération de
l'intérêt de la famille légitime. Notre ancien droit ne considérait
point encore le mariage comme un acte exclusivement individuel
ou relatif à la famille à naître, il l'a toujours considéré au contraire comme un acte affectant, en outre des conjoints, toute la
famille « établie ». Sans doute il ne faudrait pas pousser l'idée
trop loin, mais je crois exact de dire que c'était au nom de la
famille intéressée elle-même au mariage et que le mineur de
25 ans n'était pas encore jugé capable de représenter, que le père
était appelé à consentir au mariage de son fils majeur de 21 ans
seulement. Si l'on déplace ainsi la question, si, par une survivance de sentiments qui ne disparaîtront jamais complètement,
on voit dans le consentement du père, jusqu'à un certain point,
non un acte d'habilitation mais le consentement proprement dit
d'un tiers partie intéressée à l'acte, alors la différence entre le fils
et la fille apparaît. La mésalliance est plus à craindre de la part
du fils dans les premiers entraînements de la jeunesse que de la

part de la fille. Le fils est moins vite soumis à l'influence des convenances ou des préjugés mondains ou sociaux, il est plus exposé aux occasions de mésalliances : il est moins vite en état d'être investi du pouvoir d'apprécier lui-même et de représenter lui-même l'intérêt de la famille. L'article 148 nouveau marque une étape dans l'évolution du droit de la famille, il signifie que l'on doit considérer uniquement ou presque uniquement lors du mariage l'intérêt individuel des époux et l'intérêt de la famille à naître ; or les futurs époux représentent ces deux intérêts et on ne peut leur refuser à 21 ans la capacité de les apprécier. C'est le point de vue du droit canonique qui triomphe. Il y aura, a-t-on dit au Sénat, plus de mariages irréfléchis, plus de divorces, mais l'objection repose sur une vue trop étroite. Il y aura des mésalliances, soit ! mais toutes les mésalliances n'aboutiront pas à la désunion, à la vie de ménage insupportable. A côté des mésalliances qui ne réussiront pas, d'autres réussiront. Et le fils détourné d'un mariage ne se serait peut-être jamais marié plus tard.

L'article 148 nouveau implique une moindre appréhension de la mésalliance parce que, si l'on ne se place plus du côté de la famille élargie, de la famille « antérieure », la mésalliance n'est pas nécessairement et *a priori* mauvaise, car elle peut donner naissance à un ménage paisible, capable d'abriter la famille à naître. Il n'est pas indispensable que le foyer de la famille à naître soit dans telle ou telle situation sociale, il est un point de départ avant d'être un prolongement, il suffit qu'il ait assez de stabilité pour « élever » la famille « nouvelle ».

5. — Le Sénat, avant de voter l'article 148, a rejeté un amendement de M. Gourju, tendant à charger le tribunal d'habiliter au mariage les futurs époux mineurs de 21 ans en cas de désaccord entre les parents mariés, amendement ainsi conçu :

« Si le père refuse son consentement, la mère pourra le citer devant le tribunal de première instance siégeant en chambre du conseil ; le jugement sera rendu en audience publique et en dernier ressort ».

Cet amendement a donné lieu à une discussion qui mérite une remarque. M. Gourju, pour le soutenir, ne s'est pas placé directement sur le terrain féministe, il n'a pas affirmé l'égalité des époux en face de la puissance paternelle, il a très habilement au contraire invoqué l'intérêt de l'enfant et soutenu que la mère était généralement plus craintive, plus timorée que le père,

au moment du mariage de ses enfants, si bien que le consentement de la mère assurait mieux que celui du père l'intérêt de
l'enfant. Le Sénat n'a pas été dupe de ce sophisme et il a maintenu la prééminence du père. En cas de conflit entre les parents
il faut prendre l'arbitre parmi les parents et non au dehors de
la famille parce que les questions soulevées par le projet de
mariage doivent être appréciées avec les sentiments de la famille
et de la paternité beaucoup mieux qu'elles ne le seraient par un
raisonnement désintéressé, et surtout parce qu'il est très important pour le développement général de la famille de constituer
dans son sein une autorité arbitrale assez forte pour être normalement reconnue.

6. — Cependant le Sénat a adopté une modification de l'article
152 du Code civil qui obéit aux tendances de l'amendement
Gourju et témoigne d'un moindre souci de la puissance paternelle. L'article 152, d'après la rédaction de la loi du 20 juin 1896,
attribuait le pouvoir de consentir au mariage de l'enfant mineur
à celui des parents divorcés qui tout à la fois a obtenu le divorce
à son profit et l'attribution de la garde de l'enfant; le texte ne
prévoyait pas le cas où aucun des parents ne réunirait ces deux
conditions. La commission du Sénat voulut d'abord conférer à
l'époux gardien le pouvoir de consentir au mariage de l'enfant
qu'il aurait sous sa garde : elle avait raison; quelle sera l'efficacité de cette garde si elle n'est pas accompagnée d'une autorité
reconnue? Mais, le texte primitif lui ayant été renvoyé (séance du
30 janv. 1907, *J. O.*, p. 393), la commission a transféré au tribunal la mission de décider en dernier ressort, de sorte que voici
la teneur du texte voté :

Art. 8. — L'article 152 du Code civil est modifié de la manière suivante :

« S'il y a dissentiment entre des parents divorcés ou séparés
de corps, le consentement de celui des deux époux au profit duquel le divorce ou la séparation aura été prononcé et qui a la
garde de l'enfant suffira.

« Faute de réunir ces deux conditions, celui des père et mère
qui consentira au mariage pourra citer l'autre devant le tribunal de première instance siégeant en chambre du conseil; le tribunal compétent sera celui du domicile de la personne qui a la
garde de l'enfant ; il statuera en audience publique et en dernier
ressort ».

7. — La loi du 21 juin 1907 atténue toujours le pouvoir d'in-

tervention de la famille établie, au moment de la création d'un nouveau foyer qui va la prolonger, en supprimant l'institution des actes respectueux et en la remplaçant par une institution nouvelle consistant dans l'obligation pour les mineurs de 30 ans (et non plus pour les majeurs) de faire notifier leur mariage par un seul notaire à leurs père et mère (et non plus aux ascendants) et d'attendre après cette notification un délai de 30 jours avant de célébrer leur mariage (1).

(1) *Art. 7.* — L'article 151 du Code civil a été remplacé par le suivant :

« Les enfants ayant atteint l'âge de vingt et un ans révolus et jusqu'à l'âge de trente ans révolus, sont tenus de justifier du consentement de leurs père et mère.

« A défaut de ce consentement, l'intéressé fera notifier, dans les formes prévues en l'article 154, l'union projetée à ses père et mère ou à celui des deux dont le consentement n'est pas obtenu.

« Trente jours francs écoulés après justification de cette notification, il sera passé outre à la célébration du mariage ».

Art. 9. — L'article 154 du Code civil est remplacé par le suivant :

« La notification prescrite par l'article 151 sera faite à la requête de l'intéressé par un notaire instrumentant sans le concours d'un deuxième notaire ni de témoins.

« Cet acte, visé pour timbre et enregistré gratis, énoncera les prénoms, noms, professions, domiciles et résidences des futurs époux, de leurs pères et mères, ainsi que le lieu où sera célébré le mariage.

« Il contiendra aussi déclaration que cette notification leur est faite en vue d'obtenir leur consentement et qu'à défaut il sera passé outre à la célébration du mariage à l'expiration du délai de trente jours francs ».

Art. 10. — L'article 155 du Code civil est modifié de la manière suivante :

« En cas d'absence des père et mère auxquels eût dû être faite la notification prévue à l'article 151, il sera passé outre à la célébration du mariage en représentant le jugement qui aurait été rendu pour déclarer l'absence, ou, à défaut de ce jugement, celui qui aurait ordonné l'enquête, ou, s'il n'y a point encore eu de jugement, un acte de notoriété délivré par le juge de paix du lieu où les père et mère ont eu leur dernier domicile connu. Cet acte contiendra la déclaration de quatre témoins appelés d'office par le juge de paix.

« Il n'est pas nécessaire de produire les actes de décès des pères et mère des futurs mariés lorsque les aïeuls ou aïeules, pour la branche à laquelle ils appartiennent, attestent ce décès, et dans ce cas il doit être fait mention de leur attestation sur l'acte de mariage.

« A défaut de cette attestation, il sera procédé à la célébration du mariage des majeurs, sur leurs déclaration et serment que le lieu du décès et celui du dernier domicile de leurs ascendants leur sont inconnus ».

— L'article 5 de la loi modifie l'article 76 du Code civil pour remplacer dans l'acte de mariage la mention des actes respectueux par celle de la notification de l'article 151 lorsqu'il en a été fait. Il supprime en même temps la mention de la publication requise.

La loi du 21 juin 1907 modifie les articles 156 et 157 du Code civil pour

8. — La loi du 21 juin 1907 s'occupe incidemment de l'enfant naturel pour tenir compte d'abord de la substitution de l'institution de la notification à celle des actes respectueux (1), puis pour attribuer au conseil de famille le pouvoir de consentir au mariage jusqu'ici dévolu à un tuteur *ad hoc* (2).

9. — Il faut remarquer encore avant de passer à un autre point de vue que la réforme ne touche pas à la théorie de l'opposition. L'opposition reste ouverte même au profit des aïeuls et aïeules, malgré la suppression des actes respectueux ou de toute autre notification aux ascendants du second degré. L'article 173 n'a été modifié que pour tenir compte de l'abaissement à 21 ans de la majorité des fils quant au mariage (3).

10. — J'arrive ainsi à un troisième ordre d'idées : la loi de 1907 transfère directement au procureur de la République le

---

atténuer la sévérité des sanctions prononcées contre les officiers de l'état civil passant outre les conditions de consentement ou de notification, et plus précisément pour supprimer la menace d'emprisonnement :

Art. 11. — L'article 156 du Code civil est modifié de la manière suivante :

« Les officiers de l'état civil qui auraient procédé à la célébration des mariages contractés par des fils ou filles n'ayant pas atteint l'âge de vingt et un ans accomplis sans que le consentement des pères et mères, celui des aïeuls et aïeules et celui du conseil de famille, dans le cas où il est requis, soit énoncé dans l'acte de mariage, seront, à la diligence des parties intéressées ou du procureur de la République près le tribunal civil de première instance de l'arrondissement où le mariage aura été célébré, condamnés à l'amende portée en l'article 192 du Code civil ».

Art. 12. — L'article 157 du Code civil est modifié de la manière suivante :

« L'officier de l'état civil qui n'aura pas exigé la justification de la notification prescrite par l'article 151 sera condamné à l'amende prévue en l'article précédent ».

(1) *Art. 13.* — L'article 158 du Code civil est modifié de la manière suivante :

« Les dispositions contenues aux articles 148 et 149 et les dispositions des articles 151, 152, 153, 154 et 155 sont applicables aux enfants naturels légalement reconnus ».

(2) *Art. 14.* — L'article 459 du Code civil est modifié de la manière suivante :

« L'enfant naturel qui n'a point été reconnu et celui qui, après l'avoir été, a perdu ses père et mère ou dont les père et mère ne peuvent manifester leur volonté, ne pourra, avant l'âge de vingt et un ans révolus, se marier qu'après avoir obtenu le consentement du conseil de famille.

(3) *Art. 20.* — L'article 173 du Code civil est modifié de la manière suivante :

« Le père, et à défaut du père, la mère, les aïeuls et aïeules, peuvent former opposition au mariage de leurs enfants et descendants, encore que ceux-ci aient vingt et un ans accomplis.

pouvoir d'accorder des dispenses de publication ou de délai, qui était attribué par le Code au chef de l'État : la loi consacre ainsi une pratique établie (1).

11. — Enfin dernier point de vue : la loi de 1907 simplifie les conditions de compétence de l'officier de l'état civil pour la célébration du mariage.

Déjà le Code civil distinguait en cette matière, pour faciliter la règle de compétence, deux sortes de domiciles attributifs de compétence, le domicile réel, c'est-à-dire le domicile établi selon les principes ordinaires (dont l'influence était sous-entendue dans l'article 74 et impliquée dans l'article 167) et le domicile quant au mariage établi par six mois d'habitation continue. La loi nouvelle accentue la distinction en parlant désormais de domicile et de résidence et surtout elle se contente d'une résidence établie par *un mois* d'habitation continue à la date de la publication prévue par la loi (2).

12. — *Mariage entre beau-frère et belle-sœur.*

En 1904 une circulaire de la Chancellerie (*suprà*, 1905, p. 165) prescrit d'accorder en principe les dispenses d'alliance en ligne collatérale demandées par les futurs époux aux procureurs. Une proposition de MM. Fort, Colliart et Normand, formulée à la

---

(1) *Art. 22.* — L'article 169 du Code civil est remplacé par le suivant :

« Le procureur de la République, dans l'arrondissement duquel sera célébré le mariage, peut dispenser, pour des causes graves, de la publication et de tout délai ».

(2) *Art. 4.* — L'article 74 du Code civil est remplacé par le suivant :

« Le mariage sera célébré dans la commune où l'un des deux époux aura son domicile ou sa résidence établie par un mois au moins d'habitation continue à la date de la publication prévue par la loi ».

Art. 15. — L'article 165 du Code civil est remplacé par le suivant :

« Le mariage sera célébré publiquement devant l'officier de l'état civil de la commune où l'un des époux aura son domicile ou sa résidence à la date de la publication prévue par l'article 63, et, en cas de dispense de la publication, à la date de la dispense prévue à l'article 169 ci-après ».

Art. 16. — L'article 166 du Code civil est remplacé par le suivant :

« La publication ordonnée par l'article 63 sera faite à la municipalité du lieu où chacune des parties contractantes aura son domicile ou sa résidence ».

Art. 17. — L'article 167 du Code civil est remplacé par le suivant :

« Si le domicile actuel ou la résidence actuelle n'ont pas été d'une durée continue de six mois, la publication sera faite en outre au lieu du dernier domicile, et, à défaut du domicile, au lieu de la dernière résidence ; si cette résidence n'a pas une durée continue de six mois, la publication sera faite également au lieu de la naissance ».

Chambre des députés le 7 févr. 1907, tend à consacrer légalement
cette pratique en supprimant l'empêchement au mariage provenant de l'alliance en ligne collatérale (entre beau-frère et belle-
sœur) établi dans les articles 162 et 164 du Code civil (*J. O.
Doc. Parl.*, Ch. S. O. 1907, Annexe, n° 739, p. 111) (1). La
commission de la Chambre, au contraire, au lieu de consentir
la réforme complète du texte du Code civil, a proposé tout à l'encontre une modification qui, en introduisant dans le Code civil
une distinction, pourrait amener une réaction contre une pratique jugée excessive. La Commission admet la suppression de
l'empêchement lorsque le mariage qui a produit l'alliance est
dissous par la mort du conjoint cause de l'alliance, mais elle souhaite que l'empêchement, loin d'être abrogé, devienne plus efficace dans la pratique, soit moins souvent levé, dans le cas où ce
mariage serait dissous par le divorce. Au lendemain de l'abrogation de l'article 298, la Commission constate qu'il faut craindre
et empêcher ce résultat : « un beau-frère se faisant le séducteur
de la femme de son frère, la faisant divorcer, pour se marier ensuite avec elle » (Rapport Viollette du 26 mars 1907, Annexe,
n° 896, *Doc. parl.*, p. 267) (2). Malgré les tendances très différentes des deux textes, puisque le texte originaire confirmait la
pratique, tandis que le texte de la Commission en serait la condamnation partielle et réagirait contre elle, la formule de la Commission a été votée sans débat à la Chambre le 30 mai 1907.

b) Divorce.

13. — *De l'élargissement du divorce.*

Après le divorce par consentement mutuel (prop. Louis Martin), le divorce pour cause indéterminée appréciée discrétionnairement par le juge (prop. Morlot), le divorce par la volonté

---

(1) V. dans Beudant, *L'état des personnes*, t. I, p. 332, la critique des
systèmes des empêchements sauf dispense.

(2) Le texte de la Commission, en la forme, est défectueux. Il est ainsi
conçu :

Article unique. — L'article 162 du Code civil est complété ainsi qu'il suit :

« Toutefois, l'alliance ne constitue plus un empêchement au mariage lorsqu'elle a pris fin par le décès du conjoint qui produisait cette alliance ».

Cette formule laisserait croire que l'alliance ne subsiste plus après le décès
du conjoint qui la produisait ; or en thèse générale, cela est inexact, comme
le prouve notamment, au point de vue de l'obligation alimentaire entre certains alliés, l'article 206, 2° (exigeant de plus le prédécès des enfants issus
du mariage).

d'un seul (pétition Magnaud) (Cf. *suprà*, p. 434, n° 2 et les renvois), M. Maurice Viollette propose à la Chambre des députés le divorce par la volonté d'un seul pour cause déterminée (proposition du 19 févr. 1907, *Doc. parl.*, Annexe, n° 770, S. O., 1907, p. 155). Ce divorce différerait du divorce pour cause déterminée proprement dit en ce qu'il ne comporterait pas la même procédure ; il serait dispensé de tous les préliminaires, mais des formalités propres à chaque cas seraient imposées au demandeur permettant d'établir de la manière la plus prompte et la plus facile l'existence de la cause déterminée autorisant la répudiation ; ce divorce, d'autre part, différerait du divorce pour cause indéterminée en ce que, les formalités étant accomplies, le tribunal n'aurait aucun pouvoir d'appréciation : il différerait enfin du divorce par la volonté d'un seul proprement dit, en ce que la répudiation y serait subordonnée à l'accomplissement de formalités prouvant effectivement l'existence d'une cause déterminée de « dislocation du foyer conjugal ». Tant d'ingéniosité est-elle donc nécessaire pour élargir le divorce ? Les causes déterminées de répudiation prévues par la proposition sont : 1° l'aliénation mentale ; 2° l'abandon du demandeur par son conjoint non justifié et prolongé depuis plus de trois ans ; 3° l'abandon déclaré de son conjoint par le *demandeur*, — c'est-à-dire que la faute de l'époux quittant le domicile conjugal lorsqu'elle se prolonge et est hautement déclarée serait pour cet époux dans la proposition Viollette un motif de répudier le conjoint abandonné (1).

(1) Voici le texte de la proposition :

Article **unique**. — L'intitulé du chapitre 3 du titre 6 du livre 1er du Code civil est rétabli et ainsi rédigé : « Du divorce par consentement mutuel et procédure spéciales ».

Les articles 287, 288, 289 sont rédigés ainsi qu'il suit :

« Art. 287. — L'absence d'un des époux, quand elle aura duré trois ans et qu'elle ne sera motivée par aucun cas de force majeure, sera une cause péremptoire de divorce.

« Celui des deux époux qui voudra invoquer cette cause de divorce devra justifier qu'il a fait à l'autre conjoint au moins trois sommations espacées d'au moins une année à fin de réintégrer le domicile conjugal, et qu'à chacune de ces sommations l'autre conjoint n'a point répondu ou a répondu sans préciser le cas de force majeure qui le tenait éloigné du domicile conjugal.

« L'assignation en divorce devra viser ces trois sommations et les réponses faites par l'époux ainsi mis en demeure. Il sera permis de prouver ou d'offrir de prouver contre la sincérité de la réponse faite. Le divorce sera prononcé aux torts et griefs de l'époux défendeur.

« Art. 288. — Lorsque l'un des conjoints, après avoir quitté le domicile

c) Enfants naturels.

14. — *Loi du 2 juill. 1907 relative à la protection et à la tutelle des enfants naturels.*

La Chambre des députés a laissé passer cinq ans avant de voter le texte adopté par le Sénat à peu près sans discussion en 1902; cependant elle n'a pas cherché pour cela à provoquer une étude plus approfondie de la part de sa Commission (1), ni à donner plus de temps à la discussion, car le texte de la Commission du Sénat a été voté par elle presque sans modification et absolument sans débat (séance du 23 mai 1907, *B. O.*, p. 1049). Le Sénat dès lors a très vite adopté le texte voté par la Chambre (séance du 25 juin, Déb. parl., p. 776).

Cela est regrettable. La loi du 2 juill. 1907 est ainsi une loi improvisée, malgré le long délai écoulé; elle emporte plus d'inconvénients que d'avantages. Je ne l'analyserai pas, elle repro-

conjugal, aura à trois reprises différentes fait signifier à l'autre conjoint par acte extrajudiciaire sa volonté de ne plus reprendre la vie commune, il pourra, si chaque signification a été faite à une année d'intervalle, introduire une action en divorce.

« Il devra, dans ce cas, présenter au tribunal un procès-verbal de liquidation établi à ses frais. Cette liquidation devra assurer à ses enfants et à son conjoint, qu'il y ait ou non des enfants, la moitié en usufruit de tous ses biens, le tout sans préjudice de la pension alimentaire que le tribunal croira devoir arbitrer. L'autre époux pourra toujours préjudiciellement contester devant le tribunal saisi de la demande l'état liquidatif. Les dépens de l'incident seront employés en frais de liquidation, à moins que l'époux demandeur en divorce ne succombe en ses contestations, auquel cas les dépens seront mis personnellement à sa charge.

« Le divorce sera toujours prononcé contre l'époux demandeur qui sera également condamné aux dépens. La garde des enfants sera toujours confiée à l'autre époux ».

« Art. 289. — L'aliénation mentale sera également une cause péremptoire de divorce lorsque l'internement du conjoint aliéné aura duré au moins trois ans.

« L'époux qui alléguera cette cause de divorce devra, à trois reprises différentes et à un intervalle d'au moins un an, présenter requête au président du tribunal pour obtenir nomination de deux médecins qui auront mission de dire si le malade doit ou ne doit pas être considéré comme incurable.

« Le même médecin ne pourra être commis deux fois. L'assignation en divorce devra viser ces trois expertises. Le divorce ne pourra être prononcé que si ces expertises concluent toutes les trois qu'il n'y a aucun espoir de guérison. Les dépens de l'instance seront toujours à la charge de l'époux demandeur ».

(1) Rapport de M. G. Chastenet du 26 mars 1907, Doc. parl., Ch., S. O., 1907, annexe n° 907, p. 299.

duit sensiblement (1) le texte de la Commission du Sénat que j'ai
analysé *suprà*, 1902, p. 723-726 (2).

(1) La Chambre a supprimé le renvoi qui était fait dans l'article 3 aux
articles 402 à 404 du Code civil qui organisent la tutelle des ascendants.

(2) *Article premier.* — L'article 383 du Code civil est abrogé et remplacé
ainsi qu'il suit :

« La puissance paternelle sur les enfants naturels légalement reconnus est
exercée par celui de leurs père et mère qui les aura reconnus le premier ;
en cas de reconnaissance simultanée par le père et la mère, le père seul
exerce l'autorité attachée à la puissance paternelle ; en cas de prédécès de
celui des parents auquel appartient la puissance paternelle, le survivant en
est investi de plein droit.

« Le tribunal peut toutefois, si l'intérêt de l'enfant l'exige, confier la
puissance paternelle à celui des parents qui n'en est pas investi par la loi.

« Sous ces réserves, et sauf ce qui sera dit à l'article 389 de l'administration des biens, la puissance paternelle sur les enfants naturels est régie
comme celle relative aux enfants légitimes ».

« *Art. 2.* — L'article 384 du Code civil est ainsi complété :

« Celui des père et mère qui exerce la puissance paternelle aura la jouissance légale des biens de son enfant légalement reconnu, dans les mêmes
conditions que les père et mère légitimes, sauf ce qui sera dit à l'article 389 ».

« *Art. 3.* — L'article 389 du Code civil est complété ainsi qu'il suit :

« Celui des parents naturels qui exercera la puissance paternelle n'administrera toutefois les biens de son enfant mineur qu'en qualité de tuteur
légal et sous le contrôle d'un subrogé-tuteur qu'il devra faire nommer dans
les trois mois de son entrée en fonctions ou qui sera nommé d'office, conformément aux dispositions du paragraphe suivant ; il n'aura droit à la
jouissance légale qu'à partir de la nomination du subrogé-tuteur, si elle n'a
pas eu lieu dans le délai ci-dessus fixé.

« Les fonctions dévolues au conseil de famille des enfants légitimes sont
remplies à l'égard des enfants naturels par le tribunal de première instance
du lieu du domicile légal du parent investi de la tutelle, au moment où il a
reconnu son enfant, et du tribunal du lieu de la résidence de l'enfant, s'il
n'est pas reconnu ; le tribunal statue en chambre du conseil, après avoir
entendu ou appelé le père et la mère de l'enfant, s'il a été reconnu, soit à la
requête de l'un d'eux, soit à la requête du ministère public, soit d'office,
sur toutes les questions relatives à l'organisation ou à la surveillance de la
tutelle desdits mineurs.

« Sous ces réserves et à l'exception des articles 394 et 402 à 416, toutes les
dispositions du présent titre sont applicables à la tutelle des enfants naturels
mineurs.

« Sont applicables aux actes et jugements nécessaires pour l'organisation
et la surveillance de la tutelle des enfants naturels, les dispositions et dispenses de droits déterminées en ce qui concerne la tutelle des enfants légitimes et interdits, par l'article 12, paragraphe 2, de la loi de finances du
26 janv. 1892 ».

« *Art. 4.* — Le paragraphe 3ᵉ de l'article 442 du Code civil est complété
ainsi qu'il suit :

« Sauf en ce qui concerne la tutelle des enfants naturels ».

d) Haute tutelle.

15. — *Surveillance des enfants placés en vertu de la loi de 1889.*

Le *J. O.* du 1er mai 1907 publie le règlement d'administration publique du 12 avr. 1907, relatif à la surveillance des enfants confiés à des particuliers ou à des associations de bienfaisance par application de la loi du 24 juill. 1889.

La surveillance est exercée par le préfet et sous son autorité par l'inspecteur de l'assistance publique (art. 1er); mais le préfet peut déléguer la surveillance, exceptionnellement, sur des points particuliers, à des personnes ayant des aptitudes ou des connaissances spéciales et lorsqu'il s'agit de jeunes filles à des dames visiteuses (art. 9).

Le préfet avisé du placement par le procureur (art. 2) met en demeure, dans les huit jours, le particulier ou l'association qui a reçu l'enfant de lui faire connaître dans la quinzaine le lieu de placement et de remplir une notice concernant l'enfant. Le préfet constitue un dossier pour chaque enfant (art. 3). Tout changement doit être porté à la connaissance du préfet (art. 4).

Aux termes des articles 6 et 7 :

Art. 6. — La surveillance a pour but de constater :

1° Que l'enfant est placé dans de bonnes conditions d'hygiène et de moralité ;

2° Qu'il est convenablement soigné en cas de maladie ;

3° Qu'il reçoit l'instruction primaire obligatoire ;

4° Que les prescriptions du présent règlement sont exactement observées.

Art. 7. — La surveillance a, en outre, pour objet :

1° Lorsque l'enfant a été confié à une association, de constater l'observation des prescriptions contenues soit dans les statuts, soit dans l'arrêté ministériel qui lui a accordé l'autorisation prévue aux articles 17 et 19 de la loi susvisée et concernant l'instruction professionnelle de l'enfant et la constitution du pécule ;

2° Lorsque l'enfant a été confié à un particulier, de s'assurer s'il reçoit une instruction professionnelle, s'il lui est accordé une juste rémunération pour les travaux auxquels il est employé, et si une part de son salaire est affectée à la constitution d'un pécule placé à son nom.

Pour rendre cette surveillance plus efficace, aux termes de l'article 8 :

Le préfet remet au particulier ou à l'association un carnet individuel pour chaque enfant.

Les visites médicales dont l'enfant est l'objet y sont inscrites avec leurs dates par la personne qui a la garde de l'enfant.

Lorsqu'un pécule est constitué au profit de l'enfant, mention de chacun des versements est faite sur le carnet.

Le préfet ou les fonctionnaires de l'inspection de l'assistance publique doivent y inscrire les datés de leurs visites, qui seront au moins annuelles, ainsi que les observations auxquelles elles auront donné lieu.

Dans le courant des mois de janvier et de juillet de chaque année, le particulier ou l'association doit transmettre au préfet la copie des indications portées sur le carnet pendant le semestre précédent.

16. — *Mise en liberté surveillée des enfants traduits en justice.*

L'institution américaine de la mise en liberté surveillée des enfants traduits en justice devant le tribunal spécial pour enfants a inspiré une proposition de MM. Drelon, Jeanneney, Buisson, Steeg, etc., déposée à la Chambre des députés, le 22 févr. 1907. La question d'une « haute surveillance judiciaire » des enfants difficiles ou nés dans un milieu familial d'une moralité douteuse est une question très importante, c'est pourquoi il faut signaler la proposition du 22 févr. 1907. Mais cette proposition ne me paraît pas assez étudiée, elle est inspirée par un état d'esprit intéressant, elle ne réalise en réalité aucune réforme utile, car elle ne contient *aucune réglementation d'une haute surveillance du gardien de l'enfant en danger* pour une cause ou une autre; or tout le problème législatif posé devant nous par les circonstances et par l'exemple des États-Unis consiste dans l'*organisation* de la surveillance des gardiens de l'enfant en danger (*Revue pénitentiaire*, 1907) (1).

(1) Doc. parl., Chambre, S, O., 1907, annexe n° 784, p. 178 :

Article unique. — L'article 4 de la loi du 19 avr. 1898 est modifié de la manière suivante :

« Dans tous les cas de délits commis sur des enfants ou par des enfants un juge d'instruction sera nécessairement commis.

« Le juge d'instruction commis pourra, en tout état de cause, ordonner, le ministère public entendu, que la garde de l'enfant soit provisoirement confiée, jusqu'à ce qu'il soit intervenu une décision définitive, à une personne ou à une institution charitable qu'il désignera, ou enfin à l'assistance publique.

II. — Obligations et contrats spéciaux.

a) Fondations de messes.

17. — Les contrats de fondation de messes sont essentiellement des contrats à titre onéreux, ils rentrent dans la formule romaine *do ut facias*.

Aussi la jurisprudence des tribunaux n'a-t-elle point considéré que ces contrats aient été touchés par les dispositions de la loi de 1905 sur la séparation des Églises et de l'État restreignant le droit des héritiers de reprendre les biens *donnés* quand le *donataire* vient à disparaître avant d'avoir exercé la révocation [1].

« Si les délits ou crimes ont été commis sur l'enfant, les parents de l'enfant jusqu'au cinquième degré inclusivement, son tuteur ou son subrogé-tuteur et le ministère public pourront former opposition à cette ordonnance : l'opposition sera portée, à bref délai, devant le tribunal, en chambre du conseil, par voie de simple requête.

« Si les délits ou crimes ont été commis par l'enfant, le juge d'instruction pourra également autoriser le particulier ou l'institution à qui la garde provisoire est confiée à mettre, sous sa surveillance et sa responsabilité, l'enfant en observation dans sa famille ».

(1) Voici une liste de jugements ayant admis contre les séquestres l'action en révocation des fondations de messes (liste dressée par le *Journal des Débats*, du 11 août 1907).

1° D'Angoulême, du 11 déc. 1906 (*Gazette des Tribunaux*, année 1907, 1er semestre, 2e partie, p. 134).

2° De Boulogne-sur-Mer, du 28 déc. 1906 (*Revue d'organisation et de défense religieuse*, année 1907, n° 23, p. 46).

3° De Boulogne-sur-Mer, du 21 févr. 1907 (même Revue, n° 27, p. 171).

4° De Lorient, du 20 mars 1907 (*Gazette des Tribunaux*, année 1907, 1er semestre, 2e partie, p. 364 à 366).

5° De Besançon, du 21 mars 1907 (Revue précitée, n° 30, p. 268; *Gazette des Tribunaux* du 7 avr. 1907).

6° De Fontenay-le-Comte, du 19 avr. 1907 (Revue précitée, n° 34, p. 413 et 414).

7° De Libourne, du 8 mai 1907 (Revue précitée, n° 34, p. 415 et 416).

8° De Moulins, du 15 mai 1907 (même Revue, n° 33, p. 367 et 368).

9° De Rochefort-sur-Mer, du 22 mai 1907 (même Revue, n° 34, p. 416 et 417).

10° D'Avranches, du 30 mai 1907 (*Univers* du 17 juin 1907; Revue déjà signalée, n° 33, p. 369 à 371).

11° D'Angers, du 30 mai 1907 (*Gazette des Tribunaux* du 19 juin 1907).

12° De Lure, du 31 mai 1907 (même numéro de la *Gazette*).

13° De Villefranche-de-Lauraguais, du 31 mai 1907 (même Revue, n° 33, p. 377 et 378).

18. — Cependant le Gouvernement a déposé à la Chambre des députés le 28 juin 1907 un projet relatif à l'attribution des biens ecclésiastiques, inspiré dans une certaine mesure par une proposition émanée de M. Raynaud, projet qui indépendamment des règles relatives à l'attribution des biens ecclésiastiques contient des dispositions graves tendant à libérer préalablement ces biens de charges qui pesaient sur eux, et qui visent non seulement les donations conditionnelles, mais encore les acquisitions à titre onéreux telles que fondations de messes, puisque le texte parle de la façon la plus générale « d'actions en résolution ».

19. — Cette partie du projet a soulevé de très ardentes controverses. L'exposé des motifs est insuffisamment explicite. Il développe cette idée que les fondations de messes ne peuvent plus être entretenues, que la résolution s'impose ; mais en déclarant qu'il convient dès lors de simplifier cette résolution, il omet de justifier l'assimilation qu'il établit entre la révocation des contrats à titre onéreux tels que les fondations de messes et la révocation des donations *sub modo*, en tant que cette assimilation a pour conséquence non plus seulement de faciliter la procédure, mais de supprimer le droit d'action de toute une catégorie d'héritiers [1].

14° De Nérac, du 1er juin 1907 (Revue précitée, n° 33, p. 376 et 377).

15° De Lannion, du 4 juin 1907 (même Revue, n° 33, p. 373 à 376 ; *Gazette des Tribunaux*, 8-9 juill. 1907).

16°, 17°, 18° De Nérac (3 jugements), du 15 juin 1907 (signalés dans la même Revue, n° 33, p. 430 ; l'un d'eux, relatif au comte de Castillon, est *in extenso* en la *Gazette des Tribunaux du Midi*, lu 23 juin 1907).

19° De Villeneuve-sur-Lot, du 14 juin 1907 (*Gazette des Tribunaux* du 8-9 juill. 1907).

20° De Sedan, du 25 juin 1907).

21°, 22°, 23° De Riom (3 jugements), du 26 juin 1907 (*Éclair* du 1er juill. 1907).

24° De Lille, du 4 juill. 1907.

(1) « Le texte nouveau soumis aux Chambres simplifie la procédure et rendra dans la plupart des cas inutile toute action en justice.

« Dans ce but la liste des biens à attribuer sera publiée au *Journal officiel*. Elle indiquera en regard de chaque patrimoine les charges dont il pourra rester grevé après l'attribution faite. Nous rappelons qu'il ne pourra s'agir que des seules charges compatibles avec la destination de ces biens après leur dévolution à des établissements publics d'assistance ou de bienfaisance (entretien de tombe, distribution de pain aux pauvres à certains anniversaires déterminés, etc.).

« Quant aux autres charges, et spécialement à celles concernant des servi-

20. — Aussi le texte pourrait-il donner lieu à une difficulté, l'interprétation restrictive étant légitime dans une matière d'exception portant atteinte à des droits acquis. En effet, le texte de l'article 2 du projet réglemente non seulement les actions en révocation ou résolution tendant à une reprise, mais aussi les créances, c'est-à-dire les actions en exécution ou en dommages-intérêts. Mais il ne prononce d'expropriation à l'encontre de certains héritiers qu'au regard des actions en reprise, révocation, revendication. Les héritiers de l'auteur de la fondation de messes ne pourraient-ils pas, sous l'empire du texte projeté, soutenir qu'ils sont dépouillés de l'action en reprise en nature mais qu'il leur reste l'action en exécution ou en dommages-intérêts pour inexécution (contrairement à l'esprit de l'exposé des motifs) (1) ?

ces religieux, qui ne figureront pas sur la liste publiée, il sera loisible à tous ceux qui croiraient pouvoir exercer des actions légales énumérées à l'article 2 d'avoir recours, à raison de l'inexécution de ces charges, à la procédure instituée par cet article.

« On conçoit clairement, sans qu'il soit nécessaire de donner à cet égard des explications détaillées, que les établissements d'assistance ou de bienfaisance, à raison du principe fondamental de leur spécialité, ne paraissent nullement qualifiés pour exécuter les charges concernant les services religieux.

« A cette raison d'ordre général viennent s'ajouter d'autres motifs tirés notamment de la législation en matière de culte, et de la situation dans laquelle l'Église catholique, plus particulièrement, s'est placée par son refus de recourir à une organisation légale.

« La jurisprudence a déjà eu l'occasion, par quelques décisions récentes, de faire valoir que les auteurs de dons ou legs ont constitué les fondations de services religieux, à raison du caractère public de l'établissement ecclésiastique aujourd'hui supprimé, et de la garantie que donnait pour l'exécution régulière de ces fondations cette situation juridique.

« En l'absence de toute organisation pour le culte, toute surveillance efficace pour l'accomplissement des services religieux paraît légalement et pratiquement très difficile. On ne saurait du reste admettre l'attribution à un établissement de bienfaisance ou d'assistance de biens grevés de charges qui pourraient, par la seule volonté des ministres du culte chargés de leur exécution, absorber entièrement les revenus.....

« ..... Il n'est pas inutile de signaler que, par une disposition interprétative de la loi du 9 déc. 1905, les règles de procédure prescrites par le projet s'appliquent aux actions déjà exercées. Elles n'ont rien, du reste, qui serait de nature à préjudicier aux intérêts légitimes des auteurs et de leurs héritiers en ligne directe, et sont même avantageuses pour eux, à certains égards, puisque les procès actuellement en cours pourront être immédiatement arrêtés par des restitutions amiables ».

(1) Voici le texte de l'article 2 :

21. — Quoi qu'il en soit, à la suite du dépôt de ce projet, le garde des Sceaux, M. Guyot-Dessaigne, a envoyé le 16 juillet une circulaire aux premiers présidents et procureurs généraux con-

Art. 2. — Le troisième paragraphe de l'article 9 de la loi du 9 déc. 1905 est abrogé et remplacé par les dispositions suivantes :

« § 3. — Toute action en reprise, en revendication, en révocation ou en résolution concernant les biens dévolus en exécution du présent article devra être exercée dans le délai qui sera ci-après déterminé.

« Elle ne pourra être intentée ou poursuivie que par les auteurs de dons ou de legs et les signataires de contrats à titre onéreux et par leurs héritiers en ligne directe.

« § 4. — L'action peut être exercée contre l'attributaire ou, à défaut d'attribution, contre le directeur général des Domaines représentant l'État en qualité de séquestre.

« § 5. — Nul ne pourra introduire une action, de quelque nature qu'elle soit, s'il n'a déposé, trois mois au moins auparavant, un mémoire préalable sur papier non timbré entre les mains du directeur des Domaines du département, qui en délivrera un récépissé daté et signé.

« § 6. — Au vu de ce mémoire et après avis du directeur des Domaines, le préfet pourra, en tout état de cause, faire droit à la demande par un arrêté pris en conseil de préfecture.

« § 7. — L'action sera prescrite si le mémoire préalable n'a pas été déposé dans les trois mois et assignation donnée dans les six mois à compter de la publication au *Journal officiel* de la liste des biens à attribuer avec les charges auxquelles les attributions seront soumises.

« § 8. — Passé ces délais, les attributions qui seront faites seront définitives et ne pourront plus être attaquées de quelque manière ni pour quelque cause que ce soit.

« § 9. — Il en sera de même pour les attributions faites après solution des litiges soulevés dans le délai.

« § 10. — L'administration préfectorale et les tribunaux ne pourront en aucun cas ordonner la restitution de tout ou partie des biens acquis par les anciens établissements ecclésiastiques que sous déduction des droits versés par ces établissements au Trésor, lors de l'acquisition.

« § 11. — Tout créancier, hypothécaire, privilégié ou autre, d'un établissement ecclésiastique dont les biens ont été mis sous séquestre, devra, pour obtenir le paiement de sa créance, déposer préalablement à toute poursuite un mémoire justificatif de sa demande, sur papier non timbré, avec pièces à l'appui, au directeur des Domaines du département qui en délivrera un récépissé daté et signé.

« § 12. — Au vu de ce mémoire, sur l'avis du directeur des Domaines, le préfet pourra, en tout état de cause, décider, par un arrêté pris en conseil de préfecture, que le créancier sera admis pour tout ou partie de sa créance, au passif de la liquidation de l'établissement supprimé.

« § 13. — L'action du créancier sera définitivement éteinte si le mémoire préalable n'a pas été déposé dans les trois mois et assignation donnée dans les six mois qui suivront la publication au *Journal officiel* prescrite par le § 7 du présent article ».

seillant de surseoir à toute décision concernant les actions en révocation et résolution jusqu'au vote du projet. Nous lisons dans cette circulaire :

« Depuis la mise en application de la loi du 9 déc. 1905 sur la séparation des Églises et de l'État, les tribunaux ont été saisis d'un nombre assez considérable d'actions en reprise, en revendication, en révocation ou en résolution de donation ou des legs faits à des établissements ecclésiastiques sous certaines charges qui ne peuvent plus être remplies aujourd'hui.

« Certaines de ces actions introduites par les auteurs des libéralités ou leurs ayants droit ont déjà reçu une solution (voir notamment tribunal civil de La Châtre du 14 mai 1907, *Gazette du Palais* du 7 juill. 1907), mais la plupart d'entre elles, retardées par les formalités de procédure et l'encombrement du rôle de certains tribunaux, sont encore pendantes.

« Or, à la date du 28 juin 1907, le Gouvernement, s'inspirant, sur certains points, d'une proposition émanant de M. le député Reynaud, a déposé sur le bureau de la Chambre un projet de loi tendant à modifier les articles 6, 9, 10 et 14 de la loi du 9 déc. 1905.

« Ce projet apporte d'importantes simplifications dans la procédure en permettant notamment au préfet de faire droit, en tout état de cause, à la demande par arrêté pris en conseil de préfecture et après avis du directeur des Domaines.

« Il s'ensuit, d'une part, que les demandes nouvelles seront dispensées des formalités habituelles de procédure et, d'autre part, que les demandes actuellement soumises aux tribunaux pourraient recevoir en tout état de cause, en dehors de tout jugement, une solution rapide et sans nouveaux frais.

. . . .

« Dans ces conditions, il semble qu'il y aurait intérêt, notamment au point de vue de la diminution des frais de procédure, de jugement et d'exécution, à ce qu'il soit sursis à la solution des instances actuellement pendantes devant les cours et tribunaux.

« Je ne puis qu'attirer votre attention sur les avantages que présenterait le renvoi de ces affaires jusqu'au moment où la loi pourra entrer en application ».

Le sursis ainsi conseillé a été prononcé, notamment, par un jugement du tribunal de Chalon-sur-Saône. Est-il légitime ? M. Georges Picot, de l'Institut, a soutenu qu'il constituait un déni de justice puisqu'il prive les ayants droit d'exercer un droit acquis en prévision d'une loi qui supprimerait leur droit (*Journal des Débats* du 5 août). En conséquence, plusieurs interpellations ont été déposées au Parlement.

b) Succession aux dettes.

22. — Dans un esprit différent de l'article 2 du projet du Gouvernement dont il vient d'être question (Fondations de messes), l'article 1er-6° est ainsi conçu (Voy. *suprà*, p. 164, n° 16) :

« 6° Les biens des caisses de retraite et maisons de secours pour les prêtres âgés ou infirmes seront attribués par décret aux départements où ces établissements ecclésiastiques avaient leur siège, mais ils continueront à être administrés provisoirement au profit des ecclésiastiques qui recevaient des pensions ou secours ou qui étaient hospitalisés à la date du 15 déc. 1906.

« A mesure qu'ils cesseront d'être nécessaires pour l'administration provisoire susvisée, lesdits biens seront affectés par les départements à des services de bienfaisance ou d'assistance fonctionnant dans les anciennes circonscriptions desdits établissements ».

c) Dommages-intérêts.

23. — *De l'obligation aux dommages-intérêts en cas de résiliation d'une vente.*

Le Sénat a repoussé dans la séance du 8 juin 1906 la proposition Thierry adoptée par la Chambre le 14 juin 1905 (*suprà*, 1905, p. 714, n° 12). La décision du Sénat a été inspirée par un esprit de défaveur à l'encontre des vendeurs à livrer, par suite d'un certaine confusion contre la spéculation légitime et la spéculation immorale, et elle a été encore dictée par le sentiment que le vendeur était suffisamment protégé par l'exercice du droit de rétention (qui lui permet d'exiger du syndic le paiement intégral du prix avant toute livraison) et que ce vendeur pouvait bien d'autre part être exposé à quelque dommage comme tout autre créancier de faillite. M. Thierry estimant que la discussion n'avait pas mis en lumière tous les côtés de la question, notamment n'avait pas porté assez sur l'éventualité d'une baisse des cours de la marchandise vendue qui détournera le syndic d'exécuter le marché et ne permettra pas au vendeur après résiliation de la vente de retrouver le prix primitif, a de nouveau soumis à la Chambre le texte de 1905 (proposition du 22 févr. 1907, Doc. parl., S. O. 1907, Annexe, n° 782, p. 177).

d) Colis postaux. — Clauses de non-responsabilité.

24. — *Responsabilité pour retard dans la livraison ou assurance.*

J'ai signalé en 1902 la proposition de M. Bourrat (*suprà*, 1902, p. 974, n° 20) tendant à imposer aux Compagnies de chemins de fer une responsabilité en cas de retard dans la livraison des colis postaux, à raison du seul retard, si le retard par lui-même a causé préjudice. Malgré le mouvement d'opinion provoqué au profit de cette proposition, malgré la manifestation indirecte de ce mouvement dans l'article 6 de loi du 12 juill. 1905 (*suprà*, 1904, p. 241) attribuant au juge de paix la connaissance des contestations relatives à l'indemnité en cas de retard apporté à la livraison des colis postaux (disposition qui n'a pas l'intention de toucher le fond du droit, mais dont la formule générale semble prévoir l'évolution qui amènera la responsabilité des compagnies à raison du seul retard non compliqué d'avaries), malgré cela le projet du Gouvernement du 12 juin 1906 (*suprà*, 1906, p. 962, n° 35), tendant à l'approbation d'une convention nouvelle avec les Compagnies, admet encore l'irresponsabilité en cas de retard et propose seulement, comme satisfaction aux réclamations du public, la faculté d'une assurance moyennant une légère prime, auprès de la Compagnie elle-même. M. Bourrat a cherché un moyen de tirer parti de cette concession et c'est une formule plus large plutôt qu'une formule transactionnelle qu'il a soumise à la Chambre dans la proposition du 15 févr. 1907 (Doc. Parl., Chambre, S. O., 1907, Annexe, n° 758, p. 142). M. Bourrat affirme le principe de la responsabilité des Compagnies, il écarte la clause de non-responsabilité. D'autre part il accueille l'idée d'assurance facultative au profit de l'intéressé, par la Compagnie, moyennant une taxe de 10 centimes par 100 francs assurés.

L'utilité de cette assurance, malgré la reconnaissance de la responsabilité de la Compagnie, résulte de ce que la responsabilité de la Compagnie resterait en général subordonnée à la preuve par l'intéressé du montant réel du préjudice causé par le retard, tandis que, dans le cas spécial d'assurance, l'indemnité serait due sans que l'intéressé ait à prouver aucun dommage.

La proposition de M. Bourrat ne s'explique pas au sujet de la preuve de la faute de la Compagnie. Sans doute M. Bourrat admet — et c'est l'interprétation la plus plausible dans le silence du texte — que l'intéressé a fourni toute sa preuve lorsqu'il a établi le retard et n'a point à démontrer une faute du transporteur; sinon la disposition qu'il propose pour établir la responsabilité de la Compagnie se confondrait presque avec la notion pratique d'une clause de non-responsabilité dont la conséquence serait un renversement de preuve.

La proposition de M. Bourrat part de cette idée que la preuve du préjudice restant normalement à la charge de l'intéressé suffit à rendre son recours difficile. Et c'est pour cela qu'il s'empare de l'idée d'une assurance facultative moyennant une taxe modique qui dispenserait de cette preuve ou du moins qui renverserait le fardeau de la preuve en le mettant à la charge de la Compagnie. C'est ainsi du moins que j'interprète la disposition de la proposition Bourrat. Au lieu d'une clause de non-responsabilité imposant la preuve à l'adversaire de la Compagnie, nous aurions une clause extensive de responsabilité imposant la preuve à la Compagnie dans le seul cas où précisément elle devrait être faite par son adversaire,

Il devra être fait état de la proposition Bourrat pour l'étude de ces clauses curieuses, clauses de responsabilité ou d'assurance (1).

(1) Voici la teneur des articles 2 et 3 :

« *Art.* 2. — Sauf le cas de force majeure, le retard d'un colis postal donnera lieu, au profit de l'expéditeur ou sur la demande de celui-ci au destinataire, à une indemnité correspondant au montant réel du préjudice que le retard aura causé, sans que cette indemnité puisse toutefois dépasser celle prévue pour la perte, l'avarie ou la spoliation de ce colis.

Art. 3. — Il pourra être fait pour les colis postaux avec ou sans valeur déclarée des déclarations d'intérêt à la livraison dont le montant n'excédera pas 500 francs et qui donneront ouverture à une perception supplémentaire de 10 centimes par 100 francs ou fractions de 100 francs de l'intérêt déclaré.

Dans ce cas, le retard à la livraison donnera lieu au profit de l'expéditeur ou, sur la demande de celui-ci, du destinataire, à une indemnité égale au montant de l'intérêt déclaré, sans qu'il y ait à prouver qu'aucun dommage soit résulté de ce retard.

La même indemnité sera payée en cas de perte, de spoliation ou d'avarie rendant le colis impropre à l'usage auquel il était destiné, et elle se cumulera, le cas échéant, avec celle qui pourra être due pour perte, avarie ou spoliation ».

L'article 4 modifiant l'article 6 de la loi du 12 juill. 1905 établit la com-

e) Vente d'engrais.

25. — *Lésion dans les ventes d'engrais chimiques et de substances destinées à l'alimentation des animaux. — Loi du 8 juill. 1907.*

Le Sénat a adopté en seconde délibération, avec quelques modifications très légères ou de pure forme, le texte de la Commission de la Chambre analysé *suprà*, 1906, p. 698, n° 2 (séance du 25 juin 1907, Déb. parl., p. 775) (1). L'article 1er est maintenu (V. *loc. cit.*). Dans l'article 2, un délai de 40 jours francs est substitué au délai de six semaines, à partir de la livraison, prévu, pour l'exercice de l'action en réduction, par la commission de la Chambre : cela est plus clair (2). Dans l'article 3, la compétence du juge de paix du domicile de l'acheteur est substituée à la compétence du juge de paix du lieu de la réception, ce qui est également une formule plus heureuse, qui écarte davantage les difficultés. En même temps le Sénat précise que le droit d'appel pourra toujours s'exercer au-dessus de 300 francs (3).

La Chambre des députés, invitée par sa Commission à rectifier la proposition dans les termes adoptés par le Sénat (Rapport Louis Martin, inséré à la suite du compte rendu de la séance du 4 juill. 1907, Déb. parl., p. 1678) a voté cette rectification dans la 2e séance du 5 juill. (Déb. parl., Ch., p. 1702) et la loi a été promulguée le 8 juill. (*J. O.* du 9 juill.).

f) Louage.

26. — *De l'extinction des baux à ferme sans durée limitée. — Obligation d'un congé.*

La proposition Lamy-de l'Estourbeillon-Guilloteaux, analysée *suprà*, 1905, p. 954, n° 12, devenue caduque, a été déposée de

---

pétence cumulative, au choix du demandeur, des tribunaux de commerce et des tribunaux de paix.

(1) V. la discussion au Sénat dans les séances des 11 et 13 juin 1907 relativement à la notion de la lésion, à la détermination de la somme à partir de laquelle commence la lésion.

(2) « *Art. 2.* — Cette action doit être intentée, à peine de déchéance, dans le délai de quarante jours à dater de la livraison. Ce délai est franc.

« Elle demeure recevable nonobstant l'emploi partiel ou total des matières livrées ».

(3) « *Art. 3.* — Nonobstant toute convention contraire, qui sera nulle de plein droit, cette action est de la compétence du juge de paix du domicile de l'acheteur, quel que soit le chiffre de la demande, et sous réserve du droit d'appel au-dessus de 300 francs ».

nouveau par ses auteurs à la Chambre des députés le 4 mars 1907 (*Doc. Parl.*, S. O. 1907, annexe, n° 803, p. 187).

g) Accidents du travail.

27. — V. *J. O.* du 7 juin 1907, p. 3962, l'arrêté du 3 juin instituant une commission chargée d'étudier les conditions dans lesquelles la législation sur les responsabilités des accidents du travail pourrait être étendue aux accidents dont les soldats sont victimes par le fait ou à l'occasion du service militaire et nommant les membres de cette commission.

h) Notariat.

28. — Décret relatif à l'organisation du notariat en Algérie, du 20 juill. 1907, *J. O.* du 25 juill., p. 5166.

III. — PROPRIÉTÉ ET DROITS RÉELS.

a) Expropriation.

29. — *De l'expropriation pour cause d'insalubrité ou d'utilité communale.*

La commission de l'administration générale... de la Chambre a repris le 21 mars 1907 le rapport qu'elle avait déposé au cours de la précédente législature sur les propositions Delory et Siegfried (annexe, n° 875, *Doc. Parl.*, S. O. 1907, p. 250) (V. *suprà*, p. 455 et 1906, p. 713).

b) Constitution de la petite propriété.

30. — *Proposition Ribot.*

La commission de la Chambre des députés a étudié sans retard, et avec le désir de faire œuvre sérieuse, le texte de la proposition Ribot (*suprà*, p. 453, n° 32). Elle a entendu le Gouvernement et s'est mise d'accord avec lui. Le rapport de M. Ferdinand Buisson, déposé le 7 juin 1907, constitue à beaucoup d'égards un travail intéressant (*Doc. Parl.*, annexe, n° 1034, p. 502).

31. — La commission, sauf de très légères modifications, adopte l'article 1er de la proposition Ribot. Elle adopte, en d'autres termes, l'extension de la loi du 12 avr. 1906 sur les habitations à bon marché aux jardins ou champs n'excédant pas 25 ares et la concession de faveurs nouvelles, tant aux acquéreurs de ces petits domaines qu'à ceux qui veulent construire les maisons prévues par la loi de 1906.

Quelle est d'abord la portée de l'extension de la loi du 12 avr. 1906 aux jardins ou champs n'excédant pas 25 ares ? Je n'ai pu encore m'arrêter dans cette revue sur la loi de 1906 ; voici l'occasion d'en donner, pour ce qui nous concerne, le rapide schéma.

32. — *Loi du 12 avr. 1906.*

La loi de 1906 constitue un simple perfectionnement de la loi de 1894. Elle donne une définition plus large des habitations à bon marché et elle augmente la somme ou l'importance des avantages qui sont faits à ces habitations.

33. — Elle donne une définition plus large des petites propriétés favorisées en modifiant et élevant le maximum de la valeur locative tant des logements dans une maison collective que des maisons individuelles, admettant aux mêmes faveurs les jardins d'une superficie de 5 ares attenants aux maisons et les jardins de 10 ares non-attenants aux constructions, mais possédés par le propriétaire de la maison, enfin réorganisant le mode d'évaluation des maisons. On remarquera que la propriété d'une petite parcelle non bâtie n'est visée par la loi de 1906 qu'autant qu'elle peut être indirectement considérée comme l'accessoire d'une petite propriété bâtie, appartenant au même propriétaire. Elle est alors, sauf en ce qui concerne l'impôt foncier, assimilée à la maison ouvrière et jouit de la même situation juridique. A un certain point de vue pourtant, la loi de 1906 est plus stricte que la loi de 1894. Une petite propriété bâtie ne peut être tenue pour habitation à bon marché dans le sens de la loi nouvelle si elle n'a obtenu du comité de patronage, dans le ressort duquel elle est construite, un certificat de salubrité. Sous réserve de l'approbation du ministre du Travail et de la Prévoyance sociale, les comités de patronage peuvent élaborer des règlements fixant les conditions de salubrité que doivent remplir les maisons, conditions qui s'imposeront donc aux habitations à bon marché. Cette disposition affecte trop heureusement l'état de la petite propriété en France pour n'être pas mentionnée ici.

Un véritable classement des petites propriétés bâties dans la catégorie des habitations à bon marché est donc opéré à la suite de la double intervention : 1° de l'Administration des contributions directes, vérifiant, suivant les règles d'estimation posées par la loi, que le maximum légal de la valeur des maisons à bon

marché n'est pas dépassé; et 2° du comité de patronage déli-
vrant un certificat de salubrité (1).

34. — A la suite de ce classement la loi de 1906 améliore le

(1) « *Art. 5.* — Les avantages concédés par la présente loi s'appliquent aux
maisons destinées à l'habitation collective lorsque la valeur locative réelle
de chaque logement ne dépasse pas, au moment de la construction, le chiffre fixé, pour chaque commune, tous les cinq ans, par une commission siégeant au chef-lieu du département et composée d'un juge au tribunal civil,
d'un conseiller général et d'un agent des contributions directes, désignés
par le préfet. Les maires seront admis à présenter verbalement ou par écrit
leurs observations sur la fixation de cette valeur locative, dans leurs communes respectives.

Ce chiffre ne peut être supérieur aux maxima déterminés ci-après, ni
inférieur de plus d'un quart auxdits maxima :

1° Communes au-dessous de 1.001 habitants, 140 francs;

2° Communes de 1.001 à 2.000 habitants, 200 francs;

3° Communes de 2.001 à 5.000 habitants, 225 francs;

4° Communes de 5.001 à 30.000 hobitants et banlieue des communes de
30.001 à 200.000 habitants, dans un rayon de 10 kilomètres, 250 francs;

5° Communes de 30.001 à 200.000 habitants, banlieue des communes de
200.001 habitants et au-dessus dans un rayon de 15 kilomètres, et grande
banlieue de Paris, c'est-à-dire communes dont la distance aux fortifications
est supérieure à 15 kilomètres et n'excède pas 40 kilomètres, 325 francs;

6° Petite banlieue de Paris, dans un rayon de 15 kilomètres, 400 francs;

7° Communes de 200.001 habitants et au-dessus, 440 francs;

8° Ville de Paris, 550 francs.

Le bénéfice de la loi est acquis par cela seul que la destination principale
de l'immeuble est d'être affectée à des habitations à bon marché. Toutefois,
les exonérations d'impôts accordées par l'article 9 de la présente loi ne s'appliqueront qu'aux parties de l'immeuble réellement occupées par des logements à bon marché.

Bénéficieront également des avantages de la loi les maisons individuelles
dont la valeur locative réelle ne dépassera pas de plus d'un cinquième le
chiffre déterminé par la commission ci-dessus prévue. Seront considérés
comme dépendances de la maison pour l'application de la loi, sauf en ce
qui concerne l'exemption temporaire d'impôt foncier, les jardins d'une superficie de 5 ares au plus attenants aux constructions ou les jardins de
10 ares au plus non-attenants aux constructions et possédés dans la même
localité par les mêmes propriétaires.

Pour l'application de la présente loi, la valeur locative des maisons ou
logements sera déterminée par le prix de loyer porté dans les baux,
augmenté, le cas échéant, du montant des charges autres que celles de salubrité (eau, vidange, etc.) et d'assurance contre l'incendie ou sur la vie. S'il
n'existe pas de bail, la valeur locative des maisons individuelles sera fixée à
cinq cinquante-six pour cent (5,56 p. 100) du prix de revient réel de l'immeuble. Les propriétaires devront justifier de l'exactitude des bases d'évaluation par la production de tous documents utiles (baux, contrats, devis,
mémoires, etc.). A défaut de justifications ou en cas de justifications insuffi-

régime de faveur organisé pour les habitations à bon marché. Les habitations à bon marché sont exemptées d'impôt foncier et des portes et fenêtres pendant 12 ans (à l'exception des jardins qui, assimilés à tous les autres points de vue aux maisons à bon marché, ne profitent cependant pas de l'exemption de la contribution foncière). Tout logement dans une maison collective, toute maison individuelle ne dépassant pas le maximum légal jouit de cette faveur.

Lorsqu'une maison classée dans la catégorie des habitations à bon marché (avec ou sans jardin dépendant) est vendue moyennant un prix payable par annuités, les droits de mutation exigibles peuvent être payés également par annuités ou fractions ne dépassant pas toutefois 5 annuités, sans que le délai puisse excéder 4 ans et 3 mois.

35. — En même temps la loi poursuit le développement des sociétés ou associations de construction de maisons à bon marché, ou de crédit aux constructeurs de ces maisons, en les gratifiant de nouveaux privilèges, et elle engage les bureaux de bienfaisance, hospices, hôpitaux à procéder comme les sociétés, les communes et départements à fournir des prêts ou des apports à ces sociétés. Mais je passe sur ce point de vue, ainsi que sur la réorganisation des comités de patronage dont j'ai déjà parlé et du conseil supérieur des habitations à bon marché, pour signaler en terminant deux nouvelles dispositions :

36. — L'article 8 de la loi de 1906 correspondant à l'article 8 de la loi de 1894, qu'il reproduit en grande partie, dérogeant dans les mêmes termes à l'article 827 du Code civil pour substituer le système de la reprise de la maison sur estimation au système de la licitation, maintenant les restrictions de l'alinéa 1er de 1894 à l'article 815 du Code civil pour organiser une indivision forcée temporaire, l'article 8 nouveau accentue du moins la dérogation à l'article 815 en accordant au conjoint survivant,

---

santes, la valeur locative sera déterminée suivant les règles prévues par l'article 12, § 3 de la loi du 15 juill. 1880.

Les comités de patronage certifieront la salubrité des maisons et logements qui doivent bénéficier des avantages de la loi. S'ils refusent ce certificat ou s'ils négligent de le délivrer dans les trois mois de la demande qui leur en sera faite, les intéressés pourront se pourvoir devant le ministre du Commerce, de l'Industrie et du Travail, qui statuera, après avis du préfet et du comité permanent. Ils pourront soumettre à l'approbation du ministre du Commerce, de l'Industrie et du Travail des règlements indiquant les conditions que devront remplir les constructions pour être agréées ».

lorsqu'il est copropriétaire de la maison au moins pour moitié et qu'il l'habite au moment du décès, le droit d'exiger le maintien de l'indivision de cinq ans en cinq ans jusqu'à son propre décès, et non plus seulement pendant une seule période de 5 ans et sans qu'il y ait à se préoccuper de la présence des descendants (1).

37. — D'autre part l'article 7 de la loi de 1906 met à la portée du chef de famille qui acquiert ou construit une habitation à bon marché une combinaison d'assurance qui paraît être appelée à devenir l'accompagnement nécessaire de l'opération, dont elle diminue singulièrement les revers, les mauvais côtés pratiques. Celui qui construit ou achète une maison à bon marché et que j'ai appelé le chef de famille, a normalement pour

---

(1) *Art. 8.* — « Lorsqu'une maison individuelle construite dans les conditions édictées par la présente loi figure dans une succession et que cette maison est occupée au moment du décès de l'acquéreur ou du constructeur par le défunt, son conjoint ou l'un de ses enfants, il est dérogé aux dispositions du Code civil, ainsi qu'il est dit ci-après :

1° Si le conjoint survivant est copropriétaire de la maison, au moins pour moitié, et s'il l'habite au moment du décès, l'indivision peut, à sa demande, être maintenue pendant cinq ans à partir du décès et continuée ainsi de cinq ans en cinq ans jusqu'à son propre décès.

Si la disposition de l'alinéa précédent n'est point appliquée et si le défunt laisse des descendants, l'indivision peut être maintenue, à la demande du conjoint ou de l'un de ses descendants, pendant cinq années à partir du décès.

Dans le cas où il se trouve des mineurs parmi les descendants, l'indivision peut être continuée pendant cinq années à partir de la majorité de l'aîné des mineurs sans que sa durée totale puisse, à moins d'un consentement unanime, excéder dix ans.

Dans ces divers cas, le juge de paix prononce le maintien ou la continuation de l'indivision, après avis du conseil de famille, s'il y a lieu ;

2° Chacun des héritiers et le conjoint survivant, s'il a un droit de copropriété, a la faculté de reprendre la maison sur estimation. Lorsque plusieurs intéressés veulent user de cette faculté, la préférence est accordée d'abord à celui que le défunt a désigné, puis à l'époux, s'il est copropriétaire pour moitié au moins. Toutes choses égales, la majorité des intéressés décide. A défaut de majorité, il est procédé par voie de tirage au sort. S'il y a contestation sur l'estimation de la maison, cette estimation est faite par le comité de patronage et homologuée par le juge de paix. Si l'attribution de la maison doit être faite par la majorité ou par le sort, les intéressés y procèdent sous la présidence du juge de paix, qui dresse procès-verbal des opérations.

Les dispositions du présent article sont applicables à toute maison, quelle que soit la date de sa construction, dont la valeur locative n'excédera pas les limites fixées par l'article 5 ».

but de ménager à sa famille, née ou à naître, par l'accession
à la propriété, un foyer certain, un abri permanent à tout
événement. Cependant, si le prix est payable par annuités, ce
qui est le cas ordinaire, le chef de famille n'ayant pas de suffisantes économies préalables et comptant sur les économies annuelles pour payer peu à peu la maison qui constituera ensuite
la propriété, donc le foyer stable, certain de sa famille, la mort
peut survenir qui détruirait toutes les prévisions et ruinerait
toutes les espérances. Si le chef de famille meurt avant l'entier
paiement de la maison, ou bien la famille devra résilier l'acquisition ou bien elle devra revendre la maison, elle ne pourra pas
dans la généralité des cas achever de la payer; donc non seulement le but poursuivi par le chef de famille ne sera pas atteint,
mais l'opération causera même un préjudice à la famille qui re-
vendra à perte ou ne pourra résilier sans abandonner quelque
chose. Au début les sociétés de constructions à bon marché accordaient facilement la faculté de résiliation sans indemnité à la
famille du constructeur décédé, mais elles ont dû bientôt reconnaître que cette possibilité troublerait singulièrement leur fonctionnement. La loi de 1906 suggère donc à juste titre l'intervention d'une assurance se combinant avec un marché pour la construction de la maison payable par annuités [1] :

Art. 7. — « La caisse d'assurances en cas de décès, instituée
par la loi du 11 juill. 1868, est autorisée à passer, avec les acquéreurs ou les constructeurs de maisons à bon marché, qui se
libèrent du prix de leur habitation au moyen d'annuités, des
contrats d'assurances temporaires ayant pour but de garantir à
la mort de l'assuré, si elle survient dans la période d'années
déterminée, le paiement de tout ou partie des annuités restant
à échoir.

« Le chiffre maximum du capital assuré est égal au prix de
revient de l'habitation à bon marché. Si l'assurance est contractée
au moyen d'une prime unique, dont le prêteur bénéficiaire fait

---

(1) L'assurance impose à l'emprunteur une surcharge n'excédant pas en
moyenne 50 à 60 centimes 0/0 du montant de l'avance. D'après les renseignements fournis par la Caisse des dépôts et consignations et rapportés
par M. Buisson (*loc. cit.*, p. 503), le coût de la prime unique correspond
approximativement au 1/10e du capital à garantir : la somme à payer chaque année pour amortir un capital de 100 francs est de 6 à 8 francs, donc
le supplément nécessaire pour amortir la prime d'assurance est de 60 à 80
centimes 0/0.

l'avance à l'emprunteur, le chiffre maximum indiqué ci-dessus est augmenté de la prime unique nécessaire pour assurer à la fois ledit chiffre et cette dernière prime. La prime d'assurance sera versée directement à la Caisse nationale par le prêteur bénéficiaire lors de la souscription de l'assurance.

« Tout signataire d'une proposition d'assurance faite dans les conditions du paragraphe 1er du présent article devra répondre aux questions et se soumettre aux constatations médicales qui lui seront prescrites par les polices. En cas de rejet de la proposition, la décision ne devra pas être motivée. L'assurance produira son effet dès la signature de la police.

« La somme assurée sera, dans le cas du présent article, cessible en totalité dans les conditions fixées par les polices.

« La durée du contrat devra être fixée de manière à ne reporter aucun paiement éventuel de prime après l'âge de soixante-cinq ans ».

38. — En étendant aux jardins et champs n'excédant pas 25 ares le bénéfice de la loi de 1906, la Commission saisie de la proposition Ribot, à laquelle nous pouvons revenir, autorise donc les acquéreurs à profiter de l'appui pécuniaire direct ou indirect des bureaux de bienfaisance, hospices..., sociétés de crédit, à souscrire une assurance pour le paiement des annuités auprès de la caisse d'assurances en cas de décès, elle autorise le conjoint ou les descendants à rester dans l'indivision après le décès du chef de famille dans les conditions de la loi de 1906.

39. — *Proposition Ribot.* — *Texte de la Commission approuvé par le Gouvernement.*

La Commission de la Chambre adopte donc l'article 1er de la proposition Ribot dont je viens de préciser la portée. Elle y introduit seulement quelques précisions. Elle introduit dans le texte l'expression de « terrain » pour exprimer que les jardins et champs visés ne sont considérés que comme des terrains et que par conséquent tout terrain de 25 ares rentre dans les prévisions de la loi. Puis, dans l'énumération des conditions auxquelles l'extension est subordonnée, elle précise, d'une part qu'il n'y a lieu d'apprécier la situation de l'ouvrier ou employé en considérant la valeur locative du logement qu'il occupe, qu'au moment de l'acquisition du terrain, d'autre part qu'il n'y a lieu non plus de se préoccuper, en ce qui concerne la culture du terrain par l'ouvrier et sa famille, que de ses projets au moment de l'acquisition. La Commission veut donner à ces restrictions leur

véritable signification qui est seulement d'écarter du bénéfice de
la loi les spéculateurs de terrains [1].

39 *bis.* — Cette extension réalisée, la Commission consent à
donner un appui nouveau à la constitution de la petite propriété
(bâtie ou non bâtie). Ici elle ne va pas aussi loin que M. Ribot,
mais elle précise davantage les détails de l'organisation nouvelle.

40. — Elle admet l'institution de prêts au taux de 2 0/0 consentis par l'État en vue du développement de la petite propriété,
mais elle décide que ces prêts auront pour intermédiaires nécessaires des sociétés régionales de crédit immobilier (art. 2). Je
dirai incidemment que cette disposition m'a fort surpris, mais
qu'elle est fondée sur une observation parfaitement exacte. Le
ministère du Travail et la Société française d'habitations à bon
marché recommandent particulièrement la forme de la société
coopérative d'habitations à bon marché et encouragent ces sociétés à passer avec leurs associés des locations avec promesse de
vente. Le changement de front impliqué par la disposition admise d'accord entre le Gouvernement et la Commission de la Chambre est donc inattendu. Mon expérience personnelle me permet de
dire qu'il est très heureux. Le système du prêt hypothécaire à
l'encontre de la location-vente n'expose pas l'acquéreur au risque
d'insolvabilité de la société. Le système de prêt hypothécaire, inversement, met la société à l'abri des difficultés incessantes avec
le sociétaire locataire à l'occasion de réparations ou d'améliora-

---

(1) *Art. 1er. Nouvelle rédaction* (Cf. *suprà*, p. 454) :

« Tous les avantages prévus par la loi du 12 avr. 1906 pour les maisons
à bon marché, sauf l'exemption temporaire d'impôt foncier, s'appliquent aux
jardins ou champs n'excédant pas 25 ares.

Les terrains visés au paragraphe précédent bénéficient, en outre, des
avantages prévus aux articles ci-après, pourvu :

1º Que la valeur locative réelle du logement de l'acquéreur n'excède pas,
au moment de l'acquisition, les deux tiers du chiffre fixé pour la commune,
par la commission instituée en vertu de l'article 5 de la loi précitée ;

2º Que le prix d'acquisition y compris les charges ne dépasse pas 1.200
francs ;

3º Que l'acquéreur s'engage vis-à-vis de la société qui lui aura consenti
un prêt hypothécaire dans les conditions indiquées à l'article 2 de la présente loi, à cultiver lui-même ce terrain ou à le faire cultiver par les membres de sa famille.

Si l'acquéreur est déjà, au moment de l'acquisition, propriétaire d'un terrain bâti ou non bâti, la contenance et la valeur de ce terrain viennent en
déduction des chiffres fixés aux paragraphes précédents ».

tions à la maison qui est encore la propriété de la société lorsqu'il s'agit de réparations, mais que le locataire considère déjà comme sa propriété pour y apporter des modifications.

41. — Les articles 4 et 5 déterminent les conditions à remplir par ces sociétés.

42. — L'article 6 limite à 100 millions le montant des avances à faire par l'État. Ces avances ne seront pas faites sur les fonds de réserve de la Caisse d'épargne, le Gouvernement ayant demandé sur ce point une modification à la proposition Ribot ; les prêts seront effectués pour le compte de l'État par la Caisse nationale des retraites.

43. — L'article 8 constitue une commission d'attribution des prêts composée de 15 membres.

44. — L'article 11 permet expressément aux caisses d'épargne de prêter au taux réduit de 2 0/0 (dans le cas où elles sont autorisées à prêter) aux emprunteurs remplissant les conditions requises par l'article 3.

45. — L'article 3, en effet, subordonne le prêt final à l'emprunteur définitif à des conditions très importantes. Il peut exercer une influence considérable sur le fonctionnement des sociétés d'habitations à bon marché, sur le développement de la petite propriété. Il pose, je crois, les conditions désirables, nécessaires pour éviter les désillusions, les inconvénients d'une accession inconsidérée à la propriété, et nécessaires par conséquent pour empêcher que les avantages de la petite propriété ne soient masqués et contrebalancés par les abus et les fausses manœuvres. L'article 3 tend : 1° à exiger de l'intéressé la preuve de son aptitude à l'épargne, de sa capacité d'épargne, en refusant de lui prêter tout le prix de l'acquisition, de sorte que l'intéressé soit tenu d'attendre une première expérimentation de sa capacité d'épargne ; 2° à lui imposer l'assurance obligatoire sans laquelle son décès rendrait l'opération désastreuse ; 3° à l'obliger de s'assurer d'abord, avant d'acheter ou de construire, du classement de l'immeuble dans la catégorie des immeubles à bon marché, pour éviter des erreurs et des illusions et pour obvier dans une certaine mesure aux classements de complaisance après coup.

Art. 3. — « Chacun des emprunteurs visés à l'article 2 doit remplir les conditions suivantes :

1° Posséder, au moment de la conclusion du prêt hypothécaire le cinquième au moins du prix du terrain ou de la maison ;

2° Passer avec la Caisse nationale d'assurance en cas de décès un contrat à prime unique garantissant le paiement des annuités qui resteraient a échoir au moment de sa mort, le montant de cette prime pouvant être incorporé au prêt hypothécaire ;

3° Être muni d'un certificat administratif constatant qu'il a été satisfait aux conditions imposées, soit par l'article 1er de la présente loi s'il s'agit de l'acquisition d'un champ ou jardin, soit par l'article 5 de la loi du 12 avr. 1906 s'il s'agit de l'acquisition ou de la construction d'une maison individuelle ; dans ce dernier cas l'emprunteur doit également obtenir, avant la conclusion du prêt, le certificat de salubrité prévu à l'article 5 de la loi de 1906 précitée ».

46. — L'article 9 entre dans des détails nouveaux sur l'assurance imposée par l'article 3, cela pour accorder une faveur, une simplification sur les dispositions de l'article 7 de la loi du 12 avr. 1906, qui, comme je viens de le dire, introduit le principe de cette assurance par la Caisse nationale :

Art. 9. — « En ce qui concerne les contrats d'assurance temporaire que les emprunteurs hypothécaires doivent passer avec la Caisse nationale d'assurance en cas de décès conformément à l'article 3 de la présente loi, le proposant sera soumis à la visite du dépôt désigné par elle.

Toutefois il en sera dispensé, lorsqu'il aura, deux ans au moins avant l'acquisition de la maison, du champ ou du jardin, formé une demande d'assurance et opéré à la Caisse nationale un versement égal à 1 0/0 du capital à garantir, sans que la somme versée puisse être inférieure à dix francs. La souscription de la police devra être effectuée dans un délai d'une année après l'expiration de la période de deux ans visée ci-dessus, et la somme versée viendra en déduction de la prime unique. Si la police n'est pas souscrite dans le délai fixé, le versement restera acquis à la Caisse nationale ».

47. — Par contre, le texte de la Commission et du Gouvernement dont je viens ainsi d'analyser les principales dispositions écarte l'article 3 originaire de la proposition Ribot, il n'engage plus les communes et les départements à prendre à leur charge une partie de l'intérêt de 2 0/0 des avances consenties, il ne promet plus que l'État prendra à sa charge une partie égale à celle dont la commune ou le département se serait chargé : le ministre des Finances a fait repousser ce dernier encouragement par crainte de l'exagération de la dépense.

48. — Quoi qu'il en soit, le texte dont je viens d'analyser les

grandes lignes a été adopté sans discussion après déclaration
d'urgence par la Chambre des députés, dans la séance du
27 juin 1907 (Déb. parl., p. 1534).

c) Hypothèques.

49. — *Élection de domicile par le créancier.* — *Loi du
17 juin 1907 modifiant l'article 2148.*

Le Sénat a adopté sans discussion la proposition Raynaud
votée par la Chambre (*suprà*, p. 459-460, n° 36). La loi est intitulée : Loi modifiant l'article 2148 du Code civil relatif aux formalités d'inscription des privilèges et hypothèques (*J. O.* du
19 juin).

IV. — SUCCESSIONS ET DONATIONS.

50. — *Dons et legs aux établissements publics ou d'utilité
publique.*

V. note sur les dons et legs acceptés ou dont l'acceptation a été
autorisée en 1906, par le conseiller d'État Dislère, *J. O.* du
5 août 1907, p. 5639.

V. — ORGANISATION JUDICIAIRE.

a) Composition des cours d'appel.

51. — J'ai raconté le curieux épisode d'histoire parlementaire
au cours duquel le Gouvernement renonça à solliciter de la
Chambre des députés le crédit nécessaire pour la nomination de
trois conseillers adjoints à la Cour d'appel de Toulouse par la
loi du 27 avr. 1906 (*suprà*, p. 188, n°ˢ 47-51). Le Sénat n'avait
pu faire comprendre au garde des Sceaux que la loi devait être
obéie ou qu'il fallait l'abroger, mais qu'on ne peut, dans un
pays organisé, suspendre l'exécution des lois par une simple
suppression de crédit. Le Gouvernement a réfléchi finalement
qu'il était impossible de prolonger cette situation anarchique,
il a demandé le crédit nécessaire pour nommer les conseillers
prévus par la loi de 1906 à la rentrée d'octobre et ce crédit,
étant demandé comme il convenait, ne lui a point été refusé
(V. not. le rapport de M. Perrier au Sénat à la suite de la séance
du 9 juill. 1907, Déb. parl., p. 886).

b) Organisation des cours et tribunaux.

52. — *Projet Guyot-Dessaigne.*

Le projet de réforme judiciaire dont le garde des Sceaux avait annoncé le dépôt aux interpellateurs qui lui demandaient le retrait du décret Sarrien, en laissant entendre qu'il leur donnerait satisfaction (*suprà*, p. 200, n° 70), a été soumis à la Chambre des députés le 28 févr. 1907 (Doc. parl., *J. O.*, 1907, Annexe n° 786, p. 178) et le jugement d'ensemble le moins défavorable que je pourrais porter sur lui, par comparaison avec le décret Sarrien, serait qu'il ne renonce pas à établir les garanties de recrutement et d'indépendance des magistrats promises depuis si longtemps aux justiciables, mais qu'il repousse cependant l'intérêt des justiciables à l'arrière-plan et substitue d'ailleurs aux garanties du décret Sarrien des institutions qui ont une certaine façade, mais qui constituent en réalité de médiocres garanties parce qu'elles font entièrement dépendre de la bonne volonté du pouvoir la garantie qu'elles doivent assurer au lieu de l'asseoir sur l'organisation de l'institution elle-même. Voici au surplus comment l'exposé des motifs résume l'économie du projet; cet exposé synthétique suffit à faire ressortir la prédominance des préoccupations politiques sur l'intérêt des justiciables :

« Pour ne pas grever trop considérablement le budget, nous proposons de réduire encore, comme l'a fait précédemment la loi de 1883, le nombre des conseillers des cours d'appel.

« En rétribuant les jeunes magistrats dès le début de leur carrière, le projet en permet l'accès aux générations démocratiques. Il exige de nouvelles garanties de capacité des candidats aux fonctions judiciaires pour relever le prestige de la magistrature et imposer le respect de ses décisions.

« Il augmente enfin l'autorité du Gouvernement pour qu'il puisse obtenir de tous ses auxiliaires une plus stricte observation de leurs devoirs et un dévouement plus absolu aux institutions que le pays s'est librement données ».

53. — Le projet gouvernemental traite d'abord de la composition des cours et des tribunaux. En ce qui concerne les cours, il accueille une réforme qui paraît réunir le sentiment favorable de la grande majorité de la Chambre et de la commission de législation(1), savoir la réduction à 3 du nombre des magistrats,

_____

(1) *Suprà*, p. 188.

président compris, nécessaire pour la validité d'un arrêt, sauf
dans les affaires portées en audience solennelle, pour lesquelles
5 magistrats devraient siéger (art. 1er, et relativement à la
Chambre des mises en accusation, art. 2). L'exposé des motifs
affirme que « les opinions se formeront plus facilement et plus
nettement ». Je crois au contraire que les délibérations auront
moins d'ampleur, et que la présence de cinq conseillers donnait
plus de chance de posséder dans la juridiction de jugement tous
les éléments de science, de pratique des affaires, d'équité... désirables. En ce qui concerne les tribunaux, le projet écarte au
contraire toute idée tendant à réduire le nombre des juges siégeant à l'audience, comme toute idée d'assurer le service de la
justice en première instance au moyen de magistrats délégués
et se rendant d'une ville à une autre. La raison donnée par
l'exposé des motifs en excellents termes, c'est que « de longs déli-
bérés sont indispensables pour la bonne administration de la
justice ».

54. — Le projet Guyot-Dessaigne aborde en second lieu le problème du recrutement des magistrats. Je lui reprocherai ici de
mettre en première ligne dans l'exposé des motifs non pas l'intérêt des justiciables réclamant des garanties de savoir et d'impartialité (un jugement n'est impartial que lorsqu'il est éclairé),
mais l'intérêt politique du Gouvernement, et l'intérêt particulier
des candidats dénués de fortune personnelle. Le projet garantit
donc en première ligne à 32 juges suppléants à Paris, un traitement de 4.000 francs et à 400 juges suppléants en province, un
traitement de 2.000 francs. Le recrutement de la magistrature
sera-t-il après cela plus démocratique? Je crois que ce n'est pas
là, si j'ose dire, où le bât nous blesse. Cette réforme améliorera-
t-elle au point de vue des justiciables la valeur de la magistrature? Pour le moment c'est la question essentielle, et je ne vois
pas par quelle considération on pourrait être amené à le croire,
alors que la fortune personnelle serait plutôt pour les candidats
une garantie d'indépendance. Mais l'exposé des motifs annonce
subsidiairement une autre garantie établie aussi par le projet,
consistant dans la prévision d'un examen professionnel imposé
à tous les candidats qui n'auraient point déjà rempli certaines
fonctions énumérées, impliquant pour leur exercice des conditions de capacité professionnelle suffisantes pour l'exercice de
la magistrature. Le projet n'organise pas lui-même l'examen
professionnel, il renvoie le soin de la fixation du programme et

des conditions de l'examen à un règlement d'administration
publique. C'est déjà cette partie du projet qui me faisait déclarer au début que les garanties proposées manquent au fond
leur but et sont incapables par elles-mêmes de rassurer l'opinion publique. J'avouerais volontiers que le système des examens est en train de faire faillite. Comment compter que l'examen professionnel prévu constituera une garantie supérieure à
la licence en droit, qui paraît aujourd'hui à juste titre une garantie très insuffisante ? Toutes les fois que le nombre des candidats est illimité et que le nombre des reçus est également illimité, nous avons toujours vu très vite baisser le niveau de
l'examen. Seul un concours limité constitue par lui-même une
garantie. Je n'oserais pas dire qu'un examen professionnel est
tout à fait inutile, non, mais le concours organisé par le décret
Sarrien vaut mieux.

   55. — Le projet Guyot-Dessaigne réglemente en troisième lieu
l'avancement des magistrats. Ce serait, à mon avis, la partie la
plus solide du projet si l'organisation établie n'était dans une
large mesure destituée de son efficacité par la faculté attribuée
au Gouvernement de se tenir en dehors. Le projet dispose il est
vrai, sans réserves, qu'aucun magistrat ne pourra être promu à
une classe plus élevée qu'après trois ans de services effectifs dans
la classe qu'il occupe ; disposition excellente qui renchérit heureusement sur le décret Sarrien. Mais sauf cette très bonne mesure, le projet ne prend plus que des demi-dispositions, des
dispositions en partie menacées à l'avance de stérilité. Il prévoit
la confection d'un tableau d'avancement dressé chaque année,
sur la proposition des chefs de cours et l'avis des chefs du tribunal en ce qui concerne les magistrats de première instance,
par une Commission composée :

   « 1º Du premier président de la Cour de cassation ;

   2º Du procureur général près la même Cour ;

   3º De quatre membres de la Cour de cassation désignés par
décret sur la proposition du garde des Sceaux et renouvelables
par moitié tous les ans ;

   4º Des quatre directeurs au ministère de la Justice.

   Le secrétaire de la Commission est désigné par le garde des
Sceaux ».

   Cela serait très bien si le projet n'ajoutait pas que le garde
des Sceaux n'est pas tenu d'observer le tableau d'avancement.
Dès lors, pourquoi les membres de la Commission résisteraient-

ils aux influences ou ne chercheraient-ils pas à s'inspirer des désirs de la Chancellerie, puisque finalement leur œuvre ne sera prise en considération, que si elle répond aux désirs de la Chancellerie (1)?

56. — En quatrième lieu le projet fixe le nombre des attachés à la Chancellerie et le réduit à vingt. Les attachés sont soumis à l'examen professionnel et assimilés aux juges suppléants.

57. — Enfin, en cinquième lieu, le projet s'occupe de la discipline judiciaire pour porter une certaine atteinte, que je trouve regrettable, à l'inamovibilité de résidence résultant de la loi de 1883. Le projet admet que le Gouvernement puisse déplacer sans son consentement — pour un poste équivalent, — un magistrat n'ayant commis aucune faute personnelle sous la seule condition d'obtenir l'avis conforme d'une commission spéciale. Cette commission serait composée, en dehors des deux chefs de la Cour de cassation, de deux conseillers de la même Cour et d'un directeur

---

(1) « *Art. 11.* — Aucun magistrat ne pourra être promu à une classe plus élevée qu'après trois ans de services effectifs dans la classe qu'il occupe.

Les procureurs de la République des tribunaux de première instance sont assimilés au point de vue de la classe aux présidents, les substituts aux juges.

La nomination des substituts du procureur général aux fonctions de procureur de la République de 2ᵉ classe n'est pas considérée comme un avancement les empêchant d'être promus à un poste supérieur avant trois ans.

Les fonctions de l'instruction confiées à un juge ou à un juge suppléant ne font pas non plus obstacle à son inscription pendant trois ans au tableau d'avancement.

Art. 12. — Les dispositions relatives aux conditions d'avancement énumérées dans les articles précédents, sauf celles qui prescrivent un stage de trois ans dans chaque poste, ne s'appliquent pas aux nominations des membres de la Cour de cassation, des premiers présidents et procureurs généraux des cours d'appel, du président du tribunal de la Seine et du procureur de la République près le même tribunal.

Les magistrats appelés à exercer une direction au ministère de la Justice ou les fonctions de directeur et de chef de cabinet du ministre, seront considérés comme ayant été promus, par ce fait, à une classe supérieure à celle qu'ils occupaient et ne pourront, à leur sortie, recevoir un autre avancement qu'après un stage de trois ans dans ces fonctions ou dans un poste de cette nouvelle classe.

Art. 13. — Le tableau d'avancement qui est établi chaque année sert d'indication au garde des Sceaux pour les nominations aux postes devenus vacants.

Il peut, en toute circonstance, faire des choix en dehors du tableau; cependant, il sera nécessaire que le magistrat promu ait accompli un stage de trois années au moins dans le grade inférieur ».

au ministère de la Justice désigné chaque année par décret; elle n'aurait déjà pas vis-à-vis du pouvoir l'indépendance des chambres réunies de la Cour de cassation, qui forment aujourd'hui le conseil supérieur de la magistrature. Ce qui est grave surtout c'est que, dans l'esprit du projet, l'institution de cette commission impliquerait certainement une nouvelle conception de la discipline judiciaire. On lit dans l'exposé des motifs : « Au système actuel justement critiqué, il est nécessaire d'en substituer un autre simplifiant la procédure lorsque, pour les besoins du service ou par suite de causes personnelles au magistrat, il est nécessaire de le déplacer sans son consentement. Les relations qu'il a imprudemment nouées dans sa résidence, les intérêts qu'il a dans la région, des difficultés d'ordre intime, des raisons de famille suffisent, sans compromettre la dignité de son caractère et sans constituer de fautes graves, pour diminuer les garanties d'impartialité qui sont nécessaires à l'autorité morale dont il doit jouir » (1).

Qu'est-ce que cela veut dire sinon que le Gouvernement, estimant que le déplacement d'un magistrat pour un poste équivalent est une mesure qui ne présente pas beaucoup de gravité, prétend se réserver le moyen facile de déplacer un magistrat chaque fois qu'il y verra un avantage, sans avoir besoin d'invoquer une faute proprement dite, un manquement quelconque du magistrat, puisqu'il suffirait de raisons de famille ne compromettant pas la dignité de son caractère ? Mais alors, chaque fois qu'un magistrat aura des relations qui déplairont au député ou au sénateur de la localité, le Gouvernement ne craint-il pas d'être sollicité de déplacer le magistrat et, s'il cède, comment la commission lui refuserait-elle un avis conforme, ayant conscience

---

(1) Et plus loin :

« La convocation de la Cour de cassation toutes chambres réunies (loi du 30 août 1383, art. 15) semble trop solennelle et trop imposante pour une mesure d'ordre devant aboutir au simple déplacement d'un magistrat.

Cette procédure crée contre le magistrat appelé devant cette juridiction un préjugé défavorable et peut suggérer des suppositions malveillantes. Elle sera désormais suivie seulement quand des fautes graves imputées au magistrat pourraient entraîner à son égard les mesures rigoureuses édictées par les lois et décrets antérieurs sur la discipline judiciaire et qui vont jusqu'à la déchéance.

Le projet, pour les cas où un simple déplacement de magistrat semble utile, sans changement de fonctions ou de classe et sans diminution de traitement, substitue à cette cour solennelle une commission spéciale qui présente néanmoins pour les intéressés toutes les garanties désirables ».

d'avoir été instituée pour rendre possible le déplacement d'un magistrat lorsque le Gouvernement jugera ce déplacement opportun? Les inconvénients du système actuel ne constituent-ils pas le refuge du Gouvernement lui-même contre les pressions parlementaires, les récriminations politiques? Si le déplacement est trop facilité, il est à craindre que le Gouvernement et la commission ne soient vite amenés à le détourner de son but véritable, du but défendable qu'a en vue le projet Guyot-Dessaigne (1).

58. — *Application du décret Sarrien (18 août 1906) concernant le recrutement et l'avancement des magistrats.*

Le garde des Sceaux, M. Guyot-Dessaigne, malgré l'appui donné à la proposition d'abrogation Gioux, ne cherche pas à éluder, en attendant, autant qu'on le pouvait craindre, les dispositions du projet Sarrien (*suprà*, p. 200). Un arrêté du 24 juin 1907 (*J. O.* du 25 juin, p. 4400) organise un premier concours qui sera ouvert le 27 déc. 1907 pour cent postes de juge suppléant. Les articles 7 et 8 de l'arrêté déterminent de la manière suivante l'application de l'article 11 du décret Sarrien (*suprà*, 1906, p. 722, n° 29) :

« *Art. 7.* — Le programme des interrogations sur les questions d'administration judiciaire est déterminé ainsi qu'il suit :

Le rôle du juge d'instruction ;

---

(1) Voici les termes de l'article 16 et dernier du projet :

« *Art. 16.* — La loi du 30 août 1883 concernant la discipline judiciaire est maintenue sous la réserve suivante :

« Lorsque le garde des Sceaux, après avoir pris l'avis des chefs de la cour d'appel, estimera que le déplacement d'un magistrat du siège est devenu nécessaire, cette mesure ne pourra être prise que par décret, sur sa proposition, après avis conforme d'une commission spéciale composée du premier président et du procureur général de la Cour de cassation, de deux conseillers de la même Cour et d'un directeur du ministère de la Justice désignés chaque année par décret.

Le déplacement ne pourra entraîner pour le magistrat qui en sera l'objet aucun changement de fonctions, aucune diminution de classe ou de traitement.

Les fautes graves pouvant entraîner des mesures plus rigoureuses que le déplacement continueront à être soumises à l'appréciation du conseil supérieur de la magistrature.

Le conseil supérieur de la magistrature, aussi bien que la commission spéciale constituée comme ci-dessus, ne pourront statuer ni donner leur avis qu'après que le magistrat aura été entendu en ses explications, avec l'assistance d'un défenseur, s'il le juge utile, ou au moins dûment appelé. »

DE

LA RESPONSABILITÉ PRÉCONTRACTUELLE

A PROPOS

D'UNE ÉTUDE NOUVELLE SUR LA MATIÈRE [1]

Par M. R. SALEILLES.

————

Le terme que j'ai adopté comme titre de cette étude vise la responsabilité qui peut se trouver engagée pour faits relatifs à un contrat, mais antérieurs à sa formation. Jusqu'alors on ne connaissait, tant en doctrine qu'en pratique, qu'un seul cas de responsabilité de ce genre; il s'agissait de la responsabilité qui pouvait naître à propos de la révocation d'une offre de contrat, au moins dans les hypothèses où il n'était pas admis que l'auteur de l'offre fût lié au maintien de l'offre pendant un certain délai. Là, en effet, où il existe un délai d'irrévocabilité, il est à peu près admis que la révocation survenue pendant ce délai reste inopérante; le contrat doit donc être considéré, malgré cette révocation, comme valablement formé, si l'autre partie donne son acceptation, et que cette dernière, à son tour, intervienne à temps [2]. Si donc le pollicitant prétend donner effet à sa

(1) Voir GABRIELE FAGGELLA, *Dei Periodi precontrattuali e della loro vera ed esatta costruzione scientifica*, dans *Studi giuridici in onore di Carlo Fadda* (Naples, 1906), vol. III, p. 271 et suiv.

(2) Cf. BUFNOIR, *Propriété et Contrat*, p. 479-480; PLANIOL, *Traité élémentaire de droit civil*, II, nos 1021-1023; AUBRY ET RAU, t. IV, § 343; et LYON-CAEN ET RENAULT, *Traité de droit commercial*, III, n° 15, p. 9. On peut voir cependant une opinion sensiblement différente représentée, en

révocation en n'exécutant pas, ou plutôt en rendant l'exécution impossible, la responsabilité dont il est tenu de ce chef devient une véritable responsabilité contractuelle, qui l'oblige à réparer toutes les suites dommageables de l'inexécution.

Mais l'on sait, en dépit des tendances législatives qui ont, en effet, pour objet d'imposer désormais un délai d'irrévocabilité, conformément aux usages commerciaux [1], que ce système d'irrévocabilité n'a pas encore pénétré dans toutes les législations; celles qui ne l'ont pas introduit chez elles par un texte formel laissent, par conséquent, la question ouverte à la discussion. Il y a tendance évidemment, dans la théorie et dans la pratique, à faire prévaloir l'idée d'un délai d'irrévocabilité, le plus souvent en se fondant sur la présomption d'une sorte de contrat préliminaire formé à la réception de l'offre, et ayant pour objet d'en stipuler le maintien pendant le temps approximativement nécessaire pour qu'une réponse arrive au pollicitant [2]. Mais toutes ces théories restent contestées [3]; il y a encore des juristes qui, à défaut de texte, repoussent tout délai d'irrévocabilité.

Et, par conséquent, dans ce dernier système, puisque la révocation reste efficace jusqu'à formation du contrat, la seule question qui puisse se poser est celle de savoir si la révocation n'est pas susceptible d'engager la responsabilité de celui qui avait pris l'initiative de l'offre, et de l'obliger à des dommages-intérêts pour le préjudice que la révocation aura pu causer [4].

France, par LAROMBIÈRE, *Obligation*, I, art. 1011, n° 4, en Allemagne par BECHMANN, *Der Kauf*, II, § 194, et en Italie par COVIELLO, *Contratti preliminari*.

(1) Pour ce qui est du *Code civil allemand*, Voir §§ 145 et 147, et dans la *Traduction du Comité de législation étrangère*, les notes sous ces paragraphes.

(2) Cf. DEMOLOMBE, *Contrats*, I, n°ˢ 64-66; LYON-CAEN ET RENAULT, *Traité de droit commercial*, III, n° 15, et surtout BUFNOIR, *Propriété et Contrat*, p. 479-480. — Cf. PLANIOL, *Traité élémentaire de droit civil*, t. II, n°ˢ 1019 à 1023. — Cass., 28 févr. 1870 (Sir. 70. 1. 296).

(3) VALÉRY, *Les contrats par correspondance*, n°ˢ 170-173.

(4) VALÉRY, *loc. cit.*, n°ˢ 185-187, et surtout BAUDRY-LACANTINERIE ET

Et, d'ailleurs, ce n'est pas seulement dans des législations comme la nôtre, qui sont muettes sur l'existence légale d'un délai d'irrévocabilité, que la question peut se poser. Même dans celles qui l'admettent, comme c'est le cas du nouveau droit allemand, cette permanence de l'offre n'est jamais fondée que sur une présomption de volonté, qui peut toujours être écartée par la preuve contraire. C'est ce que dit formellement le § 145 du Code civil allemand. Aussi, lorsqu'il sera établi que, dans tel ou tel cas, l'offre reste révocable, sans restriction ni réserve, si l'autre partie accepte dans l'ignorance d'une révocation déjà survenue et juridiquement existante, le même problème se posera, comme il se posait autrefois sur le terrain du droit commun des Pandectes. Ce sera, là encore, une hypothèse pouvant donner lieu à responsabilité. Cette hypothèse se présentera, comme elle se présentait jadis, et comme elle se présente encore en droit français, dans les mêmes conditions que celles admises ou supposées par les Pandectistes qui ont soulevé le problème.

C'est ce que l'on peut appeler un cas de responsabilité précontractuelle. Sans doute, il y avait, et il y a encore des conceptions très diverses sur la nature et le caractère de cette responsabilité, non moins que sur ses conséquences. La plupart, du moins en France, voulaient n'y voir qu'une application pure et simple de la responsabilité délictuelle ou quasi-délictuelle de l'article 1382 (1); d'autres, et c'était la grande majorité en Allemagne, avaient recours, en cette hypothèse, à la théorie d'Ihering sur la *culpa in contrahendo* (2). Entre ces deux conceptions, il y en avait bien d'autres, variant à l'infini, dont on trouvera un résumé très complet dans l'étude très savante, très documentée et d'une finesse psychologique extrêmement remarquable de

---

BARDE, *Des obligations*, I, n° 32. — Cf. également AUBRY ET RAU, *Cours de droit civil*, IV, § 343, note 17.

(1) Voir les auteurs cités à la note précédente.

(2) Pour la littérature juridique allemande de la matière, voir WINDSCHEID, *Pandekten*, t. II (Edit. 1906), § 307 note 5 et cf. CHIRONI, *Culpa contrattuale* (2a Ediz.), n° 46 *bis* et n° 175 *quater*. Voir aussi en particulier THÖL, *Handelsrecht*, I, § 237 et suiv.

à compter sur des amendements. L'heure des amendements est close.

Il sait, sans doute, qu'il ne doit pas laisser l'autre partie en suspens ; et c'est pourquoi, tant qu'il n'y a pas eu intervention des deux volontés, celui qui est l'auteur de l'offre a gardé le droit de révocation. Mais ce droit, pour celui qui l'exerce, est quelque chose de grave. Car le pollicitant a pris une initiative personnelle ; il s'est mis à la disposition de l'autre, lui donnant ainsi toutes les chances de voir le contrat se former. Si ce dernier entreprend des recherches nouvelles, s'il fait des dépenses, et que l'offre soit révoquée, cette fois le lien de causalité entre le dommage réalisé et le fait de la révocation n'est plus contestable.

Non seulement le lien de causalité apparaît, mais ce qu'on pourrait appeler aussi le lien de solidarité, ou le principe de responsabilité. Car il y a forcément une connexité qui s'impose entre un acte juridique dont on a pris l'initiative et les suites de cet acte qui pourraient être dommageables pour celui à qui l'acte s'adressait. Cet acte a beau comporter le droit de retrait. Il n'est plus possible que l'usage de la révocation soit illimité et qu'il se meuve dans une sphère absolue d'irresponsabilité. L'exercice d'un droit, lorsque ce droit a pour objet de réagir sur un premier acte dont on ait pris l'initiative, ou auquel on ait participé, et qui ait la valeur d'un acte juridique, ne peut se produire qu'à la condition de ne causer aucun dommage à l'autre partie. Car la situation n'est plus indemne ; un rapport de droit s'est créé par le fait de l'acte juridique initial, et ce rapport de droit a établi entre les parties un lien qui ne peut être rompu que conformément aux principes de l'équité commerciale. C'est la théorie que la jurisprudence française a constamment appliquée en matière de contrat de travail à durée indéterminée, lorsqu'il y a brusque renvoi (art. 1780, C. civ.). Rien de plus juridique que de l'appliquer également au cas de révocation d'une offre contractuelle.

En tout cas, quelle que soit la conception sur laquelle on doive construire la théorie de la responsabilité de celui qui use du droit de révocation, le principe est certain ; et tout le monde admet qu'il y ait une différence essentielle entre cette hypothèse et celle de l'abandon ou de la rupture des tractations préliminaires.

Dans le premier cas, un acte juridique était intervenu. Dans le second, on n'était pas encore arrivé à la phase et à la période décisives des manifestations juridiques.

Toutes ces idées ont été sommairement, mais très justement, résumées dans une note de Dernburg[1]. On peut dire aussi avec Thon que, quiconque spécule, le fait à ses risques : « *Wer speculirt, speculirt auf eigene Gefahr*[2] ». Il est vrai que l'on a quelquefois cité Windscheid comme ayant paru vouloir étendre au retrait des tractations préliminaires le principe de responsabilité, qu'il admet pour le cas très net de révocation de l'offre. C'est du moins le sens que l'on peut donner à une allusion finale de la note de Dernburg déjà citée. Mais, à supposer que ce soit là exactement ce que Dernburg ait voulu dire, il y aurait beaucoup d'exagération à attribuer pareille opinion à l'illustre Pandectiste. Tout ce que l'on peut dire, c'est qu'à prendre à la lettre le principe sur lequel il fondait la responsabilité pour le cas de révocation, on aurait pu assez facilement, peut-être, en déduire cette conséquence, qu'il aurait dû en étendre l'application même à la rupture des négociations. Il admet, en effet, que le fondement de la responsabilité ne se trouve pas dans un fait de volonté de la part de celui qui est l'auteur de l'offre. Il ne s'agit pas d'une présomption de volonté, comme serait une sorte d'obligation de garantie qu'il aurait assumée par le seul fait qu'il a adressé l'offre à l'autre partie. C'était la théorie que Windscheid avait proposée dans ses premières éditions, jusqu'à la cinquième. Il l'a abandonnée, pour faire de cette obligation de responsabilité une pure obligation légale, imposée par le droit sur le fondement de l'équité. Quiconque, par une déclaration de volonté, fait qu'un autre a pu avoir confiance dans l'existence d'un contrat qu'il ne dépend plus que de lui de réaliser, doit l'indemniser, lorsque, par son

---

(1) Dernburg *Pandekten*, t. II, § 10, note 11.

(2) Thon, *Die Haftpflicht des Offerenten bei Widerruf seiner Offerte*, dans *Archiv für die civilistische Praxis*, t. LXXX, pp. 99-100.

fait, il empêche le contrat de se former, des suites dommageables que cette confiance a entraînées pour lui[1].

S'il en est ainsi, du moment qu'il ne s'agit plus d'une présomption de volonté inhérente à un acte juridique, mais
de la responsabilité virtuelle qu'implique le seul fait de se
mettre en rapport d'affaires avec quelqu'un. ne pourrait-on
pas dire que, dès avant qu'il y ait eu offre proprement
dite, celui qui entame des négociations en vue d'un contrat
prend pour lui les risques de la rupture, ceux par conséquent de la disparition des espérances légitimes qu'il avait
fait concevoir? Non pas qu'il ait à indemniser l'autre partie
de tout le gain qu'elle aurait pu attendre du contrat : mais,
du moins, devrait-elle l'indemniser des pertes qui se ratta-
cheraient directement à l'ouverture des négociations.

Et cependant, si logique que pût être cette conséquence,
elle n'a certainement pas été acceptée par Windscheid, qui,
partout, suppose, pour qu'il y ait fait générateur de responsabilité, une déclaration de volonté, au sens technique du
mot, c'est-à-dire une manifestation de volonté, destinée,
dans la pensée de son auteur, à produire des effets de droit.
Or, toutes les volontés qui se manifestent, de part et d'autre,
dans les négociations préliminaires, ne sont jamais destinées, dans la pensée de leurs auteurs, à produire des effets
juridiques. Elles n'ont encore pris aucune forme juridique.
C'est Windscheid qui le dit lui-même en termes formels [2].
Pour que l'une des parties donne à l'autre une confiance
ou des espérances qu'elle n'ait plus le droit de trahir sans
engager sa responsabilité, il faut que cette confiance repose
sur une manifestation de volonté ayant la valeur d'un acte
juridique, une *Willenserklärung*. Sinon, cette confiance n'a
d'autre fondement juridique que la spontanéité ou l'imprudence de celui-là même qui en accepte le risque. L'autre
partie n'y est pour rien [3].

On aurait donc tort de supposer que Windscheid fît exception à l'ensemble des auteurs qui, jusqu'alors. avaient

(1) Windscheid, *Pandekten*, II (Edit. 1906), § 307, note 5.
(2) Windscheid, *loo. cit.*, II, § 310, note 5.
(3) Windscheid, *loo. cit.*, II, § 307, note 5.

considéré comme étrangers au domaine des faits juridiques tous les actes préliminaires compris sous le nom de tractations ou de négociations contractuelles.

Ce peut être une question douteuse, surtout lorsqu'il s'agit d'offre tacite, de savoir si l'on se trouve en présence d'une véritable proposition de contrat, ou même, lorsqu'elle est expresse, de savoir si elle est suffisamment complète pour constituer une offre proprement dite [1]. Mais ce n'est là qu'une question de fait. Dès qu'on se trouve en présence d'une offre proprement dite, le principe de responsabilité se trouve impliqué dans l'offre. Si la manifestation de volonté n'a plus ce caractère juridique, il n'y a plus place pour aucune responsabilité éventuelle. Telle est la doctrine à peu près unanime.

M. le conseiller Faggella, dans l'étude si importante que je voudrais signaler aux lecteurs de la *Revue trimestrielle*, propose sur tous ces points une théorie nouvelle, et aussi une solution nouvelle.

Les intérêts pratiques que pareilles questions peuvent soulever, à une époque où les grosses affaires se multiplient et impliquent souvent des préparatifs considérables, sont beaucoup trop graves, pour que ces idées puissent passer inaperçues. Ce n'est pas seulement à raison de leurs conséquences que j'ai voulu en donner un bref résumé, mais plus encore peut-être à cause de la science, de la profondeur et de la finesse d'analyse, avec lesquelles toutes ces conceptions sont exposées.

Il me sera impossible d'en reproduire l'élégante pénétration et la délicate psychologie. Du moins aurai-je fourni quelques aperçus suffisants pour que les juristes, curieux des idées neuves, soient tentés de se reporter à la source.

o°o

La théorie de M. le conseiller Faggella peut se grouper autour de trois idées qui sont les suivantes : la détermination

---

(1) Valery, *Des contrats par correspondance*, n⁰ˢ 101 et suiv.

des différentes phases entre lesquelles se subdivise la période
contractuelle, avec admission, sinon des mêmes caractères
pour chacune d'elles, mais tout au moins d'une valeur juridique qui doive se faire reconnaître pour toutes ; le principe
du maintien intégral du droit de retrait ou de révocation,
c'est-à-dire de la pleine autonomie de la volonté, jusqu'à formation du lien contractuel, et cela même après émission de
l'offre ; et enfin la combinaison de ce principe d'autonomie
avec celui de la responsabilité pour le cas de retrait ou de
révocation, sous des conditions, sans doute, et avec des
caractères différents suivant les périodes, mais en maintenant le principe à quelque moment que le retrait intervienne, même s'il se produit pendant la première phase,
celles des simples tractations ou négociations préliminaires.

Ce sont ces trois groupements d'idées que je voudrais analyser brièvement.

Et tout d'abord, car c'est là le point de départ de tout le
système, suivons M. le conseiller Faggella dans la description qu'il nous présente des étapes successives qui se manifestent dans l'élaboration du contrat. Pour chacune d'elles
nous verrons quel est exactement l'objet que la volonté a
en vue, l'étendue, par conséquent, des risques qu'elle entend
courir et celle des engagements auxquels elle s'expose. C'est
la marche progressive vers le concept d'obligation et de lien
contractuel [1].

Avant tout, se présente, sinon dans tous les contrats, du
moins lorsqu'il s'agit d'affaires importantes et un peu compliquées, une première phase, qui est celle des tractations
proprement dites, ou des négociations préliminaires. Elle a
pour but, de la part des parties, de parvenir à une entente
réciproque sur les points principaux. On peut dire qu'elle
est composée d'offres et d'acceptations successives, et par
suite d'accords multiples. Ce ne sont pas là des conventions
génératrices d'obligations et encore moins des contrats.

Sans doute, il peut arriver parfois que quelques-uns de
ces accords aient le caractère de contrats préliminaires ou

_____
(1) FAGGELLA, loc. cit., p. 272.

d'avant-contrats, au sens que le mot a pris en droit allemand. Ce sera le cas des promesses de contrat, ou parfois
aussi, quoique non forcément, des conventions relatives aux
solennités de forme (1).

Mais ces sortes de conventions sont très différentes des
accords successifs qui interviennent au cours des négociations. Elles s'en distinguent facilement et sont reconnaissa-
bles à l'objet propre que la volonté avait en vue. Les parties
ont voulu s'obliger (2).

Il en est tout autrement de cette série d'ententes réciproques par lesquelles les parties, dans l'élaboration d'un contrat, arrêtent peu à peu les points sur lesquels elles arrivent
à tomber d'accord. Mais aucune encore n'entend s'obliger.
Aucune n'a voulu prendre un engagement définitif ; tout est
subordonné à un accord d'ensemble sur le projet de contrat
pris dans sa totalité.

On a quelquefois comparé ces procédés de négociations
à ceux que présente l'élaboration législative, chacun des
votes n'étant acquis que sous la condition finale d'un vote
d'ensemble. Et cependant la comparaison n'est pas exacte
de tous points. Devant la Chambre, chaque vote, bien que
subordonné à la condition qui vient d'être indiquée, n'en est
pas moins acquis d'une façon ferme. D'après les usages, il
n'en est plus tout à fait de même, en matière de contrats,
de ces accords partiels qui précèdent l'accord final. Chaque
partie est toujours libre le lendemain de revenir sur ce
qu'elle avait décidé la veille ; elle n'est pas obligée, pour se
dégager de l'affaire en cause, soit de se retirer purement et
simplement, soit de réserver son refus pour le moment où
l'offre lui sera adressée sous forme de projet définitif.
Elle peut revenir sur les propositions partielles faites ou
acceptées par elle antérieurement et en présenter de nouvelles.

(1) *Loc. cit.*, p. 279 et suiv. — Cf. PLANIOL, *loc. cit.*, § 66 ; WINDSCHEID,
loc. cit., § 310, note 2 ; THÖL, *loc. cit.*, §§ 246 et 247. Cf. KOHLER, *Lehrbuch
des Bürgerlichen Rechts*, II (1906), § 87, p. 234.

(2) Cf. DEGENKOLB, *Zur Lehre vom Vorvertrag*, dans *Archiv für die civilistische Praxis*, 1887, pp. 7 et suiv. ; KARL ADLER, *Real Contract und Vorvertrag*, dans *Iherings Iahrbücher*, t. XXXI, p. 222.

Il est entendu que tous les consentements qui interviennent dans cette période préliminaire ne sont donnés que sous bénéfice d'inventaire.

Il n'y en a pas moins là de véritables accords de volonté, destinés, non plus à créer ou à éteindre une obligation, mais à jalonner la route, à fixer les points qui serviront à la structure d'un projet d'ensemble. Ce sont des conventions qui, tout en étant de véritables conventions, sont étrangères au domaine obligatoire. Elles ne sont pas génératrices d'obligations. Elles sont dominées par le but que la volonté a en vue, qui est, pour chaque partie, de préparer un projet de contrat, et non de s'engager sous une forme quelconque. Les parties qui consentent ces accords préliminaires n'entendent s'engager à rien, ni à les maintenir, ni à poursuivre les négociations, ni à faire une proposition ferme. Elles ne veulent qu'élaborer un projet éventuel, et elles le font à leurs risques et périls [1].

Après cette première phase, qui sera, le plus souvent, la plus longue, s'en présente une seconde que M. le conseiller Faggella caractérise comme étant destinée à formuler l'offre définitive, à la concrétiser dans un projet ferme dont l'une des parties prend l'initiative, et qui sera destiné, une fois rédigé dans sa formule officielle, à être adressé à l'autre, en tant que proposition de contrat.

Il semble bien qu'à première vue cependant, et c'est ici une observation qui m'est personnelle, cette seconde phase doive se confondre, le plus souvent, soit avec la première, soit avec la seconde. Tant qu'il s'agit de fixer les points principaux qui seront comme la structure du projet de contrat, les parties sont encore dans la phase d'élaboration qui vient d'être précédemment décrite ; et une fois ce projet fixé, dès qu'il est adressé par l'une des parties à l'autre, on entre dans la troisième et dernière phase, qui est celle de l'émission de l'offre.

Il faut donc supposer, pour qu'il y ait lieu à une seconde étape intermédiaire, une sorte d'arrêt entre l'achève-

(1) Sur tous ces points importants, V. FAGGELLA, *loc. cit.*, p. 281-282.

ment des négociations et la déclaration de volonté par laquelle l'une des parties prend le projet à son compte et l'adresse à l'autre sous forme de proposition définitive.

Et, de fait, dans les grandes affaires, cette phase intermédiaire se présentera assez souvent. En pratique, il y a toujours l'une des deux parties qui ait pris l'initiative du contrat, elle a proposé à l'autre d'entrer en rapport avec elle. C'est sur cette initiative que chacune d'elles prépare ses propositions particulières et qu'elles entrent, l'une avec l'autre, en négociations réciproques. Puis, une fois les points principaux fixés, par voie d'accords successifs, celle qui avait pris l'initiative de l'affaire s'offre à construire un projet d'ensemble, en prenant pour base les solutions sur lesquelles l'entente s'est formée. A ce moment, les négociations s'arrêtent, les parties entrent dans une phase d'expectative ; et l'une d'elles se charge de formuler une proposition définitive.

Il n'est pas forcé, d'ailleurs, que cette fonction revienne forcément à celle qui avait pris l'initiative des négociations. Il est possible, une fois la négociation achevée, que cette partie passe la main à l'autre, ou que celle-ci se propose pour formuler un avant-projet et le traduire en offre de contrat. Il peut se faire aussi qu'aucune ne soit officiellement chargée de cette mission, mais que l'initiative en soit laissée à toutes deux cumulativement, c'est-à-dire à celle qui voudra la prendre. Il arrive, en effet, souvent que les négociations soient déclarées finies et que les deux parties se séparent sans avoir pris parti, demandant à se recueillir et à réfléchir. Il est entendu, dans ce cas, que chacune, à son gré, peut prendre l'initiative de formuler une offre de contrat, sur la base des points acquis. Bien entendu, comme aucun engagement ferme n'a encore été pris, la partie qui prépare le projet définitif, quelle que soit, des trois combinaisons précédentes, celle qui ait été adoptée, se réserve toujours le droit, non seulement de régler à son gré les points de détail sur lesquels n'ont pas porté les négociations, mais même de revenir sur la solution déjà acceptée. Ce sera à l'autre partie, si ce projet d'ensemble contredit les décisions prises, et qu'elle ne veuille pas souscrire à ces modifications, à refuser son acceptation.

Quoi qu'il en soit, il y a donc presque toujours une phase intermédiaire, qui se place entre l'achèvement des négociations, étant donné par hypothèse qu'il y ait clôture proprement dite et non rupture des négociations, et la présentation d'un projet d'ensemble, qui constitue, au sens juridique du mot, l'émission de l'offre.

Cette phase particulière se distingue de la précédente par le but que visent les parties. Leur volonté n'est plus de poursuivre des négociations par voie de propositions préliminaires et d'ententes successives, mais bien de résumer les accords intervenus pour construire un projet d'ensemble, et donner à l'offre sa formule concrète.

Les parties ont franchi un degré de plus dans la voie d'approche du contrat. Elles sont sorties du domaine des tâtonnements et des compromis, pour donner à l'une d'entre elles, ou se réserver à chacune d'elles, le droit d'extraire de toutes les négociations qui ont précédé une formule d'ensemble qu'elles puissent s'approprier, en tant que projet définitif, offert à l'adhésion de l'autre partie.

La volonté contractuelle, si l'on peut ainsi parler, se recueille pour entrer dans la phase des déclarations juridiques et se manifester sous forme de déclaration formelle, qui n'attende plus, pour créer le lien obligatoire, que l'adhésion qu'elle sollicite.

Vient enfin la troisième et dernière phase, qui est celle de l'émission de l'offre, sous forme de déclaration de volonté adressée par l'une des parties à l'autre.

Quelle que soit celle qui ait pris sur elle de donner au projet sa formule concrète, il arrive un moment, à moins de rupture définitive, où, la proposition étant construite dans sa structure juridique, il ne reste plus qu'à la mettre en quelque sorte en mouvement, c'est-à-dire à l'émettre en tant que déclaration de volonté extérieurement manifestée, et officiellement adressée par l'une des parties à l'autre.

Cette étape finale est trop connue, elle a été trop souvent et trop soigneusement étudiée, pour qu'il soit nécessaire

d'insister sur les éléments de droit ou de fait qui la caractérisent.

Mais le point nouveau des conceptions émises par M. le
conseiller Faggella consiste à admettre que, non seulement la
dernière phase de cette marche progressive, mais déjà les
deux premières, avaient, en soi, sans doute des caractères
différents d'approximation, mais, néanmoins, une véritable
valeur juridique, déjà créatrice d'effets de droit, bien loin
qu'il s'agisse, comme on le prétend d'ordinaire, de simples
manifestations de fait, qui resteraient indifférentes ou ino-
pérantes, sous le rapport juridique, jusqu'au moment où
elles dussent se traduire par une déclaration de volonté proprement dite.

Sans doute, cette affirmation n'est pas donnée sous cette
forme nette, précise et concrète. Mais elle ressort de toutes
les solutions admises en matière de responsabilité ; elle est
implicitement sous-entendue dans la théorie d'une responsabilité éventuelle, susceptible de se produire même au cours
des premières négociations, et qui cependant ne repose pas
forcément sur une imprudence ou une faute proprement dite
de l'auteur du retrait ou de la rupture des tractations.

Non pas qu'il s'agisse, comme nous le verrons, d'un fait
de risque proprement dit, mais d'un fait dommageable, accompli dans de telles conditions que celui dont il émane
doive en réparer certaines conséquences susceptibles de lui
être attribuées par un lien direct de causalité.

Cela suppose, bien entendu, que, déjà, le fait d'entrer en
pourparlers ne laisse plus indemne la situation respective
des parties et qu'il est susceptible d'engager, dans certains
cas et sous certaines conditions, leur propre responsabilité.
Il y a comme une sorte de responsabilité virtuelle, impliquée
dans toute négociation entreprise d'un commun accord.
Ainsi le veut la commercialité en quelque sorte incluse dans
toute prise de contact entre parties qui entrent en rapport
d'affaires l'une avec l'autre. Ce seul fait porte, en soi, sa
valeur juridique, en tant que fait commercial, sans qu'il y
ait à attendre le moment décisif où l'une d'elles fait une
proposition officielle sous forme de déclaration de volonté.

Il y a quelque chose d'artificiel et d'insuffisant, au point de vue de la commercialité, à n'attribuer de valeur juridique qu'à l'acte juridique proprement dit, au sens étroit du mot.

Dans la réalité et d'après les usages de la vie courante, les parties ne distinguent, pas ou du moins ne le font-elles que très insuffisamment, le fait de rédiger un projet définitif et de l'adresser à l'une d'elles, du fait d'en consentir successivement, et sous réserve de retrait éventuel, chacun des points essentiels. C'est comme si l'on disait, en matière législative, que le seul acte qui ait un caractère parlementaire fût celui qui s'incarne dans le vote d'ensemble sur la proposition de loi, alors qu'aucun des votes sur les articles n'aurait ce caractère. Bien entendu ils n'ont pas la même valeur; l'un est définitif et les autres ne le sont pas. Mais de ce que la valeur finale est différente, le caractère de l'acte ne change pas quant au fond, il reste un fait législatif et parlementaire; ce n'est pas un acte extraparlementaire.

Il en est de même des négociations de contrat, dès qu'elles sont entreprises. Elles constituent déjà un fait ayant une valeur juridique, non pas une valeur décisive, constituant une manifestation concrète et définitive, comme ce sera le cas d'une déclaration de volonté proprement dite, mais n'en présentant pas moins un rapport de caractère juridique déjà existant et établi entre les parties, de telle sorte qu'il est impossible que, sous une forme et dans une mesure à déterminer, le droit ne tienne aucun compte des relations entamées. Elles sont déjà entrées dans son domaine, ce ne sont pas des faits qui lui soient indifférents et étrangers.

On pourrait également, en reprenant une idée ingénieuse de M. le conseiller Faggella donner à cette démonstration une autre forme, encore plus strictement juridique. On a vu, en effet, que ces négociations se composaient surtout d'accords successifs, qui sont de véritables conventions, bien qu'elles ne soient destinées à produire aucun lien d'obligation. Rien n'est plus exact. Il importe, en effet, de signaler, dans la sphère des faits juridiques et dans le domaine de la vie juridique, l'existence de conventions, qui sont vrai-

ment des conventions formées sous le couvert du droit, et
qui ne sont pas de simples projets en l'air, bien qu'elles
n'aient pas pour but de produire une obligation proprement
dite. Elles constituent une cause éventuelle de responsabilité.
C'est le cas, par exemple, des fiançailles dans le droit français actuel. De pareilles conventions sortent du domaine
extra-juridique.des simples conversations privées, pour
entrer dans celui du droit proprement dit et se former sous
la garantie du droit. Restera à analyser et à fixer quel en sera
le caractère et l'effet juridique, puisque le résultat ne doit
pas être d'aboutir à un engagement ferme et définitif. Mais
cette réserve bien nettement posée, il faut reconnaître, au
point de vue des usages commerciaux qui se fixent de plus
en plus, que pareilles ententes sont déjà des actes juridiques, des faits, non seulement dont le droit devra tenir
compte, mais destinés à produire des effets de droit. Et
parmi ces ententes, il faut placer en première ligne l'accord
initial par lequel les parties entrent en rapports d'affaires et
conviennent d'entreprendre les négociations nécessaires en
vue de la formation du contrat.

Tel est donc le premier point qu'il fallait mettre en relief
dans le système de M. le conseiller Faggella. Mais ce point
de départ établi, et étant donné que nous sommes en présence d'un fait juridique, essentiellement générateur
d'effets de droit, il s'agit de préciser quels en seront les
caractères et quelles seront aussi les conséquences juridiques qu'il devra produire.

C'est en vue de cette analyse que M. le conseiller Faggella se place à un double point de vue, négatif et positif,
indiquant, d'une part, les résultats qu'il ne produira pas, et
ceux, d'autre part, qu'il doit faire naître.

Les premiers se concentrent autour d'un principe absolu,
celui de l'autonomie de la volonté ; et cette dernière se traduit, dans l'hypothèse, par le maintien intégral du droit de
retrait ou de révocation. L'originalité de la thèse n'apparaît, bien entendu, que dans la dernière phase de l'élabora-

tion contractuelle, celle qui suit l'émission de l'offre. Car,
jusque-là, on a toujours admis que le retrait était de
droit. Il n'y avait d'hésitation, dans certaines théories modernes, que pour la période caractérisée par le fait d'une
véritable déclaration juridique, sous forme de proposition
de contrat. Un fait nouveau s'est produit qui donne un caractère tout différent à la manifestation de volonté dont
l'existence est en cause. Aussi, pour toutes celles qui la
précédaient, on ne parlait pas encore, dans la théorie
traditionnelle, de révocation : on ne révoque que ce qui a
une existence juridique. Il s'agissait de rupture des négociations, ou de retrait de la part de l'une des deux parties.
Avec l'offre, apparaît l'idée corrélative de révocation; il y
a des contrats qui restent révocables, bien que généra-
teurs d'obligation; il en est ainsi, par exemple, de ceux qui
se forment par voie de stipulation pour autrui (art. 1121,
C. civ.). Or, ce qui est exceptionnel pour les contrats, est la
règle pour ce qui est de l'offre. Mais la frappe juridique est
désormais acquise à toute manifestation de volonté ayant
pour but de créer des effets de droit; et tel est essentiellement le caractère de l'offre. Elle n'attend plus que l'acceptation du destinataire pour se transformer en contrat. Toutes
ces déclarations de volonté ainsi investies d'une valeur
juridique ont une existence légale qui subsiste tant qu'elles
n'ont pas été légalement révoquées. La révocation n'est pas
seulement l'abandon par l'une des parties de négociations
entreprises, c'est la suppression par un acte de volonté
formelle d'un acte juridique créé par une précédente
manifestation de volonté ayant le même caractère juridique.

M. le conseiller Faggella, quelque désir qu'il ait d'identifier, sinon complètement, du moins dans la mesure du possible, les différentes périodes précontractuelles, n'en adopte
pas moins cette différence de terminologie, caractéristique
de la valeur spéciale que l'on doive attribuer à l'offre.

Mais ce qu'il entend nettement préciser, à l'encontre de
certaines thèses modernes, c'est que l'offre, pour avoir pris
une valeur particulière qui la distingue de toutes les manifestations de volonté antérieures, ne saurait jamais s'être

liée elle-même et constituer encore un engagement de la volonté (1).

M. le conseiller Faggella, bien qu'il admette certaines conceptions que j'avais présentées sur le § 130 du Code civil allemand(2), en disant que l'offre était devenue une valeur juridique ayant désormais une existence propre, indépendante des accidents qui pourraient atteindre la capacité de celui qui l'a émise, n'en critique pas moins certaines exagérations qu'il me reproche d'avoir poussées à l'extrême, lorsque j'ajoutais que, non seulement il y avait là une valeur juridique propre et indépendante, mais une valeur qui déjà n'appartenait plus à celui qui l'avait créée et dont il ne pouvait plus priver arbitrairement, par une révocation tardive, celui auquel elle s'adressait.

Et, son point d'appui, qui est surtout et essentiellement psychologique, il le cherche dans la conception de la libre volonté, tout au moins d'après l'idée juridique que nous devons nous faire de cette liberté. Car il ne s'agit pas de savoir si, en soi et psychologiquement, la volonté est libre. En droit, il faut qu'on la considère comme libre. Fiction ou réalité, peu importe ; il faut qu'au point de vue des apparences tout au moins, la volonté soit considérée comme essentiellement libre. Sinon, toute notre construction juridique manque de base. Cette liberté est donc un postulat juridique essentiel. Elle ne peut être aliénée que par elle-même ; mais encore ne suffit-il pas qu'elle le veuille. Il faut une mainmise de la part d'autrui, de la part de celui au profit de qui elle veut s'aliéner. Quelqu'un a beau vouloir s'engager et le dire, et le manifester extérieurement, toutes ces déclarations n'empêcheront pas qu'en réalité il peut, le lendemain, revenir sur ce qu'il a dit. Donc, en fait, la volonté est restée libre, libre d'une liberté juridique. La liberté subsiste, c'est un fait. Le droit ne peut aller contre le fait. Déclarer que, malgré cette liberté juridique subsistante, la volonté aurait cessé d'être libre, serait un acte de mainmise et de tyrannie

---

(1) *Loc. cit.*, pp. 290 et suiv.

(2) Cf. mon livre sur *La Déclaration de volonté*, § 130, n° 18. Cf. FAG-GELLA, *loc. cit.*, n° 24, p. 292.

légale [1]. Il n'ỹ a qu'un fait qui puisse mettre fin à cette
liberté juridique, dont la réalité consiste à pouvoir nécessairement se ressaisir et se reprendre, revenir sur ce qu'elle a
voulu, et vouloir le lendemain ce qu'elle ne voulait pas la
veille, c'est l'intervention d'une volonté analogue, également libre et capable, qui déclare tenir pour acquis ce qu'on
lui propose et s'emparer de la déclaration de volonté, telle
qu'elle lui est adressée. C'est la seule mainmise légitime
que le droit puisse accepter ; car elle correspond à ce que la
volonté elle-même a voulu. C'est la seule qui permette de
ne plus tenir compte des retours en arrière de la liberté. Si
le lendemain elle revient sur ce qu'elle a voulu la veille, en
fait il y a bien encore un changement de volonté. Mais ce
changement de volonté le droit n'en tient plus compte,
parce que la volonté elle-même a permis à un tiers de s'opposer à ce qu'il en soit tenu compte. Mais encore faut-il
pour cela que ce tiers soit intervenu par un acte de volonté
analogue. Jusque-là, le droit suit la réalité ; et, la réalité,
c'est la possibilité d'un changement de volonté.

A moins d'introduire l'arbitraire dans le domaine du droit
et d'échapper ainsi à toute loi de caractère scientifique, il
faut admettre que, puisque, en fait, l'auteur de l'offre peut
encore révoquer, la révocation sera admise en droit, tant que
le contrat ne se sera pas formé. Il n'y a que le contrat proprement dit, dans une théorie vraiment scientifique et étrangère à tout empirisme légal, qui, sur le terrain du droit, permette de ne plus tenir compte des changements de volonté ultérieurs. Le contrat seul crée la stabilité juridique indispensable aux rapports commerciaux. Mais jusque-là subsiste
la liberté, dans l'instabilité. La stabilité ne peut résulter que
d'un engagement réciproque qui mette les deux parties sur
le même pied, et qui les lie toutes deux. Tant que l'une reste
libre, l'autre l'est encore. Sinon, le droit irait à l'encontre
des faits, en vue de favoriser l'une des parties au détriment
de l'autre. Ce serait de l'arbitraire et de la tyrannie juridiques.

(1) *Loc. cit.*, nos 17 et suiv., p. 287 et suiv., et principalement, no 20,
p. 289.

Je ne sais si j'ai réussi à donner une forme nette, précise, et rigoureusement scientifique, aux conceptions de M. le conseiller Faggella, telles qu'elles me sont apparues. En tout cas, s'il y a eu transformation involontaire de ma part, c'est au moins la preuve que ces analyses un peu fines et subtiles peuvent courir le risque d'apparaître sous une forme systématisée; le droit a besoin de systèmes. Et je crois que, de tous les systèmes que l'on puisse être amené à construire sur la base des développements auxquels je me réfère, celui que je viens de présenter a encore le plus de chance d'en caractériser la logique interne et les idées dominantes.

o°o

Reste en troisième lieu, après avoir exposé le côté négatif du système, à en décrire le point de vue positif; et c'en est bien, à coup sûr, le point le plus nouveau. Il s'agit de la question de responsabilité [1].

Si, en effet, l'on doit admettre que le seul fait d'entrer en négociations en vue de la formation d'un contrat constitue déjà un fait qui se place sous le couvert du droit et qui soit susceptible de prendre une valeur juridique, il faut bien que cette dernière se traduise par des effets positifs, qui seront, sans doute, restreints, mais dont il est difficile de nier l'existence.

Cet effet ne saurait être d'enchaîner la liberté des parties; elles peuvent toujours rompre les négociations et se retirer. Il faut donc qu'il porte sur le fait de la responsabilité.

Mais reste à bien analyser sur quel point exact va reposer la responsabilité pour le cas de rupture, sous quelles conditions, par conséquent, elle sera acquise, quelle en sera la base juridique, et quelle en sera l'étendue.

Il faut qu'il soit bien entendu que chacune des deux parties, même celle qui a pris l'initiative des négociations, non seulement ait le droit de rompre, mais celui de se retirer

_____

(1) *Loc. cit*, nᵒˢ 29 et suiv., p. 297 suiv.

sans avoir d'indemnité à fournir si l'accord devient impossible. Car toutes deux savent à quoi elles s'engagent en commençant les négociations. Elles savent que chacune est juge de ses intérêts et de ce qu'elle peut accepter ou rejeter des propositions qui lui sont faites. Si donc elle refuse de céder sur tels ou tels points qu'elle a stipulés et que l'autre ne les accepte pas, quelles que soient les raisons de cette intransigeance, dès qu'elles peuvent se justifier par un intérêt économique se référant aux prétentions de l'adversaire, ce retrait est légitime. Il n'y a ni faute de celui qui l'opère, ni méprise pour celui qui le subit.

Seulement, par le fait seul qu'il y a eu consentement aux négociations, il y a nécessité, pour chacune des deux parties, d'agir conformément à l'équité commerciale et à la bonne foi. Or, ce consentement, exprès ou tacite, implique que les négociations doivent suivre leur cours jusqu'à l'offre définitive, à moins de désaccord préalable justifié par la divergence des intérêts économiques, telle qu'elle ressorte des propositions partielles, à les supposer maintenues. Mais, sauf cette divergence économique ainsi caractérisée, le retrait pur et simple, que ne justifie aucune raison commerciale, tirée des négociations elles-mêmes, devient un retrait arbitraire, qui, sans doute, reste possible, la volonté étant libre, mais qui contrevient à la bonne foi nécessaire aux relations contractuelles, donc qui entraîne responsabilité.

Ainsi, l'une des parties se retire, parce qu'elle reçoit d'autres propositions et qu'elle préfère traiter avec celui de qui elles émanent. Si ces propositions sont plus avantageuses que celles qui lui étaient faites et que l'autre partie ne consente pas à faire les mêmes avantages, mais s'en tienne à ses positions antérieures, le retrait est justifié par une opposition d'intérêts résultant de la divergence des propositions contractuelles ; rien de plus légitime. Mais supposez que la partie à qui s'offrent de nouvelles propositions refuse de s'entendre avec l'autre, même si cette dernière consent à traiter aux conditions de son concurrent, le retrait ne se justifie plus alors par une divergence des parties entre lesquelles avaient lieu les premières négociations, puisque même la partie opposante est prête à prendre pour son compte les propositions faites par le nouveau venu. Il n'y a donc plus divergence proprement dite. Seulement, pour une raison quelconque qui ne se réfère plus à la façon dont se présentent les propositions réciproques, la partie qui a été l'objet de la nouvelle intervention préfère traiter avec le tiers qui s'est adressé à elle, plutôt qu'avec celui avec qui s'étaient ouvertes les premières négociations.

Remarquez que cette préférence, en soi, peut ne pas être absolument arbitraire; et la rupture pourra, peut-être, se justifier par un intérêt de caractère économique, qui ne soit pas de pure préférence personnelle. Il peut se faire que le nouveau venu offre de meilleures garanties d'exécution, ou, que la préférence qui lui soit donnée doive valoir à l'autre une réciprocité de clientèle plus avantageuse. Bref, il n'y a pas là comme un simple caprice, il y a un intérêt véritable; aussi devrait-on, si l'on se plaçait sur le terrain exclusif de la faute et du quasi-délit, se refuser à voir une faute proprement dite dans le retrait fondé sur un motif de ce genre.

Toutefois, ce motif n'en reste pas moins purement personnel à l'endroit du tiers qui a pris la nouvelle initiative; il se tire de raisons qui se réfèrent à sa personnalité, au lieu de se ramener à une divergence d'intérêts sur la base exclusive des négociations antérieures, c'est-à-dire se traduisant par une impossibilité de conciliation entre propositions respectives des deux parties initiales. Or, la partie qui se retire, en acceptant de traiter avec l'autre, avait connaissance des garanties personnelles ou des avantages personnels que celle-ci lui offrait : ces garanties et ces avantages, elle les acceptait. Si donc elle se retire parce qu'elle en préfère d'autres, elle manque ainsi à l'engagement tacite qui la liait à la personne initiale acceptée par elle. Il y a, sinon retrait arbitraire à un point de vue absolu, mais tout au moins à un point de vue relatif, celui qui a trait à la personne de l'autre partie.

Ce n'est là qu'un exemple de ce qu'il faut entendre par

retrait arbitraire, par rapport à l'existence de tractations contractuelles, entreprises et acceptées. Mais on pourrait en citer d'autres. Dès que les négociations sont liées, il y a une base économique qui sert à préciser ce que l'on doit appeler l'arbitraire en matière de retrait contractuel; et cette base doit être cherchée, non pas dans une opposition d'intérêts, telle qu'elle doive se traduire par une divergence irréductible entre les propositions respectives, mais dans une préférence personnelle qui soit une violation, si l'on peut dire, de l'acceptation de la personnalité contractuelle de l'autre partie.

Telle est la base de la responsabilité engagée par le fait de retrait arbitraire.

Elle a son fondement dans une sorte de garantie légale, fondée sur l'équité, et limitée aux conditions arbitraires du retrait des négociations.

Cette base juridique servira à en préciser les conditions et les caractères essentiels.

Il va de soi, en effet, qu'elle suppose une acceptation réciproque de l'élaboration contractuelle. Lorsque l'une des parties prend l'initiative de faire des recherches, des travaux et des enquêtes, en vue d'un avant-projet de contrat qu'elle se propose de soumettre à l'examen de telle personne déterminée, si cette dernière ne l'y a pas autorisée, et qu'elle se dérobe aux invitations qui lui sont adressées, même sans aucun motif, il n'y aura jamais retrait arbitraire engageant sa responsabilité. Celui qui se dérobe n'avait assumé aucune garantie éventuelle. Il n'y a aucun lien de causalité entre un fait qui lui soit imputable et le dommage que va causer à l'autre le refus de négocier.

Donc il faut, avant tout, consentement, exprès ou tacite, aux négociations, ou plutôt à l'élaboration contractuelle. Car ce mot est plus juste. Il peut se faire, en effet, que le retrait se manifeste avant toute négociation proprement dite, alors qu'il n'y a eu encore que des études préparatoires, et que ce soit au moment où les pourparlers allaient commencer que l'autre s'y refuse. Si les études préparatoires entreprises par celui qui offre d'entrer en pourparlers l'avaient été du consentement tacite de l'auteur du retrait arbitraire, il y aura lieu à responsabilité. Le refus d'entrer en négociations, avant même de savoir quelles seront les concessions que pourra consentir la partie qui a élaboré un avant-projet de contrat, est un retrait arbitraire, intervenant à la suite d'un consentement exprès ou tacite à l'élaboration contractuelle ; la garantie est en jeu et la responsabilité engagée.

Il importe assez peu d'ailleurs, au point de vue tout au moins des principes purs, que l'autorisation se confonde avec l'initiative de celui qui a offert d'entrer en négociations ou qu'elle se réfère à l'acquiescement de l'autre partie d'accepter les ouvertures qui lui sont faites. Même cette dernière, quoiqu'elle n'ait pas pris l'initiative de l'affaire, pourra voir sa responsabilité engagée, si, plus tard, elle rompt arbitrairement.

Seulement, si, d'une façon abstraite, il n'y a pas de distinction à faire à cet égard, peut-être y en aurait-il sous le rapport de l'étendue de la responsabilité et de la détermination des dommages que cette dernière devra couvrir.

C'est qu'il faut, en effet, qu'il y ait un lien de causalité effective entre le dommage causé et l'acquiescement préalable de la partie à laquelle est imputable le retrait arbitraire. Il faut donc que les frais à couvrir n'aient été engagés qu'à raison de l'acquiescement donné par l'autre partie.

Il arrivera le plus souvent que celui qui aura pris l'initiative des négociations avait déjà commencé des recherches et des études préparatoires en vue du premier projet qu'il comptait présenter. Ce n'est qu'après ces premiers travaux qu'il est en mesure de proposer d'entrer en négociations ; si celui à qui il s'adresse accepte de lier partie et qu'ensuite il se retire sans motif légitime, les seuls dommages qu'il devra couvrir seront ceux se référant aux nouvelles dépenses engagées par l'autre partie sur le fondement des négociations entreprises, donc depuis le commencement des négociations, mais non celles qui avaient pu être faites par elle avant qu'elle ait pris l'initiative du contrat. Entre ces dernières et l'acquiescement donné par l'auteur actuel du retrait arbitraire, il n'y a aucun lien de causalité; ce lien n'existe que par rapport aux travaux entrepris à raison des négociations déjà commencées.

Quant à savoir quels seront les dommages couverts par cette responsabilité, il semble bien qne M. le conseiller Faggella les restreigne, en vertu de cette idée fondamentale d'un lien de causalité, à la réparation des frais et dépenses assumées en vue de l'élaboration du projet de contrat, et sur le fondement d'un accord ou d'un acquiescement préalable relativement à l'élaboration du contrat [1].

Bien entendu, il ne saurait être question des dommages pour inexécution, lesquels correspondent à la responsabilité contractuelle.

Il n'y a même pas d'identité à établir avec ce que Ihering appelle le *Negative Vertrags-interesse*, lequel correspond au dommage causé par le fait d'avoir compté sur la formation d'un contrat qui n'aboutit pas; il comprend alors, non seulement la compensation des frais et dépenses préparatoires, mais la réparation du dommage résultant des occasions manquées ou rejetées.

Il semble bien, tant que nous en sommes à cette première phase de l'élaboration contractuelle, que cet élément négatif du dommage ne doive pas entrer en ligne de compte. Car, si l'occasion qui se présentait était plus avantageuse et que l'autre partie refusât de faire les mêmes avantages, il y aurait eu motif légitime de retrait, sans courir aucun risque de responsabilité. Si donc la partie à qui cette occasion nouvelle s'était présentée ne s'en est pas prévalue, alors qu'elle le pouvait sans risque à courir, elle ne serait pas recevable plus tard, si les négociations se rompent, à faire entrer ce dommage négatif parmi les pertes qui se relient au fait du retrait arbitraire dont elle est victime.

Mais peut-être faut-il aller plus loin, et soustraire, en principe, tout cet élément négatif de dommage, alors même qu'il ne serait cependant pas impossible de lui découvrir un lien réel de causalité par rapport au retrait arbitraire.

_____

(1) *Loc. cit.*, n° 35, p. 702 et suiv.

Que l'on suppose, par exemple, sur une occasion qui vienne à s'offrir, que la partie à qui elle s'adresse obtienne de l'autre les avantages qui lui étaient proposés et renonce de ce chef aux ouvertures qui lui étaient faites pour s'en tenir aux premières négociations, mais que, par la suite, la partie qui traitait avec elle vienne à rompre sans motif; on peut bien soutenir, cette fois, que c'est la continuation des négociations, due, sans aucun doute, aux concessions qui avaient été faites, donc à l'acquiescemeet formel de celui qui se trouve être actuellement l'auteur du retrait, qui aura été cause de la mise à l'écart de l'occasion désormais perdue.

Le lien de causalité existe. Je doute, cependant, que M. le conseiller Faggella ait entendu faire allusion, tant que le retrait évolue dans cette première phase d'élaboration, à cet élément négatif du dommage.

Et, bien qu'à cette place, tout au moins, il ne s'en explique pas formellement, il y a telle idée sur laquelle il insiste avec soin qui semble bien exclusive de toute extension de ce genre en matière de dommages et de réparation.

Après avoir parlé des deux premières conditions d'ouverture de la responsabilité, l'acquiescement aux négociations et le lien de causalité, il met en relief l'idée de valeur patrimoniale, qui se trouve détruite par le fait du retrait arbitraire ou intempestif.

Cela ne saurait signifier, en aucune façon, qu'il y ait déjà, par le fait des propositions émises et des accords consentis, un projet constituant, comme on pourra le dire de l'offre, une véritable valeur patrimoniale, par la chance de perfection contractuelle qu'elle représente. On ne peut pas dire qu'en faisant évanouir cette chance elle-même, l'auteur de la rupture a détruit une valeur déjà existante.

Sous cette forme, il n'y a encore aucune valeur juridique déjà créée.

Il n'y a de valeur proprement dite que celle résultant des travaux effectués, des études et enquètes préparatoires, lesquels vont se trouver devenir inutiles. Ces travaux représentaient une valeur en vue du contrat éventuel. L'espoir de voir se former le contrat évanoui, cette valeur disparaît avec lui. Mais alors cette valeur se restreint à ce que représentaient ces travaux eux-mêmes ; c'est leur représentation qu'il faut fournir sous forme de réparation, c'est-à-dire les frais qu'ils ont coûtés. On ne saurait faire rentrer sous ce terme l'évaluation des occasions manquées.

Et, de fait, c'est déjà un gros risque à imposer aux parties qui s'abouchent en vue d'un projet de contrat, que de les menacer, si elles rompent, d'avoir à compenser les dépenses préparatoires que l'autre aurait faites, en dehors même de toute question de faute. Aussi faut-il restreindre ce risque aux conséquences immédiates et directes de l'acquiescement aux négociations ; et ces conséquences immédiates ne portent que sur les travaux dont ces négociations ont été la cause. Il n'y a jamais, au contraire, qu'un lien indirect de causalité, même en mettant les choses au mieux, qui puisse leur rattacher le fait des occasions manquées. Car, après tout, celui qui les a laissé échapper avait toujours le droit d'abandonner la première piste pour suivre la nouvelle, sous la condition sans doute de dommages éventuels qu'il aurait eu peut-être à fournir. Mais ce risque n'enchaînait pas sa liberté. Ce n'est donc que très indirectement que l'on peut dire des occasions manquées qu'elles sont une suite des négociations engagées. C'est, au contraire, par un lien de causalité immédiate que s'y rattachent les recherches et travaux devenus nécessaires par le fait des négociations elles-mêmes.

Cette responsabilité ainsi précisée ne repose donc pas sur l'idée de faute. On l'a déjà vu suffisamment, puisqu'un retrait, même justifié à un point de vue absolu, pourrait encore être arbitraire au sens qui a été indiqué, c'est-à-dire par rapport à la partie avec laquelle l'auteur de la rupture était entré en rapports d'affaires.

Encore moins prend-elle sa base dans un engagement tacite. Les parties ne se sont pas encore liées : car nous supposons qu'il n'y a eu ni contrat, ni avant-contrat. Elles n'ont assumé, contractuellement du moins, aucune obligation. On ne peut même pas dire qu'en acceptant de négocier elles prennent l'engagement tacite de ne causer à elles-mêmes, de l'une à l'autre, aucun dommage ; car, si le refus est justifié, quel que soit le dommage, il ne donnera lieu à aucune responsabilité. Même à restreindre cet engagement tacite au cas de dommage arbitraire, il serait très faux d'en faire la conséquence d'une convention présumée. Car on pourrait trouver tel ou tel cas d'acquiescement tacite aux négociations qui n'aurait nullement le caractère d'une convention proprement dite. Il peut se faire que des préparatifs contractuels soient commencés au su de celui qu'ils visent, sans qu'il y ait eu accord proprement dit, mais que cependant on puisse trouver les éléments d'une autorisation, ou plutôt d'un acquiescement au sens vrai du mot.

Ce n'est pas, sans doute, qu'il suffise que la personne à laquelle le projet est destiné sache que l'autre en prépare l'élaboration pour qu'il y ait, de sa part, autorisation d'en continuer les préparatifs. Mais il peut arriver que des avances aient été faites ; et, sans qu'elles aient été formellement acceptées, celui qui les a reçues a encouragé les préparatifs qui commençaient, mais sans vouloir de son côté s'engager à rien. Il attend et se réserve. Dans bien des cas, pareille attitude pourra être considérée comme un acquiescement à l'élaboration qui se poursuit ; et cependant il n'y a eu aucune convention d'aucune sorte.

Le fondement de la nullité ne doit donc être cherché, ni dans la preuve d'une faute ou d'un quasi-délit, ni dans la présomption d'un engagement tacite.

M. le conseiller Faggella (1) lui donne pour base l'idée de garantie, impliquée elle-même dans un fait d'acquiescement volontaire. Il s'agit donc, en somme, d'une manifestation unilatérale de volonté, emportant par elle-même garantie éventuelle. Et, comme je doute que M. le conseiller Faggela veuille accepter l'idée d'un engagement unilatéral, et que d'autre part, même si la partie qui adhère à l'élaboration proposée se refusait à prendre cet engagement de garantie, il faudrait encore le lui imposer au nom de l'équité, c'est

(1) *Loc. cit.*, nᵒˢ 30 et suiv., 35 et suiv., p. 293, p. 301.

occasions nouvelles qui se présenteraient. Pareil refus trouvera, dès lors, sa cause immédiate dans l'acquiescement à l'élaboration de l'offre ; et, s'il arrive que l'autre partie rompe, même arbitrairement, sa responsabilité ne comprendra plus seulement la valeur des dépenses engagées, mais celle également des occasions manquées.

A chaque étape successive correspond un degré plus intense de responsabilité.

Mais la théorie qui concerne cette seconde phase de l'élaboration contractuelle s'identifie si complètement avec celle édifiée par rapport à la première, qu'il est difficile de les distinguer l'une de l'autre. Il n'y a que deux aspects d'une même théorie ; ou, si l'on veut qu'il y en ait deux, l'originalité de l'une se retrouve dans l'autre. Ce qu'il y a de neuf dans le système en caractérise dans les deux applications qui en sont faites.

Faisons pleinement honneur de ces nouveautés à l'analyse fine et ingénieuse de M. le conseiller Faggella.

Mais ce côté particulièrement neuf et original ne se retrouvera plus au même degré dans l'application faite de la même théorie à la troisième phase de l'élaboration contractuelle, celle de l'émission de l'offre.

A partir de ce moment, tout le monde admettait déjà l'éventualité d'une responsabilité contractuelle [1]. Si donc M. le conseiller Faggella aboutit, à quelques nuances près, au même résultat, ce n'est pas sur le terrain du but à atteindre que l'originalité de ses vues se fera reconnaître, mais uniquement, ce qui a beaucoup moins d'importance, sur celui de l'explication théorique et doctrinale qui puisse en justifier les conséquences pratiques [2].

Je sais bien que la diversité de constructions juridiques pourra conduire à certaines divergences pratiques qui ne sont pas sans intérêt. Mais ce ne sont plus que des variantes de moindre importance.

---

(1) Voir l'exposé et, en même temps, la réfutation des systèmes, dans l'étude de M. le conseiller FAGGELLA, *loc. cit.*, nᵒˢ 44 et suiv., p. 310 et suiv.

(2) Sur les différentes conceptions juridiques émises en Allemagne sur ce point, voir la bibliographie dans WINDSCHEID, *loc. cit.*, § 307, note 5.

Quoi qu'il en soit, puisque ces variantes peuvent se trouver exister sur le terrain des faits et des résultats, il n'est pas sans intérêt d'examiner de près la nouvelle construction doctrinale que M. le conseiller Faggella va donner pour base à la responsabilité pour cause de révocation après émission de l'offre.

Cette construction est, d'ailleurs, la plus simple qui puisse exister, étant donné le système qui vient d'être exposé sur la responsabilité précontractuelle afférente aux deux premières phases d'élaboration.

Pour M. le conseiller Faggella, la troisième ne se distingue pas essentiellement des deux autres, si ce n'est par un degré de plus d'approximation. Les chances de voir se former le contrat augmentent. Le degré de confiance, pour celle des parties à qui l'offre s'adresse, croît en proportion; et c'est alors qu'il est vrai de dire que cette offre constitue, pour elle, une valeur juridique et économique qu'on ne peut détruire sans lui en devoir réparation. Mais ce qui va se trouver modifié, ce pourra être l'étendue, et peut-être les conditions, de cette réparation éventuelle; ce n'en seront pas le caractère et le fondement juridiques. En tant qu'il s'agit d'en formuler la théorie doctrinale, les principes restent les mêmes [1].

Nous sommes ainsi très loin des systèmes traditionnels, qui, sans nier l'existence de fait des étapes antérieures à l'émission de l'offre, n'en tiennent aucun compte sur le terrain du droit et, par suite, établissent une ligne de séparation radicale entre la période des tractations préalables et celle qui suit l'émission de l'offre. Le droit ignorait les unes, il s'empare de l'autre.

S'il y avait une responsabilité possible, résultant du seul fait des négociations, ce ne pouvait être que sur le terrain du droit commun, sur la base du délit ou du quasi-délit.

Au contraire, dès que l'offre a été formulée et adressée, c'est une théorie nouvelle qui surgit. Sans doute, on est loin d'être d'accord sur le fondement qu'il faille lui attri-

---

[1] *Loc. cit.*, nos 61 et suiv., p. 333 et suiv.

buer. Mais chacun sent que le droit commun devient insuffisant, qu'il faut l'élargir, et qu'il faut créer une responsabilité spéciale et nouvelle, résultant du fait seul qu'une déclaration de volonté, au sens juridique du mot, s'est produite
et qu'elle n'attend plus que la rencontre d'une adhésion
correspondante pour se transformer en contrat.

Non seulement ce système dominant fait de l'offre seule
le principe d'une responsabilité spéciale, distincte de toute
idée de faute, et sans attache avec les relations réciproques
qu'ont pu avoir les parties en vue de l'élaboration du
contrat, et antérieurement à l'émission de l'offre; mais il
tend, par une conséquence toute légitime, à exagérer la
valeur juridique de l'offre elle-même, en allant jusqu'à lui
rattacher, de plus en plus, un principe d'irrévocabilité, et à
transformer ainsi la responsabilité qui résulterait de la révocation en une véritable responsabilité contractuelle,
c'est-à-dire pour inexécution de contrat.

M. le conseiller Faggella s'élève, je l'ai déjà dit, contre ce
qu'il appelle les abus de cette théorie devenue dominante.
C'est surtout, comme on l'a vu, à quelques idées que j'avais
émises à propos du § 130 du Code civil allemand qu'il s'attaque, en les taxant d'exagération. Et je dois, d'ailleurs, le
remercier de l'extrême courtoisie qu'il apporte à toute
cette discussion.

Il passe en revue les différentes explications présentées
pour fournir un fondement juridique à la responsabilité
pour cause de révocation, et montre en quoi elles lui paraissent inexactes ou insuffisantes.

Il combat avec vigueur la tendance favorable au principe d'irrévocabilité, en tant qu'elle serait inhérente à
l'offre elle-même, et caractéristique de sa nature juridique.

Et il en revient ainsi à la conclusion qu'il avait déjà laissé
pressentir, à savoir que l'émission de l'offre, loin d'être
l'acte initial de la phase juridique en matière d'élaboration
contractuelle, n'est qu'une manifestation, un peu plus accentuée sans doute, mais de nature similaire, d'une longue
série de faits juridiques concourant tous au même but final,
qui est la formation du contrat, et dont le début, juri-

diquement, doit se placer bien avant que l'offre soit émise, mais à l'accord bien antérieur par lequel se sont ouvertes les négociations et en vertu duquel les tractations ont commencé.

L'offre est une manifestation plus ferme, plus officielle si l'on veut, destinée à concrétiser toutes celles qui ont précédé; mais elle n'en reste pas moins un acte de négociation, qui, par sa nature, ne diffère pas essentiellement de tous ceux qui le précèdent.

Il en résultera peut-être que l'étendue de la responsabilité pourra bien être accrue, que, peut-être, aussi, les conditions d'ouverture en seront élargies, mais sans que la base en soit modifiée.

Son étendue comprendra le double élément, positif et négatif, dont il a déjà été question à propos de l'élaboration de l'offre elle-même, et telle qu'elle a été formulée pour la seconde phase de cette période d'élaboration. Il n'y a rien de changé sur ce point.

Mais ce sont les conditions d'ouverture de la responsabilité qui semblent bien, autant qu'on en peut juger, s'être de beaucoup élargies. On ne parle plus de retrait arbitraire et intempestif, comme devant servir de base initiale à la responsabilité, mais de révocation pure et simple.

Ce qu'il y a de nouveau dans l'émission de l'offre, c'est qu'elle implique une garantie, en quelque sorte officielle, provenant du fait de celui qui en prend l'initiative. Sans doute, il ne s'engage pas encore à la maintenir irrévocablement. Car sa volonté reste libre en soi; et, du moment qu'elle reste libre, en dépit de tous les engagements qu'il pourrait prendre, le droit ne peut que reconnaître cette liberté. Il n'y a que la rencontre d'une volonté correspondante, s'emparant de cette déclaration, pour, de ces deux volontés isolées, n'en faire juridiquement qu'une seule, désormais irrévocablement fixée, qui puisse, sur le terrain du droit, ne plus se plier aux retours offensifs d'une liberté qui, par cela seul qu'elle reste unilatérale, est impuissante à agir sur cette union des volontés concordantes. Il y a désormais un faisceau qu'une seule volonté ne peut détruire. Là où, dans la réalité même, la volonté isolée ne peut plus défaire ce qui a été fait, le droit s'incline devant cette impuissance et ne reconnaît plus une liberté qui s'exerce dans le vide. Mais jusque-là, tant qu'il n'y a que manifestation unilatérale de volonté, la liberté, en dépit de toutes les déclarations antérieures, trouve quelque chose à détruire et qu'elle est capable de détruire. Le droit la respecte et doit la respecter. Voilà pourquoi le seul fait de l'émission peut bien déjà donner à l'offre une valeur juridique indépendante du décès ou de la perte de la capacité, mais sans pouvoir encore la rendre irrévocable. Car la volonté, à elle seule, ne peut pas se lier elle-même.

Cependant, il y a un fait nouveau qui s'est produit. Et, bien que l'offre ne soit qu'une manifestation juridique, prenant place au cours d'une série de manifestations antérieures, elle affecte cependant un caractère plus accentué, qui manque aux déclarations précédentes. Et M. le conseiller Faggella est le premier à le reconnaître, puisqu'il admet, avec la théorie allemande, qu'elle opère création d'une valeur juridique, sur laquelle la disparition de la personnalité de son auteur n'a plus de prise.

C'est qu'en effet on est sorti de la phase provisoire des tâtonnements et des amendements.

Si l'on veut poursuivre la comparaison avec les procédés parlementaires de confection de la loi, on peut établir une certaine analogie entre la proposition ainsi adressée par l'une des parties à l'autre et ce que serait un projet de loi déjà voté par l'une des deux Chambres, et qui serait soumis à l'autre, ou, mieux encore, dans un système monarchique qui admettrait au profit du roi un véritable droit de sanction, à ce que serait la loi une fois votée et offerte à la sanction royale.

De même, une fois mis en forme l'ensemble des accords déjà consentis sur les points principaux et définitivement formulés en proposition ferme, cette proposition a la valeur d'un acte de volonté créateur par lui-même d'effets juridiques, un acte juridique au plus haut sens du mot, en ce sens qu'il entraîne, au profit de celui qui le reçoit, pleine confiance, sinon dans le maintien de la proposition, mais dans la sécurité de la position juridique qui lui est faite. Cette offre le met à même de réfléchir et de faire un choix définitif, qui ne peut se faire en un jour ; il faut donc, tant qu'elle subsiste, qu'il soit assuré de n'avoir rien à perdre par sa disparition.

La révocation, quelque motif qui la justifie, fait disparaître une position juridique, donc une sécurité, que l'auteur de l'offre avait créée lui-même. Voilà pourquoi, l'ayant créée de toutes pièces, il ne peut plus la faire disparaître, pour quelque raison que ce soit, sans en réparer toutes les suites dommageables.

Jusque-là, aucune des parties n'avait fait à l'autre, de son initiative personnelle, une situation spéciale, qui lui conférât un surcroît de sécurité. Toutes deux couraient les mêmes risques ; tout ce qu'on pouvait leur demander, c'était de ne pas les faire naître par un fait arbitraire de leur part. Désormais, les risques se sont atténués ; il est intervenu un acte solennel qui a coupé court à la période des tâtonnements. Cet acte solennel crée une sécurité nouvelle. Celui qui l'a créée peut encore la faire disparaître ; mais alors, dans tous les cas, l'équité commerciale veut qu'il en supporte le risque. C'est un fait de volonté de sa part qui avait créé cette sécurité juridique ; c'est un autre fait de volonté qui la supprime. Légitime ou arbitraire, peu importe, ce fait de volonté entraîne toujours responsabilité.

De sorte que l'on peut ainsi graduer les intérêts pratiques qui distinguent chaque degré de responsabilité, pour chacune des trois phases successives. Dans la première, elle n'est engagée que par le retrait arbitraire, et n'entraîne que réparation limitée, excluant l'élément négatif du dommage. Dans la seconde, les conditions d'ouverture restent les mêmes, elles supposent encore retrait arbitraire ; mais l'étendue de la réparation augmente, elle comprend même l'élément négatif. Dans la troisième enfin, l'étendue de la réparation restant ce qu'elle est dans la seconde phase, et sans aller jusqu'à s'identifier avec le dommage pour inexécution de contrat, ce sont les conditions d'ouverture de la responsabilité qui s'élargissent; il suffit du fait volontaire de la révocation, sans avoir à rechercher si elle était ou non arbitraire.

Telle semble bien être, dans la précision de ses nuances et de ses détails pratiques, la théorie ingénieuse de M. le conseiller Faggella. Peut-être paraîtra-t-elle être un peu plus poussée à fond, et plus nettement précisée dans les contours qui viennent de lui être donnés, qu'elle n'est en réalité dans la pénombre où son auteur avait, en quelque sorte, laissé quelques-unes de ses conséquences. Si, dans cette mise au point, j'ai pu, parfois, méconnaître sa pensée, ou, tout au moins, la dépasser par excès de logique ou de subtilité, la faute n'en est qu'à moi. Mais, lorsqu'il s'agit de systèmes de droit, susceptibles d'avoir une répercussion générale dans le domaine des faits, leur véritable valeur pratique doit s'établir, non pas d'après la structure purement subjective qu'a pu leur donner leur auteur, mais d'après la conception vraiment objective qu'ils prennent, en vertu d'un inévitable logique, dans la pensée de ceux qui s'en inspirent. C'est cette conception qui tend, par suite, à leur servir, à tort ou à raison, de formule universelle.

Dans toute cette théorie, je ne puis avoir à reprendre, de l'exposé que j'en ai donné, que les points qui seraient en opposition avec la conception objective que la moyenne des juristes serait autorisée à s'en faire, et non pas, à proprement parler, ceux qui ne contrediraient que la pensée personnelle de son auteur.

J'espère cependant, sans en être sûr, quelque soin que j'aie pu mettre à cet exposé, n'avoir, trahi, de ces deux conceptions si délicates à préciser et à distinguer, ni l'une ni l'autre.

o°o

Et maintenant, je voudrais bien terminer par une conclusion personnelle et dire en quoi il me semble que les idées dont je me suis fait l'interprète sont de nature à renouveler les conceptions traditionnelles en la matière.

Le point le plus nouveau qui s'en dégage concerne, comme on a pu s'en rendre compte, la reconnaissance d'un principe de responsabilité en matière même de tractations préalables à l'émission de l'offre ; responsabilité indépendante de toute idée de faute, et qui dérive uniquement d'un acquiescement initial aux négociations. Du seul fait de cet acquiescement résulte cette conséquence, exigée par la bonne foi et l'équité en matière de relations commerciales, que les parties ne sont plus absolument libres de se retirer sans autre risque à courir. Elles se doivent quelque chose l'une à l'autre ; et tel retrait qui pourrait encore se justifier par un intérêt légitime, sans être un pur caprice arbitraire, et qui, de droit commun, aurait dû se trouver ainsi dépourvu de tout caractère délictuel ou quasi-délictuel, n'en sera pas moins déclaré arbitraire, suivant les circonstances, par rapport à l'autre partie. Il sera contraire à l'attente et à la sécurité créées par le fait d'une adhésion aux tractations contractuelles ; et l'équité exige que, si cette sécurité est détruite, celui qui a ainsi déjoué les assurances légitimes qu'il avait concouru à faire naître, soit responsable, au moins dans une mesure limitée, et de caractère en quelque sorte forfaitaire, du dommage qu'il aura contribué à produire. Sur ce point, je suis pleinement d'accord avec M. le conseiller Faggella, au moins quant au principe.

Tout au plus, pourrait-on objecter la difficulté qu'il y aura peut-être à définir le retrait arbitraire. J'ai essayé de le faire déjà par avance dans l'exposé que j'ai donné de la théorie de M. le conseiller Faggella, cherchant à préciser plus au juste quelques points laissés un peu trop dans l'ombre. Car il faut qu'il soit absolument admis, tant qu'on en est encore à ces préliminaires, que chacun a le droit de repousser les conditions de l'autre, et de proposer les siennes, sans avoir de risque à courir et sans que les tribunaux puissent se faire juges de la valeur des prétentions ainsi émises. Il n'y aura jamais refus arbitraire pour avoir refusé des conditions normales, et qui, d'une façon abstraite, pussent être jugées acceptables. Sinon, qui oserait s'engager dans des négociations de ce genre, si le simple retrait, fondé sur le refus de conditions jugées acceptables pût être une cause de responsabilité? On en reviendrait à faire les tribunaux juges, en quelque sorte, de ce que devraient être les clauses du contrat. Ce serait un nouveau pas, et celui-ci tout à fait inacceptable, dans le sens d'une réglementation judiciaire des contrats.

A l'extrême rigueur, peut-être, pourrait-on admettre, après que l'une des parties eût accepté expressément ou tacitement, si elle se dédit sans autre raison, et qu'il y ait rupture de ce chef, que, de ses agissements, résulte une imprudence impliquant de sa part une véritable faute qui mette en cause sa responsabilité. Ou plutôt, sans même faire intervenir l'idée de faute, il suffit de dire que, là encore, l'assurance que l'on a créée implique responsabilité pour tous les cas où il y aurait une violation volontaire, et quel que soit l'intérêt qui la justifie, de l'assurance que l'on avait contribué à faire naître. C'est donc à préciser dans quels cas il y aurait assurance créée par le fait de l'une des parties, que doit consister la recherche d'un critérium judiciaire du retrait arbitraire de la part de cette partie elle-même.

Mais, il va de soi que, cette exception admise et encore limitée dans les termes les plus stricts, en matière de rupture pour désaccord sur les conditions du contrat, jamais le refus d'accepter les propositions éventuelles de l'autre partie, si raisonnables qu'elles soient, ne saurait constituer un retrait engageant la responsabilité de son auteur. Il n'y a jamais eu assurance donnée de tomber d'accord sur des propositions jugées raisonnables ; nous sommes dans la période où chacun entend rester juge, et juge sans contrôle, de ses intérêts relativement aux conditions qui lui sont soumises. Chacune des parties n'est entrée en rapports avec l'autre que sous réserve de cette absolue liberté.

Et alors si, une fois mise à part l'exception qui vient d'être signalée, il faut restreindre, ou à peu près, l'hypothèse de rupture arbitraire uniquement aux cas qui ne pourraient se justifier par un désaccord sur les points en cause, tel que serait une simple préférence personnelle de l'un des contractants pour l'auteur d'une proposition nouvelle, ne peut-on pas prévoir que celui qui veut se retirer pourra toujours faire naître à son profit une raison suffisante, en proposant des conditions qu'il sait inacceptables, ou encore en se refusant, sans autre motif, à toutes les propositions, si raisonnables qu'elles soient, qui lui seraient faites dans la suite? Va-t-on donner au juge le droit de suspecter le motif apparent de la rupture, pour en rechercher la vraie raison et la qualifier d'arbitraire?

C'est là, peut-on dire, la véritable objection, sur le terrain pratique, celle qui est susceptible de rendre d'une application si difficile le système qui nous est proposé.

Elle se rapproche beaucoup de celle que l'on peut faire, sur un terrain voisin, à la théorie de l'abus de droit, lorsque ce dernier se définit uniquement par l'intention de nuire. Ne pourra-t-on pas, dans presque tous les cas, la dissimuler sous l'apparence d'un intérêt personnel, si infime qu'il soit?

Dans un cas comme dans l'autre, suffirait-il de poser le principe et de l'écrire dans la loi, en laissant les tribunaux s'en débrouiller comme ils le pourront? Ne risquerait-on pas, en se dérobant ainsi, de les voir se faire juges de l'intérêt personnel ou de la recevabilité des conditions proposées? C'est cependant ce qu'il faut empêcher à tout prix.

Tout ce qu'on peut dire, toutefois, c'est que, si on admet le principe, il faudrait qu'il fût bien précisé que jamais les tribunaux n'auraient à se faire juges du désaccord des parties.

Et alors, ceci fait, la direction nettement indiquée. il n'y aurait plus à se défier d'eux, lorsqu'il s'agirait de rechercher si, derrière un refus automatique et un parti pris d'opposition irréductible, ne se cacherait pas une raison dissimulée qui serait la seule véritable, et qui n'aurait rien de commun avec une divergence d'intérêts sur la base des conditions proposées.

Ce sont là des questions délicates, comme le droit nouveau aura de plus en plus à en soumettre à l'appréciation du juge. Ce n'est pas douteux. Il y a une transformation progressive qui s'opère dans la fonction du juge civil, assez analogue à celle qui s'est déjà réalisée dans la mission du juge pénal. C'est toute une nouvelle éducation judiciaire à tenter, et pour laquelle il ne suffira plus de bien connaître les textes et leur agencement logique.

Mais cette fonction, qui fut jadis celle du juge romain, et qui n'a jamais cessé d'être celle du juge anglais, on ne voit vraiment pas, si peu qu'elle réponde à une nécessité sociale désormais inéluctable, pourquoi nos juges français seraient incapables de la remplir. Personne ne supposera, j'imagine, que ce soit l'habileté professionnelle qui puisse leur faire défaut à ce point de vue. Si donc on se défie d'eux, ce ne peut être qu'à raison d'une fermeté de caractère qu'on ne leur reconnaîtrait plus ; et cela tient uniquement alors à toute une ambiance de mœurs politiques qui finiraient, peu à peu, par détruire toute indépendance individuelle dans notre pays. Le mal est tellement avoué qu'il est impossible qu'il ne se produise pas un mouvement de réaction salutaire, destiné à rétablir cet état d'équilibre moral indispensable au fonctionnement régulier d'un grand État.

Aussi ne faut-il pas s'attacher, lorsqu'on ébauche quelque théorie juridique, aux obstacles provisoires qu'elle puisse trouver dans un état social quelque peu instable. Il faut construire en vue des situations normales ; et la situation normale dans un pays sain, c'est l'indépendance absolue du juge, en dehors de toute ingérence politique et parlementaire. Si l'on croit que cette indépendance, actuellement, n'est plus entière, par l'abus le plus souvent de certains excès de presse, ou de certaines omnipotences parlementaires, presque toujours purement locales, il n'y a pas lieu de s'attacher à ces quelques symptômes exceptionnels. Le bon sens de la nation en aura vite fait justice. Et l'on a le droit, en parlant des pouvoirs du juge, de considérer, dans l'abstrait, ce qu'ils doivent être pour répondre aux exigences sociales de la civilisation moderne, sans qu'il y ait à tenir compte des difficultés transitoires que cette conception puisse rencontrer, au début, dans tel ou tel pays en particulier.

•°•

Il ne suffit pas, d'ailleurs, d'indiquer dans quels cas et sous quelles conditions il pourra y avoir lieu à responsabilité; peut-être aussi ne serait-il pas inutile, en dépit des précisions apportées par M. le conseiller Faggella, de revenir sur le fondement juridique qu'il attribue à la responsabilité pour retrait arbitraire.

On a vu qu'il avait complètement rejeté l'idée de faute, pour s'en tenir à une notion du retrait arbitraire qui fût indépendante de tout élément délictuel ou quasi-délictuel. Et c'est grâce à cette conception, d'ailleurs, qu'il a été possible de restreindre à certains éléments du dommage l'étendue de la réparation. L'élément purement négatif, comme on l'a vu, en a été écarté. S'il se fût agi d'une réparation fondée sur l'idée de faute, il aurait fallu admettre la réparation intégrale. Là, au contraire, où il n'y a ni délit, ni quasi-délit, on peut s'en tenir à une réparation limitée, ou même forfaitaire. C'est l'un des intérêts pratiques les plus saillants qu'il y ait à rejeter ici tout caractère délictuel ou quasi-délictuel.

Or, cette théorie pourra, sans doute, se faire à peu près unanimement accepter, lorsqu'il s'agira de responsabilité pour révocation après émission de l'offre, puisqu'il n'y a plus à distinguer suivant les causes et circonstances de la révocation.

Arbitraire ou non, elle engagera la responsabilité de l'auteur de l'offre. Il est par trop certain, en pareil cas, que nous sommes en présence d'une responsabilité purement objective.

Mais peut-on encore le soutenir, au moins avec la même certitude, lorsque la responsabilité vise le retrait arbitraire, c'est-à-dire qui intervient sans raison suffisante, tirée d'une divergence d'intérêts relativement aux conditions proposées? Sans doute on a déjà vu que, si la justification ne peut pas en être cherchée dans un désaccord réel sur les points essentiels du projet, il peut se faire cependant qu'elle se trouve dans quelque circonstance extérieure, et se référant encore à l'éventualité d'un intérêt économique parfaitement légitime.

Ce sera le plus souvent, comme on l'a vu, le fait d'une intervention nouvelle, qui, sans offrir d'autres conditions plus avantageuses, présente cependant plus de garanties personnelles. Il peut se faire aussi, les garanties étant égales, que la partie qui se retire ait trouvé, pour l'avenir, un avantage évident à traiter avec telle personne plutôt qu'avec telle autre. Il s'agit peut-être d'une clientèle éventuelle à se ménager. Ce sont bien là des intérêts économiques qui empêchent le retrait d'avoir, à un point de vue absolu, un caractère vraiment arbitraire. Et cependant on pourra encore, suivant les cas, le tenir pour arbitraire par rapport à la partie engagée dans les négociations antérieures, parce que, vis-à-vis d'elle, il ne se justifie plus par un refus de sa part de consentir aux conditions acceptées par l'autre. et que l'acquiescement donné aux tractations et préparatifs d'élaboration contractuelle lui avaient donné l'assurance de ne voir l'affaire se rompre que sur un dissentiment proprement dit.

Mais alors qu'est-ce à dire, sinon que l'on considère comme une faute à son égard le fait de violer l'assurance créée à son profit, et cela pour une raison de préférences purement personnelles, sans autre désaccord proprement dit sur les conditions mêmes du contrat?

Au lieu d'une faute laissée à l'appréciation du juge, il s'agit d'une faute définie par la loi, ou, si l'on préfère, par la doctrine. Mais ce n'en est pas moins commettre une imprudence à l'égard de celui avec qui on vient d'entrer en relations que de rompre les négociations, même s'il fût disposé à accepter les conditions plus favorables offertes par un nouveau venu et jugées acceptables par la partie qui se retire. C'est une atteinte à l'équité commerciale; et une atteinte à l'équité commerciale susceptible de causer un dommage, à raison de dépenses engagées sur la foi d'un accord préalable, est à coup sûr une faute, au sens des articles 1382 et 1383 du Code civil français. Il semble donc bien, à prendre la réalité des choses, que l'idée de faute subsiste comme un élément essentiel de la conception que l'on propose. S'il en était ainsi, ce serait très important au point de vue des conséquences pratiques qu'on en pourrait tirer dans le sens d'une réparation intégrale.

Voici cependant ce que l'on peut répondre. C'est que, comme on vient de le voir, la détermination de l'élément délictuel ne provient pas de l'appréciation des faits, telle qu'elle dériverait du droit commun. On va au delà du droit commun. Ce que l'on désignerait alors sous le nom de faute vient d'une situation particulière, créée ou consentie par celui dont le fait se trouvera produire le dommage. Il y a eu, comme point de départ, un fait de volonté émanant de lui, créant au profit d'un tiers, devenu partie à l'affaire, une sécurité partielle, dont l'étendue est forcément réglée par les usages commerciaux en la matière. Cette sécurité consiste en ce que cette partie est en droit de s'attendre, sans doute, à des divergences d'intérêts économiques sur le fait des conditions à débattre, et susceptibles de justifier une rupture sans indemnité, mais à la condition toutefois que ce soit le seul risque qu'elle ait à courir. C'est pour les deux parties, un risque réciproque qu'elles acceptent. Mais, ceci admis, ce qui lui est assuré, tout au moins, à l'entendre de la partie au profit de qui cette sécurité existe, c'est qu'elle n'a plus à courir le risque d'une rupture fondée sur de pures préférences personnelles ; car en entrant en rapports d'affaire avec elle, on a fait confiance à sa personne. C'est la part de sécurité que l'équité et les usages commerciaux lui reconnaissent. Si donc cette confiance reçoit une atteinte de la part de celui-là même qui l'a inspirée, et cela par un fait volontaire de sa part, c'est cette violation de la sécurité créée par lui qui est prise en considération, en dehors de toute autre circonstance. S'il y a faute, ce n'est que par contre-coup ; en ce sens que c'est l'équité commerciale qui appelle faute cette violation de sécurité, en dehors de toute autre circonstance d'intention ou d'imprudence.

Que l'on remarque, en effet, si l'on voulait voir une faute dans le fait d'être entré en rapports d'affaire avec quelqu'un et d'avoir ainsi suscité des travaux que l'on va rendre inutiles, qu'il y aurait faute dans tous les cas de retrait, arbitraire ou non. Il faudrait dire du retrait ce que l'on dira de la révocation, que toute rupture, de la part de celui qui a adhéré aux négociations entreprises, établit toujours un rapport de causalité entre le fait de celui qui en est l'auteur et les dommages causés à l'autre par l'interruption des tractations contractuelles. L'adhésion à ces tractations a servi de base aux travaux entrepris, et le retrait qui suit se trouve être la cause de leur inutilité; donc, par un double lien de causalité, tout fait de rupture serait une faute, au sens que l'on vient de voir.

Ce qui empêche d'accepter ce raisonnement, c'est que le retrait est de droit pour chaque partie, et qu'il est impossible de voir une faute dans tous les faits quelconques qui ne seront, de la part de chacun, que l'exercice de son droit. Ce serait refuser d'une main ce qu'on accorde de l'autre. Toutes les fois que l'une des parties se retirerait, pour quelque motif que ce fût, elle engagerait sa responsabilité. Ce serait la négation du droit qu'on lui accorde. Tout ce que l'on peut faire, ce sera donc uniquement de tracer une ligne de démarcation, au delà de laquelle l'exercice du droit, tout en restant permis, puisque, dans tous les cas, le retrait est toujours possible, deviendra abusif, en ce sens qu'il ne pourra plus être accompli qu'aux risques de celui qui en prend la responsabilité. Or, cette ligne de démarcation ne peut être tracée que d'après la conception que l'on se fait, dans l'usage commercial, des tractations contractuelles, et du degré de sécurité qui doit en résulter pour chaque partie. Ce n'est plus alors une question de faute, au sens des articles 1382 et 1383, puisque la faute qu'ils ont en vue est tout fait d'intention ou d'imprudence qui se rattache par un lien de causalité directe au dommage survenu. C'est un fait de violation de convenances commerciales, de violation de sécurité, au sens et dans la mesure de l'équité commerciale.

Si l'on veut qu'il y ait faute, il faut dire que la faute s'iden-

tifie avec le fait d'une violation des usages imposés par
l'équité commerciale. C'est donc cette violation, cette atteinte
à l'usage qui est le fait principal, celui qui doit donner sa
caractéristique à la responsabilité auquel il servira de fondement juridique. Ce sera lui, et non pas l'idée de faute,
qui en déterminera les conditions et l'étendue.

Et c'est ainsi que nous revenons aux idées émises par
M. le conseiller Faggella, indépendamment de toute question de faute et de délit.

°°°

Et maintenant, après avoir traité de la responsabilité en
matière de retrait de négociations, correspondant par suite
aux deux premières phases de la période précontractuelle,
il reste à parler de son application en matière de révocation,
lorsqu'il s'agit de l'offre proprement dite.

On sait déjà que, pratiquement, c'est sur ce point que le
système de M. le conseiller Faggella présente le moins de
nouveauté; il s'agit plutôt d'une discussion théorique que
d'une innovation pratique.

Cependant, il faut se rappeler que, sur ce point, la question présente deux aspects distincts, l'un qui est relatif à la
révocabilité absolue de l'offre, une fois émise, et l'autre qui
concerne la responsabilité qui en dérive. Sur le premier,
il est donc très intéressant, non seulement sous le rapport
théorique, mais surtout pour ce qui est des intérêts pratiques, de prendre nettement parti.

Je suis loin de prétendre, en ce qui me concerne, que
toute offre, quelles que soient les circonstances qui aient
présidé à son émission, et, d'une façon générale, que toute
déclaration de volonté, une fois adressée à celui qu'elle
vise, doive forcément, par sa nature même, être considérée
comme irrévocable pendant un certain délai d'usage, indépendamment de tout engagement exprès de la part de son
auteur. Si je l'ai dit sous cette forme absolue, ou si, par la
façon dont je me serai exprimé sur le § 130 du Code civil

allemand, on a pu croire que je l'entendais ainsi, M. le conseiller Faggella a eu raison de contester l'exactitude de cette formule. Présentée sous cette forme, elle serait certainement excessive.

Tout ce que j'ai voulu dire, et tout ce que je maintiens encore, c'est que l'offre, à elle seule, et avant tout accord de volonté proprement dit, ne répugne pas à la coexistence d'un engagement partiel d'irrévocabilité qui en dérive.

Si ce principe est admis, — et il suffit, en effet, que l'irrévocabilité de l'offre soit acceptée en tant que possibilité, comme une virtualité qui ne soit pas en contradiction avec a nature juridique de la pollicitation, ou d'une façon générale avec la nature juridique d'une déclaration de volonté purement unilatérale, — il n'y aura plus qu'à préciser dans quels cas les usages et l'équité exigeront qu'il en soit ainsi, dans quels cas, au contraire, il n'y aura plus lieu d'admettre cette irrévocabilité, dans quels cas enfin elle ne devrait être reconnue que sous certaines conditions qui en limitent l'application.

C'est ainsi que, pour le cas d'offre au public, celle qui résulte, par exemple, de la mise à l'étalage avec prix apparent, on incline généralement à admettre qu'au moment où l'acheteur se présente pour conclure le contrat, le marchand n'a plus le droit de se refuser à la livraison, sous prétexte de révocation, pas plus qu'il n'aurait le droit d'exiger un prix supérieur; ce qui serait une autre façon de révoquer l'offre primitive, pour lui en substituer une autre. Il ne peut le faire, suivant la doctrine la plus généralement admise, que dans le cas où l'objet serait déjà vendu au moment où se produit l'acceptation, et encore à supposer qu'il n'en ait plus d'autre en magasin à livrer à sa place. De même, pour ce qui est de la surélévation de prix, faudrait-il admettre, pour qu'elle fût opposable à l'acheteur qui voudrait se prévaloir de celui marqué à l'étalage, qu'elle fût justifiée par des circonstances économiques particulières. En somme, l'offre ainsi faite est considérée, d'après les usages, comme ne comportant pas de révocation arbitraire, bien que cependant la révocation puisse en être valablement opposée aux tiers qui voudraient se prévaloir de l'engagement qu'on leur propose, lorsqu'elle se justifie par l'usage et qu'elle se trouve concorder avec certaines restrictions tacites dont l'auteur de l'offre est présumé avoir accompagné l'annonce qu'il faisait au public. S'il s'agissait d'offres par voie de prospectus ou de circulaires, ces réserves tacites, conformes à l'usage commercial, tel que le public est censé le connaître et l'accepter, seraient encore plus largement admises. Dans tous ces cas, l'obligation de maintenir l'offre et de subir le contrat par le seul fait de l'acceptation d'un tiers, n'existe donc que d'une façon partielle et sous réserve de très importantes restrictions (1).

Il semble bien qu'il n'en serait plus de même, lorsque, en dehors de toute négociation préalable, l'auteur de l'offre prend une initiative toute spontanée et s'adresse par correspondance à un destinataire déterminé. Il ne s'agit pas, par hypothèse, d'un contrat précédemment débattu entre les parties. La proposition qui en est faite sous forme de pollicitation est la première manifestation qu'en reçoive la partie à laquelle elle s'adresse. Ce n'est plus une offre à personne indéterminée, mais une déclaration de volonté qui s'adresse personnellement à son destinataire. Elle comporte un degré d'assurance et de garantie qui aille au delà de ce que comporte, à ce point de vue, l'offre au public. Dans l'offre au public, chacun doit s'attendre à se trouver devancé par un autre. Il s'agit de ventes proposées sous une forme purement indéterminée. Lorsqu'un acheteur se présente, bien d'autres ont pu se présenter avant lui. C'est un risque qu'il court, et qui est impliqué dans l'offre elle-même. Il n'en est plus de même lorsque l'offre ne s'adresse qu'à un seul, ce qui est le cas de toute offre à personne déterminée. Même s'il y en avait plusieurs qui s'ignorent, chaque destinataire a le droit de se croire seul en cause. Donc le destinataire,

_____

(1) Sur tous ces points, Cf. BARDE, *Des Obligations*, dans la collection Baudry-Lacantinerie, t. Iᵉʳ (Éd., 1900), nº 30; VALERY, *Contrats par correspondance*, nᵒˢ 226 et suiv.; LYON-CAEN ET RENAULT, *Traité de droit commercial*, t. III, nº 22. Cf. PLANIOL, *Traité élémentaire de droit civil*, t. II (Édit. 1907), nº 970.

en pareil cas, a le droit de considérer qu'il arrivera toujours
à temps, pourvu qu'il réponde par retour du courrier. Il
doit croire qu'il ne court plus le risque d'être prévenu. C'est
un risque qui, d'après l'usage et en vertu même des exigences de l'équité commerciale, n'est plus impliqué dans
l'offre ainsi faite.

Aussi peut-il paraitre absolument conforme aux exigences
de la bonne foi et aux usages du commerce de considérer
toute révocation intervenue après réception de l'offre comme
tardive et inopposable à l'autre partie, pourvu que celle-ci
ait adressé son acceptation à temps, c'est-à-dire dans le délai d'usage.

Mais il ne suffit pas que l'équité exige qu'il en soit ainsi,
encore faut-il que les principes juridiques puissent se plier
à cette solution. Et c'est ce que n'admet pas M. le conseiller
Faggella.

D'après lui, ce n'est pas dans telle ou telle circonstance.
à raison des conditions dans lesquelles l'offre se présente.
que son caractère de révocabilité doive lui être maintenu.
mais c'est dans tous les cas, et sans exception, que l'on
doive écarter toute idée d'irrévocabilité, comme étant en
contradiction avec la nature même de l'offre.

Et c'est précisément ce doctrinarisme à outrance que
je ne puis admettre. Le motif principal qu'on en donne me
semble se présenter beaucoup plutôt comme une affirmation que l'on en fournisse, que comme une raison qui lui
serve de justification. La volonté, en effet, reste libre en soi:
et l'on en conclut que le droit, dont c'est la mission de se
plier aux manifestations autonomes de la volonté libre. ne
peut se mettre en contradiction avec ce fait psychologique.
qui est surtout, et plus encore, un fait juridique. Mais, avec
cet individualisme intransigeant, il faudrait dire que le droit
n'aurait jamais qu'à respecter les fluctuations de la volonté
individuelle. Même lorsqu'il y a eu accord des volontés.
est-ce que chaque partie n'est pas encore libre, en fait, de
revenir sur ce qu'elle a voulu? Est-ce qu'elle n'est pas libre.
en fait de se repentir et de refuser l'exécution?

Pourquoi donc, parce qu'une volonté concordante aura

coïncidé avec l'autre, ne pas s'en tenir aux dommages-
intérêts pour inexécution, et permettre à la partie à qui
s'adresse le refus d'exécution d'exiger l'exécution réelle,
dès qu'elle est possible, au lieu de l'exécution par équivalent ?

Si on ne le fait pas, c'est apparemment que l'on ne croit
pas que la fonction du droit soit forcément de se plier à
tous les caprices de la volonté individuelle. On admet cette
fois que la volonté est liée ; mais pourquoi est-elle liée ?
Est-ce à cause de la mainmise, en quelque sorte, d'une
autre volonté, qui ait rencontré la première ? Mais ce sont
là des images sans réalité objective. Ce qui est vrai, c'est
qu'il y a un intérêt social absolu à ce que, à un moment
donné, ce que l'on a promis devienne irrévocable ; sinon il
n'y aurait plus, ni certitude, ni sécurité, dans les relations
juridiques et économiques. Cette utilité sociale, en général,
n'apparaît et ne s'impose qu'à partir du moment où la volonté à laquelle on s'adressait donne son adhésion, parce
que, de droit commun, jusque-là, le crédit n'est pas engagé
et que les risques sont encore acceptés de part et d'autre.

Mais, s'il arrivait que, pour des raisons d'équité, et en
vertu d'usages qui se précisent de plus en plus, on recon-
nût qu'il y eût utilité sociale à devancer ce terme d'irrévocabilité et, par suite, à en placer la limite extrême en-
deçà de la rencontre des deux volontés, les mêmes raisons de sécurité et de crédit qui ont fixé à ce point de jonc-
tion l'enchaînement de la volonté individuelle exigeraient
du droit qu'il ne se pliât plus aux fluctuations éventuelles de
la liberté. La limite d'irrévocabilité avancerait d'un degré. Toute la question est de savoir si le crédit, les usages
et l'équité, l'exigent ainsi ; et, sur ce point, la démonstration
est faite.

D'ailleurs, lorsque, dans la première période, celle des
simples tractations, M. le conseiller Faggella admet l'existence d'une responsabilité purement objective pour rupture arbitraire, indépendamment de toute faute prouvée ou
présumée, que fait-il autre chose, si ce n'est d'attacher à un
fait de volonté, n'ayant aucun caractère conventionnel, un

engagement éventuel de garantie, sous certaines conditions déterminées?

Il ne dit pas, et je ne le dirai pas davantage, que ce soit la volonté, à elle seule, qui se soit engagée unilatéralement; car nous ne voulons pas poser en principe qu'un engagement purement unilatéral doive être sanctionné en lui-même, et pour lui-même, par le droit.

Il dit, et je dis avec lui, que cet engagement unilatéral se trouve correspondre à une nécessité sociale qui fait que la loi, s'emparant de cette base juridique, l'existence d'un fait initial de volonté de la part de celui qui voudrait ensuite rompre arbitrairement, considère comme juste de lui imposer, à raison même de cette adhésion volontaire de sa part, une obligation d'indemnité conforme aux exigences de l'équité et de la bonne foi. Il y a obligation imposée par la loi pour des motifs de pure équité, mais à raison d'un fait volontaire initial. Cela revient à rattacher à un fait unilatéral de volonté une obligation légale ; tel est le principe. Ce principe ne vise que l'existence de l'obligation, et non son contenu. Du moment qu'on accepte qu'une obligation peut naître de ces deux éléments réunis, il faudra bien en déduire que le contenu et les conditions elles-mêmes devront s'en trouver modifiées suivant les caractères différents de la double base juridique qu'on lui reconnaît, c'est-à-dire suivant les conditions implicites de ce fait volontaire initial d'une part, et suivant, d'autre part, les exigences de l'équité sociale.

Aussi, lorsqu'il s'agit d'offre proprement dite, peut-il arriver qu'elle soit émise dans des conditions telles que celui qui en prend l'initiative doive être présumé vouloir la maintenir pendant un certain délai, ce qui accentue le contenu, si l'on peut dire, du fait volontaire émanant de lui, et que, d'autre part, les exigences de l'équité coïncident avec cette modification du contenu de l'obligation qu'il accepte de subir. Au lieu d'une simple exécution par équivalent, admise comme sanction du retrait arbitraire, il s'expose sciemment aux risques d'une sanction plus grave, celle de l'exécution réelle, au mépris même de la révocation qu'il prétendrait vouloir imposer. Cette sanction répond, d'ailleurs, à ce qu'exige l'équité, sous le rapport de la sécurité des parties en cause. Car il est inadmissible, si le destinataire de l'offre refuse toute autre occasion qui puisse se présenter, et cela sur le crédit de l'offre qu'il a reçue, que l'exécution du contrat ne lui soit pas garantie par le fait même, et qu'il risque, après avoir perdu l'une des chances, de se voir refuser l'autre.

Les mêmes raisons, invoquées par M. le conseiller Faggella lui-même, exigent, le principe étant admis, que, lorsqu'il s'agit d'offres fermes, et surtout d'offres spontanées, le contenu de l'obligation virtuellement impliquée dans l'offre corresponde à l'idée même d'exécution réelle, sans s'arrêter au degré inférieur et insuffisant des dommages-intérêts pour inexécution, surtout à les entendre de ce qu'Ihering désignait sous le nom de *Negative Vertrages-interesse.*

Voilà le principe. Cela veut-il dire, lorsque nous sommes en présence d'un contrat longuement débattu, et que l'offre intervient, non plus comme l'acte initial par lequel s'ouvrent les rapports entre les parties, mais plutôt comme l'acte de clôture de longues négociations depuis longtemps entamées, qu'il faille la traiter, sous le rapport de la garantie qu'elle comporte, comme il vient d'être dit des offres spontanées en général?

J'avoue, sous ce rapport, que, sur le terrain du fait, je serais beaucoup moins affirmatif.

Il faut remarquer que l'offre prend un caractère peut-être beaucoup moins accentué, lorsque, au lieu d'être spontanée et de marquer la première initiative contractuelle, elle se produit à la suite d'une longue série d'accords partiels sur tous les points fondamentaux du contrat. Non seulement elle se distingue assez peu de ces accords préliminaires, mais surtout elle implique, puisqu'il y a eu de longues négociations préalables, qu'il s'agit d'une affaire complexe, qui ne puisse se résoudre en un jour et par retour du courrier.

Même lorsque tous les points essentiels ont été débattus par avance, il est impossible que celui qui prend l'initiative d'un projet d'ensemble puisse s'attendre à une réponse immédiate. Et alors, s'il sait n'avoir pas à recevoir, en quelques jours, une adhésion qui le sorte d'incertitude, comment admettre qu'il consente à être lié, au point de vue du maintien de l'offre et de l'interdiction de révoquer, pour une durée indéterminée ?

Je veux bien, avec M. le conseiller Faggella lui-même, que l'offre prenne un caractère juridique qui la distingue de toutes les manifestations précédentes et que cette transformation exige qu'il y en ait une correspondante, au sujet de la garantie éventuelle que l'offre implique, et au sujet surtout du contenu de l'obligation qui devrait en être la conséquence. Mais cette transformation doit-elle aller, cette fois, jusqu'à s'identifier avec l'idée d'exécution intégrale et d'exécution réelle, quoi qu'il arrive ? Nous avons vu que c'était là comme une limite extrême, que l'équité n'impose que s'il y a vraiment une nécessité de crédit supérieur, et à la condition que la durée de ce lien d'irrévocabilité transitoire soit aussi courte que possible. Ce n'est plus le cas en notre hypothèse. Forcément, le délai d'acceptation doit être assez long ; et, par suite, lorsque le délai est long, le lien imposé à la partie engagée doit se détendre. Il faut admettre, en ce qui touche celui qu'elle est censée avoir assumé, sans doute, que, par le passage des simples tractations à l'émission de l'offre, la garantie qu'il implique se consolide et s'accroisse ; l'obligation virtuelle dont on accepte l'éventualité va croître d'un degré. Mais, de ce qu'elle passe à un degré supérieur, cela ne signifie pas forcément qu'elle franchisse tous les degrés intermédiaires, pour aller d'emblée au plus extrême.

Sans doute, il en serait ainsi, si cela ressortait de l'intention du pollicitant, si donc il eût assigné, par exemple, un délai d'acceptation, avec condition implicite de maintien de l'offre. Dans ce cas, il aurait donné à l'autre partie une assurance complète, une garantie intégrale : l'autre ayant fait crédit à cette promesse, il faudrait que la promesse fût tenue. Celui qui l'a faite n'aurait plus qu'à être pris au mot. L'équité l'exige. Nous aurions, cette fois encore, pour sanctionner cette exigence, les deux postulats qui sont comme les éléments essentiels du système, une nécessité de crédit intégral, et une manifestation de volonté adéquate.

Mais, en dehors de ces prévisions, et lorsque cette intention ne peut être, ni établie, ni présumée, je crois, pour le cas qui nous occupe, et s'agissant par hypothèse d'un délai d'acceptation indéterminé, qu'il faut s'en tenir aux éléments et aux conditions de responsabilité éventuelle, admis par M. le conseiller Faggella. J'en ai exposé le système, je n'ai plus à y revenir.

Mais de ce que je serais disposé à accepter, pour ce cas spécial, l'abandon de tout lien absolu d'irrévocabilité, je tenais, d'autant plus, à bien établir que cette concession, ainsi admise sur le terrain des faits, n'impliquait nullement de ma part abandon du principe.

Celui-ci réservé, on voit tout le parti important que l'on peut tirer, en matière de responsabilité pour révocation, des idées proposées par M. le conseiller Faggella.

L'analyse qu'il nous présente est de nature à rendre, à ce point de vue, les plus grands services. Aussi ai-je tenu, non seulement à en exposer les données principales, mais à m'en inspirer moi-même pour l'hypothèse, si importante en pratique, des contrats complexes, impliquant négociations et tractations préalables.

C'était, tout au moins, un problème nouveau à poser. Je souhaite qu'il soit repris par ¿d'autres, analysé et résolu d'une façon définitive.

R. Saleilles.

ÉTUDE

LA RÉTROACTIVITÉ DE LA CONDITION

Par M. Amédée Leloutre,

Chargé de conférences à la Faculté de droit de Caen.

———

Toutes les questions qui touchent de près ou de loin à l'acte juridique conditionnel, ont pris de nos jours une importance plus grande à raison de l'emploi de plus en plus fréquent de la condition dans les relations juridiques de toute nature, civiles, industrielles ou commerciales. Le temps n'est plus où, pour donner des exemples à l'appui de leurs démonstrations, les juristes étaient contraints de se répéter et de revenir au « *si navis ex Asia venerit* » des anciens Romains. Tout contrat synallagmatique renferme aujourd'hui une condition résolutoire sous-entendue, et il n'est guère de commerçant ou d'industriel, voire même de simple particulier, qui dans ses contrats ne tienne à insérer quelque clause visant certaines éventualités de nature à modifier, le cas échéant, ses propres engagements. Cela rentre dans les habitudes modernes de prévoyance et dans le besoin de plus en plus pressant de sécurité que paraissent éprouver ceux qui ont des affaires à traiter. Pour se mettre à couvert contre certains risques, on ne s'engage que sous condition. De là un usage plus répandu de l'acte juridique conditionnel, et de là aussi la nécessité d'étudier avec soin les règles auxquelles il est soumis.

Or parmi les difficultés qu'un pareil acte peut soulever,
l'une des plus connues est relative à l'effet qu'il convient
d'attacher à la condition, une fois qu'elle est accomplie. Ne
faut-il pas en effet, lorsque la condition était suspensive,
considérer que l'acte conditionnel était déjà presque formé
avant même que la condition ne se réalisât, et que par suite
cet acte doit être réputé avoir toujours existé ? A l'inverse,
quand il s'agit d'une condition résolutoire, ne faut-il pas
dire que la résolution remontera dans le passé, de telle sorte
que l'acte sera considéré comme anéanti même pour le
temps qui a précédé l'arrivée de la condition ? L'intérêt que
soulèvent ces diverses questions dites de la rétroactivité
de la condition est assez souvent présenté comme considérable. C'est qu'en effet si la condition rétroagit, le propriétaire qui ne détenait la chose que conditionnellement sera
réputé n'avoir jamais été propriétaire. Et à supposer même
que l'on admette qu'il pourra conserver les fruits perçus
pendente conditione, ou que les actes d'administration
qu'il a pu accomplir seront valables, il faut en revanche
nécessairement décider que toutes les aliénations ou constitutions de droits réels par lui consenties s'évanouiront
comme étant émanées d'une personne qui, n'étant pas propriétaire, n'avait pas qualité pour disposer de la chose. Il
y aurait donc en définitive un gros intérêt pratique à résoudre la question de la rétroactivité.

Le domaine de cette question paraît à première vue très
facile à délimiter, et pourtant il est un certain nombre
d'actes à propos desquels on pourrait croire qu'elle se pose
parce qu'ils sont tout au moins en apparence conditionnels,
et pour lesquels cependant l'opinion à peu près générale est
qu'il n'y a point lieu de s'en préoccuper. Il arrive parfois
que deux personnes se rencontrent qui voudraient faire un
contrat pur et simple mais ne le peuvent pas parce qu'un
élément essentiel ferait nécessairement défaut. Par exemple
un actionnaire voudrait vendre des actions à émettre par
la société. Il ne peut faire une vente pure et simple, qui serait nulle faute d'objet, puisque les actions ne sont pas encore émises. Or dans ces circonstances les parties se con-

tentent de faire un acte subordonné à l'existence future et incertaine de l'élément absent. Ainsi l'actionnaire fait la vente sous la condition que la société fasse l'émission. De même aussi c'est un acquéreur qui n'a pas encore pris son parti sur l'achat d'un immeuble. Il voudrait bien que le vendeur fût tenu, mais que lui-même demeurât libre pendant un certain temps de faire ou de ne pas faire l'achat. Il pourra recourir à la forme de la promesse de vente, et traiter sous cette condition que la vente n'ait lieu que s'il la ratifie dans un certain délai. Ici c'est l'adhésion de l'acheteur qui est en quelque sorte mise en condition. Dans toutes ces hypothèses où l'éventualité porte sur un élément essentiel, beaucoup d'auteurs refusent d'admettre que l'on soit en présence d'un acte conditionnel, et, sans du reste contester la validité de l'opération, soutiennent qu'il n'y a là qu'un acte *sui generis*. Mais à supposer qu'un pareil acte puisse néanmoins être considéré comme affecté d'une condition, il faut nécessairement admettre que la condition ne rétroagit pas, car un acte n'a jamais pu produire effet avant l'époque où il a réuni ses éléments essentiels. Si donc la question de la rétroactivité se pose en ces divers contrats, sa solution ne paraît offrir aucune difficulté.

Quelques auteurs ont cru encore que cette question pouvait se présenter même en l'absence de tout acte juridique. Par exemple le bénéficiaire actuel d'une pension alimentaire aurait été une sorte de créancier conditionnel jusqu'au jour de l'ouverture définitive de son droit. Et si la condition rétroagit, il pourrait faire valoir son titre légal même contre les héritiers de parents ou alliés prédécédés, car en vertu de la fiction de rétroactivité la créance aurait pu être transmise au point de vue passif. De même encore, à propos de nationalité, il est courant de dire que l'individu né en France de parents étrangers est Français sous la condition suspensive qu'à l'âge de vingt et un ans il soit encore domicilié en France, et l'on part de cette affirmation pour soutenir que, la condition accomplie, il sera réputé avoir toujours bénéficié de la qualité de Français. Que la condition, dont l'existence ne paraît guère se concevoir en dehors de l'acte juridique où elle a été insérée par la volonté des parties, ait pu s'étendre et rayonner de la sorte, c'est là un fait qui s'explique assez facilement. Il est des droits qui naissent de la loi à raison de certaines circonstances particulières. Comme ces circonstances ne se produisent que successivement, on a été naturellement porté à considérer le droit comme tenu en suspens, et par suite comme conditionnel jusqu'à ce que la situation prévue par le législateur soit entièrement réalisée. A supposer qu'un pareil langage n'ait rien d'exagéré, il y aurait lieu de se demander si la condition ainsi entendue peut produire un effet rétroactif. Mais la réponse est simple. Un droit ne peut jamais remonter à une époque antérieure à celle que la loi elle-même a fixée pour sa naissance. Si donc l'on soulève la question de la rétroactivité en ce qui concerne tous ces droits nés *lege,* il ne peut y avoir de doute sur sa solution.

Il ne paraît pas que les jurisconsultes romains se soient jamais demandés si cette question comportait la double extension que l'on a tenté de lui donner de nos jours. Même relativement à l'acte où une condition quelconque a été insérée par les parties, on peut douter qu'ils se la soient jamais posée en termes précis. Mais des décisions éparses où repose en général leur pensée, se dégage pour l'époque classique la solution très nette qu'ils avaient coutume de lui donner. Ils considéraient alors, dans l'hypothèse d'une vente sous condition résolutoire, sur laquelle ils raisonnent toujours de préférence, que la propriété transmise à l'acquéreur ne s'évanouit pas entre ses mains par l'effet de la résolution. Pour eux en effet le transfert de propriété est nettement distinct du contrat qui a pu lui servir de cause. Celui-ci peut être résolu. Peu importe. La propriété transmise par mancipation, *in jure cessio,* tradition n'en demeure pas moins à l'acheteur ou aux tiers qui ont pu l'acquérir par la suite. Il ne reste au vendeur que l'action personnelle née du contrat, qu'il ne pourra intenter que contre l'acheteur son ayant cause. Le droit romain classique n'admet donc pas la rétroactivité de la condition.

Cette règle apparaît au contraire dans l'ancien droit

français et chose singulière, si l'on cherche à se rendre compte des motifs qui ont porté les auteurs à l'adopter, il paraît qu'ils y ont été décidés par une pure interprétation de textes romains de l'époque classique. On trouve en effet un texte où le jurisconsulte Paul déclare à propos d'une obligation conditionnelle dont la condition s'est accomplie après le décès du débiteur : « *Heredes obligatos esse quasi jam contracta emptione in præteritum* » [1]. Rien de plus facile à expliquer que ce texte. Le droit conditionnel, même avant l'arrivée de la condition, a déjà une certaine existence. Il est donc transmissible tant au point de vue passif qu'au point de vue actif. La solution indiquée au texte s'explique donc sans qu'il soit aucunement besoin de faire appel à cette idée que la condition aurait un effet rétroactif, et si le jurisconsulte romain paraît faire remonter le contrat dans le passé, ce n'est là qu'une image dont il se sert pour mieux exprimer sa pensée. Mais dans l'ancien droit le texte a été pris à la lettre. Ce qui n'était que métaphore a été interprété comme la formule claire d'un principe juridique certain, et la plupart des auteurs ont décidé que si le droit du créancier était transmissible tant au point de vue passif qu'au point de vue actif, ce n'était que par application d'une règle plus générale aux termes de laquelle, une fois la condition accomplie, ce droit est réputé avoir toujours été pur et simple. C'est ainsi que Pothier, après avoir posé la règle de la rétroactivité, en tire aussitôt qu'on peut succéder à un droit conditionnel [2]. Et par un phénomène de survivance, du reste très fréquent en droit, le Code civil, dans l'article 1179, s'exprime dans des termes à peu près identiques. Après avoir formulé le principe de l'effet rétroactif, il ajoute aussitôt : « Si le créancier est mort avant l'accomplissement de la condition ses droits passent à son héritier ». On suit nettement de la sorte l'influence du texte de Paul. Il n'en est pas moins vrai que ce qui n'était dans l'esprit du jurisconsulte qu'une manière de parler est devenu, par suite d'une

---

(1) V. D. Livre, 18, t. VI, Loi 8, pr.

(2) V. Pothier, *Traité des obligations*, t. I, n° 220.

fausse interprétation, une règle importante de l'ancien droit et plus tard du Code civil.

On comprend aisément qu'un principe de droit qui est ainsi apparu au cours du siècle dernier comme né d'une erreur historique ait été soumis aussitôt à une critique sévère. De cet examen est sortie une théorie qui repousse très nettement la rétroactivité de la condition. Sans méconnaître que *pendente conditione* le créancier possède déjà un certain droit dont il peut du reste disposer et auquel ses héritiers succèdent, on affirme que le contrat ne prend jamais naissance qu'au jour de l'arrivée de la condition. Ainsi donc, tout au moins entre les parties contractantes, la situation doit se régler sans qu'il soit possible de remettre en question les faits qui ont pu se produire *pendente conditione*. Les fruits perçus par le vendeur lui sont, par exemple, définitivement acquis. Toutefois, en ce qui concerne les tiers qui ont traité *pendente conditione*, s'il paraît bien que leurs droits doivent être maintenus, puisque ce qui s'est passé pendant cette période semble devoir être définitif, on rencontre cependant un parti dissident, formé d'auteurs considérables, qui soutient que le propriétaire dont le droit devait s'évanouir par l'arrivée de la condition n'a pu lui-même concéder aux tiers que des droits résolubles, et que par suite ces tiers sont atteints par l'effet de la condition en même temps que leur auteur. Ainsi se présente dans ses grandes lignes la théorie qui écarte la rétroactivité de la condition, et que le Code civil allemand paraît avoir consacrée.

En présence de cette doctrine qui, de jour en jour, recueille de nouvelles adhésions, il est un problème qui se pose et à propos duquel la Commission de revision du Code civil aura nécessairement à prendre parti. Convient-il de conserver la règle qui attribue à la condition un effet rétroactif, ou bien, au contraire, ne faut-il pas profiter de l'occasion pour l'écarter d'une manière définitive? Tel est le problème que nous nous proposons d'aborder dans cette étude, en recherchant les raisons qui peuvent militer en faveur de l'une ou l'autre solution. Mais avant de procéder à

cet examen, il est une recherche préalable qu'il nous faut
faire et sans laquelle toute discussion pourrait paraître
oiseuse. Cette recherche aura pour but de déterminer quel
est au juste l'intérêt pratique qu'il peut y avoir à opter pour
l'une ou l'autre des deux théories.

I

Selon quelques auteurs, cet intérêt pratique se présenterait tout d'abord en ce qui concerne les mesures conservatoires. Dans l'opinion qui attribue à la condition un effet
rétroactif, le créancier conditionnel a le pouvoir de prendre,
pendente conditione, toutes les mesures nécessaires à la
sauvegarde de son droit. Il peut faire inscrire son hypothèque, requérir la transcription du contrat, poursuivre en
référé la nomination d'un séquestre, obtenir une collocation éventuelle au cours d'une procédure d'ordre ou de contribution. Toutes ces précautions sont quelquefois d'une
grande importance, et il n'y aurait pour ainsi dire plus de
contrat conditionnel possible si le créancier n'était assuré
de pouvoir, en les prenant, garantir l'exécution du contrat.
Or, on fait observer qu'il ne paraîtrait pas admissible de
reconnaître au créancier un pouvoir analogue dans l'hypothèse où la condition ne produirait point d'effet rétroactif.
Pendente conditione il n'y aurait point de créancier, mais
seulement un tiers qui ne posséderait encore aucune espèce
de droit. Aucune fiction ne viendra jamais modifier ce fait
brutal. A quel titre des mesures conservatoires pourraient-
elles donc être prises? Il y aurait ainsi sur ce point une
différence importante entre les deux théories en présence,
tout en faveur, du reste, de la théorie de la rétroactivité.

A ce raisonnement l'on répond de nos jours qu'il n'y a là
qu'une prétendue différence, parce que, même dans la
théorie nouvelle, le créancier pourrait prendre *pendente
conditione* des mesures conservatoires. Il conviendrait,
en effet, désormais de ne plus s'attacher trop étroitement à cette idée ancienne selon laquelle les mesures
conservatoires ne sont possibles qu'autant que le créan-

cier justifie d'un droit déjà né et actuel dont l'exécution seule serait temporairement suspendue. C'est là une conception surannée, qui porte encore la marque d'un formalisme qui a fait son temps. Aujourd'hui, l'on est à peu près d'accord pour reconnaître que le seul espoir d'un droit à acquérir suffit pour autoriser le créancier à prendre des mesures conservatoires. C'est ainsi que dans beaucoup de tribunaux on peut voir le juge des référés ordonner une expertise en vue de la constatation d'un dommage qui n'est encore qu'éventuel. Peut-être même reviendra-t-on bientôt aux enquêtes à futur. Une action plus ou moins probable justifie ainsi certaines mesures d'instruction. L'ayant droit peut la réclamer en vue d'événements qui n'auront peut-être jamais lieu. En vertu d'une idée analogue, il faudrait admettre que le créancier conditionnel, même si la condition ne doit pas rétroagir, pourra *pendente conditione* user de toutes mesures nécessaires pour la protection de son droit. Et ceci serait vrai, car il n'y a pas de raison de distinguer, de toute espèce de créancier qui peut espérer un droit quelconque, même de ce créancier éventuel qui n'a figuré à aucun acte juridique et ne tiendra son droit que de la loi.

Quoiqu'exacte, en principe, une règle posée en termes aussi absolus n'appelle-t-elle pas certaines restrictions, au moins en ce qui concerne le créancier éventuel? Sans doute il ne paraît pas faire difficulté qu'un tel créancier soit admis à se ménager à l'avance la preuve de son droit. Qu'il réclame une enquête ou une expertise, il n'y a rien là qui soit de nature à nuire à son débiteur. Et encore serait-il juste de décider qu'à moins le cas de résistance et de mauvais vouloir de ce dernier à reconnaître le droit du créancier, les frais nécessités par ces diverses instructions devront rester à la charge de ce créancier. Mais l'expression « mesures conservatoires » est large. Elle comprend autre chose que l'enquête, l'expertise ou autre mode de preuve en vue d'empêcher pour l'avenir des contestations possibles. La collocation éventuelle dans une procédure d'ordre ou de contribution, la nomination d'un séquestre sont aussi des mesures conservatoires. Mais ces dernières mesures, tout en réservant le droit du débiteur, peuvent lui causer un grave préjudice. Elles lui enlèvent pour une période indéterminée la jouissance de certains biens et rendent pour ainsi dire indisponible une partie de son patrimoine. Et il en est de même de toutes les mesures conservatoires qui tendent non plus à permettre au créancier de s'assurer la preuve de son droit, mais à placer le gage sous la main de justice en vue de l'exécution forcée, et à dessaisir en quelque sorte le débiteur. Et alors à la nécessité de la protection des droits en formation, il est permis d'opposer avec une certaine force le désir légitime du débiteur de n'être pas troublé tant que sa dette n'est pas encore née. Reconnaître tout pouvoir au créancier quant à la seconde catégorie de mesures conservatoires serait autoriser le débiteur à se plaindre que l'on porte atteinte à sa liberté. Le droit éventuel n'est pas assez fort pour justifier des mesures de ce genre. Aussi, tout en admettant avec la doctrine nouvelle que le créancier éventuel peut prendre les mesures qui tendent à lui ménager une preuve de son droit, lui refuserions-nous la faculté de recourir à toutes celles qui auraient pour but d'en préparer la mise à exécution[1].

En revanche cette même doctrine paraît satisfaisante, quand il s'agit de protéger *pendente conditione* le créancier conditionnel dont le droit est né d'un acte juridique. Sans doute si ce créancier ne pouvait invoquer que la *spes debitum iri*, il n'y aurait pas lieu de lui réserver un traitement plus favorable qu'au créancier éventuel. Mais la situation n'est plus du tout la même. Le droit du créancier a sa source dans la volonté du débiteur, et il est à croire que le débiteur a voulu faire un acte sérieux. En faisant une promesse pour un cas déterminé, ce débiteur a tacitement reconnu au créancier le pouvoir d'user de toutes voies de droit pour empêcher qu'une cause quelconque ne rende la créance vaine avant même l'arrivée de la condition. En

(1) V. Demogue, *De la nature et des effets du droit éventuel*, Revue, 1906, p. 231.

vertu d'un pareil accord tacite, il y aura lieu d'admettre le
créancier à prendre toute espèce de mesures conservatoires,
et même, étant donné que telle paraît avoir été la volonté
des parties, il faudra aller plus loin et dire qu'en cas de doute
sur le caractère conservatoire de telle ou telle mesure, c'est
en faveur du créancier qu'il convient de résoudre la difficulté.

Ainsi donc non seulement la théorie qui écarte la rétroactivité doit être soustraite au reproche de dépouiller le
créancier du pouvoir de prendre des mesures conservatoires, mais encore on peut dire qu'à ce même point de vue
elle est plus favorable au créancier que l'ancienne théorie.

Poursuivons maintenant notre recherche en abordant un
autre domaine : celui du sort réservé aux actes de toute
nature que le propriétaire sous condition résolutoire a pu
accomplir sur la chose *pendente conditione*.

Si l'on appliquait rigoureusement la théorie de la rétroactivité, il faudrait décider que le propriétaire sous condition
résolutoire sera tenu de restituer les fruits perçus *pendente
conditione*, si la résolution se produit. Par l'effet de la rétroactivité il est réputé n'avoir jamais été propriétaire. Il n'a
donc pas plus de droit aux fruits qu'un tiers quelconque
qui les aurait indûment perçus. Donc, en bonne logique, il
devrait être astreint à les rendre au propriétaire sous condition suspensive.

Sans doute on objecte parfois que le propriétaire sous
condition résolutoire pourra conserver les fruits comme
possesseur de bonne foi [1].

Mais la situation n'est-elle pas tout différente de celle
prévue par l'article 549 du Code civil ? Le possesseur de bonne
foi fait les fruits siens parce qu'il peut toujours dire qu'il
a compté sur eux, a vécu plus largement, et qu'une restitution l'appauvrirait. Le propriétaire sous condition résolutoire a su qu'il pouvait être obligé de restituer, il a dû
mettre les fruits de côté, une restitution ne l'appauvrira pas.

---

(1) V. Toullier, *Droit civil français*, t. III, nᵒˢ 541 et 545, et Troplong.
De la vente, t. I, nᵒ 60.

Il ne peut donc invoquer le même motif, et, par suite, on ne saurait, pour l'autoriser à conserver les fruits, l'assimiler au possesseur de bonne foi.

On a dit encore qu'il devait les conserver parce que dans certaines hypothèses, quand il s'agit d'une chose non frugifère, il ne peut être question de restituer les avantages qu'elle a procurés à son possesseur, et que cependant, si l'obligation de restituer existe, elle doit être générale. Un exemple est classique. Une personne a eu en sa possession un tableau. Comment pourrait-elle restituer le charme qu'elle a retiré de cette possession[1]?

La réponse est simple. Quand il ne pourra y avoir restitution en nature, il y aura restitution par équivalent, c'est-à-dire paiement d'une indemnité. Sans doute il serait difficile de soutenir que le détenteur du tableau soit tenu de payer, mais c'est que la jouissance d'un tableau ne procure aucun avantage pécuniaire, et n'est guère appréciable en argent parce qu'en général un tableau ne se loue pas. Mais s'il s'agit d'une chose dont le détenteur a pu retirer un bénéfice, telle que par exemple un cheval, une voiture, il serait tenu en bonne théorie de désintéresser le créancier. La règle a donc bien une portée générale.

On a dit enfin que le propriétaire sous condition résolutoire devait garder les fruits, parce que la rétroactivité opère *in jure* et non pas *in facto*. Elle peut faire sans doute que ce propriétaire soit considéré un jour comme n'ayant jamais été propriétaire. Elle ne peut faire qu'il n'ait perçu les fruits de la chose ou qu'il n'en ait joui. Il y a là un fait qu'elle ne peut effacer. Dès lors, elle ne pourra point empêcher que l'acquisition des fruits ne soit définitive[2].

Qu'un tel raisonnement ait eu crédit, c'est chose de nature à surprendre. Sans doute la rétroactivité de la condition n'empêche point que le propriétaire sous condition résolutoire ait joui de la chose, mais elle ne peut faire qu'il n'en

(1) V. Demante et Colmet de Santerre, *Cours analytique de Code civil* (2ᵉ édition), t. V, nº 98 *bis*, II.
(2) V. Demolombe, t. XXV, nº 401-2º.

ait joui sans cause parce qu'il n'était pas propriétaire. Elle
n'empêche donc point qu'il soit tenu de restituer.

Malgré toutes ces raisons, la jurisprudence a toujours
admis que le propriétaire sous condition résolutoire pourra
conserver les fruits et ne sera tenu en cas d'achat que de payer
les intérêts du prix. Il y a là une solution qu'il est impossible de justifier théoriquement, mais qui s'explique pratiquement. Si le propriétaire n'était pas assuré de garder les
bénéfices qu'il a pu réaliser, on pourrait craindre qu'il ne se
désintéressât de l'administration de la chose. Il importait aussi de couper court aux difficultés qu'eût presque toujours entraînées une reddition de comptes. Ces diverses
considérations ont, à juste titre, paru décisives à la jurisprudence (1).

Mais si la jurisprudence s'est ainsi fixée, il en résulte que,
sur ce point, la théorie nouvelle qui écarte la rétroactivité
n'offre plus aucun intérêt pratique. Sans doute, dans cette
théorie, le propriétaire garde les fruits perçus, puisque la
résolution n'a d'effet que pour l'avenir. Mais puisque la jurisprudence s'est depuis longtemps formée en ce sens,
la théorie nouvelle n'apporte en fait aucun changement.

A un autre point de vue, la jurisprudence admet depuis
longtemps que malgré la rétroactivité les actes d'administration accomplis par le propriétaire sous condition résolutoire, tels que les baux, conserveront leur effet. Sans
doute, on ne nie pas qu'après la résolution, ce propriétaire
est réputé n'avoir jamais eu aucun droit sur la chose. Mais
il aurait agi en quelque sorte en qualité de mandataire du
propriétaire sous condition suspensive aux fins d'administrer cette chose jusqu'à l'arrivée de la condition.

Que cette manière de voir soit utile au point de vue pratique, nul ne songera à le contester; mais au point de vue
juridique un pareil raisonnement est-il admissible? En principe, le mandat ne se présume pas. Ou bien il est contenu
dans la loi ou la convention des parties, ou bien il n'existe
pas. Or la loi n'a jamais reconnu au propriétaire sous con-

(1) V. S. 65. 1. 280, D. 73. 1. 417.

dition résolutoire un mandat quelconque du propriétaire sous condition suspensive. Et tout acte conditionnel ne contient pas nécessairement une clause qui confère un pareil mandat. Il faudrait donc décider que le propriétaire sous condition résolutoire ne peut accomplir d'actes d'administration que sous réserve d'une résolution toujours possible.

Quoi qu'il en soit, étant donné que la jurisprudence valide à tout événement cette sorte d'actes, la théorie nouvelle sera, sur ce point encore, dépourvue en fait de tout intérêt pratique. En décidant que les actes d'administration ne sont pas sujets à résolution, elle ne fait que consacrer le droit déjà admis par la jurisprudence.

En réalité la différence pratique la plus saillante qui paraît se présenter quand on examine les deux théories en présence, est surtout relative à l'effet de la rétroactivité sur les actes par lesquels le propriétaire sous condition résolutoir peut avoir disposé de la chose ou l'avoir grevée de droits réels. Il est en effet admis, cette fois sans conteste, dans la théorie de la rétroactivité, que la résolution anéantit d'une manière absolue tous ces actes. Au contraire si l'effet de la condition ne se produit que dans l'avenir, il ne saurait atteindre les aliénations ou constitutions de droits réels antérieurement consenties, et tout ce qui a eu lieu dans le passé aurait un caractère définitif. Il y aurait de la sorte un intérêt pratique considérable à choisir entre les deux théories.

Mais est-il sûr que sur ce point encore la théorie nouvelle soit appelée à changer les solutions traditionnelles françaises? On dit souvent qu'elle n'apportera aucun changement parce que le propriétaire sous condition résolutoire qui peut être astreint à restituer par l'arrivée de la condition n'a pu consentir sur la chose *pendente conditione* plus de droits qu'il n'en a lui-même, et que cela est vrai sans qu'il y ait lieu de rechercher si la condition a ou n'a pas d'effet rétroactif. Cette affirmation, qui est exacte dans une certaine mesure, ne nous paraît pas cependant donner une formule tout à fait adéquate à la réalité des faits. Quelle est au juste la situation respective des deux parties qui ont traité sous

condition? Celle qui s'est engagée à fournir ou à restituer
la chose à son cocontractant pour le cas où la condition se
réaliserait, a implicitement assumé l'obligation de ne rien
faire personnellement, en dehors tout au moins des actes
d'administration ordinaires, qui soit de nature à mettre
obstacle le cas échéant à cette restitution de la chose par
lui promise, et en particulier à ne pas en disposer et à ne
pas la grever de droits réels. Nous sommes donc ici en présence d'une véritable clause d'inaliénabilité. Faut-il considérer cette clause comme ne pouvant avoir d'effet qu'à
l'égard du promettant en engageant sa responsabilité personnelle au point de vue pécuniaire; faut-il au contraire
lui donner un effet réel *erga omnes*, c'est-à-dire même
envers les tiers acquéreurs de telle sorte que l'ayant droit
puisse reprendre la chose entre leurs mains? Là est toute
la question. Qu'on la résolve contre les tiers, et alors il
serait juste de dire que les anciens effets de la résolution
subsisteraient pour la plupart dans la nouvelle théorie.

Si la question avait été posée dans ces termes au commencement du siècle dernier, il est probable que les rédacteurs du Code civil auraient reconnu au propriétaire sous
condition résolutoire toute faculté de disposer de la chose
d'une manière définitive même *pendente conditione*. Le
principe de la libre circulation des biens avait en effet à
cette époque une valeur absolue. Mais peu à peu les dangers
de la mainmorte ont paru moins grands qu'on ne l'avait
craint tout d'abord. Quand la jurisprudence s'est trouvée
en présence de clauses d'inaliénabilité tout au moins temporaire et que des motifs sérieux paraissaient justifier, elle
a décidé de les appliquer même aux tiers acquéreurs. Elle a
fait ce que l'on a justement appelé la balance des intérêts.
Quand les considérations en faveur de l'inaliénabilité sont
assez graves pour tenir en échec le principe de la libre circulation des biens, la jurisprudence n'hésite plus aujour-
d'hui à reconnaître l'effet réel de la clause d'inaliénabilité.
Le point de vue n'est donc plus tout à fait le même qu'au
début du xıxᵉ siècle.

Or si l'on se place à ce point de vue moderne, il n'est guère possible de nier qu'il y a, en faveur du caractère résoluble des actes de disposition accomplis par le propriétaire sous condition résolutoire *pendente conditione*, des raisons d'une nature telle qu'il ne paraît guère possible d'abandonner sur ce point la solution traditionnelle du droit français. Nous avons vu en commençant l'importance que prend chaque jour à notre époque l'acte conditionnel. Il rend, tout particulièrement à l'industrie ou au commerce, les plus grands services. L'effort du juriste doit donc tendre à le rendre de plus en plus pratique, et à faire en sorte qu'il réponde de mieux en mieux aux besoins de ceux qui sont appelés à en faire usage. Or, dire que le propriétaire sous condition résolutoire pourra valablement aliéner la chose, l'hypothèquer, la grever de droits réels et cela d'une manière définitive, c'est tout simplement rendre impossible en fait l'emploi de la condition. Le créancier reculera toujours devant un pareil risque. Que la chose stipulée lui échappe par suite d'événements qui ont fait l'objet de la condition, et dont il a pu prévoir et calculer les chances, ceci rentre dans l'aléa auquel il a consenti. Mais il n'acceptera jamais que la seule volonté du débiteur puisse le priver de la chose même sous la responsabilité personnelle de ce débiteur, qui du reste peut être inefficace s'il est insolvable. A moins donc d'enlever aux parties la ressource précieuse de l'acte conditionnel, il convient de décider que la clause d'inaliénabilité qu'il renferme implicitement aura effet à l'égard des tiers, quoique la condition ne rétroagisse pas.

Il faut même aller plus loin et dire que la théorie nouvelle conduira à la résolution des droits réels consentis *pendente conditione* dans des cas où cette résolution paraissait anciennement impossible. C'est une règle admise jusqu'à ce jour que dans les contrats dont nous avons déjà parlé, où la condition porte sur un élément essentiel, consentement, cause, objet, la condition ne peut jamais rétroagir. Cette solution offre au point de vue pratique de gros inconvénients. Elle détruit en fait, par exemple, la principale utilité de la promesse de vente. L'acheteur n'a traité que parce qu'il espérait lier vis-à-vis de lui le vendeur

sans s'engager pour son propre compte d'une manière définitive. Mais comme son adhésion quand elle se produit
n'a point d'effet sur le passé, le vendeur a pu disposer de la
chose. Il ne reste à l'acheteur d'autre ressource que de recourir en garantie contre son vendeur et en même temps
d'exercer contre l'acquéreur le droit d'hypothèque qu'il
aura pu stipuler lors du contrat s'il a été prudent. Au contraire la théorie nouvelle, dans tous les contrats de ce
genre, protège l'acquéreur conditionnel ou plus généralement le créancier. Le débiteur s'est engagé à ne rien faire
pendente conditione qui puisse empêcher un jour ou
l'autre l'exécution du contrat, et une pareille obligation
ainsi que nous l'avons vu produit effet à l'égard des tiers
et permettra à l'acheteur, en cas de promesse de vente,
d'aller reprendre la chose entre leurs mains. Ainsi donc la
théorie nouvelle offre cette heureuse particularité qu'elle
applique la résolution des droits réels consentis *pendente conditione* à l'occasion de certains contrats d'où la
rétroactivité avait paru jusqu'à ce jour devoir être complètement bannie, et où pourtant elle eût été tout à fait nécessaire.

En définitive et d'une manière générale il nous est
permis de conclure de la comparaison que nous venons
de faire, qu'il y a un intérêt appréciable à choisir entre
l'une ou l'autre des deux théories qui à travers l'histoire
du droit romain ou français ont tour à tour fait admettre
ou écarter la rétroactivité de la condition. L'une de ces
théories, tout imprégnée en quelque sorte de logique et
prompte aux déductions qu'elle impose avec une rigueur
devant laquelle les faits eux-mêmes seraient tenus de plier,
s'inspire avant tout de cette idée simple, mais par cela
même plus absolue encore, que le droit du créancier remonte dans le passé au jour même du contrat. L'autre au
contraire, plus large et plus souple, toujours soucieuse de
suivre aussi près que possible la réalité, ne fait que rechercher avec soin l'intention des parties afin de lui donner
ensuite une pleine et entière satisfaction. L'une trace au
créancier conditionnel une sorte de programme de mesures

conservatoires dont il ne peut s'écarter sous peine d'excéder son droit. L'autre lui reconnaîtra volontiers des pouvoirs plus larges, s'il apparaît que le débiteur y a tacitement consenti. L'une, malgré son principe *à priori*, a cependant été forcée de valider les perceptions de fruits ou les actes d'administration du propriétaire sous condition résolutoire. L'autre reconnaît ces solutions comme toutes naturelles, parce qu'elles découlent de ses règles propres et n'ont rien de contraire à la volonté des parties. L'une proclame d'une manière impérative que toute résolution produira effet à l'égard des tiers. L'autre décide qu'il en sera ainsi le plus souvent parce que les parties sont présumées l'avoir voulu, mais se réserve de respecter leur intention au cas où elle serait différente. En un mot, tandis que la théorie de la rétroactivité, avec ses cadres rigides et ses abstractions, paraît un organisme dépourvu de vie qui rend l'acte conditionnel peu apte au rôle si étendu qu'il paraît appelé à remplir de nos jours, la théorie nouvelle au contraire adapte ce même acte d'une manière aussi adéquate que possible aux besoins de la pratique moderne, et augmente par là les grands services que l'on en peut attendre.

II

Nous plaçant maintenant au point de vue purement juridique, constatons tout d'abord à propos de la théorie de la rétroactivité que l'on n'a jamais très nettement distingué les diverses explications par lesquelles on tente de la justifier. Généralement les auteurs ont recours à plusieurs d'entre elles quand ils ne les invoquent pas toutes simultanément; quelquefois même ils les confondent. Et ce qu'il y a de grave dans cette manière de faire, c'est que souvent ces explications sont incompatibles et que de toute nécessité il faudrait opter entre elles. Essayons cependant de les passer en revue successivement.

Certains auteurs insistent beaucoup sur ce point que l'acte conditionnel réunit dès le principe tous les éléments essentiels à sa validité. Pour qu'une convention puisse se former selon les règles ordinaires, il suffit que les parties soient capables et consentantes et que leur obligation ait une cause et un objet licites. Or sous tous ces rapports l'acte conditionnel est parfait. N'est-ce pas là une raison sérieuse de décider qu'après l'arrivée de la condition il doit être réputé avoir toujours existé?

Cet argument a été présenté par un grand nombre de jurisconsultes. En premier lieu il faut citer les rédacteurs du Code civil. Dans un de ses rapports [1], Bigot de Préameneu. avant d'affirmer que la condition doit produire un effet rétroactif, constate qu'elle n'est qu'une modification d'un engagement déjà existant. Ensuite on trouve Larombière [2], qui ajoute cette raison nouvelle que, désormais, le contrat est parfait par le seul consentement des parties. Il semble du reste que Larombière confond ici l'effet du contrat avec sa formation. On peut citer encore Marcadé et Pont [3], qui ont donné à l'argument sa formule la plus précise. Enfin Demolombe [4] semble lui avoir apporté par endroits l'appui de son autorité.

D'autres auteurs ont cherché à justifier la rétroactivité de la condition en invoquant l'intention présumée des parties. Il leur semble que la secrète pensée de deux personnes qui font un acte conditionnel ne saurait être douteuse. L'ignorance où l'on est de l'avenir constitue une gêne sérieuse pour les transactions. Si les parties contractantes pouvaient savoir à coup sûr que tels et tels événements possibles s'accompliront, ce n'est pas un acte sous condition suspensive qu'elles feraient; elles traiteraient purement et simplement. De même, elles ne contracteraient pas sous condition résolutoire si elles savaient la résolution certaine; en cette occurrence elles n'agiraient pas du tout. S'il est donc tout naturel de supposer que leur intention véritable

(1) V. Locré, *Exposé des motifs par Bigot de Préameneu*, t. XII, p.340, n° 65.

(2) V. Larombière, *Théorie et pratique des obligations*, t. II, p. 462.

(3) V. Marcadé et Pont, *Explication du Code Napoléon* (7e édit.), t. IV, n° 558.

(4) V. Demolombe, t. XXV, n° 377.

est que l'acte soit réputé avoir toujours ou n'avoir jamais existé lors de l'arrivée de la condition, pourquoi ne pas leur donner satisfaction en reconnaissant à la condition un effet rétroactif?

Parmi les jurisconsultes qui paraissent avoir été touchés par cette considération, on rencontre tout d'abord les rédacteurs du Code civil. C'est ainsi que Bigot de Préameneu la met en avant à propos de la condition résolutoire[1]. Elle a été aussi reprise par Laurent, qui hésite cependant à s'en servir quand la condition est suspensive[2]. Un autre jurisconsulte, Huc, commence par une critique de l'opinion qui fonde la rétroactivité sur une sorte de préexistence de l'acte conditionnel. Il n'aperçoit pas bien nettement le rapport que l'on tente d'établir entre la perfection de l'acte et la date à laquelle il convient de faire prendre naissance à un droit dont il est la source. Si la condition rétroagit, c'est en réalité que telle a été la volonté des parties. Il est vrai que dans la suite le même jurisconsulte affirme que l'arrivée de la condition vérifie l'existence de l'acte, ce qui paraît impliquer qu'il n'abandonne pas tout à fait l'idée selon laquelle dans une certaine mesure l'acte serait préexistant[3]. On rencontre ainsi quelques hésitations même chez les auteurs qui voient dans l'intention présumée des parties la raison d'être de la rétroactivité.

Enfin dans une dernière opinion qui est aussi la plus répandue, il faut de toute nécessité, pour expliquer la rétroactivité, recourir à l'idée d'une fiction légale. Dans l'ancien droit Pothier admettait déjà en propres termes que le droit qui résulte de l'engagement est « censé » avoir été acquis à celui envers qui il a été contracté dès le temps du contrat[4]. Domat dit de même que l'arrivée de la condition donnera à l'obligation et à l'hypothèque leur force du jour de leur titre « de même que » s'il n'y avait pas eu de condi-

---

(1) V. Locré, *Exposé des motifs par Bigot de Préameneu*, t. XII, p. 340, n° 65.

(2) V. Laurent, *Principes de droit civil français* (3ᵉ éd.), t. XVII, n° 78.

(3) V. Huc, *Commentaire du Code civil*, t. VII, art. 1179, p. 341 et 342.

(4) V. Pothier, *Traité des obligations*, t. 1, n° 220.

tion (1). De nos jours Demolombe, après avoir paru se rallier à l'opinion de la préexistence, déclare expressément
que la rétroactivité est une fiction (2). De même, pour restreindre l'effet rétroactif, Demante et Colmet de Santerre rappellent qu'il y a là une fiction, qui ne peut avoir
même force que la réalité (3). Aubry et Rau affirment aussi
en propres termes qu'au jour où la condition s'accomplit,
l'obligation et le droit qui y est corrélatif sont « à considérer comme » n'ayant jamais été subordonnés à une condition (4). Enfin, MM. Baudry-Lacantinerie et Barde admettent implicitement l'idée de fiction en affirmant que l'effet
rétroactif n'est pas une nécessité juridique (5). D'après la
majorité des auteurs, la rétroactivité ne serait donc qu'une
pure création de la loi.

Plusieurs législations étrangères ont d'ailleurs admis la
même idée. Citons les législations italienne (6) et portu-
gaise (7), qui parlent de la rétroactivité dans un langage tel
qu'elles n'y paraissent voir qu'une simple fiction.

Or les diverses explications qui ont ainsi été fournies en
faveur de la rétroactivité de la condition ont-elles une valeur décisive ?

Notons d'abord que l'explication par l'idée d'une fiction
n'est guère satisfaisante. Le rôle de la fiction est d'expliquer certaines solutions heureuses auxquelles l'application des règles ordinaires ne paraîtrait pas devoir conduire. Autrement il serait inutile et même dangereux d'en-
combrer le droit de ces créations arbitraires qui sont
toujours la source de difficultés multiples parce que l'on ne
sait au juste ce que le législateur a voulu feindre. Or, loin
de conduire à des résultats remarquables, la rétroactivité

---

(1) V. Domat, *Lois civiles, hypothèques*, sect. 3, n° 17.
(2) Demolombe, *Cours de Code Napoléon*, t. XXV, n° 398.
(3) V. Demante et Colmet de Santerre, *Cours analytique* (2° édit.), t. V,
p. 153.
(4) V. Aubry et Rau, *Cours de droit civil* (5° édit.), t. IV, p. 116.
(5) V. MM. Baudry-Lacantinerie et Barde, *Traité des obligations*
(3° édit.), t. II, p. 39, n° 809.
(6) V. Code italien (trad. Huc et Orsier), 2° édition, t. II, art. 1158.
(7) Code portugais (trad. Laneyrie et Dubois), art. 678.

de la condition strictement appliquée aurait des effets que la jurisprudence a dû formellement repousser. Si elle ne repose au point de vue juridique que sur une fiction légale, il convient de ne pas s'écarter plus longtemps de la réalité des faits.

Il ne paraît guère du reste que l'idée d'après laquelle l'acte existerait avant l'arrivée de la condition soit de nature à fournir à la théorie de la rétroactivité un fondement beaucoup plus solide. C'est qu'en effet cette idée heurte des principes trop bien établis pour n'être pas elle-même contestable. La condition fait plus que dissimuler l'existence de l'acte, elle le rend incertain. Se formera-t-il? Ne se formera-t-il pas? On n'en sait rien. Mais ce que l'on peut affirmer, c'est que l'acte n'existe pas tant que la condition demeure pendante. Et c'est atteindre la définition même de la condition dans ce qu'elle a de plus essentiel que de chercher à prétendre que l'acte existe déjà afin de pouvoir dire ensuite qu'il doit être réputé avoir toujours existé.

Enfin l'argumentation tirée de l'intention présumée des parties ne paraît pas plus convaincante. Ce que l'on peut induire à coup sûr d'un acte sous condition suspensive, c'est que les parties ont eu l'intention de créer entre elles un lien juridique, de telle sorte qu'elles se trouvent obligées bon gré mal gré l'une envers l'autre si l'événement se produit. Conclure en outre qu'elles ont voulu reporter au jour même de leur entente les droits qui naissent alors de l'acte, ce serait en général aller au delà de leur pensée. Et les parties n'ont pas davantage compté sur l'effet rétroactif quand elles ont traité sous condition résolutoire. Un négociant qui s'établit achète dans une ville un fonds de commerce, mais il insère dans l'acte une clause aux termes de laquelle la vente sera résolue si un concurrent vient s'établir dans son quartier. A-t-il donc le désir que la vente puisse être un jour réputée n'avoir jamais existé? En aucune façon. Tant que sa crainte d'un concurrent ne s'est pas réalisée, la vente produit des effets que certainement il tient pour définitifs. Tout ce qu'il demande, c'est que dans le cas où un concurrent s'installerait, le contrat cesse d'avoir effet pour l'avenir. L'explication qui rattache la rétroactivité à la volonté présumée des parties ne vaut donc pas mieux que les précédentes.

En somme cette théorie, née d'une fausse interprétation historique, paraît aujourd'hui avoir fait son temps. Il en aura été d'elle comme de toutes les erreurs, dans quelque domaine qu'elles se produisent, juridique ou autre. Pendant très longtemps elle aura survécu, parce qu'il n'y a rien de tel pour maintenir une règle une fois posée que la force de l'habitude. Mais à la longue la vérité reparaît. Il est impossible qu'une règle résiste indéfiniment quand elle n'a point pour elle quelque raison d'être tirée de cette source profonde et inépuisable qui s'appelle la réalité des faits. Pour la rétroactivité de la condition le travail de la critique a été plus facile parce que l'histoire a démontré le vice qui entachait ses origines. Il convient maintenant de sanctionner les conclusions de ces recherches historiques qu'un examen plus étendu paraît justifier, et de substituer à une théorie où un esprit de logique aride et étroit s'est donné trop longtemps libre carrière, la théorie nouvelle plus vraie. plus souple et par suite plus vivante, qui repousse la rétroactivité de la condition.

A. LELOUTRE.

BIBLIOGRAPHIE

DES OUVRAGES SUR LE DROIT CIVIL

France.

Par MM. Paul Lerebours-Pigeonnière,

Professeur à la Faculté de droit de l'Université de Rennes,

et René Demogue,

Professeur agrégé à la Faculté de droit de l'Université de Lille.

1. — Ouvrages généraux.

1. — *Méthode positive de l'interprétation juridique*, par Paul Vander Eycken (Bruxelles et Paris, Félix Alcan, 1907, 434 p.). Ce très important ouvrage appartient à la littérature juridique belge. Néanmoins, comme il porte aussi le nom d'un éditeur français, nous en tirons prétexte pour le signaler ici dès maintenant. Nous ne pouvons pas prétendre l'analyser brièvement, d'autant plus que cette analyse comporterait une comparaison incessante avec l'œuvre capitale de M. Gény. Nous nous bornerons à témoigner que l'ouvrage de M. Vander Eycken, s'il n'a pas la profondeur d'information, ni l'originalité du livre de M. Gény, n'en est pas moins une manifestation caractéristique et considérable de la science juridique belge, intéressant pour nous dès lors à un double titre.

• **1 bis.** — *Le droit et l'esprit démocratique*, par M. Charmont (Travaux et Mémoires de l'Université de Montpelier, 1908). M. Charmont a eu l'heureuse idée de réunir sous ce titre un certain nombre d'études séparées qui toutes, comme il le dit lui-même, s'inspirent d'une même pensée. Quelle sera l'influence de la démocratie sur le droit? Quelle idée se fera du droit la démocratie et comment se donnera-t-elle à elle-même l'esprit de légalité?

Deux de ces études sont déjà connues des lecteurs de cette *Revue* : l'une sur l'abus du droit, l'autre sur les analogies de la jurisprudence administrative et de la jurisprudence civile (v. *Revue*, 1902 et 1906). Il est inutile d'y insister, il suffit de dire que les qualités de clarté, ainsi que le charme des vues générales habilement présentées qui s'y trouvent, se rencontrent également dans les autres pages du volume.

Parmi celles-ci nous recommanderons tout particulièrement celles sur *la socialisation du droit* et sur *la propriété corporative*. Dans la première de ces études, qu'il nous semble avoir déjà lu dans la *Revue de métaphysique et de morale*, nous trouvons une très heureuse exposition du caractère démocratique (nous dirions plus volontiers démophile, si ce n'était prétentieux) que prendra davantage le droit civil sous l'influence des critiques socialistes et des observations plus précises des phénomènes de la vie sociale. L'effet de ces circonstances se trouve encore accru par la décadence de la bourgeoisie, pour laquelle le droit civil a été fait au début du siècle dernier.

L'étude de la propriété corporative a suggéré à M. C. une leçon d'introduction à un cours de droit civil des plus heureuses. On y voit en effet excellemment exposés les avantages comme les inconvénients de cette forme de propriété, les dangers qui menacent les associations tant du côté de l'État que des associés eux-mêmes.

Nous ne voudrions pas non plus manquer de citer le chapitre sur l'esprit juriste, où les traits particuliers de cet esprit sont ramenés à trois : le sentiment du droit, la dialectique et l'attachement à la tradition.

Nous croyons que cet ouvrage peut former dans ses diverses parties une introduction fort utile aux études de droit. Il donnera en effet aux jeunes gens des vues d'ensemble et, en leur montrant le lien qui unit les études juridiques à celles d'autres domaines et au mouvement général des idées, il est de nature à les attirer davantage vers cet ordre de travaux.

1 ter. — *De la puissance paternelle et de la tutelle sur les enfants naturels*, par M. Travers (Paris, Larose, 1907), Complément. Nous avons rendu compte précédemment (v. 1907.

p. 372) de l'importante étude de M. Travers, sur la protection
des enfants naturels. Ce livre venait d'être publié lorsque paru-
rent les lois du 25 juin et du 2 juillet 1907 sur le mariage et
sur la tutelle des enfants naturels. Un complément nous met au
courant de ces deux lois. Il nous fait connaître les améliorations
incontestables apportées à la législation par ces deux lois, mais
en même temps, les lacunes qu'elles laissent subsister : le refus
de la puissance paternelle sur les enfants adultérins et incestueux, l'assimilation complète des tuteurs et des subrogés tuteurs
des enfants légitimes et naturels.

II. — PERSONNES ET DROITS DE FAMILLE.

2. — Note de M. THALLER, sur *l'application de la prescription au nom commercial*, D. 1907. 2. 201.

2 bis. — *Les preuves de la nationalité et l'immatriculation*, par M. Camille JORDAN, *Rev. de dr. international*, 1907,
p. 267.

3. — *De la nationalité d'une anglaise qui a épousé un Français ou un Belge*, par M. STOCQUART, *Journal de droit international privé*, 1907, p. 301.

4. — *De la renonciation des individus mineurs au droit de
répudier la qualité de Français*, par M. DEJAMME, *id.*, p. 626.

5. — *Le domicile de guerre et le principe de nationalité*,
par M. NYS, *Rev. de droit international*, 1907, p. 149.

6. — *Quelques observations sur la loi du 30 décembre 1906
modifiant les art. 45 et 57 du Code civil*, par M. SURVILLE,
Revue critique, 1907, p. 401.

7. — *Loi du 30 juin 1906 modifiant les art. 45 et 57 du
Code civil*, par M. CLUZEL, *Lois nouvelles*, 1907, p. 257.

8. — *De la parenté en droit comparé*, par M. DE LA GRASSE-
RIE, *Revue critique*, 1907, p. 306.

9. — *La famille détruite par le Code civil*, par M. BAYARD,
Réforme sociale, 16 juin 1907.

10. — *Des modifications récentes en matière de mariage*
(loi du 21 juin 1907), par M. VALLET, *Lois nouvelles*, 1907,
p. 444.

11. — *Le libre salaire de la femme mariée et la contribution des époux aux charges du ménage* (loi du 13 juill. 1907),
par M. DE LA GRASSERIE, *Lois nouvelles*, 1907, p. 465.

12. — Note de M. Pierre BINET sur *la légitimité des enfants*

de l'absent sous l'arrêt de cassation du 19 déc. 1906, D. 1907.
2. 89.

13. — *De l'absence, étude de droit comparé*, par M. Boivin,
Rev. de droit international, 1907, n° 5.

14. — *De l'origine historique des preuves de la filiation des
enfants légitimes*, par M. Barraduc, thèse de Paris, 1906.

15. — *De la puissance et de la tutelle paternelle dans les
principaux codes de l'Europe*, par M. Lehr, *Rev. de droit international*, 1907, p. 52 et 171.

16. — *La femme mariée sous le régime dotal n'a pas à
payer sur sa dot le prix d'adjudication d'un immeuble non
dotal dont elle était copropriétaire avant mariage.* Étude de
M. Balleydier sous Cass., 9 nov. 1903, S. 1907. 1. 437.

17. — Note de M. Merignhac, sur *la dot mobilière considérée au point de vue de sa saisissabilité*, D. 1907. 2. 17.

18. — *Le sort de l'actif net dans la liquidation des congrégations non autorisées. La jurisprudence depuis la loi du
1er juill. 1907*, par M. Perouse, *Journ. des Sociétés*, 1907,
p. 385.

III. — Obligations et contrats spéciaux.

18 bis. — *Domaines respectifs de l'association et de la
société*, par Henri Hayem (Paris, Rousseau, 1907).

Cet ouvrage, qui a été successivement couronné par la Faculté
de droit de Paris et par l'Académie de législation de Toulouse,
nous offre une étude très sérieuse de questions fort importantes
en pratique. En effet c'est de leurs solutions que dépend le sort
juridique d'institutions qui pour la plupart présentent aux yeux
du sociologue un intérêt considérable ; je veux dire les associations à caractère mutualiste : syndicats professionnels, sociétés
de secours mutuels, coopératives, institutions de prévoyance et,
de façon générale, toutes ces œuvres que l'on englobe sous cette
expression commode d'œuvres de solidarité.

Dans cet ouvrage, M. Hayem a suivi l'ordre historique. Après
avoir montré que dans l'ancien droit, si on a connu les sociétés,
les associations ont été plutôt rattachées au droit public, que
d'autre part à la Révolution on ne distinguait pas bien les
associations et les réunions, c'est au début du XIXe siècle qu'il
commence véritablement son étude.

Il fait d'abord ressortir par un chapitre important l'influence
du droit pénal sur cette matière. L'article 291 du Code pénal

ayant considéré comme un délit toute association non autorisée de plus de vingt personnes, ce furent les tribunaux criminels qui eurent les premiers à définir l'association et à un point de vue très important. Ils le firent de façon très compréhensive : ils y furent conduits par les raisons d'ordre politique pour lesquelles on frappait les associations, et ils cherchèrent à atteindre toute organisation des activités. Toutefois ils firent déjà œuvre très utile, en séparant nettement l'association de la réunion, de la coalition, de l'entente ou de l'attroupement.

La jurisprudence civile fit, elle aussi, son œuvre. Elle dégagea dans l'association et la société les caractères communs : un engagement réciproque, une mise en commun permanente, et aussi les traits distinctifs : la mise en commun de biens, activités ou connaissances spéciales d'un côté, la réunion d'apports de valeur patrimoniale, de l'autre; mais surtout elle fit ressortir un but autre que de partager les bénéfices entre les membres, dans l'association, et une vue intentionnelle de partager les bénéfices produits par les biens, dans la société. Seulement ces définitions semblent laisser entre elles une zone neutre où se trouvent notamment les tontines, les associations syndicales, les associations en participation, les sociétés de capitalisation.

Est survenue la loi du 1er juill. 1901, qui, dans son article 1er, a défini le contrat d'association. C'est à cette définition qu'est consacrée la seconde partie de l'ouvrage. Certains traits distinctifs de l'association, comme la mise en commun de connaissances et d'activités, ne donnent pas lieu à de graves controverses. Il en est autrement de la notion de bénéfices.

D'après MM. Trouillet et Chapsal, entre les sociétés et les associations, il y aurait encore une zone neutre où seraient tous les groupements qui ne se proposent pas directement la réalisation de bénéfices à partager, mais qui ne sont pas exempts de tout intérêt pécuniaire et qui procurent des avantages appréciables en argent.

A ce système s'en oppose un autre, qui paraît beaucoup mieux accueilli : il considère que la loi du 1er juill. 1901 a donné un statut à tous ces contrats innommés qui flottaient auparavant entre la société et l'association : contrats procurant une jouissance alternative ou des intérêts alternatifs, cercles, associations de tir, de gymnastique, comices agricoles, sociétés de courses, etc. En interprétant la loi de 1901 d'une manière aussi large, il englobe sous le nom d'associations des contrats d'intérêt exclusivement privé ayant un objet lucratif tout à fait direct qui ne sont séparés de la société que par une mince barrière.

Il y a, comme le montre fort bien M. H., un incontestable effort dans cette théorie pour faire avancer bien des questions et pour couler dans un moule juridique bien des contrats. Malgré tout, ce système n'aboutit pas complètement à son but. Cette tentative de classification laisse un résidu. Il y a des associations qui font au profit de leur caisse des opérations à but lucratif comme pourraient en faire les sociétés. On voit que en réalité ces idées de but lucratif et de but idéal se pénètrent, l'une n'étant souvent qu'un moyen pour atteindre l'autre. Pour résoudre les difficultés qui subsistent, pour voir si les solutions données jusqu'ici ne pourraient être améliorées, M. H. fait en dernier lieu appel aux législations étrangères.

Après avoir parcouru le système de l'unité entre la société et l'association qui domine les pays anglo-saxons, le système de dualité des peuples latins comme l'Italie et l'Espagne, il arrive au système germanique qui est trinitaire : adopté par la législation allemande et la législation suisse, il consiste en principe à établir trois systèmes différents : un pour les sociétés, un autre pour les associations à but idéal ou altruiste, le troisième pour les associations à caractère économique. En Allemagne ce régime lui paraît toutefois peu satisfaisant. Notamment il crée un régime trop flottant pour les associations à caractère économique, les *Genossenschaften* ; car il les soumet partiellement au régime des sociétés et partiellement à des lois spéciales, notamment celle du 1er mai 1889 sur les coopératives, qui comprennent des groupements très divers. En Suisse le système trinitaire a été autrement bâti. Les associations à but économique se rapprocheraient davantage des associations à but idéal; toutefois il subsisterait entre elles des différences. Mais le régime des associations serait plutôt le régime-type, auquel se soumettraient du moins en grande partie les groupements à but économique.

C'est aux idées principales contenues dans cette législation que M. H. emprunte le principe de sa conclusion. Il recommande au législateur d'établir, entre les sociétés et les associations, des groupements à caractère professionnel et mutualiste. Leur caractère serait de poursuivre un objet d'intérêt général et social, mais aussi de chercher à atteindre une fin qui comporterait pour leurs membres certains avantages matériels. Le régime auquel ils seraient soumis différerait de celui des sociétés en ce sens surtout qu'il leur conférerait le caractère de fondation. L'œuvre qu'ils poursuivent ne devant pas périr avec eux il conviendrait de leur faciliter la formation d'un patrimoine affecté à la réalisation de la fin proposée et qui jamais ne serait réparti entre les associés.

L'avantage qui paraîtrait résulter de cette législation nouvelle, ce serait d'abord une simplification : on ramènerait à plus d'unité des organismes très divers qui aujourd'hui sont distincts ou ne savent pas exactement sous quelle forme se constituer. En même temps on aurait, ce qui fait défaut jusqu'ici, une réglementation de certains groupements qui ne serait plus restrictive comme l'est encore jusqu'à un certain point la législation de 1901, mais qui au contraire favoriserait le développement de ces associations et leur assurerait des ressources. Telles sont quelques-unes des idées capitales de ce livre, qui a l'avantage de mettre au point des questions très actuelles, très vivantes et qui a su très bien coordonner et grouper tout un ensemble de choses auparavant très confuses. Nous devons donc nous féliciter de l'apparition de cet important travail.

18 ter. — *De l'exécution en Bourse pour non-versé sur des actions ou des obligations non libérées*, par M. Maurice PALLU (Bordeaux, Gounouilhou, 1907).

Cette étude constitue un examen très sérieux de difficultés importantes. Après un chapitre sur le non-versé, son caractère juridique, et sur la personne qui peut être poursuivie en paiement de cette somme, vient un exposé de la pratique de l'exécution en Bourse, où l'auteur a eu l'heureuse idée de réunir les principaux spécimens de clauses d'exécution en Bourse.

Mais la partie capitale de l'ouvrage est la troisième, où est recherché le caractère juridique de la clause d'exécution en Bourse. Les différents systèmes proposés jusqu'ici : celui de l'exécution considérée comme une mesure d'expropriation, celui de l'exécution de l'obligation par voie de remplacement, celui du gage, enfin celui de la résolution, qui a été généralement accepté en doctrine et en jurisprudence, sont exposés et critiqués avec soin. M. P. reproche à cette dernière doctrine de laisser un moment l'obligation sans titulaire et il montre que l'on tente vainement de dire que le titulaire intérimaire sera la société elle-même. Aussi propose-t-il une autre solution : le souscripteur donnerait mandat irrévocable à la Société de vendre en Bourse à ses risques et sans aucune mise en demeure préalable tous titres non libérés sur lesquels les versements exigibles n'auraient pas été effectués aux époques fixées et il l'autoriserait à prélever par préférence à tous autres le montant des versements et intérêts de retard dus par le défaillant, qui restera tenu de la différence en moins comme il profitera de l'excédent s'il en existe.

18 quater. — *De la responsabilité des accidents et dommages sur les lignes de tramways et chemins de fer sur route en exploitation*, par M. de VALROGER (Larose, éd., Paris, 1907).

M. de Valroger, dont les publications sont déjà importantes et connues, vient de les compléter par cette brochure où se trouve un exposé complet et heureusement systématisé de la jurisprudence sur deux catégories de questions : d'abord les accidents causés soit à des tiers, soit aux voyageurs eux-mêmes par le véhicule circulant sur route, ensuite les dommages causés par l'installation des lignes de chemins de fer dans des conditions défectueuses soit quant au tracé de la voie, soit quant à son profil ou à ses dépendances. Un troisième chapitre est consacré aux difficultés que soulève la compétence. Dans quelle mesure les tribunaux administratifs et judiciaires sont-ils compétents? La difficulté qui sur ce point divise la Cour de cassation et le Conseil d'État y est très clairement exposée. Enfin, les dernières pages sont consacrées aux responsabilités pénales que peuvent soulever les accidents.

18 quinquies. — *De la lettre missive en droit privé*. Étude de doctrine et de jurisprudence, par M. MONTAGNIER, 2e édition (Rousseau, éd.). Le succès de ce livre s'explique facilement, étant donné qu'il est pratique et très complet. Il contient en effet l'examen des deux grandes catégories de difficultés que soulève la correspondance privée : la propriété des lettres missives et la mesure dans laquelle celui qui les détient peut en user soit en les communiquant à des tiers, soit en les reproduisant, soit enfin en les présentant aux tribunaux au cours d'un procès, et en second lieu la formation des contrats par correspondance. Les questions traitées à ce sujet sont nombreuses, avec l'indication complète des systèmes en présence et finalement de celui auquel l'auteur se rallie. La jurisprudence est également relatée de façon très complète.

18 sexies. — *Jurisprudence générale des assurances terrestres de 1880 à 1905*. Répertoire annoté des décisions rendues et des textes applicables, par M. SIMONIN (Paris, Larose, 2 vol.).

Il est devenu banal de parler de l'importance qu'ont prise

aujourd'hui les assurances. Elles sont l'objet de l'étude de nombreuses personnes. Elles ont créé dans le monde des affaires un monde spécial qui a constamment besoin d'être tenu au courant des nouveautés législatives, importantes en cette matière depuis dix ans, et des nouveautés jurisprudentielles. M. Bonneville de Marsangy avait en 1882 publié une jurisprudence générale des assurances terrestres, mais cet ouvrage, très précieux à cette époque, a aujourd'hui vingt-cinq ans. Les praticiens ont besoin de renseignements plus nouveaux et ils doivent leur être fournis sans grande recherche. M. Simonin a pour cela publié ce répertoire, qui s'arrête en 1905. De la sorte on ne sera plus obligé de chercher les décisions jurisprudentielles dans les innombrables années de recueils périodiques spéciaux ou dans les grands recueils, noyées au milieu de décisions diverses.

Les arrêts et jugements rendus depuis 1880 sont publiés *in extenso* dans ce recueil en suivant l'ordre chronologique. Les décisions sont accompagnées de notes souvent assez développées sur la portée de l'arrêt ou sur les précédents. Une table alphabétique détaillée permet de retrouver très facilement les décisions rendues sur une difficulté quelconque.

Une partie spéciale contient les lois sur l'assurance et aussi les textes des lois ouvrières ou autres dont les assureurs peuvent avoir fréquemment à faire l'application. Nous sommes donc en face d'un ouvrage qui, pour une matière spéciale, est pour tous théoriciens, praticiens, assureurs un instrument de travail très commode et très bien fait.

19. — Dissertation de M. Berthélemy, sur la *possibilité de créer valablement des obligations perpétuelles principalement entre personnes morales*, sous Cass. 25 juin 1907, D. 1907. 1. 337.

20. — Signalons l'apparition d'une 4ᵉ édition du *Traité général des Sociétés civiles et commerciales*, de M. Houpin. On y trouve notamment le commentaire de la loi de 1903 sur les actions de priorité et de la loi du 30 janv. 1907 sur les placements de titres.

21. — *Des sociétés civiles par actions constituées sans observation des formes commerciales*, par M. Houpin, *Journ. des Sociétés*, 1907, p. 145.

22. — *De la publicité des placements de titres suivant la loi du 30 janv. 1907*, par M. Wahl, *Journ. des Sociétés*, 1907, p. 193 et 241. Cette étude examine les nombreuses difficultés auxquelles pare la loi nouvelle, les collectivités dont les titres sont soumis à la loi, les titres atteints, les faits visés, les mesures de publicité prescrites, leur sanction, etc.

23. — *De la subdélégation générale des pouvoirs de l'administrateur délégué*, par M. LECOUTURIER, *Journ, des Sociétés,* 1907, p. 289.

24. — Note de M. CHESNEY, sur les *modifications des statuts des sociétés de secours mutuels, Pand. fr.*, 1907. 2. 275.

25. — Note de M. CHESNEY, sur la *responsabilité de l'amant en cas de séduction, Pand. franç.*, 1907. 2. 175.

26. — *Les dots moniales apportées par des religieuses lors de leur entrée en religion dans une congrégation, peuvent-elles être reprises par elles contre le liquidateur lorsque la congrégation est dissoute?* Dissertation de M. CHAVEGRIN, sous un arrêt de cassation du 13 mars 1907, S. 1907. 1. 321.

27. — Dans notre précédente chronique de bibliographie rédigée pendant les vacances, nous avons mentionné la continuation d'une discussion ouverte à la *Sociétés d'études législatives*, mais non la première partie de cette discussion, faute d'avoir sous la main le *Bulletin* n° 3 de la Société. Or, il importe que cette première partie de la discussion soit signalée par une analyse et non par un simple renvoi. La question de la *responsabilité en matière d'accidents d'automobiles* avait été l'objet d'une proposition de loi déposée au Sénat de Belgique (*Bulletin de la Soc. d'ét. lég.*, 1907, p. 307) et de deux brèves propositions déposées à la Chambre française (*eod. loc.*, p. 348), lorsque la Société d'études législatives a pris l'initiative d'élaborer une réglementation complète, réfléchie, minutieuse. Initiative délicate, car les conducteurs d'automobiles, enclins à désirer que le législateur néglige de s'occuper d'eux, ont pour eux deux fractions importantes de l'opinion publique, les amateurs de plus en plus nombreux de ce sport ou de ce moyen de locomotion, les industriels, ouvriers, capitalistes qui profitent de son développement. La Société d'études législatives ne s'est pas laissée arrêter par cette considération, estimant qu'elle avait pour fonction de chercher en toutes matières à préparer l'orientation de la législation dans le sens commandé par les principes juridiques et par l'équité inséparable de l'adaptation scientifique des règles juridiques. Elle a confié le soin du rapport à son éminent secrétaire général M. Ambroise COLIN, qui déjà avait pris la part prépondérante dans l'élaboration du texte du projet de la com-

mission. Nul n'aurait su mieux, avec clarté, aisance et humeur,
sortir de la difficulté en dégageant les règles juridiques conformes
à la nature des choses seulement après avoir démontré que
l'intervention des juristes en cette matière, appelée par l'équité,
ne compromettrait gravement aucun intérêt et n'aurait pour
ceux qui sont intéressés au progrès de l'automobilisme aucune
conséquence draconienne. Le rapport donne une première
preuve de cet esprit de sage pondération en ce qu'il préconise à
la base de la réglementation future un principe transactionnel. Il
écarte le système du risque, risque de la jouissance, quelque
rationnel et équitable qu'il soit, pour s'arrêter au moyen terme
d'une interversion de preuve, permettant au conducteur d'automobile
d'éviter la responsabilité de l'accident occasionné en
prouvant la faute grave de la victime. Mais, en même temps, le
rapport affirme le caractère sérieux et utile de la réglementation
proposée, en instituant, en vue du cas si fréquent de l'accident
anonyme, un fonds de garantie qui paiera dans tous les cas la
victime, fonds alimenté grâce à l'établissement d'une sorte de
mutualité obligatoire entre les automobilistes (V. le rapport de
M. Colin, *loc. cit.*, p. 273). MM. G. Paulet, de Dion, Honnorat
ont pris la parole dans la discussion à cette première séance, qui
a apporté une nouvelle preuve éclatante de la valeur juridique
de la *Société d'études législatives*.

28. — M. Émile GUILMARD a réuni en un volume l'étude d'abord
parue en une série d'articles dans la *France économique et
financière* sous ce titre : *L'évasion fiscale, comptes de dépôts
et comptes faits en France et à l'étranger* (p. 225, Paris. 1907).
Ce volume intéresse les juristes, les civilistes d'une façon très
directe. La notion du compte-joint en effet, n'étant pas réglementée
par la loi commerciale, a été édifiée avec les éléments du
droit commun et met en œuvre les principes généraux de la législation.
M. Guilmard étudie successivement les comptes de dépôts
en France et à l'étranger. Il distingue clairement le compte
de dépôt doublé d'une procuration du véritable compte-joint.
Cette procuration annexée au compte simple ne vaut en effet
que pendant la vie du titulaire, elle est révoquée par le décès
du déposant. Sans doute, la banque dépositaire pourra invoquer
la procuration aussi longtemps qu'elle restera de bonne foi dans
l'ignorance du décès qui l'aura révoquée, mais ce correctif équitable
n'empêche pas que le compte reste, en droit, un compte
simple et qu'au décès du déposant, en droit, le mandataire n'a

plus pouvoir de la représenter. Le compte joint véritable implique à la fois solidarité et indivisibilité et exclut la révocation du droit de représentation après le décès de l'un des déposants. M. Guilmard étudie ici l'article 7 de la loi du 31 mars 1903 établissant une présomption de copropriété. Dans la seconde partie, M. Guilmard étudie le compte joint en Suisse, en Allemagne, en Belgique, en Angleterre.

29. — M. ANCEY, qui a déjà esquissé la théorie des opérations d'assurances, a de même essayé d'exposer la théorie synthétique de la répartition des accidents et des maladies du travail en une monographie intitulée : *Les risques professionnels, les accidents et les maladies du travail* (Rousseau, édit., 1907, 200 p.) L'auteur considère que la théorie du risque professionnel est appelée à devenir le droit commun du travail. A cet égard, le tableau synthétique qu'il nous présente de l'application de cette théorie aux accidents et aux maladies du travail jette un jour intéressant soit sur la réglementation de la loi de 1898, soit sur les dispositions des projets concernant les maladies professionnelles.

30. — Note de M. JAUBERT sur la *restitution des dots moniales. Pand. fr.*, 1907. 1. 151.

31. — *Responsabilité du vendeur en cas de clause de non-garantie*, note de M. AUBIN. *Pand. fr.*, D. 1907. 2. 123.

32. — Note de M. BOUTAUD sur le *droit d'un bailleur de meubles en cas de faillite de l'acheteur*. D. 1906. 2. 273.

33. — *Bons d'amortissement. Nature des titres*, par M. ARTHUYS. *Rev. critique*, p. 267 (Jurisprudence commerciale).

34. — *Rapport sur le projet de loi relatif au contrat de travail*, par M. PERREAU. *Rev. critique*, 1907, p. 284 et 342.

35. — *La jurisprudence de la Cour de cassation en matière d'accidents du travail*, par M. ROSSY. *Rev. prat. de droit industriel*, 1907, n° 5.

36. — Note de M. DUPUICH sur les *accidents dans le travail agricole*. D. 1907. 1. 257.

37. — *Du cumul d'une rente viagère pour accident du travail avec une pension de retraite ou d'invalidité*, par M. WAHL, sous Cass., 31 oct. 1906, S. 1907. 1. 345.

38. — *Note sur l'application de la loi sur les accidents du travail aux cantonniers des communes*, sous Paris, 20 mai 1904, S. 1907. 2. 169.

39. — *De l'application de la loi sur les accidents du tra-*

vail aux accidents survenus en pays étranger, par M. WAHL, S. 1907. 2. 217.

40. — *Étude sur la question de savoir si la grève produit une rupture ou une suspension du contrat de travail et exposé d'une théorie nouvelle sur ce point*, par M. Ambroise COLIN dans Dall. 1907. 1. 369.

41. — Note de M. RIPERT sous Cass., 18 févr. 1907, D. 1907. 1. 383, à propos de la *responsabilité des usiniers pour le dommage causé à des maisons voisines de construction postérieure à l'usine.*

42. — Note de M. LACOUR, sur *l'obligation du repos hebdomadaire pour les non-salariés*, D. 1907. 1. 305.

43. — *Le repos hebdomadaire*, par M. MENDY, *Rev. socialiste*, 1907, p. 47.

44. — Olphe GAILLARD, *Le projet de loi sur les retraites ouvrières. Questions pratiques de législation ouvrière* (juillet-août).

45. — DE SAINT-CHARLES, *Le vigneron et les lois de prévoyance sociale* (*Ibid.*, août).

46. — *L'assurance contre le chômage. Communication à la Société d'économie sociale*, par M. Philippe DE LAS CASES, *Réforme sociale*, 15 mai et 1er juin 1907, suivie d'une discussion.

47. — *Le patronage devant le syndicalisme et la coopération*, par M. BEAUREGARD, *Réforme sociale*, juill. 1907.

48. — *Les patrons et l'apprentisage*, par M. ROGUENANT, communication suivie de discussion, *Réforme sociale*, août 1907.

49. — *Le coût des retraites ouvrières dans les deux systèmes de l'assurance obligatoire et de la liberté subsidiée*, par MM. CHEYSSON et ROSTAND, *Réforme sociale*, 1er juin 1907.

50. — *La défense patronale en cas de grève. Communication à la Société d'économie sociale*, par M. GIGOT, *Réforme sociale* du 1er juin. Cette étude montre que la forme d'association ou de syndicat est inapplicable et que celle d'une société d'assurance mutuelle est préférable.

51. — *L'organisation du patronage dans une grande ville industrielle*, par M. Maurice VANLAER, *Réforme sociale*, sept. 1907.

52. — *Les institutions privées de conciliation et d'arbitrage*, par M. H. DE BOISSIEU, *Réforme sociale*, sept. 1907.

53. — *Le système de l'assurance dans l'organisation des* *retraites ouvrières,* par M. Olphe Gaillard, *Réforme sociale,* sept. 1907.

54. — *Les commissions mixtes et la vie syndicale,* par M. Perrin, *Réforme sociale,* sept. 1907.

55. — *Les retraites ouvrières dans l'agriculture,* par M. Robert Jamet (thèse de Paris 1907), étude de fine analyse de ce côté spécial d'une grande question.

56. — *La semaine anglaise,* par M. Bister, *Réforme sociale* du 16 octobre.

57. — *Le problème du chômage,* par Besse, *Questions pratiques de législation ouvrière,* juin.

58. — *Une première application de la législation internationale du travail,* par M. Raynaud, *Journal de droit international privé,* p. 949.

59. — *Droits et devoirs de fermiers et agriculteurs, cultivateurs et métayers. Manuel de jurisprudence rurale,* par M. d'Erstri.

60. — *Questions ouvrières et industrielles sous la troisième République,* par M. Levasseur, A. Rousseau, éd.

61. — *Le repos hebdomadaire,* par M. Mesnart, extrait des *Lois nouvelles.*

62. — *Les obligations morales respectives des patrons et des ouvriers,* par M. Rognenant, Lecoffre, éd. L'auteur, un ancien ouvrier, a donné à ce livre un grand charme de chose vécue.

IV. — Propriété et droits réels.

63. — *L'action en revendication ne s'éteint pas par la prescription extinctive.* Elle suppose qu'une prescription acquisitive s'est produite. Note de M. Wahl, sous Cass., 12 juill. 1905, S 1907. 1. 273.

64. — *De la copropriété,* par feu M. le marquis de Vareilles-Sommières, *Revue critique,* nov. 1907.

65. — *La volonté de posséder et la distinction de la possession et de la détention en droit allemand,* par M. Cornil, *Revue de droit international,* 1907, p. 129.

66. — Note de M. Roche Agussol, sur l'*antériorité concédée à l'avance par un créancier hypothécaire à un prêteur postérieur en date, Pand. fr.,* 1907. 2. 88.

67. — Note de M. Chesney, sur les *droits réels consentis sur leurs biens par les congrégations non autorisées.*

68. — *L'insalubrité publique et l'expropriation*, *une loi nécessaire*, par M. GAUTREZ, Paris, Rousset, 1907. Étude sur l'insuffisance de la législation actuelle sur les logements insalubres et sur la nécessité de prendre des mesures énergiques comme les expropriations par zones.

V. — SUCCESSIONS ET DONATIONS.

69. — *Les fondations en Angleterre* (étude de droit comparé), par M. Jean ESCARRA (thèse de Paris, 1907).

Nous sommes heureux de voir se multiplier peu à peu des études de droit comparé. Elles ont en effet ce grand intérêt de porter sur des sujets qui pour nous sont entièrement nouveaux et de nous faciliter l'appréciation de législations importantes à connaître. On doit spécialement s'en féliciter lorsque le sujet est aussi important que le système si original des fondations du droit anglais et lorsque le travail témoigne d'un sérieux effort pour nous en faciliter la compréhension. M. E. ne s'est pas contenté en effet de nous exposer le droit anglais comme les Anglais le conçoivent. Le caractère très réaliste des solutions données, l'absence presque complète chez les jurisconsultes ou les législateurs d'outre-mer de conceptions abstraites et de définitions en rendent en effet la compréhension très difficile, un peu nuageuse pour nos cerveaux épris d'idées générales, habitués à des vues d'ensemble bien coordonnées entre elles et concevant les choses de la vie avec cette clarté un peu fausse qu'exige une première initiation à un sujet inconnu. L'auteur a cherché à nous donner quelques idées générales que les Anglais eux-mêmes n'ont guère eues ou n'ont guère développées.

Le livre comprend une première partie historique, où nous voyons à travers quelles vicissitudes on est finalement arrivé au régime très libéral et très pratique qui fonctionne actuellement. La fondation fut d'abord pratiquée sous forme de libéralité à des corporations : ordinairement des couvents. C'était la tenure en franche aumône, *frankalmoign*. Celle-ci, par sa nature même, se trouvait soustraite aux obligations féodales qui pesaient ordinairement sur la terre. De là une réaction du pouvoir royal contre cette institution, qui se manifeste notamment dans la grante charte de Henri II et par les actes de Plantagenets. La pratique y répondit en inventant et en développant les *charitable uses*, qui consistaient essentiellement dans la constitution d'un droit de propriété fiduciaire par le moyen d'une interposition de personne : le fondateur désignant des titulaires légaux de la propriété, qui devaient en assurer la jouissance effective aux bénéficiaires véritables de la fondation. C'est là le précédent direct des fondations privées actuelles, où la propriété est transférée nominalement à des *trustees* à charge par eux de faire fonctionner la fondation. Cette institution reçut du statut d'Élisabeth de 1601, qui est encore aujourd'hui d'une très grande importance, une vive impulsion. Celui-ci considéra comme valable tout *charitable trust*, en comprenant sous ce terme non seulement les fondations charitables proprement dites, mais celles ayant pour but l'avancement de la religion, l'enseignement, l'utilité générale.

Depuis ce statut, bien des actes sont intervenus; il y en a d'hostiles ou de restrictifs, comme l'*Act* de Georges II de 1836, dont la pratique rétrécit la portée, l'Act de 1888 bientôt réformé en 1891. Mais on peut dire en thèse générale que le statut de 1601 reste la base et qu'on a cherché surtout à perfectionner les fondations privées par la réglementation et la surveillance et que les progrès ont eu ici pour principal organe la *Charity commission*.

La seconde et la troisième partie ont pour objet le fonctionnement actuel des fondations. Elles nous présentent d'abord une étude d'ensemble sur les fondations qui peuvent rentrer dans la classe privilégiée des *charitable purposes,* où il fallait chercher, derrière les solutions d'espèce des jurisconsultes anglais, un principe général que l'auteur exprime ainsi : la *charity* est un *trust* de bienfaisance constitué en vue d'un intérêt général au profit de bénéficiaires indéterminés.

Passant ensuite rapidement sur les formes et sur quelques autres particularités accessoires, l'ouvrage nous présente un exposé très intéressant de la *Cy-près doctrine,* en vertu de laquelle la Charity commission, interprétant très largement la volonté des fondateurs et cherchant à dégager quel a été le but principal de celui-ci, rectifie ou précise le fonctionnement de l'institution.

Là encore, scrutant les décisions de la jurisprudence anglaise, M. E., tout en reconnaissant qu'elle est presque insaisissable et qu'elle se plie mal à une synthèse abstraite, arrive cependant à dégager quelques principes directeurs : notamment l'emploi de la théorie tantôt pour compléter la volonté générale du testateur, tantôt pour appliquer à des fondations existantes des modifications de leurs statuts ou de leur objet, soit à raison de l'augmentation des revenus, soit à raison des circonstances de fait qui rendent impossible la réalisation du but primitif. L'exposé des cas les plus fameux où cette théorie a été appliquée l'amène à formuler sur elle un jugement très favorable. Malgré ses dangers possibles, elle a eu l'immense avantage de supprimer le danger de fondations testamentaires défectueuses qui aurait été sans remède. Elle débarrasse celles-ci de leurs imperfections, qui auraient pu en faire de véritables fléaux.

Quant au fonctionnement même du *trust*, après avoir mis en lumière ce système qui consiste à avoir un propriétaire apparent des biens : les *trustees* tenus de faire bénéficier des revenus de la fondation ceux qui doivent en profiter, le propriétaire étant en fait plusieurs personnes ayant une *joint tenancy*, c'est-à-dire se comportant au dehors comme un seul propriétaire, M. Escarra ne se contente pas de décrire le procédé, il cherche à le caractériser. Il montre d'une part que sous réserve de certaines différences, notamment de la destination des revenus, on pourrait le comparer à la *Gesammtehand*, à la propriété en main commune du droit allemand. Par ailleurs il la compare aussi avec la personnalité morale et il se demande si ce système, en tenant compte de certains détails, par exemple des *Officials trusts*, corps de fonctionnaires au nom duquel peuvent être inscrits les biens *endowed*, ne se rapproche pas plus qu'il ne paraîtrait d'abord de la personnalité morale du droit français. Il montre à ce propos, ce qui est très curieux, que peut-être si cette notion de personnalité n'a pas davantage pénétré en Angleterre, c'est pour une raison spéciale. On paraît avoir toujours craint que les trustees, propriétaires apparents, conscients comme tels de leur responsabilité, n'en aient moins le sentiment le jour où ils ne seraient plus que les simples administrateurs des biens d'une personne morale. Il y a donc là, comme en toute matière du droit anglais, un sens très réaliste qui a écarté des conceptions qui nous sont familières sur le continent.

Un des autres traits caractéristiques des fondations anglaises dont ce livre nous donne une conception très creusée, très détaillée, ce sont les organes publics de surveillance et de contrôle de ces fondations. Le droit anglais a fort bien vu que les fondations sont ce qu'on les fait : qu'elles peuvent produire des effets déplorables, être ridicules ou nuisibles si on les laisse fonctionner à leur guise, pousser comme des plantes folles, mais qu'elles peuvent aussi rendre d'immenses services, si l'on sait les maintenir et les surveiller. L'idée toutefois, n'a trouvé que lentement une expression tout à fait convenable. Les commissions d'enquête sur les fondations ne datent pas d'hier. Ce furent, au xvi⁰ siècle, celles instituées par Henri VIII. Mais elles n'avaient qu'un but politique : favoriser, préparer la disparition d'une partie des fondations religieuses. Le statut d'Elisabeth prévoyait bien la nomination de commissions, qui en fait furent nombreuses et actives, pour réprimer les abus. Mais elles n'étaient que temporaires. Il faut arriver en 1853 pour trouver la désignation d'une commission perpétuelle, la *Charity commission*. Son rôle a été capital, et M. Escarra le fait parfaitement saisir. Elle possède à la fois des pouvoirs judiciaires pour régler les difficultés concernant les fondations et des pouvoirs administratifs. Ceux-ci ne consistent pas à administrer directement les fondations, mais à faire sur elles des enquêtes, tantôt sur la situation générale des fondations, tantôt sur telle d'entre elles en particulier. D'autre part, les actes administratifs importants : aliénations, baux de longue durée ne peuvent être faits sans leur autorisation par les trustes. Mais surtout la *Charity commission* intervient en dressant des *scheme* qui serviront de guide pour l'administration des fondations. L'activité dont a fait preuve la commission a été telle que récemment on a dû confier au *Board of Education* le soin d'exercer le même rôle en ce qui concerne les fondations scolaires.

Ce sont là les traits vraiment caractéristiques de l'institution en Angleterre auxquels on est heureux d'être initié par un bon guide. Ce n'est pas à dire que les autres points aient été laissés de côté. Nous trouvons aussi un exposé du système des fondations administrées par des corporations, comme le sont d'anciennes fondations : notamment celles des Universités, qui ont échappé jusqu'ici à la bienfaisante influence de la *charity commission*. Il y a également des indications sur les *incorporated trusts*, c'est-à-dire sur ceux que la loi considère comme de véritables corporations et qui ont ainsi, comme nous dirions sur le continent, une sorte de personnalité morale.

Tout ce travail, fait avec beaucoup de soin et de compétence, fait très bien augurer de l'avenir de son auteur. C'est certainement une thèse qui restera et qui sera étudiée avec grand profit.

70. — *Des actions en reprise, en revendication et en révo-*

cation des libéralités faites aux établissements ecclésiastiques supprimés, par M. E. SANLAVILLE (Paris, Lib. gén. de dr. et de jur., 1907). L'auteur démontre en premier lieu que les auteurs de libéralités aux établissements supprimés par la loi de séparation ou leurs ayants-cause disposent de deux catégories de moyens pour rentrer dans la libéralité : ils ont des moyens créés par la loi de séparation. ils conservent, d'autre part, l'action en révocation pour inexécution des conditions ou des charges dont n'a pas parlé la loi de 1905. M. Sanlaville, après avoir étudié ces deux catégories d'actions, examine la question de savoir contre qui ces actions peuvent être intentées depuis la suppression des établissements ecclésiastiques jusqu'à l'attribution définitive de leurs biens à de nouveaux établissements.

71. — *Étude sur les biens cultuels familiaux en pays d'Annam* (Huang-Hoa), par M. BRIFFAUT (Paris, Larose, 1907).

Il ne sera pas sans utilité pour ceux qui s'occupent de droit comparé ou d'histoire du droit, aussi bien que pour ceux qui s'intéressent aux questions coloniales, de lire ce livre. Il contient d'abord un exposé général sur l'organisation de la famille annamite et sur son patrimoine. On y retrouve tous les caractères du droit primitif : la propriété collective en principe inaliénable, le pouvoir perpétuel du chef de famille limité seulement par l'assistance d'un conseil ou les droits de l'ensemble des membres de la famille.

Cette organisation nous permet de saisir le fonctionnement des biens cultuels familiaux : de l'Huang-Hoa. C'est un ensemble de biens qui sont substitués à perpétuité au profit de l'aîné des descendants mâles de la famille. Les revenus de ces biens sont laissés pour subvenir aux frais des sacrifices et de façon plus générale à tous les frais qu'occasionnent les soins du culte, l'entretien des tombeaux, l'organisation des fêtes religieuses, et aussi l'entretien de parents pauvres et l'éducation de leurs enfants. Cette substitution est l'objet d'une organisation toute particulière : elle ne peut excéder un certaine quotité des biens du disposant, elle ne peut être faite que par l'assemblée de famille. Les différentes personnes qui en bénéficient ne peuvent se soustraire à une acceptation, ni aux charges qu'elle implique. Les biens substitués sont entre leurs mains inaliénables et insaisissables.

On lira avec plus d'intérêt encore la conclusion où l'auteur nous fait voir que l'introduction des idées et de la législation occiden-

tale ont porté un coup funeste à ces antiques institutions familiales, d'où est résulté en vingt années une véritable transformation sociale, ayant comme traits caractéristiques d'abord de
détacher l'indigène de la terre et de développer le paupérisme.
Aussi demande-t-il que l'on cherche à arrêter la décadence des
coutumes anciennes.

72. — Dissertation de M. Capitant sur le point de savoir si *le
devoir de doter est une obligation naturelle et s'il en résulte
la validité des constitutions de dot contenues dans un contrat
de mariage nul.* D. 1907. 2. 241.

73. — Dissertation sur le *sort des biens légués avec charge
aux établissements ecclésiastiques supprimés.* D. 1907. 2. 245.

74. — Note sur le *délai pour faire révoquer les donations
pour ingratitude*, par M. Paul Henry. *Pand. fr.*, 1907, 2. 269.

75. — Étude de M. Tissier sur la *révocation des donations
faites aux fabriques à charge de célébration de messes.*
S. 1907. 2. 183.

76. — *Les fondations pieuses et la loi du 9 déc. 1905*, par
M. Henri Pascaud. *Revue critique*, p. 303.

77. — Note de M. Planiol sur les *anciennes fondations faites
par testament.* D. 1907. 1. 313.

78. — Note de M. Jaubert sur l'*interposition de personnes
consistant à faire un légataire universel pour arrêter toute
demande en nullité de donation faite à un incapable. Pand.
fr.*, 1907. 1. 142.

79. — *Les fidéicommis en Allemagne*, par M. Georges Blondel.
Réforme sociale, 1er juin 1907.

VI. — Ouvrages auxiliaires.

80. — *Philosophie et droit privé*, par M. Georges Cornil,
Revue droit international, p. 382 et 510.

81. — *Loi du 29 mars 1907 concernant la compétence territoriale des notaires, Lois nouvelles*, 1907, p. 289.

82. — Signalons l'apparition du tome XIX la *Refonte du
Recueil général des lois et arrêts*, qui, avec le tome XX déjà
paru, donne la collection des arrêts de 1896 à 1900.

83. — *La répression internationale des fausses indications de provenance*, par M. Lacour, *Journ. de dr. intern.*,
p. 619.

84. — *Modifications apportées au Code civil français par* *la législation de l'île Maurice. Journ. de droit international privé*, 1907, p. 637 et 985, suite d'une étude commencée en 1904.

85. — M. Lainé, continue *l'étude de la conférence de la Haye relative au droit international privé, Journ. de droit international*, p. 897.

86. — *Divers aspects de la condition civile des étrangers en France*, par M. Glasson, *Journal de droit international privé*, 1907, p. 593.

87. — *A travers la coutume de Paris et les institutions coutumières de Loysel, Rev. critique*, novembre 1907.

88. — *Chronique législative*, par M. Cézar-Bru, *Revue critique*, p. 353 et 428.

89. — Note de M. Planiol, sur *l'obligation imposée par un testateur de thésauriser les revenus d'une substitution*, D. 1907. 1. 265 sous Caen, 15 nov. 1906.

90. — Note sous le même arrêt sur le *droit des bénéficiaires d'une charge d'en demander en justice l'exécution*.

91. — *La législation de 1907 sur les vins et les spiritueux, étude des lois des 29 juin et 15 juill. 1907 et du 30 janv. 1907 sur les boissons, apéritifs*, par L. Vallet, 1 br. 54 pages, extr. des *Lois nouvelles*, 1907. L'auteur analysé et commente ces lois dans leur essai de répression des abus et des fraudes.

92. — *La loi du 27 mars 1907 concernant les Conseils de prud'hommes*, par A. Popineau, 1 br. 115 p., extr. des *Lois nouvelles*, Paris, 1907.

93. — *La loi du 31 déc. 1906 relative à la compétence des juges de paix en matière forestière*, commentaire de cette loi et la législation du 18 juill. 1906, par A. Bouchez, 1 br., 80 p., extr. des *Lois nouvelles*, Paris, 1907.

P. Lerebours-Pigeonnière et R. Demogue.

JURISPRUDENCE

EN MATIÈRE DE DROIT CIVIL

FRANCE

A. — Personnes et droits de famille.

Par M. Louis Josserand,

Professeur à la Faculté de droit de l'Université de Lyon.

I. — Domicile.

1. — *Mineurs non émancipés qui servent ou travaillent habituellement chez autrui.*

La disposition de l'article 109 du Code civil, aux termes de laquelle : « les majeurs qui servent ou travaillent habituellement chez autrui auront le même domicile que la personne qu'ils servent ou chez laquelle ils travaillent, lorsqu'ils demeureront avec elle dans la même maison », ne concerne que les majeurs ; elle ne vise nullement les mineurs non émancipés qui, même lorsqu'ils travaillent habituellement chez autrui, continuent d'emprunter le domicile de leur père, mère ou tuteur, conformément à l'article 108 du Code civil. Ces principes conduisent à décider, en matière électorale, que le jeune homme qui se trouve en état de minorité alors qu'il demande son inscription sur la liste électorale, n'est pas fondé, quand bien même il devrait atteindre sa majorité antérieurement au 31 mars, date de la clôture des listes, à réclamer cette inscription dans la commune où se trouve domicilié le maître chez qui il travaille ; il doit se faire inscrire dans celle où sont domiciliés ses père, mère ou tuteur. — Cass., 22 avr. 1907 (*Gaz. des Trib.*, 7 sept. 1907).

II. — MARIAGE.

2. — *Abandon du domicile conjugal.*

La femme qui quitte, sans raison plausible, le domicile conjugal et qui manque ainsi à une de ses obligations essentielles, ne peut plus exiger du mari qu'il lui fournisse tout ce qui est nécessaire pour les besoins de la vie, suivant ses facultés et son état. Car les deux obligations, celle de la femme et celle du mari, sont corrélatives, et la femme, par cela qu'elle méconnaît celle qui lui incombe, s'enlève le droit d'exiger la réalisation de celle qui pesait jusque-là sur son mari. A plus forte raison, le tiers qui a pourvu aux besoins de la femme pendant son éloignement du domicile conjugal ne peut-il pas émettre la prétention de se faire rembourser par le mari les dépenses qu'il a dû faire à cette occasion. — Douai, 7 mars 1907 (*Gaz. des Trib.*, 19 sept.).

3. — *Opposition, fille légitime de la concubine du futur époux, article 162 du Code civil inapplicable, validité de l'union.*

Le tribunal civil de la Seine vient de trancher une question que les auteurs avaient coutume de présenter comme purement théorique, celle de savoir si les relations hors mariage peuvent établir des rapports d'alliance et si, notamment, elles sont de nature à créer des empêchements de mariage. Pour raisonner sur le cas concret et saisissant qui était soumis au tribunal, un individu peut-il épouser la fille de la femme avec laquelle il a notoirement vécu en concubinage et dont il a eu un enfant, régulièrement reconnu par lui ainsi que par la mère? Celle-ci, indignée de l'union projetée par son ancien amant, prétendait y faire opposition en se basant sur l'article 161 du Code civil, d'après lequel « en ligne directe, le mariage est prohibé entre tous les ascendants et descendants légitimes ou naturels, et les alliés dans la même ligne ». N'était-ce point en effet son alliée en ligne directe que l'ancien concubin se proposait d'épouser? Le tribunal de la Seine ne l'a pas pensé; il a rejeté l'opposition formée par la mère au mariage de sa fille, et nous pensons qu'il serait malaisé, si choquante que soit la situation par lui proclamée licite, de critiquer sérieusement sa décision sur ce point.

L'alliance, en effet, telle qu'elle a été comprise par le Code civil, ne saurait résulter que du mariage; on la définit constamment : le lien que le mariage établit entre l'un des époux et la famille de son conjoint et cette définition est calquée sur celle de Pothier, d'après lequel « l'affinité proprement dite est le rapport qu'il y a entre l'un des conjoints par mariage et les parents de l'autre ». Donc, là où il n'y a pas mariage il ne saurait y avoir alliance. Comme l'affirme le tribunal civil de la Seine : « ... le concubinage ne peut produire une alliance naturelle ni, par suite, créer des empêchements à mariage entre les concubins et les parents de l'autre ». D'autant mieux que, suivant la remarque que nous relevons dans le même jugement : « adopter une autre solution serait étendre arbitrairement les prohibitions à mariage, lesquelles sont de droit étroit ». Ces considérations sont tout à fait décisives ; et, à ceux que choquerait l'immoralité de pareilles unions, il serait facile de répondre que leur régularité se déduit du point de vue auquel s'est placé le législateur français, qui a entendu ignorer l'union de fait, si étroite et si prolongée qu'elle pût être. Certainement, le concubinage ne saurait servir à étayer une récusation de témoins ; certainement il ne fait pas obstacle à ce que, malgré la disposition de l'article 37 du Code civil les concubins soient témoins ensemble dans le même acte. Or, le jugement du tribunal de la Seine procède du même ordre d'idées que toutes ces solutions : il est l'aboutissement logique du point de vue auquel se sont placés les rédacteurs du Code civil, et seule, une réglementation de l'union de fait pourrait conjurer un tel résultat (Trib. civ. Seine, 21 juin 1907, *Gaz. des Trib.*, 24 oct. 1907).

Dans ce sens : Demolombe, *Traité du mariage*, t. I, n° 112 ; en sens contraire, Aubry et Rau, t. V, § 481, note 13, dans la 4ᵉ édition. Ces auteurs appuient leur solution, notamment, sur des considérations de morale et d'honnêteté publique qui passent à côté de la question du moment que le législateur a entendu fermer les yeux sur les rapports hors mariage.

III. — DIVORCE.

4. — *Adultère fictif, pension alimentaire, convention contraire à l'ordre public.*

Deux conjoints, désireux de divorcer, mais n'ayant aucun tort réel à se reprocher, conviennent que le mari élira domicile à Paris, qu'il y vivra en concubinage apparent, de telle sorte qu'un flagrant délit puisse être constaté et que la femme, prétendûment trompée, soit à même d'introduire une instance en divorce contre son mari. Cette étrange convention est exécutée de point en point; une instance en divorce est engagée et le divorce est prononcé aux torts du mari. Mais, comme le demandeur n'a déposé aucune conclusion tendant à ce qu'une pension alimentaire lui soit allouée, le jugement ne prononce contre le mari aucune condamnation sur ce point. Dans ces conditions, la femme se réclame de la convention jadis passée et aux termes de laquelle elle doit recevoir, « en retour des stipulations arrêtées d'accord », une rente viagère de 15.000 francs. Le tribunal décida avec raison que cet engagement allégué par la demanderesse ne pouvait sortir aucun effet; il ne fallait y voir qu'une clause figurant dans une convention de divorce, car la pension stipulée par la femme n'était que le prix de sa participation à la comédie jouée par les époux pour abuser le tribunal et pour réaliser un divorce par consentement mutuel : pareille clause devait tomber avec la convention même dont elle faisait partie intégrante, puisque, comme elle, elle était contraire à l'ordre public (Trib. civ. Boulogne-sur-Mer, 1er août 1907, *Gaz. Trib.*, 13 sept. 1907).

5. — *Jugement passé en force de chose jugée, mais encore non transcrit; décès de l'un des époux.*

On sait que, dans le système établi par la loi du 18 avr. 1886, le divorce ne devient définitif que par la transcription du jugement qui le prononce sur les registres de l'état civil : jusqu'à l'accomplissement de cette formalité, l'union subsiste. De là cette conséquence que si l'un des époux vient à décéder postérieurement au jugement de divorce, mais avant toute transcription opérée sur les registres de la mairie, le mariage se trouve dissous, non par le divorce mais par la mort, ce qui permet au survivant de prétendre aux droits qui lui sont conférés par l'article 767 du Code civil dans la succession du prédécédé. C'est cette solution que vient de consacrer le tribunal civil de Versailles, dans un jugement où se trouvent réfutées les objections présentées par la thèse adverse, d'après laquelle le jugement de divorce, du moment qu'il est passé en force de chose jugée, mettrait fin de façon définitive à la vocation successorale entre époux. On avait essayé d'argumenter en ce dernier sens de l'article 767 du Code civil, qui, dans ses premier et deuxième alinéas, accorde le droit de succession au conjoint survivant non divorcé « et contre lequel n'existe pas de jugement de séparation de corps passé en force de chose jugée ». Il résulte de là, a-t-on dit, que, du moment qu'un tel jugement existe, la vocation successorale disparaît. C'était évidemment attribuer à la lettre de l'article 767 une im-

portance excessive. Le législateur de 1891, en développant et en
fortifiant les droits successoraux du conjoint survivant, n'a certainement pas entendu toucher aux principesfondamentaux en
matière de divorce; or l'article 244 est formel : dans son 3ᵉ alinéa, il décide que : « l'action en divorce s'éteint également par
le décès de l'un des époux survenu avant que le jugement soit
devenu irrévocable par la transcription sur les registres de l'état
civil ». Ainsi, et jusqu'à cette transcription, quand bien même
le jugement serait passé en force de chose jugée, il n'y a pas
divorce, mais simplement *action en divorce*, laquelle s'éteint
par le décès de l'un des époux : c'est donc que le mariage subsiste, avec toutes les conséquences qu'il entraîne,
dont une des plus importantes est précisément l'aptitude successorale (Trib. civ. Versailles, 6 févr. 1907, *Gaz. Trib.*, 24 oct.
1907).

6. — *Divorce, abandon du domicile conjugal, présence de
la belle-mère, refus légitime.*

L'abandon d'un conjoint par son épouse ne constitue une
cause de divorce que s'il présente un caractère injurieux à l'é-
gard de l'époux délaissé, ce qui suppose qu'il s'explique uniquement par le désir de se soustraire aux obligations nées du
mariage. Ne pourra donc motiver le divorce, l'abandon que
la femme a fait du domicile conjugal dans le but de ne pas
vivre avec sa belle-mère, alors qu'elle se déclare prête à reprendre la vie commune dès que son mari lui aura assuré un logement séparé et distinct de celui de ses beaux-parents.

Cette solution n'est peut-être pas en conformité stricte de
l'article 214 du Code civil, qui impose à la femme, sans distinction aucune, l'obligation d'habiter avec son mari; mais elle constitue une tentative intéressante en ce sens qu'elle prend en
considération les mobiles qui ont guidé l'épouse lorsqu'elle a
abandonné le domicile conjugal; elle se rattache aux mêmes
tendances subjectives qui ont fait pénétrer assez avant dans la
jurisprudence la théorie de l'abus des droits : de même que
l'exercice d'un droit peut devenir illicite par les mobiles qui
guident son titulaire, ainsi, et à l'inverse, un acte, en principe
répréhensible, peut devenir irréprochable à raison de la pensée qui l'a inspiré; en *causant* les droits, on arrive ainsi ordinairement à les limiter, mais parfois, au contraire, à les développer (Trib. civ. Corbeil, 15 mai 1907, *Gaz. des Trib.*, 3 oct.
1907).

7. — *Injure grave, inconduite habituelle et fautes contre l'honneur.*

L'injure grave de nature à entraîner le divorce aux torts et griefs du mari, résulte suffisamment de ce que celui-ci, qui avait un grade dans l'armée, a été traduit devant un conseil d'enquête sous prévention d'inconduite habituelle et de faute contre l'honneur et s'est vu mettre en disponibilité par retrait d'emploi, par décision du ministre de la Guerre. Cette solution n'est qu'un nouvel exemple de l'interprétation extensive que suivent nos tribunaux sur l'article 231 du Code civil (Cass., 6 mai 1907, S. 1907. 1. 280; *Gaz. des Trib.*, 19 sept.).

IV. — FILIATION.

8. — *Filiation naturelle, preuve, commencement de preuve par écrit.*

L'article 341 du Code civil n'ouvre la preuve testimoniale à l'enfant naturel qui veut établir sa filiation maternelle que s'il peut produire un commencement de preuve par écrit. Sans doute la jurisprudence, se montrant en ceci très libérale, n'exige point que l'acte produit réponde aux conditions rigoureuses de l'article 1347 du Code civil; elle s'en réfère à la formule que l'article 324 nous donne pour la recherche de la filiation légitime. Mais encore faut-il que cet acte réunisse certaines conditions; notamment, ne pourrait pas jouer le rôle de commencement de preuve par écrit la lettre adressée par un tiers à l'enfant, alors que ce tiers n'appartient pas à la famille de la défenderesse éventuelle, qu'il n'est pas engagé dans la contestation et qu'il n'y a aucun intérêt au sens de l'article 324 du Code civil. Vainement l'enfant alléguerait-il que ce document a été écrit sur l'ordre de la prétendue mère, alors que cette circonstance n'est nullement établie. En tout cas, la preuve du prétendu mandat ne saurait être administrée par témoins, car on en arriverait alors à permettre indirectement au demandeur de faire par témoins la preuve de sa filiation en dehors des conditions prévues par la loi (Cass., 17 juin 1907, *Gaz. des Trib.*, 13 oct. 1907).

V. — RÉGIMES MATRIMONIAUX.

9. — *Contrat de mariage, communauté réduite aux acquêts, absence de dotalité.*

Lorsqu'un contrat de mariage établit entre les époux le régime de la communauté réduite aux acquêts, une clause de ce contrat ne doit être considérée comme entraînant, pour une partie des biens de la femme, soumission au régime dotal, qu'autant qu'elle répugne à toute autre interprétation. Notamment, ne comporterait pas une telle signification et une telle portée la clause qui prescrit l'emploi et le remploi de certains biens de la femme et qui met à la charge du mari et des tiers l'obligation de veiller à ce que ce remploi soit effectué ; une telle stipulation ne suffit pas à imprimer par elle-même aux biens qu'elle concerne le caractère de biens dotaux, inaliénables en principe ; elle peut en effet s'interpréter comme une mesure de précaution prise dans l'intérêt de la femme et de la conservation de son apport, et destinée à lui assurer certaines garanties en cas d'aliénation volontaire (Rouen, 20 févr. 1907, *Gaz. des Trib.*, 5 sept. 1907).

10. — *Constitution de dot avec imputation sur la succession du prémourant et subsidiairement sur celle du survivant ; interprétation de cette clause.*

Lorsqu'une dot est constituée à un enfant commun par ses parents, solidairement et conjointement, en avancement d'hoirie sur la succession du premier mourant et subsidiairement, s'il y a lieu, sur celle du survivant, la situation est la même que si les parties avaient inséré la clause, entrée en usage dans la pratique notariale de Paris, et par laquelle il est précisé que l'époux donataire ne sera jamais tenu à un rapport effectif à la succession du prémourant. Lors du décès de l'un de ses parents, l'enfant ne doit donc imputer sa dot sur la succession de son auteur que jusqu'à concurrence de sa part héréditaire effective ; si donc cette part se trouve être nulle, la dot devient rapportable pour le tout à la succession du dernier mourant des père et mère, lequel doit alors être considéré comme ayant seul et personnellement constitué la dot.

Cette solution, qui jadis a fait parfois difficulté en jurisprudence (Voy. Paris, 16 mars 1850, S. 50. 2. 321 ; D. 1850. 2. 167), nous paraît cependant au-dessus de toute discussion ; elle est pleinement conforme à la volonté des parties. C'est en effet pour éviter que l'enfant doté pût être constitué en perte à raison du rapport par lui effectué que la pratique notariale a ajouté à la clause d'imputation sur la succession du prémourant celle d'imputation subsidiaire sur la succession du survivant des donateurs (Paris, 20 mars 1907, *Gaz. Pal.*, 19 oct. 1907).

L. JOSSERAND.

B. — Obligations et contrats spéciaux.

Par M. René Demogue,

Professeur agrégé à la Faculté de droit de l'Université de Lille.

I. — Obligations en général.

a) Conditions d'existence des obligations délictuelles.

1. — *Responsabilité de celui qui achète des titres au porteur envers le propriétaire.*

Nous avons relaté précédemment que la jurisprudence s'engageait en matière de titres au porteur dans une voie fort dangereuse (v. *Rev.*, 1906, p. 157), obligeant l'acheteur, sous peine de commettre une faute, à vérifier l'identité et le domicile de son vendeur. Elle semble s'engager encore davantage dans ces idées par un jugement du tribunal de la Seine du 4 juin 1907 (*Gaz. des Trib.* du 27 juill.). Un banquier ayant vendu des actions qu'il avait en dépôt, l'acheteur, est responsable envers le propriétaire des titres pour avoir acquis ceux-ci qu'on lui offrait à très bon marché, car « il avait le devoir de s'enquérir près du banquier du nom du vendeur, de l'origine des titres, des motifs qui pouvaient déterminer leur propriétaire à se défaire en une fois et à si bas prix d'un grand nombre de titres. S'il avait fait ces investigations, il eût été édifié sur l'origine suspecte des titres, il aurait pu apprendre ou soupçonner que le banquier ne les avait qu'en dépôt. S'il ne l'a pas fait, c'est qu'il a voulu ne pas laisser échapper une occasion qui pour lui était une aubaine inespérée ».

Malgré le grand souci d'équité de cette solution, on peut se demander si ce n'est pas aller bien loin. Le banquier ne peut-il se retrancher derrière le secret professionnel pour refuser toute explication? Et qu'exige-t-on de l'acheteur? Qu'il se livre à une enquête qui peut l'amener à soupçonner qu'un banquier n'a des titres qu'en dépôt. On est en faute de ne pas s'être livré à des recherches d'un caractère si aléatoire et un client doit s'étonner qu'un banquier ait des titres à vendre, parce qu'il les vend bon marché, et cela dans un cas où, ces valeurs n'étant pas cotées, rien de précis n'en fixe le prix. Cela ne tient-il pas de la divination? Et que devient cette sécurité pratique qu'a voulu donner l'article 2279 si on étend ainsi l'article 1382 et si on en fait une

machine pour détruire tous les textes du Code civil? Après avoir
démoli l'article 341 sur la recherche de la paternité, c'est maintenant l'article 2279. Auquel le tour?

D'ailleurs, la jurisprudence antérieure se montrait beaucoup
plus modérée, se contentant de la preuve de l'identité des parties en présence (v. not., Rouen, 22 juill. 1896, S. et P. 97. 2. 115;
trib. comm. de la Seine, 24 mai 1894, *Gaz. Pal.*, 94. 2. 69; et
plus récemment, trib. comm. de Marseille, 27 mai 1907, *Gaz.
Pal.*, 1er sept.; enfin, Cass. 16 juill. 1907, *Gaz. Pal.*, 16 oct.),
d'après lequel un banquier est suffisamment prudent en négociant les titres présentés par un inconnu dès que celui-ci lui est
présenté par un client habituel.

2. — *Réparation du préjudice moral.*

Un jugement du tribunal de la Seine du 4 mars 1905 (*Pand.
fr.*, 1907. 2. 168) a accordé des dommages-intérêts pour un simple dommage moral, dans le cas suivant: Un savant, le Dr Metch-
nikoff, avait cédé gratuitement à un tiers le droit de se recommander de sa méthode scientifique pour exploiter un ferment
par lui préconisé. Un tiers avait ensuite exploité le même ferment se recommandant par des affiches du savant qui l'avait
découvert et faisant figurer son nom en grosses lettres.

Ce fait a été considéré comme une faute causant un dommage
moral pour lequel réparation était due. Il faut remarquer à la
fois dans cette décision le fait d'accorder une réparation pour
un simple dommage moral pour lequel on éprouve encore quelque hésitation (v. dans le même sens, *Rev.*, 1906, p. 156 et 400),
et la louable souplesse de la jurisprudence, qui a su plier les
textes à ce cas spécial.

On rapprochera de cette décision un arrêt de Chambéry du
25 juin 1907 (*La Loi*, 29 sept.-2 oct.), qui admet que le fait
de faire interner injustement une personne comme aliénée peut
donner lieu à indemnité en faveur des parents lésés uniquement
dans leur affection, sauf toutefois si, comme dans l'espèce, l'internement a été de très brève durée.

3. — *Du droit pour un plaideur de publier le jugement
rendu.*

Celui qui a obtenu un jugement a-t-il le droit de le publier?
Il n'existe sur ce point aucun arrêt de cassation. Mais les cours
d'appel l'ont maintes fois tranché. La cour de Besançon a jugé
qu'il y avait quasi-délit de la part d'une personne qui publiait
un jugement la concernant en en dénaturant la portée (5 févr.

1874, D. 75. 2. 170), ce qui ne pouvait faire doute. Il y a eu hésitation par contre pour savoir, si une décision permettant à une personne de faire reproduire un jugement dans un certain nombre de journaux, elle avait le droit de le faire publier dans d'autres. Si la Cour d'Aix a admis l'affirmative (6 févr. 1857, D. 57. 2. 133), réservant seulement le cas où il y aura intention de nuire. la Cour de Paris (1er juin 1831, D. 31. 2. 219 et S. 31. 2. 205) a admis au contraire la négative. Et cette décision a une force particulière, car elle se rattache à un courant général, que révèlent deux arrêts de la même Cour, l'un du 23 févr. 1839 (P. chr.; D. 39. 2. 85, et l'autre du 5 juill. 1907, *La Loi* 29 sept., 2 oct.) en vertu desquels il y a acte abusif dans le seul fait de publier un jugement sans que cette publication ait été prescrite. Ce système repose-t-il sur cette idée que, les tribunaux ayant qualité pour prévenir les confusions de marque ou autres par les jugements qu'ils rendent, dès qu'ils sont saisis d'une demande à cet effet, eux seuls ont qualité pour agir dans ce but? Cette prétention est singulière, car où est-il dit qu'on ne peut protéger son droit qu'en faisant en quelque sorte estampiller d'avance par justice les armes qu'on emploie? La cour de Paris pense-t-elle simplement que ce droit de publication prête à des abus et a-t-elle voulu les éviter? C'est plus probable. Mais alors, ne serait-il pas plus sage de dire que, pour le droit de publier un jugement comme pour tout autre, il y a parfois abus du droit?

En tout cas, la dernière décision rendue ne peut étonner, la même cour ayant déjà jugé le 27 juill. 1850 (D. 51. 2. 168) qu'il y avait abus pour un commerçant à publier un rapport de l'Académie de médecine constatant la supériorité de ses produits sur d'autres, rapport déjà publié par les journaux spéciaux.

4. — *Du droit de faire des personnalités dans des actes non confidentiels.*

De tout un ensemble de décisions de jurisprudence paraît se dégager cette idée qu'un pareil droit n'existe pas. Ainsi la Cour de Chambéry, le 27 juin 1907 (*La Loi* du 29 sept.-2 oct.), a condamné pour cette raison un médecin qui dans un certificat d'aliénation mentale destiné à être vu par diverses personnes indiquait nommément différents parents du malade comme dégénérés ou inintelligents. On peut rapprocher de cet arrêt la jurisprudence qui interdit à celui qui a obtenu un jugement de le publier avec le nom de l'adversaire (V. *suprà*, n. 3).

5. — *Du droit d'un époux d'agir en indemnité contre l'autre.*

Nous avons déjà montré que la jurisprudence est incertaine sur le point de savoir si un époux obtenant le divorce ou la séparation de corps peut retenir les faits qui l'ont motivée comme base d'une demande en indemnité (v. *Rev.*, 1906. p. 402). L'affirmative a été admise par la Cour de Lyon le 22 mai 1907 (S. 1907. 2. 176) dans des circonstances où elle paraissait s'imposer. Il s'agissait d'un mari qui paraissait n'avoir contracté mariage que pour s'emparer des titres d'une femme et qui l'avait abandonnée en emportant son avoir quelques jours après le mariage. Ici la célébration de l'union n'avait été qu'une des manœuvres pour dépouiller une personne en abusant de son ignorance et de son inexpérience ; il ne pouvait donc être douteux qu'une indemnité fût légitime.

6. — *Distribution à domicile de prospectus obscènes.*

La jurisprudence a su avec une habileté heureuse assouplir la notion de faute aux nécessités pratiques et elle a admis qu'il y avait un acte tombant sous le coup de l'article 1382 du Code civil dans le fait de distribuer à domicile des prospectus obscènes prônant les théories néomalthusiennes, ce fait constituant à la fois une injure au destinataire par le fait qu'on le suppose capable de s'associer à une œuvre immorale et un péril pour la famille exposée à lire et à connaître de pratiques anticonceptionnelles. Le tribunal de la Seine (1er juill. 1896, D. 99. 2. 52) et plus récemment celui de Lille (6 juin 1907, D. 1907. 2. 192) ont vu dans cette solution un moyen de garantir « l'inviolabilité du foyer domestique contre l'envahissement de publications qui y pénètrent contre sa volonté, l'offensent dans sa dignité et peuvent atteindre la moralité de ses enfants ».

7. — *Abus du droit.*

Applications intéressantes et nouvelles de cette théorie (cf. *Rev.*, 1905, p. 886). S'expose à des dommages-intérêts le créancier qui pour le paiement de quelques francs fait saisir tout le patrimoine immobilier de son débiteur qui avait perdu ses facultés mentales et ne pouvait s'opposer à cet usage implacable et excessif du droit de saisie (Trib. de Rethel, 8 juin 1904, D. 1907. 2.199). S'expose de même à payer une indemnité, le bailleur qui pour une dette contestée opère une saisie-gagerie sur le mobilier du locataire et paralyse ainsi ses affaires (Lyon, 25 mai 1906, *Pand. fr.*, 1907. 2. 256).

8. — *Responsabilité de l'amant en cas d'inconduite de la femme qu'il a séduite.*

La jurisprudence a admis qu'il y avait faute dans le fait d'un homme qui avait séduit une jeune fille par des promesses de mariage et l'avait rendue mère (v. *Rev.*, 1906, p. 158, 400 et 897), et que ce fait l'obligeait à réparation envers la mère. Un jugement du tribunal de la Seine, du 14 mars 1907 (*Pand. fr.*, 1907. 2. 175), ajoute à cette théorie une exception intéressante. Elle repousse l'action de la mère si pendant l'absence de son amant, sa conduite a été critiquable et si celui-ci n'a pas tenu ses promesses d'ailleurs sincères de mariage par la faute de la femme, celle-ci ne pouvant en pareil cas s'en prendre qu'à elle-même du délaissement dont elle a été l'objet. L'abandon en pareil cas n'est plus un quasi-délit. Cette solution est nouvelle. La Cour de Colmar avait jugé le contraire le 31 déc. 1863 (S. 65. 2. 569), dans un cas il est vrai où les rapports des deux amants avaient duré depuis des années. Le jugement actuel est curieux en ce qu'il complète la théorie jurisprudentielle de la responsabilité de l'amant au moyen d'une véritable *exceptio plurium* analogue à celle admise par l'ancienne jurisprudence en fait de recherche de paternité.

9. — *Responsabilité du préposant pour actes contraires à ses ordres.*

Le préposant est responsable des actes du préposé même lorsque celui-ci a exercé à un moment ses fonctions contrairement aux ordres reçus. Cela découle de ce que sa responsabilité provient d'un mauvais choix supposé. Ainsi un propriétaire d'automobiles est responsable de l'accident causé par son chauffeur à qui il avait donné ordre de retourner à un garage et qui, en faisant au lieu de cela une promenade d'agrément, a blessé un passant (Cass. crim., 23 mars 1907, *Gaz. des Trib.*, du 24 août).

10. — *De la notion de préposé.*

La Cour de cassation (Ch. des req., 6 août 1907, *Gaz. Pal.*, 20-21 oct.) a rejeté le pourvoi contre un arrêt de la Cour de Rouen (v. *Rev.*, 1906, p. 160), qui a déclaré préposés d'une société de tir des soldats mis à la disposition de celle-ci comme marqueurs et placés sous son autorité et sa surveillance.

11. — *Responsabilité du fait des choses inanimées.*

Un arrêt de la Cour de Paris du 11 mars 1904 (S. 1907. 2. 124) affirme la responsabilité du fait des choses mobilières inanimées pour défaut d'entretien à propos de la chute d'un meuble qu'il traite comme un immeuble. Ainsi s'accentue la jurisprudence déjà signalée sur l'étendue d'application de l'article 1386 (cf. *Rev.*, 1907, p. 599).

12. — *Responsabilité des aubergistes.*

Malgré bien des obscurités, il semble se dégager de la jurisprudence des cours d'appel et tribunaux cette idée que l'aubergiste n'est pas responsable des accidents causés par les animaux placés chez lui comme en ayant la garde. Celle-ci, au sens de l'article 1386 du Code civil, n'existerait qu'autant qu'on serait en face d'une personne ayant l'usage de la chose, ce qui n'est pas le cas ici. En ce sens un arrêt de la Cour de Rennes du 19 mars 1907 (S. 1907. 2. 169) (v. sur cette question, *Rev.*, 1905, p. 130 et 646, et 1906, p. 160 et 902) a déclaré que l'aubergiste ne pouvait être rendu responsable que de sa faute.

Le même arrêt contient en ce qui concerne la responsabilité des fautes une solution plus critiquable. D'après lui les auteurs d'un même préjudice ne peuvent être déclarés solidaires dans ses réparations que si la faute commune est absolument égale pour tous, mais il n'en saurait être ainsi lorsqu'elle est inégale, la solidarité pouvant avoir pour conséquence d'accroître la charge contre toute justice et de la faire supporter dans son intégralité par celui dont la faute est la moins lourde. Cette distinction des cas où il y a ou non solidarité est nouvelle à notre avis et elle jette une nouvelle complication dans le système de la solidarité en matière de délits. Elle fait appel à l'étendue de la faute, dont jusqu'ici on ne s'était pas préoccupé.

b) Conditions d'existence des obligations légales.

13. — *En cas de reconstruction d'un mur mitoyen par le fait d'un des voisins, une indemnité est-elle due à l'autre?*

A défaut d'arrêt de cassation, la jurisprudence des cours d'appel et tribunaux, paraît cependant se fixer, en ce sens que le propriétaire d'une maison dont le mur mitoyen est reconstruit, pour permettre au propriétaire voisin de surélever sa maison, est bien tenu d'indemniser son locataire pour la privation de jouissance qu'il subit, mais qu'il ne peut récupérer cette indemnité contre le voisin. Celui-ci, en effet, n'a fait qu'user d'un droit que lui reconnaît la loi. C'est ce qu'a jugé la Cour de Paris, le 15 déc. 1875 (S. 76. 2. 109) et le 24 mars 1879 (S. 79. 2. 137), plus récemment le tribunal de la Seine, 19 janv. 1905 (*Rec. Gaz.*

Tribunaux, 1905, 2ᵉ sem., 2. 29) et le tribunal de Valence, le 4 déc. 1905 (*Pand. fr.*, 1907. 2. 213). Cette solution est d'ailleurs celle de la doctrine (V. Baudry et Chauveau, *Des biens*, n° 964: Aubry et Rau, t. II, § 222).

14. — *Le devoir de doter est-il une obligation naturelle?*

L'obligation pour les parents de doter leurs enfants étant une obligation naturelle, les parents sont tenus de l'exécuter s'ils se sont engagés par un acte sous seing privé, à l'occasion du mariage de leurs enfants à leur assurer un logement ou une indemnité équivalente. Cette solution a été donnée par le tribunal d'Aurillac le 7 nov. 1906 (*Pand. fr.*, 1907. 2. 254). Elle indique un désaccord dans la jurisprudence sur ce point, car précisément la Cour de Montpellier a jugé le contraire le 16 déc. 1901 (V. *Revue*, 1905, p. 891) à propos d'un contrat de mariage nul comme acte authentique qui était susceptible de valoir comme acte sous seing privé, solution qui paraît plus juste, la dot constituée par les parents étant soumise au rapport et à la réduction, qui sont des règles caractéristiques des donations.

15. — *Nécessité pour les notaires de soumettre leurs honoraires à la taxe.*

La Cour de cassation se montre absolument hostile à toute clause d'une vente notariée tendant même indirectement à dispenser le notaire de faire taxer ses frais. Comme le dit un arrêt du 22 août 1882 (S. 83. 1. 453), cette stipulation est d'une nullité absolue et d'ordre public. Cette solution a encore été accueillie par la Cour le 21 nov. 1906 (*Pand. fr.*, 1907. 1. 147), dans un cas où 15 0/0 en sus du prix avaient été déclarés payables au vendeur pour acquitter les frais. Bien que l'acheteur parût sans intérêt direct à invoquer la nullité de la clause, le caractère d'ordre public de cette nullité le rendait recevable à l'invoquer.

c) Conditions d'existence des obligations contractuelles ou quasi-contractuelles.

16. — *Violence morale exercée contre une personne à l'égard de qui on a déposé une plainte.*

Lorsqu'une personne lésée par un délit a déposé une plainte et qu'elle consent, contre une somme que lui paie le délinquant, à retirer cette plainte, ce contrat est valable en principe. Mais si la somme obtenue a été extorquée par une véritable violence morale, il y a nullité de l'acte. C'est ce qu'a reconnu la Cour de cassation le 17 août 1865 (S. 65. 1. 399), et plus récemment la Cour de

Paris le 31 juill. 1907 (*Gaz. des Trib.*, 3-4 sept.). Celle-ci toutefois donne à la théorie admise une précision nouvelle. Elle constate que le débiteur, objet d'une violence morale, peut seulement
faire réduire l'obligation de façon à la rendre égale à la dette
qui aurait pu être contractée librement tant pour la réparation
du préjudice causé, qu'à raison de l'intérêt que présentait pour
lui le désistement des plaignants. Il résulte donc de là que
non seulement le plaignant a droit à réparation, mais qu'il
peut se faire payer son abandon de poursuites, pourvu qu'il
n'abuse pas de la situation pour se le faire acheter un prix exorbitant.

17. — *Étendue d'application de la gestion d'affaires.*

Un arrêt de la Cour de Poitiers du 19 mars 1906 (S. 1907. 2.
161), bien qu'il ne tranche aucune question de principe, mérite
cependant d'être signalé à divers points de vue. Il constate d'a-
bord que la gestion d'affaires existe toutes les fois que le gérant
fait des actes se rapportant à l'affaire, si importants soient-ils,
notamment qu'il en est ainsi si une personne a commandé pour
une autre la construction d'un chemin de fer que cette dernière
devait établir et exploiter. Cette extension de la notion de gestion d'affaires, à des actes non conservatoires, est intéressante
et conforme à la doctrine moderne (v. Baudry et Barde, t. III,
n° 2791), D'autre part, le même arrêt déclare débitrice d'un en
trepreneur une seconde société qu'une première s'était substituée
dans une concession de chemins de fer dans le cas suivant : l'entrepreneur avait traité avec la première société avant que l'autre
ne l'eût remplacée, mais il avait pu et dû croire devenir créancier
de la seconde, les sociétés étant, en fait, si étroitement liées
qu'on est en droit de se demander si la personnalité de la nouvelle ne se confondait point avec celle de l'ancienne, si cette prétendue création n'était pas une formalité, les mêmes personnes
faisant partie de l'administration des deux sociétés, et y exerçant un rôle important, le capital de la deuxième ayant été souscrit en partie par la première, ce qui laissait croire à une telle
promiscuité d'intérêts qu'il était à la fois traité pour l'une et pour
l'autre.

Cette solution est l'application d'une tendance très heureuse de
la jurisprudence que l'on retrouve en cas d'abus de mandat ou
d'abus de la raison sociale et qui consiste à donner à une personne
un droit de poursuite contre ceux qu'elle a pu et dû raisonnablement prendre pour ses débiteurs (V. not. *Revue*, 1906, p. 412).

V. *De l'abus de la raison sociale*, par M. Percerou, *Ann. de droit commercial*, 1898, p. 118).

18. — *Un avocat peut-il avoir été, par ses actes professionnels, le gérant d'affaires d'un tiers?*

De nombreux arrêts ont reconnu le droit pour l'avocat de poursuivre ses clients en paiement de ses honoraires (V. *Revue*, 1905, p. 895 ; l'art. de M. Wahl, 1905, p. 497). Si l'on soumet ainsi au droit commun les rapports de celui-ci avec son client, il faut y soumettre également ses rapports avec les tiers. En ce sens, la Cour de Dijon, le 17 juill. 1905 (S. 1907. 2. 172), a admis l'action d'un avocat contre la masse des créanciers d'une faillite alors que celui-ci, en servant de conseil à quelques créanciers, avait géré l'affaire de tous, faisant rentrer dans l'actif à partager des biens que l'on croyait perdus. Cette solution nouvelle est une intéressante application du droit commun aux avocats.

d) Interprétation des obligations.

19. — *Obligation de l'assureur contre les accidents d'éviter tout débours à l'assuré.*

Un assureur qui, à la suite d'un accident, se trouve redevable d'une rente viagère envers un ouvrier de l'assuré, est-il simplement tenu de rembourser l'assuré après qu'il a fait l'avance des arrérages, ou doit-il, au contraire, payer directement l'ouvrier? Cette seconde solution est admise par la Cour de Paris, le 8 mai 1907 (*Gaz. Trib.* du 14 sept.), en se fondant à la fois sur les clauses de la police et sur ce que « la garantie promise ne produirait pas son effet si l'assuré ne pouvait prétendre qu'à un remboursement et était contraint tout d'abord de faire face avec ses seules ressources aux obligations mises à sa charge ». Sans doute le contrat ne crée aucun lien de droit entre l'assureur et l'ouvrier, mais le premier n'en est pas moins tenu de servir les arrérages de la rente au bénéficiaire désigné par les assurés envers lesquels il s'y est obligé par son contrat. Cette argumentation est très juste. Tout en refusant à l'ouvrier une action directe contre l'assureur, on peut dire que celui-ci peut s'obliger envers le patron débiteur de la rente à payer sa dette.

Cette solution est d'ailleurs en pleine concordance avec celle d'un arrêt de la Cour de cassation du 4 juill. 1901 (S. 1902. 1. 213, D. 1907. 1. 342), qui a rejeté le pourvoi contre un arrêt obligeant une compagnie d'assurances à verser le capital que l'assuré devait déposer en garantie de la rente viagère qu'il devait.

20. — *Cumul des pensions d'invalidité et des rentes viagères pour accident.*

La Cour de cassation a admis que la victime d'un accident du travail pouvait réclamer à son patron, en même temps que la rente viagère à laquelle elle a droit, la retraite qui lui est acquise grâce à un nombre suffisant d'années de services (v. Cass., 21 juill. 1904, *Revue*, 1906, p. 167 et Cass., 24 juin 1905, S. 1907. 1. 345; cf. *Revue*, 1906, p. 914).

Mais une solution contraire a prévalu lorsque l'ouvrier réclame, en même temps que la rente viagère, une pension d'invalidité. Deux arrêts de la Cour de cassation, l'un du 13 déc. 1905, l'autre du 31 oct. 1906 (S. 1907. 1. 345, avec note de M. WAHL), ont admis le non-cumul, faisant remarquer que c'est la même cause : l'accident, qui permet d'invoquer les deux droits et que la loi de 1898 présente un caractère d'ordre public qui substitue de plein droit ses dispositions à toutes conventions privées, les ouvriers ne pouvant se prévaloir d'aucune autre disposition que celle de la loi sur les accidents. Cette solution est équitable, les deux rentes visant au même but : indemniser un ouvrier qui, par un fait imprévu, ne peut plus travailler. Et il importe peu que la pension d'invalidité varie suivant le temps de service, l'ouvrier étant plus lésé et plus digne d'intérêt à mesure qu'il est plus ancien (v. au surplus, sur ces points, l'art. de M. Cabouat, *Revue*, 1906, p. 197 et suiv.).

21. — *Responsabilité du notaire non rédacteur d'actes.*

La responsabilité des notaires peut être envisagée dans deux catégories de difficultés : quelles sont leurs obligations lorsqu'ils reçoivent un acte pour leurs clients? D'autre part, quelles sont-elles lorsqu'ils sont intervenus simplement comme conseils ou comme mandataires? La seconde question est beaucoup plus imprécise que la première. Tout dépend des rapports entre le notaire et son client, de la nature de la mission qu'on lui confie. Cependant il se dégage d'un arrêt de la Cour d'Orléans du 1er mars 1907 (S. 1907. 2. 139), le principe suivant, qu'il faut citer. Un notaire chargé de défendre les intérêts de ses clients dans un acte qu'un autre notaire reçoit ne manque pas à ses obligations en appuyant simplement les demandes de ceux-ci près du notaire rédacteur pour qu'il les fasse triompher. Il n'a pas personnellement à intervenir pour faire donner des mainlevées d'hypothèques par des tiers qu'il ne connaît pas. Il serait malséant qu'il intervînt autrement près d'un confrère.

e) Effets des obligations.

22. — *Restitution des dots moniales.*

Un important arrêt de la Chambre civile du 13 mars 1907 (avec note de M. PLANIOL), suivi de deux autres du 4 juin 1907 (S. 1907. 1. 321, D. 1907. 1. 281), a tranché une question de restitution des dots moniales que la dissolution des congrégations enseignantes rend d'actualité. Un arrêt de cour d'appel avait admis que, le contrat entre le religieux et la congrégation contenant une obligation de faire, qui était restée inexécutée, celle-ci se résolvait en dommages-intérêts en vertu de l'art. 1142, mais que d'autre part, cette inexécution étant impossible par un cas de force majeure, le droit à indemnité se trouvait supprimé. La Cour de cassation a rejeté cette solution et, se fondant sur ce qu'en cas d'inexécution d'un contrat, la résolution peut en être demandée en vertu de l'art. 1184, l'inexécution provînt-elle d'un cas de force majeure, elle a admis la restitution de la dot moniale, sauf aux juges à évaluer les services réciproques que les parties contractantes se sont effectivement rendus pendant le temps où le contrat a été exécuté et, toutes compensations opérées, à réduire, s'il y a lieu, le montant de la somme reconnue restituable. Elle a considéré d'autre part que le droit des congréganistes à des rentes en vertu de la loi du 1ᵉʳ juillet 1901, art. 18, n'était qu'un secours accordé, impuissant à modifier les règles du droit commun.

Le principe admis ici est l'application pure et simple de la solution, admise en doctrine et bien établie en jurisprudence, suivant laquelle la condition résolutoire tacite s'applique même lorsque l'inexécution est due à un cas de force majeure (V. Cass., 14 avr. 1891, S. 94. 1. 391). Quant aux réductions à opérer sur la dot moniale, elles nous paraissent aussi découler de l'idée même de la rétroactivité des conditions strictement appliquées. Mais elle conduit en même temps à cette autre conséquence que si les services rendus par le religieux ont excédé ce qu'il a reçu de la congrégation, il pourra réclamer plus que sa dot. Ces complications auraient été évitées si la Cour de cassation avait préféré faire de la rétroactivité un usage plus modéré (v. sur ce point, *Rev.*, 1906, p. 240 et suiv.).

23. — *Un créancier ne peut exercer le droit de saisie-arrêt qui appartient à son débiteur contre le débiteur de son débiteur.*

Cette solution paraît de plus en plus l'emporter en jurisprudence. Elle a été acceptée par le tribunal de la Seine le 21 déc. 1906 (*Pand. fr.*, 1907. 2. 183) (v. de même les nombreux arrêts d'appel cités *Revue*, 1906, p. 407).

24. — *Situation du débiteur d'une créance au porteur.*

Lorsqu'une obligation est au porteur, le débiteur s'engage envers le porteur de la grosse quel qu'il soit, il ne peut donc opposer à celui-ci les exceptions qu'il aurait contre le premier porteur et notamment ce fait que la dette a pour origine une commission due sur une vente dont la nullité est demandée, ce fait étranger au dernier porteur ne peut modifier son droit. La Cour de Besançon a très exactement proclamé ces principes le 28 juin 1905 (D. 1907. 2. 166). Elle est d'ailleurs conforme à la jurisprudence (v. Cass., 9 nov. 1896, D. 97. 1. 16, et depuis Cass., 31 oct. 1906, *Rev.*, 1907, p. 414). Mais la Cour affirme ici un point nouveau. C'est qu'il importe peu que le nom du prêteur et premier porteur figure dans l'acte, ce fait n'ayant pour but que de faciliter la prise de la première inscription hypothécaire dans laquelle les porteurs successifs sont subrogés.

25. — *Responsabilité des médecins.*

La responsabilité civile des médecins est des plus délicates à déterminer (v. *Rev.*, 1907, p. 105). Il convient donc de citer un jugement du tribunal de la Seine du 20 juill. 1907 (*La Loi* du 25 juill.), statuant il est vrai sur une poursuite correctionnelle en homicide par imprudence, qui s'exprime ainsi :

« On ne saurait sans dépasser l'intention du législateur et sans mettre en péril l'intérêt qu'il a précisément voulu sauvegarder, inculper des personnes pratiquant l'art de guérir en raison de tout agissement ayant occasionné un préjudice au malade, ce qui aurait évidemment pour résultat de détruire toute initiative et toute liberté dans le traitement des maladies et les opérations présentant des risques... La simple application de théories ou de méthodes médicales sérieuses appartenant exclusivement au domaine de la science et de l'enseignement ne doit jamais entraîner de responsabilité pénale. L'inobservation de règles générales de prudence et de bon sens auxquelles est soumis l'exercice de toute profession, la négligence accentuée, l'inattention grave, l'impéritie peuvent et doivent au contraire entraîner cette responsabilité ».

26. — *Exceptio non adimpleti contractus.*

Une société d'électricité à qui un abonné, à la suite de plusieurs lettres recommandées, n'a pas payé une somme récla-

mée use-t-elle de son droit en lui coupant la communication?
Non, a jugé le tribunal de Versailles, le 12 mai 1905 (D. 1907.
2. 238), se conformant d'ailleurs à la solution donnée dans un cas
analogue par la Cour de cassation, le 1er déc. 1897 (D. 98. 1.
289, avec note de M. PLANIOL). Néanmoins nous pensons avec l'annotateur de l'arrêt que la compagnie ne pouvait se voir rien
reprocher en principe, car elle ne faisait qu'user de son exception *non adimpleti contractus*, d'une sorte de droit de rétention
(v. sur ces points. *Rev.*, 1907, p. 249 et suiv.) et elle ne prétendait nullement résoudre son contrat en vertu de l'art. 1184,
sans être autorisée par justice. Cette solution, à notre avis plus
juste, a été adoptée par la Cour de Limoges, le 30 avr. 1906
(S. 1907. 2. 204), sans que d'ailleurs elle ait fait plus que de
constater l'idée sans la motiver.

27. — *Anatocisme.*

Dans le sens favorable à la jurisprudence de la Cour de cassation (qui a rencontré certaines résistances), par conséquent en
faveur de la possibilité de stipuler d'avance les intérêts des
intérêts, citons un arrêt de Montpellier du 7 déc. 1905 (S. 1907.
2. 203 ; cf. en ce sens, Douai, 20 mars 1906, *Rev.*, 1906, p. 911).

f) Preuve des obligations.

28. — *Pouvoir du juge en présence d'un refus de venir à
un interrogatoire sur faits et articles.*

La preuve testimoniale est admissible lorsque, le juge ayant
convoqué un plaideur à un interrogatoire sur faits et articles,
celui-ci ne vient pas ou refuse de répondre (Trib. de la
Seine, 19 févr. 1907, *Gaz. Pal.*, 20-21 oct.). Cette solution,
déjà donnée par la Cour de Rouen, le 13 mai 1868 (S. 72. 2.
102), s'impose d'ailleurs : l'article 330 du Code de procédure
civile disant que les faits pourront être tenus pour prouvés
implique que le juge peut dire qu'il n'y a pas de preuve ou seulement qu'il y a un commencement de preuve. Il n'y a pas
d'arrêt de cassation sur la question.

g) Extinction des obligations.

29. — *Compensation entre patron et ouvrier.*

La compensation est-elle possible entre ce qu'un patron doit
à son ouvrier pour salaires, et l'indemnité due par celui-ci pour
rupture intempestive du contrat de travail ? La Cour de cassa-

tion (Ch. civ.), par un important arrêt du 31 mai 1907 (*Pand. fr.*, 1907. 1. 205), remarquant que la loi du 12 janv. 1895 ne la prohibe qu'en matière de dettes contractées par les ouvriers envers leur patron pour fournitures diverses, a admis que, ce cas ne se rencontrant pas ici, la compensation se produisait dès que les deux dettes étaient liquides et exigibles. Cette solution, qui est nouvelle, est d'une grande importance, car dans les métiers où on admet qu'une rupture intempestive donne lieu à une indemnité préfixe : huit jours, un mois de salaire, le patron pourra légitimement retenir toute cette somme en réglant le compte de l'ouvrier et, toutes les fois qu'il sera le débiteur de celui-ci, il aura une arme pour le détourner de le quitter brusquement.

30. — *Dans quelle mesure la grève est-elle un cas de force majeure?*

On sait quelles difficultés s'élèvent lorsqu'un contrat est resté inexécuté ou a été exécuté tardivement par suite d'une grève. Les industriels ont commencé à s'en préoccuper, et ils ont parfois inséré dans leur marché une clause suivant laquelle la grève sera considérée comme ne les exposant pas à indemnité pour retard. La Cour de cassation (31 oct. 1905, v. *Rev.*, 1906, p. 410) estime que cette clause ne vise que les grèves générales, qui, par l'obstacle insurmontable qu'elles mettent au travail, constituent un cas de force majeure. Cette solution a été acceptée par la Cour de Poitiers, le 4 déc. 1906 (S. 1907. 2. 135), et une plus grande prudence, une plus grande prévision se trouve par là même imposée aux parties qui veulent se mettre à l'abri des conséquences de toute grève.

31. — *De la prescription annale pour les fournitures des marchands.*

La prescription annale qu'établit l'article 2272 pour les fournitures des marchands étant exceptionnelle, on ne peut l'étendre à d'autres cas. La jurisprudence a donc sagement agi en refusant de l'appliquer aux entrepreneurs (Cass., 7 juin 1887, S. 87. 2. 268), ou même à des commerçants qui ne sont pas des marchands, malgré l'identité de motifs, comme les coiffeurs (v. trib. de Bordeaux, 9 nov. 1903, S. 1904. 2. 318). Mais il semble que le tribunal de Sedan, 23 mai 1905 (*Pand. fr.*, 1907. 2. 145), a été trop loin en ne l'appliquant pas à un constructeur de machines agricoles sous prétexte qu'il n'était pas marchand. Sans doute, comme le remarque le tribunal, les fournitures peuvent être ici d'un prix élevé. Mais la loi a-t-elle pu vouloir dire que

les fournitures minimes seules seraient prescrites par un an ? Si
elle l'a au fond désiré, c'est une idée qui ne peut se traduire juridiquement par le système qu'elle a établi. D'ailleurs, dans
l'ancien droit, où cette règle a été prise dans la coutume de Paris,
notre prescription atteignait les orfèvres, qui font des fournitures
de valeur. Par contre, le jugement constate avec raison qu'il n'y
a qu'à considérer la profession générale du demandeur et non le
fait, inconnu souvent de l'acheteur, que tel objet a été acheté et
non fabriqué par lui (v. cependant, *Contrà*, trib. Seine, 24 janv.
1890, S. 90. 2. 70).

32. — *Un créancier peut-il invoquer une courte prescription à la place du débiteur?*

D'après l'article 2223 du Code civil, les créanciers d'une personne peuvent opposer la prescription à laquelle leur débiteur
renonce. Un arrêt de la Cour de cassation, du 12 juill. 1880 (S.
81. 1. 421), a décidé que cet article s'appliquait même aux courtes prescriptions et qu'en ce cas, le créancier qui l'invoquait ne
pouvant prêter le serment d'un fait qu'il ignore, il n'y avait pas
possibilité de le lui déférer et que, par suite, la prescription se
produirait alors fatalement dans tous les cas. Mais les tribunaux
résistent à cette solution. Le tribunal d'Orange, le 12 juill. 1890
(D. 93. 2. 277), et le tribunal de la Seine, le 19 févr. 1907 (*Gaz.
Pal.*, 7-9 août), admettent que, le serment ne pouvant être prêté
lorsque le débiteur est décédé, en pareil cas tout au moins, l'article 2225 est inapplicable. Cette solution est d'ailleurs celle que
soutient la majorité de la doctrine et que donnait déjà autrefois
la jurisprudence (Trib. de la Flèche, 13 août 1861, D. 61. 3. 71).

33. — *Prescription d'une créance née d'un droit d'usufruit.*

Un arrêt de cassation du 9 janv. 1867 (S. 67. 1. 59) a admis
que l'art. 2277 établissant une prescription quinquennale en matière de revenus était inapplicable aux revenus d'une créance
frappée d'usufruit, lesquels ne se prescrivaient que par trente
ans en vertu de l'article 617. Cette solution a été étendue par la
Cour de Riom, le 17 avr. 1907 (*Gaz. Pal.* du 17 oct.), à une
créance de l'usufruitier contre le nu-propriétaire qui avait joui
de l'immeuble soumis à usufruit. Cette solution toutefois reste
discutée. Elle a été rejetée par la Cour de Nîmes, le 24 mars 1890
(S. 90. 2. 80), et par divers auteurs (Baudry-Lacantinerie et Tissier, *Prescription,* n° 792; Guillouard, II, n° 682).

II. — Contrats spéciaux.

a) Vente.

34. — *Des risques dans la vente.*

D'après l'article 1583 du Code civil, la vente transfère immédiatement à l'acheteur la propriété et par suite les risques de l'objet vendu. Si celui-ci périt, le vendeur est donc libéré, mais il conserve le droit de réclamer le prix. Cette solution a quelque chose de choquant, car les chances de perte de la chose ne sont pas compensées par des chances d'accroissement équivalentes. Combien de choses peuvent périr avant livraison, combien peu peuvent s'accroître! Aussi les tribunaux essayent-ils, comme ils le peuvent, d'échapper à cette solution. Le 8 janv. 1906 (S. 1905. 1. 176), la Cour de cassation l'avait évité, par application du principe de l'indivisibilité de .l'aveu, profitant de ce que le défendeur affirmait avoir acheté la chose à condition qu'elle existât encore à l'époque de livraison. Aujourd'hui la Cour de Rennes utilise un procédé d'un emploi plus général, par lequel la règle peut être emportée. Elle admet une convention tacite qui serait la suivante. L'acheteur contracterait à condition que la chose existât au jour fixé pour la livraison. Elle en a fait application à la vente d'un poulain de lait livrable après sevrage (24 déc. 1906, S. 1907. 2. 164).

35.— *Caractère de la nullité de la vente de la chose d'autrui.*

On a beaucoup disserté sur le sens du principe de l'article 1599 : la vente de la chose d'autrui est nulle. La Cour d'Amiens. le 9 déc. 1905 (D. 1907. 2. 273), a vu dans cette nullité une nullité relative, ne pouvant être demandée par le vendeur. Cette solution. qui paraît conforme à la jurisprudence de la Cour de cassation (Cass., 29 avr. 1873, S. 73. 1. 377, D. 73. 1. 281), conduisait dans l'espèce à une conséquence intéressante. Un commerçant ayant pris des sacs en location et les ayant ensuite vendus avec la marchandise qu'il y avait mise, le propriétaire ne pouvait agir contre le tiers acheteur en revendication, ni demander au locataire de faire annuler la vente pour restituer les objets vendus à leur légitime propriétaire; l'objet du procès ne pouvait être qu'une action en dommages-intérêts contre le locataire à raison de l'aliénation qu'il avait faite indûment.

36. — *Le vendeur d'immeubles doit supporter les frais de purge.*

Lorsqu'on vend un immeuble grevé d'hypothèques et que

pour cette raison l'acheteur doit recourir à une procédure de purge, qui du vendeur ou de l'acheteur doit en supporter les frais? La jurisprudence des cours d'appel était jusqu'ici divisée, et des arrêts remontant à un demi-siècle environ s'étaient prononcés dans les deux sens. La Cour de cassation, par un arrêt de requêtes du 10 juin 1907 (D. 1907. 1. 319), s'est prononcée contre le vendeur, faisant remarquer avec raison que la purge est la conséquence de l'obligation lui incombant de livrer l'immeuble vendu franc et quitte de toute charge, et que, cette procédure étant dans son intérêt, il doit en supporter les frais. Cette solution, déjà indiquée dans un arrêt de la Chambre civile du 22 avr. 1856 (S. 56. 2. 329, D. 56. 1. 210), et quelques arrêts plus anciens, est aussi à l'heure actuelle celle de la majorité de la doctrine (v. Guillouard, *Vente*, I, n° 197, III; Baudry et Saignat, n° 190; Aubry et Rau, IV, 4ᵉ. éd., p. 360).

37. — *Vente à tempérament de valeurs à lots.*

La jurisprudence fait de louables efforts pour lutter contre les procédés déloyaux des vendeurs à tempérament de valeurs à lots, que la loi du 12 mars 1900 n'a pas expressément prévus (cf. sur cette question, *Rev.*, 1906, p. 165, et 1907, p. 113). Un changeur avait vendu des obligations non libérées en indiquant le cours de la Bourse, mais sans ajouter que ce cours visait les titres intégralement libérés. Le tribunal de la Seine, le 24 juill. 1907 (*Gaz. Trib.* du 25 juill.), a vu là un acte contraire, sinon à la lettre, du moins à l'esprit de la loi : le cours figurant à la cote ne révélant pas aux personnes inexpérimentées, lorsqu'il n'est pas suivi d'un commentaire explicatif, la valeur réelle du titre et la somme totale à débourser pour en devenir propriétaire définitif, comme l'a désiré le législateur de 1900. Le jugement s'est d'autre part fondé sur la théorie du dol, les acheteurs déclarant qu'ils n'auraient pas contracté, s'ils avaient connu la valeur réelle du titre, bien moindre que celle paraissant indiquée, et la majoration considérable dont allait bénéficier le vendeur. Nous croyons que cette solution et les motifs qui l'appuient seront d'un heureux effet pratique,

38. — *Effet de la garantie de la solvabilité présente et future du débiteur cédé.*

Le cédant d'une créance, ou le créancier payé qui subroge un tiers dans sa créance peut déclarer garantir la solvabilité présente et future du débiteur. En ce cas il n'est pas pour cela une caution. Il garantit la solvabilité à l'échéance, mais non au delà si le créancier s'abstient à ce moment de poursuivre le débiteur. Cette solution, qui paraît conforme à l'intention des parties, a été donnée par le tribunal de Toulouse le 16 nov. 1905 (*Pand. fr.*, 1907. 2 143). Elle avait été donnée précédemment par diverses cours d'appel, notamment Paris, 22 mai 1901 (D. 1902. 2. 185), et par la doctrine (v. Aubry et Rau, IV, § 359). Cependant certaines décisions sont en sens contraire (Trib. de Montpellier, 26 avr. 1872, S. 72. 2. 152; cf. Orléans, 6 nov. 1891, D. 93. 2. 33, cité à tort dans le même sens).

39. — *Quels droits sont litigieux?*

Un droit est litigieux et par suite susceptible de retrait, lorsque, bien que reconnu en principe, il n'est pas fixé dans son quantum. pour lequel une expertise est nécessaire. C'est ce qu'a admis avec raison la Cour de cassation le 24 juill. 1907 (*Gaz. Pal.* du 17 oct.), comme elle l'avait fait déjà le 14 mai 1861 (S. 63. 1. 146), et dans un cas moins net le 1er mars 1865 (S. 65. 1. 237).

40. — *Preuve du fait qu'une vente a eu lieu directement contre une rente viagère.*

La Cour de Lyon le 28 juin 1907 (*Gaz. des Tribunaux* du 13 oct.) a statué sur l'hypothèse suivante. Un immeuble est vendu par acte notarié au prix de ... Un autre acte de la même date, mais sous seing privé, convertit ce prix en une rente viagère. Faut-il décider que le prix sera considéré comme ayant été dès l'origine une rente viagère, de sorte que le vendeur, soumis à l'article 1978 du Code civil, ne pourra demander la résolution de la vente pour défaut de paiement du prix. La Cour a admis l'affirmative, malgré l'existence de deux actes distincts, en se fondant sur l'aveu concordant du demandeur et du défendeur. Cette solution est juridique. Malgré les dispositions de l'article 1341 du Code civil, on peut toujours rétablir les actes dans leur réelle nature lorsqu'une simulation s'est produite. Sauf le cas de fraude, il faut présenter une preuve de ce qu'on affirme en respectant l'article 1341 du Code civil sur la prohibition de la preuve testimoniale. Or, l'aveu est toujours admissible comme mode de preuve; il a donc suffi à détruire la force des actes présentés et à rétablir tout en une opération unique : vente moyennant rente viagère.

b) Louage.

41. — *Recours du locataire contre le bailleur dont les actes ont amené une augmentation des risques d'incendie qu'il courait.*

Un locataire peut-il demander à son propriétaire une indemnité si celui-ci a loué la partie contiguë du terrain donné précédemment à bail à une personne qui y exerce une industrie dangereuse (dans l'espèce, une scierie mécanique), et si, pour cette raison, le premier locataire a vu résilier sa police d'assurance incendie et a dû traiter avec une autre compagnie, qui lui impose une prime plus forte? Le tribunal de la Seine a admis cette prétention le 20 mars 1907 (5e ch., *Gaz. Trib.* du 14 sept.), en se fondant sur ce que le bailleur avait manqué à ses obligations d'assurer la paisible jouissance du locataire. Cette solution concorde fort bien avec celle d'un arrêt de la Cour de cassation du 3 avr. 1901 (S. 1903. 1. 474, D. 1901. 1. 440), d'après lequel le locataire qui établit dans le local loué une industrie aggravant les risques d'incendie est obligé de rembourser au propriétaire la surprime qu'il doit payer. Cette solution est l'inverse de celle donnée par la Cour de cassation le 11 nov. 1896 (S. 97. 1. 273), laquelle a jugé qu'un propriétaire ne pouvait recourir contre un de ses voisins qui avait installé chez lui une usine avec les précautions voulues, mais laquelle augmentait les risques d'incendie et la prime exigée par les assureurs. Cependant ces deux décisions peuvent se concilier ; le propriétaire a par contrat des obligations envers son locataire qu'il n'a pas envers son voisin.

42. — *Du droit pour une compagnie d'admettre à sa volonté un ouvrier à la retraite.*

La question du cumul des retraites et des pensions pour accident vient de se présenter sous l'aspect nouveau suivant. Un ouvrier étant incapable de travailler par suite d'un accident, le patron peut-il se prévaloir du règlement de la caisse des retraites, disant que, pour jouir d'une retraite, il faut préalablement être admis à y faire valoir ses droits pour refuser arbitrairement cette pension à l'ouvrier? Non, a jugé avec raison la Cour de cassation le 27 juill. 1905 (S. 1907. 1. 349). L'application de ce droit en faveur de la compagnie constituerait en effet la reconnaissance d'une obligation potestative, la compagnie ne payant une retraite que si elle le veut. Mais cette solution nous paraît ne préjuger en rien le droit de la compagnie de refuser la retraite d'un ouvrier qui travaille encore ; lorsque les statuts le lui permettent, ce droit est admissible, car c'est le contrat tout entier qui est sous condition potestative. La compagnie doit ici ou refuser la retraite et garder l'ouvrier en activité, ou bien donner la retraite et se séparer de son subordonné (cf. sur cette distinction, *Revue*, 1905. p. 754 et suiv.

43. — *Responsabilité de l'architecte pour dépassement de devis.*

Un architecte qui dépasse les devis, est-il exposé à une indemnité ? Oui, en principe, s'il en résulte un préjudice pour le client (v. en ce sens : Montpellier, 22 juill. 1901, *Gaz. Pal.*, 1901. 2. 554, et Bourges, 25 nov. 1895, *Gaz. Pal.*, 1897-1902, v° *Louage d'ouvrage*, n° 487). Mais non si le prix n'a été donné que comme indication vague et si la considération de la dépense ne préoccupait en aucune façon le propriétaire (Nancy, 23 mars 1907, *Gaz. Pal.*, 28-29 juill.).

c) Association.

44. — *Du droit pour une association d'exclure un de ses membres.*

Nous avons déjà signalé précédemment les difficultés que soulève l'autorité que certains groupements prétendent se donner sur leurs membres (v. *Rev.* 1907, p. 427). Le tribunal de la Seine, le 15 janv. 1907 (*Gaz. Pal.*, 17-20 août), a admis cette prétention en faveur du bureau d'un cercle. Elle a admis que celui-ci, pour tout fait intéressant la discipline et le bon ordre, pouvait procéder sans appel et de façon particulièrement discrète. Cette décision, toutefois, ajoute qu'en fait la mesure prise était motivée par des raisons graves et elle déroge ainsi moins qu'il ne paraît aux solutions ordinairement admises (V. not. sur le droit de contrôle des tribunaux en cas d'abus, Douai, 28 janv. 1895, S. 96. 2. 70; Trib. de la Seine, 1er févr. 1896, Gaz. Pal., 96. 1. 486.

d) Prêt.

45. — *Du prêt réalisé en faveur de celui qui a promis des sûretés.*

Le prêt étant un contrat unilatéral, l'article 1184 lui est inapplicable et le prêteur qui a remis au notaire de l'emprunteur les deniers ne peut les revendiquer en invoquant en justice la résolution du contrat, si l'emprunteur qui s'est engagé à assurer à son créancier une première hypothèque n'a pas exécuté son engagement et n'a pas obtenu des créanciers inscrits une cession d'antériorité. Ainsi l'a jugé la Cour d'Agen le 12 févr. 1906 (*Pand. fr.*, 1907. 2. 212). Cette solution est strictement juridique. Cependant la jurisprudence qui a su admettre tant de contrats et de conditions tacites, n'aurait-elle pu ici admettre que le prêteur a tacitement subordonné le prêt à la dation des sûretés ? Si elle ne

le pouvait, on doit regretter le système légal qui écarte l'article 1184 dans un cas comme celui-ci.

e) Dépôt.

46. — *Responsabilité des aubergistes.*

Les décisions admettant que les aubergistes ne sont pas soumis
aux règles de l'article 1952 sur le dépôt nécessaire vis-à-vis des
personnes logeant chez eux à demeure se multiplient (V. *Rev.*,
1907, p. 425 et 612), malgré quelques décisions contraires. En ce
sens, un jugement de justice de paix de Paris (5e arr.) du 26 avr.
1907 (*Gaz. des Trib.* du 29 août).

f) Mandat.

47. — *Du mandat du notaire pour recevoir les intérêts d'une
créance.*

La jurisprudence admet de façon certaine que l'indication
dans un acte que les paiements auront lieu en l'étude du notaire n'emporte pas pour celui-ci mandat de recevoir. Le tribunal de Dijon, 6 août 1906 (*Pand. fr.*, 1907. 2. 234) apporte à ce
principe une exception lorsque le titre est au porteur : le créancier n'étant pas toujours connu, il admet que le notaire a nécessairement mandat de recevoir les intérêts. Mais par une singulière opposition il considère en même temps que le débiteur ne
peut payer le principal au notaire s'il n'est pas porteur de la
grosse. Cette solution impliquée par les termes mêmes du contrat
en ce qui concerne le capital ne rend-elle pas l'autre qui concerne les intérêts très douteuse? Le tribunal n'a-t-il pas été surtout dominé par cette idée législative que le débiteur d'un titre
au porteur doit toujours avoir, sauf clause contraire, en face de
lui une personne à qui pouvoir se libérer, comme le débiteur
d'une dette hypothécaire connaît toujours un domicile élu du
créancier où il peut faire ces significations? Cela ne montre-t-il
pas une imperfection du régime des titres au porteur?

48. — *Responsabilité du mandataire prête-nom.*

Lorsqu'un mandataire apparent n'est que le prête-nom d'une
autre personne, les tribunaux ont le devoir de rétablir la vérité
et de traiter le mandataire véritable comme tel. Ils ont fréquemment fait application de cette idée au mandat donné à un clerc
de notaire qui s'adressait en réalité à son patron et ils ont notamment jugé ce dernier seul responsable des fautes commises
dans l'exécution du mandat (v. Orléans, 7 janv. 1842, Dall., *Rép* ,

vº *Mandat*, n. 27; Grenoble, 28 juill. 1865, S. 66. 2. 137, D. 65. 2. 205; Cass. req., 17 déc. 1894, S. 97. 1. 329, D. 95. 1. 193). Cette même solution a été donnée dans un arrêt de Rouen du 13 févr. 1907 (D. 1907. 2. 267).

49. — *Responsabilité de l'accident survenu à un mandataire.*

Un arrêt de la Chambre des requêtes du 28 oct. 1907 (*Gaz. Pal.*, 12 nov.) a admis la solution déjà donnée en appel (V. *Rev.*, 1906, p. 926) sur ce point, d'après laquelle le mandant répond de l'accident arrivé au mandataire dans l'exercice de ses fonctions, et en a fait application à un inspecteur d'une compagnie mort dans la catastrophe de la Martinique alors qu'il s'était rendu dans l'île pour relever le moral de ses agents effrayés.

R. DEMOGUE.

C. — **Propriété et droits réels.**

Source. — *Acquisition de l'usage par les habitants de la commune.* — L'article 642 du Code civil, modifié par la loi du 8 avr. 1898, porte que le propriétaire d'une source ne peut plus en user au préjudice des propriétaires des fonds inférieurs qui, depuis plus de trente ans, ont fait sur le fonds où jaillit la source des ouvrages apparents et permanents pour utiliser la source. Il ajoute que les habitants d'une commune peuvent également acquérir ou prescrire l'usage de la source, et qu'en l'absence même d'acquisition ou de prescription, ils peuvent s'opposer à tout acte leur enlevant l'usage de la source dans les limites où il leur est nécessaire, sauf, dans ce dernier cas, à payer une indemnité.

La Cour de Douai (16 juill. 1907, *Gaz. des Trib.*, 12 nov. 1907, *Gaz. du Pal.*, 18 nov. 1907) vient de décider que la source doit être considérée comme nécessaire aux habitants de la commune si les eaux qui se trouvent dans leur voisinage sont impropres aux usages internes et ne peuvent être utilisées que pour les bestiaux ou les travaux domestiques. En effet la loi n'exige pas, pour l'application de l'article 642 du Code civil, que la source soit nécessaire aux habitants de la commune pour toute espèce d'usage ; il suffit qu'à un point de vue quelconque ils puissent difficilement se passer de la source,

La Cour de Douai entend également d'une manière large le mot *nécessaire* au point de vue *de la mesure dans laquelle la source sert aux habitants.* Elle décide que la source doit être considérée comme nécessaire bien qu'il existe d'autres sources ou puits, si les uns sont trop éloignés et si les propriétaires des autres exigent, pour laisser les habitants se servir de leur eau, une redevance. A ce point de vue, la doctrine de l'arrêt est plus contestable; on se demande s'il ne confond pas la nécessité avec l'utilité.

D. — Successions et Donations.

Par M. E. PILON,
Doyen de la Faculté de droit de l'Université de Lille.

1. — *La séparation des patrimoines est une conséquence de plein droit de la succession bénéficiaire; application de l'article 2151.*

La Cour d'appel de Paris, dans son arrêt du 15 mai 1907 (*Gaz. des Trib.*, 6 sept. 1907), a consacré une conséquence nouvelle, très logique ce nous semble, de la jurisprudence en vertu de laquelle, en cas d'acceptation sous bénéfice d'inventaire, le privilège de la séparation des patrimoines est dispensé d'inscription; dans l'espèce, la succession ayant été acceptée bénéficiairement, un légataire de rente viagère prétendait être colloqué dans l'ordre ouvert sur le prix d'adjudication d'immeubles héréditaires à raison de la totalité des trimestres arriérés de la rente. Le règlement provisoire n'avait colloqué le légataire que pour onze trimestres, plus le trimestre en cours, par application de l'article 2151 (loi 17 juin 1893), qui réduit à trois années d'intérêts ou arrérages la collocation au même rang que le principal. Le tribunal de la Seine et la Cour, réformant le règlement provisoire, ont accordé au légataire le montant intégral de sa production. L'article 2151 nouveau, en effet, ne vise que les privilèges soumis à l'inscription ou à la transcription. Il fut déclaré formellement dans les travaux préparatoires que les privilèges dispensés d'inscription pour le capital le sont aussi pour les intérêts (Guillouard, *Hypothèques*, III, n° 1571). La limitation à trois années d'arrérages ne pourrait donc être imposée au légataire de rentes viagères que si le privilège de séparation des patrimoines qu'il invoque était soumis à l'inscription ; or, il cesse de l'être lorsque la succession a été acceptée sous bénéfice d'inventaire. La solution de la Cour de Paris est très logique. Elle n'est pas pleinement satisfaisante pourtant, car elle crée au profit des créanciers et légataire en cas d'acceptation bénéficiaire un avantage peu justifié, mais il serait difficile d'échapper à la combinaison des textes.

2. — *Nullité du testament authentique dicté et lu en français, lorsque l'un des témoins instrumentaires ne comprend pas la langue française.*

La Cour de Bordeaux, dans l'arrêt du 7 mai 1907 (*Gaz. des Trib.*, 23 avr. 1907), a consacré de nouveau une jurisprudence déjà établie par les arrêts antérieurs en subordonnant la validité du testament à la présence de témoins capables d'entendre et de comprendre la dictée et la lecture du testament. La Cour paraît admettre que la traduction du testament faite à haute voix dans la langue des témoins à la suite de la lecture pourrait suppléer à l'insuffisance des témoins ; mais elle ne l'affirme pas. En tout cas elle exige que le testament mentionne à peine de nullité le fait de la traduction, dans la langue connue des témoins, du texte dicté et lu d'abord dans une langue différente. La simple mention que le testament a été dicté et lu dans une certaine langue, ou dicté et lu dans les termes mêmes où il est écrit par le notaire, est considérée comme impliquant *a contrario* que le testament n'a point été lu, c'est-à-dire traduit en une autre langue. Cette mention étant tenue pour exclusive d'une traduction, l'absence de traduction est un fait acquis jusqu'à inscription de faux, puisqu'il s'agit d'un fait constaté par le notaire. D'autre part l'impossibilité pour un témoin de comprendre la langue dans laquelle le testament est dicté et lu est un fait dont la preuve peut toujours être rapportée par tous moyens, quand bien même le testament contiendrait une affirmation de la capacité des témoins ; il ne rentre pas dans les attributions du notaire, dirons-nous, en effet, de prononcer sur l'aptitude des témoins.

3. — *Portée de la mention formulée par le notaire que le testateur est sain d'esprit.*

Le notaire qui reçoit un testament ne manque pas en pratique, après avoir constaté lui-même dans l'acte que le testateur est sain d'esprit, de faire déclarer au testateur qu'il comprend bien ce qu'il dicte et reconnaît le texte dont la lecture lui est faite pour l'expression exacte de ses volontés. Cette double déclaration peut-elle empêcher les intéressés d'attaquer le testament pour insanité d'esprit sans recourir à la voie de l'inscription de faux? Le tribunal de Saint-Brieuc avait admis dans le jugement du 17 janv. 1906 que si l'opinion du notaire est non avenue et sans importance, le notaire n'étant point chargé par la loi de constater l'état mental de son client, l'attestation d'une déclaration du testateur ne pouvait au contraire être combattue autrement que par inscription de faux. La Cour de Rennes, par arrêt du 7 janv. 1907, a réformé à bon droit ce jugement spécieux en se fondant sur ce considérant : « Considérant que l'offre de preuve ne contredit pas la réalité des constatations faites par le notaire dans la limite de ses attributions (l'attestation d'une déclaration du testateur); qu'elle ne tend pas à en détruire l'exactitude matérielle, mais seulement à en fixer la valeur. ... ».

4. — *Comment peut-on prouver l'existence d'une cause immorale dans une donation ou un testament?*

La Cour de Bastia, dans l'arrêt du 31 juill. 1907 (*Gaz. Pal.*, 22 oct. 1907), accentue la tendance de la jurisprudence affirmée dans la note de M. A. Colin analysée *suprà*, *Revue* 1907, p. 619, d'après laquelle le prétendu système de la preuve intrinsèque en matière de donations entre concubins est plus apparent que réel et se ramène simplement à proscrire non toute preuve extrinsèque, mais les seules recherches « incidentes et fâcheuses ». Cet arrêt admet la preuve du caractère immoral d'une donation entre concubins résultant des déclarations de parties et de lettres versées 'aux débats en se fondant sur le motif suivant :

« Attendu... que la jurisprudence qui exclut les investigations pénibles et déshonorantes pour les familles admet la preuve résultant des éléments de la cause en dehors des énonciations du contrat; qu'une preuve de cette nature serait pour ainsi dire impossible si elle dépendait uniquement de la teneur du contrat, les parties n'avouant jamais leur immoralité dans un document exposé à recevoir une certaine publicité ».

5. — *La restriction à la faculté de se marier imposée par le testateur à sa légataire peut être illicite quoiqu'elle ne soit point immorale.*

La 1re Ch. de la Cour d'appel de Douai a rendu le 22 juill. 1907 (*Gaz. Trib.*, 27 oct. 1907) une décision dont la solution ne saurait être contestée, mais dont les motifs méritent de retenir l'attention.

Une jeune fille dont les parents étaient divorcés est restée après la mort de son père sous la tutelle de sa mère, aux torts de qui le divorce avait été prononcé à la suite de considérants très sévères. La famille paternelle de la jeune fille est fondée à appréhender que cette mère soit une éducatrice, une conseillère bien inexpérimentée, bien insuffisante. Les relations et les liens d'affection entre la famille paternelle et cette jeune fille seront dès lors très fragiles. Dans ces circonstances l'oncle paternel lègue à sa nièce un tiers de sa fortune, qui doit lui être remis le jour de son mariage si elle se marie avant trente ans et si son mariage est approuvé par les membres de la famille paternelle faisant partie du conseil de famille. Les intentions de l'oncle sont claires, évidentes : sa nièce est dans un milieu qui l'éloigne de lui ; tant qu'elle subit l'influence de ce milieu, il n'est pas porté à la gratifier, mais s'il pouvait combattre l'influence de milieu il aimerait à en dégager sa nièce ; voilà pourquoi l'oncle donne à sa nièce une part de sa fortune sous la condition qu'elle contracte un mariage agréant à la famille paternelle. Ces intentions recevront-elles effet ? Dans quelle mesure le testateur peut-il ainsi par son testament combattre l'influence de l'épouse divorcée sur la jeune fille au moment du mariage ?

Dans l'espèce la jeune fille avait violé la condition en se mariant contre l'avis de ses oncles paternels. Le tribunal de Lille et la Cour de Douai se sont trouvés d'accord pour reconnaître qu'elle avait perdu tout droit au legs et leur solution est incontestable. Le legs tombe, soit que l'on considère que la condition n'est pas remplie, soit que l'on considère que la condition est immorale ou illicite ; car dans ce cas, la condition immorale ou illicite, étant, de toute évidence, la cause impulsive et déterminante de la libéralité, annule la libéralité. Mais pour le cas où la condition aurait été remplie, il est intéressant de savoir quel est le motif qui ait ici justifié la solution. Le tribunal et la Cour à cet égard n'ont pas suivi la même doctrine. Le tribunal a jugé la condition licite et reconnu qu'elle n'était pas remplie. La Cour a jugé la condition illicite et n'a pas à s'appuyer sur ce qu'elle n'était pas remplie.

Le tribunal a déclaré la condition licite parce qu'il l'a trouvée morale, cette condition étant inspirée par la préoccupation très morale d'engager le légataire à contracter un mariage convenable. La Cour a déclaré la condition illicite quoiqu'il l'ait aussi reconnue morale.

« Attendu, dit l'arrêt, que si la condition mise par X... à la délivrance de son legs n'est pas contraire aux bonnes mœurs, elle apparaît, en revanche, comme contraire à la loi ; car, si elle ne constitue pas un empêchement au mariage de la jeune fille et n'apporte pas un obstacle aux droits de la mère dont le consentement seul reste nécessaire, elle ne peut néanmoins recevoir son exécution qu'en imposant à la légataire, désireuse de se marier, une autorisation que la loi ne prévoit pas, autorisation que l'oncle pouvait refuser sans même donner de motifs... ».

Le sens de la doctrine de l'arrêt ne nous semble pas absolument clair.

La Cour a-t-elle voulu dire que toute clause d'une disposition testamentaire prétendant imposer au bénéficiaire lors de son mariage l'accomplissement formel d'une condition non prévue par la loi était illicite? L'arrêt aurait alors cette portée que les restrictions à la faculté de se marier ou de se remarier pourraient constituer une condition valable d'une libéralité lorsqu'elles seraient tirées de la situation même du légataire, mais non lorsqu'elles tendraient à aggraver les conditions légales? La condition de ne pas se marier du tout ou de ne jamais se remarier serait licite. La condition de ne se marier que si telles ou telles circonstances extérieures se produisent pourrait encore être licite. Mais la condition de ne se marier qu'en remplissant certaines prescriptions en outre des prescriptions légales serait illicite. La Cour déclare la condition illicite parce qu'elle impose à la légataire désireuse de se marier une autorisation que la loi ne prévoit pas. Mais cette doctrine nous paraît difficile à admettre.

L'arrêt d'autre part observe que la condition envisagée « n'apporte pas un obstacle aux droits de la mère, dont le consentement seul reste nécessaire ». Cependant la condition tend à contredire le droit de la mère, car la mère tutrice n'a pas seulement le droit d'accorder ou de refuser son consentement à sa fille mineure, elle a le droit de donner des conseils, de prétendre diriger sans contrainte et influencer sa fille majeure de 21 ans mais n'ayant pas encore atteint 30 ans, puisque aujourd'hui encore elle doit recevoir de sa fille mineure de 30 ans au moins notification du mariage (loi du 21 juin 1907). La mère aux torts de qui le divorce a été prononcé est-elle capable et digne d'exercer après le décès du père la puissance paternelle? N'est-il pas regrettable qu'elle soit tutrice des enfants nés du mariage dissous, qu'elle ait à leur égard les

NOTES PARLEMENTAIRES

DROIT CIVIL ET PROCÉDURE CIVILE

FRANCE

Par MM. Paul Lerebours-Pigeonnière,

Professeur à la Faculté de droit de l'Université de Rennes

et Léon Julliot de la Morandière.

I. — Personnes et droits de famille.

a) Nationalité.

1. — *Pouvoirs des représentants du mineur de renoncer à la faculté de répudiation de la nationalité française au nom de l'enfant mineur des articles 8 §§ 3 et 4, 12 § 3, et 18 du Code civil.*

M. Jeanneney a été chargé par la commission de rapporter favorablement le projet de loi, analysé dans la *Revue* 1906, p. 697. La commission a pensé toutefois que, plutôt que de procéder, comme le Gouvernement le proposait, par des additions aux quatre articles du Code civil que le projet intéresse, il était préférable de s'en tenir à une disposition unique, qui alourdirait moins des textes déjà si complexes. Elle a de plus ajouté au projet une disposition transitoire analogue à celle de la loi du 22 juill. 1893.

Voici d'ailleurs le texte du projet, tel qu'il est désormais rédigé.

Article premier. — Il est ajouté à l'article 20 du Code civil un § 2 ainsi conçu :

« Quand les personnes désignées à l'article 2, § 10 auront, au nom d'un mineur, renoncé à la faculté qui lui appartiendrait à sa majorité, dans le cas de l'article 8, §§ 3 et 4, de l'article 12, § 3, et de l'article 18, de décliner la qualité de Français, celui-ci ne sera plus recevable à user de cette faculté. »

Art. 2. — Les individus auxquels la faculté de décliner la qualité de Français est réservée par l'un des articles ci-dessus, qui se trouveront lors de la promulgation de la présente loi dans l'année de leur majorité, pourront, pendant ladite année, renoncer au bénéfice de la déclaration souscrite en leur nom par leur représentant légal au temps de leur minorité.

Il en sera de même de ceux qui, mineurs au moment de la promulgation de la loi, deviendront majeurs dans les 6 mois qui la suivront.

Les autres mineurs conserveront définitivement le bénéfice de la déclaration souscrite en leur nom si, dans le même délai de six mois, leur représentant légal n'y a pas renoncé (annexe 853, *J. O.*, Doc. parl., Chambre, S. O., 1907, p. 240).

b) Divorce.

2. — *Délai de viduité imposé à la femme divorcée voulant contracter un nouveau mariage.*

La proposition Maurice Raynaud (V. *suprà*, Revue, 1907, p. 439) avait été adoptée par la Chambre des députés (Séance du 30 mai 1907), sans autre modification que l'adjonction d'un troisième point de départ du délai, à défaut des deux premiers prévus, à savoir le jour du premier jugement préparatoire ou au fond, rendu dans la cause. Le Sénat (Séance du 5 juill. 1907) a maintenu ce dernier point de départ : mais par contre il a supprimé les deux autres relatifs à la constatation de la séparation effective des époux, résultant : 1° de l'ordonnance de non-conciliation : 2° du procès-verbal constatant l'inexécution de cette ordonnance. Le texte du Sénat a été adopté par la Chambre et est devenu la loi du 13 juill. 1907, dont la teneur suit (*J. O.* du 15 juillet) :

Article premier. — L'article 296 du Code civil est remplacé par la disposition suivante : « La femme divorcée pourra se remarier aussitôt après la transcription du jugement ou de l'arrêt ayant prononcé le divorce, si toutefois il s'est écoulé trois cents jours après le premier jugement préparatoire, interlocutoire ou au fond, rendu dans la cause. »

Art. 2. — L'article 297 du Code civil est remplacé par la

disposition ci-après : « Lorsque le jugement de séparation de corps aura été converti en jugement de divorce, conformément à l'article 310 du Code civil, la femme divorcée pourra contracter un nouveau mariage aussitôt après la transcription de la décision de conversion. »

c) Filiation.

3. — *Recherche de la paternité.*

A signaler une nouvelle proposition de loi relative à la recherche de la paternité naturelle. Cette proposition, due à l'initiative de M. Louis Martin (*J. O.*, Doc. parl., Chambre, S. O., 23 mai 1907, Annexe 970, p. 354), contrairement aux propositions Rivet, Bérenger et Sembat (*Revue* 1905, p. 936 et s.) se contente d'abroger purement et simplement l'article 340 du Code civil, sans établir aucune prescription, sans non plus édicter de réglementation, ni préciser les effets de la paternité reconnue. L'article 2, simplement, dénie l'action à d'autres qu'à l'enfant lui-même et à sa mère, pendant la minorité de l'enfant. Et l'article 4 maintient à la femme séduite l'action fondée sur l'article 1382 du Code civil. C'est là, apparemment, une proposition incomplète et insuffisante. La question est trop complexe pour pouvoir être résolue par l'abrogation pure et simple de l'article 340. Ce serait susciter dans la pratique de nombreuses difficultés et ouvrir la porte à bien des abus.

4. — *Légitimation.*

Frappé de la sévérité de la loi qui met des parents dans l'impossibilité de légitimer leur enfant, s'ils ne l'ont pas reconnu avant leur mariage ou tout au moins dans l'acte de célébration, M. Emile Merle dépose une proposition de loi tendant à permettre la légitimation au cours du mariage par la reconnaissance légale et modifiant en ce sens les articles 331 et 333 du Code civil (*J. O.*, Doc. parl., Chambre, S. O., 1907, annexe 983, p. 394).

5. — *Adoption des enfants naturels.*

Pour faciliter l'adoption des enfants naturels, MM. Louis Martin et Maurice Spronck proposent de modifier l'article 347 du Code civil et de décider que l'enfant naturel adopté ne gardera pas son nom, nom de hasard ou nom de la mère rappelant trop son origine, mais prendra simplement le nom de l'adoptant (*J. O.*, Doc. parl., Chambre, S. O., 1907, annexe 1180, p. 1020).

d) Prodigues.

6. — *Réforme du conseil judiciaire.*

M. Magnaud estime que la dation d'un conseil judiciaire à un prodigue est une « *sorte de spoliation morale et matérielle* »; à son avis ce n'est la plupart du temps qu'un moyen de satisfaire des rancunes de famille : c'est une tare qui « *marque le front d'un citoyen* » qui, après tout, en dissipant son bien, est loin d'être nuisible à la collectivité. Il ne faut pas d'ailleurs empêcher les prodigues de se ruiner, car ceux-ci se trouveront « *régénérés par l'adversité où leur imprévoyance les a conduits* ». Toutes ces raisons amènent M. Magnaud à conclure à la suppression du conseil judiciaire : mais étant donnée la mentalité actuelle de la société, cette réforme serait peut-être prématurée. C'est pourquoi, en attendant l'heure où « le perfectionnement et l'expansion de l'instruction philosophique et sociologique permettront cette abolition », M. Magnaud se résigne à déposer une proposition de loi tendant simplement à corriger les imperfections du conseil judiciaire (*J. O.*, Doc. parl., Chambre, S. O., 1907, annexe 832, p. 225).

Voici les principaux traits de cette proposition :

1° Exclusion du conseil de famille de ceux qui sont en état notoire d'inimitié contre la personne dont le conseil de famille est appelé à s'occuper;

2° Faculté pour le juge de diminuer le nombre des restrictions à l'exercice du droit de propriété qui sont l'effet du conseil judiciaire actuel et de prononcer sursis pour l'application de sa sentence;

3° Limitation à sept ans de la durée du conseil judiciaire;

4° Énumération limitative des cas de prodigalité [1]; ceci afin d'éviter l'arbitraire;

5° Sanction pénale contre les auteurs d'une demande en interdiction ou en dation de conseil judiciaire faite de mauvaise foi.

e) Aliénés.

7. — *Régime des aliénés.*

Le texte de la proposition de loi sur le régime des aliénés

---

[1] Ces cas seraient au nombre de quatre : 1° manie des procès; 2° grande incapacité en matière de transaction; 3° emprunts sans motif raisonnable au delà des trois quarts de son avoir; 4° dépenses de luxe, hors de proportion avec sa situation.

élaboré par la commission de la Chambre sur la proposition
Dubief [1], déposé au nom de la Commission spéciale de la précédente Chambre le 1er avr. 1903 et repris le 12 juin 1906, est
enfin venu en discussion devant la Chambre au mois de janvier
dernier. Il a été voté sans soulever de graves objections et sans
subir de modifications sérieuses. Nous n'analyserons pas dans
tous ses détails cette proposition, que de nombreux commentaires
et surtout les travaux de la Société d'études législatives ont fait
connaître.

Nous rappellerons seulement que la grande préoccupation de
ses auteurs a été de manifester que, contrairement à la loi de 1838,
leur œuvre n'était pas une sorte de loi de police et de sécurité, mais qu'elle présentait avant tout le caractère d'une loi
d'assistance : les aliénés ne sont plus considérés comme des
individus dangereux qu'il faut enfermer pour les empêcher de
nuire, mais comme des malades auxquels la société doit l'assistance et les soins nécessaires à leur guérison. C'est là le principe inscrit dans l'article 1er de la nouvelle loi.

Et cette préoccupation se retrouve à chaque phrase des discours
prononcés à la Chambre : elle a amené notamment l'insertion
d'un paragraphe additionnel à l'article 29 de la commission,
paragraphe proposé par M. Vaillant et ainsi conçu : « L'asile
est assimilé dans toute la mesure du possible à l'hôpital »
(*J. O.*, Débats parl., Chambre, S. O., 1907, p. 101 et 102).

C'est elle encore qui domine les dispositions très intéressantes
du projet relatives aux aliénés criminels : nous nous conten-
tons de mentionner ici ces dispositions[2] sans y insister, car
elles sont du ressort du droit pénal et ne rentrent pas dans le
cadre de cette Revue.

Nous ne dirons également qu'un mot très bref des précautions
nombreuses prises par le nouveau texte pour sauvegarder la
liberté individuelle et mettre fin aux abus reprochés au fonctionnement de la loi de 1838 : c'est là en effet matière de droit
public. Il nous suffira de signaler que la proposition multi-
plie les formalités nécessaires soit pour le placement volontaire[3] ou d'office[4] dans l'asile, soit même pour la garde de

(1) *Revue*, 1902, p. 726.

(2) Section III de la proposition, articles 33 à 40 (*J. O.*, Doc. parl., Chambre, S. O., 1906. — Annexe, n° 47 (annexe) p. 2088).

(3) Articles 13 et suiv.

(4) Articles 26 et suiv.

l'aliéné au domicile d'un particulier(1); qu'elle organise la surveillance des asiles privés, même des simples maisons de santé(2); que surtout elle substitue l'action judiciaire à l'action administrative(3) : c'est désormais le tribunal qui statue sur l'entrée de l'individu dans l'asile et sur sa sortie de l'établissement. Tout ceci constitue certes un progrès sur la loi de 1838. Il est permis cependant de rester un peu sceptique au sujet de la portée de ces réformes : tout dépendra de la manière dont les textes nouveaux fonctionneront dans la pratique. Il est à craindre notamment que l'intervention du tribunal, devant se produire obligatoirement et en quelque sorte mécaniquement à propos de chaque aliéné, ne devienne vite de pure forme. Il est permis de se demander s'il n'eût pas mieux valu réserver cette intervention pour les cas difficiles et douteux et laisser à une autorité spéciale, responsable, le soin de décider des cas ordinaires, l'appel des décisions de cette autorité restant d'ailleurs toujours possible devant le tribunal(4). Quoi qu'il en soit, les textes de la commission ont été votés sans opposition.

Restait alors à s'occuper de régler la situation pécuniaire et la capacité de l'aliéné interné. C'était là la partie de la proposition ressortissant au domaine du droit civil. A ce point de vue, comme l'ont dit eux-mêmes leurs auteurs(5), les textes proposés étaient la reproduction à peu près intégrale de ceux votés en 1887 par le Sénat.

Les dispositions contenues dans ces textes sont bien connues.

Indépendamment de la commission de surveillance (6), qui joue dans certains cas le rôle de conseil de famille (art. 5), on donne à l'aliéné à la fois un curateur à la personne et un administrateur aux biens.

Le curateur à la personne (art. 45) a les mêmes attributions que sous la loi de 1838, plus un droit d'appel devant le tribunal pour toute mesure prise à l'égard de l'aliéné.

L'administrateur aux biens peut être ou bien un administra-

(1) Articles 8 et 9.

(2) Article 3. Amendement Victor Fort (Séance, 14 janv. Débats parl., S. O., 1907, p. 28).

(3) Articles 8, 9, 14, 17, 18, 19, 30, 34, 41, etc.

(4) Voir à cet égard les observations de MM. Larnaude, Saleilles, ... au *Bulletin de la Société d'études législatives*, 1904, p. 90, 104, notamment.

(5) Rapport Dubief. Doc. parl., Chambre, S. O., 1906, annexe 47, p. 504.

(6) Composée (art. 5) de deux conseillers généraux, de deux délégués, du préfet, d'un magistrat et du curateur à la personne.

teur provisoire ou bien un administrateur judiciaire ou datif.

L'administrateur provisoire est, si la commission de surveil
lance n'a pas désigné un de ses membres, une sorte de fonctionnaire nommé chaque année pour tout le département par le
ministre de l'Intérieur sur une liste dressée par le tribunal du
chef-lieu (art. 44). Cet administrateur est donné d'office à l'aliéné
par le fait seul de son internement dans un asile public ou privé.
Le mari est de droit administrateur provisoire des biens de sa
femme (art. 48). Cet administrateur n'est pas un tuteur : il n'a
pas un pouvoir général de représentation de l'aliéné : les textes
(art. 50) énumèrent simplement et limitativement les actes qu'il
peut faire : pour certains de ces actes, les plus importants, il doit
avoir l'autorisation de la commission de surveillance et même
l'homologation du tribunal. L'administrateur provisoire reste en
fonctions indéfiniment, tant que les personnes énumérées par
l'article 47 (parents, conjoint, associé, curateur à la personne,
procureur de la République) ne demandent pas au tribunal la
nomination d'un administrateur judiciaire : si l'aliéné a de tout
proches parents, on peut au lieu du tribunal s'adresser au conseil
de famille (1), qui nomme un administrateur datif.

L'administrateur judiciaire ou datif est un véritable tuteur,
régi par les mêmes règles que le tuteur de l'interdit (2) (art. 51).

Tous les ans l'administrateur provisoire ou judiciaire doit
communiquer au procureur de la République un état de la situation.

Quant aux actes faits par l'aliéné, pendant toute la durée de
l'internement, même durant les sorties provisoires (3), ils sont
« nuls de droit » comme ceux faits par un interdit. Les articles
502, 504 du Code civil leur sont applicables. L'aliéné ou ses
représentants peuvent les attaquer et les faire tomber en prouvant uniquement l'internement : il n'y a pas possibilité pour le
tiers cocontractant de démontrer que l'acte a été fait dans un
intervalle lucide (art. 54).

Tel est, en quelques lignes, le système auquel la Chambre a

(1) La délibération du conseil de famille doit être homologuée par le tribunal.

(2) Il est à signaler cependant que le texte voté par la Chambre n'assujettit
pas l'administrateur à l'hypothèque légale : seulement le tribunal peut constituer sur ses biens une hypothèque générale ou spéciale à concurrence
d'une somme déterminée.

(3) L'article 42 autorise en effet des sorties provisoires à titre d'essai pendant lesquelles le malade jouit de la liberté et touche même une subvention.

donné son approbation. Il est juste de reconnaître que ce système remplit assez bien les deux buts essentiels que M. Saleilles dans son rapport à la Société d'études législatives assignait à toute bonne loi patrimoniale sur les aliénés (*Bulletin de Société d'études législatives*, 1904, p. 318 et s.).

1° Par le fait même de la constitution obligatoire d'un administrateur provisoire, désigné à l'avance, les biens de l'aliéné sont mis à l'abri des manœuvres des parents qui auraient pu par un placement injustifié dans un asile essayer de les accaparer ;

2° La dilapidation de la fortune de l'aliéné semble devoir être suffisamment empêchée par les nombreuses mesures de contrôle prises à l'égard des administrateurs. A ce point de vue, les critiques élevées par M. Bonnevay dans la séance du 21 janv. 1907 contre les administrateurs provisoires légaux, nommés d'avance par le ministre, nous paraissent injustifiées ou tout au moins très exagérées : c'est là, a dit ce député, créer un fonctionnaire nouveau qui, étant rétribué d'après un tarif spécial, deviendra vite une sorte d'officier ministériel, de « syndic de la faillite mentale », intéressé à faire le plus d'actes possible. Le rapporteur a victorieusement répondu que cet administrateur est bridé par la loi et obligé de rendre des comptes fréquents à la commission de surveillance et au procureur de la République : toutes les garanties sont donc prises pour éviter la dilapidation.

Nous n'approuvons pas non plus pleinement les critiques qui ont été, au sein de la Société d'études législatives, élevées contre l'administrateur provisoire tel que l'organise la proposition (1). Il y a quelque chose d'illogique, a-t-on dit, à instituer un administrateur, appelé provisoire, ne possédant que des pouvoirs restreints, limitativement déterminés, alors que cet administrateur doit rester indéfiniment à la tête du patrimoine, si les parents ne provoquent pas la nomination d'un administrateur judiciaire ; or ceci ne se produira que pour un aliéné riche. Ne vaudrait-il pas mieux, a-t-on ajouté, réserver l'administration provisoire avec pouvoirs restreints aux cas où l'on peut espérer que la maladie ne sera que *temporaire* et donner un administrateur judiciaire, véritable tuteur, quand l'internement se sera prolongé un certain temps ou quand l'aliénation mentale paraîtra incurable? — Ces critiques évidemment renferment une part de vérité : le système voté par la

(1) Voir le rapport préliminaire de M. Saleilles au Bulletin, 1904, p. 291 et s.

Chambre peut cependant se défendre. Sans doute, il y a quelque chose de choquant tout au moins dans la dénomination de provisoire attribuée à une administration qui peut être, qui sera souvent définitive. Mais les pouvoirs de l'administrateur provisoire, pour limitativement déterminés qu'ils soient, sont assez étendus ; en tout cas ils suffiraient largement, croyons-nous, dans l'hypothèse d'aliénés peu fortunés ou indigents : pour ces aliénés, même si leur maladie est incurable, pourquoi nommer un administrateur judiciaire, recourir ainsi au tribunal, convoquer un conseil de famille? toutes ces complications ne sont guère utiles précisément que si l'aliéné a quelque fortune.

Ce n'est pas à dire toutefois que le texte que nous analysons soit à l'abri de tout reproche.

Une lacune tout d'abord est à signaler : la proposition donne un administrateur légal provisoire à l'aliéné interné, mais elle oublie d'en donner à l'aliéné soigné à domicile, dont elle s'occupe pourtant à d'autres points de vue (articles 8 et 9).

En second lieu l'article 48 donne de droit au mari l'administration provisoire des biens de sa femme. Cela se conçoit si les époux étaient mariés sous un régime de communauté, où le mari a déjà l'administration de la fortune de sa femme; mais cela se conçoit moins sous un régime de séparation : des manœuvres peuvent être alors à craindre de la part du mari dans le but, par un placement injustifié, de se mettre en possession des biens de sa femme. Le danger est d'autant plus grand que l'article 49 dispense le mari de l'obligation de rendre compte de son administration.

Si à ces points de vue la protection accordée par le projet à l'aliéné paraît insuffisante, à d'autres égards au contraire cette protection semblera peut-être excessive. Nous avons dit plus haut que par le seul fait de l'existence d'un administrateur légal provisoire, fonctionnaire désigné à l'avance, les biens de l'aliéné sont mis à l'abri des convoitises des parents. Mais il peut se faire que cette mesure, mesure de défiance contre la famille, se retourne contre l'aliéné. Il arrivera qu'avant l'internement les biens de l'aliéné soient administrés par un parent et ce parent pourra très bien être, sera souvent, heureusement, à l'abri de tout soupçon. Eh bien! par le fait d'un internement qui sera peut-être passager, voici ce parent, nullement indigne, qui sera dessaisi : les biens passeront aux mains d'un étranger,

fonctionnaire intègre sans doute, mais qui y apportera moins de
soin que ne le faisait un parent dévoué. L'exclusion *a priori* de
la famille nous semble aussi regrettable que la nomination de
droit du mari comme administrateur de sa femme; ce sont là
deux excès en sens contraire. Nous savons bien que l'on pourra
demander au tribunal de nommer administrateur judiciaire le
parent en question : mais en attendant, celui-ci aura été dessaisi,
et il faudra que les biens changent une seconde fois d'administrateur pour revenir entre ses mains. Il semble que l'on a eu
trop en vue les cas exceptionnels de convoitises familiales
et qu'on ne s'est pas assez préoccupé de l'hypothèse, normale
heureusement, croyons-nous, où l'interné possède des proches,
ne souhaitant qu'une chose, sa prompte guérison. On eût pu
réserver au tribunal le droit d'écarter l'administrateur provisoire légal pour en attribuer le rôle à un parent ou à un tiers
de son choix.

En ce qui touche la capacité de l'interné, nous croyons également que l'on est allé trop loin dans la voie de la protection accordée à celui-ci. On l'a assimilé complètement à un interdit, en
lui étendant l'article 502. C'est excessif. Comme d'éminents auteurs l'ont fait remarquer[1], ceci est de nature à causer de graves préjudices aux tiers qui pourront traiter avec un aliéné,
dans un intervalle lucide : certes il ne peut s'agir de protéger
les tiers ayant traité pendant l'internement effectif dans l'asile :
ceux-là savent très bien qu'ils traitent avec un incapable. Mais
il ne faut pas oublier que l'on peut accorder au malade des sorties d'essai, que ce malade peut être placé dans une colonie familiale où il a toutes les apparences de la liberté : et cependant il
n'en reste pas moins incapable. Or en ces hypothèses les tiers
n'auront été avertis par aucune publicité, comme celle prévue en
cas d'interdiction : il semble donc que l'on aurait dû leur laisser
la possibilité de prouver que leur co-contractant, lorsqu'il a
traité avec eux, était parfaitement lucide, ainsi que le faisait le
projet présenté au Sénat en 1882.

Il y avait là tout au moins matière à discussion. Néanmoins
ces points si complexes et si intéressants, malgré les travaux
récents de la Société d'études législatives, n'ont guère soulevé de
débat à la Chambre : il est vrai que toutes les fois qu'un orateur

---

(1) Saleilles, *Rapport préliminaire au Bulletin de la Société d'études
législatives*, 1904, p. 304 et s.

élevait la voix pour discuter un article de la proposition, le rapporteur, le président de la commission ou le commissaire du Gouvernement le priaient de ne rien modifier pour ne pas déranger l'harmonie du projet et ne pas retarder le vote de la loi.

Un point cependant a soulevé quelques réclamations : c'est celui concernant le pouvoir donné à l'administrateur même provisoire d'intenter au nom de l'aliéné, en vertu, il est vrai, d'un mandat exprès du conseil de famille ou du tribunal, une action en divorce, en séparation de corps ou de biens. Ce pouvoir est en effet exorbitant : il est très admissible pour l'action en séparation de biens d'un caractère surtout pécuniaire ; il se conçoit encore, peut-être, pour la séparation de corps, mesure qui peut n'être que temporaire et est réparable par l'aliéné une fois guéri, s'il en souffre : mais en ce qui concerne l'action en divorce, il y a là quelque chose de trop grave, de trop définitif surtout, pour en permettre l'exercice à d'autres qu'à l'intéressé lui-même (Voir à ce sujet les observations de MM. Merle, Lasies, Beauregard. Séance, 22 janv. 1897, *J. O.*, Déb. parlem., Chambre, 1907, p. 130).

La question financière, elle aussi, a soulevé un débat assez important. MM. Bonnevay et Monservin (Séance du 22 janv.) ont critiqué la façon dont les charges occasionnées par les nouveaux textes étaient réparties entre l'État, le département et les communes. Ce n'est pas, en effet, un des côtés les moins intéressants de la question. Mais il y a là de graves difficultés, tenant au principe, posé dans l'article 1er, de l'assistance obligatoire aux aliénés, et à la création d'asiles spéciaux (art. 2) pour les alcooliques, les épileptiques et les idiots. Nos législateurs n'ont pu se mettre d'accord. Finalement les amendements proposés ont été renvoyés à la Commission pour faire l'objet d'un rapport spécial et le texte de la proposition a été voté.

Il est à regretter que les paragraphes se rattachant au droit civil n'aient pas été l'objet de semblables discussions : car, si dans leur ensemble ces paragraphes ont résolu le problème d'une façon assez heureuse, le texte voté n'en présente pas moins certaines imperfections, dont nous avons signalé les plus importantes, à notre avis. M. Saleilles exprimait dans son rapport préliminaire à la Société d'études législatives l'espoir que les juristes du Parlement prendraient la parole. Ceux de la Chambre ne l'ont pas fait. Les sénateurs élèveront-ils la voix ? il est permis d'en douter, étant donné que le texte qui leur sera soumis n'est autre, nous l'avons dit, que celui déjà voté par la haute assemblée en 1887.

f) Mineurs.

8. — *Prostitution des mineurs.*

Le Gouvernement a déposé le 5 mars 1907 sur le bureau du Sénat un projet de loi en 21 articles concernant la prostitution des mineurs (*J. O.*, Doc. parl., Sénat, S. O., 1907, annexe n° 50, p. 39). Ce projet dispose que par une décision du tribunal civil en Chambre du conseil le mineur, qui se livre habituellement à la prostitution, peut être placé jusqu'à sa majorité ou son mariage, soit dans un établissement public spécialement organisé à cet effet, soit chez un parent ou un particulier. Le tribunal est saisi par les personnes investies de la puissance paternelle, de la tutelle, de la surveillance en vertu des articles 141 et suivants du Code civil et du droit de garde conféré par décision de justice, ou encore d'office par le ministère public. Le projet organise la procédure contradictoire devant le tribunal et le régime général de l'établissement public dont il prévoit la création.

g) Casier civil.

9. — Voir au *Journal officiel* (Doc. parl., Chambre, S. O., 1907, annexe 1081, p. 918) une proposition de M. Daniel de Folleville (de Bimorel), tendant à centraliser au greffe du tribunal civil du lieu de naissance tous les renseignements concernant l'état et la capacité des personnes.

h) Indigents.

10. — Proposition de loi de M. 'A. Girard ayant pour objet de modifier les articles 4, 5, 6, 8 de la loi du 10 déc. 1850 sur le mariage et la légitimation des enfants naturels des indigents. Cette proposition tend à simplifier encore les formalités, à supprimer notamment nombre de « visas » exigés jusqu'ici (*J. O.*, Sénat, Doc. parl., S. O., 1907, annexe 87, p. 58).

i) Femme mariée.

11. — *Loi du 13 juill. 1907 relative au libre salaire de la femme mariée et à la contribution des époux aux charges du ménage.*

Cette loi ayant déjà fait dans la *Revue* (1907, p. 555 et s.) l'objet d'un intéressant article, nous n'en donnerons pas ici l'analyse détaillée. Nous nous contenterons simplement de deux observations.

12. — 1° La loi nouvelle n'a pas seulement pour but de protéger les salaires de la femme contre les abus de la puissance maritale ; son objet est plus large, c'est en définitive de tirer la femme de l'incapacité juridique où elle se trouve et de lui rendre dans l'administration du ménage le rang qui convient au rôle qu'elle joue dans la famille. Aussi, à ce point de vue, les textes récents nous semblent-ils devoir exercer une heureuse influence sur l'interprétation des régimes matrimoniaux, en particulier du régime de communauté. Jusqu'à présent pour l'entretien du ménage la femme était considérée comme mandataire de son mari : en principe, dans la conception classique, elle ne disposait que des fonds que celui-ci voulait bien lui remettre ; les obligations qu'elle contractait n'étaient valables que si elles pouvaient être considérées comme contractées avec l'autorisation tacite de son époux. Cependant depuis quelques années s'était fait jour l'idée d'un pouvoir propre de la femme en ce qui concerne les dépenses du ménage; des recherches historiques, sur l'origine du régime légal notamment, avaient montré que la communauté ne pouvait pas être regardée comme dépendant uniquement de la volonté du mari : celui ci après tout n'est que le représentant de la volonté commune des deux époux, qui sont copropriétaires du fonds indivis : ses pouvoirs tiennent à la nécessité qu'il y ait un chef dans l'association conjugale : on comprend que de la gestion pécuniaire des intérêts de la famille, la femme, peu au courant des affaires, soit en principe écartée. Mais dans la sphère des dépenses du ménage, la femme joue en fait le rôle prépondérant : dans cette sphère ses droits de communiste doivent donc réapparaître et elle doit pouvoir par elle-même engager la communauté. Cette théorie très séduisante n'avait pourtant pas jusqu'ici été admise par la jurisprudence : sans doute celle-ci, sous la poussée des nécessités de la vie, arrivait à des résultats pratiques très analogues; mais dans ses motifs elle s'en tenait toujours à l'idée de prépondérance théorique du mari, à l'idée de mandat tacite.

Désormais la thèse du pouvoir propre de la femme reçoit du fait de la loi nouvelle un appui considérable.

Pour l'entretien de son ménage on réserve tout d'abord à la femme la disposition des biens qu'elle a gagnés par son propre travail. Ces biens, remarquons-le, on ne les exclut pas de la communauté ; ils restent communs, mais le mari perd sur eux tous ses pouvoirs d'administration et de jouissance ; ces pouvoirs passent entre les mains de la femme. Désormais la communauté se composera de deux groupes de biens : un premier groupe, comprenant la généralité des biens communs et les salaires du mari, dont celui-ci sera, comme par le passé, l'administrateur et le chef ; un second groupe, comprenant les salaires de la femme et les économies en provenant, dont celle-ci sera à son tour l'administrateur et le chef. Les pouvoirs de la femme lui sont conférés directement par la loi : sur ces biens réservés, ce sont donc des pouvoirs propres. A cet égard le rapport de M. Guillier au nom de la commission sénatoriale est très net. « Le pécule réservé, dit-il (Doc. parl., Sénat, S. O., 1907, annexe n° 76, p. 55, 3ᵉ colonne), restera bien commun. Mais dans un régime de communauté les ayants droit devraient concourir ensemble aux actes de disposition. On conçoit que la loi investisse seulement l'un d'eux du droit d'administration. D'une façon générale, le mari a ce mandat légal. Exceptionnellement la femme l'aura désormais, en ce qui touche une fraction des biens communs, ceux qu'elle aura elle-même constitués et amassés, ceux qui paraissent plus naturellement affectés au budget domestique, dont elle est la dispensatrice. Il existe une masse commune avec deux administrateurs (1) ».

Ce ne sera pas seulement d'ailleurs lorsqu'elle exercera une profession distincte de celle de son mari, que la femme possédera un pouvoir propre : même si elle ne gagne rien elle-même, elle va disposer d'un droit de contrôle sur une partie tout au moins du reste de la communauté, sur les salaires de son mari. Les articles 7 et suivants de la loi lui donnent en effet le droit

---

(1) La femme est ainsi, par rapport aux biens réservés, le chef de la communauté. Si telle est l'idée des auteurs de la loi nouvelle, ce n'est pas la formule qu'ils ont fait passer dans le texte. L'article 1ᵉʳ renvoie à l'article 1449, qui règle les pouvoirs de la femme séparée de biens. La capacité de la femme sur ses salaires est cependant plus grande que celle de la femme séparée, puisque celle-ci ne peut sans autorisation aliéner ses immeubles ni ester en justice. La femme salariée diffère seulement du mari chef de la communauté en ce qu'elle ne peut jamais aliéner à titre gratuit. Mais les pouvoirs du mari à cet égard sont par tout le monde regardés comme exorbitants. — De ce que la femme est à l'égard de ses salaires considérée comme chef de la communauté, il s'ensuit logiquement qu'elle ne peut par contrat de mariage renoncer aux pouvoirs que la loi lui donne à ce titre (Séance, 24 mai 1907, au Sénat). V. *Revue*, 1907, p. 572 et suiv.

d'obtenir du juge de paix l'autorisation de saisir-arrêter et de toucher sur les gains de son conjoint une part en proportion des besoins du ménage.

Ce n'est pas tout. L'article 3, après avoir dit que les biens réservés de la femme pourront être saisis par les créanciers qui auraient contracté avec le mari dans l'intérêt du ménage, ajoute : « Le mari n'est responsable, ni sur les biens ordinaires de la communauté, ni sur les siens des dettes et obligations contractées autrement que dans l'intérêt du ménage par la femme, même lorsqu'elle a agi dans la limite des droits que lui confère l'article 1er, mais sans autorisation maritale ».

Ce paragraphe a été inséré à la demande de M. le sénateur Legrand dans la séance du 14 mai ; il n'a soulevé aucune objection et le rapporteur a même dit que ce texte lui apparaissait être de nulle importance. Il nous semble au contraire qu'il est d'une importance assez considérable. Il va de soi, sans doute, que le mari ne peut pas être responsable des obligations contractées par sa femme dans l'intérêt personnel de celle-ci. Mais du paragraphe en question il découle certainement, quoique indirectement, que le mari et la communauté sont responsables des dettes contractées par la femme sans autorisation dans l'intérêt du ménage : c'était bien là l'idée des auteurs de la loi[1]. Pour l'intérêt du ménage, la femme comme le mari peut grever la communauté. Un créancier dont les droits dérivent d'un contrat passé pour les besoins communs aura toujours action à la fois sur les biens de la communauté, sur les biens du mari et sur les biens réservés de la femme ; qu'il ait traité avec la femme ou avec le mari, peu importe : à ce point de vue les pouvoirs des époux sont égaux. S'il en est ainsi, on ne peut donc plus parler de prépondérance du mari ; la femme est mise sur le même pied que lui, on ne peut dire qu'elle tient ses pouvoirs d'un mandat tacite. La vérité est que le législateur, cela découle de la loi du 13 juill. 1907 tout entière, reconnaît que la femme pour la gestion domestique du ménage doit être l'égale du mari, qu'elle doit donc disposer de pouvoirs identiques à ceux de son époux. Cela n'apportera peut-être pas de grands changements dans la réalité : la jurisprudence, sous la poussée des faits, était

---

[1] Voir à cet égard l'article 5. *in fine*, de la proposition Gourju, qui disait formellement que « sous le régime de communauté, la femme aurait le droit d'engager pour l'intérêt commun non seulement ses biens réservés, mais tous les biens communs administrés par le mari ».

arrivée à des solutions pratiques, différant peu de celles résultant de la théorie du pouvoir propre Néanmoins elle va pouvoir s'engager plus résolument dans cette voie et rejeter complètement l'idée de mandat tacite. Le législateur de 1907 aura contribué ainsi à mettre le droit d'accord avec les faits, on ne peut que l'en féliciter.

13. — 2° Mais, et ce sera là notre seconde observation, il faut bien avouer que ces réformes sont peut-être plus théoriques que vraiment pratiques. Comme nous le répétions à l'instant, les pouvoirs de la femme sur la communauté dans l'intérêt du ménage étaient reconnus déjà dans la vie sociale et la loi nouvelle ne fait guère que consacrer un état de choses préexistant. On nous fera remarquer immédiatement que les nouveaux textes donnent à la femme le droit de saisir-arrêter les salaires de son mari, que surtout ils mettent les économies faites par la femme sur les produits de son travail à l'abri d'un époux trop souvent dépensier. Sans doute ; loin de nous la pensée de nier qu'il y ait là des réformes excellentes. Néanmoins nous nous garderons d'être trop optimistes au sujet des résultats qu'elles pourront donner.

Que se passera-t-il ? S'il s'agit d'un bon ménage, tout ira bien évidemment : seulement, ce n'est pas pour les bons ménages que la loi a été élaborée ; avant sa promulgation, dans ces familles où le père n'est ni ivrogne, ni joueur, la femme possédait en réalité toutes les prérogatives qu'on lui attribue aujourd'hui et n'avait besoin d'aucune protection. Si au contraire nous nous plaçons en présence d'un mauvais ménage, d'une de ces familles que l'on a eues en vue, où le mari est paresseux et buveur et jusqu'ici a dépensé non seulement ce qu'il pouvait gagner, mais encore les salaires de sa femme, peut-on croire que la loi nouvelle apportera un remède sérieux à cet état de choses ? Théoriquement la femme aura le droit de garder ses salaires ; mais pratiquement, à l'aide d'arguments sur la nature desquels il est inutile d'insister, le mari se les fera remettre. — Admettons cependant que par hasard la femme ait pu soustraire quelques économies : au moins celles-ci ne seront pas exposées aux poursuites du cabaretier habituel de son époux. Erreur, croyons-nous ! le cabaretier refusera de « servir » l'ouvrier si celui-ci ne lui rapporte pas la signature de sa femme et pour obtenir cette signature le mari aura recours aux mêmes arguments que tout à l'heure.

Et alors qu'y aura-t-il de changé ? — Cette objection n'a pas totalement échappé au législateur. On en retrouve trace dans le rapport de M. Viollette (Doc. parl., Chambre, S. O., 1907, annexe n° 1128, p. 961). Mais M. Viollette ne s'en préoccupe guère Il pense en effet que la signature donnée par la femme à un créancier personnel du mari devrait être considérée comme radicalement nulle. Pour soutenir cette thèse, il s'appuie d'abord sur le principe de l'immutabilité des conventions matrimoniales. Voici son raisonnement : la libre disposition des gains est une des clauses du régime légal, clause à laquelle même la femme ne peut renoncer par contrat de mariage ; ce serait porter atteinte à l'immutabilité de cette clause, que de donner au mari, durant le mariage, mandat exprès ou tacite de disposer desdits salaires, que de s'engager pour un créancier du mari. — L'objection véritablement ne porte guère : le mari est chef de la communauté, il ne peut par contrat de mariage renoncer aux pouvoirs qu'il tient de la loi en cette qualité et cependant rien ne l'empêche de donner à sa femme un mandat d'administration, rien ne l'empêche de s'engager personnellement pour un créancier de sa femme ; pourquoi donc la femme ne pourrait-elle pas lui donner à son tour mandat de toucher ses salaires, ne pourrait-elle pas s'engager pour lui? En le faisant n'exerce-t-elle pas précisément le droit de libre disposition qui lui est reconnu par la loi? A cela M. Viollette objecte que c'est faire de la loi nouvelle un texte mort, puisqu'on pourra la tourner si facilement. Nous sommes bien de son avis. Mais nous ne voyons pas le moyen de sortir de la difficulté. On n'a pas voulu adopter le système belge de 1900, n'accordant à la femme de libres pouvoirs que dans les cas où l'intérêt du ménage serait en jeu, craignant que ce ne soit là une source de chicanes[1]. On a donné à la femme des droits sans restriction : il fallait dire formellement que nonobstant tout engagement de la femme envers eux, les créanciers personnels du mari n'auraient pas d'action sur les biens réservés. Le législateur a oublié de s'en expliquer : nous ne pensons pas que les tribunaux se croient liés par le rapport Viollette, ce n'est pas là un texte législatif. Rien dans la loi ne vient limiter les pouvoirs de la femme, qui sur ses salaires sont égaux à ceux du mari chef de communauté ; la femme pourra donc s'engager

---

[1] Voir proposition Gourju (Sénat, S. O., 1906, annexe n° 304, p. 741). Exposé des motifs.

pour son époux. Il est à craindre qu'elle ne le fasse trop souvent. En tout cas, même si la jurisprudence se rangeait à l'avis de M. Viollette et décidait qu'un tel engagement n'est pas valable, il resterait toujours la possibilité pour le mari de se faire remettre de force de la main à la main l'argent gagné par sa femme. C'est là d'ailleurs une situation en face de laquelle le législateur est impuissant ; le remède ne se trouve pas dans des formules légales : il est uniquement dans l'amélioration des mœurs et dans la lutte contre l'alcoolisme.

j) **Personnes morales.**

14. — *Capacité des associations.*

Proposition de M. Ferd. Bougère portant modification des articles 6 et 11 de la loi du 1ᵉʳ juill. 1901 et autorisant les associations reconnues d'utilité publique ou déclarées à posséder des bois et des terrains à utiliser pour le reboisement (Doc. parl., Chambre, S. O., 1907, annexe n° 814, p. 191).

II. — Obligations et contrats spéciaux.

a) **Responsabilité civile.**

15. — *Dommages causés aux récoltes par le gros gibier.*

Pour suppléer à l'insuffisance de la loi des 19-21 avr. 1901, qui permet aux cultivateurs dévastés par les sangliers de porter leurs réclamations devant le juge de paix, quel qu'en soit le taux, pour parer notamment aux difficultés de la preuve à l'encontre des riches propriétaires-chasseurs, MM. Méquillet, Fleurent, Chapuis.... ont déposé à la Chambre une proposition de loi décidant que toute personne, possédant ou ayant loué des bois pour chasser le gros gibier, devra payer une redevance fixe chaque année. Sur les fonds ainsi recueillis une commission d'expertise, réunie par le maire, indemnisera les cultivateurs lésés (Doc. parl., Chambre. S. O , 1907, annexe 1027, p. 438).

16. — *Responsabilité des conducteurs de véhicules.*

M. Chastenet a renoncé à la proposition que nous avons signalée dans la *Revue* 1907, p. 171. Il a été chargé par la commission de rédiger le rapport concluant à l'adoption par la Chambre du texte voté par le Sénat le 28 mars 1902. en en exceptant toutefois les dispositions d'ordre purement réglementaire. La fuite ne constitue plus, comme dans la proposition

Chastenet, un délit spécial : ce n'est plus qu'une circonstance aggravante des délits prévus par les articles 319 et 320 du Code pénal.

17. — *Prescription de l'action civile en responsabilité.*

Proposition de M. Daniel de Folleville, supprimant la prescription abrégée de l'action civile en cas de crime, délit ou contravention et fixant à 30 ans le délai de prescription de toute action civile en dommages-intérêts (Doc. parl., Chambre, S. O., 1907, annexe n° 1035, p. 854).

b) **Accidents du travail.**

17 bis. — *Extension de la loi du 9 avr. 1898 aux délégués à la sécurité des ouvriers mineurs.*

Proposition de MM. Basly, Aldy, Allard.... tendant à réaliser cette extension (Doc. parl., Chambre, S. O., 1906, annexe 399, p. 87).

18. — *Application à l'Algérie de la loi de 1898.*

L'extension devait se faire par décret (art 34, Loi de 1898) ; mais il a été reconnu qu'elle ne pouvait être réalisée sans de profondes modifications nécessitant l'intervention du Parlement. Aussi le Gouvernement a-t il, le 8 nov. 1906, déposé à la Chambre un projet de loi étendant la loi de 1898 à l'Algérie, mais contenant des dispositions spéciales relatives : 1° aux indigènes ; en cas de polygamie, partage égal et définitif entre toutes les veuves de la rente due à la suite d'un accident mortel (art. 2-1°) ; abaissement de l'âge de cessation des paiements à faire aux enfants et descendants indigènes (art. 2-3°) ; 2° aux ouvriers étrangers, afin de protéger les ouvriers français contre la concurrence (art. 3) ; 3° aux modifications apportées à certains délais (Doc. parl., Chambre, S. E., 1906, annexe 400, p. 87).

19. — *Accidents survenus dans les établissements pénitentiaires et hospitaliers.*

Le Gouvernement a enfin le 28 janv. 1907 déposé un projet de loi, depuis longtemps réclamé [1], concernant les accidents du travail survenus dans les établissements pénitentiaires et dans

_____

(1) Voir séances des 20 janv. et 4 févr. 1902 ; séance du 7 juin 1904. Enfin le 25 janv. 1906, sur l'initiative de M. Engerand, la Chambre avait voté un projet de résolution invitant le Gouvernement à déposer un projet de loi étendant la loi de 1898 à la main-d'œuvre pénitentiaire.

les établissements hospitaliers (Doc. parl., Chambre, S. O., 1907, annexe 703, p. 85).

En ce qui concerne les accidents survenus dans les établissements pénitentiaires, on a pensé qu'il ne pouvait s'agir d'une extension pure et simple du principe du risque professionnel. On a vu avant tout dans ces accidents un risque particulier d'application de la peine, pouvant donner lieu à un régime de réparation, fondé moins sur l'exercice d'un droit de la part du prisonnier que sur une obligation morale de la part de l'État. L'indemnité attribuée est envisagée surtout comme un secours accordé par mesure d'équité à titre alimentaire : aussi n'est-elle pas calculée, à l'exemple de la loi allemande, sur le salaire le plus bas des ouvriers libres exerçant l'industrie du détenu blessé : elle est laissée à l'appréciation du tribunal, à condition de ne pas être supérieure à 360 francs ni inférieure à 180 francs par an, en cas d'incapacité absolue et permanente ; de ne pas dépasser 180 francs par an en cas d'incapacité partielle et permanente ; d'être de 0 fr. 50 au moins et de 1 franc au plus par jour en cas d'incapacité temporaire. Si l'accident est suivi de mort, les parents du défunt n'ont droit à une rente que s'ils ont besoin d'une pension alimentaire.

L'indemnité est due par celui pour le compte duquel le travail est effectué, par l'État, si le travail est exécuté en régie, par l'entrepreneur, si le travail est exécuté par voie d'entreprise (art. 7) : et à ce point de vue l'idée de risque professionnel, incombant à celui à qui le travail profite, reparaît. L'article 9 oblige les entrepreneurs à s'assurer. Les articles 11 à 16 règlent la procédure.

Pour les établissements hospitaliers, l'article 17 du projet leur étend toute la législation des accidents du travail, sauf les dispositions spéciales ci-après :

Art. 18. — Toutes les indemnités sont calculées d'après le salaire le plus bas généralement attribué dans la région pour le travail à la suite ou à l'occasion duquel l'accident s'est produit.

Art. 19. — En cas d'accident suivi de mort, les représentants de la victime n'ont droit à indemnité que si elle n'était point hospitalisée pour cause de vieillesse ou bien d'infirmité ou maladie incurable.

Art. 20. — Les soins médicaux et pharmaceutiques sont directement assurés par l'établissement d'assistance tant que la victime reste hospitalisée. Pendant le même temps, il n'est dû aucune indemnité journalière et, s'il y a eu attribution de rente, les arrérages ne sont dus que jusqu'à concurrence du tiers de leur quotité.

20. — *Accidents du travail survenus dans les exploitations agricoles.*

En 1898, une des raisons principalesqui avaient décidé le législateur à adopter la théorie du risque professionnel était celle tirée de la fréquence et de l'importance des accidents causés par le machinisme moderne : aussi le Parlement avait-il restreint l'application des nouveaux principes posés aux accidents résultant du travail industriel. L'agriculture, en 1898 et 1899, ne s'était vu étendre la récente législation que dans la mesure où elle empruntait à l'industrie ses instruments de travail, que dans l'hypothèse où elle employait des moteurs inanimés. Mais depuis cette époque les idées ont évolué. Désormais la théorie du risque professionnel est indépendante de la question de l'étendue des risques : par le fait de son extension, notamment en 1906 aux professions commerciales, elle se lie de plus en plus à la conception même du contrat de travail. La législation sur les accidents agricoles est donc devenue surannée et insuffisante.

Aussi, après en avoir pris devant la Chambre à plusieurs reprises l'engagement formel, le Gouvernement a finalement déposé le 5 nov. 1906 un projet relatif aux accidents du travail dans l'agriculture(Doc. parl., Chambre, S. E., 1906, annexe 364, p. 34). Ce projet a fait l'objet d'un rapport de M. Chauvin, au nom de la commission d'assurance et de prévoyance sociales (Doc. parl., Chambre, S. O., 1907, annexe 777, p. 157). La commission s'est d'ailleurs approprié, en le modifiant sur plusieurs points, le texte du Gouvernement.

Le projet présenté est une simple extension de la loi de 1898 aux accidents agricoles : on n'a pas créé de système nouveau ; les principes de la législation antérieure sont respectés. La commission, à regret semble-t-il (Rapp. Chauvin, *loc. cit.*, p. 158, 3ᵉ col.), n'a pas plus établi l'assurance obligatoire pour les accidents agricoles qu'on ne l'avait fait pour les accidents commerciaux et industriels. (1) D'un autre côté on sait que la loi de 1898 n'a pas fait découler le risque professionnel de tout contrat

_____

(1) Le projet Mirman au contraire (13 déc. 1900) était basé sur le système de l'assurance obligatoire.

de travail, quel que soit l'employeur : cette thèse aurait eu
pour conséquence la protection de tous les travailleurs, aussi
bien du domestique attaché exclusivement à la personne, ou de
l'ouvrier isolé qui vient exécuter un travail pour un particulier,
que du collaborateur d'une entreprise réalisant des bénéfices
proprement dits et dotée de frais généraux. La loi de 1898 vise
les seuls contrats de travail passés « avec un employeur, qui
cherche à réaliser un profit en revendant ce travail sous une
forme quelconque » (1), avec un chef d'entreprise. Le projet
n'a pas abandonné cette conception. Ce que l'on assujettit à la
législation sur les accidents du travail, ce ne sont pas les particuliers, mais les « exploitations agricoles » (2) et on attache à
ce mot « exploitation » le même sens qu'au mot « entreprise »
employé dans la loi de 1898. Une exception a cependant été
admise par l'article 2 au profit des ouvriers, employés même
par des particuliers à l'entretien et à la mise en état des jardins
et des parcs.

Mais si l'on a voulu conserver les principes de 1898, il était
cependant nécessaire d'y apporter quelques modifications. L'application de ces principes présentait en effet des difficultés
(difficultés sérieuses qui avaient retardé jusqu'à présent l'extension du risque professionnel aux accidents agricoles). Ces
difficultés étaient de deux ordres. Il fallait d'abord assurer aux
ouvriers agricoles une protection vraiment efficace. Il fallait
surtout éviter de faire peser une charge trop lourde sur les
exploitations. Examinons rapidement les solutions apportées par
le projet aux questions qui se posaient.

I. — En faveur des ouvriers de l'agriculture, certaines mesures
devaient être prises, tenant à ce que les conditions du travail
agricole diffèrent totalement de celles du travail industriel.

1° Par suite de l'irrégularité de la production, le nombre des
ouvriers accidentels est très grand : pour ne pas exclure du
bénéfice de la loi trop d'ouvriers, sous prétexte que leur concours

_____

(1) Rapport Chauvin, *loc. cit.*, p. 159, col. 1.
(2) L'article premier s'exprime ainsi : « La législation concernant les responsabilités des accidents du travail est applicable, sous réserve des dispositions spéciales ci-après, aux ouvriers, aux employés et aux domestiques
autres que ceux exclusivement attachés à la personne, occupés dans les
exploitations agricoles et forestières, dans les exploitations d'élevage de
quelque nature qu'elles soient, de dressage et d'entraînement, dans les
haras et dans les dépôts et magasins de vente se rattachant à des exploitations agricoles ».

eût été donné aux exploitations d'une façon accidentelle, on a dû (art. 4) décider que l'exploitant cultivant seul qui emploie la collaboration accidentelle simultanée de plus de deux personnes, sera assujetti pour le temps de la collaboration dont il s'agit.

2° L'ouvrier des champs travaille en général isolément : aussi pour lui la preuve de la cause de l'accident pouvait être fort difficile. L'article 6 établit à son profit une présomption *juris tantum* que l'accident survenu au cours du travail est un accident du travail.

3° Le projet enfin devait se préoccuper, comme l'avait fait la loi de 1899, pour la détermination des indemnités, des ouvriers à salaire variable et des collaborateurs payés en nature ou même non salariés : il l'a fait en fixant dans ces cas pour base des indemnités un tarif déterminé tous les trois ans par le préfet après avis du conseil général (art. 9).

II. — Réciproquement, à côté des mesures prises dans l'intérêt de l'employé, il était nécessaire que d'autres modifications intervinssent dans l'intérêt des exploitants agricoles et d'une juste répartition des charges à naître de la loi.

1° On a fait une place à part à la famille paysanne. L'article 4 énumère certains parents de l'exploitant qui ne sont pas assimilés à des ouvriers.

2° L'article 7 règle la situation respective du propriétaire, du fermier et du métayer vis-à-vis de la victime de l'accident. Celle-ci n'a action que contre celui qui exploite en fait la ferme. Le fermier n'a pas de recours contre le propriétaire : le métayer au contraire, s'il n'est pas assuré, dispose d'un tel recours jusqu'à concurrence de la moitié (1) des indemnités nonobstant toute convention contraire.

3° Restait à solutionner l'importante question des voies et moyens destinés à assurer le paiement des indemnités. Cette question se subdivisait elle-même :

a) Les victimes d'accidents agricoles sont souvent soignées dans leur village, soustraites par suite à un contrôle permanent de l'état de la blessure : il était à craindre que, dans ces conditions, certaines incapacités temporaires ne se prolongeassent au delà des limites normales ; il fallait essayer de constituer un

---

(1) Nous ferons remarquer que le bail prévoit parfois entre le métayer et le propriétaire un partage de bénéfices dans une proportion autre que la moitié. Le recours du métayer eût peut-être dû varier de la même manière.

organe de contrôle pour éviter ainsi aux exploitants de payer abusivement ce qu'ils ne doivent pas.

b) D'autre part, il fallait, tout en maintenant intact le principe de la liberté de l'assurance, faciliter aux exploitants agricoles le moyen de s'assurer, en échappant le plus possible aux exigences parfois exagérées des compagnies.

La solution de ces deux premiers points de vue a paru au Gouvernement et à la commission être dans la généralisation des mutuelles agricoles de la loi du 4 juillet 1900 (1). De telles mutualités pourront se constituer (art. 11) en conformité de statuts-types établis par décret, dans chaque commune ou dans chaque canton, pourvu qu'elles contiennent au moins cinquante membres. Elles joueront le rôle d'organes de contrôle pour les petites incapacités : et les exploitants pourront s'assurer à elles en ce qui concerne toutes les indemnités d'incapacité temporaire. Pour les incapacités permanentes, les exploitants devront s'adresser, soit individuellement, soit collectivement (par l'intermédiaire des mutualités locales) à la Caisse nationale d'assurances ou aux sociétés fonctionnant en conformité de l'article 27 de la loi de 1898.

c) Le projet solutionne enfin la question de l'alimentation du fonds de garantie. Il est à remarquer que les idées défendues en 1904 par M. Beauregard, lors de la discussion à la Chambre de la loi du 12 avr. 1906 (*Revue*, 1904, p. 919 et s.), ont maintenant triomphé. La contribution au fonds de garantie ne doit pas avoir le caractère d'impôt que la loi de 1898 avait provisoirement adopté, elle doit se rapprocher de la conception de réassurance. C'est une prime d'assurance obligatoire contre le risque d'insolvabilité du débiteur des indemnités. A cet égard les déclarations du Gouvernement et du rapporteur sont très nettes (2). Aussi l'article 13 du projet est-il la reproduction de ·l'article 5 de la loi du 12 avr. 1906, qu'avait introduit le Sénat (3).

(1) Voir la loi anglaise du 30 juill. 1900.

(2) Projet du Gouvernement, Exposé des motifs (*loc. cit.*, p. 36, 3ᵉ col., *in fine*). Rapport Chauvin (*loc. cit.*, p. 165 et 166).

(3) Article 13 : « En vue de l'alimentation du fonds de garantie prévu à l'article 25 de la loi de 1898, il sera perçu annuellement sur chaque contrat d'assurance souscrit en vue de l'application de la présente loi une contribution dont le montant sera fixé, tous les cinq ans, par la loi de finances en proportion des primes et sera reversé en même temps que les primes, dans les conditions déterminées par un règlement d'administration publique, par les sociétés d'assurance qui en opéreront le versement au fonds de garantie.

L'article 15 du projet contient des dispositions relatives aux contrats antérieurs; elles sont la reproduction de celles contenues dans l'article 2 de la loi de 1906 (V. *Revue*, 1906, p. 705).

21. — *Loi du 18 juill. 1907 sur la faculté d'adhésion à la législation des accidents du travail.*

En analysant ci-dessus le projet relatif aux accidents du travail agricole, nous rappelions que la conception du risque professionnel, dans l'esprit du législateur de 1898, n'était pas liée à la conception même du contrat de travail, quel que soit l'employeur. A la nouvelle législation ne devaient être assujetties que les *entreprises* spéculant sur les produits du travail de l'ouvrier, et non pas les particuliers, profitant directement du travail de leur employé pour leur satisfaction personnelle. Et encore parmi les entreprises on ne visa à l'origine que celles où le machinisme rendait les accidents plus fréquents et plus graves. Mais peu à peu les idées se sont modifiées. Les principes de la loi de 1898 ont été étendus : la question d'importance des risques est devenue tout à fait accessoire, on n'en parle même plus. La théorie du risque professionnel, qui à l'origine soulevait de vives oppositions et était considérée comme quelque chose d'exorbitant, paraît désormais naturelle à tous. Et on tend peu à peu à son extension à tout contrat de travail. C'est pour faciliter cette extension que la loi du 18 juill. 1907 a été votée. Le ministre du Travail l'a déclaré hautement au Sénat (Séance du 11 juin 1907, Débats parl.. p. 740).

La Chambre des députés le 10 févr. 1902 avait déjà adopté une proposition de loi tendant à permettre à un employeur non assujetti de se placer sous l'empire de la loi de 1898 (1).

Sur les exploitants non assurés, il sera perçu, lors des liquidations des rentes mises à leur charge, une contribution dont le montant sera fixé dans les mêmes formes en proportion du capital constitutif desdites rentes et sera reversé pour le compte du fonds de garantie par les soins de l'administration de l'enregistrement ». Pour les exploitants non assurés, le projet primitif du Gouvernement prévoyait une taxe additionnelle à la contribution foncière des terrains exploités. Le caractère d'impôt réapparaissait dans cette disposition que pour cela la Commission a écartée.

(1) Voici le texte voté par la Chambre :

Article unique. — « Tout employeur non assujetti à la loi du 9 avr. 1898 peut se placer sous le régime de ladite loi pour tous les accidents qui surviendraient à ses ouvriers et employés par le fait du travail ou à l'occasion du travail.

Cet assujettissement résulte de plein droit d'une déclaration déposée à la mairie dans les formes déterminées par décret. Il est délivré gratuitement

Mais le texte voté ne laissait pas suffisamment apparaître ce que l'on a tenu à mettre en relief, à savoir qu'il s'agit en réalité d'un contrat entre l'employeur et l'employé, contrat ayant pour but de substituer à la responsabilité civile de l'article 1382 la responsabilité forfaitaire de la loi de 1898. Il ne suffit pas que l'employeur déclare se soumettre à la législation sur les accidents du travail, il faut que l'employé de son côté y consente. Finalement le Sénat a adopté un projet en quatre articles. Ce projet a été ratifié par la Chambre (Séances des 1er et 2 juill. 1907) après de courtes observations de M. Beauregard, qui a fait préciser que par l'accord des parties on pourra retomber dans le droit commun. La loi a été publiée au *Journal officiel* du 21 juill. 1907. Nous en donnons le texte en note [1].

récépissé immédiat de cette déclaration, qui est transcrite sur un registre spécial tenu à la disposition de tous les intéressés.

Si le déclarant est patenté, il devient passible de la taxe additionnelle visée à l'article 25 de la loi du 8 avr. 1898; dans le cas contraire, il est passible, au profit du fonds de garantie visé par ledit article, d'une contribution spéciale dont la base est fixée par la loi de finances ».

[1] *Article premier.* — « Tout employeur non assujetti à la législation concernant les responsabilités des accidents du travail peut se placer sous le régime de ladite législation pour tous les accidents qui surviendraient à ses ouvriers, employés ou domestiques, par le fait du travail ou à l'occasion du travail.

Il dépose à cet effet à la mairie du siège de son exploitation ou, s'il n'y a pas exploitation, à la mairie de sa résidence personnelle une déclaration dont il lui est remis gratuitement récépissé et qui est immédiatement transcrite sur un registre spécial tenu à la disposition des intéressés. Il doit présenter en même temps un carnet destiné à recevoir l'adhésion de ses salariés, sur lequel le maire appose son visa en faisant mention de la déclaration et de sa date.

Les formes de la déclaration et du carnet sont déterminées par décret. Le carnet doit être conservé par l'employeur pour être, le cas échéant, représenté en justice ».

Art. 2. — « La législation sur les accidents du travail devient alors de plein droit applicable à tous ceux de ses ouvriers, employés ou domestiques, qui auront donné leur adhésion, signée et datée en toutes lettres par eux, au carnet prévu par l'article précédent.

Si l'ouvrier, employé ou domestique ne sait ou ne peut signer, son adhésion est reçue par le maire qui la mentionne sur le carnet. Il en est de même pour l'adhésion des mineurs et des femmes mariées sans qu'ils aient besoin, à cet effet, de l'autorisation du père, tuteur ou mari ».

Art. 3. — « L'employeur peut, pour l'avenir, faire cesser son assujettissement à la législation sur les accidents du travail par une déclaration spéciale à la mairie. Cette déclaration, dont il lui est immédiatement donné

Le 30 juillet a paru un décret établissant les formes des déclarations et du carnet prévu par cette loi.

22. — *Extension de la loi du 9 avr. 1898 aux maladies professionnelles.* — Nous avons signalé dans la *Revue* (1906, p. 973) le projet du Gouvernement relatif aux maladies professionnelles. MM. Breton, Jaurès, Millerand, etc., ont à leur tour repris leur ancienne proposition de loi ayant le même objet (Doc. parl., Chambre, S. O., 1906, annexe n° 325, p. 2287). Les deux textes diffèrent notablement. Deux difficultés surgissent en effet quand il s'agit de la réparation des maladies professionnelles : 1° difficulté d'établir l'origine professionnelle de la maladie; 2° difficulté tenant à ce que la maladie s'acquiert petit à petit par un travail prolongé durant plusieurs années, cela fréquemment chez différents patrons, comment alors répartir la responsabilité entre ces patrons?

23. — Pour trancher ces difficultés, le Gouvernement a élaboré un système basé sur le fondement de l'assurance obligatoire : les industriels sont obligatoirement groupés en mutualités locales et en syndicats de garantie. Ce sont ces mutualités et syndicats qui acquittent les indemnités à l'aide de fonds prélevés sur les patrons qui en font partie, suivant un taux déterminé chaque année par décret. Les patrons supportent donc collectivement les charges résultant du projet.

Les maladies sont d'ailleurs divisées en deux groupes : 1° les maladies entraînant une incapacité de travail de plus de trente jours, pour lesquelles l'indemnité n'est due que si l'origine professionnelle de la maladie est démontrée; 2° les maladies entraînant une incapacité de moins longue durée : celles-ci sont à la charge des mutualités patronales sans qu'il y ait lieu d'établir l'origine professionnelle. Mais comme les mutualités supporteront alors des maladies étrangères à l'exercice de la profession. des retenues sont opérées sur les salaires des ouvriers, suivant un taux déterminé par décret, et versées à la caisse des mutua-

récépissé, est transcrite sur le registre visé à l'article 1er, à la suite de la déclaration primitive, ainsi que sur le carnet.

La cessation d'assujettissement n'a point effet vis-à-vis des ouvriers, employés ou domestiques, qui ont accepté dans les formes prévues à l'article précédent, d'être soumis à la législation sur les accidents du travail ».

Art. 4. — « Si l'employeur n'est point par ailleurs obligatoirement assujetti à la législation sur les accidents du travail, il contribue au fonds de garantie dans les conditions spécifiées par l'article 5 de la loi du 12 avril 1906 ».

lités de telle sorte que les ouvriers aient à supporter la part corrélative à ces maladies étrangères.

24. — Les auteurs de la proposition de loi, MM. Breton, Jaurès, etc., reprochent à ce système sa très grande complexité : le projet n'a pas moins de 47 articles : le classement des industries en groupes similaires pour les mutualités locales offrirait des obstacles considérables.

Le projet surtout s'écarte des principes de la législation de 1898, en établissant notamment un système basé sur l'assurance obligatoire : sans doute les auteurs de la proposition ne sont pas hostiles à cette idée ; mais ils croient, avec raison semble-t-il, qu'elle pourrait entraîner l'échec de la réforme devant le Sénat. Ce qu'il faut, disent-ils, c'est assimiler la maladie à l'accident du travail. Aussi dans leur proposition se contentent-ils d'étendre purement et simplement la loi de 1898 aux maladies professionnelles, tout en y apportant quelques modifications rendues nécessaires par la solution des deux difficultés que nous indiquions tout à l'heure.

1° Difficulté relative à l'origine professionnelle de la maladie : la loi indiquera elle-même en face de chaque genre d'industrie les maladies correspondantes. Toutes les fois que l'ouvrier en sera atteint, il aura droit à une indemnité *transactionnelle* et *forfaitaire*, sans qu'il y ait à établir si vraiment l'origine de cette maladie se trouve dans l'exercice de la profession (art. 2). 2° Difficulté relative à la responsabilité des anciens patrons. L'article 3 décide que quand l'ouvrier quitte l'usine son ancien patron demeure responsable de la maladie pendant un délai fixé spécialement pour chaque affection. La responsabilité du patron diminue à mesure que le temps s'écoule.

Si l'ouvrier travaille dans une autre usine, également classée comme pouvant engendrer la même maladie, le nouveau patron sera responsable pour le surplus de l'indemnité : il verra sa responsabilité augmenter à mesure que diminuera celle de l'ancien patron, pour devenir totale lorsque l'ouvrier aura quitté la première usine depuis un temps égal au délai indiqué pour la maladie en question.

La proposition Breton est d'ailleurs plus large que le projet du Gouvernement : elle vise les maladies professionnelles de toutes sortes, tandis que celui-ci est restreint aux industries donnant lieu du fait de l'emploi du *plomb* ou du *mercure* à des affections aiguës ou chroniques.

25. — *Frais de déplacement des victimes d'accidents du travail.*

MM. Defontaine, Martin, Debove, etc., ont déposé le 21 juin 1907 la proposition de loi suivante (Doc. parl., Chambre, annexe n° 1080, p. 917) :

Article unique. — La disposition suivante est ajoutée au paragraphe 4 de l'article 3 de la loi du 8 avr. 1898 :

« Les victimes des accidents du travail recevront, au lieu du demi-salaire, le paiement intégral d'une journée de travail, chaque fois qu'elles seront assujetties à des frais de déplacements rendus nécessaires par l'application de la loi ».

26. — *Rapport sur l'application de la loi du 9 avr. 1898, la situation des sociétés d'assurances et le fonctionnement du fonds de garantie.*

Le *Journal officiel* du 10 août 1907 a publié le quatrième rapport, celui-ci provenant du nouveau ministère du Travail. Il est rédigé sur le même modèle que les précédents (*Revue*, 1905, p. 171 ; 1906, p. 966) et contient des renseignements relatifs aux années 1905 et 1906.

c) Assurances.

27. — *Caisse nationale d'assurance en cas de décès.*

Le *Journal officiel* du 26 juill. 1907 a publié la loi suivante, qui a pour but, en modifiant la loi du 11 juill. 1868, d'essayer de donner de l'extension à la Caisse nationale d'assurance en cas de décès :

Article premier. — « Les fonds de la Caisse nationale d'assurance en cas de décès peuvent recevoir les emplois prévus pour la Caisse nationale des retraites par l'article 22 de la loi du 20 juill. 1886 ».

Art. 2. — « Les sommes assurées par la Caisse nationale d'assurance en cas de décès sont cessibles entre conjoints ».

Art. 3. — « Le capital assuré par les contrats d'assurances pour la vie entière peut être versé en une seule fois à la Caisse nationale des retraites pour constituer, dans les conditions prévues par la loi du 20 juill. 1886, une rente viagère immédiate ou différée sur la tête du conjoint survivant ».

« Pour ces mêmes contrats, les intéressés auront la faculté de demander l'application de l'article 2 de la loi du 17 juill. 1897, sur les assurances mixtes ».

Voir également dans le *Journal officiel* du 19 juillet les rapports pour l'année 1906 sur les opérations des caisses d'assurance en cas de décès et en cas d'accidents, et sur celles de la Caisse des retraites pour la vieillesse.

28. — *Sociétés d'assurances.*

Dans le *Journal officiel* du 5 juill. 1907, arrêté du ministre du Travail, fixant conformément à l'article 4-4° du décret du 9 juin 1906 les règles d'estimation des nues propriétés et des usufruits compris dans l'actif du bilan des entreprises d'assurances sur la vie.

Dans le *Journal officiel* du 1er août 1907. 1° Arrêté du ministre du Travail déterminant, conformément à l'article 8 de la loi du 17 mars 1905, les formes dans lesquelles les entreprises d'assurances sur la vie devront chaque année fournir un état des modifications survenues dans leur actif. 2° Arrêté du ministre du Travail, ordonnant aux entreprises d'assurances sur la vie de fournir chaque année des états conformes aux modèles annexés, pour la comparaison prévue à l'article 6, deuxième alinéa de la loi du 17 mars 1905 ; 3° arrêté du ministre du Travail, déterminant, conformément à l'article 11 de la loi du 17 mars 1905, les formes des états à fournir par les entreprises d'assurances sur la vie pour le compte rendu annuel de leurs opérations.

29. — *Contrat d'assurance.*

Le Gouvernement ayant à nouveau soumis à la Chambre le projet de loi relatif au contrat d'assurance déjà présenté à la 8e législature (*Revue*, 1906, p. 973), la commission d'assurances a chargé, à nouveau également, M. Chastenet de rapporter favorablement le projet. Le rapport est identique à celui déjà signalé dans la *Revue*, 1906, p. 437.

d) Travail.

30. — *Cautionnement imposé aux ouvriers.*

Émus des inconvénients du cautionnement, imposé par certains patrons à leurs ouvriers, qui ont toutes les peines du monde à le recouvrer, les députés socialistes ont déposé une proposition de loi (Doc. parl., Chambre, S. O., 1907, annexe n° 989, p. 396) tendant à exiger le versement de ce cautionnement à la Caisse des dépôts et consignations.

Craignant qu'alors le cautionnement ne renaisse sous une autre forme, la proposition décide que toute avance, tout gage ou tout prêt d'un employé à un employeur sera une créance privilégiée sur la généralité des biens de l'employeur.

31. — *Dépôt d'outils chez les patrons.*

La commission du Travail a adopté la proposition de loi suivante de MM. Paul Constans et autres députés de l'extrême gauche (S. O., 1907, annnexe 990, p. 397) :

Article unique. — Le titre XI du livre III du Code civil est complété par la disposition ainsi conçue :

« Le dépôt fait par les ouvriers et employés, à l'occasion du travail, des outils et effets corporels leur appartenant, chez ceux qui les occupent, doit être regardé comme dépôt nécessaire ; les employeurs sont responsables comme dépositaires de la perte ou de la destruction desdits outils et objets pour quelque cause que ce soit, même en cas de vol, incendie, cas fortuit ou de force majeure ».

32. — *Contrat d'apprentissage.*

M. Henri Michel et ses collègues du groupe radical-socialiste ont déposé une proposition de la loi réglementant le contrat d'apprentissage (Doc. parl., annexe 536, p. 287, S. O., 1907). Les principaux traits de cette proposition sont les suivants :

1º Nécessité d'un acte écrit précisant les obligations de l'apprenti et du patron (art. 2, 3, 4, 5).

2º Surveillance de l'apprentissage par les conseils de prud'-hommes (art. 14).

3º Création d'un examen théorique et pratique à la fin de l'apprentissage (art. 15).

33. — *Suppression des grèves, arbitrage obligatoire.*

MM. Desplas et Chautard, influencés par les grèves récentes des ouvriers électriciens et boulangers notamment, ont déposé une proposition de loi (Chambre, S. O., 1907, annexe 971, p. 399) tendant à supprimer les grèves dans les industries de première nécessité. Dans ces industries, dont un règlement d'administration publique déterminerait la liste, les ouvriers éliraient des délégués permanents (disposition empruntée au projet Millerand) [1]. En cas de conflit ces délégués présenteraient aux patrons les revendications des ouvriers, avec offre d'arbitres. Les patrons devraient accéder aux demandes formulées ou accepter les arbitres. Si les parties ne s'entendent pas

_____

[1] *Revue*, 1906, p. 974.

sur le choix des arbitres, le conseil du travail ou à son défaut le
conseil de prud'hommes de la région sera compétent : l'appel
est possible devant un conseil supérieur d'arbitrage, siégeant à
Paris.

Comme conséquence de ces dispositions, dans les industries
de première nécessité toute grève et tout lock out est interdit et
devient une contravention punie des peines de l'article 475 du
Code pénal.

(Rappr. la proposition de MM. Buisson, Steeg, Messimy, Re-
noult, tendant à faire inscrire l'arbitrage obligatoire dans le
cahier des charges des entreprises dépendant des pouvoirs
publics (Chambre, S. O., 1907, annexe 879, p. 255).

e) Sociétés.

34. — *Sociétés étrangères par actions.*

Le *Journal officiel* du 9 juin 1907 a publié en annexe le rapport fait au nom de la Commission de la législation civile par
M. Chastenet sur le projet de loi concernant les sociétés étrangères par actions (*Revue*, 1906, p. 975, Doc. parl., Chambre, annexe 529, S. O., 1907, p. 397). La commission a adopté
le texte du Gouvernement, sous une réserve importante relative aux droits d'enregistrement à payer par les sociétés étrangères ayant déjà une succursale en France.

III. — Propriété et droits réels.

a) Propriété littéraire et artistique.

35. — *Commission extra-parlementaire.*

Le *Journal officiel* du 11 sept. 1907 publie un décret du
Président de la République (rendu sur le rapport du ministre
de l'Instruction publique), instituant une commission extra-parlementaire chargée d'examiner les réformes susceptibles d'être
apportées à la législation « relative au domaine public en matière de propriété littéraire ». La commission devra rechercher
les modifications à la législation existante sans en altérer le
principe, à savoir « qu'il n'y a pas de propriété littéraire perpétuelle, exclusive, mais une concession faite par l'État aux écrivains et à leurs familles aux dépens de la liberté publique ». La
réunion de cette commission a été surtout provoquée par les réclamations de divers milieux littéraires et commerciaux à la
veille du jour où vont tomber dans le domaine public les œuvres

des grands écrivains du xix⁰ siècle. Certains auteurs et certains éditeurs, pour éviter la concurrence des morts et fortifier la propriété des auteurs vivants, ont réclamé un impôt sur les éditions d'œuvres tombées dans le domaine public.

36. — *Droit de reproduction.*

M. Couyba a déposé le 27 juin 1907 la proposition de loi qu'il avait annoncée dans son rapport sur le budget des Beaux-Arts (*Revue*, 1907, p. 184).

Cette proposition est ainsi conçue :

Article unique. — « L'aliénation d'une œuvre d'art n'entraîne pas, à moins de stipulations formelles contraires, l'aliénation du droit de reproduction ».

b) **Expropriation.**

37. — *Interdiction de l'emploi de la céruse.*

Nous avons vu plus haut qu'il y a en ce moment deux projets de loi déposés concernant les maladies professionnelles. Mais depuis longtemps les plus terribles de ces maladies, celles causées par l'emploi de la céruse, sont à l'ordre du jour. Et en attendant leur assimilation aux accidents du travail, un projet plus radical, interdisant l'usage de la céruse, est depuis 1902 pendant devant les Chambres. Ce projet fut à cette époque adopté par les députés. A la fin de 1906 seulement il vint en discussion au Sénat : le Sénat y apporta de graves modifications; il restreignit l'interdiction à l'emploi de la céruse à l'intérieur des bâtiments : surtout, il introduisit, c'est là le point qui nous intéresse spécialement ici, un article additionnel donnant aux fabricants de céruse le droit de réclamer devant le tribunal civil une indemnité. Le projet est revenu à la Chambre; le rapporteur, M. Breton[1], a proposé de l'adopter : il a écarté toutefois le texte relatif à l'indemnité. La discussion publique a eu lieu dans les séances du 27 juin et du 2 juill. 1907.

Là M. Beauregard a présenté à nouveau un amendement, qu'il avait déjà défendu en 1902, amendement reproduisant la disposition votée par le Sénat et accordant aux fabricants de céruse une indemnité. La Chambre ne l'a pas suivi et par 394 voix contre 157 a rejeté l'amendement, cela avec raison, croyons-nous.

---

(1) Voir le remarquable rapport de M. Breton, Doc. parl., Chambre, S. O., 1907, annexe n⁰ 799, p. 721 et s.

Pour défendre le droit à l'indemnité (1), M. Beauregard s'est appuyé d'abord sur ce principe supérieur que nul ne peut être privé de sa propriété sans une juste et préalable indemnité. Voici quel était son raisonnement (Chambre, Débats parlementaires, Séance du 2 juillet, S. O., 1907, p. 1616) : la propriété n'est pas seulement un droit réel sur les meubles ou les immeubles, c'est aussi le droit de jouir de son industrie : or la loi nouvelle va, au profit de la collectivité, priver les fabricants de céruse de leur industrie ; il y a là une véritable expropriation. Le ministre du Travail et M. Breton lui ont répondu que dans la circonstance il n'y avait nullement expropriation : la loi ne vise en rien les usines de céruse et ne s'occupe même pas de leur fonctionnement. Sans doute ces usines se trouveront atteintes dans leurs débouchés ; en diminuant l'emploi de la matière, on en restreint la vente et la fabrication. Mais s'il y a dommage causé, il n'y a pas expropriation. « L'expropriation, a dit le ministre du Travail, est une aliénation forcée, impliquant transmission de propriété des mains de l'exproprié aux mains de l'expropriant (2) ». Or ici l'État ne s'approprie pas les usines de céruse, il se contente de leur fermer quelques débouchés (3).

---

(1) Partisans et adversaires de l'indemnité ont invoqué à l'appui de leurs thèses un grand nombre de précédents tant français qu'étrangers, ayant plus ou moins d'intérêt et dont nous ferons ici complètement abstraction.

(2) Répertoire Fuzier-Herman, v° *Expropriation*, n. 38 ; Berthélemy, *Traité élémentaire*, p. 550.

(3) Le projet ne vise pas les usines de céruse, il ne s'occupe pas de leur fonctionnement. Pour le montrer il suffit d'en lire les dispositions principales contenues dans les articles ci-après :

Article premier. — « Dans les ateliers, chantiers, bâtiments en construction ou en réparation et généralement dans tout lieu de travail où s'exécutent des travaux de peinture en bâtiments, les chefs d'industrie, directeurs ou gérants sont tenus, indépendamment des mesures prescrites en vertu de la loi du 12 juin 1893 sur l'hygiène et la sécurité des travailleurs, de se conformer aux prescriptions suivantes :

Art. 2. — « Trois ans après la promulgation de la présente loi, l'emploi de la céruse et de l'huile de lin plombifère sera interdit dans tous les travaux de peinture, de quelque nature qu'ils soient, exécutés à l'intérieur des bâtiments ».

Art. 3. — « L'emploi de la céruse en poudre est interdit dans tous les lieux énumérés à l'article 1er et pour les travaux de peinture en bâtiments de quelque nature qu'ils soient ».

Art. 4. — « Toute expédition de céruse en poudre, à sa sortie de l'usine ou à son entrée en France, devra être accompagnée d'un acquit-à-caution délivré par la régie ou par la douane, et qui sera remis par le destinataire à

L'idée d'expropriation **écartée, les** partisans de l'indemnité ont argué du principe posé par les lois du 28 pluviôse an VIII et du 16 septembre 1807 en matière de réparation de dommages causés au cours de l'exécution des travaux publics (Interruption de M. de Ramel — 2 juillet 1907 — *loc. cit.*, p. 1628). — Mais ici encore les conditions exigées pour l'application de ces principes ne se rencontrent pas. Il faut en effet notamment que le dommage consiste en une atteinte portée à un droit : « Quand on a créé à Paris l'avenue de l'Opéra, écrit M. Berthélemy (*Traité élém.*, p. 605), on a nui gravement aux propriétaires du Palais-Royal qui ont vu déserter leurs boutiques. Il n'y a pas eu atteinte à leurs droits cependant; ils ne pouvaient obtenir aucune indemnité ».

Or, la loi interdisant l'emploi de la céruse nuit également aux intérêts des fabricants, mais elle ne porte atteinte à aucun de leurs droits certains.

M. Beauregard, renonçant alors aux arguments tirés du droit administratif, s'est placé à un point de vue plus général. « Il faut faire entrer ici le principe de l'article 1382 : quiconque cause à autrui un dommage est tenu de le réparer ». M. Viviani, ministre du Travail, lui a répondu que l'article 1382 ne peut jouer que quand le dommage est direct. Cette réponse nous semble insuffisante : l'objet, le but visé par la loi n'est pas certes directement de causer un dommage aux fabricants de céruse, mais il n'en est pas moins vrai que ce dommage découle directement des dispositions prises. La distinction entre le dommage direct et le dommage indirect d'ailleurs est loin d'être nette. Si cependant on s'en rapporte à la théorie traditionnelle (Pothier, *Obligations*, n° 167), on verra que les dommages indirects sont ceux qui ne sont pas la suite nécessaire de l'acte et qui peuvent avoir d'autres causes : or ici l'interdiction de l'emploi de la céruse va fermer de nombreux débouchés aux fabricants, et ceux-ci, quoi qu'ils fassent, subiront toujours une perte qui sera bien la suite immédiate et nécessaire de la loi ; ils pourront se plaindre d'un dommage direct. — Ce n'est pas à dire que nous ap-

la recette buraliste dans les quarante-huit heures qui suivront l'expiration du délai de transport ».

« Un règlement d'administration publique, rendu dans les six mois qui suivront la promulgation de la loi, déterminera les formalités à remplir pour la délivrance et la décharge des acquits-à-caution prévus au parapraphe précédent ».

prouverons l'appel fait par M. Beauregard à l'article 1382 : nous lui ferons en effet une autre objection. L'article 1382 n'a pas à intervenir ici, car cet article suppose comme condition essentielle la faute de l'auteur du dommage ou tout au moins l'usage anormal du droit ; mais en prenant des mesures dans l'intérêt de la santé publique, le législateur ne commet aucune faute, il ne mésuse pas de son droit : bien au contraire, comme l'a dit M. Viviani dans un éloquent passage de son discours (*loc. cit.*, p. 1628, 1ʳᵉ colonne), il remplit son devoir.

En réalité toute loi nouvelle cause des dommages, porte atteinte à des intérêts particuliers déjà existants. Mais si dans tous les cas on devait indemniser ceux qui sont lésés, toute réforme sociale deviendrait impossible, on ne saurait plus où s'arrêter.

Il ne peut y avoir lieu à indemnité qu'en cas de faute ou en cas d'enrichissement aux dépens d'autrui. On comprend certes que, dans les cas où la collectivité s'empare du bien d'un particulier pour en tirer elle-même profit, elle dédommage ce particulier : elle s'enrichit de sa propriété, il est juste qu'elle le paie. Mais lorsque l'État prend une mesure de police ou d'hygiène sociale, comme celle visée par le projet, il a simplement pour but de garantir la santé et la sécurité publiques ; on ne peut dire qu'il s'enrichit : il agit dans la limite de ses droits ; ceux qui en souffrent ne sont pas fondés à exiger une indemnité.

c) Livres fonciers.

38. — M. Chastenet a repris la proposition de loi déjà soumise à la Chambre lors de la 7ᵉ et 8ᵉ législature et analysée dans la *Revue* 1903, p. 475.

IV. — Procédure et organisation judiciaire.

a) Assistance judiciaire.

39. — Le projet de réforme des articles 3 et 12 de la loi de 1901 sur l'assistance judiciaire, projet analysé dans la *Revue* (1906, p. 987) (*J. O.*, S. O., 1906, Doc. parl., Chambre, annexe n° 589, p. 312), est venu en discussion devant la Chambre au mois de janvier 1907 et devant le Sénat le 5 juillet.

L'article 1ᵉʳ du projet, portant modification de l'article 3 de la loi de 1901, relatif à la composition du bureau d'arrondissement, a été voté sans difficulté.

Sur l'article 2, MM. Perroche, à la Chambre, et Delahaye, au Sénat, ont proposé sans succès des amendements, tendant à conserver le droit d'appel au Procureur général au lieu de le donner au Procureur de la République (*Revue*, 1907, p. 465).

La Chambre, se rendant aux observations de M Perroche, pour ne pas créer trois degrés de juridiction, a enlevé au bureau supérieur le droit de connaître en appel des décisions du bureau, institué dans chaque cour, statuant elles-mêmes sur appel d'une décision du bureau de 1re instance. M. Perroche demandait également à la Chambre de modifier la composition du bureau supérieur : la présence dans son sein de magistrats en activité (conseillers d'Etat, conseillers de la Cour de cassation) pourrait, disait-il, faire attribuer à ses décisions une importance capable d'influencer les juges de l'affaire. La Chambre n'écouta pas M. Perroche : mais la commission sénatoriale et le Sénat, tenant compte de ce raisonnement, ont remplacé dans le bureau supérieur les deux conseillers d'État et les deux conseillers à la Cour de cassation par deux avocats près la Cour de cassation, par un ancien membre de cette même cour et par un ancien conseiller d'État. Le projet devra donc encore une fois retourner devant la Chambre.

b) Justices de paix.

40. — *Proposition E. Lamy, J. Arago, Guilloteaux.....*, *modifiant l'alinéa 4 du paragraphe 4 de l'article 19 de la loi du 12 juill. 1905* et assimilant aux premiers clercs d'étude du chef-lieu d'arrondissement les premiers clercs des études de chefs-lieu de canton d'au moins 8.000 habitants (Chambre, Doc. parl., S. O., 1907, annexe n° 994, p. 422).

41. — *Proposition Maurice Colin* tendant à admettre les secrétaires des parquets de l'Algérie au bénéfice de l'article 19 de la loi du 12 juill. 1905 (*loc. cit.*, annexe n° 1072, p. 914).

42. — *Examen professionnel. — Avancement.*

Une proposition de M. Simonet (*loc. cit.*, annexe n° 932, p. 284) tend à compléter la loi de 1905 : 1° elle institue pour les candidats aux justices de paix un examen professionnel, faisant exception cependant pour certaines catégories de candidats qui par leur fonction offrent *a priori* les garanties suffisantes de capacité et d'expérience (professeurs de droit, magistrats, conseillers de préfecture après cinq ans d'exercice, avocats et avoués licenciés ayant dix années de service effectif); 2° elle

règle l'avancement en établissant une commission spéciale chargée de dresser un tableau d'avancement : de cette commission
feraient partie notamment deux juges de paix élus par leurs
collègues.

c) Conseils de prud'hommes.

43. — *Loi du 27 mars 1907.*

Le *Journal officiel* du 28 mars 1907 a publié une loi, concernant les conseils de prud'hommes, qui est, suivant l'expression
du garde des Sceaux au Sénat (Séance, 8 nov. 1906, p. 857), la
véritable charte de cette juridiction. Depuis longtemps une loi,
réglementant une fois pour toutes les conseils de prud'hommes
et mettant fin aux abus reprochés à juste titre à ceux-ci, était
attendue. Mais des divergences profondes séparant les deux Chambres en avaient retardé le vote. Le Sénat, frappé du mauvais
fonctionnement à bien des égards de la juridiction prud'homale,
voulait avant tout la réformer et se refusait à l'étendre (1). La
Chambre des députés au contraire, trouvant cette juridiction
bonne, désirait l'étendre à toutes les catégories de travailleurs,
notamment aux employés de commerce.

Aussi en 1904 le Sénat vota-t-il une proposition réformant
les conseils de prud'hommes sans en généraliser l'application,
tandis que le 13 juill. 1905 la Chambre votait un article unique
consacrant le principe de l'extension de la prud'homie au commerce.

L'entente cependant devait se faire. Le Gouvernement déta-
cha de la proposition adoptée au Sénat plusieurs articles qui
formèrent un projet distinct ; ce projet fut voté et devint la loi
du 15 juill. 1905. Cette loi apportait des améliorations notables
à la législation en vigueur : elle s'occupait de la question si
importante de l'appel et des demandes reconventionnelles; elle
se recommandait surtout par deux dispositions principales :
1° pour remédier au reproche de partialité elle stipulait que le
bureau de jugement se composerait d'un nombre égal de patrons et d'ouvriers et qu'en cas de partage des voix, il serait
présidé par le juge de paix ; 2° elle faisait entrer les prud'hommes dans la hiérarchie judiciaire en les soumettant à la surveillance du ministre de la Justice (amendement Touron).

Toutes ces réformes enlevaient leur principale force aux ar-

(1) *Revue,* 1903, p. 976.

guments des adversaires de l'extension des prud'hommes [1]. Aussi, malgré l'intervention de M. Tillaye, qui prétend que l'on revient aux tribunaux corporatifs d'avant la Révolution et de M. Delahaye, qui soutient que les conseils en question sont une cause de haine entre employeurs et employés, l'extension de la prud'homie au commerce a-t-elle été votée au Sénat, même à une grande majorité. La loi consacre donc cette extension, qui ne s'applique toutefois qu'aux demandes ne dépassant pas 1.000 francs [2]. Dans la catégorie des employés de commerce on fait rentrer les artistes lyriques et dramatiques, les voyageurs de commerce, les préparateurs de pharmacie, etc.

Par contre les employés de commerce, qui avaient en 1904 et en première délibération de la loi de 1907 obtenu l'abrogation de l'article 634, 1° du Code de commerce (*Revue*, 1903, p. 978), se voient, par suite de l'omission de cette même abrogation dans le texte définitif, soumis à la juridiction commerciale actuelle pour les cas où il n'y aura pas de conseil de prud'hommes compétent à leur égard : et ce cas pourra être assez fréquent : en effet, sur l'initiative de M. Touron, les employés de commerce ne sont pas assimilés aux ouvriers : d'après l'article 25, employés et ouvriers sont classés dans des sections distinctes et lorsque les employés ne sont pas assez nombreux pour qu'il y ait une section commerciale, ils restent justiciables du tribunal de commerce [3]; c'est ce qu'a bien précisé le ministre du Travail, le 30 mai 1907, en réponse à une question de M. Groussier sur ce sujet [4].

La loi nouvelle consacre également l'extension de la prud'ho-

(1) Voir à cet égard le discours de M. Gourju au Sénat (Séance, 8 nov. 1906, p. 861).

(2) « On a voulu, dit M. Strauss, dans son rapport au Sénat (S. O., 1906, annexe 333), laisser aux tribunaux ordinaires la connaissance des litiges survenant entre des patrons et leur état-major commercial ».

(3) Ceci n'est tout à fait vrai que des actions des commerçants contre leurs commis, seules actions visées par l'article 634. Quant aux actions des commis contre leurs patrons, par application de la théorie des actes mixtes, la Cour de cassation décide qu'elles peuvent être portées devant le tribunal de commerce ou devant la juridiction civile (notamment le juge de paix), au choix du demandeur. — Cass., 30 nov. 1897 (S. 98. 1. 405); 23 oct. 1901 (S. 1903. 1. 9).

(4) Jusqu'ici d'ailleurs tous les employés de commerce sont demeurés sous l'empire de la juridiction consulaire, aucune section commerciale n'ayant été créée dans les conseils de prud'hommes. V. Jugement tribunal de commerce de la Seine, 7 mai 1907 (S. 1907. 2. 177).

mie aux industries extractives et aux entreprises de manutention et de transport(1).

Par ailleurs la loi n'est guère qu'une codification de la législation antérieure.

Elle réalise cependant quelques réformes d'importance et de valeur inégales :

1° Les conseils de prud'hommes (art. 2) sont établis par décret : mais leur création est de droit lorsqu'elle est demandée par le conseil municipal après avis favorable des chambres de commerce.

2° Les femmes sont admises à l'électorat (art. 5). M. Rivet au Sénat dans la séance du 22 février demandait qu'on leur accordât l'éligibilité : mais on n'a pas voulu aller immédiatement jusque-là.

3° L'article 6 rend éligibles les anciens électeurs-hommes n'ayant pas quitté la profession depuis plus de cinq ans.

4° Pour l'électorat, on réduit le temps nécessaire d'exercice de la profession à trois ans et le délai de résidence à un an (art. 5).

5° L'autorisation de plaider devant les conseils de prud'hommes est accordée par les articles 36 et 37 aux femmes et aux mineurs.

6° L'article 40 décide que l'assistance judiciaire peut être obtenue devant les conseils de prud'hommes dans les mêmes conditions et formes que devant les juges de paix.

7° Le président du conseil de prud'hommes doit être alternativement un ouvrier ou employé, ou un patron (art. 18, § 2).

8° L'acceptation d'un mandat impératif a pour conséquence nécessaire l'inéligibilité ou la déchéance, suivant les cas (art. 51).

9° En vertu de l'article 41, *in fine*, lorsque le conseil est divisé en sections, la section compétente est déterminée par le genre de travail quelle que soit la nature de l'établissement.

Comme l'a dit M. Groussier dans son rapport à la Chambre des députés (S. O., 1907, annexe n° 817, p. 207), c'est la profession du travailleur et non plus la profession générale du patron qui détermine la compétence.

44. — *Éligibilité des femmes.*

Remplissant la promesse par lui faite à la Chambre (Séance

---

(1) Elle ne s'applique pas aux marins de commerce (Rapport Strauss, Chambre, séance du 15 mars 1907, p. 663).

du 15 mars 1907, p. 666), le ministre du Travail a déposé le 23 mai un projet de loi portant modification de la loi du 27 mars 1907 (art. 6), et conférant aux femmes l'éligibilité aux conseils de prud'hommes (Doc. parlem., Chambre, S. O., 1907, annexe, nº 967, p. 352).

Ce projet a été l'objet d'un rapport favorable de M. Groussier (*loc. cit.*, annexe, nº 1049, p. 720).

45. — *Abus des demandes reconventionnelles.*

Pour se soustraire à la juridiction prud'homale, qu'ils accusent de partialité, de nombreux patrons emploient l'artifice de procédure suivant : à la demande principale ils opposent une demande reconventionnelle dont le montant dépasse les limites de la compétence du conseil en dernier ressort ; ils font défaut, puis appel ; le différend se trouve ainsi jugé par le tribunal d'appel et en fait la juridiction prud'homale est esquivée. L'abus était particulièrement criant lorsque la juridiction d'appel était le tribunal de commerce, composé exclusivement d'employeurs. En 1905, au tribunal de commerce on a substitué le tribunal civil : mais l'abus n'a pas diminué. La loi du 27 mars 1907 a maintenu la compétence du tribunal civil, sans s'occuper autrement de la question ; aussi le groupe socialiste a-t-il déposé la proposition de la loi suivante (1) :

Article unique. — Le premier paragraphe de l'article 34 de la loi du 27 mars 1907 est ainsi complété :

« Toutefois, lorsque seules les demandes reconventionnelles ou en compensation sont supérieures à 300 francs, l'appel n'est pas recevable si la cause a été jugée par défaut ».

46. — *Compétence en l'absence de conseils de prud'hommes.*

Nous avons vu plus haut, en analysant la loi du 27 mars 1907, que, par suite du non-maintien de l'abrogation de l'article 634, 1º, du Code de commerce, les employés restent, en l'absence de prud'hommes compétents, justiciables du tribunal de commerce. Pour leur éviter cette juridiction, qui lui semble suspecte de partialité, et les assimiler aux ouvriers d'industrie, le groupe socialiste propose de donner aux juges de paix la connaissance de tous les différends relatifs au contrat de travail commercial ou industriel à défaut de conseils de prud'hommes (2) (S. O., 1907, Doc. parl., Chambre, annexe nº 1040, p. 446).

---

(1) Doc. parl., Chambre, S. O., 1907, annexe, nº 1039, p. 443.
(2) Le juge de paix est d'ailleurs, sous l'empire de la législation actuelle,

47. — *Conseils de prud'hommes agricoles.*

Suivant une évolution parallèle à celle de la législation sur les accidents du travail, la prud'homie a été d'abord appliquée à l'industrie ; une loi récente l'a étendue au commerce et maintenant on parle d'en doter l'agriculture. Reprenant en ce sens des amendements qu'ils avaient défendus lors du vote à la Chambre de la loi du 27 mars 1907, MM. Delpierre, Baudon, Bouffandeau, etc..., ont déposé une proposition de loi tendant à instituer des conseils de prud'hommes agricoles pour régler les différends à l'occasion du contrat de louage ou du règlement du travail entre les ouvriers agricoles et les agriculteurs, propriétaires, fermiers, matayers ou leurs représentants. Ces conseils agricoles seraient établis sur le même modèle et fonctionneraient de la même façon que les conseils de prud'hommes industriels et commerciaux (*J. O.*, Doc. parl., Chambre, S. O., 1907, annexe, n° 916, p. 282).

V. — Voies d'exécution.

a) Procédure d'ordre et de distribution par contribution.

48. — A signaler une proposition de loi de M. E. Néron, interdisant aux magistrats chargés des ordres ou des distributions par contribution de concourir aux jugements statuant sur les contredits, et modifiant en ce sens les articles 668 et 762-1° du Code de procédure civile (Doc. parl., Chambre, S. O., 1907, annexe, n° 1137, p. 970).

b) Saisie-arrêt des salaires.

49. — On sait qu'en 1902 le Sénat a refusé d'adopter les conclusions de sa commission, qui lui proposait, pour remédier aux abus résultant de l'application de la loi du 12 janv. 1895, de voter l'incessibilité et l'insaisissabilité absolues des salaires et petits traitements (V. *Revue*, 1902, p. 979 et s.). A cette époque le Sénat renvoya à la commission un contre-projet de M. Savary, reproduisant une proposition déjà votée en 1898 par la Chambre et se contentant d'apporter des améliorations à la loi de 1895 tout en respectant le principe de la saisissabilité et de la cessibilité du dixième. Ce contre-projet est revenu devant le Sénat et a été adopté par lui sans grandes modifica-

compétent, concurremment avec le tribunal de commerce, pour les actions intentées par les employés contre leurs patrons.

tions en 1re délibération en novembre 1905 et en 2e délibération les 13, 19, 20 et 22 nov. 1906. Nous n'analyserons pas entièrement cette proposition, dont on trouvera le texte, transmis de nouveau à la Chambre des députés, dans les documents parlementaires de cette dernière assemblée (S. E., 1906, annexe, n° 485, p. 187). Nous nous contenterons de signaler les points qui ont soulevé quelques discussions au Sénat.

1° L'article 1er, modifiant l'article 2 de la loi de 1895, décide que la cession de salaires ne pourra être consentie que par une déclaration souscrite par le cédant en personne devant le greffier de la justice de paix de sa résidence : la cession de salaires devient ainsi un contrat solennel. M. Guillier, dans la séance du 19 nov. 1906 (Déb. parl., Sénat, 1906, p. 924), s'est élevé contre cette innovation au nom de la liberté des conventions. M. Lechevalier et le garde des Sceaux lui ont répondu que la cession de ses salaires était pour un ouvrier un acte plus grave encore peut-être que la dation d'une hypothèque pour un propriétaire : il est nécessaire d'attirer par une formalité substantielle son attention sur l'importance de ce qu'il fait ; cela d'autant plus que les cessions sous seing privé ont donné lieu à des abus, de la part de marchands peu scrupuleux qui profitent de l'ignorance et de la naïveté des ouvriers, pour leur vendre très cher des objets quelconques payables à tant par mois et se font, pour garantie, consentir une cession de salaires.

2° En ce qui concerne les saisies-arrêts, l'idée générale de la proposition est de simplifier les formalités, de réduire les frais de procédure, et de restituer ainsi son efficacité à la saisie, qui ne profitait guère jusqu'ici qu'aux officiers ministériels. Ses auteurs ont pensé atteindre le but poursuivi en supprimant complètement l'intervention de l'huissier et de ses exploits et en les remplaçant par le greffier de la justice de paix et des avis par lettres recommandées (art. 2, 6, 7, 8, 9, 15... de la loi de 1895 modifiés par la proposition dont il s'agit).

Cette réforme a été critiquée vivement, et cela à plusieurs reprises, devant le Sénat, notamment par M. Trannoy. Ses arguments peuvent se résumer ainsi : 1° les lettres recommandées offrent moins de sécurité que les exploits, souvent elles ne parviennent pas à leur adresse ; 2° il est injuste de dépouiller au profit des greffiers les huissiers, qui trouvaient dans les saisies-arrêts des salaires une source assez importante de bénéfices ; 3° enfin les économies que l'on prétend être réalisées ne sont pas réelles : théoriquement sans doute les frais seront moindres ; mais pratiquement les parties, étant obligées à des déplacements plus nombreux, auront autant à débourser.

A ces raisonnements le rapporteur, M. Savary, a fait les réponses suivantes : 1° les lettres recommandées coûtent bien moins cher que les exploits ; elles jouiront d'ailleurs de la franchise postale : ces lettres ne s'égarent jamais et leur emploi donne de bons résultats, en matière d'ordre amiable et de conseils de prud'hommes en particulier ; 2° les huissiers n'ont aucun droit absolu au maintien de toutes leurs attributions ; 3° l'économie est réelle, même pratiquement : la proposition fixe (art. 17) elle-même les rétributions que pourront réclamer les greffiers et M. Savary a été amené à avouer que la vraie raison de la substitution des greffiers aux huissiers, c'est que les huissiers, n'étant soumis à aucun contrôle, peuvent abuser et abusent de la situation, tandis qu'il ne pourra en être de même de la part des greffiers, soumis au contrôle permanent du juge de paix.

3° Les dispositions relatives à la procédure de distribution des fonds a soulevé également un débat assez important. D'après la loi de 1895, actuellement en vigueur, le juge de paix convoque les intéressés : il remet à chaque créancier un bordereau, il donne au débiteur et au tiers saisi une copie du procès-verbal de répartition. Le créancier porteur de son bordereau se fait payer par le tiers saisi et lui donne décharge. A ce système la commission substitue la procédure ci-après : le tiers saisi doit tous les trimestres porter chez le greffier le montant des retenues opérées et lorsque la somme à distribuer permet d'attribuer aux créanciers un dividende de 35 0/0, le juge de paix en opère lui-même la répartition au greffe. M. Legrand a, dans la séance du 22 nov. 1906 (*loc. cit.*, p. 997 et s.), prétendu que c'était donner aux greffiers un travail énorme et leur faire encourir une trop grosse responsabilité ; il a soutenu surtout qu'un tel système dénature la fonction du greffier en en faisant un agent de comptabilité et un véritable séquestre judiciaire ; cela est contraire à la loi de 1816, qui veut que le seul séquestre judiciaire soit la Caisse des dépôts et consignations. Aussi, appuyé par le ministre de la Justice, M. Legrand a-t-il proposé un amendement décidant que les fonds seraient remis non au greffier, mais à la Caisse des dépôts. Le rapporteur a répondu que les formalités exigées par la Caisse pour le versement et le retrait des fonds étaient trop compliquées et apporteraient une entrave sérieuse à la réforme que l'on veut réaliser. Finalement, après une discussion assez confuse, le texte de la commission a été voté. On a seulement, sur l'initiative de M. Boulanger, inséré un paragraphe disant que les comptables de l'État, des départements et des communes verseraient d'office à la Caisse des dépôts les retenues effectuées sur les traitements civils ou militaires en vertu d'oppositions.

PAUL LEREBOURS-PIGEONNIÈRE,
LÉON J. DE LA MORANDIÈRE.

LA
LOI DU 9 AVRIL 1898

SUR LA

RESPONSABILITÉ DES ACCIDENTS DU TRAVAIL

EXAMEN PRATIQUE DE DOCTRINE ET DE JURISPRUDENCE

Par M. Jules Cabouat,

Professeur à la Faculté de Droit de l'Université de Caen.

QUESTIONS RELATIVES AU PAIEMENT DES INDEMNITÉS

Le paiement des indemnités dues en vertu de l'une quelconque des dispositions des articles 3 et 4 de la loi du 9 avr. 1898 est l'objet d'une réglementation légale dont la loi du 31 mars 1905 paraît être l'expression définitive.

Notre dessein n'est pas de porter notre attention sur l'ensemble de ces dispositions, mais sur quelques-unes d'entre elles, soit les articles 5 et 6 fixant les conditions dans lesquelles un chef d'entreprise est admis à se décharger sur les sociétés de secours mutuels de l'obligation de payer les frais de maladie et l'indemnité temporaire et l'article 28 déterminant les conditions d'exigibilité du capital représentatif des pensions.

I

Faculté du chef d'entreprise de se substituer une société de secours mutuels pour le paiement des frais de maladie et de l'indemnité temporaire.

1. — En ce qui concerne les frais médicaux et pharmaceutiques et les indemnités temporaires, le législateur reconnaît au chef

d'entreprise la faculté d'en assurer le paiement suivant deux procédés distincts entre lesquels lui est laissée une entière liberté d'option.

Aux termes des articles 1er, 5 et 6 combinés de la loi du 9 avr. 1898, le chef d'entreprise peut, en effet, soit demeurer débiteur personnel des indemnités précitées, soit, s'il le préfère, s'en décharger sur une société de secours mutuels conforme à la loi du 1er avr. 1898 ou une caisse de secours organisée en vertu de la loi du 29 juin 1894, dans des conditions rigoureusement déterminées par cette loi (art. 6 et suiv.).

Cette éventualité de règlements différents de la responsabilité patronale en cette matière rend nécessaire l'examen de deux hypothèses distinctes, qui seront étudiées successivement.

2. — Le paiement des indemnités constituées par les articles 3, § 3 (incapacité temporaire), article 4, §§ 1, 2 et 3 (frais médicaux et pharmaceutiques) constitue une dette personnelle du chef d'entreprise.

Dans cette première hypothèse, le chef d'entreprise, est tenu sur l'ensemble de ses biens personnels, dans les termes de l'article 2092 et sous le bénéfice du privilège institué par l'article 23, § 1, des obligations mises à sa charge par les textes précités.

Telle est la condition normale du chef d'entreprise, à moins qu'il n'use de la faculté que lui réservent les articles 5 et 6 de se décharger sur l'un des organismes désignés par ces dispositions, du fardeau de ses obligations éventuelles.

Les frais médicaux et pharmaceutiques et les indemnités temporaires constituant une charge personnelle du chef d'entreprise, nous devons en conclure que cette charge demeure telle, soit que le chef d'entreprise n'ait contracté aucune assurance pour le couvrir de sa responsabilité, soit, au contraire, qu'il ait eu recours à la garantie d'une société d'assurances à primes fixes ou mutuelles.

Il n'est entre ces deux situations qu'une différence de pur fait, consistant en ceci que le patron demeuré son propre assureur doit prélever sur son patrimoine les sommes nécessaires pour s'acquitter des indemnités exigibles, alors que, s'il est assuré, le paiement préalable des primes le dispense du paiement desdites indemnités.

Mais considérée au point de vue juridique, la condition du chef d'entreprise demeure identique en ce sens que, tenu de l'insolvabilité éventuelle de l'assureur, il ne trouve en fait dans l'assurance qu'une facilité de paiement laissant subsister à tous égards la responsabilité personnelle que lui impose l'article 1er.

3. — Supposons d'abord que le chef d'entreprise use de la faculté que lui ouvrent les articles 5 et 6 de se décharger sur une société de secours mutuels ou une caisse, ou société de secours, du paiement des indemnités établies par les articles 3, §§ 2 et 4, §§ 1, 2 et 3.

Par l'exercice de cette faculté, le chef d'entreprise se substitue, pour l'accomplissement des obligations personnelles dont il est tenu en vertu du risque professionnel, l'un des organismes visés par les articles 5 et 6, et s'exonère ainsi de toute responsabilité directe en ce qui concerne le paiement des indemnités précitées.

4. — En reconnaissant ainsi aux chefs d'entreprise la faculté de s'exonérer ainsi de l'acquittement de leurs obligations, la pensée du législateur a été tout ensemble de seconder l'essor de la mutualité ouvrière et de réunir employeurs et employés dans un effort commun de prévoyance.

Étant donné en effet que la diffusion des institutions de mutualité est d'une impérieuse nécessité dans un système législatif laissant aux travailleurs le soin de se défendre contre leurs risques personnels, — autres que celui d'accident —, il n'est pas de plus sûr moyen d'en favoriser le développement que d'y intéresser les patrons eux-mêmes et de les inviter à les soutenir de leurs ressources pécuniaires ainsi que des conseils de leur expérience. Constituées par les intéressés eux-mêmes — ouvriers et patrons — et fruit de leur action commune, ces institutions concourent autant à assurer la sécurité des salariés qu'à dissiper l'antagonisme de classe qui divise aujourd'hui employeurs et employés.

Au surplus, l'avantage pratique de cette intervention de la mutualité consiste en ceci que chefs d'entreprise et assureurs y trouvent une défense des plus efficaces contre les fraudes et les simulations auxquelles sont susceptibles de donner lieu les incapacités temporaires. Puissamment aidés par le contrôle que les membres d'une même mutualité exercent sur eux-mêmes, ils obtiennent ainsi une sécurité qu'eux-mêmes eussent été impuissants à se ménager par leurs propres moyens.

Ainsi s'expliquent, d'une part, l'article 5 — disposition générale dont peuvent se prévaloir, sans distinction, tous les industriels —

et l'article 6 spécial aux exploitants des mines, minières et carrières (1).

5. — Tout en reconnaissant aux chefs d'entreprise la faculté
de se décharger d'une part de leur responsabilité sur certains
organismes de prévoyance expressément désignés, le législateur
devait nécessairement entourer le mode d'exercice de cette faculté
de certaines garanties destinées tant à assurer le paiement effectif des indemnités légales qu'à maintenir entre patrons et ouvriers un certaine répartition de charges correspondant à leur
responsabilité propre.

Il importait en effet d'éviter que les chefs d'entreprise pussent,
à la faveur de la faculté que leur réserve l'article 5, alléger le
fardeau de leurs charges personnelles et en rejeter une part
quelconque sur leurs employés. Tout au contraire, était-il nécessaire — la pensée du législateur étant de favoriser la création d'organismes réalisant à frais communs entre patrons et
ouvriers l'assurance-maladie et accident — de prendre toutes
les précautions voulues pour que les parties intéressées suppor-
tassent, dans la réalisation de cette œuvre complexe, la part de
sacrifices qui leur incombe personnellement. En d'autres termes,
les frais de l'assurance-maladie étant réputés incomber aux ouvriers et ceux de l'assurance-accidents aux patrons, il fallait
instituer sur le mode de fonctionnement intérieur de ces sociétés

---

(1) « Afin de garantir le service des rentes, il est nécessaire de recourir
« à des combinaisons mettant en jeu le plus grand nombre possible d'inté-
« ressés ; l'expérience a montré, au contraire, que les soins médicaux et
« pharmaceutiques et les indemnités pour incapacité temporaire ne peuvent
« être assurés dans de bonnes conditions pour tous les intérêts en cause,
« que si leur règlement dépend d'organismes sociaux exerçant leur action
« dans un rayon relativement restreint. Cette pensée a inspiré les deux ar-
« ticles 5 et 6 de la loi du 9 avr. 1898. Les sociétés de secours mutuels, et
« pour les mines, minières et carrières, les sociétés de secours mutuels du
« titre III de la loi du 28 juin 1894 étaient spécialement indiquées pour
« jouer le rôle que je viens de dire. Elles offrent à leurs participants toute
« garantie pour la protection de leurs droits, et, si les conventions entre
« elles et les chefs d'entreprise sont rationnellement conçues, elles évitent,
« ce qui est pour tous un point capital, les contestations si délicates entre
« intéressés sur la date où cesse l'incapacité temporaire et à laquelle par
« conséquent les indemnités ne sont plus dues. La société de secours fonc-
« tionne au regard de l'exploitant comme une société d'assurance, mais
« c'est une société d'assurance dont l'ouvrier connait les sentiments de soli-
« darité et de dévouement à son égard et à l'équité de laquelle l'exploitant
« peut s'en remettre ». — Circulaire du ministre des Travaux publics du 5
mai 1899.

un contrôle assez sûr pour qu'en aucun cas l'équilibre de cette répartition ne fût faussé au détriment des ouvriers. En résumé, la pensée dominante du législateur en cette matière est d'éviter qu'une institution de mutualité alimentée par des contributions ouvrières et patronales pût procurer au chef d'entreprise des avantages incompatibles avec l'esprit de la loi du 9 avr. 1898.

§ 1. — *Substitution d'une société de secours mutuels au chef d'entreprise.*

6. — Des termes de l'article 5 il résulte d'abord que les sociétés de secours mutuels ne sont recevables à se substituer au chef d'entreprise pour l'exécution de leurs obligations qu'autant qu'elles satisfont aux deux conditions suivantes :

1° D'établir une conformité absolue entre leurs statuts particuliers et les statuts-types approuvés par le ministre compétent (art. 5-1°) ;

2° D'assurer aux ouvriers ou employés dont elles ont accepté le risque d'indemnisation « en cas de blessures, pendant trente, « soixante ou quatre-vingt dix jours, les soins médicaux et phar- « maceutiques et une indemnité journalière » (art. 5-2°).

En ce qui concerne les conditions du contrat à intervenir entre mutualistes et chefs d'entreprise en vue d'exonérer ces derniers du paiement des indemnités visées par l'article 5, cette disposition, combinée avec celles de l'arrêté ministériel du 16 mai 1899, prescrit :

1° L'affiliation régulière des ouvriers ou employés à une mutualité consentant à prendre à sa charge en tout ou en partie le risque d'incapacité temporaire (art. 5-1°) ;

2° Une certaine répartition entre patrons et ouvriers d'une part et sociétés de secours mutuels d'autre part, des charges de l'assurance-accident et maladie, répartition calculée de manière à faire supporter au chef d'entreprise les frais correspondant au paiement des indemnités établies par la loi du 9 avr. 1898 (Arrêté ministériel du 16 mai 1899, art. 1er, 4 et 6, §§ 1 et 2).

7. — En exigeant une conformité rigoureuse des statuts des sociétés de secours mutuels visées par l'article 5 avec les « sta- « tuts-types approuvés par le Ministre compétent », la pensée du législateur a été d'obtenir une certitude absolue que la faculté instituée par l'article 5 ne masquerait, en aucun cas, une fraude susceptible de compromettre les intérêts des ouvriers, créan-

ciers éventuels d'indemnités, en leur enlevant indirectement une part des avantages que leur assure le risque professionnel [1].

Ces statuts-types, dont nous fixerons ci-dessous les traits essentiels, en insistant sur les conditions auxquelles doivent satisfaire les contrats entre sociétés de secours mutuels et chefs d'entreprise, répondent à cette unique préoccupation et se présentent comme autant de sanctions des dispositions légales de l'article 5.

8. — Toute société de secours mutuels satisfaisant à cette condition primordiale de conformité avec les statuts-types est virtuellement autorisée à se substituer au chef d'entreprise dans les termes de l'article 5.

Cette solution n'a prévalu qu'après un vif débat sur les conditions dans lesquelles devait être accordée l'autorisation nécessaire aux sociétés de secours mutuels pour se substituer aux chefs d'entreprise.

Sur les avantages d'une autorisation spéciale accordée, après examen des statuts de telle société envisagée particulièrement, M. Boucher insista avec une grande vigueur, faisant surtout valoir que la détermination de statuts-types imposés par l'autorité administrative constituerait une gêne antilibérale s'accordant mal avec cette souplesse de moyens qui constitue l'une des premières conditions de succès et de développement de la mutualité.

Telle n'est pas cependant la solution qui l'a finalement emporté. Autant par crainte des lenteurs administratives que par défiance d'une indiscrète intervention dans les affaires intérieures de la mutualité, il fut décidé que toute société qui se serait spontanément conformée aux dispositions des statuts-types arrêtés par le ministre de l'Intérieur serait virtuellement réputée munie de l'autorisation nécessaire.

9. — L'allocation en cas de blessures, pendant les trente, soixante, ou quatre-vingt-dix premiers jours, à compter de l'accident, des frais de maladie et de l'indemnité temporaire, ou d'une partie de cette indemnité, exigée par l'article 5 de la loi du 9 avr. 1898 et renouvelée par les articles 1er, § 1 et 6, § 1 de l'arrêté du 16 mai 1899, constitue la condition ainsi que l'objet même de la convention d'exonération autorisée par le législateur. Ce n'est qu'autant que les mutualités assument cette charge que peut s'accomplir, sans que les intéressés aient à en souffrir,

---

(1) Paris, Just. de paix, 19 févr. 1904, *Rec. Min. Comm.*, VII, 5.

la substitution au chef d'entreprise d'un organisme préposé à l'accomplissement de ses obligations légales.

Pratiquement il s'ensuit que, seules, les sociétés qui garantissent à leurs membres participants, outre les soins médicaux et pharmaceutiques, une indemnité journalière *minima* de trente jours, sont admises à décharger les chefs d'entreprises de la responsabilité personnelle qui leur incombe aux termes de l'article 1er.

10-11. — La faculté d'exonération reconnue aux chefs d'entreprise peut s'exercer dans toutes les circonstances où les secours de maladie et l'indemnité journalière deviennent exigibles, soit donc à l'occasion d'une incapacité temporaire ou d'accidents entraînant la mort ou une incapacité permanente. Les termes de l'article 5 étant assez généraux pour exclure toute distinction ou restriction, c'est très justement que le décret du 16 mai 1899 dispose expressément que : « La convention (intervenue entre « une société de secours mutuels et un chef d'entreprise) peut « également stipuler le paiement des mêmes frais et indemnités « en cas d'accidents entraînant la mort ou une incapacité perma- « nente ».

12. — La prestation de ces indemnités doit — à l'exception des frais de maladie — s'accomplir en la forme où le chef d'entreprise eût été tenu de l'accomplir personnellement.

La société de secours mutuels étant réputée s'être substituée au chef d'entreprise pour l'acquittement de ses obligations, il s'ensuit qu'elle en est tenue dans les conditions où il eût dû les acquitter directement. C'est ainsi, notamment, qu'elle doit fournir l'indemnité journalière à compter du jour où elle est devenue exigible, c'est-à-dire non pas seulement « à partir du cinquième « jour de l'accident », ainsi que le décidait, d'une façon générale, l'arrêté du 18 mai 1899 (art. 5, § 1) rendu sous l'empire de la loi du 9 avr. 1898, mais, suivant la rédaction actuelle de l'article 3 (loi du 31 mars 1905), « à partir du premier jour si « l'incapacité de travail a duré plus de dix jours ».

Toutefois, en ce qui concerne les frais de maladie, l'arrêté ministériel du 16 mai 1899, spécial aux mines, minières et carrières, contient une solution qui paraît bien devoir être étendue aux sociétés de secours mutuels. Suivant cet arrêté, en effet : « Il est loisible à une société de secours d'astreindre les « participants à ne recourir qu'au service médical par elle orga- « nisé ; en ce cas, l'ouvrier perd la faculté que lui donnerait

« l'article 4, § 2, de faire choix lui-même de son médecin ».

D'où il suit que par le fait d'une affiliation réalisée dans les termes de l'article 5, se trouve atteint un résultat que n'eût pu réaliser une convention particulière, l'article 30 prohibant en effet tout arrangement contraire aux dispositions légales.

13. — L'affiliation des ouvriers aux sociétés de secours mutuels dans les conditions exigées par l'article 15 ne peut être l'œuvre unilatérale du chef d'entreprise.

Juridiquement, l'affiliation de l'ouvrier entraînant sa participation active aux charges de la mutualité, jusqu'à concurrence de sa part dans l'assurance-maladie, il est nécessaire que le patron obtienne son adhésion contractuelle et le détermine à accepter des charges dont les garanties d'exécution consisteront pratiquement en retenues pratiquées sur les salaires aux époques périodiques de paye [1].

D'autre part, il n'est pas moins évident que la mutualité sur laquelle le patron entend se décharger d'une part de sa responsabilité légale n'est tenue d'accepter cette combinaison qu'autant que les risques d'accident et de maladie, apportés par les ouvriers, lui paraissent conciliables avec la marche régulière de ses opérations et son organisation propre.

D'où il suit que, cette affiliation, supposant un concours de volontés entre les trois termes suivants : patron, ouvrier et mutualités, c'est seulement par leur accord que peut se réaliser l'une des conditions d'application pratique de l'article 5.

Du caractère contractuel de cette première condition, il convient de conclure que les parties intéressées sont en principe maîtresses de fixer les conditions et modalités de l'affiliation, sous réserve des prescriptions que pourraient contenir les statuts-types auxquels fait allusion l'article 5.

C'est ainsi que, subordonnée à l'acceptation de la société de secours mutuels intéressée, l'affiliation ne peut être qu'individuelle à raison de l'examen personnel que requiert l'admission de tout nouveau membre, et variable dans sa durée suivant les convenances des parties contractantes.

14. — L'affiliation ne pouvant être prononcée par une mutualité qu'autant que le membre, admis satisfait aux conditions statutaires, il en résulte qu'un chef d'entreprise ne saurait préten-

---

(1) L'article 3 de l'arrêté du 16 mai 1899 subordonne expressément l'initiative des chefs d'entreprise au consentement de leurs ouvriers.

dre obtenir l'admission en bloc de l'universalité de ses employés. L'examen individuel de chacun des travailleurs devant nécessairement révéler que certains d'entre eux ne présentent pas en fait les conditions d'âge, de santé ou de moralité prescrites par les statuts, cette prétention du chef d'entreprise n'aurait que très peu de chances d'être acceptée.

Pratiquement, l'affiliation ne peut donc être accordée — à titre purement individuel — qu'autant que le membre affilié réalise les conditions statutaires (1). Aussi bien, même individuelle, suffit-elle pour permettre l'application de l'article 5, cette disposition n'exigeant nullement pour son application que l'affiliation englobe la totalité du personnel d'un établissement.

15. — La validité des conventions d'affiliation intervenues entre les sociétés de secours mutuels et les chefs d'entreprise est subordonnée, au même titre que toute autre décision intéressant la société, soit à l'approbation de l'assemblée générale, soit à toute autre formalité équivalente prescrite par les statuts(1). En principe donc, la détermination des conditions de l'accord intervenu entre patrons et ouvriers d'une part, et la mutualité d'autre part, relève du principe de la liberté des conventions; comme telle, elle dépend entièrement de la volonté des contractants (2).

16. — Comme toute autre condition de cette convention, la durée en peut être fixée au terme qu'il plaît aux parties de choisir; l'affiliation peut même être consentie pour un laps de temps indéterminé ou, si elle l'a été à temps, avec faculté de reconduction, sauf le droit reconnu aux intéressés de la dénoncer dans un délai conventionnellement fixé.

17. — Le vœu très formel du législateur étant d'éviter que le chef d'entreprise puisse, en aucune circonstance, se décharger, à la faveur de l'article 5, d'une part de ses charges personnelles sur ses employés ou sur une mutualité, l'article 4 de l'arrêté du 16 mai 1899 prescrit certaines conditions de répartition des charges dont il est interdit aux intéressés de se départir. L'objet

---

(1) En vue de faciliter l'affiliation des ouvriers, l'article 3 de l'arrêté du 16 mai 1899 contient la disposition suivante : « Les chefs d'entreprise peuvent « affilier aux sociétés... sans condition de durée de résidence, ceux de leurs « ouvriers et employés qui n'en sont point encore membres participants ».

(2) Arrêté du 16 mai 1899, article 2. « La convention prévue à l'article 1er « est passée par le conseil, sous réserve de l'approbation par l'assemblée « générale ».

général de cette disposition est de fixer le taux minimum de la contribution patronale, tant à l'égard des ouvriers que des mutualités, de manière à assurer l'accomplissement effectif des obligations dérivant du risque professionnel.

18. — L'article 4, § 2, de l'arrêté précité du 16 mai 1899 fixe « au tiers du montant des cotisations statutaires pour les secours « en cas de maladie et pour les frais de gestion des sociétés », le montant minimum des allocations du chef d'entreprise en ce qui concerne la couverture du risque d'incapacité temporaire.

Cette disposition traduit une préoccupation que M. Boucher, ministre du Commerce, formulait ainsi :

« Nous avons redouté en effet, disait-il — car il faut bien pré- « voir la fraude et la prévenir plutôt que d'être obligé de la ré- « primer — que certains patrons pussent tourner la loi en affec- « tant à la réparation des accidents la quote-part des deux tiers « provenant des versements ouvriers aux sociétés de secours « mutuels. — Ce fait répréhensible aurait pu se produire en ef- « fet, si, dans la rédaction des statuts de la société de secours « mutuels, le patron avait exclu de ses prévisions le cas de ma- « ladie, ou avait seulement restreint l'indemnité de maladie à « une somme insignifiante, réservant tous les crédits de la so- « ciété à la réparation des frais et indemnités résultant d'acci- « dents. Il en résulterait que dans une matière où s'exerce d'une « façon pour ainsi dire exclusive la responsabilité patronale, on « aurait violé les intentions manifestes du législateur en impo- « sant, par un moyen détourné, une charge des deux tiers à « l'ouvrier, tandis que le patron ne supporterait qu'un « tiers... (1) ».

Si de telles combinaisons eussent été permises, le système de responsabilité institué par l'article 1er en eût été gravement compromis et faussé dans son application pratique. Rien n'eût été plus facile en effet, pour les chefs d'entreprise, que de rejeter une part de leurs charges personnelles sur leurs employés et de violer ainsi la disposition de l'article 30 dont l'une des principales conséquences est d'interdire aux chefs d'entreprise de pratiquer sur les salaires de leurs ouvriers des retenues ou prélèvements destinés à couvrir les frais d'assurance du risque professionnel (2).

---

(1) Sénat, 18 mars 1898, p. 323.

(2) Le patron n'est déchargé de l'obligation de payer les frais de maladie et l'indemnité temporaire qu'autant que sa cotisation à la société de secours mutuels est égale au moins au tiers de celle payée par l'ouvrier et que le

19. — Ainsi que l'exprime formellement la disposition précitée, ce tiers des cotisations mis à la charge du patron ne doit s'entendre que de celles qui ont pour objet d'assurer des secours de maladie.

Si donc, les ouvriers se trouvaient affiliés à une mutualité assurant des pensions de retraite à ses membres, il y aurait lieu à une déduction de la fraction de contribution relative à ce chef particulier, et c'est seulement sur la contribution correspondant à la maladie que devrait être calculé le tiers imposé au patron, à raison des charges supplémentaires dont il grève la mutualité (1).

20. — Bien que l'affiliation des ouvriers à une société de secours mutuels, dans les conditions de l'article 5, intervienne sur l'initiative du chef d'entreprise et dérive d'une convention à laquelle il est personnellement partie, l'on n'en doit pas moins maintenir une indépendance absolue entre les obligations respectives du patron et de l'ouvrier envers la mutualité.

D'où il suit qu'un départ doit être établi entre ces deux obligations, chacune assurant pour sa part la couverture d'un risque distinct.

Pratiquement, ce n'est donc qu'après s'être acquitté de son obligation propre, que l'ouvrier est recevable à conclure au paiement des prestations statutaires en cas de maladie, alors même que le chef d'entreprise n'aurait pas payé la cotisation afférente au risque d'accident.

De même du chef d'entreprise, qui, dès qu'il a acquitté le montant de la cotisation mise à sa charge, a droit au paiement des

---

versement de cette quotité est obligatoire, sans qu'on puisse tenir compte des versements purement gracieux faits d'autre part à la société par le patron. Paris, Justice de Paix du XVII⁰ arrond., 28 mars 1900, *Rec. Min. Comm.*, I, 55.

(1) L'admission de cette proportion d'un tiers du montant de la cotisation fixée par tête d'ouvrier était ainsi justifiée par M. Boucher : « Pourquoi admet-on, disait-il, en cas d'existence d'une société de secours mutuels, qu'un « patron qui prend à sa charge au moins un tiers de la cotisation, se trouve « avoir payé largement les frais de maladie et les indemnités temporaires qui « peuvent lui incomber ? C'est qu'en effet, il est avéré que, dans la plus grande « partie des sociétés de secours mutuels fonctionnant actuellement, les frais « de maladie et d'indemnité temporaire résultant d'accidents ne s'élèvent « même pas au tiers des disponibilités. Dans ces conditions, le paiement d'un « tiers par le patron suffirait pour le couvrir de l'intégralité de sa dette pour « cette nature d'accident ». — Sénat, 18 mars 1898, p. 324.

indemnités visées par l'article 5, sans qu'il y ait à rechercher si l'ouvrier a satisfait d'autre part à ses obligations.

Solution que l'article 7, § 2, de l'arrêté du 16 mai 1899 formule en ces termes : « En cas d'accidents régis par la loi du 9 avr. « 1898, ces soins, ainsi que les indemnités convenues, sont four- « nis pendant toute la période pour laquelle les chefs d'entre- « prise ont payé l'allocation stipulée au contrat, même si les « participants n'ont point payé leur cotisation personnelle sta- « tutaire ».

21. — Des articles 1ᵉʳ et 4, §§ 1 et 2, de l'arrêté du 16 mai 1899, il résulte que la contribution du chef d'entreprise aux charges résultant de l'affiliation de ses ouvriers doit être fixée à forfait (art. 1ᵉʳ), et calculée de manière à couvrir la société de secours mutuels des charges supplémentaires qui lui sont imp»·sées de ce chef (art. 4, § 1), notamment des frais de gestion (art. 4, § 2). D'ailleurs, cette contribution ne peut être inférieure au tiers du montant des cotisations statutaires pour les secours en cas de maladie et pour les frais de gestion.

Quelles que soient les mesures prises pour équilibrer les char- ges assumées par les sociétés de secours mutuels et les ressour- ces nécessaires pour y faire face, il n'en subsiste pas moins, comme en toute opération d'assurance, un certain aléa suscepti- ble de constituer en perte ces sociétés ou, au cas contraire, de leur faire réaliser un gain suivant les circonstances.

Mais il importe d'observer que ce système de tarification for- faitaire n'est applicable qu'aux indemnités prises en charge par les mutualités. Quant aux prestations supplémentaires qu'el- les se seraient engagés à fournir en l'acquit du chef d'entre- prise, celles-ci devraient lui être intégralement remboursées[1].

22. — Après avoir exposé les conditions d'exonération du chef d'entreprise par l'intervention d'une société de secours mu- tuels, il importe de préciser les conditions auxquelles est subor-

___

(1) Art. 6, § 2 : « Dans le cas où l'indemnité journalière n'atteint pas « 50 0/0 du salaire journalier touché au moment de l'accident, le complé- « ment est payé aux victimes..., soit par les sociétés, moyennant rembour- « sement par les chefs d'entreprise, soit directement par les sociétés, si elles « ont consenti cette charge spéciale dans la convention. — Les frais et in- « demnités dus au delà du délai spécifié par la convention et jusqu'au mo- « ment de la guérison, de l'entrée en jouissance d'une pension ou du décès, « sont payés soit directement par les chefs d'entreprise, soit par les sociétés, « à charge de remboursement par les chefs d'entreprise ».

donnée sa libération effective, ainsi que les limites d'application de l'article 5, § 1.

Au premier point de vue, nous aurons à insister sur ce point que le chef d'entreprise n'est libéré que dans la mesure où la mutualité s'est substituée à ses obligations et s'est engagée à en assurer l'accomplissement.

Au second, il y a lieu de déterminer d'une manière limitative les indemnités exclues du champ d'application de l'article 5, § 1, ainsi que la durée *maxima* des engagements que peuvent prendre les sociétés de secours mutuels.

23. — Dans la mesure où une société de secours mutuels, substituée au patron conformément à l'article 5, § 1, s'est engagée à assurer l'exécution de ses obligations, cette substitution libère le patron de toute action personnelle, sans que la négligence ou l'impuissance de la mutualité à assurer le paiement des indemnités mises à sa charge puissent faire revivre ses obligations propres. Il est vrai qu'aucun texte ne formule en termes exprès cette solution. Mais, outre qu'elle constitue un effet logique de la faculté d'exonération accordée au chef d'entreprise, elle tire une autorité particulière du rejet d'une disposition contraire par la Chambre des députés[1].

24. — L'article 5 n'imposant aux sociétés de secours mutuels d'autre obligation que celle de subvenir pendant une durée *minima* de trente jours au paiement des frais de maladie et d'indemnité temporaire ou d'une partie seulement de cette indemnité, il s'ensuit qu'une concordance mathématique n'est nullement exigée entre les engagements dérivant de la convention autorisée par le texte précité et les obligations patronales. Pratiquement, les parties intéressées sont donc maîtresses de déterminer, au double point de vue de la durée (sous réserve de la disposition précitée de l'art. 5) et du *quantum*, le montant des obligations assumées par la mutualité contractante aux lieu et place du chef d'entreprise.

Or, la substitution autorisée par l'article 5 ne se justifiant que dans la mesure où elle assure le paiement des indemnités légales, il en résulte logiquement que la responsabilité patronale doit revivre dans toute sa force dès que, la mutualité s'étant d'ailleurs acquittée de ses obligations conventionnelles, il est

---

(1) Un amendement proposé en ce sens par M. Balsan fut en effet rejeté par la Chambre des députés, séance du 26 oct. 1897. — Conf. Paris, 17 juin 1902, *Rec. Min. Comm.*, II, 240.

nécessaire de faire appel au patron pour obtenir le complément
du paiement intégral des indemnités légales.

C'est ainsi que, l'indemnité journalière statutaire étant inférieure à la moitié du salaire, le chef d'entreprise en doit acquitter la différence (1).

Que si l'incapacité temporaire se prolonge au delà du délai
conventionnel (30, 40 ou 90 jours à compter de l'accident) prévu
par l'article 5, le paiement de l'indemnité temporaire et des frais
de maladie doit être assuré par le patron dans les termes de
l'article 15, § 2, à compter du jour où la société de secours mutuels cesse d'en être tenue (2).

25. — De l'article 5, § 1, il ressort :

1° Que la durée d'exonération des chefs d'entreprise est limitée aux quatre-vingt-dix premiers jours à compter de l'accident.

Le motif de cette limitation n'est pas seulement de faire concorder la durée de l'exonération des chefs d'entreprise avec le
délai *maximum* ordinaire des obligations assumées par des mutualités envers leurs membres. Si tel était l'unique motif de cette
disposition, elle n'aboutirait qu'à créer une restriction injustifiée
à la liberté des conventions, toutes les fois que les statuts d'une
société de secours mutuels l'autorisent à assurer le paiement
de l'indemnité journalière pour la durée intégrale de l'incapacité.

Cette restriction doit être ainsi comprise. Étant donné, en
effet, que le fonctionnement de l'article 5 suppose une participation de l'ouvrier aux charges de la société de secours mutuels,
cette combinaison est exceptionnelle en ce sens qu'elle permet au
chef d'entreprise de se décharger d'une part de ses obligations
légales ; par cela seul, la faculté accordée au patron par l'article 5
devait être rigoureusement renfermée dans les conditions qui lui

---

(1) Art. 5, § 4 : « Si l'indemnité journalière servie par la société est
« inférieure à la moitié du salaire quotidien de la victime, le chef d'entre-
« prise est tenu de lui verser la différence ». Disposition que l'article 6, § 2
de l'arrêté du 16 mai 1899 complète en ces termes : « Dans le cas où l'indem-
« nité journalière statutaire n'atteint pas 50 0/0 du salaire journalier touché
« au moment de l'accident, le complément est payé aux victimes, soit direc-
« tement par les chefs d'entreprise, soit par les sociétés, moyennant rem-
« boursement par les chefs d'entreprise, soit directement par les sociétés, à
« charge de remboursement par les chefs d'entreprise ».

(2) Arrêté du 16 mai 1899, article 6, § 3 : « Les frais et indemnités dus au
« delà du délai spécifié par la convention et jusqu'au moment de la guérison,
« de l'entrée en jouissance d'une pension ou du décès, sont payés directe-
« ment soit par les chefs d'entreprise, soit par les sociétés, à charge de rem-
« boursement par les chefs d'entreprise ».

sont assignées, à peine de mettre à la charge de l'ouvrier, contrairement au vœu de la loi, tout ou partie de l'indemnité qui incombe exclusivement au patron(1).

2° Que cette exonération est inapplicable aux frais funéraires.

Par une application nouvelle de cette interprétation restrictive, l'exonération admise par l'article 5, § 1, n'est applicable qu'aux indemnités qu'il désigne expressément. Or, cette disposition passant sous silence les frais funéraires, l'on est amené à conclure qu'il n'est pas au pouvoir des chefs d'entreprise de s'en décharger sur une société de secours mutuels. Cette solution est d'autant plus certaine que les termes « frais de maladie » ont un sens très précis et ne sauraient être considérés comme comprenant virtuellement les frais funéraires.

§ II. — *Substitution d'une caisse ou société de secours constituées en vertu de la loi du 29 juin 1894, aux exploitants des mines, minières et carrières.*

26. — Aux exploitants des mines, minières et carrières (2), l'article 6 reconnaît la faculté de se décharger du paiement des

___

(1) Du texte impératif de l'article 5, la jurisprudence a déduit cette conséquence que le chef d'entreprise ne peut en aucun cas être considéré comme déchargé de ses obligations pour une durée supérieure à quatre-vingt-dix jours. Que si, en fait, la société de secours mutuels continue, postérieurement à ce délai, le service de l'indemnité, le patron n'en est pas moins tenu, alors même qu'il participerait dans une mesure quelconque à l'allocation ainsi fournie à la victime de l'accident, de lui payer par surcroît — si elle l'exige — l'indemnité légale. Paris, 7 févr. 1903, *Rec. Min. Comm.*, III, 160. — La préoccupation à laquelle répond cette décision judiciaire est qu'il faut éviter de prolonger au delà du terme légal les obligations d'une société de· secours mutuels à laquelle est affilié l'ouvrier. « En décider autrement, « porte l'arrêt précité, serait mettre à la charge de l'ouvrier, contraire- « ment au vœu et au texte même de la loi du 9 avril 1898, tout ou partie de « l'indemnité qui doit rester à la charge du patron ».

(2) Cette assimilation des mines, minières et carrières, au point de vue de l'application de l'article 6, est conforme à l'économie de la loi du 29 juin 1894. Bien que cette loi n'exige que des exploitants de mines (art. 1er) la constitution de caisses de secours et de retraites dans l'intérêt de leurs ouvriers et employés, l'article 31 de cette même loi décide que : « Les exploitations de minières et carrières souterraines ou à ciel ouvert pourront être assimilées aux exploitations de mines, en· vertu de décrets rendus au Conseil d'État sur la proposition du ministre des Travaux publics » (Conf. circulaire du 30 juin 1894). — Ajoutons enfin que, l'article 9, § 4 de la loi du 29 juin 1894, admettant les industries annexes des exploitations de mines (telles que, par exemple, fabrication de coke ou d'agglomérés) à être, sur

frais et indemnités mentionnés en l'article 5 « moyennant une « subvention annuelle versée aux caisses ou sociétés de secours « constituées dans ces entreprises en vertu de la loi du 29 juin « 1894 ».

Ces organismes ayant notamment pour fonction de fournir à leurs participants ou à leurs ayants droit des secours en cas de maladie[1], étaient, au même titre que les sociétés de secours mutuels proprement dites, désignés pour aider les exploitants à s'acquitter des obligations résultant du risque professionnel. Elles pouvaient, elles aussi, se prêter dans les mêmes conditions que les mutualités à cette extension de leurs attributions, et c'est à régler le mode de leur intervention que tend l'article 6 en tenant compte du régime particulier auquel sont soumis ces établissements par leur réglementation spéciale.

De même que les sociétés de secours mutuels, les établissements organisés en vertu de la loi du 29 juin 1894 ne sont considérés comme substitués au chef d'entreprise que dans la mesure où ils assurent à leurs participants, et pour une durée *maxima* de quatre-vingt-dix jours, le paiement des indemnités visées par l'article 5.

Mais s'il y a jusqu'ici identité absolue de conditions entre l'intervention des sociétés de secours mutuels et des caisses de de secours visées par l'article 6, une différence essentielle les sépare cependant, à savoir que « le montant et les conditions de « cette subvention devront être acceptés par la société et ap- « prouvés par le Ministre des Travaux publics (art. 6, § 2).

demande des parties intéressées et sous l'autorisation du ministre des Travaue publics, agrégées aux circonscriptions de sociétés de secours des mines, il est rationnel d'admettre leurs exploitants au bénéfice de l'article 6.

[1] Les sociétés de secours réglementées par la loi du 29 juin 1894 fournissent en outre à leurs participants des secours en cas d'infirmités qui les empêcheraient de travailler, et à leurs familles ou ayants droit des subventions en cas de décès des membres participants. — Les statuts peuvent autoriser l'allocation de secours en argent et de soins médicaux et pharmaceutiques aux femmes et enfants des membres participants et à leurs ascendants. Ils peuvent aussi prévoir des secours journaliers en faveur des femmes et des enfants des réservistes de l'armée active et des hommes de l'armée territoriale appelés à rejoindre leurs corps, enfin des allocations exceptionnelles et renouvelables en faveur des veuves ou orphelins d'ouvriers ou employés décédés après avoir participé à la société de secours (art. 7).

Ces caisses sont alimentées principalement par des versements imposés aux ouvriers (au maximum 2 0/0 des salaires), augmentés de versements de l'exploitant égaux à la moitié de ceux des ouvriers ou employés (art. 6).

27. — Les conditions de cette approbation ont été ainsi fixées par la circulaire du Ministre des Travaux publics du 5 mai 1899.

Après avoir très justement rappelé qu'il appartient exclusivement aux sociétés et aux exploitants de convenir des bases de leur accord, le document précité fixe ainsi les conditions de l'approbation requise, tout en laissant aux intéressés la plus grande liberté d'action, et en exprimant le plus vif désir d'accepter toutes les propositions rationnelles.

Au fond, il n'est aucune de ces conditions qui ne procède du souci d'assurer aux sociétés et caisses de secours une suffisante couverture des risques assumés par elle.

1º En ce qui concerne la forme et le taux des subventions des exploitants, la circulaire du 5 mai 1899 formule ainsi les conditions de son approbation : « Je crois, écrit le Ministre des Tra-« vaux publics, devoir attirer spécialement l'attention des in-« téressés sur le mode que le législateur paraît avoir visé en édic-« tant l'article 6 dans les termes qu'il lui a donnés. Cette solu-« tion consiste à fixer les subventions de l'exploitant comme « dans un système de primes à une société d'assurances; elle « formerait une allocation d'une quotité à déterminer d'après les « statistiques, payée à forfait et calculée, soit par participant « et par an, ce qui serait la forme la plus simple, soit par jour-« née de travail de participant, ce qui pourrait être plus exact, « mais moins commode et partant moins pratique ».

Quant à la base de calcul du taux des subventions, la même circulaire donne les indications suivantes : « Les statistiques « qui devront servir de base au calcul de ces subventions de-« vront être fournies par les données des années antérieures de « l'entreprise ou d'entreprises analogues. Faute de disposer de « données assez exactes et pour les avoir dans l'avenir, l'exploi-« tant et la société pourront être portés à s'entendre pour appli-« quer pendant une première période d'essai le système du rem-« boursement effectif, auquel il faudra toujours préférer, pour « l'incapacité temporaire, suivant les intentions formelles du « législateur, le système des primes ou du forfait ».

2º Relativement à la durée de la garantie assurée par les sociétés ou caisses de secours aux exploitants, le Ministre s'abstient de lui impartir une durée quelconque. Sur ce point, liberté entière est laissée aux parties contractantes, le Ministre se bornant à leur recommander de réduire autant que possible la pre-

mière période d'engagement « pour mieux profiter des rensei-
« gnements de l'expérience ».

28. — En ce qui concerne les conditions de l'exonération des
exploitants, il existe une concordance complète entre les articles 5
et 6. De même, en effet, que l'intervention des sociétés de secours mutuels n'est libératoire qu'autant qu'elle assure le paiement des indemnités, de même, ainsi que l'exprime formellement la circulaire précitée, la responsabilité patronale est réservée dans la mesure où elle est nécessaire pour assurer le paiement intégral des indemnités.

« Généralement, porte la circulaire précitée, l'indemnité pécu-
« niaire que la société de secours donnera au blessé sera infé-
« rieure à celle à laquelle il a droit en vertu de l'article 3 ou de
« l'article 8 de la loi du 9 avr. 1898. L'article 5, dernier para-
« graphe, stipule que le chef d'entreprise doit alors verser la
« différence à la victime, sauf à la lui faire parvenir par l'inter-
« médiaire de la société de secours. Celle-ci ne doit jamais avoir
« à discuter avec l'exploitant, ni avec l'intéressé, la quotité de
« l'indemnité effectivement due à ce dernier en vertu de la loi,
« ce qui implique la discussion du montant exact du salaire.
« Une pareille contestation doit rester entre l'exploitant et l'ou-
« vrier ».

De même enfin que dans le système de l'article 5, la durée de
l'exonération des chefs d'entreprise visée par l'article 6, § 1er,
est limitée au maximum de quatre-vingt-dix jours. « Au delà,
« porte la circulaire du 5 mai 1899, les charges doivent retom-
« ber directement sur l'exploitant. Celui-ci et la société pourraient
« toutefois s'entendre pour continuer le service des blessés au
« delà de ce terme, mais strictement alors dans le système du
« remboursement pur et simple des dépenses effectivement sup-
« portées à ce titre par la société ».

§ III. — *Extension du système des articles 5 et 6 aux caisses
particulières de secours instituées conformément au titre III
de la loi du 29 juin 1894.*

29. — Suivant la disposition finale de l'article 6, faculté est
reconnue aux chefs d'entreprise autres que les exploitants de
mines, minières et carrières « qui auront créé en faveur de leurs
« ouvriers des caisses particulières de secours en conformité du
« titre III de la loi du 29 juin 1894 », de s'entendre avec ces

caisses dans les conditions où ils sont autorisés à le faire avec les établissements désignés aux articles 5 et 6.

Les conditions d'exonération étant les mêmes que pour les sociétés de secours mutuels ou les caisses de secours instituées en vertu de la loi du 29 juin 1894, une seule particularité doit être relevée, consistant en ceci que les approbations requises doivent, en ce qui concerne lesdites caisses, être données par le Ministre du Commerce et de l'Industrie.

En ce qui concerne la gestion des caisses de secours constituées dans les industries autres que les mines, minières et carrières en vertu de la loi du 9 avr. 1898, conformément au titre III de la loi du 29 juin 1894 un décret du 10 mai 1899 attribue à des agents de surveillance délégués à cet effet, agissant sous l'autorité du Ministre du Commerce et de l'Industrie, ainsi qu'au comité consultatif des assurances contre les accidents du travail, les attributions confiées par le titre III de la loi du 29 juin 1894 au conseil général des mines et aux ingénieurs des mines.

II

Conditions d'exigibilité des capitaux représentatifs des pensions (art. 28).

30. — Aux termes de l'article 28, le versement des capitaux représentatifs des pensions ne devient exigible que dans certaines circonstances limitativement déterminées. Tant qu'aucune de ces circonstances ne s'est réalisée, l'objet exclusif de l'obligation du débiteur d'une indemnité permanente est d'assurer le service régulier des arrérages.

Cette règle légale réalise une innovation considérable ; elle se lie intimement au système de sûretés garantissant le paiement effectif des pensions et, sous ce rapport, elle a donné lieu à de longs et vifs débats qu'il importe de connaître.

Envisagée enfin dans ses conditions d'application pratique, la disposition de l'article 28 exige l'étude des circonstances auxquelles est subordonnée l'exigibilité des capitaux des rentes, de leur mode de calcul et enfin du contrat intervenu à cet égard entre la Caisse nationale des retraites et le débiteur de l'indemnité.

§ I. — *Jurisprudence antérieure à la loi du 9 avr. 1898.*

31. — Les bénéficiaires de rentes attribuées en vertu de l'article 1382 étant, en leur qualité de créanciers chirographaires, exposés au risque d'insolvabilité de leur débiteur, la jurisprudence parait à ce danger en accordant au crédi-rentier certaines sûretés destinées à assurer le service effectif de ces rentes et à le rendre indépendant de tout événement ultérieur.

C'est ainsi que l'usage s'était établi d'ordonner la constitution à capital réservé des rentes allouées aux victimes d'accidents du travail. Cette opération imposait, soit au chef d'entreprise déclaré responsable, soit à l'assureur qu'il s'était substitué, l'obligation de verser un capital productif d'une somme d'intérêts égale à la quotité annuelle des arrérages. Le plus souvent ce capital consistait en un titre de rente 3 0/0 sur l'État français immatriculé au nom du débiteur de la rente pour nue propriété, et à celui de l'indemnitaire pour l'usufruit [1].

Ou plus simplement était ordonnée la constitution, par une compagnie d'assurances, de la rente viagère liquidée par le jugement. L'avantage évident de cette manière de procéder était de concilier le maximum de sûreté de paiement des indemnités avec le minimum de déboursés pour le débi-rentier [2].

32. — La première des combinaisons exposées ci-dessus présentait ce très grave inconvénient d'imposer au débiteur de la rente — patron ou assureur — l'immobilisation d'un capital parfois supérieur au capital représentatif de la pension calculé suivant les données mathématiques de l'assurance. La restitu-

---

(1) Béziat d'Audibert, *Congrès de Paris*, II, 481 et suiv. Conf. Trib. corr. du Havre, 24 déc. 1878 et 5 août 1879; Besançon, 7 janv. 1884, cités par Tarbouriech, *Assurances*, p. 227. — *Adde*, Paris, 4 févr. 1870 (S. 70. 2. 324 et Lyon, 26 avr. 1871, *ibid.*, 71. 2. 156). — Jugé, dans les rapports de l'assuré et de l'assureur, que ce dernier ne peut être obligé d'acquérir un titre de rente dans les conditions prévues au texte, lorsqu'une clause de la police le dispense expressément de l'obligation de garantir le paiement de la rente viagère par l'affectation d'un capital destiné à en assurer le service. L'assureur satisfait alors à ses obligations en s'engageant à payer les arrérages de la rente jusqu'à concurrence de la somme par lui garantie. — *Sic*, Paris, 20 déc. 1890, S. 92. 2. 102; Douai, 5 déc. 1893, *ibid.*, 94. 2. 251 et Grenoble, 15 mai 1894, *ibid.*, 95. 2. 175.

(2) Rouen, 6 déc. 1884 et Lyon, 14 avr. 1886, cités par Béziat d'Audibert, *loc. cit.*, 491. — Jugé que l'assuré était toujours recevable à contraindre l'assureur à constituer sa rente viagère par l'aliénation d'un capital. Grenoble, 15 mai 1894, précité.

tion éventuelle de ce capital en atténuait, il est vrai, les charges; mais, l'échéance de l'extinction de la rente viagère étant nécessairement incertaine et pouvant être retardée par la survivance au delà de toute prévision de l'indemnitaire, le chef d'entreprise était exposé à perdre, pendant de longues années, la libre disposition de capitaux dont il eût trouvé un emploi fructueux dans son industrie.

Quant aux sociétés d'assurances, cette combinaison n'était pas moins défavorable à la marche normale de leurs opérations. L'immobilisation d'une trop forte part de leurs capitaux disponibles, en constitutions de rentes à capital réservé, leur créait de très lourdes charges, auxquelles elles ne pouvaient se soustraire qu'en aliénant, à des conditions parfois désavantageuses, la nue propriété des capitaux affectés à la garantie des rentes, ou en obtenant de l'indemnitaire un rachat — immoral et abusif — de son droit d'usufruit.

La jurisprudence n'aboutissait pas à des résultats moins critiquables. lorsqu'elle ordonnait la constitution de rentes viagères par l'intermédiaire des compagnies d'assurances privées. Alors en effet « l'État n'avait sur elle aucun droit de contrôle ou de « surveillance directe, ou du moins les quelques droits qu'il « avait conservés à la suite de l'arrêt du Conseil d'État du 14 mai « 1880, ayant supprimé la surveillance sur la demande des com- « pagnies elles-mêmes, étaient absolument illusoires [1] ».

D'une sécurité absolue eût été, il est vrai, l'intervention de la Caisse nationale des retraites, mais son organisation ne lui permettait pas alors de rendre tous les services qu'il eût été permis d'en attendre. Outre que les tarifs alors en vigueur n'étaient pas gradués suivant la situation personnelle des rentiers et imposaient de ce chef aux débiteurs d'indemnités des sacrifices exagérés, l'article 7 de la loi du 20 juill. 1886 limitant à 1.000 francs — sauf en cas de décision judiciaire — le montant des versements annuels, apportait de sérieux obstacles à la constitution de rentes viagères à jouissance immédiate [2]. Ces vices de l'or-

---

[1] Béziat d'Audibert, *loc. cit.*

[2] Il est très rare, en effet, que la valeur du capital représentatif des pensions dues en cas d'accident ne s'élève pas au-dessus de ce maximum. En limitant à 500 francs le montant des versements faits dans une année au compte de la même personne, la loi du 26 juill. 1893 était venue aggraver encore les inconvénients de la loi du 20 juill. 1886. — Ce n'était qu'autant que la rente viagère était attribuée par jugement que disparaissait tout maximum des versements effectués en vue de la constitution d'une rente viagère.

ganisation de l'assurance par l'État rendaient nécessaire l'intervention de l'assurance privée avec tous les risques que faisait naître alors l'absence d'une réglementation légale de leurs opérations (1).

§ II. — *Origines et motifs de l'article 28, § 1.*
Analyse des Travaux préparatoires.

33. — Bien que la prestation d'un capital doive — en constituant la base des indemnités permanentes — assurer aux indemnitaires le maximum de garantie contre l'insolvabilité éventuelle du débiteur, néanmoins toute obligation de versement immédiat est formellement écartée par l'article 28, § 1.

En conséquence, le paiement des pensions s'analyse en versements successifs d'arrérages s'effectuant dans les conditions ci-dessus déterminées, sans que l'indemnitaire puisse réclamer du débiteur non plus que l'autorité judiciaire lui imposer — fût-ce à titre de sûreté — le versement immédiat d'un capital (2).

Cette facilité de paiement largement compensée d'ailleurs par l'organisation de sûretés équivalentes met un terme aux errements suivis par la jurisprudence antérieure à la loi du 9 avr. 1898, en même temps qu'elle exonère le chef d'entreprise, ainsi que l'assureur, de déboursés incompatibles avec la sauvegarde de leur crédit ou même le fonctionnement régulier de l'assurance.

34. — L'article 28, § 1, est issu de débats prolongés, où la pensée du législateur a longtemps oscillé entre des solutions contradictoires.

Après avoir imposé au juge l'obligation d'ordonner, sur la demande des victimes d'accidents, le versement du capital re-

_____

(1) Béziat d'Audibert, *loc. cit.* — Dès 1888, la Chambre des députés avait proposé de faciliter le recours des intéressés à la Caisse nationale des retraites en adoptant la disposition suivante : « Les opérations effectuées par « la Caisse nationale des retraites en vertu de la présente loi, ne seront pas « soumises aux maxima fixés par les articles 6 et 7 de la loi du 20 juill. « 1886. — Les tarifs spéciaux pour la constitution de ces rentes seront éta- « blis par la Caisse dans les six mois de la promulgation de la présente loi. « Ils comprendront tous les âges depuis la naissance jusqu'à l'âge de quatre- « vingts ans. Les pensions au profit des personnes âgées de plus de quatre- « vingts ans seront liquidées d'après le tarif déterminé pour l'âge de quatre- « vingts ans. Ces tarifs sont revisables au moins tous les cinq ans ». Pro- « jet de loi de 1888, article 33, §§ 3 et 4.

(2) Bordeaux, 23 avr. 1907, *Droit*, 13 août 1907.

présentatif des rentes viagères (1), la Chambre des députés alla jusqu'à déclarer ce versement obligatoire, en toutes circonstances, que le patron fût demeuré son propre assureur, ou individuellement ou comme membre d'un syndicat, ou qu'il fît partie d'une mutualité obligatoire (2).

Ce système rencontra au Sénat la plus vive opposition. On lui reprocha très justement d'immobiliser des capitaux considérables, d'en priver l'industrie au grand dommage de sa prospérité générale et de les faire affluer dans les caisses de l'État. Comment a-t-il été fait droit à ces critiques et par quels détours en est-on arrivé au système de l'article 28, § 1, c'est ce que fera connaître une analyse sommaire des travaux préparatoires de la loi du 9 avril 1898.

Pour parer à ces inconvénients, la logique eût commandé d'écarter toute disposition obligeant les débiteurs d'indemnités à fournir un capital de garantie. Mais avant d'aboutir à cette conséquence, la commission ne songea tout d'abord qu'à réduire le montant global des capitaux exigibles et à les détourner des caisses publiques, tout en continuant à assujettir les chefs d'entreprise et les assurances au versement du capital représentatif des rentes mises à leur charge (3).

(1) Projet de 1888 : *Art. 24, § 2*. « Les tribunaux devront toujours, sur la « demande des victimes d'accidents ou de leurs ayants droit, obliger les pa- « trons, soit à verser à la Caisse des retraites de l'État le capital destiné à « assurer le service des pensions viagères... »

(2) Projet de 1893 : *Art. 46*. « La somme à répartir chaque année par cir- conscription (comp. art. 37 et suiv.) comprend :

« 1° Les capitaux nécessaires à la constitution des rentes de pensions « inscrites dans l'année précédente ».

Art. 78. « Le capital nécessaire pour la constitution de ces rentes est pré- « levé sur le cautionnement (conf. art. 75 et suiv.).

(3) Projet du 3 avr. 1895, Rapport de M. Poirrier, *Sénat*, Doc. parl., 1895, annexe n° 73, 268 et suiv. *Art. 38*. « Les chefs d'entreprise restés leurs « propres garants, réunis ou non en syndicat de garantie mutuelle, les « caisses d'assurances mutuelles, les compagnies d'assurances contre les « accidents devront verser le capital constitutif des pensions acquises à une « compagnie d'assurances sur la vie fonctionnant dans les termes de l'arti- « cle 66 de la loi du 24 juill. 1867 et autorisée à cet effet par un règlement « d'administration publique. Cette compagnie sera désignée par la victime « de l'accident ou ses ayants droit; à défaut par ceux-ci d'avoir procédé à « cette désignation dans la quinzaine qui suivra une mise en demeure, les « débiteurs des pensions verseront, pour le compte de la victime, ledit « capital dans la caisse de l'une quelconque des compagnies d'assurances « sur la vie susénoncées ».

Art. 39. « Lorsqu'un syndicat de garantie mutuelle ou une caisse d'assu-

Ce système d'un poids si lourd encore (malgré ses atténuations) pour le crédit des patrons et des établissements d'assurances privés ne fut abandonné qu'au moment où se fit jour la possibilité de neutraliser l'insolvabilité éventuelle des débiteurs d'indemnités par l'institution d'un fonds de garantie.

Dégagé de la préoccupation obsédante qui jusque-là lui avait dicté un ensemble de garanties si diverses et si onéreuses, le législateur pouvait désormais s'en tenir — sans autre sûreté — au crédit personnel des débiteurs et ne les considérer plus que comme tenus du service périodique des arrérages mis à leur charge pas la constitution des rentes.

Cette idée nouvelle s'est exprimée tout d'abord dans l'article 26 du projet adopté par le Sénat, le 6 déc. 1895. Aux termes de cette disposition, en effet, le service des rentes est gagé tant que le chef d'entreprise exerce son industrie par la masse des bénéfices industriels. Ce n'est qu'au moment où ces ressources disparaissent par suite de décès, faillite, liquidation ou cessation de commerce, que la totalité du capital représentatif devient exigible, à moins que le débiteur ne se soit substitué un assureur ou qu'il n'ait obtenu, dans certaines conditions déterminées, un sursis de paiement[1].

« rances mutuelles présentera des garanties spéciales de solvabilité a
« déterminer par le règlement d'administration publique prévu à l'article
« 41, les membres de ce syndicat ou de cette caisse seront dispensés de ver
« ser à une compagnie d'assurances sur la vie le capital constitutif des
« pensions à leur charge ; ils ne seront tenus que du service des annuités
« aux ayants droit.

« Toutefois, dans le cas de retraite de l'un des membres d'un syndicat
« constitué comme il est prévu au présent article, le versement à une caisse
« d'assurances sur la vie du capital constitutif des pensions à la charge de
« ce membre devrait être effectué conformément aux dispositions de l'arti
« cle 38 ; en cas de dissolution, le capital constitutif des pensions à la
« charge de l'ensemble des membres du syndicat devrait être pareillement
« versé.

« De même en ce qui concerne les caisses d'assurances mutuelles fonc
« tionnant conformément aux prévisions du § 1er, la retraite de l'un des mem
« bres entraînera pour celui-ci l'obligation de verser à la caisse d'assurances
« mutuelles sa part proportionnelle du capital constitutif des pensions dues
« par celui-ci. Au cas de liquidation d'une de ces caisses d'assurances
« mutuelles, les membres composant cette mutualité devront verser la tota
« lité du capital constitutif des pensions à une compagnie d'assurances sur
« la vie ».

(1) Projet du 6 déc. 1895 : *Art. 26.* « Lorsqu'un chef d'entreprise inscrit
« au rôle des indemnités pour accident du travail cessera son industrie, soit
« volontairement, soit par décès, liquidation judiciaire ou faillite, soit par

Cette idée se précise dans le projet présenté par la Commission du Sénat, pour la deuxième délibération, le 20 janv. 1896. Le versement des capitaux y est déclaré facultatif ; il ne devient obligatoire que dans certaines circonstances limitativement déterminées, sans que les tribunaux puissent en aucun cas l'imposer non plus que la dation de toute autre garantie ; faculté est en outre reconnue au débiteur de se soustraire à cette obligation légale par la prestation de certaines garanties réputées équivalentes (1).

Lorsque la discussion s'engagea au Sénat (mars 1896) sur cette question spéciale, la commission proposa de substituer à la garantie résultant de versement immédiat d'un capital, l'éta-

« cession d'établissement, la totalité du capital représentatif des rentes
« dont il a été constitué débiteur deviendra exigible immédiatement de
« plein droit, à moins qu'il n'ait contracté avec une caisse ou une compa-
« gnie d'assurances qui prenne ses lieu et place.

« Toutefois le chef d'entreprise ou ses ayants droit pourront obtenir un
« sursis renouvelable pour le paiement de ce capital : 1° en cas de cession
« d'établissement, si le cédant et le cessionnaire s'engagent conjointement et
« solidairement à l'acquittement des arrérages mis à la charge de ce der-
« nier ; 2° dans les autres cas, si le chef d'entreprise ou ses ayants droit
« fournissent des garanties à déterminer par un règlement d'administration
« publique rendu après avis du Conseil supérieur tel qu'il sera institué
« ci-après ».

(1) Projet du 20 janv. 1896 : *Art. 27.* « Les chefs d'entreprise ont la
« faculté de se libérer à toute époque de l'obligation de payer les arrérages
« des rentes mises à leur charge, en versant à la Caisse nationale le capi-
« tal constitutif de ces rentes. — Ce capital est calculé à la date du ver-
« sement, d'après les tarifs prévus à l'article 33 ci-après ».

Art. 28. « Lorsqu'un chef d'entreprise inscrit au rôle des indemnités pour
« accidents du travail cesse son industrie, soit volontairement, soit par dé-
« cès, liquidation judiciaire ou faillite, soit par cession d'établissement, la
« totalité du capital représentatif des rentes à sa charge devient exigible de
« plein droit. Il est calculé à ce jour d'après les tarifs prévus à l'article 33
« et il est versé à la Caisse nationale.

« Toutefois le capital constitutif des rentes n'est pas exigible :

« 1° En cas de cession d'établissement, si le cédant et le cessionnaire s'en-
« gagent conjointement et solidairement à l'acquittement des arrérages ;

« 2° Dans tous les cas, si le chef d'entreprise fournit des garanties à déter-
« terminer par un règlement d'administration publique ou si une caisse
« mutuelle d'assurance professionnelle ou régionale, ou une compagnie à
« primes payent, conformément à leurs engagements, aux lieu et place du
« chef d'entreprise, les arrérages dont est tenu ce dernier ».

Art. 38. « Les tribunaux ne peuvent en aucun cas imposer aux chefs
« d'entreprise le versement du capital représentatif des pensions, ni la dation
« de toute autre garantie ».

blissement d'un privilège général garantissant la créance de la
victime ou de ses ayants droit. Dans ce système, le versement
du capital demeurait facultatif. Toutefois, il était d'un intérêt
considérable pour le chef d'entreprise de l'effectuer, ce versement ayant pour effet de l'affranchir du privilège dont la commission proposait l'établissement (1).

Favorablement accueillie par le Sénat, cette rédaction ne rencontra de critiques que sur un point. M. de Marcère lui reprocha de laisser subsister un doute sur le pouvoir des tribunaux d'ordonner le versement du capital des rentes ou telles autres
garanties qui leur paraîtraient commandées par les circonstances.
Aussi l'honorable sénateur reprit-il à titre d'amendement —
d'accord avec M. Blavier — la disposition de l'article 38, contenue dans la proposition ci-dessus analysée du 20 janvier 1896.
Après quelques explications contradictoires, cet amendement fut
repoussé sur cette déclaration très nette de M. Trarieux, président de la commission, que le juge ne serait en aucun cas autorisé à ordonner des garanties supplémentaires ou différentes de
celles reconnues par l'article 10 (2).

De ces propositions successives s'est finalement dégagé le texte
définitif de l'article 28, § 1 (3).

En résumé, cette dispense de versement du capital constitutif
des rentes viagères, sauf dans certaines circonstances qui seront
étudiées ci après, donne satisfaction aux vœux réitérés des chefs
d'entreprise en même temps qu'elle allège le fonctionnement du
risque professionnel de charges qui eussent ruiné la moyenne
ou petite industrie et créé de graves embarras aux grandes
entreprises en leur retirant la libre disposition de capitaux,
immobilisés et stérilisés, un temps plus ou moins long, par leur
affectation spéciale à une créance d'arrérages.

---

(1) *Art. 10*, § 4 : « Si l'indemnité consiste en une rente viagère, le chef
« d'entreprise pourra s'affranchir du privilège des articles 2101 et 2104, en
« garantissant le paiement de cette rente par la constitution d'un capital
« suffisant pour assurer le service des arrérages. A cet effet, il pourra soit
« effectuer un dépôt à la Caisse des dépôts et consignations, soit fournir une
« affectation hypothécaire, soit contracter avec une compagnie d'assurance
« d'une solvabilité notoire ».

(2) Sénat, 24 mars 1896, p. 322 et suiv.

(3) Adoption sans discussion ; séance du 19 mars 1898, p. 349.

§ III. — *Conditions d'application pratique de l'article 28, § 1.*

35. — De l'exonération du versement du capital représentatif des rentes prononcée par cette disposition, il résulte que le débiteur de l'indemnité n'est juridiquement tenu qu'au service des arrérages de la rente viagère mise à sa charge. Tel est l'objet direct et normal de son obligation, qu'il ne dépend pas du juge de renforcer en ordonnant la prestation de garanties particulières. Il est vrai qu'une disposition spéciale conçue en ce sens a disparu du texte définitif. Mais en présence des observations si catégoriques données à cet égard par M. Trarieux, l'on ne peut mettre en doute que la volonté du législateur ait été de retirer à l'autorité judiciaire les pouvoirs dont elle usait antérieurement à la loi du 9 avr. 1898(1).

36. — Bien que le capital des pensions soit déclaré non exigible du débiteur de l'indemnité, il est néanmoins certaines circonstances où ce capital doit être effectivement versé, par dérogation à la règle générale, en vertu des dispositions légales énumérées ci-après.

1° Aux termes de l'article 28, §§ 2 et 3, le versement du capital représentatif des pensions est toujours facultatif pour le débiteur de l'indemnité ; il lui est imposé et devient obligatoire dans certaines circonstances limitativement déterminées.

2° D'autres dispositions légales auxquelles il nous suffit de renvoyer ont pour résultat d'obliger le débiteur soit à remettre à la victime une partie ou la totalité du capital représentatif de l'indemnité (art. 9, § 1 et 21, § 2), soit à en verser le montant intégral à la Caisse nationale des retraites (art. 7, § 2) (2).

---

(1) Douai, 5 avr. 1900, *Rec. Min. Comm.*, 1, 2. 622. « Attendu que l'ou-
« vrier blessé n'a pas le droit d'exiger que, pour assurer le service de sa
« pension, celui qui est condamné à la payer achète un titre de rente sur
« l'État et le fasse immatriculer en son nom pour la nue propriété et au nom
« du créancier pour l'usufruit ; qu'en effet, afin de dispenser les chefs d'in-
« dustrie d'avoir à sortir tout d'un coup de leur caisse le capital considé-
« rable que nécessite l'achat d'un titre de rente 3 0/0, la loi de 1898 a or-
« ganisé, dans ses articles 23 et 28, un système de garanties spéciales qui, en
« sauvegardant les intérêts de l'ouvrier, exonère le patron de cette obliga-
« tion ruineuse.....; qu'il y a lieu de réformer la disposition du jugement
« imposant à D... l'obligation d'acheter un titre de 1.000 francs de rente
« 3 0/0 sur l'État français. pour assurer le service de la pension allouée
« à B... ».

(2) Il est d'autres hypothèses (art. 3 A, § 2 et 3, § 4) donnant lieu au ver-

37-38. — L'article 28, § 2, reconnaît aux débiteurs — chefs d'entreprise ou assureurs — la faculté d'opter entre le service périodique des arrérages et le versement immédiat des capitaux des rentes mises à leur charge.

A chacun de ces modes de libération correspondent des avantages qu'il appartient aux débiteurs d'arbitrer et entre lesquels il leur appartient de choisir en toute liberté. En général, le débiteur n'a intérêt à opter pour le versement immédiat d'un capital qu'autant que, l'âge du créancier assurant une durée probable assez longue à la rente dont il est tenu, mieux vaut pour lui s'en libérer par l'aliénation immédiate d'un capital.

39. — La disposition de l'article 28, § 3, se lie étroitement au système de garanties légales institué par la loi du 9 avr. 1898. Étant donné, en effet, l'existence d'un fonds spécial de garantie formé de contributions fournies par l'ensemble des chefs d'entreprise assujettis au risque professionnel, tout débiteur d'indemnité est virtuellement cautionné par cette collectivité. Or, de même que la caution est autorisée à recourir préventivement — avant paiement — contre le débiteur principal, dès que se produit un événement quelconque de nature à ébranler sa solvabilité, de même la Caisse nationale des retraites est-elle autorisée, en tant qu'elle représente et gère le fonds spécial de garantie, à réclamer du débiteur une sûreté particulière à raison de certains faits affectant la solidité de son crédit, et mettant en question le paiement des indemnités mises à sa charge.

Au fond, l'article 28, 3, n'est autre chose qu'une extension à notre matière spéciale des règles générales du cautionnement, avec cette particularité notable que la Caisse des retraites est autorisée à exiger une remise immédiate de capital, alors que l'article 2032 ne reconnaît à la caution d'autre droit que celui d'obtenir consignation du montant de l'obligation ou prestation de sûretés particulières.

40. — Le caractère général des circonstances diverses énumérées par l'article 28. § 3, est d'entraîner fermeture de l'établissement commercial ou industriel du débiteur de l'indemnité et par là disparition du gage en considération duquel il lui était fait crédit du service des arrérages.

sement d'un capital; mais il n'y a pas lieu de les considérer comme des exceptions au principe formulé par l'article 28, § 1, ces versements divers étant effectués à titre de rachat ou conversion d'une rente préconstituée, pour mettre fin à son existence et non pour en assurer l'avenir.

Ces circonstances se divisent en deux catégories distinctes, suivant qu'elles affectent un caractère volontaire ou forcé : volontaire, lorsque le débiteur ferme purement et simplement son établissement ou en fait cession à un tiers, forcé lorsque l'exercice de l'industrie ou du commerce prend fin par suite de décès, liquidation judiciaire ou faillite,

41. — Présentent un caractère également volontaire, la fermeture de l'établissement ou sa cession à un tiers. Dans les deux hypothèses, en effet, il y a mêmes raisons de donner au fonds spécial de garantie une sûreté nouvelle en échange de celle qui lui échappe par suite de l'un des faits précités.

42. — Si le décès, la liquidation judiciaire et la faillite du débiteur doivent être réunis à raison de leur caractère commun qui est de se produire en dehors de la volonté du débiteur, il n'en est pas moins nécessaire de les étudier séparément à raison de la diversité de leurs effets.

En ce qui concerne le décès du débiteur d'indemnité, il importe d'observer qu'il ne rend exigible le capital des rentes qu'autant qu'il entraîne fermeture immédiate de son établissement ou sa cession à un tiers par ses héritiers. Dans les deux cas, les représentants du débiteur sont incontestablement tenus de l'obligation instituée par l'article 28, § 3.

Que si, au contraire, les héritiers se substituaient à leur auteur et continuaient, en ses lieu et place, son industrie et son commerce, il n'existerait aucune raison, selon nous, d'exiger le versement d'un capital. Ce n'est qu'autant que l'un seulement des héritiers ou plusieurs conserveraient l'établissement de leur auteur, que le décès du débiteur de l'indemnité créerait une situation nouvelle.

Dans cette hypothèse, en effet, la dette du débiteur originaire s'étant divisée entre ses successeurs conformément aux principes généraux, ceux-là seuls seraient tenus d'effectuer un versement de capital proportionnel d'ailleurs à leur part héréditaire qui resteraient étrangers à l'entreprise; quant à ceux, au contraire, qui succéderaient au *de cujus* dans l'exercice de son industrie, ceux-là demeureraient indemnes de toute obligation de versement jusqu'au jour où eux-mêmes cesseraient d'exercer personnellement l'industrie de leur auteur.

43. — La faillite et la liquidation judiciaire suspendant le service régulier des arrérages des rentes et destituant en outre le débiteur de la présomption de solvabilité qui lui avait valu jusque-là d'être dispensé du versement du capital de la rente, il était naturel que chacun de ces événements rendît ce capital immédiatement exigible. Juridiquement, l'action de la Caisse des retraites est fondée sur la fonction de caution qui lui est assignée par l'article 24. Considérée à ce point de vue, cette action n'est au fond qu'une adaptation de l'article 2032 du Code civil à la matière des accidents du travail. En tant qu'elle est investie de la gestion du fonds de garantie institué par l'article 25, la Caisse nationale des retraites représente en effet l'ensemble des chefs d'entreprise tenus de contribuer à l'entretien de ce fonds spécial et comme tels constitués respectivement garants de leur insolvabilité éventuelle.

Or, de même que l'article 2032-2° précité autorise la caution à agir en indemnité ou mieux en garantie d'un dommage éventuel (1) contre le débiteur principal dès que son état de faillite ou de déconfiture l'expose aux poursuites ultérieures du créancier, de même, et pour des raisons identiques, la Caisse nationale des retraites devait être munie des pouvoirs nécessaires pour sauvegarder les intérêts des chefs d'entreprise assujettis à l'article 1er et réduire ou prévenir par une action immédiate le dommage résultant de l'insolvabilité de l'un d'entre eux.

Mais, à la différence de l'article 2032 qui n'autorise la caution qu'à réclamer du débiteur certaines sûretés, soit par exemple le dépôt à la Caisse des dépôts et consignations du dividende correspondant à la dette dont elle est éventuellement tenue envers le créancier (2), la Caisse nationale des retraites tient au contraire de l'article 28 la faculté de produire à la faillite pour l'intégralité du capital représentatif de la rente et de conclure à la remise immédiate du dividende qui lui est attribuée.

44. — Bien que la déconfiture n'ait pas été rangée au nombre des événements donnant ouverture au versement immédiat du capital représentatif des pensions, nous pensons néanmoins que la déconfiture doit, par identité de motifs, être assimilée dans ses effets à la faillite et à la liquidation judiciaire. Justifiée en soi, cette extension nous paraît d'autant moins douteuse que le silence de l'article 28 à cet égard peut être, à bon droit, considéré comme une simple inadvertance de rédaction plutôt que comme

(1) Guillouard, *Cautionnement*, n° 205.
(2) Colmet de Santerre, VIII, n° 265 *bis*, III; conf. Guillouard. *op. cit.* n° 206.

une exclusion réfléchie. Si la déconfiture n'a pas été expressément mentionnée ainsi que la faillite et la liquidation judiciaire, la raison en est que les rédacteurs de cette disposition se sont sans doute laissé égarer par cette considération erronée que les chefs d'entreprises visés par l'article 1er ont tous la qualité de commerçants, alors qu'il en est un certain nombre au contraire — exploitants de mines et agriculteurs dans les conditions déterminées par la loi du 30 juin 1899 — qui appartiennent à la catégorie des non-commerçants (1).

45. — Toutefois il importe d'observer que l'article 28, § 4, reconnaît au chef d'entreprise ou à ses ayants droit la faculté de s'exonérer du versement du capital représentatif, dans les hypothèses prévues par l'article 28, § 3, sous la condition de fournir « des garanties qui seront à déterminer par un règlement d'administration publique ». Ces garanties ont été ainsi fixées par le décret du 28 févr. 1899, rendu en exécution de l'article 28 :

« Lorsqu'un chef d'entreprise, porte l'article 1er dudit décret, « cesse son industrie dans les cas prévus par l'avant-dernier « alinéa de l'article 28 de la loi du 9 avr. 1898, ce chef d'entre- « prise ou ses ayants droit peuvent être exonérés du versement « à la Caisse nationale des retraites du capital représentatif des « pensions s'ils justifient :

« 1° Soit du versement de ce capital à une des sociétés visées « à l'article 18 du décret du 28 févr. 1899, portant règlement « d'administration publique en exécution de l'article 2 de la loi « ci-dessus visée;

« 2° Soit de l'immatriculation d'un titre de rente pour l'usu- « fruit au nom des titulaires de pension, le montant de la rente « devant être au moins égal à celui de la pension;

« 3° Soit du dépôt à la Caisse des dépôts et consignations, « avec affectation à la garantie des pensions, de titres spécifiés « au § 3 de l'article 8 du décret précité. La valeur de ces titres, « établie d'après les cours moyens de la Bourse de Paris au jour « du dépôt, doit correspondre au chiffre maximum qu'est sus- « ceptible d'atteindre le capital constitutif exigible par la Caisse « nationale des retraites. Elle peut être revisée tous les trois ans « à la valeur actuelle des pensions, d'après le cours moyen des « titres au jour de la revision;

« 4° Soit de l'affiliation du chef d'entreprise à un syndicat de

_____

(1) Maltet (Thèse), p. 141.

« garantie liant solidairement tous ses membres et garantissant
« le paiement des pensions;

« 5° Soit en cas de cession d'établissement, de l'engagement,
« pris par le cessionnaire vis-à-vis du directeur général de la
« Caisse des dépôts et consignations, d'acquitter les pensions
« dues et de rester solidairement responsable avec le chef d'en-
« treprise ».

46. — Les moyens de droit auxquels la Caisse nationale des
retraites est admise à recourir pour obtenir dans les cas ci-dessus énumérés le versement du capital des pensions, sont clairement déterminés par les articles 17 à 25 du décret du
28 févr. 1899 rendu en exécution de l'article 29 de la loi du
9 avr. 1898.

Que si la contrainte délivrée par le Directeur général de la
Caisse des dépôts et consignations donne lieu à opposition, l'instance engagée doit aboutir à un jugement de condamnation
emportant hypothèque judiciaire par dérogation à la règle
générale refusant cette garantie aux jugements rendus en matière
d'accidents du travail (art. 26, § 4).

Pour assurer la pleine efficacité pratique de cette sanction,
encore eût-il fallu que la Caisse des retraites fût avertie en temps
utile des circonstances l'invitant à exercer son action. Or, à cet
égard, l'on ne doit pas se dissimuler que l'application effective
de l'article 28 est gravement compromise par l'ignorance où se
trouve ordinairement la Caisse des retraites de l'existence même
de son droit. En l'absence d'une notification régulière des jugements ou actes judiciaires liquidant des pensions et les mettant
à la charge de certaines personnes déterminées, la Caisse des retraites ne connaît pas ses débiteurs éventuels; de même qu'elle
ignore faute d'un publicité suffisante — sauf pour la faillite et la
liquidation judiciaire — les faits donnant ouverture à l'application de l'article 28.

Sous ce rapport la loi actuelle présente une lacune regrettable
qui ne pourrait être comblée que par la transmission régulière à
la Caisse des retraites — par l'intermédiaire du greffier des
cours et tribunaux et de l'administration des contributions directes — des jugements attributifs d'indemnités ainsi que des
cessions d'établissements volontaires ou forcées rendant exigible
le paiement du capital des pensions [1].

---

[1] Maltet, *op. cit.*, p. 149 et suiv.

§ IV. — *Conditions des versements effectués conformément à l'article 28, §§ 2 et 3.*

47. — Ces conditions sont au nombre de deux :

La première est que ces versements soient effectués à la Caisse nationale des retraites, sous réserve de l'article 1er, § 1, du décret du 28 févr. 1899 portant règlement d'administration publique pour l'exécution de l'article 28, § 3.

La seconde condition est que le montant de ces versements soit calculé d'après les tarifs établis par ladite Caisse en exécution de l'article 28, § 2.

Nous n'insisterons ici que sur cette seconde condition, l'explication de la première ayant trouvé place dans des développements antérieurs.

48. — En prescrivant que des tarifs adoptés par la Caisse nationale des retraites fussent établis suivant les chances de mortalité des indemnitaires, la pensée du législateur a été d'exclure tout autre mode de calcul des capitaux ayant pour résultat d'imposer aux débiteurs d'indemnités, l'obligation de débourser un capital productif d'intérêts égaux au montant des arrérages. Nous n'avons plus à insister ici sur les inconvénients d'un procédé suivi par la jurisprudence antérieure à 1898, inconvénients à peine balancés par la perspective laissée au chef d'entreprise de recouvrer à l'extinction de la rente le montant du capital versé.

En vue de limiter au minimum les charges des débiteurs d'indemnités, le législateur de 1898 a prescrit de leur assigner une base mathématique calculée suivant les données générales de l'assurance. C'est en exécution de cette prescription que la Caisse nationale des retraites a dressé des Tables de mortalité et arrêté des tarifs dont nous nous bornerons à exposer l'économie générale.

49. — Les Tables de mortalité servant de base au calcul des capitaux représentatifs des rentes enregistrent en deux séries distinctes les chances de décès très inégales des catégories diverses d'indemnitaires reconnues par l'article 3.

Aux ayants droit des victimes (conjoints, enfants, ascendants et descendants) dont les conditions d'existence ne sont en rien affectées par l'accident, pouvaient s'adapter sans aucun changements les Tables de mortalité ordinaires de la Caisse nationale des retraites. Aussi les tableaux I et II en ont-ils étendu pure-

ment et simplement l'application à cette première classe d'indemnitaires. Les seules modifications que cette Table ait dû subir
consistent en ceci que ses prévisions ont été prolongées d'une
part jusqu'à la naissance et d'autre part jusqu'à quatre-vingts
ans, de manière à s'appliquer à l'universalité des ayants
droit (1).

En ce qui concerne les indemnitaires directs, victimes d'accidents dont le résultat direct a été de diminuer leur vitalité, il
devait être tenu compte, non seulement du degré de leur invalidité, mais, en outre, des circonstances augmentant leurs chances
de décès telles que leur âge et l'ancienneté de la blessure.

De la combinaison de ces différents facteurs s'est dégagée une
nouvelle Table de mortalité contenue dans les tableaux III et IV.
déclarés applicables aux rentiers frappés d'incapacité absolue et
permanente (2).

Quant aux victimes d'accidents frappées d'incapacité partielle,
la difficulté d'adapter les tarifs aux nuances infinies de cette incapacité s'opposait à la confection de Tables précises. Pour ces
hypothèses particulières, les solutions pratiques doivent être
cherchées dans une combinaison des Tableaux I et III dont une
notice de la Caisse des retraites expose très clairement les conditions d'application (3).

(1) Les tarifs de la Caisse nationale des retraites publiés par décret du
21 sept. 1887, en exécution de l'article 9, § 3, de la loi du 20 juill. 1886,
s'étendaient de trois à soixante-cinq ans. Déjà la loi du 1er juill. 1898 sur
les sociétés de secours mutuels (art. 24, § 5) prescrivait la prolongation de
ces tarifs jusqu'à l'âge de quatre-vingts ans pour la liquidation des pensions
de retraites constituées à capital aliéné et à jouissance immédiate pour les
sociétés de secours mutuels. Les tarifs applicables aux rentes viagères allouées
aux victimes d'accidents du travail, ont été publiés au *Journal officiel* du
10 mai 1899. — Le mode de calcul des rentes collectives attribuées aux
orphelins est réglé par les tableaux V *a* (deux orphelins de père ou de
mère), V *b* (trois orphelins, *id.*), V *c* (quatre orphelins, *id.*), V *d* (cinq orphelins, *id.*) et les tableaux VI *a* (quatre orphelins de père et de mère), VI *b*
(cinq orphelins, *id.*).

(2) Le tableau III contient les tarifs applicables aux victimes d'accidents
frappées d'incapacité permanente et absolue ; le tableau IV établit un tarif
auxiliaire pour l'évaluation des rentes viagères attribuées aux victimes de
cette catégorie et déclarées réversibles sur la tête du conjoint.

(3) Conf. Notice sur l'application des tarifs établis par la Caisse nationale
des retraites pour l'exécution de la loi du 9 août 1898 concernant les responsabilités des accidents dont les ouvriers sont victimes dans leur travail.
— V. spécialement la solution donnée au 4e problème, 2e cas. Incapacité
partielle.

50. Le système de tarification adopté par la Caisse nationale des retraites présente les caractères suivants : les tarifs déterminant le montant des versements à effectuer en vertu de l'une des dispositions de l'article 28 sont calculés dans les tableaux précités par franc de rente viagère. Le taux d'intérêt des sommes ainsi versées est fixé à 3,50 0/0.

51. — D'après la note du 9 août 1900, le montant de ces capitaux est déterminé suivant une commune mesure dont les tarifs exposés ci-dessus contiennent l'expression invariable.

Sous ce rapport, la Note précitée écarte expressément toute distinction entre rentes, dites définitives ou provisoires suivant que le chiffre en est fixé d'une manière irrévocable ou qu'il demeure sujet à varier suivant certaines éventualités prévues par les articles 3, §§ 6 et 15, et 19, § 1er.

Sont réputées définitives les rentes attribuées aux bénéficiaires ci-après désignés : 1° aux victimes de nationalité française, après l'expiration du délai de révision ; 2° aux orphelins de mère et de père et de mère ; 3° aux orphelins de père, lorsqu'il s'est écoulé plus de trois cents jours depuis l'accident, l'expiration de ce délai écartant toute possibilité de naissance d'un enfant posthume admis à prendre place parmi les ayants droit ; 4° aux descendants et ascendants.

Sont réputées provisoires les rentes attribuées : 1° aux victimes de nationalité française ou étrangère avant l'expiration du délai de revision ; 2° aux victimes de nationalité étrangère ainsi qu'aux conjoints, les uns et les autres étant exposés à subir — en cas de cessation de résidence sur le territoire français ou de nouveau mariage — la conversion de leur rente en un capital égal à une triple annuité ; 3° aux orphelins de père, leur nombre n'étant pas définitivement fixé avant l'expiration du délai de trois cents jours ci-dessus visé.

Pour se conformer rigoureusement aux règles de l'assurance, la Caisse nationale des retraites eût dû réserver aux rentes définitives l'application de tarifs exclusivement calculés d'après les chances de décès des rentiers et le taux de l'intérêt des capitaux versés. Quant aux rentes provisoires, des tarifs spéciaux eussent été nécessaires pour tenir compte des probabilités d'augmentation ou de diminution dont elles sont virtuellement affectées.

Cette réglementation particulière eût été nécessaire pour faire concorder le montant des capitaux versés avec la valeur actuelle des rentes ; car, ainsi que le reconnaît la Note du 9 août 1900, les tarifs établis par application de l'article 28 ne conviennent scientifiquement qu'à la constitution des rentes définitives. Mais, pour établir ces tarifs, la possession de données certaines était indispensable ; or, « dans l'état actuel de la statistique, ces pro-« babilités, à l'exception de celles qui concernent les révisions « par suite de décès, ne sont pas susceptibles d'être déterminées « d'une manière assez précise pour entrer dans l'évaluation du « prix des rentes provisoires (1) ».

Néanmoins, comme il était impossible de faire abstraction de ces différences fondamentales entre rentes définitives et provisoires, la Caisse nationale ménage le redressement des erreurs auxquelles aurait pu conduire leur assimilation en réservant la modification des évaluations primitives pour le cas où se produit une cause d'augmentation ou de réduction des rentes.

52. — Lorsque, par suite d'une révision intervenue dans les conditions de l'article 19 ou de la naissance d'un enfant posthume, le chiffre d'une rente préconstituée subit une augmentation quelconque, le débiteur est tenu d'effectuer un versement complémentaire.

Toute augmentation résultant d'un jugement de révision rend immédiatement exigible le versement d'un capital égal à l'excédent « du prix de la nouvelle rente totale, calculé à raison de la « réduction du salaire correspondant à cette nouvelle rente et « de l'ancienneté d'invalidité du titulaire au jour du versement « sur le prix de la rente primitive, calculé à raison de la réduc-« tion du salaire correspondant à cette rente primitive et de la « même ancienneté d'invalidité (2) ».

Que si le décès de la victime de l'accident survient pendant le délai de révision, cet événement oblige le débiteur à effectuer le versement des capitaux nécessaires pour constituer des rentes au profit des ayants droit de l'indemnitaire décédé (3).

De même, la naissance d'un enfant posthume dans le délai de 300 jours après l'accident, est susceptible de produire « soit « l'augmentation du montant et du prix de la rente, soit l'aug-

---

(1) Note de la Caisse des retraites du 9 août 1900.

(2) Note précitée.

(3) En vue de permettre aux débiteurs des rentes de se garantir contre cette obligation éventuelle, la Caisse nationale des retraites accepte des contrats d'assurance temporaire de rentes de survie au profit des ayants droit d'indemnitaires décédés avant l'expiration du délai de révision. Les conditions en ont été déterminées d'une manière très précise par la Note du 9 août 1900.

« mentation du prix de la rente seulement, suivant que le groupe
« des autres orphelins compte moins de quatre têtes ou quatre
« têtes au moins.

« Dans les deux cas, pour faire entrer cet enfant au rang des
« rentiers de la Caisse nationale des retraites, le débiteur de la
« rente doit verser un capital complémentaire égal à l'excédent
« du prix de la rente reposant sur le groupe complet des or-
« phelins vivants à la date du versement complémentaire sur le
« prix de la rente reposant sur le groupe des orphelins vivants
« à la date du versement complémentaire (1) ».

A l'inverse, toute diminution du chiffre de la rente pour l'une
des causes ci-dessus énoncées, détermine un remboursement
dont le montant est fixé d'après les règles suivantes :

Soit par exemple un jugement de révision prononçant la
réduction d'une rente préconstituée; la Caisse nationale des
retraites est tenue de rembourser au débiteur de l'indemnité une
somme égale à l'excédent :

« Du prix de la rente primitive, calculée à raison de la réduc-
« tion de salaire corrrespondant à cette rente primitive et de
« l'ancienneté d'invalidité du titulaire de la rente au jour de
« remboursement, sur le prix de la nouvelle rente réduite, cal-
« culée à raison de la réduction du salaire correspondant à
« cette nouvelle rente et de la même ancienneté d'invali-
« dité (2) ».

Enfin la conversion des rentes en un capital égal à une triple
annuité dans les cas prévus par l'article 3, §§ 6 et 15, ouvre au
débiteur de la rente le droit d'obtenir « l'excédent du prix de cette
« rente calculé à l'époque du paiement sur le triple du montant
« annuel de la rente diminué des arrérages indûment perçus
« depuis que la déchéance a été encourue » (3).

53. — Toute demande de versement ou de remboursement
dans les circonstances précitées doit être adressée au Directeur
général de la Caisse des dépôts et consignations, soit directement,
soit par l'intermédiaire de correspondants de la Caisse (tréso-
riers-payeurs généraux, receveurs particuliers des finances, per-
cepteurs des contributions directes, receveurs des postes).

Pour les énonciations que doit contenir cette demande, ainsi
que pour les pièces à produire, nous disons qu'elles tendent à ce

(1) Note précitée.
(2) *Ibid.*
(3) *Ibid.*

double objet d'indiquer la nature de l'opération à intervenir (contrat à souscrire ou modification à un contrat antérieur) et de fournir à la Caisse des retraites les pièces justificatives indispensables pour la réalisation de cette opération (1).

54. — Le contrat intervenu entre le débiteur de l'indemnité et la Caisse nationale des retraites, à l'occasion du versement des capitaux des rentes, participe au caractère aléatoire, distinctif de toute opération — assurance sur la vie ou rente viagère — fondée sur les probabilités de durée de la vie humaine. Pratiquement le versement du capital représentatif des pensions dues en vertu du risque professionnel constitue une opération forfaitaire dont les effets s'accomplissent d'une manière définitive et irrévocable au moment même de sa réalisation. Juridiquement, ce versement libère le débiteur de l'indemnité de toute obligation envers la victime de l'accident, en même temps qu'il emporte aliénation définitive du capital versé en échange duquel la Caisse nationale des retraites assume l'obligation de payer la rente viagère ainsi constituée.

Donc, ce règlement doit être tenu pour indépendant de toutes circonstances ultérieures dont le résultat serait de modifier les conditions du versement effectué en les rendant plus ou moins onéreuses pour l'une ou l'autre des parties contractantes.

De même des variations du taux de l'intérêt survenues après la constitution de la pension. Si donc, par suite de conjonctures économiques postérieures au versement, le taux de l'intérêt tombait au-dessous des tarifs ayant servi de base à l'opération, la Caisse des retraites — bien qu'elle fût constituée en perte — serait néanmoins irrecevable à réclamer aucun versement complémentaire. Inversement, le débiteur de l'indemnité ne pourrait prétendre au remboursement d'une partie du capital versé, si la survenance d'une augmentation du taux de l'intérêt permettait d'obtenir de ce capital un rendement supérieur aux arrérages de la rente. De ce chef, la Caisse des retraites réaliserait un bénéfice corrélatif à la perte qu'elle est exposée à subir dans l'hypothèse inverse.

Toutefois cette irrévocabilité des conditions d'établissement d'une rente viagère n'existe que dans la mesure où l'obligation assumée par la Caisse des retraites demeure identique à ce qu'elle était au moment du contrat. Que s'il survenait, au

---

(1) Note précitée.

contraire, quelque circonstance imprévue ou réfractaire à toute prévision, susceptible d'en augmenter ou réduire les charges — révision, conversion de rentes en capital, naissance d'un enfant posthume — chacune de ces circonstances provoquerait un redressement de compte — remboursement ou versement complémentaire — dont nous avons fait connaître antérieurement le mode de calcul.

Jules Cabouat.

TABLE ALPHABÉTIQUE DES MATIÈRES

Les chiffres renvoient aux pages.

Accouchement.

V. *Contrat de travail.*

Acquêts.

V. *Communauté conjugale.*

Acquisition.

Actes.

— d'administration, V. *Capacité, Folle enchère, Séparation de biens.*

— d'administration, bibl., 389.

— de commerce par les associations déclarées, 36.

— de commerce, *cautionnement*, V. ce mot.

— respectueux, V. *Mariage.*

— anciens, dépôt, V. *Archives.*

— notariés, surcharges, 107.

— de l'état civil, rectification,
V. *Ministère public.*

— de baptême, V. *Baptême.*

Noms et prénoms inexacts dans
l' — de naissance, 623.

— de naissance comme preuve
de la paternité, V. *Paternité.*

— de naissance des enfants
naturels, V. *Enfant naturel.*

Acteur.

V. *Contrat de travail.*

Action.

— civile, V. *Chose jugée, Prescription.*

— en justice par des associations, V. « *Nul ne plaide
par procureur* ».

— en justice par le ministère
public, V. *Ministère public.*

— en justice par un *syndicat
professionnel*, V. ce mot.

— en justice des associations
étrangères, V. *Étranger.*

— d'enrichissement, 82, 378.

— d'enrichissement en cas de
suppression d'établissements
du culte, V. *Séparation des
Églises et de l'État.*

— en simulation, V. *Simulation.*

— oblique, V. *Créancier.*

— paulienne, V. *Créancier.*

— possessoires, 53.

— en revendication, V. *Revendication.*

— de sociétés, introduction
sur le marché, 172 et s.

— de sociétés, différence avec
la part d'intérêt, 590.

— de sociétés, exécution pour
non versé, 781.

Actionnaire.

V. *Action, Société.*

Adhésion.

V. *Accidents du travail, Contrat.*

Adjudication.

— sur licitation, V. *Licitation.*

— sur folle enchère, V. *Folle
enchère.*

Authenticité du procès-verbal
de vente publique de meu-
bles, 138.

Administrateurs.

Nomination d' —, hypothèque
judiciaire, 260.

— dans les sociétés, V. *Société.*

— d'un aliéné, V. *Divorce.*

V. aussi *Conseil d'administration.*

Adoption.

— en droit comparé, 375.

— de l'enfant naturel, nom, 835.

Adultère.

V. *Divorce, Enfant naturel,
Légitimation.*

Affiches.

— d'émission de titres, 172 et s.

— sur les murs de l'immeuble
loué, V. *Bail.*

— responsabilité de l'imprimeur, V. *Imprimeur.*

— en matière de mariage, V.
Publicité.

Agent d'affaires.

Responsabilité à raison de l'incapacité d'une femme mariée,
521.

Achat à crédit par un —, 395.

Contrat de travail, V. ce mot.

Accident par un *animal*, V. ce mot.

Accident par un incendie, 99.

Domicile.

— d'origine, 376.

— des mineurs travaillant chez autrui, 797.

Election de —, V. *Inscription*, *Notaire*.

— en matière de mariage, 661.

— en droit international privé, 78.

— de guerre, V. *Nationalité*.

Dommages-intérêts.

Préjudice moral, 805.

— en cas de restitution des objets en leur premier état, 140.

Liquidation des — dans les obligations de sommes, 393.

Calcul des — dans la vente, 639.

Calcul des — lorsque la faute a causé l'insolvabilité du créancier, 634.

Calcul du dommage moral, 636.

V. aussi *Chasse*, *Contrat de travail*, *Dol*, *Responsabilité*, *Séparation de corps*, *Vente*.

Donation.

Forme des — indirectes, 649.

V. aussi *Renonciation*.

— déguisée, V. *Simulation*.

— déguisée sous forme de prêt, 649.

Cause illicite, — comme condition d'une séparation de corps amiable, 431.

Cause illicite, preuve, 593, 616.

Cause illicite, concubins, preuve, 828.

— à une association déclarée, 31.

— aux établissements du culte,

V. *Séparation des Églises et de l'État*.

— avec charge au profit d'un non-conçu, 32.

Clauses d'inaliénabilité, V. *Inaliénabilité*.

Fondation par —, V. ce mot.

— par contrat de mariage nul, 794, 810.

— au profit d'un tiers imposée comme charge d'une donation, 152.

Jusqu'à quand peut avoir lieu l'acceptation de cette — au profit du tiers, 152.

Rapport des —, V. *Rapport*.

Quotité disponible, V. ce mot.

Consolidation d'une — non transcrite, V. *Prescription*.

Prescription de l'action en nullité d'une — à une congrégation, V. *Prescription*.

Révocation pour ingratitude, 794.

— avec charge, droit pour le bénéficiaire de demander l'exécution, 795.

Dot.

Nature juridique de l'obligation de doter, 135, 794, 810.

— des *officiers*, V. ce mot.

— moniale, V. *Congrégation*.

V. aussi *Contrat de mariage*, *Donation*, *Rapport*, *Régime dotal*.

Doubles (formalité des).

Bail ne portant pas la mention qu'il est fait double, preuve, 635.

Droit.

Bibl., 775.

— civil, V. *Code civil*.

— commercial, V. *Code de commerce*.

Préjudice.

V. *Dommages-intérêts, Responsabilité.*

Preneur.

V. *Bail.*

Prénom.

— dans l'acte de naissance, V. *Acte.*

Préposé.

Responsabilité du fait d'un — qui n'a pas exécuté les ordres, 808.

La responsabilité du commettant exclut-elle celle du père ? 99.

Responsabilité du commettant pour le fait d'un — choisi par un autre, 141.

Si les sapeurs-pompiers sont préposés des communes, 600.

Si les soldats placés sous l'autorité d'une société de tir sont des préposés, 808.

V. aussi *Accident du travail, Animal, Automobile, Concierge, Contrat de travail.*

Prescription.

Bibl., 401.

— en droit allemand, 384.

— annale pour les entrepreneurs, coiffeurs, constructeurs de machines, 817.

— en matière mobilière, 41, 47 et s., 86, 549.

Perte de la propriété par le non-usage, 123, 386, 592, 788.

— du nom commercial, 777.

— en matière de mandat-poste, V. *Poste.*

— des droits de mutation par décès, V. *Enregistrement.*

— par un détenteur précaire, V. *Détention.*

— de l'action en révision en cas d'accident du travail, 215 et s.

— du droit d'accepter ou renoncer, V. *Acceptation.*

— quinquennale d'une créance soumise à usufruit ou de la créance de l'usufruitier contre le co-propriétaire, 818.

— en cas de déchéance du terme par la déconfiture, V. *Terme.*

— en cas de déchéance conventionnelle du terme, V. *Terme.*

— de l'action en nullité des legs au profit d'une communauté non autorisée par interposition de personnes, 429.

— du droit d'une commune à l'eau d'une rivière, 645.

— de l'usage d'une source, V. *Sources.*

Juste titre, V. *Titre.*

— des actions en responsabilité, 851.

Point de départ de la — des actions en responsabilité de l'entrepreneur et de l'architecte, 641, 642.

— de l'action résultant du défaut de transcription d'une donation, 386.

Point de départ de la prescription de l'action en réduction dans la vente d'engrais, 676.

Actes de tolérance, ouvertures dans un mur, 429.

Interruption par l'action des liquidateurs judiciaires en matière d'assurance, 606.

Interruption d'une courte — par l'aveu, 110.

Interruption d'une — par une plainte, 110.

Transformation de la — en

— par un mari des actes de la
femme non autorisée, 130.

Rayons X.

V. *Médecin.*

Recel.

— par l'appropriation de biens
communs, 135.

Droits des créanciers de l'époux
auteur du —, 631.

Réception.

— de travaux, V. *Entrepreneurs.*

Receveur.

— municipal, V. *Hypothèque.*

Recherche.

— de la maternité, V. *Maternité.*

— de la paternité, V. *Paternité.*

Récoltes.

V. *Chasse.*

Récompenses.

V. *Reprises.*

Réconciliation.

V. *Divorce.*

Reconnaissance.

— de la qualité de citoyen en
Roumanie, 68.

— d'enfant naturel, V. *Enfant
naturel.*

— de dette, V. *Aveu.*

V. aussi *Ordre public.*

Recours.

Voie de —, V. *Appel.*

— en garantie, V. *Vente.*

Recrutement.

— des magistrats, V. *Organisation judiciaire.*

Rectification.

— d'actes de l'état civil, V.
Ministère public.

— du *nom*, V. ce mot.

Reçu.

V. *Quittance.*

Recueil d'arrêts, 369, 794.

Redevances.

— tréfoncières, V. *Mines.*

Réduction.

— d'une *fondation*, V. ce mot.

— de prix, V. *Fonds de commerce.*

— de salaire, V. *Mandat.*

— pour atteinte à la quotité
disponible, V. *Quotité disponible.*

Référé.

Compétence en matière d'opposition à mariage, V. *Mariage.*

Réforme.

V. *Droit.*

Régime dotal.

Aliments dus à la femme sans
dot, 78.

Clause d'emploi et remploi, V.
Communauté conjugale.

Responsabilité de l'acquéreur
en l'absence de remploi, 631.

Responsabilité du constituant
à défaut de mention des clauses d'emploi ou de remploi
dans la quittance de la dot,
375.

Responsabilité de l'*agent de
change*, V. ce mot.

Saisie d'un immeuble paraphernal représentant la dot, 375.

Saisie de la dot pour le paiement du prix d'un immeuble
non dotal licité, 778.

Saisie de la dot mobilière, 778.

Régimes matrimoniaux.

V. *Communauté conjugale,
Contrat de mariage, Exclusion de communauté, Régime
dotal, Séparation de biens.*

Registres.

— de commerce, force pro-
bante, 138.

Preuve d'un contrat sur une

POITIERS. — SOCIÉTÉ FRANÇAISE D'IMPRIMERIE.